中华人民共和国
现行行政事业单位
会计法律法规汇编

《中华人民共和国现行行政事业单位会计法律法规汇编》编委会 编

2024年版

立信会计出版社
LIXIN ACCOUNTING PUBLISHING HOUSE

图书在版编目（CIP）数据

中华人民共和国现行行政事业单位会计法律法规汇编：2024年版/《中华人民共和国现行行政事业单位会计法律法规汇编》编委会编．－－上海：立信会计出版社，2024.4

ISBN 978-7-5429-7606-2

Ⅰ.①中… Ⅱ.①中… Ⅲ.①行政事业单位—会计法—汇编—中国 Ⅳ.① D922.269

中国国家版本馆CIP数据核字（2024）第049982号

责任编辑　蔡伟莉

中华人民共和国现行行政事业单位会计法律法规汇编（2024年版）
ZHONGHUA RENMIN GONGHEGUO XIANXING XINGZHENG SHIYE DANWEI KUAIJI FALU FAGUI HUIBIAN

出版发行	立信会计出版社
地　　址	上海市中山西路2230号　　邮政编码　200235
电　　话	（021）64411389　　传　　真　（021）64411325
网　　址	www.lixinaph.com　　电子邮箱　lixinaph2019@126.com
网上书店	http://lixin.jd.com　　http://lxkjcbs.tmall.com
经　　销	各地新华书店
印　　刷	三河市中晟雅豪印务有限公司
开　　本	787毫米×1092毫米　1/16
印　　张	68
字　　数	1827千字
版　　次	2024年4月第1版
印　　次	2024年4月第1次
书　　号	ISBN 978-7-5429-7606-2 /D
定　　价	398.00元

如有印订差错，请与本社联系调换

前　　言

行政事业单位是在党领导下履行行政管理和社会服务等职能的组织，会计则是反映、监督其履行职能，并向利益相关者报告和披露的重要工具。会计是过程控制与观念总结的统一，因此会计信息质量的提升，与预算、采购、资产、资金、经费、内控、纳税等紧密相关，因此本法规汇编兼顾会计自身和相关法规的内在相关性。

在综合性会计法规方面，随着智能财务技术和国家规范化管理的推动，数电发票在行政事业单位的应用范围越来越广泛，会计法和会计基础工作规范也在修订之中。此外，会计基信息质量需要会计人员提升综合素质，会计人员职业道德规范的出台为会计人员划定了边界和行为准则。

在预决算方面，预算一体化是当前的政策选择和发展方向，对会计核算、采购和资产管理等产生直接影响。预算的执行过程通过会计核算加以反映，在政府会计制度与会计准则出台后，它以相关解释和指南等形式指导具体业务场景下的核算和报告。

在 2023 年，财政部颁布了最新修订的政府部门和综合财务报告编制指南，为各级政府和利益相关者提供了类似于企业集团合并报表的宏观信息。

政府采购管理一直是行政事业单位财务管理的重点，也是财会监督的重点之一。本汇编涵盖国家层面的采购预算、采购招投标、采购进口产品、采购信息管理、采购代理机构、采购评审专家等方面的法规，还包括了信息化产品、服务项目等重要细分类别采购相关法规。

在行政事业单位财务管理法规更新方面，国家已经逐步出台修订了包括高等学校等在内的分行业财务规则，新颁布了纳入最新修订的行政单位财务规则；在经费管理方面，国家根据最新情况对会议费等进行微调而发布了补充规定，科研经费管理逐步放宽，资产管理法规逐步细化，特别是各类项目资金，如央属文物保护利用项目资金。国家出台的操作性法规越来越多，本汇编都纳入其中。本汇编还把基本建设、PPP、内部控制、政府债务、国有资本管理、单位纳税、个人所得税相关重要新颁布的法规纳入其中。此外，本汇编还包括村集体组织和民间非营利组织财务和会计相关法规。

中央在财会监督方面的推动力度逐步加大，本汇编增加了部分监督法规和审计法规。而注册会计师审计与行政事业单位之间的关联度不高，因此没有纳入本汇编。

因篇幅有限，本书编者将部分法律法规制作成了电子文档，读者可扫描书上的二维码阅读，带来的不便还请您多多体谅和包涵。

本书由北京国家会计学院会计系主任聂兴凯教授统筹、定稿，编者具有多年实务经验和理论功底，对所有法规都进行了认真筛查，剔除了失效的法规，仅仅保留了重要程度更高的法规，因此收录哪些法规具有一定的主观性，如果与您的工作匹配程度不够，希望您多提宝贵意见和建议，力争在下一版修订时优化，联系邮箱为 wengao6@126.com。

编　者

2024 年 3 月

目　　录

第一编　行政事业单位综合财经法规

第一章　统驭性会计法规 ………………………………………………………………003
1. 中华人民共和国会计法（2017年修正）……………………………………………003
2. 中华人民共和国行政许可法（2019年修正）………………………………………008
3. 会计改革与发展"十四五"规划纲要（2021年修订）……………………………017

第二章　综合性会计基础工作管理法规 ………………………………………………026
1. 会计基础工作规范（2019年修订）…………………………………………………026
2. 人民币银行结算账户管理办法（2020年修订）……………………………………037
3. 会计档案管理办法（2015年公布）…………………………………………………045
4. 关于新时代加强和改进代理记账工作的意见（2023年发布）……………………051
5. 代理记账基础工作规范（试行）（2023年发布）…………………………………053

第三章　票据与发票管理法规 …………………………………………………………065
1. 中华人民共和国票据法（2004年修正）……………………………………………065
2. 发票管理办法（2023年修订）………………………………………………………073
3. 中华人民共和国发票管理办法实施细则（2024年修正）…………………………077
4. 财政部关于修改《财政票据管理办法》的决定（2020年公布）…………………080
5. 行政事业单位资金往来结算票据使用管理办法（2023年发布）…………………086
6. 关于规范电子会计凭证报销入账归档的通知（2020年发布）……………………089
7. 关于开展电子非税收入一般缴款书试点的通知（2021年发布）…………………090
8. 关于印发电子《非税收入一般缴款书》有关业务规范和技术标准（试行）的
   通知（2021年发布）………………………………………………………………094

第四章　会计人员管理法规 ……………………………………………………………118
1. 会计人员管理办法（2018年发布）…………………………………………………118
2. 会计专业技术人员继续教育规定（2018年发布）…………………………………119
3. 会计行业人才发展规划（2021—2025年）（2021年发布）………………………122
4. 会计人员继续教育专业科目指南（2022年版）（2022年发布）…………………129

5. 关于印发《会计人员职业道德规范》的通知（2023年发布）……………………133

第二编　行政事业单位预决算与绩效相关法规

第五章　预算管理综合法规……………………………………………………137
1. 中华人民共和国预算法（2018年修正）……………………………………137
2. 中华人民共和国预算法实施条例（2020年修订）…………………………148
3. 关于修订预算管理一体化规范和技术标准有关资产管理内容的通知
（2021年发布）………………………………………………………………158
4. 关于推进部门所属单位预算公开工作的指导意见（2021年发布）………159
5. 预算指标核算管理办法（试行）（2022年发布）…………………………160
6. 预算评审管理暂行办法（2023年发布）……………………………………225

第六章　预算编制与执行相关法规……………………………………………229
1. 中央本级基本支出预算管理办法（2007年发布）…………………………229
2. 中央财政预算执行动态监控管理办法（2020年修订）……………………232
3. 土地储备项目预算管理办法（试行）（2019年发布）……………………235
4. 财政部关于进一步加强地方政府主权外贷预算管理的通知（2020年发布）……239

第七章　决算管理相关法规……………………………………………………241
1. 部门决算管理办法（2021年公布）…………………………………………241
2. 地方预决算公开操作规程（2016年公布）…………………………………244
3. 关于印发财政预决算领域基层政务公开标准指引的通知（2019年修订）……247

第八章　预算绩效管理相关法规………………………………………………249
1. 项目支出绩效评价管理办法（2020年修订）………………………………249
2. 地方财政管理工作考核与激励办法（2020年公布）………………………256
3. 财政管理工作绩效考核与激励办法（2018年修订）………………………259
4. 地方财政预算执行支出进度考核办法（2018年公布）……………………262
5. 中央部门预算绩效运行监控管理暂行办法（2019年修订）………………264
6. 政府性融资担保、再担保机构绩效评价指引（2020年公布）……………266
7. 中国特色高水平高职学校和专业建设计划绩效管理暂行办法（2020年公布）……273
8. 第三方机构预算绩效评价业务监督管理暂行办法（2021年公布）………275
9. 中央部门项目支出核心绩效目标和指标设置及取值指引（试行）
（2021年公布）………………………………………………………………279
10. 社会保险基金预算绩效管理办法（2022年公布）…………………………283
11. 中央财政海绵城市建设示范补助资金绩效评价办法（2022年公布）……286

第九章　基本建设财务法规……………………………………………………288
1. 基本建设财务规则（2016年公布）…………………………………………288
2. 基本建设项目建设成本管理规定（2016年公布）…………………………294

3. 基本建设项目竣工财务决算管理暂行办法（2016年公布） ……………………296
4. 关于完善建设工程价款结算有关办法的通知（2022年发布） ……………………309

第三编　行政事业单位会计核算法规

第十章　政府综合财务报告相关法规 ……………………313
1. 政府财务报告编制办法（2023年修订） ……………………313
2. 政府部门财务报告编制操作指南（2023年修订） ……………………317
3. 政府综合财务报告编制操作指南（2023年修订） ……………………372
4. 关于进一步明确政府部门财务报告编制合并范围的通知（2021年发布）……451

第十一章　政府会计基本与具体准则 ……………………451
1. 政府会计准则——基本准则（2015年公布） ……………………451
2. 政府会计准则第1号——存货（2016年公布） ……………………456
3. 政府会计准则第2号——投资（2016年公布） ……………………457
4. 政府会计准则第3号——固定资产（2016年公布） ……………………460
5. 政府会计准则第4号——无形资产（2016年公布） ……………………462
6. 政府会计准则第5号——公共基础设施（2017年公布） ……………………465
7. 政府会计准则第6号——政府储备物资（2017年公布） ……………………469
8. 政府会计准则第7号——会计调整（2018年公布） ……………………471
9. 政府会计准则第8号——负债（2018年公布） ……………………474
10. 政府会计准则第9号——财务报表编制和列报（2018年公布） ……………478
11. 政府会计准则第11号——文物资源（2023年公布） ……………………487

第十二章　政府会计准则指南与解释 ……………………489
1. 政府会计准则制度解释第1号（2019年公布） ……………………489
2. 政府会计准则制度解释第2号（2019年公布） ……………………493
3. 政府会计准则制度解释第3号（2020年公布） ……………………498
4. 政府会计准则制度解释第4号（2021年公布） ……………………501
5. 政府会计准则制度解释第5号（2022年公布） ……………………506
6. 政府会计准则制度解释第6号（2023年公布） ……………………508
7. 政府会计准则制度解释第7号（2024年公布） ……………………510
8. 《政府会计准则第3号——固定资产》应用指南（2017年发布） ……………512
9. 《政府会计准则第11号——文物资源》应用指南 ……………………515
10. 关于进一步加强公路水路公共基础设施政府会计核算的通知
（2020年发布） ……………………519
11. 关于进一步加强市政基础设施政府会计核算的通知（2022年发布） ……549

第十三章　财政总预算会计核算法规 ……………………564
1. 财政总会计制度（2022年发布） ……………………564
2. 财政总预算会计管理基础工作规定（2012年发布） ……………………634

第四编　政府采购相关法规

第十四章　法律及政府采购目录及标准······641
1. 中华人民共和国政府采购法（2014年修正）······641
2. 中华人民共和国政府采购法实施条例（2015年公布）······648
3. 财政部关于《中华人民共和国政府采购法实施条例》第十九条第一款"较大数额罚款"具体适用问题的意见（2022年发布）······657
4. 政府采购需求管理办法（2021年发布）······658

第十五章　采购组织形式管理法律法规······662
1. 政府采购竞争性磋商采购方式管理暂行办法（2014年发布）······662
2. 中央预算单位变更政府采购方式审批管理办法（2015年发布）······667
3. 关于做好政府采购框架协议采购工作有关问题的通知（2022年发布）······669

第十六章　招投标管理法律法规······671
1. 中华人民共和国招标投标法（2017年修正）······671
2. 中华人民共和国招标投标法实施条例（2019年修订）······677
3. 政府采购货物和服务招标投标管理办法（2017年修订）······687
4. 铁路工程建设项目招标投标管理办法（2018年公布）······698

第十七章　采购进口产品相关法规······706
1. 政府采购进口产品管理办法（2007年发布）······706
2. 关于简化优化中央预算单位变更政府采购方式和采购进口产品审批审核有关事宜的通知（2016年发布）······710
3. 关于在政府采购活动中落实平等对待内外资企业有关政策的通知（2021年发布）······711

第十八章　采购信息管理法规······711
1. 政府采购信息发布管理办法（2019年公布）······711
2. 政府采购公告和公示信息格式规范（2020年版）······713

第十九章　政府采购代理机构管理······725
1. 政府采购代理机构管理暂行办法（2018年发布）······725
2. 关于做好政府采购代理机构名录登记有关工作的通知（2018年发布）······728

第二十章　政府采购评审专家管理法律法规······729
1. 评标委员会和评标方法暂行规定（2013年修正）······729
2. 政府采购评审专家管理办法（2016年发布）······734
3. 关于在中央预算单位开展政府采购评审专家和采购代理机构履职评价试点工作的通知（2022年发布）······738

第五编　行政事业单位财务管理法规

第二十一章　分行业的行政事业单位财务管理法规 ……………………………………743
　　1. 行政单位财务规则（2023年修订） ……………………………………………743
　　2. 事业单位财务规则（2022年修订） ……………………………………………748
　　3. 高等学校财务制度（2022年修订） ……………………………………………753
　　4. 中小学校财务制度（2022年修订） ……………………………………………759
　　5. 广播电视事业单位财务制度（2022年修订） …………………………………766
　　6. 体育事业单位财务制度（2022年修订） ………………………………………774
　　7. 文物事业单位财务制度（2022年修订） ………………………………………781
　　8. 科学事业单位财务制度（2022年修订） ………………………………………788

第二十二章　行政事业单位收入与价格管理法规 ……………………………………795
　　1. 中央行政单位国有资产处置收入和出租出借收入管理暂行办法
　　　（2009年发布） …………………………………………………………………795
　　2. 政府非税收入管理办法（2016年发布） ………………………………………797
　　3. 政府制定价格成本监审办法（2017年发布） …………………………………800
　　4. 行政事业性收费标准管理办法（2018年发布） ………………………………805
　　5. 价格认定复核办法（2018年发布） ……………………………………………808
　　6. 关于加强非税收入退付管理的通知（2020年发布） …………………………811

第二十三章　行政事业单位日常公用经费管理法规 …………………………………812
　　1. 党政机关厉行节约反对浪费条例（2013年发布） ……………………………812
　　2. 因公临时出国经费管理办法（2013年发布） …………………………………819
　　3. 因公短期出国培训费用管理办法（2014年发布） ……………………………823
　　4. 中央和国家机关差旅费管理办法（2013年发布） ……………………………824
　　5. 关于调整中央和国家机关差旅住宿费标准等有关问题的通知（2015年发布）…829
　　6. 中央和国家机关培训费管理办法（2016年修订） ……………………………830
　　7. 中央和国家机关会议费管理办法（2016年发布） ……………………………833
　　8. 财政部　国管局　中直管理局关于《中央和国家机关会议费管理办法》的补充
　　　通知（2023年发布） ……………………………………………………………837
　　9. 党政机关办公用房管理办法（2017年发布） …………………………………838
　　10. 党政机关公务用车管理办法（2017年发布） …………………………………844
　　11. 党政机关会议定点管理办法（2015年发布） …………………………………847
　　12. 关于规范差旅伙食费和市内交通费收交管理有关事项的通知
　　　（2019年修订） …………………………………………………………………849
　　13. 国家标准制修订经费管理办法（2019年修订） ………………………………850
　　14. 出国留学经费管理办法（2022年发布） ………………………………………853

第二十四章　行政事业单位资产管理相关法规 ………………………………………856
　　1. 行政事业性国有资产管理条例（2021年公布） ………………………………856

2. 关于做好《行政事业性国有资产管理条例》贯彻实施工作的通知
　　（2021 发布） …………………………………………………………… 861
3. 国有资产报告编报工作暂行办法（2021 年发布） …………………… 862
4. 行政单位国有资产管理暂行办法（2017 年修正） …………………… 864
5. 事业单位国有资产管理暂行办法（2019 年修订） …………………… 868
6. 中央级事业单位国有资产处置管理暂行办法（2021 年发布） ……… 874
7. 中央级事业单位国有资产使用管理暂行办法（2009 年发布） ……… 880
8. 行政事业单位资产清查核实管理办法（2016 年发布） ……………… 883
9. 中央部门所属高校国有资产处置管理补充规定（2017 年发布） …… 892
10. 中央行政事业单位国有资产配置管理办法（2018 年发布） ………… 893
11. 公共租赁住房资产管理暂行办法（2018 年发布） …………………… 896
12. 罚没财物管理办法（2020 年发布） …………………………………… 899
13. 国有文物资源资产管理暂行办法（2021 年发布） …………………… 903
14. 关于盘活行政事业单位国有资产的指导意见（2022 年发布） ……… 907

第二十五章　政府和社会资本合作项目财务管理相关法规 ……………… 909
1. 关于规范实施政府和社会资本合作新机制的指导意见（2023 年发布） …… 909
2. 政府和社会资本合作模式操作指南（试行）（2014 年发布） ……… 914
3. 政府和社会资本合作（PPP）综合信息平台运行规程（2015 年发布） …… 922
4. 基本公共服务领域中央与地方共同财政事权和支出责任划分改革方案
　　（2018 年发布） …………………………………………………… 924
5. 医疗卫生领域中央与地方财政事权和支出责任划分改革方案（2018 年发布） … 927

第二十六章　行政事业单位内部控制法规 ………………………………… 931
1. 行政事业单位内部控制规范（试行）（2012 年发布） ……………… 931
2. 行政事业单位内部控制报告管理制度（试行）（2017 年发布） …… 938
3. 关于进一步加强公立医院内部控制建设的指导意见（2023 年发布） …… 941

第二十七章　政府债务管理相关法规 ……………………………………… 944
1. 地方政府债券发行管理办法（2020 年发布） ………………………… 944
2. 记账式国债招标发行规则（2022 年发布） …………………………… 948
3. 储蓄国债发行额度管理办法（2022 年发布） ………………………… 951
4. 地方政府专项债券项目资金绩效管理办法（2021 年发布） ………… 955
5. 关于进一步做好地方政府债券发行工作的意见（2020 年发布） …… 958
6. 关于地方政府专项债券会计核算问题的通知（2015 年发布） ……… 960
7. 地方政府一般债务预算管理办法（2016 年发布） …………………… 963
8. 地方政府专项债务预算管理办法（2016 年发布） …………………… 966
9. 地方政府债券公开承销发行业务规程（2018 年发布） ……………… 969
10. 地方政府债务信息公开办法（试行）（2018 年发布） ……………… 973
11. 关于加快地方政府专项债券发行使用有关工作的通知（2020 年发布） …… 975
12. 地方政府专项债券用途调整操作指引（2021 年发布） ……………… 977

13. 地方政府债券信息公开平台管理办法（2021年发布）……979
14. 关于进一步做好地方政府债券柜台发行工作的通知（2020年发布）……980

第二十八章　国有资本管理法规……982

1. 关于划转部分国有资本充实社保基金有关事项的操作办法（2019年修订）……982
2. 金融机构国有股权董事议案审议操作指引（2023年修订）……985
3. 国有金融资本产权登记管理办法（试行）（2019年修订）……989

第六编　监督与审计相关法规

第二十九章　财务内部监管与处罚相关法规……997

1. 中央预算内投资项目日常监管实施办法（试行）（2017年发布）……997
2. 财政部门财政扶贫资金违规管理责任追究办法（2019年发布）……1001
3. 关于进一步加强农机购置补贴政策监管强化纪律约束的通知（2019年发布）……1003
4. 关于切实加强地方预算执行和财政资金安全管理有关事宜的通知（2019年发布）……1005
5. 关于加大审计重点领域关注力度　控制审计风险进一步有效识别财务舞弊的通知（2022年发布）……1007
6. 关于加快推进银行函证规范化、集约化、数字化建设的通知（2022年发布）……1013

第三十章　国家审计综合性法规……1017

1. 中华人民共和国审计法（2021年修正）……1017
2. 中华人民共和国审计法实施条例（2010年修订）……1023
3. 中华人民共和国国家审计准则（2010年修订）……1029
4. 党政主要领导干部和国有企事业单位主要领导人员经济责任审计规定（2019年修订）……1050
5. 党政主要领导干部和国有企业领导人员经济责任审计规定实施细则（2014年发布）……1057

电子附录目录

第一章　统驭性会计法规……001
1. 关于加强国家统一的会计制度贯彻实施工作的指导意见（2019年发布）……001
2. 中华人民共和国政府信息公开条例（2019年修订）……004

第二章　综合性会计基础工作管理法规……010
1. 中央预算单位银行账户管理暂行办法（2002年修订）……010
2.《中央预算单位银行账户管理暂行办法》补充规定（2006年发布）……014
3. 代理记账管理办法（2019年修改）……016

第三章　票据与发票管理法规……020
1. 关于统一全国财政电子票据式样和财政机打票据式样的通知（2018年发布）……020
2. 关于全面推行医疗收费电子票据管理改革的通知（2019年修订）……023
3. 票据管理实施办法（2011年修订）……026

第四章　会计人员管理法规……029
1. 关于对会计领域违法失信相关责任主体实施联合惩戒的合作备忘录（2018年发布）……029
2. 关于深化会计人员职称制度改革的指导意见（2019年修订）……048

第五章　预算管理综合法规……052
1. 国务院关于深化预算管理制度改革的决定（2014年发布）……052
2. 财政部关于印发《预算管理一体化规范（2.0版）》的通知（2023年发布）……057
3. 中央财政预算管理一体化资金支付管理办法（试行）（2022年发布）……058

第六章　预算编制与执行相关法规……063
1. 中央本级项目支出定额标准管理暂行办法（2009年发布）……063
2. 关于进一步完善中央部门项目支出预算管理的通知（2017年发布）……070
3. 关于进一步完善中央财政科技和教育资金预算执行管理有关事宜的通知（2018年发布）……071
4. 关于下达2019年中央专项彩票公益金支持开展居家和社区养老服务改革试点补助资金预算的通知（2019年发布）……072

第七章　决算管理相关法规……078
行政事业单位会计决算报告制度（2002年发布）……078

第八章　预算绩效管理相关法规……083
1. 中共中央　国务院关于全面实施预算绩效管理的意见（2018年发布）……083
2. 关于贯彻落实《中共中央　国务院关于全面实施预算绩效管理的意见》的通知（2018年发布）……086
3. 关于推进政府购买服务第三方绩效评价工作的指导意见（2018年修订）……089

4. 关于下达财政管理工作绩效考核奖励资金的通知（2019年发布） …………… 091
5. 农村综合改革转移支付绩效管理办法（2019年发布） …………… 093
6. 农业相关转移支付资金绩效管理办法（2019年发布） …………… 095
7. 财政支出（项目支出）绩效评价操作指引（试行）（2014年发布） …………… 098
8. 预算绩效评价共性指标体系框架（2013年修订） …………… 111
9. 关于加强中央部门预算资金使用绩效报送工作的通知（2013年发布） …………… 123
10. 经济建设项目资金预算绩效管理规则（2013年发布） …………… 128
11. 中央部门预算绩效目标管理办法（2015年发布） …………… 130
12. 关于推进中央部门中期财政规划管理的意见（2015年修订） …………… 152
13. 关于实行中期财政规划管理的意见（2015年修订） …………… 155
14. 中央对地方专项转移支付绩效目标管理暂行办法（2015年修订） …………… 157
15. 关于开展中央部门项目支出绩效自评工作的通知（2016年发布） …………… 177
16. 关于规范绩效评价结果等级划分标准的通知（2017年发布） …………… 178
17. 中央级科研事业单位绩效评价暂行办法（2017年发布） …………… 178

第九章 政府综合财务报告相关法规 …………… 186
关于开展2018年度政府财务报告编制试点工作的通知（2019年修订） …………… 186

第十章 政府会计制度 …………… 190
政府会计制度——行政事业单位会计科目和报表（2017年发布） …………… 190

第十一章 管理会计及成本相关法规 …………… 373
1. 管理会计应用指引803号——行政事业单位（2018年发布） …………… 373
2. 事业单位成本核算基本指引（2019年发布） …………… 376
3. 事业单位成本核算具体指引——公立医院（2021年发布） …………… 380
4. 事业单位成本核算具体指引——科学事业单位（2022年发布） …………… 392
5. 事业单位成本核算具体指引——高等学校（2022年发布） …………… 400

第十二章 农民专业合作社财会管理制度 …………… 408
1. 农民专业合作社财务制度（2022年发布） …………… 408
2. 农民专业合作社会计制度（2021年发布） …………… 412
3. 农民专业合作社新旧会计制度有关衔接问题的处理规定（2021年发布） …………… 449

第十三章 民间非营利组织会计相关法规 …………… 454
1. 民间非营利组织会计制度（2004年发布） …………… 454
2.《民间非营利组织会计制度》若干问题的解释（2020年发布） …………… 467

第十四章 农村集体及农民专业合作社会计相关法规 …………… 471
1. 农村集体经济组织财务制度（2021年发布） …………… 471
2. 农村集体经济组织会计制度（2023年修订） …………… 474
3. 农村集体经济组织新旧会计制度有关衔接问题的处理规定（2023年发布） …………… 509

第十五章　其他行政事业单位相关核算法规 ················· 515
1. 土地储备资金会计核算办法（试行）（2008年发布） ················· 515
2. 社会保险基金会计制度（2017年发布） ················· 526
3. 社会保障基金财政专户会计核算办法（2018年发布） ················· 562
4. 道路交通事故社会救助基金会计核算办法（2022年发布） ················· 582
5. 中央专项彩票公益金支持大学生创新创业教育项目资金管理办法（2022年发布） ················· 593
6. 知识产权相关会计信息披露规定（2018年发布） ················· 596
7. 行政事业单位划转撤并相关会计处理规定（2022年发布） ················· 597
8. 关于加强行政事业单位固定资产管理的通知（2020年发布） ················· 606

第十六章　采购组织形式管理法律法规 ················· 608
1. 中央单位政府集中采购管理实施办法（2007年发布） ················· 608
2. 中央预算单位批量集中采购管理暂行办法（2013年发布） ················· 613
3. 政府采购非招标采购方式管理办法（2013年发布） ················· 614

第十七章　招投标管理法律法规 ················· 623
1. 工程建设项目自行招标试行办法（2013年修正） ················· 623
2. 工程建设项目勘察设计招标投标办法（2013年修正） ················· 624
3. 工程建设项目施工招标投标办法（2013年修正） ················· 631
4. 工程建设项目货物招标投标办法（2013年修正） ················· 641
5. 建筑工程方案设计招标投标管理办法（2008年发布） ················· 649

第十八章　采购预算与执行相关法规 ················· 656
1. 关于完善中央单位政府采购预算管理和中央高校、科研院所科研仪器设备采购管理有关事项的通知（2016年发布） ················· 656
2. 政府采购品目分类目录（2022年发布） ················· 657
3. 中央预算单位政府集中采购目录及标准（2020年版） ················· 805
4. 地方预算单位政府集中采购目录及标准指引（2020年版） ················· 807

第十九章　采购信息管理法规 ················· 810
1. 关于在政府采购活动中查询及使用信用记录有关问题的通知（2016年发布） ················· 810
2. 关于做好政府采购有关信用主体标识码登记工作的通知（2016年发布） ················· 811
3. 招标公告和公示信息发布管理办法（2017年发布） ················· 812
4. 中央级新购大型科研仪器设备查重评议管理办法（2019年修订） ················· 814

第二十章　政府采购监督检查法律法规 ················· 817
1. 集中采购机构监督考核管理办法（2003年发布） ················· 817
2. 政府采购质疑和投诉办法（2018年发布） ················· 819
3. 中央集中采购机构监督考核暂行办法（2007年发布） ················· 825

4. 国家重大建设项目招标投标监督暂行办法（2013年修正） …………………… 828
5. 工程建设项目招标投标活动投诉处理办法（2013年修订） …………………… 830
6. 招标投标违法行为记录公告暂行办法（2008年发布） ………………………… 833
7. 关于2019年开展全国政府采购代理机构监督检查工作的通知
　（2019年发布） ………………………………………………………………… 835

第二十一章　信息产品类政府采购相关法规 ………………………………………… 838
1. 财政部关于做好事业单位政府购买服务改革工作的意见（2016年发布） …… 838
2. 关于做好2022年政府购买服务改革重点工作的通知（2022年发布） ………… 840
3. 财政部关于进一步做好政府机关使用正版软件工作的通知
　（2010年发布） ………………………………………………………………… 843
4. 关于进一步规范和加强政府机关软件资产管理的意见（2011年发布） ……… 844
5. 财政部关于贯彻落实整合建立统一的公共资源交易平台工作方案有关
　问题的通知（2015年发布） …………………………………………………… 846
6. 关于印发《数据库政府采购需求标准（2023年版）》的通知
　（2023年发布） ………………………………………………………………… 849
7. 关于印发《操作系统政府采购需求标准（2023年版）》的通知
　（2023年发布） ………………………………………………………………… 878
8. 关于印发《通用服务器政府采购需求标准（2023年版）》的通知
　（2023年发布） ………………………………………………………………… 915
9. 关于印发《工作站政府采购需求标准（2023年版）》的通知
　（2023年发布） ………………………………………………………………… 930
10. 关于印发《一体式计算机政府采购需求标准（2023年版）》的通知
　（2023年发布） ………………………………………………………………… 945
11. 关于印发《便携式计算机政府采购需求标准（2023年版）》的通知
　（2023年发布） ………………………………………………………………… 960
12. 关于印发《台式计算机政府采购需求标准（2023年版）》的通知
　（2023年发布） ………………………………………………………………… 975

第二十二章　服务项目采购相关法规 …………………………………………………… 990
1. 国务院办公厅关于政府向社会力量购买服务的指导意见（2013年发布） …… 990
2. 财政部关于做好政府购买服务工作有关问题的通知（2013年发布） ………… 993
3. 关于推进和完善服务项目政府采购有关问题的通知（2014年发布） ………… 995
4. 政府购买服务管理办法（2020年公布） ………………………………………… 996
5. 关于印发中央本级政府购买服务指导性目录的通知（2020年发布） ………… 999
6. 关于坚决制止地方以政府购买服务名义违法违规融资的通知
　（2017年发布） ………………………………………………………………… 1000

第二十三章　国家集中采购中心颁布法规 …………………………………………… 1002
1. 中央国家机关政府采购中心网上竞价管理办法（2016年发布） ……………… 1002

2. 中央国家机关政府采购中心开标评标管理办法（试行）（2013年发布）……… 1005

　　3. 关于电子卖场执行有关问题的通知（2017年发布）………………………… 1010

第二十四章　国家审计综合性法规 …………………………………………………… 1011

　　1. 政府投资项目审计规定（2010年修订）…………………………………… 1011

　　2. 关于完善审计制度若干重大问题的框架意见（2015年发布）…………… 1013

　　3. 关于实行审计全覆盖的实施意见（2015年发布）………………………… 1016

　　4. 审计署关于内部审计工作的规定（2018年修订）………………………… 1018

　　5. 审计署关于在乡村振兴战略实施中加强审计监督的意见（2018年发布）… 1021

　　6. 政府财务报告审计办法（试行）（2020年发布）………………………… 1025

　　7. 审计机关审计听证规定（2021年修订）…………………………………… 1026

　　8. 审计署　人民银行　银保监会　证监会关于审计机关查询单位和个人在
　　　 金融机构账户和存款有关问题的通知（2022年发布）…………………… 1029

第二十五章　政府采购扶持性政策法规 ……………………………………………… 1031

　　1. 政府采购促进中小企业发展管理办法（2020年修订）…………………… 1031

　　2. 财政部　民政部　中国残疾人联合会关于促进残疾人就业政府采购政策的
　　　 通知（2017年发布）………………………………………………………… 1038

　　3. 关于调整优化节能产品、环境标志产品政府采购执行机制的通知
　　　（2019年发布）……………………………………………………………… 1039

　　4. 关于促进政府采购公平竞争优化营商环境的通知（2019年发布）……… 1040

　　5. 政府采购贫困地区农副产品实施方案（2019年发布）…………………… 1043

　　6. 关于运用政府采购政策支持脱贫攻坚的通知（2019年发布）…………… 1047

　　7. 关于运用政府采购政策支持乡村产业振兴的通知（2021年发布）……… 1048

　　8. 关于深入开展政府采购脱贫地区农副产品工作推进乡村产业振兴的实施
　　　 意见（2021年发布）………………………………………………………… 1049

　　9. 关于进一步做好政府采购脱贫地区农副产品有关工作的通知
　　　（2022年发布）……………………………………………………………… 1051

　　10. 关于进一步加大政府采购支持中小企业力度的通知（2022年发布）…… 1053

　　11. 关于印发《绿色数据中心政府采购需求标准（试行）》的通知
　　　　（2023年发布）…………………………………………………………… 1054

第二十六章　其他政府采购法律法规 ………………………………………………… 1068

　　1. 关于加强政府采购活动内部控制管理的指导意见（2016年发布）……… 1068

　　2. 关于《中华人民共和国政府采购法实施条例》第十八条第二款法律
　　　 适用的函（2015年发布）…………………………………………………… 1071

　　3. 国务院法制办公室《对政府采购工程项目法律适用及申领施工许可证
　　　 问题的答复》的通知（2015年发布）……………………………………… 1071

　　4. 商品包装政府采购需求标准（试行）（2020年发布）…………………… 1072

　　5. 快递包装政府采购需求标准（试行）（2020年发布）…………………… 1073

第二十七章　分行业的行政事业单位财务管理法规……1074
1. 医院财务制度（2010年发布）……1074
2. 人口和计划生育事业单位财务制度（2012年修订）……1084
3. 彩票机构会计制度（2013年发布）……1092

第二十八章　科研经费管理相关法规……1096
1. 国务院办公厅关于改革完善中央财政科研经费管理的若干意见（2021年发布）……1096
2. 关于进一步完善中央财政科研项目资金管理等政策的若干意见（2016年发布）……1099
3. 中央高校基本科研业务费管理办法（2021年修订）……1102
4. 中央级公益性科研院所基本科研业务费专项资金管理办法（2016年发布）……1105
5. 关于《中央级公益性科研院所基本科研业务费专项资金管理办法》有关问题的补充通知（2021年发布）……1107
6. 实行以增加知识价值为导向分配政策的若干意见（2016年发布）……1108
7. 国务院关于优化科研管理提升科研绩效若干措施的通知（2018年发布）……1111
8. 国家自然科学基金委员会　财政部关于进一步完善科学基金项目和资金管理的通知（2019年发布）……1115
9. 国家自然科学基金资助项目资金管理办法（2021年发布）……1116
10. 国家社会科学基金项目资金管理办法（2021发布）……1122
11. 科技部　财政部关于进一步优化国家重点研发计划项目和资金管理的通知（2019年发布）……1126
12. 国家重点研发计划资金管理办法（2021年发布）……1128
13. 国家科学技术奖励绩效评价暂行办法（2019年发布）……1135
14. 中央财政科技计划（专项、基金等）后补助管理办法（2019年发布）……1136
15. 关于"十四五"期间进口科学研究、科技开发和教学用品免税清单（第一批）的通知（2021年发布）……1138
16. 关于中央财政科技计划（专项、基金等）经费管理新旧政策衔接有关事项的通知（2021年发布）……1139
17. 中央级科学事业单位改善科研条件专项资金管理办法（2021年发布）……1140
18. 高等学校哲学社会科学繁荣计划专项资金管理办法（2021年发布）……1142
19. 国家科技成果转化引导基金管理暂行办法（2021年发布）……1147
20. 关于国家科技重大专项（民口）资金管理有关事项的通知（2021年发布）……1149

第二十九章　专项资金管理法规……1151
1. 中央部门财政拨款结转和结余资金管理办法（2010年发布）……1151
2. 中央对地方均衡性转移支付办法（2022年修订）……1153
3. 车辆购置税收入补助地方资金管理暂行办法……1159

4. 关于《车辆购置税收入补助地方资金管理暂行办法》的补充通知
　　（2022年发布） ……………………………………………………………… 1169
5. 政府投资基金暂行管理办法（2015年发布） ………………………………… 1171
6. 职业年金基金管理暂行办法（2016年发布） ………………………………… 1174
7. 农业产业发展资金管理办法（2023年发布） ………………………………… 1182
8. 农业产业发展资金分配测算方法及标准（2023年发布） …………………… 1185
9. 农业经营主体能力提升资金管理办法（2023年发布） ……………………… 1186
10. 农业经营主体能力提升资金分配测算方法及标准（2023年发布） ………… 1190
11. 农业生态资源保护资金管理办法（2023年发布） …………………………… 1191
12. 农业生态资源保护资金分配测算方法及标准（2023年发布） ……………… 1194
13. 粮油生产保障资金管理办法（2023年发布） ………………………………… 1195
14. 粮油生产保障资金分配测算方法及标准（2023年发布） …………………… 1198
15. 中央水库移民扶持基金绩效管理暂行办法（2018年发布） ………………… 1199
16. 大气污染防治资金管理办法（2021年发布） ………………………………… 1201
17. 电信普遍服务补助资金管理办法（2022年修订） …………………………… 1203
18. 海岛及海域保护资金管理办法（2018年发布） ……………………………… 1206
19. 中央专项彩票公益金支持地方社会公益事业发展资金管理办法
　　（2022年修订） …………………………………………………………… 1208
20. 城市管网及污水处理补助资金管理办法（2021年修订） …………………… 1210
21. 基本公共卫生服务补助资金管理办法（2022年修订） ……………………… 1212
22. 医疗服务与保障能力提升补助资金管理办法（2022年修订） ……………… 1214
23. 基本药物制度补助资金管理办法（2022年修订） …………………………… 1217
24. 重大传染病防控经费管理办法（2022修订） ………………………………… 1219
25. 计划生育转移支付资金管理办法（2022年修订） …………………………… 1221
26. 食品药品监管补助资金管理暂行办法（2019年发布） ……………………… 1223
27. 城乡义务教育补助经费管理办法（2021年修订） …………………………… 1226
28. 海洋生态保护修复资金管理办法（2020年发布） …………………………… 1230
29. 清洁能源发展专项资金管理暂行办法（2020年发布） ……………………… 1232
30. 林业草原生态保护恢复资金管理办法（2022年修订） ……………………… 1234
31. 林业改革发展资金管理办法（2022年修订） ………………………………… 1239
32. 土壤污染防治资金管理办法（2022年修订） ………………………………… 1245
33. 中央高校建设世界一流大学（学科）和特色发展引导专项资金管理办法
　　（2022年发布） …………………………………………………………… 1248
34. 节能减排补助资金管理暂行办法（2023年修订） …………………………… 1250
35. 可再生能源电价附加资金管理办法（2020年修订） ………………………… 1251
36. 中央集中彩票公益金支持体育事业专项资金管理办法（2020年发布） …… 1254
37. 义务教育薄弱环节改善与能力提升补助资金管理办法（2021年修订） …… 1259
38. 农业防灾减灾和水利救灾资金管理办法（2023年发布） …………………… 1261
39. 反垄断工作补助经费管理暂行办法（2021年发布） ………………………… 1266
40. 中央引导地方科技发展资金管理办法（2023年修订） ……………………… 1268
41. 普惠金融发展专项资金管理办法（2023年修订） …………………………… 1271

42. 服务业发展资金管理办法（2023年修订） ……………………………………… 1276
43. 特殊教育补助资金管理办法（2021年修订） …………………………………… 1279
44. 改善普通高中学校办学条件补助资金管理办法（2021年修订） ……………… 1281
45. 现代职业教育质量提升计划资金管理办法（2021年修订） …………………… 1283
46. 中央财政衔接推进乡村振兴补助资金管理办法（2021年发布） ……………… 1286
47. 中央生态环保转移支付资金项目储备制度管理暂行办法（2021年发布） …… 1288
48. 中央引导地方科技发展资金管理办法（2023年修订） ………………………… 1289
49. 中央专项彩票公益金支持地方社会公益事业发展资金管理办法
　　（2022年修订） ……………………………………………………………………… 1292
50. 重点生态保护修复治理资金管理办法（2024年修订） ………………………… 1294
51. 中央对地方重点生态功能区转移支付办法（2022年修订） …………………… 1296
52. 关于加强国家文物保护资金管理的意见（2020年发布） ……………………… 1298
53. 国家文物保护资金管理办法（2023年修订） …………………………………… 1300
54. 关于进一步规范和加强学生资助管理工作的通知（2021年发布） …………… 1306
55. 关于做好2022年国家助学贷款免息及本金延期偿还工作的通知
　　（2022年发布） ……………………………………………………………………… 1308
56. 关于提高计划生育家庭特别扶助制度扶助标准的通知
　　（2022年发布） ……………………………………………………………………… 1308
57. 水污染防治资金管理办法（2021年发布） ……………………………………… 1309
58. 土壤污染防治资金管理办法（2022年修订） …………………………………… 1311
59. 农村环境整治资金管理办法（2021年发布） …………………………………… 1314
60. 机关事业单位职业年金基金相关业务会计处理规定（2021年发布） ………… 1316
61. 现代职业教育质量提升计划资金管理办法（2021年修订） …………………… 1328
62. 中小企业发展专项资金管理办法（2021年修订） ……………………………… 1331
63. 国家艺术基金财务管理办法（2022年修订） …………………………………… 1333
64. 中央支持地方公共文化服务体系建设补助资金管理办法（2022年修订） …… 1336
65. 中央财政农村危房改造补助资金管理办法（2023年发布） …………………… 1339
66. 中央对地方资源枯竭城市转移支付办法（2022年修订） ……………………… 1342
67. 安全生产预防和应急救援能力建设补助资金管理办法（2022年发布） ……… 1343
68. 基本公共卫生服务补助资金管理办法（2022年修订） ………………………… 1348
69. 医疗服务与保障能力提升补助资金管理办法（2022年修订） ………………… 1351
70. 基本药物制度补助资金管理办法（2022年修订） ……………………………… 1354
71. 计划生育转移支付资金管理办法（2022年修订） ……………………………… 1356
72. 重大传染病防控经费管理办法（2022年修订） ………………………………… 1358
73. 中央财政农业转移人口市民化奖励资金管理办法（2022年修订） …………… 1360
74. 中央财政城镇保障性安居工程补助资金管理办法（2022年发布） …………… 1361
75. 中央财政城乡居民基本医疗保险补助资金管理办法（2022年修订） ………… 1371
76. 公共体育场馆向社会免费或低收费开放补助资金管理办法（2022年发布） … 1381
77. 支持地方高校改革发展资金管理办法（2022年修订） ………………………… 1383
78. 无线电管理经费资金管理办法（2023年发布） ………………………………… 1385
79. 科技馆免费开放补助资金管理办法（2023年发布） …………………………… 1388

80. 央属文物保护利用项目资金管理办法（2023年发布） ………………………… 1390
81. 黄河流域生态保护和高质量发展奖补资金管理办法（2023年发布） ………… 1393

第三十章　基本建设财务法规 ……………………………………………………… 1396
1. 中央基本建设项目竣工财务决算审核批复操作规程（2018年发布） ………… 1396
2. 全国人大常委会法工委对地方性法规中以审计结果作为政府投资建设项目
竣工结算依据有关规定的研究意见（2017年发布） ……………………………… 1400
3. 必须招标的基础设施和公用事业项目范围规定（2018年发布） ……………… 1402

第三十一章　行政事业单位纳税相关法规 ………………………………………… 1403
1. 税务规范性文件制定管理办法（2021年修正） ………………………………… 1403
2. 中华人民共和国耕地占用税法实施办法（2019年发布） ……………………… 1408
3. 关于调整完善增值税留抵退税地方分担机制及预算管理有关事项的通知
（2019年发布） …………………………………………………………………… 1411
4. 关于车辆购置税有关具体政策的公告（2019年发布） ………………………… 1414
5. 关于继续执行的车辆购置税优惠政策的公告（2019年发布） ………………… 1415
6. 关于印花税法实施后有关优惠政策衔接问题的公告（2022年发布） ………… 1416
7. 关于印花税若干事项政策执行口径的公告（2022年发布） …………………… 1421
8. 关于延续实施文化体制改革中经营性文化事业单位转制为企业有关税收
政策的公告（2023年发布） ……………………………………………………… 1422
9. 关于继续实施企业、事业单位改制重组有关契税政策的公告
（2023年发布） …………………………………………………………………… 1424
10. 关于继续实施高校学生公寓房产税、印花税政策的公告
（2023年发布） …………………………………………………………………… 1425
11. 关于继续实施对城市公交站场、道路客运站场、城市轨道交通系统减免
城镇土地使用税优惠政策的公告（2023年发布） ……………………………… 1426
12. 关于继续实施部分国家商品储备税收优惠政策的公告（2023年发布） …… 1426
13. 关于延续实施医疗服务免征增值税等政策的公告（2023年发布） ………… 1427
14. 关于保险保障基金有关税收政策的通知（2023年发布） …………………… 1427
15. 关于继续实施农村饮水安全工程税收优惠政策的公告（2023年发布） …… 1428
16. 关于延续实施中国邮政储蓄银行三农金融事业部涉农贷款增值税
政策的公告（2023年发布） ……………………………………………………… 1429
17. 关于延续实施金融机构农户贷款利息收入免征增值税政策的公告
（2023年发布） …………………………………………………………………… 1430
18. 关于延续实施企业改制重组有关土地增值税政策的公告
（2023年发布） …………………………………………………………………… 1430
19. 关于延续实施小额贷款公司有关税收优惠政策的公告（2023年发布） …… 1431

第三十二章　国库会计核算及财务管理法规 ……………………………………… 1433
1. 国库会计管理规定（2005年发布） ……………………………………………… 1433
2. 国库会计核算业务操作规程（2005年发布） …………………………………… 1442

3. 中国人民银行国库会计事后监督办法（2005年发布） ······ 1461

第三十三章　财务内部监管与处罚相关法规 ······ 1466
1. 财政部门实施会计监督办法（2001年公布） ······ 1466
2. 财政违法行为处罚处分条例（2004年公布） ······ 1473
3. 财政部门内部监督检查办法（2010年公布） ······ 1477

第三十四章　个人所得税法规 ······ 1482
1. 关于在中国境内无住所的个人居住时间判定标准的公告（2019年发布） ······ 1482
2. 关于非居民个人和无住所居民个人有关个人所得税政策的公告
   （2019年发布） ······ 1482
3. 国家发展改革委办公厅国家税务总局办公厅关于加强个人所得税纳税
   信用建设的通知（2019年发布） ······ 1489
4. 关于个人取得有关收入适用个人所得税应税所得项目的公告
   （2019年发布） ······ 1490
5. 关于个人所得税法修改后有关优惠政策衔接问题的通知（2018年发布） ······ 1492
6. 个人所得税专项附加扣除操作办法（试行）（2022年修订） ······ 1495
7. 关于个人养老金有关个人所得税政策的公告（2022年发布） ······ 1499
8. 财政部　税务总局　银保监会关于进一步明确商业健康保险个人所得税
   优惠政策适用保险产品范围的通知（2022年发布） ······ 1499
9. 关于延续实施粤港澳大湾区个人所得税优惠政策的通知（2023年发布） ······ 1500
10. 关于延续实施有关个人所得税优惠政策的公告（2023年发布） ······ 1500
11. 关于延续实施远洋船员个人所得税政策的公告（2023年发布） ······ 1501
12. 关于延续实施外籍个人有关津补贴个人所得税政策的公告
    （2023年发布） ······ 1501
13. 关于延续实施个人所得税综合所得汇算清缴有关政策的公告
    （2023年发布） ······ 1502
14. 关于延续实施全年一次性奖金个人所得税政策的公告（2023年发布） ······ 1502
15. 关于延续实施支持居民换购住房有关个人所得税政策的公告
    （2023年发布） ······ 1503
16. 关于延续实施支持原油等货物期货市场对外开放个人所得税政策的公告
    （2023年发布） ······ 1503
17. 关于延续实施沪港、深港股票市场交易互联互通机制和内地与香港基金
    互认有关个人所得税政策的公告（2023年发布） ······ 1504
18. 关于延续实施创业投资企业个人合伙人所得税政策的公告
    （2023年发布） ······ 1504
19. 关于延续实施上市公司股权激励有关个人所得税政策的公告
    （2023年发布） ······ 1506

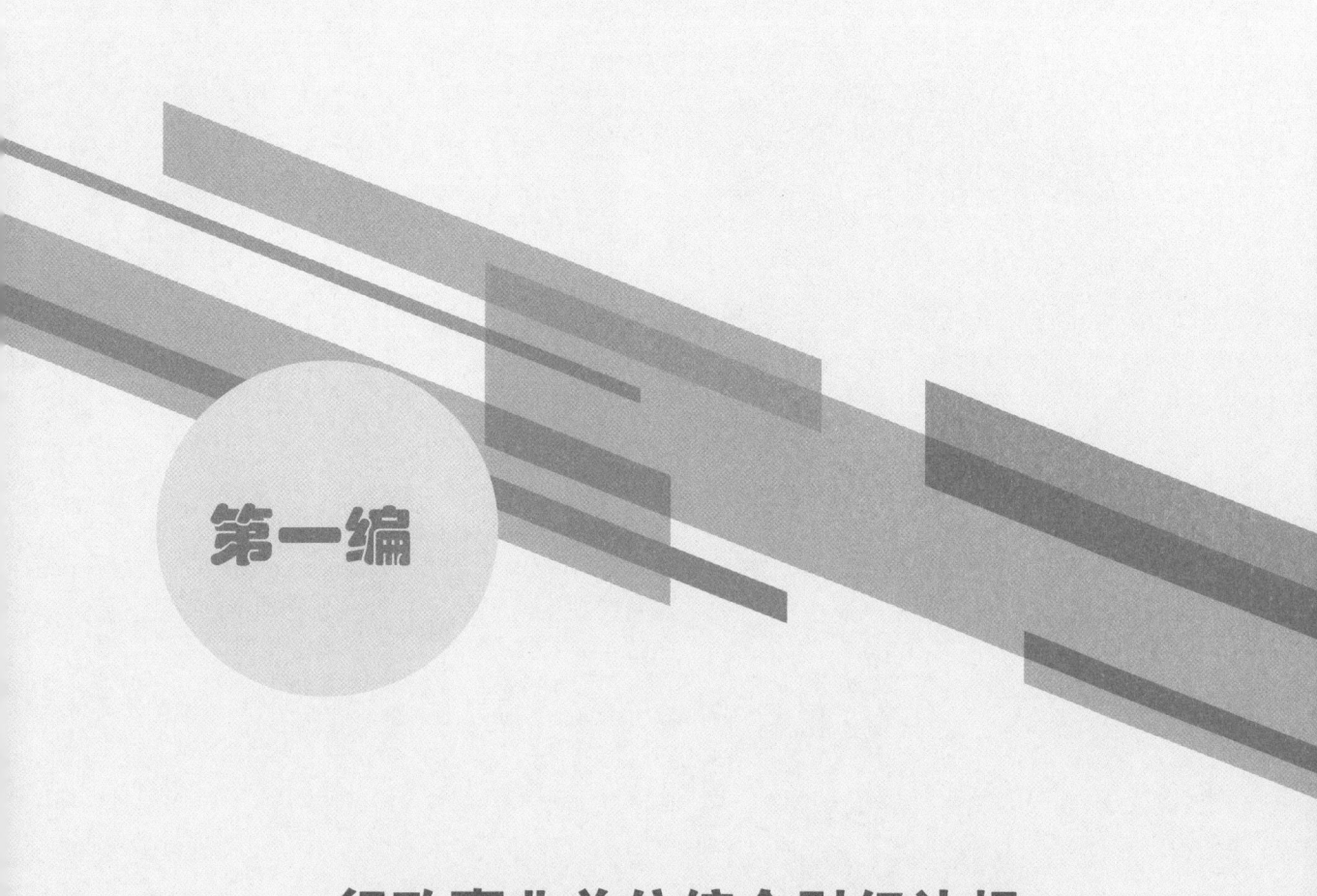

第一编

行政事业单位综合财经法规

第一章 统驭性会计法规

1. 中华人民共和国会计法（2017年修正）

（1985年1月21日第六届全国人民代表大会常务委员会第九次会议通过 根据1993年12月29日第八届全国人民代表大会常务委员会第五次会议《关于修改〈中华人民共和国会计法〉的决定》第一次修正 1999年10月31日第九届全国人民代表大会常务委员会第十二次会议修订 根据2017年11月4日第十二届全国人民代表大会常务委员会第三十次会议《关于修改〈中华人民共和国会计法〉等十一部法律的决定》第二次修正）

第一章 总 则

第一条 为了规范会计行为，保证会计资料真实、完整，加强经济管理和财务管理，提高经济效益，维护社会主义市场经济秩序，制定本法。

第二条 国家机关、社会团体、公司、企业、事业单位和其他组织（以下统称单位）必须依照本法办理会计事务。

第三条 各单位必须依法设置会计账簿，并保证其真实、完整。

第四条 单位负责人对本单位的会计工作和会计资料的真实性、完整性负责。

第五条 会计机构、会计人员依照本法规定进行会计核算，实行会计监督。

任何单位或者个人不得以任何方式授意、指使、强令会计机构、会计人员伪造、变造会计凭证、会计账簿和其他会计资料，提供虚假财务会计报告。

任何单位或者个人不得对依法履行职责、抵制违反本法规定行为的会计人员实行打击报复。

第六条 对认真执行本法，忠于职守，坚持原则，做出显著成绩的会计人员，给予精神的或者物质的奖励。

第七条 国务院财政部门主管全国的会计工作。

县级以上地方各级人民政府财政部门管理本行政区域内的会计工作。

第八条 国家实行统一的会计制度。国家统一的会计制度由国务院财政部门根据本法制定并公布。

国务院有关部门可以依照本法和国家统一的会计制度制定对会计核算和会计监督有特殊要求的行业实施国家统一的会计制度的具体办法或者补充规定，报国务院财政部门审核批准。

中国人民解放军总后勤部可以依照本法和国家统一的会计制度制定军队实施国家统一的会计制度的具体办法，报国务院财政部门备案。

第二章 会计核算

第九条 各单位必须根据实际发生的经济业务事项进行会计核算，填制会计凭证，登记会计账簿，编制财务会计报告。

任何单位不得以虚假的经济业务事项或者资料进行会计核算。

第十条 下列经济业务事项，应当办理会计手续，进行会计核算：

（一）款项和有价证券的收付；

（二）财物的收发、增减和使用；
（三）债权债务的发生和结算；
（四）资本、基金的增减；
（五）收入、支出、费用、成本的计算；
（六）财务成果的计算和处理；
（七）需要办理会计手续、进行会计核算的其他事项。

第十一条 会计年度自公历1月1日起至12月31日止。

第十二条 会计核算以人民币为记账本位币。

业务收支以人民币以外的货币为主的单位，可以选定其中一种货币作为记账本位币，但是编报的财务会计报告应当折算为人民币。

第十三条 会计凭证、会计账簿、财务会计报告和其他会计资料，必须符合国家统一的会计制度的规定。

使用电子计算机进行会计核算的，其软件及其生成的会计凭证、会计账簿、财务会计报告和其他会计资料，也必须符合国家统一的会计制度的规定。

任何单位和个人不得伪造、变造会计凭证、会计账簿及其他会计资料，不得提供虚假的财务会计报告。

第十四条 会计凭证包括原始凭证和记账凭证。

办理本法第十条所列的经济业务事项，必须填制或者取得原始凭证并及时送交会计机构。

会计机构、会计人员必须按照国家统一的会计制度的规定对原始凭证进行审核，对不真实、不合法的原始凭证有权不予接受，并向单位负责人报告；对记载不准确、不完整的原始凭证予以退回，并要求按照国家统一的会计制度的规定更正、补充。

原始凭证记载的各项内容均不得涂改；原始凭证有错误的，应当由出具单位重开或者更正，更正处应当加盖出具单位印章。原始凭证金额有错误的，应当由出具单位重开，不得在原始凭证上更正。

记账凭证应当根据经过审核的原始凭证及有关资料编制。

第十五条 会计账簿登记，必须以经过审核的会计凭证为依据，并符合有关法律、行政法规和国家统一的会计制度的规定。会计账簿包括总账、明细账、日记账和其他辅助性账簿。

会计账簿应当按照连续编号的页码顺序登记。会计账簿记录发生错误或者隔页、缺号、跳行的，应当按照国家统一的会计制度规定的方法更正，并由会计人员和会计机构负责人（会计主管人员）在更正处盖章。

使用电子计算机进行会计核算的，其会计账簿的登记、更正，应当符合国家统一的会计制度的规定。

第十六条 各单位发生的各项经济业务事项应当在依法设置的会计账簿上统一登记、核算，不得违反本法和国家统一的会计制度的规定私设会计账簿登记、核算。

第十七条 各单位应当定期将会计账簿记录与实物、款项及有关资料相互核对，保证会计账簿记录与实物及款项的实有数额相符、会计账簿记录与会计凭证的有关内容相符、会计账簿之间相对应的记录相符、会计账簿记录与会计报表的有关内容相符。

第十八条 各单位采用的会计处理方法，前后各期应当一致，不得随意变更；确有必要变更的，应当按照国家统一的会计制度的规定变更，并将变更的原因、情况及影响在财务会计报告中说明。

第十九条 单位提供的担保、未决诉讼等或有事项，应当按照国家统一的会计制度的规定，在财务会计报告中予以说明。

第二十条 财务会计报告应当根据经过审核的会计账簿记录和有关资料编制，并符合本法和国家统一的会计制度关于财务会计报告的编制要求、提供对象和提供期限的规定；其他法律、行政法规另有规定的，从其规定。

财务会计报告由会计报表、会计报表附注和财务情况说明书组成。向不同的会计资料使用者提供的财务会计报告，其编制依据应当一致。有关法律、行政法规规定会计报表、会计报表附注和财务情况说明书须经注册会计师审计的，注册会计师及其所在的会计师事务所出具的审计报告应当随同财务会计报告一并提供。

第二十一条 财务会计报告应当由单位负责人和主管会计工作的负责人、会计机构负责人（会计主管人员）签名并盖章；设置总会计师的单位，还须由总会计师签名并盖章。

单位负责人应当保证财务会计报告真实、完整。

第二十二条 会计记录的文字应当使用中文。在民族自治地方，会计记录可以同时使用当地通用的一种民族文字。在中华人民共和国境内的外商投资企业、外国企业和其他外国组织的会计记录可以同时使用一种外国文字。

第二十三条 各单位对会计凭证、会计账簿、财务会计报告和其他会计资料应当建立档案，妥善保管。会计档案的保管期限和销毁办法，由国务院财政部会同有关部门制定。

第三章 公司、企业会计核算的特别规定

第二十四条 公司、企业进行会计核算，除应当遵守本法第二章的规定外，还应当遵守本章规定。

第二十五条 公司、企业必须根据实际发生的经济业务事项，按照国家统一的会计制度的规定确认、计量和记录资产、负债、所有者权益、收入、费用、成本和利润。

第二十六条 公司、企业进行会计核算不得有下列行为：

（一）随意改变资产、负债、所有者权益的确认标准或者计量方法，虚列、多列、不列或者少列资产、负债、所有者权益；

（二）虚列或者隐瞒收入，推迟或者提前确认收入；

（三）随意改变费用、成本的确认标准或者计量方法，虚列、多列、不列或者少列费用、成本；

（四）随意调整利润的计算、分配方法，编造虚假利润或者隐瞒利润；

（五）违反国家统一的会计制度规定的其他行为。

第四章 会计监督

第二十七条 各单位应当建立、健全本单位内部会计监督制度。单位内部会计监督制度应当符合下列要求：

（一）记账人员与经济业务事项和会计事项的审批人员、经办人员、财物保管人员的职责权限应当明确，并相互分离、相互制约；

（二）重大对外投资、资产处置、资金调度和其他重要经济业务事项的决策和执行的相互监督、相互制约程序应当明确；

（三）财产清查的范围、期限和组织程序应当明确；

（四）对会计资料定期进行内部审计的办法和程序应当明确。

第二十八条 单位负责人应当保证会计机构、会计人员依法履行职责，不得授意、指使、强令会计机构、会计人员违法办理会计事项。

会计机构、会计人员对违反本法和国家统一的会计制度规定的会计事项，有权拒绝办理或者按照职权予以纠正。

第二十九条 会计机构、会计人员发现会计账簿记录与实物、款项及有关资料不相符的，按照国家统一的会计制度的规定有权自行处理的，应当及时处理；无权处理的，应当立即向单位负责人报告，请求查明原因，作出处理。

第三十条 任何单位和个人对违反本法和国家统一的会计制度规定的行为，有权检举。收到检举的部门有权处理的，应当依法按照职责分工及时处理；无权处理的，应当及时移送有权处理的部门处理。收到检举的部门、负责处理的部门应当为检举人保密，不得将检举人姓名和检举材料转给被检举单位和被检举人个人。

第三十一条 有关法律、行政法规规定，须经注册会计师进行审计的单位，应当向受委托的会计师事务所如实提供会计凭证、会计账簿、财务会计报告和他会计资料以及有关情况。

任何单位或者个人不得以任何方式要求或者示意注册会计师及其所在的会计师事务所出具不实或者不当的审计报告。

财政部门有权对会计师事务所出具审计报告的程序和内容进行监督。

第三十二条 财政部门对各单位的下列情况实施监督：
（一）是否依法设置会计账簿；
（二）会计凭证、会计账簿、财务会计报告和其他会计资料是否真实、完整；
（三）会计核算是否符合本法和国家统一的会计制度的规定；
（四）从事会计工作的人员是否具备专业能力、遵守职业道德。

在对前款第（二）项所列事项实施监督，发现重大违法嫌疑时，国务院财政部门及其派出机构可以向与被监督单位有经济业务往来的单位和被监督单位开立账户的金融机构查询有关情况，有关单位和金融机构应当给予支持。

第三十三条 财政、审计、税务、人民银行、证券监管、保险监管等部门应当依照有关法律、行政法规规定的职责，对有关单位的会计资料实施监督检查。

前款所列监督检查部门对有关单位的会计资料依法实施监督检查后，应当出具检查结论。有关监督检查部门已经作出的检查结论能够满足其他监督检查部门履行本部门职责需要的，其他监督检查部门应当加以利用，避免重复查账。

第三十四条 依法对有关单位的会计资料实施监督检查的部门及其工作人员对在监督检查中知悉的国家秘密和商业秘密负有保密义务。

第三十五条 各单位必须依照有关法律、行政法规的规定，接受有关监督检查部门依法实施的监督检查，如实提供会计凭证、会计账簿、财务会计报告和他会计资料以及有关情况，不得拒绝、隐匿、谎报。

第五章　会计机构和会计人员

第三十六条 各单位应当根据会计业务的需要，设置会计机构，或者在有关机构中设置会计人员并指定会计主管人员；不具备设置条件的，应当委托经批准设立从事会计代理记账业务的中介机构代理记账。

国有的和国有资产占控股地位或者主导地位的大、中型企业必须设置总会计师。总会计师的任职资格、任免程序、职责权限由国务院规定。

第三十七条 会计机构内部应当建立稽核制度。

出纳人员不得兼任稽核、会计档案保管和收入、支出、费用、债权债务账目的登记工作。

第三十八条 会计人员应当具备从事会计工作所需要的专业能力。

担任单位会计机构负责人（会计主管人员）的，应当具备会计师以上专业技术职务资格或者从事会计工作三年以上经历。

本法所称会计人员的范围由国务院财政部门规定。

第三十九条 会计人员应当遵守职业道德，提高业务素质。对会计人员的教育和培训工作应当加强。

第四十条 因有提供虚假财务会计报告，做假账，隐匿或者故意销毁会计凭证、会计账簿、财务会计报告，贪污，挪用公款，职务侵占等与会计职务的有关违法行为被依法追究刑事责任的人员，不得再从事会计工作。

第四十一条 会计人员调动工作或者离职，必须与接管人员办清交接手续。

一般会计人员办理交接手续，由会计机构负责人（会计主管人员）监交；会计机构负责人（会计主管人员）办理交接手续，由单位负责人监交，必要时主管单位可以派人会同监交。

第六章　法律责任

第四十二条 违反本法规定，有下列行为之一的，由县级以上人民政府财政部门责令限期改正，可以对单位并处三千元以上五万元以下的罚款；对其直接负责的主管人员和其他直接责任人员，可以处二千元以上二万元以下的罚款；属于国家工作人员的，还应当由其所在单位或者有关单位依法给予行政处分：

（一）不依法设置会计账簿的；

（二）私设会计账簿的；

（三）未按照规定填制、取得原始凭证或者填制、取得的原始凭证不符合规定的；

（四）以未经审核的会计凭证为依据登记会计账簿或者登记会计账簿不符合规定的；

（五）随意变更会计处理方法的；

（六）向不同的会计资料使用者提供的财务会计报告编制依据不一致的；

（七）未按照规定使用会计记录文字或者记账本位币的；

（八）未按照规定保管会计资料，致使会计资料毁损、灭失的；

（九）未按照规定建立并实施单位内部会计监督制度或者拒绝依法实施的监督或者不如实提供有关会计资料及有关情况的；

（十）任用会计人员不符合本法规定的。

有前款所列行为之一，构成犯罪的，依法追究刑事责任。

会计人员有第一款所列行为之一，情节严重的，五年内不得从事会计工作。

有关法律对第一款所列行为的处罚另有规定的，依照有关法律的规定办理。

第四十三条 伪造、变造会计凭证、会计账簿，编制虚假财务会计报告，构成犯罪的，依法追究刑事责任。

有前款行为，尚不构成犯罪的，由县级以上人民政府财政部门予以通报，可以对单位并处五千元以上十万元以下的罚款；对其直接负责的主管人员和其他直接责任人员，可以处三千元以上五万元以下的罚款；属于国家工作人员的，还应当由其所在单位或者有关单位依法给予撤职直至开除的行政处分；其中的会计人员，五年内不得从事会计工作。

第四十四条 隐匿或者故意销毁依法应当保存的会计凭证、会计账簿、财务会计报告，构成犯罪的，依法追究刑事责任。

有前款行为，尚不构成犯罪的，由县级以上人民政府财政部门予以通报，可以对单位并处五千元以上十万元以下的罚款；对其直接负责的主管人员和其他直接责任人员，可以处三千元以上五万元以下的罚款；属于国家工作人员的，还应当由其所在单位或者有关单位依法给予撤职直至开除的行政处分；其中的会计人员，五年内不得从事会计工作。

第四十五条 授意、指使、强令会计机构、会计人员及其他人员伪造、变造会计凭证、会计账簿，编制虚假财务会计报告或者隐匿、故意销毁依法应当保的会计凭证、会计账簿、财务会计报告，构成犯罪的，依法追究刑事责任；尚不构成犯罪的，可以处五千元以上五万元以下的罚款；属于国家工作人员的，还应当由其所在单位或者有关单位依法给予降级、撤职、开除的行政处分。

第四十六条 单位负责人对依法履行职责、抵制违反本法规定行为的会计人员以降级、撤职、调离工作岗位、解聘或者开除等方式实行打击报复，构成犯罪的，依法追究刑事责任；尚不构成犯罪的，由其所在单位或者有关单位依法给予行政处分。对受打击报复的会计人员，应当恢复其名誉和原有职务、级别。

第四十七条 财政部门及有关行政部门的工作人员在实施监督管理中滥用职权、玩忽职守、徇私舞弊或者泄露国家秘密、商业秘密，构成犯罪的，依法追究刑事责任；尚不构成犯罪的，依法给予行政处分。

第四十八条 违反本法第三十条规定，将检举人姓名和检举材料转给被检举单位和被检举人个人的，由所在单位或者有关单位依法给予行政处分。

第四十九条 违反本法规定，同时违反其他法律规定的，由有关部门在各自职权范围内依法进行处罚。

第七章 附 则

第五十条 本法下列用语的含义：

单位负责人，是指单位法定代表人或者法律、行政法规规定代表单位行使职权的主要负责人。

国家统一的会计制度，是指国务院财政部门根据本法制定的关于会计核算、会计监督、会计机构和会计人员以及会计工作管理的制度。

第五十一条 个体工商户会计管理的具体办法，由国务院财政部门根据本法的原则另行规定。

第五十二条 本法自 2000 年 7 月 1 日起施行。

2. 中华人民共和国行政许可法（2019 年修正）

（2003 年 8 月 27 日第十届全国人民代表大会常务委员会第四次会议通过 根据 2019 年 4 月 23 日第十三届全国人民代表大会常务委员会第十次会议《关于修改〈中华人民共和国建筑法〉等八部法律的决定》修正）

第一章 总 则

第一条 为了规范行政许可的设定和实施，保护公民、法人和其他组织的合法权益，维护公共利益和社会秩序，保障和监督行政机关有效实施行政管理，根据宪法，制定本法。

第二条 本法所称行政许可，是指行政机关根据公民、法人或者其他组织的申请，经依法审查，准予其从事特定活动的行为。

第三条 行政许可的设定和实施，适用本法。

有关行政机关对其他机关或者对其直接管理的事业单位的人事、财务、外事等事项的审批，不适用本法。

第四条 设定和实施行政许可，应当依照法定的权限、范围、条件和程序。

第五条 设定和实施行政许可，应当遵循公开、公平、公正、非歧视的原则。

有关行政许可的规定应当公布；未经公布的，不得作为实施行政许可的依据。行政许可的实施和结果，除涉及国家秘密、商业秘密或者个人隐私的外，应当公开。未经申请人同意，行政机关及其工作人员、参与专家评审等的人员不得披露申请人提交的商业秘密、未披露信息或者保密商务信息，法律另有规定或者涉及国家安全、重大社会公共利益的除外；行政机关依法公开申请人前述信息的，允许申请人在合理期限内提出异议。

符合法定条件、标准的，申请人有依法取得行政许可的平等权利，行政机关不得歧视任何人。

第六条 实施行政许可，应当遵循便民的原则，提高办事效率，提供优质服务。

第七条 公民、法人或者其他组织对行政机关实施行政许可,享有陈述权、申辩权;有权依法申请行政复议或者提起行政诉讼;其合法权益因行政机关违法实施行政许可受到损害的,有权依法要求赔偿。

第八条 公民、法人或者其他组织依法取得的行政许可受法律保护,行政机关不得擅自改变已经生效的行政许可。

行政许可所依据的法律、法规、规章修改或者废止,或者准予行政许可所依据的客观情况发生重大变化的,为了公共利益的需要,行政机关可以依法变更或者撤回已经生效的行政许可。由此给公民、法人或者其他组织造成财产损失的,行政机关应当依法给予补偿。

第九条 依法取得的行政许可,除法律、法规规定依照法定条件和程序可以转让的外,不得转让。

第十条 县级以上人民政府应当建立健全对行政机关实施行政许可的监督制度,加强对行政机关实施行政许可的监督检查。

行政机关应当对公民、法人或者其他组织从事行政许可事项的活动实施有效监督。

第二章 行政许可的设定

第十一条 设定行政许可,应当遵循经济和社会发展规律,有利于发挥公民、法人或者其他组织的积极性、主动性,维护公共利益和社会秩序,促进经济、社会和生态环境协调发展。

第十二条 下列事项可以设定行政许可:

(一)直接涉及国家安全、公共安全、经济宏观调控、生态环境保护以及直接关系人身健康、生命财产安全等特定活动,需要按照法定条件予以批准的事项;

(二)有限自然资源开发利用、公共资源配置以及直接关系公共利益的特定行业的市场准入等,需要赋予特定权利的事项;

(三)提供公众服务并且直接关系公共利益的职业、行业,需要确定具备特殊信誉、特殊条件或者特殊技能等资格、资质的事项;

(四)直接关系公共安全、人身健康、生命财产安全的重要设备、设施、产品、物品,需要按照技术标准、技术规范,通过检验、检测、检疫等方式进行审定的事项;

(五)企业或者其他组织的设立等,需要确定主体资格的事项;

(六)法律、行政法规规定可以设定行政许可的其他事项。

第十三条 本法第十二条所列事项,通过下列方式能够予以规范的,可以不设行政许可:

(一)公民、法人或者其他组织能够自主决定的;

(二)市场竞争机制能够有效调节的;

(三)行业组织或者中介机构能够自律管理的;

(四)行政机关采用事后监督等其他行政管理方式能够解决的。

第十四条 本法第十二条所列事项,法律可以设定行政许可。尚未制定法律的,行政法规可以设定行政许可。

必要时,国务院可以采用发布决定的方式设定行政许可。实施后,除临时性行政许可事项外,国务院应当及时提请全国人民代表大会及其常务委员会制定法律,或者自行制定行政法规。

第十五条 本法第十二条所列事项,尚未制定法律、行政法规的,地方性法规可以设定行政许可;尚未制定法律、行政法规和地方性法规的,因行政管理的需要,确需立即实施行政许可的,省、自治区、直辖市人民政府规章可以设定临时性的行政许可。临时性的行政许可实施满一年需要继续实施的,应当提请本级人民代表大会及其常务委员会制定地方性法规。

地方性法规和省、自治区、直辖市人民政府规章,不得设定应当由国家统一确定的公民、法人或者其他组织的资格、资质的行政许可；不得设定企业或者其他组织的设立登记及其前置性行政许可。其设定的行政许可，不得限制其他地区的个人或者企业到本地区从事生产经营和提供服务，不得限制其他地区的商品进入本地区市场。

第十六条 行政法规可以在法律设定的行政许可事项范围内，对实施该行政许可作出具体规定。

地方性法规可以在法律、行政法规设定的行政许可事项范围内，对实施该行政许可作出具体规定。

规章可以在上位法设定的行政许可事项范围内，对实施该行政许可作出具体规定。

法规、规章对实施上位法设定的行政许可作出的具体规定，不得增设行政许可；对行政许可条件作出的具体规定，不得增设违反上位法的其他条件。

第十七条 除本法第十四条、第十五条规定的外，其他规范性文件一律不得设定行政许可。

第十八条 设定行政许可，应当规定行政许可的实施机关、条件、程序、期限。

第十九条 起草法律草案、法规草案和省、自治区、直辖市人民政府规章草案，拟设定行政许可的，起草单位应当采取听证会、论证会等形式听取意见，并向制定机关说明设定该行政许可的必要性、对经济和社会可能产生的影响以及听取和采纳意见的情况。

第二十条 行政许可的设定机关应当定期对其设定的行政许可进行评价；对已设定的行政许可，认为通过本法第十三条所列方式能够解决的，应当对设定该行政许可的规定及时予以修改或者废止。

行政许可的实施机关可以对已设定的行政许可的实施情况及存在的必要性适时进行评价，并将意见报告该行政许可的设定机关。

公民、法人或者其他组织可以向行政许可的设定机关和实施机关就行政许可的设定和实施提出意见和建议。

第二十一条 省、自治区、直辖市人民政府对行政法规设定的有关经济事务的行政许可，根据本行政区域经济和社会发展情况，认为通过本法第十三条所列方式能够解决的，报国务院批准后，可以在本行政区域内停止实施该行政许可。

第三章　行政许可的实施机关

第二十二条 行政许可由具有行政许可权的行政机关在其法定职权范围内实施。

第二十三条 法律、法规授权的具有管理公共事务职能的组织，在法定授权范围内，以自己的名义实施行政许可。被授权的组织适用本法有关行政机关的规定。

第二十四条 行政机关在其法定职权范围内，依照法律、法规、规章的规定，可以委托其他行政机关实施行政许可。委托机关应当将受委托行政机关和受委托实施行政许可的内容予以公告。

委托行政机关对受委托行政机关实施行政许可的行为应当负责监督，并对该行为的后果承担法律责任。

受委托行政机关在委托范围内，以委托行政机关名义实施行政许可；不得再委托其他组织或者个人实施行政许可。

第二十五条 经国务院批准，省、自治区、直辖市人民政府根据精简、统一、效能的原则，可以决定一个行政机关行使有关行政机关的行政许可权。

第二十六条 行政许可需要行政机关内设的多个机构办理的，该行政机关应当确定一个机构统一受理行政许可申请，统一送达行政许可决定。

行政许可依法由地方人民政府两个以上部门分别实施的，本级人民政府可以确定一个部门受理行政许可申请并转告有关部门分别提出意见后统一办理，或者组织有关部门联合办理、集中办理。

第二十七条 行政机关实施行政许可,不得向申请人提出购买指定商品、接受有偿服务等不正当要求。

行政机关工作人员办理行政许可,不得索取或者收受申请人的财物,不得谋取其他利益。

第二十八条 对直接关系公共安全、人身健康、生命财产安全的设备、设施、产品、物品的检验、检测、检疫,除法律、行政法规规定由行政机关实施的外,应当逐步由符合法定条件的专业技术组织实施。专业技术组织及其有关人员对所实施的检验、检测、检疫结论承担法律责任。

第四章 行政许可的实施程序

第一节 申请与受理

第二十九条 公民、法人或者其他组织从事特定活动,依法需要取得行政许可的,应当向行政机关提出申请。申请书需要采用格式文本的,行政机关应当向申请人提供行政许可申请书格式文本。申请书格式文本中不得包含与申请行政许可事项没有直接关系的内容。

申请人可以委托代理人提出行政许可申请。但是,依法应当由申请人到行政机关办公场所提出行政许可申请的除外。

行政许可申请可以通过信函、电报、电传、传真、电子数据交换和电子邮件等方式提出。

第三十条 行政机关应当将法律、法规、规章规定的有关行政许可的事项、依据、条件、数量、程序、期限以及需要提交的全部材料的目录和申请书示范文本等在办公场所公示。

申请人要求行政机关对公示内容予以说明、解释的,行政机关应当说明、解释,提供准确、可靠的信息。

第三十一条 申请人申请行政许可,应当如实向行政机关提交有关材料和反映真实情况,并对其申请材料实质内容的真实性负责。行政机关不得要求申请人提交与其申请的行政许可事项无关的技术资料和其他材料。

行政机关及其工作人员不得以转让技术作为取得行政许可的条件;不得在实施行政许可的过程中,直接或者间接地要求转让技术。

第三十二条 行政机关对申请人提出的行政许可申请,应当根据下列情况分别作出处理:

(一)申请事项依法不需要取得行政许可的,应当即时告知申请人不受理;

(二)申请事项依法不属于本行政机关职权范围的,应当即时作出不予受理的决定,并告知申请人向有关行政机关申请;

(三)申请材料存在可以当场更正的错误的,应当允许申请人当场更正;

(四)申请材料不齐全或者不符合法定形式的,应当当场或者在五日内一次告知申请人需要补正的全部内容,逾期不告知的,自收到申请材料之日起即为受理;

(五)申请事项属于本行政机关职权范围,申请材料齐全、符合法定形式,或者申请人按照本行政机关的要求提交全部补正申请材料的,应当受理行政许可申请。

行政机关受理或者不予受理行政许可申请,应当出具加盖本行政机关专用印章和注明日期的书面凭证。

第三十三条 行政机关应当建立和完善有关制度,推行电子政务,在行政机关的网站上公布行政许可事项,方便申请人采取数据电文等方式提出行政许可申请;应当与其他行政机关共享有关行政许可信息,提高办事效率。

第二节 审查与决定

第三十四条 行政机关应当对申请人提交的申请材料进行审查。

申请人提交的申请材料齐全、符合法定形式,行政机关能够当场作出决定的,应当当场作出书面的行政许可决定。

根据法定条件和程序，需要对申请材料的实质内容进行核实的，行政机关应当指派两名以上工作人员进行核查。

第三十五条 依法应当先经下级行政机关审查后报上级行政机关决定的行政许可，下级行政机关应当在法定期限内将初步审查意见和全部申请材料直接报送上级行政机关。上级行政机关不得要求申请人重复提供申请材料。

第三十六条 行政机关对行政许可申请进行审查时，发现行政许可事项直接关系他人重大利益的，应当告知该利害关系人。申请人、利害关系人有权进行陈述和申辩。行政机关应当听取申请人、利害关系人的意见。

第三十七条 行政机关对行政许可申请进行审查后，除当场作出行政许可决定的外，应当在法定期限内按照规定程序作出行政许可决定。

第三十八条 申请人的申请符合法定条件、标准的，行政机关应当依法作出准予行政许可的书面决定。

行政机关依法作出不予行政许可的书面决定的，应当说明理由，并告知申请人享有依法申请行政复议或者提起行政诉讼的权利。

第三十九条 行政机关作出准予行政许可的决定，需要颁发行政许可证件的，应当向申请人颁发加盖本行政机关印章的下列行政许可证件：

（一）许可证、执照或者其他许可证书；

（二）资格证、资质证或者其他合格证书；

（三）行政机关的批准文件或者证明文件；

（四）法律、法规规定的其他行政许可证件。

行政机关实施检验、检测、检疫的，可以在检验、检测、检疫合格的设备、设施、产品、物品上加贴标签或者加盖检验、检测、检疫印章。

第四十条 行政机关作出的准予行政许可决定，应当予以公开，公众有权查阅。

第四十一条 法律、行政法规设定的行政许可，其适用范围没有地域限制的，申请人取得的行政许可在全国范围内有效。

第三节 期 限

第四十二条 除可以当场作出行政许可决定的外，行政机关应当自受理行政许可申请之日起二十日内作出行政许可决定。二十日内不能作出决定的，经本行政机关负责人批准，可以延长十日，并应当将延长期限的理由告知申请人。但是，法律、法规另有规定的，依照其规定。

依照本法第二十六条的规定，行政许可采取统一办理或者联合办理、集中办理的，办理的时间不得超过四十五日；四十五日内不能办结的，经本级人民政府负责人批准，可以延长十五日，并应当将延长期限的理由告知申请人。

第四十三条 依法应当先经下级行政机关审查后报上级行政机关决定的行政许可，下级行政机关应当自其受理行政许可申请之日起二十日内审查完毕。但是，法律、法规另有规定的，依照其规定。

第四十四条 行政机关作出准予行政许可的决定，应当自作出决定之日起十日内向申请人颁发、送达行政许可证件，或者加贴标签、加盖检验、检测、检疫印章。

第四十五条 行政机关作出行政许可决定，依法需要听证、招标、拍卖、检验、检测、检疫、鉴定和专家评审的，所需时间不计算在本节规定的期限内。行政机关应当将所需时间书面告知申请人。

第四节 听 证

第四十六条 法律、法规、规章规定实施行政许可应当听证的事项，或者行政机关认为需要听证的其他涉及公共利益的重大行政许可事项，行政机关应当向社会公告，并举行听证。

第四十七条 行政许可直接涉及申请人与他人之间重大利益关系的，行政机关在作出行政许可决定前，应当告知申请人、利害关系人享有要求听证的权利；申请人、利害关系人在被告知听证权利之日起五日内提出听证申请的，行政机关应当在二十日内组织听证。

申请人、利害关系人不承担行政机关组织听证的费用。

第四十八条 听证按照下列程序进行：

（一）行政机关应当于举行听证的七日前将举行听证的时间、地点通知申请人、利害关系人，必要时予以公告；

（二）听证应当公开举行；

（三）行政机关应当指定审查该行政许可申请的工作人员以外的人员为听证主持人，申请人、利害关系人认为主持人与该行政许可事项有直接利害关系的，有权申请回避；

（四）举行听证时，审查该行政许可申请的工作人员应当提供审查意见的证据、理由，申请人、利害关系人可以提出证据，并进行申辩和质证；

（五）听证应当制作笔录，听证笔录应当交听证参加人确认无误后签字或者盖章。

行政机关应当根据听证笔录，作出行政许可决定。

第五节 变更与延续

第四十九条 被许可人要求变更行政许可事项的，应当向作出行政许可决定的行政机关提出申请；符合法定条件、标准的，行政机关应当依法办理变更手续。

第五十条 被许可人需要延续依法取得的行政许可的有效期的，应当在该行政许可有效期届满三十日前向作出行政许可决定的行政机关提出申请。但是，法律、法规、规章另有规定的，依照其规定。

行政机关应当根据被许可人的申请，在该行政许可有效期届满前作出是否准予延续的决定；逾期未作决定的，视为准予延续。

第六节 特别规定

第五十一条 实施行政许可的程序，本节有规定的，适用本节规定；本节没有规定的，适用本章其他有关规定。

第五十二条 国务院实施行政许可的程序，适用有关法律、行政法规的规定。

第五十三条 实施本法第十二条第二项所列事项的行政许可的，行政机关应当通过招标、拍卖等公平竞争的方式作出决定。但是，法律、行政法规另有规定的，依照其规定。

行政机关通过招标、拍卖等方式作出行政许可决定的具体程序，依照有关法律、行政法规的规定。

行政机关按照招标、拍卖程序确定中标人、买受人后，应当作出准予行政许可的决定，并依法向中标人、买受人颁发行政许可证件。

行政机关违反本条规定，不采用招标、拍卖方式，或者违反招标、拍卖程序，损害申请人合法权益的，申请人可以依法申请行政复议或者提起行政诉讼。

第五十四条 实施本法第十二条第三项所列事项的行政许可，赋予公民特定资格，依法应当举行国家考试的，行政机关根据考试成绩和其他法定条件作出行政许可决定；赋予法人或者其他组织特定的资格、资质的，行政机关根据申请人的专业人员构成、技术条件、经营业绩和管理水平等的考核结果作出行政许可决定。但是，法律、行政法规另有规定的，依照其规定。

公民特定资格的考试依法由行政机关或者行业组织实施，公开举行。行政机关或者行业组织应当事先公布资格考试的报名条件、报考办法、考试科目以及考试大纲。但是，不得组织强制性的资格考试的考前培训，不得指定教材或者其他助考材料。

第五十五条 实施本法第十二条第四项所列事项的行政许可的，应当按照技术标准、技术规范依法进行检验、检测、检疫，行政机关根据检验、检测、检疫的结果作出行政许可决定。

行政机关实施检验、检测、检疫，应当自受理申请之日起五日内指派两名以上工作人员按照技术标准、技术规范进行检验、检测、检疫。不需要对检验、检测、检疫结果作进一步技术分析即可认定设备、设施、产品、物品是否符合技术标准、技术规范的，行政机关应当当场作出行政许可决定。

行政机关根据检验、检测、检疫结果，作出不予行政许可决定的，应当书面说明不予行政许可所依据的技术标准、技术规范。

第五十六条 实施本法第十二条第五项所列事项的行政许可，申请人提交的申请材料齐全、符合法定形式的，行政机关应当当场予以登记。需要对申请材料的实质内容进行核实的，行政机关依照本法第三十四条第三款的规定办理。

第五十七条 有数量限制的行政许可，两个或者两个以上申请人的申请均符合法定条件、标准的，行政机关应当根据受理行政许可申请的先后顺序作出准予行政许可的决定。但是，法律、行政法规另有规定的，依照其规定。

第五章　行政许可的费用

第五十八条 行政机关实施行政许可和对行政许可事项进行监督检查，不得收取任何费用。但是，法律、行政法规另有规定的，依照其规定。

行政机关提供行政许可申请书格式文本，不得收费。

行政机关实施行政许可所需经费应当列入本行政机关的预算，由本级财政予以保障，按照批准的预算予以核拨。

第五十九条 行政机关实施行政许可，依照法律、行政法规收取费用的，应当按照公布的法定项目和标准收费；所收取的费用必须全部上缴国库，任何机关或者个人不得以任何形式截留、挪用、私分或者变相私分。财政部门不得以任何形式向行政机关返还或者变相返还实施行政许可所收取的费用。

第六章　监督检查

第六十条 上级行政机关应当加强对下级行政机关实施行政许可的监督检查，及时纠正行政许可实施中的违法行为。

第六十一条 行政机关应当建立健全监督制度，通过核查反映被许可人从事行政许可事项活动情况的有关材料，履行监督责任。

行政机关依法对被许可人从事行政许可事项的活动进行监督检查时，应当将监督检查的情况和处理结果予以记录，由监督检查人员签字后归档。公众有权查阅行政机关监督检查记录。

行政机关应当创造条件，实现与被许可人、其他有关行政机关的计算机档案系统互联，核查被许可人从事行政许可事项活动情况。

第六十二条 行政机关可以对被许可人生产经营的产品依法进行抽样检查、检验、检测，对其生产经营场所依法进行实地检查。检查时，行政机关可以依法查阅或者要求被许可人报送有关材料；被许可人应当如实提供有关情况和材料。

行政机关根据法律、行政法规的规定，对直接关系公共安全、人身健康、生命财产安全的重要设备、设施进行定期检验。对检验合格的，行政机关应当发给相应的证明文件。

第六十三条 行政机关实施监督检查，不得妨碍被许可人正常的生产经营活动，不得索取或者收受被许可人的财物，不得谋取其他利益。

第六十四条 被许可人在作出行政许可决定的行政机关管辖区域外违法从事行政许可事项活动的，违法行为发生地的行政机关应当依法将被许可人的违法事实、处理结果抄告作出行政许可决定的行政机关。

第六十五条 个人和组织发现违法从事行政许可事项的活动，有权向行政机关举报，行政机关应当及时核实、处理。

第六十六条 被许可人未依法履行开发利用自然资源义务或者未依法履行利用公共资源义务的，行政机关应当责令限期改正；被许可人在规定期限内不改正的，行政机关应当依照有关法律、行政法规的规定予以处理。

第六十七条 取得直接关系公共利益的特定行业的市场准入行政许可的被许可人，应当按照国家规定的服务标准、资费标准和行政机关依法规定的条件，向用户提供安全、方便、稳定和价格合理的服务，并履行普遍服务的义务；未经作出行政许可决定的行政机关批准，不得擅自停业、歇业。

被许可人不履行前款规定的义务的，行政机关应当责令限期改正，或者依法采取有效措施督促其履行义务。

第六十八条 对直接关系公共安全、人身健康、生命财产安全的重要设备、设施，行政机关应当督促设计、建造、安装和使用单位建立相应的自检制度。

行政机关在监督检查时，发现直接关系公共安全、人身健康、生命财产安全的重要设备、设施存在安全隐患的，应当责令停止建造、安装和使用，并责令设计、建造、安装和使用单位立即改正。

第六十九条 有下列情形之一的，作出行政许可决定的行政机关或者其上级行政机关，根据利害关系人的请求或者依据职权，可以撤销行政许可：

（一）行政机关工作人员滥用职权、玩忽职守作出准予行政许可决定的；

（二）超越法定职权作出准予行政许可决定的；

（三）违反法定程序作出准予行政许可决定的；

（四）对不具备申请资格或者不符合法定条件的申请人准予行政许可的；

（五）依法可以撤销行政许可的其他情形。

被许可人以欺骗、贿赂等不正当手段取得行政许可的，应当予以撤销。

依照前两款的规定撤销行政许可，可能对公共利益造成重大损害的，不予撤销。

依照本条第一款的规定撤销行政许可，被许可人的合法权益受到损害的，行政机关应当依法给予赔偿。依照本条第二款的规定撤销行政许可的，被许可人基于行政许可取得的利益不受保护。

第七十条 有下列情形之一的，行政机关应当依法办理有关行政许可的注销手续：

（一）行政许可有效期届满未延续的；

（二）赋予公民特定资格的行政许可，该公民死亡或者丧失行为能力的；

（三）法人或者其他组织依法终止的；

（四）行政许可依法被撤销、撤回，或者行政许可证件依法被吊销的；

（五）因不可抗力导致行政许可事项无法实施的；

（六）法律、法规规定的应当注销行政许可的其他情形。

第七章 法律责任

第七十一条 违反本法第十七条规定设定的行政许可，有关机关应当责令设定该行政许可的机关改正，或者依法予以撤销。

第七十二条 行政机关及其工作人员违反本法的规定，有下列情形之一的，由其上级行政机关或者监察机关责令改正；情节严重的，对直接负责的主管人员和其他直接责任人员依法给予行政处分：

（一）对符合法定条件的行政许可申请不予受理的；

（二）不在办公场所公示依法应当公示的材料的；

（三）在受理、审查、决定行政许可过程中，未向申请人、利害关系人履行法定告知义务的；

（四）申请人提交的申请材料不齐全、不符合法定形式，不一次告知申请人必须补正的全部内容的；

（五）违法披露申请人提交的商业秘密、未披露信息或者保密商务信息的；

（六）以转让技术作为取得行政许可的条件，或者在实施行政许可的过程中直接或者间接地要求转让技术的；

（七）未依法说明不受理行政许可申请或者不予行政许可的理由的；

（八）依法应当举行听证而不举行听证的。

第七十三条 行政机关工作人员办理行政许可、实施监督检查，索取或者收受他人财物或者谋取其他利益，构成犯罪的，依法追究刑事责任；尚不构成犯罪的，依法给予行政处分。

第七十四条 行政机关实施行政许可，有下列情形之一的，由其上级行政机关或者监察机关责令改正，对直接负责的主管人员和其他直接责任人员依法给予行政处分；构成犯罪的，依法追究刑事责任：

（一）对不符合法定条件的申请人准予行政许可或者超越法定职权作出准予行政许可决定的；

（二）对符合法定条件的申请人不予行政许可或者不在法定期限内作出准予行政许可决定的；

（三）依法应当根据招标、拍卖结果或者考试成绩择优作出准予行政许可决定，未经招标、拍卖或者考试，或者不根据招标、拍卖结果或者考试成绩择优作出准予行政许可决定的。

第七十五条 行政机关实施行政许可，擅自收费或者不按照法定项目和标准收费的，由其上级行政机关或者监察机关责令退还非法收取的费用；对直接负责的主管人员和其他直接责任人员依法给予行政处分。

截留、挪用、私分或者变相私分实施行政许可依法收取的费用的，予以追缴；对直接负责的主管人员和其他直接责任人员依法给予行政处分；构成犯罪的，依法追究刑事责任。

第七十六条 行政机关违法实施行政许可，给当事人的合法权益造成损害的，应当依照国家赔偿法的规定给予赔偿。

第七十七条 行政机关不依法履行监督职责或者监督不力，造成严重后果的，由其上级行政机关或者监察机关责令改正，对直接负责的主管人员和其他直接责任人员依法给予行政处分；构成犯罪的，依法追究刑事责任。

第七十八条 行政许可申请人隐瞒有关情况或者提供虚假材料申请行政许可的，行政机关不予受理或者不予行政许可，并给予警告；行政许可申请属于直接关系公共安全、人身健康、生命财产安全事项的，申请人在一年内不得再次申请该行政许可。

第七十九条 被许可人以欺骗、贿赂等不正当手段取得行政许可的，行政机关应当依法给予行政处罚；取得的行政许可属于直接关系公共安全、人身健康、生命财产安全事项的，申请人在三年内不得再次申请该行政许可；构成犯罪的，依法追究刑事责任。

第八十条 被许可人有下列行为之一的，行政机关应当依法给予行政处罚；构成犯罪的，依法追究刑事责任：

（一）涂改、倒卖、出租、出借行政许可证件，或者以其他形式非法转让行政许可的；

（二）超越行政许可范围进行活动的；

（三）向负责监督检查的行政机关隐瞒有关情况、提供虚假材料或者拒绝提供反映其活动情况的真实材料的；

（四）法律、法规、规章规定的其他违法行为。

第八十一条 公民、法人或者其他组织未经行政许可，擅自从事依法应当取得行政许可的活动的，行政机关应当依法采取措施予以制止，并依法给予行政处罚；构成犯罪的，依法追究刑事责任。

第八章 附 则

第八十二条 本法规定的行政机关实施行政许可的期限以工作日计算，不含法定节假日。

第八十三条 本法自 2004 年 7 月 1 日起施行。

本法施行前有关行政许可的规定，制定机关应当依照本法规定予以清理；不符合本法规定的，自本法施行之日起停止执行。

3. 会计改革与发展"十四五"规划纲要（2021年修订）

（财会〔2021〕27号）

会计改革与发展"十四五"规划纲要为科学规划、全面指导"十四五"时期的会计改革与发展，根据《中共中央关于制定国民经济和社会发展第十四个五年规划和二〇三五年远景目标的建议》《中华人民共和国国民经济和社会发展第十四个五年规划和2035年远景目标纲要》《财政"十四五"规划》（财综〔2021〕38号）和《国务院办公厅关于进一步规范财务审计秩序促进注册会计师行业健康发展的意见》（国办发〔2021〕30号）有关精神，我们制定了本规划纲要。

一、面临的形势与挑战

（一）"十三五"时期会计改革与发展回顾。

"十三五"时期是会计改革与发展推陈出新、成果丰硕、具有重要意义的五年，《会计改革与发展"十三五"规划纲要》（财会〔2016〕19号）确定的各项任务基本完成，为会计工作进入新的高质量发展阶段打下坚实基础。

——会计法治建设成效显著。《中华人民共和国会计法》《中华人民共和国注册会计师法》修订取得阶段性进展，《会计档案管理办法》（财政部 国家档案局令第79号）、《会计师事务所执业许可和监督管理办法》（财政部令第89号）等4项部门规章修订并有效实施，《财政部关于加强国家统一的会计制度贯彻实施工作的指导意见》（财会〔2019〕17号）等16项规范性文件相继出台，会计人员诚信建设扎实推进，良法促进发展保障善治的会计法治环境正在逐步形成。

——政府会计改革全面推进。从无到有，包括1项基本准则、10项具体准则及2项应用指南、1项统一的政府会计制度和3项解释在内的具有中国特色的政府会计准则制度体系基本建成并稳步实施，为深化权责发生制政府综合财务报告制度改革夯实制度基础，为开展政府信用评级、加强资产负债管理、改进政府绩效监督考核、防范财政风险等提供支撑。

——企业会计标准持续完善。坚持与国际财务报告准则持续趋同的总基调，收入、金融工具等11项具体准则及5项准则解释修订印发并得到有效实施，建立企业会计准则实施机制以积极回应并解决会计准则实施中的技术问题，为助力供给侧结构性改革、服务经济社会和资本市场健康发展提供高质量会计信息支持。

——社会审计标准更加健全。保持与国际审计准则、国际会计师职业道德守则的持续动态趋同，修订33项注册会计师审计准则以及会计师事务所质量管理准则、注册会计师职业道德守则，完成注册会计师审计报告改革，推动会计师事务所建立健全质量管理体系，大力提升注册会计师执业质量和职业道德水平。

——会计职能转型实现突破。着眼于服务各类单位提高内部管理水平和风险防范能力，管理会计指引体系基本建成并得到广泛应用，内部控制建设防风险、防舞弊的作用日益显现，电子会计凭证应用全面推开，统一的会计数据标准更加健全，会计职能实现从传统的算账、记账、核账、报账向价值管理、资本运营、战略决策辅助等职能持续转型升级。

——会计人才素质明显提升。会计人才培养方式持续创新，职称制度改革深入推进，人员队伍结构持续向好，具备初、中、高级资格会计人员分别达到670.20万人、242.02万人和20.57万人，重点人才培养工程陆续推出，高端人才培养力度持续加大，为行业改革与发展提供人才保障。

——会计服务市场更加繁荣。以无纸化、"零跑路"为重点，持续深化会计领域"放管服"改革，积极打造更友好的营商环境。大力倡导质量优先发展，狠抓服务质量整治，会计审计业监管不断加强，会计审计工作质量得到有效改善。注册会计师行业收入年均增长率超过10%，代理记账行业收入年均增长率达到31%，会计服务市场活力得到充分激发。

——对外交流合作不断深化。全面参与会计国际标准的制定和重要会计国际机构治理，不断增强我国在会计国际规则制定的话语权，会计合作写入金砖国家领导人厦门宣言，"一带一路"国家会计准则合作论坛成功举办，双边、多边会计合作进展显著，我国在会计领域的国际影响力得到显著提升。

在肯定会计改革与发展取得成绩的同时，应当正视会计工作中存在的问题和不足，主要表现在会计审计标准体系建设仍需加强、会计服务市场管理仍需创新、会计审计工作质量仍需提升、高端人才供给仍显不足、法治建设仍有差距、数字化转型仍需加快，这些问题需要在"十四五"时期通过制度创新、体制优化、机制变革切实加以解决。

（二）"十四五"时期会计改革与发展面临的形势与挑战。

"十四五"时期是会计工作实现高质量发展的关键时期，会计作为宏观经济管理和市场资源配置的基础性工作，在我国全面深化改革和深度融入经济全球化的进程中，面临难得的发展机遇，同时也面临着诸多挑战。

——从国际看，一方面，世界正经历百年未有之大变局，国际形势的不稳定性不确定性明显增加。新冠肺炎疫情大流行影响广泛深远，经济全球化遭遇逆流，外部环境面临深刻而复杂的变化，将会深刻影响现有国际会计秩序。另一方面，和平与发展仍然是时代主题，人类命运共同体深入人心，多边主义仍是国际关系主流，全球经贸往来频繁，跨境资本流动规模增加，跨境会计、审计合作及监管面临新的挑战。

——从国内看，一方面，我国已开启了向第二个百年奋进的新征程，经济增长已由高速增长阶段转向高质量发展阶段，制度优势和治理优势不断凸显，市场配置资源的决定性作用显著增强，公平的营商环境持续优化，宏观经济政策不断完善，宏观治理手段不断丰富。会计信息在经济发展、营商环境优化和宏观经济决策方面发挥着越来越重要的作用。另一方面，随着新一轮科技革命和产业变革深入发展，经济转型升级和创新发展中新的商业模式层出不穷，将深刻影响会计政策的发展与走向，会计工作在职能职责、组织方式、处理流程、工具手段等方面发生着重大而深刻的变化，挑战与机遇并存。

面对这些新情况、新问题、新挑战、新机遇，要求会计法治、会计标准不断健全完善、有效实施，要求会计人员持续提升素质、加速转型，要求会计管理部门继续转变观念、创新管理、改进方法，在认真总结过去五年会计工作成绩经验基础上，准确把握新发展阶段、深入贯彻新发展理念、加快构建新发展格局，助推会计工作运用新技术、融入新时代、实现新突破，扎实推进会计改革与发展各项工作，助力国家治理体系和治理能力现代化。

二、总体要求

（一）指导思想。

"十四五"时期，会计改革与发展的指导思想是：深入学习贯彻习近平新时代中国特色社会主义思想和党的十九大以及十九届二中、三中、四中、五中、六中全会精神，增强"四个意识"、坚定"四个自信"、做到"两个维护"，紧紧围绕服务经济社会发展大局和财政管理工作全局，立足新发展阶段、贯彻新发展理念、构建新发展格局，以推动高质量发展为主题，以深化供给侧结构性改革为主线，以改革创新为根本动力，以维护市场经济秩序和公众利益为根本目的，统筹国内国际两个大局，牢牢把握会计审计标准制定和实施"两个重点"、切实抓好行业和人才队伍"两个管理"、持续强化法治化和数字化"两个支撑"、努力实现会计职能对内对外"两个拓展"，积极推动我国会计事业取得新成绩、实现新跨越，为推进国家治理体系和治理能力现代化，实现社会主义现代化和第二个百年奋斗目标作出新的更大贡献。

（二）基本原则。

——坚持党的领导。坚持党对会计改革与发展的全面领导，完善党领导下会计管理工作的制度机制，提高会计工作贯彻新发展理念、服务构建新发展格局的能力和水平，为实现会计改革与发展目标任务提供根本政治保证。

——坚持依法治理。坚持强化会计法治建设，按照科学立法、民主立法原则，持续推动会计立法、普法、执法工作，建立健全会计法律制度体系，加强会计监督、加大违法惩处力度、加快推进职业道德建设，有效发挥法治固根本、强根基、利长远的保障作用。

——坚持创新变革。贯彻新发展理念，不断推进会计管理制度创新，推动会计管理体制机制变革，破解会计管理工作中的重点难点问题，破除会计改革与发展中的制度性障碍，持续推动会计事业健康有序发展。

——坚持融合发展。坚持将会计工作摆到经济社会发展大局和财政管理工作全局中去布局、去谋划，以数字化技术为支撑，推动会计工作与国家宏观经济管理工作、单位经营管理活动深度融合，充分发挥会计工作基础性服务功能，不断提高会计工作服务经济社会发展的效能。

——坚持开放包容。坚持开放、包容、普惠、平衡、共赢的发展原则，践行习近平总书记"构建人类命运共同体"重要思想，统筹国内国际两个大局，深度参与会计领域国际治理和国际标准制定，持续加强会计领域国际交流与合作，不断提高我国在会计领域的国际话语权和影响力。

（三）总体目标。

"十四五"时期，会计改革与发展的总体目标是：主动适应我国经济社会发展客观需要，会计审计标准体系建设得到持续加强，会计审计业发展取得显著成效，会计人员素质得到全面提升，会计法治化、数字化进程取得实质性成果，会计基础性服务功能得到充分发挥，以实现更高质量、更加公平、更可持续的发展，更好服务我国经济社会发展大局和财政管理工作全局。

——会计审计标准更加科学。会计准则体系、管理会计指引体系、内部控制规范体系、会计信息化标准体系以及注册会计师职业准则体系等各类会计审计标准体系得到进一步完善，对基层会计实务工作的指导更加精准，对标准实施情况的跟踪反应机制更加及时高效，切实推动各类标准体系得到有效实施。

——会计审计业实现高质量发展。会计审计领域"放管服"改革进一步深化，会计审计秩序进一步规范，执业环境得到明显改善，服务能力和水平持续提升，行业信誉度不断增强，跨部门、多维度的行业监管体制机制进一步健全，监管合力进一步增强，国际化发展步伐进一步加快，培育出一批具有国际竞争力的会计服务机构，在持续推进更高水平的对外开放中发挥积极作用。

——人才队伍结构持续优化。以经济发展需求和行业发展趋势为导向，建立健全分层次、分类型的会计人才能力框架体系，持续创新会计人才培养方式方法，持续改进会计人才评价体系和评价手段，持续丰富会计人员继续教育内容，推动会计人员专业技能和职业道德素养全面提升，会计人才结构更加优化、会计人才队伍不断壮大。

——会计法治更具约束刚性。推动加快修订《中华人民共和国会计法》《中华人民共和国注册会计师法》，同步加强相关配套规章制度立法工作，切实提高立法工作质量和水平。贯彻实施国家统一的会计制度的刚性要求和法律约束得到强化，会计监督体系更加健全有效，会计监督执法力量得到充实，会计监督检查方式得到丰富，执法必严、违法必究的法治氛围不断浓厚，为经济平稳运行和市场健康发展提供有效法治保障。

——会计职能实现拓展升级。以数字化技术为支撑，以推动会计审计工作数字化转型为抓手，健全完善各种数据标准和安全使用规范，形成对内提升单位管理水平和风险管控能力、对外服务财政管理和宏观经济治理的会计职能拓展新格局。

三、主要任务

（一）持续推动会计审计标准体系高质量建设与实施。

1.持续完善企业会计准则体系的建设与实施。

全面梳理并修订我国企业会计准则体系，明晰体系内各层级准则制度的框架和内容。加强企业会计准则前瞻性研究，主动应对新经济、新业态、新模式的影响，积极谋划会计准则未来发展方向。紧密跟踪国际财务报告准则项目进展和国内实务发展，找准企业会计准则国际趋同和解决我国实际问题之间的平衡点和结合点，更好地促进我国企业创新和经济高质量发展。根据国内实务发展和国际趋同需要，定期更新准则汇编、应用指南汇编，研究制定企业会计准则解释，研究修订会计科目和报表格式。整合社会多方力量参与企业会计准则制定的研究工作，加强企业会计准则与监管、税收等政策的协调，增强企业会计准则制定的针对性和适用性。健全完善适用于中小型企业的会计准则体系。加强会计准则委员会的建设，充分发挥会计准则委员会在企业会计准则制定中的作用。

完善企业会计准则制度执行的运行框架，加强企业会计准则实施前模拟测试，建立适合我国的企业会计准则实施评估机制，确保企业会计准则体系的有效运行。优化企业会计准则实施快速反应机制，及时跟踪企业会计准则实施情况，进一步建立健全企业会计准则实施问题收集渠道，做好上市公司财报分析工作，加强企业会计准则应用案例、实施问答等实务指导，及时回应市场关切。继续发挥由政府监管部门、企业、会计师事务所、理论学者等多方参与的企业会计准则实施机制的作用，探索建立常态化联合解决问题机制，加强信息共享与沟通，提高企业会计准则执行效果。

2.继续深化政府及非营利组织会计改革。

根据政府会计改革与发展需要，继续健全完善政府会计准则制度体系并推进全面有效实施。全面系统梳理政府会计准则制度体系并确立体系维护机制。加强对自然资源资产、文物文化资产、政府收入等政府会计问题的研究，制定有关政府会计具体准则。研究制定公立医院、高等学校、科学事业单位成本核算具体指引，扎实推进事业单位开展成本核算，研究行政单位成本核算相关问题。按年度制定发布政府会计准则制度解释，进一步明确准则制度中的相关规定。适时出台有关实施通知，进一步加强公共基础设施政府会计核算。加强对政府会计准则制度的宣传和培训，强化政府会计准则制度应用案例、实施问答等实务指导，及时回应和解决政府会计准则制度实施中的问题。健全完善政府会计准则制度建设与实施机制，积极发挥相关机制作用，推进政府会计准则制度全面有效实施。

适应非营利组织改革发展需要，修订完善非营利组织会计制度。修订发布工会会计制度及相关新旧衔接规定。适时修订民间非营利组织会计制度。加强对非营利组织会计制度的宣传和培训，推进相关会计制度全面有效实施。进一步建立健全基金（资金）类会计标准，更好地满足相关改革发展需要。研究制定机关事业单位职业年金基金相关业务会计处理规定。配合相关基金（资金）管理改革需要，研究修订或制定相关基金（资金）类会计核算办法。加强对基金（资金）会计制度的宣传和培训，推进相关会计制度全面有效实施。

3. 不断完善和有效实施注册会计师职业准则体系。

与时俱进完善注册会计师职业准则体系，充分发挥其对注册会计师专业服务的规范和引领作用。深入研究新技术对注册会计师行业服务手段、服务质量、服务效率和服务风险的影响，制定或修订风险评估、会计估计审计、集团审计、温室气体排放鉴证、特殊目的的审计、服务机构鉴证、商定程序等注册会计师执业准则。

紧密跟踪注册会计师职业准则的实施情况，指导会计师事务所建立健全质量管理体系，积极发挥技术咨询作用，及时回应行业关切。做好注册会计师审计实务指南和问题解答工作，提高会计师事务所理解和执行注册会计师职业准则的能力。持续完善注册会计师职业道德守则，加强审计职业道德体系建设，强化注册会计师职业道德准则的贯彻实施，筑牢执业道德底线，稳固诚信执业生命线。

（二）全面推动会计审计业高质量发展。

1. 依法整治行业秩序。

坚持系统思维、点面结合、综合施策，加强会计师事务所审计秩序整顿规范，紧抓质量提升主线，守住诚信操守底线，筑牢法律法规红线。建立健全监管合作机制，实现财会监督与其他监督有机贯通、协同发力。加强对会计师事务所与企业串联违规造假行为的惩戒，对弄虚作假、配合企业蒙骗监管部门和投资者的会计师事务所和注册会计师严惩重罚。严肃查处违法违规行为并曝光典型案例，着力整肃会计师事务所无证经营、网络售卖审计报告、注册会计师挂名执业、注册会计师超出胜任能力执业等行业乱象。按照"双随机一公开"原则，加强代理记账机构及其从事代理记账业务情况的监督检查，坚决依法惩处代理记账机构违法违规行为。

2. 强化行业日常管理。

全面深化"放管服"改革，推动简政放权纵深发展。贯彻落实行政审批制度改革和简政放权要求，积极推进会计师事务所及其分所和代理记账机构执业许可行政审批制度改革，切实做好自贸区"证照分离"改革试点工作，进一步简化会计师事务所、注册会计师、代理记账机构审批业务流程、便利申请手续。探索建立审计报告数据单一来源制度，推动实现全国范围"一码通"。加强会计师事务所股东（合伙人）新增退出备案管理。调整完善市场禁入措施，积极推动改善执业环境，稳定会计师事务所发展预期。坚持问题导向，规范会计资料、审计底稿出境，保障会计审计数据安全。多措并举，进一步激发现代会计服务业市场主体活力。

充分发挥注册会计师协会、代理记账行业协会等社会组织自我服务、自律管理作用，加强行业协会管理，加强财政部门对行业协会的监督、指导，促进行业协会健康有序发展，做好相关行业的成长发展与监督约束。完善现代会计服务业政府行政管理、行业自律管理相互协调、相互配合、相互支撑的监管格局，加强行政监管队伍建设和能力建设，推动行政管理部门间的跨部门监管信息共享、共用,形成监管合力。

3. 优化行业执业环境。

推动建立质量导向的会计师事务所选聘机制,着力解决注册会计师行业恶性竞争问题。完善会计师事务所风险保障机制,采取建立风险保障基金和注册会计师执业责任保险等方式,督促会计师事务所提升风险防御能力。加强会计师事务所一体化管理,出台一体化管理办法,建立可衡量、可比较的指标体系,引导会计师事务所在人员调配、财务安排、业务承接、技术标准和信息化建设方面实行统一管理。推动注册会计师行业、代理记账行业电子证照的应用推广,实现电子证照跨地区、跨部门共享和全国范围内互信互认。继续推动解决合伙制会计师事务所取消地域名问题,促进会计师事务所跨地域发展。支持中西部经济欠发达地区会计审计业发展。

4. 提升行业服务能力。

结合大、中、小型会计师事务所特点,每年从一体化管理、信息化管理、"专精特"发展等方面树立典型示范,推广先进经验。着力培育一批国内领先、国际上有影响力的会计师事务所,助力更多自主品牌会计师事务所走向世界,积极打造注册会计师行业国际合作交流平台,服务中国经济参与和融入全球经济发展。创新继续教育方式,围绕专业胜任能力、职业技能、职业价值、职业道德等重点,丰富完善教育内容。充分利用信息技术手段,切实提高培训效果,持续保持和强化注册会计师专业胜任能力和职业道德操守,促进审计质量提升。

(三)培养造就高水平会计人才队伍。

1. 健全会计人才评价体系。

探索建立以诚信评价、专业评价、能力评价为维度的会计人才综合评价体系,引导和教育广大会计人员诚信执业、提升能力。完善会计专业技术资格考试评价制度,做好会计专业技术资格考试和评审工作,充分发挥会计人才评价的导向作用。推动会计专业技术资格考试与注册会计师等职业资格考试科目互认、与会计专业学位研究生教育相互衔接,畅通各类会计人员流动、提升的渠道。

2. 提高会计人员继续教育质量。

以经济发展需求和行业发展趋势为导向,以能力框架为指引,制定会计人员继续教育专业科目指南。修订中国注册会计师胜任能力指南。丰富继续教育内容和方式。积极推进继续教育信息化平台建设和应用。

3. 抓好会计人才培养重大工程。

重点做好企业总会计师、行政事业单位财务负责人、会计师事务所合伙人等高端财会人才培训培养工作。继续做好国际化高端会计人才培养工程、会计名家培养工程等长期人才培养项目。组织开展会计人才能力框架研究工作。健全会计人才使用机制,加强会计人才库建设,使高端会计人才更好服务于会计事业改革与经济社会发展。积极支持各地区、各部门因地制宜开展高端会计人才培养使用工作。

4. 推动学科发展和学历教育改革。

构建适应经济发展、产业结构调整、新技术革命和国家治理能力现代化等新形势的会计学科专业体系。配合教育部门深化会计学历教育改革,依托部分高校,聚焦直接影响会计学科专业建设的关键因素,从师资、课程、教材、教学内容与教学方式和实践基地等方面进行教改研究和探索。按照"产、学、研"一体化发展思路,优化会计学历教育人才培养结构,完善会计应用型人才培养机制。积极推进设立会计博士专业学位,完善会计专业学位体系,加强核心课程教材建设和会计专业学位教育质量认证,持续提升会计专业学位研究生培养质量。

5. 加强会计人才培养基地建设。

充分发挥国家会计学院、会计行业组织（团体）在会计人才培养上的重要作用。积极推动国家会计学院"国际一流、中国特色"学院建设，支持国家会计学院开展高端财会人才培养、会计专业研究生教育、新型财经智库建设、财经国际交流合作等。加强国家会计学院建设发展情况的定期评价工作。加强对会计行业组织（团体）的指导和监督，支持其加强会员管理，开展会员培训。鼓励和引导高校、科研院所、企业等参与会计人才培养，共同提高会计人员能力水平。

（四）全面推进会计法治建设。

1. 加快完善会计法治体系。

推动加快修订《中华人民共和国会计法》《中华人民共和国注册会计师法》及其配套规章制度，落实会计审计工作的主体责任，丰富行政监管手段，畅通单位内外部会计监督衔接渠道，加大对违法行为的惩处力度，完善民事责任承担机制，为持续推动会计审计工作法治化、规范化奠定制度基础。引导社会各方面广泛参与会计立法，在立法过程中同步推进释法宣法普法工作。创新运用多种方式开展会计普法教育，加强对新出台法律法规规章的解读，指导督促会计人员掌握法规制度、依法开展会计审计工作。通过立法普法，完善会计法治体系，构建科学立法、严格执法、公正司法、全民守法的会计法治体系。

2. 切实加强会计执法检查。

围绕深化财会监督的要求，依法加大对上市公司、国有企业、金融企业等实体及相关会计师事务所检查力度，加大对违法违规行为的行政处罚力度和公开曝光力度。优化执法检查机制，统一执法标准、统筹执法计划、统合执法力量，提升执法检查的专业性、权威性。进一步强化部门协作机制，避免重复多头检查，切实做到有法必依、执法必严、违法必究。

3. 持续推进会计诚信建设。

深入开展会计诚信教育，将会计职业道德作为会计人才培养、评价、继续教育的重要内容，推动财会类专业教育加强职业道德课程建设，不断提升会计人员诚信素养。加强会计诚信机制建设，依托会计管理信息平台，实现跨层级、跨部门、跨系统数据互联互通。加强会计诚信体系建设，全面建立会计行业信用记录，继续完善守信联合激励和失信联合惩戒机制。根据国家有关规定，加强对于诚实守信、忠于职守、坚持原则、作出显著成绩的会计人员的表彰奖励工作。加大会计诚信宣传力度，加强会计诚信文化建设，把法律规范和道德规范结合起来，以道德滋养法治精神，加强德治与法治的衔接与贯通，营造全行业守法、合规、诚信的向善向上氛围。

（五）切实加快会计审计数字化转型步伐。

1. 积极推动会计工作数字化转型。

做好会计工作数字化转型顶层设计。修订《企业会计信息化工作规范》，将会计信息化工作规范的适用范围从企业扩展至行政事业单位，实现会计信息化对单位会计核算流程和管理的全面覆盖。加强会计数据标准体系建设，研究制定涵盖输入、处理和输出等会计核算和管理全流程、各阶段的统一的企业会计数据标准。进一步健全对企业业务全流程数据的收集、治理、分析和利用机制，推动统一的企业会计数据标准应用。探索建立跨平台、结构化的会计数据共享机制。制定、试点并逐步推广电子凭证会计数据标准，推动电子会计凭证开具、接收、入账和归档全程数字化和无纸化。推动企业将内控制度和流程嵌入信息系统，推动行政事业单位借助信息化手段确保内部控制制度有效实施，推动地方试点乡镇街道等基层行政单位借助信息化手段提升内部控制。研究信息化新技术应用于会计基础工作、管理会计实践、财务会计工作和单位财务会计信息系统建设。

2. 积极推动审计工作数字化转型。

鼓励会计师事务所积极探索注册会计师审计工作数字化转型。大力推进函证数字化工作，加快推进函证集约化、规范化、数字化进程。积极推进函证数字化试点工作，制定、完善函证业务、数据等标准，加快函证电子化平台建设并规范、有序、安全运行，利用信息技术手段解决函证不实等问题，以提升审计效率效果、防范金融风险。研究制定注册会计师审计数字化转型相关指引，鼓励会计师事务所依法依规利用数字化审计技术。

3. 积极推动会计管理工作数字化转型。

优化全国统一会计人员管理服务平台，持续采集更新会计人员信息，完善会计人员信用信息，有效发挥平台社会服务功能，提高会计人员管理效率。完善财政会计行业管理系统，加大会计师事务所信息披露力度，满足企事业单位选聘会计师事务所信息需求。升级全国代理记账机构管理系统，积极探索依托信息化手段，实现对行业发展状况的实时动态跟踪，完善对代理记账机构的信用信息公示，提升事中事后监管效能。稳步推进会计行业管理信息化建设，发挥会计数据标准的作用，打通不同平台之间的数据接口，运用会计管理大数据，为提升国家治理体系和治理能力现代化提供数据支撑。

（六）大力推动会计职能拓展。

1. 推动会计职能对内拓展。

加强对企业管理会计应用的政策指导、经验总结和应用推广，推进管理会计在加速完善中国特色现代企业制度、促进企业有效实施经营战略、提高管理水平和经济效益等方面发挥积极作用。加强管理会计在行政事业单位的政策指导、经验总结和应用推广，为行政事业单位提升内部治理水平作出有益探索。全面修订完善内部控制规范体系，有针对性地加强内部控制规范的政策指导和监督检查，强化上市公司、国有企业、行政事业单位建立并有效实施内部控制的责任，为各类单位加强内部会计监督、有效开展风险防控、确保财务报告真实完整夯实基础。贯彻绿色发展理念，按照国家落实"碳达峰、碳中和"目标的政策方针和决策部署，加强可持续报告准则的研究，适时推动建立我国可持续报告制度。

2. 推动会计职能对外拓展。

服务政府预算管理、资产管理、债务管理、绩效管理等需要，推动有关各方加强对政府会计信息的分析应用，为提升政府部门财务管理水平和财政可持续性提供信息支撑。服务宏观经济管理需要，推动企业财务数据的有效分析运用，为财政部门及相关方面评估国家宏观经济运行和财政税收政策效果、做好相关政策决策等提供信息支撑。服务政府监管需要，探索企业财务报表数据共享试点，以会计数据库为基础，开发分析模型，分阶段形成非现场监管能力，支持会计准则高质量实施、审计质量提升以及其他监管工作，为会计监管数字化提供支撑。服务企业可持续发展需要，探索、总结、推广现代会计服务业在推动社会价值创造中的实践经验，及时总结推广数据增信缓解中小微企业融资难、融资贵等会计改革创新成果，充分发挥会计职能在市场资源配置中的作用，为企业创新发展提供支撑。

（七）全面参与会计国际治理。

1. 深度参与国际会计标准制定。

全面参与企业会计准则国际治理体系建设，实现在企业会计准则国际治理体系各个层级中有中方代表参与、在双边多边会计交流合作国际场合中反映中国声音、在支撑参与国际治理的各项基础能力建设工作中夯实制度基础，建立健全并严格执行准则项目研究报告制度、国际会计人才培养制度和涉外人员管理协同制度，有效提升参与企业会计准则国际治理能力。积极参与国际公共部门会计准则制定。

全面系统梳理会计国际治理层级，科学研究确立各层级参与策略，不断加大参与力度。全面参与国际财务报告准则基金会监督委员会、受托人、国际会计准则理事会、咨询委员会等治理层、核心技术层和战略层的各项事务，及时就会计国际治理体系改革重大问题加强协调沟通。加强国际会计技术前瞻性研究，广泛动员力量，积极发挥会计准则委员会作用，形成"目标统领、工作统筹、力量统合、口径统一"的整体工作格局。通过国际会计准则理事会解释委员会、会计准则咨询论坛、新兴经济体工作组及相关咨询工作组、全球主要会计学术组织等，多层次多渠道深度参与国际财务报告准则制定，密切跟踪国际可持续准则制定相关工作进展，充分发挥中方代表作用，在重大会计技术议题上阐明中方观点，影响国际准则制定。

2. 持续深化多边双边会计交流合作。

积极发展全球会计领域伙伴关系，不断扩大会计国际交流合作范围。持续深化《"一带一路"国家关于加强会计准则合作的倡议》下的会计交流合作，提升"一带一路"国家准则建设和实施能力，定期召开合作论坛会议，相互宣传本国会计准则、法规和监管政策等，共同探索解决会计准则建设实施过程中面临的问题，更好地支持"一带一路"建设，实现互利共赢。充分利用亚洲—大洋洲会计准则制定机构组、世界准则制定机构会议、会计准则制定机构国际论坛、中日韩三国会计准则制定机构、国际会计师联合会、亚太会计师联合会等多边机制，协调立场，发挥参与技术研究、引领议题讨论等作用。继续推进与其他国家或地区会计准则制定机构的多边双边合作交流，争取支持，为我国企业会计准则建设和国际趋同创造有利环境。

3. 稳妥推进会计服务市场双向开放。

秉持平等互利、合作共赢的原则，积极开展会计服务市场开放谈判，全面落实《关于建立更紧密经贸关系的安排》（CEPA）、《海峡两岸经济合作框架协议》（ECFA），积极参与自由贸易区、自由贸易港建设。继续加强与其他国家或地区的会计审计跨境监管合作，在互相尊重主权和法律尊严的前提下，寻求灵活务实的跨境监管合作途径和方式，降低监管成本，提高监管效率。

4. 研究资本市场开放相关会计审计政策。

适应资本市场开放要求，持续研究制定境外机构在华投融资会计审计标准适用政策。巩固与欧盟、英国、俄罗斯、中国香港会计准则等效成果。稳步推进中国—瑞士等会计审计准则等效互认磋商，加快推进中国—俄罗斯和中国—英国等审计准则等效互认磋商。

（八）加强会计理论和实务研究。

1. 组织会计理论攻关。

围绕会计改革与发展重点任务开展前瞻性、战略性研究。围绕会计法规制度建设、会计工作转型发展等主题开展重大项目、重点课题研究，加快推出系列成果，切实促进学术成果转化应用，为有关政策的制定完善和有效实施提供科学论证和决策参考。

2. 完善理论研究机制。

完善学术年会、专题研讨、专门论坛等学术活动机制，创新理论研究成果的转化应用机制，优化期刊选稿用稿、论文评选呈报、人才选拔推荐等学术评价机制，加强对政策导向和实务工作相关问题的研究，建立各级各类会计学会及其所属机构分工合作的学术工作机制，逐步形成以中国会计学会为引领，服务全国、协同高效的会计理论研究体系，结合会计改革发展进程组织开展案例研究，讲好中国故事。

3. 深化国际学术交流。

充分发挥中国会计学会、国家会计学院等在深化会计国际学术交流中的平台作用，有效运用"一带一路"财经发展研究中心等国际合作机制，配合国家对外开放发展战略开展学术交流合作，更好地服务于经贸往来和资本流动。

四、保障措施

（一）加强组织领导。

要结合本规划纲要的内容，重点抓好《会计信息化发展规划（2021—2025年）》《会计行业人才发展规划（2021—2025年）》和《注册会计师行业发展规划（2021—2025年）》三项子规划的编制实施，积极推动重点改革发展任务落地见效。各级财政部门和中央有关主管部门要重视和加强会计管理工作，统筹规划，组织协调，确保规划纲要的有效落实；指导、督促会计管理机构、会计行业组织、会计学会等加强协作、抓好落实，共同推进会计管理工作，促进本地区（部门）会计管理工作水平不断迈上新台阶。各地区（部门）应当积极推动规划纲要中重大的会计改革与发展举措与本地区（部门）的国民经济和社会发展"十四五"规划、财政"十四五"规划的有效衔接，充分发挥会计在推动经济社会发展中的基础性服务功能。有条件的地区（部门），可以结合实际研究制定本地区（部门）会计"十四五"规划或配套政策措施，确保有关重大会计改革任务如期完成、取得实效。

（二）健全会计管理机构。

各级财政部门要高度重视会计管理机构和队伍建设，进一步健全会计管理机构，充实会计管理队伍，落实会计管理经费，为会计改革与发展提供重要的组织、人力资源和资金保障。各级会计管理机构要增强服务意识，用好工作联系点制度，抓好窗口建设，进一步提升会计管理工作效能和服务质量。

（三）积极营造良好社会氛围。

各级财政部门和中央有关部门应当采取多种形式，广泛宣传规划纲要的基本内容，广泛宣传"十四五"时期会计改革与发展的目标任务，争取社会各界对会计改革与发展的理解、重视、支持，为全面深化会计改革与发展营造良好的社会氛围。

（四）建立健全考核检查机制。

各级财政部门和中央有关部门要对规划纲要确定的目标任务进行分解，并督促落实。要定期检查、评估纲要的落实情况，针对存在问题及时采取有效措施，确保规划纲要确定的各项目标任务落到实处、取得实效。

第二章　综合性会计基础工作管理法规

1. 会计基础工作规范（2019年修订）

（1996年6月17日财会字〔1996〕19号公布　根据2019年3月14日《财政部关于修改〈代理记账管理办法〉等2部部门规章的决定》修改）

第一章　总　　则

第一条　为了加强会计基础工作，建立规范的会计工作秩序，提高会计工作水平，根据《中华人民共和国会计法》的有关规定，制定本规范。

第二条　国家机关、社会团体、企业、事业单位、个体工商户和其他组织的会计基础工作，应当符合本规范的规定。

第三条　各单位应当依据有关法规、法规和本规范的规定，加强会计基础工作，严格执行会计法规制度，保证会计工作依法有序地进行。

第四条　单位领导人对本单位的会计基础工作负有领导责任。

第五条　各省、自治区、直辖市财政厅（局）要加强对会计基础工作的管理和指导，通过政策引导、经验交流、监督检查等措施，促进基层单位加强会计基础工作，不断提高会计工作水平。

国务院各业务主管部门根据职责权限管理本部门的会计基础工作。

第二章 会计机构和会计人员

第一节 会计机构设置和会计人员配备

第六条 各单位应当根据会计业务的需要设置会计机构；不具备单独设置会计机构条件的，应当在有关机构中配备专职会计人员。

事业行政单位会计机构的设置和会计人员的配备，应当符合国家统一事业行政单位会计制度的规定。

设置会计机构，应当配备会计机构负责人；在有关机构中配备专职会计人员，应当在专职会计人员中指定会计主管人员。

会计机构负责人、会计主管人员的任免，应当符合《中华人民共和国会计法》和有关法律的规定。

第七条 会计机构负责人、会计主管人员应当具备下列基本条件：

（一）坚持原则，廉洁奉公；
（二）具备会计师以上专业技术职务资格或者从事会计工作不少于三年；
（三）熟悉国家财经法律、法规、规章和方针、政策，掌握本行业业务管理的有关知识；
（四）有较强的组织能力；
（五）身体状况能够适应本职工作的要求。

第八条 没有设置会计机构或者配备会计人员的单位，应当根据《代理记账管理办法》的规定，委托会计师事务所或者持有代理记账许可证书的代理记账机构进行代理记账。

第九条 大、中型企业、事业单位、业务主管部门应当根据法律和国家有关规定设置总会计师。总会计师由具有会计师以上专业技术资格的人员担任。

总会计师行使《总会计师条例》规定的职责、权限。

总会计师的任命（聘任）、免职（解聘）依照《总会计师条例》和有关法律的规定办理。

第十条 各单位应当根据会计业务需要配备会计人员，督促其遵守职业道德和国家统一的会计制度。

第十一条 各单位应当根据会计业务需要设置会计工作岗位。

会计工作岗位一般可分为：会计机构负责人或者会计主管人员，出纳，财产物资核算，工资核算，成本费用核算，财务成果核算，资金核算，往来结算，总账报表，稽核，档案管理等。开展会计电算化和管理会计的单位，可以根据需要设置相应工作岗位，也可以与其他工作岗位相结合。

第十二条 会计工作岗位，可以一人一岗、一人多岗或者一岗多人。但出纳人员不得兼管稽核、会计档案保管和收入、费用、债权债务账目的登记工作。

第十三条 会计人员的工作岗位应当有计划地进行轮换。

第十四条 会计人员应当具备必要的专业知识和专业技能，熟悉国家有关法律、法规、规章和国家统一会计制度，遵守职业道德。

会计人员应当按照国家有关规定参加会计业务的培训。各单位应当合理安排会计人员的培训，保证会计人员每年有一定时间用于学习和参加培训。

第十五条 各单位领导人应当支持会计机构、会计人员依法行使职权；对忠于职守、坚持原则，做出显著成绩的会计机构、会计人员，应当给予精神的和物质的奖励。

第十六条 国家机关、国有企业、事业单位任用会计人员应当实行回避制度。

单位领导人的直系亲属不得担任本单位的会计机构负责人、会计主管人员。会计机构负责人、会计主管人员的直系亲属不得在本单位会计机构中担任出纳工作。

需要回避的直系亲属为：夫妻关系、直系血亲关系、三代以内旁系血亲以及配偶亲关系。

第二节　会计人员职业道德

第十七条　会计人员在会计工作中应当遵守职业道德，树立良好的职业品质、严谨的工作作风，严守工作纪律，努力提高工作效率和工作质量。

第十八条　会计人员应当热爱本职工作，努力钻研业务，使自己的知识和技能适应所从事工作的要求。

第十九条　会计人员应当熟悉财经法律、法规、规章和国家统一会计制度，并结合会计工作进行广泛宣传。

第二十条　会计人员应当按照会计法规、法规和国家统一会计制度规定的程序和要求进行会计工作，保证所提供的会计信息合法、真实、准确、及时、完整。

第二十一条　会计人员办理会计事务应当实事求是、客观公正。

第二十二条　会计人员应当熟悉本单位的生产经营和业务管理情况，运用掌握的会计信息和会计方法，为改善单位内部管理、提高经济效益服务。

第二十三条　会计人员应当保守本单位的商业秘密。除法律规定和单位领导人同意外，不能私自向外界提供或者泄露单位的会计信息。

第二十四条　财政部门、业务主管部门和各单位应当定期检查会计人员遵守职业道德的情况，并作为会计人员晋升、晋级、聘任专业职务、表彰奖励的重要考核依据。

会计人员违反职业道德的，由所在单位进行处理。

第三节　会计工作交接

第二十五条　会计人员工作调动或者因故离职，必须将本人所经管的会计工作全部移交给接替人员。没有办清交接手续的，不得调动或者离职。

第二十六条　接替人员应当认真接管移交工作，并继续办理移交的未了事项。

第二十七条　会计人员办理移交手续前，必须及时做好以下工作：

（一）已经受理的经济业务尚未填制会计凭证的，应当填制完毕。

（二）尚未登记的账目，应当登记完毕，并在最后一笔余额后加盖经办人员印章。

（三）整理应该移交的各项资料，对未了事项写出书面材料。

（四）编制移交清册，列明应当移交的会计凭证、会计账簿、会计报表、印章、现金、有价证券、支票簿、发票、文件、其他会计资料和物品等内容；实行会计电算化的单位，从事该项工作的移交人员还应当在移交清册中列明会计软件及密码、会计软件数据磁盘（磁带等）及有关资料、实物等内容。

第二十八条　会计人员办理交接手续，必须有监交人负责监交。一般会计人员交接，由单位会计机构负责人、会计主管人员负责监交；会计机构负责人、会计主管人员交接，由单位领导人负责监交，必要时可由上级主管部门派人会同监交。

第二十九条　移交人员在办理移交时，要按移交清册逐项移交；接替人员要逐项核对点收。

（一）现金、有价证券要根据会计账簿有关记录进行点交。库存现金、有价证券必须与会计账簿记录保持一致。不一致时，移交人员必须限期查清。

（二）会计凭证、会计账簿、会计报表和其他会计资料必须完整无缺。如有短缺，必须查清原因，并在移交清册中注明，由移交人员负责。

（三）银行存款账户余额要与银行对账单核对，如不一致，应当编制银行存款余额调节表调节相符，各种财产物资和债权债务的明细账户余额要与总账有关账户余额核对相符；必要时，要抽查个别账户的余额，与实物核对相符，或者与往来单位、个人核对清楚。

（四）移交人员经管的票据、印章和其他实物等，必须交接清楚；移交人员从事会计电算化工作的，要对有关电子数据在实际操作状态下进行交接。

第三十条 会计机构负责人、会计主管人员移交时，还必须将全部财务会计工作、重大财务收支和会计人员的情况等，向接替人员详细介绍。对需要移交的遗留问题，应当写出书面材料。

第三十一条 交接完毕后，交接双方和监交人员要在移交注册上签名或者盖章。并应在移交注册上注明：单位名称，交接日期，交接双方和监交人员的职务、姓名，移交清册页数以及需要说明的问题和意见等。

移交清册一般应当填制一式三份，交接双方各执一份，存档一份。

第三十二条 接替人员应当继续使用移交的会计账簿，不得自行另立新账，以保持会计记录的连续性。

第三十三条 会计人员临时离职或者因病不能工作且需要接替或者代理的，会计机构负责人、会计主管人员或者单位领导人必须指定有关人员接替或者代理，并办理交接手续。

临时离职或者因病不能工作的会计人员恢复工作的，应当与接替或者代理人员办理交接手续。

移交人员因病或者其他特殊原因不能亲自办理移交的，经单位领导人批准，可由移交人员委托他人代办移交，但委托人应当承担本规范第三十五条规定的责任。

第三十四条 单位撤销时，必须留有必要的会计人员，会同有关人员办理清理工作，编制决算。未移交前，不得离职。接收单位和移交日期由主管部门确定。

单位合并、分立的，其会计工作交接手续比照上述有关规定办理。

第三十五条 移交人员对所移交的会计凭证、会计账簿、会计报表和其他有关资料的合法性、真实性承担法律责任。

第三章 会 计 核 算

第一节 会计核算一般要求

第三十六条 各单位应当按照《中华人民共和国会计法》和国家统一会计制度的规定建立会计账册，进行会计核算，及时提供合法、真实、准确、完整的会计信息。

第三十七条 各单位发生的下列事项，应当及时办理会计手续、进行会计核算：

（一）款项和有价证券的收付；

（二）财物的收发、增减和使用；

（三）债权债务的发生和结算；

（四）资本、基金的增减；

（五）收入、支出、费用、成本的计算；

（六）财务成果的计算和处理；

（七）其他需要办理会计手续、进行会计核算的事项。

第三十八条 各单位的会计核算应当以实际发生的经济业务为依据，按照规定的会计处理方法进行，保证会计指标的口径一致、相互可比和会计处理方法的前后各期相一致。

第三十九条 会计年度自公历1月1日起至12月31日止。

第四十条 会计核算以人民币为记账本位币。

收支业务以外国货币为主的单位，也可以选定某种外国货币作为记账本位币，但是编制的会计报表应当折算为人民币反映。

境外单位向国内有关部门编报的会计报表，应当折算为人民币反映。

第四十一条 各单位根据国家统一会计制度的要求，在不影响会计核算要求、会计报表指标汇总和对外统一会计报表的前提下，可以根据实际情况自行设置和使用会计科目。

事业行政单位会计科目的设置和使用，应当符合国家统一事业行政单位会计制度的规定。

第四十二条 会计凭证、会计账簿、会计报表和其他会计资料的内容和要求必须符合国家统一会计制度的规定，不得伪造、变造会计凭证和会计账簿，不得设置账外账，不得报送虚假会计报表。

第四十三条 各单位对外报送的会计报表格式由财政部统一规定。

第四十四条 实行会计电算化的单位，对使用的会计软件及其生成的会计凭证、会计账簿、会计报表和其他会计资料的要求，应当符合财政部关于会计电算化的有关规定。

第四十五条 各单位的会计凭证、会计账簿、会计报表和其他会计资料，应当建立档案，妥善保管。会计档案建档要求、保管期限、销毁办法等依据《会计档案管理办法》的规定进行。

实行会计电算化的单位，有关电子数据、会计软件资料等应当作为会计档案进行管理。

第四十六条 会计记录的文字应当使用中文，少数民族自治地区可以同时使用少数民族文字。中国境内的外商投资企业、外国企业和其他外国经济组织也可以同时使用某种外国文字。

第二节 填制会计凭证

第四十七条 各单位办理本规范第三十七条规定的事项，必须取得或者填制原始凭证，并及时送交会计机构。

第四十八条 原始凭证的基本要求是：

（一）原始凭证的内容必须具备：凭证的名称；填制凭证的日期；填制凭证单位名称或者填制人姓名；经办人员的签名或者盖章；接受凭证单位名称；经济业务内容；数量、单价和金额。

（二）从外单位取得的原始凭证，必须盖有填制单位的公章；从个人取得的原始凭证，必须有填制人员的签名或者盖章。自制原始凭证必须有经办单位领导人或者其指定的人员签名或者盖章。对外开出的原始凭证，必须加盖本单位公章。

（三）凡填有大写和小写金额的原始凭证，大写与小写金额必须相符。购买实物的原始凭证，必须有验收证明。支付款项的原始凭证，必须有收款单位和收款人的收款证明。

（四）一式几联的原始凭证，应当注明各联的用途，只能以一联作为报销凭证。

一式几联的发票和收据，必须用双面复写纸（发票和收据本身具备复写纸功能的除外）套写，并连续编号。作废时应当加盖"作废"戳记，连同存根一起保存，不得撕毁。

（五）发生销货退回的，除填制退货发票外，还必须有退货验收证明；退款时，必须取得对方的收款收据或者汇款银行的凭证，不得以退货发票代替收据。

（六）职工公出借款凭据，必须附在记账凭证之后。收回借款时，应当另开收据或者退还借据副本，不得退还原借款收据。

（七）经上级有关部门批准的经济业务，应当将批准文件作为原始凭证附件。如果批准文件需要单独归档的，应当在凭证上注明批准机关名称、日期和文件字号。

第四十九条 原始凭证不得涂改、挖补。发现原始凭证有错误的，应当由开出单位重开或者更正，更正处应当加盖开出单位的公章。

第五十条 会计机构、会计人员要根据审核无误的原始凭证填制记账凭证。

记账凭证可以分为收款凭证、付款凭证和转账凭证，也可以使用通用记账凭证。

第五十一条 记账凭证的基本要求是：

（一）记账凭证的内容必须具备：填制凭证的日期；凭证编号；经济业务摘要；会

计科目；金额；所附原始凭证张数；填制凭证人员、稽核人员、记账人员、会计机构负责人、会计主管人员签名或者盖章。收款和付款记账凭证还应当由出纳人员签名或者盖章。

以自制的原始凭证或者原始凭证汇总表代替记账凭证的，也必须具备记账凭证应有的项目。

（二）填制记账凭证时，应当对记账凭证进行连续编号。一笔经济业务需要填制两张以上记账凭证的，可以采用分数编号法编号。

（三）记账凭证可以根据每一张原始凭证填制，或者根据若干张同类原始凭证汇总填制，也可以根据原始凭证汇总表填制。但不得将不同内容和类别的原始凭证汇总填制在一张记账凭证上。

（四）除结账和更正错误的记账凭证可以不附原始凭证外，其他记账凭证必须附有原始凭证。如果一张原始凭证涉及几张记账凭证，可以把原始凭证附在一张主要的记账凭证后面，并在其他记账凭证上注明附有该原始凭证的记账凭证的编号或者附原始凭证复印机。

一张复始凭证所列支出需要几个单位共同负担的，应当将其他单位负担的部分，开给对方原始凭证分割单，进行结算。原始凭证分割单必须具备原始凭证的基本内容：凭证名称、填制凭证日期、填制凭证单位名称或者填制人姓名、经办人的签名或者盖章、接受凭证单位名称、经济业务内容、数量、单价、金额和费用分摊情况等。

（五）如果在填制记账凭证时发生错误，应当重新填制。

已经登记入账的记账凭证，在当年内发现填写错误时，可以用红字填写一张与原内容相同的记账凭证，在摘要栏注明"注销某月某日某号凭证"字样，同时再用蓝字重新填制一张正确的记账凭证，注明"订正某月某日某号凭证"字样。如果会计科目没有错误，只是金额错误，也可以将正确数字与错误数字之间的差额，另编一张调整的记账凭证，调增金额用蓝字，调减金额用红字。发现以前年度记账凭证有错误的，应当用蓝字填制一张更正的记账凭证。

（六）记账凭证填制完经济业务事项后，如有空行，应当自金额栏最后一笔金额数字下的空行处至合计数上的空行处划线注销。

第五十二条 填制会计凭证，字迹必须清晰、工整，并符合下列要求：

（一）阿拉伯数字应当一个一个地写，不得连笔写。阿拉伯金额数字前面应当书写货币币种符号或者货币名称简写和币种符号。币种符号与阿拉伯金额数字之间不得留有空白。凡阿拉伯数字前写有币种符号的，数字后面不再写货币单位。

（二）所有以元为单位（其他货币种类为货币基本单位，下同）的阿拉伯数字，除表示单价等情况外，一律填写到角分；无角分的，角位和分位可写"００"，或者符号"—"；有角无分的，分位应当写"０"，不得用符号"—"代替。

（三）汉字大写数字金额如零、壹、贰、叁、肆、伍、陆、柒、捌、玖、拾、佰、仟、万、亿等，一律用正楷或者行书体书写，不得用０、一、二、三、四、五、六、七、八、九、十等简化字代替，不得任意自造简化字。大写金额数字到元或者角为止的，在"元"或者"角"字之后应当写"整"字或者"正"字；大写金额数字有分的，分字后面不写"整"或者"正"字。

（四）大写金额数字前未印有货币名称的，应当加填货币名称，货币名称与金额数字之间不得留有空白。

（五）阿拉伯金额数字中间有"０"时，汉字大写金额要写"零"字；阿拉伯数字金额中间连续有几个"０"时，汉字大写金额中可以只写一个"零"字；阿拉伯金额数字元位是"０"，或者数字中间连续有几个"０"、元位也是"０"但角位不是"０"时，汉字大写金额可以只写一个"零"字，也可以不写"零"字。

第五十三条 实行会计电算化的单位，对于机制记账凭证，要认真审核，做到会计科目使用正确，数字准确无误。打印出的机制记账凭证要加盖制单人员、审核人员、记账人员及会计机构负责人、会计主管人员印章或者签字。

第五十四条 各单位会计凭证的传递程序应当科学、合理，具体办法由各单位根据会计业务需要自行规定。

第五十五条 会计机构、会计人员要妥善保管会计凭证。

（一）会计凭证应当及时传递，不得积压。

（二）会计凭证登记完毕后，应当按照分类和编号顺序保管，不得散乱丢失。

（三）记账凭证应当连同所附的原始凭证或者原始凭证汇总表，按照编号顺序，折叠整齐，按期装订成册，并加具封面，注明单位名称、年度、月份和起讫日期、凭证种类、起讫号码，由装订人在装订线封签外签名或者盖章。

对于数量过多的原始凭证，可以单独装订保管，在封面上注明记账凭证日期、编号、种类，同时在记账凭证上注明"附件另订"和原始凭证名称及编号。

各种经济合同、存出保证金收据以及涉外文件等重要原始凭证，应当另编目录，单独登记保管，并在有关的记账凭证和原始凭证上相互注明日期和编号。

（四）原始凭证不得外借，其他单位如因特殊原因需要使用原始凭证时，经本单位会计机构负责人、会计主管人员批准，可以复制。向外单位提供的原始凭证复制件，应当在专设的登记簿上登记，并由提供人员和收取人员共同签名或者盖章。

（五）从外单位取得的原始凭证如有遗失，应当取得原开出单位盖有公章的证明，并注明原来凭证的号码、金额和内容等，由经办单位会计机构负责人、会计主管人员和单位领导人批准后，才能代作原始凭证。如果确实无法取得证明的，如火车、轮船、飞机票等凭证，由当事人写出详细情况，由经办单位会计机构负责人、会计主管人员和单位领导人批准后，代作原始凭证。

第三节　登记会计账簿

第五十六条 各单位应当按照国家统一会计制度的规定和会计业务的需要设置会计账簿。会计账簿包括总账、明细账、日记账和其他辅助性账簿。

第五十七条 现金日记账和银行存款日记账必须采用订本式账簿。不得用银行对账单或者其他方法代替日记账。

第五十八条 实行会计电算化的单位，用计算机打印的会计账簿必须连续编号，经审核无误后装订成册，并由记账人员和会计机构负责人、会计主管人员签字或者盖章。

第五十九条 启用会计账簿时，应当在账簿封面上写明单位名称和账簿名称。在账簿扉页上应当附启用表，内容包括：启用日期、账簿页数、记账人员和会计机构负责人、会计主管人员姓名，并加盖名章和单位公章。记账人员或者会计机构负责人、会计主管人员调动工作时，应当注明交接日期、接办人员或者监交人员姓名，并由交接双方人员签名或者盖章。

启用订本式账簿，应当从第一页到最后一页顺序编定页数，不得跳页、缺号。使用活页式账页，应当按账户顺序编号，并须定期装订成册。装订后再按实际使用的账页顺序编定页码。另加目录，记明每个账户的名称和页次。

第六十条 会计人员应当根据审核无误的会计凭证登记会计账簿。登记账簿的基本要求是：

（一）登记会计账簿时，应当将会计凭证日期、编号、业务内容摘要、金额和其他有关资料逐项记入账内，做到数字准确、摘要清楚、登记及时、字迹工整。

（二）登记完毕后，要在记账凭证上签名或者盖章，并注明已经登账的符号，表示已经记账。

（三）账簿中书写的文字和数字上面要留有适当空格，不要写满格；一般应占格距的二分之一。

（四）登记账簿要用蓝黑墨水或者碳素墨水书写，不得使用圆珠笔（银行的复写账簿除外）或者铅笔书写。

（五）下列情况，可以用红色墨水记账：

1. 按照红字冲账的记账凭证，冲销错误记录；
2. 在不设借贷等栏的多栏式账页中，登记减少数；
3. 在三栏式账户的余额栏前，如未印明余额方向的，在余额栏内登记负数余额；
4. 根据国家统一会计制度的规定可以用红字登记的其他会计记录。

（六）各种账簿按页次顺序连续登记，不得跳行、隔页。如果发生跳行、隔页，应当将空行、空页划线注销，或者注明"此行空白""此页空白"字样，并由记账人员签名或者盖章。

（七）凡需要结出余额的账户，结出余额后，应当在"借或贷"等栏内写明"借"或者"贷"等字样。没有余额的账户，应当在"借或贷"等栏内写"平"字，并在余额栏内用"Q"表示。

现金日记账和银行存款日记账必须逐日结出余额。

（八）每一账页登记完毕结转下页时，应当结出本页合计数及余额，写在本页最后一行和下页第一行有关栏内，并在摘要栏内注明"过次页"和"承前页"字样；也可以将本页合计数及金额只写在下页第一行有关栏内，并在摘要栏内注明"承前页"字样。

对需要结计本月发生额的账户，结计"过次页"的本页合计数应当为自本月初起至本页末止的发生额合计数；对需要结计本年累计发生额的账户，结计"过次页"的本页合计数应当为自年初起至本页末止的累计数；对既不需要结计本月发生额也不需要结计本年累计发生额的账户，可以只将每页末的余额结转次页。

第六十一条　账簿记录发生错误，不准涂改、挖补、刮擦或者用药水消除字迹，不准重新抄写，必须按照下列方法进行更正：

（一）登记账簿时发生错误，应当将错误的文字或者数字画红线注销，但必须使原有字迹仍可辨认；然后在划线上方填写正确的文字或者数字，并由记账人员在更正处盖章。对于错误的数字，应当全部画红线更正，不得只更正其中的错误数字。对于文字错误，可只划去错误的部分。

（二）由于记账凭证错误而使账簿记录发生错误，应当按更正的记账凭证登记账簿。

第六十二条　各单位应当定期对会计账簿记录的有关数字与库存实物、货币资金、有价证券、往来单位或者个人等进行相互核对，保证账证相符、账账相符、账实相符。对账工作每年至少进行一次。

（一）账证核对。核对会计账簿记录与原始凭证、记账凭证的时间、凭证字号、内容、金额是否一致，记账方向是否相符。

（二）账账核对。核对不同会计账簿之间的账簿记录是否相符，包括：总账有关账户的余额核对，总账与明细账核对，总账与日记账核对，会计部门的财产物资明细账与财产物资保管和使用部门的有关明细账核对等。

（三）账实核对。核对会计账簿记录与财产等实有数额是否相符。包括：现金日记账账面余额与现金实际库存数相核对；银行存款日记账账面余额定期与银行对账单相核对；各种财物明细账账面余额与财物实存数额相核对；各种应收、应付款明细账账面余额与有关债务、债权单位或者个人核对等。

第六十三条　各单位应当按照规定定期结账。

（一）结账前，必须将本期内所发生的各项经济业务全部登记入账。

（二）结账时，应当结出每个账户的期末余额。需要结出当月发生额的，应当在摘要栏内注明"本月合计"字样，并在下面通栏划单红线。需要结出本年累计发生额的，应当在摘要栏内注明"本年累计"字样，并在下面通栏划单红线；12月末的"本年累计"就是全年累计发生额。全年累计发生额下面应当通栏划双红线。年度终了结账时，所有总账账户都应当结出全年发生额和年末余额。

（三）年度终了，要把各账户的余额结转到下一会计年度，并在摘要栏注明"结转下年"字样；在下一会计年度新建有关会计账簿的第一行余额栏内填写上年结转的余额，并在摘要栏注明"上年结转"字样。

第四节 编制财务报告

第六十四条 各单位必须按照国家统一会计制度的规定，定期编制财务报告。

财务报告包括会计报表及其说明。会计报表包括会计报表主表、会计报表附表、会计报表附注。

第六十五条 各单位对外报送的财务报告应当根据国家统一会计制度规定的格式和要求编制。

单位内部使用的财务报告，其格式和要求由各单位自行规定。

第六十六条 会计报表应当根据登记完整、核对无误的会计账簿记录和其他有关资料编制，做到数字真实、计算准确、内容完整、说明清楚。

任何人不得篡改或者授意、指使、强令他人篡改会计报表的有关数字。

第六十七条 会计报表之间、会计报表各项目之间，凡有对应关系的数字，应当相互一致。本期会计报表与上期会计报表之间有关的数字应当相互衔接。如果不同会计年度会计报表中各项目的内容和核算方法有变更的，应当在年度会计报表中加以说明。

第六十八条 各单位应当按照国家统一会计制度的规定认真编写会计报表附注及其说明，做到项目齐全，内容完整。

第六十九条 各单位应当按照国家规定的期限对外报送财务报告。

对外报送的财务报告，应当依次编写页码，加具封面，装订成册，加盖公章。封面上应当注明：单位名称，单位地址，财务报告所属年度、季度、月度，送出日期，并由单位领导人、总会计师、会计机构负责人、会计主管人员签名或者盖章。

单位领导人对财务报告的合法性、真实性负法律责任。

第七十条 根据法律和国家有关规定应当对财务报告进行审计的，财务报告编制单位应当先行委托注册会计师进行审计，并将注册会计师出具的审计报告随同财务报告按照规定的期限报送有关部门。

第七十一条 如果发现对外报送的财务报告有错误，应当及时办理更正手续。除更正本单位留存的财务报告外，并应同时通知接受财务报告的单位更正。错误较多的，应当重新编报。

第四章 会 计 监 督

第七十二条 各单位的会计机构、会计人员对本单位的经济活动进行会计监督。

第七十三条 会计机构、会计人员进行会计监督的依据是：

（一）财经法律、法规、规章；

（二）会计法律、法规和国家统一会计制度；

（三）各省、自治区、直辖市财政厅（局）和国务院业务主管部门根据《中华人民共和国会计法》和国家统一会计制度制定的具体实施办法或者补充规定；

（四）各单位根据《中华人民共和国会计法》和国家统一会计制度制定的单位内部会计管理制度；

（五）各单位内部的预算、财务计划、经济计划、业务计划等。

第七十四条 会计机构、会计人员应当对原始凭证进行审核和监督。

对不真实、不合法的原始凭证，不予受理。对弄虚作假、严重违法的原始凭证，在不予受理的同时，应当予以扣留，并及时向单位领导人报告，请求查明原因，追究当事人的责任。

对记载不准确、不完整的原始凭证，予以退回，要求经办人员更正、补充。

第七十五条 会计机构、会计人员对伪造、变造、故意毁灭会计账簿或者账外设账行为，应当制止和纠正；制止和纠正无效的，应当向上级主管单位报告，请求作出处理。

第七十六条 会计机构、会计人员应当对实物、款项进行监督，督促建立并严格执行财产清查制度。发现账簿记录与实物、款项不符时，应当按照国家有关规定进行处理。超出会计机构、会计人员职权范围的，应当立即向本单位领导报告，请求查明原因，作出处理。

第七十七条 会计机构、会计人员对指使、强令编造、篡改财务报告行为，应当制止和纠正；制止和纠正无效的，应当向上级主管单位报告，请求处理。

第七十八条 会计机构、会计人员应当对财务收支进行监督。

（一）对审批手续不全的财务收支，应当退回，要求补充、更正。

（二）对违反规定不纳入单位统一会计核算的财务收支，应当制止和纠正。

（三）对违反国家统一的财政、财务、会计制度规定的财务收支，不予办理。

（四）对认为是违反国家统一的财政、财务、会计制度规定的财务收支，应当制止和纠正；制止和纠正无效的，应当向单位领导人提出书面意见请求处理。

单位领导人应当在接到书面意见起十日内作出书面决定，并对决定承担责任。

（五）对违反国家统一的财政、财务、会计制度规定的财务收支，不予制止和纠正，又不向单位领导人提出书面意见的，也应当承担责任。

（六）对严重违反国家利益和社会公众利益的财务收支，，应当向主管单位或者财政、审计、税务机关报告。

第七十九条 会计机构、会计人员对违反单位内部会计管理制度的经济活动，应当制止和纠正；制止和纠正无效的，向单位领导人报告，请求处理。

第八十条 会计机构、会计人员应当对单位制定的预算、财务计划、经济计划、业务计划的执行情况进行监督。

第八十一条 各单位必须依照法律和国家有关规定接受财政、审计、税务等机关的监督，如实提供会计凭证、会计账簿、会计报表和其他会计资料以及有关情况，不得拒绝、隐匿、谎报。

第八十二条 按照法律规定应当委托注册会计师进行审计的单位，应当委托注册会计师进行审计，并配合注册会计师的工作，如实提供会计凭证、会计账簿、会计报表和其他会计资料以及有关情况，不得拒绝、隐匿、谎报，不得示意注册会计师出具不当的审计报告。

第五章 内部会计管理制度

第八十三条 各单位应当根据《中华人民共和国会计法》和国家统一会计制度的规定，结合单位类型和内容管理的需要，建立健全相应的内部会计管理制度。

第八十四条 各单位制定内部会计管理制度应当遵循下列原则：

（一）应当执行法律、法规和国家统一的财务会计制度。

（二）应当体现本单位的生产经营、业务管理的特点和要求。

（三）应当全面规范本单位的各项会计工作，建立健全会计基础，保证会计工作的有序进行。

（四）应当科学、合理，便于操作和执行。

（五）应当定期检查执行情况。

（六）应当根据管理需要和执行中的问题不断完善。

第八十五条 各单位应当建立内部会计管理体系。主要内容包括：单位领导人、总会计师对会计工作的领导职责；会计部门及其会计机构负责人、会计主管人员的职责、权限；会计部门与其他职能部门的关系；会计核算的组织形式等。

第八十六条 各单位应当建立会计人员岗位责任制度。主要内容包括：会计人员的工作岗位设置；各会计工作岗位的职责和标准；各会计工作岗位的人员和具体分工；会计工作岗位轮换办法；对各会计工作岗位的考核办法。

第八十七条 各单位应当建立账务处理程序制度。主要内容包括：会计科目及其明细科目的设置和使用；会计凭证的格式、审核要求和传递程序；会计核算方法；会计账簿的设置；编制会计报表的种类和要求；单位会计指标体系。

第八十八条 各单位应当建立内部牵制制度。主要内容包括：内部牵制制度的原则；组织分工；出纳岗位的职责和限制条件；有关岗位的职责和权限。

第八十九条 各单位应当建立稽核制度。主要内容包括：稽核工作的组织形式和具体分工；稽核工作的职责、权限；审核会计凭证和复核会计账簿、会计报表的方法。

第九十条 各单位应当建立原始记录管理制度。主要内容包括：原始记录的内容和填制方法；原始记录的格式；原始记录的审核；原始记录填制人的责任；原始记录签署、传递、汇集要求。

第九十一条 各单位应当建立定额管理制度。主要内容包括：定额管理的范围；制定和修订定额的依据、程序和方法；定额的执行；定额考核和奖惩办法等。

第九十二条 各单位应当建立计量验收制度。主要内容包括：计量检测手段和方法；计量验收管理的要求；计量验收人员的责任和奖惩办法。

第九十三条 各单位应当建立财产清查制度。主要内容包括：财产清查的范围；财产清查的组织；财产清查的期限和方法；对财产清查中发现问题的处理办法；对财产管理人员的奖惩办法。

第九十四条 各单位应当建立财务收支审批制度。主要内容包括：财务收支审批人员和审批权限；财务收支审批程序；财务收支审批人员的责任。

第九十五条 实行成本核算的单位应当建立成本核算制度。主要内容包括：成本核算的对象；成本核算的方法和程序；成本分析等。

第九十六条 各单位应当建立财务会计分析制度。主要内容包括：财务会计分析的主要内容；财务会计分析的基本要求和组织程序；财务会计分析的具体方法；财务会计分析报告的编写要求等。

第六章 附 则

第九十七条 本规范所称国家统一会计制度，是指由财政部制定，或者财政部与国务院有关部门联合制定，或者经财政部审核批准的在全国范围内统一执行的会计规章、准则、办法等规范性文件。

本规范所称会计主管人员，是指不设置会计机构、只在其他机构中设置专职会计人员的单位行使会计机构负责人职权的人员。

本规范第三章第二节和第三节关于填制会计凭证、登记会计账簿的规定，除特别指出外，一般适用于手工记账。实行会计电算化的单位，填制会计凭证和登记会计账簿的有关要求，应当符合财政部关于会计电算化的有关规定。

第九十八条 各省、自治区、直辖市财政厅（局）、国务院各业务主管部门可以根据本规范的原则，结合本地区、本部门的具体情况，制定具体实施办法，报财政部备案。

第九十九条 本规范由财政部负责解释、修改。

第一百条 本规范自公布之日起实施。1984年4月24日财政部发布的《会计人员工作规则》同时废止。

2. 人民币银行结算账户管理办法（2020年修订）

（2003年4月10日中国人民银行令第5号发布 依据2020年4月29日中国人民银行《关于修改〈教育储蓄管理办法〉等规章的决定》修订）

第一章 总 则

第一条 为规范人民币银行结算账户（以下简称银行结算账户）的开立和使用，加强银行结算账户管理，维护经济金融秩序稳定，根据《中华人民共和国中国人民银行法》和《中华人民共和国商业银行法》等法律法规，制定本办法。

第二条 存款人在中国境内的银行开立的银行结算账户适用本办法。

本办法所称存款人，是指在中国境内开立银行结算账户的机关、团体、部队、企业、事业单位、其他组织（以下统称单位）、个体工商户和自然人。

本办法所称银行，是指在中国境内经中国人民银行批准经营支付结算业务的政策性银行、商业银行（含外资独资银行、中外合资银行、外国银行分行）、城市信用合作社、农村信用合作社。

本办法所称银行结算账户，是指银行为存款人开立的办理资金收付结算的人民币活期存款账户。

第三条 银行结算账户按存款人分为单位银行结算账户和个人银行结算账户。

（一）存款人以单位名称开立的银行结算账户为单位银行结算账户。单位银行结算账户按用途分为基本存款账户、一般存款账户、专用存款账户、临时存款账户。

个体工商户凭营业执照以字号或经营者姓名开立的银行结算账户纳入单位银行结算账户管理。

（二）存款人凭个人身份证件以自然人名称开立的银行结算账户为个人银行结算账户。邮政储蓄机构办理银行卡业务开立的账户纳入个人银行结算账户管理。

第四条 单位银行结算账户的存款人只能在银行开立一个基本存款账户。

第五条 存款人应在注册地或住所地开立银行结算账户。符合本办法规定可以在异地（跨省、市、县）开立银行结算账户的除外。

第六条 存款人开立基本存款账户、临时存款账户和预算单位开立专用存款账户实行核准制度，经中国人民银行核准后由开户银行核发开户登记证。但存款人因注册验资需要开立的临时存款账户除外。

第七条 存款人可以自主选择银行开立银行结算账户。除国家法律、行政法规和国务院规定外，任何单位和个人不得强令存款人到指定银行开立银行结算账户。

第八条 银行结算账户的开立和使用应当遵守法律、行政法规，不得利用银行结算账户进行偷逃税款、逃废债务、套取现金及其他违法犯罪活动。

第九条 银行应依法为存款人的银行结算账户信息保密。对单位银行结算账户的存款和有关资料，除国家法律、行政法规另有规定外，银行有权拒绝任何单位或个人查询。对个人银行结算账户的存款和有关资料，除国家法律另有规定外，银行有权拒绝任何单位或个人查询。

第十条 中国人民银行是银行结算账户的监督管理部门。

第二章 银行结算账户的开立

第十一条 基本存款账户是存款人因办理日常转账结算和现金收付需要开立的银行结算账户。下列存款人，可以申请开立基本存款账户：

（一）企业法人。

（二）非法人企业。

（三）机关、事业单位。

（四）团级（含）以上军队、武警部队及分散执勤的支（分）队。

（五）社会团体。

（六）民办非企业组织。

（七）异地常设机构。

（八）外国驻华机构。

（九）个体工商户。

（十）居民委员会、村民委员会、社区委员会。

（十一）单位设立的独立核算的附属机构。

（十二）其他组织。

第十二条 一般存款账户是存款人因借款或其他结算需要，在基本存款账户开户银行以外的银行营业机构开立的银行结算账户。

第十三条 专用存款账户是存款人按照法律、行政法规和规章，对其特定用途资金进行专项管理和使用而开立的银行结算账户。对下列资金的管理与使用，存款人可以申请开立专用存款账户：

（一）基本建设资金。

（二）更新改造资金。

（三）财政预算外资金。

（四）粮、棉、油收购资金。

（五）证券交易结算资金。

（六）期货交易保证金。

（七）信托基金。

（八）金融机构存放同业资金。

（九）政策性房地产开发资金。

（十）单位银行卡备用金。

（十一）住房基金。

（十二）社会保障基金。

（十三）收入汇缴资金和业务支出资金。

（十四）党、团、工会设在单位的组织机构经费。

（十五）其他需要专项管理和使用的资金。

收入汇缴资金和业务支出资金，是指基本存款账户存款人附属的非独立核算单位或派出机构发生的收入和支出的资金。

因收入汇缴资金和业务支出资金开立的专用存款账户，应使用隶属单位的名称。

第十四条 临时存款账户是存款人因临时需要并在规定期限内使用而开立的银行结算账户。有下列情况的，存款人可以申请开立临时存款账户：

（一）设立临时机构。

（二）异地临时经营活动。

（三）注册验资。

第十五条 个人银行结算账户是自然人因投资、消费、结算等而开立的可办理支付结算业务的存款账户。有下列情况的，可以申请开立个人银行结算账户：

（一）使用支票、信用卡等信用支付工具的。

（二）办理汇兑、定期借记、定期贷记、借记卡等结算业务的。

自然人可根据需要申请开立个人银行结算账户，也可以在已开立的储蓄账户中选择并向开户银行申请确认为个人银行结算账户。

第十六条 存款人有下列情形之一的，可以在异地开立有关银行结算账户：

（一）营业执照注册地与经营地不在同一行政区域（跨省、市、县）需要开立基本存款账户的。

（二）办理异地借款和其他结算需要开立一般存款账户的。

（三）存款人因附属的非独立核算单位或派出机构发生的收入汇缴或业务支出需要开立专用存款账户的。

（四）异地临时经营活动需要开立临时存款账户的。

（五）自然人根据需要在异地开立个人银行结算账户的。

第十七条 存款人申请开立基本存款账户，应向银行出具下列证明文件：

（一）企业法人，应出具企业法人营业执照正本。

（二）非法人企业，应出具企业营业执照正本。

（三）机关和实行预算管理的事业单位，应出具政府人事部门或编制委员会的批文或登记证书和财政部门同意其开户的证明；非预算管理的事业单位，应出具政府人事部门或编制委员会的批文或登记证书。

（四）军队、武警团级（含）以上单位以及分散执勤的支（分）队，应出具军队军级以上单位财务部门、武警总队财务部门的开户证明。

（五）社会团体，应出具社会团体登记证书，宗教组织还应出具宗教事务管理部门的批文或证明。

（六）民办非企业组织，应出具民办非企业登记证书。

（七）外地常设机构，应出具其驻在地政府主管部门的批文。

（八）外国驻华机构，应出具国家有关主管部门的批文或证明；外资企业驻华代表处、办事处应出具国家登记机关颁发的登记证。

（九）个体工商户，应出具个体工商户营业执照正本。

（十）居民委员会、村民委员会、社区委员会，应出具其主管部门的批文或证明。

（十一）独立核算的附属机构，应出具其主管部门的基本存款账户开户登记证和批文。

（十二）其他组织，应出具政府主管部门的批文或证明。

本条中的存款人为从事生产、经营活动纳税人的，还应出具税务部门颁发的税务登记证。

第十八条 存款人申请开立一般存款账户，应向银行出具其开立基本存款账户规定的证明文件、基本存款账户开户登记证和下列证明文件：

（一）存款人因向银行借款需要，应出具借款合同。

（二）存款人因其他结算需要，应出具有关证明。

第十九条 存款人申请开立专用存款账户，应向银行出具其开立基本存款账户规定的证明文件、基本存款账户开户登记证和下列证明文件：

（一）基本建设资金、更新改造资金、政策性房地产开发资金、住房基金、社会保障基金，应出具主管部门批文。

（二）财政预算外资金，应出具财政部门的证明。

（三）粮、棉、油收购资金，应出具主管部门批文。

（四）单位银行卡备用金，应按照中国人民银行批准的银行卡章程的规定出具有关证明和资料。

（五）证券交易结算资金，应出具证券公司或证券管理部门的证明。

（六）期货交易保证金，应出具期货公司或期货管理部门的证明。

（七）金融机构存放同业资金，应出具其证明。

（八）收入汇缴资金和业务支出资金，应出具基本存款账户存款人有关的证明。

（九）党、团、工会设在单位的组织机构经费，应出具该单位或有关部门的批文或证明。

（十）其他按规定需要专项管理和使用的资金，应出具有关法规、规章或政府部门的有关文件。

第二十条 合格境外机构投资者在境内从事证券投资开立的人民币特殊账户和人民币结算资金账户纳入专用存款账户管理。其开立人民币特殊账户时应出具国家外汇管理部门的批复文件，开立人民币结算资金账户时应出具证券管理部门的证券投资业务许可证。

第二十一条 存款人申请开立临时存款账户，应向银行出具下列证明文件：

（一）临时机构，应出具其驻在地主管部门同意设立临时机构的批文。

（二）异地建筑施工及安装单位，应出具其营业执照正本或其隶属单位的营业执照正本，以及施工及安装地建设主管部门核发的许可证或建筑施工及安装合同。

（三）异地从事临时经营活动的单位，应出具其营业执照正本以及临时经营地工商行政管理部门的批文。

（四）注册验资资金，应出具工商行政管理部门核发的企业名称预先核准通知书或有关部门的批文。

本条第二、第三项还应出具其基本存款账户开户登记证。

第二十二条 存款人申请开立个人银行结算账户，应向银行出具下列证明文件：

（一）中国居民，应出具居民身份证或临时身份证。

（二）中国人民解放军军人，应出具军人身份证件。

（三）中国人民武装警察，应出具武警身份证件。

（四）香港、澳门居民，应出具港澳居民往来内地通行证；台湾居民，应出具台湾居民来往大陆通行证或者其他有效旅行证件。

（五）外国公民，应出具护照。

（六）法律、法规和国家有关文件规定的其他有效证件。

银行为个人开立银行结算账户时，根据需要还可要求申请人出具户口簿、驾驶执照、护照等有效证件。

第二十三条 存款人需要在异地开立单位银行结算账户，除出具本办法第十七条、第十八条、第十九条、第二十一条规定的有关证明文件外，应出具下列相应的证明文件：

（一）异地借款的存款人，在异地开立一般存款账户的，应出具在异地取得贷款的借款合同。

（二）因经营需要在异地办理收入汇缴和业务支出的存款人，在异地开立专用存款账户的，应出具隶属单位的证明。

属本条第二、第三项情况的，还应出具其基本存款账户开户登记证。

存款人需要在异地开立个人银行结算账户，应出具本办法第二十二条规定的证明文件。

第二十四条 单位开立银行结算账户的名称应与其提供的申请开户的证明文件的名称全称相一致。有字号的个体工商户开立银行结算账户的名称应与其营业执照的字号相一致；无字号的个体工商户开立银行结算账户的名称，由"个体户"字样和营业执照记载的经营者姓名组成。自然人开立银行结算账户的名称应与其提供的有效身份证件中的名称全称相一致。

第二十五条 银行为存款人开立一般存款账户、专用存款账户和临时存款账户的，应自开户之日起3个工作日内书面通知基本存款账户开户银行。

第二十六条 存款人申请开立单位银行结算账户时,可由法定代表人或单位负责人直接办理,也可授权他人办理。

由法定代表人或单位负责人直接办理的,除出具相应的证明文件外,还应出具法定代表人或单位负责人的身份证件;授权他人办理的,除出具相应的证明文件外,还应出具其法定代表人或单位负责人的授权书及其身份证件,以及被授权人的身份证件。

第二十七条 存款人申请开立银行结算账户时,应填制开户申请书。开户申请书按照中国人民银行的规定记载有关事项。

第二十八条 银行应对存款人的开户申请书填写的事项和证明文件的真实性、完整性、合规性进行认真审查。

开户申请书填写的事项齐全,符合开立基本存款账户、临时存款账户和预算单位专用存款账户条件的,银行应将存款人的开户申请书、相关的证明文件和银行审核意见等开户资料报送中国人民银行当地分支行,经其核准后办理开户手续;符合开立一般存款账户、其他专用存款账户和个人银行结算账户条件的,银行应办理开户手续,并于开户之日起5个工作日内向中国人民银行当地分支行备案。

第二十九条 中国人民银行应于2个工作日内对银行报送的基本存款账户、临时存款账户和预算单位专用存款账户的开户资料的合规性予以审核,符合开户条件的,予以核准;不符合开户条件的,应在开户申请书上签署意见,连同有关证明文件一并退回报送银行。

第三十条 银行为存款人开立银行结算账户,应与存款人签订银行结算账户管理协议,明确双方的权利与义务。除中国人民银行另有规定的以外,应建立存款人预留签章卡片,并将签章式样和有关证明文件的原件或复印件留存归档。

第三十一条 开户登记证是记载单位银行结算账户信息的有效证明,存款人应按本办法的规定使用,并妥善保管。

第三十二条 银行在为存款人开立一般存款账户、专用存款账户和临时存款账户时,应在其基本存款账户开户登记证上登记账户名称、账号、账户性质、开户银行、开户日期,并签章。但临时机构和注册验资需要开立的临时存款账户除外。

第三章 银行结算账户的使用

第三十三条 基本存款账户是存款人的主办账户。存款人日常经营活动的资金收付及其工资、奖金和现金的支取,应通过该账户办理。

第三十四条 一般存款账户用于办理存款人借款转存、借款归还和其他结算的资金收付。该账户可以办理现金缴存,但不得办理现金支取。

第三十五条 专用存款账户用于办理各项专用资金的收付。

单位银行卡账户的资金必须由其基本存款账户转账存入。该账户不得办理现金收付业务。

财政预算外资金、证券交易结算资金、期货交易保证金和信托基金专用存款账户不得支取现金。

基本建设资金、更新改造资金、政策性房地产开发资金、金融机构存放同业资金账户需要支取现金的,应在开户时报中国人民银行当地分支行批准。中国人民银行当地分支行应根据国家现金管理的规定审查批准。

粮、棉、油收购资金、社会保障基金、住房基金和党、团、工会经费等专用存款账户支取现金应按照国家现金管理的规定办理。

收入汇缴账户除向其基本存款账户或预算外资金财政专用存款户划缴款项外,只收不付,不得支取现金。业务支出账户除从其基本存款账户拨入款项外,只付不收,其现金支取必须按照国家现金管理的规定办理。

银行应按照本条的各项规定和国家对粮、棉、油收购资金使用管理规定加强监督,对不符合规定的资金收付和现金支取，不得办理。但对其他专用资金的使用不负监督责任。

第三十六条 临时存款账户用于办理临时机构以及存款人临时经营活动发生的资金收付。

临时存款账户应根据有关开户证明文件确定的期限或存款人的需要确定其有效期限。存款人在账户的使用中需要延长期限的，应在有效期限内向开户银行提出申请，并由开户银行报中国人民银行当地分支行核准后办理展期。临时存款账户的有效期最长不得超过2年。

临时存款账户支取现金，应按照国家现金管理的规定办理。

第三十七条 注册验资的临时存款账户在验资期间只收不付，注册验资资金的汇缴人应与出资人的名称一致。

第三十八条 存款人开立单位银行结算账户，自正式开立之日起3个工作日后，方可办理付款业务。但注册验资的临时存款账户转为基本存款账户和因借款转存开立的一般存款账户除外。

第三十九条 个人银行结算账户用于办理个人转账收付和现金存取。下列款项可以转入个人银行结算账户：

（一）工资、奖金收入。

（二）稿费、演出费等劳务收入。

（三）债券、期货、信托等投资的本金和收益。

（四）个人债权或产权转让收益。

（五）个人贷款转存。

（六）证券交易结算资金和期货交易保证金。

（七）继承、赠与款项。

（八）保险理赔、保费退还等款项。

（九）纳税退还。

（十）农、副、矿产品销售收入。

（十一）其他合法款项。

第四十条 单位从其银行结算账户支付给个人银行结算账户的款项，每笔超过5万元的，应向其开户银行提供下列付款依据：

（一）代发工资协议和收款人清单。

（二）奖励证明。

（三）新闻出版、演出主办等单位与收款人签订的劳务合同或支付给个人款项的证明。

（四）证券公司、期货公司、信托投资公司、奖券发行或承销部门支付或退还给自然人款项的证明。

（五）债权或产权转让协议。

（六）借款合同。

（七）保险公司的证明。

（八）税收征管部门的证明。

（九）农、副、矿产品购销合同。

（十）其他合法款项的证明。

从单位银行结算账户支付给个人银行结算账户的款项应纳税的，税收代扣单位付款时应向其开户银行提供完税证明。

第四十一条 有下列情形之一的，个人应出具本办法第四十条规定的有关收款依据。

（一）个人持出票人为单位的支票向开户银行委托收款，将款项转入其个人银行结算账户的。

（二）个人持申请人为单位的银行汇票和银行本票向开户银行提示付款，将款项转入其个人银行结算账户的。

第四十二条 单位银行结算账户支付给个人银行结算账户款项的，银行应按第四十条、第四十一条规定认真审查付款依据或收款依据的原件，并留存复印件，按会计档案保管。未提供相关依据或相关依据不符合规定的，银行应拒绝办理。

第四十三条 储蓄账户仅限于办理现金存取业务，不得办理转账结算。

第四十四条 银行应按规定与存款人核对账务。银行结算账户的存款人收到对账单或对账信息后，应及时核对账务并在规定期限内向银行发出对账回单或确认信息。

第四十五条 存款人应按照本办法的规定使用银行结算账户办理结算业务。

存款人不得出租、出借银行结算账户，不得利用银行结算账户套取银行信用。

第四章 银行结算账户的变更与撤销

第四十六条 存款人更改名称，但不改变开户银行及账号的，应于5个工作日内向开户银行提出银行结算账户的变更申请，并出具有关部门的证明文件。

第四十七条 单位的法定代表人或主要负责人、住址以及其他开户资料发生变更时，应于5个工作日内书面通知开户银行并提供有关证明。

第四十八条 银行接到存款人的变更通知后，应及时办理变更手续，并于2个工作日内向中国人民银行报告。

第四十九条 有下列情形之一的，存款人应向开户银行提出撤销银行结算账户的申请：

（一）被撤并、解散、宣告破产或关闭的。

（二）注销、被吊销营业执照的。

（三）因迁址需要变更开户银行的。

（四）其他原因需要撤销银行结算账户的。

存款人有本条 第一、第二项情形的，应于5个工作日内向开户银行提出撤销银行结算账户的申请。

本条所称撤销是指存款人因开户资格或其他原因终止银行结算账户使用的行为。

第五十条 存款人因本办法第四十九条第一、第二项原因撤销基本存款账户的，存款人基本存款账户的开户银行应自撤销银行结算账户之日起2个工作日内将撤销该基本存款账户的情况书面通知该存款人其他银行结算账户的开户银行；存款人其他银行结算账户的开户银行，应自收到通知之日起2个工作日内通知存款人撤销有关银行结算账户；存款人应自收到通知之日起3个工作日内办理其他银行结算账户的撤销。

第五十一条 银行得知存款人有本办法第四十九条第一、第二项情况，存款人超过规定期限未主动办理撤销银行结算账户手续的，银行有权停止其银行结算账户的对外支付。

第五十二条 未获得工商行政管理部门核准登记的单位，在验资期满后，应向银行申请撤销注册验资临时存款账户，其账户资金应退还原汇款人账户。注册验资资金以现金方式存入，出资人需提取现金的，应出具缴存现金时的现金缴款单原件及其有效身份证件。

第五十三条 存款人尚未清偿其开户银行债务的，不得申请撤销该账户。

第五十四条 存款人撤销银行结算账户，必须与开户银行核对银行结算账户存款余额，交回各种重要空白票据及结算凭证和开户登记证，银行核对无误后方可办理销户手续。存款人未按规定交回各种重要空白票据及结算凭证的，应出具有关证明，造成损失的，由其自行承担。

第五十五条 银行撤销单位银行结算账户时应在其基本存款账户开户登记证上注明销户日期并签章，同时于撤销银行结算账户之日起2个工作日内，向中国人民银行报告。

第五十六条 银行对一年未发生收付活动且未欠开户银行债务的单位银行结算账户，应通知单位自发出通知之日起30日内办理销户手续，逾期视同自愿销户，未划转款项列入久悬未取专户管理。

第五章　银行结算账户的管理

第五十七条　中国人民银行负责监督、检查银行结算账户的开立和使用,对存款人、银行违反银行结算账户管理规定的行为予以处罚。

第五十八条　中国人民银行对银行结算账户的开立和使用实施监控和管理。

第五十九条　中国人民银行负责基本存款账户、临时存款账户和预算单位专用存款账户开户登记证的管理。

任何单位及个人不得伪造、变造及私自印制开户登记证。

第六十条　银行负责所属营业机构银行结算账户开立和使用的管理,监督和检查其执行本办法的情况,纠正违规开立和使用银行结算账户的行为。

第六十一条　银行应明确专人负责银行结算账户的开立、使用和撤销的审查和管理,负责对存款人开户申请资料的审查,并按照本办法的规定及时报送存款人开销户信息资料,建立健全开销户登记制度,建立银行结算账户管理档案,按会计档案进行管理。

银行结算账户管理档案的保管期限为银行结算账户撤销后10年。

第六十二条　银行应对已开立的单位银行结算账户实行年检制度,检查开立的银行结算账户的合规性,核实开户资料的真实性;对不符合本办法规定开立的单位银行结算账户,应予以撤销。对经核实的各类银行结算账户的资料变动情况,应及时报告中国人民银行当地分支行。

银行应对存款人使用银行结算账户的情况进行监督,对存款人的可疑支付应按照中国人民银行规定的程序及时报告。

第六十三条　存款人应加强对预留银行签章的管理。单位遗失预留公章或财务专用章的,应向开户银行出具书面申请、开户登记证、营业执照等相关证明文件;更换预留公章或财务专用章时,应向开户银行出具书面申请、原预留签章的式样等相关证明文件。个人遗失或更换预留个人印章或更换签字人时,应向开户银行出具经签名确认的书面申请,以及原预留印章或签字人的个人身份证件。银行应留存相应的复印件,并凭以办理预留银行签章的变更。

第六章　罚　　则

第六十四条　存款人开立、撤销银行结算账户,不得有下列行为:

(一)违反本办法规定开立银行结算账户。

(二)伪造、变造证明文件欺骗银行开立银行结算账户。

(三)违反本办法规定不及时撤销银行结算账户。

非经营性的存款人,有上述所列行为之一的,给予警告并处以1 000元的罚款;经营性的存款人有上述所列行为之一的,给予警告并处以1万元以上3万元以下的罚款;构成犯罪的,移交司法机关依法追究刑事责任。

第六十五条　存款人使用银行结算账户,不得有下列行为:

(一)违反本办法规定将单位款项转入个人银行结算账户。

(二)违反本办法规定支取现金。

(三)利用开立银行结算账户逃废银行债务。

(四)出租、出借银行结算账户。

(五)从基本存款账户之外的银行结算账户转账存入、将销货收入存入或现金存入单位信用卡账户。

(六)法定代表人或主要负责人、存款人地址以及其他开户资料的变更事项未在规定期限内通知银行。

非经营性的存款人有上述所列一至五项行为的,给予警告并处以1 000元罚款;经营性的存款人有上述所列一至五项行为的，给予警告并处以 5 000 元以上 3 万元以下的罚款；存款人有上述所列第六项行为的，给予警告并处以 1 000 元的罚款。

第六十六条 银行在银行结算账户的开立中，不得有下列行为：

（一）违反本办法规定为存款人多头开立银行结算账户。

（二）明知或应知是单位资金，而允许以自然人名称开立账户存储。

银行有上述所列行为之一的，给予警告，并处以 5 万元以上 30 万元以下的罚款；对该银行直接负责的高级管理人员、其他直接负责的主管人员、直接责任人员按规定给予纪律处分；情节严重的，中国人民银行有权停止对其开立基本存款账户的核准，责令该银行停业整顿或者吊销经营金融业务许可证；构成犯罪的，移交司法机关依法追究刑事责任。

第六十七条 银行在银行结算账户的使用中，不得有下列行为：

（一）提供虚假开户申请资料欺骗中国人民银行许可开立基本存款账户、临时存款账户、预算单位专用存款账户。

（二）开立或撤销单位银行结算账户，未按本办法规定在其基本存款账户开户登记证上予以登记、签章或通知相关开户银行。

（三）违反本办法第四十二条规定办理个人银行结算账户转账结算。

（四）为储蓄账户办理转账结算。

（五）违反规定为存款人支付现金或办理现金存入。

（六）超过期限或未向中国人民银行报送账户开立、变更、撤销等资料。

银行有上述所列行为之一的，给予警告，并处以 5 000 元以上 3 万元以下的罚款；对该银行直接负责的高级管理人员、其他直接负责的主管人员、直接责任人员按规定给予纪律处分；情节严重的，中国人民银行有权停止对其开立基本存款账户的核准，构成犯罪的，移交司法机关依法追究刑事责任。

第六十八条 违反本办法规定，伪造、变造、私自印制开户登记证的存款人，属非经营性的处以 1 000 元罚款；属经营性的处以 1 万元以上 3 万元以下的罚款；构成犯罪的，移交司法机关依法追究刑事责任。

第七章 附 则

第六十九条 开户登记证由中国人民银行总行统一式样，中国人民银行各分行、营业管理部、省会（首府）城市中心支行负责监制。

第七十条 本办法由中国人民银行负责解释、修改。

第七十一条 本办法自 2003 年 9 月 1 日起施行。1994 年 10 月 9 日中国人民银行发布的《银行账户管理办法》同时废止。

3. 会计档案管理办法（2015 年公布）

（中华人民共和国财政部　国家档案局令第 79 号公布）

第一条 为了加强会计档案管理，有效保护和利用会计档案，根据《中华人民共和国会计法》《中华人民共和国档案法》等有关法律和行政法规，制定本办法。

第二条 国家机关、社会团体、企业、事业单位和其他组织（以下统称单位）管理会计档案适用本办法。

第三条 本办法所称会计档案是指单位在进行会计核算等过程中接收或形成的，记录和反映单位经济业务事项的，具有保存价值的文字、图表等各种形式的会计资料，包括通过计算机等电子设备形成、传输和存储的电子会计档案。

第四条 财政部和国家档案局主管全国会计档案工作，共同制定全国统一的会计档案工作制度，对全国会计档案工作实行监督和指导。

县级以上地方人民政府财政部门和档案行政管理部门管理本行政区域内的会计档案工作，并对本行政区域内会计档案工作实行监督和指导。

第五条 单位应当加强会计档案管理工作，建立和完善会计档案的收集、整理、保管、利用和鉴定销毁等管理制度，采取可靠的安全防护技术和措施，保证会计档案的真实、完整、可用、安全。

单位的档案机构或者档案工作人员所属机构（以下统称单位档案管理机构）负责管理本单位的会计档案。单位也可以委托具备档案管理条件的机构代为管理会计档案。

第六条 下列会计资料应当进行归档：

（一）会计凭证，包括原始凭证、记账凭证；

（二）会计账簿，包括总账、明细账、日记账、固定资产卡片及其他辅助性账簿；

（三）财务会计报告，包括月度、季度、半年度、年度财务会计报告；

（四）其他会计资料，包括银行存款余额调节表、银行对账单、纳税申报表、会计档案移交清册、会计档案保管清册、会计档案销毁清册、会计档案鉴定意见书及其他具有保存价值的会计资料。

第七条 单位可以利用计算机、网络通信等信息技术手段管理会计档案。

第八条 同时满足下列条件的，单位内部形成的属于归档范围的电子会计资料可仅以电子形式保存，形成电子会计档案：

（一）形成的电子会计资料来源真实有效，由计算机等电子设备形成和传输；

（二）使用的会计核算系统能够准确、完整、有效接收和读取电子会计资料，能够输出符合国家标准归档格式的会计凭证、会计账簿、财务会计报表等会计资料，设定了经办、审核、审批等必要的审签程序；

（三）使用的电子档案管理系统能够有效接收、管理、利用电子会计档案，符合电子档案的长期保管要求，并建立了电子会计档案与相关联的其他纸质会计档案的检索关系；

（四）采取有效措施，防止电子会计档案被篡改；

（五）建立电子会计档案备份制度，能够有效防范自然灾害、意外事故和人为破坏的影响；

（六）形成的电子会计资料不属于具有永久保存价值或者其他重要保存价值的会计档案。

第九条 满足本办法第八条规定条件，单位从外部接收的电子会计资料附有符合《中华人民共和国电子签名法》规定的电子签名的，可仅以电子形式归档保存，形成电子会计档案。

第十条 单位的会计机构或会计人员所属机构（以下统称单位会计管理机构）按照归档范围和归档要求，负责定期将应当归档的会计资料整理立卷，编制会计档案保管清册。

第十一条 当年形成的会计档案，在会计年度终了后，可由单位会计管理机构临时保管一年，再移交单位档案管理机构保管。因工作需要确需推迟移交的，应当经单位档案管理机构同意。

单位会计管理机构临时保管会计档案最长不超过三年。临时保管期间，会计档案的保管应当符合国家档案管理的有关规定，且出纳人员不得兼管会计档案。

第十二条 单位会计管理机构在办理会计档案移交时，应当编制会计档案移交清册，并按照国家档案管理的有关规定办理移交手续。

纸质会计档案移交时应当保持原卷的封装。电子会计档案移交时应当将电子会计档案及其元数据一并移交，且文件格式应当符合国家档案管理的有关规定。特殊格式的电子会计档案应当与其读取平台一并移交。

单位档案管理机构接收电子会计档案时，应当对电子会计档案的准确性、完整性、可用性、安全性进行检测，符合要求的才能接收。

第十三条　单位应当严格按照相关制度利用会计档案，在进行会计档案查阅、复制、借出时履行登记手续，严禁篡改和损坏。

单位保存的会计档案一般不得对外借出。确因工作需要且根据国家有关规定必须借出的，应当严格按照规定办理相关手续。

会计档案借用单位应当妥善保管和利用借入的会计档案，确保借入会计档案的安全完整，并在规定时间内归还。

第十四条　会计档案的保管期限分为永久、定期两类。定期保管期限一般分为10年和30年。

会计档案的保管期限，从会计年度终了后的第一天算起。

第十五条　各类会计档案的保管期限原则上应当按照本办法附表执行，本办法规定的会计档案保管期限为最低保管期限。

单位会计档案的具体名称如有同本办法附表所列档案名称不相符的，应当比照类似档案的保管期限办理。

第十六条　单位应当定期对已到保管期限的会计档案进行鉴定，并形成会计档案鉴定意见书。经鉴定，仍需继续保存的会计档案，应当重新划定保管期限；对保管期满，确无保存价值的会计档案，可以销毁。

第十七条　会计档案鉴定工作应当由单位档案管理机构牵头，组织单位会计、审计、纪检监察等机构或人员共同进行。

第十八条　经鉴定可以销毁的会计档案，应当按照以下程序销毁：

（一）单位档案管理机构编制会计档案销毁清册，列明拟销毁会计档案的名称、卷号、册数、起止年度、档案编号、应保管期限、已保管期限和销毁时间等内容。

（二）单位负责人、档案管理机构负责人、会计管理机构负责人、档案管理机构经办人、会计管理机构经办人在会计档案销毁清册上签署意见。

（三）单位档案管理机构负责组织会计档案销毁工作，并与会计管理机构共同派员监销。监销人在会计档案销毁前，应当按照会计档案销毁清册所列内容进行清点核对；在会计档案销毁后，应当在会计档案销毁清册上签名或盖章。

电子会计档案的销毁还应当符合国家有关电子档案的规定，并由单位档案管理机构、会计管理机构和信息系统管理机构共同派员监销。

第十九条　保管期满但未结清的债权债务会计凭证和涉及其他未了事项的会计凭证不得销毁，纸质会计档案应当单独抽出立卷，电子会计档案单独转存，保管到未了事项完结时为止。

单独抽出立卷或转存的会计档案，应当在会计档案鉴定意见书、会计档案销毁清册和会计档案保管清册中列明。

第二十条　单位因撤销、解散、破产或其他原因而终止的，在终止或办理注销登记手续之前形成的会计档案，按照国家档案管理的有关规定处置。

第二十一条　单位分立后原单位存续的，其会计档案应当由分立后的存续方统一保管，其他方可以查阅、复制与其业务相关的会计档案。

单位分立后原单位解散的，其会计档案应当经各方协商后由其中一方代管或按照国家档案管理的有关规定处置，各方可以查阅、复制与其业务相关的会计档案。

单位分立中未结清的会计事项所涉及的会计凭证，应当单独抽出由业务相关方保存，并按照规定办理交接手续。

单位因业务移交其他单位办理所涉及的会计档案，应当由原单位保管，承接业务单位可以查阅、复制与其业务相关的会计档案。对其中未结清的会计事项所涉及的会计凭证，应当单独抽出由承接业务单位保存，并按照规定办理交接手续。

第二十二条 单位合并后原各单位解散或者一方存续其他方解散的，原各单位的会计档案应当由合并后的单位统一保管。单位合并后原各单位仍存续的，其会计档案仍应当由原各单位保管。

第二十三条 建设单位在项目建设期间形成的会计档案，需要移交给建设项目接受单位的，应当在办理竣工财务决算后及时移交，并按照规定办理交接手续。

第二十四条 单位之间交接会计档案时，交接双方应当办理会计档案交接手续。

移交会计档案的单位，应当编制会计档案移交清册，列明应当移交的会计档案名称、卷号、册数、起止年度、档案编号、应保管期限和已保管期限等内容。

交接会计档案时，交接双方应当按照会计档案移交清册所列内容逐项交接，并由交接双方的单位有关负责人负责监督。交接完毕后，交接双方经办人和监督人应当在会计档案移交清册上签名或盖章。

电子会计档案应当与其元数据一并移交，特殊格式的电子会计档案应当与其读取平台一并移交。档案接受单位应当对保存电子会计档案的载体及其技术环境进行检验，确保所接收电子会计档案的准确、完整、可用和安全。

第二十五条 单位的会计档案及其复制件需要携带、寄运或者传输至境外的，应当按照国家有关规定执行。

第二十六条 单位委托中介机构代理记账的，应当在签订的书面委托合同中，明确会计档案的管理要求及相应责任。

第二十七条 违反本办法规定的单位和个人，由县级以上人民政府财政部门、档案行政管理部门依据《中华人民共和国会计法》《中华人民共和国档案法》等法律法规处理处罚。

第二十八条 预算、计划、制度等文件材料，应当执行文书档案管理规定，不适用本办法。

第二十九条 不具备设立档案机构或配备档案工作人员条件的单位和依法建账的个体工商户，其会计档案的收集、整理、保管、利用和鉴定销毁等参照本办法执行。

第三十条 各省、自治区、直辖市、计划单列市人民政府财政部门、档案行政管理部门，新疆生产建设兵团财务局、档案局，国务院各业务主管部门，中国人民解放军总后勤部，可以根据本办法制定具体实施办法。

第三十一条 本办法由财政部、国家档案局负责解释，自2016年1月1日起施行。1998年8月21日财政部、国家档案局发布的《会计档案管理办法》（财会字〔1998〕32号）同时废止。

附表：1. 企业和其他组织会计档案保管期限表
　　　2. 财政总预算、行政单位、事业单位和税收会计档案保管期限表

附表 1

企业和其他组织会计档案保管期限表

序号	档案名称	保管期限	备注
一	会计凭证		
1	原始凭证	30 年	
2	记账凭证	30 年	
二	会计账簿		
3	总账	30 年	
4	明细账	30 年	
5	日记账	30 年	
6	固定资产卡片		固定资产报废清理后保管 5 年
7	其他辅助性账簿	30 年	
三	财务会计报告		
8	月度、季度、半年度财务会计报告	10 年	
9	年度财务会计报告	永久	
四	其他会计资料		
10	银行存款余额调节表	10 年	
11	银行对账单	10 年	
12	纳税申报表	10 年	
13	会计档案移交清册	30 年	
14	会计档案保管清册	永久	
15	会计档案销毁清册	永久	
16	会计档案鉴定意见书	永久	

附表 2

财政总预算、行政单位、事业单位和税收会计档案保管期限表

序号	档案名称	保管期限			备注
		财政总预算	行政单位 事业单位	税收会计	
一	会计凭证				
1	国家金库编送的各种报表及缴库退库凭证	10 年		10 年	

（续表）

序号	档案名称	保管期限			备注
		财政总预算	行政单位事业单位	税收会计	
2	各收入机关编送的报表	10年			
3	行政单位和事业单位的各种会计凭证		30年		包括：原始凭证、记账凭证和传票汇总表
4	财政总预算拨款凭证和其他会计凭证	30年			包括：拨款凭证和其他会计凭证
二	会计账簿				
5	日记账		30年	30年	
6	总账	30年	30年	30年	
7	税收日记账（总账）			30年	
8	明细分类、分户账或登记簿	30年	30年	30年	
9	行政单位和事业单位固定资产卡片				固定资产报废清理后保管5年
三	财务会计报告				
10	政府综合财务报告	永久			下级财政、本级部门和单位报送的保管2年
11	部门财务报告		永久		所属单位报送的保管2年
12	财政总决算	永久			下级财政、本级部门和单位报送的保管2年
13	部门决算		永久		所属单位报送的保管2年
14	税收年报（决算）			永久	
15	国家金库年报（决算）	10年			
16	基本建设拨、贷款年报（决算）	10年			
17	行政单位和事业单位会计月、季度报表		10年		所属单位报送的保管2年
18	税收会计报表			10年	所属税务机关报送的保管2年
四	其他会计资料				
19	银行存款余额调节表	10年	10年		
20	银行对账单	10年	10年	10年	
21	会计档案移交清册	30年	30年	30年	
22	会计档案保管清册	永久	永久	永久	
23	会计档案销毁清册	永久	永久	永久	
24	会计档案鉴定意见书	永久	永久	永久	

注：税务机关的税务经费会计档案保管期限，按行政单位会计档案保管期限规定办理。

4. 关于新时代加强和改进代理记账工作的意见（2023年发布）

（财会〔2023〕26号印发）

为贯彻落实中央办公厅、国务院办公厅印发的《关于进一步加强财会监督工作的意见》精神，加强代理记账行业监督管理，提高代理记账工作水平，规范会计服务市场秩序，促进行业健康发展，现提出如下意见。

一、总体要求

以习近平新时代中国特色社会主义思想为指导，深入贯彻党的二十大精神，完整、准确、全面贯彻新发展理念，加快构建新发展格局，按照党中央、国务院关于加强财会监督、严肃财经纪律的决策部署，坚持问题导向和系统观念，坚持监管与服务并重，推进代理记账工作闭环管理，夯实法治基础，强化行业监管，打造法治化、规范化、市场化的营商环境，为提升会计信息质量、维护国家财经秩序提供有力保障，促进高质量发展。

二、进一步健全法治体系

（一）健全完善法律规章制度。加快推动会计法修改工作，完善国家统一的会计制度，强化从事代理记账业务法律责任。修改《代理记账管理办法》，强化代理记账管理有关要求，优化行政监管方式，细化违法违规情形，明确处理处罚标准。指导地方建立健全代理记账行业管理具体实施办法。加大行业法律法规宣传贯彻力度，营造依法依规执业的良好氛围。

（二）制定实施行业执业规范。制定代理记账基础工作规范，聚焦代理记账业务的主要工作流程与质量要求，形成全国统一的执业规范性文件。推动执业规范有效执行，督促和引导代理记账机构规范执业程序，加强内部管理与质量控制，严格按照国家统一的会计制度进行会计核算，保证会计信息质量。强化执业规范运用，将执业规范作为衡量代理记账机构执业质量、开展监督检查的重要依据。

三、加大监督管理力度

（三）进一步加强行政监督。完善全国代理记账行业监管服务平台，构建全生命周期管理闭环，建设行业标准信息库，实现分析预警功能，提升非现场监管能力，解决执法力量不足、监管存在盲区等问题。聚焦"无证经营""虚假承诺"等行业突出问题，持续开展专项整治。加强常态化监督检查，严格全覆盖核查、"双随机、一公开"日常检查、重点专项检查，健全完善工作机制，细化监督检查工作规范和要求。加大对典型案件的曝光力度，强化反面警示，形成有效震慑。督促代理记账机构做好年度备案、变更登记等工作，加强报送信息的真实性、完整性核查。

（四）发挥行业协会自律监督作用。完善代理记账行业协会管理机制，加强对行业协会的政策和业务指导，强化行业协会备案管理，建立健全工作联系机制。推动行业协会吸纳更多会员机构，建立会员机构综合评价体系。引导行业协会按照有关规定做好会员信用管理、内部控制建设、服务质量监督等方面的自律监督工作，规范运用信用记录、警示告诫、公开曝光等方法加大违法违规行为惩戒力度。鼓励行业协会定期开展行业分析工作，加强行业协会间业务交流。将行业协会的评价监督结果作为财政部门强化监管、优化服务的重要参考。

（五）提升信用监管效能。建立健全代理记账行业信用信息采集、使用和管理制度，利用信息化等手段掌握代理记账机构及其从业人员的执业情况和信用情况。制定实施行业信用评级评价制度和标准，建立健全信用分级分类监管机制。强化事前信用核查、事中信用评估分级和分类检查、事后奖惩和信用修复的全链条全领域监管，通过守信激励和失信惩戒措施持续加强行业诚信建设。

四、促进高质量发展

（六）提高数字化服务水平。鼓励地方基于代理记账服务，探索打造涵盖财税咨询、商事登记、金融服务等业务在内的全流程一体化中小微企业管理服务平台，推动支持中小微企业发展的政策直达快享机制落实。引导代理记账机构充分运用大数据、人工智能、区块链等技术手段，选用或打造数字化业务管理系统，对机构业务开展、合同管理、质量控制、人员管理、财务管理等方面进行规范管理，有效提升对内管理和对外服务水平。

（七）加大行业人才培养力度。建立完善"选、育、管、用"全链条机制，构建多层次、多渠道的人才培养体系，优化代理记账人才队伍结构，确保人才队伍持续稳定向好。实施代理记账行业人才专项培养计划，注重加强对行业协会负责人、代理记账机构负责人及业务骨干的培训。推动代理记账机构与大中专院校产教融合发展。丰富从业人员继续教育内容，注重职业道德教育，加强诚信建设。鼓励和支持行业协会围绕服务会员机构与推动行业发展，创新开展优秀人才培养。

（八）强化政策引导。鼓励地方结合实际情况为中小微企业购买代理记账服务，发挥代理记账机构在中小微企业成长发展历程中的专业支持作用，规范中小微企业会计行为，提升中小微企业会计信息质量。制定电子凭证会计数据标准，在试点基础上加快推广应用，推动会计数据增信，服务普惠金融政策落实。引导和鼓励在农村财务管理中引入代理记账服务，发挥代理记账机构在规范村级会计核算、服务提升乡村治理效能中的重要作用。行政事业单位、社会团体等单位在确保风险可控的前提下，可根据实际情况引入代理记账服务，提高会计管理能力与水平。

（九）加快转型升级。鼓励代理记账机构不断拓展财税相关业务的广度与深度，创新商业模式，通过优化业务流程、推动服务产品升级，提升核心竞争力。鼓励代理记账机构积极开展品牌建设，通过提升服务质量和扩大市场规模，提升机构知名度。积极打造行业交流平台，总结先进经验做法，持续提升业务水平和发展效能。鼓励发挥规模化优势，通过多维度合作，整合相关领域行业资源，推进行业平台化发展和一体化品牌打造。

五、保障措施

（十）加强组织领导。财政部加强对全国代理记账工作的统筹谋划，做好顶层设计，建立健全工作联动机制。地方财政部门要加强对本地区代理记账工作的组织领导和统筹协调，制定加强和改进代理记账工作的具体实施方案，健全工作落实机制，确保各项工作任务落地见效。

（十一）完善协同机制。建立健全财政部门与税务、市场监管等监管部门间的协同机制，积极推进跨部门联合监管，推动信息系统对接和数据共享，强化监管资源整合，加强政策衔接，形成工作合力。加强财政部门会计管理机构与监督检查机构的协作配合，明确职责分工，压实工作责任，统筹做好代理记账行业管理工作。

（十二）强化队伍建设。加强一线执法队伍建设，整合行政执法力量，推动执法力量下沉，分级分类分岗位组织专题培训和业务培训，提高行政执法人员的业务能力和综合素质，配齐配强与执法检查任务相适应的工作力量，为代理记账行业管理提供有力支撑。

（十三）做好宣传引导。各级财政部门及代理记账行业协会要加大代理记账行业政策法规宣传力度，广泛开展政策解读和舆论引导，及时总结推广典型经验，主动回应社会关切，提升行业发展信心与社会形象。

5. 代理记账基础工作规范（试行）（2023年发布）

（财会〔2023〕27号印发）

第一章 总 则

第一条 为加强代理记账基础工作，规范代理记账机构开展代理记账业务，保障代理记账服务质量，根据《中华人民共和国会计法》《代理记账管理办法》《会计基础工作规范》《会计档案管理办法》等相关法律法规，制定本规范。

第二条 本规范适用于代理记账机构接受委托办理代理记账业务。

第三条 代理记账机构应当严格执行有关法律法规，提高代理记账业务规范水平，保证会计信息质量。

第四条 代理记账机构开展代理记账业务应当遵守本规范，至少履行下列基本程序：业务承接、工作计划、资料交接、会计核算、质量控制、档案管理等。

代理记账机构开展相关工作时，可以根据有关法律法规等规定，结合具体情况运用专业判断作出相应处理。

第二章 业 务 承 接

第五条 业务承接包括了解委托人基本情况和签订代理记账业务委托合同。

了解委托人基本情况，是指对委托人所处外部环境及所在行业的一般了解和对委托人内部情况的具体了解。

代理记账业务委托合同（以下简称委托合同），是指代理记账机构与委托人共同签订的，据以确认委托与受托关系，明确委托目的、委托范围及双方责任与义务等事项的书面协议。

第六条 代理记账机构应当了解委托人基本情况，初步调查委托人经营管理状况，查询市场监管和税务相关政务网站公开信息，并与委托人就约定事项进行商议，经充分评估业务风险后，结合自身专业胜任能力确定是否承接此项业务。

第七条 代理记账机构拟承接代理记账业务的，应当在开展工作前，与委托人就代理记账业务约定条款协商一致，并签订委托合同。

第八条 委托合同除应符合有关法律法规的一般性规定外，至少还应包括以下内容：

（一）委托业务范围及其他预期目标；

（二）会计资料传递程序和签收手续，终止委托合同应当办理的会计业务交接事宜，包括使用信息系统交付财务数据的约定；

（三）双方对会计资料真实性、完整性、合法性各自应当承担的责任，会计档案的保管要求及相应的责任；

（四）委托业务的收费；

（五）委托合同的有效期间；

（六）签约时间；

（七）违约责任；

（八）解决争议的方法；

（九）签约双方认为应约定的其他事项。

第九条 代理记账机构应当对委托合同统一编号，并及时归档。

第三章 工作计划

第十条 代理记账机构为完成代理记账工作，达到预期目标，在具体开展代理记账业务前应当编制工作计划。

第十一条 代理记账机构应当根据自身业务规模和风险评估情况界定重大项目的判定标准，一般是代理记账业务的影响比较大或金额比较大。通常情况下，代理记账业务经分析判断可能会引起风险显著增加的，则视为影响比较大；业务金额预计占机构全年代理记账业务收入的 2% 及以上的，则视为金额比较大。代理记账机构可结合自身实际对上述比例作出合理调减，以控制经营风险。

第十二条 编制工作计划应当考虑以下因素：

（一）合同约定条款；
（二）委托业务是否为重大项目；
（三）委托人所属行业及特点、业务性质及复杂程度、组织结构、经营情况及经营风险；
（四）委托人执行的会计准则制度，以及以前年度的会计核算情况；
（五）委托人会计原始凭证及相关会计资料归集、整理、交接的环境及条件；
（六）委托人对会计信息的需求；
（七）代理记账机构从业人员（以下简称从业人员）及其技能的要求。

第十三条 工作计划一般应包括以下基本内容：

（一）委托人基本情况，包括委托人所属行业及特点、会计准则制度的选用、以前年度会计核算情况等；
（二）业务小组成员及职责分工；
（三）初次资料交接情况，包括初次资料交接的内容、参与人员、时间及地点等；
（四）初次建账情况及安排，包括初次建账的内容、人员安排及时间等；
（五）工作进度及时间安排，包括各阶段的执行人及执行日期，原始凭证等会计资料的交接方式及时间、记账完成时间、出具会计报表时间、会计档案移交时间等；
（六）根据委托人情况，其他应当考虑的事项。

非首次为委托人办理代理记账业务，工作计划无需包含初次资料交接情况、初次建账情况及安排等内容。对于简易业务，可以根据实际需要简化工作计划。

第十四条 工作计划应附委托合同及其他相关资料一并交由项目负责人员或质量控制人员审核批准。重大项目的工作计划，一般还应经业务负责人审核批准。

第十五条 工作计划应重点审核以下事项：

（一）时间安排是否合理；
（二）从业人员的选派与分工是否恰当；
（三）合同约定的预期目标能否实现。

第十六条 代理记账业务开展过程中，应当在必要时对工作计划作出调整。调整后的工作计划应按照第十四条规定的程序和权限审批。

第四章 资料交接

第十七条 资料交接指代理记账机构初次接受委托、日常开展工作、终止委托关系后与委托人等有关单位，根据约定进行的会计资料交接工作。

第十八条 代理记账机构初次接受委托与终止委托关系时，移交人员应当整理需要移交的各项资料，编制移交清册，列明移交的会计凭证、会计账簿、会计报表、其他会计资料、相关文件及物品等内容。对未了事项应当予以书面说明。

移交人员应按移交清册逐项移交，接收人员应逐项核对点收，并由交接双方的有关负责人负责监督。交接完毕后，交接双方经办人和监交人应在移交清册上签名或者盖章。并应在移交清册上注明：单位名称；交接日期；交接双方经办人和监交人的职务、姓名；移交清册页数以及需要说明的问题和意见等。

移交清册一式两份，交接双方各执一份，代理记账机构留存的一份应当归档保管。

第十九条 初次接受委托时应重点关注以下方面：

（一）会计凭证、会计账簿、会计报表和其他会计资料必须完整无缺，如有短缺，应当查清原因，并明确相关责任；

（二）银行存款账户余额要与银行对账单核对，如不一致，应当编制银行存款余额调节表调节相符，各种财产物资和债权债务的明细账户余额应与总账及会计报表有关账户余额核对相符，纳税申报表数据应与账面数据核对相符，必要时可抽查个别账户的余额，确保账实核对一致；

（三）重大债权债务形成原因及未完结的税务事项；

（四）需要移交的票据、印章、密钥等实物，应书面列明，交接清楚；

（五）需要移交的相关系统、平台的登录方式以及对应的账号、口令等，应书面列明，交接清楚。

第二十条 代理记账机构应当按照约定，定期了解委托人的经营事项，并接收委托人移交的原始凭证等会计资料。

代理记账机构应当对收到的原始凭证进行审核和监督。对不真实、不合法的原始凭证，不予受理。对记载不准确、不完整的原始凭证，予以退回，要求委托人更正、补充。

第二十一条 日常交接时应当填写原始凭证交接表，列明原始凭证的种类、数量等内容，交接双方应当逐项清点核对，并履行必要的确认手续。交接表一式两份，交接双方各执一份，代理记账机构留存的一份应当归档保管。

通过信息化手段进行电子凭证交接的，应形成电子凭证交接单，并确保交接记录真实有效、交接内容有据可查。

第五章　会　计　核　算

第二十二条 代理记账机构应当根据委托人提供的原始凭证等会计资料，按照国家统一的会计制度进行会计核算，包括审核原始凭证、填制记账凭证、登记会计账簿、编制财务会计报告等。

第二十三条 代理记账机构记账凭证的编制及装订，会计账簿的登记及装订，以及财务会计报告的编制等应当遵循《会计基础工作规范》的规定。

第二十四条 代理记账机构采用信息化方式为委托人办理代理记账业务的，使用的会计软件及其生成的会计凭证、会计账簿、会计报表和其他会计资料，应当符合财政部对于会计信息化工作的有关规定。

第六章　质　量　控　制

第二十五条 代理记账机构应当建立并执行符合机构实际的内部控制制度，根据业务规模和内部机构设置情况，至少设置项目负责人员、质量控制人员、业务负责人等岗位。同一项目的项目负责人员和质量控制人员不得为同一人。

项目负责人员指具体负责代理记账业务的人员。

质量控制人员指对项目负责人员形成的工作成果进行审查复核的人员。

业务负责人指代理记账机构中主管代理记账业务的负责人。

第二十六条 代理记账机构应当根据业务性质及复杂程度，综合考虑从业人员的专业水平、会计工作年限和执业经历等，将工作委派给具有相应专业胜任能力的人员。

委派的人员应当符合回避制度，确保独立客观执业。

第二十七条 代理记账机构应当建立健全复核制度，至少执行一级复核程序，明确复核时间、方式及人员安排。对于重大项目，应当至少执行二级复核程序。

代理记账机构应当定期以抽查等形式，由质量控制人员或业务负责人对未经二级复核的业务进行审查。

第二十八条 代理记账机构应当及时对相关人员的工作成果进行复核，确保：

（一）代理记账业务按照工作计划进行；

（二）代理记账业务的过程及结果被适当记录；

（三）预期目标可实现；

（四）会计核算工作符合国家统一的会计制度等规定；

（五）会计档案按规定妥善保管，并顺利交接。

第二十九条 代理记账机构应当建立健全与委托人的沟通机制。

初次接受委托时，应当与委托人有关人员进行充分交流，并进行必要的指导和培训，以进一步明确双方的责任，确保各项工作顺利开展。至少包括以下方面：

（一）应当定期归集、整理、移交的会计资料的范围及要求；

（二）会计档案及其他有关资料的交接流程、时间节点、人员安排及要求；

（三）代理记账业务流程；

（四）会计政策等会计核算有关的重要事项；

（五）其他需要沟通的事项。

第三十条 代理记账机构应当建立健全内部信息与沟通机制，明确信息的收集、处理和传递程序，确保内部各部门、各不兼容岗位间的沟通和反馈，发现问题应及时报告并采取应对措施。

第三十一条 代理记账机构应当建立健全客户投诉管理制度，投诉受理人应对投诉及时处理，并反馈处理过程和结果。

第三十二条 委托人负责人与代理记账机构负责人应当对财务报告的真实性、合法性承担相应的法律责任。

第三十三条 从业人员工作调动或者离职，应当与指定接管人员按规定及时办清交接手续。从业人员办理交接手续，必须有监交人负责监交，不得出现自我监交的情形。业务负责人办理交接手续，由代理记账机构负责人监交。

第七章 人员管理

第三十四条 从业人员应当具备下列资格条件和专业胜任能力：

（一）具有会计类专业基础知识和业务技能，能够独立处理基本会计业务；

（二）熟悉国家财经、税收法律、法规、规章和方针、政策，掌握本行业业务管理的有关知识；

（三）恪守会计人员职业道德规范；

（四）《代理记账管理办法》等规定的其他执业要求。

第三十五条 从业人员开展代理记账业务时，应当遵循以下原则：

（一）遵守法律法规等有关规定，严格按照委托合同开展代理记账业务；

（二）对工作中知悉的商业秘密、个人信息予以保密；

（三）对委托人要求其作出不当的会计处理，提供不实的会计资料，以及其他违法违规行为的，应当拒绝办理；

（四）依法向财政部门报告委托人的违法违规行为。

第三十六条 代理记账机构应当通过提供专业培训、加强职业道德教育、支持督促参加会计人员继续教育、建立职业能力提升激励机制等方式，确保全体从业人员达到履行其职责所需要的专业胜任能力，以应有的职业态度开展代理记账业务。

第三十七条 从业人员应当自觉按照有关规定，及时完成会计人员继续教育。

第八章　档　案　管　理

第三十八条 代理记账机构应当建立健全会计档案管理制度，对当年开展代理记账业务过程中具有保存价值的会计资料，应当按照归档要求，定期整理立卷，装订成册，编制会计档案保管清册，并指定专人保管。

开展会计信息化工作的代理记账机构，应当同时将具有保存价值的电子会计资料及其元数据作为会计档案进行管理。

第三十九条 委托人会计档案的查阅、复制、借出等应当经过授权和审批，履行登记手续。除法律授权外，未经委托人同意，代理记账机构不得将委托人会计档案交由其他单位及人员使用。

第四十条 会计年度终了，代理记账机构应当按照约定，将形成的会计档案移交给委托人。编制的会计档案移交清册中应当列明移交的会计档案名称、卷号、册数、起止年度、档案编号和保管期限等内容。

交接会计档案时，交接双方应当按照会计档案移交清册所列内容逐项交接，由交接双方有关负责人负责监督。交接完毕后，交接双方经办人和监交人应当在会计档案移交清册上签名或盖章。移交清册一式两份，交接双方各执一份，代理记账机构留存的一份应当归档保管。

电子会计档案应当与其元数据一并移交，特殊格式电子会计档案，应与其读取平台一并移交或转换为通用格式后移交。

第四十一条 受托继续保管会计档案的，代理记账机构应当按照《会计档案管理办法》等有关规定妥善保管，保证会计档案的真实、完整、可用、安全。

第九章　附　　则

第四十二条 违反本规范中涉及《中华人民共和国会计法》《代理记账管理办法》《会计基础工作规范》《会计档案管理办法》等规定的单位和个人，由县级以上人民政府财政部门依据相关法律法规进行处理。

第四十三条 会计师事务所及分所从事代理记账业务应当遵守本规范。

第四十四条 本规范由财政部负责解释。

第四十五条 本规范自 2024 年 1 月 1 日起施行。

附：1. 代理记账业务委托合同（参考范例）
　　2. 代理记账业务工作计划（参考范例）
　　3. 资料交接手册（参考范例）
　　4. 原始凭证交接表（参考范例）
　　5. 会计档案移交清册（参考范例）

附1：

代理记账业务委托合同（参考范例）

委托方：_____（以下简称甲方）
受托方：_____（以下简称乙方）

一、委托业务范围

乙方接受甲方委托，对甲方____年__月__日至____年__月__日期间内的经济业务进行代理记账。

（同时为甲方提供代理纳税申报服务，包括：□月度或季度增值税申报；□月度或季度企业所得税预缴申报；□月度个人所得税申报；□年度企业所得税汇算清缴；□年度个人所得税申报；□财税咨询服务；□代开发票；□其他业务：_____。）

二、甲方的责任和义务

（一）甲方的每项经济业务，必须填制或者取得符合国家统一会计制度规定的原始凭证。

（二）甲方应归集和整理有关经济业务的原始凭证和其他资料，并于每月___日前提供给乙方。甲方对所提供资料的完整性、真实性、合法性负责，不得虚报、瞒报收入和支出。

（三）甲方应建立健全与本企业相适应的内部控制制度，保证资产的安全和完整。

（四）甲方应当配备专人负责日常货币资金的收支和保管。

（五）涉及存货核算的，甲方负责存货的管理与盘点，应建立存货的管理制度，定期清查盘点存货，编制存货的入库凭证、出库凭证、库存明细账及每月各类存货的收发存明细表，并及时提供给乙方。甲方对上述资料的真实性和完整性负责，并保证库存物资的安全和完整。

（六）甲方应在法律允许的范围内开展经济业务，遵守会计法、税法等法律法规的规定，不得授意和指使乙方违法办理会计事项。

（七）对于乙方退回的、要求甲方按照国家统一的会计制度规定进行更正、补充的原始凭证，甲方应当及时予以更正、补充。

（八）甲方应积极配合乙方开展代理记账业务，对乙方提出的合理建议应积极采纳。

（九）甲方应制定合理的会计资料传递程序，及时将原始凭证等会计资料交乙方，做好会计资料的签收工作。

（十）会计年度终了后，乙方将会计档案移交甲方，由甲方负责保管会计档案，保证会计档案的安全和完整。

（十一）甲方委托乙方开具销售发票的，应符合税收相关法律法规，不得要求乙方虚开发票。

（十二）甲方应按本协议书规定及时足额支付代理记账服务费。

（十三）甲方应保证在规定的纳税期，银行账户有足额的存款缴纳税费款。

三、乙方的责任和义务

（一）乙方根据甲方所提供的原始凭证和其他资料，按照国家统一会计制度的规定进行会计核算，包括审核原始凭证、填制记账凭证、登记会计账簿、按时编制和提供财务会计报告。

（二）乙方应严格按照税收相关法律法规，在规定的申报期内为甲方及时、准确地办理纳税申报业务。

（三）涉及存货核算的，根据甲方提供的存货入库凭证、出库凭证、每月各类存货的收发存明细表，乙方进行成本结转。

（四）乙方应协助甲方完善内部控制，加强内部管理，针对内部控制薄弱环节提出合理的建议。

（五）乙方应协助甲方制定合理的会计资料传递程序，积极配合甲方做好会计资料的签收手续。在代理记账过程中，应妥善保管会计资料。

（六）乙方应按时将当年应归档的会计资料整理、装订后形成会计档案，于会计年度终了后交甲方保管。未办理交接手续前，由乙方负责保管。

（七）委托协议终止时，乙方应与甲方办理会计业务交接事宜。

（八）乙方接受委托为甲方开具销售发票的，应按照税收法律法规要求为甲方提供代开发票服务，不得代为虚开发票。

（九）乙方对开展业务过程中知悉的商业秘密、个人信息负有保密义务。

（十）对甲方提出的有关会计处理的相关问题，乙方应当予以正确解释。

四、责任划分

（一）乙方是在甲方提供相关资料的基础上进行会计核算，因甲方提供的记账依据不实、未按协议约定及时提供记账依据或其他过错导致委托事项出现差错或未能按时完成委托事项，由此造成的后果，由甲方承担。

（二）因乙方的过错导致委托事项出现差错或未能按时完成委托事项，由此造成的后果，由乙方承担。

五、协议的终止

（一）协议期满，本协议自然终止，双方如欲续约，须另定协议。

（二）经双方协商一致后，可提前终止协议。

六、代理记账服务费

甲方应支付乙方：代理记账服务费每月（人民币）＿＿＿元（¥＿＿＿），合计（人民币）＿＿＿元（¥＿＿＿）；

代理记账服务费支付方式：＿＿＿＿＿＿；乙方账号信息：＿＿＿＿＿＿＿；

其他费用：＿＿＿＿＿，（人民币）＿＿＿元（¥＿＿＿）；于合同生效日起＿＿日内一次付清。

七、违约责任

（一）如一方未履行协议规定的责任和义务，另一方可提前终止协议，终止前须提前20天告知对方；如未履行责任和义务方给另一方造成损失的，应另支付赔偿费用。

（二）在另一方正常履行相关责任和义务的情况下，一方未征得另一方同意，单方面终止本协议的，须向另一方支付违约金，违约金的金额为＿＿＿＿，造成损失的，应另支付赔偿费用。

八、其他约定

（一）本协议的补充条款、附件及补充协议均为本协议不可分割的部分。本协议补充条款、补充协议与本协议不一致的，以补充条款、补充协议为准。

（二）本协议的未尽事宜及本协议在履行过程中需变更的事宜，双方应通过订立变更协议进行约定。

（三）甲乙双方在履行本协议过程中发生争议，应协商解决。协商不能解决的，向＿＿＿＿仲裁委员会申请仲裁/依法向人民法院起诉。

本协议自双方签字之日起生效。本协议一式两份，双方各执一份。

委托方：	受托方：
（盖章）	（盖章）
法定代表人：	法定代表人：
联系人：	联系人：
地址：	地址：
邮编：	邮编：
电话：	电话：
签约日期：　　年　月　日	签约日期：　　年　月　日

附2：

代理记账业务工作计划（参考范例）

编制人：　　　　　编制日期：　　年　月　日
编号：

客户基本情况			
客户名称			
经营地址		邮政编码	
统一社会信用代码			
行业分类	□建筑业；□房地产业；□货物运输业；□货运代理业； □制造业；□租赁和商务服务业；□社会服务业；□仓储业； □批发零售业；□计算机信息服务业； □其他行业（　　　　　　　　　）		
主要税种及税率	□增值税一般纳税人（税率：＿＿％）；□增值税小规模纳税人（税率：＿＿％）； 企业所得税（□查账征收，□核定征收）；□城建税（税率：＿＿％）； 个人所得税（生产经营所得）（□查账征收，□核定征收）； □个人所得税（综合所得）；□消费税（税率：＿＿％）； □其他＿＿＿＿＿＿＿		
主管税务机关		税收管理员		电话	
客户主要负责人		联系电话			
客户联系人	姓名		手机号码	
	邮箱		固定电话	
委托业务内容	□代理记账业务；□月度或季度增值税申报；□月度或季度企业所得税预缴申报；□月度个人所得税申报；□年度企业所得税汇算清缴；□年度个人所得税申报；□财税咨询服务；□其他业务：＿＿＿＿＿＿		
备注			

(续表)

工作计划					
业务小组成员	项目负责人：				
	小组其他成员：				
	签约起始日期：＿＿＿年＿＿月＿＿日				
会计准则制度	□企业会计准则；□小企业会计准则；□其他				
以前年度会计核算情况					
初次资料交接	交接内容				
	我方人员		客户方人员		
	计划交接时间				
初次建账	执行人		预计完成日期		
每月原始凭证交接	交接方式		计划交接时间		
	我方人员		客户方人员		
每月记账	执行人		计划完成日期		
每月出具会计报表	执行人		计划完成日期		
每月会计凭证整理装订	执行人		计划完成日期		
会计账册打印装订	执行人		计划完成日期		
会计凭证移交客户	执行人		计划完成日期		
会计账册移交客户	执行人		计划完成日期		
其他事项					
工作计划变更记录					

工作计划审核意见：

审核人：　　　　　审核日期：

附 3：

资料交接手册（参考范例）

×××代理记账有限公司接受_____（委托人）委托，于___年__月__日起为委托人办理代理记账业务，现对委托人的会计事项办理交接手续。

一、交接地点及日期
交接地点：
交接日期：　　年　月　日

二、交接人员
移交人：　　　　，工作单位：　　　　　　　　，职位：　　　　　；
接管人：　　　　，工作单位：　　　　　　　　，职位：　　　　　；
监交人：　　　　，工作单位：　　　　　　　　，职位：　　　　　。

三、交接内容
（一）核对及检查

项　目	是否相符	备　注
总账与明细账是否相符	□相符；□不相符	
账表是否相符	□相符；□不相符	
固定资产台账或明细表记载的固定资产原值及累计折旧与财务账表是否相符	□相符；□不相符	
银行账户与银行对账单是否调节相符	□相符；□不相符	
现金账实是否相符	□相符；□不相符	
纳税申报表与相关账户是否相符	□相符；□不相符	
其他（根据客户自身情况）	□相符；□不相符	

（二）资料交接清单

项　目	数　量	内　容
记账凭证		
账册		
财务报表		
纳税申报表		
银行对账单及余额调节表		

四、交接前后工作责任的划分
____年__月__日前委托人会计核算的责任事项由 原会计人员（机构）_____负

责，____年__月__日后委托人会计核算的责任事项由××××代理记账有限公司负责。以上交接事项均经交接双方确认无误。

五、其他说明事项
****

本交接手册一式两份，每份共__页，代理记账机构存档一份，委托人一份。

移交人：　　　　　　　接管人：　　　　　　　监交人：

附4：

原始凭证交接表（参考范例）

_____（委托人）：

在本次交接中，本公司收到贵单位如下原始凭证及相关会计资料。

原始凭证所属时间：____年___月

种　类	份　数	备　注
开出的增值税发票记账联		
开出的普通发票记账联		
收到的增值税发票（发票联）		
收到的增值税发票（抵扣联）		
收到的其他发票（发票联）		
银行对账单		
银行进账凭证		
银行付款凭证		
工资单		
社保单据、公积金单据		
费用报销凭证		
其他类：		

移交人：　　　　　　　　　　　　接管人：

交接日期：　　年　　月　　日

附 5：

会计档案移交清册（参考范例）

_____（委托人）：

在本次交接中，本公司□将如下会计资料移交给贵单位 \ □收到贵单位移交的如下会计资料。（在选项中打"√"）

一、会计凭证	册　数	凭证号码区间
年　　月		
年　　月		
年　　月		
年　　月		
年　　月		
年　　月		
二、账册	册　数	所属期间
总账		
明细账		
三、会计报表	份　数	所属期间
资产负债表		
利润表		
现金流量表		
四、纳税申报表	份　数	所属期间
五、其他		

移交人：　　　　　　　　　接管人：　　　　　　　　　监交人：

交接日期：　　年　月　日

第三章　票据与发票管理法规

1. 中华人民共和国票据法（2004年修正）

（1995年5月10日第八届全国人民代表大会常务委员会第十三次会议通过　根据2004年8月28日第十届全国人民代表大会常务委员会第十一次会议《关于修改〈中华人民共和国票据法〉的决定》修正）

第一章　总　则

第一条　为了规范票据行为，保障票据活动中当事人的合法权益，维护社会经济秩序，促进社会主义市场经济的发展，制定本法。

第二条　在中华人民共和国境内的票据活动，适用本法。

本法所称票据，是指汇票、本票和支票。

第三条　票据活动应当遵守法律、行政法规，不得损害社会公共利益。

第四条　票据出票人制作票据，应当按照法定条件在票据上签章，并按照所记载的事项承担票据责任。

持票人行使票据权利，应当按照法定程序在票据上签章，并出示票据。

其他票据债务人在票据上签章的，按照票据所记载的事项承担票据责任。

本法所称票据权利，是指持票人向票据债务人请求支付票据金额的权利，包括付款请求权和追索权。

本法所称票据责任，是指票据债务人向持票人支付票据金额的义务。

第五条　票据当事人可以委托其代理人在票据上签章，并应当在票据上表明其代理关系。

没有代理权而以代理人名义在票据上签章的，应当由签章人承担票据责任；代理人超越代理权限的，应当就其超越权限的部分承担票据责任。

第六条　无民事行为能力人或者限制民事行为能力人在票据上签章的，其签章无效，但是不影响其他签章的效力。

第七条　票据上的签章，为签名、盖章或者签名加盖章。

法人和其他使用票据的单位在票据上的签章，为该法人或者该单位的盖章加其法定代表人或者其授权的代理人的签章。

在票据上的签名，应当为该当事人的本名。

第八条　票据金额以中文大写和数码同时记载，二者必须一致，二者不一致的，票据无效。

第九条　票据上的记载事项必须符合本法的规定。

票据金额、日期、收款人名称不得更改，更改的票据无效。

对票据上的其他记载事项，原记载人可以更改，更改时应当由原记载人签章证明。

第十条　票据的签发、取得和转让，应当遵循诚实信用的原则，具有真实的交易关系和债权债务关系。

票据的取得，必须给付对价，即应当给付票据双方当事人认可的相对应的代价。

第十一条　因税收、继承、赠与可以依法无偿取得票据的，不受给付对价的限制。但是，所享有的票据权利不得优于其前手的权利。

前手是指在票据签章人或者持票人之前签章的其他票据债务人。

第十二条 以欺诈、偷盗或者胁迫等手段取得票据的，或者明知有前列情形，出于恶意取得票据的，不得享有票据权利。

持票人因重大过失取得不符合本法规定的票据的，也不得享有票据权利。

第十三条 票据债务人不得以自己与出票人或者与持票人的前手之间的抗辩事由，对抗持票人。但是，持票人明知存在抗辩事由而取得票据的除外。

票据债务人可以对不履行约定义务的与自己有直接债权债务关系的持票人，进行抗辩。

本法所称抗辩，是指票据债务人根据本法规定对票据债权人拒绝履行义务的行为。

第十四条 票据上的记载事项应当真实，不得伪造、变造。伪造、变造票据上的签章和其他记载事项的，应当承担法律责任。

票据上有伪造、变造的签章的，不影响票据上其他真实签章的效力。

票据上其他记载事项被变造的，在变造之前签章的人，对原记载事项负责；在变造之后签章的人，对变造之后的记载事项负责；不能辨别是在票据被变造之前或者之后签章的，视同在变造之前签章。

第十五条 票据丧失，失票人可以及时通知票据的付款人挂失止付，但是，未记载付款人或者无法确定付款人及其代理付款人的票据除外。

收到挂失止付通知的付款人，应当暂停支付。

失票人应当在通知挂失止付后三日内，也可以在票据丧失后，依法向人民法院申请公示催告，或者向人民法院提起诉讼。

第十六条 持票人对票据债务人行使票据权利，或者保全票据权利，应当在票据当事人的营业场所和营业时间内进行，票据当事人无营业场所的，应当在其住所进行。

第十七条 票据权利在下列期限内不行使而消灭：

（一）持票人对票据的出票人和承兑人的权利，自票据到期日起二年。见票即付的汇票、本票，自出票日起二年；

（二）持票人对支票出票人的权利，自出票日起六个月；

（三）持票人对前手的追索权，自被拒绝承兑或者被拒绝付款之日起六个月；

（四）持票人对前手的再追索权，自清偿日或者被提起诉讼之日起三个月。

票据的出票日、到期日由票据当事人依法确定。

第十八条 持票人因超过票据权利时效或者因票据记载事项欠缺而丧失票据权利的，仍享有民事权利，可以请求出票人或者承兑人返还其与未支付的票据金额相当的利益。

第二章 汇　　票

第一节 出　　票

第十九条 汇票是出票人签发的，委托付款人在见票时或者在指定日期无条件支付确定的金额给收款人或者持票人的票据。

汇票分为银行汇票和商业汇票。

第二十条 出票是指出票人签发票据并将其交付给收款人的票据行为。

第二十一条 汇票的出票人必须与付款人具有真实的委托付款关系，并且具有支付汇票金额的可靠资金来源。

不得签发无对价的汇票用以骗取银行或者其他票据当事人的资金。

第二十二条 汇票必须记载下列事项：

（一）表明"汇票"的字样；

（二）无条件支付的委托；
（三）确定的金额；
（四）付款人名称；
（五）收款人名称；
（六）出票日期；
（七）出票人签章。

汇票上未记载前款规定事项之一的，汇票无效。

第二十三条 汇票上记载付款日期、付款地、出票地等事项的，应当清楚、明确。

汇票上未记载付款日期的，为见票即付。

汇票上未记载付款地的，付款人的营业场所、住所或者经常居住地为付款地。

汇票上未记载出票地的，出票人的营业场所、住所或者经常居住地为出票地。

第二十四条 汇票上可以记载本法规定事项以外的其他出票事项，但是该记载事项不具有汇票上的效力。

第二十五条 付款日期可以按照下列形式之一记载：
（一）见票即付；
（二）定日付款；
（三）出票后定期付款；
（四）见票后定期付款。

前款规定的付款日期为汇票到期日。

第二十六条 出票人签发汇票后，即承担保证该汇票承兑和付款的责任。出票人在汇票得不到承兑或者付款时，应当向持票人清偿本法第七十条、第七十一条规定的金额和费用。

第二节 背 书

第二十七条 持票人可以将汇票权利转让给他人或者将一定的汇票权利授予他人行使。

出票人在汇票上记载"不得转让"字样的，汇票不得转让。

持票人行使第一款规定的权利时，应当背书并交付汇票。

背书是指在票据背面或者粘单上记载有关事项并签章的票据行为。

第二十八条 票据凭证不能满足背书人记载事项的需要，可以加附粘单，粘附于票据凭证上。

粘单上的第一记载人，应当在汇票和粘单的粘接处签章。

第二十九条 背书由背书人签章并记载背书日期。

背书未记载日期的，视为在汇票到期日前背书。

第三十条 汇票以背书转让或者以背书将一定的汇票权利授予他人行使时，必须记载被背书人名称。

第三十一条 以背书转让的汇票，背书应当连续。持票人以背书的连续，证明其汇票权利；非经背书转让，而以其他合法方式取得汇票的，依法举证，证明其汇票权利。

前款所称背书连续，是指在票据转让中，转让汇票的背书人与受让汇票的被背书人在汇票上的签章依次前后衔接。

第三十二条 以背书转让的汇票，后手应当对其直接前手背书的真实性负责。后手是指在票据签章人之后签章的其他票据债务人。

第三十三条 背书不得附有条件。背书时附有条件的，所附条件不具有汇票上的效力。

将汇票金额的一部分转让的背书或者将汇票金额分别转让给二人以上的背书无效。

第三十四条 背书人在汇票上记载"不得转让"字样，其后手再背书转让的，原背书人对后手的被背书人不承担保证责任。

第三十五条 背书记载"委托收款"字样的，被背书人有权代背书人行使被委托的汇票权利。但是，被背书人不得再以背书转让汇票权利。

汇票可以设定质押；质押时应当以背书记载"质押"字样。被背书人依法实现其质权时，可以行使汇票权利。

第三十六条 汇票被拒绝承兑、被拒绝付款或者超过付款提示期限的，不得背书转让；背书转让的，背书人应当承担汇票责任。

第三十七条 背书人以背书转让汇票后，即承担保证其后手所持汇票承兑和付款的责任。背书人在汇票得不到承兑或者付款时，应当向持票人清偿本法第七十条、第七十一条规定的金额和费用。

第三节 承 兑

第三十八条 承兑是指汇票付款人承诺在汇票到期日支付汇票金额的票据行为。

第三十九条 定日付款或者出票后定期付款的汇票，持票人应当在汇票到期日前向付款人提示承兑。

提示承兑是指持票人向付款人出示汇票，并要求付款人承诺付款的行为。

第四十条 见票后定期付款的汇票，持票人应当自出票日起一个月内向付款人提示承兑。

汇票未按照规定期限提示承兑的，持票人丧失对其前手的追索权。

见票即付的汇票无需提示承兑。

第四十一条 付款人对向其提示承兑的汇票，应当自收到提示承兑的汇票之日起三日内承兑或者拒绝承兑。

付款人收到持票人提示承兑的汇票时，应当向持票人签发收到汇票的回单。回单上应当记明汇票提示承兑日期并签章。

第四十二条 付款人承兑汇票的，应当在汇票正面记载"承兑"字样和承兑日期并签章；见票后定期付款的汇票，应当在承兑时记载付款日期。

汇票上未记载承兑日期的，以前条第一款规定期限的最后一日为承兑日期。

第四十三条 付款人承兑汇票，不得附有条件；承兑附有条件的，视为拒绝承兑。

第四十四条 付款人承兑汇票后，应当承担到期付款的责任。

第四节 保 证

第四十五条 汇票的债务可以由保证人承担保证责任。

保证人由汇票债务人以外的他人担当。

第四十六条 保证人必须在汇票或者粘单上记载下列事项：

（一）表明"保证"的字样；

（二）保证人名称和住所；

（三）被保证人的名称；

（四）保证日期；

（五）保证人签章。

第四十七条 保证人在汇票或者粘单上未记载前条第（三）项的，已承兑的汇票，承兑人为被保证人；未承兑的汇票，出票人为被保证人。

保证人在汇票或者粘单上未记载前条第（四）项的，出票日期为保证日期。

第四十八条 保证不得附有条件；附有条件的，不影响对汇票的保证责任。

第四十九条 保证人对合法取得汇票的持票人所享有的汇票权利，承担保证责任。但是，被保证人的债务因汇票记载事项欠缺而无效的除外。

第五十条 被保证的汇票，保证人应当与被保证人对持票人承担连带责任。汇票到期后得不到付款的，持票人有权向保证人请求付款，保证人应当足额付款。

第五十一条 保证人为二人以上的，保证人之间承担连带责任。

第五十二条 保证人清偿汇票债务后，可以行使持票人对被保证人及其前手的追索权。

第五节 付 款

第五十三条 持票人应当按照下列期限提示付款：

（一）见票即付的汇票，自出票日起一个月内向付款人提示付款；

（二）定日付款、出票后定期付款或者见票后定期付款的汇票，自到期日起十日内向承兑人提示付款。

持票人未按照前款规定期限提示付款的，在作出说明后，承兑人或者付款人仍应当继续对持票人承担付款责任。

通过委托收款银行或者通过票据交换系统向付款人提示付款的，视同持票人提示付款。

第五十四条 持票人依照前条规定提示付款的，付款人必须在当日足额付款。

第五十五条 持票人获得付款的，应当在汇票上签收，并将汇票交给付款人。持票人委托银行收款的，受委托的银行将代收的汇票金额转账收入持票人账户，视同签收。

第五十六条 持票人委托的收款银行的责任，限于按照汇票上记载事项将汇票金额转入持票人账户。

付款人委托的付款银行的责任，限于按照汇票上记载事项从付款人账户支付汇票金额。

第五十七条 付款人及其代理付款人付款时，应当审查汇票背书的连续，并审查提示付款人的合法身份证明或者有效证件。

付款人及其代理付款人以恶意或者有重大过失付款的，应当自行承担责任。

第五十八条 对定日付款、出票后定期付款或者见票后定期付款的汇票，付款人在到期日前付款的，由付款人自行承担所产生的责任。

第五十九条 汇票金额为外币的，按照付款日的市场汇价，以人民币支付。

汇票当事人对汇票支付的货币种类另有约定的，从其约定。

第六十条 付款人依法足额付款后，全体汇票债务人的责任解除。

第六节 追 索 权

第六十一条 汇票到期被拒绝付款的，持票人可以对背书人、出票人以及汇票的其他债务人行使追索权。

汇票到期日前，有下列情形之一的，持票人也可以行使追索权：

（一）汇票被拒绝承兑的；

（二）承兑人或者付款人死亡、逃匿的；

（三）承兑人或者付款人被依法宣告破产的或者因违法被责令终止业务活动的。

第六十二条 持票人行使追索权时，应当提供被拒绝承兑或者被拒绝付款的有关证明。

持票人提示承兑或者提示付款被拒绝的，承兑人或者付款人必须出具拒绝证明，或者出具退票理由书。未出具拒绝证明或者退票理由书的，应当承担由此产生的民事责任。

第六十三条 持票人因承兑人或者付款人死亡、逃匿或者其他原因，不能取得拒绝证明的，可以依法取得其他有关证明。

第六十四条 承兑人或者付款人被人民法院依法宣告破产的，人民法院的有关司法文书具有拒绝证明的效力。

承兑人或者付款人因违法被责令终止业务活动的，有关行政主管部门的处罚决定具有拒绝证明的效力。

第六十五条 持票人不能出示拒绝证明、退票理由书或者未按照规定期限提供其他合法证明的，丧失对其前手的追索权。但是，承兑人或者付款人仍应当对持票人承担责任。

第六十六条 持票人应当自收到被拒绝承兑或者被拒绝付款的有关证明之日起三日内，将被拒绝事由书面通知其前手；其前手应当自收到通知之日起三日内书面通知其再前手。持票人也可以同时向各汇票债务人发出书面通知。

未按照前款规定期限通知的，持票人仍可以行使追索权。因延期通知给其前手或者出票人造成损失的，由没有按照规定期限通知的汇票当事人，承担对该损失的赔偿责任，但是所赔偿的金额以汇票金额为限。

在规定期限内将通知按照法定地址或者约定的地址邮寄的，视为已经发出通知。

第六十七条 依照前条第一款所作的书面通知，应当记明汇票的主要记载事项，并说明该汇票已被退票。

第六十八条 汇票的出票人、背书人、承兑人和保证人对持票人承担连带责任。持票人可以不按照汇票债务人的先后顺序，对其中任何一人、数人或者全体行使追索权。持票人对汇票债务人中的一人或者数人已经进行追索的，对其他汇票债务人仍可以行使追索权。被追索人清偿债务后，与持票人享有同一权利。

第六十九条 持票人为出票人的，对其前手无追索权。持票人为背书人的，对其后手无追索权。

第七十条 持票人行使追索权，可以请求被追索人支付下列金额和费用：

（一）被拒绝付款的汇票金额；

（二）汇票金额自到期日或者提示付款日起至清偿日止，按照中国人民银行规定的利率计算的利息；

（三）取得有关拒绝证明和发出通知书的费用。

被追索人清偿债务时，持票人应当交出汇票和有关拒绝证明，并出具所收到利息和费用的收据。

第七十一条 被追索人依照前条规定清偿后，可以向其他汇票债务人行使再追索权，请求其他汇票债务人支付下列金额和费用：

（一）已清偿的全部金额；

（二）前项金额自清偿日起至再追索清偿日止，按照中国人民银行规定的利率计算的利息；

（三）发出通知书的费用。

行使再追索权的被追索人获得清偿时，应当交出汇票和有关拒绝证明，并出具所收到利息和费用的收据。

第七十二条 被追索人依照前二条规定清偿债务后，其责任解除。

第三章 本　　票

第七十三条 本票是出票人签发的，承诺自己在见票时无条件支付确定的金额给收款人或者持票人的票据。

本法所称本票，是指银行本票。

第七十四条 本票的出票人必须具有支付本票金额的可靠资金来源，并保证支付。

第七十五条 本票必须记载下列事项：

（一）表明"本票"的字样；

（二）无条件支付的承诺；

（三）确定的金额；

（四）收款人名称；

（五）出票日期；

（六）出票人签章。

本票上未记载前款规定事项之一的，本票无效。

第七十六条 本票上记载付款地、出票地等事项的，应当清楚、明确。

本票上未记载付款地的，出票人的营业场所为付款地。

本票上未记载出票地的，出票人的营业场所为出票地。

第七十七条 本票的出票人在持票人提示见票时，必须承担付款的责任。

第七十八条 本票自出票日起，付款期限最长不得超过二个月。

第七十九条 本票的持票人未按照规定期限提示见票的，丧失对出票人以外的前手的追索权。

第八十条 本票的背书、保证、付款行为和追索权的行使，除本章规定外，适用本法第二章有关汇票的规定。

本票的出票行为，除本章规定外，适用本法第二十四条关于汇票的规定。

第四章 支 票

第八十一条 支票是出票人签发的，委托办理支票存款业务的银行或者其他金融机构在见票时无条件支付确定的金额给收款人或者持票人的票据。

第八十二条 开立支票存款账户，申请人必须使用其本名，并提交证明其身份的合法证件。

开立支票存款账户和领用支票，应当有可靠的资信，并存入一定的资金。开立支票存款账户，申请人应当预留其本名的签名式样和印鉴。

第八十三条 支票可以支取现金，也可以转账，用于转账时，应当在支票正面注明。

支票中专门用于支取现金的，可以另行制作现金支票，现金支票只能用于支取现金。

支票中专门用于转账的，可以另行制作转账支票，转账支票只能用于转账，不得支取现金。

第八十四条 支票必须记载下列事项：

（一）表明"支票"的字样；

（二）无条件支付的委托；

（三）确定的金额；

（四）付款人名称；

（五）出票日期；

（六）出票人签章。

支票上未记载前款规定事项之一的，支票无效。

第八十五条 支票上的金额可以由出票人授权补记，未补记前的支票，不得使用。

第八十六条 支票上未记载收款人名称的，经出票人授权，可以补记。

支票上未记载付款地的，付款人的营业场所为付款地。

支票上未记载出票地的，出票人的营业场所、住所或者经常居住地为出票地。

出票人可以在支票上记载自己为收款人。

第八十七条 支票的出票人所签发的支票金额不得超过其付款时在付款人处实有的存款金额。

出票人签发的支票金额超过其付款时在付款人处实有的存款金额的，为空头支票。禁止签发空头支票。

第八十八条 支票的出票人不得签发与其预留本名的签名式样或者印鉴不符的支票。

第八十九条 出票人必须按照签发的支票金额承担保证向该持票人付款的责任。

出票人在付款人处的存款足以支付支票金额时，付款人应当在当日足额付款。

第九十条 支票限于见票即付，不得另行记载付款日期。另行记载付款日期的，该记载无效。

第九十一条 支票的持票人应当自出票日起十日内提示付款；异地使用的支票，其提示付款的期限由中国人民银行另行规定。

超过提示付款期限的，付款人可以不予付款；付款人不予付款的，出票人仍应当对持票人承担票据责任。

第九十二条 付款人依法支付支票金额的，对出票人不再承担受委托付款的责任，对持票人不再承担付款的责任。但是，付款人以恶意或者有重大过失付款的除外。

第九十三条 支票的背书、付款行为和追索权的行使，除本章规定外，适用本法第二章有关汇票的规定。

支票的出票行为，除本章规定外，适用本法第二十四条、第二十六条关于汇票的规定。

第五章 涉外票据的法律适用

第九十四条 涉外票据的法律适用，依照本章的规定确定。

前款所称涉外票据，是指出票、背书、承兑、保证、付款等行为中，既有发生在中华人民共和国境内又有发生在中华人民共和国境外的票据。

第九十五条 中华人民共和国缔结或者参加的国际条约同本法有不同规定的，适用国际条约的规定。但是，中华人民共和国声明保留的条款除外。

本法和中华人民共和国缔结或者参加的国际条约没有规定的，可以适用国际惯例。

第九十六条 票据债务人的民事行为能力，适用其本国法律。

票据债务人的民事行为能力，依照其本国法律为无民事行为能力或者为限制民事行为能力而依照行为地法律为完全民事行为能力的，适用行为地法律。

第九十七条 汇票、本票出票时的记载事项，适用出票地法律。

支票出票时的记载事项，适用出票地法律，经当事人协议，也可以适用付款地法律。

第九十八条 票据的背书、承兑、付款和保证行为，适用行为地法律。

第九十九条 票据追索权的行使期限，适用出票地法律。

第一百条 票据的提示期限、有关拒绝证明的方式、出具拒绝证明的期限，适用付款地法律。

第一百零一条 票据丧失时，失票人请求保全票据权利的程序，适用付款地法律。

第六章 法律责任

第一百零二条 有下列票据欺诈行为之一的，依法追究刑事责任：

（一）伪造、变造票据的；

（二）故意使用伪造、变造的票据的；

（三）签发空头支票或者故意签发与其预留的本名签名式样或者印鉴不符的支票，骗取财物的；

（四）签发无可靠资金来源的汇票、本票，骗取资金的；

（五）汇票、本票的出票人在出票时作虚假记载，骗取财物的；

（六）冒用他人的票据，或者故意使用过期或者作废的票据，骗取财物的；

（七）付款人同出票人、持票人恶意串通，实施前六项所列行为之一的。

第一百零三条 有前条所列行为之一，情节轻微，不构成犯罪的，依照国家有关规定给予行政处罚。

第一百零四条 金融机构工作人员在票据业务中玩忽职守，对违反本法规定的票据予以承兑、付款或者保证的，给予处分；造成重大损失，构成犯罪的，依法追究刑事责任。

由于金融机构工作人员因前款行为给当事人造成损失的，由该金融机构和直接责任人员依法承担赔偿责任。

第一百零五条 票据的付款人对见票即付或者到期的票据，故意压票，拖延支付的，由金融行政管理部门处以罚款，对直接责任人员给予处分。

票据的付款人故意压票，拖延支付，给持票人造成损失的，依法承担赔偿责任。

第一百零六条 依照本法规定承担赔偿责任以外的其他违反本法规定的行为，给他人造成损失的，应当依法承担民事责任。

第七章 附 则

第一百零七条 本法规定的各项期限的计算，适用民法通则关于计算期间的规定。按月计算期限的，按到期月的对日计算；无对日的，月末日为到期日。

第一百零八条 汇票、本票、支票的格式应当统一。

票据凭证的格式和印制管理办法，由中国人民银行规定。

第一百零九条 票据管理的具体实施办法，由中国人民银行依照本法制定，报国务院批准后施行。

第一百一十条 本法自1996年1月1日起施行。

2. 发票管理办法（2023年修订）

（1993年12月12日国务院批准 1993年12月23日财政部令第6号发布 根据2010年12月20日《国务院关于修改〈中华人民共和国发票管理办法〉的决定》第一次修订 根据2019年3月2日《国务院关于修改部分行政法规的决定》第二次修订 根据2023年7月20日《国务院关于修改和废止部分行政法规的决定》第三次修订）

第一章 总 则

第一条 为了加强发票管理和财务监督，保障国家税收收入，维护经济秩序，根据《中华人民共和国税收征收管理法》，制定本办法。

第二条 在中华人民共和国境内印制、领用、开具、取得、保管、缴销发票的单位和个人（以下称印制、使用发票的单位和个人），必须遵守本办法。

第三条 本办法所称发票，是指在购销商品、提供或者接受服务以及从事其他经营活动中，开具、收取的收付款凭证。

发票包括纸质发票和电子发票。电子发票与纸质发票具有同等法律效力。国家积极推广使用电子发票。

第四条 发票管理工作应当坚持和加强党的领导，为经济社会发展服务。

国务院税务主管部门统一负责全国的发票管理工作。省、自治区、直辖市税务机关依据职责做好本行政区域内的发票管理工作。

财政、审计、市场监督管理、公安等有关部门在各自的职责范围内，配合税务机关做好发票管理工作。

第五条 发票的种类、联次、内容、编码规则、数据标准、使用范围等具体管理办法由国务院税务主管部门规定。

第六条 对违反发票管理法规的行为，任何单位和个人可以举报。税务机关应当为检举人保密，并酌情给予奖励。

第二章 发票的印制

第七条 增值税专用发票由国务院税务主管部门确定的企业印制；其他发票，按照国务院税务主管部门的规定，由省、自治区、直辖市税务机关确定的企业印制。禁止私自印制、伪造、变造发票。

第八条 印制发票的企业应当具备下列条件：
（一）取得印刷经营许可证和营业执照；
（二）设备、技术水平能够满足印制发票的需要；
（三）有健全的财务制度和严格的质量监督、安全管理、保密制度。
税务机关应当按照政府采购有关规定确定印制发票的企业。

第九条 印制发票应当使用国务院税务主管部门确定的全国统一的发票防伪专用品。禁止非法制造发票防伪专用品。

第十条 发票应当套印全国统一发票监制章。全国统一发票监制章的式样和发票版面印刷的要求，由国务院税务主管部门规定。发票监制章由省、自治区、直辖市税务机关制作。禁止伪造发票监制章。
发票实行不定期换版制度。

第十一条 印制发票的企业按照税务机关的统一规定，建立发票印制管理制度和保管措施。
发票监制章和发票防伪专用品的使用和管理实行专人负责制度。

第十二条 印制发票的企业必须按照税务机关确定的式样和数量印制发票。

第十三条 发票应当使用中文印制。民族自治地方的发票，可以加印当地一种通用的民族文字。有实际需要的，也可以同时使用中外两种文字印制。

第十四条 各省、自治区、直辖市内的单位和个人使用的发票，除增值税专用发票外，应当在本省、自治区、直辖市内印制；确有必要到外省、自治区、直辖市印制的，应当由省、自治区、直辖市税务机关商印制地省、自治区、直辖市税务机关同意后确定印制发票的企业。
禁止在境外印制发票。

第三章 发票的领用

第十五条 需要领用发票的单位和个人，应当持设立登记证件或者税务登记证件，以及经办人身份证明，向主管税务机关办理发票领用手续。领用纸质发票的，还应当提供按照国务院税务主管部门规定式样制作的发票专用章的印模。主管税务机关根据领用单位和个人的经营范围、规模和风险等级，在5个工作日内确认领用发票的种类、数量以及领用方式。
单位和个人领用发票时，应当按照税务机关的规定报告发票使用情况，税务机关应当按照规定进行查验。

第十六条 需要临时使用发票的单位和个人，可以凭购销商品、提供或者接受服务以及从事其他经营活动的书面证明、经办人身份证明，直接向经营地税务机关申请代开发票。依照税收法律、行政法规规定应当缴纳税款的，税务机关应当先征收税款，再开具发票。税务机关根据发票管理的需要，可以按照国务院税务主管部门的规定委托其他单位代开发票。
禁止非法代开发票。

第十七条 临时到本省、自治区、直辖市以外从事经营活动的单位或者个人，应当凭所在地税务机关的证明，向经营地税务机关领用经营地的发票。
临时在本省、自治区、直辖市以内跨市、县从事经营活动领用发票的办法，由省、自治区、直辖市税务机关规定。

第四章　发票的开具和保管

第十八条　销售商品、提供服务以及从事其他经营活动的单位和个人，对外发生经营业务收取款项，收款方应当向付款方开具发票；特殊情况下，由付款方向收款方开具发票。

第十九条　所有单位和从事生产、经营活动的个人在购买商品、接受服务以及从事其他经营活动支付款项，应当向收款方取得发票。取得发票时，不得要求变更品名和金额。

第二十条　不符合规定的发票，不得作为财务报销凭证，任何单位和个人有权拒收。

第二十一条　开具发票应当按照规定的时限、顺序、栏目，全部联次一次性如实开具，开具纸质发票应当加盖发票专用章。

任何单位和个人不得有下列虚开发票行为：

（一）为他人、为自己开具与实际经营业务情况不符的发票；

（二）让他人为自己开具与实际经营业务情况不符的发票；

（三）介绍他人开具与实际经营业务情况不符的发票。

第二十二条　安装税控装置的单位和个人，应当按照规定使用税控装置开具发票，并按期向主管税务机关报送开具发票的数据。

使用非税控电子器具开具发票的，应当将非税控电子器具使用的软件程序说明资料报主管税务机关备案，并按照规定保存、报送开具发票的数据。

单位和个人开发电子发票信息系统自用或者为他人提供电子发票服务的，应当遵守国务院税务主管部门的规定。

第二十三条　任何单位和个人应当按照发票管理规定使用发票，不得有下列行为：

（一）转借、转让、介绍他人转让发票、发票监制章和发票防伪专用品；

（二）知道或者应当知道是私自印制、伪造、变造、非法取得或者废止的发票而受让、开具、存放、携带、邮寄、运输；

（三）拆本使用发票；

（四）扩大发票使用范围；

（五）以其他凭证代替发票使用；

（六）窃取、截留、篡改、出售、泄露发票数据。

税务机关应当提供查询发票真伪的便捷渠道。

第二十四条　除国务院税务主管部门规定的特殊情形外，纸质发票限于领用单位和个人在本省、自治区、直辖市内开具。

省、自治区、直辖市税务机关可以规定跨市、县开具纸质发票的办法。

第二十五条　除国务院税务主管部门规定的特殊情形外，任何单位和个人不得跨规定的使用区域携带、邮寄、运输空白发票。

禁止携带、邮寄或者运输空白发票出入境。

第二十六条　开具发票的单位和个人应当建立发票使用登记制度，配合税务机关进行身份验证，并定期向主管税务机关报告发票使用情况。

第二十七条　开具发票的单位和个人应当在办理变更或者注销税务登记的同时，办理发票的变更、缴销手续。

第二十八条　开具发票的单位和个人应当按照国家有关规定存放和保管发票，不得擅自损毁。已经开具的发票存根联，应当保存 5 年。

第五章　发票的检查

第二十九条　税务机关在发票管理中有权进行下列检查：

（一）检查印制、领用、开具、取得、保管和缴销发票的情况；

（二）调出发票查验；

（三）查阅、复制与发票有关的凭证、资料；

（四）向当事各方询问与发票有关的问题和情况；

（五）在查处发票案件时，对与案件有关的情况和资料，可以记录、录音、录像、照相和复制。

第三十条 印制、使用发票的单位和个人，必须接受税务机关依法检查，如实反映情况，提供有关资料，不得拒绝、隐瞒。

税务人员进行检查时，应当出示税务检查证。

第三十一条 税务机关需要将已开具的发票调出查验时，应当向被查验的单位和个人开具发票换票证。发票换票证与所调出查验的发票有同等的效力。被调出查验发票的单位和个人不得拒绝接受。

税务机关需要将空白发票调出查验时，应当开具收据；经查无问题的，应当及时返还。

第三十二条 单位和个人从中国境外取得的与纳税有关的发票或者凭证，税务机关在纳税审查时有疑义的，可以要求其提供境外公证机构或者注册会计师的确认证明，经税务机关审核认可后，方可作为记账核算的凭证。

第六章 罚 则

第三十三条 违反本办法的规定，有下列情形之一的，由税务机关责令改正，可以处 1 万元以下的罚款；有违法所得的予以没收：

（一）应当开具而未开具发票，或者未按照规定的时限、顺序、栏目，全部联次一次性开具发票，或者未加盖发票专用章的；

（二）使用税控装置开具发票，未按期向主管税务机关报送开具发票的数据的；

（三）使用非税控电子器具开具发票，未将非税控电子器具使用的软件程序说明资料报主管税务机关备案，或者未按照规定保存、报送开具发票的数据的；

（四）拆本使用发票的；

（五）扩大发票使用范围的；

（六）以其他凭证代替发票使用的；

（七）跨规定区域开具发票的；

（八）未按照规定缴销发票的；

（九）未按照规定存放和保管发票的。

第三十四条 跨规定的使用区域携带、邮寄、运输空白发票，以及携带、邮寄或者运输空白发票出入境的，由税务机关责令改正，可以处 1 万元以下的罚款；情节严重的，处 1 万元以上 3 万元以下的罚款；有违法所得的予以没收。

丢失发票或者擅自损毁发票的，依照前款规定处罚。

第三十五条 违反本办法的规定虚开发票的，由税务机关没收违法所得；虚开金额在 1 万元以下的，可以并处 5 万元以下的罚款；虚开金额超过 1 万元的，并处 5 万元以上 50 万元以下的罚款；构成犯罪的，依法追究刑事责任。

非法代开发票的，依照前款规定处罚。

第三十六条 私自印制、伪造、变造发票，非法制造发票防伪专用品，伪造发票监制章，窃取、截留、篡改、出售、泄露发票数据的，由税务机关没收违法所得，没收、销毁作案工具和非法物品，并处 1 万元以上 5 万元以下的罚款；情节严重的，并处 5 万元以上 50 万元以下的罚款；构成犯罪的，依法追究刑事责任。

前款规定的处罚，《中华人民共和国税收征收管理法》有规定的，依照其规定执行。

第三十七条 有下列情形之一的，由税务机关处 1 万元以上 5 万元以下的罚款；情节严重的，处 5 万元以上 50 万元以下的罚款；有违法所得的予以没收：

（一）转借、转让、介绍他人转让发票、发票监制章和发票防伪专用品的；

（二）知道或者应当知道是私自印制、伪造、变造、非法取得或者废止的发票而受让、开具、存放、携带、邮寄、运输的。

第三十八条 对违反发票管理规定 2 次以上或者情节严重的单位和个人，税务机关可以向社会公告。

第三十九条 违反发票管理法规，导致其他单位或者个人未缴、少缴或者骗取税款的，由税务机关没收违法所得，可以并处未缴、少缴或者骗取的税款 1 倍以下的罚款。

第四十条 当事人对税务机关的处罚决定不服的，可以依法申请行政复议或者向人民法院提起行政诉讼。

第四十一条 税务人员利用职权之便，故意刁难印制、使用发票的单位和个人，或者有违反发票管理法规行为的，依照国家有关规定给予处分；构成犯罪的，依法追究刑事责任。

第七章　附　　则

第四十二条 国务院税务主管部门可以根据有关行业特殊的经营方式和业务需求，会同国务院有关主管部门制定该行业的发票管理办法。

国务院税务主管部门可以根据增值税专用发票管理的特殊需要，制定增值税专用发票的具体管理办法。

第四十三条 本办法自发布之日起施行。财政部 1986 年发布的《全国发票管理暂行办法》和原国家税务局 1991 年发布的《关于对外商投资企业和外国企业发票管理的暂行规定》同时废止。

3. 中华人民共和国发票管理办法实施细则（2024 年修正）

（2011 年 2 月 14 日国家税务总局令第 25 号公布　根据 2014 年 12 月 27 日《国家税务总局关于修改〈中华人民共和国发票管理办法实施细则〉的决定》第一次修正　根据 2018 年 6 月 15 日《国家税务总局关于修改部分税务部门规章的决定》第二次修正　根据 2019 年 7 月 24 日《国家税务总局关于公布取消一批税务证明事项以及废止和修改部分规章规范性文件的决定》第三次修正　根据 2024 年 1 月 15 日《国家税务总局关于修改〈中华人民共和国发票管理办法实施细则〉的决定》第四次修正）

第一章　总　　则

第一条 根据《中华人民共和国发票管理办法》（以下简称《办法》）规定，制定本实施细则。

第二条 在全国范围内统一式样的发票，由国家税务总局确定。

在省、自治区、直辖市范围内统一式样的发票，由省、自治区、直辖市税务局（以下简称省税务局）确定。

第三条 《办法》第三条所称电子发票是指在购销商品、提供或者接受服务以及从事其他经营活动中，按照税务机关发票管理规定以数据电文形式开具、收取的收付款凭证。

电子发票与纸质发票的法律效力相同，任何单位和个人不得拒收。

第四条 税务机关建设电子发票服务平台，为用票单位和个人提供数字化等形态电子发票开具、交付、查验等服务。

第五条 税务机关应当按照法律、行政法规的规定，建立健全发票数据安全管理制度，保障发票数据安全。

单位和个人按照国家税务总局有关规定开展发票数据处理活动，依法承担发票数据安全保护义务，不得超过规定的数量存储发票数据，不得违反规定使用、非法出售或非法向他人提供发票数据。

第六条 纸质发票的基本联次包括存根联、发票联、记账联。存根联由收款方或开票方留存备查；发票联由付款方或受票方作为付款原始凭证；记账联由收款方或开票方作为记账原始凭证。

省以上税务机关可根据纸质发票管理情况以及纳税人经营业务需要，增减除发票联以外的其他联次，并确定其用途。

第七条 发票的基本内容包括：发票的名称、发票代码和号码、联次及用途、客户名称、开户银行及账号、商品名称或经营项目、计量单位、数量、单价、大小写金额、税率（征收率）、税额、开票人、开票日期、开票单位（个人）名称（章）等。

省以上税务机关可根据经济活动以及发票管理需要，确定发票的具体内容。

第八条 领用发票单位可以书面向税务机关要求使用印有本单位名称的发票，税务机关依据《办法》第十五条的规定，确认印有该单位名称发票的种类和数量。

第二章 发票的印制

第九条 税务机关根据政府采购合同和发票防伪用品管理要求对印制发票企业实施监督管理。

第十条 全国统一的纸质发票防伪措施由国家税务总局确定，省税务局可以根据需要增加本地区的纸质发票防伪措施，并向国家税务总局备案。

纸质发票防伪专用品应当按照规定专库保管，不得丢失。次品、废品应当在税务机关监督下集中销毁。

第十一条 全国统一发票监制章是税务机关管理发票的法定标志，其形状、规格、内容、印色由国家税务总局规定。

第十二条 全国范围内发票换版由国家税务总局确定；省、自治区、直辖市范围内发票换版由省税务局确定。

发票换版时，应当进行公告。

第十三条 监制发票的税务机关根据需要下达发票印制通知书，印制企业必须按照要求印制。

发票印制通知书应当载明印制发票企业名称、用票单位名称、发票名称、发票代码、种类、联次、规格、印色、印制数量、起止号码、交货时间、地点等内容。

第十四条 印制发票企业印制完毕的成品应当按照规定验收后专库保管，不得丢失。废品应当及时销毁。

第三章 发票的领用

第十五条 《办法》第十五条所称经办人身份证明是指经办人的居民身份证、护照或者其他能证明经办人身份的证件。

第十六条 《办法》第十五条所称发票专用章是指领用发票单位和个人在其开具纸质发票时加盖的有其名称、统一社会信用代码或者纳税人识别号、发票专用章字样的印章。

发票专用章式样由国家税务总局确定。

第十七条 税务机关对领用纸质发票单位和个人提供的发票专用章的印模应当留存备查。

第十八条 《办法》第十五条所称领用方式是指批量供应、交旧领新、验旧领新、额度确定等方式。

税务机关根据单位和个人的税收风险程度、纳税信用级别、实际经营情况确定或调整其领用发票的种类、数量、额度以及领用方式。

第十九条 《办法》第十五条所称发票使用情况是指发票领用存情况及相关开票数据。

第二十条 《办法》第十六条所称书面证明是指有关业务合同、协议或者税务机关认可的其他资料。

第二十一条 税务机关应当与受托代开发票的单位签订协议，明确代开发票的种类、对象、内容和相关责任等内容。

第四章 发票的开具和保管

第二十二条 《办法》第十八条所称特殊情况下，由付款方向收款方开具发票，是指下列情况：

（一）收购单位和扣缴义务人支付个人款项时；

（二）国家税务总局认为其他需要由付款方向收款方开具发票的。

第二十三条 向消费者个人零售小额商品或者提供零星服务的，是否可免予逐笔开具发票，由省税务局确定。

第二十四条 填开发票的单位和个人必须在发生经营业务确认营业收入时开具发票。未发生经营业务一律不准开具发票。

第二十五条 《办法》第十九条规定的不得变更金额，包括不得变更涉及金额计算的单价和数量。

第二十六条 开具纸质发票后，如发生销售退回、开票有误、应税服务中止等情形，需要作废发票的，应当收回原发票全部联次并注明"作废"字样后作废发票。

开具纸质发票后，如发生销售退回、开票有误、应税服务中止、销售折让等情形，需要开具红字发票的，应当收回原发票全部联次并注明"红冲"字样后开具红字发票。无法收回原发票全部联次的，应当取得对方有效证明后开具红字发票。

第二十七条 开具电子发票后，如发生销售退回、开票有误、应税服务中止、销售折让等情形的，应当按照规定开具红字发票。

第二十八条 单位和个人在开具发票时，应当填写项目齐全，内容真实。

开具纸质发票应当按照发票号码顺序填开，字迹清楚，全部联次一次打印，内容完全一致，并在发票联和抵扣联加盖发票专用章。

第二十九条 《办法》第二十一条所称与实际经营业务情况不符是指具有下列行为之一的：

（一）未购销商品、未提供或者接受服务、未从事其他经营活动，而开具或取得发票；

（二）有购销商品、提供或者接受服务、从事其他经营活动，但开具或取得的发票载明的购买方、销售方、商品名称或经营项目、金额等与实际情况不符。

第三十条 开具发票应当使用中文。民族自治地方可以同时使用当地通用的一种民族文字。

第三十一条 单位和个人向委托人提供发票领用、开具等服务，应当接受税务机关监管，所存储发票数据的最大数量应当符合税务机关的规定。

第三十二条 开发电子发票信息系统为他人提供发票数据查询、下载、存储、使用等涉税服务的，应当符合税务机关的数据标准和管理规定，并与委托人签订协议，不得超越授权范围使用发票数据。

第三十三条 《办法》第二十五条所称规定的使用区域是指国家税务总局和省税务局

规定的区域。

第三十四条 《办法》第二十六条所称身份验证是指单位和个人在领用、开具、代开发票时，其经办人应当实名办税。

第三十五条 使用纸质发票的单位和个人应当妥善保管发票。发生发票丢失情形时，应当于发现丢失当日书面报告税务机关。

第五章 发票的检查

第三十六条 税务机关在发票检查中，可以对发票数据进行提取、调出、查阅、复制。

第三十七条 《办法》第三十一条所称发票换票证仅限于在本县（市）范围内使用。需要调出外县（市）的发票查验时，应当提请该县（市）税务机关调取发票。

第三十八条 用票单位和个人有权申请税务机关对发票的真伪进行鉴别。收到申请的税务机关应当受理并负责鉴别发票的真伪；鉴别有困难的，可以提请发票监制税务机关协助鉴别。

在伪造、变造现场以及买卖地、存放地查获的发票，由当地税务机关鉴别。

第六章 罚 则

第三十九条 税务机关对违反发票管理法规的行为依法进行处罚的，由县以上税务机关决定；罚款额在2 000元以下的，可由税务所决定。

第四十条 《办法》第三十三条第六项规定以其他凭证代替发票使用的，包括：

（一）应当开具发票而未开具发票，以其他凭证代替发票使用；

（二）应当取得发票而未取得发票，以发票外的其他凭证或者自制凭证用于抵扣税款、出口退税、税前扣除和财务报销；

（三）取得不符合规定的发票，用于抵扣税款、出口退税、税前扣除和财务报销。

构成逃避缴纳税款、骗取出口退税、虚开发票的，按照《中华人民共和国税收征收管理法》《办法》相关规定执行。

第四十一条 《办法》第三十八条所称的公告是指，税务机关应当在办税场所或者广播、电视、报纸、期刊、网络等新闻媒体上公告纳税人发票违法的情况。公告内容包括：纳税人名称、统一社会信用代码或者纳税人识别号、经营地点、违反发票管理法规的具体情况。

第四十二条 对违反发票管理法规情节严重构成犯罪的，税务机关应当依法移送司法机关处理。

第七章 附 则

第四十三条 计划单列市税务局参照《办法》中省、自治区、直辖市税务局的职责做好发票管理工作。

第四十四条 本实施细则自2011年2月1日起施行。

4. 财政部关于修改《财政票据管理办法》的决定
（2020年公布）

（中华人民共和国财政部令第104号）

《财政部关于修改〈财政票据管理办法〉的决定》已经2020年11月26日第二次部务

会议审议通过，现予公布，自 2021 年 1 月 1 日起施行。

部长　刘昆
2020 年 12 月 3 日

财政部关于修改《财政票据管理办法》的决定为进一步强化财政票据管理，经财政部部务会议审议决定，对《财政票据管理办法》作如下修改：

一、将第二条、第四条、第十三条、第二十八条、第三十条、第三十七条和第三章章名中的"印制"修改为"监（印）制"。

二、将第二条、第十九条至第二十四条、第三十四条、第三十五条和第四章章名中的"领购"修改为"领用"。

三、将第三条第一款中的"简称"修改为"统称"，并将第二款修改为："财政票据是财务收支和会计核算的原始凭证，包括电子和纸质两种形式。财政电子票据和纸质票据具有同等法律效力，是财会监督、审计监督等的重要依据。"

四、将第四条第三款中的"省、自治区、直辖市人民政府财政部门（以下简称省级财政部门）"修改为"省、自治区、直辖市人民政府财政部门，新疆生产建设兵团财政局（以下简称省级财政部门）"。

五、将第五条修改为："财政部门应当积极推进财政电子票据管理改革，以数字信息代替纸质文件、以电子签名代替手工签章，依托计算机和信息网络技术开具、存储、传输和接收财政电子票据，实现电子开票、自动核销、全程跟踪、源头控制。"

六、增加一条，作为第六条："财政部门通过有关票据公共服务平台提供财政电子票据真伪查验服务。"

七、将第六条改为第七条，并删去该条第一项第二目。

八、将第七条改为第八条，修改为："财政票据应当包括票据名称、票据编码、票据监制章、项目、标准、数量、金额、交款人、开票日期、开票单位、开票人、复核人等内容。"

九、将第八条改为第九条，修改为："纸质票据一般包括存根联、收据联、记账联。存根联由开票方留存，收据联由支付方收执，记账联由开票方留做记账凭证。

非税收入一般缴款书一般设置五联，包括回单联、借方凭证、贷方凭证、收据联、存根联。回单联退执收单位，借方凭证和贷方凭证分别由缴款人、收款人开户银行留存，收据联由缴款人收执，存根联由执收单位留存。"

十、增加一条，作为第十一条："财政票据实行全国统一的式样、编码规则和电子票据数据标准，由财政部负责制定。

电子票据数据标准包括数据要素、数据结构、数据格式和防伪方法等内容。各级财政部门应当按照统一的财政电子票据数据标准，生成、传输、存储和查验财政电子票据。"

十一、将第十条改为第十二条，并将第二款中的"财政部门"修改为"财政部"。

十二、删去第十一条。

十三、将第十四条改为第十五条，并删去该条中的"防伪专用品"。

十四、删去第十七条。

十五、增加一条，作为第二十条："财政部门及其工作人员应当为申领单位提供便利，一次性告知领用财政票据的相关程序、材料、要求及依据等内容。"

十六、将第二十条改为第二十一条，修改为："首次领用财政票据，应当按照规定程序办理《财政票据领用证》。

办理《财政票据领用证》，应当提交申请函，填写《财政票据领用证申请表》，并且按要求提供与票据种类相关的可核验信息，并对提供信息的真实性承担法律责任。"

十七、将第二十一条改为第二十二条，并将第二款修改为："《财政票据领用证》应当包括单位基本信息、领用票据名称和项目名称、领用票据记录、检查核销票据记录、检查核销结果记录等项目。"

十八、将第二十二条改为第二十三条，修改为："再次领用财政票据，应当出示《财政票据领用证》，提供前次票据使用情况，包括票据的种类、册（份）数、起止号码、使用份数、作废份数、收取金额及票据存根等内容。受理申请的财政部门审核后，发放财政票据。"

十九、删去第二十五条。

二十、增加一条，作为第二十七条："财政票据使用单位开具电子票据，应当确保电子票据及其元数据自形成起完整无缺、来源可靠，未被非法更改，传输过程中发生的形式变化不得影响财政电子票据内容的真实、完整。"

二十一、将第二十七条改为第二十八条，并将第二款中的"财政票据"修改为"纸质票据"。

二十二、增加一条，作为第三十三条："财政票据使用单位和付款单位应当准确、完整、有效接收和读取财政电子票据，并按照会计信息化和会计档案等有关管理要求归档入账。"

二十三、将第三十二条改为第三十四条，并将该条中的"财政票据"修改为"纸质票据"。

二十四、将第四十条改为第四十二条，并将第一款修改为："单位和个人违反本办法规定，有下列行为之一的，由县级以上财政部门责令改正并给予警告；对非经营活动中的违法行为，处以 1 000 元以下罚款；对经营活动中的违法行为，有违法所得的，处以违法所得金额 3 倍以下不超过 30 000 元的罚款，没有违法所得的，处以 10 000 元以下罚款；构成犯罪的，依法追究刑事责任：

（一）违反规定印制财政票据；

（二）转让、出借、串用、代开财政票据；

（三）伪造、变造、买卖、擅自销毁财政票据；

（四）提供虚假信息骗取和冒领财政票据；

（五）伪造、使用伪造的财政票据监制章；

（六）未按规定使用财政票据监制章；

（七）在境外印制财政票据；

（八）其他违反财政票据管理规定的行为。"

二十五、将第四十一条改为第四十三条，并将该条中的"涉嫌犯罪的，依法移送司法机关"修改为"构成犯罪的，依法追究刑事责任"。

二十六、将第四十二条改为第四十四条，并将第二款中的"复核"修改为"复审复核"。

此外，对条文顺序和个别文字作相应调整和修改。

本决定自 2021 年 1 月 1 日起施行。

《财政票据管理办法》根据本决定作相应修改，重新公布。

财政票据管理办法

（2012 年 10 月 22 日财政部令第 70 号公布　根据 2020 年 12 月 3 日《财政部关于修改〈财政票据管理办法〉的决定》修改）

第一章　总　　则

第一条　为了规范财政票据行为，加强政府非税收入征收管理和单位财务监督，维护国家财经秩序，保护公民、法人和其他组织的合法权益，根据国家有关规定，制定本办法。

第二条 财政票据的监(印)制、领用、发放、使用、保管、核销、销毁及监督检查等活动,适用本办法。

第三条 本办法所称财政票据,是指由财政部门监(印)制、发放、管理,国家机关、事业单位、具有公共管理或者公共服务职能的社会团体及其他组织(以下统称"行政事业单位")依法收取政府非税收入或者从事非营利性活动收取财物时,向公民、法人和其他组织开具的凭证。

财政票据是财务收支和会计核算的原始凭证,包括电子和纸质两种形式。财政电子票据和纸质票据具有同等法律效力,是财会监督、审计监督等的重要依据。

第四条 财政部门是财政票据的主管部门。

财政部负责全国财政票据管理工作,承担中央单位财政票据的监(印)制、发放、核销、销毁和监督检查等工作,指导地方财政票据管理工作。

省、自治区、直辖市人民政府财政部门,新疆生产建设兵团财政局(以下简称省级财政部门)负责本行政区域财政票据的监(印)制、发放、核销、销毁和监督检查等工作,指导下级财政部门财政票据管理工作。

省级以下财政部门负责本行政区域财政票据的申领、发放、核销、销毁和监督检查等工作。

第五条 财政部门应当积极推进财政电子票据管理改革,以数字信息代替纸质文件、以电子签名代替手工签章,依托计算机和信息网络技术开具、存储、传输和接收财政电子票据,实现电子开票、自动核销、全程跟踪、源头控制。

第六条 财政部门通过有关票据公共服务平台提供财政电子票据真伪查验服务。

第二章 财政票据的种类、适用范围和内容

第七条 财政票据的种类和适用范围如下:

(一)非税收入类票据

1. 非税收入通用票据,是指行政事业单位依法收取政府非税收入时开具的通用凭证。
2. 非税收入一般缴款书,是指实施政府非税收入收缴管理制度改革的行政事业单位收缴政府非税收入时开具的通用凭证。

(二)结算类票据

资金往来结算票据,是指行政事业单位在发生暂收、代收和单位内部资金往来结算时开具的凭证。

(三)其他财政票据

1. 公益事业捐赠票据,是指国家机关、公益性事业单位、公益性社会团体和其他公益性组织依法接受公益性捐赠时开具的凭证。
2. 医疗收费票据,是指非营利医疗卫生机构从事医疗服务取得医疗收入时开具的凭证。
3. 社会团体会费票据,是指依法成立的社会团体向会员收取会费时开具的凭证。
4. 其他应当由财政部门管理的票据。

第八条 财政票据应当包括票据名称、票据编码、票据监制章、项目、标准、数量、金额、交款人、开票日期、开票单位、开票人、复核人等内容。

第九条 纸质票据一般包括存根联、收据联、记账联。存根联由开票方留存,收据联由支付方收执,记账联由开票方留做记账凭证。

非税收入一般缴款书一般设置五联,包括回单联、借方凭证、贷方凭证、收据联、存根联。回单联退执收单位,借方凭证和贷方凭证分别由缴款人、收款人开户银行留存,收据联由缴款人收执,存根联由执收单位留存。

第三章 财政票据的监（印）制

第十条 财政票据由省级以上财政部门按照管理权限分别监（印）制。

第十一条 财政票据实行全国统一的式样、编码规则和电子票据数据标准，由财政部负责制定。

电子票据数据标准包括数据要素、数据结构、数据格式和防伪方法等内容。各级财政部门应当按照统一的财政电子票据数据标准，生成、传输、存储和查验财政电子票据。

第十二条 省级以上财政部门应当按照国家政府采购有关规定确定承印财政票据的企业，并与其签订印制合同。

财政票据印制企业应当按照印制合同和财政部规定的式样印制票据。

禁止私自印制、伪造、变造财政票据。

第十三条 财政票据应当套印全国统一式样的财政票据监制章。财政票据监制章的形状、规格和印色由财政部统一规定。

禁止伪造、变造财政票据监制章，禁止在非财政票据上套印财政票据监制章。

第十四条 财政票据应当使用中文监（印）制。民族自治地方的财政票据，可以加印一种当地通用的民族文字。有实际需要的，可以同时使用中外两种文字监（印）制。

第十五条 财政票据印制企业应当建立票据印制管理制度和保管措施，对财政票据式样模板、财政票据监制章印模等的使用和管理实行专人负责，不得将承印的财政票据委托其他企业印制，不得向委托印制票据的财政部门以外的其他单位或者个人提供财政票据。

第十六条 印制合同终止后，财政票据印制企业应当将印制票据所需用品、资料交还委托印制票据的财政部门，不得自行保留或者提供给其他单位或者个人。

第十七条 禁止在境外印制财政票据。

第四章 财政票据的领用与发放

第十八条 省级以下财政部门应当根据本地区用票需求，按照财政管理体制向上一级财政部门报送用票计划，申领财政票据。上级财政部门经审核后发放财政票据。

第十九条 财政票据实行凭证领用、分次限量、核旧领新制度。

领用财政票据，一般按照财务隶属关系向同级财政部门申请。

第二十条 财政部门及其工作人员应当为申领单位提供便利，一次性告知领用财政票据的相关程序、材料、要求及依据等内容。

第二十一条 首次领用财政票据，应当按照规定程序办理《财政票据领用证》。

办理《财政票据领用证》，应当提交申请函，填写《财政票据领用证申请表》，并且按要求提供与票据种类相关的可核验信息，并对提供信息的真实性承担法律责任。

第二十二条 受理申请的财政部门应当对申请单位提交的材料进行审核，对符合条件的单位，核发《财政票据领用证》，并发放财政票据。

《财政票据领用证》应当包括单位基本信息、领用票据名称和项目名称、领用票据记录、检查核销票据记录、检查核销结果记录等项目。

第二十三条 再次领用财政票据，应当出示《财政票据领用证》，提供前次票据使用情况，包括票据的种类、册（份）数、起止号码、使用份数、作废份数、收取金额及票据存根等内容。受理申请的财政部门审核后，发放财政票据。

第二十四条 领用未列入《财政票据领用证》内的财政票据，应当向原核发领用证的财政部门提出申请，并依照本办法规定提交相应材料。受理申请的财政部门审核后，应当在《财政票据领用证》上补充新增财政票据的相关信息，并发放财政票据。

第二十五条 财政票据一次领用的数量一般不超过本单位六个月的使用量。

第五章　财政票据的使用与保管

第二十六条　财政票据使用单位应当指定专人负责管理财政票据，建立票据使用登记制度，设置票据管理台账，按照规定向财政部门报送票据使用情况。

第二十七条　财政票据使用单位开具电子票据，应当确保电子票据及其元数据自形成起完整无缺、来源可靠，未被非法更改，传输过程中发生的形式变化不得影响财政电子票据内容的真实、完整。

第二十八条　财政票据应当按照规定填写，做到字迹清楚、内容完整真实、印章齐全、各联次内容和金额一致。填写错误的，应当另行填写。

因填写错误等原因而作废的纸质票据，应当加盖作废戳记或者注明"作废"字样，并完整保存各联次，不得擅自销毁。

第二十九条　填写财政票据应当统一使用中文。财政票据以两种文字监（印）制的，可以同时使用另一种文字填写。

第三十条　财政票据使用单位不得转让、出借、代开、买卖、擅自销毁、涂改财政票据；不得串用财政票据，不得将财政票据与其他票据互相替代。

第三十一条　省级财政部门监（印）制的财政票据应当在本行政区域内发放使用，但派驻外地的单位在派驻地使用的情形除外。

第三十二条　财政票据应当按照规定使用。不按规定使用的，付款单位和个人有权拒付款项，财务部门不得报销。

第三十三条　财政票据使用单位和付款单位应当准确、完整、有效接收和读取财政电子票据，并按照会计信息化和会计档案等有关管理要求归档入账。

第三十四条　纸质票据使用完毕，使用单位应当按照要求填写相关资料，按顺序清理纸质票据存根、装订成册、妥善保管。

纸质票据存根的保存期限一般为5年。保存期满需要销毁的，报经原核发票据的财政部门查验后销毁。保存期未满、但有特殊情况需要提前销毁的，应当报原核发票据的财政部门批准。

第三十五条　尚未使用但应予作废销毁的财政票据，使用单位应当登记造册，报原核发票据的财政部门核准、销毁。

第三十六条　财政票据使用单位发生合并、分立、撤销、职权变更，或者收费项目被依法取消或者名称变更的，应当自变动之日起15日内，向原核发票据的财政部门办理《财政票据领用证》的变更或者注销手续；对已使用财政票据的存根和尚未使用的财政票据应当分别登记造册，报财政部门核准、销毁。

第三十七条　财政票据或者《财政票据领用证》灭失的，财政票据使用单位应当查明原因，及时以书面形式报告原核发票据的财政部门，并自发现之日起3日内登报声明作废。

第三十八条　财政部门、财政票据印制企业、财政票据使用单位应当设置财政票据专用仓库或者专柜，指定专人负责保管，确保财政票据安全。

第六章　监督检查及罚则

第三十九条　财政部门应当建立健全财政票据监督检查制度，对财政票据监（印）制、使用、管理等情况进行检查。

第四十条　财政部门实施监督检查，应当按照规定程序和要求进行，不得滥用职权、徇私舞弊，不得向被检查单位收取费用。

第四十一条　财政票据使用单位和财政票据印制企业应当自觉接受财政部门的监督检查，如实反映情况，提供有关资料，不得隐瞒、弄虚作假或者拒绝、阻挠。

第四十二条 单位和个人违反本办法规定,有下列行为之一的,由县级以上财政部门责令改正并给予警告;对非经营活动中的违法行为,处以 1 000 元以下罚款;对经营活动中的违法行为,有违法所得的,处以违法所得金额 3 倍以下不超过 30 000 元的罚款,没有违法所得的,处以 10 000 元以下罚款;构成犯罪的,依法追究刑事责任:

(一)违反规定印制财政票据;
(二)转让、出借、串用、代开财政票据;
(三)伪造、变造、买卖、擅自销毁财政票据;
(四)提供虚假信息骗取和冒领财政票据;
(五)伪造、使用伪造的财政票据监制章;
(六)未按规定使用财政票据监制章;
(七)在境外印制财政票据;
(八)其他违反财政票据管理规定的行为。

单位和个人违反本办法规定,对涉及财政收入的财政票据有本条第一款所列行为之一的,依照《财政违法行为处罚处分条例》第十六条的规定予以处理、处罚。

第四十三条 财政部门、行政事业单位工作人员违反本办法规定,在工作中徇私舞弊、玩忽职守、滥用职权的,依法给予处分;构成犯罪的,依法追究刑事责任。

第四十四条 单位和个人对处理、处罚决定不服的,可以依法申请行政复议或者提起行政诉讼。

国家工作人员对处分不服的,可以依照有关规定申请复审复核或者提出申诉。

第七章 附 则

第四十五条 中国人民解放军和中国人民武装警察部队适用《军队票据管理规定》。

第四十六条 省级财政部门可以依据本办法,结合本地区实际情况制定具体实施办法,报财政部备案。

第四十七条 本办法自 2013 年 1 月 1 日起施行。1998 年 9 月 21 日财政部发布的《行政事业性收费和政府性基金票据管理规定》(财综字〔1998〕104 号)同时废止。

5. 行政事业单位资金往来结算票据使用管理办法（2023 年发布）

(财综〔2023〕50 号印发)

第一章 总 则

第一条 为规范行政事业单位资金往来结算票据使用和管理行为,加强行政事业单位财务监督管理,防治乱收费、乱集资和各种摊派行为,维护财政经济秩序,根据《中华人民共和国会计法》《财政票据管理办法》(财政部令第 104 号)等规定,制定本办法。

第二条 本办法所称的行政事业单位资金往来结算票据(以下简称资金往来结算票据),是指国家机关、事业单位、经法律法规授权的具有管理公共事务职能的社会团体及其他组织(以下统称行政事业单位)发生暂收、代收和单位内部资金往来结算等经济活动时开具的凭证。

第三条 资金往来结算票据是会计核算的原始凭证,包括电子和纸质两种形式。电子票据和纸质票据具有同等法律效力,是财会监督、审计监督等的重要依据。

第四条 各级财政部门是资金往来结算票据的主管部门,按照职能分工和管理权限负责资金往来结算票据的监(印)制、核发、保管、核销、销毁和监督检查等工作。

第五条 各级财政部门应当积极推广运用资金往来结算电子票据,实现电子开票、自动核销、全程跟踪、源头控制。

第二章 资金往来结算票据的内容和适用范围

第六条 资金往来结算票据基本内容包括票据名称、票据监制章、票据代码、票据号码、交款人统一社会信用代码、交款人、校验码、开票日期、二维码(条形码)、项目编码、项目名称、单位、数量、标准、金额(元)、金额合计(大写)/(小写)、备注、其他信息、收款单位(章)、复核人、收款人等。

资金往来结算纸质票据一般包括存根联、收据联、记账联。存根联由开票方留存,收据联由支付方收执,记账联由开票方留做记账凭证。

第七条 下列行为,可以使用资金往来结算票据:

(一)行政事业单位暂收款项。由行政事业单位暂时收取,在经济活动结束后需退还原付款单位或个人,不构成本单位收入的款项,如押金、定金、保证金及其他暂时收取的各种款项等。

(二)行政事业单位代收款项。由行政事业单位代为收取,在经济活动结束后需付给其他收款单位或个人,不构成本单位收入的款项,如代收教材费、体检费、水电费、供暖费、电话费等。

(三)行政事业单位内部各部门之间、与个人之间发生的其他资金往来且不构成本单位收入的款项。

(四)非同级财政拨款,包括从同级政府其他部门取得的横向转拨财政款、从上级或下级政府财政部门取得的经费拨款等。

(五)财政部门认定的其他可以使用资金往来结算票据的行为。

第三章 资金往来结算票据的监(印)制、领用和核发

第八条 资金往来结算票据分别由财政部或省级财政部门统一监(印)制,并套印全国统一式样的财政票据监制章。

资金往来结算票据实行全国统一的式样、编码规则和电子票据数据标准,由财政部负责制定。

资金往来结算电子票据数据标准包括数据要素、数据结构、数据格式和防伪方法等内容。各级财政部门应当按照统一的财政电子票据数据标准,生成、传输、存储和查验资金往来结算票据。

第九条 资金往来结算票据原则上由独立核算、会计制度健全的行政事业单位向同级财政部门申领。

财政部门及其工作人员应当为申领单位提供便利,一次性告知领用资金往来结算票据的相关程序、材料、要求及依据等内容。

第十条 资金往来结算票据实行凭证领用、分次限量、核旧领新制度。

资金往来结算票据一次领用的数量一般不超过本单位6个月的使用量。

第十一条 行政事业单位首次申领资金往来结算票据时,应当提供《财政票据领用证》和领用申请,详细列明申领资金往来结算票据的使用范围和项目,按要求提供申领资金往来结算票据相关的可核验信息,并对提供信息的真实性承担法律责任。

财政部门应当对申请单位提交的材料进行审核,对符合条件的单位,予以核准并发放资金往来结算票据;不符合条件的单位,不予核准,并向申请单位说明原因。

行政事业单位未取得《财政票据领用证》的,应按照规定程序先办理《财政票据领

用证》。

第十二条 行政事业单位再次领用资金往来结算票据时，应当出示《财政票据领用证》，并提交前次领用资金往来结算票据核销情况。

第四章 资金往来结算票据的使用与管理

第十三条 行政事业单位应当指定专人负责管理资金往来结算票据，建立使用管理制度，设置管理台账，按规定向财政部门报送资金往来结算票据的申领、使用、作废、结存等情况。

第十四条 行政事业单位必须严格按照财政部门核准的使用范围开具资金往来结算票据，不得超范围使用资金往来结算票据。

行政事业单位不按规定使用资金往来结算票据的，付款单位和个人有权拒付款项，财务部门不得入账。

第十五条 行政事业单位开具资金往来结算电子票据，应当确保电子票据及其元数据自形成起完整无缺、来源可靠，未被非法更改，传输过程中发生的形式变化不得影响资金往来结算电子票据内容的真实、完整。

第十六条 行政事业单位应当按票据号码顺序使用资金往来结算票据，填写时做到字迹清楚，内容完整、真实，印章齐全，各联次内容和金额一致。

资金往来结算电子票据填写错误的，应当开具红字电子票据。

资金往来结算纸质票据填写错误的，应当另行填写。因填写错误等原因作废的纸质票据，应当加盖作废戳记或者注明"作废"字样，并完整保存全部联次，不得私自销毁。

第十七条 行政事业单位负责向交款人交付资金往来结算电子票据。交款人未能正常获取资金往来结算电子票据信息的，由开票单位负责处理。

资金往来结算电子票据可以通过全国财政电子票据查验平台查询状态、查验真伪。

第十八条 资金往来结算电子票据使用单位和付款单位应当准确、完整、有效接收和读取资金往来结算电子票据，并按照会计信息化和会计档案等有关管理要求入账归档。

第十九条 资金往来结算票据的领用单位不得转让、出借、代开、买卖、擅自销毁、涂改资金往来结算票据，不得将资金往来结算票据与其他财政票据、发票互相串用。

第二十条 行政事业单位遗失资金往来结算纸质票据的，应自发现之日起3日内登报声明作废，并将遗失原因等有关情况，及时以书面形式报送原核发票据的财政部门备案。

第二十一条 各省、自治区、直辖市财政部门监（印）制的资金往来结算票据，一般应当在本行政区域内核发使用，不得跨行政区域核发使用，但本地区派驻其他省、自治区、直辖市的行政事业单位除外。

第五章 资金往来结算票据的核销、销毁和监督检查

第二十二条 行政事业单位应当向同级财政部门申请核销资金往来结算票据，并提交资金往来结算票据使用情况，包括票据起止号码、使用份数、作废份数、收取金额等内容。

受理申请的财政部门应当及时对申请单位提交的资金往来结算票据进行核销，出具核销情况说明。

财政部门核销资金往来结算票据时，发现行政事业单位存在未按规定使用资金往来结算票据的行为，应当责令该单位限期整改，整改期间暂停核发该单位资金往来结算票据。

第二十三条 行政事业单位应当妥善保管已开具的资金往来结算纸质票据存根，票据存根保存期限一般为5年。

保存期满需要销毁的资金往来结算纸质票据存根和未使用的需要作废销毁的资金往来结算纸质票据，由行政事业单位负责登记造册，报经同级财政部门核准后，由同级财政部门

组织销毁。

第二十四条　撤销、改组、合并的行政事业单位，在办理《财政票据领用证》的变更或注销手续时，应对已使用的资金往来结算纸质票据存根及尚未使用的资金往来结算票据分别登记造册，并交送同级财政部门统一核准、销毁。

第二十五条　各级财政部门应当根据实际情况和管理需要，对资金往来结算票据监（印）制、使用、管理等情况进行监督检查。

第二十六条　行政事业单位应当自觉接受财政部门的监督检查，如实反映情况，提供有关资料，不得隐瞒情况、弄虚作假或者拒绝、阻碍监督检查。

第二十七条　单位和个人在资金往来结算票据监（印）制、领取、使用、管理等过程中存在各类违法违规行为的，依法追究相应责任。

第二十八条　各级财政部门对资金往来结算票据使用管理情况进行监督检查时，应当按照规定的程序和要求进行，不得滥用职权、徇私舞弊，不得向被查行政事业单位收取任何费用。

第六章　附　　则

第二十九条　行政事业单位之间发生的不涉及应税的往来资金，可凭银行结算凭证入账。

第三十条　各省、自治区、直辖市财政部门可根据本办法，结合本地区实际情况，制定具体实施办法，报财政部备案。

第三十一条　本办法自 2024 年 1 月 1 日起施行。《财政部关于印发〈行政事业单位资金往来结算票据使用管理暂行办法〉的通知》（财综〔2010〕1 号）、《财政部关于行政事业单位资金往来结算票据使用管理有关问题的补充通知》（财综〔2010〕111 号），以及《财政部关于进一步加强行政事业单位资金往来结算票据使用管理的通知》（财综〔2013〕57 号）同时废止。

6. 关于规范电子会计凭证报销入账归档的通知
（2020 年发布）

（财会〔2020〕6 号）

党中央有关部门财务部门、档案部门，各省、自治区、直辖市、计划单列市财政厅（局）、档案局，新疆生产建设兵团财政局、档案局，国务院各部委财务部门、档案部门，财政部各地监管局，有关人民团体财务部门、档案部门，中央企业财务部门、档案部门：

为适应电子商务、电子政务发展，规范各类电子会计凭证的报销入账归档，根据国家有关法律、行政法规，现就有关事项通知如下：

一、本通知所称电子会计凭证，是指单位从外部接收的电子形式的各类会计凭证，包括电子发票、财政电子票据、电子客票、电子行程单、电子海关专用缴款书、银行电子回单等电子会计凭证。

二、来源合法、真实的电子会计凭证与纸质会计凭证具有同等法律效力。

三、除法律和行政法规另有规定外，同时满足下列条件的，单位可以仅使用电子会计凭证进行报销入账归档：

（一）接收的电子会计凭证经查验合法、真实；

（二）电子会计凭证的传输、存储安全、可靠，对电子会计凭证的任何篡改能够及时被发现；

（三）使用的会计核算系统能够准确、完整、有效接收和读取电子会计凭证及其元数据，能够按照国家统一的会计制度完成会计核算业务，能够按照国家档案行政管理部门规定格式输出电子会计凭证及其元数据，设定了经办、审核、审批等必要的审签程序，且能有效防止电子会计凭证重复入账；

（四）电子会计凭证的归档及管理符合《会计档案管理办法》（财政部国家档案局令第79号）等要求。

四、单位以电子会计凭证的纸质打印件作为报销入账归档依据的，必须同时保存打印该纸质件的电子会计凭证。

五、符合档案管理要求的电子会计档案与纸质档案具有同等法律效力。除法律、行政法规另有规定外，电子会计档案可不再另以纸质形式保存。

六、单位和个人在电子会计凭证报销入账归档中存在违反本通知规定行为的，县级以上人民政府财政部门、档案行政管理部门应当依据《中华人民共和国会计法》《中华人民共和国档案法》等有关法律、行政法规处理处罚。

七、本通知由财政部、国家档案局负责解释，并自发布之日起施行。

财政部
国家档案局
2020 年 3 月 23 日

7. 关于开展电子非税收入一般缴款书试点的通知（2021年发布）

（财库〔2021〕31号）

党中央有关部门，国务院各部委、各直属机构，全国人大常委会办公厅，全国政协办公厅，最高人民法院，最高人民检察院，有关人民团体，财政部各地监管局：

为进一步深化非税收入收缴领域"放管服"改革，提高非税收入一般缴款书（以下简称缴款书）监管水平和工作效率，充分利用现代信息化管理手段，推动企业和群众缴纳非税收入"一网、一门、一次"，财政部决定在中央部门和单位开展电子缴款书试点，现将有关事宜通知如下。

一、高度重视试点工作

电子缴款书是指由财政部监管、执收单位依法收缴政府非税收入时，运用计算机和信息网络技术开具、存储、传输和接收的数字电文形式的凭证，是以电子数据形式表现的财政票据，电子缴款书和纸质缴款书具有同等法律效力。

通过非税收入收缴管理系统开具的电子缴款书，以数字信息代替纸质缴款书，以电子签名代替手工签章，实现缴款书电子开票、自动核销、全程跟踪、源头控制，有利于节约社会资源和成本，方便缴款人保存使用，提高财政监管水平和效率，进一步规范单位财务管理。

财政部负责组织实施电子缴款书试点工作，确定电子缴款书试点单位和实施步骤，建立健全相关管理制度。执收单位要提高认识，高度重视，加强组织实施，确保试点工作稳步推进。

二、试点内容

电子缴款书由财政部制定技术规范，依托非税收入收缴管理系统进行管理，基本要素包括：缴款码、执收单位编码、执收单位名称、票据代码、票据号码、校验码、填制日期、付款人（全称、账号、开户银行）、收款人（全称、账号、开户银行）、项目编码、收入项目名称、单位、数量、收缴标准、金额、执收单位签章、财政部门监制签章等。

财政部负责发放电子缴款书；执收单位负责开具电子缴款书并发送至缴款人；缴款人可通过服务平台等查验电子缴款书真伪；执收单位和缴款人可使用真实有效的电子缴款书进行入账处理；电子缴款书可分别由财政部、执收单位和缴款人进行归档保存。基本管理流程如下：

（一）制样。财政部通过非税收入收缴管理系统财政端制作形成电子缴款书票据模板文件，实行全国统一的票据式样（附件1）、编码规则（附件2）和数据规范。电子缴款书数据规范包括数据要素、数据结构、数据格式和防伪方法等内容。电子缴款书应当套印全国统一式样的财政票据监制章。

（二）赋码。由财政部向执收单位发放电子缴款书票号，保证票号唯一性。赋码模式原则上为执收单位开票时系统按照财政部设定规则自动分配。对确有需要的执收单位，由执收单位向财政部申请后，财政部向执收单位预发票号，执收单位按顺序使用。

（三）生成。执收单位通过非税收入收缴管理系统开具电子缴款书（仅有缴款通知功能），包含单位电子签名。缴款人持电子缴款书上携带的缴款码，通过代理银行向财政缴纳款项后，财政端验证电子票号唯一性、执收单位签名有效性，追加财政监制电子签名，生成完整的电子缴款书。执收单位具有业务系统的，可与非税收入收缴管理系统对接，通过其业务系统开具电子缴款书。

（四）传输。执收单位可使用非税收入收缴管理系统，通过系统自带的通知方式（电子邮件）发送电子缴款书给缴款人；也可将电子缴款书下载后，通过短信、电子邮件等多种方式发送至缴款人。传输过程中发生的形式变化不得影响电子缴款书内容的真实性和完整性。

（五）查验。缴款人通过服务平台等查验电子缴款书的真伪。

（六）入账。执收单位和缴款人可凭电子缴款书进行入账、报销等财务处理。执收单位、缴款人及有记账需要的其他受票单位不得使用电子缴款书重复记账。

（七）核销。执收单位应按照票据管理规定，定期对已使用电子缴款书开票金额和实际执收金额进行核对，确保一致后申请核销，上传财政端自动审核。

（八）归档。财政部、执收单位、缴款人分别按照《会计档案管理办法》有关规定进行归档，形成符合长期保管要求的电子会计档案。执收单位以电子缴款书的纸质打印件作为报销入账归档依据的，必须同时保存打印该纸质件的电子会计凭证。财政部归档作为备查依据，执收单位归档可作为记账依据，缴款归档可作为报销凭据。符合档案管理要求的电子会计档案与纸质档案具有同等法律效力。除法律、行政法规另有规定外，电子会计档案可不再另以纸质形式保存。

三、试点步骤

（一）筹备启动（2021年8月）。各试点中央部门和单位积极做好试点筹备工作，结合实际细化任务措施。完成非税收入收缴管理系统相关功能升级优化，满足试点工作需求。

（二）组织实施（2021年9月起）。各试点中央部门和单位正式启用电子缴款书，出现问题应及时向财政部反馈。财政部密切跟踪试点情况，履行电子缴款书的监督管理职责，根据试点工作情况，适时调整工作要求，完善配套措施，全力推进试点顺利开展。

（三）总结提升（2021年12月起）。各试点中央部门和单位总结梳理电子缴款书试点工作情况，包括主要做法和成效、存在的问题和工作建议等，于2021年12月15日前将试点工作总结报送财政部。财政部将全面总结、分析和提炼试点经验，及时调整完善，形成可推广可复制的经验和做法，逐步在中央部门和单位全面推广电子缴款书。

四、其他要求

各试点中央部门和单位（附件3）要加强系统用户数字证书（UKEY）的管理，不得转让、出借，业务人员变更后应及时回收并申请注销；要规范开具电子缴款书，确保信息真实、完整、可用和安全，保证开票信息与非税收入收缴信息内容一致。

在全面实施缴款书无纸化前，执收单位应按缴款人需求提供换开纸质缴款书服务，换开的纸质缴款书按照相关办法及规定管理。

各试点中央部门和单位应建立健全内部控制制度，强化电子缴款书使用管理，报销入账归档应严格执行《会计档案管理办法》（财政部 国家档案局令第79号）和《财政部 国家档案局关于规范电子会计凭证报销入账归档的通知》（财会〔2020〕6号）规定。

本通知自印发之日起实施。

附件：1. 电子缴款书式样
      2. 电子缴款书编码规则
      3. 第一期电子缴款书管理试点单位情况表

财 政 部
2021年8月16日

附件1：

电子缴款书式样

说明：

1. 票面要素。电子《非税收入一般缴款书》名称、电子《非税收入一般缴款书》监制章、缴款码、执收单位编码、执收单位名称、票据代码、票据号码、校验码、填制日期、二维码、付款人信息（全称、账号、开户银行）、收款人信息（全称、账号、开户银行）、币种、金额（大写）/（小写）、项目编码、收入项目名称、单位、数量、收缴标准、金额、执收单位（盖章）、经办人（盖章）、备注等。

2. 字体字号。标题为华文中宋，居中；正文字体为华文中宋。

3.颜色、套章等要求。文字和表格颜色：棕色；在标题正中位置套财政票据监制章（正红色）。

附件2：

电子缴款书编码规则

电子缴款书编码由票据代码和票据号码两部分组成，票据代码和票据号码组合，可以在全国范围内唯一识别某份电子缴款书。

（一）电子缴款书代码。

电子缴款书代码设为8位，由电子缴款书监管机构行政区划编码、电子缴款书分类编码、电子缴款书种类编码、电子缴款书年度编码4部分组成。

编码序号	1	2	3	4	5	6	7	8
说明	电子缴款书监管机构行政区划编码2位		固定03		固定01		电子缴款书年度编码2位	

第一部分：电子缴款书监管机构行政区划编码（2位），中央用"00"。
第二部分：电子缴款书分类编码（2位），固定值03。
第三部分：电子缴款书种类编码（2位），固定值01。
第四部分：电子缴款书年度编码（2位），用于区分电子缴款书赋码年度，使用数字表示。如"21"表示2021年度。

（二）电子缴款书号码。

电子缴款书号码（10位）。采用顺序号，用于反映电子缴款书赋码顺序，使用数字表示。如"0000000001"表示第一份电子缴款书。

附件3：

第一期电子缴款书管理试点单位情况表

序号	中央部门	试点单位
1	人力资源社会保障部	职业技能鉴定中心
2	证监会	证监会本级
3	工业和信息化部	国家无线电监测中心
4	工业和信息化部	清算中心
5	工业和信息化部	北京市通信管理局

8. 关于印发电子《非税收入一般缴款书》有关业务规范和技术标准（试行）的通知（2021年发布）

（财办发〔2021〕97号）

各省、自治区、直辖市、计划单列市财政厅（局），新疆生产建设兵团财政局，党中央有关部门财务部门，国务院各部委、各直属机构财务部门，全国人大常委会办公厅机关事务管理局，全国政协办公厅机关事务管理局，最高人民法院行装局，最高人民检察院计财局，有关人民团体财务部门，各民主党派中央办公厅，财政部各地监管局：

为加快推进电子《非税收入一般缴款书》（以下简称电子缴款书）试点，实现电子开票、自动核销、全程跟踪、源头控制等管理要求，依据《财政部关于开展电子非税收入一般缴款书试点的通知》（财库〔2021〕31号）、《财政部关于印发〈预算管理一体化规范（试行）〉的通知》（财办〔2020〕13号，以下简称《规范》）和《财政部关于印发〈预算管理一体化系统技术标准V1.0〉的通知》（财办〔2020〕15号，以下简称《标准》）等有关规定，财政部制定了电子《非税收入一般缴款书》有关业务规范和技术标准（试行），主要包括以下内容：一是《电子〈非税收入一般缴款书〉数据规范（试行）》，明确了电子缴款书开具、传输、报销、入账、归档的数据规范；二是修改更新了《规范》附录2《凭证与回单》中的《非税收入一般缴款书》式样，以及《规范》附录5《预算管理一体化要素目录》中的政府非税收入管理要素；三是修改更新了《标准》中的电子缴款书数据结构、基础数据集。请据此规范开展电子缴款书试点和预算管理一体化建设相关工作。

附件：1. 电子《非税收入一般缴款书》数据规范（试行）
      2. 非税收入一般缴款书
      3. 预算管理一体化要素目录（政府非税收入管理要素）
      4. 预算管理一体化系统技术标准（电子《非税收入一般缴款书》）

财政部办公厅
2021年12月6日

附件1：

电子《非税收入一般缴款书》数据规范（试行）

1 范围

本规范规定了电子《非税收入一般缴款书》的格式、数据要素信息及组织结构，电子《非税收入一般缴款书》开具、传输、报销、入账、归档时应遵循本规范。

2 数据类型

电子《非税收入一般缴款书》数据采用XBRL格式进行组织，数据要素类型包括标准XBRL数据类型和自定义数据类型，如表1所示。

表 1 数据类型

符号	说明
String	表示包含数字（0-9）、x-字符集、中文字符集任意组成的字符串。
Currency	表示金额，符号位可选，单位为元，整数部分最长 18 位，小数部分固定两位，不能包含逗号等分隔符，如：8979.05
Integer	表示整数，符号位可选，数值部分最长 8 位，如：88888
Date	表示日期，格式为 yyyy-mm-dd（年月日）。如：2005-06-11
Time	表示时间，格式为 HH:MM:SS（时分秒）。如：11:28:21
Decimal	表示金额以外的浮点型数字，如面积、分成比例等。不能包含逗号等分隔符，如：12.053

3 数据要素及组织结构

总体结构

电子《非税收入一般缴款书》数据由头部、票面信息、数字签名几部分构成，其总体结构见表2。

表 2 总体结构

序号	字段名称	中文名称	类型	长度	强制/可选	说明
1	EINVOICE	电子非税收入一般缴款书	根节点		M	
2	├ HEADER	电子非税收入一般缴款书头部	节点		M	
3	├ EINVOICE_DATA	电子非税收入一般缴款书票面信息	节点		M	
4	└ EINVOICE_SIGNATURE	电子非税收入一般缴款书数字签名	节点		M	

说明："强制/可选"的"M"代表该字段在库表中必须体现和使用，"O"代表该字段在库表中必须体现但可自行选择使用。

电子《非税收入一般缴款书》头部

电子《非税收入一般缴款书》头部包括的要素信息有：电子《非税收入一般缴款书》标签、标识、版本等，详见表3。

表 3 头部要素信息

序号	字段名称	中文名称	类型	长度	强制/可选	说明
1	HEADER	电子非税收入一般缴款书头部	节点		M	
2	├ EINVOICE_TAG	电子非税收入一般缴款书标签	String	8	M	格式为"电子非税收入以一般缴款书标识 - 监管机构行政区划代码"。其中，电子非税收入一般缴款书标识为"CZ-EI"；区划代码为2位数字
3	├ EINVOICE_ID	电子非税收入一般缴款书标识	String	19	M	电子非税收入一般缴款书的唯一标识，生成规则为"电子非税收入一般缴款书代码 - 号码"的反转
4	└ VERSION	版本	String	38	M	电子非税收入一般缴款书规范版本，固定值 2.0.0.1

电子《非税收入一般缴款书》票面信息

电子《非税收入一般缴款书》票面信息包括的要素信息有：票面基本信息、票面明细信息、辅助明细信息等，详见表4。

表 4 票面信息要素

序号	字段名称	中文名称	类型	长度	强制/可选	说明
1	EINVOICE_DATA	电子非税收入一般缴款书票面信息	节点		M	
2	├─MAIN	票面基本信息	节点		M	
3	│ ├─EINVOICE_NAME	电子非税收入一般缴款书名称	String	100	M	
4	│ ├─EINVOICE_CODE	电子非税收入一般缴款书代码	String	8	M	
5	│ ├─NON_TAX_PAY_NO	电子非税收入一般缴款书票号	String	10	M	
6	│ ├─NON_TAX_PAY_CODE	政府非税收入缴款识别码	String	100	M	
7	│ ├─RANDOM_NUMBER	校验码	String	6	M	
8	│ ├─EINVOICE_SPECIMEN_CODE	电子非税收入一般缴款书模板代码	String	10	M	
9	│ ├─SUPERVISOR_AREA_CODE	电子非税收入一般缴款书监管机构代码	String	6	M	
10	│ ├─BILL_DATE	开票日期	Date		M	
11	│ ├─BILL_TIME	开票时间	Time		M	
12	│ ├─PAID_AMT	缴款金额	Currency		M	
13	│ ├─EXEC_AGENCY_PARTY	执收单位	节点		M	
14	│ │ ├─EXEC_AGENCY_CODE	执收单位代码	String	21	M	
15	│ │ ├─EXEC_AGENCY_NAME	执收单位名称	String	300	M	
16	│ │ ├─REC_ACCT_TYPE	收款账户类型代码	String	1	M	1:财政专户 2:汇缴专户 3:科目 4:单位监管账户 5:国库单一账户 9:其他
17	│ │ ├─PAYEE_ACCT_NAME	收款人全称	String	300	M	
18	│ │ ├─PAYEE_ACCT_NO	收款人账号	String	40	M	科目类型账户可为空
19	│ │ └─PAYEE_ACCT_BANK_NAME	收款人开户银行	String	180	M	科目类型账户可为空
20	│ ├─PAYER_PARTY	缴款人	节点		M	
21	│ │ ├─PAYER_PARTY_TYPE_CODE	缴款人类型	String	1	O	1:个人 2:单位
22	│ │ ├─PAYER_PARTY_CODE	缴款人代码	String	30	O	单位一般为统一社会信用代码；个人一般为身份证号

（续表）

序号	字段名称	中文名称	类型	长度	强制/可选	说明
23	｜ ｜├PAYER_NAME	缴款人全称	String	300	M	
24	｜ ｜├PAYER_ACC_NO	缴款人账号	String	40	M	柜台现金缴款可为空
25	｜ ｜└PAYER_OPEN_BANK	缴款人开户银行	String	180	M	柜台现金缴款可为空
26	｜├PAY_IN_MET_CODE	收缴方式代码	String	1	M	1: 直接缴库 2: 集中汇缴 3: 就地缴库 4: 集中缴库 5. 税务部门征收入库
27	｜├BIZ_CODE	业务流水号	String	50	O	
28	｜├REMARK	备注	String	600	O	
29	｜├AUTHOR	经办人	String	120	M	
30	｜├CHECKER	复核人	String	120	O	
31	｜├SUPERVISOR_REMARK	财政部门备注	String	600	O	
32	｜├MAIN_EXT	基本信息扩展	节点		O	基本信息扩展时在此节点下添加
33	｜ ｜├RELATED_INVOICE_CODE	关联票据代码	String	8	O	预留扩展字段，开具红票时在此填写原票据代码
34	｜ ｜└RELATED_INVOICE_NUMBER	关联票据号码	String	10	O	预留扩展字段，开具红票时在此填写原票据号码
35	｜├INVOICING_PARTY_SEAL	执收单位印章	节点		O	
36	｜ ｜├SEAL_ID	印章编号	String	32	M	
37	｜ ｜├SEAL_NAME	印章名称	String	100	M	
38	｜ ｜└SEAL_HASH	印章Hash	String	256	M	
39	｜├SUPERVISOR_PARTY_SEAL	财政部门印章	节点		O	
40	｜ ｜├SEAL_ID	印章编号	String	32	M	
41	｜ ｜├SEAL_NAME	印章名称	String	100	M	
42	｜ ｜└SEAL_HASH	印章Hash	String	256	M	
43	├DETAILS	票面明细信息	节点		M	
44	｜└ITEM	项目	节点		M	
45	｜ ｜├NON_TAX_CODE	政府非税收入执收项目代码	String	21	M	
46	｜ ｜├NON_TAX_PROJ_CODE	政府非税收入执收项目识别码	String	12	M	未启用前，与执收项目代码保持一致
47	｜ ｜├NON_TAX_NAME	政府非税收入执收项目名称	String	240	M	
48	｜ ｜├PAY_NUMBER	执收数量	Decimal	15,4	M	
49	｜ ｜├CHARGE_STAND_UNIT	收缴标准计量单位	String	10	O	
50	｜ ｜├CHARGE_STAND_NAME	收缴标准名称	String	300	O	

（续表）

序号	字段名称	中文名称	类型	长度	强制/可选	说明
51	｜ ｜ ├CHARGE_STAND	收缴标准	Decimal	15,4	O	
52	｜ ｜ ├PAID_DETAIL_AMT	收缴项目金额	Currency		M	
53	｜ ｜ └ITEM_REMARK	项目备注	String	600	O	

电子《非税收入一般缴款书》数字签名

电子《非税收入一般缴款书》数字签名包括：开票单位数字签名、财政部门监制数字签名等两类。两类签名原文不同，计算方法相同。其组织方式见表5。

表5 数字签名组织方式

序号	字段名称	中文名称	类型	长度	强制/可选	说明
1	EINVOICE_SIGNATURE	电子非税收入一般缴款书数字签名	节点		M	
2	├INVOICING_PARTY_SIGNATURE	执收单位数字签名	节点		M	
3	｜├SIGNED_INFO	签名信息	节点		M	
4	｜｜├REFERENCE	签名原文引用	String		M	
5	｜｜├SIGNATURE_ALGORITHM	签名算法	String		M	国际通用算法使用SHA256withRSAEncryption，国密算法使用SM3withSM2Encryption
6	｜｜└SIGNATURE_FORMAT	签名格式类型	String	6	M	
7	｜├SIGNATURE_TIME	签名时间	String		M	格式为yyyyMMddHHmmss+hhmm（年月日时分秒时区），长度为19位。如20211103174312+0800
8	｜├SIGNATURE_VALUE	签名值	String		M	
9	｜└KEY_INFO	证书信息	节点		M	
10	｜｜├SERIAL_NUMBER	证书编号	String		M	
11	｜｜└X509ISSUER_NAME	X.509证书颁发者名称	String		M	
12	└SUPERVISOR_PARTY_SIGNATURE	财政部门监制数字签名	节点		M	
13	｜├SIGNED_INFO	签名信息	节点		M	
14	｜｜├REFERENCE	签名原文引用	String		M	
15	｜｜├SIGNATURE_ALGORITHM	签名算法	String		M	国际通用算法使用SHA256withRSAEncryption，国密算法使用SM3withSM2Encryption

（续表）

序号	字段名称	中文名称	类型	长度	强制/可选	说明
16	├ SIGNATURE_FORMAT	签名格式类型	String	6	M	
17	├ SIGNATURE_TIME	签名时间	String		M	格式为 yyyyMMddHHmmss+hhmm（年月日时分秒时区），长度为19位。如：20211103174312+0800
18	├ SIGNATURE_VALUE	签名值	String		M	
19	└ KEY_INFO	证书信息	节点		M	
20	├ SERIAL_NUMBER	证书编号	String		M	
21	└ X509ISSUER_NAME	X.509证书颁发者名称	String		M	

执收单位数字签名原文为：电子非税收入一般缴款书头部（HEADER）、电子非税收入一般缴款书票面信息（EINVOICE_DATA）；财政部门监制数字签名原文为：执收单位数字签名原文的Hash值、执收单位数字签名（INVOICING_PARTY_SIGNATURE）。

附件2：

非税收入一般缴款书

缴款码：
执收单位编码：　　　　　　票据代码：　　　　　　校验码：
执收单位名称：　　　　　　票据号码：　　　　　　填制日期：

付款人	全　称		收款人	全　称	
	账　号			账　号	
	开户银行			开户银行	

币种：		金额（大写）		（小写）	
项目编码	收入项目名称	单位	数量	收缴标准	金额
执收单位（盖章）　　　经办人（盖章）			备注：		

附件3:

预算管理一体化要素目录（政府非税收入管理要素）

序号	管理要素		说明	修订情况
	名称	代码 明细选项		
1	政府非税收入执收项目名称		按规定程序由财政部门设置的，用于非税执收单位执收的项目的名称。	
2	政府非税收入执收项目代码		按规定程序由财政部门设置的，用于非税执收单位执收的项目的代码。	
3	政府非税收入执收项目识别码		各级财政部门向财政部申请获取的政府非税收入执收项目的全国唯一标识。识别码长度为12位，由行政区划码、顺序码两部分组成。	
4	政府非税收入执收项目生效日期		按照有关法律法规要求设定的生效时间点，可用于自动控制项目执行时间。	
5	政府非税收入执收项目失效日期		按照有关法律法规要求设定的失效时间点，可用于自动控制项目执行时间。	
6	征收对象		按照有关法律法规设定的，征收对象是个人、企业或单位，用于对项目的统计分析。	
7	征收部门		按照有关法律法规设定的征收部门类别，用于对项目的统计分析。	
8	收缴标准名称		政府非税收入标准的规范名称。	
9	收缴标准计量单位		收缴标准的计量单位。	
10	收缴标准上限		财政、价格、财政部门按照有关法律法规，核定执收单位征收政府非税收入时每一计量单位允许征收的最大值。	
11	收缴标准下限		财政、价格、财政部门按照有关法律法规，核定执收单位征收政府非税收入时每一计量单位允许征收的最小值。	
12	分成方式		分成项目分成标准的计算方式。	
		1 比例	分成项目按比例进行分成。	
		2 定额	分成项目按固定金额进行分成。	
13	分成标准		对分成项目确定各级财政获得的分成比例（或成金额）的确定值。	
14	政府非税收入批准文号		按照国家法律法规有关规定，批准征收政府非税收入的相关文件文号。	
15	政府非税收入缴款识别码		各级财政部门在征收政府非税收入执收业务时按照财政部《政府非税缴款识别码规范》通过系统自动生成，用于控制与追踪每笔政府非税收入执收的全国统一标识。	

（续表）

序号	管理要素			说明	修订情况
	名称	代码	明细选项		修改名称与说明
16	电子非税收入一般缴款书票号			采用顺序号，用于反映电子《非税收入一般缴款书》赋码顺序，使用数字表示，共10位。如"0000000001"表示第一份电子缴款书。	
17	开票日期			执收单位开具《非税收入一般缴款书》的日期。格式为：YYYYMMDD，"YYYY"表示年，"MM"表示月，"DD"表示日，如：20190909。	
18	缴款人全称			法定缴款义务人的规范名称。	
19	实际缴款人全称			实际缴纳政府非税收入的缴款人或缴款单位的规范名称。	
20	实际缴款人账号			实际缴纳政府非税收入的缴款人或缴款单位的账号。	
21	实际缴款人开户银行			实际缴纳政府非税收入的缴款人或缴款单位的开户银行。	
22	缴款渠道			各商业银行基于缴纳政府非税收入统一的接口报文规范，信息交换控制机制建立的全国统一的政府非税收入电子化缴费通道。	
		01	柜台缴款	通过银行柜台缴纳政府非税收入的缴款方式。	
		02	自助终端	通过银行自助终端缴纳政府非税收入的缴款方式。	
		03	企业网银	通过登录企业网银缴纳政府非税收入的缴款方式。	
		04	个人网银	通过登录个人网银缴纳政府非税收入的缴款方式。	
		05	手机银行	通过登录手机银行缴纳政府非税收入的缴款方式。	
		06	网上支付	根据执收单位、政务服务等业务网站提供的非税应缴信息通过银行网关、第三方支付等方式在线完成缴款。	
		07	POS机查缴	通过POS机查询缴款缴纳政府非税收入的缴款方式。	
		08	POS机刷卡	根据非税系统推送到POS机具的应缴信息完成刷卡缴款的缴款方式。	
		11	银行划缴	对于经常性的、固定缴款人、逐笔或批量从签约账户收款的缴款业务，由代理银行按照缴款人签订的委托划缴协议根据执收单位的划缴指令将应缴款项划缴至财政收款账户的缴款方式。	
		12	虚拟账号缴款	对于通过非代理银行大额缴款的业务，按照指定的收款人虚拟账号跨行转账缴纳政府非税收入账户的缴款方式。	
		19	其他	以上渠道之外的缴款渠道。	
23	应缴金额			按照有关法律法规规定应缴纳的政府非税收入的金额。	

(续表)

序号	管理要素 名称	代码	明细选项	说明	修订情况
24	缴款金额			缴款单位或缴款人通过银行实际缴纳非税收入的金额。	
25	缴款日期			缴款单位或缴款人实际缴纳非税收入资金的日期。格式为：YYYYMMDD，"YYYY"表示年，"MM"表示月，"DD"表示日，如:20190909。	
26	入账日期			非税收入资金实际进入财政收款账户的日期。除需要收单机构日终清算业务外，入账日期应与缴款日期相同。	
27	收缴方式			政府非税收入征收上缴财政收款账户（国库单一账户、财政汇缴专户、财政专户）的管理方式。	
		1	直接缴库	由缴款单位或缴款人按有关法律法规规定，通过财政部门建立的缴款渠道，直接将应缴非税收入财政收款账户的收缴方式。	
		2	集中汇缴	由征收单位按照有关法律法规规定，将所收的应缴非税收入汇总缴入财政收款账户的收缴方式。	
		3	就地缴库	由缴款单位或缴款人按照有关法律法规规定，直接向人行国库或国库经收处缴纳非税收入的收缴方式。	
		4	集中缴库	基层缴款单位将应缴非税收入通过银行汇总解到上级主管部门，由主管部门汇总缴入人行国库或国库经收处的收缴方式。	
		5	税务部门征收入库	按照非税收入征管职责划转方案文件要求，由税务部门征收、代征人库的金额。	新增
28	缴库金额			财政非税收入上缴入国库单一账户的金额。	
29	缴库时限			财政部门规定的代理银行将代收的用于非税收入缴入财政资金国库单一账户的时限要求。	
30	缴库账户全称			财政部门在各代理银行开设的用于非税收入上缴财政专户的规范名称，作为资金缴库的付款账户。	
31	缴库账户账号			财政部门在各代理银行开设的用于非税收入上缴财政专户的财政账户账号。	
32	缴库账户开户银行			财政部门在各代理银行开设的用于非税收入上缴财政专户的开户银行。	
33	退付类型			根据政府非税收入退付产生原因所做的类型划分，包括政策性退付和差错性退付。	
		1	政策性退付	因政府非税收入政策调整变动或有关制度规定等需要办理的退付。	
		2	差错性退付	因技术性差错、多缴、重复缴款等原因发生的退付。	
34	退付日期			政府非税收入实际退还给缴款人或执收单位的日期。	

(续表)

序号	管理要素 名称	代码	明细选项	说明	修订情况
35	退付原因			政府非税收入退付产生的具体原因。	
36	原电子非税收入一般缴款书票号			政府非税收入退付对应的原缴款电子《非税收入一般缴款书》票号。	
37	原电子非税收入一般缴款书缴款识别码			政府非税收入退付对应的原缴款电子《非税收入一般缴款书》缴款识别码。	
38	退付金额			需要退还给缴款人或缴款单位的政府非税收入金额。	
39	退付收款人全称			接收政府非税收入退付资金的收款人的规范名称。	
40	退付收款人账号			接收政府非税收入退付资金的收款人的账号。	
41	退付收款人开户银行			接收政府非税收入退付资金的收款人的开户银行。	
42	退付账户全称			退付政府非税收入资金的账户的规范名称。	
43	退付账户账号			退付政府非税收入资金的账户的账号。	
44	退付账户开户银行			退付政府非税收入资金的账户的开户银行。	
45	电子非税收入一般缴款书代码			电子《非税收入一般缴款书》代码设计为8位，分为4部分。第一部分是财政电子票据监管机构行政区划编码（2位），中央用"00"。第二部分是财政电子票据分类编码（2位），固定值01。第三部分是财政电子票据种类编码（2位），固定值03。第四部分是财政电子票据年度编码（2位），用于区分财政电子票据赋码年度，使用数字表示。如"21"表示2021年度。	新增
46	校验码			电子《非税收入一般缴款书》校验码，查验时使用。	新增
47	缴款人类型代码	1	个人	法定缴款义务人的类型，分为个人和单位。	新增
		2	单位		新增
48	缴款人代码			法定缴款义务人的代码，单位一般为统一社会信用代码，个人一般为身份证号。	新增
49	收缴项目金额			电子《非税收入一般缴款书》中各具体收入项目的缴款金额。	新增
50	开票时间			开具电子《非税收入一般缴款书》的具体时间，格式为HHMMSS（时分秒）。	新增
51	电子非税收入一般缴款书监管机构代码			电子《非税收入一般缴款书》监管机构（财政部或省级财政部门）的代码，取财政区划代码前6位。	新增

(续表)

序号	管理要素			说明	修订情况
	名称	代码	明细选项		
52	电子非税收入一般缴款书模板代码			电子《非税收入一般缴款书》模板模板版唯一标识（10位），由电子非税收入收缴电子化管理接口报文规范（2017）》中电子非税收入一般缴款书代码（8位）和顺序码（2位）组成。	新增
53	收款账户类型			非税收入的收款账户类型，根据《政府非税收入收缴电子化管理接口报文规范（2017）》设置。	新增
54	缴款人账号			缴纳政府非税收入的缴款人或缴款单位的账号。	新增
55	缴款人开户银行			缴纳政府非税收入的缴款人或缴款单位的开户银行的名称。	新增
56	业务流水号			电子《非税收入一般缴款书》的业务流水号。	新增
57	执收数量			电子《非税收入一般缴款书》中各具体收入项目的执收数量。	新增
58	收缴标准			电子《非税收入一般缴款书》中各具体收入项目的收缴标准。	新增
59	关联票据代码			关联的原电子《非税收入一般缴款书》代码，开具红票时填写。	新增
60	关联票据号码			关联的原电子《非税收入一般缴款书》号码，开具红票时填写。	新增
61	经办人			电子《非税收入一般缴款书》的经办人名称。	新增
62	复核人			电子《非税收入一般缴款书》的复核人。	新增
63	滞纳金额			未按时缴款而产生的滞纳金。	新增

附件4：

预算管理一体化系统技术标准
（电子《非税收入一般缴款书》）

为满足电子《非税收入一般缴款书》试点工作需要，《预算管理一体化系统技术标准》根据业务管理实际对《非税收入一般缴款书》相关内容进行修订，包括"4.2.4.2 政府非税收入"中《非税收入一般缴款书表》《非税收入一般缴款书明细表》两张逻辑库表，以及与其相关的"4.3 逻辑库表要素""4.4 代码集"等内容。

一、逻辑库表

字段类型定义规则增加 Time 类型：

符号	说明
Time	表示时间，格式为 HHMMSS（时分秒）。如：112821 新增类型

1、非税收入一般缴款书表

表名：NT_PAY_VOUCHER

说明：执收单位开具电子《非税收入一般缴款书》，缴款人根据电子《非税收入一般缴款书》上携带的缴款识别码缴款，缴款成功后，财政部门追加财政监制电子签名，生成正式电子《非税收入一般缴款书》。

序号	字段名称	中文名称	类型	长度	强制/可选	库表要素编号	备注	修订情况
1	NT_PAY_VOUCHER_ID	缴款书主键	String	38	M	BE00001	主键	
2	NON_TAX_PAY_CODE	政府非税收入缴款识别码	GBString	100	M	BE07014		
3	MOF_DIV_CODE	财政区划代码	NString	9	M	BE00017		
4	EXEC_AGENCY_CODE	执收单位代码	NString	21	M	BE12055		
5	EINVOICE_NAME	电子非税收入一般缴款书名称	GBString	100	O	BE12143		新增字段
6	EINVOICE_CODE	电子非税收入一般缴款书代码	NString	8	O	BE12144		新增字段
7	NON_TAX_PAY_NO	电子非税收入一般缴款书票号	NString	10	M	BE12015		修改中文名称、类型和长度
8	RANDOM_NUMBER	校验码	String	6	O	BE12145		新增字段
9	AUTHOR	经办人	GBString	120	M	BE12103		修改中文名称、类型

（续表）

序号	字段名称	中文名称	类型	长度	强制/可选	库表要素编号	备注	修订情况
10	CHECKER	复核人	GBString	120	O	BE12156		新增字段
11	BILL_DATE	开票日期	Date		M	BE12016		
12	BILL_TIME	开票时间	Time		M	BE12146		新增字段
13	EFF_DATE	电子非税收入一般缴款书有效期	Date		O	BE12058	不设置有效期的可为空	
14	PAYER_PARTY_TYPE_CODE	缴款人类型代码	NString	1	O	BE12147		新增字段
15	PAYER_PARTY_CODE	缴款人代码	String	30	O	BE12148		新增字段
16	PAYER_NAME	缴款人全称	GBString	300	M	BE12017		
17	PAYER_ACC_NO	缴款人账号	String	40	M	BE12106	柜台现金缴款可为空	
18	PAYER_OPEN_BANK	缴款人开户银行	GBString	180	M	BE12107	柜台现金缴款可为空	
19	ACT_PAYER_NAME	实际缴款人全称	GBString	300	M	BE12018	未缴款时为空	
20	ACT_PAYER_ACC_NO	实际缴款人账号	String	40	M	BE12019	柜台现金缴款可为空	
21	ACT_PAYER_OPEN_BANK	实际缴款人开户银行	GBString	180	M	BE12020	柜台现金缴款可为空	
22	TOTAL_PAY_AMT	应缴金额合计	Currency		M	BE12059		
23	DUE_AMT	应缴金额	Currency		M	BE12024		
24	DELAY_AMT	滞纳金金额	Currency		O	BE12060	无滞纳金可为空	
25	PAID_AMT	缴款金额	Currency		M	BE12025		
26	REC_ACCT_TYPE	收款账户类型	NString	1	M	BE12061		
27	PAYEE_ACCT_NAME	收款人全称	GBString	300	M	BE13012		
28	PAYEE_ACCT_NO	收款人账号	String	40	M	BE13013	科目类型账户可为空	
29	PAYEE_ACCT_BANK_NAME	收款人开户银行	GBString	180	M	BE13014	科目类型账户可为空	
30	PAID_DATE	缴款日期	Date		M	BE12026		

（续表）

序号	字段名称	中文名称	类型	长度	强制/可选	库表要素编号	备注	修订情况
31	PAY_WAY_CODE	缴款渠道代码	NString	2	M	BE12023		
32	BELONG_ORG_CODE	收入归属区划	NString	9	M	BE12062		
33	RECORD_DATE	入账日期	Date		M	BE12027		
34	PAY_IN_MET_CODE	收缴方式代码	NString	1	M	BE07016		
35	BUS_TYPE	非税数据类型	String	1	M	BE12063		
36	BIZ_CODE	业务流水号	String	50	O	BE12149		新增字段
37	REMARK	备注	GBString	600	O	BE12073		新增字段
38	SUPERVISOR_REMARK	财政部门备注	GBString	600	O	BE12073		新增字段
39	RELATED_INVOICE_CODE	关联票据代码	NString	8	O	BE12151		新增字段
40	RELATED_INVOICE_NUMBER	关联票据号码	NString	10	O	BE12152		新增字段
41	NON_TAX_PAY_XML	电子非税收入一般缴款书数据内容	Binary		O	BE12153		新增字段
42	EINVOICE_SPECIMEN_CODE	电子非税收入一般缴款书模板代码	NString	10	O	BE12150		新增字段
43	SUPERVISOR_AREA_CODE	电子非税收入一般缴款书监管机构代码	NString	6	O	BE12154		新增字段
44	UPDATE_TIME	更新时间	DateTime		M	BE00023	保留字段，各业务表都需设置，用于向中央增量传输数据。	
45	IS_DELETED	是否删除	Integer	1	M	BE00030		
46	CREATE_TIME	创建时间	DateTime		M	BE00036		

业务主键至少包括：非税收入缴款识别码（NON_TAX_PAY_CODE）

2、非税收入一般缴款书明细表

表名：NT_PAY_VOUCHER_DETAIL

说明：存储电子《非税收入一般缴款书》包含的执收项目以及对应金额明细信息。

序号	字段名称	中文名称	类型	长度	强制/可选	库表要素编号	备注	修订情况
1	SORT_NO	序号	String	38	M	BE00001	主键	
2	NT_PAY_VOUCHER_ID	电子非税收入一般缴款书主键	String	38	M	BE00001		
3	NON_TAX_PROJ_CODE	政府非税收入执收项目识别码	NString	12	M	BE07003		
4	NON_TAX_CODE	政府非税收入执收项目代码	NString	21	M	BE07002		
5	CHARGE_STAND_NAME	收缴标准名称	GBString	300	O	BE07004		
6	CHARGE_STAND	收缴标准	Decimal	15,4	O	BE07021		
7	CHARGE_STAND_UNIT	收缴标准计量单位	GBString	10	M	BE07005		
8	PAY_NUMBER	执收数量	Decimal	15,4	M	BE12064		
9	DUE_AMT	应缴金额	Currency		M	BE12024		
10	PAID_DETAIL_AMT	收缴项目金额	Currency		M	BE12155		新增字段
11	ITEM_REMARK	项目备注	GBString	600	O	BE12073		新增字段
12	UPDATE_TIME	更新时间	DateTime		M	BE00023	保留字段，各业务表都需设置，用于向中央增量传输数据。	
13	IS_DELETED	是否删除	Integer	1	M	BE00030		
14	CREATE_TIME	创建时间	DateTime		M	BE00036		

业务主键至少包括：非税收入执收项目识别码（NON_TAX_PROJ_CODE）

二、逻辑库表要素

序号	库表要素编号	名称	英文短名	类型	长度	值域	字段说明	参考来源	修订情况
1	BE00001	主键	ID	String	38		主键		
2	BE00017	财政区划代码	MofDivCode	NString	9	VD08001 财政区划代码表的代码列	财政区划是以行政区划为基础，结合政府预算分级管理情况而划分的区域。开发区、园区等没有行政区划及代码的，按照《中华人民共和国行政区划代码》（GB/T 2260—2007）相应号段增设。		
3	BE00023	更新时间	UpdateTime	DateTime			维护本条信息项的更新时间。		
4	BE00030	是否删除	IsDeleted	Integer	1		标记记录是否删除。		
5	BE00036	创建时间	CreateTime	DateTime					
6	BE07002	非税收入执收项目代码	NonTaxCode	NString	21		按规定程序由财政和相关部门审批确认后，用于非税执收单位执收的项目的代码。	来源基础数据规范 3.0 版 DE10002	
7	BE07003	非税收入执收项目识别码	NonTaxProjCode	NString	12		各级财政部门向财政部申请获取的政府非税收入执收项目的全国唯一标识。识别码长度为12位，由行政区划码、顺序码两部分组成。	来源基础数据规范 3.0 版 DE10017	
8	BE07004	收缴标准名称	ChargeStandName	GBString	300		财政、价格部门按照有关法律法规，核定政府非税收入征收标准的规范名称。		
9	BE07005	收缴标准计量单位	ChargeStandUnit	GBString	10		收缴标准的计量单位。		
10	BE07014	非税收入缴款识别码	NonTaxPayCode	GBString	100		各级财政部门在征收非税收入时按照财政部《政府非税收入缴款识别码规范》通过系统自动生成，用于控制与追踪每笔政府非税收入执收业务的全国统一标识。	来源基础数据规范 3.0 版 DE10016	

(续表)

序号	库表要素编号	名称	英文短名	类型	长度	值域	字段说明	参考来源	修订情况
11	BE07016	收缴方式代码	PayInMetCode	NString	1	VD05004 收缴方式代码表的代码列	政府非税收入征收上缴财政收款账户（国库单一账户、财政专户、财政专户）的管理方式。		
12	BE07021	收缴标准	ChargeStand	Decimal	15, 4		财政、价格部门按照有关法律法规核定征收的政府非税收入收缴标准。		修改类型
13	BE12015	电子非税收入一般缴款书票号	NonTaxPayNo	NString	10		各级财政部门按照电子非税收入一般缴款书管理相关规定，通过系统自动产生。		修改中文名称、类型和长度
14	BE12016	开票日期	BillDate	Date			单位开具票据的日期。格式为：YYYYMMDD，"YYYY"表示年，"MM"表示月，"DD"表示日，如:20190909。		
15	BE12017	缴款人全称	PayerName	GBString	300		法定缴义务人的规范名称。		
16	BE12018	实际缴款人全称	ActPayerName	GBString	300		实际缴纳政府非税收入的缴款人或缴款单位的规范名称。		
17	BE12019	实际缴款人账号	ActPayerAccNo	String	40		实际缴纳政府非税收入的缴款人或缴款单位的账号。		
18	BE12020	实际缴款人开户银行	ActPayerOpenBank	GBString	180	VD00006 银行行别代码表的代码列	实际缴纳政府非税收入的缴款人或缴款单位的开户银行的名称。		
19	BE12023	缴款渠道代码	PayWayCode	NString	2	VD05003 交款渠道代码表的代码列	各商业银行基于统一的接口报文规范、信息交换控制机制建立的全国统一的政府非税收入电子化缴费通道代码。		
20	BE12024	应缴金额	DueAmt	Currency	18, 2		按照有关法律法规规定应缴纳的政府非税收入的金额。	来源基础数据规范3.0版 DE01010	
21	BE12025	缴款金额	PaidAmt	Currency	18, 2		缴款单位或缴款人通过银行实际缴纳非税收入的金额。	来源基础数据规范3.0版 DE01010	

(续表)

序号	库表要素编号	名称	英文短名	类型	长度	值域	字段说明	参考来源	修订情况
22	BE12026	缴款日期	PaidDate	Date			缴款单位或缴款人实际缴纳非税收入资金的日期。格式为：YYYYMMDD，"YYYY"表示年，"MM"表示月，"DD"表示日，如：20190909。		
23	BE12027	入账日期	RecordDate	Date			非税收入资金实际进入财政收款账户的日期。除需要收单财政机构对账业务外，入账日期应与缴款日期相同。		
24	BE12055	执收单位代码	ExecAgencyCode	NString	21		负责开具电子非税收入一般缴款书。	《政府非税收入收缴电子化管理接口报文规范（2017）》	
25	BE12058	电子非税收入一般缴款书有效期	EffDate	Date			电子非税收入一般缴款书缴款的有效期。	《政府非税收入收缴电子化管理接口报文规范（2017）》	
26	BE12059	应缴金额合计	TotalPayAmt	Currency	18, 2		按照有关法律法规规定缴纳的政府非税收入的金额。	《政府非税收入收缴电子化管理接口报文规范（2017）》	
27	BE12060	滞纳金金额	DelayAmt	Currency	18, 2		未按时缴款而产生的滞纳金。	《政府非税收入收缴电子化管理接口报文规范（2017）》	
28	BE12061	收款账户类型	RecAcctType	NString	1		非税收入的收款账户类型。	《政府非税收入收缴电子化管理接口报文规范（2017）》	
29	BE12062	收入归属区划	BelongOrgCode	NString	9		正常与执收区划一致，特殊时才使用本字段	《政府非税收入收缴电子化管理接口报文规范（2017）》	

（续表）

序号	库表要素编号	名称	英文短名	类型	长度	值域	字段说明	参考来源	修订情况
30	BE12063	非税数据类型	BusType	String	1	VD14004 数据类型代码表代码列	区分电子非税收入一般缴款书状态。		
31	BE12064	执收数量	PayNumber	Decimal	15, 4		缴款明细的数量。	《政府非税收入收缴电子化管理接口报文规范（2017）》	
32	BE12073	说明	Remark	GBString	600		说明事项		
33	BE12103	经办人	Author	GBString	120		电子非税收入一般缴款书的经办人名称。	《政府非税收入收缴电子化管理接口报文规范（2017）》	修改中文名称、类型
34	BE12106	缴款人账号	PayerAccNo	String	40		缴纳政府非税收入的缴款人或缴款单位的账号。		
35	BE12107	缴款人开户银行	PayerOpenBank	GBString	180	VD00006 银行行别代码表名称列	缴纳政府非税收入的缴款人或缴款单位的开户银行的名称。		
36	BE12143	电子非税收入一般缴款书名称	EinvoiceName	GBString	100		电子非税收入一般缴款书的名称。		新增要素
37	BE12144	电子非税收入一般缴款书代码	EinvoiceCode	NString	8		电子非税收入一般缴款书的代码。		新增要素
38	BE12145	校验码	RandomNumber	String	6		电子非税收入一般缴款书上的校验码。		新增要素
39	BE12146	开票时间	BillTime	Time			电子非税收入一般缴款书的开票时间。		新增要素
40	BE12147	缴款人类型代码	PayerPartyTypeCode	NString	1	VD14013 缴款人类型的代码列	缴款人类型的代码。		新增要素

第三章 票据与发票管理法规

（续表）

序号	库表要素编号	名称	英文短名	类型	长度	值域	字段说明	参考来源	修订情况
41	BE12148	缴款人代码	PayerPartyCode	String	30		缴款人是单位的填写统一社会信用代码，缴款人是个人的填写身份证号码。		新增要素
42	BE12149	业务流水号	BizCode	String	50		电子非税收入一般缴款书的业务流水号。		新增要素
43	BE12150	电子非税收入一般缴款书模板代码	EinvoiceSpecimenCode	NString	10		电子非税收入一般缴款书模板的代码。		新增要素
44	BE12151	关联票据代码	RelatedInvoiceCode	NString	8		预留扩展字段，开具红票时在此填写原票据代码。		新增要素
45	BE12152	关联票据号码	RelatedInvoiceNumber	NString	10		预留扩展字段，开具红票时在此填写原票据号码。		新增要素
46	BE12153	电子非税收入一般缴款书数据内容	NonTaxPayXml	Binary			电子非税收入一般缴款书数据文件		新增要素
47	BE12154	电子非税收入一般缴款书监管机构代码	SupervisorAreaCode	NString	6		电子非税收入一般缴款书监管机构的代码。		新增要素
48	BE12155	收缴项目金额	PaidDetailAmt	Currency			实际缴款明细金额。		新增要素
49	BE12156	复核人	Checker	GBString	120		电子非税收入一般缴款书的复核人。		新增要素
50	BE13012	收款人全称	PayeeAcctName	GBString	300		收款人的账户名称。		
51	BE13013	收款人账号	PayeeAcctNo	String	40		收款人的银行账号。	来源基础数据规范3.0版 DE09009	
52	BE13014	收款人开户银行	PayeeAcctBankName	GBString	180	VD00006 银行行别代码表名称列	收款人的开户银行。		

三、代码集

VD00006 银行行别代码

编码方法：采用层次码，用3位数字表示。其中第1位为类别代码，用于区分不同业务活动的银行机构，便于金融统计数据的提取；第2、3位为顺序编码，用于标识每一家银行机构。

第1层代码含义如下：

0——中央银行；

1——国有大型商业银行；

2——政策性银行；

3——其他商业银行；

4——非银行金融机构；

5、6、7——外资银行；

8——待分配；

9——特许参与者。

代码表：

代码	名称	说明
001	中国人民银行	
011	国家金库	
102	中国工商银行	
103	中国农业银行	
104	中国银行	
105	中国建设银行	
107	国家开发银行	
202	中国进出口银行	
203	中国农业发展银行	
301	交通银行	
302	中信银行	
303	中国光大银行	
304	华夏银行	
305	中国民生银行	
306	广东发展银行	
307	平安银行	
308	招商银行	
309	兴业银行	
310	上海浦东发展银行	
311	东莞商业银行	
313	城市商业银行	
314	农村商业银行	
315	恒丰银行	
316	浙商银行	

(续表)

代码	名称	说明
317	农村合作银行	
318	渤海银行股份有限公司	
319	徽商银行股份有限公司	
401	城市信用合作社	
402	农村信用合作社	
403	中国邮政储蓄银行	
……	……	

VD05003 缴款渠道

编码方法：采用顺序码，用 2 位数字表示。

代码表

代码	名称	说明
01	柜台缴款	通过银行柜台缴纳政府非税收入的缴款方式。
02	自助终端	通过银行自助终端缴纳政府非税收入的缴款方式。
03	企业网银	通过登录企业网银缴纳政府非税收入的缴款方式。
04	个人网银	通过登录个人网银缴纳政府非税收入的缴款方式。
05	手机银行	通过登录手机银行缴纳政府非税收入的缴款方式。
06	网上支付	根据执收单位、政务服务等业务网站提供的非税应缴信息通过银行网关、第三方支付等方式在线完成缴款的缴款方式。
07	POS 机查缴	通过 POS 机查询缴款缴纳政府非税收入的缴款方式。
08	POS 机刷卡	根据非税系统推送到 POS 机具的应缴信息完成刷卡缴款的缴款方式。
11	银行划缴	对于经常性的、固定缴款人的缴款业务，由代理银行按照与执收单位、缴款人签订的委托划缴协议根据执收单位的划缴指令逐笔或批量从签约账户将应缴款项划缴至财政收款账户的缴款方式。
12	虚拟账号缴款	对于通过非代理银行大额缴款的业务，按照指定的收款人虚拟账号跨行转账缴纳政府非税收入的缴款方式。
19	其他	以上渠道之外的缴款渠道。

VD05004 收缴方式

编码方法：采用顺序码，用 1 位数字表示。

代码表：

代码	名称	说明	修订情况
1	直接缴库	由缴款单位或缴款人按有关法律法规规定，通过财政部门建立的缴款渠道，直接将应缴税收入缴入财政收款账户的收缴方式。	
2	集中汇缴	由征收单位按照有关法律法规规定，将所收的应缴非税收入汇总缴入财政收款账户的收缴方式。	
3	就地缴库	由缴款单位或缴款人按有关法律法规规定，直接向人行国库或国库经收处缴纳非税收入的收缴方式。	

（续表）

代码	名称	说明	修订情况
4	集中缴库	基层缴款单位将应缴非税收入通过银行汇解到上级主管部门，由主管部门汇总缴入人行国库或国库经收处的收缴方式。	
5	税务部门征收入库	按照非税收入征管职责划转方案等文件要求，由税务部门征收、代征入库的收缴方式。	新增

VD08001 财政区划

编码方法：

财政区划编码方法									
全局性编码规则 1、财政区划代码使用9位数字编码，编码规则2-2-2-3，其中不足9位的在代码后补零； 2、财政区划存在对应的行政区划（GB/T 2260中华人民共和国行政区划代码），使用行政区划代码。									
级次	一级（2位）		二级（2位）		三级（2位）		四级（3位）		
位数	1	2	3	4	5	6	7	8	9
范围	省 自治区 直辖市		地级市 地区 自治州 盟		市辖区、县级市 县、自治县 旗、自治旗 特区、林区		街道、镇 乡、民族乡 苏木、民族苏木 县辖区		
全辖编码规则	3、4位为99 如北京市全辖 119900000		5、6位为99 如石家庄全辖 130199000		7、9位为999 如海淀区全辖 110108999				
本级编码规则	3、4位为00 如北京市本级 110000000		5、6位为00 如石家庄本级 130100000		7、9位为000 如海淀区本级 110108000				
辖区编码规则	3、4位为98 如北京市辖区 119800000		5、6位为98 如石家庄辖区 130198000		7、9位为998 如海淀区辖区 110108998				

（1）财政区划代码使用9位数字编码，编码规则2-2-2-3，其中不足9位的在代码后补零。

（2）财政区划存在对应的行政区划（GB/T 2260中华人民共和国行政区划代码）时，使用行政区划代码，其中行政区划代码不足9位的在代码后补零。

（3）财政区划省级（一级）、地市级（二级）、区县级（三级）包含全辖、辖区与本级三类代码（详见"代码表"），其中本级承担业务管理功能，全辖与辖区为汇总识别代码，数据统计时全辖数据＝本级数据＋辖区数据，辖区和全辖仅在统计汇总时使用。

（4）全国代码（109900000）、中央本级代码（100000000）、中央辖区代码（109800000）。

（5）财政区划代码一级对应1、2位，对应省级（省、自治区、直辖市），省全辖汇总代码的3、4位为99（如北京市全辖汇总119900000），省本级代码的3、4位为00（如北京市本级110000000），省辖区代码的3、4位为98（如北京市辖区119800000）。

（6）财政区划代码二级对应3、4位，对应地市级（地级市、地区、自治州、盟），财政区划代码的5、6位为99时对应地市全辖汇总（如石家庄市全辖汇总130199000），财政区划代码的5、6位为00时对应地市本级（如石家庄市本级130100000），财政区划代码的5、6位为98时对应地市辖区（如石家庄市辖区130198000）。

（7）财政区划代码三级对应5、6位，对应区县级（市辖区、县级市、县、自治县、旗、自治旗、特区、林区），财政区划代码的7～9位为999时对应区县辖区汇总

（如海淀区全辖110108999），财政区划代码的7～9位为000时对应区县本级（如海淀区本级110108000），财政区划代码的7～9位为998时对应区县辖区（如海淀区辖区110108998）。

（8）财政区划代码四级对应7～9位，对应乡镇级（街道、镇、乡、民族乡、苏木、民族苏木、县辖区）。

代码表：

代码	名称	说明
109900000	全国	全国汇总
100000000	中央本级	
109800000	中央辖区	中央辖区汇总
119900000	北京市	直辖市全辖汇总
110000000	北京市本级	
119800000	北京市辖区	直辖市辖区汇总
110101999	东城区	
……	……	
110108999	海淀区	区县全辖汇总
110108000	海淀区本级	
110108998	海淀区辖区	区县辖区汇总
110108001	万寿路街道办事处	
110108002	永定路街道办事处	
……	……	
139900000	河北省	省全辖汇总
130000000	河北省本级	
139800000	河北省辖区	省辖区汇总
130199000	石家庄市	地市全辖汇总
130100000	石家庄市本级	
130198000	石家庄市辖区	地市辖区汇总
……	……	

VD14004 非税数据类型

编码方法：采用顺序码，用1位数字表示。

代码表：

代码	名称	说明
1	正常	正常开出并缴款的电子非税收入一般缴款书的状态。
2	暂存款确认	用于匹配暂存款的电子非税收入一般缴款书的状态。

VD14013 缴款人类型（新增）

编码方法：采用顺序码，用1位数字表示。

代码表：

代码	名称	说明
1	个人	缴款人为个人
2	单位	缴款人为单位

第四章　会计人员管理法规

1. 会计人员管理办法（2018 年发布）

（财会〔2018〕33 号印发）

第一条　为加强会计人员管理，规范会计人员行为，根据《中华人民共和国会计法》及相关法律法规的规定，制定本办法。

第二条　会计人员，是指根据《中华人民共和国会计法》的规定，在国家机关、社会团体、企业、事业单位和其他组织（以下统称单位）中从事会计核算、实行会计监督等会计工作的人员。

会计人员包括从事下列具体会计工作的人员：

（一）出纳；

（二）稽核；

（三）资产、负债和所有者权益（净资产）的核算；

（四）收入、费用（支出）的核算；

（五）财务成果（政府预算执行结果）的核算；

（六）财务会计报告（决算报告）编制；

（七）会计监督；

（八）会计机构内会计档案管理；

（九）其他会计工作。

担任单位会计机构负责人（会计主管人员）、总会计师的人员，属于会计人员。

第三条　会计人员从事会计工作，应当符合下列要求：

（一）遵守《中华人民共和国会计法》和国家统一的会计制度等法律法规；

（二）具备良好的职业道德；

（三）按照国家有关规定参加继续教育；

（四）具备从事会计工作所需要的专业能力。

第四条　会计人员具有会计类专业知识，基本掌握会计基础知识和业务技能，能够独立处理基本会计业务，表明具备从事会计工作所需要的专业能力。

单位应当根据国家有关法律法规和本办法有关规定，判断会计人员是否具备从事会计工作所需要的专业能力。

第五条　单位应当根据《中华人民共和国会计法》等法律法规和本办法有关规定，结合会计工作需要，自主任用（聘用）会计人员。

单位任用（聘用）的会计机构负责人（会计主管人员）、总会计师，应当符合《中华人民共和国会计法》《总会计师条例》等法律法规和本办法有关规定。

单位应当对任用（聘用）的会计人员及其从业行为加强监督和管理。

第六条　因发生与会计职务有关的违法行为被依法追究刑事责任的人员，单位不得任用（聘用）其从事会计工作。

因违反《中华人民共和国会计法》有关规定受到行政处罚五年内不得从事会计工作的

人员，处罚期届满前，单位不得任用（聘用）其从事会计工作。

本条第一款和第二款规定的违法人员行业禁入期限，自其违法行为被认定之日起计算。

第七条 单位应当根据有关法律法规、内部控制制度要求和会计业务需要设置会计岗位，明确会计人员职责权限。

第八条 县级以上地方人民政府财政部门、新疆生产建设兵团财政局、中央军委后勤保障部、中共中央直属机关事务管理局、国家机关事务管理局应当采用随机抽取检查对象、随机选派执法检查人员的方式，依法对单位任用（聘用）会计人员及其从业情况进行管理和监督检查，并将监督检查情况及结果及时向社会公开。

第九条 依法成立的会计人员自律组织，应当依据有关法律法规和其章程规定，指导督促会员依法从事会计工作，对违反有关法律法规、会计职业道德和其章程的会员进行惩戒。

第十条 各省、自治区、直辖市、计划单列市财政厅（局），新疆生产建设兵团财政局、中央军委后勤保障部、中共中央直属机关事务管理局、国家机关事务管理局可以根据本办法制定具体实施办法，报财政部备案。

第十一条 本办法自2019年1月1日起施行。

2. 会计专业技术人员继续教育规定（2018年发布）

（财会〔2018〕10号印发）

第一章 总 则

第一条 为了规范会计专业技术人员继续教育，保障会计专业技术人员合法权益，不断提高会计专业技术人员素质，根据《中华人民共和国会计法》和《专业技术人员继续教育规定》（人力资源社会保障部令第25号），制定本规定。

第二条 国家机关、企业、事业单位以及社会团体等组织（以下称单位）具有会计专业技术资格的人员，或不具有会计专业技术资格但从事会计工作的人员（以下简称会计专业技术人员）继续教育，适用本规定。

第三条 会计专业技术人员继续教育应当紧密结合经济社会和会计行业发展要求，以能力建设为核心，突出针对性、实用性，兼顾系统性、前瞻性，为经济社会和会计行业发展提供人才保证和智力支持。

第四条 会计专业技术人员继续教育工作应当遵循下列基本原则：

（一）以人为本，按需施教。会计专业技术人员继续教育面向会计专业技术人员，引导会计专业技术人员更新知识、拓展技能，完善知识结构、全面提高素质。

（二）突出重点，提高能力。把握会计行业发展趋势和会计专业技术人员从业基本要求，引导会计专业技术人员树立诚信理念、提高职业道德和业务素质，全面提升专业胜任能力。

（三）加强指导，创新机制。统筹教育资源，引导社会力量参与继续教育，不断丰富继续教育内容，创新继续教育方式，提高继续教育质量，形成政府部门规划指导、社会力量积极参与、用人单位支持配合的会计专业技术人员继续教育新格局。

第五条 用人单位应当保障本单位会计专业技术人员参加继续教育的权利。

会计专业技术人员享有参加继续教育的权利和接受继续教育的义务。

第六条 具有会计专业技术资格的人员应当自取得会计专业技术资格的次年开始参加继续教育，并在规定时间内取得规定学分。

不具有会计专业技术资格但从事会计工作的人员应当自从事会计工作的次年开始参加继续教育，并在规定时间内取得规定学分。

第二章 管理体制

第七条 财政部负责制定全国会计专业技术人员继续教育政策，会同人力资源社会保障部监督指导全国会计专业技术人员继续教育工作的组织实施，人力资源社会保障部负责对全国会计专业技术人员继续教育工作进行综合管理和统筹协调。

除本规定另有规定外，县级以上地方人民政府财政部门、人力资源社会保障部门共同负责本地区会计专业技术人员继续教育工作。

第八条 新疆生产建设兵团按照财政部、人力资源社会保障部有关规定，负责所属单位的会计专业技术人员继续教育工作。中共中央直属机关事务管理局、国家机关事务管理局（以下统称中央主管单位）按照财政部、人力资源社会保障部有关规定，分别负责中央在京单位的会计专业技术人员继续教育工作。

第三章 内容与形式

第九条 会计专业技术人员继续教育内容包括公需科目和专业科目。

公需科目包括专业技术人员应当普遍掌握的法律法规、政策理论、职业道德、技术信息等基本知识，专业科目包括会计专业技术人员从事会计工作应当掌握的财务会计、管理会计、财务管理、内部控制与风险管理、会计信息化、会计职业道德、财税金融、会计法律法规等相关专业知识。

财政部会同人力资源社会保障部根据会计专业技术人员能力框架，定期发布继续教育公需科目指南、专业科目指南，对会计专业技术人员继续教育内容进行指导。

第十条 会计专业技术人员可以自愿选择参加继续教育的形式。会计专业技术人员继续教育的形式有：

（一）参加县级以上地方人民政府财政部门、人力资源社会保障部门，新疆生产建设兵团财政局、人力资源社会保障局，中共中央直属机关事务管理局、国家机关事务管理局（以下统称继续教育管理部门）组织的会计专业技术人员继续教育培训、高端会计人才培训、全国会计专业技术资格考试等会计相关考试、会计类专业会议等；

（二）参加会计继续教育机构或用人单位组织的会计专业技术人员继续教育培训；

（三）参加国家教育行政主管部门承认的中专以上（含中专，下同）会计类专业学历（学位）教育；承担继续教育管理部门或行业组织（团体）的会计类研究课题，或在有国内统一刊号（CN）的经济、管理类报刊上发表会计类论文；公开出版会计类书籍；参加注册会计师、资产评估师、税务师等继续教育培训；

（四）继续教育管理部门认可的其他形式。

第十一条 会计专业技术人员继续教育采用的课程、教学方法，应当适应会计工作要求和特点。同时，积极推广网络教育等方式，提高继续教育教学和管理的信息化水平。

第四章 学分管理

第十二条 会计专业技术人员参加继续教育实行学分制管理，每年参加继续教育取得的学分不少于90学分。其中，专业科目一般不少于总学分的三分之二。

会计专业技术人员参加继续教育取得的学分，在全国范围内当年度有效，不得结转以后年度。

第十三条 参加本规定第十条规定形式的继续教育，其学分计量标准如下：

（一）参加全国会计专业技术资格考试等会计相关考试，每通过一科考试或被录取的，折算为90学分；

（二）参加会计类专业会议，每天折算为10学分；

（三）参加国家教育行政主管部门承认的中专以上会计类专业学历（学位）教育，通过当年度一门学习课程考试或考核的，折算为90学分；

（四）独立承担继续教育管理部门或行业组织（团体）的会计类研究课题，课题结项的，每项研究课题折算为90学分；与他人合作完成的，每项研究课题的课题主持人折算为90学分，其他参与人每人折算为60学分；

（五）独立在有国内统一刊号（CN）的经济、管理类报刊上发表会计类论文的，每篇论文折算为30学分；与他人合作发表的，每篇论文的第一作者折算为30学分，其他作者每人折算为10学分；

（六）独立公开出版会计类书籍的，每本会计类书籍折算为90学分；与他人合作出版的，每本会计类书籍的第一作者折算为90学分，其他作者每人折算为60学分；

（七）参加其他形式的继续教育，学分计量标准由各省、自治区、直辖市、计划单列市财政厅（局）（以下称省级财政部门）、新疆生产建设兵团财政局会同本地区人力资源社会保障部门、中央主管单位制定。

第十四条 对会计专业技术人员参加继续教育情况实行登记管理。

用人单位应当对会计专业技术人员参加继续教育的种类、内容、时间和考试考核结果等情况进行记录，并在培训结束后及时按照要求将有关情况报送所在地县级以上地方人民政府财政部门、新疆生产建设兵团财政局或中央主管单位。

省级财政部门、新疆生产建设兵团财政局、中央主管单位应当建立会计专业技术人员继续教育信息管理系统，对会计专业技术人员参加继续教育取得的学分进行登记，如实记载会计专业技术人员接受继续教育情况。

继续教育登记可以采用以下方式：

（一）会计专业技术人员参加继续教育管理部门组织的继续教育和会计相关考试，县级以上地方人民政府财政部门、新疆生产建设兵团财政局或中央主管单位应当直接为会计专业技术人员办理继续教育事项登记；

（二）会计专业技术人员参加会计继续教育机构或用人单位组织的继续教育，县级以上地方人民政府财政部门、新疆生产建设兵团财政局或中央主管单位应当根据会计继续教育机构或用人单位报送的会计专业技术人员继续教育信息，为会计专业技术人员办理继续教育事项登记；

（三）会计专业技术人员参加继续教育采取上述（一）（二）以外其他形式的，应当在年度内登录所属县级以上地方人民政府财政部门、新疆生产建设兵团财政局或中央主管单位指定网站，按要求上传相关证明材料，申请办理继续教育事项登记；也可持相关证明材料向所属继续教育管理部门申请办理继续教育事项登记。

第五章　会计继续教育机构管理

第十五条 会计继续教育机构必须同时符合下列条件：
（一）具备承担继续教育相适应的教学设施，面授教育机构还应有相应的教学场所；
（二）拥有与承担继续教育相适应的师资队伍和管理力量；
（三）制定完善的教学计划、管理制度和其他相关制度；
（四）能够完成所承担的继续教育任务，保证教学质量；
（五）符合有关法律法规的规定。

应当充分发挥国家会计学院、会计行业组织（团体）、各类继续教育培训基地（中心）等在开展会计专业技术人员继续教育方面的主渠道作用，鼓励、引导高等院校、科研院所等单位参与会计专业技术人员继续教育工作。

第十六条 会计继续教育机构应当认真实施继续教育教学计划，向社会公开继续教育的范围、内容、收费项目及标准等情况。

第十七条 会计继续教育机构应当按照专兼职结合的原则，聘请具有丰富实践经验、较高理论水平的业务骨干和专家学者，建立继续教育师资库。

第十八条 会计继续教育机构应当建立健全继续教育培训档案，根据考试或考核结果如实出具会计专业技术人员参加继续教育的证明，并在培训结束后及时按照要求将有关情况报送所在地县级以上地方人民政府财政部门、新疆生产建设兵团财政局或中央主管单位。

第十九条 会计继续教育机构不得有下列行为：

（一）采取虚假、欺诈等不正当手段招揽生源；

（二）以会计专业技术人员继续教育名义组织旅游或者进行其他高消费活动；

（三）以会计专业技术人员继续教育名义乱收费或者只收费不培训。

第六章 考核与评价

第二十条 用人单位应当建立本单位会计专业技术人员继续教育与使用、晋升相衔接的激励机制，将参加继续教育情况作为会计专业技术人员考核评价、岗位聘用的重要依据。

会计专业技术人员参加继续教育情况，应当作为聘任会计专业技术职务或者申报评定上一级资格的重要条件。

第二十一条 继续教育管理部门应当加强对会计专业技术人员参加继续教育情况的考核与评价，并将考核、评价结果作为参加会计专业技术资格考试或评审、先进会计工作者评选、高端会计人才选拔等的依据之一，并纳入其信用信息档案。

对未按规定参加继续教育或者参加继续教育未取得规定学分的会计专业技术人员，继续教育管理部门应当责令其限期改正。

第二十二条 继续教育管理部门应当依法对会计继续教育机构、用人单位执行本规定的情况进行监督。

第二十三条 继续教育管理部门应当定期组织或者委托第三方评估机构对所在地会计继续教育机构进行教学质量评估，评估结果作为承担下年度继续教育任务的重要参考。

第二十四条 会计继续教育机构发生本规定第十九条行为，继续教育管理部门应当责令其限期改正，并依法依规进行处理。

第七章 附　则

第二十五条 中央军委后勤保障部会计专业技术人员继续教育工作，参照本规定执行。

第二十六条 省级财政部门、新疆生产建设兵团财政局可会同本地区人力资源社会保障部门根据本规定制定具体实施办法，报财政部、人力资源社会保障部备案。

中央主管单位可根据本规定制定具体实施办法，报财政部、人力资源社会保障部备案。

第二十七条 本规定自 2018 年 7 月 1 日起施行。财政部 2013 年 8 月 27 日印发的《会计人员继续教育规定》（财会〔2013〕18 号）同时废止。

3. 会计行业人才发展规划（2021—2025 年）（2021 年发布）

（财会〔2021〕34 号印发）

为深入实施新时代人才强国战略，培养造就高素质专业化会计人才队伍，为高质量发展提供人才支撑，根据《中华人民共和国国民经济和社会发展第十四个五年规划和 2035 年远景目标纲要》《财政"十四五"规划》和《会计改革与发展"十四五"规划纲要》有关精神，结合会计人才工作实际，制定本规划。

一、发展情况和面临形势

（一）会计人才发展情况。

会计人才是我国人才队伍的重要组成部分，是维护市场经济秩序、促进经济社会发展、推动会计改革发展的重要力量。《会计行业中长期人才发展规划（2010—2020年）》实施以来，财政部门会同相关部门加快完善会计人才各项制度，有效实施会计人才培养重大工程，积极营造会计人才发展良好环境，会计人才规模有序增长、人才结构不断优化、人才竞争力明显提升，会计人才在推动各单位提高现代化管理水平、引导社会资源合理配置、保障社会公众利益、维护国家经济安全和市场经济秩序中发挥了重要作用。一是会计人才建设各项制度不断健全。制定出台《会计人员管理办法》《会计专业技术人员继续教育规定》《中国注册会计师继续教育制度》《关于深化会计人员职称制度改革的指导意见》《关于加强会计人员诚信建设的指导意见》等，修订印发《全国会计专业技术资格无纸化考试考务规则》《全国会计专业技术资格考试评卷工作规则》等。二是会计人才队伍规模不断壮大。通过加强会计专业技术资格管理、注册会计师资格管理，有序推进会计人员、注册会计师继续教育和能力评价工作，加强会计学历教育和师资队伍建设，我国会计人才队伍规模稳步增长，整体素质明显提升。截至2020年底，我国共有670.20万人取得初级会计专业技术资格，242.02万人取得中级会计专业技术资格，20.57万人通过高级会计专业技术资格考试；我国注册会计师行业从业人员近40万人，会计师事务所合伙人（股东）3.6万人；在开设本科以上学历教育的高校及科研单位中从事会计教学科研工作的人员超过1.3万人。三是会计人才培养重大工程成效显著。实施一系列会计人才培养项目，加强对企业总会计师、行政事业单位财务负责人、会计师事务所合伙人、会计教学科研人才和国际化高端会计人才的培养，发挥高端会计人才的引领辐射作用，带动和推进各级各类会计人才队伍建设。截至2020年底，共有1 802人入选全国高端会计人才培养工程，毕业1 071人；实施大中型企事业单位总会计师素质提升工程，培训6.7万人次；实施国际化高端会计人才培养工程，招收90名学员；实施会计名家培养工程，70人入选，39人获得"会计名家"称号；全国会计硕士专业学位研究生培养单位从最初的24家发展到269家，已累计招生超过12万人，授予学位超过8万人。四是会计人才发展环境不断改善。会计职能作用得到有效发挥，国家级会计人才培养基地加快建设，区域重点会计人才支持政策相继推出，增设正高级会计师，会计职业发展空间进一步拓展。

（二）"十四五"时期会计人才发展面临的形势。

"十四五"时期是我国全面建成小康社会、实现第一个百年奋斗目标之后，乘势而上开启全面建设社会主义现代化国家新征程、向第二个百年奋斗目标进军的第一个五年，会计人才工作面临新的机遇和挑战。

从机遇看，一是我国已转入高质量发展阶段，加快构建以国内大循环为主体、国内国际双循环相互促进的新发展格局，推进国家治理体系和治理能力现代化，将促使广大会计人才在挖掘经济增长潜能、优化经济结构，加强财会监督、防范化解重大风险，提升会计服务业发展能级和竞争力，推动经济社会持续健康发展等方面发挥更大作用。二是我国将深入实施新时代人才强国战略，加快建设世界重要人才中心和创新高地，深化人才发展体制机制改革，加快建立以创新价值、能力、贡献为导向的人才评价体系，全方位培养、引进、用好人才，将为我国会计人才干事创业营造更加积极的政策环境。

从挑战看，一是以信息技术、数字技术、人工智能为代表的新一轮技术革命催生了新产业、新业态、新模式，对会计理论、会计职能、会计组织方式、会计工具手段等产生了重大而深远的影响，需要会计理论工作者加强会计基础理论研究，推动我国会计理论创新发展;需要会计实务工作者深入应用新技术,推动会计审计工作数字化转型;需要会计管理工作者加强会计数据相关标准建设,推动会计数据资源开发利用。二是我国会计人才队伍区域发展差异较大,结构性失衡问题仍然存在,中西部地区会计人才队伍整体素质有待提高,基层行政事业单位会计力量亟需增强,高端会计人才仍然缺乏,难以满足高质量发展对创新型、复合型、国际化人才的要求。

二、总体要求

（一）指导思想。

以习近平新时代中国特色社会主义思想为指导,深入贯彻党的十九大和十九届历次全会精神,增强"四个意识",坚定"四个自信",做到"两个维护",全面贯彻习近平总书记关于新时代人才工作新理念新战略新举措,立足新发展阶段,贯彻新发展理念,服务构建新发展格局,推动高质量发展,坚持党管人才,坚持正确政治方向,坚持人才引领发展,加大人才发展投入,构建科学规范、开放包容、运行高效的会计人才培养体系,建立以诚信评价、专业评价、能力评价为维度的会计人才综合评价体系,形成识才爱才敬才用才的良好环境和政策优势,推动我国会计人才战略思维提升、创新能力发展、数字智能转型,提升我国会计人才教育培养综合实力和会计人才资源竞争优势,为全面建设社会主义现代化国家提供有力人才保障。

（二）基本原则。

——坚持党管人才。坚持党对会计人才工作的全面领导,强化党组织领导和把关作用,全方位培养、引进、用好会计人才,突出会计人才政治能力建设,引导广大会计人才矢志爱国奉献、勇于创新创造。

——坚持立德树人。将立德树人作为会计人才教育培养的根本任务,弘扬社会主义核心价值观,加强会计法治教育、诚信自律教育、职业精神培育和专业能力建设,增强责任意识,提高担当本领,打造德才兼备、以德为先的会计人才队伍。

——强化顶层设计。围绕构建新发展格局和推动质量变革、效率变革、动力变革目标,有效整合会计人才政策措施,理顺政府、市场、社会、用人主体关系,明确各自功能定位,构建梯次分明、定位清晰、科学合理的会计人才发展工作体系。

——聚焦高端群体。面向经济主战场、面向国家重大战略需求,培养高层次会计人才,重点加强企业总会计师、行政事业单位财务负责人、会计师事务所合伙人、会计教学科研人才、国际化会计人才的培养,突出点上聚焦、以点带面、高端引领。

——注重整体提升。加大基层会计人才培养力度,重视青年人才培养,加强人才梯队建设,构建包括继续教育和学历教育等在内的终身学习培养体系,形成分层次、分类型、差异化的会计人才培养长效机制。

——加强协同推进。政府部门强化组织领导、政策支持、投入保障,激发高校、科研院所、企事业单位、社会团体和机构等参与会计人才建设工作的积极性和活力,构建政府、社会、市场协同推进的会计人才发展大格局。

（三）发展目标。

"十四五"时期,通过深化改革,会计人才发展体制机制改革取得突破性进展,会计人才培养、评价、使用体系更加健全,会计人才创新活力充分激发,会计职业发展环境更加优化,会计人才对我国经济社会发展的支撑作用明显增强。

——会计人才结构不断优化,人才布局与经济社会发展更加协调。会计人才资源总量稳步增长,会计人才分布、层次和类别等结构更趋合理,中西部地区会计人才素质明显提升,行政事业单位会计人才队伍不断充实,高端会计人才数量比"十三五"期末增长35%,建设一批高水平会计人才高地和高层次会计人才聚集平台,在会计理论前沿领域有一批开拓者,在主要会计国际组织有一批决策参与者和专家团队,在企业、行政事业单位、会计师事务所的关键岗位有一批核心骨干力量。

——会计教育培养体系不断健全，人才培养效能显著提升。以提升职业素养、创新能力为重点，完善会计专业技术资格考试和职称评审、注册会计师考试、继续教育、学历教育等；优化会计人员教育培养布局结构，基本形成各级财政部门、用人单位、高校和科研院所、行业协会等共同参与的开放、协同、联动的会计人员终身学习教育培训体系，不断提高会计人才队伍的能力素质和整体水平，促进各级各类会计人才认真履行岗位职责、规范执行财经法规、有效维护社会主义市场经济秩序。

——会计人才评价体系不断完善，人才评价作用有效发挥。围绕新时代推进高质量发展对会计工作的新要求，完善会计人才评价标准，突出评价职业道德、能力素质和工作业绩，充分发挥会计专业技术资格考试评价在会计人才评价方面的重要作用，促进评价结果与会计人才培养、使用相结合。

——会计人才使用机制不断创新，人才使用效能明显提升。加强与组织部门、人才主管部门、用人单位联动，推动会计人才信息整合、数据共享，积极为会计人才拓展事业和实现价值提供机会、条件和平台，促进会计人才有效流动和优化配置，充分发挥会计人才在经济业务、经营活动、监督管理等业务关口的作用。

三、主要任务

（一）加强会计诚信建设。

诚信是会计职业道德的重要内容，也是对会计行业的最基本要求。要加强会计法治建设，为会计诚信建设提供法律保障。通过修订会计法律制度、制定会计人员职业道德规范，修订完善注册会计师职业道德守则等，强化会计诚信意识，支持会计人员依法履职尽责，保护会计人员合法权益；完善会计法律责任体系，提高会计违法成本。要建立涵盖事前、事中和事后全过程的会计诚信体系，建立会计人员信用信息管理制度，规范信用信息归集、评价、利用，探索诚信积分管理机制，健全会计人员守信联合激励和失信联合惩戒机制，加强与有关部门合作，实现信用信息的互换、互通和共享，将会计人员信用信息作为会计人才选拔、培养、评价、使用的重要依据。支持会计相关行业协会建立健全信用承诺制度，加强行业自律。要加强会计法治教育、会计诚信教育和思政教育，将会计职业道德作为会计人才培养教育的重要内容，推动财会类专业教育加强职业道德和课程思政建设。要加大会计诚信宣传，组织开展先进会计工作者评选表彰，健全评选表彰机制，宣传先进事迹，鼓励会计人才主动担负起时代赋予的使命责任；加强对典型失信案例的警示教育。

（二）构建会计人才能力框架。

会计人才能力框架是从事会计工作或履行会计相关岗位职责应具备的能力和要求的组合，包括知识、技能、价值观等。以经济发展需求和行业发展趋势为导向，遵循人才成长规律，把握会计职业特点，针对不同层次、不同类别的会计人才分别构建能力框架，强化对会计信息化能力的要求，推动各级各类会计人才适应会计工作数字化转型。以能力框架为指引，制定会计人员继续教育科目指南，修订中国注册会计师胜任能力指南，构建高端会计人才培养核心课程体系，积极引导广大会计人员根据职业发展要求，持续加强能力建设，推动会计工作更好地服务高质量发展。

（三）健全会计人才评价体系。

会计人才评价是会计人才发展体制机制的重要部分，是会计人才资源开发管理和使用的前提。探索建立以诚信评价、专业评价、能力评价为维度的会计人才综合评价体系，充分发挥会计人才评价对会计人才教育培养的导向作用，促进广大会计人员提升能力、诚信执业。完善会计专业技术资格考试评价制度，修订会计专业技术资格考试大纲，加强会计专业技术资格考试组织实施管理，探索推进初级会计专业技术资格考试一年多考。加大对高级和正高级会计专业技术资格评审工作的指导力度，向艰苦边远地区适当放宽评审标准。研究会计专业技术资格考试、评审与注册会计师等职业资格考试科目互认、与会计专业学位研究生教育衔接的机制、与高端会计人才培养衔接的机制，减少重复评价，畅通各类会计人才流动、提升的渠道。

（四）完善继续教育管理体制机制。

开展继续教育是建设高素质专业化会计人才队伍的基础性战略性工作。紧密结合经济社会和会计行业发展要求，以能力建设为核心，完善继续教育制度，丰富继续教育内容，创新继续教育方式，突出继续教育的针对性、差异化、实用性和前瞻性，持续提高继续教育质量。充分利用云计算、大数据、虚拟现实、人工智能等新技术，推进继续教育信息化平台建设和应用，提供标准统一、内容规范、质量优秀的会计人员继续教育课程和注册会计师胜任能力全要素模块课程，开展继续教育师资库建设。将继续教育完成情况作为参加会计人才评价、会计人才选拔、先进会计工作者评选的重要依据。加强对继续教育机构的指导和监督，鼓励继续教育机构提供优质继续教育课程资源。各地财政部门应加强对本地区基层会计人员继续教育的管理。各业务主管部门、用人单位应支持和保障会计人员、注册会计师参加继续教育。会计人员、注册会计师应主动适应岗位需要和职业发展要求完成继续教育，不断完善知识结构，增强创新能力，提高专业水平。

（五）加强高端会计人才培训培养。

健全高端会计人才培训培养的有关制度安排，重点对大中型企业总会计师、行政事业单位财务负责人、会计师事务所合伙人等高端财会群体及其后备人员进行培训培养。完善以职业需求为导向、以实践能力为重点的高端会计人才培训培养模式，课上讲授与课下研讨相结合，课堂教学与现场教学相结合，线上培训与线下培训相结合，增强培训的实践性和实用性。财政部重点对中央单位和省级单位开展培训，设置短期培训和长期培训两个类别，短期培训聚焦岗位能力培训，长期培训着重加强中青年人才培养，有关培训资源将适当向艰苦边远地区倾斜。鼓励和支持各地财政部门加强对本地区单位重点群体的培训，并注重加强对本地区中小企业、民营企业、基层行政事业单位财务负责人和财政总预算会计以及代理记账机构负责人的培训。财政部推动全国高端会计人才培养纳入国家高端人才培养体系，各地财政部门应推动本地区高端会计人才培养纳入本级政府高端人才培养体系。各业务主管部门和用人单位应根据行业发展需求，有针对性地培养本行业、本领域、本单位的高端会计人才和涉外会计人才。各用人单位应鼓励和支持会计人员参加培训，并提供必要保障。

（六）推进会计学科专业体系建设。

会计学科专业是会计人才培养的基础和载体。构建适应经济发展、产业结构调整、新技术革命、国家治理体系和治理能力现代化等新形势的会计学科专业体系，积极推进论证会计学一级学科申报和建设。把握数字化、网络化、智能化融合发展的契机，促进会计学科与其他学科的交叉融合。适当增加政府会计、管理会计、会计信息化相关课程内容的比重。财政部门配合教育部门深化会计学历教育改革，依托部分高校，聚焦直接影响会计学科专业体系建设的关键因素，从师资、课程、教材、教学内容、教学方式和实践基地等方面进行以战略思维、业财融合、数字智能为导向的教改研究和探索，推动产学研一体化发展。增强会计职业教育适应性，进一步完善培养机制。加强会计基础理论研究，争做国际学术前沿并行者乃至领跑者，开展战略性、全局性、前瞻性问题研究，创新科研组织模式，建立重点研究基地，打造一批新型高校智库，为重大会计政策制定提供支持。

（七）提升会计专业学位研究生教育质量。

会计专业学位研究生教育主要培养具有较强专业能力、职业素养和创新思维的应用型会计人才。财政部会同国家教育主管部门、人才主管部门，面向会计行业当前及未来人才重大需求，开展会计硕士专业学位核心课程建设、教材建设、教学案例库建设和教育质量认证等工作；积极推进会计硕士专业学位教育与会计专业技术中级资格的衔接；积极推进设立会计博士专业学位，完善会计专业学位体系；优化跨院校的教师、学生之间的交流沟通学习平台，推进培养单位与实务部门在课程建设、实习实践和科学研究方面的合作。各培养单位要加大教学投入，健全教学激励机制，加强国际合作，建立培养方案动态调整机制，着力增强研究生实践能力、创新能力；培养优秀师资，引入和配备具有丰富实务经验、大数据分析等学科背景的会计青年教师；丰富课堂形式，采用案例教学、沙盘模拟、情景模拟、翻转课堂、整合性学习、线上线下混合式教学等教学方法；规范实习实践基地管理，与实践基地深入合作，开展符合实务导向要求的课外综合素质活动。

（八）搭建会计人员管理服务平台。

搭建会计人员管理服务平台是贯彻落实"放管服"改革要求，加强会计人员事中事后管理的重要手段。财政部建设国统一的会计人员管理服务平台，对会计人员的基础信息、全信用信息、继续教育信息等进行采集、管理和维护，建设全国会计人才数据库，动态掌握会计人才发展状况。各省级财政部门建立本地区会计人员管理服务平台，为本地区会计人员提供特色服务。财政部门应充分利用信息化技术，加强会计人员信息的分析、查询、利用，推动会计人员信息互联与共享，为会计考试报名、证书办理、继续教育登记等提供便捷高效政务服务，注重保护会计人员信息安全；建立高端会计人才数据库，搭建高端会计人才交流平台，吸收优秀人才加入会计专业咨询委员会提供决策咨询、担任师资、开展课题研究，发挥会计人才专业力量。逐步建立起行业主管部门、组织部门、人才主管部门、用人单位、会计人才共同参与的会计人才服务体系。

（九）加大会计人才培养基地建设。

会计人才培养基地是对会计人才进行知识更新和能力提升的服务平台。财政部加强国家会计学院建设，推动国家会计学院坚守高端培训办学使命，开展高端会计人才培养、会计专业学位研究生教育，创新培养模式、提高师资水平，打造高端会计人才培养主阵地；坚定特色发展办学方向，在高端会计人才培养、学位教育、智库建设中突出优势领域，形成差异定位协同发展新格局；坚持整合资源办学策略，切实发挥学院董事会、战略咨询委员会的咨询和支持作用，加强高质量在线学习平台建设，共建携手共进合作共赢大平台。鼓励和支持在北京、上海、粤港澳大湾区建设高水平会计人才高地，在高端会计人才集中的中心城市建设吸引和集聚会计人才的平台。鼓励和支持各地区重点针对地区、行业中急需紧缺的会计人才开展培训，为社会各单位和会计人员提供精细化的业务培训、能力提升等服务。鼓励和引导企业、高校、科研院所等参与会计人才联合培养，注重发挥会计行业组织（团体）在会计人才培养方面的作用，支持会计行业组织（团体）搭建会计学术交流、实践交流平台。

四、重大工程

为培养各领域的高端会计人才，财政部实施一系列重大会计人才培养工程，着力培养符合新时代高质量发展要求的大中型企业高端会计人才，符合新时代行政事业单位管理要求的高端会计人才，符合国家建设要求的注册会计师，符合教育改革要求、贴近会计实务的会计教学科研人才和学术带头人，符合会计国际交流合作需要的国际化高端会计人才。

（一）大中型企业总会计师培养工程。

通过实施大中型企业总会计师培养工程，着力培养符合新时代高质量发展要求的大中型企业高端会计人才，即具有良好职业操守、新时代发展理念、管理创新能力、全球战略眼光、社会责任感，能够站在时代前沿和战略全局思考问题，为实现企业战略目标出谋划策；能够形成与企业发展相适应的财务管理模式，有效发挥财务工作对企业发展战略和经营决策的支撑作用，不断提升价值创造能力；能够充分利用国际国内两个市场、两种资源，为企业发展提出全球性解决方案；能够有效识别、研判和应对经营风险，为企业健康持续发展提供支持和保障；能够引领带动企业会计人才队伍发展。具体培养计划为：对中央企业一二三级企业、省级国有企业一二级企业、上市公司和地方重点企业总会计师开展轮训，提升总会计师岗位能力素质，每年培训约 2 900 人，五年共培训约 14 500 人；选拔一批大中型企业优秀中青年会计人才进行重点培养，培养周期三年，每两年选拔 1 次，五年共选拔培养约 240 人。

（二）行政事业单位财务负责人培养工程。

通过实施行政事业单位财务负责人培养工程，着力培养符合新时代行政事业单位管理要求的高端会计人才，即具有较高政治素养、专业水平、管理能力，能够有效实施政府会计准则制度体系，规范行政事业单位会计核算，提高会计信息质量；能够加强部门预算管理、资产负债管理和成本绩效管理，积极推进预算管理一体化，为进一步深化预算管理制度改革提供支持；能够加强单位内控建设、信息化建设和管理会计应用，推动单位会计人才队伍建设，有效提升单位规范化、科学化管理水平，提高公共服务的效率和效果。具体培养计划为：对国家和省级行政事业单位财务负责人开展轮训，提升财务负责人岗位能力素质，每年培训约 720 人，五年共培训约 3 600 人；选拔一批行政事业单位优秀中青年会计人才进行重点培养，培养周期三年，每两年选拔 1 次，五年共选拔培养约 120 人。

（三）会计师事务所合伙人培养工程。

通过实施会计师事务所合伙人培养工程，着力培养符合国家建设要求的注册会计师，即符合"政治型、职业型、专业型、复合型、国际型"要求，能够带头践行"独立、客观、公正"的职业精神，持续提升专业胜任能力，熟悉市场规则，具有国际视野，既"专"又"博"发挥辐射效应，推动价值提升；能够在规范会计服务市场，优化执业环境，提升会计师事务所治理水平、审计质量和服务国家建设能力，增强我国注册会计师行业国际竞争力等方面发挥重要作用。具体培养计划为：对会计师事务所合伙人开展轮训，提升会计师事务所合伙人执业能力和管理能力，每年培训约 1 000 人，五年共培训约 5 000 人；选拔一批会计师事务所优秀中青年人才进行重点培养，培养周期三年，每年选拔 1 次，五年共选拔培养约 180 人。

（四）会计教学科研人才培养工程。

通过实施会计教学科研人才培养工程，着力培养符合教育改革要求、贴近会计实务的会计教学科研人才和学术带头人，会计教学科研人才应当具有良好师德师风、科研成果或教学效果突出，能够在加强会计理论和实践应用研究，推动会计学术创新和理论成果转化，融入国际学术前沿，创新教育教学方法，培养优秀会计人才，优化会计学科体系，提升会计学科地位等方面发挥重要作用；学术带头人应当在会计学术领域造诣精深、成就突出、享有较高声誉。具体培养计划为：选拔一批从事会计教学科研工作的优秀中青年人才进行重点培养，培养周期三年，每两年选拔 1 次，五年共选拔培养约 120 人；实施会计名家工程，发现、培养、举荐约 15 名造诣高深、成就突出、影响广泛的杰出会计理论与实务工作者。

（五）国际化高端会计人才培养工程。

通过实施国际化高端会计人才培养工程，着力培养符合会计国际交流合作需要的国际化高端会计人才，即具有开阔的国际视野、丰富的实务经验、突出的专业能力、娴熟的英语技能，能够运用综合战略思维，参与企业会计准则国际治理；能够利用开放的会计国际交流与合作机制，在多双边会计国际场合中踊跃"发声"，积极影响国际会计标准制定；能够凭借过硬的专业能力，深入研究国际财务报告准则项目，为我国会计准则建设贡献智慧和力量。具体培养计划为：选拔培养约 150 名国际化高端会计人才，通过参与国际会计标准制定和国际交流合作、发表会计专业意见、担任财政部企业会计准则咨询委员会委员等方式，为我国参与国际会计标准制定建言献策，提高我国在国际会计领域的话语权和影响力。

五、实施保障

（一）加强组织领导。

财政部负责本规划的统筹协调、宏观指导和组织实施工作，制定重点工程实施办法。各级财政部门和中央有关主管部门要重视会计人才工作，支持开展会计人才培养，加强政策协调，健全工作机制，切实抓好规划的贯彻落实。各地区（部门）可以结合实际，制定本地区（部门）的会计人才发展规划或制定支持本地区（部门）会计人才发展的政策措施。各用人单位要重视会计人才队伍建设，优化本单位会计人才发展环境，为会计人才成长提供必要的平台和经费支持，切实发挥会计人才作用。

（二）加大宣传引导。

各级财政部门和中央有关主管部门要通过各种渠道和形式大力宣传规划的重大意义、指导思想、基本原则、目标任务、重大工程，积极回应社会关切，及时宣传实施中的典型经验、做法和成效，引导社会各界关注会计人才，支持会计人才工作，营造全社会关心尊重会计人才、重视支持会计人才发展的良好氛围。

（三）强化管理队伍。

财政部加强对会计管理人才、财会监督检查人才的培训培养，通过组织承担重点专项任务、重大课题等，提升各级会计管理人才、财会监督检查人才的专业素质、管理能力和服务水平。各地财政部门和中央有关主管部门要加强本地区（部门）会计管理、财会监督队伍的建设，更好发挥会计管理人才、财会监督检查人才在推动会计法律法规和国家统一的会计制度的贯彻实施、加强财会监督检查、提升会计服务管理水平、营造良好会计环境等方面的作用。

（四）做好跟踪反馈。

各省级财政部门和中央有关主管部门要及时跟踪、总结规划实施情况，对于形成的先进经验、创新做法以及取得的成效等形成书面材料报财政部，财政部采取适当方式进行总结推广。各省级财政部门和中央有关主管部门要及时了解规划实施中出现的情况和问题，及时调整完善政策措施，确保各项任务和要求落实到位。

4. 会计人员继续教育专业科目指南（2022年版）（2022年发布）

（财会〔2022〕35号印发）

第一条 为深入实施科教兴国战略、人才强国战略，全面提升会计人员继续教育质量，不断提高会计人员能力素质和专业水平，根据《会计专业技术人员继续教育规定》（财会〔2018〕10号）、《会计改革与发展"十四五"规划纲要》（财会〔2021〕27号）等有关要求，制定本指南。

第二条 本指南主要用于指导县级以上地方人民政府财政部门，新疆生产建设兵团财政局，中直管理局，国管局（以下统称继续教育管理部门）组织开展会计人员继续教育工作。

中央军委后勤保障部组织开展会计人员继续教育工作，继续教育学习内容可以参照本指南执行。

用人单位自行组织会计人员继续教育培训的，学习内容参照本指南执行。

第三条 会计人员继续教育内容分为公需科目和专业科目。本指南主要明确会计人员继续教育专业科目及其重点学习内容。会计人员继续教育公需科目内容另行制定。

第四条 会计人员继续教育专业科目分为专业通识知识、专业核心知识和专业拓展知识三个类别。

第五条 专业通识知识包括会计职业道德、会计法治、会计改革与发展三个科目。

会计职业道德科目的重点学习内容主要是会计职业道德与诚信体系建设有关内容。会计法治科目的重点学习内容主要是会计法律法规、部门规章及会计管理、监督有关制度文件。会计改革与发展科目的重点学习内容主要是新时期会计改革与发展、新中国会计发展沿革有关内容。

第六条 专业核心知识包括企业财务会计、政府及非营利组织会计、农村会计、管理会计、内部控制、财务管理、税收实务、会计信息化八个科目。

企业财务会计科目的重点学习内容主要是企业会计准则、小企业会计准则有关内容。政府及非营利组织会计科目的重点学习内容主要是政府会计准则制度、非营利组织及基金类会计制度有关内容。农村会计科目的重点学习内容主要是农村会计制度有关内容。管理会计科目的重点学习内容主要是管理会计理论与应用有关内容。内部控制科目的重点学习内容主要是内部控制理论与应用有关内容。财务管理科目的重点学习内容主要是财务管理理论与应用有关内容。税收实务科目的重点学习内容主要是税收法律法规制度和实务应用有关内容。会计信息化科目的重点学习内容主要是会计数据标准应用、数字技术在会计与财务工作中的应用有关内容。

专业核心知识的重点学习内容中，应当包括当年新制定修订或实施的会计准则制度、管理会计指引、内部控制制度、税收法律法规制度等内容。

第七条 专业拓展知识包括可持续信息披露、审计基础、金融基础、财经相关法规、其他财会财经热点五个科目。

可持续信息披露科目的重点学习内容主要是可持续披露准则及相关热点问题有关内容。审计基础科目的重点学习内容主要是审计的基本理论、程序和方法有关内容。金融基础科目的重点学习内容主要是金融风险防范、金融科技与监管有关内容。财经相关法规科目的重点学习内容主要是与会计工作相关的财政金融领域、公司治理领域和其他领域的法律法规。其他财会财经热点科目的重点学习内容主要是会计与财务前沿问题和财税体制改革热点问题有关内容。

第八条 结合会计人员工作岗位和会计职称层级，会计人员继续教育专业科目重点学习内容分为初级学习内容、中级学习内容、高级学习内容。

初级学习内容主要适用于在一线从事会计基础工作的人员，或具有初级会计职称的人员。中级学习内容主要适用于管理单位会计工作的中层管理人员、会计主管人员，或具有中级会计职称的人员。高级学习内容主要适用于管理单位会计工作的高层管理人员，或具有副高级、正高级会计职称的人员。

会计人员结合自身工作岗位、会计职称层级等，选择相应层级的学习内容，也可以根据自身工作学习需要，拓展学习其他层级的学习内容。

第九条 继续教育管理部门应当根据继续教育工作的特点，不断优化组织方式和教学方法，强化实务指导，加大案例教学，鼓励区分继续教育对象所在单位类型和行业领域，设置具体课程，不断提高继续教育的针对性和实效性。

第十条 本指南自 2023 年 1 月 1 日起施行。

附：会计人员继续教育专业科目重点学习内容

附

会计人员继续教育专业科目重点学习内容

类型	科目	序号	子科目	初级学习内容	中级学习内容	高级学习内容
专业通识知识	会计职业道德	1	会计职业道德与诚信体系建设	商业伦理与会计职业道德、信用建设与会计诚信、严重会计失信行为、财务造假与会计舞弊典型案例分析等。		
	会计法治	2	会计法律法规制度	会计法、注册会计师法、总会计师条例、企业财务会计报告条例等会计法律法规、财政监督、财政部门规章、制度文件。		
	会计改革与发展	3	新时代我国会计改革与发展	会计改革与发展"十四五"规划纲要系列解读、注册会计师行业发展规划（2021-2025年）等。	会计信息化发展规划（2021-2025年）。	有关会计基础工作、会计人员管理、会计服务市场监管、注册会计师条例等会计法律法规，会计行业人才发展规划（2021-2025年）、会计行业人才发展规划（2021-2025年）等。
		4	新中国会计发展沿革	会计史、我国会计准则制度演进与经验启示等。		
专业核心知识	企业财务会计	5	企业会计准则	我国企业会计准则体系概况，当年新制定修订或实施的企业会计准则。	企业会计准则基本准则、企业会计准则具体准则、准则解释及会计处理规定的应用。	具体企业会计政策的分析、判断及企业会计准则具体准则制度的综合运用。
		6	小企业会计准则	企业会计准则基本准则、企业会计处理；企业产品成本核算。	企业会计准则具体准则、准则解释及会计处理的综合运用。	
	政府及非营利组织会计	7	政府会计准则制度	我国政府会计准则制度体系概况，当年新制定修订或实施的政府会计准则。	政府会计准则具体准则、准则解释及会计处理规定的应用，政府会计制度，行政事业单位成本核算具体指引。政府综合财务报告编制、部门预算编制、社会保险基金等基金的会计核算。	政府会计准则制度的综合运用，政府会计具体准则、行政事业单位预算执行分析。
	非营利组织及基金类会计	8	非营利组织及基金类会计制度	民间非营利组织的会计核算、工会的会计核算、社会保险基金（资金）的会计核算。		
	农民会计	9	农村会计制度	农民专业合作社的会计核算、农村集体经济组织的会计核算。		
	管理会计	10	管理会计理论与应用	我国管理会计体系概况，业财融合实践，当年新制定修订或实施的管理会计应用指引。	管理会计应用指引、管理会计指引体系概况。	管理会计工具与方法的综合运用、管理会计典型案例分析。
	内部控制	11	内部控制理论与应用	我国内部控制体系概况，当年新制定修订或实施的内部控制有关制度。		

（续表）

类型	科目	序号	子科目	初级学习内容	中级学习内容	高级学习内容
专业核心知识	内部控制	11	内部控制理论与应用	企业内部控制基本规范、小企业内部控制规范；行政事业单位内部控制基础知识。	企业内部控制应用指引、评价指引；行政事业单位内部控制规范与报告管理制度。	企业、行政事业单位内部控制体系建设、内部控制应用指引、评价指引的综合应用。
	财务管理	12	财务管理理论与应用	企业财务管理基础知识；行政事业单位财务制度和资产管理基础知识。	企业筹资管理、投资管理、营运资金管理、财务报表分析和实践运用；行政事业单位财务制度和资产管理制度。	财务管理知识在企业、行政事业单位的综合应用。
	税收实务	13	税收法律法规制度与实务应用	我国税收法律体系概况、当年新制定修订或实施的税收法律法规制度。	流转税、所得税等税种重点难点问题，税务与会计相关问题。	税收知识在企业、行政事业单位的综合运用及税收规划与管理；国际税收法律法规及税收征管实践；税务违法失信典型案例分析。
专业拓展知识	会计信息化	14	会计数据标准应用	会计数据标准介绍及在企业、行政事业单位的应用。		
		15	数字技术在会计与财务工作中的应用	会计信息化、数字化相关制度，数字技术在会计与财务工作中的应用。	大数据、人工智能等基础知识及相关热点问题，预算管理一体化。	
	可持续信息披露	16	可持续信息披露研究动态	可持续披露准则相关情况、程序和方法等基础知识及相关热点问题。	可持续披露专题及环境、社会与公司治理（ESG）信息披露专题相关热点问题。	
	审计基础	17	审计基础知识	审计的基本理论。		
	金融基础	18	金融基础知识	金融风险防控、金融科技与监管、数字金融、证券、保险、国际金融等基础知识及相关热点问题。		
专业拓展知识	财经相关法律法规	19	财政金融法律法规	国有资产管理、预算、公司、合伙企业、个人独资、外商投资企业等不同企业类别的法律制度。	政府采购领域的法律制度、票据法律制度、破产法律制度等。	
		20	公司治理法律法规	公司、合伙企业、个人独资、外商投资企业等不同企业类别的法律制度。		
		21	其他法律法规	民法典中经济业务事项相关的法律知识等。		
	其他财会热点	22	会计与财务前沿问题	会计国际治理体系、国际会计准则最新发展、"双碳"政策与会计行业发展热点会计与财务问题。	商业模式创新与会计变革、智能财务与共享中心建设。	
		23	财税体制改革热点问题	财税体制改革背景、历程与展望、财税体制改革主要内容等。	财税体制改革理论、财税体制改革热点问题。	

注：本指南对专业科目的划分只作为指导继续教育管理部门组织开展会计人员继续教育时进行课程归类、确定课程内容。

5. 关于印发《会计人员职业道德规范》的通知（2023年发布）

（财会〔2023〕1号）

各省、自治区、直辖市、计划单列市财政厅（局），新疆生产建设兵团财政局，中直管理局财务管理办公室，国管局财务管理司，中央军委后勤保障部财务局：

为贯彻落实党中央、国务院关于加强社会信用体系建设的决策部署，推进会计诚信体系建设，提高会计人员职业道德水平，根据《中华人民共和国会计法》《会计基础工作规范》，财政部研究制定了《会计人员职业道德规范》（以下简称《规范》），现予印发。

各地财政部门、中央有关主管单位应当组织开展形式多样的学习活动，充分利用各类媒体平台，大力宣传《规范》精神，帮助广大会计人员全面理解《规范》内容，准确把握《规范》提出的要求，将有关要求落实到具体会计工作中，使其成为广大会计人员普遍认同和自觉践行的行为准则；应当推动高校财会类专业加强职业道德教育，将《规范》要求有机融入教学内容；应当指导用人单位加强会计人员职业道德教育，将遵守职业道德情况作为评价、选用会计人员的重要标准。

附件：会计人员职业道德规范

财 政 部
2023年1月12日

附件：

会计人员职业道德规范

一、坚持诚信，守法奉公。牢固树立诚信理念，以诚立身、以信立业，严于律己、心存敬畏。学法知法守法，公私分明、克己奉公，树立良好职业形象，维护会计行业声誉。

二、坚持准则，守责敬业。严格执行准则制度，保证会计信息真实完整。勤勉尽责、爱岗敬业，忠于职守、敢于斗争，自觉抵制会计造假行为，维护国家财经纪律和经济秩序。

三、坚持学习，守正创新。始终秉持专业精神，勤于学习、锐意进取，持续提升会计专业能力。不断适应新形势新要求，与时俱进、开拓创新，努力推动会计事业高质量发展。

第二编

行政事业单位预决算与绩效相关法规

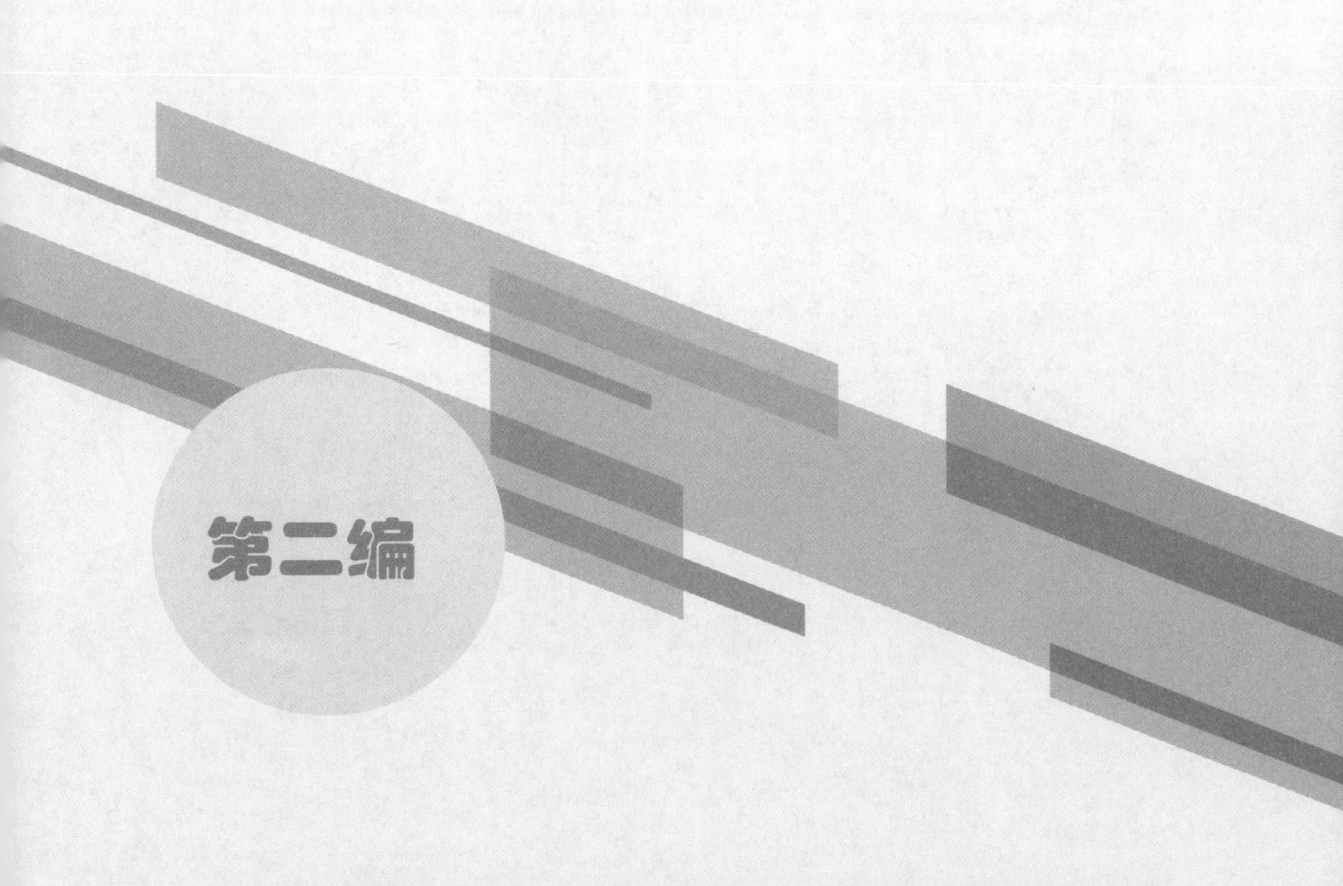

第五章　预算管理综合法规

1. 中华人民共和国预算法（2018年修正）

（1994年3月22日第八届全国人民代表大会第二次会议通过　根据2014年8月31日第十二届全国人民代表大会常务委员会第十次会议《关于修改〈中华人民共和国预算法〉的决定》第一次修正　根据2018年12月29日第十三届全国人民代表大会常务委员会第七次会议《关于修改〈中华人民共和国产品质量法〉等五部法律的决定》第二次修正）

第一章　总　则

第一条　为了规范政府收支行为，强化预算约束，加强对预算的管理和监督，建立健全全面规范、公开透明的预算制度，保障经济社会的健康发展，根据宪法，制定本法。

第二条　预算、决算的编制、审查、批准、监督，以及预算的执行和调整，依照本法规定执行。

第三条　国家实行一级政府一级预算，设立中央，省、自治区、直辖市，设区的市、自治州，县、自治县、不设区的市、市辖区，乡、民族乡、镇五级预算。

全国预算由中央预算和地方预算组成。地方预算由各省、自治区、直辖市总预算组成。

地方各级总预算由本级预算和汇总的下一级总预算组成；下一级只有本级预算的，下一级总预算即指下一级的本级预算。没有下一级预算的，总预算即指本级预算。

第四条　预算由预算收入和预算支出组成。

政府的全部收入和支出都应当纳入预算。

第五条　预算包括一般公共预算、政府性基金预算、国有资本经营预算、社会保险基金预算。

一般公共预算、政府性基金预算、国有资本经营预算、社会保险基金预算应当保持完整、独立。政府性基金预算、国有资本经营预算、社会保险基金预算应当与一般公共预算相衔接。

第六条　一般公共预算是对以税收为主体的财政收入，安排用于保障和改善民生、推动经济社会发展、维护国家安全、维持国家机构正常运转等方面的收支预算。

中央一般公共预算包括中央各部门（含直属单位，下同）的预算和中央对地方的税收返还、转移支付预算。

中央一般公共预算收入包括中央本级收入和地方向中央的上解收入。中央一般公共预算支出包括中央本级支出、中央对地方的税收返还和转移支付。

第七条　地方各级一般公共预算包括本级各部门（含直属单位，下同）的预算和税收返还、转移支付预算。

地方各级一般公共预算收入包括地方本级收入、上级政府对本级政府的税收返还和转移支付、下级政府的上解收入。地方各级一般公共预算支出包括地方本级支出、对上级政府的上解支出、对下级政府的税收返还和转移支付。

第八条　各部门预算由本部门及其所属各单位预算组成。

第九条　政府性基金预算是对依照法律、行政法规的规定在一定期限内向特定对象征收、收取或者以其他方式筹集的资金，专项用于特定公共事业发展的收支预算。

政府性基金预算应当根据基金项目收入情况和实际支出需要，按基金项目编制，做到以收定支。

第十条 国有资本经营预算是对国有资本收益作出支出安排的收支预算。

国有资本经营预算应当按照收支平衡的原则编制，不列赤字，并安排资金调入一般公共预算。

第十一条 社会保险基金预算是对社会保险缴款、一般公共预算安排和其他方式筹集的资金，专项用于社会保险的收支预算。

社会保险基金预算应当按照统筹层次和社会保险项目分别编制，做到收支平衡。

第十二条 各级预算应当遵循统筹兼顾、勤俭节约、量力而行、讲求绩效和收支平衡的原则。

各级政府应当建立跨年度预算平衡机制。

第十三条 经人民代表大会批准的预算，非经法定程序，不得调整。各级政府、各部门、各单位的支出必须以经批准的预算为依据，未列入预算的不得支出。

第十四条 经本级人民代表大会或者本级人民代表大会常务委员会批准的预算、预算调整、决算、预算执行情况的报告及报表，应当在批准后二十日内由本级政府财政部门向社会公开，并对本级政府财政转移支付安排、执行的情况以及举借债务的情况等重要事项作出说明。

经本级政府财政部门批复的部门预算、决算及报表，应当在批复后二十日内由各部门向社会公开，并对部门预算、决算中机关运行经费的安排、使用情况等重要事项作出说明。

各级政府、各部门、各单位应当将政府采购的情况及时向社会公开。

本条前三款规定的公开事项，涉及国家秘密的除外。

第十五条 国家实行中央和地方分税制。

第十六条 国家实行财政转移支付制度。财政转移支付应当规范、公平、公开，以推进地区间基本公共服务均等化为主要目标。

财政转移支付包括中央对地方的转移支付和地方上级政府对下级政府的转移支付，以为均衡地区间基本财力、由下级政府统筹安排使用的一般性转移支付为主体。

按照法律、行政法规和国务院的规定可以设立专项转移支付，用于办理特定事项。建立健全专项转移支付定期评估和退出机制。市场竞争机制能够有效调节的事项不得设立专项转移支付。

上级政府在安排专项转移支付时，不得要求下级政府承担配套资金。但是，按照国务院的规定应当由上下级政府共同承担的事项除外。

第十七条 各级预算的编制、执行应当建立健全相互制约、相互协调的机制。

第十八条 预算年度自公历1月1日起，至12月31日止。

第十九条 预算收入和预算支出以人民币元为计算单位。

第二章 预算管理职权

第二十条 全国人民代表大会审查中央和地方预算草案及中央和地方预算执行情况的报告；批准中央预算和中央预算执行情况的报告；改变或者撤销全国人民代表大会常务委员会关于预算、决算的不适当的决议。

全国人民代表大会常务委员会监督中央和地方预算的执行；审查和批准中央预算的调整方案；审查和批准中央决算；撤销国务院制定的同宪法、法律相抵触的关于预算、决算的行政法规、决定和命令；撤销省、自治区、直辖市人民代表大会及其常务委员会制定的同宪法、法律和行政法规相抵触的关于预算、决算的地方性法规和决议。

第二十一条 县级以上地方各级人民代表大会审查本级总预算草案及本级总预算执行情况的报告；批准本级预算和本级预算执行情况的报告；改变或者撤销本级人民代表大会常务委员会关于预算、决算的不适当的决议；撤销本级政府关于预算、决算的不适当的决定和命令。

县级以上地方各级人民代表大会常务委员会监督本级总预算的执行；审查和批准本级预算的调整方案；审查和批准本级决算；撤销本级政府和下一级人民代表大会及其常务委员会关于预算、决算的不适当的决定、命令和决议。

乡、民族乡、镇的人民代表大会审查和批准本级预算和本级预算执行情况的报告；监督本级预算的执行；审查和批准本级预算的调整方案；审查和批准本级决算；撤销本级政府关于预算、决算的不适当的决定和命令。

第二十二条 全国人民代表大会财政经济委员会对中央预算草案初步方案及上一年预算执行情况、中央预算调整初步方案和中央决算草案进行初步审查，提出初步审查意见。

省、自治区、直辖市人民代表大会有关专门委员会对本级预算草案初步方案及上一年预算执行情况、本级预算调整初步方案和本级决算草案进行初步审查，提出初步审查意见。

设区的市、自治州人民代表大会有关专门委员会对本级预算草案初步方案及上一年预算执行情况、本级预算调整初步方案和本级决算草案进行初步审查，提出初步审查意见，未设立专门委员会的，由本级人民代表大会常务委员会有关工作机构研究提出意见。

县、自治县、不设区的市、市辖区人民代表大会常务委员会对本级预算草案初步方案及上一年预算执行情况进行初步审查，提出初步审查意见。县、自治县、不设区的市、市辖区人民代表大会常务委员会有关工作机构对本级预算调整初步方案和本级决算草案研究提出意见。

设区的市、自治州以上各级人民代表大会有关专门委员会进行初步审查、常务委员会有关工作机构研究提出意见时，应当邀请本级人民代表大会代表参加。

对依照本条第一款至第四款规定提出的意见，本级政府财政部门应当将处理情况及时反馈。

依照本条第一款至第四款规定提出的意见以及本级政府财政部门反馈的处理情况报告，应当印发本级人民代表大会代表。

全国人民代表大会常务委员会和省、自治区、直辖市、设区的市、自治州人民代表大会常务委员会有关工作机构，依照本级人民代表大会常务委员会的决定，协助本级人民代表大会财政经济委员会或者有关专门委员会承担审查预算草案、预算调整方案、决算草案和监督预算执行等方面的具体工作。

第二十三条 国务院编制中央预算、决算草案；向全国人民代表大会作关于中央和地方预算草案的报告；将省、自治区、直辖市政府报送备案的预算汇总后报全国人民代表大会常务委员会备案；组织中央和地方预算的执行；决定中央预算预备费的动用；编制中央预算调整方案；监督中央各部门和地方政府的预算执行；改变或者撤销中央各部门和地方政府关于预算、决算的不适当的决定、命令；向全国人民代表大会、全国人民代表大会常务委员会报告中央和地方预算的执行情况。

第二十四条 县级以上地方各级政府编制本级预算、决算草案；向本级人民代表大会作关于本级总预算草案的报告；将下一级政府报送备案的预算汇总后报本级人民代表大会常务委员会备案；组织本级总预算的执行；决定本级预算预备费的动用；编制本级预算的调整方案；监督本级各部门和下级政府的预算执行；改变或者撤销本级各部门和下级政府关于预算、决算的不适当的决定、命令；向本级人民代表大会、本级人民代表大会常务委员会报告本级总预算的执行情况。

乡、民族乡、镇政府编制本级预算、决算草案；向本级人民代表大会作关于本级预算草案的报告；组织本级预算的执行；决定本级预算预备费的动用；编制本级预算的调整方案；向本级人民代表大会报告本级预算的执行情况。

经省、自治区、直辖市政府批准，乡、民族乡、镇本级预算草案、预算调整方案、决算草案，可以由上一级政府代编，并依照本法第二十一条的规定报乡、民族乡、镇的人民代表大会审查和批准。

第二十五条　国务院财政部门具体编制中央预算、决算草案；具体组织中央和地方预算的执行；提出中央预算预备费动用方案；具体编制中央预算的调整方案；定期向国务院报告中央和地方预算的执行情况。

地方各级政府财政部门具体编制本级预算、决算草案；具体组织本级总预算的执行；提出本级预算预备费动用方案；具体编制本级预算的调整方案；定期向本级政府和上一级政府财政部门报告本级总预算的执行情况。

第二十六条　各部门编制本部门预算、决算草案；组织和监督本部门预算的执行；定期向本级政府财政部门报告预算的执行情况。

各单位编制本单位预算、决算草案；按照国家规定上缴预算收入，安排预算支出，并接受国家有关部门的监督。

第三章　预算收支范围

第二十七条　一般公共预算收入包括各项税收收入、行政事业性收费收入、国有资源（资产）有偿使用收入、转移性收入和其他收入。

一般公共预算支出按照其功能分类，包括一般公共服务支出，外交、公共安全、国防支出，农业、环境保护支出，教育、科技、文化、卫生、体育支出，社会保障及就业支出和其他支出。

一般公共预算支出按照其经济性质分类，包括工资福利支出、商品和服务支出、资本性支出和其他支出。

第二十八条　政府性基金预算、国有资本经营预算和社会保险基金预算的收支范围，按照法律、行政法规和国务院的规定执行。

第二十九条　中央预算与地方预算有关收入和支出项目的划分、地方向中央上解收入、中央对地方税收返还或者转移支付的具体办法，由国务院规定，报全国人民代表大会常务委员会备案。

第三十条　上级政府不得在预算之外调用下级政府预算的资金。下级政府不得挤占或者截留属于上级政府预算的资金。

第四章　预算编制

第三十一条　国务院应当及时下达关于编制下一年预算草案的通知。编制预算草案的具体事项由国务院财政部门部署。

各级政府、各部门、各单位应当按照国务院规定的时间编制预算草案。

第三十二条　各级预算应当根据年度经济社会发展目标、国家宏观调控总体要求和跨年度预算平衡的需要，参考上一年预算执行情况、有关支出绩效评价结果和本年度收支预测，按照规定程序征求各方面意见后，进行编制。各级政府依据法定权限作出决定或者制定行政措施，凡涉及增加或者减少财政收入或者支出的，应当在预算批准前提出并在预算草案中作出相应安排。各部门、各单位应当按照国务院财政部门制定的政府收支分类科目、预算支出标准和要求，以及绩效目标管理等预算编制规定，根据其依法履行职能和事业发展的需要以及存量资产情况，编制本部门、本单位预算草案。前款所称政府收支分类科目，收入分为类、款、项、目；支出按其功能分类分为类、款、项，按其经济性质分类分为类、款。

第三十三条　省、自治区、直辖市政府应当按照国务院规定的时间，将本级总预算草案报国务院审核汇总。

第三十四条 中央一般公共预算中必需的部分资金，可以通过举借国内和国外债务等方式筹措，举借债务应当控制适当的规模，保持合理的结构。

对中央一般公共预算中举借的债务实行余额管理，余额的规模不得超过全国人民代表大会批准的限额。

国务院财政部门具体负责对中央政府债务的统一管理。

第三十五条 地方各级预算按照量入为出、收支平衡的原则编制，除本法另有规定外，不列赤字。

经国务院批准的省、自治区、直辖市的预算中必需的建设投资的部分资金，可以在国务院确定的限额内，通过发行地方政府债券举借债务的方式筹措。举借债务的规模，由国务院报全国人民代表大会或者全国人民代表大会常务委员会批准。省、自治区、直辖市依照国务院下达的限额举借的债务，列入本级预算调整方案，报本级人民代表大会常务委员会批准。举借的债务应当有偿还计划和稳定的偿还资金来源，只能用于公益性资本支出，不得用于经常性支出。

除前款规定外，地方政府及其所属部门不得以任何方式举借债务。

除法律另有规定外，地方政府及其所属部门不得为任何单位和个人的债务以任何方式提供担保。

国务院建立地方政府债务风险评估和预警机制、应急处置机制以及责任追究制度。国务院财政部门对地方政府债务实施监督。

第三十六条 各级预算收入的编制，应当与经济社会发展水平相适应，与财政政策相衔接。

各级政府、各部门、各单位应当依照本法规定，将所有政府收入全部列入预算，不得隐瞒、少列。

第三十七条 各级预算支出应当依照本法规定，按其功能和经济性质分类编制。

各级预算支出的编制，应当贯彻勤俭节约的原则，严格控制各部门、各单位的机关运行经费和楼堂馆所等基本建设支出。

各级一般公共预算支出的编制，应当统筹兼顾，在保证基本公共服务合理需要的前提下，优先安排国家确定的重点支出。

第三十八条 一般性转移支付应当按照国务院规定的基本标准和计算方法编制。专项转移支付应当分地区、分项目编制。

县级以上各级政府应当将对下级政府的转移支付预计数提前下达下级政府。

地方各级政府应当将上级政府提前下达的转移支付预计数编入本级预算。

第三十九条 中央预算和有关地方预算中应当安排必要的资金，用于扶助革命老区、民族地区、边疆地区、贫困地区发展经济社会建设事业。

第四十条 各级一般公共预算应当按照本级一般公共预算支出额的百分之一至百分之三设置预备费，用于当年预算执行中的自然灾害等突发事件处理增加的支出及其他难以预见的开支。

第四十一条 各级一般公共预算按照国务院的规定可以设置预算周转金，用于本级政府调剂预算年度内季节性收支差额。

各级一般公共预算按照国务院的规定可以设置预算稳定调节基金，用于弥补以后年度预算资金的不足。

第四十二条 各级政府上一年预算的结转资金，应当在下一年用于结转项目的支出；连续两年未用完的结转资金，应当作为结余资金管理。

各部门、各单位上一年预算的结转、结余资金按照国务院财政部门的规定办理。

第五章 预算审查和批准

第四十三条 中央预算由全国人民代表大会审查和批准。

地方各级预算由本级人民代表大会审查和批准。

第四十四条 国务院财政部门应当在每年全国人民代表大会会议举行的四十五日前，将中央预算草案的初步方案提交全国人民代表大会财政经济委员会进行初步审查。

省、自治区、直辖市政府财政部门应当在本级人民代表大会会议举行的三十日前，将本级预算草案的初步方案提交本级人民代表大会有关专门委员会进行初步审查。

设区的市、自治州政府财政部门应当在本级人民代表大会会议举行的三十日前，将本级预算草案的初步方案提交本级人民代表大会有关专门委员会进行初步审查，或者送交本级人民代表大会常务委员会有关工作机构征求意见。

县、自治县、不设区的市、市辖区政府应当在本级人民代表大会会议举行的三十日前，将本级预算草案的初步方案提交本级人民代表大会常务委员会进行初步审查。

第四十五条 县、自治县、不设区的市、市辖区、乡、民族乡、镇的人民代表大会举行会议审查预算草案前，应当采用多种形式，组织本级人民代表大会代表，听取选民和社会各界的意见。

第四十六条 报送各级人民代表大会审查和批准的预算草案应当细化。本级一般公共预算支出，按其功能分类应当编列到项；按其经济性质分类，基本支出应当编列到款。本级政府性基金预算、国有资本经营预算、社会保险基金预算支出，按其功能分类应当编列到项。

第四十七条 国务院在全国人民代表大会举行会议时，向大会作关于中央和地方预算草案以及中央和地方预算执行情况的报告。

地方各级政府在本级人民代表大会举行会议时，向大会作关于总预算草案和总预算执行情况的报告。

第四十八条 全国人民代表大会和地方各级人民代表大会对预算草案及其报告、预算执行情况的报告重点审查下列内容：

（一）上一年预算执行情况是否符合本级人民代表大会预算决议的要求；

（二）预算安排是否符合本法的规定；

（三）预算安排是否贯彻国民经济和社会发展的方针政策，收支政策是否切实可行；

（四）重点支出和重大投资项目的预算安排是否适当；

（五）预算的编制是否完整，是否符合本法第四十六条的规定；

（六）对下级政府的转移性支出预算是否规范、适当；

（七）预算安排举借的债务是否合法、合理，是否有偿还计划和稳定的偿还资金来源；

（八）与预算有关重要事项的说明是否清晰。

第四十九条 全国人民代表大会财政经济委员会向全国人民代表大会主席团提出关于中央和地方预算草案及中央和地方预算执行情况的审查结果报告。

省、自治区、直辖市、设区的市、自治州人民代表大会有关专门委员会，县、自治县、不设区的市、市辖区人民代表大会常务委员会，向本级人民代表大会主席团提出关于总预算草案及上一年总预算执行情况的审查结果报告。

审查结果报告应当包括下列内容：

（一）对上一年预算执行和落实本级人民代表大会预算决议的情况作出评价；

（二）对本年度预算草案是否符合本法的规定，是否可行作出评价；

（三）对本级人民代表大会批准预算草案和预算报告提出建议；

（四）对执行年度预算、改进预算管理、提高预算绩效、加强预算监督等提出意见和建议。

第五十条 乡、民族乡、镇政府应当及时将经本级人民代表大会批准的本级预算报上一级政府备案。县级以上地方各级政府应当及时将经本级人民代表大会批准的本级预算及下一级政府报送备案的预算汇总，报上一级政府备案。

县级以上地方各级政府将下一级政府依照前款规定报送备案的预算汇总后，报本级人民代表大会常务委员会备案。国务院将省、自治区、直辖市政府依照前款规定报送备案的预算汇总后，报全国人民代表大会常务委员会备案。

第五十一条 国务院和县级以上地方各级政府对下一级政府依照本法第五十条规定报送备案的预算，认为有同法律、行政法规相抵触或者有其他不适当之处，需要撤销批准预算的决议的，应当提请本级人民代表大会常务委员会审议决定。

第五十二条 各级预算经本级人民代表大会批准后，本级政府财政部门应当在二十日内向本级各部门批复预算。各部门应当在接到本级政府财政部门批复的本部门预算后十五日内向所属各单位批复预算。

中央对地方的一般性转移支付应当在全国人民代表大会批准预算后三十日内正式下达。中央对地方的专项转移支付应当在全国人民代表大会批准预算后九十日内正式下达。

省、自治区、直辖市政府接到中央一般性转移支付和专项转移支付后，应当在三十日内正式下达到本行政区域县级以上各级政府。

县级以上地方各级预算安排对下级政府的一般性转移支付和专项转移支付，应当分别在本级人民代表大会批准预算后的三十日和六十日内正式下达。

对自然灾害等突发事件处理的转移支付，应当及时下达预算；对据实结算等特殊项目的转移支付，可以分期下达预算，或者先预付后结算。

县级以上各级政府财政部门应当将批复本级各部门的预算和批复下级政府的转移支付预算，抄送本级人民代表大会财政经济委员会、有关专门委员会和常务委员会有关工作机构。

第六章 预 算 执 行

第五十三条 各级预算由本级政府组织执行，具体工作由本级政府财政部门负责。

各部门、各单位是本部门、本单位的预算执行主体，负责本部门、本单位的预算执行，并对执行结果负责。

第五十四条 预算年度开始后，各级预算草案在本级人民代表大会批准前，可以安排下列支出：

（一）上一年度结转的支出；

（二）参照上一年同期的预算支出数额安排必须支付的本年度部门基本支出、项目支出，以及对下级政府的转移性支出；

（三）法律规定必须履行支付义务的支出，以及用于自然灾害等突发事件处理的支出。

根据前款规定安排支出的情况，应当在预算草案的报告中作出说明。

预算经本级人民代表大会批准后，按照批准的预算执行。

第五十五条 预算收入征收部门和单位，必须依照法律、行政法规的规定，及时、足额征收应征的预算收入。不得违反法律、行政法规规定，多征、提前征收或者减征、免征、缓征应征的预算收入，不得截留、占用或者挪用预算收入。

各级政府不得向预算收入征收部门和单位下达收入指标。

第五十六条 政府的全部收入应当上缴国家金库（以下简称国库），任何部门、单位和个人不得截留、占用、挪用或者拖欠。

对于法律有明确规定或者经国务院批准的特定专用资金，可以依照国务院的规定设立财政专户。

第五十七条 各级政府财政部门必须依照法律、行政法规和国务院财政部门的规定，及时、足额地拨付预算支出资金，加强对预算支出的管理和监督。

各级政府、各部门、各单位的支出必须按照预算执行，不得虚假列支。

各级政府、各部门、各单位应当对预算支出情况开展绩效评价。

第五十八条 各级预算的收入和支出实行收付实现制。

特定事项按照国务院的规定实行权责发生制的有关情况，应当向本级人民代表大会常务委员会报告。

第五十九条 县级以上各级预算必须设立国库；具备条件的乡、民族乡、镇也应当设立国库。

中央国库业务由中国人民银行经理，地方国库业务依照国务院的有关规定办理。

各级国库应当按照国家有关规定，及时准确地办理预算收入的收纳、划分、留解、退付和预算支出的拨付。

各级国库库款的支配权属于本级政府财政部门。除法律、行政法规另有规定外，未经本级政府财政部门同意，任何部门、单位和个人都无权冻结、动用国库库款或者以其他方式支配已入国库的库款。

各级政府应当加强对本级国库的管理和监督，按照国务院的规定完善国库现金管理，合理调节国库资金余额。

第六十条 已经缴入国库的资金，依照法律、行政法规的规定或者国务院的决定需要退付的，各级政府财政部门或者其授权的机构应当及时办理退付。按照规定应当由财政支出安排的事项，不得用退库处理。

第六十一条 国家实行国库集中收缴和集中支付制度，对政府全部收入和支出实行国库集中收付管理。

第六十二条 各级政府应当加强对预算执行的领导，支持政府财政、税务、海关等预算收入的征收部门依法组织预算收入，支持政府财政部门严格管理预算支出。

财政、税务、海关等部门在预算执行中，应当加强对预算执行的分析；发现问题时应当及时建议本级政府采取措施予以解决。

第六十三条 各部门、各单位应当加强对预算收入和支出的管理，不得截留或者动用应当上缴的预算收入，不得擅自改变预算支出的用途。

第六十四条 各级预算预备费的动用方案，由本级政府财政部门提出，报本级政府决定。

第六十五条 各级预算周转金由本级政府财政部门管理，不得挪作他用。

第六十六条 各级一般公共预算年度执行中有超收收入的，只能用于冲减赤字或者补充预算稳定调节基金。

各级一般公共预算的结余资金，应当补充预算稳定调节基金。

省、自治区、直辖市一般公共预算年度执行中出现短收，通过调入预算稳定调节基金、减少支出等方式仍不能实现收支平衡的，省、自治区、直辖市政府报本级人民代表大会或者其常务委员会批准，可以增列赤字，报国务院财政部门备案，并应当在下一年度预算中予以弥补。

第七章 预算调整

第六十七条 经全国人民代表大会批准的中央预算和经地方各级人民代表大会批准的地方各级预算，在执行中出现下列情况之一的，应当进行预算调整：

（一）需要增加或者减少预算总支出的；

（二）需要调入预算稳定调节基金的；

（三）需要调减预算安排的重点支出数额的；

（四）需要增加举借债务数额的。

第六十八条 在预算执行中，各级政府一般不制定新的增加财政收入或者支出的政策和措施，也不制定减少财政收入的政策和措施；必须作出并需要进行预算调整的，应当在预算调整方案中作出安排。

第六十九条 在预算执行中，各级政府对于必须进行的预算调整，应当编制预算调整方案。预算调整方案应当说明预算调整的理由、项目和数额。

在预算执行中，由于发生自然灾害等突发事件，必须及时增加预算支出的，应当先动支预备费；预备费不足支出的，各级政府可以先安排支出，属于预算调整的，列入预算调整方案。

国务院财政部门应当在全国人民代表大会常务委员会举行会议审查和批准预算调整方案的三十日前，将预算调整初步方案送交全国人民代表大会财政经济委员会进行初步审查。

省、自治区、直辖市政府财政部门应当在本级人民代表大会常务委员会举行会议审查和批准预算调整方案的三十日前，将预算调整初步方案送交本级人民代表大会有关专门委员会进行初步审查。

设区的市、自治州政府财政部门应当在本级人民代表大会常务委员会举行会议审查和批准预算调整方案的三十日前，将预算调整初步方案送交本级人民代表大会有关专门委员会进行初步审查，或者送交本级人民代表大会常务委员会有关工作机构征求意见。

县、自治县、不设区的市、市辖区政府财政部门应当在本级人民代表大会常务委员会举行会议审查和批准预算调整方案的三十日前，将预算调整初步方案送交本级人民代表大会常务委员会有关工作机构征求意见。

中央预算的调整方案应当提请全国人民代表大会常务委员会审查和批准。县级以上地方各级预算的调整方案应当提请本级人民代表大会常务委员会审查和批准；乡、民族乡、镇预算的调整方案应当提请本级人民代表大会审查和批准。未经批准，不得调整预算。

第七十条 经批准的预算调整方案，各级政府应当严格执行。未经本法第六十九条规定的程序，各级政府不得作出预算调整的决定。

对违反前款规定作出的决定，本级人民代表大会、本级人民代表大会常务委员会或者上级政府应当责令其改变或者撤销。

第七十一条 在预算执行中，地方各级政府因上级政府增加不需要本级政府提供配套资金的专项转移支付而引起的预算支出变化，不属于预算调整。

接受增加专项转移支付的县级以上地方各级政府应当向本级人民代表大会常务委员会报告有关情况；接受增加专项转移支付的乡、民族乡、镇政府应当向本级人民代表大会报告有关情况。

第七十二条 各部门、各单位的预算支出应当按照预算科目执行。严格控制不同预算科目、预算级次或者项目间的预算资金的调剂，确需调剂使用的，按照国务院财政部门的规定办理。

第七十三条 地方各级预算的调整方案经批准后，由本级政府报上一级政府备案。

第八章 决 算

第七十四条 决算草案由各级政府、各部门、各单位，在每一预算年度终了后按照国务院规定的时间编制。

编制决算草案的具体事项，由国务院财政部门部署。

第七十五条 编制决算草案，必须符合法律、行政法规，做到收支真实、数额准确、内容完整、报送及时。

决算草案应当与预算相对应，按预算数、调整预算数、决算数分别列出。一般公共预算支出应当按其功能分类编列到项，按其经济性质分类编列到款。

第七十六条 各部门对所属各单位的决算草案，应当审核并汇总编制本部门的决算草案，在规定的期限内报本级政府财政部门审核。

各级政府财政部门对本级各部门决算草案审核后发现有不符合法律、行政法规规定的，有权予以纠正。

第七十七条 国务院财政部门编制中央决算草案，经国务院审计部门审计后，报国务院审定，由国务院提请全国人民代表大会常务委员会审查和批准。

县级以上地方各级政府财政部门编制本级决算草案，经本级政府审计部门审计后，报本级政府审定，由本级政府提请本级人民代表大会常务委员会审查和批准。

乡、民族乡、镇政府编制本级决算草案，提请本级人民代表大会审查和批准。

第七十八条 国务院财政部门应当在全国人民代表大会常务委员会举行会议审查和批准中央决算草案的三十日前，将上一年度中央决算草案提交全国人民代表大会财政经济委员会进行初步审查。

省、自治区、直辖市政府财政部门应当在本级人民代表大会常务委员会举行会议审查和批准本级决算草案的三十日前，将上一年度本级决算草案提交本级人民代表大会有关专门委员会进行初步审查。

设区的市、自治州政府财政部门应当在本级人民代表大会常务委员会举行会议审查和批准本级决算草案的三十日前，将上一年度本级决算草案提交本级人民代表大会有关专门委员会进行初步审查，或者送交本级人民代表大会常务委员会有关工作机构征求意见。

县、自治县、不设区的市、市辖区政府财政部门应当在本级人民代表大会常务委员会举行会议审查和批准本级决算草案的三十日前，将上一年度本级决算草案送交本级人民代表大会常务委员会有关工作机构征求意见。

全国人民代表大会财政经济委员会和省、自治区、直辖市、设区的市、自治州人民代表大会有关专门委员会，向本级人民代表大会常务委员会提出关于本级决算草案的审查结果报告。

第七十九条 县级以上各级人民代表大会常务委员会和乡、民族乡、镇人民代表大会对本级决算草案，重点审查下列内容：

（一）预算收入情况；

（二）支出政策实施情况和重点支出、重大投资项目资金的使用及绩效情况；

（三）结转资金的使用情况；

（四）资金结余情况；

（五）本级预算调整及执行情况；

（六）财政转移支付安排执行情况；

（七）经批准举借债务的规模、结构、使用、偿还等情况；

（八）本级预算周转金规模和使用情况；

（九）本级预备费使用情况；

（十）超收收入安排情况，预算稳定调节基金的规模和使用情况；

（十一）本级人民代表大会批准的预算决议落实情况；

（十二）其他与决算有关的重要情况。

县级以上各级人民代表大会常务委员会应当结合本级政府提出的上一年度预算执行和其他财政收支的审计工作报告，对本级决算草案进行审查。

第八十条 各级决算经批准后，财政部门应当在二十日内向本级各部门批复决算。各部门应当在接到本级政府财政部门批复的本部门决算后十五日内向所属单位批复决算。

第八十一条 地方各级政府应当将经批准的决算及下一级政府上报备案的决算汇总，报上一级政府备案。

县级以上各级政府应当将下一级政府报送备案的决算汇总后，报本级人民代表大会常务委员会备案。

第八十二条 国务院和县级以上地方各级政府对下一级政府依照本法第八十一条规定报送备案的决算，认为有同法律、行政法规相抵触或者有其他不适当之处，需要撤销批准该项决算的决议的，应当提请本级人民代表大会常务委员会审议决定；经审议决定撤销的，该下级人民代表大会常务委员会应当责成本级政府依照本法规定重新编制决算草案，提请本级人民代表大会常务委员会审查和批准。

第九章 监 督

第八十三条 全国人民代表大会及其常务委员会对中央和地方预算、决算进行监督。

县级以上地方各级人民代表大会及其常务委员会对本级和下级预算、决算进行监督。

乡、民族乡、镇人民代表大会对本级预算、决算进行监督。

第八十四条 各级人民代表大会和县级以上各级人民代表大会常务委员会有权就预算、决算中的重大事项或者特定问题组织调查，有关的政府、部门、单位和个人应当如实反映情况和提供必要的材料。

第八十五条 各级人民代表大会和县级以上各级人民代表大会常务委员会举行会议时，人民代表大会代表或者常务委员会组成人员，依照法律规定程序就预算、决算中的有关问题提出询问或者质询，受询问或者受质询的有关的政府或者财政部门必须及时给予答复。

第八十六条 国务院和县级以上地方各级政府应当在每年六月至九月期间向本级人民代表大会常务委员会报告预算执行情况。

第八十七条 各级政府监督下级政府的预算执行；下级政府应当定期向上一级政府报告预算执行情况。

第八十八条 各级政府财政部门负责监督本级各部门及其所属各单位预算管理有关工作，并向本级政府和上一级政府财政部门报告预算执行情况。

第八十九条 县级以上政府审计部门依法对预算执行、决算实行审计监督。

对预算执行和其他财政收支的审计工作报告应当向社会公开。

第九十条 政府各部门负责监督检查所属各单位的预算执行，及时向本级政府财政部门反映本部门预算执行情况，依法纠正违反预算的行为。

第九十一条 公民、法人或者其他组织发现有违反本法的行为，可以依法向有关国家机关进行检举、控告。

接受检举、控告的国家机关应当依法进行处理，并为检举人、控告人保密。任何单位或者个人不得压制和打击报复检举人、控告人。

第十章 法律责任

第九十二条 各级政府及有关部门有下列行为之一的，责令改正，对负有直接责任的主管人员和其他直接责任人员追究行政责任：

（一）未依照本法规定，编制、报送预算草案、预算调整方案、决算草案和部门预算、决算以及批复预算、决算的；

（二）违反本法规定，进行预算调整的；

（三）未依照本法规定对有关预算事项进行公开和说明的；

（四）违反规定设立政府性基金项目和其他财政收入项目的；

（五）违反法律、法规规定使用预算预备费、预算周转金、预算稳定调节基金、超收收入的；

（六）违反本法规定开设财政专户的。

第九十三条 各级政府及有关部门、单位有下列行为之一的，责令改正，对负有直接责任的主管人员和其他直接责任人员依法给予降级、撤职、开除的处分：

（一）未将所有政府收入和支出列入预算或者虚列收入和支出的；

（二）违反法律、行政法规的规定，多征、提前征收或者减征、免征、缓征应征预算收入的；

（三）截留、占用、挪用或者拖欠应当上缴国库的预算收入的；

（四）违反本法规定，改变预算支出用途的；

（五）擅自改变上级政府专项转移支付资金用途的；

（六）违反本法规定拨付预算支出资金，办理预算收入收纳、划分、留解、退付，或者违反本法规定冻结、动用国库库款或者以其他方式支配已入国库库款的。

第九十四条 各级政府、各部门、各单位违反本法规定举借债务或者为他人债务提供担保，或者挪用重点支出资金，或者在预算之外及超预算标准建设楼堂馆所的，责令改正，对负有直接责任的主管人员和其他直接责任人员给予撤职、开除的处分。

第九十五条 各级政府有关部门、单位及其工作人员有下列行为之一的，责令改正，追回骗取、使用的资金，有违法所得的没收违法所得，对单位给予警告或者通报批评；对负有直接责任的主管人员和其他直接责任人员依法给予处分：

（一）违反法律、法规的规定，改变预算收入上缴方式的；

（二）以虚报、冒领等手段骗取预算资金的；

（三）违反规定扩大开支范围、提高开支标准的；

（四）其他违反财政管理规定的行为。

第九十六条 本法第九十二条、第九十三条、第九十四条、第九十五条所列违法行为，其他法律对其处理、处罚另有规定的，依照其规定。

违反本法规定，构成犯罪的，依法追究刑事责任。

第十一章 附 则

第九十七条 各级政府财政部门应当按年度编制以权责发生制为基础的政府综合财务报告，报告政府整体财务状况、运行情况和财政中长期可持续性，报本级人民代表大会常务委员会备案。

第九十八条 国务院根据本法制定实施条例。

第九十九条 民族自治地方的预算管理，依照民族区域自治法的有关规定执行；民族区域自治法没有规定的，依照本法和国务院的有关规定执行。

第一百条 省、自治区、直辖市人民代表大会或者其常务委员会根据本法，可以制定有关预算审查监督的决定或者地方性法规。

第一百零一条 本法自1995年1月1日起施行。1991年10月21日国务院发布的《国家预算管理条例》同时废止。

2. 中华人民共和国预算法实施条例（2020年修订）

（1995年11月22日中华人民共和国国务院令第186号发布 2020年8月3日中华人民共和国国务院令第729号修订）

第一章 总 则

第一条 根据《中华人民共和国预算法》（以下简称预算法），制定本条例。

第二条 县级以上地方政府的派出机关根据本级政府授权进行预算管理活动，不作为一级预算，其收支纳入本级预算。

第三条 社会保险基金预算应当在精算平衡的基础上实现可持续运行，一般公共预算可以根据需要和财力适当安排资金补充社会保险基金预算。

第四条 预算法第六条第二款所称各部门，是指与本级政府财政部门直接发生预算缴拨款关系的国家机关、军队、政党组织、事业单位、社会团体和其他单位。

第五条 各部门预算应当反映一般公共预算、政府性基金预算、国有资本经营预算安排给本部门及其所属各单位的所有预算资金。

各部门预算收入包括本级财政安排给本部门及其所属各单位的预算拨款收入和其他收入。各部门预算支出为与部门预算收入相对应的支出，包括基本支出和项目支出。

本条第二款所称基本支出，是指各部门、各单位为保障其机构正常运转、完成日常工作任务所发生的支出，包括人员经费和公用经费；所称项目支出，是指各部门、各单位为完成其特定的工作任务和事业发展目标所发生的支出。

各部门及其所属各单位的本级预算拨款收入和其相对应的支出，应当在部门预算中单独反映。

部门预算编制、执行的具体办法，由本级政府财政部门依法作出规定。

第六条 一般性转移支付向社会公开应当细化到地区。专项转移支付向社会公开应当细化到地区和项目。

政府债务、机关运行经费、政府采购、财政专户资金等情况，按照有关规定向社会公开。

部门预算、决算应当公开基本支出和项目支出。部门预算、决算支出按其功能分类应当公开到项；按其经济性质分类，基本支出应当公开到款。

各部门所属单位的预算、决算及报表，应当在部门批复后20日内由单位向社会公开。单位预算、决算应当公开基本支出和项目支出。单位预算、决算支出按其功能分类应当公开到项；按其经济性质分类，基本支出应当公开到款。

第七条 预算法第十五条所称中央和地方分税制，是指在划分中央与地方事权的基础上，确定中央与地方财政支出范围，并按税种划分中央与地方预算收入的财政管理体制。

分税制财政管理体制的具体内容和实施办法，按照国务院的有关规定执行。

第八条 县级以上地方各级政府应当根据中央和地方分税制的原则和上级政府的有关规定，确定本级政府对下级政府的财政管理体制。

第九条 预算法第十六条第二款所称一般性转移支付，包括：

（一）均衡性转移支付；

（二）对革命老区、民族地区、边疆地区、贫困地区的财力补助；

（三）其他一般性转移支付。

第十条 预算法第十六条第三款所称专项转移支付，是指上级政府为了实现特定的经济和社会发展目标给予下级政府，并由下级政府按照上级政府规定的用途安排使用的预算资金。

县级以上各级政府财政部门应当会同有关部门建立健全专项转移支付定期评估和退出机制。对评估后的专项转移支付，按照下列情形分别予以处理：

（一）符合法律、行政法规和国务院规定，有必要继续执行的，可以继续执行；

（二）设立的有关要求变更，或者实际绩效与目标差距较大、管理不够完善的，应当予以调整；

（三）设立依据失效或者废止的，应当予以取消。

第十一条 预算收入和预算支出以人民币元为计算单位。预算收支以人民币以外的货币收纳和支付的，应当折合成人民币计算。

第二章　预算收支范围

第十二条　预算法第二十七条第一款所称行政事业性收费收入，是指国家机关、事业单位等依照法律法规规定，按照国务院规定的程序批准，在实施社会公共管理以及在向公民、法人和其他组织提供特定公共服务过程中，按照规定标准向特定对象收取费用形成的收入。

预算法第二十七条第一款所称国有资源（资产）有偿使用收入，是指矿藏、水流、海域、无居民海岛以及法律规定属于国家所有的森林、草原等国有资源有偿使用收入，按照规定纳入一般公共预算管理的国有资产收入等。

预算法第二十七条第一款所称转移性收入，是指上级税收返还和转移支付、下级上解收入、调入资金以及按照财政部规定列入转移性收入的无隶属关系政府的无偿援助。

第十三条　转移性支出包括上解上级支出、对下级的税收返还和转移支付、调出资金以及按照财政部规定列入转移性支出的给予无隶属关系政府的无偿援助。

第十四条　政府性基金预算收入包括政府性基金各项目收入和转移性收入。

政府性基金预算支出包括与政府性基金预算收入相对应的各项目支出和转移性支出。

第十五条　国有资本经营预算收入包括依照法律、行政法规和国务院规定应当纳入国有资本经营预算的国有独资企业和国有独资公司按照规定上缴国家的利润收入、从国有资本控股和参股公司获得的股息红利收入、国有产权转让收入、清算收入和其他收入。

国有资本经营预算支出包括资本性支出、费用性支出、向一般公共预算调出资金等转移性支出和其他支出。

第十六条　社会保险基金预算收入包括各项社会保险费收入、利息收入、投资收益、一般公共预算补助收入、集体补助收入、转移收入、上级补助收入、下级上解收入和其他收入。

社会保险基金预算支出包括各项社会保险待遇支出、转移支出、补助下级支出、上解上级支出和其他支出。

第十七条　地方各级预算上下级之间有关收入和支出项目的划分以及上解、返还或者转移支付的具体办法，由上级地方政府规定，报本级人民代表大会常务委员会备案。

第十八条　地方各级社会保险基金预算上下级之间有关收入和支出项目的划分以及上解、补助的具体办法，按照统筹层次由上级地方政府规定，报本级人民代表大会常务委员会备案。

第三章　预算编制

第十九条　预算法第三十一条所称预算草案，是指各级政府、各部门、各单位编制的未经法定程序审查和批准的预算。

第二十条　预算法第三十二条第一款所称绩效评价，是指根据设定的绩效目标，依据规范的程序，对预算资金的投入、使用过程、产出与效果进行系统和客观的评价。

绩效评价结果应当按照规定作为改进管理和编制以后年度预算的依据。

第二十一条　预算法第三十二条第三款所称预算支出标准，是指对预算事项合理分类并分别规定的支出预算编制标准，包括基本支出标准和项目支出标准。

地方各级政府财政部门应当根据财政部制定的预算支出标准，结合本地区经济社会发展水平、财力状况等，制定本地区或者本级的预算支出标准。

第二十二条　财政部于每年6月15日前部署编制下一年度预算草案的具体事项，规定报表格式、编报方法、报送期限等。

第二十三条　中央各部门应当按照国务院的要求和财政部的部署，结合本部门的具体情况，组织编制本部门及其所属各单位的预算草案。

中央各部门负责本部门所属各单位预算草案的审核，并汇总编制本部门的预算草案，按照规定报财政部审核。

第二十四条 财政部审核中央各部门的预算草案,具体编制中央预算草案;汇总地方预算草案或者地方预算,汇编中央和地方预算草案。

第二十五条 省、自治区、直辖市政府按照国务院的要求和财政部的部署,结合本地区的具体情况,提出本行政区域编制预算草案的要求。

县级以上地方各级政府财政部门应当于每年 6 月 30 日前部署本行政区域编制下一年度预算草案的具体事项,规定有关报表格式、编报方法、报送期限等。

第二十六条 县级以上地方各级政府各部门应当根据本级政府的要求和本级政府财政部门的部署,结合本部门的具体情况,组织编制本部门及其所属各单位的预算草案,按照规定报本级政府财政部门审核。

第二十七条 县级以上地方各级政府财政部门审核本级各部门的预算草案,具体编制本级预算草案,汇编本级总预算草案,经本级政府审定后,按照规定期限报上一级政府财政部门。

省、自治区、直辖市政府财政部门汇总的本级总预算草案或者本级总预算,应当于下一年度 1 月 10 日前报财政部。

第二十八条 县级以上各级政府财政部门审核本级各部门的预算草案时,发现不符合编制预算要求的,应当予以纠正;汇编本级总预算草案时,发现下级预算草案不符合上级政府或者本级政府编制预算要求的,应当及时向本级政府报告,由本级政府予以纠正。

第二十九条 各级政府财政部门编制收入预算草案时,应当征求税务、海关等预算收入征收部门和单位的意见。

预算收入征收部门和单位应当按照财政部门的要求提供下一年度预算收入征收预测情况。

第三十条 财政部门会同社会保险行政部门部署编制下一年度社会保险基金预算草案的具体事项。

社会保险经办机构具体编制下一年度社会保险基金预算草案,报本级社会保险行政部门审核汇总。社会保险基金收入预算草案由社会保险经办机构会同社会保险费征收机构具体编制。财政部门负责审核并汇总编制社会保险基金预算草案。

第三十一条 各级政府财政部门应当依照预算法和本条例规定,制定本级预算草案编制规程。

第三十二条 各部门、各单位在编制预算草案时,应当根据资产配置标准,结合存量资产情况编制相关支出预算。

第三十三条 中央一般公共预算收入编制内容包括本级一般公共预算收入、从国有资本经营预算调入资金、地方上解收入、从预算稳定调节基金调入资金、其他调入资金。

中央一般公共预算支出编制内容包括本级一般公共预算支出、对地方的税收返还和转移支付、补充预算稳定调节基金。

中央政府债务余额的限额应当在本级预算中单独列示。

第三十四条 地方各级一般公共预算收入编制内容包括本级一般公共预算收入、从国有资本经营预算调入资金、上级税收返还和转移支付、下级上解收入、从预算稳定调节基金调入资金、其他调入资金。

地方各级一般公共预算支出编制内容包括本级一般公共预算支出、上解上级支出、对下级的税收返还和转移支付、补充预算稳定调节基金。

第三十五条 中央政府性基金预算收入编制内容包括本级政府性基金各项目收入、上一年度结余、地方上解收入。

中央政府性基金预算支出编制内容包括本级政府性基金各项目支出、对地方的转移支付、调出资金。

第三十六条 地方政府性基金预算收入编制内容包括本级政府性基金各项目收入、上一年度结余、下级上解收入、上级转移支付。

地方政府性基金预算支出编制内容包括本级政府性基金各项目支出、上解上级支出、对下级的转移支付、调出资金。

第三十七条 中央国有资本经营预算收入编制内容包括本级收入、上一年度结余、地方上解收入。

中央国有资本经营预算支出编制内容包括本级支出、向一般公共预算调出资金、对地方特定事项的转移支付。

第三十八条 地方国有资本经营预算收入编制内容包括本级收入、上一年度结余、上级对特定事项的转移支付、下级上解收入。

地方国有资本经营预算支出编制内容包括本级支出、向一般公共预算调出资金、对下级特定事项的转移支付、上解上级支出。

第三十九条 中央和地方社会保险基金预算收入、支出编制内容包括本条例第十六条规定的各项收入和支出。

第四十条 各部门、各单位预算收入编制内容包括本级预算拨款收入、预算拨款结转和其他收入。

各部门、各单位预算支出编制内容包括基本支出和项目支出。

各部门、各单位的预算支出，按其功能分类应当编列到项，按其经济性质分类应当编列到款。

第四十一条 各级政府应当加强项目支出管理。各级政府财政部门应当建立和完善项目支出预算评审制度。各部门、各单位应当按照本级政府财政部门的规定开展预算评审。

项目支出实行项目库管理，并建立健全项目入库评审机制和项目滚动管理机制。

第四十二条 预算法第三十四条第二款所称余额管理，是指国务院在全国人民代表大会批准的中央一般公共预算债务的余额限额内，决定发债规模、品种、期限和时点的管理方式；所称余额，是指中央一般公共预算中举借债务未偿还的本金。

第四十三条 地方政府债务余额实行限额管理。各省、自治区、直辖市的政府债务限额，由财政部在全国人民代表大会或者其常务委员会批准的总限额内，根据各地区债务风险、财力状况等因素，并考虑国家宏观调控政策等需要，提出方案报国务院批准。

各省、自治区、直辖市的政府债务余额不得突破国务院批准的限额。

第四十四条 预算法第三十五条第二款所称举借债务的规模，是指各地方政府债务余额限额的总和，包括一般债务限额和专项债务限额。一般债务是指列入一般公共预算用于公益性事业发展的一般债券、地方政府负有偿还责任的外国政府和国际经济组织贷款转贷债务；专项债务是指列入政府性基金预算用于有收益的公益性事业发展的专项债券。

第四十五条 省、自治区、直辖市政府财政部门依照国务院下达的本地区地方政府债务限额，提出本级和转贷给下级政府的债务限额安排方案，报本级政府批准后，将增加举借的债务列入本级预算调整方案，报本级人民代表大会常务委员会批准。

接受转贷并向下级政府转贷的政府应当将转贷债务纳入本级预算管理。使用转贷并负有直接偿还责任的政府，应当将转贷债务列入本级预算调整方案，报本级人民代表大会常务委员会批准。

地方各级政府财政部门负责统一管理本地区政府债务。

第四十六条 国务院可以将举借的外国政府和国际经济组织贷款转贷给省、自治区、直辖市政府。

国务院向省、自治区、直辖市政府转贷的外国政府和国际经济组织贷款，省、自治区、直辖市政府负有直接偿还责任的，应当纳入本级预算管理。省、自治区、直辖市政府未能按时履行还款义务的，国务院可以相应抵扣对该地区的税收返还等资金。

省、自治区、直辖市政府可以将国务院转贷的外国政府和国际经济组织贷款再转贷给下级政府。

第四十七条 财政部和省、自治区、直辖市政府财政部门应当建立健全地方政府债务风险评估指标体系，组织评估地方政府债务风险状况，对债务高风险地区提出预警，并监督化解债务风险。

第四十八条 县级以上各级政府应当按照本年度转移支付预计执行数的一定比例将下一年度转移支付预计数提前下达至下一级政府，具体下达事宜由本级政府财政部门办理。

除据实结算等特殊项目的转移支付外，提前下达的一般性转移支付预计数的比例一般不低于90%；提前下达的专项转移支付预计数的比例一般不低于70%。其中，按照项目法管理分配的专项转移支付，应当一并明确下一年度组织实施的项目。

第四十九条 经本级政府批准，各级政府财政部门可以设置预算周转金，额度不得超过本级一般公共预算支出总额的1%。年度终了时，各级政府财政部门可以将预算周转金收回并用于补充预算稳定调节基金。

第五十条 预算法第四十二条第一款所称结转资金，是指预算安排项目的支出年度终了时尚未执行完毕，或者因故未执行但下一年度需要按原用途继续使用的资金；连续两年未用完的结转资金，是指预算安排项目的支出在下一年度终了时仍未用完的资金。

预算法第四十二条第一款所称结余资金，是指年度预算执行终了时，预算收入实际完成数扣除预算支出实际完成数和结转资金后剩余的资金。

第四章 预算执行

第五十一条 预算执行中，政府财政部门的主要职责：

（一）研究和落实财政税收政策措施，支持经济社会健康发展；

（二）制定组织预算收入、管理预算支出以及相关财务、会计、内部控制、监督等制度和办法；

（三）督促各预算收入征收部门和单位依法履行职责，征缴预算收入；

（四）根据年度支出预算和用款计划，合理调度、拨付预算资金，监督各部门、各单位预算资金使用管理情况；

（五）统一管理政府债务的举借、支出与偿还，监督债务资金使用情况；

（六）指导和监督各部门、各单位建立健全财务制度和会计核算体系，规范账户管理，健全内部控制机制，按照规定使用预算资金；

（七）汇总、编报分期的预算执行数据，分析预算执行情况，按照本级人民代表大会常务委员会、本级政府和上一级政府财政部门的要求定期报告预算执行情况，并提出相关政策建议；

（八）组织和指导预算资金绩效监控、绩效评价；

（九）协调预算收入征收部门和单位、国库以及其他有关部门的业务工作。

第五十二条 预算法第五十六条第二款所称财政专户，是指财政部门为履行财政管理职能，根据法律规定或者经国务院批准开设的用于管理核算特定专用资金的银行结算账户；所称特定专用资金，包括法律规定可以设立财政专户的资金，外国政府和国际经济组织的贷款、赠款，按照规定存储的人民币以外的货币，财政部会同有关部门报国务院批准的其他特定专用资金。

开设、变更财政专户应当经财政部核准，撤销财政专户应当报财政部备案，中国人民银行应当加强对银行业金融机构开户的核准、管理和监督工作。

财政专户资金由本级政府财政部门管理。除法律另有规定外，未经本级政府财政部门同意，任何部门、单位和个人都无权冻结、动用财政专户资金。

财政专户资金应当由本级政府财政部门纳入统一的会计核算，并在预算执行情况、决算和政府综合财务报告中单独反映。

第五十三条 预算执行中，各部门、各单位的主要职责：

（一）制定本部门、本单位预算执行制度，建立健全内部控制机制；

（二）依法组织收入，严格支出管理，实施绩效监控，开展绩效评价，提高资金使用效益；

（三）对单位的各项经济业务进行会计核算；

（四）汇总本部门、本单位的预算执行情况，定期向本级政府财政部门报送预算执行情况报告和绩效评价报告。

第五十四条 财政部门会同社会保险行政部门、社会保险费征收机构制定社会保险基金预算的收入、支出以及财务管理的具体办法。

社会保险基金预算由社会保险费征收机构和社会保险经办机构具体执行，并按照规定向本级政府财政部门和社会保险行政部门报告执行情况。

第五十五条 各级政府财政部门和税务、海关等预算收入征收部门和单位必须依法组织预算收入，按照财政管理体制、征收管理制度和国库集中收缴制度的规定征收预算收入，除依法缴入财政专户的社会保险基金等预算收入外，应当及时将预算收入缴入国库。

第五十六条 除依法缴入财政专户的社会保险基金等预算收入外，一切有预算收入上缴义务的部门和单位，必须将应当上缴的预算收入，按照规定的预算级次、政府收支分类科目、缴库方式和期限缴入国库，任何部门、单位和个人不得截留、占用、挪用或者拖欠。

第五十七条 各级政府财政部门应当加强对预算资金拨付的管理，并遵循下列原则：

（一）按照预算拨付，即按照批准的年度预算和用款计划拨付资金。除预算法第五十四条规定的在预算草案批准前可以安排支出的情形外，不得办理无预算、无用款计划、超预算或者超计划的资金拨付，不得擅自改变支出用途；

（二）按照规定的预算级次和程序拨付，即根据用款单位的申请，按照用款单位的预算级次、审定的用款计划和财政部门规定的预算资金拨付程序拨付资金；

（三）按照进度拨付，即根据用款单位的实际用款进度拨付资金。

第五十八条 财政部应当根据全国人民代表大会批准的中央政府债务余额限额，合理安排发行国债的品种、结构、期限和时点。

省、自治区、直辖市政府财政部门应当根据国务院批准的本地区政府债务限额，合理安排发行本地区政府债券的结构、期限和时点。

第五十九条 转移支付预算下达和资金拨付应当由财政部门办理，其他部门和单位不得对下级政府部门和单位下达转移支付预算或者拨付转移支付资金。

第六十条 各级政府、各部门、各单位应当加强对预算支出的管理，严格执行预算，遵守财政制度，强化预算约束，不得擅自扩大支出范围、提高开支标准；严格按照预算规定的支出用途使用资金，合理安排支出进度。

第六十一条 财政部负责制定与预算执行有关的财务规则、会计准则和会计制度。各部门、各单位应当按照本级政府财政部门的要求建立健全财务制度，加强会计核算。

第六十二条 国库是办理预算收入的收纳、划分、留解、退付和库款支拨的专门机构。国库分为中央国库和地方国库。

中央国库业务由中国人民银行经理。未设中国人民银行分支机构的地区，由中国人民银行商财政部后，委托有关银行业金融机构办理。

地方国库业务由中国人民银行分支机构经理。未设中国人民银行分支机构的地区，由上级中国人民银行分支机构商有关地方政府财政部门后，委托有关银行业金融机构办理。

具备条件的乡、民族乡、镇，应当设立国库。具体条件和标准由省、自治区、直辖市政府财政部门确定。

第六十三条 中央国库业务应当接受财政部的指导和监督，对中央财政负责。

地方国库业务应当接受本级政府财政部门的指导和监督，对地方财政负责。

省、自治区、直辖市制定的地方国库业务规程应当报财政部和中国人民银行备案。

第六十四条 各级国库应当及时向本级政府财政部门编报预算收入入库、解库、库款拨付以及库款余额情况的日报、旬报、月报和年报。

第六十五条 各级国库应当依照有关法律、行政法规、国务院以及财政部、中国人民银行的有关规定，加强对国库业务的管理，及时准确地办理预算收入的收纳、划分、留解、退付和预算支出的拨付。

各级国库和有关银行业金融机构必须遵守国家有关预算收入缴库的规定，不得延解、占压应当缴入国库的预算收入和国库库款。

第六十六条 各级国库必须凭本级政府财政部门签发的拨款凭证或者支付清算指令于当日办理资金拨付，并及时将款项转入收款单位的账户或者清算资金。

各级国库和有关银行业金融机构不得占压财政部门拨付的预算资金。

第六十七条 各级政府财政部门、预算收入征收部门和单位、国库应当建立健全相互之间的预算收入对账制度，在预算执行中按月、按年核对预算收入的收纳以及库款拨付情况，保证预算收入的征收入库、库款拨付和库存金额准确无误。

第六十八条 中央预算收入、中央和地方预算共享收入退库的办法，由财政部制定。地方预算收入退库的办法，由省、自治区、直辖市政府财政部门制定。

各级预算收入退库的审批权属于本级政府财政部门。中央预算收入、中央和地方预算共享收入的退库，由财政部或者财政部授权的机构批准。地方预算收入的退库，由地方政府财政部门或者其授权的机构批准。具体退库程序按照财政部的有关规定办理。

办理预算收入退库，应当直接退给申请单位或者申请个人，按照国家规定用途使用。任何部门、单位和个人不得截留、挪用退库款项。

第六十九条 各级政府应当加强对本级国库的管理和监督，各级政府财政部门负责协调本级预算收入征收部门和单位与国库的业务工作。

第七十条 国务院各部门制定的规章、文件，凡涉及减免应缴预算收入、设立和改变收入项目和标准、罚没财物处理、经费开支标准和范围、国有资产处置和收益分配以及会计核算等事项的，应当符合国家统一的规定；凡涉及增加或者减少财政收入或者支出的，应当征求财政部意见。

第七十一条 地方政府依据法定权限制定的规章和规定的行政措施，不得涉及减免中央预算收入、中央和地方预算共享收入，不得影响中央预算收入、中央和地方预算共享收入的征收；违反规定的，有关预算收入征收部门和单位有权拒绝执行，并应当向上级预算收入征收部门和单位以及财政部报告。

第七十二条 各级政府应当加强对预算执行工作的领导，定期听取财政部门有关预算执行情况的汇报，研究解决预算执行中出现的问题。

第七十三条 各级政府财政部门有权监督本级各部门及其所属各单位的预算管理有关工作，对各部门的预算执行情况和绩效进行评价、考核。

各级政府财政部门有权对与本级各预算收入相关的征收部门和单位征收本级预算收入的情况进行监督，对违反法律、行政法规规定多征、提前征收、减征、免征、缓征或者退还预算收入的，责令改正。

第七十四条 各级政府财政部门应当每月向本级政府报告预算执行情况，具体报告内容、方式和期限由本级政府规定。

第七十五条 地方各级政府财政部门应当定期向上一级政府财政部门报送本行政区域预算执行情况,包括预算执行旬报、月报、季报,政府债务余额统计报告,国库库款报告以及相关文字说明材料。具体报送内容、方式和期限由上一级政府财政部门规定。

第七十六条 各级税务、海关等预算收入征收部门和单位应当按照财政部门规定的期限和要求,向财政部门和上级主管部门报送有关预算收入征收情况,并附文字说明材料。

各级税务、海关等预算收入征收部门和单位应当与相关财政部门建立收入征管信息共享机制。

第七十七条 各部门应当按照本级政府财政部门规定的期限和要求,向本级政府财政部门报送本部门及其所属各单位的预算收支情况等报表和文字说明材料。

第七十八条 预算法第六十六条第一款所称超收收入,是指年度本级一般公共预算收入的实际完成数超过经本级人民代表大会或者其常务委员会批准的预算收入数的部分。

预算法第六十六条第三款所称短收,是指年度本级一般公共预算收入的实际完成数小于经本级人民代表大会或者其常务委员会批准的预算收入数的情形。

前两款所称实际完成数和预算收入数,不包括转移性收入和政府债务收入。

省、自治区、直辖市政府依照预算法第六十六条第三款规定增列的赤字,可以通过在国务院下达的本地区政府债务限额内发行地方政府一般债券予以平衡。

设区的市、自治州以下各级一般公共预算年度执行中出现短收的,应当通过调入预算稳定调节基金或者其他预算资金、减少支出等方式实现收支平衡;采取上述措施仍不能实现收支平衡的,可以通过申请上级政府临时救助平衡当年预算,并在下一年度预算中安排资金归还。

各级一般公共预算年度执行中厉行节约、节约开支,造成本级预算支出实际执行数小于预算总支出的,不属于预算调整的情形。

各级政府性基金预算年度执行中有超收收入的,应当在下一年度安排使用并优先用于偿还相应的专项债务;出现短收的,应当通过减少支出实现收支平衡。国务院另有规定的除外。

各级国有资本经营预算年度执行中有超收收入的,应当在下一年度安排使用;出现短收的,应当通过减少支出实现收支平衡。国务院另有规定的除外。

第七十九条 年度预算确定后,部门、单位改变隶属关系引起预算级次或者预算关系变化的,应当在改变财务关系的同时,相应办理预算、资产划转。

第五章 决 算

第八十条 预算法第七十四条所称决算草案,是指各级政府、各部门、各单位编制的未经法定程序审查和批准的预算收支和结余的年度执行结果。

第八十一条 财政部应当在每年第四季度部署编制决算草案的原则、要求、方法和报送期限,制发中央各部门决算、地方决算以及其他有关决算的报表格式。

省、自治区、直辖市政府按照国务院的要求和财政部的部署,结合本地区的具体情况,提出本行政区域编制决算草案的要求。

县级以上地方政府财政部门根据财政部的部署和省、自治区、直辖市政府的要求,部署编制本级政府各部门和下级政府决算草案的原则、要求、方法和报送期限,制发本级政府各部门决算、下级政府决算以及其他有关决算的报表格式。

第八十二条 地方政府财政部门根据上级政府财政部门的部署,制定本行政区域决算草案和本级各部门决算草案的具体编制办法。

各部门根据本级政府财政部门的部署,制定所属各单位决算草案的具体编制办法。

第八十三条 各级政府财政部门、各部门、各单位在每一预算年度终了时,应当清理核实全年预算收入、支出数据和往来款项,做好决算数据对账工作。

决算各项数据应当以经核实的各级政府、各部门、各单位会计数据为准，不得以估计数据替代，不得弄虚作假。

各部门、各单位决算应当列示结转、结余资金。

第八十四条 各单位应当按照主管部门的布置，认真编制本单位决算草案，在规定期限内上报。

各部门在审核汇总所属各单位决算草案基础上，连同本部门自身的决算收入和支出数据，汇编成本部门决算草案并附详细说明，经部门负责人签章后，在规定期限内报本级政府财政部门审核。

第八十五条 各级预算收入征收部门和单位应当按照财政部门的要求，及时编制收入年报以及有关资料并报送财政部门。

第八十六条 各级政府财政部门应当根据本级预算、预算会计核算数据等相关资料编制本级决算草案。

第八十七条 年度预算执行终了，对于上下级财政之间按照规定需要清算的事项，应当在决算时办理结算。

县级以上各级政府财政部门编制的决算草案应当及时报送本级政府审计部门审计。

第八十八条 县级以上地方各级政府应当自本级决算经批准之日起30日内，将本级决算以及下一级政府上报备案的决算汇总，报上一级政府备案；将下一级政府报送备案的决算汇总，报本级人民代表大会常务委员会备案。

乡、民族乡、镇政府应当自本级决算经批准之日起30日内，将本级决算报上一级政府备案。

第六章 监 督

第八十九条 县级以上各级政府应当接受本级和上级人民代表大会及其常务委员会对预算执行情况和决算的监督，乡、民族乡、镇政府应当接受本级人民代表大会和上级人民代表大会及其常务委员会对预算执行情况和决算的监督；按照本级人民代表大会或者其常务委员会的要求，报告预算执行情况；认真研究处理本级人民代表大会代表或者其常务委员会组成人员有关改进预算管理的建议、批评和意见，并及时答复。

第九十条 各级政府应当加强对下级政府预算执行情况的监督，对下级政府在预算执行中违反预算法、本条例和国家方针政策的行为，依法予以制止和纠正；对本级预算执行中出现的问题，及时采取处理措施。

下级政府应当接受上级政府对预算执行情况的监督；根据上级政府的要求，及时提供资料，如实反映情况，不得隐瞒、虚报；严格执行上级政府作出的有关决定，并将执行结果及时上报。

第九十一条 各部门及其所属各单位应当接受本级政府财政部门对预算管理有关工作的监督。

财政部派出机构根据职责和财政部的授权，依法开展工作。

第九十二条 各级政府审计部门应当依法对本级预算执行情况和决算草案，本级各部门、各单位和下级政府的预算执行情况和决算，进行审计监督。

第七章 法 律 责 任

第九十三条 预算法第九十三条第六项所称违反本法规定冻结、动用国库库款或者以其他方式支配已入国库库款，是指：

（一）未经有关政府财政部门同意，冻结、动用国库库款；

（二）预算收入征收部门和单位违反规定将所收税款和其他预算收入存入国库之外的

其他账户；

（三）未经有关政府财政部门或者财政部门授权的机构同意，办理资金拨付和退付；

（四）将国库库款挪作他用；

（五）延解、占压国库库款；

（六）占压政府财政部门拨付的预算资金。

第九十四条 各级政府、有关部门和单位有下列行为之一的，责令改正；对负有直接责任的主管人员和其他直接责任人员，依法给予处分：

（一）突破一般债务限额或者专项债务限额举借债务；

（二）违反本条例规定下达转移支付预算或者拨付转移支付资金；

（三）擅自开设、变更账户。

第八章 附 则

第九十五条 预算法第九十七条所称政府综合财务报告，是指以权责发生制为基础编制的反映各级政府整体财务状况、运行情况和财政中长期可持续性的报告。政府综合财务报告包括政府资产负债表、收入费用表等财务报表和报表附注，以及以此为基础进行的综合分析等。

第九十六条 政府投资年度计划应当和本级预算相衔接。政府投资决策、项目实施和监督管理按照政府投资有关行政法规执行。

第九十七条 本条例自 2020 年 10 月 1 日起施行。

3. 关于修订预算管理一体化规范和技术标准有关资产管理内容的通知（2021 年发布）

（财办〔2021〕23 号）

各省、自治区、直辖市、计划单列市财政厅（局），新疆生产建设兵团财政局：

为贯彻落实党的十九届五中全会精神和国有资产管理情况报告制度，推进资产管理融入预算管理一体化建设，财政部根据《预算管理一体化规范（试行）》关于建立健全资产卡片标准化管理体系等有关要求，扩充了资产信息卡片涵盖的资产类型，完善了资产信息卡片内容，确定了固定资产、无形资产、公共基础设施、政府储备物资、文物文化资产、保障性住房、在建工程、长期投资等各类资产的资产信息卡样式，作为附录纳入《预算管理一体化规范（试行）》。相应对《预算管理一体化要素目录》中的资产信息管理要素、《预算管理一体化系统技术标准V1.0》中的资产信息逻辑库表及逻辑库表要素、资产信息基础数据集进行了增补和修改。

现将各类资产的资产信息卡样式以及修订后的资产信息管理要素、资产信息逻辑库表及逻辑库表要素、资产信息基础数据集印发，请在预算管理一体化系统建设中遵照执行。

附件：1. 资产信息卡样式（略）

2-1. 预算管理一体化要素目录（资产信息管理要素）（略）

2-2. 资产信息管理要素修订前后对照表（略）

3-1. 资产信息逻辑库表及逻辑库表要素（略）

3-2. 资产相关逻辑库表修订情况说明（略）

3-3. 逻辑库表资产相关要素修订情况说明（略）

4. 资产信息基础数据集（略）

财政部
2021 年 4 月 30 日

4. 关于推进部门所属单位预算公开工作的指导意见（2021 年发布）

（财预〔2021〕29 号）

各中央预算单位，各省、自治区、直辖市、计划单列市财政厅（局），新疆生产建设兵团财政局：

为落实《中华人民共和国预算法实施条例》对部门所属单位预算公开的规定和《国务院关于进一步深化预算管理制度改革的意见》（国发〔2021〕5 号）有关要求，现就推进部门所属单位预算公开工作提出以下指导意见：

一、高度重视部门所属单位预算公开工作

《中华人民共和国预算法实施条例》第六条规定，"各部门所属单位的预算、决算及报表，应当在部门批复后 20 日内由单位向社会公开"。《国务院关于进一步深化预算管理制度改革的意见》对推进部门所属单位预算公开提出明确要求。推进部门所属单位预算公开，是深化预算管理制度改革、提高预算透明度的重要举措，有助于更好地保障公民的知情权、参与权、表达权、监督权，强化社会监督，推动法治政府建设和政府职能转变，推进国家治理体系和治理能力现代化。

各级财政部门和各部门、各单位要高度重视，提高认识，坚持以公开为常态、不公开为例外，明确和落实工作责任，夯实部门所属单位主体责任，切实履行职责，做好相关工作。

二、扎实做好部门所属单位预算公开工作

（一）公开主体。部门所属单位预决算公开的主体为负责编制单位预算、决算的预算单位。

（二）公开范围。各部门所属预算单位要主动向社会公开部门批复的单位预决算，涉及国家秘密的除外。

中央垂直管理部门所属单位的预决算按照中央部门预算管理要求公开，不作为地方的部门公开预决算。

（三）公开内容。部门所属单位预决算公开的内容为部门批复的单位预算、决算及报表，涉及国家秘密的除外。具体可参照部门预决算公开内容和报表格式，并与部门预决算公开的相关内容做好衔接。

单位预算、决算应当公开基本支出和项目支出；单位预算、决算支出按其功能分类应当公开到项，按其经济性质分类，基本支出应当公开到款。

单位在公开预决算时，要对本单位职责及机构设置情况、预决算收支增减变化、机关运行经费安排、"三公"经费、政府采购等重点事项作出说明，结合工作进展情况逐步公开国有资产占用、预算绩效管理等情况。

（四）公开时间。部门所属单位预决算公开的时间为部门批复后 20 日内。鼓励适当提前公开时间，同一部门所属同一级次的单位可以在同一天集中公开。

（五）公开方式。部门所属单位预决算在本单位门户网站公开，并保持长期公开状态，其中当年预决算公开在网站醒目位置。没有门户网站的单位，可以在本级政府或部门门户网站等平台公开，或通过政府公报、新闻发布会、报刊、广播、电视等方式公开。

三、有关工作要求

（一）积极稳妥推进部门所属单位预算公开工作。各级财政部门和各部门、各单位要认真落实《中华人民共和国预算法实施条例》的规定和《国务院关于进一步深化预算管理制度改革的意见》有关要求，积极推进部门所属单位预算公开工作，推动工作基础较好的单位率先公开预决算。要改进部门预决算管理，夯实预决算公开工作基础，力争2022年度做到部门所属单位预决算公开全覆盖。

（二）明确单位主体责任，强化保障措施。各级财政部门、各部门要加强对部门所属单位预算公开工作的指导。各部门要制定有关工作方案和工作规范，明确单位预决算公开工作要求，指导单位妥善处理涉密信息。部门所属单位要认真落实主体责任，制定本单位预决算公开具体工作方案，加强与部门和上级单位的沟通，做好单位预决算公开工作，依法依规做好涉密事项管理工作，制定舆情应对实施方案，主动跟踪、回应社会关切。

（三）健全统计、考核、监督检查制度。完善预决算公开情况统计工作机制，逐步将部门所属单位预决算公开情况纳入地方预决算公开统计工作范围。加强对部门所属单位预决算公开情况的工作考核和监督检查。

财政部

2021年4月7日

5. 预算指标核算管理办法（试行）（2022年发布）

（财办〔2022〕36号印发）

第一章 总 则

第一条 为硬化预算约束和规范预算管理行为，根据《中华人民共和国预算法》《中华人民共和国预算法实施条例》等有关法律、行政法规和规章，制定本办法。

第二条 本办法所指的预算指标核算是指政府财政部门采用复式记账法，对预算指标管理业务或事项进行核算，通过对预算指标的批复、分解、下达、生成、调整、调剂、执行和结转结余等全生命周期过程记录，实时反映预算指标的来源、增减及状态，实现预算指标管理全流程"顺向可控，逆向可溯"。

第三条 本办法适用于中央，省、自治区、直辖市、新疆生产建设兵团，设区的市、自治州、县、自治县、不设区的市、市辖区、乡、民族乡、镇等各级政府财政部门。衔接中央、省、市、县、乡镇五级财政预算。

第四条 预算指标核算范围包含一般公共预算资金、政府性基金预算资金、国有资本经营预算资金、财政专户管理资金（教育收费）和单位资金等。核算对象既包括纳入本年度收支预算的资金、也包含上年结转结余的资金。预算指标核算按资金性质分别核算、分别平衡。

社会保险基金预算资金的指标核算不适用本办法，由财政部另行规定。

第五条 政府财政部门是预算指标核算管理的主体。保证预算指标核算管理数据的合法性、完整性和准确性。

第六条 政府财政部门和预算单位通过预算管理和资金支付业务操作自动触发核算体

系记账，对数据等有关要素的合法性、完整性、准确性、真实性负责。

第七条 预算指标核算管理通过全国统一的核算科目和管理规则，统一的核算控制要素，统一的核算口径，全面反映预算指标的来源、增减及状态，实现对各级政府财政部门预算管理全过程的记录、控制和反映。

第八条 预算指标核算应当划分核算期间，分期结算，按规定编制报表。

核算期间至少分为月度和年度。核算月度、年度等核算期间的起讫日期采用公历日期。

年度终了后，可根据工作需要设置一定期限的上年核算清理期。

第九条 预算指标核算应当遵循以下基本原则。

（一）加强政府收支预算约束，实施财政收支总额控制。按照"先有预算、再有指标、后有支出"的原则，"支出预算余额控制支出指标、支出指标余额控制资金支付"的控制机制，严禁无预算或超预算支出。预算变动必须按照业务规范进行核算，确保预算的严肃性。

（二）将预算全口径（除社会保险基金预算）纳入核算范围，通过复式记账的规则，实现以可动用的财政资源（财力类科目）控制年度财政总支出规模（指标来源类科目）。

（三）以年度财政总支出规模（指标来源类科目）控制支出指标的生成和使用（支出指标类、支付申请类、支付类以及结转核销类科目）等后续流程。从而实现预算严格控制指标，年度财政总支出规模控制分部门的财政支出预算。

（四）将各级政府预算数据全部纳入核算范围，并通过预算指标核算环环相扣，建立上下级财政间预算管理衔接机制。

第十条 本办法核算科目包括财政资金预算指标核算科目和单位资金预算指标核算科目，其中单位资金预算指标核算科目是财政资金预算指标核算科目的简化。财政资金预算指标核算科目包括指标来源类、提前安排类、结转结余类、财力类、支出指标类、收入类、支付申请类、支付类和结转核销类。单位资金预算指标核算科目包括单位资金支出预算类、提前安排类、结转结余类、单位资金收入预算类、支出指标类、收入类、支付申请类、支付类和结转核销类。核算规则如下。

（一）指标来源类科目用以核算年度总支出预算，并通过本科目控制支出指标生成及后续流程。包括政府支出预算、安排国库集中支付结余。

（二）提前安排类科目用以核算在各级人民代表大会（以下简称人大）批准预算之前按相关法规可以提前安排的支出指标，并在人大批准预算后予以核销。包括本级财力提前下达指标、本级财力年初控制数和其他预拨指标。

（三）结转结余类科目用以核算确认收入和确认支付相抵后的结转结余。

（四）财力类科目用以核算年度总收入预算。包括政府收入预算和应付国库集中支付结余。

（五）支出指标类科目用以核算在指标来源类科目和提前安排类科目控制下生成的支出指标，并通过本科目控制支付申请类及后续流程。包括待下达指标、可执行指标和可执行指标冻结。

（六）支付申请类科目用以核算财政和单位在支出指标控制下的支付申请，并通过本科目控制确认支付及后续流程。包括支付申请。

（七）支付类科目用以核算在指标来源类、支出指标类和支付申请类科目控制下的确认支付，并通过本科目进行结转结余核算。

（八）收入类科目用以核算财力类科目的确认收入，并通过本科目进行结转结余核算。

（九）结转核销类科目用以核算根据预算指标结转结余规定，指标来源类、支出指标类的指标结转结余。并通过本科目和结转结余类科目进行年终结账。包括指标结转和指标结余。

（十）单位资金预算指标核算科目中单位资金支出预算类参照财政资金预算指标核算科目的指标来源类科目，单位资金收入预算类参照财政资金预算指标核算科目的财力类科目。

第十一条 预算指标核算应当按照以下规定运用核算科目。

（一）各级政府财政部门应当对有关法律、法规允许进行的经济活动，按照本办法的规定设置和使用核算科目，不得以本办法规定的科目及使用说明作为进行有关经济活动的依据。

（二）各级政府财政部门应当执行本办法统一规定的核算科目编号，不得随意打乱重编。以便于监督管理、生成报表和实行信息化管理。

（三）预算指标核算应当设置明细科目进行核算，并使用对应核算控制要素和辅助核算要素。除遵循本办法规定外，还应当满足各级政府预算管理的需要。

（四）政府收支分类科目、支出经济分类科目原则上需到末级科目。支出指标类必须使用末级科目。

（五）各级政府财政部门可在本办法的基础上，在不影响核算处理和编报报表的前提下，根据实际情况在本科目体系下增设下级明细科目和控制规则，不需使用的科目可以不用，但不能减少或改变原有的科目和控制规则，不得违反本办法的规定。

第十二条 各级政府财政部门应当按照下列规定编制报表，财政部根据管理需要适时调整报表样式。

（一）预算指标核算报表包括预算指标核算管理总表、预算收入预算变动及执行情况表和预算支出预算变动及执行情况表。主要反映收支总体情况、收支预算变动及结转结余等事项，按资金性质分别编制，报表由系统自动生成。

（二）预算指标核算报表应当按照月和年度编制，也可以根据管理需要按时点编制。

（三）预算指标核算报表应当根据完整、无误的核算记录自动生成，做到数字真实、计算准确、内容完整、编报及时。

（四）各级政府财政部门可根据实际管理需要，生成符合各自地方特点的报表以及向财政部报送的其他报表。

第十三条 预算指标核算应通过现代信息技术应用与预算制度改革紧密结合，衔接五级财政预算，动态反映预算指标管理业务全貌，建立业务协同、规范管理、统筹协调的指标核算管理运行机制。实现全国预算指标管理系统一体化、标准化、信息化、数字化。

第十四条 本办法未特殊规定的核算事项，按照财政部有关规定处理。

第十五条 省、自治区、直辖市、计划单列市、新疆生产建设兵团的政府财政部门在与本办法不相违背的前提下，负责制定本地区预算指标具体核算管理办法。

第十六条 本办法自 2023 年 1 月 1 日起实施。各级政府财政部门应当提前将本办法有关规则嵌入各地信息化系统，并在 2023 年预算编制时进行核算。

第二章　预算指标核算科目

一、财政资金预算指标核算科目

借方	贷方
一、指标来源类	二、提前安排类
1001 政府支出预算	2001 本级财力提前下达指标
100101 本级支出预算	2002 本级财力年初控制数

（续表）

借方	贷方
100102 补助支出预算	2003 其他预拨指标
100103 预备费	
100104 上解支出	三、结转结余类
100105 地区间援助支出预算	3001 结转结余
100106 调出资金	
100107 安排预算稳定调节基金	四、财力类
100108 债务还本支出预算	4001 政府收入预算
100109 债务转贷支出预算	400101 本级收入预算
100110 补充预算周转金	400102 补助收入预算
100111 结转下年支出	400103 上解收入
100199 待分预算	400104 地区间援助收入预算
1002 安排国库集中支付结余	400105 调入资金
	400106 动用预算稳定调节基金
五、支出指标类	400107 债务收入预算
5001 待下达指标	400108 债务转贷收入预算
5002 可执行指标	400109 上年结转收入
500201 本级支出指标	400110 上年结余收入
500202 补助支出指标	4002 应付国库集中支付结余
500203 上解支出指标	
500204 地区间援助支出指标	六、收入类
500205 债务还本支出指标	6001 确认收入
500206 债务转贷支出指标	
5003 可执行指标冻结	
七、支付申请类	
7001 支付申请	
八、支付类	
8001 确认支付	
九、结转核销类	
9001 指标结转	
9002 指标结余	

二、单位资金预算指标核算科目

借方	贷方
一、单位资金支出预算类	二、提前安排类
1601 单位资金支出预算	2601 年初控制数

（续表）

借方	贷方
五、支出指标类	**三、结转结余类**
5601 待下达指标	3601 结转结余
5602 可执行指标	
5603 可执行指标冻结	**四、单位资金收入预算类**
	4601 单位资金收入预算
七、支付申请类	460101 事业收入预算
7601 支付申请	460102 经营收入预算
	460103 上级补助收入预算
八、支付类	460104 附属单位上缴收入
8601 确认支付	460105 上年结转结余收入
	460106 财政专户管理资金收入（教育收费）
九、结转核销类	460199 其他收入预算
9601 指标结转结余	
	六、收入类
	6601 确认收入

注：1. 预算指标核算科目，应根据政府收支分类科目以及项目，通过辅助核算要素进行明细核算。

2. 在核销提前安排类科目要素不一致时采用反向冲销法核算；其他反向业务均采用红字冲销法以负数核算。

3. 460106 财政专户管理资金收入（教育收费）科目由地方根据各自管理模式决定是否启用。如果财政专户管理资金（教育收费）视同财政资金管理则使用财政资金预算指标核算科目体系，如果视同单位资金管理则使用本科目。

第三章　预算指标核算科目说明

财政资金预算指标核算科目使用说明

一、指标来源类

1001 政府支出预算

一、本科目核算上级财政部门提前下达、人大批准的本级政府支出预算、预算执行中追加追减以及预算调整。本科目一般为借方余额，借方表示政府支出预算增加，借方红字表示政府支出预算减少，贷方表示核销提前安排类指标、预算调剂时预算减少和生成支出指标，贷方红字表示支出指标收回和收回以前年度存量资金。

二、本科目下应当设置"本级支出预算""补助支出预算""预备费""上解支出""地区间援助支出预算""调出资金""安排预算稳定调节基金""债务还本支出预算""债务转贷支出预算""补充预算周转金""结转下年支出""待分预算"明细科目，进行明细核算。其中"待分预算"明细科目核算收到上级转移支付、收回以前年度存量资金、收回以前年度存量转移支付等未细化落实到部门和地区的政府支出预算。

三、政府支出预算的主要核算处理如下：

（一）收到上级财政部门提前下达的资金，借记本科目，贷记"政府收入预算"科目。

（二）人大批准本级政府年初预算后，确认收支预算时，借记本科目，贷记"政府收入预算"科目。

（三）人大批准本级政府年初预算后，核销本级财力提前下达指标时，借记"本级财力提前下达指标"科目，贷记本科目。

（四）人大批准本级政府年初预算后，核销本级财力年初控制数时，借记"本级财力年初控制数"科目，贷记本科目。

（五）生成支出指标时，借记"待下达指标"科目、"可执行指标"科目，贷记本科目。收回支出指标时，采用红字冲销法以负数核算，借记"待下达指标"科目、"可执行指标"科目，贷记本科目。

（六）增加（减少）预算总支出或调减预算安排的重点支出、上级财政部门追加或追减转移支付预算、增加举借债务数额时，借记本科目，贷记"政府收入预算"科目（调减和追减时采用红字冲销法以负数核算，借记本科目，贷记"政府收入预算"科目）。

（七）政府支出预算调剂收回支出指标时，采用红字冲销法以负数核算，借记"待下达指标"科目、"可执行指标"科目，贷记本科目。政府支出预算调剂时，借记本科目对应明细科目，贷记本科目对应明细科目；重新生成支出指标时，借记"待下达指标"科目、"可执行指标"科目，贷记本科目。

（八）收到上级转移支付未细化落实到部门和地区时，借记本科目下"待分预算"科目，贷记"政府收入预算"科目；将未细化资金落实到部门和地区后，借记本科目对应明细科目，贷记本科目下"待分预算"科目。

（九）收回以前年度下级存量转移支付时，采用红字冲销法以负数核算，借记本科目下"补助支出预算"科目，贷记本科目下"待分预算"科目。

（十）确认调出资金时，借记"确认支付"科目，贷记本科目下"调出资金"科目。

（十一）动支预备费时，借记本科目下对应明细科目，贷记本科目下"预备费"科目。

（十二）增支需动用预算稳定调节基金时，借记本科目，贷记"政府收入预算"科目。

（十三）收回以前年度存量资金时，采用红字冲销法以负数核算，借记"确认支付"科目，贷记本科目下"待分预算"科目。

（十四）年初预算结转下年支出年终确认时，借记"指标结转"科目，贷记本科目。

（十五）根据实际执行数据调整新的平衡关系时，调增时借记本科目，贷记"政府收入预算"科目，调减时采用红字冲销法以负数核算，借记本科目，贷记"政府收入预算"科目。

（十六）年终结算，将超收收入转入预算稳定调节基金时，借记本科目，贷记"政府收入预算"科目；将所有需要确认的支出预算确认支付时，借记"确认支付"科目，贷记本科目。

四、年终结转后，本科目期末无余额。

1002 安排国库集中支付结余

一、本科目核算政府财政部门采用权责发生制列支、预算单位尚未使用的国库集中支付结余指标。本科目为借方余额，借方反映财政部门批准的国库集中支付结余增加，借方红字反映财政收回国库集中支付结余，贷方反映生成支出指标和调剂时国库集中支付结余减少，贷方红字反映收回国库集中支付结余支出指标。

二、安排国库集中支付结余的主要核算处理如下：

（一）国库集中支付结余年初转入，借记本科目，贷记"应付国库集中支付结余"科目。

（二）国库集中支付结余生成支出指标时，借记"可执行指标"科目，贷记本科目；收回国库集中支付结余支出指标时，采用红字冲销法以负数核算，借记"可执行指标"科目，贷记本科目。

（三）国库集中支付结余调剂时，借记本科目对应明细，贷记本科目对应明细。再重新生成支出指标时，借记"可执行指标"科目，贷记本科目。

（四）收回国库集中支付结余时，采用红字冲销法以负数核算，借记本科目，贷记"应付国库集中支付结余"科目。

三、年终结转后，本科目期末无余额。

二、提前安排类

2001 本级财力提前下达指标

一、本科目核算在预算草案未经人大审查和批准前，本级政府使用本级财力提前下达下级政府的转移支付预算指标。本科目为贷方余额，贷方反映本级财力提前下达累计数，借方反映本级财力提前下达指标核销。

二、提前下达指标的主要核算处理如下：

（一）通过本科目提前下达支出指标时，借记"可执行指标"科目，贷记本科目。

（二）人大批准本级年初预算后，核销本级财力提前下达指标时，借记本科目，贷记"政府支出预算"科目。

（三）人大批准的本级年初预算同本级财力提前下达指标要素不一致，先对原可执行指标进行支付更正或资金退回，再进行核销时，采用反向冲销法核算，借记本科目，贷记"可执行指标"科目。

三、核销完成后，本科目无余额。

2002 本级财力年初控制数

一、本科目核算在预算草案未经人大审查和批准前，本级政府通过本级财力提前安排的本级支出。本科目为贷方余额，贷方反映本级财力年初控制数下达累计数，贷方红字反映本级财力年初控制数下达指标收回，借方反映本级财力年初控制数下达指标核销。

二、本级财力年初控制数的主要核算处理如下：

（一）人大批准预算草案前，下达可以提前安排的本级财力年初控制数，借记"可执行指标"科目，贷记本科目。

（二）人大批准年初预算后，核销年初控制数时，借记本科目，贷记"政府支出预算"科目。

（三）人大批准的年初预算同本级财力年初控制下达指标要素不一致，先对原可执行指标进行支付更正或资金退回，再进行核销时，采用反向冲销法核算，借记本科目，贷记"可执行指标"科目。

（四）本级财力年初控制数下达的指标调剂收回可执行指标时采用红字冲销法以负数核算，借记"可执行指标"科目，贷记本科目。

三、核销完成后，本科目无余额。

2003 其他预拨指标

一、本科目核算根据特殊的执行需要和相关预算指标批准为依据，先行预拨资金，后期进行调整，在预算调整批准后应予以核销。本科目为贷方余额，贷方反映其他预拨指标下达累计数，贷方红字反映其他预拨指标下达指标收回，借方反映其他预拨指标核销。

二、其他预拨指标的主要核算处理如下：

（一）通过本科目下达支出指标时，借记"可执行指标"科目，贷记本科目。

（二）核销其他预拨指标时，借记本科目，贷记"政府支出预算"科目。

（三）预算调整批复后同其他预拨指标下达要素不一致，先对原可执行指标进行支付更正或资金退回，再进行核销时，采用反向冲销法核算，借记本科目，贷记"可执行指标"科目。

（四）其他预拨指标调剂收回可执行指标时采用红字冲销法以负数核算，借记"可执行指标"科目，贷记本科目。

三、核销完成后，本科目无余额。

三、结转结余类
3001 结转结余

一、本科目核算确认收入与确认支付相抵后的结转结余。本科目一般为贷方余额，贷方余额反映本年结转结余，表示收大于支，借方余额表示收不抵支。

二、结转结余的主要核算处理如下：

（一）年终将确认收入和确认支付转入结转结余时，借记"确认收入"科目，贷记本科目，贷记"确认支付"科目。

（二）年终结账时，借记本科目，贷记"指标结转"科目、"指标结余"科目。

三、年终结账后，本科目无余额。

四、财力类
4001 政府收入预算

一、本科目核算上级财政部门提前下达、人大批准的本级政府收入预算及收入预算调整。本科目一般为贷方余额，贷方反映收入预算增加；贷方红字反映收入预算减少，借方反映收入预算转入确认收入。借方红字反映收入退库及减少上年结转结余。

二、本科目下应当设置"本级收入预算""补助收入预算""上解收入""地区间援助收入预算""调入资金""动用预算稳定调节基金""债务收入预算""债务转贷收入预算""上年结转收入""上年结余收入"明细科目，进行明细核算。

三、政府收入预算的主要核算处理如下：

（一）收到上级财政部门提前下达的资金，借记"政府支出预算"科目，贷记本科目。同时确认收入，借记本科目，贷记"确认收入"科目。

（二）人大批准本级政府年初预算，批复下达时，借记"政府支出预算"科目，贷记本科目。同时将上年结转结余收入部分确认收入时，借记本科目，贷记"确认收入"科目。

（三）增加预算总支出、上级财政部门追加转移支付、增加举借债务数额时，借记"政府支出预算"科目，贷记本科目。同时将上年结转结余收入确认收入时，借记本科目，贷记"确认收入"科目。减少预算总支出、调减预算安排的重点支出以及上级财政部门追减转移支付时，采用红字冲销法以负数核算，借记"政府支出预算"科目，贷记本科目。调减上年结转结余收入时用红字冲销法核算，借记本科目，贷记"确认收入"科目。

（四）本级预算收入、债务发行收入等实现时，借记本科目，贷记"确认收入"科目。退库或退款时，用红字冲销法以负数核算，借记本科目，贷记"确认收入"科目。

（五）调入资金时，调入方借记本科目，贷记"确认收入"科目。

（六）增支需动用预算稳定调节基金时，借记"政府支出预算"科目，贷记本科目；短收需动用预算稳定调节基金时，借记本科目下对应科目，贷记本科目下"动用预算稳定调节基金"科目。

（七）年终结算，超收收入按规定补充预算稳定调节基金时，借记"政府支出预算"科目，贷记本科目；未确认的收入预算需要转确认收入时，借记本科目，贷记"确认收入"科目。

（八）根据实际执行数据调整新的平衡关系调增时，借记"政府支出预算"，贷记本科目，再借记"确认收入"科目，贷记本科目。调减时采用红字冲销法以负数核算，借记"政府支出预算"，贷记本科目，再借记"确认收入"科目，贷记本科目。

四、年终结转后，本科目无余额。

4002 应付国库集中支付结余

一、本科目核算政府财政部门采用权责发生制列支、预算单位尚未使用的国库集中支付结余指标。本科目为贷方余额，贷方反映财政部门批准的国库集中支付结余增加。贷方红字反映财政收回国库集中支付结余，借方反映转入确认收入，借方红字反映收回国库集中支付结余后冲销确认收入。

二、应付国库集中支付结余的主要核算处理如下：

（一）国库集中支付结余年初转入时，借记"安排国库集中支付结余"科目，贷记本科目。

（二）国库集中支付结余确认收入时，借记本科目，贷记"确认收入"科目。

（三）收回国库集中支付结余和国库集中支付指标结余时，采用红字冲销法以负数核算，借记"安排国库集中支付结余"科目，贷记本科目，再借记本科目，贷记"确认收入"科目。

三、年终结转后，本科目无余额。

五、支出指标类

5001 待下达指标

一、本科目核算预算执行时根据管理需要，因工资统发、未满足支付条件和未达到支付时间等情况的支出指标。本科目为借方余额，借方反映待下达的支出指标，借方红字反映收回的待下达指标，贷方反映转入可执行指标，贷方红字反映可执行指标转回待下达指标。

二、待下达指标的主要核算处理如下：

（一）政府支出预算生成待下达指标时，借记本科目，贷记"政府支出预算"科目。调减政府支出预算收回支出指标时，采用红字冲销法以负数核算，借记本科目，贷记"政府支出预算"科目。

（二）预算调剂，部门预算指标及转移支付预算指标在不同单位、科目、项目之间调剂和级次间调剂，收回指标时，采用红字冲销法以负数核算，借记本科目，贷记"政府支出预算"科目。

（三）确认下达为可执行指标时，借记"可执行指标"科目，贷记本科目。可执行指标转回待下达指标时，采用红字冲销法以负数核算，借记"可执行指标"科目，贷记本科目。

（四）待下达指标余额转入指标结转或指标结余时，借记"指标结转"科目或"指标结余"科目，贷记本科目。

三、年终结转后，本科目期末无余额。

5002 可执行指标

一、本科目核算可直接执行的支出指标。本科目为借方余额，借方反映可执行的支出指标，借方红字反映收回的可执行指标，贷方反映转入支付申请和可执行指标冻结，贷方红字反映支付申请退回和可执行指标冻结解冻。

二、本科目下应当设置"本级支出指标""补助支出指标""上解支出指标""地区间援助支出指标""债务还本支出指标""债务转贷支出指标"明细科目，进行明细核算。

三、可执行指标的主要核算处理如下：

（一）收到上级提前下达预算指标，生成支出指标时，借记本科目，贷记"政府支出预算"科目。

（二）人大批准预算草案前，提前下达下级支出指标时，借记本科目，贷记"本级财力提前下达指标"科目。

（三）人大批准预算草案前，财政部门下达可以提前安排的年初控制数时，借记本科目，贷记"本级财力年初控制数"科目。

（四）预算批复前，年初控制数下达的可执行指标调剂时，采用红字冲销法以负数核算，借记本科目，贷记"本级财力年初控制数"科目。重新安排生成可执行指标时，借记本科目，贷记"本级财力年初控制数"科目。

（五）政府支出预算生成可执行指标时，借记本科目，贷记"政府支出预算"科目。调减政府支出预算时，采用红字冲销法以负数核算，借记本科目，贷记"政府支出预算"科目。

（六）预算调剂，部门预算指标及转移支付预算指标在不同单位、科目、项目之间调剂和级次间调剂，收回指标时，采用红字冲销法以负数核算，借记本科目，贷记"政府支出预算"科目。

（七）核销年初控制数下达指标、其他预拨指标要素不一致，通过支付更正或资金退回恢复可执行指标后核销时，采用反向冲销法核算，借记"本级财力年初控制数"科目，借记"其他预拨指标"科目，贷记本科目。

（八）追减转移支付预算，上级财政部门收回下级转移支付时，采用红字冲销法以负数核算，借记本科目，贷记"政府支出预算"科目。

（九）接收上级追减转移支付预算，指标已下达给下级财政部门时，采用红字冲销法以负数核算，借记本科目，贷记"政府支出预算"科目；退回已支付资金时，采用红字冲销法以负数核算，借记"支付申请"科目，贷记本科目。

（十）待下达指标确认下达时，借记本科目，贷记"待下达指标"科目；可执行指标转回待下达指标时，采用红字冲销法以负数核算，借记本科目，贷记"待下达指标"科目。

（十一）可执行指标冻结时，借记"可执行指标冻结"科目，贷记本科目；可执行指标冻结解冻时，采用红字冲销法以负数核算，借记"可执行指标冻结"科目，贷记本科目。

（十二）支付申请时，借记"支付申请"科目，贷记本科目。

（十三）当年预算支出资金退回，采用红字冲销法以负数核算，恢复可执行指标余额时，借记"支付申请"科目，贷记本科目。

（十四）上年预拨资金本年确认支付、上级财政代扣事项以及专户管理的粮食风险基金确认支付时，借记"确认支付"科目，贷记本科目。

（十五）支付更正恢复可执行指标余额时，采用红字冲销法以负数核算，借记"支付申请"科目，贷记本科目；扣减可执行指标余额时，借记"支付申请"科目，贷记本科目。

（十六）存放在财政专户、贷款方直接支付或委托代理银行、转贷银行支付的外贷资金确认支付时，借记"确认支付"科目，贷记本科目，退回时采用红字冲销法以负数核算，借记"确认支付"科目，贷记本科目。

（十七）可执行指标余额转入指标结转或指标结余时，借记"指标结转"科目或"指标结余"科目，贷记本科目。

（十八）年终结算，未确认的可执行指标需要确认支付时，借记"确认支付"科目，贷记本科目。

（十九）权责发生制事项生成支出指标时，借记本科目，贷记"安排国库集中支付结余"科目。

（二十）收回国库集中支付结余支出指标和国库集中支付结余调剂收回支出指标时，采用红字冲销法以负数核算，借记本科目，贷记"安排国库集中支付结余"科目。

（二十一）国库集中支付权责发生制转列支出时，借记"确认支付"科目，贷记本科目。

四、年终结转后，本科目期末无余额。

5003 可执行指标冻结

一、本科目核算可执行指标的冻结。本科目为借方余额，借方反映被冻结的可执行指标，贷方反映解冻的可执行指标。

二、可执行指标冻结的核算处理如下：

（一）可执行指标冻结时，借记本科目，贷记"可执行指标"科目。

（二）可执行指标解冻时，采用红字冲销法以负数核算，借记本科目，贷记"可执行指标"科目。

三、本科目期末无余额。

六、收入类

6001 确认收入

一、本科目核算政府收入预算确认收入。本科目一般为贷方余额，贷方反映实际确认收入，贷方红字反映收入退库、退款和确认上级转移支付负指标，借方反映转入结转结余。

二、确认收入的主要核算处理如下：

（一）收到上级转移支付预算，将政府收入预算确认收入时，借记"政府收入预算"科目，贷记本科目。确认上级转移支付负指标时采用红字冲销法以负数核算，借记"政府收入预算"科目，贷记本科目。

（二）人大批准本级政府年初预算及预算调整后，上年结转收入确认收入时，借记"政府收入预算"科目，贷记本科目。

（三）本级收入、债务收入、债务转贷收入等收入实现时，借记"政府收入预算"科目，贷记本科目。退库或退款时用红字冲销法以负数核算，借记"政府收入预算"科目，贷记本科目。

（四）调入资金时，调入方借记"政府收入预算"科目，贷记本科目。

（五）确认动用预算稳定调节基金时，借记"政府收入预算"科目，贷记本科目。

（六）权责发生制事项年初转入时，借记"应付国库集中支付结余"科目，贷记本科目。

（七）收回国库集中支付结余时，采用红字冲销法以负数核算，借记"应付国库集中支付结余"科目，贷记本科目。

（八）年终结算，未确认的政府收入预算需要确认收入时，借记"政府收入预算"科目，贷记本科目。

（九）根据实际执行数据调整新的平衡关系调增时，借记"政府收入预算"科目，贷记本科目。调减时采用红字冲销法以负数核算，借记"政府收入预算"科目，贷记本科目。

（十）结转结余时，确认收入和确认支付转入结转结余，借记本科目，贷记"结转结余"科目、"确认支付"科目。

三、年终结转后，本科目无余额。

七、支付申请类

7001 支付申请

一、本科目核算财政部门和单位的支付申请。本科目为借方余额，借方反映支付申请的累计数，借方红字反映支付申请退回。贷方反映转入确认支付，贷方红字反映确认支付退回。

二、支付申请的主要核算处理如下：

（一）财政部门和单位在执行系统中录入支付申请并保存发送时，借记本科目，贷记"可执行指标"科目。支付申请退回时，采用红字冲销法以负数核算，借记本科目，贷记"可执行指标"科目。

（二）资金实际支付时，借记"确认支付"科目，贷记本科目。

（三）资金退回和支付更正恢复支付申请余额时，采用红字冲销法以负数核算，借记"确认支付"科目，贷记本科目。恢复可执行指标余额时，采用红字冲销法以负数核算，借记本科目，贷记"可执行指标"科目。

三、本科目期末无余额。

八、支付类

8001 确认支付

一、本科目核算预算执行时的确认支付。本科目一般为借方余额，借方反映确认支付累计数，借方红字反映当年及收回存量资金的确认支付，贷方反映转入结转结余。

二、确认支付的主要核算处理如下：

（一）预算执行确认支付时，借记本科目，贷记"支付申请"科目。

（二）上年预拨资金本年确认支付、上级财政代扣事项以及专户管理的粮食风险基金确认支付时，借记本科目，贷记"可执行指标"科目。

（三）当年资金退回和支付更正时，采用红字冲销法以负数核算，借记本科目，贷记"支付申请"科目。

（四）调出资金时，调出方借记本科目，贷记"财政支出预算"科目。

（五）补充预算周转金时，借记本科目，贷记"政府支出预算"科目。

（六）安排预算稳定调节基金时，借记本科目，贷记"政府支出预算"科目。

（七）收回以前年度存量资金、收回以前年度存量转移支付指标、收回国库集中支付结余时，采用红字冲销法以负数核算，借记本科目，贷记"待分预算"科目。

（八）存放在财政专户、贷款方直接支付或委托代理银行、转贷银行支付的外贷资金确认支付时，借记本科目，贷记"可执行指标"科目。退回时采用红字冲销法以负数核算，借记本科目，贷记"可执行指标"科目。

（九）根据年终结算将补助支出、上解支出、调出资金、安排预算稳定调节基金、补充预算周转金转确认支付，借记本科目，贷记"政府支出预算"科目、"可执行指标"科目。

（十）国库集中支付结余权责发生制列支时，借记本科目，贷记"可执行指标"科目。

（十一）根据实际执行数据调整新的平衡关系调增时，借记本科目，贷记"政府支出预算"，调减时采用红字冲销法以负数核算，借记本科目，贷记"政府支出预算"。

（十二）结转结余时，借记"确认收入"科目，贷记"结转结余"科目，贷记本科目。

三、年终结转后，本科目无余额。

九、结转核销类

9001 指标结转

一、本科目核算根据预算指标结转结余规定，下年可继续安排使用的指标。本科目一般为借方余额，借方反映结转下年继续使用的指标，贷方反映同结转结余冲销。

二、指标结转的主要核算处理如下：

（一）结转核销时，政府支出预算和支出指标余额转入指标结转，借记本科目，贷记

"政府支出预算"科目、"待下达指标"科目、"可执行指标"科目。

（二）年初预算结转下年支出确认时，借记本科目，贷记"政府支出预算"科目。

（三）年终结账时，将本科目与结转结余类科目余额清零，借记"结转结余"科目，贷记本科目。

三、年终结账后，本科目无余额。

9002 指标结余

一、本科目核算根据预算指标结转结余规定转入的指标结余事项。本科目一般为借方余额，借方反映结余指标。贷方反映转入预算稳定调节基金和同结转结余冲销，贷方红字反映收回以前年度权责发生制事项支出指标转入指标结余。

二、指标结余的主要核算处理如下：

（一）结转核销时，统筹收回政府支出预算和支出指标余额转入指标结余，借记本科目，贷记"政府支出预算"科目、"待下达指标"科目、"可执行指标"科目。

（二）收回以前年度国库集中支付结余支出指标转入指标结余时，采用红字冲销法以负数核算，借记"确认支付"科目，贷记本科目。

（三）按预算法规定的相关结余转入预算稳定调节基金，借记"政府支出预算"科目，贷记本科目。

（四）年终结账时，将本科目与结转结余类科目归集，余额清零，借记"结转结余"科目，贷记本科目。

三、年终结账后，本科目无余额。

单位资金预算指标核算科目使用说明

一、单位资金支出预算类

1601 单位资金支出预算

一、本科目核算经财政部门批复的单位资金支出预算及变动。本科目一般为借方余额，借方表示单位资金支出预算增加，借方红字表示单位资金支出预算减少，贷方表示冲销提前安排和生成支出指标，贷方红字表示预算调剂时支出指标收回及收回以前年度存量资金。

二、单位资金支出预算的核算处理如下：

（一）单位资金年初预算批复、调增预算收支时，借记本科目，贷记"单位资金收入预算"科目。调减预算收支时，采用红字冲销法以负数核算，借记本科目，贷记"单位资金收入预算"科目。

（二）核销提前安排类年初控制数时，借记"年初控制数"科目，贷记本科目。

（三）单位资金支出预算生成支出指标时，借记"待下达指标"科目、"可执行指标"科目，贷记本科目。

（四）预算调剂收回支出指标时，采用红字冲销法以负数核算，借"待下达指标"科目、"可执行指标"科目，贷记本科目。预算调剂时，借记本科目（明细），贷记本科目（明细）；重新生成支出指标时，借记"待下达指标"科目、"可执行指标"科目，贷记本科目。

（五）收回以前年度存量资金时，采用红字冲销法以负数核算，借记"确认支付"科目，贷记本科目。

（六）年终结账时，单位资金支出预算转入单位资金结转结余时，借记"指标结转结余"科目，贷记本科目。

三、年终结转后，本科目无余额。

二、提前安排类

2601 年初控制数

一、本科目核算本级预算草案在人大批准前,经财政部门审核确认,单位当年可以提前安排的特定支出。本科目为贷方余额,贷方反映年初控制数下达累计数,借方反映年初控制数下达指标核销数。

二、年初控制数的主要核算处理如下:

(一)单位资金年初预算批复前,确认下达可以提前安排的年初控制数时,借记"可执行指标"科目,贷记本科目。

(二)核销年初控制数时,借记本科目,贷记"单位资金支出预算"科目。

(三)核销年初控制数要素不一致,需通过支付更正或资金退回后进行核销时,采用反向冲销法核算,借记本科目,贷记"可执行指标"科目。

(四)年初控制数下达指标调剂收回可执行指标时,采用红字冲销法以负数核算,借记"可执行指标"科目,贷记本科目。

三、核销后,本科目无余额。

三、结转结余类

3601 结转结余

一、本科目核算单位资金确认收入与确认支付相抵后的结转结余。本科目一般为贷方余额,贷方反映本年结转结余,表示收大于支,借方余额表示收不抵支。

二、结转结余的主要核算处理如下:

(一)年终转账时,借记"确认收入"科目,贷记本科目,贷记"确认支付"科目。

(二)年终结账时,将本科目余额清零,借记本科目,贷记"指标结转结余"科目。

三、年终结账后,本科目无余额。

四、单位资金收入预算类

4601 单位资金收入预算

一、本科目核算经财政部门批复的单位资金收入预算及变动情况。本科目一般为贷方余额,贷方反映收入预算增加,贷方红字反映相应的收入预算减少,借方反映收入预算转入确认收入累计数,借方红字反映收入退付及减少上年结转结余。

二、本科目下应当设置"事业收入预算""经营收入预算""上级补助收入预算""附属单位上缴收入""结转结余收入""财政专户管理资金收入(教育收费)""其他收入预算"明细科目,进行明细核算。

三、单位资金收入预算的核算处理如下:

(一)单位资金年初预算批复、调增预算收支时,借记"单位资金支出预算"科目,贷记本科目。调减预算收支时,采用红字冲销法以负数核算,借记"单位资金支出预算"科目,贷记本科目。

(二)单位资金确认收入时,借记本科目,贷记"确认收入"科目。收入退付及减少上年结转结余时,采用红字冲销法以负数核算,借记本科目,贷记"确认收入"科目。

(三)单位资金收入预算超收转入单位资金结转结余时,借记"指标结转结余"科目,贷记本科目。

四、年终结转后,本科目无余额。

五、支出指标类

5601 待下达指标

一、本科目核算预算执行时根据管理需要，因工资统发、未满足支付条件和未达到支付时间等情况的支出指标。本科目为借方余额，借方反映待下达的支出指标，借方红字反映收回的待下达指标，贷方反映转入可执行指标，贷方红字反映可执行指标转回为待下达指标。

二、待下达指标的主要核算处理如下：

（一）单位资金支出预算生成待下指标时，借记本科目，贷记"单位资金支出预算"科目。调减单位资金支出预算收回支出指标时，采用红字冲销法以负数核算，借记本科目，贷记"单位资金支出预算"科目。

（二）预算调剂，支出指标在不同科目、项目之间调剂，收回支出指标时，采用红字冲销法以负数核算，借记本科目，贷记"单位资金支出预算"科目。

（三）确认下达为可执行指标时，借记"可执行指标"科目，贷记本科目。可执行指标转回为待下达指标时，采用红字冲销法以负数核算，借记"可执行指标"科目，贷记本科目。

（四）指标结转结余，待下达指标余额转入指标结转结余时，借记"指标结余"科目，贷记本科目。

三、年终结转后，本科目期末无余额。

5602 可执行指标

一、本科目核算可执行的单位资金支出指标。本科目为借方余额，借方反映可执行的支出指标，借方红字反映收回的可执行指标，贷方反映转入支付申请或可执行指标冻结，贷方红字反映支付申请退回和可执行指标冻结解冻。

二、可执行指标的主要核算处理如下：

（一）单位资金年初预算批复前，确认可以提前安排的年初控制数时，借记本科目，贷记"年初控制数"科目。

（二）预算批复前，年初控制数下达指标调剂收回支出指标时，采用红字冲销法以负数核算，借记本科目，贷记"年初控制数"科目。重新安排生成可执行指标时，借记本科目，贷记"年初控制数"科目。

（三）单位资金支出预算生成可执行指标时，借记本科目，贷记"单位资金支出预算"科目。

（四）预算调剂，支出指标在不同科目、项目之间调剂，收回支出指标时，采用红字冲销法以负数核算，借记本科目，贷记"单位资金支出预算"科目。重新安排生成支出指标时，借记本科目，贷记"单位资金支出预算"科目。

（五）核销年初控制数下达指标要素不一致，通过支付更正或资金退回恢复可执行指标后核销时，采用反向冲销法核算，借记"年初控制数"科目，贷记本科目。

（六）待下达指标确认下达时，借记本科目，贷记"待下达指标"科目；可执行指标转回为待下达指标时，采用红字冲销法以负数核算，借记本科目，贷记"待下达指标"科目。

（七）可执行指标冻结时，借记"可执行指标冻结"科目，贷记本科目，可执行指标冻结解冻时，采用红字冲销法以负数核算，借记本科目，贷记"可执行指标冻结"科目。

（八）申请支付时，借记"支付申请"科目，贷记本科目。资金退回时，采用红字冲销法以负数核算，借记"支付申请"科目，贷记本科目。

（九）支付更正，恢复可执行指标余额时，采用红字冲销法以负数核算，借记"支付申请"科目，贷记本科目；扣减可执行指标余额时，借记"支付申请"科目，贷记本科目。

（十）结转核销，将本科目借方余额全数转入指标结转结余科目时，借记"指标结转结余"科目，贷记本科目，贷记"单位资金收入预算"科目。

三、本科目期末无余额。

5603 可执行指标冻结

一、本科目核算可执行指标的冻结。本科目为借方余额，借方反映被冻结的可执行指标，贷方反映可执行指标冻结解冻。

二、可执行指标冻结的核算处理如下：

（一）可执行指标冻结时，借记本科目，贷记"可执行指标"科目。

（二）可执行指标冻结解冻时，采用红字冲销法以负数核算，借记本科目，贷记"可执行指标"科目。

三、本科目期末无余额。

六、收入类

6601 确认收入

一、本科目核算单位资金收入预算实际确认收入。本科目一般为贷方余额，贷方反映实际确认收入，贷方红字反映收入退付和收回收入预算，借方反映转入结转结余。

二、确认收入的主要核算处理如下：

（一）确认收入时，借记"单位资金收入预算"科目，贷记本科目。收入退付或收回收入预算时用红字冲销法以负数核算，借记"单位资金收入预算"科目，贷记本科目。

（二）年终结账时，确认支付和确认收入转入结转结余，借记本科目，贷记"结转结余"科目，贷记"确认支付"科目。

三、年终结转后，本科目无余额。

七、支付申请类

601 支付申请

一、本科目核算发生支付业务时，单位资金的支付申请。本科目为借方余额，借方反映支付申请的累计数，借方红字反映支付申请退回，贷方反映转入确认支付，贷方红字反映退回确认支付时冲销支付申请。

二、支付申请的主要核算处理如下：

（一）申请支付保存发送时，借记本科目，贷记"可执行指标"科目。

（二）资金实际支付时，借记"确认支付"科目，贷记本科目。

（三）资金退回、支付更正，恢复支付申请余额时，采用红字冲销法以负数核算，借记"确认支付"科目，贷记本科目。恢复可执行指标余额时，采用红字冲销法以负数核算，借记本科目，贷记"可执行指标"科目。

三、年终结转后，本科目无余额。

八、支付类

8601 确认支付

一、本科目核算单位资金的实际支付数。本科目一般为借方余额，借方反映确认支付累计数，借方红字反映当年及收回以前年度存量资金的确认支付，贷方反映转入结转结余。

二、确认支付的主要核算处理如下：

（一）确认支付时，借记本科目，贷记"支付申请"科目。资金退回和支付更正时，采用红字冲销法以负数核算，借记本科目，贷记"支付申请"科目。

（二）收回以前年度存量资金时采用红字冲销法以负数核算，借记本科目，贷记"单位资金支出预算"科目。

（三）年终转账，单位资金确认支付和确认收入转入单位资金结转结余时，借记"确认收入"科目，贷记"结转结余"科目，贷记本科目。

三、年终结转后，本科目无余额。

九、结转核销类

9601 指标结转结余

一、本科目核算单位资金收入预算、支出预算、支出指标的结转核销。本科目一般为借方余额，借方反映结转下年继续使用的指标，贷方反映同结转结余冲销。

二、指标结转的主要核算处理如下：

（一）结转核销时，借记本科目，贷记"单位资金支出预算"科目、"单位资金收入预算"科目、"待下达指标"科目、"可执行指标"科目。

（二）年终结账时，将本科目余额清零，借记"结转结余"科目，贷记本科目。

三、年终结账后，本科目无余额。

第四章 预算指标核算要素

序号	要素名称	备注
1	预算年度	
2	财政区划	
3	本级指标文号	
4	预算项目代码	
5	预算单位	
6	资金性质	
7	业务主管处室	
8	指标管理处室	
9	收入分类科目	
10	转移支付支出功能分类科目	
11	支出功能分类科目	
12	政府支出经济分类	
13	部门支出经济分类	
14	指标类型	
15	预算来源	注2
16	是否提前安排	注2
17	接收方财政区划	
18	预算级次	
19	上级指标文号	
20	是否政府采购	

（续表）

序号	要素名称	备注
21	支付方式	
22	是否工资统发	
23	直达资金标识	
24	是否科研	
25	是否债务	
26	是否基建	

注：1. 预算指标核算要素和预算管理一体化要素保持一致。

2. "预算来源"和"是否提前安排"为本次新增要素。代码及明细选项暂定如下，待预算管理一体化要素更新后保持一致：

预算来源：

1. 年初预算

2. 预算调整

3. 预算调剂

是否提前安排：

1 是

2 否

第五章 预算指标核算管理业务场景梳理

预算指标核算管理业务场景仅供各级政府财政部门在预算指标核算管理时参考，不得以此作为进行有关经济活动的依据。本章节中的"上级"是指有对下转移支付的中央、省、市、县级政府财政部门，本章节中的"下级"是指接收上级转移支付的省、市、县、乡镇级政府财政部门；本章节中的"金额流向一致"指的是资金支付的收款方和金额同预算指标一致。

一、财政资金

1.1 提前安排支出

1.1.1 提前下达

1. 收到上级提前下达转移支付指标。各级人大审查和批准预算草案前，本级政府财政部门将上级提前下达的转移支付数编入本级预算。

（1）触发记账条件

本级政府财政部门审核确认。

（2）记账规则

①登记上级补助收入

已细化落实到部门和地区的，借记"本级支出预算"科目或"补助支出预算"科目；未细化落实到部门和地区的，借记"待分预算"科目。同时由于本分录已对提前下达登记了收支预算，预算批准后将不再重复登记（包括部门预算中来源为上级补助的部分）。

借：政府支出预算——本级支出预算

　　政府支出预算——补助支出预算

　　政府支出预算——待分预算

　　贷：政府收入预算——补助收入预算

②确认收入

收到上级提前下达转移支付指标完成收支预算登记后，视为政府收入预算已实现。

借：政府收入预算——补助收入预算
　　贷：确认收入
（3）控制规则
记账金额须等于接收的提前下达的指标金额，且所有要素保持一致。
2. 预算批复前未细化落实到部门和地区的部分，细化后向本级预算单位和下级财政分配，乡财县管县级代编预算的，无向下级分配业务，不做相关核算。
（1）触发记账条件
本级政府财政部门审核确认。
（2）记账规则
借：政府支出预算——本级支出预算
　　政府支出预算——补助支出预算
　　贷：政府支出预算——待分预算
（3）控制规则
分配金额不得大于登记到"待分预算"科目的金额。
3. 完成分配资金的内部审核流程后，登记支出指标。
（1）触发记账条件
本级政府财政部门审核确认。
（2）记账规则
借：可执行指标——本级支出指标
　　可执行指标——补助支出指标
　　贷：政府支出预算——本级支出预算
　　　　政府支出预算——补助支出预算
（3）控制规则
"政府支出预算"科目不得出现贷方余额，所有核算要素需保持一致。
4. 本级财力提前下达。
各级人大审查和批准预算草案前，本级政府财政部门根据预算法有关规定提前下达下级转移支付指标。"本级财力提前下达指标"科目核算的资金指本级财力提前安排下级使用的部分。
（1）触发记账条件
本级政府财政部门确认下达。
（2）记账规则
借：可执行指标——补助支出指标
　　贷：本级财力提前下达指标
（3）控制规则
①记账金额及所有要素保持一致。
②提前下达的转移支付应区分年度登记。

1.1.2 本级财力年初控制数

预算草案未经各级人大审查和批准前，本级政府财政部门根据预算法有关规定提前安排的本级支出。"本级财力年初控制数"科目核算的资金指本级财力提前安排本级部门使用的部分。

1. 触发记账条件。
本级政府财政部门确认下达。

2. 记账规则。

（1）本级财力年初控制数下达指标。

借：可执行指标——本级支出指标

      可执行指标——债务还本支出指标

    贷：本级财力年初控制数

（2）预算批复前，本级财力年初控制数下达的指标调剂时，先收回指标 A，再重新安排指标 B。收回时采用红字冲销法以负数核算。

借：可执行指标——本级支出指标 A   红字

    贷：本级财力年初控制数 A   红字

借：可执行指标——本级支出指标 B

    贷：本级财力年初控制数 B

3. 控制规则。

（1）"本级财力年初控制数"科目不得出现借方余额。

（2）"可执行指标"科目不得出现贷方余额。

1.2 预算批复

1.2.1 年初预算批复

人大批准年初预算后，应先扣除收到上级提前下达转移支付，然后将剩余部分确认政府收支年初预算。

1. 触发记账条件。

本级政府财政部门依据人大批准的政府预算批复下达。

2. 记账规则。

借：政府支出预算——本级支出预算

      政府支出预算——补助支出预算

      政府支出预算——预备费

      政府支出预算——上解支出

      政府支出预算——地区间援助支出预算

      政府支出预算——调出资金

      政府支出预算——债务还本支出预算

      政府支出预算——债务转贷支出预算

      政府支出预算——补充预算周转金

      政府支出预算——结转下年支出

    贷：政府收入预算——本级收入预算

        政府收入预算——补助收入预算

        政府收入预算——上解收入

        政府收入预算——地区间援助收入预算

        政府收入预算——调入资金

        政府收入预算——动用预算稳定调节基金

        政府收入预算——债务收入预算

        政府收入预算——债务转贷收入预算

        政府收入预算——上年结转收入

        政府收入预算——上年结余收入

同时确认上年结转结余收入。

借：政府收入预算——上年结转收入
　　　　政府收入预算——上年结余收入
　　　　　贷：确认收入
　　3. 控制规则。
　　（1）记账金额须等于人大批准的预算数扣除收到上级提前下达转移支付后的剩余部分。
　　（2）"动用预算稳定调节基金"科目、"上年结转收入"科目及"上年结余收入"科目记账金额应同总预算会计衔接。

1.2.2 核销本级财力提前下达指标

　　人大批准年初预算后，核销要素金额一致时，通过"补助支出预算"核销"本级财力提前下达指标"。核销要素金额不一致时，通过"补助支出指标"核销"本级财力提前下达指标"。
　　1. 触发记账条件。
　　本级政府财政部门确认核销。
　　2. 记账规则。
　　（1）要素金额一致时，通过"补助支出预算"核销。
　　借：本级财力提前下达指标
　　　　贷：政府支出预算——补助支出预算
　　（2）要素金额不一致时，通过"补助支出指标"核销。
　　借：本级财力提前下达指标
　　　　贷：可执行指标——补助支出指标
　　3. 控制规则。
　　"本级财力提前下达指标"科目核销完成后科目余额应为零。

1.2.3 核销本级财力年初控制数

　　人大批准年初预算后，核销要素金额一致时，通过"本级支出预算"核销"本级财力年初控制数"。核销要素金额不一致时，通过"本级支出指标"核销"本级财力年初控制数"。
　　1. 触发记账条件。
　　本级政府财政部门确认核销。
　　2. 记账规则。
　　（1）核销要素金额一致时，通过"本级支出预算"核销。
　　借：本级财力年初控制数
　　　　贷：政府支出预算——本级支出预算
　　（2）如核销要素不一致但金额流向一致时，则需要通过支付更正（见业务场景1.4.6）再用"可执行指标"进行核销；如核销金额小于原可执行指标或金额流向不一致时，如已支付，需要资金退回（见业务场景1.4.7），恢复"可执行指标"再进行核销，如未发生支付，则用"可执行指标"直接进行核销。
　　借：本级财力年初控制数
　　　　贷：可执行指标——本级支出指标
　　3. 控制规则。
　　（1）用于核销"本级财力年初控制数"科目的"政府支出预算"科目不得出现贷方余额。
　　（2）"本级财力年初控制数"科目核销完成后科目余额应为零。

1.2.4 生成支出指标

　　人大批准年初预算并扣减提前下达转移支付，核销完提前安排指标后，生成支出指标。

1. 触发记账条件。
本级政府财政部门依据人大批准的年初预算下达指标。
2. 记账规则。
借：待下达指标
　　可执行指标——本级支出指标
　　可执行指标——补助支出指标
　　可执行指标——上解支出指标
　　可执行指标——地区间援助支出指标
　　可执行指标——债务还本支出指标
　　可执行指标——债务转贷支出指标
　贷：政府支出预算——本级支出预算
　　　政府支出预算——补助支出预算
　　　政府支出预算——上解支出预算
　　　政府支出预算——地区间援助支出预算
　　　政府支出预算——债务还本支出预算
　　　政府支出预算——债务转贷支出预算

3. 控制规则。
（1）"政府支出预算"科目不得为贷方余额。
（2）"可执行指标"科目核算控制要素应到最底级。

1.3 预算调整调剂

项目作为部门和单位预算管理的基本单元，预算支出全部以项目形式纳入预算项目库，实施项目全生命周期管理，未纳入预算项目库的项目一律不得安排预算。预算调整调剂需在项目库的支撑下进行。

1.3.1 预算调整

经人大批准，年度执行中预算调整。

1.3.1.1 增加或减少预算总支出

1. 触发记账条件。
本级政府财政部门终审下达。
2. 记账规则。
增加预算总支出时核算如下（减少预算总支出时采用红字冲销法以负数核算）。
（1）增加预算总支出。
借：政府支出预算——本级支出预算
　　政府支出预算——补助支出预算
　　政府支出预算——预备费
　　政府支出预算——上解支出
　　政府支出预算——地区间援助支出预算
　　政府支出预算——调出资金
　　政府支出预算——债务转贷支出预算
　　政府支出预算——债务还本支出预算
　　政府支出预算——补充预算周转金
　　政府支出预算——结转下年支出
　　政府支出预算——待分预算

贷：政府收入预算——本级收入预算
　　　　政府收入预算——补助收入预算
　　　　政府收入预算——上解收入
　　　　政府收入预算——地区间援助收入预算
　　　　政府收入预算——调入资金
　　　　政府收入预算——动用预算稳定调节基金
　　　　政府收入预算——债务收入预算
　　　　政府收入预算——债务转贷收入预算
　　　　政府收入预算——上年结转收入
　　　　政府收入预算——上年结余收入

（2）减少预算总支出。

　　借：政府支出预算——本级支出预算　　　　　　　　　　　　　红字
　　　　政府支出预算——补助支出预算　　　　　　　　　　　　　红字
　　　　政府支出预算——预备费　　　　　　　　　　　　　　　　红字
　　　　政府支出预算——上解支出　　　　　　　　　　　　　　　红字
　　　　政府支出预算——地区间援助支出预算　　　　　　　　　　红字
　　　　政府支出预算——调出资金　　　　　　　　　　　　　　　红字
　　　　政府支出预算——债务转贷支出预算　　　　　　　　　　　红字
　　　　政府支出预算——债务还本支出预算　　　　　　　　　　　红字
　　　　政府支出预算——补充预算周转金　　　　　　　　　　　　红字
　　　　政府支出预算——结转下年支出　　　　　　　　　　　　　红字
　　　　政府支出预算——待分预算　　　　　　　　　　　　　　　红字
　　　贷：政府收入预算——本级收入预算　　　　　　　　　　　　红字
　　　　　政府收入预算——补助收入预算　　　　　　　　　　　　红字
　　　　　政府收入预算——上解收入　　　　　　　　　　　　　　红字
　　　　　政府收入预算——地区间援助收入预算　　　　　　　　　红字
　　　　　政府收入预算——调入资金　　　　　　　　　　　　　　红字
　　　　　政府收入预算——动用预算稳定调节基金　　　　　　　　红字
　　　　　政府收入预算——债务收入预算　　　　　　　　　　　　红字
　　　　　政府收入预算——债务转贷收入预算　　　　　　　　　　红字
　　　　　政府收入预算——上年结转收入　　　　　　　　　　　　红字
　　　　　政府收入预算——上年结余收入　　　　　　　　　　　　红字

（3）如果上年结转结余同年初预算产生差异，同时确认收入（减少上年结转结余时采用红字冲销法以负数核算）。

①增加时
　　借：政府收入预算——上年结转收入
　　　　政府收入预算——上年结余收入
　　　贷：确认收入

②减少时
　　借：政府收入预算——上年结转收入　　　　　　　　　　　　　红字
　　　　政府收入预算——上年结余收入　　　　　　　　　　　　　红字
　　　贷：确认收入　　　　　　　　　　　　　　　　　　　　　　红字

（4）下级财政部门因上级追减转移支付预算调减总支出时，同时以红字冲销法以负数核算冲销确认收入。

  借：政府收入预算——补助收入预算   红字
    贷：确认收入   红字

3. 控制规则。

减少预算总支出应判断相关支出预算余额是否充足，如果余额不足则不能保存，应先通过预算调剂（见业务场景1.3.2）、资金退回（见业务场景1.4.7）等流程进行要素修正后减少或调减。

1.3.1.2 需要动用预算稳定调节基金

预算执行中，因短收、增支导致收支缺口，需通过动用预算稳定调节基金实现收支平衡。

1. 触发记账条件。

本级政府财政部门确认动用预算稳定调节基金。

2. 记账规则。

①短收时

  借：政府收入预算——本级收入预算
     政府收入预算——补助收入预算
     政府收入预算——上解收入
     政府收入预算——地区间援助收入预算
    贷：政府收入预算——动用预算稳定调节基金

②增支时

  借：政府支出预算——本级支出预算
     政府支出预算——补助支出预算
     政府支出预算——上解支出
     政府支出预算——地区间援助支出预算
     政府支出预算——调出资金
     政府支出预算——债务还本支出预算
     政府支出预算——债务转贷支出预算
     政府支出预算——结转下年支出
    贷：政府收入预算——动用预算稳定调节基金

3. 控制规则。

动用金额不得大于动用前总预算会计中"预算稳定调节基金"科目余额。

1.3.1.3 调减预算安排的重点支出

1. 因短收原因调减。

预算安排的重点支出因当年短收且无法弥补时调减，采用红字冲销法以负数核算。

（1）触发记账条件

本级财政预算管理机构审核确认。

（2）记账规则

  借：政府支出预算————本级支出预算   红字
     政府支出预算————补助支出预算   红字
    贷：政府收入预算————本级收入预算   红字
      政府收入预算————补助收入预算   红字

（3）控制规则

调减预算安排的重点支出应判断相关支出预算余额是否充足，如果余额不足则不能保存，应先通过预算调剂（见业务场景1.3.2）、资金退回（见业务场景1.4.7）等流程进行要素修正后调减。

2. 因其他原因调减。

预算安排的重点支出因其他原因调减。

（1）触发记账条件

本级政府财政部门审核确认。

（2）记账规则

借：政府支出预算——本级支出预算	红字
政府支出预算——补助支出预算	红字
贷：政府支出预算——待分预算	红字

（3）控制规则

调减预算安排的重点支出应判断相关支出预算余额是否充足，如果余额不足则不能保存，应先通过预算调剂（见业务场景1.3.2）、资金退回（见业务场景1.4.7.1）等流程进行要素修正后调减。

1.3.1.4 增加举借债务数额

当年新增加地方政府债务按照预算调整的程序报人大审批后。

1. 触发记账条件。

本级政府财政部门完成终审。

2. 记账规则。

（1）省级财政部门

借：政府支出预算——本级支出预算
　　政府支出预算——债务还本支出预算
　　政府支出预算——债务转贷支出预算
　　贷：政府收入预算——债务收入预算

（2）市级财政部门

借：政府支出预算——本级支出预算
　　政府支出预算——债务还本支出预算
　　政府支出预算——债务转贷支出预算
　　贷：政府收入预算——债务转贷收入预算

（3）县级财政部门

借：政府支出预算——本级支出预算
　　政府支出预算——债务还本支出预算
　　贷：政府收入预算——债务转贷收入预算

3. 控制规则。

省级财政部门的债务收入不得大于经同级人大批准的预算调整数额。下级的债务转贷收入应与上级的债务转贷支出相衔接。

1.3.1.5 生成支出指标

预算调整完成后，生成支出指标。

1. 触发记账条件。

本级政府财政部门依据人大批准的预算调整方案确认下达。

2. 记账规则。

借：待下达指标
　　可执行指标——本级支出指标
　　可执行指标——补助支出指标
　　可执行指标——上解支出指标
　　可执行指标——地区间援助支出指标
　　可执行指标——债务还本支出指标
　　可执行指标——债务转贷支出指标
　　贷：政府支出预算——本级支出预算
　　　　政府支出预算——补助支出预算
　　　　政府支出预算——上解支出
　　　　政府支出预算——地区间援助支出预算
　　　　政府支出预算——债务还本支出预算
　　　　政府支出预算——债务转贷支出预算

3. 控制规则。

生成支出指标时，判断"政府支出预算"科目借方余额是否充足，如余额不足则不能生成。

1.3.2 预算调剂

1.3.2.1 政府、部门预算调剂

预算调剂是在预算执行中预算总支出不变的情况下，有关支出在预算科目、预算级次或者项目之间变动。一般不得对已确认支付的指标进行调剂，如确需对已确认支付的指标进行调剂，则先进行资金退回，恢复为政府支出预算再进行调剂。

1. 政府、部门预算间调剂。

原来未细化落实到部门和地区的政府支出预算，细化后应在项目库的支撑下调剂到具体的政府支出预算，由政府支出预算生成支出指标。原未生成支出指标的政府支出预算直接调剂。

（1）触发记账条件

本级政府财政部门终审下达。

（2）记账规则

借：政府支出预算——本级支出预算 B
　　贷：政府支出预算——待分预算
　　　　政府支出预算——本级支出预算 A

（3）控制规则

"待分预算"科目及"本级支出预算 A"科目不得出现贷方余额。其他政府支出预算间调剂参照核算。

2. 收回政府、部门预算支出指标。

收回时采用红字冲销法以负数核算，恢复政府支出预算余额。

（1）触发记账条件

本级政府财政部门终审确认收回支出指标。

（2）记账规则

借：待下达指标　　　　　　　　　　　　　　　　　　　　　　红字
　　可执行指标——本级支出指标　　　　　　　　　　　　　　红字
　　贷：政府支出预算——本级支出预算　　　　　　　　　　　红字

（3）控制规则

"待下达指标""可执行指标"科目不得出现贷方余额。调剂之前应校验"待下达指标""可执行指标"科目余额，余额不足时则不能保存，应先通过资金退回（见业务场景1.4.7）等方式进行处理。收回其他支出指标参照核算。

3. 政府、部门预算在不同单位、科目、项目等之间调剂。

需要对已生成支出指标的政府支出预算调剂时，应由财政部门先收回支出指标。未生成支出指标的政府支出预算直接调剂。

（1）触发记账条件

本级政府财政部门审核确认预算调剂。

（2）记账规则

借：政府支出预算——本级支出预算 B
　　贷：政府支出预算——本级支出预算 A

（3）控制规则

调剂之前应校验"政府支出预算"科目余额，余额不足时则不能保存，应先通过资金退回（见业务场景1.4.7.1）等方式进行处理。调剂后，"政府支出预算"科目的借方余额不得小于零。其他政府支出预算调剂参照核算。

4. 政府、部门预算在级次间调剂。

级次间调剂已生成支出指标应由财政部门先收回再安排。未生成支出指标直接调剂。

（1）触发记账条件

本级政府财政部门审核确认。

（2）记账规则

借：政府支出预算——补助支出预算
　　贷：政府支出预算——本级支出预算
　　　　政府支出预算——债务转贷支出预算

（3）控制规则

"本级支出预算""债务转贷支出预算"科目不得出现贷方余额。

5. 生成支出指标。

预算调剂完成后，生成支出指标。

（1）触发记账条件

本级政府财政部门确认下达。

（2）记账规则

借：待下达指标
　　可执行指标——本级支出指标
　　可执行指标——补助支出指标
　　可执行指标——债务转贷支出指标
　　贷：政府支出预算——本级支出预算
　　　　政府支出预算——补助支出预算
　　　　政府支出预算——债务转贷支出预算

（3）控制规则

生成支出指标时，判断"政府支出预算"科目借方余额是否充足，如余额不足则不能保存。

1.3.2.2 转移支付预算调剂

转移支付预算调剂是按预算法规定，当年转移支付预算分别在预算科目、预算级次或者项目之间调剂。

1. 转移支付待分预算调剂。

（1）触发记账条件

本级政府财政部门终审下达。

（2）记账规则

上级部门原来未细化落实到部门和地区的预算，细化后应在项目库的支撑下调剂到具体的补助支出预算。

借：政府支出预算——补助支出预算
　　贷：政府支出预算——待分预算

（3）控制规则

"待分预算"科目不得出现贷方余额。

2. 追加转移支付预算。

预算执行中，地方各级政府因上级政府增加不需要本级政府提供配套资金的专项转移支付而引起的预算支出变化，报告本级人大后，细化落实到部门和地区的借记相关支出预算科目，未细化落实到部门和地区的，借记"待分预算"科目。

（1）触发记账条件

本级政府财政部门审核确认。

（2）记账规则

①接收上级追加转移支付预算。

借：政府支出预算——待分预算
　　政府支出预算——本级支出预算
　　政府支出预算——补助支出预算
　　贷：政府收入预算——补助收入预算

②同时确认补助收入。

借：政府收入预算——补助收入预算
　　贷：确认收入

③细化落实到部门和地区后，在项目库的支撑下调剂到具体的政府支出预算，由政府支出预算生成可执行指标。

借：政府支出预算——本级支出预算
　　政府支出预算——补助支出预算
　　贷：政府支出预算——待分预算

（3）控制规则

记账金额等于上级追加转移支付金额。

3. 追减转移支付预算。

（1）触发记账条件

本级政府财政部门审核确认。

（2）记账规则

①收回当年下级转移支付，采用红字冲销法以负数核算，恢复"补助支出预算"科目余额。

借：待下达指标　　　　　　　　　　　　　　　　　　　　红字
　　可执行指标——补助支出指标　　　　　　　　　　　　红字
　　贷：政府支出预算——补助支出预算　　　　　　　　　　红字

②收回以前年度下级存量转移支付，采用红字冲销法以负数核算，恢复"待分预算"科目余额。收回资金的项目需要继续实施的，应作为新的预算项目，按照预算管理程序重新

申请和安排。
　　借：政府支出预算——补助支出预算　　　　　　　　　　　红字
　　　　贷：政府支出预算——待分预算　　　　　　　　　　　红字
　（3）控制规则
①调剂后，"可执行指标"科目不得出现贷方余额。
②接收追减转移支付预算时"待分预算"科目可以为负数。
4.转移支付预算指标在不同地区、科目、项目等之间调剂。
　（1）触发记账条件
本级政府财政部门完成终审确认调剂。
　（2）记账规则
　　借：政府支出预算——补助支出预算 B
　　　　贷：政府支出预算——补助支出预算 A
　（3）控制规则
"政府支出预算"科目余额不足时则不能保存。如已生成支出指标，应由财政部门先收回支出指标（见业务场景 1.3.2.2-3），再进行调剂。
5.转移支付预算级次间调剂。
　（1）触发记账条件
本级财政预算管理机构审核确认。
　（2）记账规则
　　借：政府支出预算——本级支出预算
　　　　政府支出预算——债务还本支出预算
　　　　贷：政府支出预算——补助支出预算
　（3）控制规则
"本级支出预算""债务还本支出预算"科目应小于等于对应的"补助支出预算"科目。级次间调剂如已生成支出指标的，应由财政部门先收回"补助支出指标"（见业务场景 1.3.2.2-3）再调剂。
6.生成支出指标。
预算调剂完成后，生成支出指标。
　（1）触发记账条件
本级政府财政部门确认下达。
　（2）记账规则
　　借：待下达指标
　　　　可执行指标——本级支出指标
　　　　可执行指标——补助支出指标
　　　　可执行指标——债务还本支出指标
　　　　贷：政府支出预算——本级支出预算
　　　　　　政府支出预算——补助支出预算
　　　　　　政府支出预算——债务还本支出预算
　（3）控制规则
生成指标时，判断"政府支出预算"科目借方余额是否充足，如余额不足则不能保存。
1.3.2.3.动支预备费
经本级政府批准动支预备费。
　（1）触发条件
本级政府财政部门报经本级政府同意确认动支预备费。

（2）记账规则

①动支预备费

借：政府支出预算——本级支出预算
　　政府支出预算——补助支出预算
　　政府支出预算——地区间援助支出预算
　　贷：政府支出预算——预备费

②生成支出指标

借：可执行指标——本级支出指标
　　可执行指标——补助支出指标
　　可执行指标——地区间援助支出指标
　　贷：政府支出预算——本级支出预算
　　　　政府支出预算——补助支出预算
　　　　政府支出预算——地区间援助支出预算

（3）控制规则

"预备费"科目不得出现贷方余额。

1.3.3 其他预拨指标

1. 其他预拨指标下达。

其他预拨指标核算根据特殊的执行需要和相关预算指标批准为依据，先行预拨资金，通过预算调整调剂予以核销。

（1）触发记账条件

本级政府财政部门审核确认下达。

（2）记账规则

①其他预拨指标下达。

借：可执行指标——本级支出指标
　　可执行指标——补助支出指标
　　可执行指标——债务还本支出指标
　　可执行指标——地区间援助支出指标
贷：其他预拨指标

②调整预算未批准前，需要对其他预拨指标进行调剂的，先通过红字冲销法以负数核算收回指标 A，再重新安排指标 B。

借：可执行指标——本级支出指标 A　　　　　　　　　　　　红字
　　可执行指标——补助支出指标 A　　　　　　　　　　　　红字
　　可执行指标——债务还本支出指标 A　　　　　　　　　　红字
　　可执行指标——地区间援助支出指标 A　　　　　　　　　红字
　　贷：其他预拨指标 A　　　　　　　　　　　　　　　　　红字
借：可执行指标——本级支出指标 B
　　可执行指标——补助支出指标 B
　　可执行指标——债务还本支出指标 B
　　可执行指标——地区间援助支出指标 B
　　贷：其他预拨指标 B

（3）控制规则

①"其他预拨指标"科目不得出现借方余额。
②"可执行指标 B"应小于等于"可执行指标 A"。

2. 核销其他预拨指标。

1. 触发记账条件。
本级政府财政部门终审确认其他预拨指标核销。
2. 记账规则。
（1）要素金额一致时用"政府支出预算"直接核销。
借：其他预拨指标
　　贷：政府支出预算——本级支出预算
　　　　政府支出预算——补助支出预算
（2）超出批复金额或要素不一致时应先进行资金退回恢复"可执行指标"（见业务场景1.4.7）后进行核销。
借：其他预拨指标
　　贷：可执行指标——本级支出指标
　　　　可执行指标——补助支出指标
3. 控制规则。
用于核销其他预拨指标的预算指标明细金额须保持一致，核销完"其他预拨指标"科目余额为零。

1.4 预算执行

1.4.1 待下达指标确认下达

预算执行时根据管理需要，对工资统发需要、未满足支付条件和未达到支付时间等情况的"待下达指标"确认下达。"可执行指标"转回"待下达指标"时采用红字冲销法以负数核算。

1. 触发记账条件。
本级政府财政部门确认。
2. 记账规则。
（1）确认下达时
借：可执行指标——本级支出指标
　　可执行指标——补助支出指标
　　可执行指标——上解支出指标
　　可执行指标——地区间援助支出指标
　　可执行指标——债务还本支出指标
　　可执行指标——债务转贷支出指标
　　贷：待下达指标
（2）可执行指标转回待下达指标时
借：可执行指标——本级支出指标　　　　　　　　　　　　红字
　　可执行指标——补助支出指标　　　　　　　　　　　　红字
　　可执行指标——上解支出指标　　　　　　　　　　　　红字
　　可执行指标——地区间援助支出指标　　　　　　　　　红字
　　可执行指标——债务还本支出指标　　　　　　　　　　红字
　　可执行指标——债务转贷支出指标　　　　　　　　　　红字
　　贷：待下达指标　　　　　　　　　　　　　　　　　　红字
3. 控制规则。
（1）"可执行指标"科目应与对应的"待下达指标"科目保持一样的要素，"待下达指标"科目不得出现贷方余额。
（2）"可执行指标"科目转回"待下达指标"科目时，"可执行指标"科目不得出现贷方余额。

1.4.2 可执行指标冻结

本级政府财政部门根据管理需要对"可执行指标"进行冻结。冻结指标恢复为"可执行指标"时，采用红字冲销法以负数核算。

1. 触发记账条件。

本级政府财政部门确认可执行指标冻结。

2. 记账规则。

①可执行指标冻结时。

借：可执行指标冻结

贷：可执行指标

②冻结指标恢复为可执行指标时。

借：可执行指标冻结   红字

贷：可执行指标   红字

3. 控制规则。

（1）"可执行指标冻结"科目应与对应的"可执行指标"科目保持一样的要素，"可执行指标"科目不得出现贷方余额。

（2）冻结指标恢复"可执行指标"科目时，"可执行指标冻结"科目不得出现贷方余额。

1.4.3 财政部门、单位支付申请

1. 触发记账条件。

各级政府财政部门、单位发起支付申请并保存发送。

2. 记账规则。

借：支付申请

贷：可执行指标——本级支出指标

可执行指标——补助支出指标

可执行指标——上解支出指标

可执行指标——地区间援助支出指标

可执行指标——债务还本支出指标

可执行指标——债务转贷支出指标

3. 控制规则。

"可执行指标"科目不得出现贷方余额。

1.4.4 财政部门、单位支付申请退回

支付申请退回时采用红字冲销法以负数核算。

1. 触发记账条件。

支付申请信息不满足支付条件银行退回支付凭证。

2. 记账规则。

借：支付申请   红字

贷：可执行指标——本级支出指标   红字

可执行指标——补助支出指标   红字

可执行指标——上解支出指标   红字

可执行指标——地区间援助支出指标   红字

可执行指标——债务还本支出指标   红字

可执行指标——债务转贷支出指标   红字

3. 控制规则。

"支付申请"科目不得出现贷方余额。

1.4.5 确认支付

1.触发记账条件。

同总预算会计记账条件保持一致。

2.记账规则。

①支付申请确认支付

借：确认支付

贷：支付申请

②上年预拨本年资金、上级财政代扣事项以及专户管理的粮食风险基金等确认支付

借：确认支付

    贷：可执行指标——本级支出指标

3.控制规则。

（1）"支付申请"科目不得出现贷方余额。

（2）上年预拨本年资金、上级财政代扣事项以及专户管理的粮食风险基金等确认支付，应同总预算会计账衔接。

1.4.6 支付更正

当金额流向一致，指标要素不正确时，通过支付更正业务用正确的可执行指标进行更正。

1.触发记账条件。

单位发起支付更正申请，本级政府财政部门审核确认。

2.记账规则。

（1）恢复可执行指标A余额，采用红字冲销法以负数核算。

借：确认支付A   红字

    贷：支付申请A   红字

借：支付申请A   红字

    贷：可执行指标A   红字

（2）扣减可执行指标B余额。

借：支付申请B

    贷：可执行指标B

借：确认支付B

    贷：支付申请B

3.控制规则。

（1）支付更正前，必须有正确的"可执行指标B"。

（2）通过"确认支付"科目和"支付申请"科目控制可以申请更正的最大金额，更正后扣减新的"可执行指标"，恢复原"可执行指标"。更正后，"可执行指标"科目不得出现贷方余额。

（3）资金流向和支付金额不变。

1.4.7 资金退回

1.4.7.1 当年资金退回

1.触发记账条件。

依据集中支付代理银行凭证回单登记或人民银行凭证回单登记。

2.记账规则。

（1）当年预算支出资金退回时，采用红字冲销法以负数核算，恢复支付申请余额。

借：确认支付   红字

    贷：支付申请   红字

（2）恢复可执行指标余额，采用红字冲销法以负数核算。
借：支付申请   红字
　　贷：可执行指标——本级支出指标   红字
　　　　可执行指标——补助支出指标   红字
　　　　可执行指标——上解支出指标   红字
　　　　可执行指标——地区间援助支出指标   红字
　　　　可执行指标——债务还本支出指标   红字
　　　　可执行指标——债务转贷支出指标   红字

3. 控制规则。
应同总预算会计账衔接。

1.4.7.2 收回以前年度存量资金

收回以前年度存量资金如采用冲减当年支出的核算方式时，通过红字冲销法以负数核算，恢复待分预算余额。收回资金的项目需要继续实施的，应作为新的预算项目，按照预算管理程序重新申请和安排。

1. 触发记账条件。
同总预算会计入账条件保持一致。

2. 记账规则。
借：确认支付   红字
　　贷：政府支出预算——待分预算   红字

3. 控制规则。
收回以前年度存量资金时，应同总预算会计账衔接。如当年预算支出不够冲销，则冲销完后"确认支付"科目可出现贷方余额。

1.4.8 确认收入

1.4.8.1 本级税收、非税等收入入（退）库
退库采用红字冲销法以负数核算。

1. 触发记账条件。
金库入账、总预算会计确认入账。

2. 记账规则。
（1）入库时
借：政府收入预算——本级收入预算
　　贷：确认收入

（2）退库时
借：政府收入预算——本级收入预算   红字
　　贷：确认收入   红字

3. 控制规则。
要素、金额应同总预算会计账衔接。

1.4.8.2 债务发行收入入库（仅限中央和省本级）

1. 触发记账条件。
金库入账、总预算会计确认入账。

2. 记账规则。
借：政府收入预算——债务收入预算
　　贷：确认收入

3. 控制规则。
要素、金额应同总预算会计账衔接。

1.4.8.3 确认债务转贷收入

1. 触发记账条件。

总预算会计确认入账。

2. 记账规则。

借：政府收入预算——债务转贷收入
　　贷：确认收入

3. 控制规则。

要素、金额应同总预算会计账衔接。

1.4.8.4 确认动用预算稳定调节基金

1. 触发记账条件。

总预算会计确认入账。

2. 记账规则。

借：政府收入预算——动用预算稳定调节基金
　　贷：确认收入

3. 控制规则。

要素、金额应同总预算会计账衔接。

1.4.8.5 上解收入、地区间援助收入确认收入

1. 触发记账条件。

总预算会计确认入账。

2. 记账规则。

借：政府收入预算——上解收入
　　　政府收入预算——地区间援助收入预算
　　贷：确认收入

3. 控制规则。

应同总预算会计账衔接。

1.4.9 调出调入资金

1. 触发记账条件。

本级政府财政部门确认调入资金（含其他调入）。

2. 记账规则。

（1）调出方

借：确认支付
　　贷：政府支出预算——调出资金

（2）调入方

借：政府收入预算——调入资金
　　贷：确认收入

3. 控制规则。

（1）调入方记账金额需大于等于调出方调出金额。如三本预算间资金调入调出，调入方记账金额需与调出方记账金额保持一致。

（2）记账金额同总预算会计账衔接。

1.5 年终事项

1.5.1 指标结转

根据预算安排将下年需按原用途继续使用的"政府支出预算"和"支出指标"进行结转，结转到"指标结转"科目。

1. 触发记账条件。
本级政府财政部门确认指标结转。
2. 记账规则。
借：指标结转
　　贷：政府支出预算——本级支出预算
　　　　政府支出预算——补助支出预算
　　　　政府支出预算——债务转贷支出预算
　　　　政府支出预算——待分预算
　　　　待下达指标
　　　　可执行指标——本级支出指标
　　　　可执行指标——补助支出指标
　　　　可执行指标——债务转贷支出指标
3. 控制规则。
结转后，"支出指标"科目和"政府支出预算"科目不能为贷方余额。

1.5.2 指标结余

统筹收回"政府支出预算"科目余额和"支出指标"科目余额转入"指标结余"科目，按照相关法律法规规定年终将"指标结余"科目余额转入预算稳定调节基金。

1. 触发记账条件。
本级政府财政部门确认指标结余。
2. 记账规则。
借：指标结余
　　贷：政府支出预算——本级支出预算
　　　　政府支出预算——补助支出预算
　　　　政府支出预算——上解支出
　　　　政府支出预算——待分预算
　　　　待下达指标
　　　　可执行指标——本级支出指标
　　　　可执行指标——补助支出指标
　　　　可执行指标——上解支出指标
3. 控制规则。
（1）指标结转结余后，"支出指标"科目和"待分预算"科目余额为零。
（2）一般公共预算指标结余转入预算稳定调节基金后，科目余额为零。
（3）政府性基金预算和国有资本经营预算指标结余按相关规定处理。

1.5.3 确认补充预算周转金

1. 触发记账条件。
本级政府财政部门确认补充预算周转金。
2. 记账规则。
借：确认支付
　　贷：政府支出预算——补充预算周转金
3. 控制规则。
预算周转金按预算法实施条例规定不得超过本级一般公共预算支出总额的1%。

1.5.4 确认结转下年支出

1. 触发记账条件。
年终本级政府财政部门对年初预算"结转下年支出"确认指标结转。

2. 记账规则。
借：指标结转
　　贷：政府支出预算——结转下年支出（年初预算）
3. 控制规则。
同总预算会计账保持一致。

1.5.5 年终结算
1. 触发记账条件。
预算年度终了，本级政府财政部门对上下级财政办理年终结算事项。
2. 记账规则。
（1）按预算法规定的相关结余转入安排预算稳定调节基金。
借：政府支出预算——安排预算稳定调节基金
　　贷：指标结余
（2）未使用完毕的预备费安排预算稳定调节基金。
借：政府支出预算——安排预算稳定调节基金
　　贷：政府支出预算——预备费
（3）年终结算根据预算法规定将对应的超收收入弥补赤字后转入预算稳定调节基金。
借：政府支出预算——安排预算稳定调节基金
　　贷：政府收入预算——本级收入预算
（4）根据年终结算将未确认的补助支出、上解支出和调出资金、安排预算稳定调节基金转确认支付。
借：确认支付
　　贷：政府支出预算——补助支出预算
　　　　政府支出预算——上解支出
　　　　政府支出预算——调出资金
　　　　政府支出预算——安排预算稳定调节基金
　　　　可执行指标——补助支出指标
　　　　可执行指标——上解支出指标
（5）根据年终结算将未确认的补助收入、上解收入和调入资金转确认收入。
借：政府收入预算——补助收入预算
　　政府收入预算——上解收入
　　政府收入预算——调入资金
　　贷：确认收入
3. 控制规则。
（1）与年终结算平衡表保持一致，并同总预算会计账衔接。
（2）"政府支出预算"科目、"可执行指标"科目不得出现贷方余额。

1.5.6 根据实际执行数据调整新的平衡关系
1. 触发记账条件。
本级政府财政部门根据实际执行数调整预算平衡。
2. 记账规则。
（1）增加收支预算
借：政府支出预算——本级支出预算
　　政府支出预算——补助支出预算
　　政府支出预算——预备费
　　政府支出预算——上解支出

政府支出预算——地区间援助支出预算
　　　政府支出预算——调出资金
　　　政府支出预算——安排预算稳定调节基金
　　　政府支出预算——债务还本支出预算
　　　政府支出预算——债务转贷支出预算
　　　政府支出预算——补充预算周转金
　　　政府支出预算——结转下年支出
　　贷：政府收入预算——补助收入预算
　　　　政府收入预算——上解收入
　　　　政府收入预算——地区间援助收入预算
　　　　政府收入预算——调入资金
　　　　政府收入预算——动用预算稳定调节基金
　　　　政府收入预算——上年结转收入
　　　　政府收入预算——上年结余收入

（2）减少收支预算采用红字冲销法以负数核算

借：政府支出预算——本级支出预算　　　　　　　　　　　　红字
　　政府支出预算——补助支出预算　　　　　　　　　　　　红字
　　政府支出预算——预备费　　　　　　　　　　　　　　　红字
　　政府支出预算——上解支出　　　　　　　　　　　　　　红字
　　政府支出预算——地区间援助支出预算　　　　　　　　　红字
　　政府支出预算——调出资金　　　　　　　　　　　　　　红字
　　政府支出预算——安排预算稳定调节基金　　　　　　　　红字
　　政府支出预算——债务还本支出预算　　　　　　　　　　红字
　　政府支出预算——债务转贷支出预算　　　　　　　　　　红字
　　政府支出预算——补充预算周转金　　　　　　　　　　　红字
　　政府支出预算——结转下年支出　　　　　　　　　　　　红字
　　贷：政府收入预算——补助收入预算　　　　　　　　　　红字
　　　　政府收入预算——上解收入　　　　　　　　　　　　红字
　　　　政府收入预算——地区间援助收入预算　　　　　　　红字
　　　　政府收入预算——调入资金　　　　　　　　　　　　红字
　　　　政府收入预算——动用预算稳定调节基金　　　　　　红字
　　　　政府收入预算——上年结转收入　　　　　　　　　　红字
　　　　政府收入预算——上年结余收入　　　　　　　　　　红字

（3）确认支付

借：确认支付
　　贷：政府支出预算——本级支出预算
　　　　政府支出预算——补助支出预算
　　　　政府支出预算——预备费
　　　　政府支出预算——上解支出
　　　　政府支出预算——地区间援助支出预算
　　　　政府支出预算——调出资金
　　　　政府支出预算——安排预算稳定调节基金
　　　　政府支出预算——债务还本支出预算
　　　　政府支出预算——债务转贷支出预算
　　　　政府支出预算——补充预算周转金

（4）将结转下年支出转入指标结转

借：指标结转
　　贷：政府支出预算——结转下年支出

（5）确认收入

借：政府收入预算——本级收入预算
　　政府收入预算——补助收入预算
　　政府收入预算——上解收入
　　政府收入预算——地区间援助收入预算
　　政府收入预算——调入资金
　　政府收入预算——动用预算稳定调节基金
　　政府收入预算——上年结转收入
　　政府收入预算——上年结余收入
　　贷：确认收入

3. 控制规则。

（1）根据年末实际执行情况，对预算数据进行调整，达到新的平衡关系，数据应同总预算会计衔接。

（2）减少预算总支出应判断相关支出预算余额是否充足，如果余额不足则不能保存，应先通过预算调剂（见业务场景1.3.2）、资金退回（见业务场景1.4.7.1）等流程进行要素修正后减少或调减。

1.5.7 结转结余

1. 触发记账条件。

年终结算完成后系统自动处理。

2. 记账规则。

收入结转后，将"确认收入"的贷方余额转入"结转结余"科目。支出结转后，将"确认支付"的借方余额转入"结转结余"科目。如果"确认收入"大于"确认支付"，则"结转结余"科目有贷方余额，表示收大于支；如果"确认收入"小于"确认支付"，则"结转结余"科目有借方余额，表示收不抵支。

借：确认收入
　　贷：结转结余
　　　　确认支付

3. 控制规则。

结转完毕后，"确认收入""确认支付"科目余额为零。

1.5.8 年终结账

年终结账，将本年度结转结余类和结转核销类清零，"结转结余"科目的贷方余额表示收大于支的盈余部分。"指标结转"科目和"指标结余"科目的借方余额表示本年未支出需结转至下年支出部分。本分录将两者冲平。

将"指标结转"科目明细转入下年度"上年结转收入"科目，指标结转应等于当年需结转下年的预算加当年需结转下年的指标（不含已经权责发生制列支部分）。

将"指标结转"科目明细转入下年度"上年结余收入"科目。指标结余应等于当年预算结余加当年指标结余（不含转入安排预算稳定调节基金部分）。

1. 触发记账条件。

系统自动处理。

2. 记账规则。

借：结转结余
　　贷：指标结转
　　　　指标结余

3. 控制规则。

年终结账后，所有科目余额为零。

二、单位资金

2.1 年初控制数提前安排支出

部门预算草案未经财政部门审查和批复前，单位可以提前安排的支出。

1. 触发记账条件。

本级政府财政部门终审确认下达。

2. 记账规则。

（1）单位登记可以提前安排的年初控制数和支出指标。

借：可执行指标
　　贷：年初控制数

（2）预算批复前，年初控制数下达的指标调剂时，先收回指标A，再重新安排指标B。收回时采用红字冲销法以负数核算。

借：可执行指标A　　　　　　　　　　　　　　　　　　红字
　　贷：年初控制数A　　　　　　　　　　　　　　　　红字
借：可执行指标B
　　贷：年初控制数B

3. 控制规则。

（1）必须是"年初控制数"安排的资金。

（2）记账金额须等于指标金额，且所有要素保持一致。

（3）"可执行指标B"需小于等于"可执行指标A"。

2.2 预算批复

2.2.1 年初预算批复

1. 触发记账条件。

本级政府财政部门依据批准的部门预算生成单位资金预算。

2. 记账规则。

借：单位资金支出预算
　　贷：单位资金收入预算

3. 控制规则。

记账金额等于批准金额。

2.2.2 核销年初控制数

1. 触发记账条件。

本级政府财政部门审核确认核销。

2. 记账规则。

（1）核销要素一致，用"单位资金支出预算"直接核销。

借：年初控制数
　　贷：单位资金支出预算

（2）如核销要素不一致但金额流向一致时，则需要通过支付更正（见业务场景2.4.9）

再用"可执行指标"进行核销;如核销金额小于原"可执行指标"或金额流向不一致时,如已支付,需要资金退回(见业务场景2.4.7),恢复"可执行指标"再进行核销,如未发生支付,则用"可执行指标"直接进行核销。

借:年初控制数
　　贷:可执行指标

3. 控制规则。

年初控制数不得出现借方余额。

2.2.3 生成支出指标

1. 触发记账条件。

本级政府财政部门确认下达。

2. 记账规则。

借:待下达指标
　　可执行指标
　　贷:单位资金支出预算

3. 控制规则。

"单位资金支出预算"科目不得出现贷方余额。

2.3 预算调整调剂

2.3.1 增加或减少预算收支

1. 触发记账条件。

本级政府财政部门审核确认。

2. 记账规则。

预算批复后,按照有关规定在年度执行中,增加或减少预算收支。(减少预算收支时采用红字冲销法以负数核算)

(1)增加时

借:单位资金支出预算
　　贷:单位资金收入预算

(2)减少时

借:单位资金支出预算　　　　　　　　　　　　　　　　红字
　　贷:单位资金收入预算　　　　　　　　　　　　　　红字

3. 控制规则。

减少预算支出应判断相关支出预算余额是否充足,如果余额不足则不能保存,应先通过预算调剂(见业务场景2.3.3)、资金退回(见业务场景2.4.7)等流程进行要素修正后减少或调减。

2.3.2 收回单位资金可执行指标

收回时采用红字冲销法以负数核算,恢复单位资金支出预算余额

1. 触发记账条件。

本级政府财政部门审核确认收回指标。

2. 记账规则。

借:待下达指标　　　　　　　　　　　　　　　　　　红字
　　可执行指标　　　　　　　　　　　　　　　　　　红字
　　贷:单位资金支出预算　　　　　　　　　　　　　红字

3. 控制规则。

"可执行指标"不得出现贷方余额。

2.3.3 单位资金预算在项目、科目间调剂

如已生成"支出指标",则需要先收回"支出指标"(见业务场景 2.3.2),再进行调剂。

1. 触发记账条件。

本级政府财政部门审核确认项目、科目间调剂。

2. 记账规则。

借:单位资金支出预算 B

　　贷:单位资金支出预算 A

3. 控制规则。

"单位资金支出预算 A"不得出现贷方余额。

2.3.4 生成支出指标

1. 触发记账条件。

本级政府财政部门审核确认生成指标。

2. 记账规则。

借:待下达指标

　　可执行指标

　　贷:单位资金支出预算

3. 控制规则。

"单位资金支出预算"科目不能出现贷方余额。

2.4 预算执行

2.4.1 待下达指标确认下达

1. 触发记账条件。

本级政府财政部门根据管理需要确认下达,"可执行指标"转回为"待下达指标"时采用红字冲销法以负数核算。

2. 记账规则。

(1)确认下达时

借:可执行指标

　　贷:待下达指标

(2)可执行指标转回为待下达指标时

借:可执行指标　　　　　　　　　　　　　　　　　　　　　　　红字

　　贷:待下达指标　　　　　　　　　　　　　　　　　　　　　红字

3. 控制规则。

(1)"可执行指标"应与对应的"待下达指标"保持一样的要素,"待下达指标"科目不得出现贷方余额。

(2)"可执行指标"转回"待下达指标"时,"可执行指标"科目不得出现贷方余额。

2.4.2 可执行指标冻结

1. 触发记账条件。

本级财政部门根据管理需要对可执行指标进行冻结。

2. 记账规则。

(1)可执行指标冻结时

借：可执行指标冻结
　　　贷：可执行指标
（2）冻结指标恢复为可执行指标时，采用红字冲销法以负数核算。
借：可执行指标冻结　　　　　　　　　　　　　　　　　　红字
　　　贷：可执行指标　　　　　　　　　　　　　　　　　　红字
3. 控制规则。
（1）"可执行指标冻结"应与对应的"可执行指标"保持一样的要素，"可执行指标"科目不得出现贷方余额。
（2）"可执行指标冻结"恢复"可执行指标"时"可执行指标冻结"科目不得出现贷方余额。

2.4.3 单位资金支付申请
1. 触发记账条件。
单位发起支付申请并保存发送。
2. 记账规则。
借：支付申请
　　　贷：可执行指标
3. 控制规则。
（1）"可执行指标"不得出现贷方余额。
（2）能否发起支付申请应校验单位自有资金账户余额。

2.4.4 单位资金支付申请退回
1. 触发记账条件。
支付申请信息不满足支付条件银行退回支付凭证。
2. 记账规则。
退回时采用红字冲销法以负数核算。
借：可执行指标　　　　　　　　　　　　　　　　　　　　红字
　　　贷：支付申请　　　　　　　　　　　　　　　　　　红字
3. 控制规则。
"支付申请"科目不得出现贷方余额。

2.4.5 单位资金确认支付
1. 触发记账条件。
同单位会计核算的入账条件保持一致。
2. 记账规则。
借：确认支付
　　　贷：支付申请
3. 控制规则。
"支付申请"科目不得出现贷方余额。

2.4.6 单位资金确认收入
1. 触发记账条件。
与单位会计核算条件保持一致。
2. 记账规则。
①确认收入
借：单位资金收入预算
　　　贷：确认收入

②收入退回时采用红字冲销法以负数核算

借：单位资金收入预算　　　　　　　　　　　　　　　　　　　红字
　　贷：确认收入　　　　　　　　　　　　　　　　　　　　　　红字

3. 控制规则。

记账金额与实际发生金额一致。

2.4.7 当年资金退回

1. 触发记账条件。

账户收到资金退回。

2. 记账规则。

采用红字冲销法以负数核算，恢复"可执行指标"余额。

借：确认支付　　　　　　　　　　　　　　　　　　　　　　　红字
　　贷：支付申请　　　　　　　　　　　　　　　　　　　　　　红字
借：支付申请　　　　　　　　　　　　　　　　　　　　　　　　红字
　　贷：可执行指标　　　　　　　　　　　　　　　　　　　　　红字

3. 控制规则。

同单位会计核算保持一致。

2.4.8 收回以前年度存量资金

1. 触发记账条件。

账户收到资金退回。

2. 记账规则。

采用红字冲销法以负数核算，恢复"单位资金支出预算"余额。

借：确认支付　　　　　　　　　　　　　　　　　　　　　　　红字
　　贷：单位资金支出预算　　　　　　　　　　　　　　　　　　红字

3. 控制规则。

同单位会计核算保持一致。

2.4.9 支付更正

1. 触发记账条件。

单位发起支付更正申请，本级政府财政部门审核确认。

2. 记账规则。

（1）恢复可执行指标 A 余额，采用红字冲销法以负数核算。

借：确认支付 A　　　　　　　　　　　　　　　　　　　　　　红字
　　贷：支付申请 A　　　　　　　　　　　　　　　　　　　　　红字
借：支付申请 A　　　　　　　　　　　　　　　　　　　　　　　红字
　　贷：可执行指标 A　　　　　　　　　　　　　　　　　　　　红字

（2）扣减可执行指标 B 余额。

借：支付申请 B
　　贷：可执行指标 B
借：确认支付 B
　　贷：支付申请 B

3. 控制规则。

（1）通过"确认支付"科目和"支付申请"科目控制可以申请更正的最大金额，更正后扣减新的"可执行指标"，恢复原"可执行指标"。更正后，"可执行指标"科目不得出现贷方余额。

（2）资金流向和支付金额不变。

2.5 年终事项

2.5.1 结转核销

单位资金支出预算、支出指标和收入预算超收转入单位资金结转结余。如单位资金收入短收，先通过预算调整实现收支平衡。

1. 触发记账条件。

单位发起年终决算。

2. 记账规则。

借：指标结转结余
　　贷：单位资金收入预算
　　　　单位资金支出预算
　　　　待下达指标
　　　　可执行指标

3. 控制规则。

"单位资金收入预算"科目、"单位资金支出预算"科目和"支出指标"科目余额应为零。

2.5.2 结转结余

单位资金"确认支付"和"确认收入"转入单位资金"结转结余"。

1. 触发记账条件。

年终决算完成。

2. 记账规则。

借：确认收入
　　贷：结转结余
确认支付

3. 控制规则。

同单位会计核算保持一致。

2.5.3 年终结账

年终结账，将本年度结转结余类和结转核销类清零，有关数据转入下年度"上年结转结余收入"。

指标结转结余等于需结转下年的单位资金支出预算、单位资金收入预算超收部分和需结转下年的支出指标之和。

1. 触发记账条件。

系统自动处理。

2. 记账规则。

借：结转结余
　　贷：指标结转结余

3. 控制规则。

年终结账后，所有科目余额为零。

三、特殊场景

3.1 债券资金管理业务场景

1. 接收上级政府下达的债务限额。

按照预算法规定，各省、自治区、直辖市的政府债务余额不得突破国务院批准的限额。

省、自治区、直辖市政府财政部门依照国务院下达的本地区地方政府债务限额，提出本级和转贷给下级政府的债务限额安排方案，报本级政府批准后，将增加举借的债务列入本级预算调整方案，报本级人大批准。因此，接收上级政府下达的债务限额时，不记账。只有当预算调整方案报本级人大批准后方记账。

2. 人大年初审查批准预算草案。

借：政府支出预算——本级支出预算
　　政府支出预算——补助支出预算
　　政府支出预算——债务还本支出预算
　　政府支出预算——债务转贷支出预算
　　贷：政府收入预算——债务收入预算
　　　　政府收入预算——债务转贷收入预算

3. 人大常委会批准预算调整方案。

借：政府支出预算——本级支出预算
　　政府支出预算——补助支出预算
　　政府支出预算——债务还本支出预算
　　政府支出预算——债务转贷支出预算
　　贷：政府收入预算——债务收入预算
　　　　政府收入预算——债务转贷收入预算

4. 登记、下达还本指标。

借：可执行指标——债务还本支出指标
　　贷：政府支出预算——债务还本支出预算

5. 登记、下达转贷指标。

债务发行入库后，按照内部审批程序，并下达转贷支出指标。

借：可执行指标——债务转贷支出指标
　　贷：政府支出预算——债务转贷支出预算

6. 调拨转贷资金。

依据转贷指标调拨资金，由债务管理部门发起支付申请，送国库部门审核。同时，触发预算指标核算记账。

借：支付申请
　　贷：可执行指标——债务转贷支出指标
借：确认支付
　　贷：支付申请

7. 确认债务收入。

通过总预算会计记账触发，记账日期须保持一致。

借：政府收入预算——债务收入预算
　　政府收入预算——债务转贷收入预算
　　贷：确认收入

8. 归还本金、利息、费用。

州市、县区向上级财政还本付息付费时，依据指标办理付款，省本级统一还本付息付费时，州市承担还款责任的部分采取代收代付方式，不进行指标核算。

借：支付申请
  贷：可执行指标——本级支出指标（利息、费用）
    可执行指标——债务还本支出指标
借：确认支付
  贷：支付申请

3.2 地方政府主权外贷特殊业务场景

1. 确认收入。

（1）纳入国库集中支付管理的外贷资金在收到外贷收入或转贷收入时记账。（2）存放在财政专户的政府外贷资金在专户收到外贷或转贷收入，同时总会计收到文件并入账时记账。（3）贷款方直接支付或委托代理银行、转贷银行支付的外贷资金，在总会计收到文件并入账时记账。

借：政府收入预算——债务收入预算（主权外贷）
   政府收入预算——债务转贷收入预算（主权外贷）
  贷：确认收入

2. 预算执行。

（1）生成可执行指标。

借：可执行指标——本级支出指标
   可执行指标——补助支出指标
   可执行指标——债务转贷支出指标（主权外贷）
  贷：政府支出预算——本级支出预算
    政府支出预算——补助支出预算
    政府支出预算——债务转贷支出预算（主权外贷）

（2）纳入国库集中支付管理的外贷转贷资金支付核算。

①申请支付

借：支付申请
  贷：可执行指标——本级支出指标
    可执行指标——补助支出指标
    可执行指标——债务转贷支出指标（主权外贷）

②确认支付

借：确认支付
  贷：支付申请

（3）存放在财政专户、贷款方直接支付或委托代理银行、转贷银行支付的外贷资金，在总会计收到文件并入账后记账。

借：确认支付
  贷：可执行指标——本级支出指标
    可执行指标——补助支出指标
    可执行指标——债务转贷支出指标（主权外贷）

3. 汇兑损益。

政府债务外贷财政专户外币余额按期末中国人民银行公布的汇率中间价折算后确认，汇兑损益根据总会计入账确认支付。

借：确认支付
  贷：可执行指标——本级支出指标

4. 资金退回。

（1）已提款未使用的资金退回

1）当年已提款未使用的资金退回

项目结束后，已提款但未使用的政府债务外贷资金退回贷款方，属于当年度退回的，冲减债务收入，采用红字冲销法以负数核算。

借：政府收入预算——债务收入预算（主权外贷）　　　　　红字
　　政府收入预算——债务转贷收入预算（主权外贷）　　　红字
　　贷：确认收入　　　　　　　　　　　　　　　　　　　红字

2）已提款但未使用的政府债务外贷资金跨年退回

①属于跨年度退回的，应通过还本支出办理，相应调减债务余额。

a. 收回可执行指标，恢复政府支出预算，用红字冲销法以负数核算。

借：可执行指标——本级支出指标　　　　　　　　　　　　红字
　　可执行指标——补助支出指标　　　　　　　　　　　　红字
　　可执行指标——债务转贷支出指标（主权外贷）　　　　红字
　　贷：政府支出预算——本级支出预算　　　　　　　　　红字
　　　　政府支出预算——补助支出预算　　　　　　　　　红字
　　　　政府支出预算——债务转贷支出预算　　　　　　　红字

b. 将政府支出预算调剂到债务还本支出预算。

借：政府支出预算——债务还本支出预算
　　贷：政府支出预算——本级支出预算
　　　　政府支出预算——补助支出预算
　　　　政府支出预算——债务转贷支出预算

c. 生成债务还本支出指标。

借：可执行指标——债务还本支出指标
　　贷：政府支出预算——债务还本支出预算

②纳入国库集中支付的资金退回业务。

借：支付申请
　　贷：可执行指标——债务还本支出指标
借：确认支付
　　贷：支付申请

③存放在财政专户、贷款方直接支付或委托代理银行资金退回的，总会计收到文件并入账。

借：确认支付
　　贷：可执行指标——债务还本支出指标

（2）已拨付资金未通过贷款方审核需要退款的

已拨付资金未通过贷款方审核需要退回的，应冲减支出后按当年已提款未使用的资金退回场景核算。因汇率影响，由一般公共预算通过预算调整调剂（见业务场景1.3.1和1.3.2）补足。

①纳入国库集中支付管理的先资金退回（见业务场景1.4.7）。

②存放在财政专户、贷款方直接支付或委托代理银行、转贷银行支付的冲减当年支出，以红字冲销法以负数核算。

借：确认支付　　　　　　　　　　　　　　　　　　　　　　　红字
　　　贷：可执行指标——本级支出指标　　　　　　　　　　　红字
　　　　　可执行指标——补助支出指标　　　　　　　　　　　红字
③退回支出预算后冲减债务收入。
借：可执行指标——本级支出指标　　　　　　　　　　　　　红字
　　可执行指标——补助支出指标　　　　　　　　　　　　　红字
　　　贷：政府支出预算——本级支出预算　　　　　　　　　　红字
　　　　　政府支出预算——补助支出预算　　　　　　　　　　红字
借：政府收入预算——债务收入预算（主权外贷）　　　　　　红字
　　政府收入预算——债务转贷收入预算（主权外贷）　　　　红字
　　　贷：确认收入　　　　　　　　　　　　　　　　　　　　红字

5. 额度内当年未提款业务。

额度内当年未提款业务政府主权外贷额度不再结转外贷使用，报经省级人民政府批准并报财政部备案后调剂用于当年或以后年度发行新增地方政府一般债券，按调整调剂程序办理。

年末未提款的剩余预算额度用红字冲销法以负数核算，如已生成可执行指标的需先收回可执行指标（参考业务场景1.3.2.1-2）。

借：政府支出预算——本级支出预算　　　　　　　　　　　　红字
　　政府支出预算——补助下级预算　　　　　　　　　　　　红字
　　政府支出预算——债务转贷支出预算　　　　　　　　　　红字
　　　贷：政府收入预算——债务收入预算（主权外贷）　　　　红字
　　　　　政府收入预算——债务转贷收入预算（主权外贷）　　红字

3.3 国库集中支付结余

1. 国库集中支付结余年初转入。

（1）触发记账条件

新的年度开始，本级政府财政部门审核确认，且要素、金额应同上年度衔接。

（2）记账规则

①年初转入

列支权责发生制事项批复后转入。

借：安排国库集中支付结余
　　　贷：应付国库集中支付结余

②生成支出指标

权责发生制事项转支出指标。

借：可执行指标（应付国库集中支付结余）
　　　贷：安排国库集中支付结余

③权责发生制事项确认收入

借：应付国库集中支付结余
　　　贷：确认收入（应付国库集中支付结余）

指标核算确认收入，总会计账不记收入。

（3）控制规则

记账金额与上年度权责发生制列支金额保持一致。

2. 国库集中支付结余调剂。
（1）收回国库集中支付结余
①触发记账条件
本级政府财政部门审核确认，且科目、要素、金额应与总预算会计账衔接。
②记账规则
采用红字冲销法以负数核算。
  借：可执行指标（应付国库集中支付结余）   红字
    贷：安排国库集中支付结余   红字
  借：安排国库集中支付结余   红字
    贷：应付国库集中支付结余   红字
  借：应付国库集中支付结余   红字
    贷：确认收入（应付国库集中支付结余）   红字

同时增加分录，减列当年确认支付，增列当年待分预算，采用红字冲销法以负数核算，收回资金的项目需要继续实施的，应作为新的预算项目，按照预算管理程序重新申请和安排。核算如下：
  借：确认支付（当年预算）   红字
    贷：政府支出预算——待分预算   红字
③控制规则
根据"可执行指标"科目余额控制可收回的最大金额。如当年预算支出不够冲销，则冲销完后"确认支付"科目可出现贷方余额。
（2）国库集中支付结余调剂
①触发记账条件
本级政府财政部门审核确认。
②记账规则
  借：可执行指标 A（应付国库集中支付结余）   红字
    贷：安排国库集中支付结余 A（应付国库集中支付结余） 红字
  借：安排国库集中支付结余 B（应付国库集中支付结余）
    贷：安排国库集中支付结余 A（应付国库集中支付结余）
  借：可执行指标 B（应付国库集中支付结余）
    贷：安排国库集中支付结余 B（应付国库集中支付结余）
③控制规则
通过"可执行指标"科目余额控制可以调剂的最大金额。
3. 国库集中支付结余执行。
（1）单位支付申请
①触发记账条件
单位录入支付申请并保存发送。
②记账规则
  借：支付申请（应付国库集中支付结余）
    贷：可执行指标（应付国库集中支付结余）
③控制规则
"可执行指标"科目不能出现贷方余额。

（2）单位支付申请退回
①触发记账条件
支付申请信息不满足支付条件银行退回支付凭证。
②记账规则
  借：支付申请（应付国库集中支付结余）   红字
    贷：可执行指标（应付国库集中支付结余）   红字
③控制规则
"支付申请"科目不得出现贷方余额。
（3）确认支付
①触发记账条件
同总预算会计记账条件保持一致。
②记账规则
  借：确认支付（应付国库集中支付结余）
    贷：支付申请（应付国库集中支付结余）
③控制规则
通过"支付申请"科目控制可生成"确认支付"科目的最大金额。此处国库集中支付结余指标确认支付在财政总预算会计中不记预算支出。
（4）资金退回
①触发记账条件
同总预算会计入账条件保持一致。
②记账规则
资金退回时，采用红字冲销法以负数核算，恢复"支付申请"科目余额。
  借：确认支付（应付国库集中支付结余）   红字
    贷：支付申请（应付国库集中支付结余）   红字
恢复"可执行指标"科目余额，采用红字冲销法以负数核算。
  借：支付申请（应付国库集中支付结余）   红字
    贷：可执行指标（应付国库集中支付结余）   红字
③控制规则
a.资金退回时通过"确认支付"科目控制当年可退回资金的最大金额。
b.资金退回时金额要素同总会计核算保持一致。
（5）支付更正
①触发记账条件
单位发起支付更正申请并保存。
②记账规则
恢复可执行指标A余额，采用红字冲销法以负数核算。
  借：确认支付（应付国库集中支付结余A）   红字
    贷：支付申请（应付国库集中支付结余A）   红字
  借：支付申请（应付国库集中支付结余A）   红字
    贷：可执行指标（应付国库集中支付结余A）   红字
扣减可执行指标B余额。

借：支付申请（应付国库集中支付结余B）
　　　　贷：可执行指标（应付国库集中支付结余B）
　　借：确认支付（应付国库集中支付结余B）
　　　　贷：支付申请（应付国库集中支付结余B）
　③控制规则
　a.通过"确认支付"科目控制可申请支付更正的最大金额。
　b."可执行指标"科目不得出现贷方余额。
　4.国库集中支付结余年终事项。
　（1）国库集中支付结余权责发生制列支
　当年预算形成权责发生制事项，实行权责发生制转列支出。
　①触发记账条件
　本级政府财政部门确认权责发生制列支事项。
　②记账规则
　　借：确认支付（当年预算）
　　　　贷：可执行指标——本级支出指标（当年预算）
　③控制规则
　"可执行指标"科目不得出现贷方余额。
　（2）指标结转
　①触发记账条件
　本级政府财政部门确认结转资金。
　②记账规则
　本级"可执行指标（权责发生制事项）"余额转入指标结转。
　　借：指标结转（应付国库集中支付结余）
　　　　贷：可执行指标（应付国库集中支付结余）
　③控制规则
　权责发生制事项未全部执行完毕的指标，下年需按原用途继续使用（科研项目等）。根据"可执行指标"科目余额进行结转，结转到"指标结转"科目。结转后，"可执行指标"科目为零。除科研项目外，原则上无结余和结转资金。
　（3）可执行指标收回
　①触发记账条件
　本级政府财政部门确认结余资金。
　②记账规则
　收回未执行的权责发生制"可执行指标"科目余额，采用红字冲销法以负数核算。
　　借：可执行指标（应付国库集中支付结余）　　　　　　　　红字
　　　　贷：安排国库集中支付结余　　　　　　　　　　　　　红字
　　借：应付国库集中支付结余　　　　　　　　　　　　　　　红字
　　　　贷：确认收入（应付国库集中支付结余）　　　　　　　红字
　　借：安排国库集中支付结余　　　　　　　　　　　　　　　红字
　　　　贷：应付国库集中支付结余　　　　　　　　　　　　　红字
　对往年结转到本年的国库集中支付结余，在往年已经列支，在本年末，因不允许再次结转，而转至指标结余后，由于该资金未发生实际支出，需减列本年的预算支出，同时增列当年指标结余。采用红字冲销法以负数核算，账务处理如下：

借：确认支付（当年预算）　　　　　　　　　　　　　　　　红字
　　贷：指标结余（当年预算）　　　　　　　　　　　　　　　红字

③控制规则

未执行完的"可执行指标"，年末结转到"指标结余"科目，结转后科目为零。

（4）结转结余

权责发生制事项"确认收入"和"确认支付"转入"结转结余"。

①触发记账条件

本级政府财政部门确认结转结余资金。

②记账规则

借：确认收入（应付国库集中支付结余）
　　贷：结转结余（应付国库集中支付结余）
确认支付（应付国库集中支付结余）

③控制规则

同总预算会计核算保持一致。

（5）年终结账

年终结账，将国库集中支付结余类和结转核销类清零。

①触发记账条件

系统自动处理。

②记账规则

借：结转结余（应付国库集中支付结余）
　　贷：指标结转（应付国库集中支付结余）

③控制规则

年终结账后，所有科目余额为零。

第六章 报表格式及报表编报说明

×× 年 ×× （一般公共预算／政府性基金预算／国有资本经营预算）指标核算管理总表（样表）

地区：　　　　　　　　　　　　　　　日期：　　　　　　　　　　　　　　　单位：万元

借方科目	年初预算数	借方发生额	贷方发生额	期末数	贷方科目	年初预算数	借方发生额	贷方发生额	期末数
一、指标来源类					二、提前安排类				
1001 政府支出预算					2001 本级财力提前下达指标				
100101 本级支出预算					2002 本级财力年初控制数				
100102 补助支出预算					2003 其他预拨指标				
100103 预备费					三、结转结余类				
100104 上解支出					3001 结转结余				
100105 地区间援助支出预算					四、财力类				
100106 调出资金					4001 政府收入预算				
100107 安排预算稳定调节基金					400101 本级收入预算				
100108 债务还本支出预算					400102 补助收入预算				
100109 债务转贷支出预算					400103 上解收入				
100110 补充预算周转金					400104 地区间援助收入预算				
100111 结转下年支出					400105 调入资金				
100199 待分预算					400106 动用预算稳定调节基金				
1002 安排国库集中支付结余					400107 债务收入预算				
五、支出指标类					400108 债务转贷收入预算				
5001 待下达指标					400109 上年结转收入				
5002 可执行指标					400110 上年结余收入				

(续表)

借方科目	年初预算数	借方发生额	贷方发生额	期末数	贷方科目	年初预算数	借方发生额	贷方发生额	期末数
500201 本级支出指标					4002 应付国库集中支付结余				
500202 补助支出指标					六、收入类				
500206 上解支出指标					6001 确认收入				
500203 地区间援助支出指标									
500204 债务还本支出指标									
500205 债务转贷支出指标									
5003 可执行指标冻结									
七、支付申请类									
7001 支付申请									
八、支付类									
8001 确认支付									
九、结转核销类									
9001 指标结转									
9002 指标结余									
合计					合计				

××年×× 一般公共预算收入预算变动及执行情况表(样表)

地区: 　　　　　　　　　　　日期: 　　　　　　　　　　　单位: 万元

科目	年初预算数	预算调整数	执行中增加（减少）	执行数（决算数）
本级收入				
税收收入				
增值税				
消费税				
……				
非税收入				
行政性收费				
……				
上级补助收入				
返还性收入				
一般性转移支付收入				
专项转移支付收入				
下级上解收入				
体制上解收入				
专项上解收入				
待偿债置换一般债券上年结余				
上年结转				
上年结余				
调入资金				
从政府性基金预算调入				
从国有资本经营预算调入				
从其他资金调入				
债务收入				
债务转贷收入				
国债转贷收入				
国债转贷资金上年结余				
国债转贷补助数				
动用预算稳定调节基金				
接受其他地区援助收入				
省补助计划单列市收入				
计划单列市上解省收入				
收入总计				

××年××一般公共预算支出变动及执行情况表（样表）

地区：　　　　　　　　　　　　　　日期：　　　　　　　　　　　　　　单位：万元

科目名称	年初预算数	小计	上年结转	上级财力性转移支付增加额用于对下补助	上级共同事权转移支付增加额	上级专项转移支付增加额	债务（转贷）收入（含国债转贷）	变动项目		财力统筹的变动项（包含本年超收、短收安排，上解收入、上级增人资金增加额、动用预算稳定调节基金）	省补助计单列市	地区间援助收入	变动后预算数	执行数（决算数）	预算结转	安排预算稳定调节基金
								动用预算预备费	预算调剂							
本级支出																
一般公共预算支出																
一般公共服务支出																
人大事务																
行政运行																
一般行政管理事务																
……																
预备费																
待分预算																
其他支出（类）																
债务付息支出																
债务发行费用支出																
地方政府一般债务还本支出																
调出资金																
补充预算周转金																
国债转贷资金结余																
安排预算稳定调节基金																
援助其他地区支出																

(续表)

科目名称	年初预算数					变动项目						变动后预算数	执行数（决算数）	预算结转	安排预算稳定调节基金
	小计	上年结转	上级财力性转移支付增加额用于对下补助	上级共同事权转移支付增加额	上级专项转移支付增加额	债务（转贷）收入（含国债转贷）	动用预算预备费	预算调剂	财力统筹的变动项（包含本年超收、短收安排、上解收入、上级财力性转移支付增加额、调入资金增加额、动用预算稳定调节基金）	省补助计划单列市	地区间协助收入				
待偿债置换一般债券结余															
结转下年支出															
转移性支出															
补助下级支出															
上级财力补助下级支出															
返还性支出															
一般性转移支付支出															
体制补助收入															
……															
一般公共服务共同财政事权转移支付支出															
……															
专项转移支付支出															
一般公共服务															
……															
本级财力补助下级支出															
返还性支出															
一般性转移支付支出															
体制补助收入															
……															

（续表）

科目名称	年初预算数	变动项目										变动后预算数	执行数（决算数）	预算结转	安排预算稳定调节基金
		小计	上年结转	上级财力性转移支付增加额用于对下补助	上级共同事权转移支付增加额	上级专项转移支付增加额	债务（转贷）收入（含国债转贷）	动用预算调剂预备费	财力统筹安排的变动项（包含本年超收、短收安排、上级收入、上解增额、调入资金增加额、动用预算稳定调节基金）	省补助计单列市	地区间援助收入				
一般公共服务共同财政事权转移支付收入															
……															
专项转移支付支出															
一般公共服务															
……															
上解上级支出															
体制上解支出															
专项上解支出															
债务转贷支出															
拨付国债转贷资金数															
计划单列市上解省支出															
省补助计划单列市支出															
支出合计															

××年××政府性基金预算收入预算变动及执行情况表（样表）

地区：　　　　　　　　　　　日期：　　　　　　　　　　　单位：万元

科目	年初预算数	预算调整数	执行中增加（减少）	执行数（决算数）
政府性基金预算收入				
政府性基金收入（款）				
专项债券对应项目专项收入				
政府性基金预算上级补助收入				
政府性基金预算下级上解收入				
待偿债置换专项债券上年结余				
政府性基金预算上年结余				
政府性基金预算调入资金				
一般公共预算调入				
其他调入资金				
专项债务收入				
地方政府专项债务转贷收入				
政府性基金预算省补助计划单列市收入				
政府性基金预算计划单列市上解省收入				
收入总计				

×××年××政府性基金预算支出预算变动及执行情况表（样表）

地区：　　　　　　　　　　　　　日期：　　　　　　　　　　　　　　　　　　　　　　　　　　　单位：万元

科目名称	年初预算数	变动项目							变动后预算数	执行数（决算数）	安排预算稳定调节基金	年终结余
		小计	上年结转	上级专项转移支付变动额	债务（转贷）收入	本年超短收	预算调剂	上解收入	省补助计划单列市			
政府性基金预算支出												
科学技术支出												
核电站乏燃料处理处置基金支出												
文化旅游体育与传媒支出												
国家电影事业发展专项资金安排的支出												
……												
债务付息支出												
地方政府专项债务付息支出												
债务发行费用支出												
地方政府专项债务发行费用支出												
政府性基金预算调出资金												
其中：调出到预算稳定调节基金												
地方政府专项债务还本支出												
待偿债置换专项债券结余												
结转下年支出												
转移性支出												
政府性基金预算补助下级支出												
政府性基金预算上解上级支出												
债务转贷支出												
政府性基金预算计划单列市上解省支出												
政府性基金预算省补助计划单列市支出												
支出合计												

××年 ×× 国有资本经营预算收入预算变动及执行情况表（样表）

地区： 日期： 单位：万元

科 目	年初预算数	预算调整数	执行中增加（减少）	执行数（决算数）
国有资本经营预算收入				
非税收入				
国有资本经营收入				
……				
国有资本经营预算上年结余				
国有资本经营预算上级补助收入				
国有资本经营预算下级上解收入				
国有资本经营预算省补助计划单列市收入				
国有资本经营预算计划单列市上解省收入				

××年 ×× 国有资本经营预算支出预算变动及执行情况表（样表）

地区： 日期： 单位：万元

| 科目名称 | 年初预算数 | 变动项目 | | | | | | 变动后预算数 | 执行数（决算数） | 年终结余 |
		小计	上年结转	上级专项转移支付变动额	本年超短收	预算调剂	上解收入	省补助计划单列市			
国有资本经营预算支出											
社会保障和就业支出											
补充全国社会保障基金											
国有资本经营预算支出											
解决历史遗留问题及改革成本支出											
……											
国有资本经营预算调出资金											
国有资本经营结转下年支出											
转移性支出											
国有资本经营预算补助下级支出											
国有资本经营预算上解上级支出											
国有资本经营预算省补助计划单列市支出											
国有资本经营预算计划单列市上解省支出											
支出合计											

××年××单位资金指标核算管理总表（样表）

地区：　　　　　　　　　　　　　　　　　　　　　　　　　　　　　　　　　　　　　　　单位：万元
日期：

借方科目	年初预算数	借方发生额	贷方发生额	期末数	贷方科目	年初预算数	借方发生额	贷方发生额	期末数
一、单位资金支出预算类					二、提前安排类				
1601 单位资金支出预算					2601 年初控制数				
五、支出指标类					三、结转结余类				
5601 待下达指标					3601 结转结余				
5602 可执行指标					四、单位资金收入预算类				
5603 可执行指标冻结					4601 单位资金收入预算				
七、支付申请类					460101 事业收入预算				
5601 支付申请					460102 经营收入预算				
八、支付类					460103 上级补助收入预算				
8601 确认支付					460104 附属单位上缴收入				
九、结转核销类					460105 结转结余收入				
9601 指标结转结余					460106 财政专户管理资金收入（教育收费）				
					460199 其他收入预算				
					六、收入类				
					6801 确认收入				
合计					合计				

报表编报说明

预算指标核算报表体系共有八张样表，报表格式固定，编报时不得增加（减少）报表科目，为零值的行不得隐藏过滤，报表通过预算指标核算取数，不得直接从业务数据表中取数。财政部根据管理需要适时调整报表样式。

一、××年××（一般公共预算／政府性基金预算／国有资本经营预算）指标核算管理总表、××年××单位资金指标核算管理总表

本表为预算指标核算管理总表（以下简称总表），包含所有核算的一、二级科目。

（一）本表"年初预算数"栏根据指标核算中本年年初人大批准预算数编报。取自政府收入预算科目和政府支出预算科目中的年初人大批准预算数。

（二）本表的"借方发生数"栏根据各科目核算中的借方发生数编报，红字核算以负数反映。

（三）本表的"贷方发生数"栏根据各科目核算中的贷方发生数编报，红字核算以负数反映。

（四）本表的"期末数"栏根据各科目的余额编报，应等于年初数加上借方发生数减去贷方发生数。

（五）本表的借方科目的"年初数"和"期末数"应等于贷方科目的"年初数"和"期末数"。

（六）预算指标核算发挥着收支平衡和顺逆向控制双向作用，为确保报表逻辑清晰，考虑编报时部分借方科目间和贷方科目间的发生数保持一定的勾稽关系，如可执行指标的贷方发生数等于支付申请的借方发生数，政府收入预算的借方发生数等于确认收入的贷方发生数等。

二、××年××一般公共预算收入预算变动及执行情况表、××年××政府性基金预算收入预算变动及执行情况表、××年××国有资本经营预算收入预算变动及执行情况表

本表全面反映本级政府财政部门的收入预算变动情况。

（一）本表纵向科目分为线上和线下收入两部分，线上部分按功能科目列示，线下部分按实际预算收入事项列示。

（二）本表"年初预算数"列编报本年年初人大批准预算数，应等于总表的政府收入预算的年初数。

（三）本表"预算调整数"列编报本年人大批准的预算调整数。

（四）本表"执行中增加（减少）"列编报在执行过程中不属于年初预算和预算调整的收入预算变动数。（包含但不仅限于地方各级政府因上级政府增加不需要本级政府提供配套资金的专项转移支付而引起的收入预算变化。）

（五）本表"执行数（决算数）"列编报预算指标核算中对应科目的确认收入数。

三、××年××一般公共预算支出预算变动及执行情况表、××年××政府性基金支出预算变动及执行情况表、××年××国有资本经营预算变动及执行情况表

本表为棋盘式表格，通过纵向要素和横向要素交叉列示全面反映本级政府财政部门的支出预算变动及执行情况。

（一）本表纵向科目分为本级支出和对下转移支付两部分，其中本级又包含线上和线下两部分，按功能科目列示。

（二）本表"年初预算数"列编报本年年初人大批准预算数，应等于总表的政府支出预算科目的年初数。其中对下转移支付部分应等于总表中对应的支出预算科目年初数。

（三）本表的"变动项小计"列编报预算执行中预算变动项数值合计，应等于总表中的政府收入预算的贷方发生数。

（四）变动项目中的"上年结转"列编报执行中因上年结转收入变化通过预算调整增加（减少）的政府支出预算，需明细到具体科目。

（五）变动项目中的"上级财力性转移支付增加额用于对下补助"列编报执行中新增加的上级财力性转移支付增加额用于对下级补助，不含上级财力性转移支付增加额用于本级部分。需明细到对应的转移支付科目。（六）变动项目中的"上级共同事权转移支付增加额"列编报执行中上级共同事权转移支付收入增加（减少）而调整的政府支出预算，需明细到具体科目。

（六）变动项目中的"上级专项转移支付增加额"列编报执行中上级专项转移支付收入增加（减少）而调整的政府支出预算，需明细到具体科目。

（七）变动项目中的"债务（转贷）收入（含国债转贷）"列编报执行中债务（转贷）收入（含国债转贷）增加（减少）而调整的政府支出预算，需明细到具体科目。

（八）变动项目中的"动用预备费"列编报在执行中动支预备费情况，需在报表行中的预备费中用负数编报，并在对应列的支出明细科目中用正数编报，此列的合计值应为零。

（九）变动项目中的"预算调剂"列编报在执行中科目、项目间调剂及级次间预算调剂。调减用负数编报，调增用正数编报，此列的合计值应为零。

（十）变动项目中的"财力统筹的变动项（包含本年超收、短收安排、上级财力性转移支付增加额、调入资金增加额、动用预算稳定调节基金、上解收入）"列编报在执行中因财力统筹部分的收入预算变动而调整的政府支出预算，需明细到具体科目。

（十一）变动项目中的"省补助计划单列市"列编报在执行中省补助计划单列市增加（减少）而调整的政府支出预算，需明细到具体科目。

（十二）变动项目中的"地区间援助收入"列编报在执行地区间援助收入增加（减少）而调整的政府支出预算，需明细到具体科目。

（十三）本表"变动后预算数"列编报年初预算数＋变动项目后的净值。

（十四）本表"执行数（决算数）"列编报指标核算中对应科目的确认支付。

（十五）一般公共预算支出预算变动及执行情况表"预算结转"列编报全年预算执行完毕后需结转下年的预算指标。

（十六）本表"安排预算稳定调节基金"列编报年末时相关科目的结余转入安排预算稳定调节基金。

（十七）一般公共预算支出预算变动及执行情况表的"变动后预算数"＝"执行数（决算数）"＋"预算结转"＋"安排预算稳定调节基金"。

（十八）政府性基金支出预算变动及执行情况表、国有资本经营预算变动及执行情况表中的"年终结余"编报全年预算执行完毕后需结转下年的预算结转。

（十九）政府性基金支出预算变动及执行情况表的"变动后预算数"＝"执行数（决算数）"＋"安排预算稳定调节基金"＋"年终结余"；国有资本经营预算变动及执行情况表中的"变动后预算数"＝"执行数（决算数）"＋"年终结余"。

6. 预算评审管理暂行办法（2023年发布）

（财预〔2023〕95号印发）

第一章 总 则

第一条 为加强部门预算管理，促进预算评审科学化、规范化，提高财政资源配置效率，根据《中华人民共和国预算法》及其实施条例、《国务院关于进一步深化预算管理制度改革的意见》（国发〔2021〕5号）等有关规定，制定本办法。

第二条 本办法所称预算评审，是指各级财政部门对部门预算项目资金需求、支出标准等开展的评审活动，为预算编制、预算绩效管理等提供技术支撑。

第三条 财政部门开展预算评审工作，应遵循以下原则：

（一）依法依规。依据法律法规、政策文件、预算管理制度等开展预算评审，规范评审行为。

（二）科学合理。统筹兼顾经济社会发展水平和财力可能，科学合理分析、评定项目实施必要性、可行性，分析资金需求方案合理性。

（三）客观公正。推进预算评审程序化、规范化、标准化，公平、公正开展评审工作。

（四）绩效导向。落实全面实施预算绩效管理有关要求，与事前绩效评估、绩效目标管理等有效衔接，落实过紧日子要求，促进优化资源配置，提高资金使用效益。

第二章 管理职责

第四条 财政部门的主要职责：

（一）制定本级预算评审业务规范、操作规程等工作规定，完善预算评审制度；

（二）明确本级预算评审项目范围，选取项目开展评审；

（三）负责组织、监督预算评审的具体实施，组织运用评审结果；

（四）指导下级财政部门的预算评审工作。

第五条 评审项目的主管部门、申报单位应积极配合财政部门完成对本部门本单位项目所开展的预算评审工作。

第三章 预算评审范围

第六条 财政部组织对中央部门预算项目开展评审。

（一）优先开展评审的项目。符合以下条件之一的项目，按照"即有即评"原则分批开展评审。

1. 项目支出总额较大的项目，指特定目标类项目中资金需求总额在1亿元（含）以上的二级项目。

2. 年度资金需求较大的项目，指专项业务费和运转类项目中年度资金需求在1亿元（含）以上的二级项目。同一部门所属单位的相同性质二级项目合计年度资金需求在1亿元（含）以上的，作为一个项目开展评审。

3. 专业性强的项目，指特定目标类项目中资金需求总额在1亿元以下5 000万元（含）以上的新设机构开办类、庆典会展类、维修改造及新建楼堂馆所等二级项目。

4. 技术复杂的项目，指特定目标类项目中资金需求总额在1亿元以下2 000万元（含）以上的检验监测类、信息化建设类等二级项目。

（二）随机抽选评审的项目。财政部根据年度预算审核需要，结合预算评审任务情况，从项目库一定范围内随机抽选项目集中评审。对巡视、审计、财会监督、预算绩效管理等发现问题的项目，制定支出标准需要评审的项目和其他确有评审必要性的项目，可以单独安排抽选或提高抽选比例。抽选结果应内部公示。

第七条 地方各级财政部门负责组织对本级各部门预算项目开展评审，重点选取项目支出总额及年度资金需求大、专业性强、技术复杂的项目。具体范围和标准可参考中央财政评审，由地方财政部门自行规定。

第八条 按照节约高效原则，各级财政部门对以下项目原则上无需开展评审，相应不列入优先评审范围和随机抽选范围：

（一）人员类项目和公用经费项目；

（二）已出台政策或文件中明确资金数额的项目；

（三）已开展过预算评审且项目支出总额或年度资金需求未增加的项目；

（四）按同级财政部门规定或认定的支出标准和任务量可直接测算资金需求的项目；

（五）按规定由项目主管部门（指负责专项资金管理并审核相关单位申报项目的部门）负责评审并批复立项、可行性研究报告、任务书等文件的项目；

（六）项目内容敏感、知悉范围有严格限定的项目；

（七）项目支出总额低于同级财政部门规定金额标准的项目；

（八）同级财政部门规定不需评审的其他项目。

第四章　评审内容和方法

第九条 预算评审要将项目的必要性、可行性、完整性、合规性、合理性、经济性以及绩效目标、支出标准等作为重点审核内容，其中延续性项目的评审应当将以前年度的预算执行情况、预算绩效管理情况等作为重要参考。

（一）项目的必要性、可行性、完整性。

1. 必要性。主要是项目立项依据是否充分，项目内容是否与国家有关重大决策部署、法律法规和有关行业政策、发展规划相符；与部门职责衔接是否紧密；与其他项目是否存在交叉重复。

2. 可行性。主要是项目实施方案是否具体可行、任务是否明确、实施条件是否具备，项目预算规模与计划方案、目标任务是否匹配，预期投资进度与预期工作进展是否匹配。

3. 完整性。主要是项目立项是否按规定履行相关程序，内容范围、目标任务、规模标准是否清晰明确，预算申报材料及相关依据资料是否齐全。

（二）预算的合规性、合理性、经济性。

1. 合规性。主要是项目内容是否符合财经法律法规等。

2. 合理性。主要是项目是否与经济社会发展水平、本级财力水平相适应，是否属于本级支出责任，支出内容是否真实，经费测算依据是否充分、方法是否得当等。

3. 经济性。主要是项目实施方案是否落实过紧日子要求，厉行勤俭节约，是否有利于降低成本；资金需求是否按照标准测算，是否精打细算。

（三）绩效目标审核。主要是对绩效目标的完整性、相关性、适当性、可行性、与项目资金需求的匹配性等进行审核。

（四）支出标准审核。主要是对编制预算时使用的支出标准是否适用进行审核。

（五）其他评审侧重点审核。根据项目实施需要，对项目性质、资金来源等情况进行审核。

第十条 围绕项目支出预算评审内容，综合运用政策评估、比较分析、工作量计算、成本效益分析、市场询价、专家咨询、现场核实等方法实施评审。

第十一条 预算评审的依据包括：

（一）国家相关法律、法规；

（二）国民经济和社会发展政策和规划；

（三）财政部门或财政部门会同相关部门出台的资金管理、预算管理、国有资产管理办法等；

（四）部门职能职责、中长期事业发展规划，以及年度工作计划、重点工作安排；

（五）项目立项依据文件，项目实施方案，合同及相关制度文件等；

（六）相关历史数据、行业标准、计划标准、支出标准等；

（七）以前年度预算绩效管理情况；

（八）其他项目相关的依据材料。

第五章 评审组织管理

第十二条 各级财政部门根据预算管理权限和预算评审范围规定，综合考虑事前绩效评估、绩效评价、支出标准制定等任务需求，合理确定预算评审任务，并明确相关项目评审的原则、依据、重点、时限等，下达给评审机构。

第十三条 各级财政部门要统筹安排事前绩效评估和预算评审工作。事前绩效评估已经对项目资金需求出具明确意见的，视为已开展预算评审。

第十四条 开展预算评审的一般程序为：

（一）前期准备。财政部门确定预算评审任务后，通知项目主管部门做好评审准备。项目主管部门和申报单位应当积极配合评审机构，按要求在规定时限内提供相关资料，并对所提供资料的真实性、合法性、完整性负责。

（二）制定方案。评审机构根据评审任务要求制定评审方案。评审方案应包括基本情况、评审重点关注内容、评审方法和依据、评审工作组成员、评审时间及进度安排等。

（三）实施评审。评审机构根据评审方案实施项目评审。评审中加强信息沟通，初步评审结论形成后，应及时反馈给组织评审的财政部门，由财政部门或者财政部门授权评审机构，与项目主管部门或申报单位正式交换意见。评审机构根据有关意见对评审结论进行完善，并出具评审报告。对评审报告存在较大争议或发现评审质量存在严重问题的，由评审机构进行复审或者财政部门选取其他评审机构重新评审。

（四）报告及归档。评审报告应包括基本情况、评审依据、评审结论、问题和建议，如有项目申报单位签署的意见或者需要特殊说明的情况，在报告中一并体现。出具报告后，评审机构应当及时整理评审资料，建立评审档案，将评审要件完整存入档案。

第十五条 各级财政部门应当加强预算评审工作的保密管理，严控涉密项目知悉范围，严格涉密资料使用、保存、复制和销毁管理。

参与涉密项目评审的单位、中介机构、专家需具备国家保密法律法规要求的资质，满足相应场地、人员、设备、档案管理等条件，按照有关规定履行签署保密协议或保密承诺书等保密管理程序。

受委托的中介机构评审人员和评审专家不得对外透露评审工作中涉及的单位和项目相关信息。

第六章 评审机构和专家管理

第十六条 财政部预算评审中心等作为中央财政评审机构，承担财政部预算司组织确定并下达的评审任务，接受财政部部门预算管理司对评审项目相关政策业务的指导。

中央财政评审机构要聚焦客观公正开展评审工作，提升评审专业能力，提高评审工作效率。评审机构原则上在接到评审任务15个工作日内出具评审报告，对于集中下达的评审任务，在接到评审任务45个工作日内出具评审报告。

中央财政评审机构对评审报告负责，按照要求对评审报告进行解释和提供审计等监督部门。财政部部门预算管理司负责运用评审结果，对利用评审结果形成的预算安排予以解释，不得将预算审核主体责任转交评审机构。

第十七条 地方各级财政部门根据机构职能设置情况，可以由财政部门内设机构、具有评审职能的下属单位承担评审任务，或委托有相关资质的中介机构、组织专家等开展评审。地方财政评审机构要提升预算评审能力，严格评审工作纪律，做到客观公正。

第十八条 财政部门或评审机构委托中介机构从事评审的，应当严格按照政府采购、政府购买服务的制度和要求，采取公开招标、邀请招标、竞争性谈判、单一来源采购等方式择优选取专业能力突出、机构管理规范、执业信誉较好的中介机构参与评审工作，向中介机构付费应当符合相关规定。

接受委托的中介机构应当在委托方指导下独立开展评审工作。中介机构与项目申报单位有利益关联关系，或评审项目可能影响中介机构利益的，应主动回避，不得参与相关项目评审。中介机构参与相关项目评审后，不得向项目申报单位承揽设计、造价、招标代理、监理、审计等有利益关联关系的业务。同一中介机构不得接受不同主体委托开展对同一项目的论证、评审等工作。

第十九条 财政部门或评审机构组织专家评审的，应根据工作需要建立预算评审专家库，原则上应从专家库中随机抽取符合相关专业要求的专家开展评审，明确专家遴选、考评、退出等机制。

加强专家参与评审管理，严肃工作纪律和工作要求，接受委托的专家应当客观公正开展工作，对出具的评审意见负责。专家与项目申报单位存在聘用、合作等可能影响评审公正性关系的，应主动回避，不得参与相关项目评审。同一专家不得接受不同主体委托参与对同一项目的论证、评审等工作。

第七章 结 果 运 用

第二十条 各级财政部门应当加强预算评审结果运用，结果运用的方式包括：

（一）将评审结果应用于预算安排。财政部门要将评审结果作为审核预算申请的参考。被评审项目预算安排金额一般不应超过评审结果，确需超出评审结果安排预算的，应由相关部门、财政部门严格论证后，在部门、单位预算审核测算过程中作出重点说明。

（二）提高部门预算编报质量。财政部门根据预算评审中发现的问题，向预算申报部门提出改进预算编制的意见建议。对评审中发现虚报基础数据或资金需求的部门、单位，财政部门可酌情核减部门、单位预算。对预算审减率低、预算申报质量较高的部门、单位，财政部门可在预算安排、绩效考核等方面予以激励。

（三）推进支出标准体系建设。各级财政部门应当结合预算评审，强化对评审数据的积累和有效利用，加强对同类项目评审情况的总结分析，逐步建立共性项目的支出标准和规范，推动工作重心由评审资金需求向制定完善支出标准拓展。

（四）支撑预算绩效标准体系建设。各级财政部门应加强共性项目绩效目标的审核分析，发挥预算评审支撑预算绩效标准体系建设的作用。

第八章 实 施 保 障

第二十一条 预算评审所需经费按照"谁委托谁付费"的原则，由组织评审的财政部门承担。评审机构和专家不得向被评审单位收取任何费用。

第二十二条 各级财政部门应当严格按照法律、行政法规和制度规定组织开展预算评审。财政部门内设机构及工作人员不得违规指定评审机构，不得违规干预预算评审结果，不得向评审机构提出审减率等指令性要求，存在违反本办法规定，以及其他滥用职权、玩忽职守、徇私舞弊等违法违规行为的，依法依规追究相应责任。

评审机构及工作人员、参与评审专家、中介机构人员存在玩忽职守、滥用职权、徇私舞弊等违法违规行为的，依法依规追究相应责任。

第九章 附 则

第二十三条 各省、自治区、直辖市、计划单列市财政部门可根据本办法出台实施细则。

各部门自行开展的预算评审，可参照本办法有关原则，明确评审分工，规范评审程序，强化结果运用。

中国人民解放军、武装警察部队经费的预算评审管理，参照本办法执行。

第二十四条 本办法自 2024 年 1 月 1 日起施行。各级财政部门现有规定与本办法不一致的，按照本办法执行。

第六章 预算编制与执行相关法规

1. 中央本级基本支出预算管理办法（2007 年发布）

（财预〔2007〕37 号印发）

第一章 总 则

第一条 为加强中央部门基本支出预算管理，规范基本支出预算分配行为，保障中央部门正常运转的资金需要，根据《中华人民共和国预算法》，制定本办法。

第二条 中央本级基本支出预算由中央各部门基本支出预算组成。本办法所称"中央部门"，是指与财政部直接发生预算缴款、拨款关系的国家机关、军队、政党组织和社会团体以及企业和事业单位。

第三条 中央部门的行政单位（包括参照《公务员法》管理的事业单位）的行政运行经费和事业单位的事业运行（或机构运行等）经费等基本支出的预算管理，适用本办法。

第四条 基本支出预算是部门预算的组成部分，是中央部门为保障其机构正常运转、完成日常工作任务而编制的年度基本支出计划，按其性质分为人员经费和日常公用经费。

第五条 中央部门在基本支出之外为完成其特定行政任务和事业发展目标所发生的支出作为项目支出预算管理。

第六条 编制基本支出预算的原则

（一）综合预算的原则。在编制基本支出预算时，对当年财政拨款和以前年度结余资金，预算内和预算外资金，要统筹考虑、合理安排。

（二）优先保障的原则。财力安排首先应当保障单位基本支出的合理需要，以保证中央部门的日常工作正常运转。

（三）定额管理的原则。基本支出预算实行以定员定额为主的管理方式，同时结合部门资产占有状况，通过建立实物费用定额标准，实现资产管理与定额管理相结合。对于基本支出没有财政拨款的事业单位，其基本支出预算可以按照国家财务规章制度规定和部门预算编制的有关要求，结合单位的收支情况，采取其他方式合理安排基本支出预算。

第二章　制定定额标准的原则和方法

第七条　定员、资产和定额是测算和编制中央部门基本支出预算的重要依据。

定员，是指国家机构编制主管部门根据中央部门的性质、职能、业务范围和工作任务所下达的人员配置标准。

资产，是指中央部门占有、使用的，依法确认为国家所有的公共财产。包括国家调拨的资产、用国家财政性资金形成的资产、按照国家规定组织收入形成的资产、以单位名义接受捐赠形成和其他依法确认为国家所有的资产等，其表现形式为办公用房、车辆、专用设备等固定资产。

定额，是指财政部根据中央部门机构正常运转和日常工作任务的合理需要，结合财力的可能，对基本支出的各项内容所规定的指标额度。

第八条　制定定额标准的原则：

（一）制定定额标准要以公平为前提，兼顾单位的实际支出水平。

（二）制定定额标准要量力而行，以财力可能为基础，切合实际，具有可行性。

（三）制定定额标准要规范化，制定方法要具有科学性。

第九条　制定定额标准的方法：

（一）依据国家有关的方针、政策，财力状况，社会物价水平及单位的业务性质、工作量、人员、资产等数据资料制定定额标准。

（二）根据基本支出的特点，对政府收支分类中的支出经济分类款级科目进行合理调整、归并，形成若干基本支出定额项目。

（三）基本支出定额项目包括人员经费和日常公用经费两部分。人员经费包括政府收支分类的支出经济分类科目中的"工资福利支出"和"对个人和家庭的补助"。具体定额项目包括：基本工资、津补贴及奖金、社会保障缴费、离退休费、医疗费、助学金、住房补贴和其他人员经费等。日常公用经费包括政府收支分类的支出经济分类科目中的"商品和服务支出"和"其他资本性支出"中属于基本支出内容的支出。具体定额项目包括：办公及印刷费、水电费、邮电费、取暖费、物业管理费、交通费、差旅费、日常维修费、会议费、专用材料费、一般购置费（包括一般办公设备购置费、一般专用设备购置费、一般交通工具购置费、一般装备购置费等）、福利费和其他公用经费等。

（四）为规范定额分配行为，根据中央部门承担的职能、行业及业务特点，将中央部门分为若干类型。在核准同类单位工作量、占用的资源和相关历史数据资料的基础上，以人或实物作为测算对象，确定各类单位各定额项目的单项基准定额。基本支出日常公用经费定额项目中，水电费、取暖费、物业管理费、交通费等可采取人员定额和实物费用定额相结合的方式确定。

（五）在确定同类单位单项基准定额的基础上，确定同类单位的分档定额标准，最后确定各单位所应执行的各个单项定额标准。

（六）各个单项定额标准的总和构成单位基本支出的综合定额。

第十条　定额标准的调整。

定额标准的执行期限与预算年度一致；定额标准的调整在预算年度开始前进行；定额

标准一经下达，在年度预算执行中不作调整，影响预算执行的有关因素，在确定下一年度定额标准时，由财政部统一考虑。

第三章 基本支出预算的编制与审批

第十一条 中央部门根据财政部编制年度部门预算的要求，在规定时间内，组织编制本部门申报基本支出预算的基础数据和相关资料，按照规定格式报送财政部。

第十二条 财政部对中央部门报送的基础数据和相关资料进行审核，按照定额标准及有关依据，结合中央部门基本支出结余情况，测算并下达基本支出预算控制数（包括人员经费和日常公用经费，下同）及财政拨款补助数。

第十三条 中央部门在财政部下达的基本支出预算控制数额及财政拨款补助数额内，根据本部门的实际情况和国家有关政策、制度规定的开支范围及开支标准，在人员经费和日常公用经费各自的支出经济分类款级科目之间，自主调整编制本部门的基本支出预算，在规定的时间内报送财政部。

第十四条 财政部依法将审核汇总后的中央部门预算上报国务院审定。经全国人民代表大会批准后，在规定时间内向中央部门批复。

第四章 基本支出预算的管理与监督

第十五条 基本支出预算按人员经费和日常公用经费分别核算管理。人员经费严格按照国家相关政策安排；日常公用经费应与部门占有的资产情况相衔接，未按相关规定报批或超过配置标准购置的实物资产，一律不安排日常维护经费。

第十六条 基本支出预算中按照规定属于政府采购的支出，应当同时编入政府采购预算，并按照国家有关政府采购的规定执行。

第十七条 中央部门要严格执行批准的基本支出预算。执行中发生的非财政补助收入超收部分，原则上不再安排当年的基本支出，可报经财政部批准后，安排项目支出或结转下年使用；发生的短收，中央部门应当报经财政部批准后调减当年预算，当年的财政补助数不予调整。如遇国家出台有关政策，对预算执行影响较大，确需调整基本支出预算的，由中央部门报经财政部批准后进行调整。

第十八条 基本支出结余应按照财政部有关结余资金管理规定使用，中央部门应加强对基本支出结余资金的管理，将年度预算安排与基本支出结余资金统筹考虑。

第十九条 财政部对中央部门基本支出预算执行情况进行检查监督，对违反国家有关法律、法规和财务规章制度的，依法进行处理。

第五章 附　则

第二十条 本办法由财政部负责解释。

第二十一条 中国人民解放军、中国人民武装警察部队可以参照本办法规定的原则，另行制定管理办法。

第二十二条 本办法自发布之日起施行。《财政部关于印发〈中央部门基本支出预算管理试行办法〉的通知》（财预〔2002〕355号）同时废止。

2. 中央财政预算执行动态监控管理办法（2020年修订）

（财库〔2020〕3号印发）

第一章 总 则

第一条 为进一步加强中央财政预算执行管理与监督，提高财政资金管理使用的安全性、规范性、有效性，根据《中华人民共和国预算法》等法律法规、《党政机关厉行节约反对浪费条例》和财政国库管理制度有关规定，制定本办法。

第二条 本办法所称中央财政预算执行动态监控（以下简称动态监控），是指财政部根据财政国库管理制度和相关财政财务管理规定，通过预算执行动态监控系统，动态监控中央预算单位财政资金支付清算信息，对发现的违规问题及时纠正处理，以规范预算执行、防范财政资金支付使用风险的管理活动。

第三条 动态监控不改变各部门各单位的预算执行主体地位和责任，不改变预算单位的资金使用权、财务管理权和会计核算权，不改变各部门对所属预算单位的财务监管权。

各部门各单位对本部门本单位预算执行的合规性负责。

第四条 财政部是动态监控管理的主管部门，财政部各地监管局根据职能分工，负责属地中央预算单位（二级及二级以下预算单位）动态监控工作。

第五条 财政部与中央部门、中央国库集中支付代理银行（以下简称代理银行）各司其职，密切配合，共同加强动态监控管理。

第二章 动态监控的主要内容

第六条 动态监控的资金范围为实行国库集中支付的财政资金。财政部根据财政管理需要将其他资金纳入动态监控范围。

第七条 动态监控的基本要素包括付款人名称、付款人账号、支付时间、付款金额、结算方式、用途、预算科目、支付方式、支付类型、项目名称、收款人名称、收款人账号及银行账户等相关信息。

第八条 动态监控的主要事项包括：

（一）预算单位财政资金支付情况。

1.是否按照财政部批准的年度预算科目、指标、支出范围和标准支付资金；

2.是否按照国库集中支付制度规定的方式、程序和账户等支付资金；

3.是否按照政府采购管理规定支付采购资金；

4.是否按照公务卡制度规定使用公务卡和报销公务支出；

5.是否按照现金管理规定提取使用现金；

6.是否按照财政财务管理规定的范围和标准计提基金、发放补贴和报销费用；

7.是否按照厉行节约反对浪费有关规定支付使用资金。

（二）代理银行代理国库集中支付业务情况。

1.是否按照财政部或预算单位的支付指令及时、准确支付资金；

2.是否按照预算单位填写的支付信息完整准确反馈相关内容；

3.是否按照规定向财政部及时、准确、完整传输动态监控信息；

4.是否按照规定及时向财政部报告预算单位重大违规支付事项。

（三）按照有关规定和管理要求，其他需要动态监控的事项。

第三章　监控疑点信息核实

第九条　财政部根据有关法律法规和制度规定，在预算执行动态监控系统中设置预警规则，采取系统预警和人工判断相结合的方式，动态监控财政资金支付清算信息，核实监控疑点信息。

第十条　财政部对监控疑点信息，主要采取以下方式进行核实：

（一）电话核实。通过电话方式向预算单位、主管部门、代理银行、收款单位等了解核实情况。

（二）调阅材料。通知预算单位或代理银行提供有关文件、合同、支付单据、原始凭证、会计账册及财务报表等资料。

（三）约谈和实地核证。对电话和调阅材料方式无法完全核实的，根据工作需要约谈或实地了解核实情况。

（四）部门协查。对情况复杂或相关单位不配合核实工作的，财政部将监控疑点信息转送预算单位主管部门或代理银行总行协助调查核实。

第十一条　财政部核实监控疑点信息过程中，应做好文字记录、电子记录和资料归档等工作。

第十二条　财政部接到预算单位、代理银行、收款人等关于国库集中支付事项的投诉后，应按照相关程序及时处理。

第四章　违规问题处理

第十三条　财政部对核实确认的违规问题，在职责范围内，依据有关法律法规和制度规定作出处理；不属于职责范围的，按照规定移交有关部门处理。

第十四条　预算单位存在违规问题的，根据情节按下列方式进行处理：

（一）对确因理解偏差、操作失误等原因发生错误支付的，财政部通过电话等方式通知预算单位按照规范方式进行整改。预算单位应及时整改，并向财政部提交书面整改结果和相关佐证材料。

（二）对违反财政预算和执行管理有关规定的，财政部通过电话等方式通知预算单位采取退回违规资金、调整账目、补办手续等方式进行整改。预算单位应及时整改，并向财政部提交书面整改结果和相关佐证材料。

（三）对不及时整改、未按要求整改或虚报整改情况的，财政部制发书面整改意见，要求限期予以整改。

（四）对未在限期内落实财政部书面整改意见的，财政部依据有关规定，可以采取暂停拨付资金、撤销相关银行账户等处理措施。视情节严重程度，在一定范围内予以通报。

第十五条　代理银行存在违规问题的，根据情节按下列方式进行处理：

（一）对违规支付资金的，应将违规资金按原渠道退回相关银行账户或重新办理有关业务；造成损失的，按代理协议承担赔偿责任。

（二）对未及时、准确、完整向财政部传输动态监控信息的，应立即采取措施加以解决。

（三）对不及时整改、未按要求整改或虚报整改情况的，财政部采取适当方式予以通报批评，并结合综合考评情况扣减其代理服务费，直至终止代理协议。

第十六条　财政部跟踪预算单位和代理银行整改结果，按要求在预算执行动态监控系统中规范制作处理单，记录核实处理情况。

第十七条 预算单位对财政部处理决定不服的，依法申请行政复议或提起行政诉讼；代理银行对在履行代理协议过程中产生的争议，可依照代理协议的规定申请仲裁或提起民事诉讼。

第五章 动态监控结果运用

第十八条 财政部定期或不定期将预算执行中的共性问题、典型案例、潜在风险等反馈给中央部门，督促各部门落实预算执行主体责任，开展自查自纠，加强预算执行和财政资金管理。

第十九条 财政部加强动态监控结果运用，将动态监控结果作为编制或调剂预算、制定完善相关管理制度和开展绩效评价等工作的参考。预算单位、代理银行应充分运用动态监控结果，不断改进和加强预算和财务管理等工作。

第二十条 财政部各地监管局向财政部定期反馈动态监控工作情况，及时反馈重大问题和情况。

第六章 管理职责

第二十一条 财政部的主要职责包括：

（一）研究制定预算执行动态监控管理制度。

（二）组织开展日常监控、监控疑点信息核实、违规问题处理等工作。

（三）加强与中央部门、代理银行联系互动，推动动态 监控结果运用。

（四）指导各地监管局开展属地中央预算单位预算执行动态监控工作。

（五）依照权限受理国库集中支付投诉事宜。

（六）管理和维护预算执行动态监控系统。

第二十二条 财政部各地监管局的主要职责包括：

（一）研究制定属地中央预算单位动态监控实施细则等管理制度。

（二）组织开展属地中央预算单位日常监控、监控疑点信息核实、违规问题处理等工作。

（三）按规定及时向财政部相关司局报告动态监控情况，提出意见建议。

（四）加强与属地中央预算单位和代理银行所属分支机构联系互动，推动动态监控结果运用。

第二十三条 中央部门的主要职责包括：

（一）加强对所属预算单位国库集中支付工作的监督管理，督促指导所属预算单位配合做好动态监控相关工作。

（二）协助调查核实监控疑点信息、处理违规问题，并向财政部完整准确提供有关资料。

（三）加强与财政部联系互动，积极运用动态监控结果，不断改进和加强本系统预算和财务管理等工作。

第二十四条 预算单位的主要职责包括：

（一）按照财政预算和执行管理有关规定使用财政资金，并做好相应的财务管理和会计核算工作。

（二）按规定真实、完整、准确填写国库集中支付相关票据要素信息。

（三）配合财政部和财政部当地监管局核实监控疑点信息，按要求及时对违规问题进行整改并向财政部和财政部当地监管局完整准确提供有关资料。

第二十五条 代理银行的主要职责包括：

（一）按照财政国库管理制度规定的业务流程和规范支付清算资金。

（二）加强对所属分支机构国库集中支付业务的监督管理，及时核实监控疑点信息、整改违规问题并向财政部完整准确提供有关资料。

（三）按照动态监控工作要求，调整完善相关信息系统，向财政部及时、准确、完整传输动态监控信息。

（四）加强与财政部联系互动，及时向财政部报告发现的预算单位重大违规支付事项。

（五）配合预算单位做好整改工作。

第七章 附 则

第二十六条 地方财政部门结合本地实际，参照制定本地区预算执行动态监控管理办法。

第二十七条 本办法自2020年2月1日起施行。《中央财政国库动态监控管理暂行办法》（财库〔2013〕217号）同时废止。

3. 土地储备项目预算管理办法（试行）（2019年发布）

（财预〔2019〕89号印发）

第一章 总 则

第一条 为规范土地储备项目预算管理，根据《中华人民共和国预算法》《中华人民共和国土地管理法》和《国务院关于加强地方政府性债务管理的意见》（国发〔2014〕43号）、《国务院办公厅关于规范国有土地使用权出让收支管理的通知》（国办发〔2006〕100号）等法律和制度规定，制定本办法。

第二条 本办法所称土地储备是指县级（含）以上自然资源主管部门为调控土地市场、促进土地资源合理利用，依法取得土地，组织前期开发、储存以备供应的行为。

所称土地储备项目是指有关主管部门根据国民经济与社会发展规划、国土空间规划等，将拟收储或入库土地按照宗地、区域、工作时序、资金平衡等条件适当划分并纳入土地储备三年滚动计划和年度土地储备计划后形成的管理基本单元。土地储备项目可以包含一宗地或多宗地；包含多宗地的，应当符合地域相近、整体推进的要求。

第三条 本办法适用于地方各级财政部门、自然资源主管部门、土地储备机构开展土地储备项目预算管理。

棚户区改造项目可以根据主管部门有关规定，参照本办法执行。

第四条 土地储备项目从拟收储到供应涉及的收入、支出必须全部纳入财政预算。

土地储备项目预算按规定纳入地方政府性基金预算管理，年度预算执行中遵循以收定支、先收后支的原则。

第五条 土地储备项目应当实现总体收支平衡和年度收支平衡。

（一）总体收支平衡，是指项目全生命周期内，项目预期土地出让收入能够覆盖债务本息等成本。

（二）年度收支平衡，是指项目年度资金来源覆盖年度支出。

第六条 土地储备机构是土地储备项目预算的编制主体，通过土地储备机构专用报表编制土地储备项目预算。

土地储备机构专用报表是指由土地储备机构编制，专门反映土地储备资产评估价值、政府为其举借的债务、财政预算拨款、土地储备成本支出等信息的辅助报表。

第七条 财政部门会同自然资源主管部门组织和监督土地储备项目收支平衡、风险管控和资产评估。

财政部门负责将土地储备项目收支纳入政府性基金预算管理，组织做好相关预算编制、调整、执行、决算以及政府债务举借和还本付息等工作；负责管理已纳入预算和拟纳入预算的土地储备项目库，并按要求向自然资源部门提供相关信息。

自然资源主管部门负责审核和汇总土地储备机构上报的项目收支平衡方案和年度收支预决算草案，编制本地区土地储备项目收支平衡方案和年度收支预决算草案；组织和监督土地储备项目设立、实施，负责管理土地储备项目库；按要求向财政部门反馈预算执行情况。

土地储备机构负责提出项目设立建议，具体实施项目并落实项目全生命周期预算管理，按项目编制土地储备项目收支平衡方案和年度收支预决算草案。

第二章 项目库管理

第八条 土地储备项目实行项目库管理，反映项目名称、地块区位、储备期限等基本信息，以及预期土地出让收入、项目成本、收益和融资平衡方案、政府净收益等信息，按项目统一配号、统一监管。

土地储备项目库应当与土地储备三年滚动计划、年度计划同步编制或更新，与土地储备信息系统、地方政府债务管理信息系统互联互通。

第九条 土地储备项目设立前，市、县自然资源主管部门应当组织土地储备机构开展前期研究，合理评估项目预期土地出让收入、土地储备成本，作为编制项目收支平衡方案的依据。

（一）预期土地出让收入。土地储备机构应当会同同级财政部门委托第三方评估机构根据土地区位、用途等规划条件以及基准地价，评估土地资产价值，合理测算预期土地出让收入。

（二）土地储备成本。土地储备机构应当根据当地征地和拆迁补偿标准、土地前期开发涉及的工程建设标准等合理测算土地储备成本。

第十条 土地储备机构应当根据项目收支评估结果，编制总体收支平衡方案和分年度收支平衡方案，反映项目全生命周期预期土地出让收入、土地储备成本、土地储备资金来源等平衡及各年度情况，相应填制总体收支平衡表（附1）和分年度收支平衡表（附2），确保项目全生命周期收支平衡。

第十一条 土地储备机构根据土地储备项目收支平衡情况，分类提出资金安排建议。其中，专项债券发行规模不得超过项目预期土地出让收入的70%。

（一）对预期土地出让收入大于或等于土地储备成本，能够"收大于支"或"盈亏平衡"的项目，可按规定发行专项债券融资，债券发行规模不得超过土地储备成本；

（二）对预期土地出让收入小于土地储备成本、"收不抵支"项目，应当统筹安排财政资金、专项债券予以保障。其中，债券发行规模不得超过预期土地出让收入；

（三）对没有预期土地出让收入的项目，确需实施的，应当安排财政资金保障。

第十二条 市、县自然资源主管部门会同财政部门组织审核论证土地储备机构提出的项目收支平衡方案以及资金安排建议，通过审核论证的土地储备项目纳入项目库管理。

项目库区分自然资源主管部门负责管理的项目库、财政部门负责管理的项目库。自然资源主管部门负责管理的项目库包括全部土地储备项目，财政部门负责管理的项目库包括已纳入预算项目和拟纳入预算的备选项目。未纳入项目库的项目不得安排预算资金。

第三章　预算编制和批复

第十三条　土地储备项目按照全生命周期管理的要求，分别编入地方政府中期财政规划和年度收支预算。

第十四条　财政部门根据负责管理的土地储备项目库中已纳入预算项目和拟纳入预算项目情况，结合项目收支平衡方案，将分年度收支编入地方政府中期财政规划，全面反映规划期内土地储备项目收支安排。中期财政规划约束和指引地方政府年度预算，并根据上一年度预算执行情况滚动调整。

第十五条　土地储备机构应当根据市、县政府及自然资源主管部门有关安排，综合考虑当期国民经济和社会发展规划、国土空间规划、重大项目资金需求等因素，重点评估成本收入分析后项目效益情况，每年第四季度从自然资源主管部门管理的土地储备项目库中选择年度拟申请安排预算的项目。土地储备机构应当将拟申请安排预算的项目纳入年度土地储备计划，根据项目分年度收支平衡方案编制土地储备项目年度收支预算草案，反映年度收储成本、前期开发成本等支出，提出财政预算安排、专项债券等需求，报自然资源主管部门审核。

自然资源主管部门审核汇总本地区所有土地储备项目年度收支预算草案，形成本地区年度土地储备收支预算草案，随本部门预算草案一并报同级财政部门。

财政部门应当依据有关法律法规审核土地储备年度收支预算草案，将年度预算安排用于还本付息的资金编入地方政府预算草案，将举借土地储备专项债券收入以及对应安排的土地储备支出编入预算或预算调整方案。

第十六条　财政预算经法定程序批准后，财政部门应当在法定时限内批复自然资源主管部门的部门预算，一并批复土地储备项目年度收支预算。

批复土地储备项目预算时，财政部门和自然资源主管部门应当明确区分专项债券资金和其他预算资金。

第四章　预算执行与调整

第十七条　财政部门应当根据土地储备项目年度收支预算，以及项目实施进度和相关部门用款申请，及时拨付财政预算资金或发行专项债券，有效保障土地储备项目的资金需求。

自然资源主管部门和土地储备机构应当按照预算和规定用途使用财政资金，不得挪用或擅自改变用途。依法供应土地后，自然资源主管部门和财政部门应当督促土地使用者将应缴的土地出让收入及时足额缴入国库。

允许有条件的地方在土地储备专项债券发行完成前，对预算已安排专项债券资金的土地储备项目通过先行调度库款的做法，加快项目建设进度，债券发行后及时归垫。

第十八条　土地储备机构应当依据当地征地补偿标准、工程建设等标准，合理控制土地储备项目收储成本和前期开发成本。

因市场波动导致项目预期成本支出超出年度收支预算保障能力的，土地储备机构应当报经同级自然资源主管部门同意后，按程序向同级财政部门申请调剂预算；成本变动导致项目收支难以平衡的，应当相应调整项目收支平衡方案。

第十九条　土地储备项目实施和预算执行过程中，确实无法执行需要调整地块的，由土地储备机构提出申请并重新提出项目收支平衡方案后，按照经国务院同意印发的《财政部关于支持做好地方政府专项债券发行使用管理工作的通知》（财预〔2018〕161号）规定实施。

第二十条　土地储备项目实施后，土地储备机构应当每年对土地储备项目资产开展自评估。对资产价值重大变化导致项目总体收支预算不平衡的，应当按程序调整该项目收支平衡方案，重新报同级自然资源主管部门和财政部门审核。

财政部门应当委托第三方评估机构对土地储备机构年度自评估结果进行再评估，再评估结果作为调整相应中期财政规划和核定专项债务限额、土地储备专项债券额度的依据。

第五章　决算和审计

第二十一条　土地储备机构应当按照预算管理制度规定对每个土地储备项目编制年度收支决算草案，并按程序报批。

本办法第六条所述土地储备机构专用报表（附3、附4），应当作为附表纳入本条第一款所述决算草案。

第二十二条　项目实施过程中，土地储备机构可根据项目管理需要，委托有资质的中介机构对项目实施进行跟踪审计；项目实施有关单位应配合做好项目决算有关工作。项目实施完毕后，财政部门应当委托有资质的中介机构，对土地储备项目总体收支情况等进行审计。

第六章　其他事项

第二十三条　土地储备项目实施应当设定绩效目标，作为实施绩效运行监控、开展绩效评价的基础。项目实施完毕、预算执行结束后，财政部门和自然资源主管部门应当对土地储备项目开展绩效评价，评价结果作为以后年度预算安排的重要参考依据。

第二十四条　市、县自然资源主管部门和土地储备机构应当建立对土地储备项目风险的动态监测机制，配合做好绩效评价，对发现的问题及时进行整改。财政部门依据国家法律法规和管理制度，对土地储备项目预算管理实施监督，及时发现和纠正预算执行中出现的问题。

第二十五条　自然资源主管部门受市、县人民政府委托代持土地储备资产，并交由土地储备机构具体管理。土地储备机构应当于每年四季度对所有土地储备项目对应的土地资产（包括正在实施的土地和已入库储备的土地）、负债进行统计，编制年末土地储备项目专用资产负债平衡表（附5）。

第二十六条　建立土地储备机构专用报表制度。财政部门应当指导土地储备机构做好专用报表填列工作：

（一）在土地储备机构专用报表的"资产"方填列土地储备资产评估价值；

（二）在土地储备机构专用报表的"负债"方填列同级财政部门拨付的土地储备专项债券资金。

第二十七条　财政部门应当通过"21215 土地储备专项债券收入安排的支出"科目，将土地储备专项债券资金拨付土地储备机构，并在拨款凭证上列示科目名称。

第二十八条　土地储备机构所需的日常经费，应当与土地储备项目预算及资金实行分账核算，不得相互混用。

土地储备资金财务管理和会计核算，按《土地储备资金财务管理办法》《土地储备资金会计核算办法（试行）》执行。

第七章　附　　则

第二十九条　省、自治区、直辖市可以根据本办法制定实施细则。

第三十条　开展土地储备项目预算管理试点地区的政府债务风险评估和预警办法另行研究确定。

第三十一条　本办法由财政部、自然资源部负责解释。

第三十二条　本办法自印发之日起施行。

附：1.××土地储备项目××年总体收支平衡表（略）
　　2.××土地储备项目××年分年度收支平衡表（略）
　　3.××土地储备项目××年度预算表（土地储备机构编制）（略）
　　4.××市、县土地储备项目××年度预算表（财政部门汇总编制）（略）
　　5.土地储备项目专用资产负债平衡表（略）

4. 财政部关于进一步加强地方政府主权外贷预算管理的通知（2020年发布）

（财国合〔2020〕19号）

各省、自治区、直辖市、计划单列市财政厅（局）：

为进一步加强地方政府主权外贷（以下简称外贷）预算管理，根据《中华人民共和国预算法》《国际金融组织和外国政府贷款赠款管理办法》等有关规定，现就加强外贷预算管理有关事项通知如下：

一、本通知所称外贷，是指财政部经国务院批准代表国家统一筹借，并转贷给省、自治区、直辖市、计划单列市政府的国际金融组织和外国政府贷款。外贷应当有偿还计划和稳定的偿还资金来源。

二、政府承担偿还责任的外贷（以下简称政府债务外贷）收入、支出、还本付息付费纳入政府一般公共预算管理。债务余额纳入地方政府债务额度管理。

三、政府承担担保责任的外贷（以下简称担保外贷）不属于地方政府债务，不纳入地方政府债务额度管理。

四、外贷收入应当用于贷款法律文件规定的支出，不得挪作他用。地方各级财政部门应当依据预算规定的用途使用政府债务外贷资金。

五、省级财政部门应当于每年9月底前向财政部报送下年度外贷资金使用计划，内容包括本地区外贷总规模、政府债务外贷和担保外贷按省、市、县分行政区划项目明细情况等。项目实施单位、项目协调机构及有关部门应当根据项目进度对下年度外贷资金的使用情况进行合理预计，省级财政部门据此制定外贷资金使用计划。

六、地方政府当年新增政府债务外贷规模加上当年新增一般债券发行额应当不超过经批准的新增一般债务限额。

七、为提高政府债务外贷预算执行进度，财政部每年随提前下达下年度新增一般债务限额，按不超过当年新增政府债务外贷额度的60%，提前下达地方下年度新增政府债务外贷额度和分区划项目明细。省级财政部门应当按照财政部提前下达的政府债务外贷分区划项目明细，及时向有关市县下达新增政府债务外贷额度。

八、全国人大或其常委会批准当年地方政府债务限额后，财政部下达当年新增政府债务外贷额度。地方政府债务外贷不得突破财政部下达的地方政府债务外贷额度。

九、省级财政部门应当在每年9月底前对当年本地区新增政府债务外贷额度使用情况进行预估。

新增政府债务外贷实际使用规模小于年初下达额度的，可以在不突破当年新增一般债务限额的情况下，报经省级政府批准并报财政部备案，将尚未实际使用的额度调剂用于当年或以后年度发行新增地方政府一般债券。

十、地方财政部门应当根据财政部下达的政府债务外贷额度和分区划项目明细，按规定履行法律程序后，做好外贷举借、使用、偿还等工作。

预算执行中，确需在项目间调剂使用政府债务外贷额度不涉及跨市县、跨预算级次的，由财政部门在本级人大或其常委会批准的政府债务外贷额度内调剂使用；跨市县或者跨预算级次的，由省级和有关市县财政部门在不突破财政部下达的政府债务外贷额度、履行法定批准程序并严格防控政府债务风险的前提下调剂使用。

省级财政部门应当将在项目间调剂使用政府债务外贷额度情况及时向财政部报告。

十一、省级财政部门应当将提前下达的新增政府债务外贷额度内举借的新增政府债务外贷编入年度预算，经省级政府报本级人大批准后执行。

市县级财政部门应当将上级财政部门提前下达的新增政府债务外贷额度内举借的政府债务外贷编入年度预算或调整预算，经本级政府报本级人大或其常委会批准后执行。

十二、省级财政部门在财政部下达额度与提前下达额度的差额内，新增举借的政府债务外贷及其安排的本级支出和转贷市县支出，应当列入预算调整方案，经省级政府报本级人大或其常委会批准后执行。有关市县级财政部门比照办理。

十三、政府债务外贷收入应当在一般公共预算收入合计线下反映，省级按贷款来源列"地方政府向国际组织借款收入"或"地方政府向外国政府借款收入"，市县级按贷款来源列"地方政府向国际组织借款转贷收入"或"地方政府向外国政府借款转贷收入"。

十四、政府债务外贷安排本级的支出，应当在一般公共预算支出合计线上反映，根据支出用途列入有关预算科目。

十五、省级财政部门将财政部转贷的政府债务外贷再转贷给市县政府，应当在省级一般公共预算支出合计线下反映，按贷款来源列"地方政府向国际组织借款转贷支出"或"地方政府向外国政府借款转贷支出"。

十六、省级财政部门将财政部转贷的政府债务外贷拨付给下级政府使用的支出按资金用途列"转移性支出"——"专项转移支付"中相应的支出科目。市县财政部门收到省级财政部门拨付的外贷收入，列"转移性收入"——"专项转移支付收入"中相应科目。

十七、政府债务外贷的还本支出应当根据当年到期政府债务外贷规模、一般公共预算财力等因素合理预计、妥善安排，并列入年度预算草案。

政府债务外贷的还本支出应当在一般公共预算支出合计线下反映，按贷款来源列"地方政府向国际组织借款还本支出"或"地方政府向外国政府借款还本支出"。

十八、政府债务外贷的利息、费用应当根据政府债务外贷规模、利率、费率等情况合理预计，并列入一般公共预算统筹安排。

政府债务外贷的息费支出应当在一般公共预算支出合计线上反映，按贷款来源列"地方政府向国际组织借款付息支出"或"地方政府向外国政府借款付息支出"。

十九、新增政府债务外贷规模实际使用大于年初政府下达规模的，可以通过先行调度库款的方法保障项目支出，外贷资金提取后及时回补国库。

二十、省级财政部门应当按照转贷协议约定，按时足额偿还辖区内外贷到期本金、利息以及承诺费等费用，未及时偿还的，财政部可以采取财政预算扣款、加收罚息等有效措施以保证欠款回收。

市县级财政部门应当按照再转贷协议约定，按时足额偿还辖区内外贷到期本金、利息以及承诺费等费用，未及时偿还的，省级财政部门可以按照再转贷协议约定采取有效措施以保证欠款回收。

二十一、担保外贷的偿还主体是举借债务的企业或单位。对于地方政府负有担保责任的外贷，地方政府依法承担有关担保责任所需支出纳入相应年度一般公共预算予以安排。

地方财政部门在履行担保责任后，应当依法对有关责任方行使追索权，追回的资金缴入国库或财政专户，并冲减对应支出科目。

二十二、预算年度终了，地方各级财政部门编制一般公共预算决算草案时，应当全面、准确反映政府债务外贷收入、支出、还本付息付费等情况。因本地区政府实际新增债务外贷规模变化使实际政府债务外贷支出与经批准的预算出现不同时，应当在一般公共预算决算草案中予以说明。

二十三、地方各级财政部门应当会同有关部门，加强对本地区外贷的项目立项、资金使用、项目绩效、债务偿还的监督管理。

二十四、地方各级财政部门应当依照法律法规，向社会主动公开政府债务外贷额度、余额、期限结构、使用、偿还等情况，主动接受监督。

二十五、财政部驻各地监管局应当加强对所在地外贷的监督，督促地方规范外贷的使用、偿还等行为，按照财政部有关要求对地方政府外贷债务额度管理、外贷计划审核及执行等工作进行监督。发现违反法律法规和财政管理规定的行为的，应当及时报告财政部。

二十六、各级财政部门及其工作人员未按照本通知的规定履行相应职责造成不良影响的，以及存在滥用职权、玩忽职守、徇私舞弊等违纪行为的，依照《中华人民共和国公务员法》《中华人民共和国监察法》《财政违法行为处罚处分条例》等有关规定追究相应责任；涉嫌犯罪的，移送司法机关依法处理。

二十七、项目实施单位、项目协调机构及财政部门和个人以虚报、冒领等手段骗取贷款资金，滞留、截留、挪用及其他违反规定使用贷款资金，以及从贷款中非法获益的，依照《中华人民共和国预算法》《财政违法行为处罚处分条例》等国家有关规定追究相应责任。

二十八、本通知自印发之日起施行。《统借自还主权外债预算管理办法》（财金〔2010〕185号）同时废止。

财政部
2020年5月29日

第七章　决算管理相关法规

1. 部门决算管理办法（2021年公布）

（财库〔2021〕36号印发）

第一章　总　　则

第一条　为进一步加强部门决算管理，根据《中华人民共和国预算法》《中华人民共和国会计法》《中华人民共和国预算法实施条例》《行政单位财务规则》《事业单位财务规则》和政府会计准则制度等有关规定，制定本办法。

第二条 本办法适用于各级政府财政部门、各部门、各单位的部门决算管理工作。

本办法所称各部门是指与本级政府财政部门直接发生预算缴拨款关系的国家机关、政党组织、事业单位、社会团体和其他单位，涵盖范围与部门预算相对应。各单位是指部门所属预算单位，含经费自理事业单位。

第三条 本办法所称部门决算，是指各部门依据国家有关法律法规规定及其履行职能情况编制，反映部门所有预算收支和结余执行结果及绩效等情况的综合性年度报告，是改进部门预算执行以及编制后续年度部门预算的参考和依据。

第四条 部门决算由本部门及其所属单位决算组成。

第五条 部门决算管理按照"依法依规、科学规范、统一高效"的原则，由财政部实施统一管理，各级政府财政部门、各部门、各单位依据预算管理关系分别组织实施。

第六条 部门决算管理事项主要包括：部门决算的工作组织、报告体系设计、编制审核、汇总报送、批复、信息公开、分析应用以及数据资料管理等。

第二章　报告体系设计

第七条 部门决算报告体系包括决算报表、报表说明和决算分析等。

第八条 决算报表包括报表封面、主表、附表等，反映部门和单位收支预算执行结果以及与预算管理相关的机构人员、存量资产等信息。

第九条 报表说明包括报表编制基本情况、数据审核情况，以及需要说明的重要事项等，主要反映决算报表编制的相关情况。

第十条 决算分析包括收支预算执行、机构人员、预算绩效等情况分析，以及决算管理工作开展情况，主要反映部门预决算管理及预算执行情况。

第三章　编制审核和汇总报送

第十一条 每一预算年度终了，各部门、各单位应当按照本级政府财政部门的工作部署，依法依规编制决算，做到收支真实、数额准确、内容完整、报送及时。

第十二条 各部门、各单位应当全面清理核实收入、支出等情况，并在办理年终结账的基础上编制决算。具体程序是：

（一）清理收支账目、往来款项，核对年度预算收支和各项缴拨款项，做到账实相符、账证相符、账表相符、表表相符。

（二）按照规定的时间结账，不得提前或者延迟。

（三）根据预算会计核算生成的数据、财政部门对预算的批复文件等编制决算，如实反映年度内全部收支，不得以估计数据替代，不得弄虚作假。

第十三条 各级政府财政部门、各部门、各单位应当按规定审核部门决算，主要内容包括：

（一）审核决算编制范围是否完整，是否有漏报和重复编报情况。

（二）审核决算报表是否合规、准确、完整。

（三）审核报表说明和决算分析是否符合决算编制规定。

第十四条 各部门对所属各单位的纸质报表、电子数据以及相关资料，按照相关规定及要求组织审核。

各级政府财政部门对本级各部门以及下级政府财政部门汇总的部门决算纸质报表、电子数据以及相关资料，按照相关规定及要求组织审核。

第十五条 各级政府财政部门、各部门发现决算编制不符合规定，存在漏报、重报、虚报、瞒报、错报等问题的，应当要求有关单位限期纠正。

第十六条 各部门在审核汇总所属各单位决算基础上，连同本部门自身的决算收入和支出等数据，汇编成本部门决算并附报表说明和决算分析等资料，经部门负责人签章后，在规定期限内报本级政府财政部门。

第十七条 财政部依法依规组织中央部门编制决算草案，报经国务院审定后提请全国人民代表大会常务委员会审查和批准。

地方各级政府财政部门根据本级人民代表大会常务委员会规定，组织本级部门编制、报送决算草案。

第十八条 地方各级政府财政部门应当逐级汇总本级各部门和下一级政府财政部门报送的部门决算，在规定期限内报送上一级政府财政部门。

第四章 批复和信息公开

第十九条 各级政府财政部门应当在本级人民代表大会常务委员会批准本级政府决算后二十日内，向本级各部门批复决算。

各部门应当在接到本级政府财政部门批复的本部门决算后十五日内，向所属单位批复决算。

第二十条 决算批复内容应当与预算批复相衔接，主要包括收入、支出、结转和结余，以及其他相关决算数据。

各级政府财政部门、各部门根据管理需要，在决算批复文件中提出决算审核中发现的主要问题及改进财政财务管理的意见。

第二十一条 各部门、各单位应当根据决算批复文件、审核审计意见等，办理预算执行调整事项，并按照政府会计准则制度规定进行会计处理。

第二十二条 各级人民代表大会常务委员会批准本级决算后，按照相关制度规定，部门决算数据确需变动的，调整下一年度决算报表年初数。

第二十三条 各部门、各单位是决算公开的主体。除涉及国家秘密的内容外，各部门、各单位应当按照有关规定，向社会公开经批复的决算。

第二十四条 各部门应当自本级政府财政部门批复决算后二十日内向社会公开决算。

各单位应当自部门批复本单位决算后二十日内向社会公开决算。

第二十五条 各部门、各单位应当以本部门、本单位门户网站为主要平台公开决算，并保持长期公开状态。

未设置门户网站的，通过本级政府门户网站、上级部门门户网站公开决算，或通过政府公报、报刊、广播、电视等公开决算。

第二十六条 各部门应当制定有关工作规范和工作方案，明确单位决算公开的时间、内容、方式、程序等，指导单位妥善处理涉密信息。

各级政府财政部门应当加强对决算信息公开工作的协调和业务指导。

第二十七条 各部门应当根据本级政府财政部门要求，报告本部门的决算公开情况。

地方各级政府财政部门应当根据上一级政府财政部门要求，报告本地区的部门决算公开情况。

第五章 分析应用和数据资料管理

第二十八条 各级政府财政部门、各部门、各单位应当加强对决算数据和预算绩效的分析，汇编分析资料，撰写分析报告，强化决算分析结果的反馈和运用，及时解决决算反映的问题，发挥决算对预算编制、执行以及财务管理的促进作用。

第二十九条 各级政府财政部门、各部门、各单位应当充分利用信息技术，推动部门决算数据共享工作，提高决算数据的应用质效。

第三十条 各级政府财政部门、各部门、各单位应当按照《会计档案管理办法》有关规定，采取必要措施，对部门决算数据资料进行管理和维护。

部门决算数据资料包括以各种介质存放的决算报表、报表说明、决算分析等。

第三十一条　部门决算数据资料涉及国家秘密的，各级政府财政部门、各部门、各单位应当依法严格执行保密规定，既确保国家秘密安全，又便利信息资源合理利用。

第六章　管理职责

第三十二条　财政部负责制定部门决算报告体系，管理部门决算软件业务需求，负责部门决算工作布置、审核汇总和数据管理；组织中央部门向国务院和全国人民代表大会常务委员会报送决算草案；组织中央部门决算审核、批复和公开工作；指导地方政府财政部门开展部门决算管理工作。

财政部各地监管局根据授权，开展属地中央预算单位决算审核工作。

地方各级政府财政部门根据上级政府财政部门的部署，开展本级部门决算管理工作，并指导下级政府财政部门开展部门决算管理工作。

第三十三条　各部门、各单位是本部门、本单位的决算管理主体，对决算的规范性、真实性、准确性、完整性负责。

各部门根据本级政府财政部门的部署，组织、指导本部门所属各单位决算布置、审核、汇总报送、批复、公开、分析应用以及数据资料管理等工作。

各单位按照主管部门的布置，做好本单位决算管理工作。

第三十四条　未依法依规编制、报送、批复、公开决算，以及故意漏报、瞒报以及编报虚假决算信息的行为，按照《中华人民共和国预算法》《中华人民共和国会计法》《财政违法行为处罚处分条例》等国家有关规定予以处理。

第七章　附　则

第三十五条　地方各级政府财政部门、各部门可以依据本办法，结合工作实际，制定具体办法。

第三十六条　本办法自2022年1月1日起施行。2013年12月10日财政部发布的《部门决算管理制度》（财库〔2013〕209号）同时废止。

2. 地方预决算公开操作规程（2016年公布）

（财预〔2016〕143号印发）

一、总　则

第一条　为贯彻落实党的十八届三中全会关于建立全面规范、公开透明预算制度要求和党中央、国务院有关决策部署，进一步改进地方预决算公开工作，根据《中华人民共和国预算法》《中华人民共和国政府信息公开条例》等法律法规规定，制定本规程。

第二条　本规程所称地方预决算，是指经地方各级人民代表大会或其常务委员会批准的预算、预算调整、决算、预算执行情况的报告及报表（以下简称政府预决算），以及经地方各级政府财政部门批复的部门预算、决算及报表（以下简称部门预决算）。

第三条　地方预决算公开的原则是：以公开为常态，不公开为例外，依法依规公开预决算。除涉及国家秘密外，不得少公开、不公开应当公开的事项，保证公开内容全面、真实、完整。

通过公开进一步促进财政改革，促进财税政策落实，促进财政管理规范，促进政府效能提高。

第四条 地方预决算公开的基本要求是：公开及时，内容准确，形式规范。坚持问题导向，重视公开实效，聚焦社会热点，回应公众关切。方便社会监督，公开内容公众找得着、看得懂、能监督。

二、预决算公开职责

第五条 地方各级财政部门在本级政府信息公开工作主管部门领导下，组织开展本地区政府预决算公开工作，制定本地区预决算公开的规定，负责向社会公开政府预决算；指导和督促本级各部门和下级财政部门预决算公开工作，向本级政府信息公开工作主管部门和上一级政府财政部门报告本地区预决算公开情况。

第六条 地方各部门在本级政府信息公开工作主管部门领导下，组织开展本部门预决算公开工作，制定本部门预决算公开规定，负责向社会公开本部门预决算，向本级政府信息公开工作主管部门和本级政府财政部门报告本部门预决算公开情况。

第七条 地方各级财政部门和各部门应当树立依法公开观念，增强主动公开意识，切实履行主动公开责任；加强沟通合作，相互配合，共同推进本地区预决算公开工作。

三、预决算公开时间

第八条 政府预决算应当在本级人民代表大会或其常务委员会批准后20日内向社会公开。地方各级财政部门必须在法律规定的时限内公开，鼓励公开时间适当提前。

第九条 部门预决算应当在本级政府财政部门批复后20日内向社会公开。地方各部门必须在法律规定的时限内公开，鼓励公开时间适当提前，原则上在同一天集中公开。

四、政府预决算公开内容

第十条 地方各级财政部门应当公开一般公共预算、政府性基金预算、国有资本经营预算、社会保险基金预算四本预算。涉及国家秘密的除外。

第十一条 地方一般公共预算原则上至少公开6张报表，包括：①一般公共预算收入表。②一般公共预算支出表。③一般公共预算本级支出表。④一般公共预算本级基本支出表。⑤一般公共预算税收返还和转移支付表。⑥政府一般债务限额和余额情况表。

地方本级汇总的一般公共预算"三公"经费，包括预算总额，以及因公出国（境）费、公务用车购置及运行费（区分公务用车购置费、公务用车运行费两项）、公务接待费分项数额，由地方各级财政部门负责公开，并对增减变化情况进行说明。

第十二条 地方政府性基金预算原则上至少公开4张报表，包括：①政府性基金收入表。②政府性基金支出表。③政府性基金转移支付表。④政府专项债务限额和余额情况表。

第十三条 地方国有资本经营预算原则上至少公开2张报表，包括：①国有资本经营预算收入表。②国有资本经营预算支出表。对下安排转移支付的应当公开国有资本经营预算转移支付表。

第十四条 地方社会保险基金预算原则上至少公开2张报表，包括：①社会保险基金收入表。②社会保险基金支出表。没有数据的表格应当列出空表并说明。

第十五条 地方一般公共预算、政府性基金预算、国有资本经营预算和社会保险基金预算报表中涉及本级支出的，应当公开到功能分类项级科目。一般公共预算基本支出应当公开到经济性质分类款级科目，专项转移支付应当分地区、分项目公开。

第十六条 地方各级财政部门在公开政府预决算时，应当对财政转移支付安排、举借政府债务、预算绩效工作开展情况等重要事项进行解释、说明。

五、部门预决算公开内容

第十七条 地方部门预决算公开的内容为地方各级财政部门批复的部门预决算及报表，包括部门收支总体情况和财政拨款收支情况，其中：财政拨款收支情况包括一般公共预算、政府性基金预算、国有资本经营预算拨款收支情况。涉及国家秘密的除外。

第十八条 部门收支总体情况原则上至少公开3张报表，包括：①部门收支总体情况表。②部门收入总体情况表。③部门支出总体情况表。

财政拨款收支情况原则上至少公开5张报表，包括：①财政拨款收支总体情况表。②一般公共预算支出情况表。③一般公共预算基本支出情况表。④一般公共预算"三公"经费支出情况表。⑤政府性基金预算支出情况表。没有数据的表格应当列出空表并说明。

第十九条 一般公共预算支出情况表公开到功能分类项级科目。一般公共预算基本支出表公开到经济性质分类款级科目。一般公共预算"三公"经费支出表按"因公出国（境）费""公务用车购置及运行费""公务接待费"公开，其中，"公务用车购置及运行费"应当细化到"公务用车购置费""公务用车运行费"两个项目。

第二十条 地方各部门公开预决算的同时，应当一并公开本部门的职责、机构设置情况、预决算收支增减变化、机关运行经费安排以及政府采购等情况的说明，并对专业性较强的名词进行解释。

各地区应结合工作进展情况，推动各部门逐步公开国有资产占用、重点项目预算的绩效目标和绩效评价结果等情况。

本条第一款所称机关运行经费，是指各部门的公用经费，包括办公及印刷费、邮电费、差旅费、会议费、福利费、日常维修费、专用材料及一般设备购置费、办公用房水电费、办公用房取暖费、办公用房物业管理费、公务用车运行维护费以及其他费用。

六、预决算公开方式

第二十一条 地方各级财政部门和各部门建有门户网站的，应当在门户网站公开预决算，并永久保留，其中当年预决算应当公开在网站醒目位置；没有门户网站的，应当采取措施在公开媒体公开预决算，并积极推动门户网站建设。

第二十二条 自2017年起，地方各级财政部门应当在本级政府或财政部门门户网站上设立预决算公开统一平台（或专栏），将政府预决算、部门预决算在平台（或专栏）上集中公开。对在统一平台公开政府预决算、部门预决算，应当编制目录，对公开内容进行分类、分级，方便公众查阅和监督。

七、涉密事项管理

第二十三条 地方各级财政部门和各部门应当建立健全预决算公开保密审查机制，严格依照《中华人民共和国保守国家秘密法》《中华人民共和国政府信息公开条例》等法律法规规定进行审查。

第二十四条 地方各级财政部门和各部门在依法公开政府预决算、部门预决算时，对涉及国家秘密的内容不予公开。部分内容涉及国家秘密的，在确保安全的前提下，按照下列原则处理：

（一）同一功能分类款级科目下，大部分项级科目涉密的，仅公开到该款级科目；

（二）同一功能分类类级科目下，大部分款级科目涉密的，仅公开到该类级科目；

（三）个别功能分类款级科目或项级科目涉密的，除不公开该涉密科目外，同一级次的"其他支出"科目也不公开。

八、保障措施

第二十五条 地方各级财政部门应当加强对本地区预决算公开工作的指导,及时制定预决算公开规范,明确政府预决算和部门预决算公开时间、内容、程序,选择部分工作基础好的下级财政部门和有关部门制作公开模版,提供下级财政部门、本级各部门参照,提高本地区政府预决算、部门预决算公开的规范化水平。

第二十六条 地方各级财政部门要将预决算公开情况纳入地方财政工作考核范围,选择预决算公开的及时性、完整性、准确性、细化程度,以及公开形式是否规范、组织是否切实有效等指标,结合社会公众评价,对本级各部门和下级财政部门预决算公开情况进行考核。各部门要结合实际,将预决算公开纳入绩效考核范围,增强职能部门和相关人员责任。

第二十七条 地方各级财政部门应当在本级政府信息公开工作主管部门领导下,开展预决算公开检查。财政部驻各省、自治区、直辖市、计划单列市财政监察专员办事处(以下简称专员办)应当按照国务院要求,将地方预决算公开工作纳入日常监督范围,对地方预决算公开情况进行监督检查。

地方各级财政部门、专员办应当对预决算公开检查结果进行量化评价、排名,排名情况在系统内通报。检查中发现的问题要坚决曝光,监督整改。整改不力的可采取通报、约谈和现场督导等方式,督促整改到位。

第二十八条 地方预决算公开检查中发现依法应当追究责任的,应当移送政府信息公开工作主管部门和监察机关,建议其依照《中华人民共和国预算法》《中华人民共和国政府信息公开条例》等法律法规的规定,对直接负责的主管人员和其他直接责任人员给予处分。

九、附　则

第二十九条 本规程自印发之日起执行。地方各级财政部门可结合实际情况制定实施细则。地方各级财政部门在执行中发现问题,应当及时向财政部报告。

3. 关于印发财政预决算领域基层政务公开标准指引的通知（2019年修订）

（财办发〔2019〕77号）

各省、自治区、直辖市、计划单列市财政厅（局），新疆生产建设兵团财政局：

按照《国务院办公厅关于印发开展基层政务公开标准化规范化试点工作方案的通知》（国办发〔2017〕42号）和全国政务公开领导小组第一次会议的有关部署,为进一步推动财政预决算领域基层政务公开标准化规范化,根据《中华人民共和国预算法》《中华人民共和国政府信息公开条例》和《地方预决算公开操作规程》（财预〔2016〕143号）、《财政部关于印发〈地方政府债务信息公开办法（试行）〉的通知》（财预〔2018〕209号）等规定,财政部办公厅组织编制了《财政预决算领域基层政务公开标准目录》（见附件,以下简称标准目录）。为切实做好有关工作,现将有关事项通知如下：

一、加强组织领导

预决算公开是贯彻落实党的十九大关于建立全面规范透明、标准科学、约束有力的预算制度部署的重要举措,是预算管理制度改革的核心要求,是实现国家治理体系和治理能力现代化的重要推动力。地方各级财政部门、各预算部门要认真落实党中央、国务院关于财政预决算公开的决策部署,加强组织领导,切实做好有关工作。地方各级财政部门在本级政府信息公开工作主管部门领导下,组织开展本地区政府预决算公开工作,制定本地区预决算公开的规定,负责向社会公开政府预决算;指导和督促本级各预算部门和下级财政部门预决算公开工作,向本级政府信息公开工作主管部门和上一级政府财政部门报告本地区预决算公开情况。地方各级预算部门在本级政府信息公开工作主管部门领导下,组织开展本部门预决算公开工作,制定本部门预决算公开的规定,负责向社会公开本部门预决算,向本级政府信息公开工作主管部门和本级政府财政部门报告本部门预决算公开情况。

二、公开事项及标准目录

(一)公开事项。财政预决算领域基层政务公开二级事项分为四大类,包括政府预算、政府决算、部门预算(含政府采购事项)、部门决算(含政府采购事项)。

(二)标准目录。标准目录规定了各公开事项的公开内容(要素)及要求、公开依据、公开时限、公开主体、公开渠道和载体、公开对象、公开方式和公开层级。

三、具体工作要求

(一)预决算公开的原则。以公开为常态,不公开为例外,依法依规公开预决算。除涉及国家秘密的信息外,不得少公开、不公开应当公开的事项,确保公开情况全面、真实、完整。通过公开进一步促进财政改革,促进财税政策落实,促进财政管理规范,促进政府效能提高。

(二)预决算公开的时间。政府预决算应当在本级人民代表大会或其常务委员会批准后20日内向社会公开。部门预决算应当在本级政府财政部门批复后20日内向社会公开。鼓励公开时间适当提前,原则上在同一天集中公开。

(三)预决算公开的方式。地方各级财政部门、各预算部门建有门户网站的,应当在门户网站公开预决算,并永久保留,其中当年预决算应当公开在网站醒目位置;没有门户网站的,应当采取措施在公开媒体公开预决算,并积极推动门户网站建设。地方各级财政部门应当在本级政府或财政部门门户网站设立预决算公开统一平台(或专栏),将政府预决算、部门预决算在平台(或专栏)集中公开。

(四)涉密事项管理要求。地方各级财政部门、各预算部门应当建立健全预决算公开保密审查机制,严格依照《中华人民共和国保守国家秘密法》《中华人民共和国政府信息公开条例》等法律法规规定进行审查。其中,财政部门审查政府预决算中的涉密事项,预算部门审查部门预决算中的涉密事项。对经预算部门按保密审查机制确定的涉密内容,可按规定不予公开并由预算部门负责。

附件:财政预决算领域基层政务公开标准目录(略)

财政部办公厅
2019年8月19日

第八章　预算绩效管理相关法规

1. 项目支出绩效评价管理办法（2020 年修订）

（财预〔2020〕10 号印发）

第一章　总　　则

第一条　为全面实施预算绩效管理，建立科学、合理的项目支出绩效评价管理体系，提高财政资源配置效率和使用效益，根据《中华人民共和国预算法》和《中共中央 国务院关于全面实施预算绩效管理的意见》等有关规定，制定本办法。

第二条　项目支出绩效评价（以下简称绩效评价）是指财政部门、预算部门和单位，依据设定的绩效目标，对项目支出的经济性、效率性、效益性和公平性进行客观、公正的测量、分析和评判。

第三条　一般公共预算、政府性基金预算、国有资本经营预算项目支出的绩效评价适用本办法。涉及预算资金及相关管理活动，如政府投资基金、主权财富基金、政府和社会资本合作（PPP）、政府购买服务、政府债务项目等绩效评价可参照本办法执行。

第四条　绩效评价分为单位自评、部门评价和财政评价三种方式。单位自评是指预算部门组织部门本级和所属单位对预算批复的项目绩效目标完成情况进行自我评价。部门评价是指预算部门根据相关要求，运用科学、合理的绩效评价指标、评价标准和方法，对本部门的项目组织开展的绩效评价。财政评价是财政部门对预算部门的项目组织开展的绩效评价。

第五条　绩效评价应当遵循以下基本原则：

（一）科学公正。绩效评价应当运用科学合理的方法，按照规范的程序，对项目绩效进行客观、公正的反映。

（二）统筹兼顾。单位自评、部门评价和财政评价应职责明确，各有侧重，相互衔接。单位自评应由项目单位自主实施，即"谁支出、谁自评"。部门评价和财政评价应在单位自评的基础上开展，必要时可委托第三方机构实施。

（三）激励约束。绩效评价结果应与预算安排、政策调整、改进管理实质性挂钩，体现奖优罚劣和激励相容导向，有效要安排、低效要压减、无效要问责。

（四）公开透明。绩效评价结果应依法依规公开，并自觉接受社会监督。

第六条　绩效评价的主要依据：

（一）国家相关法律、法规和规章制度；

（二）党中央、国务院重大决策部署，经济社会发展目标，地方各级党委和政府重点任务要求；

（三）部门职责相关规定；

（四）相关行业政策、行业标准及专业技术规范；

（五）预算管理制度及办法，项目及资金管理办法、财务和会计资料；

（六）项目设立的政策依据和目标，预算执行情况，年度决算报告、项目决算或验收报告等相关材料；

（七）本级人大审查结果报告、审计报告及决定，财政监督稽核报告等；

（八）其他相关资料。

第七条 绩效评价期限包括年度、中期及项目实施期结束后；对于实施期5年及以上的项目，应适时开展中期和实施期后绩效评价。

第二章 绩效评价的对象和内容

第八条 单位自评的对象包括纳入政府预算管理的所有项目支出。

第九条 部门评价对象应根据工作需要，优先选择部门履职的重大改革发展项目，随机选择一般性项目。原则上应以5年为周期，实现部门评价重点项目全覆盖。

第十条 财政评价对象应根据工作需要，优先选择贯彻落实党中央、国务院重大方针政策和决策部署的项目，覆盖面广、影响力大、社会关注度高、实施期长的项目。对重点项目应周期性组织开展绩效评价。

第十一条 单位自评的内容主要包括项目总体绩效目标、各项绩效指标完成情况以及预算执行情况。对未完成绩效目标或偏离绩效目标较大的项目要分析并说明原因，研究提出改进措施。

第十二条 财政和部门评价的内容主要包括：

（一）决策情况；

（二）资金管理和使用情况；

（三）相关管理制度办法的健全性及执行情况；

（四）实现的产出情况；

（五）取得的效益情况；

（六）其他相关内容。

第三章 绩效评价指标、评价标准和方法

第十三条 单位自评指标是指预算批复时确定的绩效指标，包括项目的产出数量、质量、时效、成本，以及经济效益、社会效益、生态效益、可持续影响、服务对象满意度等。

单位自评指标的权重由各单位根据项目实际情况确定。原则上预算执行率和一级指标权重统一设置为：预算执行率10%、产出指标50%、效益指标30%、服务对象满意度指标10%。如有特殊情况，一级指标权重可做适当调整。二、三级指标应当根据指标重要程度、项目实施阶段等因素综合确定，准确反映项目的产出和效益。

第十四条 财政和部门绩效评价指标的确定应当符合以下要求：与评价对象密切相关，全面反映项目决策、项目和资金管理、产出和效益；优先选取最具代表性、最能直接反映产出和效益的核心指标，精简实用；指标内涵应当明确、具体、可衡量，数据及佐证资料应当可采集、可获得；同类项目绩效评价指标和标准应具有一致性，便于评价结果相互比较。

财政和部门评价指标的权重根据各项指标在评价体系中的重要程度确定，应当突出结果导向，原则上产出、效益指标权重不低于60%。同一评价对象处于不同实施阶段时，指标权重应体现差异性，其中，实施期间的评价更加注重决策、过程和产出，实施期结束后的评价更加注重产出和效益。

第十五条 绩效评价标准通常包括计划标准、行业标准、历史标准等，用于对绩效指标完成情况进行比较。

（一）计划标准，指以预先制定的目标、计划、预算、定额等作为评价标准。

（二）行业标准，指参照国家公布的行业指标数据制定的评价标准。

（三）历史标准，指参照历史数据制定的评价标准，为体现绩效改进的原则，在可实现的条件下应当确定相对较高的评价标准。

（四）财政部门和预算部门确认或认可的其他标准。

第十六条 单位自评采用定量与定性评价相结合的比较法，总分由各项指标得分汇总形成。

定量指标得分按照以下方法评定：与年初指标值相比，完成指标值的，记该指标所赋全部分值；对完成值高于指标值较多的，要分析原因，如果是由于年初指标值设定明显偏低造成的，要按照偏离度适度调减分值；未完成指标值的，按照完成值与指标值的比例记分。

定性指标得分按照以下方法评定：根据指标完成情况分为达成年度指标、部分达成年度指标并具有一定效果、未达成年度指标且效果较差三档，分别按照该指标对应分值区间100%～80%（含）、80%～60%（含）、60%～0%合理确定分值。

第十七条 财政和部门评价的方法主要包括成本效益分析法、比较法、因素分析法、最低成本法、公众评判法、标杆管理法等。根据评价对象的具体情况，可采用一种或多种方法。

（一）成本效益分析法，是指将投入与产出、效益进行关联性分析的方法。

（二）比较法，是指将实施情况与绩效目标、历史情况、不同部门和地区同类支出情况进行比较的方法。

（三）因素分析法，是指综合分析影响绩效目标实现、实施效果的内外部因素的方法。

（四）最低成本法，是指在绩效目标确定的前提下，成本最小者为优的方法。

（五）公众评判法，是指通过专家评估、公众问卷及抽样调查等方式进行评判的方法。

（六）标杆管理法，是指以国内外同行业中较高的绩效水平为标杆进行评判的方法。

（七）其他评价方法。

第十八条 绩效评价结果采取评分和评级相结合的方式，具体分值和等级可根据不同评价内容设定。总分一般设置为100分，等级一般划分为四档：90（含）～100分为优、80（含）～90分为良、60（含）～80分为中、60分以下为差。

第四章　绩效评价的组织管理与实施

第十九条 财政部门负责拟定绩效评价制度办法，指导本级各部门和下级财政部门开展绩效评价工作；会同有关部门对单位自评和部门评价结果进行抽查复核，督促部门充分应用自评和评价结果；根据需要组织实施绩效评价，加强评价结果反馈和应用。

第二十条 各部门负责制定本部门绩效评价办法，组织部门本级和所属单位开展自评工作，汇总自评结果，加强自评结果审核和应用；具体组织实施部门评价工作，加强评价结果反馈和应用。积极配合财政评价工作，落实评价整改意见。

第二十一条 部门本级和所属单位按照要求具体负责自评工作，对自评结果的真实性和准确性负责，自评中发现的问题要及时进行整改。

第二十二条 财政和部门评价工作主要包括以下环节：

（一）确定绩效评价对象和范围；

（二）下达绩效评价通知；

（三）研究制订绩效评价工作方案；

（四）收集绩效评价相关数据资料，并进行现场调研、座谈；

（五）核实有关情况，分析形成初步结论；

（六）与被评价部门（单位）交换意见；

（七）综合分析并形成最终结论；

（八）提交绩效评价报告；

（九）建立绩效评价档案。

第二十三条 财政和部门评价根据需要可委托第三方机构或相关领域专家（以下简称第三方，主要是指与资金使用单位没有直接利益关系的单位和个人）参与，并加强对第三方的指导，对第三方工作质量进行监督管理，推动提高评价的客观性和公正性。

第二十四条 部门委托第三方开展绩效评价的，要体现委托人与项目实施主体相分离的原则，一般由主管财务的机构委托，确保绩效评价的独立、客观、公正。

第五章　绩效评价结果应用及公开

第二十五条 单位自评结果主要通过项目支出绩效自评表的形式反映，做到内容完整、权重合理、数据真实、结果客观。财政和部门评价结果主要以绩效评价报告的形式体现，绩效评价报告应当依据充分、分析透彻、逻辑清晰、客观公正。

绩效评价工作和结果应依法自觉接受审计监督。

第二十六条 各部门应当按照要求随同部门决算向本级财政部门报送绩效自评结果。

部门和单位应切实加强自评结果的整理、分析，将自评结果作为本部门、本单位完善政策和改进管理的重要依据。对预算执行率偏低、自评结果较差的项目，要单独说明原因，提出整改措施。

第二十七条 财政部门和预算部门应在绩效评价工作完成后，及时将评价结果反馈被评价部门（单位），并明确整改时限；被评价部门（单位）应当按要求向财政部门或主管部门报送整改落实情况。

各部门应按要求将部门评价结果报送本级财政部门，评价结果作为本部门安排预算、完善政策和改进管理的重要依据；财政评价结果作为安排政府预算、完善政策和改进管理的重要依据。原则上，对评价等级为优、良的，根据情况予以支持；对评价等级为中、差的，要完善政策、改进管理，根据情况核减预算。对不进行整改或整改不到位的，根据情况相应调减预算或整改到位后再予安排。

第二十八条 各级财政部门、预算部门应当按照要求将绩效评价结果分别编入政府决算和本部门决算，报送本级人民代表大会常务委员会，并依法予以公开。

第六章　法律责任

第二十九条 对使用财政资金严重低效无效并造成重大损失的责任人，要按照相关规定追责问责。对绩效评价过程中发现的资金使用单位和个人的财政违法行为，依照《中华人民共和国预算法》《财政违法行为处罚处分条例》等有关规定追究责任；发现违纪违法问题线索的，应当及时移送纪检监察机关。

第三十条 各级财政部门、预算部门和单位及其工作人员在绩效评价管理工作中存在违反本办法的行为，以及其他滥用职权、玩忽职守、徇私舞弊等违法违纪行为的，依照《中华人民共和国预算法》《中华人民共和国公务员法》《中华人民共和国监察法》《财政违法行为处罚处分条例》等国家有关规定追究相应责任；涉嫌犯罪的，依法移送司法机关处理。

第七章　附　　则

第三十一条 各地区、各部门可结合实际制定具体的管理办法和实施细则。

第三十二条 本办法自印发之日起施行。《财政支出绩效评价管理暂行办法》（财预〔2011〕285号）同时废止。

附：1. 项目支出绩效自评表
　　2. 项目支出绩效评价指标体系框架（参考）
　　3. 项目支出绩效评价报告（参考提纲）

附1

项目支出绩效自评表

（　　年度）

项目名称							
主管部门				实施单位			
项目资金 （万元）		年初预算数	全年预算数	全年执行数	分值	执行率	得分
	年度资金总额				10		
	其中：当年财政拨款				—		—
	上年结转资金				—		—
	其他资金				—		—
年度总体目标		预期目标			实际完成情况		
绩效指标	一级指标	二级指标	三级指标	年度指标值	实际完成值	分值	得分	偏差原因分析及改进措施
	产出指标	数量指标	指标1： 指标2： ……					
		质量指标	指标1： 指标2： ……					
		时效指标	指标1： 指标2： ……					
		成本指标	指标1： 指标2： ……					
	效益指标	经济效益指标	指标1： 指标2： ……					
		社会效益指标	指标1： 指标2： ……					
		生态效益指标	指标1： 指标2： ……					
		可持续影响指标	指标1： 指标2： ……					
	满意度指标	服务对象满意度指标	指标1： 指标2： ……					
总分					100			

附2

项目支出绩效评价指标体系框架（参考）

一级指标	二级指标	三级指标	指标解释	指标说明
决策	项目立项	立项依据充分性	项目立项是否符合法律法规、相关政策、发展规划以及部门职责，用以反映和考核项目立项依据情况。	评价要点：①项目立项是否符合国家法律法规、国民经济发展规划和相关政策；②项目立项是否符合行业发展规划和政策要求；③项目立项是否属于部门职责范围所需；④项目是否属于公共财政支持范围，是否符合中央、地方事权支出责任划分原则；⑤项目是否与相关部门同类项目或部门内部相关项目重复。
决策	项目立项	立项程序规范性	项目申请、设立过程是否符合相关要求，用以反映和考核项目立项的规范情况。	评价要点：①项目是否按照规定的程序申请设立；②审批文件、材料是否符合相关规定；③事前是否经过必要的可行性研究、专家论证、风险评估、绩效评估、集体决策。
决策	绩效目标	绩效目标合理性	项目所设定的绩效目标是否依据充分，是否符合客观实际，用以反映和考核项目绩效目标与项目实施的相符情况。	评价要点：（如未设定预算绩效目标，也可考核其他工作任务目标）①项目是否设定绩效目标；②绩效目标与实际工作内容是否具有相关性；③项目预期产出效益和效果是否符合正常的业绩水平；④是否与预算确定的项目投资额或资金量相匹配。
决策	绩效目标	绩效指标明确性	依据绩效目标设定的绩效指标是否清晰、细化、可衡量等，用以反映和考核项目绩效目标的明细化情况。	评价要点：①是否将项目绩效目标细化分解为具体的绩效指标；②是否通过清晰、可衡量的指标值予以体现；③是否与项目目标任务数或计划数相对应。
过程	资金投入	预算编制科学性	项目预算编制是否经过科学论证、有明确标准、资金额度与考核项目预算编制的科学性、合理性情况。	评价要点：①预算编制内容与项目内容是否适应；②预算内容与项目内容是否适应；③预算额度测算依据是否充分，是否按照标准编制；④预算确定的项目投资额或资金量是否与工作任务相匹配。
过程	资金投入	资金分配合理性	项目预算资金分配是否有测算依据，资金分配额度与各地方实际情况是否相适应，用以反映和补助单位或地方预算资金分配的科学性、合理性情况。	评价要点：①预算资金分配依据是否充分；②资金分配额度是否合理、与项目单位或地方实际情况是否相适应。
过程	资金管理	资金到位率	实际到位资金与预算资金落实情况对项目实施的总体保障程度。	资金到位率=（实际到位资金/预算资金）×100%。实际到位资金：一定时期（本年度或项目期）内落实到具体项目的资金。预算资金：一定时期（本年度或项目期）内预算安排到项目具体的资金。

（续表）

一级指标	二级指标	三级指标	指标解释	指标说明
过程	资金管理	预算执行率	项目预算资金是否按照计划执行，用以考核项目预算执行情况。	预算执行率=（实际支出资金/实际到位资金）×100%。实际支出资金：一定时期（本年度或项目期）内项目实际拨付的资金。
过程	资金管理	资金使用合规性	项目资金使用是否符合相关的财务管理制度规定，用以反映项目资金的规范运行情况。	评价要点：①是否符合国家财经法规和财务管理制度以及有关专项资金管理办法的规定；②资金的拨付是否有完整的审批程序和手续；③是否符合项目预算批复或合同规定的用途；④是否存在截留、挤占、挪用、虚列支出等情况。
过程	组织实施	管理制度健全性	项目实施单位的财务和业务管理制度是否健全，用以考核财务和业务管理制度对项目顺利实施的保障情况。	评价要点：①是否已制定或具有相应的财务和业务管理制度；②财务和业务管理制度是否合法、合规、完整。
过程	组织实施	制度执行有效性	项目实施是否符合相关管理规定，用以反映和考核相关管理制度的有效执行情况。	评价要点：①是否遵守相关法律法规和相关管理规定；②项目调整及支出调整手续是否完备；③项目合同书、验收报告、技术鉴定等资料是否齐全并及时归档；④项目实施的人员条件、场地设备、信息支撑等是否落实到位。
产出	产出数量	实际完成率	项目实施的实际产出数与计划产出数的比率，用以反映和考核项目产出数量目标的实现程度。	实际完成率=（实际产出数/计划产出数）×100%。实际产出数：一定时期（本年度或项目期）内项目实际产出的产品或提供的服务数量；计划产出数：一定时期（本年度或项目期）内计划产出的产品或提供的服务数量。
产出	产出质量	质量达标率	项目完成的质量达标产出数与实际产出数的比较，用以反映和考核项目产出质量目标的实现程度。	质量达标率=（质量达标产出数/实际产出数）×100%。质量达标产出数：一定时期（本年度或项目期）内项目实际产出中达到既定质量标准的产品或服务数量。既定质量标准是指项目绩效目标设立时依据计划标准、行业标准、历史标准或其他标准而设定的绩效指标值。
产出	产出时效	完成及时性	项目实施完成时间与计划完成时间的比较，用以反映和考核项目产出时效目标的实现程度。	实际完成时间：项目实施单位完成该项目实际所耗用的时间；计划完成时间：按照项目实施计划或完成该项目所需的时间。
产出	产出成本	成本节约率	完成项目计划工作目标的实际成本与计划成本的比率，用以反映和考核项目成本的节约程度。	成本节约率=[（计划成本-实际成本）/计划成本]×100%。实际成本：项目实施单位完成工作目标实际所耗费的支出，保质、保量完成既定工作目标实际所安排的支出，一般以项目预算为参考。
效益	项目效益	实施效益	项目实施所产生的效益。	项目实施产生的社会效益、经济效益、生态效益，可持续影响等。
效益	项目效益	满意度	社会公众或服务对象对项目实施效果的满意程度。	社会公众或服务对象是指因该项目实施而受到影响的部门（单位）、群体或个人，一般采取社会调查的方式。

附3

项目支出绩效评价报告（参考提纲）

一、基本情况
（一）项目概况。包括项目背景、主要内容及实施情况、资金投入和使用情况等。
（二）项目绩效目标。包括总体目标和阶段性目标。
二、绩效评价工作开展情况
（一）绩效评价目的、对象和范围。
（二）绩效评价原则、评价指标体系（附表说明）、评价方法、评价标准等。
（三）绩效评价工作过程。
三、综合评价情况及评价结论（附相关评分表）
四、绩效评价指标分析
（一）项目决策情况。
（二）项目过程情况。
（三）项目产出情况。
（四）项目效益情况。
五、主要经验及做法、存在的问题及原因分析
六、有关建议
七、其他需要说明的问题

2. 地方财政管理工作考核与激励办法（2020年公布）

（财预〔2020〕3号印发）

为推动加快建立现代财政制度，根据国务院办公厅关于对真抓实干成效明显地方进行激励支持的有关要求，制定本办法。

一、考核与激励目的

充分发挥财政部门积极性、主动性和创造性，鼓励各地财政部门从实际出发干事创业，促进形成担当作为、竞相发展的良好局面，进一步推动地方深化财税体制改革，完善预算管理制度，提高财政资金使用效益，推动加快建立现代财政制度。

二、考核对象

包括全国各省、自治区、直辖市、计划单列市（以下统称省）。其中，计划单列市单独开展综合考核，其所在省考核数据不含计划单列市。

三、考核内容和指标

本办法为年度考核。考核内容主要是地方财政管理工作完成情况，具体包括财政预算执行、盘活财政存量资金、国库库款管理、推进财政资金统筹使用、预算公开等5个方面。结合预算管理工作目标，设定如下考核指标，考核得分采用百分制。

1. 财政预算执行管理工作（18分）。

考核内容：各省一般公共预算以及政府性基金预算支出进度情况。分为一般公共预算支出进度指标和政府性基金预算支出进度指标，各省两项指标的分值比例根据其全年一般公共预算支出和政府性基金预算支出执行数的比例确定。

第一步，以财政部开展地方财政预算执行支出进度考核情况通报月份的各省一般公共预算支出进度进行平均，得出各省一般公共预算支出进度指标；以财政部开展地方财政预算执行支出进度考核情况通报月份的各省政府性基金预算支出进度进行平均，得出各省政府性基金预算支出进度指标。

第二步，采用正向激励指标调整得分方法（调整得分方法见"7.指标调整得分方法"，下同），将各省上述两项指标分别调整为指标得分。

第三步，计算各省财政预算执行管理工作得分。某省财政预算执行管理工作得分即某省上述两项指标得分之和。

2. 盘活财政存量资金管理工作（18分）。

考核内容：各省财政存量资金规模（包括一般公共预算结转结余、政府性基金预算结转结余、国有资本经营预算结转结余、转移支付结转结余、部门预算结转结余、预算稳定调节基金、预算周转金、其他存量资金）。分为静态和动态两项指标，分值比例为12∶6。

第一步，计算静态和动态指标：

某省财政存量资金静态指标＝某省当年财政存量资金规模÷某省当年财政支出规模；

某省财政存量资金动态指标＝某省当年财政存量资金规模÷某省当年财政支出规模－某省上年财政存量资金规模÷某省上年财政支出规模。

第二步，采用反向激励指标调整得分方法，将各省上述两项指标分别调整为指标得分。

第三步，计算各省盘活财政存量资金管理工作得分。某省盘活存量资金管理工作得分即上述两项指标得分之和。

3. 国库库款管理工作（18分）。

考核内容：各省国库库款管理工作情况。包括库款保障水平、库款保障水平偏低市县占比、国库集中支付结余消化进度、新增专项债券资金使用进度等4项考核指标，分值比例为6∶4∶4∶4。

第一步，根据各省报送的库款月报数据等，计算指标分月数值：

某月某省库款保障水平＝某省月末库款余额÷年内月均库款流出量，其中，库款余额为国家金库中的财政存款（库款净额）与国库现金管理余额之和；

某月某省库款保障水平偏低市县占比＝某省月末库款保障水平低于0.1的市县级财政部门个数÷某省市县级财政部门个数，其中，设有金库的开发区、高新区等机构，作为单独财政部门统计；

某月某省国库集中支付结余消化进度＝（某省上年末国库集中支付结余余额－某省月末国库集中支付结余余额）÷某省上年末国库集中支付结余余额，其中，上年末国库集中支付结余，在决算会审前暂用年末执行数，决算会审后改用决算数；

某月某省新增专项债券资金使用进度＝某省月末新增专项债券资金累计支出金额÷（月末的当年新增专项债券发行收入＋上年新增专项债券结转资金），其中，上年新增专项债券结转资金为上年发行但未使用完毕、结转到当年的新增专项债券资金。

以各省的库款保障水平、库款保障水平偏低市县占比、国库集中支付结余消化进度、新增专项债券资金使用进度的分月数值进行平均，得出各省的4项指标。

第二步，计算指标得分：

各省库款保障水平指标得分：库款保障水平指标处于0.3～0.8之间的，得满分（即6分）；库款保障水平指标为0.3以下的，采用正向激励指标调整得分方法，调整为指标得分；库款保障水平指标为0.8以上的，采用逆向激励指标调整得分方法，调整为指标得分。

各省库款保障水平偏低市县占比指标得分：采用逆向激励指标调整得分方法，将各省指标调整为指标得分。

各省国库集中支付结余消化进度指标得分：采用正向激励指标调整得分方法，将各省指标调整为指标得分。

各省新增专项债券资金使用进度指标得分：采用正向激励指标调整得分方法，将各省指标调整为指标得分。

第三步，计算各省国库库款管理工作得分。某省国库库款管理工作得分即某省上述4项指标得分之和。

4. 推进财政资金统筹使用管理工作（18分）。

考核内容：地方转移支付结构情况。分为静态和动态两项指标，分值比例为12∶6。

第一步，根据各省上报的转移支付结构情况得出当年和上年省级对下一般性转移支付占省级对下转移支付比重：

某省推进财政资金统筹使用静态指标＝某省当年省级对下一般性转移支付占省级对下转移支付比重；

某省推进财政资金统筹使用动态指标＝某省当年省级对下一般性转移支付占省级对下转移支付比重－某省上年省级对下一般性转移支付占省级对下转移支付比重。

第二步，计算静态和动态指标得分：

各省推进财政资金统筹使用静态指标得分：采用正向激励指标调整得分方法，将静态指标调整为指标得分；

各省推进财政资金统筹使用动态指标得分：动态指标小于0的，不得分（即0分）；动态指标大于或等于0的，采用正向激励指标调整得分方法调整为指标得分。

第三步，计算各省推进财政资金统筹使用管理工作得分。某省推进财政资金统筹使用管理工作得分即某省上述两项指标得分之和。

5. 预算公开管理工作（18分）。

考核内容：各省预算公开总体进展情况。包括预算公开、决算公开、其他信息公开管理等3项考核指标，分值比例为7.5∶7.5∶3。

第一步，通过预算公开专项核查及统计结果得出各省预算公开率、决算公开率、其他信息公开管理指标，作为各省上述3项指标数据。

第二步，采用正向激励指标调整得分方法，将各省上述3项指标分别调整为指标得分。

第三步，计算各省预算公开管理工作得分。某省预算公开管理工作得分即某省上述3项指标得分之和。

6. 其他财政管理工作指标（10分）。

因其他财政管理工作成效显著，获得财政部及部内司局通报表彰的省，参与或完成财政部重点专项工作质量较高的省，酌情加分，满分10分。

7. 指标调整得分方法。

（1）正向指标调整得分方法：

某省某项指标得分＝[某省某项指标－min（各省某项指标）]÷[max（各省某项指标）－min（各省某项指标）]× 分值。

（2）反向指标调整得分方法：

某省某项指标得分＝[max（各省某项指标）－某省某项指标]÷[max（各省某项指标）－min（各省某项指标）]× 分值。

其中：max（各省某项指标）指各省某项指标的最大值；min（各省某项指标）指各省某项指标的最小值。

四、评审程序

（一）每年1月15日前，各省要按照财政部统一部署，将上年即考核年度相关数据及时报送财政部，并抄送财政部当地监管局。

（二）财政部根据国库执行快报等各项统计数据，以省为单位对各项考核指标进行评分。

对"保工资、保运转、保基本民生"方面出现问题、债务风险未能有效控制、财政管理工作出现重大失误等省,酌情扣分或取消获奖资格。评分结果从高到低综合排名靠前的10个省作为拟奖励省,10个拟奖励省中,东、中、西部地区原则上各不少于2个,直辖市、计划单列市原则上各不超过1个。

(三)财政部书面通知10个拟奖励省,要求其参照本办法的考核指标,于1月31日前向财政部书面推荐财政管理工作方面的先进典型市(地、州、盟,以下统称市)、县(市、区、旗,以下统称县)。每个省原则上推荐1个市和1个县(直辖市、计划单列市仅推荐1个县),先进典型市总数不超过10个,典型县总数不超过10个。10个拟奖励省考核推荐有关市县要严格评审程序,明确评分标准,确保拟激励市县名单经得起检验。

(四)2月底前,财政部将拟奖励省推荐的先进典型市、县名单报送国务院办公厅。

五、激励措施

(一)中央财政利用督查收回的财政存量资金、年度预算中单独安排的资金等渠道,对10个拟奖励省分配奖励资金,奖励资金切块下达到省,再由省级财政部门将奖励资金分配到本省推荐的典型市、县。奖励资金额度原则上按每个市不低于2 000万元、每个县不低于1 000万元把握,并适当体现向中、西部倾斜。

(二)财政部下达奖励资金后,省级财政部门要及时将奖励资金下达到先进典型市、县。财力较好的省可统筹自有财力进一步加大对先进典型市、县的奖励力度。

(三)省级财政部门要督促先进典型市、县加强奖励资金的使用管理,并将资金分配使用情况于6月30日前上报财政部(预算司)。

六、其他事项

本办法自2020年1月3日起施行。2018年12月29日发布的《财政管理工作绩效考核与激励办法》(财预〔2018〕222号)同时废止。

3. 财政管理工作绩效考核与激励办法(2018年修订)

(财预〔2018〕4号印发)

为全面贯彻落实党的十九大精神,推动加快建立现代财政制度,根据《国务院办公厅关于对真抓实干成效明显地方加大激励支持力度的通知》(国办发〔2016〕82号)要求,制定本办法。

一、考核与激励目的

充分发挥财政部门积极性,鼓励各地财政部门从实际出发干事创业,推动形成主动作为、竞相发展的良好局面,进一步推动地方深化财税体制改革,完善预算管理制度,提高财政资金使用效益,推动加快建立现代财政制度。

二、考核对象

包括全国36个省(直辖市、自治区、计划单列市,以下简称省)。其中,计划单列市单独开展综合考核,其所在省考核数据不含计划单列市。

三、考核内容和指标

本办法为年度考核。考核内容主要是地方财政管理工作完成情况,具体包括财政预算执行、收入质量、盘活财政存量资金、国库库款管理、预算公开、推进财政资金统筹使用等6个方面。结合预算管理工作目标,设定如下考核指标,考核得分采用百分制。

1.财政预算执行管理工作(15分)。

考核内容:各省一般公共预算以及政府性基金预算支出进度情况。分为一般公共预算支出进度指标和政府性基金预算支出进度指标，各省两项指标的分值比例根据其全年一般公共预算支出和政府性基金预算支出执行数的比例确定。

第一步，以财政部开展地方财政收支考核情况通报月份的各省一般公共预算支出进度进行平均，得出各省一般公共预算支出进度指标；以财政部开展地方财政收支考核情况通报月份的各省政府性基金预算支出进度进行平均，得出各省政府性基金预算支出进度指标。

第二步，采用正向激励指标调整得分方法（调整得分方法见"8.指标调整得分方法"，下同），将各省上述两项指标分别调整为指标得分。

第三步，计算各省财政预算执行管理工作得分。某省财政预算执行管理工作得分即某省上述两项指标得分之和。

2. 收入质量管理工作（15分）。

考核内容：各省一般公共预算收入中税收收入占比情况。分静态和动态两项指标，分值比例为7.5∶7.5。

第一步，计算静态和动态指标：

某省收入质量静态指标＝某省当年税收收入占一般公共预算收入的比例；

某省收入质量动态指标＝某省当年税收收入占一般公共预算收入的比例－某省上年税收收入占一般公共预算收入的比例。

第二步，计算静态和动态指标得分：

各省收入质量静态指标得分：静态指标为80%及以上的，得满分（即7.5分）；静态指标为80%以下的，采用正向激励指标调整得分方法，调整为指标得分；

各省收入质量动态指标得分：静态指标为80%及以上的，动态指标亦得满分（即7.5分）；静态指标为80%以下的，通过正向激励指标调整得分方法，将动态指标调整为指标得分。

第三步，计算各省收入质量管理工作得分。某省收入质量管理工作得分即上述两项指标得分之和。

3. 盘活财政存量资金管理工作（15分）。

考核内容：各省财政存量资金规模（包括一般公共预算结转结余、政府性基金预算结转结余、国有资本经营预算结转结余、转移支付结转结余、部门预算结转结余、预算稳定调节基金、预算周转金、其他存量资金）。分为静态和动态两项指标，分值比例为10∶5。

第一步，计算静态和动态指标：

某省财政存量资金静态指标＝某省当年财政存量资金规模÷某省当年财政支出规模；

某省财政存量资金动态指标＝某省当年财政存量资金规模÷某省当年财政支出规模－某省上年财政存量资金规模÷某省上年财政支出规模；

第二步，采用反向激励指标调整得分方法，将各省上述两项指标分别调整为指标得分。

第三步，计算各省盘活财政存量资金管理工作得分。某省盘活存量资金管理工作得分即上述两项指标得分之和。

4. 国库库款管理工作（15分）。

考核内容：各省国库库款管理工作情况。包括库款余额相对水平指标、库款余额相对水平同比变动指标、库款保障水平指标、公开发行置换债券资金置换完成率指标等4项考核指标，分值比例为5∶4∶2∶4。

第一步，以财政部开展地方财政库款考核月份的各省库款余额相对水平得分进行平均，得出各省库款余额相对水平指标；以财政部开展地方财政库款考核月份的各省库款余额相对水平同比变动得分进行平均，得出各省库款余额相对水平同比变动指标；以财政部开展地方财政库款考核月份的各省库款保障水平得分进行平均，得出各省库款保障水平指标；以财政部开展地方财政库款考核月份的各省公开发行置换债券资金置换完成率得分进行平均，得出各省公开发行置换债券资金置换完成率指标。

第二步，采用正向激励指标调整得分方法，将各省上述4项指标分别调整为指标得分。

第三步，计算各省国库库款管理工作得分。某省国库库款管理工作得分即某省上述4项指标得分之和。

5. 预算公开管理工作（15分）。

考核内容：各省预算公开总体进展情况。包括预算公开指标、决算公开指标、其他信息公开管理指标等3项考核指标，分值比例为6：6：3。

第一步，通过预算公开专项核查及统计结果得出各省预算公开率、决算公开率、其他信息公开管理指标，作为各省上述3项指标数据。

第二步，采用正向激励指标调整得分方法，将各省上述3项指标分别调整为指标得分。

第三步，计算各省预算公开管理工作得分。某省预算公开管理工作得分即某省上述3项指标得分之和。

6. 推进财政资金统筹使用管理工作（15分）。

考核内容：地方转移支付结构情况。分为静态和动态两项指标，分值比例为10：5。

第一步，根据各省上报的转移支付结构情况得出当年和上年省级对下一般性转移支付占省级对下转移支付比重：

某省推进财政资金统筹使用静态指标＝某省当年省级对下一般性转移支付占省级对下转移支付比重；

某省推进财政资金统筹使用动态指标＝某省当年省级对下一般性转移支付占省级对下转移支付比重－某省上年省级对下一般性转移支付占省级对下转移支付比重。

第二步，计算静态和动态指标得分：

各省推进财政资金统筹使用静态指标得分：采用正向激励指标调整得分方法，将静态指标调整为指标得分；

各省推进财政资金统筹使用动态指标得分：动态指标小于0的，不得分（即0分）；动态指标大于或等于0的，采用正向激励指标调整得分方法调整为指标得分。

第三步，计算各省推进财政资金统筹使用管理工作得分。某省推进财政资金统筹使用管理工作得分即某省上述两项指标得分之和。

7. 其他财政管理工作绩效指标（10分）。

因其他财政管理工作成效显著，获得财政部及部内司局通报表彰的省，参与或完成财政部重点专项工作质量较高的省，酌情加分，满分10分。

8. 指标调整得分方法。

（1）正向指标调整得分方法：

某省某项指标得分＝[某省某项指标－min（各省某项指标）]÷[max（各省某项指标）－min（各省某项指标）]×分值。

（2）反向指标调整得分方法：

某省某项指标得分＝[max（各省某项指标）－某省某项指标]÷[max（各省某项指标）－min（各省某项指标）]×分值。

其中：max（各省某项指标）指各省某项指标的最大值；min（各省某项指标）指各省某项指标的最小值。

四、评审程序

（一）每年1月15日前，各省要按照财政部统一部署，将考核年度相关数据及时报送财政部，并抄送财政部驻当地财政监察专员办事处。

（二）财政部根据国库执行快报等各项统计数据，以省为单位对各项考核指标进行评分，并根据评分结果从高到低进行综合排名，综合排名靠前的10个省作为拟奖励省。为体现地区间平衡，10个拟奖励省中，东、中、西部地区原则上各不少于2个，直辖市、计划单列市原则上各不超过1个。

（三）财政部书面通知10个拟奖励省，要求其参照本办法的考核指标，于1月20日前向财政部书面推荐财政管理工作方面的先进典型市（州，以下简称市）、县（市、区，以下简称县）。每个省原则上推荐1个市、3个县（直辖市、计划单列市仅推荐1个县），先进典型市总数不超过10个，典型县总数不超过30个。

（四）1月31日前，财政部将拟奖励省推荐的先进典型市、县名单报送国务院办公厅。

五、激励措施

（一）中央财政利用督查收回的专项转移支付沉淀资金、年度预算中单独安排资金等渠道，对10个拟奖励省分配奖励资金，奖励资金切块下达到省，再由省级财政部门将奖励资金分配到本省推荐的典型市、县。奖励资金额度原则上按每个市不低于2 000万元、每个县不低于1 000万元把握，并适当体现向中、西部倾斜。

（二）财政部下达奖励资金后，省级财政部门要及时将奖励资金下达到先进典型市、县。财力较好的省可统筹自有财力进一步加大对先进典型市、县的奖励力度。

（三）省级财政部门要督促先进典型市、县加强奖励资金的使用管理，并将资金分配使用情况于6月30日前上报财政部（预算司）。

六、其他事项

本办法自公布之日起实施，2016年11月24日公布的《财政管理绩效考核与激励暂行办法》（财预〔2016〕177号）同时废止。本办法由财政部负责解释。

4. 地方财政预算执行支出进度考核办法（2018年公布）

（财预〔2018〕69号印发）

第一章 总 则

第一条 为全面贯彻落实党中央、国务院有关精神和要求，督促地方加快预算执行支出进度，提高财政资金使用效益，更好促进经济社会高质量发展，根据《中华人民共和国预算法》《国务院关于深化预算管理制度改革的决定》（国发〔2014〕45号）、《国务院办公厅关于进一步做好盘活财政存量资金工作的通知》（国办发〔2014〕70号）等有关规定，制定本办法。

第二条 本办法考核对象为省（自治区、直辖市、计划单列市，以下统称省）级财政部门。对地市级、县级财政部门的考核工作，由省级财政部门按照本办法的精神统一部署。

第三条 地方财政预算执行支出进度考核为月度考核，考核月份为每年4月至12月。

第二章 考核内容

第四条 一般公共预算支出进度考核：

$$\frac{当年截至当月底的一般公共预算支出}{当年一般公共预算支出目标} \times 100\%$$

当年一般公共预算支出目标＝当年本级一般公共预算收入＋税收返还收入＋转移支付收入－地方上解支出＋新增地方政府一般债券。

第五条 政府性基金预算支出进度考核：

$$\frac{当年截至当月底的政府性基金预算支出}{当年政府性基金预算支出目标} \times 100\%$$

当年政府性基金预算支出目标＝当年本级政府性基金预算支出＋新增地方政府专项债券。

第六条 盘活一般公共预算结转结余考核：

$$\frac{当年截至当月底的一般公共预算结转结余＋转移支付结转结余}{上年一般公共预算支出} \times 100\%$$

第七条 盘活政府性基金预算结转结余考核：

$$\frac{当年截至当月底的政府性基金预算结转结余}{上年政府性基金预算支出} \times 100\%$$

第八条 盘活部门预算结转结余考核：

$$\frac{当年截至当月底的部门预算结转结余}{上年部门决算财政拨款收入} \times 100\%$$

第九条 地方财政运行分析考核：

$$\frac{某省上报材料数}{各省上报材料总数} \times 60\% + \frac{某省被采用材料数}{各省被采用材料总数} \times 40\%$$

其中：上报材料数为当年截至当月底上报财政部预算司的地方财政运行分析材料篇数，被采用数为财政部预算司采用上报或作为参考材料的篇数。

第十条 一般公共预算支出进度、政府性基金预算支出进度、地方财政运行分析按考核结果从高到低排名，盘活一般公共预算结转结余、盘活政府性基金预算结转结余、盘活部门预算结转结余按考核结果从低到高排名。考核结果将按月向各地财政部门公布，同时抄送省级人民政府和财政部驻当地财政监察专员办事处。

第十一条 同一项考核结果连续3次排名居后5位的地区，省级财政部门应于考核结果公布后5个工作日内向财政部提交工作改进方案，并抄送财政部驻当地财政监察专员办事处。对于排名持续靠后的地区，财政部将视情况提出整改要求或约谈。

第十二条 按照《财政管理工作绩效考核与激励办法》（财预〔2018〕4号）规定，上述考核结果将作为每年财政管理工作绩效考核相关指标的数据来源和重要依据。

第十三条 执行本办法需地方配合提供的数据，由省级财政部门统一汇总、核实，各级财政部门对本级数据准确性负责。财政部采取统一检查或个别抽查等方式进行督查。

第十四条 各级财政部门及有关工作人员在地方财政预算执行支出进度考核中存在弄虚作假、徇私舞弊等行为的，应当按照《中华人民共和国预算法》《中华人民共和国公务员法》《中华人民共和国监察法》《财政违法行为处罚处分条例》等国家有关规定追究相应责任。涉嫌犯罪的，移送司法机关处理。

第三章 附 则

第十五条 本办法自2018年5月11日起实施，由财政部预算司负责解释。2017年5月12日财政部发布的《地方财政收支考核暂行办法》（财预〔2017〕60号）同时废止。

5. 中央部门预算绩效运行监控管理暂行办法（2019年修订）

（财预〔2019〕136号印发）

第一章 总 则

第一条 为加强中央部门预算绩效运行监控（以下简称绩效监控）管理，提高预算执行效率和资金使用效益，根据《中共中央 国务院关于全面实施预算绩效管理的意见》的有关规定，制定本办法。

第二条 本办法所称绩效监控是指在预算执行过程中，财政部、中央部门及其所属单位依照职责，对预算执行情况和绩效目标实现程度开展的监督、控制和管理活动。

第三条 绩效监控按照"全面覆盖、突出重点，权责对等、约束有力，结果运用、及时纠偏"的原则，由财政部统一组织、中央部门分级实施。

第二章 职责分工

第四条 财政部主要职责包括：
（一）负责对中央部门开展绩效监控的总体组织和指导工作；
（二）研究制定绩效监控管理制度办法；
（三）根据工作需要开展重点绩效监控；
（四）督促绩效监控结果应用；
（五）应当履行的其他绩效监控职责。

第五条 中央部门是实施预算绩效监控的主体。中央部门主要职责包括：
（一）牵头负责组织部门本级开展预算绩效监控工作，对所属单位的绩效监控情况进行指导和监督，明确工作要求，加强绩效监控结果应用等。按照要求向财政部报送绩效监控结果。
（二）按照"谁支出，谁负责"的原则，预算执行单位（包括部门本级及所属单位，下同）负责开展预算绩效日常监控，并定期对绩效监控信息进行收集、审核、分析、汇总、填报；分析偏离绩效目标的原因，并及时采取纠偏措施。
（三）应当履行的其他绩效监控职责。

第三章 监控范围和内容

第六条 中央部门绩效监控范围涵盖中央部门一般公共预算、政府性基金预算和国有资本经营预算所有项目支出。

中央部门应对重点政策和重大项目，以及巡视、审计、有关监督检查、重点绩效评价和日常管理中发现问题较多、绩效水平不高、管理薄弱的项目予以重点监控，并逐步开展中央部门及其所属单位整体预算绩效监控。

第七条 绩效监控内容主要包括：
（一）绩效目标完成情况。一是预计产出的完成进度及趋势，包括数量、质量、时效、成本等。二是预计效果的实现进度及趋势，包括经济效益、社会效益、生态效益和可持续影响等。三是跟踪服务对象满意度及趋势。
（二）预算资金执行情况，包括预算资金拨付情况、预算执行单位实际支出情况以及预计结转结余情况。
（三）重点政策和重大项目绩效延伸监控。必要时，可对重点政策和重大项目支出具体工作任务开展、发展趋势、实施计划调整等情况进行延伸监控。具体内容包括：政府采购、工程招标、监理和验收、信息公示、资产管理以及有关预算资金会计核算等。

（四）其他情况。除上述内容外其他需要实施绩效监控的内容。

第四章 监控方式和流程

第八条 绩效监控采用目标比较法，用定量分析和定性分析相结合的方式，将绩效实现情况与预期绩效目标进行比较，对目标完成、预算执行、组织实施、资金管理等情况进行分析评判。

第九条 绩效监控包括及时性、合规性和有效性监控。及时性监控重点关注上年结转资金较大、当年新增预算且前期准备不充分，以及预算执行环境发生重大变化等情况。合规性监控重点关注相关预算管理制度落实情况、项目预算资金使用过程中的无预算开支、超预算开支、挤占挪用预算资金、超标准配置资产等情况。有效性监控重点关注项目执行是否与绩效目标一致、执行效果能否达到预期等。

第十条 绩效监控工作是全流程的持续性管理，具体采取中央部门日常监控和财政部定期监控相结合的方式开展。对科研类项目可暂不开展年度中的绩效监控，但应在实施期内结合项目检查等方式强化绩效监控，更加注重项目绩效目标实现程度和可持续性。条件具备时，财政部门对中央部门预算绩效运行情况开展在线监控。

第十一条 每年8月，中央部门要集中对1～7月预算执行情况和绩效目标实现程度开展一次绩效监控汇总分析，具体工作程序如下：

（一）收集绩效监控信息。预算执行单位对照批复的绩效目标，以绩效目标执行情况为重点收集绩效监控信息。

（二）分析绩效监控信息。预算执行单位在收集上述绩效信息的基础上，对偏离绩效目标的原因进行分析，对全年绩效目标完成情况进行预计，并对预计年底不能完成目标的原因及拟采取的改进措施做出说明。

（三）填报绩效监控情况表。预算执行单位在分析绩效监控信息的基础上填写《项目支出绩效目标执行监控表》（附后），并作为年度预算执行完成后绩效评价的依据。

（四）报送绩效监控报告。中央部门年度集中绩效监控工作完成后，及时总结经验、发现问题、提出下一步改进措施，形成本部门绩效监控报告，并将所有一级项目《项目支出绩效目标执行监控表》于8月31日前报送财政部对口部门司和预算司。

第五章 结果应用

第十二条 绩效监控结果作为以后年度预算安排和政策制定的参考，绩效监控工作情况作为中央部门预算绩效管理工作考核的内容。

第十三条 中央部门通过绩效监控信息深入分析预算执行进度慢、绩效水平不高的具体原因，对绩效监控中发现的绩效目标执行偏差和管理漏洞，应及时采取分类处置措施予以纠正：

（一）对于因政策变化、突发事件等客观因素导致预算执行进度缓慢或预计无法实现绩效目标的，要本着实事求是的原则，及时按程序调减预算，并同步调整绩效目标。

（二）对于绩效监控中发现严重问题的，如预算执行与绩效目标偏离较大、已经或预计造成重大损失浪费或风险等情况，应暂停项目实施，相应按照有关程序调减预算并停止拨付资金，及时纠偏止损。已开始执行的政府采购项目应当按照相关程序办理。

第十四条 财政部要加强绩效监控结果应用。对中央部门绩效监控结果进行审核分析，对发现的问题和风险进行研判，督促相关部门改进管理，确保预算资金安全有效，保障党中央、国务院重大战略部署和政策目标如期实现。

对绩效监控过程中发现的财政违法行为，依照《中华人民共和国预算法》《财政违法行为处罚处分条例》等有关规定追究责任，报送同级政府和有关部门作为行政问责参考依据；发现重大违纪违法问题线索，及时移送纪检监察机关。

<h4 style="text-align:center">第六章 附 则</h4>

第十五条 各中央部门可根据本办法，结合实际制定预算绩效监控具体管理办法或实施细则，报财政部备案。

第十六条 本办法自印发之日起施行。

附件：项目支出绩效目标执行监控表（略）

6. 政府性融资担保、再担保机构绩效评价指引（2020年公布）

（财金〔2020〕31号印发）

<h4 style="text-align:center">第一章 总 则</h4>

第一条 为规范地方各级政府性融资担保、再担保机构的绩效评价工作，引导政府性融资担保、再担保机构坚守主业、聚焦支小支农、积极服务小微企业和"三农"主体，根据《融资担保公司监督管理条例》（国务院令第683号）、《中共中央、国务院关于完善国有金融资本管理的指导意见》、《国务院关于促进融资担保行业加快发展的意见》（国发〔2015〕43号）、《国务院办公厅关于有效发挥政府性融资担保基金作用切实支持小微企业和"三农"发展的指导意见》（国办发〔2019〕6号）等规定，制定本指引。

第二条 本指引所称政府性融资担保、再担保机构，是指依法设立，由政府及其授权机构、国有企业出资并实际控股，以服务小微企业和"三农"主体为主要经营目标的融资担保、再担保机构。省级财政部门会同有关部门确定本地区政府性融资担保、再担保机构名单。

第三条 本指引所称绩效评价，是指通过建立评价指标体系，对政府性融资担保、再担保机构在政策效益、经营能力、风险控制和体系建设等方面进行的综合评价。

第四条 政府性融资担保、再担保机构绩效评价工作由本级财政部门组织实施，原则上以一个会计年度为一个完整评价期。

第五条 绩效评价工作应当遵循客观、公正、公平原则，发挥正向激励作用，突出各级政府性融资担保、再担保机构聚焦支小支农、保本微利运行、发挥增信作用等政策导向，兼顾健康可持续经营目标。

第六条 绩效评价结果与政府性融资担保、再担保机构获得政策扶持、资金支持、薪酬激励等情况挂钩。

<h4 style="text-align:center">第二章 评价指标与分值</h4>

第七条 绩效评价指标及其分值由本级财政部门根据其对于政府性融资担保、再担保机构发挥政策功能和实现可持续经营的重要程度确定。

第八条 绩效评价采取百分制，具体绩效评价指标如下：

（一）政策效益指标，主要反映政府性融资担保、再担保机构在坚守融资担保主业、聚焦支小支农、主动降费让利等方面发挥效益的情况。包括但不限于以下二级指标：

1. 当年新增小微企业和"三农"融资担保（再担保）户数。其中，小微企业包括小型、微型企业以及个体工商户、小微企业主，"三农"主体包括新型农业经营主体、农户。

2. 当年新增小微企业和"三农"融资担保（再担保）金额占比。

3. 当年新增单户1 000万元及以下小微企业和"三农"融资担保（再担保）金额占比。

4. 当年平均综合融资担保（再担保）费率。

上述小微企业和"三农"融资担保户数及金额仅统计小微企业和"三农"经营类融资担保业务，不包括小微企业和"三农"消费类融资担保业务。

（二）经营能力指标，主要反映政府性融资担保、再担保机构业务拓展和可持续经营情况，包括但不限于以下二级指标：

1. 年末融资担保（再担保）责任余额。
2. 当年新增融资担保（再担保）金额。
3. 融资担保（再担保）在保余额放大倍数。
4. 国有资本保值增值率。结合政府性融资担保发挥逆周期调节作用情况，经济下行期内，可暂不考核该项指标或适当降低指标分值。

（三）风险控制指标，主要反映政府性融资担保、再担保机构业务风险防控能力，包括但不限于以下二级指标：

1. 担保（再担保）代偿率。
2. 拨备覆盖率。
3. 依法合规经营情况：是否存在为地方政府或其融资平台融资提供担保、向非融资担保机构进行股权投资、偏离主业擅自扩大经营范围、重大审计问题、受到监管处罚或负面评价、发生重大风险事件等情况。其中，为地方政府融资平台融资提供担保、向非融资担保机构进行股权投资是指《国务院办公厅关于有效发挥政府性融资担保基金作用切实支持小微企业和"三农"发展的指导意见》（国办发〔2019〕6号）印发后新开展的业务。依法合规经营情况应参考当地融资担保公司监督管理部门意见。政府性融资担保、再担保机构未依法合规经营，情节严重或造成严重后果的，其绩效评价等次下调至"中"以下。

（四）体系建设指标，主要反映政府性融资担保、再担保机构参与融资担保体系建设以及推进银担合作情况。包括但不限于以下二级指标：

1. 参与政府性融资担保体系合作情况：反映与上级担保、再担保机构开展业务合作，以及向下参股融资担保机构、新设分支机构、拓展业务等情况。
2. 推进银担合作情况：反映合作银行数量及授信规模、落实银担风险分担机制、及时足额承担风险责任等情况。

第九条 本级财政部门可根据本地实际及机构特点，调整政府性融资担保、再担保机构绩效评价一级指标分值以及增减、调整二级指标及分值。为便于各地参考使用，我们编制了政府性融资担保、再担保机构绩效评价计分表（附后）。

第三章 评价程序

第十条 政府性融资担保、再担保机构应当于每年年初将本年度经营计划报履行出资人职责的机构审核。本级财政部门根据审核通过的年度经营计划、结合上年度绩效目标实际完成情况合理确定绩效评价的年度目标值。

第十一条 政府性融资担保、再担保机构应当于每年3月31日前完成上年度绩效自评，并向本级财政部门报送绩效自评报告及相关基础材料。基础材料包括：

（一）机构上年度经营计划；
（二）机构上年度经营情况报告；
（三）机构上年度财务会计报告及社会中介机构出具的审计报告；
（四）绩效评价计分相关证明材料；
（五）本级财政部门要求提供的其他材料。

第十二条 本级财政部门根据政府性融资担保、再担保机构提供的绩效自评报告及基础材料，组织开展绩效评价工作，必要时可委托第三方机构参与。本级财政部门应及时完成绩效评价工作并将绩效评价结果反馈政府性融资担保、再担保机构及其股东单位，抄送省级中小企业主管部门、农业农村部门、融资担保公司监督管理部门。

第四章 评价结果及应用

第十三条 绩效评价得分对应不同的评定等次：
（一）90分≤评价得分≤100分，评定等次为"优"；
（二）80分≤评价得分＜90分，评定等次为"良"；
（三）70分≤评价得分＜80分，评定等次为"中"；
（四）60分≤评价得分＜70分，评定等次为"低"；
（五）评定得分＜60分的，评定等次为"差"。

第十四条 绩效评价得分作为各级财政资金支持以及国家融资担保基金优先开展业务合作的重要参考依据。地方各级财政部门可对评定等次为"中"及以上的辖内政府性融资担保、再担保机构，予以资本金补充、风险补偿、补贴、奖励等资金支持。

第十五条 年度绩效评价结果作为确定政府性融资担保、再担保机构负责人薪酬及工资总额的重要依据。

第五章 监督管理

第十六条 政府性融资担保、再担保机构及其主要负责人、主管财务会计工作的负责人应当对提供的绩效自评报告及相关基础材料的真实性、完整性负责。

第十七条 政府性融资担保、再担保机构在报送绩效评价材料中，存在漏报、瞒报以及提供虚假材料等情况的，由本级财政部门责令限期改正，下调当期评价等次一个级别并取消下一年度评"优"资格。

第十八条 各级财政部门及其工作人员应当认真组织开展绩效评价工作，严格执行各项评价标准、计分条件，详细载明相关评分依据。

各级财政及其工作人员在开展政府性融资担保、再担保机构绩效评价工作中，存在滥用职权、玩忽职守、徇私舞弊或者泄露政府性融资担保、再担保机构商业秘密等违法违纪行为的，按照公务员法、监察法、财政违法行为处罚处分条例等国家有关规定追究相应责任；涉嫌犯罪的，依法移送司法机关处理。

第六章 附 则

第十九条 本指引自2020年7月1日起实施，2016年6月2日财政部发布的《金融企业绩效评价办法》（财金〔2016〕35号）仍然有效，但与本指引不一致的，按照本指引执行。本指引实施前已建立政府性融资担保、再担保机构绩效评价指标体系并确定2020年度绩效评价目标的，可参照本指引进行调整完善。

第二十条 政府性融资担保、再担保机构依据本指引开展绩效评价工作。各省、自治区、直辖市、计划单列市财政厅（局）可参照本指引结合本地区实际制定政府性融资担保、再担保机构绩效评价实施办法。政府性融资担保、再担保机构可参照本指引制定内部绩效评价规范。

第二十一条 农业信贷担保机构绩效评价按照《财政部 农业农村部 银保监会 人民银行关于进一步做好全国农业信贷担保工作的通知》（财农〔2020〕15号）有关规定执行。

附：1. 政府性融资担保机构绩效评价计分表
　　2. 政府性融资再担保机构绩效评价计分表
　　3. 绩效评价相关指标计算公式

附1：

政府性融资担保机构绩效评价计分表

一级指标	二级指标	参考分值	评价标准	计分条件	绩效评价目标值	当年完成情况	单项评价得分
政策效益（40分）	当年新增小微企业和"三农"融资担保户数	8	当年新增小微企业和"三农"融资担保户数不低于目标值	当年新增小微企业和"三农"融资担保户数达到目标值的，得6分；户数高于目标值的，在6分基础上酌情加分，最高8分；户数低于目标值的，按实际完成情况，在6分基础上酌情减分，最低0分。			
	当年新增小微企业和"三农"融资担保金额占比	12	当年新增小微企业和"三农"融资担保金额占比不低于目标值	当年新增小微企业和"三农"融资担保金额占比达到目标值的，得10分；占比高于目标值的，在10分基础上酌情加分，按实际完成情况，在10分基础上酌情减分。占比目标值原则上不低于80%。最高12分，最低0分。			
	当年新增单户1000万元及以下融资担保金额占比	8	当年新增单户1000万元及以下融资担保金额占比不高于目标值	当年新增单户1000万元及以下融资担保金额占比达到目标值的，得6分；占比高于目标值的，在6分基础上酌情加分，占比低于目标值的，在6分基础上酌情减分。占比目标值原则上不低于50%。最高8分，最低0分。			
	当年平均融资担保综合费率	12	当年平均融资担保综合费率不高于目标值	当年平均融资担保综合费率达到目标值的，得10分；费率高于目标值的，在10分基础上酌情减分；费率低于目标值的，在10分基础上酌情加分。最高12分，最低0分。			
经营能力（30分）	年末融资担保在保余额	8	当年年末融资担保在保余额不低于目标值	当年年末融资担保在保余额达到目标值的，得8分；在保余额高于目标值的，在8分基础上酌情加分，在保余额低于目标值的，在8分基础上酌情减分。最高8分，最低0分。			
	当年新增融资担保金额	8	当年新增融资担保金额不低于目标值	当年新增融资担保金额达到目标值的，得8分；担保金额高于目标值的，在8分基础上酌情加分；担保金额低于目标值的，在8分基础上酌情减分。最高8分，最低0分。			
	融资担保在保余额放大倍数	10	融资担保在保余额放大倍数不低于目标值	融资担保在保余额放大倍数达到目标值的，得8分；在8分基础上酌情加分；放大倍数高于目标值的，在8分基础上酌情加分。放大倍数目标值根据机构设立年限、发展现状等合理确定。最高10分，最低0分。			

（续表）

一级指标	二级指标	参考分值	评价标准	计分条件	绩效评价目标值	当年完成情况	单项评价得分
经营能力（30分）	国有资本保值增值率	4	国有资本保值增值率不低于100%	国有资本保值增值率达到或超过100%的，得4分；保值增值率低于100%的，在4分基础上酌情减分，最低0分。结合政府融资担保发挥逆周期调节作用情况，经济下行期内，可暂不考核该项指标或适当降低指标分值。			
	担保代偿率	5	当年担保代偿率控制在合理范围	当年担保代偿率控制在上限以内的均得满分，不得致励代偿率超过上限，代偿率超过上限的，酌情减分。代偿率超过上限的，应当提高代偿率上限。最高5分，最低0分。			
	拨备覆盖率	5	拨备付覆盖率不低于目标值	拨备覆盖率高于或等于目标值的，得5分。存在拨备覆盖率低于目标值的，在5分基础上酌情减分。最高5分，最低0分。			
风险控制（20分）	依法合规经营情况	10	是否存在为地方政府或其融资平台融资提供担保、向非融资担保机构进行股权投资、偏离主业自扩大经营范围、受到监管处罚或重大审计问题、重大风险事件情况	各项业务规范运作的，得满分。存在为地方政府或其融资平台融资提供担保，向非融资担保机构进行股权投资，偏离主业擅自扩大经营范围，重大审计问题、受到监管处罚或负面评价，视严重程度，发生重大风险事件的，每个事件减1～10分；情节严重或造成严重后果的，评价等次下调"中"以下（不含"中"）。最高10分，最低0分。			
体系建设（10分）	参与政府性融资担保体系建设情况	5	与上级担保、再担保机构开展业务合作，以及向下参股担保机构，新设分支机构及拓展业务等情况	完成各项目标的，得5分；未完成的，酌情减1～5分。最高5分，最低0分。			
	银担合作情况	5	合作银行数量及投信规模、落实担风险分担机制，及时履行足额承担代担风险责任等情况	完成各项目标的，得5分；未完成的，酌情减1～5分。最高5分，最低0分。			

最终得分

附2：

政府性融资再担保机构绩效评价计分表

一级指标	二级指标	参考分值	评价标准	计分条件	绩效评价目标值	当年完成情况	单项评价得分
政策效益（40分）	当年新增小微企业和"三农"融资再担保户数	8	当年新增小微企业和"三农"融资再担保户数不低于目标值	当年新增小微企业和"三农"融资再担保户数达到目标值的，得6分；户数高于目标值的，在6分基础上酌情加分；户数低于目标值的，按实际完成情况，在6分基础上酌情减分。最高8分，最低0分。			
	当年新增小微企业和"三农"融资再担保金额占比	12	当年新增小微企业和"三农"融资再担保金额占比不低于目标值	当年新增小微企业和"三农"融资再担保金额占比达到目标值的，得10分；占比高于目标值的，在10分基础上酌情加分；占比低于目标值的，按实际完成情况，在10分基础上酌情减分。占比低于目标值原则上不低于80%。最高12分，最低0分。			
	当年新增单户1000万元及以下融资再担保金额占比	8	当年新增单户1000万元及以下小微企业和"三农"融资再担保金额占比不低于目标值	当年新增单户1000万元及以下小微企业和"三农"融资再担保金额占比达到目标值的，得6分；占比高于目标值的，在6分基础上酌情加分；占比低于目标值的，在6分基础上酌情减分。占比低于目标值原则上不低于50%。最高8分，最低0分。			
	当年平均融资再担保综合费率	12	当年平均融资再担保综合费率不高于目标值	当年平均融资再担保综合费率达到目标值的，得10分；费率低于目标值的，在10分基础上酌情加分；费率高于目标值的，在10分基础上酌情减分。最高12分，最低0分。			
经营能力（20分）	年末融资再担保在保余额	4	年末融资再担保在保余额不低于目标值	当年末融资再担保在保余额达到目标值的，得4分；在保余额低于目标值的，在4分基础上酌情减分。最低0分。			
	当年新增融资再担保金额	4	当年新增融资再担保金额不低于目标值	当年新增融资再担保金额达到目标值的，得4分；再担保金额低于目标值的，在4分基础上酌情减分。最低0分。			

（续表）

一级指标	二级指标	参考分值	评价标准	计分条件	绩效评价目标值	当年完成情况	单项评价得分
经营能力（20分）	融资再担保在保余额放大倍数	8	融资再担保在保余额放大倍数不低于目标值	融资再担保在保余额放大倍数达到目标值的，得6分；放大倍数高于目标值的，在6分基础上酌情加分，在6分基础上酌情减分，放大倍数根据目标值设立年限、发展现状等合理确定。最高8分，最低0分。			
	国有资本保值增值率	4	国有资本保值增值率不低于100%	国有资本保值增值率超过100%的，得4分；保值增值率低于100%的，在4分基础上酌情减分，最低0分。结合政府性融资担保发挥逆周期调节作用情况，经济下行期内，可暂不考核该项指标或适当调降该指标分值。			
风险控制（20分）	再担保代偿率	5	当年再担保代偿率控制在合理范围	当年再担保代偿率控制在上限以内的，得5分。代偿率超过上限的，酌情减分。代偿率在上限以内的均应得满分，不得数励代偿率越低。经济下行期内，应适当提高代偿率上限。最高5分，最低0分。			
	拨备覆盖率	5	拨备覆盖率不低于目标值	拨备覆盖率高于或等于目标值的，得5分。拨备覆盖率低于目标值的，在5分基础上酌情减分。最高5分，最低0分。			
	依法合规经营情况	10	是否存在向非融资担保机构进行股权投资、偏离主业擅自扩大经营范围、重大审计问题、向非融资担保机构进行股权投资或受到监管处罚或负面评价、发生重大风险事件等情况	各项业务规范运作的，得满分。存在为地方政府或其融资平台融资提供担保，向非融资担保机构进行股权投资，偏离主业擅自扩大经营范围，受到监管处罚或负面评价，发生重大事件的，视严重程度，每个事件减1~10分；情节严重或造成严重后果的，评价等次下调至"中"（不含"中"）以下。最高10分，最低0分。			
体系建设（20分）	参与政府性融资担保体系建设情况	10	与上级担保、再担保公司合作，向下参股机构或拓展业务等情况	完成各项目标的，得10分；未完成的，酌情减1~10分。最高10分，最低0分。			
	银担合作情况	10	带动辖区内融资担保机构开展银担合作，落实银担风险分担机制，及时足额承担责任等情况	完成各项目标的，得10分；未完成的，酌情减1~10分。最高10分，最低0分。			
最终得分							

附 3：

绩效评价相关指标计算公式

1. 当年新增小微企业和"三农"融资担保（再担保）金额占比＝当年新增小微企业和"三农"融资担保（再担保）合同金额／当年全部新增融资担保（再担保）合同金额。

2. 当年新增单户 1 000 万元及以下小微企业和"三农"融资担保（再担保）金额占比＝当年新增单户 1 000 万元及以下小微企业和"三农"融资担保（再担保）合同金额／当年全部新增融资担保（再担保）合同金额。

3. 当年平均融资担保综合费率＝∑（当年新增单笔融资担保合同金额 × 该笔业务年化综合费率 × 年化融资担保期限）/∑（当年新增单笔融资担保合同金额 × 年化融资担保期限）。

当年平均融资再担保综合费率＝∑（当年新增单笔融资再担保责任额 × 该笔业务年化综合费率 × 年化融资再担保合同期限）/∑（当年新增单笔融资再担保责任额 × 年化融资再担保期限）。

其中，综合费率包括担保费、手续费、评审费等。

4. 融资担保在保余额放大倍数＝融资担保在保余额／（机构净资产－对其他融资担保、再担保机构股权投资）。其中，融资担保在保余额＝年末融资担保在保余额 × 本机构实际承担的风险责任比例，不考虑《融资担保责任余额计量办法》中的业务权重。

5. 国有资本保值增值率＝扣除客观因素后的年末国有资本／年初国有资本 ×100%。其中，客观因素包括增资扩股、股权转让、资产评估、上缴分红、税收返还、接受捐赠、会计调整等。

6. 担保（再担保）代偿率＝当年担保代偿发生额／当年累计解除的担保金额 ×100%。其中，担保代偿发生额、解除担保金额均按本机构实际承担的风险责任计算。

7. 拨备覆盖率＝（未到期责任准备＋担保赔偿准备＋一般风险准备年末余额）／年末担保代偿余额 ×100%。

7. 中国特色高水平高职学校和专业建设计划绩效管理暂行办法（2020 年公布）

（教职成〔2020〕8 号印发）

第一条 为规范和加强中国特色高水平高职学校和专业建设计划（简称"双高计划"）绩效管理，明确责任，提高资金配置效益和使用效率，确保绩效目标如期实现，根据《中共中央 国务院关于全面实施预算绩效管理的意见》《现代职业教育质量提升计划资金管理办法》（财教〔2019〕258 号）、《教育部 财政部关于实施中国特色高水平高职学校和专业建设计划的意见》（教职成〔2019〕5 号）等有关规定，制定本办法。

第二条 "双高计划"绩效管理（简称绩效管理）是指"双高计划"建设学校（简称学校）、中央及省级教育部门和财政部门组织实施绩效目标管理，依据设定的绩效目标实施过程监控，开展绩效评价并加强评价结果应用的管理过程。

第三条 绩效目标是"双高计划"在实施期内预期达到的产出和效果。绩效目标着重对接国家战略，响应改革任务部署，紧盯"引领"、强化"支撑"、凸显"高"、彰显"强"、体现"特"，展示在国家形成"一批有效的职业教育高质量发展政策、制度、标准"方面的贡献度，通过"双高计划"有关系统填报与备案。绩效目标应做到科学合理、细化量化、可衡量可评价、体现项目核心成果。

第四条 绩效评价是指学校、中央及省级教育部门和财政部门，对建设成效进行客观、公正的测量、分析和评判。绩效评价按评价主体分为学校绩效自评和部门绩效评价，评价工作应当做到职责明确、相互衔接、科学公正、公开透明。

第五条 学校自评包括年度、中期及实施期结束后自评。学校对自评结果的客观性、真实性负责，学校法人代表是第一责任人。学校应当结合各自实际，设定绩效目标，对绩效目标实现情况进行全方位、全过程的自我评价。对绩效自评发现的绩效目标落实中存在的问题，应及时纠正、调整，确保绩效目标如期完成。学校应当在次年初，依据《双高学校建设数据采集表》（附件1）、《高水平专业（群）建设数据采集表》（附件2）的指标框架，结合学校"双高计划"建设方案，进一步细化本校指标，通过系统如实填报当年度进展数据。学校中期及实施期结束后，在规定时间内完成自评，通过系统向省级主管部门提交《双高学校绩效自评报告》（附件3），有选择地填写《基于"双高绩效目标实现贡献度"信息采集表》（附件4）、《基于"高水平学校和专业群社会认可度"信息采集表》（附件5）、《基于"地方政府（含举办方）重视程度"信息采集表》（附件6）。选择性采集的信息主要供教育部门和财政部门了解建设成效、调整相关政策、进行绩效评价做参考。

第六条 省（自治区、直辖市）、计划单列市和新疆生产建设兵团教育行政部门会同同级财政部门负责本地学校绩效管理工作，指导学校科学设定项目（含年度）绩效目标；加强审核，批复下达绩效目标，并报教育部和财政部备案；审核学校自评结果，对省内学校自评结果负责。

第七条 教育部、财政部结合国家职业教育改革阶段任务，确定"双高计划"总体目标，组织专家或委托第三方机构在学校自评的基础上，开展中期及实施期结束后绩效评价。

第八条 出现以下情形的，停止"双高计划"建设，退出计划。

1. 违背立德树人根本任务，学校在思想政治工作上出现重大问题的。

2. 偏离国家"双高计划"总体目标、社会贡献度显现较弱或学校建设任务没有如期完成、目标实现未达预期。

第九条 出现以下情形的，限期整改，并在绩效评价结果中予以反映。

1. 擅自调整批复的建设方案和任务书内容，降低学校建设目标，减少建设任务。

2. 项目经费使用不符合国家财务制度规定。

3. 其他违反国家法律法规和本办法规定的行为。

第十条 教育部、财政部评价结果是完善相关政策、调整中央财政奖补资金、本周期验收以及下一周期遴选的重要依据。学校在实施期出现重大问题，经整改仍无改善的，退出"双高计划"。退出"双高计划"的学校不得再次申请。

第十一条 学校要主动接受教育、财政、纪检、监察等部门的监督检查，依法接受外部审计部门的监督，发现问题应当及时制定整改措施并落实。

第十二条 本办法自印发之日起施行，由教育部、财政部负责解释和修订。

附件：1. 双高学校建设数据采集表（略）

2. 高水平专业（群）建设数据采集表（略）

3. 双高学校绩效自评报告（参考提纲）（略）

4. 基于"双高绩效目标实现贡献度"信息采集表（略）

5. 基于"高水平学校和专业群社会认可度"信息采集表（略）
6. 基于"地方政府（含举办方）重视程度"信息采集表（略）

8. 第三方机构预算绩效评价业务监督管理暂行办法（2021年公布）

（财监〔2021〕4号印发）

第一条 为引导和规范第三方机构从事预算绩效评价业务，严格第三方机构执业质量监督管理，促进提高财政资源配置效率和使用效益，根据《中华人民共和国预算法》《中华人民共和国预算法实施条例》《中共中央 国务院关于全面实施预算绩效管理的意见》《财政部关于贯彻落实〈中共中央 国务院关于全面实施预算绩效管理的意见〉的通知》（财预〔2018〕167号）、《财政部关于委托第三方机构参与预算绩效管理的指导意见》（财预〔2021〕6号）等有关规定，制定本办法。

第二条 本办法所称第三方机构是指依法设立并向各级财政部门、预算部门和单位等管理、使用财政资金的主体（以下统称委托方）提供预算绩效评价服务，独立于委托方和预算绩效评价对象的组织，主要包括专业咨询机构、会计师事务所、资产评估机构、律师事务所、科研院所、高等院校等。

本条第一款所称预算绩效评价服务是指第三方机构接受委托方委托，对预算绩效评价对象进行评价，并出具预算绩效评价报告的专业服务行为。

第三条 第三方机构接受委托依法依规从事预算绩效评价业务，任何组织和个人不得非法干预，不得侵害第三方机构及其工作人员的合法权益。

第四条 县级以上人民政府财政部门（以下简称财政部门）依法依规对第三方机构及其工作人员从事预算绩效评价业务进行管理和监督。第三方机构及其工作人员对财政部门的管理和监督工作应当予以配合。

第五条 财政部门加强对第三方机构及其工作人员从事预算绩效评价业务的培训和指导。鼓励社会力量依法依规开展预算绩效评价业务培训。

第六条 第三方机构应当遵守法律、法规等有关规定，并按照以下原则从事预算绩效评价业务：

（一）独立原则。第三方机构应当在委托方和被评价对象提供工作便利条件和相关资料情况下独立完成委托事项。

（二）客观原则。第三方机构应当按照协议（合同）约定事项客观公正、实事求是地开展预算绩效评价，不得出具不实预算绩效评价报告。

（三）规范原则。第三方机构应当履行必要评价程序，合理选取具有代表性的样本，对原始资料进行必要的核查验证，形成结论并出具预算绩效评价报告。

第七条 第三方机构出具预算绩效评价报告应当由其主评人签字确认。绩效评价主评人由第三方机构根据以下条件择优评定：

（一）遵守法律、行政法规和本办法的规定，具有良好的职业道德；

（二）具有与预算绩效评价业务相适应的学历、能力；

（三）具备中高级职称或注册会计师、评估师、律师、内审师、注册造价工程师、注册咨询工程师等相关行业管理部门认可的专业资质；

（四）具有5年以上工作经验，其中从事预算绩效评价工作3年以上；

（五）具有较强的政策理解、项目管理和沟通协调能力；

（六）未被追究过刑事责任，或者从事评估、财务、会计、审计活动中因过失犯罪而受刑事处罚，刑罚执行期满逾 5 年。

第八条 第三方机构自领取营业执照或者法人证书之日起，可以通过财政部门户网站"预算绩效评价第三方机构信用管理平台"，录入本机构下列信息：

（一）机构名称、统一社会信用代码、办公场所、通讯地址、法定代表人或首席合伙人、从事预算绩效评价业务人员、联系方式等信息；

（二）主评人的资质证书、学历证书、主评人与第三方机构的劳动合同等信息；

（三）合作的预算绩效评价专家信息；

（四）分支机构相关信息；

（五）签署或参与的主要预算绩效评价项目信息；

（六）不良诚信记录和 3 年内在预算绩效评价活动中重大违法记录信息；

（七）内部管理制度；

（八）财政部和省级财政部门要求提供的其他信息。

前款规定的信息发生变更的，第三方机构应当在信息变更之日起 30 个工作日内予以更新。

第三方机构非独立法人性质的分支机构信息，由总部机构统一录入。第三方机构独立法人性质的分支机构信息，由该分支机构录入。

第三方机构应当对其填报的信息真实性负责。

第九条 委托方可以从"预算绩效评价第三方机构信用管理平台"查询第三方机构有关信息，并在遵守政府采购和政府购买服务有关规定的前提下，按照下列条件择优选择第三方机构：

（一）具备开展预算绩效评价工作所必需的人员力量、设备和专业技术能力；

（二）治理结构健全，内部质量控制完备，具有规范健全的财务会计、资产管理、保密管理、业务培训等管理制度；

（三）具有良好信誉，3 年内在预算绩效评价活动中没有重大违法记录。

委托方可以根据所委托预算绩效评价工作的特殊需求，增加选聘第三方机构的特定条件，但不得以不合理的条件对第三方机构实行差别待遇或者歧视待遇。

第十条 对于涉及国家秘密、国家安全的预算绩效评价事项，委托方应当按照《中华人民共和国保守国家秘密法》《中华人民共和国国家安全法》等规定，合理确定第三方机构参与预算绩效评价的具体范围；涉及商业秘密的，按照商业秘密保护有关规定办理。

第十一条 第三方机构从事预算绩效评价业务，不得有以下行为：

（一）将预算绩效评价业务转包；

（二）未经委托方同意将预算绩效评价业务分包给其他单位或个人实施；

（三）允许其他机构以本机构名义或者冒用其他机构名义开展业务；

（四）出具本机构未承办业务、未履行适当评价程序、存在虚假情况或者重大遗漏的评价报告；

（五）以恶意压价等不正当竞争手段承揽业务；

（六）聘用或者指定不具备条件的相关人员开展业务；

（七）其他违反国家法律法规的行为。

第十二条 第三方机构从事预算绩效评价业务的工作人员应当严格遵守国家相关法律制度规定，遵守职业道德，合理使用并妥善保管有关资料，严格保守工作中知悉的国家秘密、商业秘密和个人隐私，并有权拒绝项目单位和个人的非法干预。

第十三条 第三方机构应当在了解被评价对象基本情况的基础上，充分考虑自身胜任能力以及能否保持独立性，决定是否接受预算绩效评价委托。确定接受委托的，第三方机构应当与委托方签订书面业务协议（合同），明确当事人的名称和住所、委托评价的项目和内容、履行期限、费用、支付方式、双方的权利义务、归档责任、违约责任、争议解决的方式等内容，并严格按协议（合同）条款执行。

第十四条 第三方机构开展预算绩效评价业务，应当成立由至少1名主评人和其他工作人员组成的工作组，并在评价过程中保持工作组成员的相对稳定。

第十五条 第三方机构应当加强与委托方及被评价对象的沟通，在调研、全面了解被评价对象相关情况和委托方意图的基础上，按照有关规定拟订科学可行的预算绩效评价实施方案。

预算绩效评价实施方案应当包括人员配置、时间安排、评价目的、评价内容、评价依据、评价方法、指标体系、评价标准、样本确定、调查问卷、资料清单以及工作纪律等要素。

第十六条 第三方机构可以组织评议专家组对预算绩效评价实施方案进行评议。第三方机构未组织对预算绩效评价实施方案进行评议的，应当将预算绩效评价实施方案报送委托方审核确定。

评议专家组一般应由委托方代表、第三方机构代表、预算绩效评价专家、被评价领域行业专家等共同组成。

第十七条 第三方机构及其工作人员应当根据预算绩效评价实施方案开展现场调查和资料收集整理工作，通过座谈、现场调研、问卷发放等方式，获取评价工作所需要的有关数据和资料。

在特殊情况下，经委托方同意，第三方机构开展评价工作可以采取非现场评价方式进行。

委托方和被评价对象对其提供材料的真实性、准确性负责。

第十八条 第三方机构在完成相关评价工作后，按照以下程序向委托方提交预算绩效评价报告：

（一）按照规定要求和文本格式，撰写预算绩效评价报告初稿，力求做到逻辑清晰、内容完整、依据充分、数据详实、分析透彻、结论准确、建议可行。

（二）评价报告初稿撰写完成后，第三方机构应当书面征求被评价对象和委托方的意见。委托方或被评价对象可以组织评议专家组对评价报告进行评议，向第三方机构反馈书面意见。第三方机构应当对反馈的意见逐一核实，逐条说明采纳或不予采纳的理由，并根据反馈的有效意见对评价报告初稿进行修改。

（三）指定内部有关职能部门或者专门人员，对修改后的评价报告进行内部审核。

（四）经内部审核通过的评价报告，由该项目主评人签名，加盖第三方机构公章后，形成正式评价报告，提交委托方。

第三方机构及其签名的主评人应当对所出具预算绩效评价报告的真实性和准确性负责。

第十九条 第三方机构在出具预算绩效评价报告后，应当根据财政部有关规定，通过"预算绩效评价第三方机构信用管理平台"上传预算绩效评价报告有关信息。

第二十条 第三方机构和委托方应根据协议（合同）确定的归档责任，按照《中华人民共和国档案法》《中华人民共和国保守国家秘密法》等法律法规的要求，及时对评价业务资料进行建档、存放、保管管理，确保档案资料的原始、完整和安全。

归档资料主要包括立项性材料（委托评价业务协议或合同等）、证明性材料（预算绩效评价实施方案、基础数据报表、数据核查确认报告、预算绩效评价工作底稿及附件、调查问卷等）、结论性材料（评价报告、被评价项目单位和委托方的反馈意见、评价工作组的说明等）。

第二十一条 第三方机构及其工作人员对评价工作及评价报告涉及的信息资料负有保护信息安全的义务。未经委托方及其同级财政部门同意，第三方机构及其工作人员不得以任何形式对外提供、泄露、公开评价报告和相关文档资料。

第二十二条 委托方和被评价对象认为从事预算绩效评价的第三方机构及其工作人员存在违法违规行为的，可以向财政部门及其行业行政管理部门投诉、举报。

第二十三条 财政部门应当依法依规加强对第三方机构预算绩效评价执业质量的监督检查，监督检查包括以下内容：

（一）第三方机构及其工作人员的执业情况；

（二）第三方机构录入信息的情况；

（三）第三方机构的评价报告信息上传及档案管理情况；

（四）第三方机构预算绩效评价主评人的评定管理情况；

（五）第三方机构的内部管理和执业质量控制制度建立与执行情况；

（六）第三方机构对分支机构实施管理的情况；

（七）法律、行政法规规定的与第三方机构预算绩效评价工作相关的其他情况。

第二十四条 财政部门应当建立健全对第三方机构预算绩效评价工作定向检查和不定向抽查相结合的监督检查机制。对存在违法违规线索的预算绩效评价工作开展定向检查；对日常监管事项，通过随机抽取检查对象、随机选派执法检查人员等方式开展不定向检查。

财政部各地监管局根据财政部规定对第三方机构预算绩效评价执业质量开展监督检查。

第二十五条 财政部应当加强对省级及省级以下财政部门监督管理第三方机构及其工作人员预算绩效评价业务的监督和指导。省级财政部门应当加强对省级以下财政部门监督管理第三方机构及其工作人员预算绩效评价业务的监督和指导。

省级财政部门应当按照财政部要求建立违法违规信息报告制度，将第三方机构及其工作人员预算绩效评价工作中发生的重大违法违规案件及时上报财政部。

第二十六条 第三方机构及其工作人员在预算绩效评价工作中有下列情形之一的，视情节轻重，给予责令改正、约谈诫勉、通报给行业监管部门或主管部门、记录不良诚信档案等处理。

（一）违反本办法第十一条有关规定的；

（二）在参加政府采购活动中有舞弊行为的；

（三）录入及变更信息存在虚假的；

（四）由于故意或重大过失而提供虚假数据和结论的；

（五）擅自泄露预算绩效评价信息、结论等有关情况的；

（六）违反法律、法规和本办法规定的其他行为。

第三方机构参与预算绩效评价选聘、履行预算绩效评价协议（合同）过程中，存在《中华人民共和国政府采购法》第七十七条、《中华人民共和国政府采购法实施条例》第七十二条规定情形的，依法予以处理处罚。

第二十七条 第三方机构及其工作人员在开展预算绩效评价工作中造成损失的，依法承担民事赔偿责任；涉嫌犯罪的，依法追究刑事责任。

第二十八条 第三方机构及其工作人员对财政部门行政处理处罚决定不服的，可以依法申请行政复议或者提起行政诉讼。

第二十九条 财政部门工作人员在第三方机构预算绩效评价业务监督管理中存在滥用职权、玩忽职守、徇私舞弊等违法违纪行为的，依照国家有关规定追究相关责任；涉嫌犯罪的，依法追究刑事责任。

第三十条 外商投资者在中华人民共和国境内开展预算绩效评价业务，应当依法履行中华人民共和国国家安全审查程序。

第三十一条 省级财政部门可结合地方实际情况制定本地区具体实施细则，并报财政部备案。

第三十二条　本办法自 2021 年 8 月 1 日起施行。

9. 中央部门项目支出核心绩效目标和指标设置及取值指引（试行）（2021 年公布）

（财预〔2021〕101 号印发）

为提升中央部门项目支出绩效目标编制质量，推动加强和改进绩效自评工作，根据《中央部门预算绩效目标管理办法》《项目支出绩效评价管理办法》等规定，制定本指引。

一、绩效目标及指标设置思路和原则

本指引所指项目支出绩效目标，是指中央部门依据部门职责和事业发展要求设立并通过预算安排的项目支出，在一定期限内预期达到的产出和效果以及相应的成本控制要求。绩效目标通过具体绩效指标予以细化、量化描述。设置绩效目标遵循确定项目总目标并逐步分解的方式，确保不同层级的绩效目标和指标相互衔接、协调配套。

（一）绩效指标设置思路。

1. 确定项目绩效目标。在项目立项阶段，应明确项目总体政策目标。在此基础上，根据有关中长期工作规划、项目实施方案等，特别是与项目立项直接相关的依据文件，分析重点工作任务、需要解决的主要问题和相关财政支出的政策意图，研究明确项目的总体绩效目标，即总任务、总产出、总效益等。

2. 分解细化指标。分析、归纳总体绩效目标，明确完成的工作任务，将其分解成多个子目标，细化任务清单。根据任务内容，分析投入资源、开展活动、质量标准、成本要求、产出内容、产生效果，设置绩效指标。

3. 设置指标值。绩效指标选定后，应参考相关历史数据、行业标准、计划标准等，科学设定指标值。指标值的设定要在考虑可实现性的基础上，尽量从严、从高设定，以充分发挥绩效目标对预算编制执行的引导约束和控制作用。避免选用难以确定具体指标值、标准不明确或缺乏约束力的指标。

4. 加强指标衔接。强化一级项目绩效目标的统领性，二级项目是一级项目支出的细化和具体化，反映一级项目部分任务和效果。加强一、二级项目之间绩效指标的有机衔接，确保任务相互匹配、指标逻辑对应、数据相互支撑。经部门审核确定后的一级项目绩效目标及指标，随部门预算报财政部审核批复。二级项目绩效目标及指标，由部门负责审核。

（二）绩效指标设置原则。

1. 高度关联。绩效指标应指向明确，与支出方向、政策依据相关联，与部门职责及其事业发展规划相关，与总体绩效目标的内容直接关联。不应设置如常规性的项目管理要求等与产出、效益和成本明显无关联的指标。

2. 重点突出。绩效指标应涵盖政策目标、支出方向主体内容，应选取能体现项目主要产出和核心效果的指标，突出重点。

3. 量化易评。绩效指标应细化、量化，具有明确的评价标准，绩效指标值一般对应已有统计数据，或在成本可控的前提下，通过统计、调查、评判等便于获取。确难以量化的，可采用定性表述，但应具有可衡量性，可使用分析评级（好、一般、差）的评价方式评判。

二、绩效指标的类型和设置要求

绩效指标包括成本指标、产出指标、效益指标和满意度指标四类一级指标。原则上每一项目均应设置产出指标和效益指标。工程基建类项目和大型修缮及购置项目等应设置成本

指标,并逐步推广到其他具备条件的项目。满意度指标根据实际需要选用。

(一)成本指标。

为加强成本管理和成本控制,应当设置成本指标,以反映预期提供的公共产品或服务所产生的成本。项目支出首要要强化成本的概念,加强成本效益分析。对单位成本无法拆分核算的任务,可设定分项成本控制数。对于具有负外部性的支出项目,还应选取负作用成本指标,体现相关活动对生态环境、社会公众福利等方面可能产生的负面影响,以综合衡量项目支出的整体效益。

成本指标包括经济成本指标、社会成本指标和生态环境成本指标等二级指标,分别反映项目实施产生的各方面成本的预期控制范围。

1. 经济成本指标。反映实施相关项目所产生的直接经济成本。
2. 社会成本指标。反映实施相关项目对社会发展、公共福利等方面可能造成的负面影响。
3. 生态环境成本指标。反映实施相关项目对自然生态环境可能造成的负面影响。

(二)产出指标。

产出指标是对预期产出的描述,包括数量指标、质量指标、时效指标等二级指标。

1. 数量指标。反映预期提供的公共产品或服务数量,应根据项目活动设定相应的指标内容。数量指标应突出重点,力求以较少的指标涵盖体现主要工作内容。
2. 质量指标。反映预期提供的公共产品或服务达到的标准和水平,原则上工程基建类、信息化建设类等有明确质量标准的项目应设置质量指标,如"设备故障率""项目竣工验收合格率"等。
3. 时效指标。反映预期提供的公共产品或服务的及时程度和效率情况。设置时效指标,需确定整体完成时间。对于有时限完成要求、关键性时间节点明确的项目,还需要分解设置约束性时效指标;对于内容相对较多并且复杂的项目,可根据工作开展周期或频次设定相应指标,如"工程按时完工率""助学金发放周期"等。

产出指标的设置应当与主要支出方向相对应,原则上不应存在重大缺项、漏项。数量指标和质量指标原则上均需设置,时效指标根据项目实际设置,不作强制要求。

(三)效益指标。

效益指标是对预期效果的描述,包括经济效益指标、社会效益指标、生态效益指标等二级指标。

1. 经济效益指标。反映相关产出对经济效益带来的影响和效果,包括相关产出在当年及以后若干年持续形成的经济效益,以及自身创造的直接经济效益和引领行业带来的间接经济效益。
2. 社会效益指标。反映相关产出对社会发展带来的影响和效果,用于体现项目实施当年及以后若干年在提升治理水平、落实国家政策、推动行业发展、服务民生大众、维持社会稳定、维护社会公平正义、提高履职或服务效率等方面的效益。
3. 生态效益指标。反映相关产出对自然生态环境带来的影响和效果,即对生产、生活条件和环境条件产生的有益影响和有利效果。包括相关产出在当年及以后若干年持续形成的生态效益。

对于一些特定项目,应结合管理需要确定必设指标的限定要求。如工程基建类项目和大型修缮及购置项目,考虑使用期限,必须在相关指标中明确当年及以后一段时期内预期效益发挥情况。

对于具备条件的社会效益指标和生态效益指标,应尽可能通过科学合理的方式,在予以货币化等量化反映的基础上,转列为经济效益指标,以便于进行成本效益分析比较。

(四)满意度指标。

满意度指标是对预期产出和效果的满意情况的描述,反映服务对象或项目受益人及其他相关群体的认可程度。对申报满意度指标的项目，在项目执行过程中应开展满意度调查或者其他收集满意度反馈的工作。如"展览观众满意度""补贴对象满意度"等。

满意度指标一般适用于直接面向社会主体及公众提供公共服务，以及其他事关群众切身利益的项目支出，其他项目根据实际情况可不设满意度指标。

三、绩效指标的具体编制

（一）绩效指标名称及解释。

1. 指标名称。指末级指标的名称，是对指标含义的简要描述，要求简洁明确、通俗易懂。如"房屋修缮面积""设备更新改造数量""验收合格率"等。

2. 指标解释。是对末级指标名称的概念性定义，反映该指标衡量的具体内容、计算方法和数据口径等。

（二）绩效指标来源。

1. 政策文件。部门和单位可以从党中央、国务院或本部门在某一个领域明确制定的目标、规划、计划、工作要求中提炼绩效指标。此类指标主要是有明确的统计口径和获取规范的统计指标，有较高数据质量和权威性。如国民经济和社会发展五年规划提出的经济社会发展主要指标、城镇调查失业率、每千人口拥有执业（助理）医师数、森林覆盖率等。

2. 部门日常工作。

（1）统计指标。此类指标在部门日常工作中约定俗成、经常使用，并且有统计数据支撑，可以作为绩效指标。

（2）部门管理（考核）指标。中央部门对下属单位、地方各类考核中明确的考核指标，可以作为绩效指标。如国家教育主管部门组织的对高校、学科、教师的考核评比等。

（3）部门工作计划和项目实施方案。中央部门对实施项目的考虑和工作安排，经规范程序履行审批手续后，可以作为绩效指标。如开展调研次数、培训人次等。

3. 社会机构评比、新闻媒体报道等。具有社会公信力的非政府组织、公益机构、新闻媒体等对公共服务质量和舆论情况等长期或不定期跟踪调查，形成的具有一定权威性和公认度的指标。

4. 其他参考指标。甄别使用开展重点绩效评价采用的指标、已纳入绩效指标库管理和应用的指标。

如按照上述来源难以获取适宜指标，部门应当根据工作需要科学合理创设指标。如可以立足我国管理实际，借鉴国外政府绩效管理、学术研究、管理实践等经验，合理创设相关指标。

（三）绩效指标值设定依据。

绩效指标值通常用绝对值和相对值表示，主要依据或参考计划标准、行业标准、历史标准或财政部和业务主管部门认可的其他标准进行设定。

1. 计划标准。根据计划依据可再细分为国家级、中央部门级计划或要求。如党中央和国务院文件、政府工作报告、各类规划、部门正式文件、有关会议纪要提及的计划或考核要求等。

2. 行业标准。包括行业国际标准、行业国家标准、行业省级标准等。如涉及工艺、技术等指标时可采用。

3. 历史标准。可参考近三年绩效指标平均值、上年值、历史极值等。

4. 预算支出标准。主要用于成本指标的取值，不得超出规定的预算支出标准设置目标值。

5. 其他标准。其他参考数值、类似项目的情况等。

（四）绩效指标完成值取值方式。

根据绩效指标具体数值（情况）的特点、来源等明确取值方式。部门应在设置绩效指标时一并明确有关取值要求和方法。常用的方式有：

1. 直接证明法。指可以根据外部权威部门出具的数据、鉴证、报告证明的方法,通常适用于常见的官方统计数据等。

2. 情况统计法。指按规定口径对有关数据和情况进行清点、核实、计算、对比、汇总等整理的方法。多数产出指标适用于本方法。

3. 情况说明法。对于定性指标等难以通过量化指标衡量的情况,由部门根据设置绩效目标时明确的绩效指标来源和指标值设定依据,对指标完成的程度、进度、质量等情况进行说明并证明,并依据说明对完成等次进行判断。

4. 问卷调查法。指运用统一设计的问卷向被选取的调查对象了解情况或征询意见的调查方法。一般适用于满意度调查等。部门可以根据必要性、成本和实施可行性,明确由实施单位在项目实施过程中开展。

5. 趋势判断法。指运用大数据思维,结合项目实施期总体目标,对指标历史数据进行整理、修正、分析,预判项目在全生命周期不同阶段的数据趋势。

(五)绩效指标完成值数据来源。

1. 统计部门统计数据。如 GDP、工业增加值、常住人口等。

2. 权威机构调查(统计)。如基本科学指标数据库(ESI)高校学科排名、科学引文索引(SCI)收录论文数等。

3. 部门统计年鉴。如在校学生数、基本医疗保险参保率等。

4. 部门业务统计。如培训人数、网站访问量、完成课题数、满意度等。

5. 部门业务记录。如能够反映重大文化活动、演出展览现场的音像、视频资料等。

6. 部门业务评判。如项目成效、工作效果等定性指标。

7. 问卷调查报告。如满意度等。

8. 媒体舆论。如满意度等。

9. 其他数据来源。

(六)指标分值权重。

绩效指标分值权重根据项目实际情况确定。原则上一级指标权重统一按以下方式设置:对于设置成本指标的项目,成本指标 20%、产出指标 40%、效益指标 20%、满意度指标 10%(其余 10% 的分值权重为预算执行率指标,编制预算时暂不设置,部门或单位开展自评时使用,下同);对于未设置成本指标的项目,产出指标 50%、效益指标 30%、满意度指标 10%;对于不需设置满意度指标的项目,其效益指标分值权重相应可调增 10%。各指标分值权重依据指标的重要程度合理设置,在预算批复中予以明确,设立后原则上不得调整。

(七)绩效指标赋分规则。

1. 直接赋分。主要适用于进行"是"或"否"判断的单一评判指标。符合要求的得满分,不符合要求的不得分或者扣相应的分数。

2. 按照完成比例赋分,同时设置及格门槛。主要适用于量化的统计类等定量指标。具体可根据指标目标值的精细程度、数据变化区间进行设定。

预算执行率按区间赋分,并设置及格门槛。如:项目完成,且执行数控制在年度预算规模之内的,得 10 分;项目尚未完成,预算执行率小于 100% 且大于等于 80% 的得 7 分,预算执行率小于 80% 且大于等于 60% 的得 5 分,预算执行率小于 60% 的不得分。

其他定量指标按比例赋分,并设置及格门槛。如:完成率小于 60% 为不及格,不得分;大于等于 60% 的,按超过的比重赋分,计算公式为:得分=(实际完成率－60%)/(1－60%)× 指标分值。

3. 按评判等级赋分。主要适用于情况说明类的定性指标。分为基本达成目标、部分实现目标、实现目标程度较低三个档次,并分别按照该指标对应分值区间 100%～80%(含)、

80%～60%（含）、60%～0% 合理确定分值。

4. 满意度赋分。适用于对服务对象、受益群体的满意程度询问调查，一般按照区间进行赋分。如：满意度大于等于90%的得10分，满意度小于90%且大于等于80%的得8分，满意度小于80%且大于等于60%的得5分，满意度小于60%不得分。

（八）绩效指标佐证资料要求。

按照数据来源提供对应的佐证材料。主要包括以下类型：

1. 正式资料。统计年鉴、文件、证书、专业机构意见（标准文书）等。
2. 工作资料。部门总结、统计报表、部门内部签报、专家论证意见、满意度调查报告、相关业务资料等。对于过程性资料，部门和单位应当在项目实施过程中及时保存整理。
3. 原始凭证。预决算报表、财务账、资产账、合同、签到表、验收凭证、网站截屏等。
4. 说明材料。针对确无直接佐证材料或者综合性的内容，由相关单位、人员出具正式的说明。

中央部门应当按照上述指引设置和使用项目支出核心绩效目标和指标，并可在指引原则范围内，根据部门实际组织部门本级和所属单位进一步细化指引内容，制定操作细则，规范有序提升绩效目标编制和评价工作质量。

10. 社会保险基金预算绩效管理办法（2022年公布）

（财社〔2022〕65号印发）

第一章 总 则

第一条 为全面实施社会保险基金预算绩效管理，建立科学、合理、规范的预算绩效管理体系，提高社会保险基金管理水平，根据《中华人民共和国预算法》《中华人民共和国社会保险法》《中华人民共和国预算法实施条例》《中共中央 国务院关于全面实施预算绩效管理的意见》等有关规定，制定本办法。

第二条 本办法所称社会保险基金预算绩效管理，是指在社会保险基金预算管理全过程中融入绩效理念和要求，通过合理确定绩效目标、全面实施绩效运行监控、科学开展绩效评价和切实强化结果应用，进一步改善政策实施效果、提升基金使用效益、促进基金精算平衡、防范基金运行风险的预算管理活动。

第三条 社会保险基金预算绩效管理的对象是各项社会保险基金。包括：企业职工基本养老保险基金、城乡居民基本养老保险基金、机关事业单位基本养老保险基金、职工基本医疗保险（含生育保险）基金、城乡居民基本医疗保险基金、工伤保险基金、失业保险基金，以及根据国家法律法规建立并纳入预算管理的其他社会保险基金。

第四条 社会保险基金预算绩效管理的基本原则：

（一）统一领导，分级负责。中央统一领导社会保险基金预算绩效管理，各省（自治区、直辖市，以下统称省）具体负责本省社会保险基金预算绩效管理工作。加强总体设计，按照促进社会保险制度更加公平更可持续的要求，建立目标明确、管理规范、职责清晰的社会保险基金预算绩效管理制度、绩效指标体系和绩效管理系统。

（二）全程管理，全面覆盖。落实全面实施预算绩效管理要求，建立预算编制有目标、预算执行有监控、预算完成有评价、评价结果有应用的社会保险基金预算绩效管理链条，对社会保险基金预算编制、执行、调整、决算、监督实施全程绩效管理，将各项社会保险基金收入、支出、结余全部纳入预算绩效管理范围，实现预算和绩效管理一体化。

（三）突出共性，兼顾个性。绩效管理制度和指标体系适应社会保险基金管理特点。突出各项社会保险基金运行和管理的共性特征，强化预算绩效管理的统一性；兼顾不同社会保险基金项目的差异，体现预算绩效管理的针对性。

（四）激励相容，约束有力。健全绩效管理的激励约束机制，在资金安排或政策调整时注重对绩效评价结果的运用，加强对社会保险基金预算绩效管理工作的考核。

第五条 社会保险基金预算绩效管理由财政部门牵头，社会保险行政部门、社会保险经办机构和税务部门密切配合。财政部门主要负责牵头制定绩效管理办法、绩效评价方案和指标体系，审核并下达绩效目标，组织和指导绩效监控、绩效评价，审定绩效评价报告，反馈和应用绩效评价结果，推进绩效信息公开等工作。社会保险行政部门主要负责绩效目标初审、指导经办机构开展绩效监控和绩效评价、形成并向财政部门报送绩效评价报告、提出绩效评价结果应用建议等工作。社会保险经办机构和税务部门具体负责绩效目标制定、运行监控、绩效自评、结果应用等工作。相关部门要各司其职，形成合力。

第六条 中央层面负责制定全国社会保险基金预算绩效管理制度，推进社会保险基金绩效指标体系和绩效管理信息化建设，审核下达分省区域绩效目标，指导地方开展绩效管理相关工作，适时对各省开展绩效评价。

省级层面负责制定本省区域绩效目标并报中央层面审核后实施或分解下达至统筹地区，负责组织、协调、指导和考核等工作，并开展省级绩效评价。统筹地区具体负责本区域社会保险基金预算绩效目标管理、绩效运行监控、绩效评价和结果应用等工作。企业职工基本养老保险实行全国统筹后，各省绩效管理工作由省级层面承担。

第二章 绩 效 目 标

第七条 制定社会保险基金预算绩效目标要全面贯彻落实党中央、国务院关于社会保险工作的重大决策部署，紧密结合国民经济和社会发展规划及社会保险事业发展相关专项规划等。整体绩效目标由中央层面统一制定。分省区域绩效目标由省级层面制定。分省区域绩效目标制定和调整应按程序报中央层面审核。将绩效目标设置作为社会保险基金预算安排的前置条件。

第八条 社会保险基金预算绩效目标按时间段分为总体目标和年度目标。总体目标主要结合党中央、国务院关于社会保险工作的总体部署，反映未来一定时期内社会保险政策预期实施效果。年度目标是实现总体目标的年度计划任务。

第九条 社会保险基金预算绩效指标是绩效目标的分解和细化，是衡量绩效目标实现程度的具体工具，采取定量与定性相结合的方式设定，涵盖决策、过程、产出、效益等方面。

（一）决策指标主要包括社会保险基金管理相关政策制定和调整完善等方面。

（二）过程指标主要包括社会保险基金管理相关政策执行、基金预算管理、风险防控等方面。

（三）产出指标主要包括基金收入和支出的数量、质量、时效、成本等方面。

（四）效益指标主要包括经济效益、社会效益、可持续发展、满意度等方面。

绩效指标选取应遵循可取、可比、可测、可用原则。

第十条 中央层面在部署社会保险基金预算时，同步下达指导性的社会保险基金预算分省区域绩效目标和指标。社会保险基金预算区域绩效目标的批复按照现行社会保险基金预算批复程序执行。

第三章 绩效运行监控

第十一条 绩效运行监控是在社会保险基金预算执行过程中，对社会保险基金绩效目标实现程度和预算执行进度进行跟踪、分析和监测的日常管理活动。

第十二条 绩效运行监控内容包括：绩效目标完成、预算执行进度、风险防控、财务管理与核算等情况。重点关注社会保险费收入完成、一般公共预算安排的财政补助收入到位、社会保险待遇支付、社会保险基金收支结余等情况。

第十三条 绩效运行监控由统筹地区组织开展，主要采用目标比较法，运用定量分析和定性分析相结合的方式，定期将绩效实现情况与预期绩效目标进行比较分析。绩效监控包括及时性、合规性和有效性监控等。

第十四条 统筹地区要及时纠正绩效监控中发现的问题，改进工作中的薄弱环节，确保绩效目标如期保质保量实现。

第四章 绩效评价、结果反馈及应用

第十五条 绩效评价是在社会保险基金年度预算执行完毕后，按照相关要求，运用科学、合理的绩效评价指标、评价标准和方法，依据设定的绩效目标，对目标实现程度、政策产出效果等进行客观公正的测量、分析和评判，形成评价结果的活动。

第十六条 绩效评价内容主要包括：社会保险基金预算管理工作开展、社会保险基金管理相关政策落实、社会保险基金可持续运行等情况。

第十七条 绩效评价包括统筹地区自评和上级部门绩效评价。统筹地区自评由同级财政部门牵头组织，要注重提高绩效自评质量。省级财政部门牵头组织对省以下统筹地区开展省级绩效评价。条件成熟时，财政部牵头组织开展全国绩效评价。

根据工作需要，绩效评价工作可委托中介机构、专家等第三方具体实施。

统筹地区自评和省级绩效评价采用定量与定性评价相结合的方式，具体评价方法以比较法为主。

第十八条 各统筹地区按要求分险种开展绩效自评工作，并于每年5月底前向省级层面报送上一年度绩效自评报告。各省按要求开展全省绩效评价工作，并于每年7月底前向中央层面报送上一年度本省绩效评价报告。

绩效自评报告和省级绩效评价报告要做到内容完整、数据真实、结果客观，及时发现存在的问题，未完成绩效目标或偏离绩效目标较大时要分析并说明原因，研究提出改进措施。

第十九条 省级层面要结合各统筹地区自评结果开展省级绩效评价，对各统筹地区实际绩效情况进行分析评价，提出有针对性的建议措施，并及时将评价结果反馈相关统筹地区。

第二十条 要强化绩效评价结果应用，将绩效评价结果作为完善社会保险基金管理相关政策、改进管理的重要依据，逐步在资金安排中应用绩效评价结果。对绩效评价中发现的问题要及时整改。

第五章 组织实施

第二十一条 加大社会保险基金绩效信息公开力度，逐步推动社会保险基金预算重要绩效目标、绩效评价结果等绩效信息向同级人大报送并向社会公开，接受人大和社会各界监督。

第二十二条 中央层面按照部门职责开展对各省社会保险基金预算绩效管理工作的考核，建立考核结果通报制度，对预算绩效管理工作成效明显的给予表扬，对工作推进不力的进行约谈并责令限期整改。

第六章 附 则

第二十三条 中央国家机关养老保险管理中心管理的社会保险基金预算绩效管理参照

本办法相关规定执行。

第二十四条 各省可根据本办法并结合本省实际情况，制定具体实施办法。

第二十五条 本办法自 2023 年 1 月 1 日起实施。

本办法中社会保险行政部门是指人力资源社会保障行政部门和医疗保障行政部门，社会保险经办机构是指人力资源社会保障经办机构和医疗保障经办机构。

11. 中央财政海绵城市建设示范补助资金绩效评价办法（2022 年公布）

（财办建〔2021〕53 号印发）

第一章 总 则

第一条 为做好系统化全域推进海绵城市建设工作，提高中央财政补助资金使用效益，根据《中华人民共和国预算法》《中共中央 国务院关于全面实施预算绩效管理的意见》及《城市管网及污水处理补助资金管理办法》（财建〔2021〕144 号）等相关规定，制定本办法。

第二条 本办法所称中央财政海绵城市建设示范补助资金（以下简称补助资金），是指中央财政通过城市管网及污水处理补助资金安排的，支持地方开展系统化全域推进海绵城市建设示范的资金。

第三条 本办法所称绩效评价，是指各级财政部门、住房和城乡建设部门、水利部门根据设定的绩效目标和标准，运用科学、合理的评价方法，对海绵城市建设的成效以及财政资金的经济性、效率性、效益性和公平性进行客观公正的评价，形成评价结果的过程。

第四条 年度绩效评价以预算年度为周期，由住房城乡建设部、水利部、财政部组织开展。在年度绩效评价的基础上，财政部根据工作需要，适时组织对补助资金政策总体绩效情况开展重点评价。

第二章 评价依据和内容

第五条 绩效评价的依据包括：

（一）《中华人民共和国预算法》相关规定；

（二）预算绩效管理相关规定；

（三）海绵城市、地下空间、防洪排涝等方面技术标准、制度规定等；

（四）财政部、住房城乡建设部、水利部审核并下达的示范期总体绩效目标和分年度绩效目标；

（五）《城市管网及污水处理补助资金管理办法》（财建〔2021〕144 号）等相关规定；

（六）中央有关部门出具的相关审计报告、财政监督检查报告及处理决定等；

（七）其他相关材料。

第六条 年度绩效评价的主要内容是绩效目标的实现程度及效果，为实现绩效目标制定的制度和采取的措施，资金投入和使用情况等。具体内容包括：

（一）产出数量和质量。包括相关政策和长效机制的制定情况，示范城市绩效目标完成情况，示范城市承诺的相关指标完成情况。

（二）资金管理。包括资金分配是否科学合理，资金拨付是否及时，是否符合项目序时进度，项目预算资金是否按照计划执行，资金使用是否规范，以及资金管理措施是否健全有效等；示范城市资金投入情况，以及带动社会资本投入情况等。

（三）项目效益。包括海绵城市理念在规划建设管理全过程中的落实情况，是否全域系统化推广，城市水安全等预期经济社会效益目标实现情况，人民群众满意度等。

第三章 组织实施

第七条 财政部指导、督促地方开展财政资金绩效运行监控，对示范城市资金管理进行绩效评价。

第八条 住房城乡建设部、水利部、财政部根据系统化全域推进海绵城市建设示范工作要求制定绩效评价指标体系；审核示范城市制定的示范期总体绩效目标和分年度绩效目标，指导督促示范城市依据绩效目标做好自评；对示范城市产出数量和质量、项目效益等海绵城市建设成效进行评价。

第九条 住房城乡建设部、水利部、财政部组织开展年度绩效评价。根据需要，绩效评价工作可委托专家、中介机构等第三方实施。绩效评价方法的选用应坚持简便有效的原则，根据专项资金所支持各项工作具体情况操作。绩效评价的工作程序如下：

（一）各示范城市于每年 2 月底前向所在省份省级财政部门、住房和城乡建设部门、水利部门报送上年度绩效评价报告等绩效自评材料。示范城市绩效自评材料应客观、公正，同时应附带能够佐证绩效自评结果的相关材料。

（二）省级财政部门、住房和城乡建设部门、水利部门对示范城市绩效自评材料进行审核，并于每年 3 月 15 日前将各示范城市绩效自评报告报送财政部、住房城乡建设部、水利部，同时抄送财政部当地监管局。

（三）住房城乡建设部、水利部、财政部组织专家或第三方机构对各示范城市绩效自评报告进行审核，并结合工作需要选取部分城市开展实地检查，根据相关数据资料和现场检查情况，整理形成全国绩效评价报告。

第十条 地方各级财政部门、住房和城乡建设部门、水利部门根据职责分工按要求具体负责绩效自评工作，并对本级提供的绩效自评报告和数据的真实性、合法性、完整性负责。

各示范城市应按要求将年度绩效目标申报表报省级财政部门、住房和城乡建设部门、水利部门审核。省级有关部门审核后，报财政部、住房城乡建设部、水利部。住房城乡建设部、水利部、财政部对地方申报的绩效目标进行审核后，财政部将补助资金下达到示范城市。

第四章 评价结果及应用

第十一条 绩效评价结果实行分级制，根据指标因素进行评价，评价结果按照排序划分为 A、B、C、D 四个等级。

第十二条 财政部、住房城乡建设部、水利部于每年 4 月底前向各地区反馈绩效评价结果，并向社会公布。

第十三条 年度绩效评价结果将作为拨付补助资金、确定各省份示范城市推荐名额的重要依据。

对年度绩效评价结果等级为 A、示范期总体绩效目标完成情况较好的，予以通报表扬，在拨付资金时适当加快进度。

对年度绩效评价结果等级为 C 和 D、示范期总体绩效目标完成滞后的，适当缓拨、扣拨补助资金，并作为示范城市所在省份下一年度参与示范评审的重要依据。

第十四条 总体绩效评价结果作为完善政策、安排预算和改进管理的重要依据。

第五章 附则

第十五条 省级财政部门、住房和城乡建设部门、水利部门制定的本地区绩效评价实施细则，应报财政部、住房城乡建设部、水利部和财政部当地监管局备案。

第十六条 本办法由财政部、住房城乡建设部、水利部负责解释。

第十七条 本办法自印发之日起施行。

第九章 基本建设财务法规

1. 基本建设财务规则（2016年公布）

（中华人民共和国财政部令第81号公布）

第一章 总 则

第一条 为了规范基本建设财务行为，加强基本建设财务管理，提高财政资金使用效益，保障财政资金安全，制定本规则。

第二条 本规则适用于行政事业单位的基本建设财务行为，以及国有和国有控股企业使用财政资金的基本建设财务行为。

基本建设是指以新增工程效益或者扩大生产能力为主要目的的新建、续建、改扩建、迁建、大型维修改造工程及相关工作。

第三条 基本建设财务管理应当严格执行国家有关法律、行政法规和财务规章制度，坚持勤俭节约、量力而行、讲求实效，正确处理资金使用效益与资金供给的关系。

第四条 基本建设财务管理的主要任务是：

（一）依法筹集和使用基本建设项目（以下简称项目）建设资金，防范财务风险；

（二）合理编制项目资金预算，加强预算审核，严格预算执行；

（三）加强项目核算管理，规范和控制建设成本；

（四）及时准确编制项目竣工财务决算，全面反映基本建设财务状况；

（五）加强对基本建设活动的财务控制和监督，实施绩效评价。

第五条 财政部负责制定并指导实施基本建设财务管理制度。

各级财政部门负责对基本建设财务活动实施全过程管理和监督。

第六条 各级项目主管部门（含一级预算单位，下同）应当会同财政部门，加强本部门或者本行业基本建设财务管理和监督，指导和督促项目建设单位做好基本建设财务管理的基础工作。

第七条 项目建设单位应当做好以下基本建设财务管理的基础工作：

（一）建立、健全本单位基本建设财务管理制度和内部控制制度；

（二）按项目单独核算，按照规定将核算情况纳入单位账簿和财务报表；

（三）按照规定编制项目资金预算，根据批准的项目概（预）算做好核算管理，及时掌握建设进度，定期进行财产物资清查，做好核算资料档案管理；

（四）按照规定向财政部门、项目主管部门报送基本建设财务报表和资料；

（五）及时办理工程价款结算，编报项目竣工财务决算，办理资产交付使用手续；

（六）财政部门和项目主管部门要求的其他工作。

按照规定实行代理记账和项目代建制的，代理记账单位和代建单位应当配合项目建设单位做好项目财务管理的基础工作。

第二章 建设资金筹集与使用管理

第八条 建设资金是指为满足项目建设需要筹集和使用的资金，按照来源分为财政资金和自筹资金。其中，财政资金包括一般公共预算安排的基本建设投资资金和其他专项建设资金，政府性基金预算安排的建设资金，政府依法举债取得的建设资金，以及国有资本经营预算安排的基本建设项目资金。

第九条 财政资金管理应当遵循专款专用原则，严格按照批准的项目预算执行，不得挤占挪用。

财政部门应当会同项目主管部门加强项目财政资金的监督管理。

第十条 财政资金的支付，按照国库集中支付制度有关规定和合同约定，综合考虑项目财政资金预算、建设进度等因素执行。

第十一条 项目建设单位应当根据批准的项目概（预）算、年度投资计划和预算、建设进度等控制项目投资规模。

第十二条 项目建设单位在决策阶段应当明确建设资金来源，落实建设资金，合理控制筹资成本。非经营性项目建设资金按照国家有关规定筹集；经营性项目在防范风险的前提下，可以多渠道筹集。

具体项目的经营性和非经营性性质划分，由项目主管部门会同财政部门根据项目建设目的、运营模式和盈利能力等因素核定。

第十三条 核定为经营性项目的，项目建设单位应当按照国家有关固定资产投资项目资本管理的规定，筹集一定比例的非债务性资金作为项目资本。

在项目建设期间，项目资本的投资者除依法转让、依法终止外，不得以任何方式抽走出资。

经营性项目的投资者以实物、知识产权、土地使用权等非货币财产作价出资的，应当委托具有专业能力的资产评估机构依法评估作价。

第十四条 项目建设单位取得的财政资金，区分以下情况处理：

经营性项目具备企业法人资格的，按照国家有关企业财务规定处理。不具备企业法人资格的，属于国家直接投资的，作为项目国家资本管理；属于投资补助的，国家拨款时对权属有规定的，按照规定执行，没有规定的，由项目投资者享有；属于有偿性资助的，作为项目负债管理。

经营性项目取得的财政贴息，项目建设期间收到的，冲减项目建设成本；项目竣工后收到的，按照国家财务、会计制度的有关规定处理。

非经营性项目取得的财政资金，按照国家行政、事业单位财务、会计制度的有关规定处理。

第十五条 项目收到的社会捐赠，有捐赠协议或者捐赠者有指定要求的，按照协议或者要求处理；无协议和要求的，按照国家财务、会计制度的有关规定处理。

第三章 预算管理

第十六条 项目建设单位编制项目预算应当以批准的概算为基础，按照项目实际建设资金需求编制，并控制在批准的概算总投资规模、范围和标准以内。

项目建设单位应当细化项目预算，分解项目各年度预算和财政资金预算需求。涉及政府采购的，应当按照规定编制政府采购预算。

项目资金预算应当纳入项目主管部门的部门预算或者国有资本经营预算统一管理。列入部门预算的项目，一般应当从项目库中产生。

第十七条 项目建设单位应当根据项目概算、建设工期、年度投资和自筹资金计划、以前年度项目各类资金结转情况等，提出项目财政资金预算建议数，按照规定程序经项目主管部门审核汇总报财政部门。

项目建设单位根据财政部门下达的预算控制数编制预算，由项目主管部门审核汇总报财政部门，经法定程序审核批复后执行。

第十八条 项目建设单位应当严格执行项目财政资金预算。对发生停建、缓建、迁移、合并、分立、重大设计变更等变动事项和其他特殊情况确需调整的项目，项目建设单位应当按照规定程序报项目主管部门审核后，向财政部门申请调整项目财政资金预算。

第十九条 财政部门应当加强财政资金预算审核和执行管理，严格预算约束。

财政资金预算安排应当以项目以前年度财政资金预算执行情况、项目预算评审意见和绩效评价结果作为重要依据。项目财政资金未按预算要求执行的，按照有关规定调减或者收回。

第二十条 项目主管部门应当按照预算管理规定，督促和指导项目建设单位做好项目财政资金预算编制、执行和调整，严格审核项目财政资金预算、细化预算和预算调整的申请，及时掌握项目预算执行动态，跟踪分析项目进度，按照要求向财政部门报送执行情况。

第四章 建设成本管理

第二十一条 建设成本是指按照批准的建设内容由项目建设资金安排的各项支出，包括建筑安装工程投资支出、设备投资支出、待摊投资支出和其他投资支出。

建筑安装工程投资支出是指项目建设单位按照批准的建设内容发生的建筑工程和安装工程的实际成本。

设备投资支出是指项目建设单位按照批准的建设内容发生的各种设备的实际成本。

待摊投资支出是指项目建设单位按照批准的建设内容发生的，应当分摊计入相关资产价值的各项费用和税金支出。

其他投资支出是指项目建设单位按照批准的建设内容发生的房屋购置支出，基本畜禽、林木等的购置、饲养、培育支出，办公生活用家具、器具购置支出，软件研发和不能计入设备投资的软件购置等支出。

第二十二条 项目建设单位应当严格控制建设成本的范围、标准和支出责任，以下支出不得列入项目建设成本：

（一）超过批准建设内容发生的支出；
（二）不符合合同协议的支出；
（三）非法收费和摊派；
（四）无发票或者发票项目不全、无审批手续、无责任人员签字的支出；
（五）因设计单位、施工单位、供货单位等原因造成的工程报废等损失，以及未按照规定报经批准的损失；
（六）项目符合规定的验收条件之日起3个月后发生的支出；
（七）其他不属于本项目应当负担的支出。

第二十三条 财政资金用于项目前期工作经费部分，在项目批准建设后，列入项目建设成本。

没有被批准或者批准后又被取消的项目，财政资金如有结余，全部缴回国库。

第五章 基建收入管理

第二十四条 基建收入是指在基本建设过程中形成的各项工程建设副产品变价收入、负荷试车和试运行收入以及其他收入。

工程建设副产品变价收入包括矿山建设中的矿产品收入，油气、油田钻井建设中的原油气收入，林业工程建设中的路影材收入，以及其他项目建设过程中产生或者伴生的副产品、试验产品的变价收入。

负荷试车和试运行收入包括水利、电力建设移交生产前的供水、供电、供热收入，原材料、机电轻纺、农林建设移交生产前的产品收入，交通临时运营收入等。

其他收入包括项目总体建设尚未完成或者移交生产，但其中部分工程简易投产而发生的经营性收入等。

符合验收条件而未按照规定及时办理竣工验收的经营性项目所实现的收入，不得作为项目基建收入管理。

第二十五条 项目所取得的基建收入扣除相关费用并依法纳税后，其净收入按照国家财务、会计制度的有关规定处理。

第二十六条 项目发生的各项索赔、违约金等收入，首先用于弥补工程损失，结余部分按照国家财务、会计制度的有关规定处理。

第六章 工程价款结算管理

第二十七条 工程价款结算是指依据基本建设工程发承包合同等进行工程预付款、进度款、竣工价款结算的活动。

第二十八条 项目建设单位应当严格按照合同约定和工程价款结算程序支付工程款。竣工价款结算一般应当在项目竣工验收后2个月内完成，大型项目一般不得超过3个月。

第二十九条 项目建设单位可以与施工单位在合同中约定按照不超过工程价款结算总额的5%预留工程质量保证金，待工程交付使用缺陷责任期满后清算。资信好的施工单位可以用银行保函替代工程质量保证金。

第三十条 项目主管部门应当会同财政部门加强工程价款结算的监督，重点审查工程招投标文件、工程量及各项费用的计取、合同协议、施工变更签证、人工和材料价差、工程索赔等。

第七章 竣工财务决算管理

第三十一条 项目竣工财务决算是正确核定项目资产价值、反映竣工项目建设成果的文件，是办理资产移交和产权登记的依据，包括竣工财务决算报表、竣工财务决算说明书以及相关材料。

项目竣工财务决算应当数字准确、内容完整。竣工财务决算的编制要求另行规定。

第三十二条 项目年度资金使用情况应当按照要求编入部门决算或者国有资本经营决算。

第三十三条 项目建设单位在项目竣工后，应当及时编制项目竣工财务决算，并按照规定报送项目主管部门。

项目设计、施工、监理等单位应当配合项目建设单位做好相关工作。

建设周期长、建设内容多的大型项目，单项工程竣工具备交付使用条件的，可以编报单项工程竣工财务决算，项目全部竣工后应当编报竣工财务总决算。

第三十四条 在编制项目竣工财务决算前，项目建设单位应当认真做好各项清理工作，包括账目核对及账务调整、财产物资核实处理、债权实现和债务清偿、档案资料归集整理等。

第三十五条 在编制项目竣工财务决算时，项目建设单位应当按照规定将待摊投资支出按合理比例分摊计入交付使用资产价值、转出投资价值和待核销基建支出。

第三十六条 项目竣工财务决算审核、批复管理职责和程序要求由同级财政部门确定。

第三十七条 财政部门和项目主管部门对项目竣工财务决算实行先审核、后批复的办法，可以委托预算评审机构或者有专业能力的社会中介机构进行审核。对符合条件的，应当在6个月内批复。

第三十八条 项目一般不得预留尾工工程，确需预留尾工工程的，尾工工程投资不得超过批准的项目概（预）算总投资的5%。

项目主管部门应当督促项目建设单位抓紧实施项目尾工工程，加强对尾工工程资金使用的监督管理。

第三十九条 已具备竣工验收条件的项目，应当及时组织验收，移交生产和使用。

第四十条 项目隶属关系发生变化时，应当按照规定及时办理财务关系划转，主要包括各项资金来源、已交付使用资产、在建工程、结余资金、各项债权及债务等的清理交接。

第八章 资产交付管理

第四十一条 资产交付是指项目竣工验收合格后，将形成的资产交付或者转交生产使用单位的行为。

交付使用的资产包括固定资产、流动资产、无形资产等。

第四十二条 项目竣工验收合格后应当及时办理资产交付使用手续，并依据批复的项目竣工财务决算进行账务调整。

第四十三条 非经营性项目发生的江河清障疏浚、航道整治、飞播造林、退耕还林（草）、封山（沙）育林（草）、水土保持、城市绿化、毁损道路修复、护坡及清理等不能形成资产的支出，以及项目未被批准、项目取消和项目报废前已发生的支出，作为待核销基建支出处理；形成资产产权归属本单位的，计入交付使用资产价值；形成资产产权不归属本单位的，作为转出投资处理。

非经营性项目发生的农村沼气工程、农村安全饮水工程、农村危房改造工程、游牧民定居工程、渔民上岸工程等涉及家庭或者个人的支出，形成资产产权归属家庭或者个人的，作为待核销基建支出处理；形成资产产权归属本单位的，计入交付使用资产价值；形成资产产权归属其他单位的，作为转出投资处理。

第四十四条 非经营性项目为项目配套建设的专用设施，包括专用道路、专用通讯设施、专用电力设施、地下管道等，产权归属本单位的，计入交付使用资产价值；产权不归属本单位的，作为转出投资处理。

非经营性项目移民安置补偿中由项目建设单位负责建设并形成的实物资产，产权归属集体或者单位的，作为转出投资处理；产权归属移民的，作为待核销基建支出处理。

第四十五条 经营性项目发生的项目取消和报废等不能形成资产的支出，以及设备采购和系统集成（软件）中包含的交付使用后运行维护等费用，按照国家财务、会计制度的有关规定处理。

第四十六条 经营性项目为项目配套建设的专用设施，包括专用铁路线、专用道路、专用通讯设施、专用电力设施、地下管道、专用码头等，项目建设单位应当与有关部门明确产权关系，并按照国家财务、会计制度的有关规定处理。

第九章 结余资金管理

第四十七条 结余资金是指项目竣工结余的建设资金，不包括工程抵扣的增值税进项税额资金。

第四十八条 经营性项目结余资金，转入单位的相关资产。

非经营性项目结余资金，首先用于归还项目贷款。如有结余，按照项目资金来源属于财政资金的部分，应当在项目竣工验收合格后 3 个月内，按照预算管理制度有关规定收回财政。

第四十九条 项目终止、报废或者未按照批准的建设内容建设形成的剩余建设资金中，按照项目实际资金来源比例确认的财政资金应当收回财政。

第十章 绩效评价

第五十条 项目绩效评价是指财政部门、项目主管部门根据设定的项目绩效目标，运用科学合理的评价方法和评价标准，对项目建设全过程中资金筹集、使用及核算的规范性、有效性，以及投入运营效果等进行评价的活动。

第五十一条 项目绩效评价应当坚持科学规范、公正公开、分级分类和绩效相关的原则，坚持经济效益、社会效益和生态效益相结合的原则。

第五十二条 项目绩效评价应当重点对项目建设成本、工程造价、投资控制、达产能力与设计能力差异、偿债能力、持续经营能力等实施绩效评价，根据管理需要和项目特点选用社会效益指标、财务效益指标、工程质量指标、建设工期指标、资金来源指标、资金使用指标、实际投资回收期指标、实际单位生产（营运）能力投资指标等评价指标。

第五十三条 财政部门负责制定项目绩效评价管理办法，对项目绩效评价工作进行指导和监督，选择部分项目开展重点绩效评价，依法公开绩效评价结果。绩效评价结果作为项目财政资金预算安排和资金拨付的重要依据。

第五十四条 项目主管部门会同财政部门按照有关规定，制定本部门或者本行业项目绩效评价具体实施办法，建立具体的绩效评价指标体系，确定项目绩效目标，具体组织实施本部门或者本行业绩效评价工作，并向财政部门报送绩效评价结果。

第十一章 监督管理

第五十五条 项目监督管理主要包括对项目资金筹集与使用、预算编制与执行、建设成本控制、工程价款结算、竣工财务决算编报审核、资产交付等的监督管理。

第五十六条 项目建设单位应当建立、健全内部控制和项目财务信息报告制度，依法接受财政部门和项目主管部门等的财务监督管理。

第五十七条 财政部门和项目主管部门应当加强项目的监督管理，采取事前、事中、事后相结合，日常监督与专项监督相结合的方式，对项目财务行为实施全过程监督管理。

第五十八条 财政部门应当加强对基本建设财政资金形成的资产的管理，按照规定对项目资产开展登记、核算、评估、处置、统计、报告等资产管理基础工作。

第五十九条 对于违反本规则的基本建设财务行为，依照《预算法》《财政违法行为处罚处分条例》等有关规定追究责任。

第十二章 附 则

第六十条 接受国家经常性资助的社会力量举办的公益服务性组织和社会团体的基本建设财务行为，以及非国有企业使用财政资金的基本建设财务行为，参照本规则执行。

使用外国政府及国际金融组织贷款的基本建设财务行为执行本规则。国家另有规定的，从其规定。

第六十一条 项目建设内容仅为设备购置的，不执行本规则；项目建设内容以设备购置、房屋及其他建筑物购置为主并附有部分建筑安装工程的，可以简化执行本规则。

经营性项目的项目资本中，财政资金所占比例未超过 50% 的，项目建设单位可以简化执行本规则，但应当按照要求向财政部门、项目主管部门报送相关财务资料。国家另有规定的，从其规定。

第六十二条　中央项目主管部门和各省、自治区、直辖市、计划单列市财政厅（局）可以根据本规则，结合本行业、本地区的项目情况，制定具体实施办法并报财政部备案。

第六十三条　本规则自2016年9月1日起施行。2002年9月27日财政部发布的《基本建设财务管理规定》（财建〔2002〕394号）及其解释同时废止。

本规则施行前财政部制定的有关规定与本规则不一致的，按照本规则执行。《企业财务通则》（财政部令第41号）、《金融企业财务规则》（财政部令第42号）、《事业单位财务规则》（财政部令第68号）和《行政单位财务规则》（财政部令第71号）另有规定的，从其规定。

2. 基本建设项目建设成本管理规定（2016年公布）

（财建〔2016〕504号印发）

第一条　为了规范基本建设项目建设成本管理，提高建设资金使用效益，依据《基本建设财务规则》（财政部令第81号），制定本规定。

第二条　建筑安装工程投资支出是指基本建设项目（以下简称项目）建设单位按照批准的建设内容发生的建筑工程和安装工程的实际成本，其中不包括被安装设备本身的价值，以及按照合同规定支付给施工单位的预付备料款和预付工程款。

第三条　设备投资支出是指项目建设单位按照批准的建设内容发生的各种设备的实际成本（不包括工程抵扣的增值税进项税额），包括需要安装设备、不需要安装设备和为生产准备的不够固定资产标准的工具、器具的实际成本。

需要安装设备是指必须将其整体或几个部位装配起来，安装在基础上或建筑物支架上才能使用的设备。不需要安装设备是指不必固定在一定位置或支架上就可以使用的设备。

第四条　待摊投资支出是指项目建设单位按照批准的建设内容发生的，应当分摊计入相关资产价值的各项费用和税金支出。主要包括：

（一）勘察费、设计费、研究试验费、可行性研究费及项目其他前期费用；

（二）土地征用及迁移补偿费、土地复垦及补偿费、森林植被恢复费及其他为取得或租用土地使用权而发生的费用；

（三）土地使用税、耕地占用税、契税、车船税、印花税及按规定缴纳的其他税费；

（四）项目建设管理费、代建管理费、临时设施费、监理费、招标投标费、社会中介机构审查费及其他管理性质的费用；

（五）项目建设期间发生的各类借款利息、债券利息、贷款评估费、国外借款手续费及承诺费、汇兑损益、债券发行费用及其他债务利息支出或融资费用；

（六）工程检测费、设备检验费、负荷联合试车费及其他检验检测类费用；

（七）固定资产损失、器材处理亏损、设备盘亏及毁损、报废工程净损失及其他损失；

（八）系统集成等信息工程的费用支出；

（九）其他待摊投资性质支出。

项目在建设期间的建设资金存款利息收入冲减债务利息支出，利息收入超过利息支出的部分，冲减待摊投资总支出。

第五条　项目建设管理费是指项目建设单位从项目筹建之日起至办理竣工财务决算

之日止发生的管理性质的支出。包括：不在原单位发工资的工作人员工资及相关费用、办公费、办公场地租用费、差旅交通费、劳动保护费、工具用具使用费、固定资产使用费、招募生产工人费、技术图书资料费（含软件）、业务招待费、施工现场津贴、竣工验收费和其他管理性质开支。

项目建设单位应当严格执行《党政机关厉行节约反对浪费条例》，严格控制项目建设管理费。

第六条 行政事业单位项目建设管理费实行总额控制，分年度据实列支。总额控制数以项目审批部门批准的项目总投资（经批准的动态投资，不含项目建设管理费）扣除土地征用、迁移补偿等为取得或租用土地使用权而发生的费用为基数分档计算。具体计算方法见附件。

建设地点分散、点多面广、建设工期长以及使用新技术、新工艺等的项目，项目建设管理费确需超过上述开支标准的，中央级项目，应当事前报项目主管部门审核批准，并报财政部备案，未经批准的，超标准发生的项目建设管理费由项目建设单位用自有资金弥补；地方级项目，由同级财政部门确定审核批准的要求和程序。

施工现场管理人员津贴标准比照当地财政部门制定的差旅费标准执行；一般不得发生业务招待费，确需列支的，项目业务招待费支出应当严格按照国家有关规定执行，并不得超过项目建设管理费的5%。

第七条 使用财政资金的国有和国有控股企业的项目建设管理费，比照第六条规定执行。国有和国有控股企业经营性项目的项目资本中，财政资金所占比例未超过50%的项目建设管理费可不执行第六条规定。

第八条 政府设立（或授权）、政府招标产生的代建制项目，代建管理费由同级财政部门根据代建内容和要求，按照不高于本规定项目建设管理费标准核定，计入项目建设成本。

实行代建制管理的项目，一般不得同时列支代建管理费和项目建设管理费，确需同时发生的，两项费用之和不得高于本规定的项目建设管理费限额。

建设地点分散、点多面广以及使用新技术、新工艺等的项目，代建管理费确需超过本规定确定的开支标准的，行政单位和使用财政资金建设的事业单位中央项目，应当事前报项目主管部门审核批准，并报财政部备案；地方项目，由同级财政部门确定审核批准的要求和程序。

代建管理费核定和支付应当与工程进度、建设质量结合，与代建内容、代建绩效挂钩，实行奖优罚劣。同时满足按时完成项目代建任务、工程质量优良、项目投资控制在批准概算总投资范围3个条件的，可以支付代建单位利润或奖励资金，代建单位利润或奖励资金一般不得超过代建管理费的10%，需使用财政资金支付的，应当事前报同级财政部门审核批准；未完成代建任务的，应当扣减代建管理费。

第九条 项目单项工程报废净损失计入待摊投资支出。

单项工程报废应当经有关部门或专业机构鉴定。非经营性项目以及使用财政资金所占比例超过项目资本50%的经营性项目，发生的单项工程报废经鉴定后，报项目竣工财务决算批复部门审核批准。

因设计单位、施工单位、供货单位等原因造成的单项工程报废损失，由责任单位承担。

第十条 其他投资支出是指项目建设单位按照批准的项目建设内容发生的房屋购置支出，基本畜禽、林木等的购置、饲养、培育支出，办公生活用家具、器具购置支出，软件研发及不能计入设备投资的软件购置等支出。

第十一条 本规定自2016年9月1日起施行。《财政部关于切实加强政府投资项目代建制财政财务管理有关问题的指导意见》（财建〔2004〕300号）同时废止。

项目建设管理费总额控制数费率表

单位：万元

工程总概算	费率	算例	
		工程总概算	项目建设管理费
1 000 以下	2%	1 000	1 000×2%＝20
1 001～5 000	1.5%	5 000	20＋(5 000－1 000)×1.5%＝80
5 001～10 000	1.2%	10 000	80＋(10 000－5 000)×1.2%＝140
10 001～50 000	1%	50 000	140＋(50 000－10 000)×1%＝540
50 001～100 000	0.8%	100 000	540＋(100 000－50 000)×0.8%＝940
100 000 以上	0.4%	200 000	940＋(200 000－100 000)×0.4%＝1 340

3. 基本建设项目竣工财务决算管理暂行办法（2016年公布）

（财建〔2016〕503号印发）

第一条 为进一步加强基本建设项目竣工财务决算管理，依据《基本建设财务规则》（财政部令第81号），制定本办法。

第二条 基本建设项目（以下简称项目）完工可投入使用或者试运行合格后，应当在3个月内编报竣工财务决算，特殊情况确需延长的，中小型项目不得超过2个月，大型项目不得超过6个月。

第三条 项目竣工财务决算未经审核前，项目建设单位一般不得撤销，项目负责人及财务主管人员、重大项目的相关工程技术主管人员、概（预）算主管人员一般不得调离。

项目建设单位确需撤销的，项目有关财务资料应当转入其他机构承接、保管。项目负责人、财务人员及相关工程技术主管人员确需调离的，应当继续承担或协助做好竣工财务决算相关工作。

第四条 实行代理记账、会计集中核算和项目代建制的，代理记账单位、会计集中核算单位和代建单位应当配合项目建设单位做好项目竣工财务决算工作。

第五条 编制项目竣工财务决算前，项目建设单位应当完成各项账务处理及财产物资的盘点核实，做到账账、账证、账实、账表相符。项目建设单位应当逐项盘点核实、填列各种材料、设备、工具、器具等清单并妥善保管，应变价处理的库存设备、材料以及应处理的自用固定资产要公开变价处理，不得侵占、挪用。

第六条 项目竣工财务决算的编制依据主要包括：国家有关法律法规；经批准的可行性研究报告、初步设计、概算及概算调整文件；招标文件及招标投标书，施工、代建、勘察设计、监理及设备采购等合同，政府采购审批文件、采购合同；历年下达的项目年度财政资金投资计划、预算；工程结算资料；有关的会计及财务管理资料；其他有关资料。

第七条 项目竣工财务决算的内容主要包括：项目竣工财务决算报表（附表1）、竣工财务决算说明书、竣工财务决（结）算审核情况及相关资料。

第八条 竣工财务决算说明书主要包括以下内容：

（一）项目概况；

（二）会计账务处理、财产物资清理及债权债务的清偿情况；

（三）项目建设资金计划及到位情况，财政资金支出预算、投资计划及到位情况；
（四）项目建设资金使用、项目结余资金分配情况；
（五）项目概（预）算执行情况及分析，竣工实际完成投资与概算差异及原因分析；
（六）尾工工程情况；
（七）历次审计、检查、审核、稽察意见及整改落实情况；
（八）主要技术经济指标的分析、计算情况；
（九）项目管理经验、主要问题和建议；
（十）预备费动用情况；
（十一）项目建设管理制度执行情况、政府采购情况、合同履行情况；
（十二）征地拆迁补偿情况、移民安置情况；
（十三）需说明的其他事项。

第九条 项目竣工决（结）算经有关部门或单位进行项目竣工决（结）算审核的，需附完整的审核报告及审核表（附表2），审核报告内容应当详实，主要包括：审核说明、审核依据、审核结果、意见、建议。

第十条 相关资料主要包括：
（一）项目立项、可行性研究报告、初步设计报告及概算、概算调整批复文件的复印件；
（二）项目历年投资计划及财政资金预算下达文件的复印件；
（三）审计、检查意见或文件的复印件；
（四）其他与项目决算相关资料。

第十一条 建设周期长、建设内容多的大型项目，单项工程竣工财务决算可单独报批，单项工程结余资金在整个项目竣工财务决算中一并处理。

第十二条 中央项目竣工财务决算，由财政部制定统一的审核批复管理制度和操作规程。中央项目主管部门本级以及不向财政部报送年度部门决算的中央单位的项目竣工财务决算，由财政部批复；其他中央项目竣工财务决算，由中央项目主管部门负责批复，报财政部备案。国家另有规定的，从其规定。

地方项目竣工财务决算审核批复管理职责和程序要求由同级财政部门确定。

经营性项目的项目资本中，财政资金所占比例未超过50%的，项目竣工财务决算可以不报财政部门或者项目主管部门审核批复。项目建设单位应当按照国家有关规定加强工程价款结算和项目竣工财务决算管理。

第十三条 财政部门和项目主管部门对项目竣工财务决算实行先审核、后批复的办法，可以委托预算评审机构或者有专业能力的社会中介机构进行审核。

第十四条 项目竣工财务决算审核批复环节中审减的概算内投资，按投资来源比例归还投资者。

第十五条 项目主管部门应当加强对尾工工程建设资金监督管理，督促项目建设单位抓紧实施尾工工程，及时办理尾工工程建设资金清算和资产交付使用手续。

第十六条 项目建设内容以设备购置、房屋及其他建筑物购置为主且附有部分建筑安装工程的，可以简化项目竣工财务决算编报内容、报表格式和批复手续；设备购置、房屋及其他建筑物购置，不用单独编报项目竣工财务决算。

第十七条 财政部门和项目主管部门审核批复项目竣工财务决算时，应当重点审查以下内容：
（一）工程价款结算是否准确，是否按照合同约定和国家有关规定进行，有无多算和重复计算工程量、高估冒算建筑材料价格现象；
（二）待摊费用支出及其分摊是否合理、正确；
（三）项目是否按照批准的概算（预）算内容实施，有无超标准、超规模、超概（预）算建设现象；

（四）项目资金是否全部到位，核算是否规范，资金使用是否合理，有无挤占、挪用现象；

（五）项目形成资产是否全面反映，计价是否准确，资产接受单位是否落实；

（六）项目在建设过程中历次检查和审计所提的重大问题是否已经整改落实；

（七）待核销基建支出和转出投资有无依据，是否合理；

（八）竣工财务决算报表所填列的数据是否完整，表间勾稽关系是否清晰、正确；

（九）尾工工程及预留费用是否控制在概算确定的范围内，预留的金额和比例是否合理；

（十）项目建设是否履行基本建设程序，是否符合国家有关建设管理制度要求等；

（十一）决算的内容和格式是否符合国家有关规定；

（十二）决算资料报送是否完整、决算数据间是否存在错误；

（十三）相关主管部门或者第三方专业机构是否出具审核意见。

第十八条　财政部对授权主管部门批复的中央项目竣工财务决算实行抽查制度。

第十九条　项目竣工后应当及时办理资金清算和资产交付手续，并依据项目竣工财务决算批复意见办理产权登记和有关资产入账或调账。

第二十条　项目建设单位经批准使用项目资金购买的车辆、办公设备等自用固定资产，项目完工时按下列情况进行财务处理：

资产直接交付使用单位的，按设备投资支出转入交付使用。其中，计提折旧的自用固定资产，按固定资产购置成本扣除累计折旧后的金额转入交付使用，项目建设期间计提的折旧费用作为待摊投资支出分摊到相关资产价值；不计提折旧的自用固定资产，按固定资产购置成本转入交付使用。

资产在交付使用单位前公开变价处置的，项目建设期间计提的折旧费用和固定资产清理净损益（即公开变价金额与扣除所提折旧后设备净值之间的差额）计入待摊投资，不计提自用固定资产折旧的项目，按公开变价金额与购置成本之间的差额作为待摊投资支出分摊到相关资产价值。

第二十一条　本办法自 2016 年 9 月 1 日起施行。《财政部关于加强和改进政府性基金年度决算和中央大中型基建项目竣工财务决算审批的通知》（财建〔2002〕26 号）和《财政部关于进一步加强中央基本建设项目竣工财务决算工作的通知》（财办建〔2008〕91 号）同时废止。

附表 1：基本建设项目竣工财务决算报表

  1. 项目概况表（1-1）

  2. 项目竣工财务决算表（1-2）

  3. 资金情况明细表（1-3）

  4. 交付使用资产总表（1-4）

  5. 交付使用资产明细表（1-5）

  6. 待摊投资明细表（1-6）

  7. 待核销基建支出明细表（1-7）

  8. 转出投资明细表（1-8）

附表 2：基本建设项目竣工财务决算审核表

  1. 项目竣工财务决算审核汇总表（2-1）

  2. 资金情况审核明细表（2-2）

  3. 待摊投资审核明细表（2-3）

  4. 交付使用资产审核明细表（2-4）

  5. 转出投资审核明细表（2-5）

  6. 待销核基建支出审核明细表（2-6）

附表1：基本建设项目竣工财务决算报表

项目概况表（1—1）

建设项目（单项工程）名称						
主要设计单位			建设地址			
占地面积（m²）	设计	实际	主要施工企业			
			总投资（万元）	设计	实际	
新增生产能力	能力（效益）名称		设计		实际	
建设起止时间	设计	自 年 月 日至 年 月 日				
	实际	自 年 月 日至 年 月 日				
概算批准部门及文号						
建设规模		设计		实际		
完成主要工程量	单项工程项目、内容		基建支出	项目	概算批准金额	实际完成金额	备注
				建筑安装工程			
				设备、工具、器具			
				待摊投资			
				其中：项目建设管理费			
				其他投资			
				待核销基建支出			
				转出投资			
				合计			
	小计						
尾工工程	批准概算		设备（台、套、吨）	设计		实际	
			已完成投资额				
			预计未完成部分投资额			预计完成时间	

项目竣工财务决算表（1-2）

项目名称： 单位：

资金来源	金额	资金占用	金额
一、基建拨款		一、基本建设支出	
1.中央财政资金		（一）交付使用资产	
其中：一般公共预算资金		1.固定资产	
中央基建投资		2.流动资产	
财政专项资金		3.无形资产	
政府性基金		（二）在建工程	
国有资本经营预算安排的基建项目资金		1.建筑安装工程投资	
2.地方财政资金		2.设备投资	
其中：一般公共预算资金		3.待摊投资	
地方基建投资		4.其他投资	
财政专项资金		（三）待核销基建支出	
政府性基金		（四）转出投资	
国有资本经营预算安排的基建项目资金		二、货币资金合计	
二、部门自筹资金（非负债性资金）		其中：银行存款	
三、项目资本		财政应返还额度	
1.国家资本		其中：直接支付	
2.法人资本		授权支付	
3.个人资本		现金	
4.外商资本		有价证券	
四、项目资本公积		三、预付及应收款合计	
五、基建借款		1.预付备料款	
其中：企业债券资金		2.预付工程款	
六、待冲基建支出		3.预付设备款	
七、应付款合计		4.应收票据	
1.应付工程款		5.其他应收款	
2.应付设备款		四、固定资产合计	
3.应付票据		固定资产原价	
4.应付工资及福利费		减：累计折旧	
5.其他应付款		固定资产净值	
八、未交款合计		固定资产清理	
1.未交税金		待处理固定资产损失	
2.未交结余财政资金			
3.未交基建收入			

(续表)

资金来源	金额	资金占用	金额
4.其他未交款			
合计		合计	

补充资料：基建借款期末余额：

　　　　　　基建结余资金：

备注：资金来源合计扣除财政资金拨款与国家资本、资本公积重叠部分。

资金情况明细表（1-3）

项目名称：　　　　　　　　　　　　　　　　　　　　　　　　单位：

| 资金来源类别 | 合计 | | 备注 |
	预算下达或概算批准金额	实际到位金额	需备注预算下达文号
一、财政资金拨款			
1.中央财政资金			
其中：一般公共预算资金			
中央基建投资			
财政专项资金			
政府性基金			
国有资本经营预算安排的基建项目资金			
政府统借统还非负债性资金			
2.地方财政资金			
其中：一般公共预算资金			
地方基建投资			
财政专项资金			
政府性基金			
国有资本经营预算安排的基建项目资金			
行政事业性收费			
政府统借统还非负债性资金			
二、项目资本金			
其中：国家资本			
三、银行贷款			
四、企业债券资金			
五、自筹资金			
六、其他资金			
合计			

补充资料：项目缺口资金：

　　　　　　缺口资金落实情况：

交付使用资产总表（1-4）

项目名称： 单位：

序号	单项工程名称	总计	固定资产				流动资产	无形资产
			合计	建筑物及构筑物	设备	其他		

交付单位： 负责人： 接收单位： 负责人：
盖　章： 年　月　日 盖　章： 年　月　日

交付使用资产明细表（1-5）

项目名称： 单位：

单项工程名称	固定资产										流动资产		无形资产	
	建筑工程				设备工具器具家具									
	结构	面积	金额	其中：分摊待摊投资	名称	规格型号	数量	金额	其中：设备安装费	其中：分摊待摊投资	名称	金额	名称	金额

交付单位： 负责人： 接收单位： 负责人：
盖　章： 年　月　日 盖　章： 年　月　日

待摊投资明细表（1-6）

项目名称： 单位：

项目	金额	项目	金额
1.勘察费		25.社会中介机构审计（查）费	
2.设计费		26.工程检测费	
3.研究试验费		27.设备检验费	

（续表）

项目	金额	项目	金额
4. 环境影响评价费		28. 负荷联合试车费	
5. 监理费		29. 固定资产损失	
6. 土地征用及迁移补偿费		30. 器材处理亏损	
7. 土地复垦及补偿费		31. 设备盘亏及毁损	
8. 土地使用税		32. 报废工程损失	
9. 耕地占用税		33.（贷款）项目评估费	
10. 车船税		34. 国外借款手续费及承诺费	
11. 印花税		35. 汇兑损益	
12. 临时设施费		36. 坏账损失	
13. 文物保护费		37. 借款利息	
14. 森林植被恢复费		38. 减：存款利息收入	
15. 安全生产费		39. 减：财政贴息资金	
16. 安全鉴定费		40. 企业债券发行费用	
17. 网络租赁费		41. 经济合同仲裁费	
18. 系统运行维护监理费		42. 诉讼费	
19. 项目建设管理费		43. 律师代理费	
20. 代建管理费		44. 航道维护费	
21. 工程保险费		45. 航标设施费	
22. 招投标费		46. 航测费	
23. 合同公证费		47. 其他待摊投资性质支出	
24. 可行性研究费		合计	

待核销基建支出明细表（1-7）

项目名称： 单位：

不能形成资产部分的财政投资支出				用于家庭或个人的财政补助支出			
支出类别	单位	数量	金额	支出类别	单位	数量	金额
1. 江河清障				1. 补助群众造林			
2. 航道清淤				2. 户用沼气工程			
3. 飞播造林				3. 户用饮水工程			
4. 退耕还林（草）				4. 农村危房改造工程			
5. 封山（沙）育林（草）				5. 垦区及林区棚户区改造			
6. 水土保持				…			
7. 城市绿化							

（续表）

不能形成资产部分的财政投资支出				用于家庭或个人的财政补助支出			
支出类别	单位	数量	金额	支出类别	单位	数量	金额
8.毁损道路修复							
9.护坡及清理							
10.取消项目可行性研究费							
11.项目报废							
…				合计			

附表2：基本建设项目竣工财务决算审核表

项目竣工财务决算审核汇总表（2-1）

项目名称：

序号	工程项目及费用名称	批准概算		送审投资		审定投资		审定投资较概算增减额	备注
		数量	金额	数量	金额	数量	金额		
	按批准概算明细口径或单位工程、分部工程填列（以下为示例）								
	总计								
一	建筑安装工程投资								
	…								
二	设备、工器具								
	…								
三	工程建设其他费用								
	…								
…	…								

项目单位：　　　　负责人签字：　　　　评审机构：　　　　评审负责人签字：
（盖单位公章）　　　　　　　　　　　（盖单位公章）
　年　月　日　　　　　　　　　　　　　年　月　日

资金情况审核明细表（2-2）

项目名称：　　　　　　　　　　　　　　　　　　　　　　　　单位：

资金来源类别	合计		备注
	预算下达或概算批准金额	实际到位金额	需备注预算下达文号
一、财政资金拨款			

（续表）

资金来源类别	合计		备注
	预算下达或概算批准金额	实际到位金额	需备注预算下达文号
1.中央财政资金			
其中：一般公共预算资金			
中央基建投资			
财政专项资金			
政府性基金			
国有资本经营预算安排的基建项目资金			
政府统借统还非负债性资金			
2.地方财政资金			
其中：一般公共预算资金			
地方基建投资			
财政专项资金			
政府性基金			
国有资本经营预算安排的基建项目资金			
行政事业性收费			
政府统借统还非负债性资金			
二、项目资本金			
其中：国家资本			
三、银行贷款			
四、企业债券资金			
五、自筹资金			
六、其他资金			
合计			

项目单位：　　　　　　　　　　　　　　　　　　评审机构：

负责人签字：　　　　　　　　　　　　　　　　　评审负责人签字：

年　月　日　　　　　　　　　　　　　　　　　　年　月　日

待摊投资审核明细表（2-3）

项目名称：　　　　　　　　　　　　　　　　　　单位：

项目	审定金额	项目	审定金额
1.勘察费		25.社会中介机构审计（查）费	
2.设计费		26.工程检测费	

（续表）

项目	审定金额	项目	审定金额
3.研究试验费		27.设备检验费	
4.环境影响评价费		28.负荷联合试车费	
5.监理费		29.固定资产损失	
6.土地征用及迁移补偿费		30.器材处理亏损	
7.土地复垦及补偿费		31.设备盘亏及毁损	
8.土地使用税		32.报废工程损失	
9.耕地占用税		33.（贷款）项目评估费	
10.车船税		34.国外借款手续费及承诺费	
11.印花税		35.汇兑损益	
12.临时设施费		36.坏账损失	
13.文物保护费		37.借款利息	
14.森林植被恢复费		38.减：存款利息收入	
15.安全生产费		39.减：财政贴息资金	
16.安全鉴定费		40.企业债券发行费用	
17.网络租赁费		41.经济合同仲裁费	
18.系统运行维护监理费		42.诉讼费	
19.项目建设管理费		43.律师代理费	
20.代建管理费		44.航道维护费	
21.工程保险费		45.航标设施费	
22.招投标费		46.航测费	
23.合同公证费		47.其他待摊投资性质支出	
24.可行性研究费		合计	

项目单位： 评审机构：

负责人签字： 评审负责人签字：

年 月 日 年 月 日

交付使用资产审核明细表（2-4）

项目名称：

序号	单项工程名称	固定资产											流动资产		无形资产	
		建筑物及构筑物						设备工具器具家具										
		结构	面积	未分摊前金额	分摊待摊投资	金额合计	名称	规格型号	单位	数量	未分摊前金额	设备安装费	分摊待摊投资	金额合计	名称	金额	名称	金额
1																		
2																		
3																		
4																		
5																		
6																		
7																		
8																		
9																		
10																		
	合计																	

项目单位：　　　　　　　　　　　评审机构：

负责人签字：　　　　　　　　　　评审负责人签字：

年　月　日　　　　　　　　　　　年　月　日

转出投资审核明细表（2-5）

项目名称：

序号	单项工程名称	固定资产								流动资产		无形资产	
		建筑物及构筑物				设备				名称	金额	名称	金额
		结构	面积	未分摊前金额	分摊待摊投资	金额合计	名称	规格型号	单位	数量	金额合计				
1														
2														
3														
4														
合计														

项目单位：　　　　　　　　　　　　评审机构：

负责人签字：　　　　　　　　　　　评审负责人签字：

年 月 日　　　　　　　　　　　　　年 月 日

待核销基建支出审核明细表（2-6）

项目名称： 单位：

不能形成资产部分的财政投资支出				用于家庭或个人的财政补助支出			
支出类别	单位	数量	金额	支出类别	单位	数量	金额
1. 江河清障				1. 补助群众造林			
2. 航道清淤				2. 户用沼气工程			
3. 飞播造林				3. 户用饮水工程			
4. 退耕还林（草）				4. 农村危房改造工程			
5. 封山（沙）育林（草）				5. 垦区及林区棚户区改造			
6. 水土保持				…			
7. 城市绿化							
8. 毁损道路修复							
9. 护坡及清理							
10. 取消项目可行性研究费							
11. 项目报废							
…				合计			

项目单位： 负责人签字： 评审机构： 评审负责人签字：
　　　　　　　年　月　日　　　　　　　　　　　　　　　年　月　日

4. 关于完善建设工程价款结算有关办法的通知（2022年发布）

（财建〔2022〕183号）

党中央有关部门，国务院各部委、各直属机构，全国人大常委会办公厅，全国政协办公厅，最高人民法院，最高人民检察院，各民主党派中央，有关人民团体，各中央管理企业，各省、自治区、直辖市、计划单列市财政厅（局）、住房和城乡建设厅（委、管委、局），新疆生产建设兵团财政局、住房和城乡建设局：

　　为进一步完善建设工程价款结算有关办法，维护建设市场秩序，减轻建筑企业负担，保障农民工权益，根据《基本建设财务规则》（财政部令第81号）、《建设工程价款结算暂行办法》（财建〔2004〕369号）等有关规定，现就有关工作通知如下：

　　一、提高建设工程进度款支付比例。政府机关、事业单位、国有企业建设工程进度款支付应不低于已完成工程价款的80%；同时，在确保不超出工程总概（预）算以及工程决（结）算工作顺利开展的前提下，除按合同约定保留不超过工程价款总额3%的质量保证金外，进度款支付比例可由发承包双方根据项目实际情况自行确定。在结算过程中，若发生进度款支付超出实际已完成工程价款的情况，承包单位应按规定在结算后30日内向发包单位返还多收到的工程进度款。

　　二、当年开工、当年不能竣工的新开工项目可以推行过程结算。发承包双方通过合同约定，将施工过程按时间或进度节点划分施工周期，对周期内已完成且无争议的工程量（含变更、签证、索赔等）进行价款计算、确认和支付，支付金额不得超出已完工部分对应的批复概（预）算。经双方确认的过程结算文件作为竣工结算文件的组成部分，竣工后原则上不再重复审核。

三、本通知自 2022 年 8 月 1 日起施行。自此日期起签订的工程合同应按照本通知执行。除本通知所规范事项外，其他有关事项继续按照《建设工程价款结算暂行办法》（财建〔2004〕369 号）执行。

财政部　住房城乡建设部

2022 年 6 月 14 日

第三编

行政事业单位会计核算法规

第十章　政府综合财务报告相关法规

1. 政府财务报告编制办法（2023年修订）

（财库〔2023〕21号印发）

第一章　总　则

第一条　为规范权责发生制政府财务报告编制工作，确保政府财务报告真实、准确、完整、规范，根据《中华人民共和国预算法》、《中华人民共和国预算法实施条例》、《中华人民共和国会计法》、《国务院关于批转财政部权责发生制政府综合财务报告制度改革方案的通知》（国发〔2014〕63号）、政府会计准则制度等规定，制定本办法。

第二条　本办法适用于各级政府、各部门、各单位。

第三条　政府财务报告以权责发生制为基础编制，包括政府部门财务报告和政府综合财务报告。

政府部门财务报告由政府部门编制，主要反映本部门财务状况、运行情况等，为加强政府部门资产负债管理、预算管理、绩效管理等提供信息支撑。

政府综合财务报告由政府财政部门编制，包括本级政府综合财务报告和行政区政府综合财务报告，分别反映本级政府整体和行政区政府整体财务状况、运行情况和财政中长期可持续性等，可作为考核地方政府绩效、开展地方政府信用评级、评估预警地方政府债务风险、编制全国和地方资产负债表以及制定财政中长期规划和其他相关规划的重要依据。

本办法所称本级政府整体财务状况、运行情况，是指将政府财政、各部门和其他被合并主体的财务报表进行合并，以合并结果反映的财务状况和运行情况。行政区政府整体财务状况、运行情况是指将本级政府和所辖各级政府的财务报表进行合并，以合并结果反映的财务状况和运行情况。

第二章　政府财务报告主要内容

第一节　政府部门财务报告主要内容

第四条　政府部门财务报告应当包括财务报表和财务分析。财务报表包括会计报表和报表附注。

第五条　会计报表主要包括资产负债表、收入费用表等。

资产负债表重点反映政府部门年末财务状况。资产负债表应当按照资产、负债和净资产分类分项列示。其中，资产应当按照流动性分类分项列示，包括流动资产、非流动资产等；负债应当按照流动性分类分项列示，包括流动负债、非流动负债等。

收入费用表重点反映政府部门年度运行情况。收入费用表应当按照收入、费用和盈余分类分项列示。

第六条　报表附注重点对会计报表作进一步解释说明，主要包括会计报表编制基础、遵循相关制度规定的声明、合并范围、重要会计政策与会计估计变更情况、会计报表重要项目明细信息及说明等事项。

第七条 政府部门财务分析主要包括财务状况分析、运行情况分析、财务管理情况等。

第二节 政府综合财务报告主要内容

第八条 政府综合财务报告应当包括财务报表、财政经济分析和财政财务管理情况等。财务报表包括会计报表和报表附注。

第九条 会计报表主要包括资产负债表、收入费用表等。

资产负债表重点反映政府整体年末财务状况。资产负债表应当按照资产、负债和净资产分类分项列示。其中，资产应当按照流动性分类分项列示，包括流动资产、非流动资产等；负债应当按照流动性分类分项列示，包括流动负债、非流动负债等。

收入费用表重点反映政府整体年度运行情况。收入费用表应当按照收入、费用和盈余分类分项列示。

第十条 报表附注重点对会计报表作进一步解释说明，主要包括会计报表编制基础、遵循相关制度规定的声明、会计报表包含的主体范围、重要会计政策与会计估计变更情况、会计报表重要项目明细信息及说明等事项。

第十一条 政府财政经济分析应当包括财务状况分析、运行情况分析、财政中长期可持续性分析等。

政府财务状况分析主要包括：资产方面，重点分析政府资产的构成及分布，对于长期投资、在建工程、公共基础设施、保障性住房等重要项目，分析各资产比重变化趋势以及对于政府偿债能力和公共服务能力的影响。负债方面，重点分析政府债务规模大小、债务结构以及发展趋势。通过政府资产负债率等指标，分析政府当期债务风险情况。

政府运行情况分析主要包括：收入方面，重点分析政府收入规模、结构及来源分布、重点收入项目的比重及变化趋势，特别是宏观经济运行、税收政策等对政府收入变动的影响。费用方面，重点按照经济分类分析政府费用规模及构成、重点费用项目的比重及变化趋势，特别是政府投融资情况对政府费用变动的影响。

通过收入费用率等指标，分析政府运行效率。

财政中长期可持续性分析主要包括：基于当前政府财政财务状况和运行情况，结合本地区经济形势、重点产业发展趋势、财政体制、财税政策、社会保障政策、相关负债占GDP比重等，预测财政收支缺口，全面分析政府未来中长期收入支出等变化趋势。

第十二条 政府财政财务管理情况，主要反映政府财政财务管理的政策要求、主要措施和取得成效等。

第三章 政府财务报告编制

第十三条 政府财务报告内容应当符合政府会计准则制度等规定。

对于政府会计准则制度尚未作出规定的经济业务或事项，编制政府财务报告应当按照权责发生制原则和相关报告标准规定执行。

第十四条 政府财务报告按公历年度编制，即每年1月1日至12月31日。

第十五条 政府财务报告应当以人民币作为报告币种。

第十六条 政府财务报告应当以经核对无误的会计账簿数据为基础编制。

第十七条 政府财务报告格式应当符合财政部统一规定。

第一节 政府部门财务报告编制

第十八条 政府部门财务报告由本部门所属单位按照财务管理关系逐级编制。

第十九条 各部门、各单位是本部门、本单位财务报告的管理主体，对本部门、本单位财务报告的真实性、准确性、完整性和规范性负责。

第二十条 政府各部门应当严格按照相关财政财务管理制度以及政府会计准则制度规定，全面清查核实资产负债，完善基础资料，做到账实相符、账证相符、账账相符、账表相符。政府各部门应当认真组织开展部门与财政之间、部门与部门之间、部门内部单位之间经济业务或事项的对账工作。各单位应当认真开展本单位与财政之间、与其他单位之间经济业务或事项的对账工作。

第二十一条 政府各部门应当对所属各单位财务报表进行合并，编制本部门财务报表。

编制合并财务报表时，对部门内部单位之间发生的经济业务或事项应当经过确认后抵销，并编制抵销分录，在此基础上分项生成合并财务报表项目。

第二十二条 政府部门财务报表之间、财务报表各项目之间，凡有对应关系的数字，应当相互一致；报表中本期与上期有关的数字应当衔接。

第二十三条 政府部门财务分析应当基于财务报表所反映的信息，结合政府部门职能，重点分析资产状况、债务风险、收入费用、预算管理和绩效管理等方面。

第二节 政府综合财务报告编制

第二十四条 政府财政部门应当以财政总会计报表、部门财务报表、土地储备资金财务报表等为基础编制政府综合财务报表。

第二十五条 政府财政部门应当严格按照相关财政管理制度以及政府会计准则制度规定，全面清查核实相关资产负债等，做到账实相符、账证相符、账账相符、账表相符。

第二十六条 编制本级政府综合财务报表时，应当对本级财政总会计报表、部门财务报表、土地储备资金财务报表等报表之间经济业务或事项进行确认后抵销，并编制抵销分录，在此基础上分项合并生成综合财务报表项目。

县级以上政府财政部门要合并本级政府综合财务报表和下级政府综合财务报表，编制本行政区政府综合财务报表。

第二十七条 政府综合财务报表之间、财务报表各项目之间，凡有对应关系的数字，应当相互一致；报表中本期与上期有关的数字应当衔接。

第二十八条 政府财政经济分析应当基于财务报表所反映的信息，结合经济形势状况和趋势、财政管理政策措施，对政府整体财务状况、运行情况以及财政中长期可持续性进行综合性分析。

第四章 政府财务报告审核

第二十九条 政府财务报告审核重点是报告的真实性、准确性、完整性和规范性，具体包括：

（一）真实性：报表数据与会计账簿数据是否相符，是否有漏报、虚报和瞒报等现象；

（二）准确性：财务报表表内、表间勾稽关系是否衔接，抵销调整事项是否合理、准确，纸质数据与电子数据是否保持一致；

（三）完整性：是否涵盖所有报告主体和事项，报告内容是否完整；

（四）规范性：会计报表、报表附注、分析说明的格式等是否符合政府财务报告编制制度规定。

第三十条 政府各部门、各单位应当对本部门、本单位财务报告真实性、准确性、完整性、规范性进行初审。政府财政部门应当对部门财务报告的准确性、完整性、规范性进行复审。

各级政府财政部门应当对本级政府综合财务报告真实性、准确性、完整性、规范性进行初审。上级财政部门应当对下级政府综合财务报告的准确性、完整性、规范性进行复审。

第三十一条 政府财务报告审核包括自行审核、集中会审、委托审核等多种形式。

（一）自行审核：各单位在报送财务报告前自行按规定的审核内容逐项审核本单位财务报告；

（二）集中会审：各地区、各部门组织专门力量对本地区、本部门及所属单位编制的财务报告纸质报表、电子数据以及相关资料，按照财政部门的标准及要求集中进行审核；

（三）委托审核：各地区、各部门在遵循有关法律法规的前提下，可委托中介机构对本地区、本部门及所属单位编制的财务报告纸质报表、电子数据以及相关资料进行审核。

第三十二条 各地区、各部门应当认真做好财务报告审核工作，凡发现报告编制不符合规定，存在漏报、重报、虚报、瞒报、错报以及相关数据不衔接等错误和问题，应当要求有关单位立即纠正，并限期重新报送。

第三十三条 政府财务报告审核应当依据政府会计准则制度、政府财务报告编制制度等规定，采取人工审核和系统审核相结合方式进行。人工审核侧重于财务报告完整性、规范性等方面；系统审核侧重于财务报告数据准确性及勾稽关系等方面。

第五章 政府财务报告报送和备案

第三十四条 政府各单位应当按照财务管理关系，按规定内容和时限采取自下而上方式逐级报送财务报告。

第三十五条 政府各部门应当按规定内容和时限将部门财务报告报送同级政府财政部门，并按照审计相关规定接受审计机关审计。

第三十六条 县级以上地方政府财政部门应当按规定内容和时限，将政府综合财务报告报送上级政府财政部门，并按照审计相关规定接受审计机关审计。经审计的政府综合财务报告，适时报本级人民代表大会常务委员会备案。

第六章 政府财务报告数据资料管理

第三十七条 政府财务报告数据资料包括以各种介质存放的政府财务报告及相关工作底稿等。

第三十八条 各部门、各单位应当按照会计档案管理相关规定，对部门财务报告数据资料进行归类整理、建档建库，并对电子数据进行备份保存。

各级政府财政部门应当按照会计档案管理相关规定对政府综合财务报告数据资料进行归类整理、建档建库，并对电子数据进行备份保存。

第三十九条 政府财务报告数据资料涉及国家秘密的，应当依法严格执行保密规定。

第七章 职责分工

第四十条 财政部是政府财务报告编制管理工作的主管部门。其职责主要是：

（一）制定政府财务报告编制的制度办法；

（二）制定全国统一的政府财务报告报表体系，明确报表格式要求和填报口径，完善系统建设规范，组织和指导全国政府财务报告编制的布置与培训；

（三）组织和指导全国政府财务报告的收集、审核、合并汇总和报送工作；

（四）组织和指导全国政府财务报告数据的分析利用；

（五）建立和管理全国政府财务报告数据库；

（六）审核中央政府各部门财务报告；

（七）合并编制中央政府综合财务报告；
（八）审核省本级和全省政府综合财务报告，合并汇总编制全国政府综合财务报告。

第四十一条 地方各级财政部门负责组织实施本地区政府财务报告的编制管理工作。其职责主要是：

（一）组织和指导本地区政府财务报告编制及系统使用的布置与培训；
（二）组织和指导本地区政府财务报告的收集、审核、合并汇总和报送工作；
（三）组织和指导本地区政府财务报告数据的分析利用；
（四）建立和管理本地区政府财务报告数据库；
（五）审核本级政府各部门财务报告；
（六）合并编制本级政府综合财务报告；
（七）审核下级政府综合财务报告，合并汇总编制本行政区政府综合财务报告。

第四十二条 各部门负责组织实施本部门财务报告的编制管理工作，配合财政部门开展政府综合财务报告编制。其职责主要是：

（一）组织本部门所属单位财务报告编制及系统使用的布置与培训；
（二）组织和指导本部门所属单位财务报告的收集、审核、合并汇总和报送工作；
（三）组织本部门财务报告数据的分析利用；
（四）建立和管理本部门所属单位财务报告数据库；
（五）审核本部门所属单位财务报告，合并编制本部门财务报告；
（六）提供编制政府综合财务报告所需数据和资料。

第八章 罚　　则

第四十三条 编制部门或单位未按照政府会计准则制度和有关政策要求编报，导致政府财务报告内容不完整、信息披露不充分、数据信息质量较差的，责令重新编报，并适时予以通报批评。

第四十四条 政府财务报告编制工作中有弄虚作假、提供虚假财务信息，以及严重故意漏报、瞒报等行为的，按照《中华人民共和国预算法》《中华人民共和国会计法》《财政违法行为处罚处分条例》等有关法律法规予以处理。

第九章 附　　则

第四十五条 本办法自 2024 年 1 月 1 日起施行，财政部于 2019 年印发的《政府财务报告编制办法（试行）》（财库〔2019〕56 号）同时废止。

2. 政府部门财务报告编制操作指南（2023 年修订）

（财库〔2023〕22 号印发）

第一章 总　　则

第一条 为规范政府部门财务报告编制工作，确保政府部门和单位准确、完整编制政府部门财务报告，根据《政府财务报告编制办法》和政府会计准则制度等，制定本指南。

第二条 政府部门财务报告以权责发生制为基础，主要反映政府部门的财务状况、运行情况等信息，具体包括财务报表和财务分析。

第三条 财务报表包括会计报表和报表附注。会计报表主要包括资产负债表、收入费用表等。

（一）资产负债表。反映政府部门年末财务状况。资产负债表应当按照资产、负债和净资产分类分项列示。

（二）收入费用表。反映政府部门年度运行情况。收入费用表应当按照收入、费用和盈余分类分项列示。

（三）报表附注。重点对会计报表作进一步解释说明。

第四条 政府部门财务分析主要包括财务状况分析、运行情况分析、相关指标变化情况及趋势分析，以及政府部门财务管理方面采取的主要措施和取得成效等。

第五条 政府部门财务报告编制范围包括：

（一）部门及部门所属的行政事业单位，不包括企业（集团）下属的事业单位。

（二）与同级财政部门有预算拨款关系的社会团体。

财政部对政府部门财务报告编制范围另有规定的，依照其规定。

各单位应当按照本指南规定编制本单位财务报告并按照财务管理关系报送上级单位；上级单位除编制本单位财务报告外，还应当按照本指南规定对本单位和所属单位财务报表进行合并，编制合并财务报告。主管部门编制的合并财务报告，即部门财务报告。

第二章 政府部门会计报表项目

第一节 资产负债表项目

第六条 资产负债表（附1中表1）具体包括如下项目：

（一）资产类项目。

1. 货币资金，反映政府部门期末持有的货币资金余额，包括库存现金、银行存款和其他货币资金等。

2. 短期投资，反映政府部门期末持有的短期投资账面余额。

3. 财政应返还额度，反映政府部门期末财政应返还额度的金额。

4. 应收票据，反映政府部门期末持有的应收票据的票面金额。

5. 应收账款净额，反映政府部门期末尚未收回的应收账款减去已计提的坏账准备后的净额。

6. 预付账款，反映政府部门期末预付给商品或者劳务供应单位的款项余额。

7. 应收股利，反映政府部门期末因股权投资而应收取的现金股利或应当分得的利润。

8. 应收利息，反映政府部门期末因债券投资等而应收取的利息。

9. 其他应收款净额，反映政府部门期末尚未收回的其他应收款减去已计提的坏账准备后的净额。

10. 存货，反映政府部门期末存储的存货的实际成本。

11. 待摊费用，反映政府部门期末已经支出，但应当由本期和以后各期负担的分摊期在1年内（含1年）的各项费用。

12. 一年内到期的非流动资产，反映政府部门期末非流动资产项目中将在1年内（含1年）到期的金额，如事业单位将在1年内（含1年）到期的长期债券投资金额。

13. 其他流动资产，反映政府部门期末除本表中上述各项之外的其他流动资产的合计金额。

14. 长期股权投资，反映政府部门期末持有的长期股权投资的账面余额。

15. 长期债券投资，反映政府部门期末持有的长期债券投资的账面余额，不包含将于1年内（含1年）到期的部分。

16. 固定资产原值，反映政府部门期末固定资产的原值。

固定资产累计折旧，反映政府部门期末固定资产已计提的累计折旧金额。

固定资产净值，反映政府部门期末固定资产的原值减累计折旧的余额。

17. 工程物资，反映政府部门期末为在建工程准备的各种物资的实际成本。

18. 在建工程，反映政府部门期末所有的建设项目工程的实际成本。

19. 无形资产原值，反映政府部门期末无形资产的原值。

无形资产累计摊销，反映政府部门期末无形资产已计提的累计摊销金额。

无形资产净值，反映政府部门期末无形资产的原值减累计摊销的余额。

20. 研发支出，反映政府部门期末正在进行的无形资产开发项目开发阶段发生的累计支出数。

21. 公共基础设施原值，反映政府部门期末控制的公共基础设施的原值。

公共基础设施累计折旧（摊销），反映政府部门期末控制的公共基础设施已计提的累计折旧和累计摊销金额。

公共基础设施净值，反映政府部门期末控制的公共基础设施的原值减累计折旧（摊销）的余额。

22. 政府储备物资，反映政府部门期末控制的政府储备物资的实际成本。

23. 文物文化资产，反映政府部门期末控制的文物文化资产的成本。

24. 保障性住房原值，反映政府部门期末控制的保障性住房的原值。

保障性住房累计折旧，反映政府部门期末控制的保障性住房已计提的累计折旧金额。

保障性住房净值，反映政府部门期末控制的保障性住房的原值减累计折旧的余额。

25. 长期待摊费用，反映政府部门期末已经支出，但应由本期和以后各期负担的分摊期限在1年以上（不含1年）的各项费用。

26. 待处理财产损溢，反映政府部门期末尚未处理完毕的各种资产的净损失或净溢余。

27. 其他非流动资产，反映政府部门期末除本表中上述各项之外的其他非流动资产的合计数。

28. 受托代理资产，反映政府部门期末受托代理资产的价值。

（二）负债类项目。

1. 短期借款，反映政府部门期末短期借款的余额。

2. 应交增值税，反映政府部门期末应缴未缴的增值税税额。

3. 其他应交税费，反映政府部门期末应缴未缴的除增值税以外的税费金额。

4. 应缴财政款，反映政府部门期末应当上缴财政但尚未缴纳的款项。

5. 应付职工薪酬，反映政府部门期末按有关规定应付给职工及为职工支付的各种薪酬。

6. 应付票据，反映政府部门期末应付票据的金额。

7. 应付账款，反映政府部门期末应当支付但尚未支付的偿还期限在1年内（含1年）的应付账款的金额。

8. 应付政府补贴款，反映负责发放政府补贴的政府部门期末按照规定应当支付给政府补贴接受者的各种政府补贴款余额。

9. 应付利息，反映政府部门期末按照合同约定应支付的借款利息。事业单位到期一次还本付息的长期借款利息不包括在本项目内。

10. 预收账款，反映政府部门期末预先收取但尚未确认收入和实际结算的款项余额。

11. 其他应付款，反映政府部门期末其他各项偿还期限在1年内（含1年）的应付及暂收款项余额。

12. 预提费用，反映政府部门期末已预先提取的已经发生但尚未支付的各项费用。

13. 一年内到期的非流动负债，反映政府部门期末将于1年内（含1年）偿还的非流动负债的余额。

14. 其他流动负债，反映政府部门期末除本表中上述各项之外的其他流动负债的合计数。

15. 长期借款，反映政府部门期末长期借款的余额，不包含将于1年内（含1年）到期的部分。

16. 长期应付款，反映政府部门期末长期应付款的余额，不包含将于1年内（含1年）到期的部分。

17. 预计负债，反映政府部门期末已确认但尚未偿付的预计负债的余额。

18. 其他非流动负债，反映政府部门期末除本表中上述各项之外的其他非流动负债的合计数。

19. 受托代理负债，反映政府部门期末受托代理负债的金额。

（三）净资产类项目。

1. 累计盈余，反映政府部门期末未分配盈余（或未弥补亏损）以及无偿调拨净资产变动的累计数。

2. 专用基金，反映政府部门期末累计提取或设置但尚未使用的专用基金余额。

3. 权益法调整，反映政府部门期末在被投资单位除净损益和利润分配以外的所有者权益变动中累积享有的份额。

第二节 收入费用表项目

第七条 收入费用表（附1中表2）具体包括如下项目：

（一）收入类项目。

1. 财政拨款收入，反映政府部门本期从同级政府财政部门取得的各类财政拨款。

2. 事业收入，反映政府部门本期开展专业业务活动及其辅助活动实现的收入。

3. 上级补助收入，反映政府部门本期从主管部门和上级单位收到或应收的非财政拨款收入。

4. 附属单位上缴收入，反映政府部门本期收到或应收的独立核算的附属单位按照有关规定上缴的收入。

5. 经营收入，反映政府部门本期在专业业务活动及其辅助活动之外开展非独立核算经营活动实现的收入。

6. 非同级财政拨款收入，反映政府部门本期从同级财政以外的同级政府部门取得的横向转拨财政款，以及从上级或下级政府（包括政府财政和政府部门）取得的各类财政款。不包括事业单位因开展专业业务活动及其辅助活动从非同级财政部门取得的经费拨款。

7. 投资收益，反映政府部门本期股权投资和债券投资所实现的收益或发生的损失。

8. 捐赠收入，反映政府部门本期接受捐赠取得的收入。

9. 利息收入，反映政府部门本期取得的银行存款利息收入。

10. 租金收入，反映政府部门本期经批准利用国有资产出租取得并按规定纳入本单位预算管理的租金收入。

11. 其他收入，反映政府部门本期取得的除以上收入项目外的其他收入。

（二）费用类项目（表2-1）。

1. 业务活动费用，反映政府部门本期为实现其职能目标，依法履职或开展专业业务活动及其辅助活动所发生的各项费用。

2. 单位管理费用，反映政府部门所属事业单位等本期本级行政及后勤管理部门开展管理活动发生的各项费用，以及由政府部门统一负担的离退休人员经费、工会经费、诉讼费、中介费等。

3. 经营费用，反映政府部门本期在专业业务活动及其辅助活动之外开展非独立核算经营活动发生的各项费用。

4. 资产处置费用，反映政府部门本期经批准处置资产时转销的资产价值以及在处置过程中发生的相关费用或者处置收入小于处置费用形成的净支出。

5. 上缴上级费用，反映政府部门本期按照规定上缴上级单位款项发生的费用。

6. 对附属单位补助费用，反映政府部门本期用财政拨款收入之外的收入对附属单位补助发生的费用。

7. 所得税费用，反映政府部门有企业所得税缴纳义务的单位本期计算应交纳的企业所得税。

8. 其他费用，反映政府部门本期发生的除以上费用项目外的其他费用的总额。

（三）费用类项目（表2-2）。

1. 工资福利费用，反映政府部门本期发生的给在职职工和编制外长期聘用人员的各类劳动报酬，以及为上述人员缴纳的各项社会保险费等。

2. 商品和服务费用，反映政府部门本期购买商品和服务发生的费用金额。

3. 对个人和家庭的补助费用，反映政府部门本期用于对个人和家庭的补助金额。

4. 对企业补助费用，反映政府部门本期对各类企业的补助。

5. 固定资产折旧费用，反映政府部门本期对固定资产提取的折旧费用。

6. 无形资产摊销费用，反映政府部门本期对无形资产提取的摊销费用。

7. 公共基础设施折旧（摊销）费用，反映政府部门本期对公共基础设施提取的折旧（摊销）费用。

8. 保障性住房折旧费用，反映政府部门本期对保障性住房提取的折旧费用。

9. 计提专用基金，反映政府部门本期按照规定从收入中提取的专用基金。

10. 资产处置费用，反映政府部门本期经批准处置资产时转销的资产价值以及在处置过程中发生的相关费用或者处置收入小于处置费用形成的净支出。

11. 上缴上级费用，反映政府部门本期按照规定上缴上级单位款项发生的费用。

12. 对附属单位补助费用，反映政府部门本期用财政拨款收入之外的收入对附属单位补助发生的费用。

13. 所得税费用，反映有企业所得税缴纳义务的政府部门本期计算应交纳的企业所得税。

14. 其他费用，反映政府部门本期发生的除以上费用项目外的其他费用的总额。

（四）盈余类项目。

本年盈余，反映政府部门本期收入扣除本期费用后的净额。

第三章　政府部门财务报表编制

第八条　政府部门财务报表编制工作分为两个阶段：

（一）编制单位财务报表。单位按照《单位基础信息清单》（附5）填写基础信息，并根据执行的会计制度和《会计报表项目对照表》（附2）编制财务报表。

（二）编制合并财务报表。有下属单位的单位除编制本单位财务报表外，应逐级对本单位和所属单位会计报表数据进行合并，编制合并财务报表。

第一节　单位会计报表编制

第九条　各单位按照《会计报表项目对照表》（附2），将本单位会计报表中的资产、负债、净资产、收入和费用类项目金额填入资产负债表、收入费用表对应的报表项目。

资产负债表的年初数原则上应与上年的年末数相等。收入费用表的上年数原则上应与上年的本年数相等。涉及会计差错更正、会计政策变更等调整以前年度盈余事项的，资产负债表年初数按调整后的数据填列。

第二节　部门合并会计报表编制

第十条　合并资产负债表和收入费用表的编制包括汇总单位会计报表、编制抵销分录、生成合并会计报表三个步骤。

（一）汇总单位会计报表。

上级单位对本单位和各所属单位上报的资产负债表和收入费用表进行分项加总，得出汇总的会计报表。

（二）编制抵销分录。

上级单位按照《抵销事项清单》（附4）对本单位、所属单位之间发生的经济业务或事项，确认后予以抵销，并编制抵销分录和抵销工作底表（附3）。按照重要性原则，设定10万元抵销阈值。对于单位和单位之间的债权债务事项，年末余额不超过10万元的，可以不进行抵销。对于单位和单位之间的收入费用事项，本年累计发生额不超过10万元的，可以不进行抵销。具备条件的须应抵尽抵，不受阈值限制。

1.抵销政府部门内部债权债务事项。

对于经确认的内部债权债务事项，要编制抵销分录：借记"应付票据""应付账款""预收账款""其他应付款""长期应付款"；贷记"应收票据""应收账款""预付账款""其他应收款"。已计提坏账准备的债权债务事项，应按债权债务原值编制抵销分录，同时应抵销已计提的坏账准备，借记"应收账款净额——坏账准备""其他应收款净额——坏账准备"，贷记"累计盈余"（以前年度计提的金额）、"其他费用"（当期补提或冲减的金额）。

例：A单位有2个所属单位A1、A2单位。A1单位会计报表"其他应收款"明细信息显示，A1单位应收A2单位款项500万元，A2单位会计报表"其他应付款"明细信息显示，A2单位应付A1单位款项500万元。A单位经与A1、A2两单位确认无误后，在编制合并会计报表时，抵销分录如下（分录金额为万元，下同）：

借：其他应付款——A1单位　　　　　　　　　　　　　　　500
　　贷：其他应收款——A2单位　　　　　　　　　　　　　　　500

例：B单位有2个所属单位B1、B2单位。B1单位会计报表"应收账款"明细信息显示，应收B2单位款项100万元，假设该单位按照账龄分析法对此应收账款计提坏账准备10万元，年末应收账款净额为90万元。B2单位会计报表"应付账款"明细信息显示，应付B1单位款项100万元。B单位经与B1、B2两单位确认无误后，第一年编制合并会计报表时，抵销分录如下：

借：应付账款——B1单位　　　　　　　　　　　　　　　100
　　贷：应收账款——B2单位　　　　　　　　　　　　　　　100
借：应收账款净额——坏账准备　　　　　　　　　　　　10
　　贷：其他费用　　　　　　　　　　　　　　　　　　　　10

第二年，B1单位对该应收账款补提5万元的坏账准备，年末应收账款净额为85万元。第二年编制合并财务报表时，抵销分录如下：

借：应付账款——B1单位　　　　　　　　　　　　　　　100
　　贷：应收账款——B2单位　　　　　　　　　　　　　　　100
借：应收账款净额——坏账准备　　　　　　　　　　　　15
　　贷：其他费用　　　　　　　　　　　　　　　　　　　　5
　　　　累计盈余　　　　　　　　　　　　　　　　　　　10

第三年，B1单位收回该应收账款50万元，冲减8万元的坏账准备，年末应收账款净

额为43万元。第三年编制合并财务报表时,抵销分录如下:
  借:应付账款——B1单位   50
    贷:应收账款——B2单位   50
  借:应收账款净额——坏账准备   7
    贷:其他费用   −8
      累计盈余   15

2. 抵销政府部门内部收入费用事项。

对经确认的内部收入费用事项,应编制抵销分录:

(1)"上级补助收入"与"对附属单位补助费用"之间存在抵销关系,抵销分录为:借记"上级补助收入",贷记"对附属单位补助费用"。

(2)"附属单位上缴收入""其他收入"(行政单位使用)与"上缴上级费用"之间存在抵销关系,抵销分录为:借记"附属单位上缴收入""其他收入"(行政单位使用),贷记"上缴上级费用"。

(3)"事业收入""非同级财政拨款收入""经营收入""租金收入""其他收入"中属于来自本部门内部单位的部分与"业务活动费用(商品和服务费用、其他费用)""单位管理费用(商品和服务费用、其他费用)""经营费用(商品和服务费用、其他费用)""其他费用"中属于支付给本部门内部单位的部分存在抵销关系,抵销分录为:借记"事业收入""非同级财政拨款收入""经营收入""租金收入""其他收入",贷记"业务活动费用(商品和服务费用、其他费用)""单位管理费用(商品和服务费用、其他费用)""经营费用(商品和服务费用、其他费用)""其他费用"。对涉及增值税的应税业务,按扣除增值税后的净额抵销。

例:A单位有2个所属单位A1、A2单位。A1单位会计报表"事业收入"明细信息显示,A1单位收到来自A2单位款项为113万元,A2单位会计报表"业务活动费用(商品和服务费用)"明细信息显示,A2单位支付给A1单位款项113万元。A单位经与A1、A2两单位确认无误后,在编制合并会计报表时,抵销分录如下:
  借:事业收入——A2单位   113
    贷:业务活动费用(商品和服务费用)——A1单位   113

例:B单位有2个所属单位B1、B2单位,B1单位收到来自B2单位款项100万元,增值税13万元,B2单位支付B1单位款项113万元,B单位经与B1、B2两单位确认无误后,在编制合并会计报表时,抵销分录如下:
  借:事业收入——B2单位   100
    贷:业务活动费用(商品和服务费用)——B1单位   100

3. 政府部门内部特殊情况抵销事项。

按照《政府会计准则制度解释第4号》增加政府部门内部特殊情况抵销事项。在各单位充分对账、会计处理正确的前提下,部门合并主体对于按照规定未能进行抵销处理,且不属于规定的不抵销事项,可以直接按照内部业务或事项的金额编制抵销分录:借记有关应付及预收、收入项目,贷记有关应收及预付、费用项目,按其差额借记或贷记累计盈余。

对收入和费用的调整最终会影响净资产总额,应按照所有调整分录汇总计算调整额(收入调增额−收入调减额−费用调增额+费用调减额)。如果调整额为正数,调增"累计盈余";如果调整额为负数,则调减"累计盈余"。

（三）生成合并会计报表。

将抵销分录中相关数据填入抵销工作底表（附3），根据抵销工作底表"合计"栏数据，对汇总后的资产负债表、收入费用表相关项目进行抵销，生成合并资产负债表和收入费用表。

第三节　会计报表附注编制

第十一条　附注是对在会计报表中列示的项目所作的进一步说明，以及对未能在会计报表中列示项目的说明。附注应当包括下列内容：

（一）会计报表编制基础。政府部门会计报表以权责发生制为基础编制。

（二）遵循相关制度规定的声明。政府部门应当声明编制的会计报表符合政府会计准则、相关会计制度和财务报告编制规定的要求，如实反映政府部门的财务状况、运行情况等有关信息。

（三）合并范围。合并会计报表应披露其包含的主体范围，具体包括所属单位的名称、性质（如：行政单位、事业单位或社会团体）、实有人员数等基本信息。与上年相比，合并范围发生变化的应详细说明变动情况。

（四）重要会计政策与会计估计变更情况。对本年发生的重要会计政策和会计估计变更，应说明变更的内容和原因，受其重要影响的报表项目名称和金额，以及重要会计政策和会计估计变更开始适用的时点。

（五）会计报表重要项目明细信息及说明。单位应当按照资产负债表和收入费用表项目列示顺序，采用数字和文字描述相结合的方法披露重要项目的明细信息，便于报表信息使用者更好地理解报表信息。报表重要项目明细信息应至少包括下列报表（附1中附表1至附表28）：

1. 货币资金明细表；
2. 应收票据明细表；
3. 应收账款净额明细表；
4. 预付账款明细表；
5. 其他应收款净额明细表；
6. 长期投资及投资收益明细表；
7. 固定资产明细表；
8. 在建工程明细表；
9. 无形资产明细表；
10. 公共基础设施明细表；
11. 政府储备物资明细表；
12. 保障性住房明细表；
13. 应付票据明细表；
14. 应付账款明细表；
15. 预收账款明细表；
16. 其他应付款明细表；
17. 长期借款明细表；
18. 长期应付款明细表；
19. 事业收入明细表；
20. 经营收入明细表；
21. 非同级财政拨款收入明细表；
22. 租金收入明细表；

23. 其他收入明细表；
24. 业务活动费用明细表；
25. 单位管理费用明细表；
26. 经营费用明细表；
27. 商品和服务费用明细表；
28. 其他费用明细表。

（六）需要说明的其他事项。

1. 资产负债表日后重大事项。

2. 重要或有事项说明。逐笔披露政府部门或有事项的事由和金额，如担保事项、未决诉讼或未决仲裁等，若无法预计金额应说明理由。

3. 以名义金额计量的资产名称、数量等情况，以及以名义金额计量理由的说明。

4. 使用政府专项债券资金形成的固定资产、在建工程、公共基础设施、保障性住房等资产的记账主体、账面价值、使用情况、收益情况及累计使用债券资金金额。

5. 使用其他债务资金形成的固定资产、在建工程、公共基础设施、保障性住房等资产的账面价值、使用情况、收益情况及债务偿还情况。

6. 重要资产置换、无偿调入（出）、捐入（出）、报废、重大毁损等情况的说明。

7. 对于政府部门管理的公共基础设施、文物文化资产、保障性住房、自然资源资产等重要资产，披露种类和实物量等相关信息。

8. 《政府会计准则制度解释第4号》中规定的特殊情况抵销事项的报表项目及金额（由一级部门合并主体说明）。

9. 政府会计具体准则中要求附注披露的其他内容，以及其他未在报表中列示，但对政府部门财务状况有重大影响的事项。

10. 资产负债表项目年初数调整情况。

第四章　政府部门财务分析

第一节　内容构成

第十二条 政府部门财务分析主要包括以下内容：

（一）政府部门工作目标完成情况。

结合政府部门职能、工作任务、相关政策要求等，说明政府部门年度工作目标计划及执行情况、绩效目标及完成情况。

（二）政府部门财务状况分析。

1. 分析政府部门资产总额变化情况及原因；分析政府部门货币资金、长期投资、固定资产、在建工程、公共基础设施、政府储备物资、保障性住房等重要资产项目的结构特点和变化情况；其他资产/总资产若高于10%、货币资金/总资产若高于25%，需单独分析。

2. 分析政府部门负债总额变化情况及原因；结合短期借款、长期借款等重点负债项目的增减变化情况，分析政府部门债务规模和债务结构等；其他负债/总负债若高于10%、应缴财政款若有余额，需单独分析。

3. 运用资产负债率、现金比率、流动比率等指标，分析政府部门财务状况。

（三）政府部门运行情况分析。

1. 分析政府部门收入总额变化情况及原因；分析政府部门收入结构及来源分布、重点收入项目的比重和变化趋势，以及经济形势、相关财政政策等对政府部门收入变动的影响等；其他收入／总收入若高于10%，需单独分析。

2. 分析政府部门费用总额变化情况及原因；分析政府部门费用规模、构成及变化情况，特别是政府部门控制行政成本的政策、投融资情况及对费用变动的影响等；其他费用／总费用若高于10%，需单独分析。

3. 运用政府部门的收入费用率等指标，分析政府部门收入与费用的比例情况。

（四）政府部门财务管理情况。

从部门预算管理、内控管理、资产管理、绩效管理、人才队伍建设等方面反映部门加强财务管理的主要措施和取得成效。

第二节　分析方法和指标

第十三条　政府部门可采取比率分析法、比较分析法、结构分析法、趋势分析法等方法进行财务分析。

第十四条　政府部门进行财务分析可参考使用以下指标：

分析指标表

序号	指标名称	公式	指标说明
1	资产负债率	负债总额／资产总额	反映政府部门偿付全部债务本息能力的基本指标。
2	现金比率	（货币资金＋财政应返还额度）／流动负债	反映政府部门利用现金及现金等价物偿还短期债务的能力。
3	流动比率	流动资产／流动负债	反映政府部门流动资产用于偿还流动负债的能力。
4	固定资产成新率	固定资产净值／固定资产原值	反映政府部门固定资产的持续服务能力。
5	公共基础设施成新率	公共基础设施净值／公共基础设施原值	反映公共基础设施的持续服务能力。
6	保障性住房成新率	保障性住房净值／保障性住房原值	反映政府部门保障性住房的持续服务能力。
7	收入费用率	年度总费用／年度总收入	反映政府部门收入与费用的比例情况。

第五章　附　　则

第十五条　本指南自2024年1月1日起施行，财政部于2019年印发的《政府部门财务报告编制操作指南（试行）》（财库〔2019〕57号）同时废止。

附：1. 政府部门财务报告样式
　　2. 会计报表项目对照表
　　3. 抵销工作底表
　　4. 抵销事项清单
　　5. 单位基础信息清单

附1 政府部门财务报告样式

××年度××部门/单位
财务报告

部门（单位）名称：（公章）

单位负责人：（签名并盖章）

财务负责人：（签名并盖章）

编制人：（签章）

报送日期：　　年　月

目　录

导言 …………………………………………………………………………… 328

一、政府部门财务报表 ………………………………………………………… 329

　（一）政府部门会计报表 ……………………………………………………… 329

　　　资产负债表 ……………………………………………………………… 329

　　　收入费用表（1） ………………………………………………………… 332

　　　收入费用表（2） ………………………………………………………… 332

　（二）政府部门会计报表附注 ………………………………………………… 334

　　　1. 会计报表编制基础 …………………………………………………… 334

　　　2. 遵循相关制度规定的声明 …………………………………………… 334

　　　3. 合并范围 ……………………………………………………………… 334

　　　4. 重要会计政策与会计估计变更情况 ………………………………… 334

　　　5. 会计报表重要项目的明细信息及说明 ……………………………… 334

　　　6. 需要说明的其他事项 ………………………………………………… 354

二、政府部门财务分析 ………………………………………………………… 355

　（一）政府部门工作目标完成情况 …………………………………………… 355

　（二）政府部门财务状况分析 ………………………………………………… 355

　（三）政府部门运行情况分析 ………………………………………………… 355

　（四）政府部门财务管理情况 ………………………………………………… 355

附件：补充报表

　　1. 应付工程款情况表 ……………………………………………………… 355

　　2. 本年预算结余与盈余调节表 …………………………………………… 356

导　言

为全面反映本部门财务状况和运行情况，××部组织编制了《××年度××财务报告》（以下简称《报告》）……简要情况如下：

（一）《报告》编制基本情况

概述编制依据、编制基础、主要内容、合并范围、合并方法等。

（二）本部门财务状况和运行情况

1. 资产负债情况。

××年末部门资产总额××万元、负债总额××万元、净资产总额××万元。资产负债率为××%，较上年增长/下降××个百分点，表明……。

（1）本部门资产主要包括……。

简要说明主要资产金额、占比以及变化情况等。

（2）本部门负债主要包括……。

简要说明主要负债金额、占比以及变化情况等。

2. 收入费用情况。

××年度部门收入总额××万元，费用总额××万元，收入费用相抵后本年盈余××万元。收入费用率为××%，较上年增长/下降××个百分点，表明……。

（1）本部门收入主要包括……。

简要说明收入构成、占比以及变化情况等。

（2）本部门费用主要包括……。

简要说明费用构成、占比以及变化情况等。

（3）《报告》反映的收入费用与部门决算反映的收入支出的主要差异情况。

一、政府部门财务报表
（一）政府部门会计报表

表1

资产负债表

编制单位：　　　　　　　　　年　月　日　　　　　　　　　单位：万元

项目	附注	年末数	年初数
流动资产：			
货币资金	附表1		
短期投资			
财政应返还额度			
应收票据	附表2		
应收账款净额	附表3		
预付账款	附表4		
应收股利			
应收利息			
其他应收款净额	附表5		
存货			
待摊费用			
一年内到期的非流动资产			
其他流动资产			
流动资产合计			

（续表）

项目	附注	年末数	年初数
非流动资产：			
长期股权投资	附表 6		
长期债券投资	附表 6		
固定资产原值			
减：固定资产累计折旧			
固定资产净值	附表 7		
工程物资			
在建工程	附表 8		
无形资产原值			
减：无形资产累计摊销			
无形资产净值	附表 9		
研发支出			
公共基础设施原值			
减：公共基础设施累计折旧（摊销）			
公共基础设施净值	附表 10		
政府储备物资	附表 11		
文物文化资产			
保障性住房原值			
减：保障性住房累计折旧			
保障性住房净值	附表 12		
长期待摊费用			
待处理财产损溢			
其他非流动资产			
非流动资产合计			
受托代理资产			
资产总计			
流动负债：			
短期借款			
应交增值税			
其他应交税费			

（续表）

项目	附注	年末数	年初数
应缴财政款			
应付职工薪酬			
应付票据	附表13		
应付账款	附表14		
应付政府补贴款			
应付利息			
预收账款	附表15		
其他应付款	附表16		
预提费用			
一年内到期的非流动负债			
其他流动负债			
流动负债合计			
非流动负债：			
长期借款	附表17		
长期应付款	附表18		
预计负债			
其他非流动负债			
非流动负债合计			
受托代理负债			
负债合计			
净资产：			
累计盈余			
专用基金			
权益法调整			
净资产合计			
负债及净资产总计			

表 2-1

收入费用表（1）

编制单位：　　　　　　　　　　　年　　　　　　　　　　　单位：万元

项目	附注	本年数	上年数
财政拨款收入			
事业收入	附表 19		
上级补助收入			
附属单位上缴收入			
经营收入	附表 20		
非同级财政拨款收入	附表 21		
投资收益	附表 6		
捐赠收入			
利息收入			
租金收入	附表 22		
其他收入	附表 23		
收入合计			
业务活动费用	附表 24		
单位管理费用	附表 25		
经营费用	附表 26		
资产处置费用			
上缴上级费用			
对附属单位补助费用			
所得税费用			
其他费用			
费用合计			
本年盈余			

表 2-2

收入费用表（2）

编制单位：　　　　　　　　　　　年　　　　　　　　　　　单位：万元

项目	附注	本年数	上年数
财政拨款收入			

（续表）

项目	附注	本年数	上年数
事业收入	附表 19		
上级补助收入			
附属单位上缴收入			
经营收入	附表 20		
非同级财政拨款收入	附表 21		
投资收益	附表 6		
捐赠收入			
利息收入			
租金收入	附表 22		
其他收入	附表 23		
收入合计			
工资福利费用			
商品和服务费用	附表 27		
对个人和家庭的补助费用			
对企业补助费用			
固定资产折旧费用			
无形资产摊销费用			
公共基础设施折旧（摊销）费用			
保障性住房折旧费用			
计提专用基金			
资产处置费用			
上缴上级费用			
对附属单位补助费用			
所得税费用			
其他费用①	附表 28		
费用合计			
本年盈余			

---

① 表 2-2 的"其他费用"包括"业务活动费用""单位管理费用""经营费用"等会计科目中的其他部分。

（二）政府部门会计报表附注

1. 会计报表编制基础。（略）
2. 遵循相关制度规定的声明。（略）
3. 合并范围。（略）
4. 重要会计政策与会计估计变更情况。（略）
5. 会计报表重要项目的明细信息及说明。

（1）货币资金明细信息如下：

附表1

货币资金明细表

单位：万元

项目	年末数	年初数
库存现金		
银行存款		
其他货币资金		
合计		

（2）应收票据明细信息如下：

附表2

应收票据明细表

单位：万元

债务人	年末数
应收本部门内部单位	
单位1	
单位2	
……	
应收本部门以外的同级政府单位	
单位1	
单位2	
……	
应收本部门以外的非同级政府单位	
单位1	
单位2	
……	
应收其他单位	
合计	

（3）应收账款净额明细信息如下：

附表3

应收账款净额明细表

单位：万元

债务人	应收账款原值	减：坏账准备		应收账款净值
	年末数	当期补提或冲减数	年末数	年末数
应收本部门内部单位				
单位1				
单位2				
……				
应收本部门以外的同级政府单位				
单位1				
单位2				
……				
应收本部门以外的非同级政府单位				
单位1				
单位2				
……				
应收其他单位				
合计				

注：当期坏账准备冲减数以"—"号填列。

（4）预付账款明细信息如下：

附表4

预付账款明细表

单位：万元

债务人	年末数
预付本部门内部单位	
单位1	
单位2	
……	
预付本部门以外的同级政府单位	
单位1	

（续表）

债务人	年末数
单位2	
……	
预付本部门以外的非同级政府单位	
单位1	
单位2	
……	
预付其他单位	
合计	

（5）其他应收款净额明细信息如下：

附表5

其他应收款净额明细表

单位：万元

债务人	其他应收款原值	减：坏账准备		其他应收款净值
	年末数	当期补提或冲减数	年末数	年末数
应收本部门内部单位				
单位1				
单位2				
……				
应收本部门以外的同级政府单位				
单位1				
单位2				
……				
应收本部门以外非同级政府单位				
单位1				
单位2				
……				
应收同级财政				
应收其他单位				
合计				

注：当期坏账准备冲减数以"—"号填列。

（6）长期投资及投资收益明细信息如下：

附表6

长期投资及投资收益明细表

单位：万元

投资对象	长期投资						投资收益	
	年初数	追加投资	减少投资	权益法下确认的投资收益	其他变动	年末数	本年数	上年数
股权投资								
对企业股权投资								
权益法								
企业1								
企业2								
……								
成本法								
企业1				—				
企业2				—				
……				—				
对投资基金股权投资								
权益法								
投资基金1								
投资基金2								
……								
成本法								
投资基金1				—				
投资基金2				—				
……				—				
债券投资								
合计								

注：1. 本表中每类投资下分别按照长期投资年末数从大到小排列。
2. 长期股权投资核算方法按照年末核算方法反映。
3. "权益法下确认的投资收益"项目按照"长期股权投资——损益调整"科目本年发生额净额填列，如为投资净损失以"—"号填列。
4. "投资收益"项目按照"投资收益"科目本年发生额净额填列，如为投资净损失以"—"填列。

（7）固定资产明细信息如下：

附表7

固定资产明细表

单位：万元

项目	年初数	本年增加	本年减少	年末数
原值合计				
房屋和构筑物				
设备				
文物和陈列品				
图书和档案				
家具和用具				
特种动植物				
累计折旧合计				
房屋和构筑物				
设备				
文物和陈列品	—	—	—	—
图书和档案	—	—	—	—
家具和用具				
特种动植物	—	—	—	—
净值合计	—		—	—
房屋和构筑物	—		—	—
设备	—		—	—
文物和陈列品	—		—	—
图书和档案	—		—	—
家具和用具	—		—	—
特种动植物	—		—	—

（8）在建工程明细信息如下：

附表8

在建工程明细表

单位：万元

项目	年初数	本年增加	本年减少	年末数
项目1				
项目2				
……				

项目	年初数	本年增加	本年减少	年末数
				（续表）
其他项目				
合计				

注：本表原则上按照项目金额从大到小列示前 20 项，其余部分合并填入其他项目。

（9）无形资产明细信息如下：

附表 9

无形资产明细表

单位：万元

项目	年初数	本年增加	本年减少	年末数
原值合计				
专利权				
非专利技术				
著作权				
资源资质				
商标权				
信息数据				
其他				
累计摊销合计				
专利权				
非专利技术				
著作权				
资源资质				
商标权				
信息数据				
其他				
净值合计		—	—	
专利权		—	—	
非专利技术		—	—	
著作权		—	—	
资源资质		—	—	
商标权		—	—	
信息数据		—	—	
其他		—	—	

（10）公共基础设施明细信息如下：

附表10-1

公共基础设施明细表（原值）

单位：万元

项目	年初数	本年增加	本年减少	年末数
市政基础设施				
交通设施				
供排水设施				
能源设施				
环卫设施				
园林绿化设施				
综合类设施				
信息通信设施				
其他市政设施				
交通基础设施				
公路				
汽车客运站				
铁路				
机场				
航道				
沿海航海保障设施				
港口				
轮渡				
水利基础设施				
防洪（潮）工程				
治涝工程				
灌溉工程				
引调水工程				
农村供水工程				
水力发电工程				
水土保持工程				
水库工程				
水文基础设施				

(续表)

项目	年初数	本年增加	本年减少	年末数
其他公共基础设施				
原值合计				

附表 10-2

公共基础设施明细表（累计折旧/摊销）

单位：万元

项目	年初数	本年增加	本年减少	年末数
市政基础设施				
交通设施				
供排水设施				
能源设施				
环卫设施				
园林绿化设施				
综合类设施				
信息通信设施				
其他市政设施				
交通基础设施				
公路				
汽车客运站				
铁路				
机场				
航道				
沿海航海保障设施				
港口				
轮渡				
水利基础设施				
防洪（潮）工程				
治涝工程				
灌溉工程				
引调水工程				
农村供水工程				
水力发电工程				
水土保持工程				

（续表）

项目	年初数	本年增加	本年减少	年末数
水库工程				
水文基础设施				
其他公共基础设施				
累计折旧（摊销）合计				

附表 10-3

公共基础设施明细表（净值）

单位：万元

项目	年初数	本年增加	本年减少	年末数
市政基础设施		—	—	
交通设施		—	—	
供排水设施		—	—	
能源设施		—	—	
环卫设施		—	—	
园林绿化设施		—	—	
综合类设施		—	—	
信息通信设施		—	—	
其他市政设施		—	—	
交通基础设施		—	—	
公路		—	—	
汽车客运站		—	—	
铁路		—	—	
机场		—	—	
航道		—	—	
沿海航海保障设施		—	—	
港口		—	—	
轮渡		—	—	
水利基础设施		—	—	
防洪（潮）工程		—	—	
治涝工程		—	—	
灌溉工程		—	—	

（续表）

项目	年初数	本年增加	本年减少	年末数
引调水工程		—	—	
农村供水工程		—	—	
水力发电工程		—	—	
水土保持工程		—	—	
水库工程		—	—	
水文基础设施		—	—	
其他公共基础设施		—	—	
净值合计		—	—	

（11）政府储备物资明细信息如下：

附表11

政府储备物资明细表

单位：万元

项目	年初数	本年增加	本年减少	年末数
粮食等农产品和农资储备				
其中：粮食				
棉花				
食糖				
肉类				
能源储备				
矿产品原材料储备				
应急专用物资储备				
其中：应急抢险救灾物资				
医药				
合计				

（12）保障性住房明细信息如下：

附表12

保障性住房明细表

单位：万元

项目	年初数	本年增加	本年减少	年末数
原值合计				

（续表）

项目	年初数	本年增加	本年减少	年末数
公租房				
经济适用房				
保障性租赁住房				
共有产权住房				
累计折旧合计				
公租房				
经济适用房				
保障性租赁住房				
共有产权住房				
净值合计		—	—	
公租房		—	—	
经济适用房		—	—	
保障性租赁住房		—	—	
共有产权住房		—	—	

（13）应付票据明细信息如下：

附表13

应付票据明细表

单位：万元

债权人	年末数
应付本部门内部单位	
单位1	
单位2	
……	
应付本部门以外的同级政府单位	
单位1	
单位2	
……	
应付本部门以外的非同级政府单位	
单位1	
单位2	
……	

（续表）

债权人	年末数
应付其他单位	
合计	

（14）应付账款明细信息如下：

附表 14

应付账款明细表

单位：万元

债权人	年末数
应付本部门内部单位	
单位 1	
单位 2	
……	
应付本部门以外的同级政府单位	
单位 1	
单位 2	
……	
应付本部门以外的非同级政府单位	
单位 1	
单位 2	
……	
应付其他单位	
合计	

（15）预收账款明细信息如下：

附表 15

预收账款明细表

单位：万元

债权人	年末数
预收本部门内部单位	
单位 1	
单位 2	
……	

（续表）

债权人	年末数
预收本部门以外的同级政府单位	
单位1	
单位2	
……	
预收本部门以外的非同级政府单位	
单位1	
单位2	
……	
预收其他单位	
合计	

（16）其他应付款明细信息如下：

附表16

其他应付款明细表

债权人	年末数
应付本部门内部单位	
单位1	
单位2	
……	
应付本部门以外的同级政府单位	
单位1	
单位2	
……	
应付本部门以外的非同级政府单位	
单位1	
单位2	
……	
应付同级财政	
应付其他单位	
合计	

注："应付同级财政"主要包括预拨经费、向同级财政部门借入的款项。

（17）长期借款明细信息如下：

附表 17-1

长期借款明细表

单位：万元

债权人	年末数	年初数
机构 1		
机构 2		
机构 3		
……		
合计		

注：本表按照债权人列示明细，并按长期借款年末数从大到小排列。

附表 17-2

长期借款明细表

单位：万元

长期借款到期期限	年末数	年初数
1～3 年到期（不含 1 年）		
3～10 年到期（不含 3 年）		
10 年以上到期（不含 10 年）		
合计		

注：本表按照长期借款余额到期期限列示明细。

（18）长期应付款明细信息如下：

附表 18

长期应付款明细表

单位：万元

债权人	年末数
应付本部门内部单位	
单位 1	
单位 2	
……	
应付本部门以外的同级政府单位	
单位 1	
单位 2	
……	

（续表）

债权人	年末数
应付本部门以外的非同级政府单位	
单位 1	
单位 2	
……	
应付其他单位	
合计	

（19）事业收入明细信息如下：

附表 19

事业收入明细表

单位：万元

收入来源	本年数
来自财政专户管理资金	
来自本部门内部单位	
单位 1	
单位 2	
……	
来自本部门以外的同级政府单位	
单位 1	
单位 2	
……	
来自本部门以外的非同级政府单位	
单位 1	
单位 2	
……	
来自非同级财政	
** 财政	
……	
来自其他单位	
合计	

（20）经营收入明细信息如下：

附表 20

经营收入明细表

单位：万元

收入来源	本年数
来自本部门内部单位	
单位 1	
单位 2	
……	
来自本部门以外的同级政府单位	
单位 1	
单位 2	
……	
来自本部门以外的非同级政府单位	
单位 1	
单位 2	
……	
来自其他单位	
合计	

（21）非同级财政拨款收入明细信息如下：

附表 21

非同级财政拨款收入明细表

单位：万元

收入来源	本年数
来自本部门内部单位	
单位 1	
单位 2	
……	
来自本部门以外的同级政府单位	
单位 1	
单位 2	
……	

（续表）

收入来源	本年数
来自本部门以外的非同级政府单位	
单位1	
单位2	
……	
来自非同级财政	
** 财政	
……	
合计	

注："来自非同级财政"是指收到其他财政部门的拨款。

（22）租金收入明细信息如下：

附表22

租金收入明细表

单位：万元

收入来源	本年数
来自本部门内部单位	
单位1	
单位2	
……	
来自本部门以外的同级政府单位	
单位1	
单位2	
……	
来自本部门以外的非同级政府单位	
单位1	
单位2	
……	
来自其他单位	
合计	

(23) 其他收入明细信息如下:

附表 23

其他收入明细表

单位:万元

收入来源	本年数
来自本部门内部单位	
单位 1	
单位 2	
……	
来自本部门以外的同级政府单位	
单位 1	
单位 2	
……	
来自本部门以外的非同级政府单位	
单位 1	
单位 2	
……	
来自其他单位	
合计	

(24) 业务活动费用明细信息如下:

附表 24

业务活动费用明细表

单位:万元

项目	本年数	上年数
工资和福利费用		
商品和服务费用		
对个人和家庭的补助费用		
对企业补助费用		
固定资产折旧费用		
无形资产摊销费用		
公共基础设施折旧(摊销)费用		

（续表）

项目	本年数	上年数
保障性住房折旧费用		
计提专用基金		
其他业务活动费用		
合计		

（25）单位管理费用明细信息如下：

附表25

单位管理费用明细表

单位：万元

项目	本年数	上年数
工资和福利费用		
商品和服务费用		
对个人和家庭的补助费用		
固定资产折旧费用		
无形资产摊销费用		
其他单位管理费用		
合计		

（26）经营费用明细信息如下：

附表26

经营费用明细表

单位：万元

项目	本年数	上年数
工资和福利费用		
商品和服务费用		
对个人和家庭的补助费用		
固定资产折旧费用		
无形资产摊销费用		
其他经营费用		
合计		

(27) 商品和服务费用明细信息如下：

附表 27

商品和服务费用明细表

单位：万元

项目	本年数			
	合计	业务活动费用	单位管理费用	经营费用
支付给本部门内部单位				
单位 1				
单位 2				
……				
支付给本部门以外的同级政府				
单位 1				
单位 2				
……				
支付给本部门以外的非同级政府单位				
单位 1				
单位 2				
……				
支付给其他单位				
合计				

(28) 其他费用明细信息如下：

附表 28

其他费用明细表

单位：万元

项目	本年数					
	合计	业务活动费用	单位管理费用	经营费用	其他费用	
					小计	其中：利息费用
支付给本部门内部单位						
单位 1						
单位 2						
……						

（续表）

项目	本年数					
	合计	业务活动费用	单位管理费用	经营费用	其他费用	
					小计	其中：利息费用
支付给本部门以外的同级政府单位						
单位1						
单位2						
……						
支付给本部门以外的非同级政府单位						
单位1						
单位2						
……						
支付给其他单位						
合计						

6.需要说明的其他事项。

（1）资产负债表日后重大事项。

（2）重要或有事项说明。逐笔披露政府部门或有事项的事由和金额，如担保事项、未决诉讼或未决仲裁等，若无法预计金额应说明理由。

（3）以名义金额计量的资产名称、数量等情况，以及以名义金额计量理由的说明。

以名义金额计量资产情况表

对象	数量		以名义金额计量的理由
	上年数	本年数	
存货			
固定资产			
房屋和构筑物			
设备			
文物和陈列品			
图书和档案			
家具、用具			
特种动植物			
无形资产			

（续表）

对象	数量		以名义金额计量的理由
	上年数	本年数	
专利权			
非专利技术			
著作权			
资源资质			
商标权			
信息数据			
其他			
合计			

（4）使用政府专项债券资金形成的固定资产、在建工程、公共基础设施、保障性住房等资产的记账主体、账面价值、使用情况、收益情况及累计使用债券资金金额。

（5）使用其他债务资金形成的固定资产、在建工程、公共基础设施、保障性住房等资产的账面价值、使用情况、收益情况及债务偿还情况。

（6）重要资产置换、无偿调入（出）、捐入（出）、报废、重大毁损等情况的说明。

（7）对于政府部门管理的公共基础设施、文物文化资产、保障性住房、自然资源资产等重要资产，披露种类和实物量等相关信息。

（8）《政府会计准则制度解释第4号》中规定的特殊情况抵销事项的报表项目及金额（由一级部门合并主体说明）。

（9）政府会计具体准则中要求附注披露的其他内容，以及其他未在报表中列示，但对政府部门财务状况有重大影响的事项。

（10）资产负债表项目年初数调整情况。

二、政府部门财务分析

（一）政府部门工作目标完成情况。（略）

（二）政府部门财务状况分析。（略）

（三）政府部门运行情况分析。（略）

（四）政府部门财务管理情况。（略）

附件：补充报表

1.应付工程款情况表

应付工程款情况表

单位：万元

核算科目	年初数	本年增加	本年减少	年末数
应付账款				
长期应付款				

（续表）

核算科目	年初数	本年增加	本年减少	年末数
其他应付款				
合计				

注：应付工程款按实际会计核算数据分析填列。

2.本年预算结余与盈余调节表

本年预算结余与盈余调节表

项目	金额
一、本年预算结余（本年预算收支差额）	
二、差异调节	—
（一）重要事项的差异	
加：1.当期确认为收入但没有确认为预算收入	
（1）应收款项、预收账款确认的收入	
（2）接受非货币性资产捐赠确认的收入	
2.当期确认为预算支出但没有确认为费用	
（1）支付应付款项、预付账款的支出	
（2）为取得存货、政府储备物资等计入物资成本的支出	
（3）为购建固定资产等的资本性支出	
（4）偿还借款本息支出	
减：1.当期确认为预算收入但没有确认为收入	
（1）收到应收款项、预收账款确认的预算收入	
（2）取得借款确认的预算收入	
2.当期确认为费用但没有确认为预算支出	
（1）发出存货、政府储备物资等确认的费用	
（2）计提的折旧费用和摊销费用	
（3）确认的资产处置费用（处置资产价值）	
（4）应付款项、预付账款确认的费用	
（二）其他事项差异	
三、本年盈余（本年收入与费用的差额）	

注：部门层面通过加总所属单位本年预算结余与盈余调节表生成。

附 2-1

会计报表项目对照表（政府会计制度）

部门财务报告报表项目	会计报表项目	项目说明
一、资产类		
货币资金	货币资金	
短期投资	短期投资	
财政应返还额度	财政应返还额度	
应收票据	应收票据	
应收账款净额	应收账款净额	"应收账款"所属明细科目期末为贷方余额的，应在本表"预收账款"项目填列。
预付账款	预付账款	"预付账款"所属明细科目期末为贷方余额的，应在本表"应付账款"项目填列。
应收股利	应收股利	
应收利息	应收利息	
其他应收款净额	其他应收款净额	"其他应收款"所属明细科目期末为贷方余额的，应在本表"其他应付款"项目填列。
存货	存货	
待摊费用	待摊费用	
一年内到期的非流动资产	一年内到期的非流动资产	
其他流动资产	其他流动资产	
长期股权投资	长期股权投资	
长期债券投资	长期债券投资	
固定资产原值	固定资产原值	
固定资产原值	林木资产	根据国有林场和苗圃单位会计报表中的"林木资产"项目期末余额在固定资产中的"特种动植物"分类中填列。
减：固定资产累计折旧	固定资产累计折旧	
固定资产净值	固定资产净值	
工程物资	工程物资	
在建工程	在建工程	
无形资产原值	无形资产原值	
减：无形资产累计摊销	无形资产累计摊销	
无形资产净值	无形资产净值	
研发支出	研发支出	

(续表)

部门财务报告报表项目	会计报表项目	项目说明
公共基础设施原值	公共基础设施原值	
减：公共基础设施累计折旧（摊销）	公共基础设施累计折旧（摊销）	
公共基础设施净值	公共基础设施净值	
政府储备物资	政府储备物资	
文物文化资产	文物文化资产	
保障性住房原值	保障性住房原值	
减：保障性住房累计折旧	保障性住房累计折旧	
保障性住房净值	保障性住房净值	
长期待摊费用	长期待摊费用	
待处理财产损溢	待处理财产损溢	
其他非流动资产	其他非流动资产	
受托代理资产	受托代理资产	
二、负债类		
短期借款	短期借款	
应交增值税	应交增值税	
其他应交税费	其他应交税费	
应缴财政款	应缴财政款	
应付职工薪酬	应付职工薪酬	
应付票据	应付票据	
应付账款	应付账款	"应付账款"所属明细科目期末为借方余额的，应在本表"预付账款"项目填列。
应付账款	应付返奖奖金	根据彩票机构会计报表中"应付返奖奖金"项目的期末余额填列。
应付账款	应付代销费	根据彩票机构会计报表中"应付代销费"项目的期末余额填列。
应付政府补贴款	应付政府补贴款	
应付利息	应付利息	
预收账款	预收账款	"预收账款"所属明细科目期末为借方余额的，应在本表"应收账款"项目填列。
其他应付款	其他应付款	"其他应付款"所属明细科目期末为借方余额的，应在本表"其他应收款"项目填列。
其他应付款	待结算医疗款	根据基层医疗卫生机构会计报表中"待结算医疗款"项目余额填列。

（续表）

部门财务报告报表项目	会计报表项目	项目说明
预提费用	预提费用	
一年内到期的非流动负债	一年内到期的非流动负债	
其他流动负债	其他流动负债	
长期借款	长期借款	
长期应付款	长期应付款	
预计负债	预计负债	
其他非流动负债	其他非流动负债	
受托代理负债	受托代理负债	
三、净资产类		
累计盈余	累计盈余	
专用基金	专用基金	
权益法调整	权益法调整	
四、收入类		
财政拨款收入	财政拨款收入	
事业收入	事业收入	
上级补助收入	上级补助收入	
附属单位上缴收入	附属单位上缴收入	
经营收入	经营收入	
非同级财政拨款收入	非同级财政拨款收入	
投资收益	投资收益	
捐赠收入	捐赠收入	
利息收入	利息收入	
租金收入	租金收入	
其他收入	其他收入	
五、费用类（一）		
业务活动费用	业务活动费用	
单位管理费用	单位管理费用	
经营费用	经营费用	
资产处置费用	资产处置费用	

（续表）

部门财务报告报表项目	会计报表项目	项目说明
上缴上级费用	上缴上级费用	
对附属单位补助费用	对附属单位补助费用	
所得税费用	所得税费用	
其他费用	其他费用	
五、费用类（二）		
工资和福利费用	业务活动费用、单位管理费用和经营费用（工资福利费用）	根据"业务活动费用""单位管理费用"和"经营费用"会计科目中"工资福利费用"明细科目填列。
商品和服务费用	业务活动费用、单位管理费用和经营费用（商品和服务费用）	根据"业务活动费用""单位管理费用"和"经营费用"会计科目中"商品和服务费用"明细科目填列。
对个人和家庭的补助费用	业务活动费用、单位管理费用和经营费用（对个人和家庭的补助费用）	根据"业务活动费用""单位管理费用"和"经营费用"会计科目中"对个人和家庭的补助费用"明细科目填列。
对企业补助费用	业务活动费用（对企业补助费用）	根据"业务活动费用"会计科目中"对企业补助费用"明细科目填列。
固定资产折旧费用	业务活动费用、单位管理费用和经营费用（固定资产折旧费用）	根据"业务活动费用""单位管理费用"和"经营费用"会计科目中"固定资产折旧费"明细科目填列。
无形资产摊销费用	业务活动费用、单位管理费用和经营费用（无形资产摊销费用）	根据"业务活动费用""单位管理费用"和"经营费用"会计科目中"无形资产摊销"明细科目填列。
公共基础设施折旧（摊销）费用	业务活动费用[公共基础设施折旧（摊销）费用]	根据"业务活动费用"会计科目中"公共基础设施折旧（摊销）"明细科目填列。
保障性住房折旧费用	业务活动费用（保障性住房折旧费用）	根据"业务活动费用"会计科目中"保障性住房折旧费"明细科目填列。
计提专用基金	业务活动费用（计提专用基金）	根据"业务活动费用"会计科目中"计提专用基金"明细科目填列。
资产处置费用	资产处置费用	
上缴上级费用	上缴上级费用	
对附属单位补助费用	对附属单位补助费用	
所得税费用	所得税费用	
其他费用	"其他费用"和"业务活动费用""单位管理费用""经营费用"会计科目中的其他部分	

附 2-2

会计报表项目对照表（民间非营利组织会计制度）

部门财务报告报表项目	会计报表项目	项目说明
一、资产类		
货币资金	货币资金	
短期投资	短期投资	
财政应返还额度	—	
应收票据	应收款项（应收票据）	根据"应收票据"会计科目期末余额填列。
应收账款净额	应收款项（应收账款）	根据"应收账款"会计科目期末余额，减去"坏账准备"科目中提取的"应收账款"坏账准备余额填列。 "应收账款"所属明细科目期末为贷方余额的，应在本表"预收账款"项目填列。
预付账款	预付账款	"预付账款"所属明细科目期末为贷方余额的，应在本表"应付账款"项目填列。
应收股利	—	
应收利息	—	
其他应收款净额	应收款项（其他应收款）	根据"其他应收款"会计科目期末余额，减去"坏账准备"科目中提取的"其他应收款"坏账准备余额填列。 "其他应收款"所属明细科目期末为贷方余额的，应在本表"其他应付款"项目填列。
存货	存货	
待摊费用	待摊费用	
一年内到期的非流动资产	一年内到期的长期债权投资	
其他流动资产	其他流动资产	
长期股权投资	长期股权投资	
长期债券投资	长期债权投资	
固定资产原值	—	
减：固定资产累计折旧	—	
固定资产净值	固定资产	
工程物资	—	
在建工程	在建工程	
无形资产原值	—	
减：无形资产累计摊销	—	

（续表）

部门财务报告报表项目	会计报表项目	项目说明
无形资产净值	无形资产	
研发支出	—	
公共基础设施原值	—	
减：公共基础设施累计折旧（摊销）	—	
公共基础设施净值	—	
政府储备物资	—	
文物文化资产	文物文化资产	
保障性住房原值	—	
减：保障性住房累计折旧	—	
保障性住房净值	—	
长期待摊费用	—	
待处理财产损溢	固定资产清理	
其他非流动资产	—	
受托代理资产	受托代理资产	
二、负债类		
短期借款	短期借款	
应交增值税	应交税金（应交增值税）	根据"应交税金"会计科目期末余额中明细科目"应交增值税"期末余额填列。
其他应交税费	应交税金（其他应交税费）	根据"应交税金"会计科目期末余额减去"应交增值税"余额后填列。
应缴财政款	—	
应付职工薪酬	应付工资	
应付票据	应付款项（应付票据）	根据"应付票据"会计科目期末余额填列。
应付账款	应付款项（应付账款）	根据"应付账款"会计科目期末余额填列。"应付账款"所属明细科目期末为借方余额的，应在本表"预付账款"项目填列。
应付政府补贴款	—	
应付利息	—	
预收账款	预收账款	"预收账款"所属明细科目期末为借方余额的，应在本表"应收账款"项目填列。

（续表）

部门财务报告报表项目	会计报表项目	项目说明
其他应付款	应付款项（其他应付款）	根据"其他应付款"会计科目期末余额填列。"其他应付款"所属明细科目期末为借方余额的，应在本表"其他应收款"项目填列。
预提费用	预提费用	
一年内到期的非流动负债	一年内到期的长期负债	
其他流动负债	其他流动负债	
长期借款	长期借款	
长期应付款	长期应付款	
预计负债	预计负债	
其他非流动负债	其他长期负债	
受托代理负债	受托代理负债	
三、净资产类		
累计盈余	非限定性净资产	
专用基金	限定性净资产	
权益法调整	—	
四、收入类		
财政拨款收入	政府补助收入（同级财政拨款）	根据"政府补助收入"项目分析填列。
事业收入	会费收入	
	提供服务收入	
上级补助收入	—	
附属单位上缴收入	—	
经营收入	商品销售收入	
非同级财政拨款收入	政府补助收入（剔除同级财政拨款部分）	根据"政府补助收入"项目分析填列。
投资收益	投资收益	
捐赠收入	捐赠收入	
利息收入	—	
租金收入	—	
其他收入	其他收入	
五、费用类（一）		
业务活动费用	业务活动成本	

（续表）

部门财务报告报表项目	会计报表项目	项目说明
单位管理费用	管理费用	
经营费用	—	
资产处置费用	其他费用（固定资产处置和无形资产处置）	根据"其他费用"会计科目中相关明细科目填列。
上缴上级费用	—	
对附属单位补助费用	—	
所得税费用	—	
其他费用	筹资费用	
	其他费用（剔除固定资产处置和无形资产处置部分）	根据"其他费用"会计科目中相关明细科目填列。
五、费用类（二）		
工资和福利费用	业务活动成本、管理费用（工资福利费用）	
商品和服务费用	业务活动成本、管理费用（商品和服务费用）	
对个人和家庭补助费用	业务活动成本、管理费用（对个人和家庭的费用）	
对企业补助费用	—	
固定资产折旧费用	业务活动成本、管理费用（折旧费用）	
无形资产摊销费用	业务活动成本、管理费用（摊销费用）	
公共基础设施折旧（摊销）	—	
保障性住房折旧费	—	
计提专用基金	—	
资产处置费用	其他费用（固定资产处置和无形资产处置）	根据"其他费用"会计科目中相关明细科目填列。
上缴上级费用	—	
对附属单位补助费用	—	
所得税费用	—	
其他费用	筹资费用	
	其他费用（剔除固定资产处置和无形资产处置部分）	根据"其他费用"会计科目中相关明细科目填列。

附 2-3

会计报表项目对照表（企业化管理事业单位）

部门财务报告报表项目	企业化管理事业单位会计科目	项目说明
一、资产类		
货币资金	现金	
	银行存款	
	其他货币资金	
短期投资	短期投资	
	减：短期投资跌价准备	
财政应返还额度	—	
应收票据	应收票据	
应收账款净额	应收账款	"应收账款"所属明细科目期末为贷方余额的，应在本表"预收账款"项目填列。
	减：坏账准备	根据"坏账准备"中提取的"应收账款"坏账准备金额填列。
预付账款	预付账款	"预付账款"所属明细科目期末为贷方余额的，应在本表"应付账款"项目填列。
应收股利	应收股利	
应收利息	应收利息	
其他应收款净额	其他应收款	"其他应收款"所属明细科目期末为贷方余额的，应在本表"其他应付款"项目填列。
	减：坏账准备	根据"坏账准备"中提取的"其他应收款"坏账准备金额填列。
存货	存货	
	减：存货跌价准备	
待摊费用	—	
一年内到期的非流动资产	长期债券投资（1年内到期或变现）	根据"长期债券投资"科目期末余额分析填列。
其他流动资产		根据本表上述各项之外的其他流动资产合计金额填列。
长期股权投资	长期股权投资	根据"长期股权投资"科目期末余额减去对应的长期投资减值准备后填列。
	减：长期投资减值准备	
长期债券投资	长期债券投资（剔除1年内到期或变现的部分）	根据"长期债券投资"科目期末余额减去对应的长期投资减值准备后填列。
	减：长期投资减值准备	

（续表）

部门财务报告报表项目	企业化管理事业单位会计科目	项目说明
固定资产原值	固定资产	根据"固定资产"科目中不属于公共基础设施的期末余额填列。
	生产性生物资产	根据"生产性生物资产"科目期末余额，在固定资产中的"特种动植物"分类中填列。
减：固定资产累计折旧	累计折旧	根据"累计折旧"科目中不属于公共基础设施折旧的期末余额填列
	生产性生物资产累计折旧	根据"生产性生物资产累计折旧"科目期末余额，在固定资产累计折旧中的"特种动植物"分类中填列。
固定资产净值		
工程物资	工程物资	
在建工程	在建工程	
无形资产原值	无形资产	
减：无形资产累计摊销	累计摊销	
无形资产净值		
研发支出	研发支出	
公共基础设施原值	—	
减：公共基础设施累计折旧（摊销）	—	
公共基础设施净值	—	
政府储备物资	—	
文物文化资产	—	
保障性住房原值	—	
减：保障性住房累计折旧	—	
保障性住房净值	—	
长期待摊费用	长期待摊费用	
待处理财产损溢	固定资产清理	
	待处理财产损溢	
其他非流动资产		根据本表上述各项之外的其他非流动资产合计金额填列。
受托代理资产	—	
二、负债类		
短期借款	短期借款	

（续表）

部门财务报告报表项目	企业化管理事业单位会计科目	项目说明
应交增值税	应交税费	根据"应交税金"会计科目期末余额中明细科目"应交增值税"期末余额填列。
其他应交税费	应交税费	根据"应交税金"会计科目期末余额减去"应交增值税"余额后填列。
应缴财政款	应缴款项	
应付职工薪酬	应付职工薪酬	
应付票据	应付票据	
应付账款	应付账款	"应付账款"所属明细科目期末为借方余额的，应在本表"预付账款"项目填列。
应付政府补贴款	—	
应付利息	应付利息	
预收账款	预收账款	"预收账款"所属明细科目期末为借方余额的，应在本表"应收账款"项目填列。
其他应付款	其他应付款	"其他应付款"所属明细科目期末为借方余额的，应在本表"其他应收款"项目填列。
预提费用	预提费用	
一年内到期的非流动负债	长期借款、应付债券、长期应付款（1年内到期）	根据"长期借款""应付债券""长期应付款"科目的期末余额分析填列。
其他流动负债		根据本表上述各项之外的其他流动负债合计金额填列。
长期借款	长期借款、应付债券（剔除1年内到期部分）	根据"长期借款""应付债券"科目的期末余额减去其中将于1年内到期的长期借款、应付债券余额后的金额填列。
长期应付款	长期应付款（剔除1年内到期部分）	根据"长期应付款"科目的期末余额减去其中将于1年内到期的长期应付款余额后的金额填列。
预计负债	预计负债	
其他非流动负债		根据本表上述各项之外的其他非流动负债合计金额填列。
受托代理负债	—	
三、净资产类		
累计盈余	实收资本（股本）	
	资本公积	
	盈余公积	
	未分配利润	

（续表）

部门财务报告报表项目	企业化管理事业单位会计科目	项目说明
专用基金	—	
权益法调整	—	
四、收入类		
财政拨款收入	营业外收入（来自同级财政政府补助）	
事业收入	—	
上级补助收入	—	
附属单位上缴收入	—	
经营收入	主营业务收入	
	其他业务收入	
非同级财政拨款收入	营业外收入（来自非同级财政政府补助）	
投资收益	投资收益	
捐赠收入	营业外收入	根据"营业外收入"科目中的捐赠收入填列
利息收入	财务费用	根据"财务费用"科目中的利息收入填列。
租金收入	营业外收入	根据"营业外收入"科目中的租金收入填列。
其他收入	营业外收入	根据"营业外收入"科目中剔除政府补助、捐赠收入、租金收入之外的金额填列。
五、费用类（一）		
业务活动费用	—	
单位管理费用	管理费用	
经营费用	营业成本	
	营业税金及附加	
	销售费用	
资产处置费用	营业外支出	根据"营业外支出"项目中属于"固定资产清理"和"待处理财产损溢"转入的明细信息填列。
上缴上级费用	—	
对附属单位补助费用	—	
所得税费用	所得税费用	

（续表）

部门财务报告报表项目	企业化管理事业单位会计科目	项目说明
其他费用	财务费用	根据"财务费用"项目中剔除利息收入后的金额填列。
	营业外支出	根据"营业外支出"项目中除"固定资产清理"和"待处理财产损溢"转入以外的明细信息填列。
五、费用类（二）		
工资和福利费用	主营业务成本、其他业务成本、销售费用、管理费用（属于工资福利费用的部分）	根据"主营业务成本""其他业务成本""销售费用""管理费用"科目中属于工资和福利费用的明细信息填列。
商品和服务费用	主营业务成本、其他业务成本、销售费用、管理费用（属于商品和服务费用的部分）	根据"主营业务成本""其他业务成本""销售费用""管理费用"科目中属于商品和服务费用的明细信息填列。
对个人和家庭的补助费用	主营业务成本、其他业务成本、销售费用、管理费用（属于对个人和家庭的补助费用的部分）	根据"主营业务成本""其他业务成本""销售费用""管理费用"科目中属于对个人和家庭的补助费用的明细信息填列。
对企业补助费用	—	
固定资产折旧费用	主营业务成本、其他业务成本、销售费用、管理费用（属于固定资产折旧费用的部分）	根据"主营业务成本""其他业务成本""销售费用""管理费用"科目中属于固定资产折旧费用的明细信息填列。
无形资产摊销费用	主营业务成本、其他业务成本、销售费用、管理费用（属于无形资产摊销费用的部分）	根据"主营业务成本""其他业务成本""销售费用""管理费用"科目中属于无形资产摊销费用的明细信息填列。
公共基础设施折旧（摊销）费用	—	
保障性住房折旧费用	—	
计提专用基金	—	
资产处置费用	营业外支出	根据"营业外支出"科目中属于"固定资产清理"和"待处理财产损溢"转入的明细信息填列。
上缴上级费用	—	
对附属单位补助费用	—	
所得税费用	所得税费用	
其他费用		根据本表上述各项之外的其他费用合计金额填列。

注：本表供参考。

附3

抵销工作底表

单位：万元

序号	抵销事项	抵销分录	所属单位 A1	所属单位 A2	……	合计
1-1	部门内部单位之间发生的债权债务事项，应予以抵销。	借：应付票据、应付账款、预收款项、其他应付款、长期应付款				
		贷：应收票据、应收账款、预付款项、其他应收款				
1-2	部门内部单位之间发生的债权债务事项，债权方已计提坏账准备的，应予以抵销。其中，以前年度计提的，贷记"累计盈余"；当期补提或冲减的，贷记"其他费用"。（当期坏账准备冲减数以负数填列）	借：应收账款净额——坏账准备、其他应收款净额——坏账准备				
		贷：其他费用 　　累计盈余				
2	部门内部单位之间发生的上级补助收入与对附属单位补助费用，应予以抵销。	借：上级补助收入				
		贷：对附属单位补助费用				
3	部门内部单位之间发生的上缴上级费用与附属单位上缴收入、其他收入（行政单位使用），应予以抵销。	借：附属单位上缴收入、其他收入（行政单位使用）				
		贷：上缴上级费用				
4	支付给部门内部单位的业务活动费用（商品和服务费用、其他费用）、单位管理费用（商品和服务费用、其他费用）、经营费用（商品和服务费用、其他费用）、其他费用和来自部门内部单位的事业收入、非同级财政拨款收入、经营收入、租金收入、其他收入，应予以抵销。	借：事业收入、非同级财政拨款收入、经营收入、租金收入、其他收入				
		贷：业务活动费用、单位管理费用、经营费用、其他费用				
5	部门内部特殊情况抵销事项。在各单位充分对账、会计处理正确的前提下，部门合并主体对于按照规定未能进行抵销处理，且不属于规定的不抵销事项，应予以抵销。	借：有关应付及预收、收入项目				
		贷：有关应收及预付、费用项目 借或贷：累计盈余				
6	根据抵销分录中收入总额与费用总额的差额调整累计盈余	借或贷：收入调整总额与费用总额的差额				
		借或贷：累计盈余				

附 4

抵销事项清单

序号	抵销事项	抵销分录
1-1	部门内部单位之间发生的债权债务事项，应予以抵销。	借：应付票据、应付账款、预收账款、其他应付款、长期应付款 贷：应收票据、应收账款、预付账款、其他应收款
1-2	部门内部单位之间发生的债权债务事项，债权方已计提坏账准备的，应予以抵销。其中，以前年度计提的，贷记"累计盈余"；当期补提或冲减的，贷记"其他费用"。	借：应收账款净额——坏账准备、其他应收款净额——坏账准备 贷：其他费用 　　累计盈余
2	部门内部单位之间发生的上级补助收入与对附属单位补助费用，应予以抵销。	借：上级补助收入 贷：对附属单位补助费用
3	部门内部单位之间发生的上缴上级费用与附属单位上缴收入、其他收入（行政单位使用），应予以抵销。	借：附属单位上缴收入、其他收入（行政单位使用） 贷：上缴上级费用
4	支付给部门内部单位的业务活动费用（商品和服务费用、其他费用）、单位管理费用（商品和服务费用、其他费用）、经营费用（商品和服务费用、其他费用）、其他费用和来自部门内部单位的事业收入、非同级财政拨款收入、经营收入、租金收入、其他收入，应予以抵销。对涉及增值税的应税业务，按扣除增值税后的净额抵销。	借：事业收入、非同级财政拨款收入、经营收入、租金收入、其他收入 贷：业务活动费用、单位管理费用、经营费用、其他费用
5	部门内部特殊情况抵销事项。在各单位充分对账、会计处理正确的前提下，部门合并主体对于按照规定未能进行抵销处理，且不属于规定的不抵销事项，应予以抵销。	借：有关应付及预收、收入项目 贷：有关应收及预付、费用项目 借或贷：累计盈余
6	根据抵销分录中收入总额与费用总额的差额调整累计盈余	借或贷：收入调整总额与费用总额的差额 借或贷：累计盈余

注：上述清单中未涵盖的抵销事项，可根据实际情况自行增设抵销分录。

附 5

单位基础信息清单

序号	要素名称	备注
1	单位名称	从一体化系统提取
2	单位负责人	从一体化系统提取
3	财务负责人	从一体化系统提取
4	单位代码	从一体化系统提取
5	地址	从一体化系统提取

（续表）

序号	要素名称	备注
6	邮政编码	从一体化系统提取
7	统一社会信用代码	从一体化系统提取
8	单位预算级次	从一体化系统提取
9	审核人	人工录入
10	审核人联系电话	人工录入
11	编制人	人工录入
12	编制人联系电话	人工录入
13	财政区划	从一体化系统提取
14	单位类型	从一体化系统提取
15	执行会计制度	从一体化系统提取
16	预算级次	从一体化系统提取
17	国民经济行业分类	从一体化系统提取
18	部门标识代码	从一体化系统提取
19	报表小类	人工录入（单户表或合并表）
20	报送主体编码	从一体化系统提取
21	新报因素	人工录入
22	是否编制行政事业单位国有资产报告	从一体化系统提取
23	是否编制部门决算	从一体化系统提取
24	实有人数	从一体化系统提取
25	上年报送主体编码	从一体化系统提取
26	报送主体类型	从一体化系统提取

3. 政府综合财务报告编制操作指南（2023年修订）

（财库〔2023〕23号印发）

第一章　总　　则

第一条　为规范政府综合财务报告编制工作，确保各级政府财政部门准确、完整编制政府综合财务报告，根据《政府财务报告编制办法》和政府会计准则制度等，制定本指南。

第二条　政府综合财务报告包括本级政府综合财务报告和行政区政府综合财务报告。

第三条　政府综合财务报告以权责发生制为基础，主要反映政府整体财务状况、运行情况和财政中长期可持续性等信息，具体包括财务报表、政府财政经济分析和政府财政财务管理情况。

第四条 财务报表包括会计报表和报表附注。会计报表包括资产负债表和收入费用表。

（一）资产负债表。反映政府整体年末财务状况。资产负债表应当按照资产、负债和净资产分类分项列示。

（二）收入费用表。反映政府整体年度运行情况。收入费用表应当按照收入、费用和盈余分类分项列示。

（三）报表附注。重点对会计报表作进一步解释说明。

第五条 政府财政经济分析以财务报表为依据，结合国民经济形势，对政府财务状况、运行情况，以及财政中长期可持续性等内容进行分析。

第六条 政府财政财务管理情况，主要反映政府财政财务管理的政策要求、主要措施和取得的成效等。

第二章　政府综合会计报表项目

第一节　资产负债表项目

第七条 资产负债表（附1中表1）包括如下项目：

（一）资产类项目。

1. 货币资金，反映政府持有的货币资金期末余额，包括库存现金、国库存款、国库现金管理资产、其他财政存款、银行存款及其他货币资金等。

2. 短期投资，反映政府持有的能够随时变现并且持有时间不超过1年（含1年）的投资期末余额。

3. 应收非税收入，反映政府应向缴款人收取但实际尚未缴入国库的非税收入款项。

4. 应收及预付款项，反映政府持有的各种应收及预付款项期末余额，包括应收票据、应收账款净额、预付账款、其他应收款净额、与下级往来及在途款等。

5. 应收股利，反映政府因持有股权投资而应收未收现金股利或利润的期末余额。

6. 应收利息，反映政府尚未收回的应收利息的期末余额。

7. 存货，反映政府期末存储的存货的实际成本。

8. 一年内到期的非流动资产，反映政府持有的将于1年内（含1年）到期或变现的非流动资产项目的期末余额，包括一年内到期或变现的长期投资、应收转贷款等。

9. 其他流动资产，反映政府除上述各项之外的流动资产期末余额的合计金额。

10. 长期投资，反映政府持有时间超过1年且不在1年内（含1年）变现或到期的债券投资及股权投资的期末余额。

11. 应收转贷款，反映政府尚未收回的偿还期限超过1年的地方政府债券转贷款和主权外债转贷款本金减去1年内（含1年）到期部分后的期末余额。

12. 固定资产净值，反映政府持有的各项固定资产原值减去累计折旧后的期末余额。

13. 在建工程，反映政府尚未完工交付使用的在建工程实际成本的期末余额。

14. 无形资产净值，反映政府持有的各项无形资产原值减去累计摊销后的期末余额。

15. 研发支出，反映政府正在进行的无形资产开发项目开发阶段发生的累计支出数。

16. 公共基础设施净值，反映政府为满足社会公共需求而控制的公共基础设施原值减去累计折旧（摊销）后的期末余额。

17. 政府储备物资，反映政府为满足特定公共需求而控制的战略及能源物资、抢险抗灾救灾物资等储备物资期末余额。

18. 文物文化资产，反映政府为满足社会公共需求而控制的文物文化资产的期末余额。

19. 保障性住房净值，反映政府为满足社会公共需求而控制的保障性住房原值减去累计折旧后的期末余额。

20. 其他非流动资产，反映政府除上述各项之外的非流动资产期末余额的合计金额。

21. 受托代理资产，反映政府接受委托方委托管理的各项资产的期末余额。

资产类项目原则上不能出现负数，负数情况需在附注中作出说明。

（二）负债类项目。

1. 应付短期政府债券，反映政府尚未偿还的发行期限不超过1年（含1年）的政府债券本金期末余额。

2. 短期借款，反映政府所属事业单位等尚未偿还的借入期限在1年内（含1年）的各种借款期末余额。

3. 应付及预收款项，反映政府承担的各种应付及预收款项的期末余额，包括应付票据、应付账款、预收账款、其他应付款及与上级往来等。

4. 应付职工薪酬，反映政府按照有关规定应付给职工及为职工支付的各种薪酬期末余额。

5. 应付政府补贴款，反映政府按照有关规定应付的各种政府补贴款的期末余额。

6. 应付利息，反映政府当期尚未支付的应付利息期末余额，不含到期一次还本付息的长期政府债券的应付利息余额。

7. 一年内到期的非流动负债，反映政府承担的1年内（含1年）到期的非流动负债期末余额。

8. 其他流动负债，反映政府除上述各项之外的流动负债期末余额的合计金额。包括应交增值税、其他应交税费、应缴财政款及预提费用等。

9. 应付长期政府债券，反映政府承担的偿还期限超过1年的长期政府债券的本金余额及到期一次还本付息的长期政府债券的应付利息余额，减去1年内（含1年）到期部分后的期末余额。

10. 应付转贷款，反映政府承担的偿还期限超过1年的地方政府债券转贷款和主权外债转贷款的本金，减去1年内（含1年）到期部分后的期末余额。

11. 长期借款，反映政府向外国政府和国际金融组织借入的偿还期限超过1年的款项及政府所属事业单位等承担的偿还期限超过1年的借入款项，减去1年内（含1年）到期部分后的期末余额。

12. 长期应付款，反映政府承担的偿付期限超过1年的应付款项，减去1年内（含1年）到期部分后的期末余额。

13. 其他非流动负债，反映政府除上述各项之外的非流动负债期末余额的合计金额。

14. 受托代理负债，反映政府接受委托取得受托代理资产而形成负债的期末余额。

负债类项目原则上不能出现负数，负数情况需在附注中作出说明。

（三）净资产类项目。

净资产，反映政府期末总资产减去总负债的差额。

第二节 收入费用表项目

第八条 收入费用表（附1中表2）包括如下项目：

（一）收入类项目。

1. 税收收入，反映政府本期取得的税收收入。
2. 非税收入，反映政府本期取得的非税收入。
3. 事业收入，反映政府本期因开展专业业务活动及其辅助活动取得的收入。
4. 经营收入，反映政府本期开展经营活动取得的收入。

5. 投资收益,反映政府本期因持有各类股权债券投资所实现的收益或发生的损失。

6. 政府间转移性收入,反映政府本期取得的来自非同级政府和不同地区同级政府的款项。

7. 其他收入,反映政府本期取得的除上述收入之外的其他收入。

(二)费用类项目。

1. 工资福利费用,反映政府本期发生的给在职职工和编制外长期聘用人员的各类劳动报酬,以及为上述人员缴纳的各项社会保险费等。

2. 商品和服务费用,反映政府本期购买商品和服务发生的各类费用。

3. 对个人和家庭的补助费用,反映政府本期用于对个人和家庭的补助。

4. 对企业补助费用,反映政府本期对各类企业的补助。

5. 对社会保障基金补助费用,反映政府本期对社会保险基金的补助以及补充全国社会保障基金的费用。

6. 政府间转移性费用,反映政府本期提供给非同级政府和不同地区同级政府的款项。

7. 固定资产折旧费用,反映政府本期对固定资产提取的折旧费用。

8. 无形资产摊销费用,反映政府本期对无形资产提取的摊销费用。

9. 公共基础设施折旧(摊销)费用,反映政府本期对公共基础设施提取的折旧(摊销)费用。

10. 保障性住房折旧费用,反映政府本期对保障性住房提取的折旧费用。

11. 财务费用,反映政府本期有偿使用相关资金而发生的未资本化的费用,包括利息费用,政府债务发行、兑付、登记费用,以外币计算的政府资产及债务由于汇率变化产生的汇兑损益等。

12. 资产处置费用,反映政府本期经批准处置资产时发生的费用,包括政府部门资产处置费用。

13. 其他费用,反映政府本期发生的除上述费用以外的其他费用。

(三)盈余类项目。

本年盈余,反映政府本期总收入减去总费用的差额。

第三章 政府综合会计报表编制

第一节 本级政府综合会计报表编制

第九条 本级政府综合会计报表属于合并会计报表,在汇总本级政府各部门财务报表、财政总会计报表(财务会计报表)、土地储备资金财务报表等报表基础上,抵销本级政府各部门之间、政府财政与部门之间、财政内部之间的经济业务或事项,并作相关调整后合并形成。

第十条 编制本级政府综合会计报表的数据主要来源于以下报表:

(一)本级政府部门财务报表。

(二)财政总会计报表(财务会计报表)。政府财政持有的股权投资及相关应收股利、投资收益,原则上取自总会计报表。

(三)土地储备资金财务报表。

第十一条 资产负债表和收入费用表采用汇总工作表(附4-1)方式,按照以下步骤编制形成。汇总工作表属于工作底稿。

(一)按照"被合并主体报表项目与本级政府综合会计报表项目对照表"(以下简称"报表项目对照表",附5)将被合并主体报表各项目数据填列到汇总工作表对应栏。

将政府部门财务报表、财政总会计报表、土地储备资金财务报表中的年末资产、年末负债、年末净资产、本年收入、本年费用（支出）项目数据按照"报表项目对照表"分项填入汇总工作表对应栏中。其中，能够直接对应到政府综合会计报表项目的，直接填入对应栏；不能直接对应的，分析填列至相应栏或填入"待抵销调整项目"。分析填列事项应做好备查记录。

（二）对被合并主体之间发生的经济业务或事项，按照"抵销调整事项清单"（附6-1）编制抵销分录，填入汇总工作表"抵销分录"栏。

1.抵销本级政府部门之间的经济业务或事项。

政府财政部门应当根据政府部门财务报表项目明细信息，对经确认的本级政府部门之间的经济业务或事项进行抵销。

按照重要性原则，设定10万元抵销阈值。不同部门的单位之间债权债务事项，年末余额不超过10万元的，可以不进行抵销。不同部门的单位之间收入费用事项，本年累计发生额不超过10万元的，可以不进行抵销。具备条件的须应抵尽抵，不受阈值限制。

（1）抵销本级政府部门之间的债权债务事项。

政府部门之间发生的待抵销债权债务事项主要涉及应收票据、应收账款、预付账款、其他应收款、应付票据、应付账款、预收账款、其他应付款、长期应付款等报表项目。

对于经确认抵销的债权债务事项，要编制抵销分录：借记"应付票据""应付账款""预收账款""其他应付款""长期应付款"；贷记"应收票据""应收账款""预付账款""其他应收款"。已计提坏账准备的债权债务，应按债权债务原值编制抵销分录，同时应抵销已计提的坏账准备，借记"应收账款净额——坏账准备""其他应收款净额——坏账准备"，贷记"累计盈余"（以前年度计提的金额）、"其他费用"（当期补提或冲减的金额）。

例：A部门财务报表"其他应收款"明细信息显示，A部门应收B部门款项500万元，B部门财务报表"其他应付款"明细信息显示，B部门应付A部门款项500万元。经确认无误后，编制抵销分录如下（分录金额为万元，下同）：

　　借：其他应付款——A部门　　　　　　　　　　　　　　　500
　　　　贷：其他应收款——B部门　　　　　　　　　　　　　　500

例：A部门财务报表"应收账款"明细信息显示，应收B部门款项100万元，假设该部门按照账龄分析法对此应收账款计提坏账准备10万元，年末应收账款净额为90万元。B部门财务报表"应付账款"明细信息显示，应付A部门款项100万元。第一年编制政府综合财务报表时，经确认无误后，编制抵销分录如下：

　　借：应付账款——A部门　　　　　　　　　　　　　　　　100
　　　　贷：应收账款——B部门　　　　　　　　　　　　　　　100
　　借：应收账款净额——坏账准备　　　　　　　　　　　　　 10
　　　　贷：其他费用　　　　　　　　　　　　　　　　　　　　10

第二年，A部门对该应收账款补提5万元的坏账准备，年末应收账款净额为85万元。第二年编制政府综合财务报表时，抵销分录如下：

　　借：应付账款——A部门　　　　　　　　　　　　　　　　100
　　　　贷：应收账款——B部门　　　　　　　　　　　　　　　100
　　借：应收账款净额——坏账准备　　　　　　　　　　　　　 15
　　　　贷：其他费用　　　　　　　　　　　　　　　　　　　　 5
　　　　　　累计盈余　　　　　　　　　　　　　　　　　　　　10

第三年，A部门收回该应收账款50万元，冲减8万元的坏账准备，年末应收账款净额为 43 万元。第三年编制政府综合财务报表时，抵销分录如下：

  借：应付账款——A 部门   50
    贷：应收账款——B 部门   50
  借：应收账款净额——坏账准备   7
    贷：其他费用   －8
      累计盈余   15

（2）抵销本级政府部门之间的收入费用事项。

政府部门之间发生的待抵销收入费用事项主要涉及事业收入、非同级财政拨款收入、经营收入、租金收入、其他收入、商品和服务费用、其他费用等报表项目。

对于经确认抵销的收入费用事项，编制抵销分录：借记"事业收入（来自同级政府部门）""非同级财政拨款收入（来自同级政府部门）""经营收入（来自同级政府部门）""租金收入（来自同级政府部门）""其他收入（来自同级政府部门）"；贷记"商品和服务费用（支付给同级政府部门）""其他费用（支付给同级政府部门）"。

例：B 部门财务报表中，来自同级 A 部门的事业收入 6 700 万元，A 部门支付给同级 B 部门的商品和服务费用 6 700 万元。经确认无误后，编制抵销分录如下：

  借：事业收入（来自同级政府部门）   6 700
    贷：商品和服务费用（支付给同级政府部门）   6 700

2. 抵销本级财政与政府部门之间发生的经济业务或事项。

（1）财政总会计报表中的"应付国库集中支付结余"与政府部门财务报表、土地储备资金财务报表中的"财政应返还额度"之间存在抵销关系，应经相关方确认后抵销。抵销分录为：借记"应付国库集中支付结余"，贷记"财政应返还额度"。

例：政府部门财务报表中财政应返还额度 15 000 万元；财政总会计报表中应付国库集中支付结余 15 000 万元。经确认无误后，编制抵销分录如下：

  借：应付国库集中支付结余   15 000
    贷：财政应返还额度   15 000

（2）财政总会计报表中的"政府机关商品和服务拨款费用""政府机关工资福利拨款费用"等财政拨款费用项目与政府部门财务报表的"财政拨款收入"存在抵销关系，应经相关方确认后抵销。抵销分录为：借记"财政拨款收入"，贷记"政府机关商品和服务拨款费用""政府机关工资福利拨款费用""对事业单位补助拨款费用""对企业补助拨款费用""对个人和家庭补助拨款费用""资本性拨款费用""其他拨款费用"。

例：政府部门财务报表中财政拨款收入 9 700 万元，其中政府机关商品和服务拨款费用安排 4 200 万元，政府机关工资福利拨款费用安排 3 500 万元，对个人和家庭补助拨款费用安排 1 700 万元，资本性拨款费用安排 300 万元。经确认无误后，编制抵销分录如下：

  借：财政拨款收入   9 700
    贷：政府机关商品和服务拨款费用   4 200
      政府机关工资福利拨款费用   3 500
      对个人和家庭补助拨款费用   1 700
      资本性拨款费用   300

（3）财政总会计报表中的"财政专户管理资金支出"与政府部门财务报表的"事业收入"中来自财政专户拨入的部分之间存在抵销关系，应经相关方确认后抵销。抵销分录为：借记"事业收入（财政专户管理资金）"，贷记"财政专户管理资金支出"。

例：财政总会计报表中财政专户管理资金支出7 800万元，政府部门财务报表中事业收入中来自财政专户的资金7 800万元。经确认无误后，编制抵销分录如下：

借：事业收入（财政专户管理资金） 7 800
　　贷：财政专户管理资金支出 7 800

（4）财政总会计报表"借出款项"与政府部门财务报表中"其他应付款"之间存在抵销关系，应经确认后抵销。抵销分录为：借记"其他应付款"，贷记"借出款项"。

例：财政总会计报表借出款项中属于向C部门借出的金额为430万元，C部门财务报表中的其他应付款430万元，经确认无误后，编制抵销分录如下：

借：其他应付款 430
　　贷：借出款项 430

（5）财政总会计报表中的"预拨经费"与政府部门财务报表中的"其他应付款"之间存在抵销关系，应经确认后抵销。抵销分录为：借记"其他应付款"，贷记"预拨经费"。

例：财政总会计报表中预拨经费720万元，政府部门财务报表中的其他应付款720万元，经确认无误后，编制抵销分录如下：

借：其他应付款 720
　　贷：预拨经费 720

（6）财政代管预算单位资金，单位通过"其他应收款"核算的，财政总会计报表中的"应付代管资金"与政府部门财务报表中的"其他应收款"之间存在抵销关系，应经确认后抵销。抵销分录为：借记"应付代管资金"，贷记"其他应收款"。

例：财政总会计报表应付代管资金中属于C部门的金额为200万元，C部门财务报表其他应收款中应收财政代管资金的金额为200万元，经确认无误后，编制抵销分录如下：

借：应付代管资金 200
　　贷：其他应收款 200

财政代管预算单位资金，单位通过"银行存款"核算的，财政总会计报表中的"应付代管资金"与政府部门财务报表中的"银行存款"之间存在抵销关系，应经确认后抵销。抵销分录为：借记"应付代管资金"，贷记"银行存款"。

例：财政总会计报表应付代管资金中属于C部门的金额为200万元，C部门财务报表银行存款中应收财政代管资金的金额为200万元，经确认无误后，编制抵销分录如下：

借：应付代管资金 200
　　贷：银行存款 200

3.抵销财政内部之间发生的经济业务或事项。

财政总会计报表"专用基金收入"中通过财政拨款费用安排的部分与"政府机关商品和服务拨款费用""对企业补助拨款费用""对个人和家庭补助拨款费用"之间存在抵销关系,应经确认后抵销。抵销分录为:借记"专用基金收入",贷记"政府机关商品和服务拨款费用""对企业补助拨款费用""对个人和家庭补助拨款费用"。

例:财政总会计报表专用基金收入中由对企业补助拨款费用安排的部分为12 600万元、对个人和家庭补助拨款费用安排的部分为13 000万元,经确认无误后,编制抵销分录如下:

借:专用基金收入　　　　　　　　　　　　　　　　　25 600
　　贷:对企业补助拨款费用　　　　　　　　　　　　　12 600
　　　　对个人和家庭补助拨款费用　　　　　　　　　　13 000

(三)按照"抵销调整事项清单"(附6-1)编制调整分录,填入汇总工作表"调整分录"栏。

1.将财政拨付给企业下属事业单位和非同级政府事业单位等的对事业单位补助拨款费用分析调整至相应费用项目。

上述补助拨款费用中属于工资福利费用、商品和服务费用等部分,应分析调整填入对应费用项目。借记"工资福利费用""商品和服务费用"等,贷记"对事业单位补助拨款费用"。

例:财政总会计报表中,对某企业集团下属事业单位补助拨款费用中商品和服务费用9 372万元。编制调整分录如下:

借:商品和服务费用　　　　　　　　　　　　　　　　9 372
　　贷:对事业单位补助拨款费用　　　　　　　　　　　9 372

2.将财政总会计报表中"专用基金支出"分析调整至政府综合会计报表相应的费用项目。

对财政总会计报表中的专用基金支出,应按支出经济分类分析调整为政府综合会计报表中的"商品和服务费用""对个人和家庭的补助费用""对企业的补助费用"等项目。调整分录为:借记"商品和服务费用""对个人和家庭的补助费用""对企业的补助费用"等,贷记"专用基金支出"。

例:财政总会计报表专用基金支出中用于对企业的补助费用19 800万元,对个人和家庭的补助费用5 300万元。编制调整分录如下:

借:对个人和家庭的补助费用　　　　　　　　　　　　5 300
　　对企业的补助费用　　　　　　　　　　　　　　　19 800
　　贷:专用基金支出　　　　　　　　　　　　　　　　25 100

3.根据调整分录中收入调整总额与费用调整总额的差额,调整净资产项目。

对收入和费用的调整最终会影响净资产总额,应按照所有调整分录汇总计算调整额(收入调增额－收入调减额－费用调增额＋费用调减额)。如果调整额为正数,调增"净资产";如果调整额为负数,则调减"净资产"。

（四）将汇总工作表各项目对应的原始数据栏、抵销分录栏、调整分录栏中的数据，分别计算出经过抵销调整后的金额。

1. 资产类项目。

资产类项目中，各项目"被合并主体报表对应项目"栏金额加总，得到"原有金额合计"；"原有金额合计"加上该项目"抵销分录"借方金额，减去该项目"抵销分录"贷方金额，得到"包括抵销后合计"；"包括抵销后合计"加上该项目"调整分录"借方金额，减去该项目"调整分录"贷方金额，得到"包括抵销调整后合计"。

资产类各项目加总后，计算出"原有金额合计""包括抵销后合计""包括抵销调整后合计"对应的"资产合计"数。

2. 负债类项目。

负债类项目，各项目"被合并主体报表对应项目"栏金额加总，得到"原有金额合计"；"原有金额合计"减去该项目"抵销分录"借方金额，加上该项目"抵销分录"贷方金额，得到"包括抵销后合计"；"包括抵销后合计"减去该项目"调整分录"借方金额，加上该项目"调整分录"贷方金额，得到"包括抵销调整后合计"。

负债类各项目加总后，计算出"原有金额合计""包括抵销后合计""包括抵销调整后合计"对应的"负债合计"数。

3. 净资产类项目。

将"被合并主体报表对应项目"栏各项目金额加总，得到"原有金额合计"；"原有金额合计"减去该项目"抵销分录"借方金额，加上该项目"抵销分录"贷方金额，得到"包括抵销后合计"；"包括抵销后合计"减去该项目"调整分录"借方金额，加上该项目"调整分录"贷方金额，得到"包括抵销调整后合计"。

净资产类各项目加总后，计算出"原有金额合计""包括抵销后合计""包括抵销调整后合计"对应的"净资产合计"数。

4. 收入类项目。

收入类项目，各项目"被合并主体报表对应项目"栏金额加总，得到"原有金额合计"；"原有金额合计"减去该项目"抵销分录"借方金额，加上该项目"抵销分录"贷方金额，得到"包括抵销后合计"；"包括抵销后合计"减去该项目"调整分录"借方金额，加上该项目"调整分录"贷方金额，得到"包括抵销调整后合计"。

"待抵销调整项目"抵销调整后原则上无余额。若有余额，填入"其他收入"。

收入类各项目加总后，计算出"原有金额合计""包括抵销后合计""包括抵销调整后合计"对应的"收入合计"数。

5. 费用类项目。

费用类项目，"被合并主体报表对应项目"栏金额加总，得到"原有金额合计"；"原有金额合计"加上该项目"抵销分录"借方金额，减去该项目"抵销分录"贷方金额，得到"包括抵销后合计"；"包括抵销后合计"加上该项目"调整分录"借方金额，减去该项目"调整分录"贷方金额，得到"包括抵销调整后合计"。

"待抵销调整项目"抵销调整后原则上无余额。若有余额，分析填入对应的费用项目。

费用类各项目加总后，计算出"原有金额合计""包括抵销后合计""包括抵销调整后合计"对应的"费用合计"数。

6. 本年盈余项目。

按照"本年盈余＝本年收入－本年费用"，计算各报表及政府本年盈余数额。

（五）试算平衡后，将数据填入政府综合会计报表对应项目，生成本级政府综合会计报表。

对调整后的各项目金额进行试算平衡。试算平衡方法：按照"期末净资产总额＝原始报表期末净资产总额＋根据所有调整分录汇总的净资产调整额"计算政府综合会计报表中政府期末净资产总额。所计算的期末净资产总额应当等于恒等式"期末净资产总额＝期末资产总额－期末负债总额"计算的政府期末净资产总额。

试算平衡后，将汇总工作表"包括抵销调整后合计"栏数据对应填入政府综合会计报表中"资产负债表"各项目"年末数"栏，"收入费用表"各项目的"本年数"栏。

第二节 行政区政府综合会计报表编制

第十二条 行政区政府综合会计报表在汇总本级和所辖下级政府综合会计报表的基础上，采用抵销方法合并编制。

第十三条 资产负债表和收入费用表采用汇总工作表（见附4-2）方式编制，汇总工作表属于工作底稿。

（一）将被合并主体资产负债表和收入费用表各报表项目数据填列到汇总工作表"被合并政府报表项目金额"栏，计算加总金额。

（二）对被合并主体之间发生的经济业务或事项，按照抵销事项清单（见附6-2）编制抵销分录，填入汇总工作表"抵销分录"栏。抵销分录所需明细信息来源于被合并主体提供的政府综合财务报表相关数据。

（三）将汇总工作表各项目对应的"原有金额合计"栏、"抵销分录"栏中的数据相减，分别计算出经过抵销后的数据，填入相应的"抵销后金额合计"栏，据此生成合并后的资产负债表和收入费用表。

第十四条 合并本行政区各级政府综合财务报表时，应抵销下列事项：

（一）不同政府财政之间发生的经济业务或事项。

1.上下级政府财政之间发生的往来事项。

上下级政府财政之间发生的往来事项主要涉及的报表项目有应收及预付款项（与下级往来、其他应收款）、应付及预收款项（与上级往来、其他应付款），应经确认后抵销。抵销分录为：借记"应付及预收款项"；贷记"应收及预付款项"。

例：甲市政府综合财务报表"应收及预付款项"中，甲市财政应收所辖B县财政款项700万元；B县政府综合财务报表"应付及预收款项"中，B县财政应付甲市财政款项700万元。经确认无误后，编制抵销分录如下：

借：应付及预收款项　　　　　　　　　　　　　　　　　　　700
　　贷：应收及预付款项　　　　　　　　　　　　　　　　　　700

2.上下级政府财政之间发生的地方政府债券转贷款和主权外债转贷款本金。

上下级政府财政之间发生的转贷款本金主要涉及的报表项目有应收转贷款、一年内到期的非流动资产（一年内到期的应收转贷款）、应付转贷款、一年内到期的非流动负债（一年内到期的应付转贷款），应经确认后抵销。抵销分录为：借记"应付转贷款""一年内到期的非流动负债"；贷记"应收转贷款""一年内到期的非流动资产"。

例：甲市为某省下一级政府，甲市政府综合财务报表中应付转贷款中应付地方政府债券转贷款80 000万元，该省应收转贷款中应收甲市地方政府债券转贷款80 000万元。经确认无误后，编制抵销分录如下：
　　借：应付转贷款　　　　　　　　　　　　　　　　　　　　80 000
　　　　贷：应收转贷款　　　　　　　　　　　　　　　　　　　　　　80 000

3.上下级政府财政之间发生的地方政府债券转贷款和主权外债转贷款利息。

上下级政府财政之间发生的转贷款利息主要涉及的报表项目有应收利息、应付利息，应经确认后抵销。抵销分录为：借记"应付利息"，贷记"应收利息"。

例：甲市为某省下一级政府，甲市政府综合财务报表中地方政府债券应付利息1 000万元，该省应收利息中应收甲市地方政府债券应付利息1 000万元。经确认无误后，编制抵销分录如下：
　　借：应付利息　　　　　　　　　　　　　　　　　　　　　　1 000
　　　　贷：应收利息　　　　　　　　　　　　　　　　　　　　　　　1 000

4.上下级政府财政之间发生的补助收支和上解收支。

上下级政府财政之间的补助收支和上解收支主要涉及的报表项目有政府间转移性收入（补助收入、上解收入）、政府间转移性费用（补助费用、上解费用），应经确认后抵销。抵销分录为：借记"政府间转移性收入"；贷记"政府间转移性费用"。

例：某省本级政府综合财务报表"政府间转移性费用"明细表中，对B市财政拨付了2 000万元补助费用，B市"政府间转移性收入"明细表中收到省级补助收入2 000万元，经确认无误后，编制抵销分录如下：
　　借：政府间转移性收入　　　　　　　　　　　　　　　　　　2 000
　　　　贷：政府间转移性费用　　　　　　　　　　　　　　　　　　　2 000

5.不同政府财政之间发生的援助收支。

不同政府财政之间发生的援助收支主要涉及的报表项目有政府间转移性收入（地区间援助收入）、政府间转移性费用（地区间援助费用），应经确认后抵销。抵销分录为：借记"政府间转移性收入"；贷记"政府间转移性费用"。

例：某市B县政府综合财务报表中，收到来自同市A县的地方援助收入100万元，A县支付给B县的地方援助费用100万元。经确认无误后，编制抵销分录如下：
　　借：政府间转移性收入　　　　　　　　　　　　　　　　　　　100
　　　　贷：政府间转移性费用　　　　　　　　　　　　　　　　　　　　100

（二）政府部门与非同级政府财政之间发生的经济业务或事项。

政府部门的"非同级财政拨款收入"中来自非同级政府财政的拨款，与对方政府财政的相关费用之间存在抵销关系，应经确认后抵销。抵销分录为：借记"政府间转移性收入（非同级财政拨款收入）"，贷记"商品和服务费用""其他费用"等。

例：某省政府综合财务报表中甲市C部门（如：税务、工商等）非同级财政拨款收入500万元，其中来自丙县财政200万元；丙县政府综合财务报表其他费用中支付给甲市C部门200万元。经确认无误后，编制抵销分录如下：

借：政府间转移性收入　　　　　　　　　　　　　　　　　　　　200
　　贷：其他费用　　　　　　　　　　　　　　　　　　　　　　　　200

（三）非同级政府部门之间发生的经济业务或事项。

1. 非同级政府部门之间的债权债务事项。

非同级政府部门之间发生的债权债务事项主要涉及的报表项目有应收及预付款项、应付及预收款项，应经确认后抵销。抵销分录为：借记"应付及预收款项"，贷记"应收及预付款项"。

例：某省甲市政府综合财务报表"应收及预付款项"中，A部门应收同省乙市B部门款项500万元；乙市政府综合财务报表"应付及预收款项"中，B部门应付A部门款项500万元。经确认无误后，编制抵销分录如下：

借：应付及预收款项　　　　　　　　　　　　　　　　　　　　500
　　贷：应收及预付款项　　　　　　　　　　　　　　　　　　　　500

2. 非同级政府部门之间的收入费用事项。

非同级政府部门之间发生的待抵销收入费用事项主要涉及事业收入、政府间转移性收入（非同级财政拨款收入）、经营收入、其他收入、商品和服务费用、其他费用等报表项目。

对于经确认抵销的收入费用事项，编制抵销分录：借记"事业收入（来自非同级政府部门）""政府间转移性收入（来自非同级政府部门）""经营收入（来自非同级政府部门）""其他收入（来自非同级政府部门）"；贷记"商品和服务费用（支付给非同级政府部门）""其他费用（支付给非同级政府部门）"。

例：某省甲市政府综合财务报表中，A部门收到来自同省乙市B部门支付的事业收入600万元，B部门的商品和服务费用中支付给甲市A部门600万元。经确认无误后，编制抵销分录如下：

借：事业收入　　　　　　　　　　　　　　　　　　　　　　　　600
　　贷：商品和服务费用　　　　　　　　　　　　　　　　　　　　600

第四章　会计报表附注编制

第一节　会计报表附注内容

第十五条　会计报表附注具体应包括下列内容：会计报表编制基础、遵循相关制度规定的声明、会计报表的合并范围、重要会计政策与会计估计变更情况、会计报表重要项目明细信息及说明、需要说明的其他事项。

第二节　会计报表的编制基础

第十六条　政府综合财务报告中的会计报表以权责发生制为基础编制。

第三节　遵循相关制度规定的声明

第十七条　政府财政部门应当声明编制的会计报表符合政府会计准则、相关会计制度和财务报告编制规定的要求，如实反映政府整体的财务状况、运行情况等有关信息。

第四节 会计报表的合并范围

第十八条 会计报表的合并范围至少包括以下主体：

（一）资金主体。

1. 政府管理的各类资金，主要包括一般公共预算资金、政府性基金预算资金、国有资本经营预算资金、财政专户管理资金、专用基金和代管资金等各项资金，以及土地储备资金等。

2. 本年资金主体变动情况。

（二）机构主体。

1. 纳入政府综合财务报告编报范围的部门名称、部门所属单位的数量、实有人数情况等。

2. 本年机构主体变动情况。

第五节 重要会计政策与会计估计变更情况

第十九条 对本年发生的重要会计政策和会计估计变更，应说明变更的内容和原因，受其重要影响的报表项目名称和金额，以及重要会计政策和会计估计变更开始适用的时点。

第六节 会计报表重要项目明细信息及说明

第二十条 采用数字和文字描述相结合的方式披露重要项目的明细信息。报表重要项目明细信息的金额合计，应当与会计报表中的相应项目金额衔接一致。

第二十一条 报表重要项目明细信息应至少包括下列报表（本级政府综合会计报表重要项目明细表见附2，行政区政府综合会计报表重要项目明细表见附3，行政区政府综合财务报告不编制带 * 明细表）：

（一）货币资金明细表。

（二）应收及预付款项明细表。

（三）一年内到期的非流动资产明细表。

（四）长期投资及投资收益明细表。

（五）应收转贷款明细表 *。

（六）固定资产明细表。

（七）在建工程明细表。

（八）无形资产明细表。

（九）公共基础设施明细表。

（十）政府储备物资明细表。

（十一）保障性住房明细表。

（十二）应付及预收款项明细表。

（十三）一年内到期的非流动负债明细表。

（十四）应付长期政府债券明细表。

（十五）应付转贷款明细表。

（十六）长期借款明细表。

（十七）政府间转移性收入明细表。

（十八）政府间转移性费用明细表。

第七节 需要说明的其他事项

第二十二条 需要说明的其他事项应包括以下内容：

（一）政府社保基金情况。按照社保基金的种类，分别列示社保基金的收入、支出、结余情况。列示政府年末社保基金专户资金余额（年末存款余额）情况。

（二）资产负债表日后重大事项。

（三）对于政府部门管理的公共基础设施、文物文化资产、保障性住房、自然资源资产等重要资产，披露种类和实物量等相关信息。

（四）在建工程中土地收储项目名称及面积等情况。

（五）政府债务限额及余额情况。

（六）或有事项。披露政府或有事项的事由和金额，如担保事项、未决诉讼或仲裁、承诺（补贴、代偿）、救助等，若无法预计金额应说明理由。

（七）资产负债表项目年初数调整情况。

（八）政府会计具体准则中要求附注披露的其他内容，以及其他未在报表中列示，但对政府财务状况有重大影响的事项。

第五章 政府财政经济分析

第一节 政府财政经济分析主要内容

第二十三条 政府财政经济分析以政府综合财务报表为依据，结合宏观经济形势，分析政府财务状况、运行情况，以及财政中长期可持续性等，主要包括以下内容：

（一）政府财务状况分析。

1. 资产情况。分析政府资产总额变化情况及原因；重点分析政府资产的构成及分布，对于货币资金、应收及预付款项、长期投资、固定资产、在建工程、公共基础设施、政府储备物资、保障性住房等重要项目，分析各项目比重、变化趋势以及对于政府偿债能力和公共服务能力的影响；其他资产/总资产若高于10%，公共基础设施净值、保障性住房净值较上年增减变动幅度超过20%，需单独分析原因。

2. 负债情况。分析政府负债总额变化情况及原因；重点分析政府负债规模及结构，分析各项目比重以及变化趋势；其他负债/总负债若高于10%，需单独分析原因。

3. 净资产情况。分析政府净资产总额变化情况及原因；净资产总额年末数若为负数，需单独分析原因。

4. 财务状况指标分析。通过政府资产负债率、现金比率、流动比率等指标，分析政府财务风险及可控程度，需要采取的措施等。

（二）政府运行情况分析。

1. 收入情况。分析政府收入总额变化情况及原因；重点分析政府收入规模、结构及来源分布、重点收入项目的比重及变化趋势，特别是宏观经济运行、相关行业发展、税收政策、非税收入政策等对政府收入变动的影响；其他收入/总收入若高于10%，需单独分析原因。

2. 费用情况。分析政府费用总额变化情况及原因；重点按照经济分类分析政府费用规模及构成，特别是政府投融资情况对政府费用变动的影响。其他费用/总费用若高于10%，需单独分析原因。

3. 运行情况指标分析。运用政府收入费用率、税收收入比重等指标，分析政府财政财务运行质量和效率。

（三）财政中长期可持续性分析。

基于当前政府财政财务状况和运行情况，结合本地区经济形势、重点产业发展趋势、财政体制、财税政策、社会保障政策、通货膨胀率等，全面分析政府未来中长期收入支出变化趋势、预测财政收支缺口等。

第二节 政府财政经济分析方法和指标

第二十四条 分析政府财政经济状况时,可采取比率分析法、比较分析法、结构分析法和趋势分析法等方法。

第二十五条 分析政府财政经济状况时,可参考使用以下分析指标:

分析指标表

序号	指标名称	公式	指标说明
一、政府财务状况分析指标			
1	资产负债率	负债总额/资产总额	反映政府偿还债务的能力。
2	流动比率	流动资产/流动负债	反映政府利用流动资产偿还短期负债的能力。
3	现金比率	货币资金/流动负债	反映政府利用货币资金偿还短期负债的能力。
4	可变现资产负债率	负债总额/可变现资产(流动资产+长期投资)	反映政府利用可变现资产偿还负债的能力。
5	单位负债占比	单位负债总额/负债总额	反映政府单位负债占总负债的比重。
6	流动负债占比	流动负债/负债总额	反映政府面临负债集中偿付的压力。
7	净资产变动率	(净资产总额年末数—净资产总额年初数)/净资产总额年初数	反映净资产的同比变动情况。
二、政府运行情况分析指标			
8	收入费用率	年度总费用/年度总收入	反映政府收入和费用的配比情况。
9	政府自给率	(收入总额—政府间转移性收入)/(费用总额—政府间转移性费用)	反映地方政府自给能力大小。
10	税收收入比重	年度税收收入/年度收入总额	反映政府税收收入在年度总收入中的占比。
11	税收依存度	年度税收收入/年度一般公共预算收入	反映政府收入的稳定性及质量。
12	财务费用比重	财务费用/年度费用总额	反映政府财务费用在年度总费用中的占比。
13	人均工资福利费用	工资福利费用/政府年末实有人数	反映人均工资福利费用情况。
三、财政中长期可持续性分析指标			
14	负债率*	债务余额/本地区GDP	反映经济增长对债务的依赖程度。债务余额为政府法定债务总额。

（续表）

序号	指标名称	公式	指标说明
15	人均带息负债*	带息负债（应付短期政府债券+短期借款+长期借款+应付长期政府债券/转贷款+一年内到期的非流动负债中应付长期政府债券/转贷款）/常住人口	反映人均政府带息负债负担。
16	税收收入弹性*	年度税收收入增长率/本地区GDP增长率	反映税收收入变动对本地区GDP变动的敏感程度。
17	固定资产成新率	固定资产净值/固定资产原值	反映政府固定资产的持续服务能力。
18	公共基础设施成新率	公共基础设施净值/公共基础设施原值	反映政府公共基础设施的持续服务能力。
19	保障性住房成新率	保障性住房净值/保障性住房原值	反映政府保障性住房的持续服务能力。

注：标*指标，本级政府综合财务报告分析时不使用。

第六章　政府财政财务管理情况

第一节　政府预算管理情况

第二十六条　主要反映政府预算编制管理、预算执行管理、财政监督管理、绩效管理等方面的政策要求、主要措施和取得的成效。

第二节　政府资产负债管理情况

第二十七条　主要反映政府资产管理、负债管理等方面的政策要求、主要措施和取得的成效。

第三节　政府收支管理情况

第二十八条　主要反映政府收入管理、支出管理等方面的政策要求、主要措施和取得的成效。

第七章　附　　则

第二十九条　本指南自2024年1月1日起施行，《财政部关于修订印发〈政府综合财务报告编制操作指南（试行）〉的通知》（财库〔2019〕58号）和《财政部关于修订印发〈地方政府综合财务报告合并编制操作指南（试行）〉的通知》（财库〔2018〕66号）同时废止。

附：1. 政府综合财务报告样式
　　2. 本级政府综合会计报表重要项目明细表
　　3. 行政区政府综合会计报表重要项目明细表
　　4. 汇总工作表
　　5. 被合并主体报表项目与政府综合会计报表项目对照表
　　6. 抵销调整事项清单

附1　政府综合财务报告样式

××年度××省（市、县）政府综合财务报告

报送单位：（公章）

单位负责人：（签名并盖章）

处室负责人：（签名并盖章）

编制人：（签章）

报送日期：　年　月

目　录

导言 ……………………………………………………………………………………… 390
一、政府部门财务报表 ………………………………………………………………… 390
　（一）政府部门会计报表 …………………………………………………………… 390
　　　资产负债表 …………………………………………………………………… 390
　　　收入费用表 …………………………………………………………………… 392
　（二）政府部门会计报表附注 ……………………………………………………… 393
　　　1. 会计报表编制基础 …………………………………………………………… 393
　　　2. 遵循相关制度规定的声明 …………………………………………………… 393
　　　3. 会计报表的合并范围 ………………………………………………………… 393
　　　4. 重要会计政策与会计估计变更情况 ………………………………………… 393
　　　5. 会计报表重要项目明细信息及说明 ………………………………………… 393
　　　6. 需要说明的其他事项 ………………………………………………………… 393
二、政府部门财务分析 ………………………………………………………………… 394
　（一）政府财务状况分析 …………………………………………………………… 394
　（二）政府运行情况分析 …………………………………………………………… 394
　（三）财政中长期可持续性分析 …………………………………………………… 394
三、政府财政财务管理情况 …………………………………………………………… 394
　（一）政府预算管理情况 …………………………………………………………… 394
　（二）政府资产负债管理情况 ……………………………………………………… 394
　（三）政府收支管理情况 …………………………………………………………… 394

附件：补充报表
　1. 财政总会计资产负债表 ………………………………………………………… 395
　2. 财政总会计收入费用表 ………………………………………………………… 396
　3. 财政总会计现金流量表 ………………………………………………………… 397
　4. 财政总会计本年预算结余与盈余调节表 ……………………………………… 399
　5. 应付工程款情况表 ……………………………………………………………… 400
　6. 行政事业单位资产负债汇总表 ………………………………………………… 401
　7. 行政事业单位收入费用汇总表 ………………………………………………… 402
　8. 行政事业单位本年预算结余与盈余调节表 …………………………………… 403

导　言

根据预算法第九十七条规定，××省（市、县/区）财政厅（局）组织编制了《××年度××政府综合财务报告》（以下简称《报告》）……简要情况如下：

（一）《报告》编制基本情况

概述编制依据、编制基础、主要内容、合并范围、合并方法等。

（二）政府财务状况和运行简况

1.资产负债情况。

××年末政府资产总额××万元、负债总额××万元、净资产总额××万元。资产负债率为××%，较上年增长/下降××个百分点，表明……。

（1）政府资产

简要说明主要资产金额、占比以及变化情况等。

（2）政府负债

简要说明主要负债金额、占比以及变化情况等。

2.收入费用情况。

××年度政府收入总额××万元，费用总额××万元，收入费用相抵后本年盈余××万元。收入费用率为××%，较上年增长/下降××个百分点，表明……。

（1）政府收入

简要说明主要收入金额、占比以及变化情况等。

（2）政府费用

简要说明主要费用金额、占比以及变化情况等。

（3）《报告》反映的收入费用与财政决算反映的收入支出的主要差异情况。

一、政府综合财务报表

（一）政府综合会计报表

表1

资产负债表

编制单位：　　　　　　　　　　　年　月　日　　　　　　　　　　　单位：万元

项目	附注	年末数	年初数
流动资产			
货币资金	附表1		
短期投资			

（续表）

项目	附注	年末数	年初数
应收非税收入			
应收及预付款项	附表 2		
应收股利			
应收利息			
存货			
一年内到期的非流动资产	附表 3		
其他流动资产			
其他流动资产			
长期投资	附表 4		
应收转贷款	附表 5		
固定资产净值	附表 6		
在建工程	附表 7		
无形资产净值	附表 8		
研发支出			
公共基础设施净值	附表 9		
政府储备物资	附表 10		
文物文化资产			
保障性住房净值	附表 11		
其他非流动资产			
受托代理资产			
资产合计			
流动负债			
应付短期政府债券			
短期借款			
应付职工薪酬			
应付及预收款项	附表 12		
应付政府补贴款			
应付利息			

（续表）

项目	附注	年末数	年初数
一年内到期的非流动负债	附表 13		
其他流动负债			
非流动负债			
应付长期政府债券	附表 14		
应付转贷款	附表 15		
长期借款	附表 16		
长期应付款			
其他非流动负债			
受托代理负债			
负债合计			
净资产			
负债及净资产合计			

表 2

收入费用表

编制单位：　　　　　　　　　　　年　　　　　　　　　　单位：万元

项目	附注	年末数	年初数
税收收入			
非税收入			
事业收入			
经营收入			
投资收益	附表 4		
政府间转移性收入	附表 17		
其他收入			
收入合计			
工资福利费用			
商品和服务费用			
对个人和家庭的补助费用			
对企业补助费用			
对社会保障基金补助费用			

（续表）

项目	附注	年末数	年初数
政府间转移性费用	附表 18		
固定资产折旧费用			
无形资产摊销费用			
公共基础设施折旧（摊销）费用			
保障性住房折旧费用			
资产处置费用			
财务费用			
其他费用			
费用合计			
本年盈余			

（二）政府综合会计报表附注

1. 会计报表编制基础。（略）
2. 遵循相关制度规定的声明。（略）
3. 会计报表的合并范围。

其中，纳入政府综合财务报告编报范围的部门情况如下表（如部门数量较多，可将该表作为报告附件列示）。

部门清单

序号	部门名称	所属单位（个数）	实有人数
1			
2			
……			
合计			

4. 重要会计政策与会计估计变更情况。（略）
5. 会计报表重要项目明细信息及说明。（略）
6. 需要说明的其他事项。

（1）政府社保基金情况。可采用文字及表格结合的方式进行说明，表样如下：

××年度社保基金情况表

单位：万元

社保基金种类	上年累计结余	本年收入	本年支出	本年累计结余
企业职工基本养老保险				
机关事业单位基本养老保险				

（续表）

社保基金种类	上年累计结余	本年收入	本年支出	本年累计结余
……				
合计				

政府社保基金专户资金余额（年末存款余额）为××万元。

（2）资产负债表日后重大事项。

（3）政府部门管理的公共基础设施、文物文化资产、保障性住房、自然资源资产等重要资产的种类和实物量等相关信息。

（4）在建工程中土地收储项目及面积等情况。

（5）政府债务限额及余额情况。根据××人大××次会议审议通过，××年××政府债务限额为××亿元。截至××年末，××政府债务余额为××亿元，未使用的政府债务限额为××亿元，控制在××人大批准的限额之内。

（6）或有事项。披露政府或有事项的事由和金额，如担保事项、未决诉讼或仲裁、承诺（补贴、代偿）、救助等，若无法预计金额应说明理由。

（7）资产负债表项目年初数调整情况。

（8）其他未在会计报表中列示但对政府财务状况有重大影响的事项。

二、政府财政经济分析

（一）政府财务状况分析。（略）

（二）政府运行情况分析。（略）

（三）财政中长期可持续性分析。（略）

三、政府财政财务管理情况

（一）政府预算管理情况。（略）

（二）政府资产负债管理情况。（略）

（三）政府收支管理情况。（略）

附件：补充报表

1. 财政总会计资产负债表

财政总会计资产负债表

年　月　日　　　　　　　　　　　　单位：万元

资产	年初余额	期末余额	负债和净资产	年初余额	期末余额
流动资产：			**流动负债：**		
国库存款			应付短期政府债券		
其他财政存款			应付国库集中支付结余		
国库现金管理资产			与上级往来		
有价证券			其他应付款		
应收非税收入			应付代管资金		
应收股利			应付利息		
借出款项			一年内到期的非流动负债		
与下级往来			流动负债合计		
预拨经费			**非流动负债：**		
在途款			应付长期政府债券		
其他应收款			借入款项		
应收利息			应付地方政府债券转贷款		
一年内到期的非流动资产			应付主权外债转贷款		
流动资产合计			其他负债		
非流动资产：			非流动负债合计		
应收地方政府债券转贷款			负债合计		
应收主权外债转贷款			**净资产：**		
股权投资			累计盈余		
非流动资产合计			预算稳定调节基金		
			预算周转金		
			权益法调整		
			净资产合计		
资产总计			**负债及净资产总计**		

注：行政区政府综合财务报告不编制本表。

2.财政总会计收入费用表

财政总会计收入费用表

年 单位:万元

项目	预算管理资金		财政专户管理资金		专用基金	
	上年数	本年数	上年数	本年数	上年数	本年数
收入合计						
税收收入			—	—	—	—
非税收入					—	—
投资收益					—	—
补助收入					—	—
上解收入					—	—
地区间援助收入					—	—
其他收入					—	—
财政专户管理资金收入	—	—			—	—
专用基金收入	—	—	—	—		
费用合计						
政府机关商品和服务拨款费用			—	—	—	—
政府机关工资福利拨款费用			—	—	—	—
对事业单位补助拨款费用			—	—	—	—
对企业补助拨款费用			—	—	—	—
对个人和家庭补助拨款费用			—	—	—	—
对社会保障基金补助拨款费用			—	—	—	—
资本性拨款费用			—	—	—	—
其他拨款费用						
财务费用						
补助费用			—	—		
上解费用			—	—		
地区间援助费用			—	—		
其他费用						
财政专户管理资金支出	—	—			—	—
专用基金支出	—	—	—	—		
本期盈余(本年收入与费用的差额)						

注:1.表中有"—"的部分不必填列。
2.行政区政府综合财务报告不编制本表。

3. 财政总会计现金流量表

财政总会计现金流量表

年　　　　　　　　　　　　　　　　　　单位：万元

项目	本年金额	上年金额

一、日常活动产生的现金流量

  组织税收收入收到的现金

  组织非税收入收到的现金

  组织财政专户管理资金收入收到的现金

  组织专用基金收入收到的现金

  上下级政府财政资金往来收到的现金

  收回暂付性款项相关的现金

  其他日常活动所收到的现金

现金流入小计

  政府机关商品和服务拨款所支付的现金

  政府机关工资福利拨款所支付的现金

  对事业单位补助拨款所支付的现金

  对企业补助拨款所支付的现金

  对个人和家庭补助拨款所支付的现金

  对社会保障基金补助拨款所支付的现金

  财政专户管理资金支出所支付的现金

  专用基金支出所支付的现金

  上下级政府财政资金往来支付的现金

  资本性拨款所支付的现金

  暂付性款项所支付的现金

  其他日常活动所支付的现金

现金流出小计

日常活动产生的现金流量净额

二、投资活动产生的现金流量

  收回股权投资所收到的现金

（续表）

项目	本年金额	上年金额
取得股权投资收益收到的现金		
收到其他与投资活动有关的现金		
现金流入小计		
取得股权投资所支出的现金		
支付其他与投资活动有关的现金		
现金流出小计		
投资活动产生的现金流量净额		
三、筹资活动产生的现金流量		
发行政府债券收到的现金		
借入款项收到的现金		
取得政府债券转贷款收到的现金		
取得主权外债转贷款收到的现金		
收回转贷款本金收到的现金		
收到下级上缴转贷款利息相关的现金		
其他筹资活动收到的现金		
现金流入小计		
转贷地方政府债券所支付的现金		
转贷主权外债所支付的现金		
支付债务本金相关的现金		
支付债务利息相关的现金		
其他筹资活动支付的现金		
现金流出小计		
筹资活动产生的现金流量净额		
四、汇率变动对现金的影响额		
五、现金净增加额		

注：行政区政府综合财务报告不编制本表。

4. 财政总会计本年预算结余与盈余调节表

<h3 style="text-align:center">财政总会计本年预算结余与盈余调节表</h3>

年　　　　　　　　　　　　　　　　单位：万元

项目	金额
本年预算结余（本年预算收入与支出差额）：	
日常活动产生的差异：	
加：1. 当期确认为收入但没有确认为预算收入	
当期应收未缴库非税收入	
减：2. 当期确认为预算收入但没有确认为收入	
当期收到上期应收未缴库非税收入	
3. 当期确认为预算支出收回但没有确认为费用收回	
（1）当期收到退回以前年度已列支资金	
（2）当期将以前年度国库集中支付结余收回预算	
投资活动产生的差异：	
加：1. 当期确认为收入但没有确认为预算收入	
（1）当期投资收益或损失	
（2）当期无偿划入股权投资	
2. 当期确认为预算支出但没有确认为费用	
（1）当期股权投资增支	
（2）当期股权投资减支	
减：3. 当期确认为预算收入但没有确认为收入	
（1）当期收到利润收入和股利股息收入	
（2）当期收到清算、处置股权投资的收入	
4. 当期确认为费用但没有确认为预算支出	
当期无偿划出股权投资费用	
筹资活动产生的差异：	
加：1. 当期确认为预算支出但没有确认为费用	
（1）当期转贷款支出	
（2）当期债务还本支出	

（续表）

项目	金额
（3）拨付上年计提债务利息	
减：2.当期确认为预算收入但没有确认为收入	
（1）当期债务收入	
（2）当期转贷款收入	
3.当期确认为费用但没有确认为预算支出	
当期计提未拨付债务利息	
其他差异事项	
当期汇兑损益净额	
本年盈余（本年收入与费用的差额）	

注：该表通过加总各部门本年预算结余与盈余调节表生成。

5. 应付工程款情况表

应付工程款情况表

单位：万元

核算科目	年初数	本年增加	本年减少	年末数
应付账款				
长期应付款				
其他应付款				
合计				

注：应付工程款按实际会计核算数据分析填列。

6. 行政事业单位资产负债汇总表

行政事业单位资产负债汇总表

年 月 日

单位：万元

项目	年末数								年初数							
	合计	行政单位	事业单位					其他性质单位	合计	行政单位	事业单位					其他性质单位
			小计	医院	高等学校	科学事业单位	其他事业单位				小计	医院	高等学校	科学事业单位	其他事业单位	
资产总计																
流动资产																
货币资金																
短期投资																
…																
非流动资产																
长期股权投资																
长期债券投资																
…																
负债总计																
流动负债																
短期借款																
应交增值税																
…																
非流动负债																
长期借款																
长期应付款																
…																
净资产																

注：该表通过加总各单位资产负债表生成。

7. 行政事业单位收入费用汇总表

行政事业单位收入费用汇总表

　　　　年　　　　　　　　　　　　　　　　　　　　　　　　　　　　　　　　单位：万元

项目	年末数							年初数						
	合计	行政单位	事业单位				其他性质单位	合计	行政单位	事业单位				其他性质单位
			小计	医院	高等学校	科学事业单位	其他事业单位				小计	医院	高等学校	科学事业单位	其他事业单位	
收入总计														
财政拨款收入														
事业收入														
…														
费用总计														
工资福利费用														
商品和服务费用														
…														
本年盈余														

注：该表通过加总各单位收入费用表生成。

8. 行政事业单位本年预算结余与盈余调节表

行政事业单位本年预算结余与盈余调节表

年　　　　　　　　　　　　　　　　单位：万元

项目	金额
一、本年预算结余（本年预算收支差额）	
二、差异调节	—
（一）重要事项的差异	
加：1. 当期确认为收入但没有确认为预算收入	
（1）应收款项、预收账款确认的收入	
（2）接受非货币性资产捐赠确认的收入	
2. 当期确认为预算支出但没有确认为费用	
（1）支付应付款项、预付账款的支出	
（2）为取得存货、政府储备物资等计入物资成本的支出	
（3）为购建固定资产等的资本性支出	
（4）偿还借款本息支出	
减：1. 当期确认为预算收入但没有确认为收入	
（1）收到应收款项、预收账款确认的预算收入	
（2）取得借款确认的预算收入	
2. 当期确认为费用但没有确认为预算支出	
（1）发出存货、政府储备物资等确认的费用	
（2）计提的折旧费用和摊销费用	
（3）确认的资产处置费用（处置资产价值）	
（4）应付款项、预付账款确认的费用	
（二）其他事项差异	
三、本年盈余（本年收入与费用的差额）	

注：该表通过加总各单位本年预算结余与盈余调节表生成。

附2　本级政府综合会计报表重要项目明细表
　　（1）货币资金明细信息如下：

附表1

货币资金明细表

单位：万元

项目	年初数	年末数
库存现金		
国库存款		
国库现金管理资产		
其他财政存款		
银行存款		
其中：土地储备资金存款		
其他货币资金		
合计		

（2）应收及预付款项明细信息如下：

附表2

应收及预付款项明细表

单位：万元

主体	年初数	年末数
财政		
政府部门		
部门1		
部门2		
……		
其他		
合计		

注：1. 本表中的"财政"是指承担核算财政预算资金等职能的政府财政部门。"政府部门"是指纳入本级政府综合财务报告合并范围的部门。（下同）
　　2. "其他"是指土地储备资金等资金主体。
　　3. 本表反映被合并主体抵销后的应收及预付款项金额。

（3）一年内到期的非流动资产明细信息如下：

附表3

一年内到期的非流动资产明细表

单位：万元

主体	年初数	年末数
财政		
其中：应收地方政府债券转贷款（1年内到期）		
应收主权外债转贷款（1年内到期）		
政府部门		
合计		

（4）长期投资及投资收益明细表如下：

附表4

长期投资及投资收益明细表

单位：万元

投资对象	长期投资				投资收益	
	年初数	本年增加	本年减少	年末数	上年数	本年数
股权投资						
对企业股权投资						
企业1						

（续表）

投资对象	长期投资				投资收益	
	年初数	本年增加	本年减少	年末数	上年数	本年数
企业 2						
……						
其他企业						
对投资基金股权投资						
投资基金 1						
投资基金 2						
……						
对国际金融组织股权投资						
机构 1						
机构 2						
……						
债券投资						
合计						

注：1. 本表按照长期投资年末数从大到小排列。
　　2. 对企业股权投资原则上列示前 50 家，超过部分合并填入其他企业。

（5）应收转贷款明细信息如下：

附表 5

应收转贷款明细表

单位：万元

转贷对象	年初数	年末数
应收地方政府债券转贷款		
地区 1		
地区 2		
……		
应收主权外债转贷款		
地区 1		
地区 2		
……		
合计		

注：1. 本表按照转贷对象列示明细。
　　2. 本表仅包含本金金额。

（6）固定资产明细信息如下：

附表6

固定资产明细表

单位：万元

项目	年初数	本年增加	本年减少	年末数
原值合计				
房屋和构筑物				
设备				
文物和陈列品				
图书和档案				
家具和用具				
特种动植物				
累计折旧合计				
房屋和构筑物				
设备				
文物和陈列品	—	—	—	—
图书和档案	—	—	—	—
家具和用具				
特种动植物	—	—	—	—
净值合计		—	—	
房屋和构筑物		—	—	
设备		—	—	
文物和陈列品		—	—	
图书和档案		—	—	
家具和用具		—	—	
特种动植物		—	—	

（7）在建工程明细信息如下：

附表7

在建工程明细表

单位：万元

主体	年初数	本年增加	本年减少	年末数
土地收储项目				

（续表）

主体	年初数	本年增加	本年减少	年末数
其他项目				
部门1				
部门2				
……				
合计				

注：土地收储项目年末数小于1万元的，需在此处说明原因及情况。

（8）无形资产明细信息如下：

附表8

无形资产明细表

单位：万元

项目	年初数	本年增加	本年减少	年末数
原值合计				
专利权				
非专利技术				
著作权				
资源资质				
商标权				
信息数据				
其他				
累计摊销合计				
专利权				
非专利技术				
著作权				
资源资质				
商标权				
信息数据				
其他				
净值合计		—	—	
专利权		—	—	

（续表）

项目	年初数	本年增加	本年减少	年末数
非专利技术		—	—	
著作权		—	—	
资源资质		—	—	
商标权		—	—	
信息数据		—	—	
其他		—	—	

（9）公共基础设施明细信息如下：

附表9-1

公共基础设施明细表（原值）

单位：万元

项目	年初数	本年增加	本年减少	年末数
市政基础设施				
交通设施				
供排水设施				
能源设施				
环卫设施				
园林绿化设施				
综合类设施				
信息通信设施				
其他市政设施				
交通基础设施				
公路				
汽车客运站				
铁路				
机场				
航道				
沿海航海保障设施				
港口				

（续表）

项目	年初数	本年增加	本年减少	年末数
轮渡				
水利基础设施				
防洪（潮）工程				
治涝工程				
灌溉工程				
引调水工程				
农村供水工程				
水力发电工程				
水土保持工程				
水库工程				
水文基础设施				
其他公共基础设施				
原值合计				

附表 9-2

公共基础设施明细表（累计折旧/摊销）

单位：万元

项目	年初数	本年增加	本年减少	年末数
市政基础设施				
交通设施				
供排水设施				
能源设施				
环卫设施				
园林绿化设施				
综合类设施				
信息通信设施				
其他市政设施				
交通基础设施				
公路				

（续表）

项目	年初数	本年增加	本年减少	年末数
汽车客运站				
铁路				
机场				
航道				
沿海航海保障设施				
港口				
轮渡				
水利基础设施				
防洪（潮）工程				
治涝工程				
灌溉工程				
引调水工程				
农村供水工程				
水力发电工程				
水土保持工程				
水库工程				
水文基础设施				
其他公共基础设施				
累计折旧（摊销）合计				

附表 9-3

公共基础设施明细表（净值）

单位：万元

项目	年初数	本年增加	本年减少	年末数
市政基础设施		—	—	
交通设施		—	—	
供排水设施		—	—	
能源设施		—	—	
环卫设施		—	—	

（续表）

项目	年初数	本年增加	本年减少	年末数
园林绿化设施		—	—	
综合类设施		—	—	
信息通信设施		—	—	
其他市政设施		—	—	
交通基础设施		—	—	
公路		—	—	
汽车客运站		—	—	
铁路		—	—	
机场		—	—	
航道		—	—	
沿海航海保障设施		—	—	
港口		—	—	
轮渡		—	—	
水利基础设施		—	—	
防洪（潮）工程		—	—	
治涝工程		—	—	
灌溉工程		—	—	
引调水工程		—	—	
农村供水工程		—	—	
水力发电工程		—	—	
水土保持工程		—	—	
水库工程		—	—	
水文基础设施		—	—	
其他公共基础设施		—	—	
净值合计		—	—	

注：公共基础设施净值合计小于1万元的，需在此处说明原因及情况。

（10）政府储备物资明细信息如下：

附表 10-1

政府储备物资明细表

单位：万元

主体	年初数	本年增加	本年减少	年末数
部门 1				
部门 2				
……				
合计				

注：本表按照政府储备资产持有部门列示明细。

附表 10-2

政府储备物资明细表

单位：万元

项目	年初数	本年增加	本年减少	年末数
粮食等农产品和农资储备				
其中：粮食				
棉花				
食糖				
肉类				
能源储备				
矿产品原材料储备				
应急专用物资储备				
其中：应急抢险救灾物资				
医药				
合计				

注：本表按照政府储备物资种类列示明细。

（11）保障性住房明细信息如下：

附表 11

保障性住房明细表

单位：万元

项目	年初数	本年增加	本年减少	年末数
原值合计				

（续表）

项目	年初数	本年增加	本年减少	年末数
公租房				
经济适用房				
保障性租赁住房				
共有产权住房				
累计折旧合计				
公租房				
经济适用房				
保障性租赁住房				
共有产权住房				
净值合计		—	—	
公租房		—	—	
经济适用房		—	—	
保障性租赁住房		—	—	
共有产权住房		—	—	

注：保障性住房净值合计小于1万元的，需在此处说明原因及情况。

（12）应付及预收款项明细信息如下：

附表12

应付及预收款项明细表

单位：万元

主体	年初数	年末数
财政		
政府部门		
部门1		
部门2		
其他		
合计		

注：1."其他"是指土地储备资金等资金主体。
　　2.本表反映被合并主体抵销后的应付及预收款项金额。

（13）一年内到期的非流动负债明细信息如下：

附表13

一年内到期的非流动负债明细表

单位：万元

主体	年初数	年末数
财政		
其中：应付长期政府债券（1年内到期）		
应付地方政府债券转贷款（1年内到期）		
长期借款（1年内到期）		
应付主权外债转贷款（1年内到期）		
政府部门		
合计		

（14）应付长期政府债券明细信息如下：

附表14-1

应付长期政府债券明细表

单位：万元

种类	年初数	年末数
国债		
地方政府一般债券		
地方政府专项债券		
合计		

注：本表按照长期政府债券种类列示明细。

附表14-2

应付长期政府债券明细表

单位：万元

到期期限	年初数	年末数
1～3年（不含1年）		
3～10年（不含3年）		
10年以上（不含10年）		
合计		

注：本表按照长期政府债券到期期限列示明细。

（15）应付转贷款明细信息如下：

附表 15-1

应付转贷款明细表

单位：万元

种类	年初数	年末数
应付地方政府债券转贷款		
其中：地方政府一般债券		
地方政府专项债券		
应付主权外债转贷款		
合计		

注：1. 本表按照应付转贷款种类列示明细。
　　2. 本表仅列示本金金额。

附表 15-2

应付转贷款明细表

单位：万元

到期期限	年初数	年末数
1～3 年（不含 1 年）		
3～10 年（不含 3 年）		
10 年以上（不含 10 年）		
合计		

注：本表按照应付转贷款到期期限列示。

（16）长期借款明细信息如下：

附表 16-1

长期借款明细表

单位：万元

债务人	年初数	年末数
财政		
政府部门		
部门 1		
部门 2		
……		
其他		
合计		

注：本表按照债务人列示明细，并按长期借款年末数从大到小排列。

附表 16-2

长期借款明细表

单位：万元

债权人	年初数	年末数
机构 1		
机构 2		
……		
其他机构		
合计		

注：1. 本表按照债权人列示明细，并按长期借款年末数从大到小排列。
2. 本表债权人原则上列示前 50 家，超过部分合并填入其他机构。

附表 16-3

长期借款明细表

单位：万元

到期期限	年初数	年末数
1～3 年（不含 1 年）		
3～10 年（不含 3 年）		
10 年以上（不含 10 年）		
合计		

注：本表按照长期借款到期期限列示明细。

（17）政府间转移性收入明细信息如下：

附表 17

政府间转移性收入明细表

单位：万元

来源	上年数	本年数
上级政府财政		
下级政府财政		
地区 1		
地区 2		
……		
其他		
合计		

注：本表按照政府间转移性收入来源主体列示明细。

（18）政府间转移性费用明细信息如下：

附表 18

政府间转移性费用明细表

单位：万元

对象	上年数	本年数
上级政府财政		
下级政府财政		
地区 1		
地区 2		
……		
其他		
合计		

注：本表按照政府间转移性费用对象列示明细。

附 3   行政区政府综合会计报表重要项目明细表
 （1）货币资金明细表（同本级货币资金明细表）。
 （2）应收及预付款项明细信息如下：

表 2

应收及预付款项明细表

单位：万元

主体	年初数	年末数
财政		
地区 1		
地区 2		
……		
政府部门		
地区 1		
地区 2		
……		
其他		
合计		

注：本表反映被合并主体抵销后的应收及预付款项金额。

 （3）一年内到期的非流动资产明细信息如下：

表 3

一年内到期的非流动资产明细表

单位：万元

主体	年初数	年末数
财政		
其中：应收地方政府债券转贷款（1 年内到期）		

（续表）

主体	年初数	年末数
地区 1		
地区 2		
……		
应收主权外债转贷款（1年内到期）		
地区 1		
地区 2		
……		
政府部门		
地区 1		
地区 2		
……		
合计		

（4）长期投资及投资收益明细表如下：

表 4

长期投资及投资收益明细表

单位：万元

投资对象	长期投资				投资收益	
	年初数	本年增加	本年减少	年末数	上年数	本年数
股权投资						
对企业股权投资						
地区 1						
地区 2						
……						
对投资基金股权投资						
地区 1						
地区 2						
……						
对国际金融组织股权投资						
地区 1						
地区 2						
……						
债券投资						
合计						

（5）固定资产明细表（同本级固定资产明细表）。

（6）在建工程明细信息如下：

表 6

在建工程明细表

单位：万元

主体	年初数	本年增加	本年减少	年末数
土地收储项目				
地区 1				
地区 2				
……				
其他项目				
地区 1				
地区 2				
……				
合计				

（7）无形资产明细表（同本级无形资产明细表）。
（8）公共基础设施明细表（同本级公共基础设施明细表）。
（9）政府储备物资明细表（同本级政府储备物资明细表 10–2）。
（10）保障性住房明细表（同本级保障性住房明细表）。
（11）应付及预收款项明细信息如下：

表 11

应付及预收款项明细表

单位：万元

主体	年初数	年末数
财政		
地区 1		
地区 2		
……		
政府部门		
地区 1		
地区 2		
……		
其他		
合计		

注：本表中的"地区"是指编报政府综合财务报告的各级政府。本表按合并地区分别列示。

（12）一年内到期的非流动负债明细信息如下：

表 12

一年内到期的非流动负债明细表

单位：万元

主体	年初数	年末数
财政		
其中：应付长期政府债券（1年内到期）		
地区 1		
地区 2		
……		
应付地方政府债券转贷款（1年内到期）		
地区 1		
地区 2		
……		
长期借款（1年内到期）		
地区 1		
地区 2		
……		
应付主权外债转贷款（1年内到期）		
地区 1		
地区 2		
……		
政府部门		
地区 1		
地区 2		
……		
合计		

（13）应付长期政府债券明细表（同本级应付长期政府债券明细表）。

（14）应付转贷款明细表（同本级应付转贷款明细表）。

（15）长期借款明细信息如下：

表 15-1

长期借款明细表

单位：万元

债务人	年初数	年末数
财政		

（续表）

债务人	年初数	年末数
政府部门		
其他		
合计		

注:"其他"是指土地储备资金等资金主体。

表 15-2

长期借款明细表

单位:万元

到期期限	年初数	年末数
1～3 年（不含 1 年）		
3～10 年（不含 3 年）		
10 年以上（不含 10 年）		
合计		

注:本表按照长期借款到期期限列示明细。

（16）政府间转移性收入明细信息如下:

表 16

政府间转移性收入明细表

单位:万元

来源	上年数	本年数
上级政府财政		
下级政府财政		
其他		
合计		

（17）政府间转移性费用明细信息如下:

表 17

政府间转移性费用明细表

单位:万元

对象	上年数	本年数
上级政府财政		
下级政府财政		
其他		
合计		

附 4-1

本级汇总工作表

单位：万元

政府综合会计报表项目	包括抵销调整后合计	包括抵销后合计	原有金额合计	被合并主体报表项目			备注	调整分录		抵销分录	
				政府部门财务报表项目	财政总会计报表项目	土地储备资金财务报表项目		借方	贷方	借方	贷方

一、资产类

政府综合会计报表项目	包括抵销调整后合计	包括抵销后合计	原有金额合计	政府部门财务报表项目	财政总会计报表项目	土地储备资金财务报表项目	备注	调整分录借方	调整分录贷方	抵销分录借方	抵销分录贷方
货币资金				货币资金	国库存款	库存现金					
					国库现金管理资产	银行存款	8. 财政代管预算单位资金的，单位将代管资金通过"银行存款"核算的银行存款进行抵销				贷：银行存款
					其他财政存款						
短期投资				短期投资	有价证券						
应收非税收入					应收非税收入						
应收及预付款项				应收票据	在途款	预付工程款	1. 抵销政府部门之间的债权债务事项；同时对当期补提或冲减坏账准备的予以抵销			借：应收账款——坏账准备 其他应收款——坏账准备	贷：应收票据、应收账款、预付账款
				预付工程款							
				预付账款							
				其他应收款净额	与下级往来	其他应收款	8. 财政代管预算单位资金的，核算与部门资金与部门的其他应收款进行抵销				贷：其他应收款

（续表）

政府综合会计报表项目	包括抵销调整后合计	包括抵销后合计	原有金额合计	被合并主体报表项目			备注	调整分录		抵销分录	
				政府部门财务报表项目	财政总会计报表项目	土地储备资金财务报表项目		借方	贷方	借方	贷方
应收及预付款项				财政应返还额度		财政应返还额度	3. 抵销财政与部门之间的往来事项				贷：财政应返还额度
					借出款项		6. 将财政的借出款科目与部门的其他应付款进行抵销				贷：借出款项
					预拨经费		7. 将财政的预拨经费与部门的其他应付款进行抵销				贷：预拨经费
应收股利				应收股利							
应收利息				应收利息		应收利息					
存货				存货							
一年内到期的非流动资产				一年内到期的非流动资产							
其他流动资产				待摊费用		待摊支出					
				其他流动资产							
长期投资				股权投资	股权投资						
应收转贷款					应收地方政府债券转贷款（剔除1年内到期的部分）						
					应收主权外债转贷款（剔除1年内到期的部分）						

(续表)

政府综合会计报表项目	包括抵销调整后合计	包括抵销后合计	原有金额合计	被合并主体报表项目			备注	调整分录		抵销分录	
				政府部门财务报表项目	财政总会计报表项目	土地储备资金财务报表项目		借方	贷方	借方	贷方
固定资产净值				固定资产净值							
在建工程				工程物资		收储项目					
				在建工程							
无形资产净值				无形资产净值							
研发支出				研发支出							
公共基础设施净值				公共基础设施净值							
政府储备物资				政府储备物资							
文物文化资产				文物文化资产							
保障性住房净值				保障性住房净值							
其他非流动资产				长期待摊费用							
				待处理财产损溢							
				其他非流动资产							
受托代理资产				受托代理资产							

（续表）

政府综合会计报表项目	包括抵销调整后合计	包括抵销后合计	原有金额合计	被合并主体报表项目				备注	调整分录		抵销分录	
				政府部门财务报表项目	财政总会计报表项目	土地储备资金财务报表项目			借方	贷方	借方	贷方
资产合计												
二、负债类												
应付短期政府债券					应付短期政府债券							
短期借款				短期借款		短期借款						
应付职工薪酬				应付职工薪酬								
				应付票据		应付工程款		1. 抵销政府部门之间的债权债务事项				
				应付账款	与上级往来						借：应付票据、应付账款、预收账款、其他应付款、长期应付款	
				预收账款								
应付及预收款项				其他应付款	其他应付款	其他应付款		6. 将财政的借出款项与部门的其他应付款科目进行抵销			借：其他应付款	
								7. 将财政的预拨经费与部门的其他应付款进行抵销				
					应付国库集中支付结余			3. 将财政的应付国库集中支付结余与部门、土地储备资金的财政应返还额度进行抵销			借：应付国库集中支付结余	

（续表）

政府综合会计报表项目	包括抵销调整后合计	包括抵销后合计	原有金额合计	被合并主体报表项目			备注	调整分录		抵销分录	
				政府部门财务报表项目	财政总会计报表项目	土地储备资金财务报表项目		借方	贷方	借方	贷方
应付及预收款项					应付代管资金		8. 财政代管预算单位资金，单位通过"银行存款"核算的，将应付代管资金与部门的银行存款进行抵销			借：应付代管资金	
							8. 财政代管预算单位资金，单位通过"其他应收款"核算的，将应付代管资金与部门的其他应收款进行抵销			借：应付代管资金	
应付政府补贴款				应付政府补贴款							
应付利息				应付利息	应付利息	应付利息					
一年内到期的非流动负债				一年内到期的非流动负债	一年内到期的非流动负债						
其他流动负债				应交增值税		应交税费					
				其他应交税费							
				应缴财政款							
				预提费用							
				其他流动负债							
应付长期政府债券					应付长期政府债券						
应付转贷款					应付地方政府债券转贷款						
					应付主权外债转贷款						

（续表）

政府综合会计报表项目	包括抵销调整后合计	包括抵销后合计	原有金额合计	被合并主体报表项目			备注	调整分录		抵销分录	
				政府部门财务报表项目	财政总会计报表项目	土地储备资金财务报表项目		借方	贷方	借方	贷方
长期借款				长期借款	借入款项	长期借款					
长期应付款				长期应付款							
其他非流动负债				预计负债	其他负债						
				其他非流动负债							
受托代理负债				受托代理负债							
负债合计											
三、净资产											
净资产				净资产	累计盈余	土地储备资金					
					预算稳定调节基金						
					预算周转金						
					权益法调整		12.根据调整分录中收入调整总额与费用调整总额的差额，调整净资产项目	借：净资产			
负债及净资产合计											

（续表）

四、收入类

政府综合会计报表项目	包括抵销调整后合计	包括抵销后合计	原有金额合计	被合并主体报表项目			备注	调整分录		抵销分录	
				政府部门财务报表项目	财政总会计报表项目	土地储备资金财务报表项目		借方	贷方	借方	贷方
税收收入					税收收入						
非税收入					非税收入						
事业收入				事业收入	财政专户管理资金收入		5.将部门的事业收入与财政的财政专户管理资金支出进行抵销			借:事业收入(财政专户管理资金)	
事业收入				事业收入			2.抵销政府部门之间的收入费用事项			借:事业收入(来自同级政府部门)	
经营收入				经营收入			2.抵销政府部门之间的收入费用事项			借:经营收入(来自同级政府部门)	
投资收益				投资收益	投资收益						
				上级补助收入	补助收入						
政府间转移性收入				非同级财政拨款收入(非同级以及非同级财政)	地区间援助收入						
					上解收入						

（续表）

政府综合会计报表项目	包括抵销调整后合计	包括抵销后合计	原有金额合计	被合并主体报表项目			备注	调整分录		抵销分录	
				政府部门财务报表项目	财政总会计报表项目	土地储备资金财务报表项目		借方	贷方	借方	贷方
其他收入				非同级财政拨款收入（同级政府部门）			2.抵销政府部门之间的收入费用事项			借：非同级财政拨款收入（来自同级政府部门）	
				附属单位上缴收入							
				捐赠收入							
				利息收入							
				租金收入			2.抵销政府部门之间的收入费用事项			借：租金收入（来自同级政府部门）	
其他收入				其他收入			2.抵销政府部门之间的收入费用事项			借：其他收入（来自同级政府部门）	
					专用基金收入	其他收入	9.将财政费用安排的专用基金收入与相应的费用进行抵销			借：专用基金收入	
待调整抵销项目					其他收入	财政拨款收入	4.将部门、土地储备资金的财政拨款收入与财政的费用进行抵销	借：财政拨款收入			
收入合计											

（续表）

政府综合会计报表项目	包括抵销调整后合计	原有金额合计	被合并主体报表项目			备注	调整分录		抵销分录	
			政府部门财务报表项目	财政总会计报表项目	土地储备资金财务报表项目		借方	贷方	借方	贷方
五、费用类										
工资福利费用				政府机关工资福利拨款费用		4.将部门、土地储备资金的财政拨款费用与财政拨款收入相关的进行抵销				贷：政府机关工资福利拨款费用
						11.将对企业下属事业单位和非同级政府的补助拨款等的费用相应计入费用报表项目	借：工资福利费用			
商品和服务费用			商品和服务费用			2.抵销政府部门之间的收入费用事项				贷：商品和服务费用（支付给同级政府部门）
			商品和服务费用			10.将财政的专用基金支出调整计入相应的费用报表项目	借：商品和服务费用			
商品和服务费用				政府机关商品和服务拨款费用		4.将部门、土地储备资金的财政拨款费用与财政拨款收入相关的进行抵销				贷：政府机关商品和服务拨款费用
						9.将财政费用安排的专用基金收入与相应的费用进行抵销				贷：政府机关商品和服务拨款费用
						11.将对企业下属事业单位和非同级政府的补助拨款等的费用相应计入费用报表项目	借：商品和服务费用			

（续表）

政府综合会计报表项目	包括抵销调整后合计	包括抵销后合计	原有金额合计	被合并主体报表项目			备注	调整分录		抵销分录	
				政府部门财务报表项目	财政总会计报表项目	土地储备资金财务报表项目		借方	贷方	借方	贷方
对个人和家庭的补助费用				对个人和家庭补助费用	对个人和家庭补助拨款费用		4.将部门、土地储备资金的财政拨款收入与财政的相关拨款费用进行抵销				贷：对个人和家庭补助拨款费用
							9.将财政费用安排的专用基金收入与相应的费用进行抵销				贷：对个人和家庭补助拨款费用
							10.将财政的专用基金支出调整计入相应的费用报表项目	借：对个人和家庭的补助费用			
对企业补助费用				对企业补助费用	对企业补助拨款费用		4.将部门、土地储备资金的财政拨款收入与财政的相关拨款费用进行抵销				贷：对企业补助拨款费用
					对企业补助拨款费用		9.将财政费用安排的专用基金收入与相应的费用进行抵销				贷：对企业补助拨款费用
							10.将财政的专用基金支出调整计入相应的费用报表项目	借：对企业补助费用			
对社会保障基金补助费用					对社会保障基金补助拨款费用						
政府间转移性费用				上缴上级费用	补助费用						
					上解费用						
					地区间援助费用						

（续表）

政府综合会计报表项目	包括抵销调整后合计	包括抵销后合计	原有金额合计	被合并主体报表项目			备注	调整分录		抵销分录	
				政府部门财务报表项目	财政总会计报表项目	土地储备资金财务报表项目		借方	贷方	借方	贷方
固定资产折旧费用				固定资产折旧费用							
无形资产摊销费用				无形资产摊销费用							
公共基础设施折旧（摊销）费用				公共基础设施折旧（摊销）费用							
保障性住房折旧费用				保障性住房折旧费用							
资产处置费用				资产处置费用		支付项目支出					
财务费用				其他费用（利息费用）	财务费用						
其他费用				其他费用（除利息费用）	其他费用		1. 抵销政府部门之间的债权债务事项；同时对当期补提或冲减坏账准备的予以抵销 2. 抵销政府部门之间的收入费用事项				贷：其他费用
				计提专用基金	资本性拨款费用		4. 将部门、土地储备资金的财政拨款收入与财政的相关拨款费用进行抵销				贷：资本性拨款费用
					其他拨款费用		4. 将部门、土地储备资金的财政拨款收入与财政的相关拨款费用进行抵销				贷：其他拨款费用

(续表)

政府综合会计报表项目	包括抵销调整后合计	原有金额合计	被合并主体报表项目				调整分录		抵销分录	
			政府部门财务报表项目	财政总会计报表项目	土地储备资金财务报表项目	备注	借方	贷方	借方	贷方
其他费用			所得税费用							
			对附属单位补助费用			11.将对企业下属事业单位和非同级政府财政资金等的补助拨款费用调整计入与财政相应的费用报表项目	借:其他费用			
待调整抵销事项				对事业单位补助拨款费用		4.将部门、土地储备资金的财政拨款收入与财政相应的费用进行抵销		贷:对事业单位补助拨款费用		贷:对事业单位补助拨款费用
						11.将对企业下属事业单位和非同级政府财政资金等的补助拨款费用调整计入与财政相应的费用报表项目				
待调整抵销事项				财政专户管理资金支出		5.将财政的财政专户管理资金支出与部门进行抵销				贷:财政专户管理资金支出
				专用基金支出		10.将财政的专用基金支出调整计入与相应的费用报表项目		贷:专用基金支出		
费用合计										
六、盈余类										
原有收支差额										
抵销后的收支差额										
本年盈余										

附 4-2

行政区汇总工作表

单位：万元

行政区政府综合会计报表项目	原有金额合计	被合并政府报表项目金额		…	抵销事项	抵销分录		抵销后金额合计
		地区1	地区2			借项	贷项	
一、资产类								
流动资产								
货币资金								
短期投资								
应收非税收入								
应收及预付款项					1. 抵销上下级政府财政之间发生的往来事项 7. 抵销非同级政府部门之间的债权债务事项		贷：应收及预付款项	
应收股利								
应收利息					3. 抵销上下级政府财政之间发生的转贷款利息		贷：应收利息	
存货								
一年内到期的非流动资产					2. 抵销上下级政府财政之间发生的转贷款本金		贷：一年内到期的非流动资产	
其他流动资产								
非流动资产								
长期投资								
应收转贷款					2. 抵销上下级政府财政之间发生的转贷款本金		贷：应收转贷款	

(续表)

行政区政府综合会计报表项目	原有金额合计	被合并政府报表项目金额			抵销事项	抵销分录		抵销后金额合计
		地区1	地区2	…		借项	贷项	
固定资产净值								
在建工程								
无形资产净值								
研发支出								
公共基础设施净值								
政府储备物资								
文物文化资产								
保障性住房净值								
其他非流动资产								
受托代理资产								
资产合计								
二、负债类								
流动负债								
应付短期政府债券								
短期借款								
应付职工薪酬								
应付及预收款项					1. 抵销上下级政府财政之间发生的往来事项 7. 抵销非同级政府部门之间的债权债务事项	借：应付及预收款项		
应付政府补贴款								

（续表）

行政区政府综合会计报表项目	原有金额合计	被合并政府报表项目金额			抵销事项	抵销分录		抵销后金额合计
		地区1	地区2	…		借项	贷项	
应付利息					3. 抵销上下级政府财政之间发生的转贷款利息	借：应付利息		
一年内到期的非流动负债					2. 抵销上下级政府财政之间发生的转贷款本金	借：一年内到期的非流动负债		
其他流动负债								
非流动负债								
应付长期政府债券								
应付转贷款					2. 抵销上下级政府财政之间发生的转贷款本金	借：应付转贷款		
长期借款								
长期应付款								
其他非流动负债								
受托代理负债								
负债合计								
三、净资产类								
净资产								
四、收入类								
税收收入								
非税收入								
事业收入					8. 抵销非同级政府部门之间的收入费用	借：事业收入		

(续表)

行政区政府综合会计报表项目	原有金额合计	被合并政府报表项目金额			抵销事项	抵销分录		抵销后金额合计
		地区1	地区2	…		借项	贷项	
经营收入					8. 抵销非同级政府部门之间的收入费用	借：经营收入		
投资收益								
政府间转移性收入					4. 抵销上下级政府财政之间的补助收支和上解收支	借：政府间转移性收入		
					5. 抵销不同政府财政之间的援助收支			
					6. 抵销政府部门与非同级政府财政之间发生的收入费用			
					8. 抵销非同级政府部门之间的收入费用			
其他收入					8. 抵销非同级政府部门之间的收入费用	借：其他收入		
收入合计								
五、费用类								
工资福利费用								
商品和服务费用					6. 抵销政府部门与非同级政府财政之间发生的收入费用		贷：商品和服务费用	
					8. 抵销非同级政府部门之间的收入费用			
对个人和家庭的补助费用								
对企业补助费用								
对社会保障基金补助费用								

(续表)

行政区政府综合会计报表项目	原有金额合计	被合并政府报表项目金额			抵销事项	抵销分录		抵销后金额合计
		地区1	地区2	…		借项	贷项	
政府间转移性费用					4. 抵销上下级政府财政之间的补助收支和上解收支		贷：政府间转移性费用	
					5. 抵销不同政府财政之间的援助收支			
固定资产折旧费用								
无形资产摊销费用								
公共基础设施折旧（摊销）费用								
保障性住房折旧费用								
资产处置费用								
财务费用								
其他费用					8. 抵销非同级政府部门之间的收入费用		贷：其他费用	
					6. 抵销非同级政府部门与非同级政府财政之间发生的收入费用			
费用合计								
六、本年盈余								
本年盈余								

附 5-1

政府部门会计报表项目对照表

政府综合会计报表项目	政府部门会计报表项目	项目说明
一、资产类		
货币资金	货币资金	财政代管预算单位资金，单位通过"银行存款"核算的，与财政的"应付代管资金"进行抵销。
短期投资	短期投资	
应收非税收入	—	
应收及预付款项	应收票据	部门之间抵销事项。与同级政府部门应付票据、应付账款、预收账款、其他应付款、长期应付款进行抵销。
	应收账款净额	
	预付账款	
	其他应收款净额	财政代管预算单位资金，单位通过"其他应收款"核算的，与财政的"应付代管资金"进行抵销。
	财政应返还额度	财政与部门之间抵销事项。与财政的"应付国库集中支付结余"进行抵销。
应收股利	应收股利	
应收利息	应收利息	
存货	存货	
一年内到期的非流动资产	一年内到期的非流动资产	
其他流动资产	待摊费用	
	其他流动资产	
长期投资	长期股权投资	
	长期债券投资	
应收转贷款	—	
固定资产净值	固定资产净值	
在建工程	工程物资	
	在建工程	
无形资产净值	无形资产净值	
研发支出	研发支出	
公共基础设施净值	公共基础设施净值	
政府储备物资	政府储备物资	

（续表）

政府综合会计报表项目	政府部门会计报表项目	项目说明
文物文化资产	文物文化资产	
保障性住房净值	保障性住房净值	
其他非流动资产	长期待摊费用	
	待处理财产损溢	
	其他非流动资产	
受托代理资产	受托代理资产	
二、负债类		
应付短期政府债券	—	
短期借款	短期借款	
应付职工薪酬	应付职工薪酬	
应付及预收款项	应付票据	部门之间抵销事项。与同级政府部门应收票据、应收账款、预付账款、其他应收款进行抵销。
	应付账款	
	预收账款	
	其他应付款	财政与部门之间抵销事项。与财政的"借出款项"进行抵销。
应付政府补贴款	应付政府补贴款	
应付利息	应付利息	
一年内到期的非流动负债	一年内到期的非流动负债	
其他流动负债	应交增值税	
	其他应交税费	
	应缴财政款	
	预提费用	
	其他流动负债	
应付长期政府债券	—	
应付转贷款	—	
长期借款	长期借款	
长期应付款	长期应付款	部门之间抵销事项。与同级政府部门应收账款、预付账款、其他应收款进行抵销。
其他非流动负债	预计负债	
	其他非流动负债	

（续表）

政府综合会计报表项目	政府部门会计报表项目	项目说明
受托代理负债	受托代理负债	
三、净资产类		
净资产	净资产	
四、收入类		
税收收入	—	
非税收入	—	
事业收入	事业收入	财政与部门之间抵销事项。与财政专户管理资金支出进行抵销。
		部门之间抵销事项。与支付给同级政府部门的商品和服务费用、其他费用进行抵销。
经营收入	经营收入	部门之间抵销事项。与支付给同级政府部门的商品和服务费用、其他费用进行抵销。
投资收益	投资收益	
政府间转移性收入	上级补助收入	
	非同级财政拨款收入	政府部门本期从上级或下级政府（包括政府财政和政府部门）取得的各类财政款。
其他收入	附属单位上缴收入	未抵销完的附属单位上缴收入。
	非同级财政拨款收入	部门之间抵销事项。与支付给同级政府部门的横向转拨财政款进行抵销。
	捐赠收入	
	利息收入	
	租金收入	部门之间抵销事项。与支付给同级政府部门的商品和服务费用、其他费用抵销。
	其他收入	部门之间抵销事项。与支付给同级政府部门的商品和服务费用、其他费用抵销。
待抵销调整项目	财政拨款收入	财政与部门之间抵销事项。与财政的政府机关工资福利拨款费用、政府机关商品和服务拨款费用等相关拨款费用进行抵销。
五、费用类		
工资福利费用	工资福利费用	

（续表）

政府综合会计报表项目	政府部门会计报表项目	项目说明
商品和服务费用	商品和服务费用	部门之间抵销事项。与来自同级政府部门的事业收入、其他收入和经营收入进行抵销。
对个人和家庭的补助费用	对个人和家庭的补助费用	
对企业补助费用	对企业补助费用	
对社会保障基金补助费用	—	
政府间转移性费用	上缴上级费用	
固定资产折旧费用	固定资产折旧费用	
无形资产摊销费用	无形资产摊销费用	
公共基础设施折旧（摊销）费用	公共基础设施折旧（摊销）费用	
保障性住房折旧费用	保障性住房折旧费用	
资产处置费用	资产处置费用	
财务费用	其他费用中的利息费用	
其他费用	计提专用基金	
	所得税费用	
	对附属单位补助费用	未抵销完的对附属单位补助费用。
	其他费用中扣除利息费用的部分	

附 5-2

财政总会计报表项目对照表

政府综合会计报表项目	财政总会计报表项目	项目说明
一、资产类		
货币资金	国库存款	
	其他财政存款	
	国库现金管理资产	
短期投资	有价证券	
应收非税收入	应收非税收入	
应收及预付款项	在途款	
	其他应收款	

（续表）

政府综合会计报表项目	财政总会计报表项目	项目说明
应收及预付款项	与下级往来	"与下级往来"科目所属明细科目期末为贷方余额的，应填入政府综合会计报表的"应付及预收款项"。
	借出款项	财政与部门之间抵销事项。与部门其他应付款科目进行抵销。
	预拨经费	财政与部门之间抵销事项。与部门其他应付款科目进行抵销。
应收股利	应收股利	
应收利息	应收利息	
存货	—	
一年内到期的非流动资产	一年内到期的非流动资产	
其他流动资产	—	
长期投资	股权投资	
应收转贷款	应收地方政府债券转贷款（剔除1年内到期部分）	
应收转贷款	应收主权外债转贷款（剔除1年内到期部分）	
固定资产净值	—	
在建工程	—	
无形资产净值	—	
研发支出	—	
公共基础设施净值	—	
政府储备物资	—	
文物文化资产	—	
保障性住房净值	—	
其他非流动资产	—	
受托代理资产	—	
二、负债类		
应付短期政府债券	应付短期政府债券	
短期借款	—	
应付职工薪酬	—	

（续表）

政府综合会计报表项目	财政总会计报表项目	项目说明
应付及预收款项	与上级往来	"与上级往来"科目所属明细科目期末为借方余额的，应填入政府综合会计报表的"应收及预付款项"。
	其他应付款	
	应付国库集中支付结余	财政与部门之间抵销事项。与部门的财政应返还额度进行抵销。
	应付代管资金	财政与部门之间抵销事项。财政代管预算单位资金，单位通过"其他应收款"核算的，与部门的其他应收款进行抵销。
应付及预收款项	应付代管资金	财政与部门之间抵销事项。财政代管预算单位资金，单位通过"银行存款"核算的，与部门的银行存款进行抵销。
应付政府补贴款	—	
应付利息	应付利息	
一年内到期的非流动负债	一年内到期的非流动负债	
其他流动负债	—	
应付长期政府债券	应付长期政府债券（剔除1年内到期部分）	
应付转贷款	应付地方政府债券转贷款（剔除1年内到期部分）	
应付转贷款	应付主权外债转贷款（剔除1年内到期部分）	
长期借款	借入款项（剔除1年内到期部分）	
长期应付款	—	
其他非流动负债	其他负债	
受托代理负债	—	
三、净资产类		
净资产	累计盈余	
	预算稳定调节基金	
	预算周转金	
	权益法调整	
四、收入类		
税收收入	税收收入	

（续表）

政府综合会计报表项目	财政总会计报表项目	项目说明
非税收入	非税收入	
事业收入	财政专户管理资金收入	
经营收入	—	
投资收益	投资收益	
其他收入	其他收入	
	专用基金收入	财政内部抵销事项。将财政的费用安排取得的专用基金收入与相应的费用进行抵销。未抵销的收入计入其他收入。
政府间转移性收入	补助收入	
	上解收入	
	地区间援助收入	
待抵销调整项目	—	
五、费用类		
工资福利费用	政府机关工资福利拨款费用	财政与部门之间抵销事项。与部门的财政拨款收入进行抵销。未抵销的费用计入工资福利费用。
商品和服务费用	政府机关商品和服务拨款费用	财政与部门之间抵销事项。与部门的财政拨款收入进行抵销。未抵销的费用计入商品和服务费用。
对个人和家庭的补助费用	对个人和家庭补助拨款费用	财政与部门之间抵销事项。与部门的财政拨款收入进行抵销。未抵销的费用计入对个人和家庭的补助费用。
对企业补助费用	对企业补助拨款费用	财政与部门之间抵销事项。与部门的财政拨款收入进行抵销。未抵销的费用计入对企业补助费用。
对社会保障基金补助费用	对社会保障基金补助拨款费用	
政府间转移性费用	补助费用	
	上解费用	
	地区间援助费用	
固定资产折旧费用	—	
无形资产摊销费用	—	
公共基础设施折旧（摊销）费用	—	
保障性住房折旧费用	—	

（续表）

政府综合会计报表项目	财政总会计报表项目	项目说明
资产处置费用	—	
财务费用	财务费用	
其他费用	其他费用	
	资本性拨款费用	财政与部门之间抵销事项。与部门的财政拨款收入进行抵销。未抵销的费用计入其他费用。
	其他拨款费用	财政与部门之间抵销事项。与部门的财政拨款收入进行抵销。未抵销的费用计入其他费用。
待抵销调整项目	对事业单位补助拨款费用	财政与部门之间抵销事项。与部门的财政拨款收入进行抵销。未抵销的费用分析调整计入相关费用报表项目。
待抵销调整项目	财政专户管理资金支出	财政与部门之间抵销事项。与部门的事业收入（财政专户管理资金）进行抵销。未抵销的费用计入其他费用。
	专用基金支出	财政内部调整事项。将财政的专用基金支出调整计入相应的费用报表项目。

附 5-3

土地储备资金财务报表项目对照表

政府综合会计报表项目	土地储备资金财务报表项目	项目说明
一、资产类		
货币资金	库存现金	
	银行存款	
短期投资	—	
应收非税收入	—	
应收及预付款项	预付工程款	
	其他应收款	
	财政应返还额度	财政与部门之间抵销事项，与财政的"应付国库集中支付结余"进行抵销。
应收股利	—	
应收利息	应收利息	
存货	—	

（续表）

政府综合会计报表项目	土地储备资金财务报表项目	项目说明
一年内到期的非流动资产	—	
其他流动资产	待摊支出	
长期投资	—	
应收转贷款	—	
固定资产净值		
在建工程	收储项目	
无形资产净值	—	
研发支出	—	
公共基础设施净值	—	
政府储备物资		
文物文化资产		
保障性住房净值		
其他非流动资产		
受托代理资产	—	
二、负债类		
应付短期政府债券	—	
短期借款	短期借款	
应付职工薪酬	—	
应付及预收款项	应付工程款	
	其他应付款	
应付政府补贴款		
应付利息	应付利息	
一年内到期的非流动负债	—	
其他流动负债	应交税费	期末为借方余额的，以"—"号填列。
应付长期政府债券		
应付转贷款	—	
长期借款	长期借款	
长期应付款	—	
其他非流动负债	—	

（续表）

政府综合会计报表项目	土地储备资金财务报表项目	项目说明
受托代理负债	—	
三、净资产类		
净资产	土地储备资金	
四、收入类		
税收收入	—	
非税收入	—	
事业收入	—	
经营收入	—	
投资收益	—	
政府间转移性收入	—	
其他收入	其他收入	
待抵销调整项目	财政拨款收入	财政与部门之间抵销事项，与财政的政府机关商品和服务拨款费用、其他费用等相关费用进行抵销。
五、费用类		
工资和福利费用	—	
商品和服务费用	—	
对个人和家庭的补助费用	—	
对企业补助费用	—	
对社会保障基金补助费用	—	
政府间转移性费用	—	
固定资产折旧费用	—	
无形资产摊销费用	—	
公共基础设施折旧（摊销）费用	—	
保障性住房折旧费用	—	
资产处置费用	交付项目支出	
财务费用	—	
其他费用	—	

附 6-1

本级抵销调整事项清单

序号	事项说明	分录	事项分类
1-1	抵销政府部门之间的债权债务事项。	借：应付票据/应付账款/预收账款/其他应付款/长期应付款 贷：应收票据/应收账款/预付账款/其他应收款	部门之间抵销事项
1-2	部门之间发生的债权债务事项，债权方已计提坏账准备的，应予以抵销。其中，以前年度计提的贷记"累计盈余"、当期补提或冲减的贷记"其他费用"。	借：应收账款净额——坏账准备/其他应收款净额——坏账准备 贷：其他费用 　　累计盈余	部门之间抵销事项
2	抵销政府部门之间的收入费用事项。对增值税应税业务，按扣除增值税后的净额抵销。	借：事业收入/非同级财政拨款收入/经营收入/租金收入/其他收入 贷：商品和服务费用/其他费用	部门之间抵销事项
3	抵销财政与部门、土地储备资金之间的往来事项。	借：应付国库集中支付结余 贷：财政应返还额度	财政与部门及相关资金主体之间抵销事项，市县级政府无此抵销事项
4	将部门、土地储备资金的财政拨款收入与财政的相关拨款费用进行抵销。	借：财政拨款收入 贷：政府机关商品和服务拨款费用/政府机关工资福利拨款费用等	财政与部门之间抵销事项
5	将部门的事业收入与财政的财政专户管理资金支出进行抵销。	借：事业收入（财政专户管理资金） 贷：财政专户管理资金支出	财政与部门之间抵销事项
6	将财政的借出款项与部门的其他应付款进行抵销。	借：其他应付款 贷：借出款项	财政与部门之间抵销事项
7	将财政的预拨经费与部门的其他应付款进行抵销。	借：其他应付款 贷：预拨经费	财政与部门之间抵销事项
8-1	财政代管预算单位资金，单位通过"其他应收款"核算的，将应付代管资金与部门的其他应收款进行抵销。	借：应付代管资金 贷：其他应收款	财政与部门之间抵销事项
8-2	财政代管预算单位资金，单位通过"银行存款"核算的，将应付代管资金与部门的银行存款进行抵销。	借：应付代管资金 贷：银行存款	财政与部门之间抵销事项
9	通过财政的费用安排取得的专用基金收入，与相应的拨款费用进行抵销。	借：专用基金收入 贷：对个人和家庭补助拨款费用/对企业补助拨款费用等	财政内部抵销事项
10	财政的专用基金支出调整计入相应的费用报表项目。	借：商品和服务费用/对个人和家庭的补助费用/对企业补助费用等 贷：专用基金支出	财政内部调整事项

（续表）

序号	事项说明	分录	事项分类
11	将对企业下属事业单位和非同级政府事业单位等的补助拨款费用调整计入相应的费用报表项目。	借：商品和服务费用／工资福利费用等 贷：对事业单位补助拨款费用	财政内部调整事项
12	根据调整分录中收入调整总额与费用调整总额的差额调整净资产。	借或贷：收入调整总额与费用调整总额的差额 贷或借：净资产	其他调整事项。当差额为正数时，调增净资产，为负数时调减净资产。

注：上述清单中未涵盖的抵销事项，可根据实际情况自行增设抵销分录进行抵销。

附 6-2

行政区抵销事项清单

序号	事项说明	分录	事项分类
1	抵销上下级政府财政之间发生的往来事项	借：应付及预收款项 贷：应收及预付款项	不同政府财政之间抵销事项
2	抵销上下级政府财政之间发生的转贷款本金	借：应付转贷款／一年内到期的非流动负债 贷：应收转贷款／一年内到期的非流动资产	不同政府财政之间抵销事项
3	抵销上下级政府财政之间发生的转贷款利息	借：应付利息 贷：应收利息	不同政府财政之间抵销事项
4	抵销上下级政府财政之间发生的补助收支和上解收支	借：政府间转移性收入 贷：政府间转移性费用	不同政府财政之间抵销事项
5	抵销不同政府财政之间发生的援助收支	借：政府间转移性收入 贷：政府间转移性费用	不同政府财政之间抵销事项
6	抵销政府部门与非同级财政之间发生的收入费用事项	借：政府间转移性收入 贷：商品和服务费用／其他费用	政府部门与非同级政府财政之间抵销事项
7	抵销非同级政府部门之间的债权债务事项	借：应付及预收款项 贷：应收及预付款项	非同级政府部门之间抵销事项
8	抵销非同级政府部门之间的收入费用事项	借：事业收入／经营收入／其他收入／政府间转移性收入 贷：商品和服务费用／其他费用	非同级政府部门之间抵销事项

注：上述清单中未涵盖的抵销事项，可根据实际情况自行增设抵销分录进行抵销。

4. 关于进一步明确政府部门财务报告编制合并范围的通知（2021年发布）

（财办库〔2021〕182号）

各省、自治区、直辖市、计划单列市财政厅（局），新疆生产建设兵团财政局，各中央预算单位财务部门：

近年来，政府财务报告制度改革取得积极进展，但从编报反映情况看，中央单位举办或与地方联合举办、在地方登记的事业单位所属关系及合并级次问题，亟需进一步明确。现就有关事项通知如下：

一、根据《政府会计准则第9号——财务报表编制和列报》《政府会计准则制度解释第2号》和《财政部关于修订印发〈政府部门财务报告编制操作指南（试行）〉的通知》（财库〔2019〕57号）有关规定，政府部门财务报告编制范围应包括部门及部门所属的行政事业单位、与同级财政部门有预算拨款关系的社会团体。

二、编制政府部门财务报告时，事业单位所属关系一般按照以下标准确认：1.存在财政预算拨款关系的事业单位，以财政预算拨款关系为基础确认所属关系。2.实行经费自理的事业单位，按照《事业单位法人证书》所列举办单位确认所属关系。涉及两个或两个以上举办单位的，按排序第一的举办单位确认，纳入该举办单位的财务报告编制范围；如举办单位之间有协议、章程或管理办法约定的，按约定执行，不得重复编报。

上述规定适用于中央及省以下各级政府部门，自发布之日起实施。

特此通知。

财政部办公厅
2021年10月25日

第十一章 政府会计基本与具体准则

1. 政府会计准则——基本准则（2015年公布）

（中华人民共和国财政部令第78号）

第一章 总 则

第一条 为了规范政府的会计核算，保证会计信息质量，根据《中华人民共和国会计法》《中华人民共和国预算法》和其他有关法律、行政法规，制定本准则。

第二条 本准则适用于各级政府、各部门、各单位（以下统称政府会计主体）。

前款所称各部门、各单位是指与本级政府财政部门直接或者间接发生预算拨款关系的国家机关、军队、政党组织、社会团体、事业单位和其他单位。

军队、已纳入企业财务管理体系的单位和执行《民间非营利组织会计制度》的社会团体,不适用本准则。

第三条 政府会计由预算会计和财务会计构成。

预算会计实行收付实现制,国务院另有规定的,依照其规定。

财务会计实行权责发生制。

第四条 政府会计具体准则及其应用指南、政府会计制度等,应当由财政部遵循本准则制定。

第五条 政府会计主体应当编制决算报告和财务报告。

决算报告的目标是向决算报告使用者提供与政府预算执行情况有关的信息,综合反映政府会计主体预算收支的年度执行结果,有助于决算报告使用者进行监督和管理,并为编制后续年度预算提供参考和依据。政府决算报告使用者包括各级人民代表大会及其常务委员会、各级政府及其有关部门、政府会计主体自身、社会公众和其他利益相关者。

财务报告的目标是向财务报告使用者提供与政府的财务状况、运行情况(含运行成本,下同)和现金流量等有关信息,反映政府会计主体公共受托责任履行情况,有助于财务报告使用者作出决策或者进行监督和管理。政府财务报告使用者包括各级人民代表大会常务委员会、债权人、各级政府及其有关部门、政府会计主体自身和其他利益相关者。

第六条 政府会计主体应当对其自身发生的经济业务或者事项进行会计核算。

第七条 政府会计核算应当以政府会计主体持续运行为前提。

第八条 政府会计核算应当划分会计期间,分期结算账目,按规定编制决算报告和财务报告。

会计期间至少分为年度和月度。会计年度、月度等会计期间的起讫日期采用公历日期。

第九条 政府会计核算应当以人民币作为记账本位币。发生外币业务时,应当将有关外币金额折算为人民币金额计量,同时登记外币金额。

第十条 政府会计核算应当采用借贷记账法记账。

第二章 政府会计信息质量要求

第十一条 政府会计主体应当以实际发生的经济业务或者事项为依据进行会计核算,如实反映各项会计要素的情况和结果,保证会计信息真实可靠。

第十二条 政府会计主体应当将发生的各项经济业务或者事项统一纳入会计核算,确保会计信息能够全面反映政府会计主体预算执行情况和财务状况、运行情况、现金流量等。

第十三条 政府会计主体提供的会计信息,应当与反映政府会计主体公共受托责任履行情况以及报告使用者决策或者监督、管理的需要相关,有助于报告使用者对政府会计主体过去、现在或者未来的情况作出评价或者预测。

第十四条 政府会计主体对已经发生的经济业务或者事项,应当及时进行会计核算,不得提前或者延后。

第十五条 政府会计主体提供的会计信息应当具有可比性。

同一政府会计主体不同时期发生的相同或者相似的经济业务或者事项,应当采用一致的会计政策,不得随意变更。确需变更的,应当将变更的内容、理由及其影响在附注中予以说明。

不同政府会计主体发生的相同或者相似的经济业务或者事项,应当采用一致的会计政策,确保政府会计信息口径一致,相互可比。

第十六条 政府会计主体提供的会计信息应当清晰明了,便于报告使用者理解和使用。

第十七条 政府会计主体应当按照经济业务或者事项的经济实质进行会计核算,不限于以经济业务或者事项的法律形式为依据。

第三章 政府预算会计要素

第十八条 政府预算会计要素包括预算收入、预算支出与预算结余。

第十九条 预算收入是指政府会计主体在预算年度内依法取得的并纳入预算管理的现金流入。

第二十条 预算收入一般在实际收到时予以确认，以实际收到的金额计量。

第二十一条 预算支出是指政府会计主体在预算年度内依法发生并纳入预算管理的现金流出。

第二十二条 预算支出一般在实际支付时予以确认，以实际支付的金额计量。

第二十三条 预算结余是指政府会计主体预算年度内预算收入扣除预算支出后的资金余额，以及历年滚存的资金余额。

第二十四条 预算结余包括结余资金和结转资金。

结余资金是指年度预算执行终了，预算收入实际完成数扣除预算支出和结转资金后剩余的资金。

结转资金是指预算安排项目的支出年终尚未执行完毕或者因故未执行，且下年需要按原用途继续使用的资金。

第二十五条 符合预算收入、预算支出和预算结余定义及其确认条件的项目应当列入政府决算报表。

第四章　政府财务会计要素

第二十六条 政府财务会计要素包括资产、负债、净资产、收入和费用。

第一节　资　产

第二十七条 资产是指政府会计主体过去的经济业务或者事项形成的，由政府会计主体控制的，预期能够产生服务潜力或者带来经济利益流入的经济资源。

服务潜力是指政府会计主体利用资产提供公共产品和服务以履行政府职能的潜在能力。

经济利益流入表现为现金及现金等价物的流入，或者现金及现金等价物流出的减少。

第二十八条 政府会计主体的资产按照流动性，分为流动资产和非流动资产。

流动资产是指预计在1年内（含1年）耗用或者可以变现的资产，包括货币资金、短期投资、应收及预付款项、存货等。

非流动资产是指流动资产以外的资产，包括固定资产、在建工程、无形资产、长期投资、公共基础设施、政府储备资产、文物文化资产、保障性住房和自然资源资产等。

第二十九条 符合本准则第二十七条规定的资产定义的经济资源，在同时满足以下条件时，确认为资产：

（一）与该经济资源相关的服务潜力很可能实现或者经济利益很可能流入政府会计主体；

（二）该经济资源的成本或者价值能够可靠地计量。

第三十条 资产的计量属性主要包括历史成本、重置成本、现值、公允价值和名义金额。

在历史成本计量下，资产按照取得时支付的现金金额或者支付对价的公允价值计量。

在重置成本计量下，资产按照现在购买相同或者相似资产所需支付的现金金额计量。

在现值计量下，资产按照预计从其持续使用和最终处置中所产生的未来净现金流入量的折现金额计量。

在公允价值计量下，资产按照市场参与者在计量日发生的有序交易中，出售资产所能收到的价格计量。

无法采用上述计量属性的，采用名义金额（即人民币1元）计量。

第三十一条 政府会计主体在对资产进行计量时，一般应当采用历史成本。

采用重置成本、现值、公允价值计量的，应当保证所确定的资产金额能够持续、可靠计量。

第三十二条 符合资产定义和资产确认条件的项目,应当列入资产负债表。

第二节 负 债

第三十三条 负债是指政府会计主体过去的经济业务或者事项形成的,预期会导致经济资源流出政府会计主体的现时义务。

现时义务是指政府会计主体在现行条件下已承担的义务。未来发生的经济业务或者事项形成的义务不属于现时义务,不应当确认为负债。

第三十四条 政府会计主体的负债按照流动性,分为流动负债和非流动负债。

流动负债是指预计在1年内(含1年)偿还的负债,包括应付及预收款项、应付职工薪酬、应缴款项等。

非流动负债是指流动负债以外的负债,包括长期应付款、应付政府债券和政府依法担保形成的债务等。

第三十五条 符合本准则第三十三条规定的负债定义的义务,在同时满足以下条件时,确认为负债:

(一)履行该义务很可能导致含有服务潜力或者经济利益的经济资源流出政府会计主体;

(二)该义务的金额能够可靠地计量。

第三十六条 负债的计量属性主要包括历史成本、现值和公允价值。

在历史成本计量下,负债按照因承担现时义务而实际收到的款项或者资产的金额,或者承担现时义务的合同金额,或者按照为偿还负债预期需要支付的现金计量。

在现值计量下,负债按照预计期限内需要偿还的未来净现金流出量的折现金额计量。

在公允价值计量下,负债按照市场参与者在计量日发生的有序交易中,转移负债所需支付的价格计量。

第三十七条 政府会计主体在对负债进行计量时,一般应当采用历史成本。

采用现值、公允价值计量的,应当保证所确定的负债金额能够持续、可靠计量。

第三十八条 符合负债定义和负债确认条件的项目,应当列入资产负债表。

第三节 净 资 产

第三十九条 净资产是指政府会计主体资产扣除负债后的净额。

第四十条 净资产金额取决于资产和负债的计量。

第四十一条 净资产项目应当列入资产负债表。

第四节 收 入

第四十二条 收入是指报告期内导致政府会计主体净资产增加的、含有服务潜力或者经济利益的经济资源的流入。

第四十三条 收入的确认应当同时满足以下条件:

(一)与收入相关的含有服务潜力或者经济利益的经济资源很可能流入政府会计主体;

(二)含有服务潜力或者经济利益的经济资源流入会导致政府会计主体资产增加或者负债减少;

(三)流入金额能够可靠地计量。

第四十四条 符合收入定义和收入确认条件的项目,应当列入收入费用表。

第五节 费 用

第四十五条 费用是指报告期内导致政府会计主体净资产减少的、含有服务潜力或者经济利益的经济资源的流出。

第四十六条 费用的确认应当同时满足以下条件:

(一)与费用相关的含有服务潜力或者经济利益的经济资源很可能流出政府会计主体;

(二)含有服务潜力或者经济利益的经济资源流出会导致政府会计主体资产减少或者负债增加;

(三)流出金额能够可靠地计量。

第四十七条 符合费用定义和费用确认条件的项目,应当列入收入费用表。

第五章 政府决算报告和财务报告

第四十八条 政府决算报告是综合反映政府会计主体年度预算收支执行结果的文件。

政府决算报告应当包括决算报表和其他应当在决算报告中反映的相关信息和资料。

政府决算报告的具体内容及编制要求等,由财政部另行规定。

第四十九条 政府财务报告是反映政府会计主体某一特定日期的财务状况和某一会计期间的运行情况和现金流量等信息的文件。

政府财务报告应当包括财务报表和其他应当在财务报告中披露的相关信息和资料。

第五十条 政府财务报告包括政府综合财务报告和政府部门财务报告。

政府综合财务报告是指由政府财政部门编制的,反映各级政府整体财务状况、运行情况和财政中长期可持续性的报告。

政府部门财务报告是指政府各部门、各单位按规定编制的财务报告。

第五十一条 财务报表是对政府会计主体财务状况、运行情况和现金流量等信息的结构性表述。

财务报表包括会计报表和附注。

会计报表至少应当包括资产负债表、收入费用表和现金流量表。

政府会计主体应当根据相关规定编制合并财务报表。

第五十二条 资产负债表是反映政府会计主体在某一特定日期的财务状况的报表。

第五十三条 收入费用表是反映政府会计主体在一定会计期间运行情况的报表。

第五十四条 现金流量表是反映政府会计主体在一定会计期间现金及现金等价物流入和流出情况的报表。

第五十五条 附注是对在资产负债表、收入费用表、现金流量表等报表中列示项目所作的进一步说明,以及对未能在这些报表中列示项目的说明。

第五十六条 政府决算报告的编制主要以收付实现制为基础,以预算会计核算生成的数据为准。

政府财务报告的编制主要以权责发生制为基础,以财务会计核算生成的数据为准。

第六章 附 则

第五十七条 本准则所称会计核算,包括会计确认、计量、记录和报告各个环节,涵盖填制会计凭证、登记会计账簿、编制报告全过程。

第五十八条 本准则所称预算会计,是指以收付实现制为基础对政府会计主体预算执行过程中发生的全部收入和全部支出进行会计核算,主要反映和监督预算收支执行情况的会计。

第五十九条 本准则所称财务会计,是指以权责发生制为基础对政府会计主体发生的各项经济业务或者事项进行会计核算,主要反映和监督政府会计主体财务状况、运行情况和现金流量等的会计。

第六十条 本准则所称收付实现制,是指以现金的实际收付为标志来确定本期收入和支出的会计核算基础。凡在当期实际收到的现金收入和支出,均应作为当期的收入和支出;凡是不属于当期的现金收入和支出,均不应当作为当期的收入和支出。

第六十一条 本准则所称权责发生制，是指以取得收取款项的权利或支付款项的义务为标志来确定本期收入和费用的会计核算基础。凡是当期已经实现的收入和已经发生的或应当负担的费用，不论款项是否收付，都应当作为当期的收入和费用；凡是不属于当期的收入和费用，即使款项已在当期收付，也不应当作为当期的收入和费用。

第六十二条 本准则自 2017 年 1 月 1 日起施行。

2. 政府会计准则第 1 号——存货（2016 年公布）

（财会〔2016〕12 号印发）

第一章 总 则

第一条 为了规范存货的确认、计量和相关信息的披露，根据《政府会计准则——基本准则》，制定本准则。

第二条 本准则所称存货，是指政府会计主体在开展业务活动及其他活动中为耗用或出售而储存的资产，如材料、产品、包装物和低值易耗品等，以及未达到固定资产标准的用具、装具、动植物等。

第三条 政府储备物资、收储土地等，适用其他相关政府会计准则。

第二章 存货的确认

第四条 存货同时满足下列条件的，应当予以确认：
（一）与该存货相关的服务潜力很可能实现或者经济利益很可能流入政府会计主体；
（二）该存货的成本或者价值能够可靠地计量。

第三章 存货的初始计量

第五条 存货在取得时应当按照成本进行初始计量。

第六条 政府会计主体购入的存货，其成本包括购买价款、相关税费、运输费、装卸费、保险费以及使得存货达到目前场所和状态所发生的归属于存货成本的其他支出。

第七条 政府会计主体自行加工的存货，其成本包括耗用的直接材料费用、发生的直接人工费用和按照一定方法分配的与存货加工有关的间接费用。

第八条 政府会计主体委托加工的存货，其成本包括委托加工前存货成本、委托加工的成本（如委托加工费以及按规定应计入委托加工存货成本的相关税费等）以及使存货达到目前场所和状态所发生的归属于存货成本的其他支出。

第九条 下列各项应当在发生时确认为当期费用，不计入存货成本：
（一）非正常消耗的直接材料、直接人工和间接费用。
（二）仓储费用（不包括在加工过程中为达到下一个加工阶段所必需的费用）。
（三）不能归属于使存货达到目前场所和状态所发生的其他支出。

第十条 政府会计主体通过置换取得的存货，其成本按照换出资产的评估价值，加上支付的补价或减去收到的补价，加上为换入存货发生的其他相关支出确定。

第十一条 政府会计主体接受捐赠的存货，其成本按照有关凭据注明的金额加上相关税费、运输费等确定；没有相关凭据可供取得，但按规定经过资产评估的，其成本按照评估价值加上相关税费、运输费等确定；没有相关凭据可供取得、也未经资产评估的，其成本比照同类或类似资产的市场价格加上相关税费、运输费等确定；没有相关凭据且未经资产评估、同类或类似资产的市场价格也无法可靠取得的，按照名义金额入账，相关税费、运输费等计入当期费用。

第十二条 政府会计主体无偿调入的存货，其成本按照调出方账面价值加上相关税费、运输费等确定。

第十三条 政府会计主体盘盈的存货，按规定经过资产评估的，其成本按照评估价值确定；未经资产评估的，其成本按照重置成本确定。

第四章 存货的后续计量

第十四条 政府会计主体应当根据实际情况采用先进先出法、加权平均法或者个别计价法确定发出存货的实际成本。计价方法一经确定，不得随意变更。对于性质和用途相似的存货，应当采用相同的成本计价方法确定发出存货的成本。对于不能替代使用的存货、为特定项目专门购入或加工的存货，通常采用个别计价法确定发出存货的成本。

第十五条 对于已发出的存货，应当将其成本结转为当期费用或者计入相关资产成本。按规定报经批准对外捐赠、无偿调出的存货，应当将其账面余额予以转销，对外捐赠、无偿调出中发生的归属于捐出方、调出方的相关费用应当计入当期费用。

第十六条 政府会计主体应当采用一次转销法或者五五摊销法对低值易耗品、包装物进行摊销，将其成本计入当期费用或者相关资产成本。

第十七条 对于发生的存货毁损，应当将存货账面余额转销计入当期费用，并将毁损存货处置收入扣除相关处置税费后的差额按规定作应缴款项处理（差额为净收益时）或计入当期费用（差额为净损失时）。

第十八条 存货盘亏造成的损失，按规定报经批准后应当计入当期费用。

第五章 存货的披露

第十九条 政府会计主体应当在附注中披露与存货有关的下列信息：
（一）各类存货的期初和期末账面余额。
（二）确定发出存货成本所采用的方法。
（三）以名义金额计量的存货名称、数量，以及以名义金额计量的理由。
（四）其他有关存货变动的重要信息。

第六章 附 则

第二十条 本准则自2017年1月1日起施行。

3. 政府会计准则第2号——投资（2016年公布）

（财会〔2016〕12号印发）

第一章 总 则

第一条 为了规范投资的确认、计量和相关信息的披露，根据《政府会计准则——基本准则》，制定本准则。

第二条 本准则所称投资，是指政府会计主体按规定以货币资金、实物资产、无形资产等方式形成的债权或股权投资。

第三条 投资分为短期投资和长期投资。短期投资，是指政府会计主体取得的持有时间不超过1年（含1年）的投资。长期投资，是指政府会计主体取得的除短期投资以外的债权和股权性质的投资。

第四条 政府会计主体外币投资的折算，适用其他相关政府会计准则。

第二章　短期投资

第五条 短期投资在取得时，应当按照实际成本（包括购买价款和相关税费，下同）作为初始投资成本。实际支付价款中包含的已到付息期但尚未领取的利息，应当于收到时冲减短期投资成本。

第六条 短期投资持有期间的利息，应当于实际收到时确认为投资收益。

第七条 期末，短期投资应当按照账面余额计量。

第八条 政府会计主体按规定出售或到期收回短期投资，应当将收到的价款扣除短期投资账面余额和相关税费后的差额计入投资损益。

第三章　长期投资

第九条 长期投资分为长期债权投资和长期股权投资。

第一节　长期债权投资

第十条 长期债券投资在取得时，应当按照实际成本作为初始投资成本。实际支付价款中包含的已到付息期但尚未领取的债券利息，应当单独确认为应收利息，不计入长期债券投资初始投资成本。

第十一条 长期债券投资持有期间，应当按期以票面金额与票面利率计算确认利息收入。对于分期付息、一次还本的长期债券投资，应当将计算确定的应收未收利息确认为应收利息，计入投资收益；对于一次还本付息的长期债券投资，应当将计算确定的应收未收利息计入投资收益，并增加长期债券投资的账面余额。

第十二条 政府会计主体按规定出售或到期收回长期债券投资，应当将实际收到的价款扣除长期债券投资账面余额和相关税费后的差额计入投资损益。

第十三条 政府会计主体进行除债券以外的其他债权投资，参照长期债券投资进行会计处理。

第二节　长期股权投资

第十四条 长期股权投资在取得时，应当按照实际成本作为初始投资成本。

（一）以支付现金取得的长期股权投资，按照实际支付的全部价款（包括购买价款和相关税费）作为实际成本。实际支付价款中包含的已宣告但尚未发放的现金股利，应当单独确认为应收股利，不计入长期股权投资初始投资成本。

（二）以现金以外的其他资产置换取得的长期股权投资，其成本按照换出资产的评估价值加上支付的补价或减去收到的补价，加上换入长期股权投资发生的其他相关支出确定。

（三）接受捐赠的长期股权投资，其成本按照有关凭据注明的金额加上相关税费确定；没有相关凭据可供取得，但按规定经过资产评估的，其成本按照评估价值加上相关税费确定；没有相关凭据可供取得、也未经资产评估的，其成本比照同类或类似资产的市场价格加上相关税费确定。

（四）无偿调入的长期股权投资，其成本按照调出方账面价值加上相关税费确定。

第十五条 长期股权投资在持有期间，通常应当采用权益法进行核算。政府会计主体无权决定被投资单位的财务和经营政策或无权参与被投资单位的财务和经营政策决策的，应当采用成本法进行核算。成本法，是指投资按照投资成本计量的方法。权益法，是指投资最初以投资成本计量，以后根据政府会计主体在被投资单位所享有的所有者权益份额的变动对投资的账面余额进行调整的方法。

第十六条 在成本法下,长期股权投资的账面余额通常保持不变,但追加或收回投资时,应当相应调整其账面余额。长期股权投资持有期间,被投资单位宣告分派的现金股利或利润,政府会计主体应当按照宣告分派的现金股利或利润中属于政府会计主体应享有的份额确认为投资收益。

第十七条 采用权益法的,按照如下原则进行会计处理:

(一)政府会计主体取得长期股权投资后,对于被投资单位所有者权益的变动,应当按照下列规定进行处理:

1. 按照应享有或应分担的被投资单位实现的净损益的份额,确认为投资损益,同时调整长期股权投资的账面余额。

2. 按照被投资单位宣告分派的现金股利或利润计算应享有的份额,确认为应收股利,同时减少长期股权投资的账面余额。

3. 按照被投资单位除净损益和利润分配以外的所有者权益变动的份额,确认为净资产,同时调整长期股权投资的账面余额。

(二)政府会计主体确认被投资单位发生的净亏损,应当以长期股权投资的账面余额减记至零为限,政府会计主体负有承担额外损失义务的除外。被投资单位发生净亏损,但以后年度又实现净利润的,政府会计主体应当在其收益分享额弥补未确认的亏损分担额等后,恢复确认投资收益。

第十八条 政府会计主体因处置部分长期股权投资等原因无权再决定被投资单位的财务和经营政策或者参与被投资单位的财务和经营政策决策的,应当对处置后的剩余股权投资改按成本法核算,并以该剩余股权投资在权益法下的账面余额作为按照成本法核算的初始投资成本。其后,被投资单位宣告分派现金股利或利润时,属于已计入投资账面余额的部分,作为成本法下长期股权投资成本的收回,冲减长期股权投资的账面余额。政府会计主体因追加投资等原因对长期股权投资的核算从成本法改为权益法的,应当自有权决定被投资单位的财务和经营政策或者参与被投资单位的财务和经营政策决策时,按成本法下长期股权投资的账面余额加上追加投资的成本作为按照权益法核算的初始投资成本。

第十九条 政府会计主体按规定报经批准处置长期股权投资,应当冲减长期股权投资的账面余额,并按规定将处置价款扣除相关税费后的余额作应缴款项处理,或者按规定将处置价款扣除相关税费后的余额与长期股权投资账面余额的差额计入当期投资损益。采用权益法核算的长期股权投资,因被投资单位除净损益和利润分配以外的所有者权益变动而将应享有的份额计入净资产的,处置该项投资时,还应当将原计入净资产的相应部分转入当期投资损益。

第四章 投资的披露

第二十条 政府会计主体应当在附注中披露与投资有关的下列信息:

(一)短期投资的增减变动及期初、期末账面余额。
(二)各类长期债权投资和长期股权投资的增减变动及期初、期末账面余额。
(三)长期股权投资的投资对象及核算方法。
(四)当期发生的投资净损益,其中重大的投资净损益项目应当单独披露。

第五章 附 则

第二十一条 本准则自 2017 年 1 月 1 日起施行。

4. 政府会计准则第3号——固定资产（2016年公布）

（财会〔2016〕12号印发）

第一章 总 则

第一条 为了规范固定资产的确认、计量和相关信息的披露，根据《政府会计准则——基本准则》，制定本准则。

第二条 本准则所称固定资产，是指政府会计主体为满足自身开展业务活动或其他活动需要而控制的，使用年限超过1年（不含1年）、单位价值在规定标准以上，并在使用过程中基本保持原有物质形态的资产，一般包括房屋及构筑物、专用设备、通用设备等。单位价值虽未达到规定标准，但是使用年限超过1年（不含1年）的大批同类物资，如图书、家具、用具、装具等，应当确认为固定资产。

第三条 公共基础设施、政府储备物资、保障性住房、自然资源资产等，适用其他相关政府会计准则。

第二章 固定资产的确认

第四条 固定资产同时满足下列条件的，应当予以确认：
（一）与该固定资产相关的服务潜力很可能实现或者经济利益很可能流入政府会计主体；
（二）该固定资产的成本或者价值能够可靠地计量。

第五条 通常情况下，购入、换入、接受捐赠、无偿调入不需安装的固定资产，在固定资产验收合格时确认；购入、换入、接受捐赠、无偿调入需要安装的固定资产，在固定资产安装完成交付使用时确认；自行建造、改建、扩建的固定资产，在建造完成交付使用时确认。

第六条 确认固定资产时，应当考虑以下情况：
（一）固定资产的各组成部分具有不同使用年限或者以不同方式为政府会计主体实现服务潜力或提供经济利益，适用不同折旧率或折旧方法且可以分别确定各自原价的，应当分别将各组成部分确认为单项固定资产。
（二）应用软件构成相关硬件不可缺少的组成部分的，应当将该软件的价值包括在所属的硬件价值中，一并确认为固定资产；不构成相关硬件不可缺少的组成部分的，应当将该软件确认为无形资产。
（三）购建房屋及构筑物时，不能分清购建成本中的房屋及构筑物部分与土地使用权部分的，应当全部确认为固定资产；能够分清购建成本中的房屋及构筑物部分与土地使用权部分的，应当将其中的房屋及构筑物部分确认为固定资产，将其中的土地使用权部分确认为无形资产。

第七条 固定资产在使用过程中发生的后续支出，符合本准则第四条规定的确认条件的，应当计入固定资产成本；不符合本准则第四条规定的确认条件的，应当在发生时计入当期费用或者相关资产成本。将发生的固定资产后续支出计入固定资产成本的，应当同时从固定资产账面价值中扣除被替换部分的账面价值。

第三章 固定资产的初始计量

第八条 固定资产在取得时应当按照成本进行初始计量。

第九条 政府会计主体外购的固定资产，其成本包括购买价款、相关税费以及固定资产交付使用前所发生的可归属于该项资产的运输费、装卸费、安装费和专业人员服务费等。

以一笔款项购入多项没有单独标价的固定资产，应当按照各项固定资产同类或类似资产市场价格的比例对总成本进行分配，分别确定各项固定资产的成本。

第十条 政府会计主体自行建造的固定资产，其成本包括该项资产至交付使用前所发生的全部必要支出。在原有固定资产基础上进行改建、扩建、修缮后的固定资产，其成本按照原固定资产账面价值加上改建、扩建、修缮发生的支出，再扣除固定资产被替换部分的账面价值后的金额确定。为建造固定资产借入的专门借款的利息，属于建设期间发生的，计入在建工程成本；不属于建设期间发生的，计入当期费用。已交付使用但尚未办理竣工决算手续的固定资产，应当按照估计价值入账，待办理竣工决算后再按实际成本调整原来的暂估价值。

第十一条 政府会计主体通过置换取得的固定资产，其成本按照换出资产的评估价值加上支付的补价或减去收到的补价，加上换入固定资产发生的其他相关支出确定。

第十二条 政府会计主体接受捐赠的固定资产，其成本按照有关凭据注明的金额加上相关税费、运输费等确定；没有相关凭据可供取得，但按规定经过资产评估的，其成本按照评估价值加上相关税费、运输费等确定；没有相关凭据可供取得、也未经资产评估的，其成本比照同类或类似资产的市场价格加上相关税费、运输费等确定；没有相关凭据且未经资产评估、同类或类似资产的市场价格也无法可靠取得的，按照名义金额入账，相关税费、运输费等计入当期费用。如受赠的系旧的固定资产，在确定其初始入账成本时应当考虑该项资产的新旧程度。

第十三条 政府会计主体无偿调入的固定资产，其成本按照调出方账面价值加上相关税费、运输费等确定。

第十四条 政府会计主体盘盈的固定资产，按规定经过资产评估的，其成本按照评估价值确定；未经资产评估的，其成本按照重置成本确定。

第十五条 政府会计主体融资租赁取得的固定资产，其成本按照其他相关政府会计准则确定。

第四章 固定资产的后续计量

第一节 固定资产的折旧

第十六条 政府会计主体应当对固定资产计提折旧，但本准则第十七条规定的固定资产除外。折旧，是指在固定资产的预计使用年限内，按照确定的方法对应计的折旧额进行系统分摊。固定资产应计的折旧额为其成本，计提固定资产折旧时不考虑预计净残值。政府会计主体应当对暂估入账的固定资产计提折旧，实际成本确定后不需调整原已计提的折旧额。

第十七条 下列各项固定资产不计提折旧：

（一）文物和陈列品；
（二）动植物；
（三）图书、档案；
（四）单独计价入账的土地；
（五）以名义金额计量的固定资产。

第十八条 政府会计主体应当根据相关规定以及固定资产的性质和使用情况，合理确定固定资产的使用年限。固定资产的使用年限一经确定，不得随意变更。政府会计主体确定固定资产使用年限，应当考虑下列因素：

（一）预计实现服务潜力或提供经济利益的期限；
（二）预计有形损耗和无形损耗；
（三）法律或者类似规定对资产使用的限制。

第十九条 政府会计主体一般应当采用年限平均法或者工作量法计提固定资产折旧。

在确定固定资产的折旧方法时，应当考虑与固定资产相关的服务潜力或经济利益的预期实现方式。固定资产折旧方法一经确定，不得随意变更。

第二十条 固定资产应当按月计提折旧，并根据用途计入当期费用或者相关资产成本。

第二十一条 固定资产提足折旧后，无论能否继续使用，均不再计提折旧；提前报废的固定资产，也不再补提折旧。已提足折旧的固定资产，可以继续使用的，应当继续使用，规范实物管理。

第二十二条 固定资产因改建、扩建或修缮等原因而延长其使用年限的，应当按照重新确定的固定资产的成本以及重新确定的折旧年限计算折旧额。

第二节　固定资产的处置

第二十三条 政府会计主体按规定报经批准出售、转让固定资产或固定资产报废、毁损的，应当将固定资产账面价值转销计入当期费用，并将处置收入扣除相关处置税费后的差额按规定作应缴款项处理（差额为净收益时）或计入当期费用（差额为净损失时）。

第二十四条 政府会计主体按规定报经批准对外捐赠、无偿调出固定资产的，应当将固定资产的账面价值予以转销，对外捐赠、无偿调出中发生的归属于捐出方、调出方的相关费用应当计入当期费用。

第二十五条 政府会计主体按规定报经批准以固定资产对外投资的，应当将该固定资产的账面价值予以转销，并将固定资产在对外投资时的评估价值与其账面价值的差额计入当期收入或费用。

第二十六条 固定资产盘亏造成的损失，按规定报经批准后应当计入当期费用。

第五章　固定资产的披露

第二十七条 政府会计主体应当在附注中披露与固定资产有关的下列信息：

（一）固定资产的分类和折旧方法。

（二）各类固定资产的使用年限、折旧率。

（三）各类固定资产账面余额、累计折旧额、账面价值的期初、期末数及其本期变动情况。

（四）以名义金额计量的固定资产名称、数量，以及以名义金额计量的理由。

（五）已提足折旧的固定资产名称、数量等情况。

（六）接受捐赠、无偿调入的固定资产名称、数量等情况。

（七）出租、出借固定资产以及以固定资产投资的情况。

（八）固定资产对外捐赠、无偿调出、毁损等重要资产处置的情况。

（九）暂估入账的固定资产账面价值变动情况。

第六章　附　　则

第二十八条 本准则自 2017 年 1 月 1 日起施行。

5. 政府会计准则第 4 号——无形资产（2016 年公布）

（财会〔2016〕12 号印发）

第一章　总　　则

第一条 为了规范无形资产的确认、计量和相关信息的披露，根据《政府会计准则——

基本准则》，制定本准则。

第二条 本准则所称无形资产，是指政府会计主体控制的没有实物形态的可辨认非货币性资产，如专利权、商标权、著作权、土地使用权、非专利技术等。资产满足下列条件之一的，符合无形资产定义中的可辨认性标准：

（一）能够从政府会计主体中分离或者划分出来，并能单独或者与相关合同、资产或负债一起，用于出售、转移、授予许可、租赁或者交换。

（二）源自合同性权利或其他法定权利，无论这些权利是否可以从政府会计主体或其他权利和义务中转移或者分离。

第二章 无形资产的确认

第三条 无形资产同时满足下列条件的，应当予以确认：

（一）与该无形资产相关的服务潜力很可能实现或者经济利益很可能流入政府会计主体；

（二）该无形资产的成本或者价值能够可靠地计量。政府会计主体在判断无形资产的服务潜力或经济利益是否很可能实现或流入时，应当对无形资产在预计使用年限内可能存在的各种社会、经济、科技因素做出合理估计，并且应当有确凿的证据支持。

第四条 政府会计主体购入的不构成相关硬件不可缺少组成部分的软件，应当确认为无形资产。

第五条 政府会计主体自行研究开发项目的支出，应当区分研究阶段支出与开发阶段支出。研究是指为获取并理解新的科学或技术知识而进行的独创性的有计划调查。开发是指在进行生产或使用前，将研究成果或其他知识应用于某项计划或设计，以生产出新的或具有实质性改进的材料、装置、产品等。

第六条 政府会计主体自行研究开发项目研究阶段的支出，应当于发生时计入当期费用。政府会计主体自行研究开发项目开发阶段的支出，先按合理方法进行归集，如果最终形成无形资产的，应当确认为无形资产；如果最终未形成无形资产的，应当计入当期费用。政府会计主体自行研究开发项目尚未进入开发阶段，或者确实无法区分研究阶段支出和开发阶段支出，但按法律程序已申请取得无形资产的，应当将依法取得时发生的注册费、聘请律师费等费用确认为无形资产。

第七条 政府会计主体自创商誉及内部产生的品牌、报刊名等，不应确认为无形资产。

第八条 与无形资产有关的后续支出，符合本准则第三条规定的确认条件的，应当计入无形资产成本；不符合本准则第三条规定的确认条件的，应当在发生时计入当期费用或者相关资产成本。

第三章 无形资产的初始计量

第九条 无形资产在取得时应当按照成本进行初始计量。

第十条 政府会计主体外购的无形资产，其成本包括购买价款、相关税费以及可归属于该项资产达到预定用途前所发生的其他支出。政府会计主体委托软件公司开发的软件，视同外购无形资产确定其成本。

第十一条 政府会计主体自行开发的无形资产，其成本包括自该项目进入开发阶段后至达到预定用途前所发生的支出总额。

第十二条 政府会计主体通过置换取得的无形资产，其成本按照换出资产的评估价值加上支付的补价或减去收到的补价，加上换入无形资产发生的其他相关支出确定。

第十三条 政府会计主体接受捐赠的无形资产，其成本按照有关凭据注明的金额加上相关税费确定；没有相关凭据可供取得，但按规定经过资产评估的，其成本按照评估价值加上相关税费确定；没有相关凭据可供取得、也未经资产评估的，其成本比照同类或类似资产的市场价格加上相关税费确定；没有相关凭据且未经资产评估、同类或类似资产的市场价格也无法可靠取得的，按照名义金额入账，相关税费计入当期费用。确定接受捐赠无形资产的初始入账成本时，应当考虑该项资产尚可为政府会计主体带来服务潜力或经济利益的能力。

第十四条　政府会计主体无偿调入的无形资产，其成本按照调出方账面价值加上相关税费确定。

第四章　无形资产的后续计量

第一节　无形资产的摊销

第十五条　政府会计主体应当于取得或形成无形资产时合理确定其使用年限。无形资产的使用年限为有限的，应当估计该使用年限。无法预见无形资产为政府会计主体提供服务潜力或者带来经济利益期限的，应当视为使用年限不确定的无形资产。

第十六条　政府会计主体应当对使用年限有限的无形资产进行摊销，但已摊销完毕仍继续使用的无形资产和以名义金额计量的无形资产除外。摊销是指在无形资产使用年限内，按照确定的方法对应摊销金额进行系统分摊。

第十七条　对于使用年限有限的无形资产，政府会计主体应当按照以下原则确定无形资产的摊销年限：

（一）法律规定了有效年限的，按照法律规定的有效年限作为摊销年限；

（二）法律没有规定有效年限的，按照相关合同或单位申请书中的受益年限作为摊销年限；

（三）法律没有规定有效年限、相关合同或单位申请书也没有规定受益年限的，应当根据无形资产为政府会计主体带来服务潜力或经济利益的实际情况，预计其使用年限；

（四）非大批量购入、单价小于1 000元的无形资产，可以于购买的当期将其成本一次性全部转销。

第十八条　政府会计主体应当按月对使用年限有限的无形资产进行摊销，并根据用途计入当期费用或者相关资产成本。政府会计主体应当采用年限平均法或者工作量法对无形资产进行摊销，应摊销金额为其成本，不考虑预计残值。

第十九条　因发生后续支出而增加无形资产成本的，对于使用年限有限的无形资产，应当按照重新确定的无形资产成本以及重新确定的摊销年限计算摊销额。

第二十条　使用年限不确定的无形资产不应摊销。

第二节　无形资产的处置

第二十一条　政府会计主体按规定报经批准出售无形资产，应当将无形资产账面价值转销计入当期费用，并将处置收入大于相关处置税费后的差额按规定计入当期收入或者做应缴款项处理，将处置收入小于相关处置税费后的差额计入当期费用。

第二十二条　政府会计主体按规定报经批准对外捐赠、无偿调出无形资产的，应当将无形资产的账面价值予以转销，对外捐赠、无偿调出中发生的归属于捐出方、调出方的相关费用应当计入当期费用。

第二十三条　政府会计主体按规定报经批准以无形资产对外投资的，应当将该无形资产的账面价值予以转销，并将无形资产在对外投资时的评估价值与其账面价值的差额计入当期收入或费用。

第二十四条　无形资产预期不能为政府会计主体带来服务潜力或者经济利益的，应当在报经批准后将该无形资产的账面价值予以转销。

第五章 无形资产的披露

第二十五条 政府会计主体应当按照无形资产的类别在附注中披露与无形资产有关的下列信息：

（一）无形资产账面余额、累计摊销额、账面价值的期初、期末数及其本期变动情况。

（二）自行开发无形资产的名称、数量，以及账面余额和累计摊销额的变动情况。

（三）以名义金额计量的无形资产名称、数量，以及以名义金额计量的理由。

（四）接受捐赠、无偿调入无形资产的名称、数量等情况。

（五）使用年限有限的无形资产，其使用年限的估计情况；使用年限不确定的无形资产，其使用年限不确定的确定依据。

（六）无形资产出售、对外投资等重要资产处置的情况。

第六章 附 则

第二十六条 本准则自 2017 年 1 月 1 日起施行。

6. 政府会计准则第 5 号——公共基础设施（2017 年公布）

（财会〔2017〕11 号印发）

第一章 总 则

第一条 为了规范公共基础设施的确认、计量和相关信息的披露，根据《政府会计准则——基本准则》，制定本准则。

第二条 本准则所称公共基础设施，是指政府会计主体为满足社会公共需求而控制的，同时具有以下特征的有形资产：

（一）是一个有形资产系统或网络的组成部分；

（二）具有特定用途；

（三）一般不可移动。

公共基础设施主要包括市政基础设施（如城市道路、桥梁、隧道、公交场站、路灯、广场、公园绿地、室外公共健身器材，以及环卫、排水、供水、供电、供气、供热、污水处理、垃圾处理系统等）、交通基础设施（如公路、航道、港口等）、水利基础设施（如大坝、堤防、水闸、泵站、渠道等）和其他公共基础设施。

第三条 下列各项适用于其他相关政府会计准则：

（一）独立于公共基础设施、不构成公共基础设施使用不可缺少组成部分的管理维护用房屋建筑物、设备、车辆等，适用《政府会计准则第 3 号——固定资产》。

（二）属于文物文化资产的公共基础设施，适用其他相关政府会计准则。

（三）采用政府和社会资本合作模式（即 PPP 模式）形成的公共基础设施的确认和初始计量，适用其他相关政府会计准则。

第二章 公共基础设施的确认

第四条 通常情况下，符合本准则第五条规定的公共基础设施，应当由按规定对其负有管理维护职责的政府会计主体予以确认。

多个政府会计主体共同管理维护的公共基础设施，应当由对该资产负有主要管理维护职责或者承担后续主要支出责任的政府会计主体予以确认。

分为多个组成部分由不同政府会计主体分别管理维护的公共基础设施，应当由各个政府会计主体分别对其负责管理维护的公共基础设施的相应部分予以确认。负有管理维护公共基础设施职责的政府会计主体通过政府购买服务方式委托企业或其他会计主体代为管理维护公共基础设施的，该公共基础设施应当由委托方予以确认。

第五条 公共基础设施同时满足下列条件的，应当予以确认：

（一）与该公共基础设施相关的服务潜力很可能实现或者经济利益很可能流入政府会计主体；

（二）该公共基础设施的成本或者价值能够可靠地计量。

第六条 通常情况下，对于自建或外购的公共基础设施，政府会计主体应当在该项公共基础设施验收合格并交付使用时确认；对于无偿调入、接受捐赠的公共基础设施，政府会计主体应当在开始承担该项公共基础设施管理维护职责时确认。

第七条 政府会计主体应当根据公共基础设施提供公共产品或服务的性质或功能特征对其进行分类确认。

公共基础设施的各组成部分具有不同使用年限或者以不同方式提供公共产品或服务，适用不同折旧率或折旧方法且可以分别确定各自原价的，应当分别将各组成部分确认为该类公共基础设施的一个单项公共设施。

第八条 政府会计主体在购建公共基础设施时，能够分清购建成本中的构筑物部分与土地使用权部分的，应当将其中的构筑物部分和土地使用权部分分别确认为公共基础设施；不能分清购建成本中的构筑物部分与土地使用权部分的，应当整体确认为公共基础设施。

第九条 公共基础设施在使用过程中发生的后续支出，符合本准则第五条规定的确认条件的，应当计入公共基础设施成本；不符合本准则第五条规定的确认条件的，应当在发生时计入当期费用。

通常情况下，为增加公共基础设施使用效能或延长其使用年限而发生的改建、扩建等后续支出，应当计入公共基础设施成本；为维护公共基础设施的正常使用而发生的日常维修、养护等后续支出，应当计入当期费用。

第三章 公共基础设施的初始计量

第十条 公共基础设施在取得时应当按照成本进行初始计量。

第十一条 政府会计主体自行建造的公共基础设施，其成本包括完成批准的建设内容所发生的全部必要支出，包括建筑安装工程投资支出、设备投资支出、待摊投资支出和其他投资支出。

在原有公共基础设施基础上进行改建、扩建等建造活动后的公共基础设施，其成本按照原公共基础设施账面价值加上改建、扩建等建造活动发生的支出，再扣除公共基础设施被替换部分的账面价值后的金额确定。

为建造公共基础设施借入的专门借款的利息，属于建设期间发生的，计入该公共基础设施在建工程成本；不属于建设期间发生的，计入当期费用。

已交付使用但尚未办理竣工决算手续的公共基础设施，应当按照估计价值入账，待办理竣工决算后再按照实际成本调整原来的暂估价值。

第十二条 政府会计主体接受其他会计主体无偿调入的公共基础设施，其成本按照该项公共基础设施在调出方的账面价值加上归属于调入方的相关费用确定。

第十三条 政府会计主体接受捐赠的公共基础设施，其成本按照有关凭据注明的金额加上相关费用确定；没有相关凭据可供取得，但按规定经过资产评估的，其成本按照评估价值加上相关费用确定；没有相关凭据可供取得、也未经资产评估的，其成本比照同类或类似资产的市场价格加上相关费用确定。如受赠的系旧的公共基础设施，在确定其初始入账成本时应当考虑该项资产的新旧程度。

第十四条 政府会计主体外购的公共基础设施，其成本包括购买价款、相关税费以及公共基础设施交付使用前所发生的可归属于该项资产的运输费、装卸费、安装费和专业人员服务费等。

第十五条 对于包括不同组成部分的公共基础设施，其只有总成本、没有单项组成部分成本的，政府会计主体可以按照各单项组成部分同类或类似资产的成本或市场价格比例对总成本进行分配，分别确定公共基础设施中各单项组成部分的成本。

第四章 公共基础设施的后续计量

第一节 公共基础设施的折旧或摊销

第十六条 政府会计主体应当对公共基础设施计提折旧，但政府会计主体持续进行良好的维护使得其性能得到永久维持的公共基础设施和确认为公共基础设施的单独计价入账的土地使用权除外。

公共基础设施应计提的折旧总额为其成本，计提公共基础设施折旧时不考虑预计净残值。

政府会计主体应当对暂估入账的公共基础设施计提折旧，实际成本确定后不需调整原已计提的折旧额。

第十七条 政府会计主体应当根据公共基础设施的性质和使用情况，合理确定公共基础设施的折旧年限。

政府会计主体确定公共基础设施折旧年限，应当考虑下列因素：

（一）设计使用年限或设计基准期；

（二）预计实现服务潜力或提供经济利益的期限；

（三）预计有形损耗和无形损耗；

（四）法律或者类似规定对资产使用的限制。

公共基础设施的折旧年限一经确定，不得随意变更，但符合本准则第二十条规定的除外。

对于政府会计主体接受无偿调入、捐赠的公共基础设施，应当考虑该项资产的新旧程度，按照其尚可使用的年限计提折旧。

第十八条 政府会计主体一般应当采用年限平均法或者工作量法计提公共基础设施折旧。

在确定公共基础设施的折旧方法时，应当考虑与公共基础设施相关的服务潜力或经济利益的预期实现方式。

公共基础设施折旧方法一经确定，不得随意变更。

第十九条 公共基础设施应当按月计提折旧，并计入当期费用。当月增加的公共基础设施，当月开始计提折旧；当月减少的公共基础设施，当月不再计提折旧。

第二十条 处于改建、扩建等建造活动期间的公共基础设施，应当暂停计提折旧。

因改建、扩建等原因而延长公共基础设施使用年限的，应当按照重新确定的公共基础设施的成本和重新确定的折旧年限计算折旧额，不需调整原已计提的折旧额。

第二十一条 公共基础设施提足折旧后，无论能否继续使用，均不再计提折旧；已提足折旧的公共基础设施，可以继续使用的，应当继续使用，并规范实物管理。

提前报废的公共基础设施，不再补提折旧。

第二十二条 对于确认为公共基础设施的单独计价入账的土地使用权,政府会计主体应当按照《政府会计准则第 4 号——无形资产》的相关规定进行摊销。

第二节 公共基础设施的处置

第二十三条 政府会计主体按规定报经批准无偿调出、对外捐赠公共基础设施的,应当将公共基础设施的账面价值予以转销,无偿调出、对外捐赠中发生的归属于调出方、捐出方的相关费用应当计入当期费用。

第二十四条 公共基础设施报废或遭受重大毁损的,政府会计主体应当在报经批准后将公共基础设施账面价值予以转销,并将报废、毁损过程中取得的残值变价收入扣除相关费用后的差额按规定做应缴款项处理(差额为净收益时)或计入当期费用(差额为净损失时)。

第五章 公共基础设施的披露

第二十五条 政府会计主体应当在附注中披露与公共基础设施有关的下列信息:
(一)公共基础设施的分类和折旧方法。
(二)各类公共基础设施的折旧年限及其确定依据。
(三)各类公共基础设施账面余额、累计折旧额(或摊销额)、账面价值的期初、期末数及其本期变动情况。
(四)各类公共基础设施的实物量。
(五)公共基础设施在建工程的期初、期末金额及其增减变动情况。
(六)确认为公共基础设施的单独计价入账的土地使用权的账面余额、累计摊销额及其变动情况。
(七)已提足折旧继续使用的公共基础设施的名称、数量等情况。
(八)暂估入账的公共基础设施账面价值变动情况。
(九)无偿调入、接受捐赠的公共基础设施名称、数量等情况(包括未按照本准则第十二条和第十三条规定计量并确认入账的公共基础设施的具体情况)。
(十)公共基础设施对外捐赠、无偿调出、报废、重大毁损等处置情况。
(十一)公共基础设施年度维护费用和其他后续支出情况。

第六章 附　则

第二十六条 对于应当确认为公共基础设施、但已确认为固定资产的资产,政府会计主体应当在本准则首次执行日将该资产按其账面价值重分类为公共基础设施。

第二十七条 对于应当确认但尚未入账的存量公共基础设施,政府会计主体应当在本准则首次执行日按照以下原则确定其初始入账成本:
(一)可以取得相关原始凭据的,其成本按照有关原始凭据注明的金额减去应计提的累计折旧后的金额确定;
(二)没有相关凭据可供取得,但按规定经过资产评估的,其成本按照评估价值确定;
(三)没有相关凭据可供取得、也未经资产评估的,其成本按照重置成本确定。

本准则首次执行日以后,政府会计主体应当对存量公共基础设施按其在首次执行日确定的成本和剩余折旧年限计提折旧。

第二十八条 本准则自 2018 年 1 月 1 日起施行。

7. 政府会计准则第 6 号——政府储备物资（2017 年公布）

（财会〔2017〕23 号印发）

第一章 总 则

第一条 为了规范政府储备物资的确认、计量和相关信息的披露，根据《政府会计准则——基本准则》，制定本准则。

第二条 本准则所称政府储备物资，是指政府会计主体为满足实施国家安全与发展战略、进行抗灾救灾、应对公共突发事件等特定公共需求而控制的，同时具有下列特征的有形资产：

（一）在应对可能发生的特定事件或情形时动用；

（二）其购入、存储保管、更新（轮换）、动用等由政府及相关部门发布的专门管理制度规范。

政府储备物资包括战略及能源物资、抢险抗灾救灾物资、农产品、医药物资和其他重要商品物资，通常情况下由政府会计主体委托承储单位存储。

第三条 企业以及纳入企业财务管理体系的事业单位接受政府委托收储并按企业会计准则核算的储备物资，不适用本准则。

第四条 政府会计主体的存货，适用《政府会计准则第 1 号——存货》。

第二章 政府储备物资的确认

第五条 通常情况下，符合本准则第六条规定的政府储备物资，应当由按规定对其负有行政管理职责的政府会计主体予以确认。

本准则规定的行政管理职责主要指提出或拟定收储计划、更新（轮换）计划、动用方案等。

相关行政管理职责由不同政府会计主体行使的政府储备物资，由负责提出收储计划的政府会计主体予以确认。

对政府储备物资不负有行政管理职责但接受委托具体负责执行其存储保管等工作的政府会计主体，应当将受托代储的政府储备物资作为受托代理资产核算。

第六条 政府储备物资同时满足下列条件的，应当予以确认：

（一）与该政府储备物资相关的服务潜力很可能实现或者经济利益很可能流入政府会计主体；

（二）该政府储备物资的成本或者价值能够可靠地计量。

第三章 政府储备物资的初始计量

第七条 政府储备物资在取得时应当按照成本进行初始计量。

第八条 政府会计主体购入的政府储备物资，其成本包括购买价款和政府会计主体承担的相关税费、运输费、装卸费、保险费、检测费以及使政府储备物资达到目前场所和状态所发生的归属于政府储备物资成本的其他支出。

第九条 政府会计主体委托加工的政府储备物资，其成本包括委托加工前物料成本、委托加工的成本（如委托加工费以及按规定应计入委托加工政府储备物资成本的相关税费等）以及政府会计主体承担的使政府储备物资达到目前场所和状态所发生的归属于政府储备物资成本的其他支出。

第十条 政府会计主体接受捐赠的政府储备物资，其成本按照有关凭据注明的金额加上政府会计主体承担的相关税费、运输费等确定；没有相关凭据可供取得，但按规定经过资产评估的，其成本按照评估价值加上政府会计主体承担的相关税费、运输费等确定；没有相关凭据可供取得、也未经资产评估的，其成本比照同类或类似资产的市场价格加上政府会计主体承担的相关税费、运输费等确定。

第十一条 政府会计主体接受无偿调入的政府储备物资，其成本按照调出方账面价值加上归属于政府会计主体的相关税费、运输费等确定。

第十二条 下列各项不计入政府储备物资成本：
（一）仓储费用；
（二）日常维护费用；
（三）不能归属于使政府储备物资达到目前场所和状态所发生的其他支出。

第十三条 政府会计主体盘盈的政府储备物资，其成本按照有关凭据注明的金额确定；没有相关凭据，但按规定经过资产评估的，其成本按照评估价值确定；没有相关凭据、也未经资产评估的，其成本按照重置成本确定。

第四章 政府储备物资的后续计量

第十四条 政府会计主体应当根据实际情况采用先进先出法、加权平均法或者个别计价法确定政府储备物资发出的成本。计价方法一经确定，不得随意变更。

对于性质和用途相似的政府储备物资，政府会计主体应当采用相同的成本计价方法确定发出物资的成本。

对于不能替代使用的政府储备物资、为特定项目专门购入或加工的政府储备物资，政府会计主体通常应采用个别计价法确定发出物资的成本。

第十五条 因动用而发出无需收回的政府储备物资的，政府会计主体应当在发出物资时将其账面余额予以转销，计入当期费用。

第十六条 因动用而发出需要收回或者预期可能收回的政府储备物资的，政府会计主体应当在按规定的质量验收标准收回物资时，将未收回物资的账面余额予以转销，计入当期费用。

第十七条 因行政管理主体变动等原因而将政府储备物资调拨给其他主体的，政府会计主体应当在发出物资时将其账面余额予以转销。

第十八条 政府会计主体对外销售政府储备物资的，应当在发出物资时将其账面余额转销计入当期费用，并按规定确认相关销售收入或将销售取得的价款大于所承担的相关税费后的差额做应缴款项处理。

第十九条 政府会计主体采取销售采购方式对政府储备物资进行更新（轮换）的，应当将物资轮出视为物资销售，按照本准则第十八条规定处理；将物资轮入视为物资采购，按照本准则第八条规定处理。

第二十条 政府储备物资报废、毁损的，政府会计主体应当按规定报经批准后将报废、毁损的政府储备物资的账面余额予以转销，确认应收款项（确定追究相关赔偿责任的）或计入当期费用（因储存年限到期报废或非人为因素致使报废、毁损的）；同时，将报废、毁损过程中取得的残值变价收入扣除政府会计主体承担的相关费用后的差额按规定作应缴款项处理（差额为净收益时）或计入当期费用（差额为净损失时）。

第二十一条 政府储备物资盘亏的，政府会计主体应当按规定报经批准后将盘亏的政府储备物资的账面余额予以转销，确定追究相关赔偿责任的，确认应收款项；属于正常耗费或不可抗力因素造成的，计入当期费用。

第五章 政府储备物资的披露

第二十二条 政府会计主体应当在附注中披露与政府储备物资有关的下列信息:
(一)各类政府储备物资的期初和期末账面余额。
(二)因动用而发出需要收回或者预期可能收回,但期末尚未收回的政府储备物资的账面余额。
(三)确定发出政府储备物资成本所采用的方法。
(四)其他有关政府储备物资变动的重要信息。

第六章 附 则

第二十三条 对于应当确认为政府储备物资,但已确认为存货、固定资产等其他资产的,政府会计主体应当在本准则首次执行日将该资产按其账面余额重分类为政府储备物资。

第二十四条 对于应当确认但尚未入账的存量政府储备物资,政府会计主体应当在本准则首次执行日按照下列原则确定其初始入账成本:
(一)可以取得相关原始凭据的,其成本按照有关原始凭据注明的金额确定;
(二)没有相关凭据可供取得,但按规定经过资产评估的,其成本按照评估价值确定;
(三)没有相关凭据可供取得、也未经资产评估的,其成本按照重置成本确定。

第二十五条 本准则自 2018 年 1 月 1 日起施行。

8. 政府会计准则第 7 号——会计调整(2018 年公布)

(财会〔2018〕28 号印发)

第一章 总 则

第一条 为了规范政府会计调整的确认、计量和相关信息的披露,根据《政府会计准则——基本准则》,制定本准则。

第二条 本准则所称会计调整,是指政府会计主体因按照法律、行政法规和政府会计准则制度的要求,或者在特定情况下对其原采用的会计政策、会计估计,以及发现的会计差错、发生的报告日后事项等所作的调整。

本准则所称会计政策,是指政府会计主体在会计核算时所遵循的特定原则、基础以及所采用的具体会计处理方法。特定原则,是指政府会计主体按照政府会计准则制度所制定的、适合于本政府会计主体的会计处理原则。具体会计处理方法,是指政府会计主体从政府会计准则制度规定的诸多可选择的会计处理方法中所选择的、适合于本政府会计主体的会计处理方法。

本准则所称会计估计,是指政府会计主体对结果不确定的经济业务或者事项以最近可利用的信息为基础所作的判断,如固定资产、无形资产的预计使用年限等。

本准则所称会计差错,是指政府会计主体在会计核算时,在确认、计量、记录、报告等方面出现的错误,通常包括计算或记录错误、应用会计政策错误、疏忽或曲解事实产生的错误、财务舞弊等。

本准则所称报告日后事项,是指自报告日(年度报告日通常为 12 月 31 日)至报告批准报出日之间发生的需要调整或说明的事项,包括调整事项和非调整事项两类。

第三条 政府会计主体应当根据本准则及相关政府会计准则制度的规定,结合自身实际情况,确定本政府会计主体具体的会计政策和会计估计,并履行本政府会计主体内部报批程序；法律、行政法规等规定应当报送有关方面批准或备案的，从其规定。

政府会计主体的会计政策和会计估计一经确定，不得随意变更。如需变更，应重新履行本条第一款的程序，并按本准则的规定处理。

第二章　会计政策及其变更

第四条　政府会计主体应当对相同或者相似的经济业务或者事项采用相同的会计政策进行会计处理。但是，其他政府会计准则制度另有规定的除外。

第五条　政府会计主体采用的会计政策，在每一会计期间和前后各期应当保持一致。但是，满足下列条件之一的，可以变更会计政策：

（一）法律、行政法规或者政府会计准则制度等要求变更。

（二）会计政策变更能够提供有关政府会计主体财务状况、运行情况等更可靠、更相关的会计信息。

第六条　下列各项不属于会计政策变更：

（一）本期发生的经济业务或者事项与以前相比具有本质差别而采用新的会计政策。

（二）对初次发生的或者不重要的经济业务或者事项采用新的会计政策。

第七条　政府会计主体应当按照政府会计准则制度规定对会计政策变更进行处理。政府会计准则制度对会计政策变更未作出规定的，通常情况下，政府会计主体应当采用追溯调整法进行处理。

追溯调整法，是指对某项经济业务或者事项变更会计政策时，视同该项经济业务或者事项初次发生时即采用变更后的会计政策，并以此对财务报表相关项目进行调整的方法。

第八条　采用追溯调整法时，政府会计主体应当将会计政策变更的累积影响调整最早前期有关净资产项目的期初余额，其他相关项目的期初数也应一并调整；涉及收入、费用等项目的，应当将会计政策变更的影响调整受影响期间的各个相关项目。

会计政策变更的累积影响，是指按照变更后的会计政策对以前各期追溯计算的最早前期各个受影响的净资产项目以及其他相关项目的期初应有金额与现有金额之间的差额；会计政策变更的影响，是指按照变更后的会计政策对以前各期追溯计算的各个受影响的项目变更后的金额与现有金额之间的差额。

第九条　政府会计主体按规定编制比较财务报表的，对于比较财务报表可比期间的会计政策变更影响，应当调整各该期间的收入或者费用以及其他相关项目，视同该政策在比较财务报表期间一直采用。对于比较财务报表可比期间以前的会计政策变更的累积影响，政府会计主体应当调整比较财务报表最早期间所涉及的期初净资产各项目，财务报表其他相关项目的期初数也应一并调整。

第十条　会计政策变更的影响或者累积影响不能合理确定的，政府会计主体应当采用未来适用法对会计政策变更进行处理。

未来适用法，是指将变更后的会计政策应用于变更当期及以后各期发生的经济业务或者事项，或者在会计估计变更当期和未来期间确认会计估计变更的影响的方法。

采用未来适用法时，政府会计主体不需要计算会计政策变更产生的影响或者累积影响，也无需调整财务报表相关项目的期初数和比较财务报表相关项目的金额。

第三章　会计估计变更

第十一条　政府会计主体据以进行估计的基础发生了变化，或者由于取得新信息、积累更多经验以及后来的发展变化，可能需要对会计估计进行修订。会计估计变更应以掌握的新情况、新进展等真实、可靠的信息为依据。

第十二条　政府会计主体应当对会计估计变更采用未来适用法处理。

会计估计变更时，政府会计主体不需要追溯计算前期产生的影响或者累积影响，但应当对变更当期和未来期间发生的经济业务或者事项采用新的会计估计进行处理。

会计估计变更仅影响变更当期的，其影响应当在变更当期予以确认；会计估计变更既影响变更当期又影响未来期间的，其影响应当在变更当期和未来期间分别予以确认。

第十三条 政府会计主体对某项变更难以区分为会计政策变更或者会计估计变更的，应当按照会计估计变更的处理方法进行处理。

第四章 会计差错更正

第十四条 政府会计主体在本报告期（以下简称本期）发现的会计差错，应当按照以下原则处理：

（一）本期发现的与本期相关的会计差错，应当调整本期报表（包括财务报表和预算会计报表，下同）相关项目。

（二）本期发现的与前期相关的重大会计差错，如影响收入、费用或者预算收支的，应当将其对收入、费用或者预算收支的影响或者累积影响调整发现当期期初的相关净资产项目或者预算结转结余，并调整其他相关项目的期初数；如不影响收入、费用或者预算收支的，应当调整发现当期相关项目的期初数。经上述调整后，视同该差错在差错发生的期间已经得到更正。

与前期相关的重大会计差错的影响或者累积影响不能合理确定的，政府会计主体可比照本条（三）的规定进行处理。

重大会计差错，是指政府会计主体发现的使本期编制的报表不再具有可靠性的会计差错，一般是指差错的性质比较严重或者差错的金额比较大。该差错会影响报表使用者对政府会计主体过去、现在或者未来的情况作出评价或者预测，则认为性质比较严重，如未遵循政府会计准则制度、财务舞弊等原因产生的差错。通常情况下，导致差错的经济业务或者事项对报表某一具体项目的影响或者累积影响金额占该类经济业务或者事项对报表同一项目的影响金额的10%及以上，则认为金额比较大。

政府会计主体滥用会计政策、会计估计及其变更，应当作为重大会计差错予以更正。

（三）本期发现的与前期相关的非重大会计差错，应当将其影响数调整相关项目的本期数。

第十五条 政府会计主体在报告日至报告批准报出日之间发现的报告期以前期间的重大会计差错，应当视同本期发现的与前期相关的重大会计差错，比照本准则第十四条（二）的规定进行处理。

政府会计主体在报告日至报告批准报出日之间发现的报告期间的会计差错及报告期以前期间的非重大会计差错，应当按照本准则第五章报告日后事项中的调整事项进行处理。

第十六条 政府会计主体按规定编制比较财务报表的，对于比较财务报表期间的重大会计差错，应当调整各该期间的收入或者费用以及其他相关项目；对于比较财务报表期间以前的重大会计差错，应当调整比较财务报表最早期间所涉及的各项净资产项目的期初余额，财务报表其他相关项目的金额也应一并调整。

对于比较财务报表期间和以前的非重大会计差错，以及影响或者累积影响不能合理确定的重大会计差错，应当调整相关项目的本期数。

第五章 报告日后事项

第十七条 报告日以后获得新的或者进一步的证据，有助于对报告日存在状况的有关金额作出重新估计，应当作为调整事项，据此对报告日的报表进行调整。调整事项包括已证实资产发生了减损、已确定获得或者支付的赔偿、财务舞弊或者差错等。

第十八条 报告日以后发生的调整事项,应当如同报告所属期间发生的事项一样进行会计处理,对报告日已编制的报表相关项目的期末数或者本期数作相应的调整,并对当期编制的报表相关项目的期初数或者上期数进行调整。

第十九条 报告日以后才发生或者存在的事项,不影响报告日的存在状况,但如不加以说明,将会影响报告使用者作出正确估计和决策,这类事项应当作为非调整事项,在财务报表附注中予以披露,如自然灾害导致的资产损失、外汇汇率发生重大变化等。

第六章 披 露

第二十条 政府会计主体应当在财务报表附注中披露如下信息:

(一)会计政策变更的内容和理由、会计政策变更的影响,以及影响或者累积影响不能合理确定的理由。

(二)会计估计变更的内容和理由、会计估计变更对当期和未来期间的影响数。

(三)重大会计差错的内容和重大会计差错的更正方法、金额,以及与前期相关的重大会计差错影响或者累积影响不能合理确定的理由。

(四)与报告日后事项有关的下列信息:

1. 财务报告的批准报出者和批准报出日。

2. 每项重要的报告日后非调整事项的内容,及其估计对政府会计主体财务状况、运行情况的影响;无法作出估计的,应当说明其原因。

第二十一条 政府会计主体在以后的会计期间,不需要重复披露在以前期间的财务报表附注中已披露的会计政策变更、会计估计变更和会计差错更正的信息。

第七章 附 则

第二十二条 财政总预算会计中涉及的会计调整事项,按照《财政总预算会计制度》和财政部其他相关规定处理。

行政事业单位预算会计涉及的会计调整事项,按照部门决算报告制度有关要求进行披露。

第二十三条 本准则自 2019 年 1 月 1 日起施行。

9. 政府会计准则第 8 号——负债(2018 年公布)

(财会〔2018〕31 号印发)

第一章 总 则

第一条 为了规范负债的确认、计量和相关信息的披露,根据《政府会计准则——基本准则》,制定本准则。

第二条 本准则所称负债,是指政府会计主体过去的经济业务或者事项形成的,预期会导致经济资源流出政府会计主体的现时义务。

现时义务,是指政府会计主体在现行条件下已承担的义务。未来发生的经济业务或者事项形成的义务不属于现时义务,不应当确认为负债。

第三条 符合本准则第二条规定的负债定义的义务,在同时满足以下条件时,确认为负债:

(一)履行该义务很可能导致含有服务潜力或者经济利益的经济资源流出政府会计主体;

(二)该义务的金额能够可靠地计量。

第四条 政府会计主体的负债按照流动性,分为流动负债和非流动负债。

流动负债是指预计在1年内（含1年）偿还的负债，包括短期借款、应付短期政府债券、应付及预收款项、应缴款项等。

非流动负债是指流动负债以外的负债，包括长期借款、长期应付款、应付长期政府债券等。

第五条 政府会计主体的负债包括偿还时间与金额基本确定的负债和由或有事项形成的预计负债。

偿还时间与金额基本确定的负债按政府会计主体的业务性质及风险程度，分为融资活动形成的举借债务及其应付利息、运营活动形成的应付及预收款项和暂收性负债。

第六条 本准则规范政府会计主体负债的一般情况。其他政府会计准则对政府会计主体的特定负债做出专门规定的，从其规定。

第二章 举借债务

第七条 举借债务是指政府会计主体通过融资活动借入的债务，包括政府举借的债务以及其他政府会计主体借入的款项。

政府举借的债务包括政府发行的政府债券，向外国政府、国际经济组织等借入的款项，以及向上级政府借入转贷资金形成的借入转贷款。

其他政府会计主体借入的款项是指除政府以外的其他政府会计主体从银行或其他金融机构等借入的款项。

第八条 对于举借债务，政府会计主体应当在与债权人签订借款合同或协议并取得举借资金时确认为负债。

第九条 举借债务初始确认为负债时，应当按照实际发生额计量。

对于借入款项，初始确认为负债时应当按照借款本金计量；借款本金与取得的借款资金的差额应当计入当期费用。

对于发行的政府债券，初始确认为负债时应当按照债券本金计量；债券本金与发行价款的差额应当计入当期费用。

第十条 政府会计主体应当按照借款本金（或债券本金）和合同或协议约定的利率（或债券票面利率）按期计提举借债务的利息。

对于属于流动负债的举借债务以及属于非流动负债的分期付息、一次还本的举借债务，应当将计算确定的应付未付利息确认为流动负债，计入应付利息；对于其他举借债务，应当将计算确定的应付未付利息确认为非流动负债，计入相关非流动负债的账面余额。

第十一条 政府会计主体应当按照本准则第十二条、第十三条的规定，将因举借债务发生的借款费用分别计入工程成本或当期费用。

借款费用，是指政府会计主体因举借债务而发生的利息及其他相关费用，包括借款利息、辅助费用以及因外币借款而发生的汇兑差额等。其中，辅助费用是指政府会计主体在举借债务过程中发生的手续费、佣金等费用。

第十二条 政府以外的其他政府会计主体为购建固定资产等工程项目借入专门借款的，对于发生的专门借款费用，应当按照借款费用减去尚未动用的借款资金产生的利息收入后的金额，属于工程项目建设期间发生的，计入工程成本；不属于工程项目建设期间发生的，计入当期费用。

工程项目建设期间是指自工程项目开始建造起至交付使用时止的期间。

工程项目建设期间发生非正常中断且中断时间连续超过3个月（含3个月）的，政府会计主体应当将非正常中断期间的借款费用计入当期费用。如果中断是使工程项目达到交付使用所必需的程序，则中断期间所发生的借款费用仍应计入工程成本。

第十三条 政府会计主体因举借债务所发生的除本准则第十二条规定外的借款费用（包括

政府举借的债务和其他政府会计主体的非专门借款所发生的借款费用），应当计入当期费用。

第十四条 政府会计主体应当在偿还举借债务本息时，冲减相关负债的账面余额。

第三章 应付及预收款项

第十五条 应付及预收款项，是指政府会计主体在运营活动中形成的应当支付而尚未支付的款项及预先收到但尚未实现收入的款项，包括应付职工薪酬、应付账款、预收款项、应交税费、应付国库集中支付结余和其他应付未付款项。

应付职工薪酬，是指政府会计主体为获得职工（含长期聘用人员）提供的服务而给予各种形式的报酬或因辞退等原因而给予职工补偿所形成的负债。职工薪酬包括工资、津贴补贴、奖金、社会保险费等。

应付账款，是指政府会计主体因取得资产、接受劳务、开展工程建设等而形成的负债。

预收款项，是指政府会计主体按照货物、服务合同或协议或者相关规定，向接受货物或服务的主体预先收款而形成的负债。

应交税费，是指政府会计主体因发生应税事项导致承担纳税义务而形成的负债。

应付国库集中支付结余，是指国库集中支付中，按照财政部门批复的部门预算，政府会计主体（政府财政）当年未支而需结转下一年度支付款项而形成的负债。

其他应付未付款项，是指政府会计主体因有关政策明确要求其承担支出责任等而形成的应付未付款项。

第十六条 除因辞退等原因给予职工的补偿外，政府会计主体应当在职工为其提供服务的会计期间，将应支付的职工薪酬确认为负债，除本条第二款规定外，计入当期费用。

政府会计主体应当根据职工提供服务的受益对象，将下列职工薪酬分情况处理：

（一）应由自制物品负担的职工薪酬，计入自制物品成本。

（二）应由工程项目负担的职工薪酬，比照本准则第十二条有关借款费用的处理原则计入工程成本或当期费用。

（三）应由自行研发项目负担的职工薪酬，在研究阶段发生的，计入当期费用；在开发阶段发生并且最终形成无形资产的，计入无形资产成本。

第十七条 政府会计主体按照有关规定为职工缴纳的医疗保险费、养老保险费、职业年金等社会保险费和住房公积金，应当在职工为其提供服务的会计期间，根据有关规定加以计算并确认为负债，具体按照本准则第十六条的规定处理。

第十八条 政府会计主体因辞退等原因给予职工的补偿，应当于相关补偿金额报经批准时确认为负债，并计入当期费用。

第十九条 对于应付账款，政府会计主体应当在取得资产、接受劳务，或外包工程完成规定进度时，按照应付未付款项的金额予以确认。

第二十条 对于预收款项，政府会计主体应当在收到预收款项时，按照实际收到款项的金额予以确认。

第二十一条 对于应交税费，政府会计主体应当在发生应税事项导致承担纳税义务时，按照税法等规定计算的应交税费金额予以确认。

第二十二条 对于应付国库集中支付结余，政府会计主体（政府财政）应当在年末，按照国库集中支付预算指标数大于国库资金实际支付数的差额予以确认。

第二十三条 对于其他应付未付款项，政府会计主体应当在有关政策已明确其承担支出责任，或者其他情况下相关义务满足负债的定义和确认条件时，按照确定应承担的负债金额予以确认。

第二十四条 政府会计主体应当在支付应付款项或将预收款项确认为收入时，冲减相关负债的账面余额。

第四章 暂收性负债

第二十五条 暂收性负债是指政府会计主体暂时收取，随后应做上缴、退回、转拨等处理的款项。暂收性负债主要包括应缴财政款和其他暂收款项。

应缴财政款，是指政府会计主体暂时收取、按规定应当上缴国库或财政专户的款项而形成的负债。

其他暂收款项，是指除应缴财政款以外的其他暂收性负债，包括政府会计主体暂时收取，随后应退还给其他方的押金或保证金、随后应转付给其他方的转拨款等款项。

第二十六条 对于应缴财政款，政府会计主体通常应当在实际收到相关款项时，按照相关规定计算确定的上缴金额予以确认。

第二十七条 对于其他暂收款项，政府会计主体应当在实际收到相关款项时，按照实际收到的金额予以确认。

第二十八条 政府会计主体应当在上缴应缴财政款、退还、转付其他暂收款项等时，冲减相关负债的账面余额。

第五章 预计负债

第二十九条 政府会计主体应当将与或有事项相关且满足本准则第三条规定条件的现时义务确认为预计负债。

或有事项，是指由过去的经济业务或者事项形成的，其结果须由某些未来事项的发生或不发生才能决定的不确定事项。未来事项是否发生不在政府会计主体控制范围内。

政府会计主体常见的或有事项主要包括：未决诉讼或未决仲裁、对外国政府或国际经济组织的贷款担保、承诺（补贴、代偿）、自然灾害或公共事件的救助等。

第三十条 预计负债应当按照履行相关现时义务所需支出的最佳估计数进行初始计量。

所需支出存在一个连续范围，且该范围内各种结果发生的可能性相同的，最佳估计数应当按照该范围内的中间值确定。

在其他情形下，最佳估计数应当分别下列情况确定：

（一）或有事项涉及单个项目的，按照最可能发生金额确定。

（二）或有事项涉及多个项目的，按照各种可能结果及相关概率计算确定。

第三十一条 政府会计主体在确定最佳估计数时，一般应当综合考虑与或有事项有关的风险、不确定性等因素。

第三十二条 政府会计主体清偿预计负债所需支出预期全部或部分由第三方补偿的，补偿金额只有在基本确定能够收到时才能作为资产单独确认。确认的补偿金额不应当超过预计负债的账面余额。

第三十三条 政府会计主体应当在报告日对预计负债的账面余额进行复核。有确凿证据表明该账面余额不能真实反映当前最佳估计数的，应当按照当前最佳估计数对该账面余额进行调整。履行该预计负债的相关义务不是很可能导致经济资源流出政府会计主体时，应当将该预计负债的账面余额予以转销。

第三十四条 政府会计主体不应当将下列与或有事项相关的义务确认为负债，但应当按照本准则第三十六条规定对该类义务进行披露：

（一）过去的经济业务或者事项形成的潜在义务，其存在须通过未来不确定事项的发生或不发生予以证实，未来事项是否能发生不在政府会计主体控制范围内。潜在义务是指结果取决于不确定未来事项的可能义务。

（二）过去的经济业务或者事项形成的现时义务，履行该义务不是很可能导致经济资源流出政府会计主体或者该义务的金额不能可靠计量。

第六章 披 露

第三十五条 政府会计主体应当在附注中披露与举借债务、应付及预收款项、暂收性负债和预计负债有关的下列信息：

（一）各类负债的债权人、偿还期限、期初余额和期末余额。

（二）逾期借款或者违约政府债券的债权人、借款（债券）金额、逾期时间、利率、逾期未偿还（违约）原因和预计还款时间等。

（三）借款的担保方、担保方式、抵押物等。

（四）预计负债的形成原因以及经济资源可能流出的时间、经济资源流出的时间和金额不确定的说明，预计负债有关的预期补偿金额和本期已确认的补偿金额。

第三十六条 政府会计主体应当在附注中披露本准则第三十四条规定的或有事项相关义务的下列信息：

（一）或有事项相关义务的种类及其形成原因。

（二）经济资源流出时间和金额不确定的说明。

（三）或有事项相关义务预计产生的财务影响，以及获得补偿的可能性；无法预计的，应当说明原因。

第七章 附 则

第三十七条 本准则自 2019 年 1 月 1 日起施行。

10. 政府会计准则第 9 号——财务报表编制和列报
（2018 年公布）

（财会〔2018〕37 号印发）

第一章 总 则

第一条 为了规范政府会计主体财务报表的编制和列报，根据《政府会计准则——基本准则》，制定本准则。

第二条 财务报表是对政府会计主体财务状况、运行情况和现金流量等信息的结构性表述。财务报表至少包括下列组成部分：

（一）资产负债表；

（二）收入费用表；

（三）附注。

政府会计主体可以根据实际情况自行选择编制现金流量表。

第三条 本准则适用于政府会计主体个别财务报表和合并财务报表。行政事业单位个别财务报表的编制和列报，还应遵循《政府会计制度——行政事业单位会计科目和报表》的规定；其他政府会计主体个别财务报表的编制和列报，还应遵循其他相关会计制度。

其他政府会计准则有特殊列报要求的，从其规定。

第二章 基本要求

第四条 政府会计主体应当以持续运行为前提，根据实际发生的经济业务或事项，按照政府会计准则制度的规定对相关会计要素进行确认和计量，在此基础上编制财务报表。政府会计主体不应以附注披露代替确认和计量,也不能通过充分披露相关会计政策而纠正不恰当的确认和计量。

如果按照政府会计准则制度规定披露的信息不足以让财务报表使用者了解特定经济业务或事项对政府会计主体财务状况和运行情况的影响时,政府会计主体还应当披露其他必要的相关信息。

第五条 除现金流量表以收付实现制为基础编制外,政府会计主体应当以权责发生制为基础编制财务报表。

第六条 财务报表项目的列报应当在各个会计期间保持一致,不得随意变更,但政府会计准则制度和财政部发布的其他有关规定(以下简称政府会计准则制度等)要求变更财务报表项目的除外。

第七条 性质或功能不同的项目,应当在财务报表中单独列报,但不具有重要性的项目除外。

性质或功能类似的项目,其所属类别具有重要性的,应当按其类别在财务报表中单独列报。

某些项目的重要性程度不足以在资产负债表、收入费用表等报表中单独列示,但对理解报表具有重要性的,应当在附注中单独披露。

第八条 财务报表某些项目的省略、错报等,能够合理预期将影响报表主要使用者据此作出决策的,该项目具有重要性。

重要性应当根据政府会计主体所处的具体环境,从项目的性质和金额两方面予以判断。关于各项目重要性的判断标准一经确定,不得随意变更。判断项目性质的重要性,应当考虑该项目在性质上是否显著影响政府会计主体的财务状况和运行情况等因素;判断项目金额的重要性,应当考虑该项目金额占资产总额、负债总额、净资产总额、收入总额、费用总额、盈余总额等直接相关项目金额的比重或所属报表单列项目金额的比重。

第九条 资产负债表中的资产和负债,应当分别按流动资产和非流动资产、流动负债和非流动负债列示。

第十条 财务报表中的资产项目和负债项目的金额、收入项目和费用项目的金额不得相互抵销,但其他政府会计准则制度另有规定的除外。

资产或负债项目按扣除备抵项目后的净额列示,不属于抵销。

第十一条 当期财务报表的列报,至少应当提供所有列报项目上一个可比会计期间的比较数据,以及与理解当期财务报表相关的说明,但其他政府会计准则制度等另有规定的除外。

第十二条 政府会计主体应当至少在财务报表的显著位置披露下列各项:

(一)编报主体的名称;

(二)报告日或财务报表涵盖的会计期间;

(三)人民币金额单位;

(四)财务报表是合并财务报表的,应当予以标明。

第十三条 政府会计主体至少应当按年编制财务报表。

年度财务报表涵盖的期间短于一年的,应当披露年度财务报表的涵盖期间、短于一年的原因以及报表数据不具可比性的事实。

第三章 合并财务报表

第十四条 合并财务报表,是指反映合并主体和其全部被合并主体形成的报告主体整体财务状况与运行情况的财务报表。

合并主体,是指有一个或一个以上被合并主体的政府会计主体。合并主体通常也是合并财务报表的编制主体。

被合并主体,是指符合本准则规定的纳入合并主体合并范围的会计主体。

合并财务报表至少包括下列组成部分：
（一）合并资产负债表；
（二）合并收入费用表；
（三）附注。

第十五条 合并财务报表按照合并级次分为部门（单位）合并财务报表、本级政府合并财务报表和行政区政府合并财务报表。

部门（单位）合并财务报表，是指以政府部门（单位）本级作为合并主体，将部门（单位）本级及其合并范围内全部被合并主体的财务报表进行合并后形成的，反映部门（单位）整体财务状况与运行情况的财务报表。部门（单位）合并财务报表是政府部门财务报告的主要组成部分。

本级政府合并财务报表，是指以本级政府财政作为合并主体，将本级政府财政及其合并范围内全部被合并主体的财务报表进行合并后形成的，反映本级政府整体财务状况与运行情况的财务报表。本级政府合并财务报表是本级政府综合财务报告的主要组成部分。

行政区政府合并财务报表，是指以行政区本级政府作为合并主体，将本行政区内各级政府的财务报表进行合并后形成的，反映本行政区政府整体财务状况与运行情况的财务报表。行政区政府合并财务报表是行政区政府财务报告的主要组成部分。

第十六条 部门（单位）合并财务报表由部门（单位）负责编制；本级政府合并财务报表由本级政府财政部门负责编制。

各级政府财政部门既负责编制本级政府合并财务报表，也负责编制本级政府所辖行政区政府合并财务报表。

第一节　合并程序

第十七条 合并财务报表应当以合并主体和其被合并主体的财务报表为基础，根据其他有关资料加以编制。

合并财务报表应当以权责发生制为基础编制。合并主体和其合并范围内被合并主体个别财务报表应当采用权责发生制基础编制，按规定未采用权责发生制基础编制的，应当先调整为权责发生制基础的财务报表，再由合并主体进行合并。

编制合并财务报表时，应当将合并主体和其全部被合并主体视为一个会计主体，遵循政府会计准则制度规定的统一的会计政策。合并范围内合并主体、被合并主体个别财务报表未遵循政府会计准则制度规定的统一会计政策的，应当先调整为遵循政府会计准则制度规定的统一会计政策的财务报表，再由合并主体进行合并。

第十八条 编制合并财务报表的程序主要包括：
（一）根据本准则第十七条规定，对需要进行调整的个别财务报表进行调整，以调整后的个别财务报表作为编制合并财务报表的基础；
（二）将合并主体和被合并主体个别财务报表中的资产、负债、净资产、收入和费用项目进行逐项合并；
（三）抵销合并主体和被合并主体之间、被合并主体相互之间发生的债权债务、收入费用等内部业务或事项对财务报表的影响。

第十九条 对于在报告期内因划转而纳入合并范围的被合并主体，合并主体应当将其报告期内的收入、费用项目金额包括在本期合并收入费用表的本期数中，合并资产负债表的期初数不作调整。

对于在报告期内因划转而不再纳入合并范围的被合并主体，其报告期内的收入、费用项目金额不包括在本期合并收入费用表的本期数中，合并资产负债表的期初数不作调整。

合并主体应当确保划转双方的会计处理协调一致，确保不重复、不遗漏，并在合并财务报表附注中对划转情况及其影响进行充分披露。

第二十条 在报告期内，被合并主体撤销的，其期初资产、负债和净资产项目金额应当包括在合并资产负债表的期初数中，其期初至撤销日的收入、费用项目金额应当包括在本期合并收入费用表的本期数中，其期初至撤销日的收入、费用项目金额所引起的净资产变动金额应当包括在合并资产负债表的期末数中。

第二十一条 在编制合并财务报表时，被合并主体除了应当向合并主体提供财务报表外，还应当提供下列有关资料：

（一）采用的与政府会计准则制度规定的统一的会计政策不一致的会计政策及其影响金额；

（二）其与合并主体、其他被合并主体之间发生的所有内部业务或事项的相关资料；

（三）编制合并财务报表所需要的其他资料。

第二节 部门（单位）合并财务报表

第二十二条 部门（单位）合并财务报表的合并范围一般应当以财政预算拨款关系为基础予以确定。有下级预算单位的部门（单位）为合并主体，其下级预算单位为被合并主体。合并主体应当将其全部被合并主体纳入合并财务报表的合并范围。

部门（单位）所属的企业不纳入部门（单位）合并财务报表的合并范围。

第二十三条 部门（单位）合并资产负债表应当以部门（单位）本级和其被合并主体符合本准则第十七条要求的个别资产负债表或合并资产负债表为基础，在抵销内部业务或事项对合并资产负债表的影响后，由部门（单位）本级合并编制。

编制部门（单位）合并资产负债表时，需要抵销的内部业务或事项包括：

（一）部门（单位）本级和其被合并主体之间、被合并主体相互之间的债权（含应收款项坏账准备，下同）、债务项目；

（二）部门（单位）本级和其被合并主体之间、被合并主体相互之间其他业务或事项对部门（单位）合并资产负债表的影响。

第二十四条 部门（单位）合并资产负债表中的资产类至少应当单独列示反映下列信息的项目：

（一）货币资金；

（二）短期投资；

（三）财政应返还额度；

（四）应收票据；

（五）应收账款净额；

（六）预付账款；

（七）应收股利；

（八）应收利息；

（九）其他应收款净额；

（十）存货；

（十一）待摊费用；

（十二）一年内到期的非流动资产；

（十三）长期股权投资；

（十四）长期债券投资；

（十五）固定资产净值；

（十六）工程物资；

（十七）在建工程；

（十八）无形资产净值；

（十九）研发支出；

（二十）公共基础设施净值；

（二十一）政府储备物资；

（二十二）文化文物资产；

（二十三）保障性住房净值；

（二十四）长期待摊费用；

（二十五）待处理财产损溢；

（二十六）受托代理资产。

第二十五条 部门（单位）合并资产负债表中的资产类应当包括流动资产、非流动资产的合计项目。

第二十六条 部门（单位）合并资产负债表中的负债类至少应当单独列示反映下列信息的项目：

（一）短期借款；

（二）应交增值税；

（三）其他应交税费；

（四）应缴财政款；

（五）应付职工薪酬；

（六）应付票据；

（七）应付账款；

（八）应付政府补贴款；

（九）应付利息；

（十）预收款项；

（十一）其他应付款；

（十二）预提费用；

（十三）一年内到期的非流动负债；

（十四）长期借款；

（十五）长期应付款；

（十六）预计负债；

（十七）受托代理负债。

第二十七条 部门（单位）合并资产负债表中的负债类应当包括流动负债、非流动负债和负债的合计项目。

第二十八条 部门（单位）合并资产负债表中的净资产类至少应当单独列示反映下列信息的项目：

（一）累计盈余；

（二）专用基金；

（三）权益法调整。

第二十九条 部门（单位）合并资产负债表中的净资产类应当包括净资产的合计项目。

第三十条 部门（单位）合并资产负债表应当列示资产总计项目、负债和净资产总计项目。

第三十一条 部门（单位）合并收入费用表应当以部门（单位）本级和其被合并主体符合本准则第十七条要求的个别收入费用表或合并收入费用表为基础，在抵销内部业务或事项对合并收入费用表的影响后，由部门（单位）本级合并编制。

编制部门（单位）合并收入费用表时，需要抵销的内部业务或事项包括部门（单位）本级和其被合并主体之间、被合并主体相互之间的收入、费用项目。

第三十二条 部门（单位）合并收入费用表中的收入，应当按照收入来源进行分类列示。

第三十三条 部门（单位）合并收入费用表中的收入类至少应当单独列示反映下列信息的项目：

（一）财政拨款收入；

（二）事业收入；

（三）经营收入；

（四）非同级财政拨款收入；

（五）投资收益；

（六）捐赠收入；

（七）利息收入；

（八）租金收入。

第三十四条 部门（单位）合并收入费用表中的收入类应当包括收入的合计项目。

第三十五条 部门（单位）合并收入费用表中的费用，应当按照费用的性质进行分类列示。

第三十六条 部门（单位）合并收入费用表中的费用类至少应当单独列示反映下列信息的项目：

（一）工资福利费用；

（二）商品和服务费用；

（三）对个人和家庭补助费用；

（四）对企事业单位补贴费用；

（五）固定资产折旧费用；

（六）无形资产摊销费用；

（七）公共基础设施折旧（摊销）费用；

（八）保障性住房折旧费用；

（九）计提专用基金；

（十）所得税费用；

（十一）资产处置费用。

第三十七条 部门（单位）合并收入费用表中的费用类应当包括费用的合计项目。

第三十八条 部门（单位）合并收入费用表应当列示本期盈余项目。

本期盈余，是指部门（单位）某一会计期间收入合计金额减去费用合计金额后的差额。

第三节 本级政府合并财务报表

第三十九条 本级政府合并财务报表的合并范围一般应当以财政预算拨款关系为基础予以确定。本级政府财政为合并主体，其所属部门（单位）等为被合并主体。

第四十条 本级政府合并财务报表应当以本级政府财政和其被合并主体符合本准则第十七条要求的个别财务报表或合并财务报表为基础，在抵销内部业务或事项对合并财务报表的影响后，由本级政府财政部门合并编制。

编制本级政府合并财务报表时，需要抵销的内部业务或事项包括：

（一）本级政府财政和其被合并主体之间的债权债务、收入费用等项目；

（二）被合并主体相互之间的债权债务、收入费用等项目。

第四十一条 本级政府合并资产负债表中的资产类至少应当单独列示反映下列信息的项目：

（一）货币资金；

（二）短期投资；

（三）应收及预付款项；

（四）存货；

（五）一年内到期的非流动资产；

（六）长期投资；

（七）应收转贷款；

（八）固定资产净值；

（九）在建工程；

（十）无形资产净值；

（十一）公共基础设施净值；

（十二）政府储备物资；

（十三）文物文化资产；

（十四）保障性住房净值；

（十五）受托代理资产。

第四十二条 本级政府合并资产负债表中的资产类应当包括流动资产、非流动资产的合计项目。

第四十三条 本级政府合并资产负债表中的负债类至少应当单独列示反映下列信息的项目：

（一）应付短期政府债券；

（二）短期借款；

（三）应付及预收款项；

（四）应付职工薪酬；

（五）应付政府补贴款；

（六）一年内到期的非流动负债；

（七）应付长期政府债券；

（八）应付转贷款；

（九）长期借款；

（十）长期应付款；

（十一）预计负债；

（十二）受托代理负债。

第四十四条 本级政府合并资产负债表中的负债类应当包括流动负债、非流动负债和负债的合计项目。

第四十五条 本级政府合并资产负债表应当列示净资产项目。

第四十六条 本级政府合并资产负债表应当列示资产总计项目、负债和净资产总计项目。

第四十七条 本级政府合并收入费用表中的收入，应当按照收入来源进行分类列示。

第四十八条 本级政府合并收入费用表中的收入类至少应当单独列示反映下列信息的项目：

（一）税收收入；

（二）非税收入；

（三）事业收入；

（四）经营收入；

（五）投资收益；

（六）政府间转移性收入。

第四十九条 本级政府合并收入费用表中的收入类应当包括收入的合计项目。

第五十条 本级政府合并收入费用表中的费用，应当按照费用的性质进行分类列示。

第五十一条 本级政府合并收入费用表中的费用类至少应当单独列示反映下列信息的项目：

（一）工资福利费用；

（二）商品和服务费用；

（三）对个人和家庭补助费用；

（四）对企事业单位补贴费用；
（五）政府间转移性费用；
（六）折旧费用；
（七）摊销费用；
（八）资产处置费用。

第五十二条 本级政府合并收入费用表中的费用类应当包括费用的合计项目。

第五十三条 本级政府合并收入费用表应当列示本期盈余项目。

第四节 行政区政府合并财务报表

第五十四条 行政区政府合并财务报表的合并范围一般应当以行政隶属关系为基础予以确定。行政区本级政府为合并主体，其所属下级政府为被合并主体。

第五十五条 县级以上政府应当编制本行政区政府合并财务报表。

第五十六条 行政区政府合并财务报表应当以本级政府和其所属下级政府合并财务报表为基础，在抵销内部业务或事项对合并财务报表的影响后，由本级政府财政部门合并编制。

编制行政区政府合并财务报表时，需要抵销的内部业务或事项包括：

（一）本级政府和其所属下级政府之间的债权债务、收入费用等项目；

（二）本级政府所属下级政府相互之间的债权债务、收入费用等项目。

第五十七条 行政区政府合并财务报表的项目列示与本级政府合并财务报表一致。

第五节 附 注

第五十八条 合并财务报表附注一般应当披露下列信息：

（一）合并财务报表的编制基础。

（二）遵循政府会计准则制度的声明。

（三）合并财务报表的合并主体、被合并主体清单。

（四）合并主体、被合并主体个别财务报表所采用的编制基础，所采用的与政府会计准则制度规定不一致的会计政策，编制合并财务报表时的调整情况及其影响。

（五）本期增加、减少被合并主体的基本情况及影响。

（六）合并财务报表重要项目明细信息及说明。

（七）未在合并财务报表中列示但对报告主体财务状况和运行情况有重大影响的事项的说明。

（八）需要说明的其他事项。

第四章 附 则

第五十九条 合并财务报表的具体合并范围由财政部另行规定。

第六十条 部门（单位）合并资产负债表的格式参见《政府会计制度——行政事业单位会计科目和报表》规定的资产负债表格式。

部门（单位）合并收入费用表的格式参见附录。

本级政府合并财务报表、行政区政府合并财务报表的格式以及部门（单位）合并财务报表附注的披露格式由财政部另行规定。

第六十一条 本准则自2019年1月1日起施行，适用于2019年年度及以后的财务报表。

附录：部门（单位）合并收入费用表格式

合并收入费用表

编制单位：_____　　　　　　　　____年　　　　　　　　单位：元

项　目	本年数	上年数
一、本期收入		
（一）财政拨款收入		
（二）事业收入		
其中：非同级财政拨款收入		
（三）上级补助收入*		
（四）附属单位上缴收入*		
（五）经营收入		
（六）非同级财政拨款收入		
（七）投资收益		
（八）捐赠收入		
（九）利息收入		
（十）租金收入		
（十一）其他收入		
二、本期费用		
（一）工资福利费用		
（二）商品和服务费用		
（三）对个人和家庭补助费用		
（四）对企事业单位补贴费用		
（五）固定资产折旧费用		
（六）无形资产摊销费用		
（七）公共基础设施折旧（摊销）费用		
（八）保障性住房折旧费用		
（九）计提专用基金		
（十）所得税费用		
（十一）资产处置费用		
（十二）上缴上级费用*		
（十三）对附属单位补助费用*		
（十四）其他费用		
三、本期盈余		

注：1. 本表中"本期费用"各项目应当根据个别财务报表附注中"本期费用按经济分类的披露格式"所提供的信息合并填列。

　　2. 编制部门（单位）合并收入费用表时，标*项目原则上应抵销完毕，金额为零。

11. 政府会计准则第 11 号——文物资源（2023 年公布）

（财会〔2023〕19 号印发）

第一章　总　　则

第一条　为了规范文物资源的确认、计量和列报，根据《政府会计准则——基本准则》，制定本准则。

第二条　本准则所称文物资源，是指按照《中华人民共和国文物保护法》等有关法律、行政法规规定，被认定为文物的有形资产，以及考古发掘品、尚未被认定为文物的古籍和按照文物征集尚未入藏的征集物。

第三条　下列各项适用于其他相关政府会计准则：

（一）博物馆、纪念馆、公共图书馆等用于提供公共文化服务，且未被认定为文物的建筑物、场地、设备等，适用《政府会计准则第 3 号——固定资产》等其他政府会计准则。

（二）公共图书馆的普通馆藏文献等，适用《政府会计准则第 3 号——固定资产》等其他政府会计准则。

第二章　文物资源的确认

第四条　符合本准则第二条规定的文物资源，应当由对其承担管理收藏职责的政府会计主体予以确认。

第五条　通常情况下，对于购买、调拨、接受捐赠、依法接收、指定保管等方式取得的文物资源，政府会计主体应当在取得时对其予以确认。

对于考古发掘取得的发掘品，政府会计主体应当在其数量、形态稳定时予以确认，通常不晚于提交考古发掘报告之日；对于考古发现的古遗址、古墓葬等，政府会计主体应当将文物行政部门发布文物认定公告之日作为确认时点。

因文物认定等原因将现有其他相关资产重分类为文物资源的，政府会计主体应当在相关文物认定手续办理完毕时将其确认为文物资源。

第六条　政府会计主体应当至少在每年年末对借入但尚未归还的文物资源进行核查，根据核查结果将其作为受托代理资产予以确认。

第三章　文物资源的初始计量

第七条　政府会计主体应当按照成本对文物资源进行初始计量；对于成本无法可靠取得的文物资源，应当按照名义金额计量。

第八条　对于依法征集购买取得的文物资源，政府会计主体应当按照购买价款确定其成本。以一笔款项征集购买多项没有单独标价的文物资源，政府会计主体应当按照系统、合理的方法对购买价款进行分配，分别确定各项文物资源的成本。

第九条　政府会计主体通过调拨、依法接收、指定保管等方式取得的文物资源，其成本应当按照该文物资源在调出方的账面价值予以确定。调出方未将该文物资源入账或账面价值为零的（即已按制度规定提足折旧的，下同），政府会计主体应当按照成本无法可靠取得的文物资源进行会计处理。

第十条　政府会计主体控制的其他相关资产重分类为文物资源的，其成本应当按照该资产原账面价值予以确定。资产原账面价值为零的，政府会计主体应当按照成本无法可靠取得的文物资源进行会计处理。

第十一条 因盘点、普查等方式盘盈的文物资源,有相关凭据的,其成本按照凭据注明的金额予以确定;没有相关凭据的,政府会计主体应当按照成本无法可靠取得的文物资源进行会计处理。

第十二条 政府会计主体通过考古发掘、接受捐赠等方式取得文物资源的,应当按照成本无法可靠取得的文物资源进行会计处理。政府会计主体在接受捐赠过程中按照规定向捐赠人支付物质奖励的,在发生时计入当期费用。

第十三条 政府会计主体为取得文物资源发生的相关支出,包括文物资源入藏前发生的保险费、运输费、装卸费以及专业人员服务费等,应当在发生时计入当期费用。

第四章 文物资源的后续计量

第十四条 文物资源不计提折旧。

第十五条 政府会计主体对于文物资源本体的修复修缮等相关保护支出,应当在发生时计入当期费用。

政府会计主体对于文物资源安防、消防及防雷等保护性设施建设支出,以及对于文物资源本体以外的预防性保护、数字化保护等支出,符合相关资产确认条件的,应当计入固定资产等其他相关资产成本。

第十六条 政府会计主体按照规定报经批准调出文物资源的,应当将该文物资源的账面价值予以转销,将调出中发生的归属于调出方的相关支出计入当期费用。

第十七条 文物资源报经文物行政部门批准被依法拆除或者因不可抗力等因素发生毁损、丢失的,政府会计主体应当在按照规定程序核查处理后确认文物资源灭失时,将该文物资源账面价值予以转销。

第十八条 文物资源撤销退出后仍作为其他资产进行管理的,政府会计主体应当按照该文物资源的账面价值将其重分类为其他资产。

第五章 文物资源的列报

第十九条 政府会计主体应当在资产负债表中单独列示文物资源项目,并在该项目下分别列示以成本计量和以名义金额计量的文物资源。

第二十条 政府会计主体应当在附注中披露与文物资源有关的下列信息:

(一)各类文物资源期初、期末数量和本期增减变动情况。

(二)各类以成本计量的文物资源账面余额的期初、期末数和本期增减变动情况,以及当期发生的文物资源征集支出。

(三)当期发生的文物资源本体修复修缮情况。

(四)文物资源的借用、调出、撤销退出等情况。

第六章 附 则

第二十一条 政府会计主体按照《博物馆条例》《博物馆藏品管理办法》等规定进行管理的其他藏品,参照本准则执行。

第二十二条 本准则自 2025 年 1 月 1 日起施行。

财政部此前发布的有关文物资源会计处理规定与本准则不一致的,以本准则为准。

第十二章 政府会计准则指南与解释

1. 政府会计准则制度解释第 1 号（2019 年公布）

（财会〔2019〕13 号印发）

一、关于企业集团中的事业单位会计制度执行问题

企业集团中纳入部门预算编报范围的事业单位（不含执行《军工科研事业单位会计制度》的事业单位，下同）应当按照政府会计准则制度进行会计核算；企业集团中未纳入部门预算编报范围的事业单位，可以不执行《政府会计制度——行政事业单位会计科目和报表》（以下称《政府会计制度》）中的预算会计内容，只执行财务会计内容。

二、关于事业单位长期股权投资的会计处理

（一）事业单位采用权益法核算长期股权投资、且被投资单位编制合并财务报表的，在持有投资期间，应当以被投资单位合并财务报表中归属于母公司的净利润和其他所有者权益变动为基础，计算确定应当调整长期股权投资账面余额的金额，并进行相关会计处理。

（二）事业单位以其持有的科技成果取得的长期股权投资，应当按照评估价值加相关税费作为投资成本。事业单位按规定通过协议定价、在技术交易市场挂牌交易、拍卖等方式确定价格的，应当按照以上方式确定的价格加相关税费作为投资成本。

（三）事业单位处置以科技成果转化形成的长期股权投资，按规定所取得的收入全部留归本单位的，应当按照实际取得的价款，借记"银行存款"等科目，按照被处置长期股权投资的账面余额，贷记"长期股权投资"科目，按照尚未领取的现金股利或利润，贷记"应收股利"科目，按照发生的相关税费等支出，贷记"银行存款"等科目，按照借贷方差额，借记或贷记"投资收益"科目；同时，在预算会计中，按照实际取得的价款，借记"资金结存——货币资金"科目，按照处置时确认的投资收益金额，贷记"投资预算收益"科目，按照贷方差额，贷记"其他预算收入"科目。

（四）权益法下，事业单位处置以现金以外的其他资产取得的（不含科技成果转化形成的）长期股权投资时，按规定将取得的投资收益（此处的投资收益，是指长期股权投资处置价款扣除长期股权投资成本和相关税费后的差额）纳入本单位预算管理的，分别以下两种情况处理：

1.长期股权投资的账面余额大于其投资成本的，应当按照被处置长期股权投资的成本，借记"资产处置费用"科目，贷记"长期股权投资——成本"科目；同时，按照实际取得的价款，借记"银行存款"等科目，按照尚未领取的现金股利或利润，贷记"应收股利"科目，按照发生的相关税费等支出，贷记"银行存款"等科目，按照长期股权投资的账面余额减去其投资成本的差额，贷记"长期股权投资——损益调整、其他权益变动"科目（以上明细科目为贷方余额的，借记相关明细科目），按照实际取得的价款与被处置长期股权投资账面余额、应收股利账面余额和相关税费支出合计数的差额，贷记或借记"投资收益"科目，按照贷方差额，贷记"应缴财政款"科目。预算会计的账务处理按照《政府会计制度》进行。

这种情况下的会计分录举例如下：

财务会计	预算会计
借：资产处置费用 　　贷：长期股权投资——成本 借：银行存款 　　贷：应收股利（如有） 　　　　长期股权投资——损益调整、其他权益变动（也可能在借方） 　　　　银行存款（相关税费） 　　　　投资收益（取得价款与投资账面余额、应收股利账面余额和相关税费支出合计数的差额） 　　　　应缴财政款	借：资金结存——货币资金 　　贷：投资预算收益（取得价款减去投资成本和相关税费后的金额）

这种情况下的会计分录举例如下：

2.长期股权投资的账面余额小于或等于其投资成本的，应当按照被处置长期股权投资的账面余额，借记"资产处置费用"科目，按照长期股权投资各明细科目的余额，贷记"长期股权投资——成本"科目，贷记或借记"长期股权投资——损益调整、其他权益变动"科目；同时，按照实际取得的价款，借记"银行存款"等科目，按照尚未领取的现金股利或利润，贷记"应收股利"科目，按照发生的相关税费等支出，贷记"银行存款"等科目，按照实际取得的价款大于被处置长期股权投资成本、应收股利账面余额和相关税费支出合计数的差额，贷记"投资收益"科目，按照贷方差额，贷记"应缴财政款"科目。预算会计的账务处理按照《政府会计制度》进行。

这种情况下的会计分录举例如下：

财务会计	预算会计
借：资产处置费用（投资账面余额） 　　长期股权投资——损益调整、其他权益变动（部分明细科目余额也可能在贷方） 　　贷：长期股权投资——成本 借：银行存款 　　贷：应收股利（如有） 　　　　银行存款（相关税费） 　　　　投资收益（取得价款大于投资成本、应收股利账面余额和相关税费支出合计数的差额） 　　　　应缴财政款	借：资金结存——货币资金 　　贷：投资预算收益（取得价款减去投资成本和相关税费后的金额）

（五）事业单位按规定应将长期股权投资持有期间取得的投资净收益，以及以现金取得的长期股权投资处置时取得的净收入（处置价款扣除投资本金和相关税费后的净额）上缴本级财政并纳入一般公共预算管理的，在应收或收到上述有关款项时不确认投资收益，应通过"应缴财政款"科目核算。

三、关于单位年末暂收暂付非财政资金的会计处理

单位对于纳入本年度部门预算管理的现金收支业务，在采用财务会计核算的同时应当及时进行预算会计核算。年末结账前，单位应当对暂收暂付款项进行全面清理，并对于纳入本年度部门预算管理的暂收暂付款项进行预算会计处理，确认相关预算收支，确保预算会计信息能够完整反映本年度部门预算收支执行情况。

（一）对于纳入本年度部门预算管理的暂付款项，按照《政府会计制度》规定，单位在支付款项时可不做预算会计处理，待结算或报销时，按照结算或报销的金额，借记相关预算支出科目，贷记"资金结存"科目。但是，在年末结账前，对于尚未结算或报销的暂付款

项，单位应当按照暂付的金额，借记相关预算支出科目，贷记"资金结存"科目。以后年度，实际结算或报销金额与已计入预算支出的金额不一致的，单位应当通过相关预算结转结余科目"年初余额调整"明细科目进行处理。

（二）对于应当纳入下一年度部门预算管理的暂收款项，单位在收到款项时，借记"银行存款"等科目，贷记"其他应付款"科目；本年度不做预算会计处理。待下一年初，单位应当按照上年暂收的款项金额，借记"其他应付款"科目，贷记有关收入科目；同时在预算会计中，按照暂收款项的金额，借记"资金结存"科目，贷记有关预算收入科目。

对于应当纳入下一年度部门预算管理的暂付款项，单位在付出款项时，借记"其他应收款"科目，贷记"银行存款"等科目，本年度不做预算会计处理。待下一年实际结算或报销时，单位应当按照实际结算或报销的金额，借记有关费用科目，按照之前暂付的款项金额，贷记"其他应收款"科目，按照退回或补付的金额，借记或贷记"银行存款"等科目；同时，在预算会计中，按照实际结算或报销的金额，借记有关支出科目，贷记"资金结存"科目。下一年度内尚未结算或报销的，按照上述（一）中的规定处理。

（三）对于不纳入部门预算管理的暂收暂付款项（如应上缴、应转拨或应退回的资金），单位应当按照《政府会计制度》规定，仅作财务会计处理，不做预算会计处理。

四、关于由有关部门统一管理，但由其他部门占有、使用的固定资产的会计处理

按规定由本级政府机关事务管理等部门统一管理（如仅持有资产的产权证等），但具体由其他部门占有、使用的固定资产，应当由占有、使用该资产的部门作为会计确认主体，对该资产进行会计核算。

2019年1月1日前相关部门未按照上述规定对某项固定资产进行会计核算的，在新旧会计制度转换时，按照以下规定处理：

（一）该项固定资产已经在其统一管理的部门入账的，负责资产统一管理的部门应当按照该项固定资产已经计提的折旧金额（按照原制度已经计提折旧的），借记新账的"固定资产累计折旧"科目，按照该项固定资产的账面余额，贷记新账的"固定资产"科目，按其差额，借记新账的"累计盈余"科目；占有、使用该资产的部门应当按照该项固定资产在统一管理部门记录的账面余额，借记新账的"固定资产"科目，按照该项资产在统一管理部门已经计提的折旧金额（按照原制度已经计提折旧的），贷记新账的"固定资产累计折旧"科目，按其差额，贷记新账的"累计盈余"科目。

（二）该项固定资产尚未登记入账的，应当由占有、使用该项资产的部门按照盘盈资产进行处理，具体账务处理参照财政部已经印发的相关衔接规定执行。

在按照上述规定进行新旧制度衔接时，相关会计主体的会计处理应当协调一致，确保资产确认不重复、不遗漏。在新旧制度衔接中，如涉及资产产权变更或实物资产划拨等事项，相关会计主体应当按照资产管理有关规定办理。

多个部门共同占用、使用同一项固定资产，且该项固定资产由本级政府机关事务管理等部门统一管理并负责后续维护、改造的，由本级政府机关事务管理等部门作为确认主体，对该项固定资产进行会计核算。

同一部门内部所属单位共同占有、使用同一项固定资产，或者所属事业单位占有、使用部门本级拥有产权的固定资产的，按照本部门规定对固定资产进行会计核算。

五、关于单位无偿调入资产的账务处理

按照相关政府会计准则规定，单位（调入方）接受其他政府会计主体无偿调入的固定资产、无形资产、公共基础设施等资产，其成本按照调出方的账面价值加上相关税费确定。但是，无偿调入资产在调出方的账面价值为零（即已经按制度规定提足折旧）或者账面余额为名义金额的，单位（调入方）应当将调入过程中其承担的相关税费计入当期费用，不计入调入资产的初始入账成本。

无偿调入资产在调出方的账面价值为零的，单位（调入方）在进行财务会计处理时，应当按照该项资产在调出方的账面余额，借记"固定资产""无形资产"等科目，按照该项资产在调出方已经计提的折旧或摊销金额（与资产账面余额相等），贷记"固定资产累计折旧""无形资产累计摊销"等科目；按照支付的相关税费，借记"其他费用"科目，贷记"零余额账户用款额度""银行存款"等科目。同时，在预算会计中按照支付的相关税费，借记"其他支出"科目，贷记"资金结存"科目。

无偿调入资产在调出方的账面余额为名义金额的，单位（调入方）在进行财务会计处理时，应当按照名义金额，借记"固定资产""无形资产"等科目，贷记"无偿调拨净资产"科目；按照支付的相关税费，借记"其他费用"科目，贷记"零余额账户用款额度""银行存款"等科目。同时，在预算会计中按照支付的相关税费，借记"其他支出"科目，贷记"资金结存"科目。

六、关于"业务活动费用"和"单位管理费用"科目的核算范围

按照《政府会计制度》规定，"业务活动费用"科目核算单位为实现其职能目标、依法履职或开展专业业务活动及其辅助活动所发生的各项费用。"单位管理费用"科目核算事业单位本级行政及后勤管理部门开展管理活动发生的各项费用，包括单位行政及后勤管理部门发生的人员经费、公用经费、资产折旧（摊销）等费用，以及由单位统一负担的离退休人员经费、工会经费、诉讼费、中介费等。

按照上述规定，行政单位不使用"单位管理费用"科目，其为实现其职能目标、依法履职发生的各项费用均计入"业务活动费用"科目。事业单位应当同时使用"业务活动费用"和"单位管理费用"科目，其业务部门开展专业业务活动及其辅助活动发生的各项费用计入"业务活动费用"科目，其本级行政及后勤管理部门发生的各项费用以及由单位统一负担的费用计入"单位管理费用"科目。

事业单位应当按照《政府会计制度》的规定，结合本单位实际，确定本单位业务活动费用和单位管理费用划分的具体会计政策。

七、关于"保障性住房"科目的核算范围

《政府会计制度》中规定的"保障性住房"科目，核算单位为满足社会公共需要而控制的保障性住房的原值。此处的保障性住房，主要指地方政府住房保障主管部门持有全部或部分产权份额、纳入城镇住房保障规划和年度计划、向符合条件的保障对象提供的住房。

八、关于第三方支付平台账户资金的会计科目适用问题

单位通过支付宝、微信等方式取得相关收入的，对于尚未转入银行存款的支付宝、微信收付款等第三方支付平台账户的余额，应当通过"其他货币资金"科目核算。

九、关于有关往来科目和收入、费用科目明细信息的披露

单位在按照债务人（债权人）对应收款项（应付款项）进行明细核算的基础上，应当在财务报表附注中按照债务人（债权人）分类对应收款项（应付款项）进行披露。债务人（债权人）类别主要分为本部门内部单位(指纳入单位所属部门财务报告合并范围的单位，下同)、本部门以外同级政府单位、本部门以外非同级政府单位和其他单位。

单位在按照收入来源（支付对象）对有关收入科目（费用科目）进行明细核算的基础上，应当在财务报表附注中按照收入来源（支付对象）分类对有关收入（费用）进行披露。收入来源（支付对象）主要分为本部门内部单位、本部门以外同级政府单位、本部门以外非同级政府单位和其他单位。

单位按照《政府会计制度》中财务报表附注所列格式分类对应收款项、应付款项、有关收入和费用进行具体披露时，应当遵循重要性原则。单位对重要性的判断，应当依据《政府会计准则第9号——财务报表编制和列报》，并考虑满足编制合并财务报表的信息需要，即相关合并主体能够基于单位所披露的信息，抵销合并主体与被合并主体之间、被合并主体

相互之间发生的债权债务、收入费用等内部业务或事项对财务报表的影响。

十、关于单位售房款的会计处理

中央级行政事业单位应当自 2019 年 1 月 1 日起，将归属于本单位的售房款及其利息收入纳入部门预算管理，并按照《政府会计制度》统一进行会计核算。收到售房款项（售房收入扣除按标准计提的住宅专项维修资金）及其利息收入时，借记"银行存款"科目，贷记"其他收入"科目；同时在预算会计中借记"资金结存"科目，贷记"其他预算收入"科目。按规定使用售房款发放购房补贴的，计提购房补贴费用时，借记"业务活动费用""单位管理费用"等科目，贷记"应付职工薪酬"科目的相关明细科目；发放购房补贴时，借记"应付职工薪酬"科目的相关明细科目，贷记"银行存款"等科目，同时在预算会计中借记"行政支出""事业支出"等科目，贷记"资金结存"科目。

新旧会计制度转换时，中央级行政单位和中央级事业单位应当分别进行如下会计处理：

（一）行政单位在原账中将售房款作为负债（其他应付款或长期应付款等）核算的，应当将有关负债科目的相关明细科目余额，转入新账财务会计中的"累计盈余"科目；同时，按照相同金额在新账预算会计中借记"资金结存"科目，贷记"非财政拨款结转"相关明细科目。

行政单位原对售房款单独建账、单独核算（即未将售房款资金纳入"大账"核算）的，应当将售房款资金统一纳入"大账"核算，按照有关账套（或台账）核算的售房款余额，在新账财务会计中借记"银行存款"等科目，贷记"累计盈余"科目；同时，按照相同金额在新账预算会计中借记"资金结存"科目，贷记"非财政拨款结转"相关明细科目。

（二）事业单位在原账中将售房款记入"专用基金"科目的，应当将"专用基金"科目相关明细科目的余额，转入新账财务会计中的"累计盈余"科目；同时，按照相同金额在新账预算会计中借记"资金结存"科目，贷记"非财政拨款结转"相关明细科目。

尚未将单位售房款纳入财政统筹使用的省级及以下行政事业单位，应当比照本解释中有关中央级行政事业单位售房款的会计处理规定执行。

十一、关于单位集中管理的住宅专项维修资金的会计处理

单位对于其集中管理的住宅专项维修资金，属于按规定从本单位售房收入中提取的，应当比照本解释中有关单位售房款的规定进行会计处理；属于本单位职工个人缴存的，应当作为受托代理业务，按照《政府会计制度》的规定进行会计处理。

专门从事住宅专项维修资金管理的单位所管理的住宅专项维修资金的会计核算，由财政部另行规定。

十二、本解释自 2019 年 1 月 1 日起施行。

2. 政府会计准则制度解释第 2 号（2019 年公布）

（财会〔2019〕24 号印发）

一、关于归垫资金的账务处理

行政事业单位（以下简称单位）按规定报经财政部门审核批准，在财政授权支付用款额度或财政直接支付用款计划下达之前，用本单位实有资金账户资金垫付相关支出，再通过财政授权支付方式或财政直接支付方式将资金归还原垫付资金账户的，应当按照以下规定进行账务处理：

（一）用本单位实有资金账户资金垫付相关支出时，按照垫付的资金金额，借记"其他应收款"科目，贷记"银行存款"科目；预算会计不做处理。

（二）通过财政直接支付方式或授权支付方式将资金归还原垫付资金账户时，按照归垫的资金金额，借记"银行存款"科目，贷记"财政拨款收入"科目，并按照相同的金额，借记"业务活动费用"等科目，贷记"其他应收款"科目；同时，在预算会计中，按照相同的金额，借记"行政支出""事业支出"等科目，贷记"财政拨款预算收入"科目。

二、关于从本单位零余额账户向本单位实有资金账户划转资金的账务处理

单位在某些特定情况下按规定从本单位零余额账户向本单位实有资金账户划转资金用于后续相关支出的，可在"银行存款"或"资金结存——货币资金"科目下设置"财政拨款资金"明细科目，或采用辅助核算等形式，核算反映按规定从本单位零余额账户转入实有资金账户的资金金额，并应当按照以下规定进行账务处理：

（一）从本单位零余额账户向实有资金账户划转资金时，按照划转的资金金额，借记"银行存款"科目，贷记"零余额账户用款额度"科目；同时，在预算会计中借记"资金结存——货币资金"科目，贷记"资金结存——零余额账户用款额度"科目。

（二）将本单位实有资金账户中从零余额账户划转的资金用于相关支出时，按照实际支付的金额，借记"应付职工薪酬""其他应交税费"等科目，贷记"银行存款"科目；同时，在预算会计中借记"行政支出""事业支出"等支出科目下的"财政拨款支出"明细科目，贷记"资金结存——货币资金"科目。

三、关于从财政科研项目中计提项目间接费用或管理费的账务处理

单位按规定从财政科研项目中计提项目间接费用或管理费的，应当按照以下规定进行账务处理：

（一）从财政科研项目中计提项目间接费用或管理费时，按照计提的金额，借记"业务活动费用""单位管理费用"等科目，贷记"预提费用——项目间接费用或管理费"科目；预算会计不做处理。

（二）按规定将计提的项目间接费用或管理费从本单位零余额账户划转到实有资金账户的，按照本解释"二、关于从本单位零余额账户向本单位实有资金账户划转资金的账务处理"的相关规定处理。

（三）使用计提的项目间接费用或管理费时，在财务会计下，按照实际支付的金额，借记"预提费用——项目间接费用或管理费"科目，贷记"银行存款""零余额账户用款额度""财政拨款收入"等科目。使用计提的项目间接费用或管理费购买固定资产、无形资产的，按照固定资产、无形资产的成本金额，借记"固定资产""无形资产"科目，贷记"银行存款""零余额账户用款额度""财政拨款收入"等科目；同时，按照相同的金额，借记"预提费用——项目间接费用或管理费"科目，贷记"累计盈余"科目。

同时，在预算会计下，按照实际支付的金额，借记"事业支出"等支出科目下的"财政拨款支出"明细科目，贷记"资金结存""财政拨款预算收入"科目。

四、关于事业单位按规定需将长期股权投资持有期间取得的投资收益上缴财政的账务处理

事业单位按规定需将长期股权投资持有期间取得的投资收益上缴本级财政的，应当按照以下规定进行账务处理：

（一）长期股权投资采用成本法核算的，被投资单位宣告发放现金股利或利润时，事业单位按照应收的金额，借记"应收股利"科目，贷记"投资收益"科目；收到现金股利或利润时，借记"银行存款"等科目，贷记"应缴财政款"科目，同时按照此前确定的应收股利金额，借记"投资收益"科目或"累计盈余"科目（此前确认的投资收益已经结转的），贷记"应收股利"科目；将取得的现金股利或利润上缴财政时，借记"应缴财政款"科目，贷记"银行存款"等科目。

（二）长期股权投资采用权益法核算的，被投资单位实现净利润的，按照应享有的份额，借记"长期股权投资——损益调整"科目，贷记"投资收益"科目；被投资单位宣告发放现金股利或利润时，单位按照应享有的份额，借记"应收股利"科目，贷记"长期股权投资——损益调整"科目；收到现金股利或利润时，借记"银行存款"等科目，贷记"应缴财政款"科目，同时按照此前确定的应收股利金额，借记"投资收益"科目或"累计盈余"科目（此前确认的投资收益已经结转的），贷记"应收股利"科目；将取得的现金股利或利润上缴财政时，借记"应缴财政款"科目，贷记"银行存款"等科目。

五、关于收取差旅伙食费和市内交通费的账务处理

接待单位按规定收取出差人员差旅伙食费和市内交通费并出具相关票据的，应当按照以下规定进行账务处理：

（一）单位不承担支出责任的，应当按照收到的款项金额，借记"库存现金"等科目，贷记"其他应付款"科目或"其他应收款"科目（前期已垫付资金的）；向其他会计主体转付款时，借记"其他应付款"科目，贷记"库存现金"等科目。预算会计不做处理。

（二）单位承担支出责任的，应当按照收到的款项金额，借记"库存现金"等科目，贷记相关费用科目；同时在预算会计中借记"资金结存"科目，贷记相关支出科目。

单位如因开具税务发票承担增值税等纳税义务的，按照《政府会计制度——行政事业单位会计科目和报表》（以下简称《政府会计制度》）相关规定处理。

六、关于专利权维护费的会计处理

单位应当按照《政府会计准则第4号——无形资产》规定，将依法取得的专利权确认为无形资产，并进行后续摊销。在以后年度，单位按照相关规定发生的专利权维护费，应当在发生时计入当期费用，原确定的无形资产摊销年限不据此调整。

七、关于公费医疗经费的会计处理

享受公费医疗待遇的单位从所在地公费医疗管理机构取得的公费医疗经费，应当在实际取得时计入非同级财政拨款收入（非同级财政拨款预算收入），在实际支用时计入相关费用（支出）。

八、关于单位基本建设会计有关问题

（一）关于基本建设项目会计核算主体。

基本建设项目应当由负责编报基本建设项目预决算的单位（即建设单位）作为会计核算主体。建设单位应当按照《政府会计制度》规定在相关会计科目下分项目对基本建设项目进行明细核算。

基本建设项目管理涉及多个主体难以明确识别会计核算主体的，项目主管部门应当按照《基本建设财务规则》相关规定确定建设单位。

建设项目按照规定实行代建制的，代建单位应当配合建设单位做好项目会计核算和财务管理的基础工作。

（二）关于代建制项目的会计处理。

建设项目实行代建制的，建设单位应当要求代建单位通过工程结算或年终对账确认在建工程成本的方式，提供项目明细支出、建设工程进度和项目建设成本等资料，归集"在建工程"成本，及时核算所形成的"在建工程"资产，全面核算项目建设成本等情况。有关账务处理如下：

1.关于建设单位的账务处理

（1）拨付代建单位工程款时，按照拨付的款项金额，借记"预付账款——预付工程款"科目，贷记"财政拨款收入""零余额账户用款额度""银行存款"等科目；同时，在预算会计中借记"行政支出""事业支出"等科目，贷记"财政拨款预算收入""资金结存"科目。

（2）按照工程进度结算工程款或年终代建单位对账确认在建工程成本时，按照确定的

金额，借记"在建工程"科目下的"建筑安装工程投资"等明细科目，贷记"预付账款——预付工程款"等科目。

（3）确认代建管理费时，按照确定的金额，借记"在建工程"科目下的"待摊投资"明细科目，贷记"预付账款——预付工程款"等科目。

（4）项目完工交付使用资产时，按照代建单位转来在建工程成本中尚未确认入账的金额，借记"在建工程"科目下的"建筑安装工程投资"等明细科目，贷记"预付账款——预付工程款"等科目；同时，按照在建工程成本，借记"固定资产""公共基础设施"等科目，贷记"在建工程"科目。

工程结算、确认代建费或竣工决算时涉及补付资金的，应当在确认在建工程的同时，按照补付的金额，贷记"财政拨款收入""零余额账户用款额度""银行存款"等科目；同时在预算会计中进行相应的账务处理。

2.关于代建单位的账务处理

代建单位为事业单位的，应当设置"1615代建项目"一级科目，并与建设单位相对应，按照工程性质和类型设置"建筑安装工程投资""设备投资""待摊投资""其他投资""待核销基建支出""基建转出投资"等明细科目，对所承担的代建项目建设成本进行会计核算，全面反映工程的资金资源消耗情况；同时，在"代建项目"科目下设置"代建项目转出"明细科目，通过工程结算或年终对账确认在建工程成本的方式，将代建项目的成本转出，体现在建设单位相应"在建工程"账上。年末，"代建项目"科目应无余额。有关账务处理规定如下：

（1）收到建设单位拨付的建设项目资金时，按照收到的款项金额，借记"银行存款"等科目，贷记"预收账款——预收工程款"科目。预算会计不做处理。

（2）工程项目使用资金或发生其他耗费时，按照确定的金额，借记"代建项目"科目下的"建筑安装工程投资"等明细科目，贷记"银行存款""应付职工薪酬""工程物资""累计折旧"等科目。预算会计不做处理。

（3）按工程进度与建设单位结算工程款或年终与建设单位对账确认在建工程成本并转出时，按照确定的金额，借记"代建项目——代建项目转出"科目，贷记"代建项目"科目下的"建筑安装工程投资"等明细科目，同时，借记"预收账款——预收工程款"等科目，贷记"代建项目——代建项目转出"科目。

（4）确认代建费收入时，按照确定的金额，借记"预收账款——预收工程款"等科目，贷记有关收入科目；同时，在预算会计中借记"资金结存"科目，贷记有关预算收入科目。

（5）项目完工交付使用资产时，按照代建项目未转出的在建工程成本，借记"代建项目——代建项目转出"科目，贷记"代建项目"科目下的"建筑安装工程投资"等明细科目，同时，借记"预收账款——预收工程款"等科目，贷记"代建项目——代建项目转出"科目。

工程竣工决算时收到补付资金的，按照补付的金额，借记"银行存款"等科目，贷记"预收账款——预收工程款"科目。

代建单位为企业的，按照企业类会计准则制度相关规定进行账务处理。

3.关于新旧衔接的规定

建设单位在首次执行本解释时尚未登记应确认的在建工程的，应当按照本解释规定确定的建设成本，借记"在建工程"科目，贷记"累计盈余"科目。代建单位在首次执行本解释时已将代建项目登记为在建工程的，应当按照"在建工程"科目余额，借记"累计盈余"科目，贷记"在建工程"科目。建设单位应与代建单位做好在建工程入账的协调，确保在建工程在记账上不重复、不遗漏。

（三）关于"在建工程"科目有关账务处理规定。

1.工程交付使用时，单位应当按照合理的分配方法分配待摊投资，借记"在建工程——建筑安装工程投资、设备投资"科目，贷记"在建工程——待摊投资"科目；待摊投资中有按规定应当分摊计入转出投资价值和待核销基建支出的，还应当借记"在建工程——待核销基建支出、基建转出投资"科目，贷记"在建工程——待摊投资"科目。

2.建设项目竣工验收交付使用时，按规定直接转入建设单位以外的会计主体的，建设单位应当按照转出的建设项目的成本，借记"在建工程——基建转出投资"科目，贷记"在建工程——建筑安装工程投资、设备投资"科目；同时，借记"无偿调拨净资产"科目，贷记"在建工程——基建转出投资"科目。

建设项目竣工验收交付使用时，按规定先转入建设单位、再无偿划拨给其他会计主体的，建设单位应当按照《政府会计制度》规定，先将在建工程转入"固定资产""公共基础设施"等科目，再按照无偿调拨资产相关规定进行账务处理。

建设单位与资产调入方应当按规定做好资产核算工作的衔接和相关会计资料的交接，确保交付使用资产在记账上不重复、不遗漏。

（四）关于基本建设项目的明细科目或辅助核算。

单位按照《政府会计制度》对基本建设项目进行会计核算的，应当通过在有关会计科目下设置与基本建设项目相关的明细科目或增加标记，或设置基建项目辅助账等方式，满足基本建设项目竣工决算报表编制的需要。

九、关于部门（单位）合并财务报表范围

（一）部门（单位）合并财务报表合并范围确定的一般原则。

按照《政府会计准则第9号——财务报表编制和列报》规定，部门（单位）合并财务报表的合并范围一般应当以财政预算拨款关系为基础予以确定。有下级预算单位的部门（单位）为合并主体，其下级预算单位为被合并主体。合并主体应当将其全部被合并主体纳入合并财务报表的合并范围。

通常情况下，纳入本部门预决算管理的行政事业单位和社会组织（包括社会团体、基金会和社会服务机构，下同）都应当纳入本部门（单位）合并财务报表范围。

（二）除满足一般原则的会计主体外，以下会计主体也应当纳入部门（单位）合并财务报表范围：

1.部门（单位）所属的未纳入部门预决算管理的事业单位。

2.部门（单位）所属的纳入企业财务管理体系执行企业类会计准则制度的事业单位。

3.财政部规定的应当纳入部门（单位）合并财务报表范围的其他会计主体。

（三）以下会计主体不纳入部门（单位）合并财务报表范围：

1.部门（单位）所属的企业，以及所属企业下属的事业单位。

2.与行政机关脱钩的行业协会商会。

3.部门（单位）财务部门按规定单独建账核算的会计主体，如工会经费、党费、团费和土地储备资金、住房公积金等资金（基金）会计主体。

4.挂靠部门（单位）的没有财政预算拨款关系的社会组织以及非法人性质的学术团体、研究会等。

单位内部非法人独立核算单位的核算及合并问题，按照《政府会计制度》及相关补充规定执行。

十、关于工会系统适用的会计制度

县级及以上总工会和基层工会组织应当执行《工会会计制度》（财会〔2009〕7号），工会所属事业单位应当执行政府会计准则制度，工会所属企业应当执行企业类会计准则制度，挂靠工会管理的社会团体应当按规定执行《民间非营利组织会计制度》（财会〔2004

十一、关于纳入部门预决算管理的社会组织适用的会计制度

纳入部门预决算管理的社会组织,原执行《事业单位会计制度》(财会〔2012〕22号)的,应当自2019年1月1日起执行政府会计准则制度;原执行《民间非营利组织会计制度》的,仍然执行《民间非营利组织会计制度》。

十二、关于本解释生效日期及新旧衔接规定

本解释第一至第八项自2020年1月1日起施行,允许单位提前采用;第九项适用于2019年度及以后期间的财务报表;第十项、十一项自2019年1月1日起施行。

本解释除第八项(二)以外,其余各项首次施行时均采用未来适用法。

3. 政府会计准则制度解释第3号(2020年公布)

(财会〔2020〕15号印发)

一、关于接受捐赠业务的会计处理

(一)行政事业单位(以下简称单位)按规定接受捐赠,应当区分以下情况进行会计处理:

1. 单位取得捐赠的货币资金按规定应当上缴财政的,应当按照《政府会计制度——行政事业单位会计科目和报表》(以下简称《政府会计制度》)中"应缴财政款"科目相关规定进行财务会计处理。预算会计不做处理。

2. 单位接受捐赠人委托转赠的资产,应当按照《政府会计制度》中受托代理业务相关规定进行财务会计处理。预算会计不做处理。

3. 除上述两种情况外,单位接受捐赠取得的资产,应当按照《政府会计制度》中"捐赠收入"科目相关规定进行财务会计处理;接受捐赠取得货币资金的,还应当同时按照"其他预算收入"科目相关规定进行预算会计处理。

(二)单位接受捐赠的非现金资产的初始入账成本,应当根据《政府会计准则第1号——存货》第十一条、《政府会计准则第3号——固定资产》第十二条、《政府会计准则第4号——无形资产》第十三条、《政府会计准则第5号——公共基础设施》第十三条、《政府会计准则第6号——政府储备物资》第十条等规定确定。

上述准则条款中所称"凭据",包括发票、报关单、有关协议等。有确凿证据表明凭据上注明的金额高于受赠资产同类或类似资产的市场价格30%或达不到其70%的,则应当以同类或类似资产的市场价格确定成本。

上述准则条款中所称"同类或类似资产的市场价格",一般指取得资产当日捐赠方自产物资的出厂价、所销售物资的销售价、非自产或销售物资在知名大型电商平台同类或类似商品价格等。如果存在政府指导价或政府定价的,应符合其规定。

(三)单位作为主管部门或上级单位向其附属单位分配受赠的货币资金,应当按照《政府会计制度》中"对附属单位补助费用(支出)"科目相关规定处理;单位按规定向其附属单位以外的其他单位分配受赠的货币资金,应当按照《政府会计制度》中"其他费用(支出)"科目相关规定处理。

单位向政府会计主体分配受赠的非现金资产,应当按照《政府会计制度》中"无偿调拨净资产"科目相关规定处理;单位向非政府会计主体分配受赠的非现金资产,应当按照《政府会计制度》中"资产处置费用"科目相关规定处理。

(四)单位使用、处置受赠资产,应当按照《政府会计制度》相关规定进行会计处理。

处置受赠资产取得的净收入（取得价款扣减支付的相关税费后的金额），按规定上缴财政的，应当通过"应缴财政款"科目核算；按规定纳入本单位预算管理的，应当通过"其他（预算）收入"科目核算。

二、关于政府对外投资业务的会计处理

（一）《政府会计准则第2号——投资》（以下简称2号准则）所称"股权投资"，是指政府会计主体持有的各类股权投资资产，包括国际金融组织股权投资、投资基金股权投资、企业股权投资等。政府财政总预算会计应当按照财政总预算会计制度相关规定对本级政府持有的各类股权投资资产进行核算。

（二）根据国务院和地方人民政府授权、代表本级人民政府对国家出资企业履行出资人职责的单位，与其履行出资人职责的国家出资企业之间不存在股权投资关系，其履行出资人职责的行为不适用2号准则规定，不作为单位的投资进行会计处理。通过单位账户对国家出资企业投入货币资金，纳入本单位预算管理的，应当按照《政府会计制度》中"其他费用（支出）"科目相关规定处理；不纳入本单位预算管理的，应当按照《政府会计制度》中"其他应付款"科目相关规定处理。

本解释施行前有关单位将国家出资企业计入本单位长期股权投资的，应当自本解释施行之日，将原"长期股权投资"科目余额中的相关账面余额转出，借记"累计盈余"科目（以前年度出资）或"其他费用"科目（本年度出资），贷记"长期股权投资"科目，并将相应的"权益法调整"科目余额（如有）转入"累计盈余"科目。

（三）单位按规定出资成立非营利法人单位，如事业单位、社会团体、基金会等，不适用2号准则规定，出资时应当按照出资金额，借记"其他费用"科目，贷记"银行存款"等科目；同时，在预算会计中借记"其他支出"科目，贷记"资金结存"科目。单位应当对出资成立的非营利法人单位设置备查簿进行登记。

本解释施行前单位出资成立非营利法人单位并将出资金额计入长期股权投资的，应当自本解释施行之日，将原"长期股权投资"科目余额中对非营利法人单位的出资金额转出，借记"累计盈余"科目（以前年度出资）或"其他费用"科目（本年度出资），贷记"长期股权投资"科目。

三、关于政府债券的会计处理

根据《政府会计准则第8号——负债》（以下简称8号准则）第七条规定，政府发行的政府债券属于政府举借的债务。有关政府债券的会计处理规定如下：

（一）财政总预算会计的处理。

政府财政总预算会计应当按照8号准则和财政总预算会计制度相关规定对政府债券进行会计处理。

（二）使用政府债券资金的单位的会计处理。

1.单位实际从同级财政取得政府债券资金的，应当借记"银行存款""零余额账户用款额度"等科目，贷记"财政拨款收入"科目；同时在预算会计中借记"资金结存"等科目，贷记"财政拨款预算收入"科目。

按照预算管理要求需对政府债券资金单独反映的，应当在"财政拨款（预算）收入"科目下进行明细核算。例如，取得地方政府债券资金的，应当根据地方政府债券类别按照"地方政府一般债券资金收入""地方政府专项债券资金收入"等进行明细核算。

2.同级财政以地方政府债券置换单位原有负债的，单位应当借记"长期借款""应付利息"等科目，贷记"累计盈余"科目。预算会计不做处理。

3.单位需要向同级财政上缴专项债券对应项目专项收入的，取得专项收入时，应当借记"银行存款"等科目，贷记"应缴财政款"科目；实际上缴时，借记"应缴财政款"科目，贷记"银行存款"等科目。预算会计不做处理。

4. 单位应当对使用地方政府债券资金所形成的资产、上缴的专项债券对应项目专项收入进行辅助核算或备查簿登记。

四、关于报告日后调整事项的会计处理

（一）单位应当按规定的结账日进行结账，不得提前或者延迟。年度结账日为公历年度每年的12月31日，即《政府会计准则第7号——会计调整》（以下简称7号准则）所称的年度报告日。年度终了结账时，所有总账账户都应当结出全年发生额和年末余额，并将各账户的余额结转到下一会计年度。单位不得对已记账凭证进行删除、插入或修改。

7号准则规定的"报告日以后发生的调整事项"（以下简称报告日后调整事项）是指自报告日至报告批准报出日之间发生的、单位获得新的或者进一步的证据有助于对报告日存在状况的有关金额作出重新估计的事项，包括已证实资产发生了减损、已确定获得或者支付的赔偿、财务舞弊或者差错等。报告批准报出日一般为财政部门审核通过后，单位负责人批准报告报出的日期。

对于报告日后调整事项，单位应当按照7号准则第十八条的规定进行会计处理，具体规定如下：

1. 在发生调整事项的期间进行账务处理：

（1）涉及盈余调整的事项，通过"以前年度盈余调整"科目核算。调整增加以前年度收入或调整减少以前年度费用的事项，记入"以前年度盈余调整"科目的贷方；反之，记入"以前年度盈余调整"科目的借方。

（2）涉及预算收支调整的事项，通过"财政拨款结转""财政拨款结余""非财政拨款结转""非财政拨款结余"等科目下"年初余额调整"明细科目核算。调整增加以前年度预算收入或调整减少以前年度预算支出的事项，记入"年初余额调整"明细科目的贷方；反之，记入"年初余额调整"明细科目的借方。

（3）不涉及盈余调整或预算收支调整的事项，调整相关科目。

2. 调整会计报表和附注相关项目的金额：

（1）报告日编制的会计报表相关项目的期末数或（和）本年发生数。

（2）调整事项发生当期编制的会计报表相关项目的期初数或（和）上年数。

（3）经过上述调整后，如果涉及报表附注内容的，还应作出相应调整或说明。

（二）单位在报告日至报告批准报出日之间发现的报告期以前期间的重大会计差错，应当根据7号准则第十五条第一款和第十八条的规定进行会计处理，具体规定如下：

1. 按照本条（一）关于报告日后调整事项账务处理的规定，在发现差错的期间进行账务处理。

2. 调整会计报表和附注相关项目的金额：

（1）影响收入、费用或者预算收支的，应当将会计差错对收入、费用或者预算收支的影响或者累积影响调整报告期期初、期末会计报表相关净资产项目或者预算结转结余项目，并调整其他相关项目的期初、期末数或（和）本年发生数；不影响收入、费用或者预算收支的，应当调整报告期相关项目的期初、期末数。

（2）调整发现差错当期编制的会计报表相关项目的期初数或（和）上年数。

（3）经过上述调整后，如果涉及报表附注内容的，还应作出相应调整或说明。

（三）单位在报告日至报告批准报出日之间发现的报告期间的会计差错或报告期以前期间的非重大会计差错、影响或者累积影响不能合理确定的重大会计差错，应当根据7号准则第十五条第二款规定执行，具体按照本条（一）的规定进行会计处理。

五、关于生效日期

本解释自公布之日起施行。

4. 政府会计准则制度解释第 4 号（2021 年公布）

（财会〔2021〕33 号印发）

一、关于参照公务员法管理的事业单位适用的会计科目

《政府会计制度——行政事业单位会计科目和报表》（以下简称《政府会计制度》）适用于各级各类行政单位和事业单位（以下统称单位）。通常情况下，参照公务员法管理的事业单位（以下简称参公单位）执行《行政单位财务规则》的，应当使用《政府会计制度》中适用于行政单位的会计科目；执行《事业单位财务规则》的，应当使用《政府会计制度》中适用于事业单位的会计科目。参公单位应当根据其开展的经济业务事项，并结合所执行的财务制度确定应当使用的会计科目。行政单位和事业单位专用会计科目见附录。

二、关于在建工程按照估计价值转固相关会计处理

根据《政府会计准则第 3 号——固定资产》（以下简称 3 号准则）、《政府会计准则第 5 号——公共基础设施》（以下简称 5 号准则）规定，已交付使用但尚未办理竣工财务决算手续的固定资产、公共基础设施，应当按照估计价值入账，待办理竣工财务决算后再按实际成本调整原来的暂估价值。

（一）估计价值的确定。

3 号准则、5 号准则中的估计价值，是指在办理竣工财务决算前，单位在建的建设项目工程的实际成本，包括项目建设资金安排的各项支出，以及应付未付的工程价款、职工薪酬等。估计价值应当根据"在建工程"科目相关明细科目的账面余额确定。

对于建设周期长、建设内容多的大型项目，单项工程已交付使用但尚未办理竣工财务决算手续的，单位应当先按照估计价值将单项工程转为固定资产、公共基础设施。对于一项在建工程涉及多项固定资产的，在建工程按照估计价值转固时，单位应当分别确定各项固定资产的估计价值。

在建工程按照估计价值转固之后、办理竣工财务决算之前，发生调整已确认的应付工程价款等影响估计价值的事项，单位应当先通过"在建工程"科目进行会计处理，再由在建工程转入固定资产、公共基础设施。

在建工程按照估计价值转固时，单位应当将该项目的工程竣工结算书、各项费用归集表或交付使用资产明细表等材料作为原始凭证。

单位应当在报表附注中披露按照估计价值入账的固定资产、公共基础设施的金额。

（二）按实际成本调整暂估价值的会计处理。

单位办理竣工财务决算后，按实际成本调整资产暂估价值时，应当将实际成本与暂估价值的差额计入净资产，借记或贷记"固定资产""公共基础设施"科目，贷记或借记"以前年度盈余调整"科目。经上述调整后，应将"以前年度盈余调整"科目的余额转入"累计盈余"科目。

根据 3 号准则、5 号准则，单位应当对暂估入账的固定资产、公共基础设施计提折旧（根据政府会计准则制度规定无需计提折旧的除外），实际成本确定后不需调整原已计提的折旧额。单位按实际成本调整暂估价值后，应当以相关资产的账面价值（实际成本减去已提折旧后的金额）作为应计提折旧额，在规定的折旧年限扣除已计提折旧年限的剩余年限内计提折旧。

单位通过"在建工程"科目核算的信息系统项目工程、保障性住房项目工程，应当参照上述（一）（二）中的规定进行会计处理。

三、关于固定资产、公共基础设施后续支出的会计处理

（一）后续支出资本化和费用化的划分。

根据3号准则、5号准则，固定资产、公共基础设施在使用过程中发生的后续支出，符合资产确认条件的，应当予以资本化计入固定资产、公共基础设施成本；不符合资产确认条件的，应当在发生时计入当期费用或者其他相关资产成本。

通常情况下，为增加使用效能或延长使用年限而发生的改建、扩建、大型维修改造等后续支出，应当计入相关资产成本；为维护正常使用而发生的日常维修、养护等后续支出，应当计入当期费用。列入部门预算支出经济分类科目中资本性支出的后续支出，应当予以资本化。

单位应当根据上述原则，结合有关行业主管部门对维修养护、改建扩建等的规定以及本单位实际，确定本单位固定资产、公共基础设施后续支出资本化和费用化划分的具体会计政策。

单位对于租入等不由本单位入账核算但实际使用的固定资产，发生的符合资产确认条件的后续支出，应当按照《政府会计制度》中"长期待摊费用"科目相关规定进行会计处理。

（二）改建、扩建后资产成本的确定。

根据3号准则、5号准则，在原有固定资产、公共基础设施基础上进行改建、扩建、大型维修改造等建造活动后的固定资产、公共基础设施，其成本按照原固定资产、公共基础设施账面价值加上改建、扩建、大型维修改造等建造活动发生的支出，再扣除固定资产、公共基础设施被替换部分的账面价值后的金额确定。

被替换部分的账面价值难以确定的，单位可以采用合理的分配方法计算确定，或组织专家参照资产评估方法进行估价。单位确定被替换部分的账面价值不切实可行或不符合成本效益原则的，可以不予扣除，但应当在报表附注中予以披露。

单位对于保障性住房发生的后续支出，应当参照上述（一）（二）中的规定进行会计处理。

四、关于自行研究开发项目形成的无形资产成本的确定

根据《政府会计准则第4号——无形资产》（以下简称4号准则）规定，单位自行研究开发项目形成的无形资产，其成本包括自该项目进入开发阶段后至达到预定用途前所发生的支出总额。

（一）自行研究开发项目的识别。

4号准则中所指的自行研究开发项目，应当同时满足以下条件：

1. 该项目以科技成果创造和运用为目的，预期形成至少一项科技成果。科技成果是指通过科学研究与技术开发所产生的具有实用价值的成果。

2. 该项目的研发活动起点可以明确。例如，利用财政资金等单位外部资金设立的科研项目，可以将立项之日作为起点；利用单位自有资金设立的科研项目，可以将单位决策机构批准同意立项之日，或科研人员将研发计划书提交单位科研管理部门审核通过之日作为起点。

（二）自行研究开发项目支出的范围及会计处理。

4号准则中所指的自行研究开发项目的支出，包括从事研究开发及其辅助活动（以下简称研发活动）人员计提的薪酬，研发活动领用的库存物品，研发活动使用的固定资产和无形资产计提的折旧和摊销，为研发活动支付的其他各类费用等。其中，计提的薪酬根据《政府会计制度》，包括基本工资、国家统一规定的津贴补贴、规范津贴补贴（绩效工资）、改革性补贴、社会保险费、住房公积金等；为研发活动支付的其他各类费用包括业务费、劳务费、水电气暖费用等。

按照《政府会计制度》的规定，单位应当先通过"研发支出"科目归集自行研究开发项目的支出，借记"研发支出"科目，贷记"应付职工薪酬""库存物品""固定资产累

折旧""无形资产累计摊销""财政拨款收入""银行存款""零余额账户用款额度""预提费用"等科目。"研发支出"科目下归集的各项研发支出后续按4号准则相关规定转入当期费用或无形资产。

不属于4号准则所指的自行研究开发项目所发生的支出,应当在实际发生时计入当期费用。

(三)自行研究开发项目研究阶段和开发阶段的划分。

根据4号准则规定,单位自行研究开发项目的支出,应当区分研究阶段支出与开发阶段支出。对于研究阶段的支出,应当计入当期费用。对于开发阶段的支出,先按合理方法进行归集,最终形成无形资产的,应当确认为无形资产;最终未形成无形资产的,应当计入当期费用。

当单位自行研究开发项目预期形成的无形资产同时满足以下条件时,可以认定该自行研究开发项目进入开发阶段:

1. 单位预期完成该无形资产以使其能够使用或出售在技术上具有可行性。
2. 单位具有完成该无形资产并使用或出售的意图。
3. 单位预期该无形资产能够为单位带来经济利益或服务潜能。该无形资产自身或运用该无形资产生产的产品存在市场,或者该无形资产在内部使用具有有用性。
4. 单位具有足够的技术、财务资源和其他资源支持,以完成该无形资产的开发,并有能力使用或出售该无形资产。
5. 归属于该无形资产开发阶段的支出能够可靠地计量。

通常情况下,单位可以将样品样机试制成功、可行性研究报告通过评审等作为自行研究开发项目进入开发阶段的标志,但该时点不满足上述进入开发阶段5个条件的除外。

五、关于财政国库集中支付结余不再按权责发生制列支的相关会计处理

根据《政府会计制度》规定,单位在年末需要做如下账务处理:财政直接支付方式下,根据本年度财政直接支付预算指标数大于当年财政直接支付实际支付数的差额,在财务会计借记"财政应返还额度——财政直接支付"科目,贷记"财政拨款收入"科目;在预算会计借记"资金结存——财政应返还额度"科目,贷记"财政拨款预算收入"科目。财政授权支付方式下,根据本年度财政授权支付预算指标数大于零余额账户用款额度下达数的差额,在财务会计借记"财政应返还额度——财政授权支付"科目,贷记"财政拨款收入"科目;在预算会计借记"资金结存——财政应返还额度"科目,贷记"财政拨款预算收入"科目。

按照《国务院关于进一步深化预算管理制度改革的意见》(国发〔2021〕5号)规定,市县级财政国库集中支付结余不再按权责发生制列支,相关单位年末不再进行上述账务处理。中央级和省级单位根据同级财政部门规范国库集中支付结余权责发生制列支的规定,相应进行会计处理。

六、关于单位取得代扣代收代征税款手续费的会计处理

单位从税务机关取得的代扣代缴、代收代缴、委托代征税款手续费按规定计入本单位收入,应当按照《政府会计制度》中"其他收入"科目相关规定进行财务会计处理,同时按照"其他预算收入"科目相关规定进行预算会计处理。

七、关于部门(单位)合并财务报表范围中所属事业单位的确认

《政府会计准则制度解释第2号》"九、关于部门(单位)合并财务报表范围"中的部门(单位)所属事业单位,其所属关系应当根据以下原则确认:

1. 存在财政预算拨款关系的事业单位,以财政预算拨款关系为基础确认所属关系。
2. 实行经费自理的事业单位,按照《事业单位法人证书》所列举办单位确认所属关系。涉及两个或两个以上举办单位的,按排序第一的举办单位确认,纳入该举办单位的合并财务

报表编制范围；举办单位之间有协议、章程或管理办法约定的，按约定执行，不得重复编报。

八、关于部门（单位）合并财务报表的编制程序和抵销事项的处理

（一）相关基础工作要求。

1. 单位应当加强本部门内部单位清单的管理和更新维护，可以在会计信息系统中将统一社会信用代码等作为部门内部单位的标识依据。发生内部业务或事项时，应当在明细核算或辅助核算中注明"本部门内部单位"。

2. 单位对于经常发生的内部业务或事项，应当统一会计处理，并明确内部抵销规则。

3. 单位应当根据内部业务或事项的发生频率及金额等因素，建立符合单位实际的定期对账机制，梳理并核对内部业务或事项，及时进行会计处理和调整。

（二）编制程序。

单位应当根据《政府会计准则第9号——财务报表编制和列报》（以下简称9号准则）第十七、十八条规定的程序，编制部门（单位）合并财务报表。一般流程如下：

1. 将需要调整的个别财务报表调整为遵循政府会计准则制度规定的统一会计政策的财务报表，以调整后的个别财务报表作为编制合并财务报表的基础。被合并主体除了应当向合并主体提供财务报表外，还应当按照9号准则第二十一条的规定提供有关资料。

2. 设置合并工作底稿。

3. 将合并主体和被合并主体个别财务报表中的资产、负债、净资产、收入和费用项目金额逐项填入合并工作底稿，并加总得出个别资产负债表、个别收入费用表各项目合计金额。

4. 在合并工作底稿上编制抵销分录，将合并主体和被合并主体之间、被合并主体相互之间发生的内部业务或事项对财务报表的影响进行抵销处理。

5. 根据合并主体和被合并主体个别财务报表各项目合计金额、抵销分录发生额计算合并财务报表各项目的合并金额。抵销分录涉及收入、费用项目的，除调整合并收入费用表相应项目外，还应当结转调整合并资产负债表的净资产项目。

6. 根据合并工作底稿中计算确定的各项目合并金额，填列合并财务报表。

（三）抵销内部业务或事项的会计处理。

单位应当根据9号准则第十八条第三款的规定，抵销合并主体和被合并主体之间、被合并主体相互之间发生的债权债务、收入费用等内部业务或事项对财务报表的影响，在合并工作底稿上编制相应抵销分录。

1. 一般情况下的抵销处理。

（1）抵销部门内部单位之间的债权（含应收款项坏账准备）和债务项目。在编制抵销分录时，应当按照内部债权债务的金额，借记"应付票据""应付账款""预收账款""其他应付款""长期应付款"等项目，贷记"应收票据""应收账款净额""预付账款""其他应收款净额"等项目。

其中，债权方对应收款项已计提坏账准备的，单位还应当分别以下情况编制抵销分录：

①初次编制合并报表的，按照内部应收款项计提的坏账准备的金额，借记"应收账款净额——坏账准备""其他应收款净额——坏账准备"项目，贷记"其他费用"项目。

②连续编制合并报表的。先按照上期抵销的内部应收款项计提的坏账准备的金额，借记"应收账款净额——坏账准备""其他应收款净额——坏账准备"项目，贷记"累计盈余——年初"项目。再按照本期个别资产负债表中期末内部应收款项相对应坏账准备的增加额，借记"应收账款净额——坏账准备""其他应收款净额——坏账准备"项目，贷记"其他费用"项目。本期个别资产负债表中期末内部应收款项所对应坏账准备金额减少的，做相反分录。

（2）抵销部门内部单位之间的上级补助收入和对附属单位补助费用项目。在编制抵销

分录时，应当按照上级单位对附属单位补助的金额，借记"上级补助收入"项目，贷记"对附属单位补助费用"项目。

（3）抵销部门内部单位之间的上缴上级费用和附属单位上缴收入项目。在编制抵销分录时，应当按照附属单位向上级单位上缴的金额，借记"附属单位上缴收入""其他收入"（行政单位使用）项目，贷记"上缴上级费用"项目。

（4）抵销部门内部单位之间除（2）（3）以外的收入和费用项目。在编制抵销分录时，应当按照内部交易的金额，借记"事业收入""非同级财政拨款收入""经营收入""租金收入""其他收入"等项目，贷记按费用性质列示的收入费用表中的"业务活动费用""单位管理费用""经营费用""其他费用"等项目；同时，贷记按费用经济分类列示的收入费用表中的"商品和服务费用""其他费用"等项目。

（5）对涉及增值税的应税业务，单位应当按照不含增值税的净额抵销收入和费用项目。

2. 不抵销的内部业务或事项。

（1）付款方计入费用、收款方计入应缴财政款的，在编制部门（单位）合并财务报表时，该费用项目不应抵销。

（2）单位相互之间销售商品、提供劳务形成的存货、固定资产、工程物资、在建工程、无形资产等所包含的未实现内部销售损益，在国务院财政部门作出抵销处理的规定之前，单位在编制部门（单位）合并财务报表时暂不抵销。

（3）按照国务院财政部门财务报告编制的有关规定，金额不超过抵销阈值的，在编制部门（单位）合并财务报表时可以不进行抵销。

3. 特殊情况下的抵销处理。

在各单位充分对账、会计处理正确的前提下，部门合并主体对于明细核算或辅助核算中注明"本部门内部单位"，但按照"1. 一般情况下的抵销处理"规定未能进行抵销处理，且不属于"2. 不抵销的内部业务或事项"的项目，可以直接按照内部业务或事项的金额编制抵销分录：借记有关应付及预收、收入项目，贷记有关应收及预付、费用项目，按其差额借记或贷记"累计盈余"项目。

部门合并主体应当在报表附注中披露按照特殊情况下的抵销处理方法抵销的项目及其金额。

（四）相关会计核算要求。

1. 单位通过本部门内部单位转拨资金方式，从本部门以外单位取得收入（或向本部门以外单位支付费用）的，不属于编制部门（单位）合并财务报表时应当抵销的内部业务或事项。在会计核算时，转拨单位应当通过"其他应付款"科目进行会计处理。实际取得收入（或支付费用）的单位确认的收入（费用）、转拨单位确认的其他应付款，在会计核算时不应注明"本部门内部单位"，应当按资金的最初来源（最终支付对象）注明"本部门以外同级政府单位""本部门以外非同级政府单位"或"其他单位"。

2. 编制部门（单位）合并财务报表过程中发现报告期和报告期以前期间的会计差错，属于报告日以后发生的调整事项，应当按照《政府会计准则第7号——会计调整》的规定进行会计处理，再根据调整后的个别财务报表编制合并财务报表。

九、关于生效日期

本解释"关于财政国库集中支付结余不再按权责发生制列支的相关会计处理"适用于2021及以后年度，"关于部门（单位）合并财务报表范围中所属事业单位的确认"适用于编制2021及以后年度的部门（单位）合并财务报表，"关于部门（单位）合并财务报表的编制程序和抵销事项的处理"适用于编制2022及以后年度的部门（单位）合并财务报表，其余规定自2022年1月1日起施行。本解释规定首次施行时均采用未来适用法。

5. 政府会计准则制度解释第 5 号（2022 年公布）

（财会〔2022〕25 号印发）

一、关于预算管理一体化相关会计处理

该问题主要涉及《政府会计制度——行政事业单位会计科目和报表》（财会〔2017〕25 号，以下称《政府会计制度》）中有关财政拨款（预算）收入及相关支出的会计处理。

根据《预算管理一体化规范（试行）》（财办〔2020〕13 号）、《中央财政预算管理一体化资金支付管理办法（试行）》（财库〔2022〕5 号）等规定，中央一体化试点部门及其所属相关预算单位（以下称中央预算单位）在预算管理一体化下的有关会计处理规定如下：

（一）有关会计科目的设置和使用。

实行预算管理一体化的中央预算单位在会计核算时不再使用"零余额账户用款额度"科目，"财政应返还额度"科目和"资金结存——财政应返还额度"科目下不再设置"财政直接支付""财政授权支付"明细科目。

（二）有关账务处理规定。

1. 财政资金支付的账务处理。

中央预算单位应当根据收到的国库集中支付凭证及相关原始凭证，按照凭证上的国库集中支付入账金额，在财务会计下借记"库存物品""固定资产""业务活动费用""单位管理费用""应付职工薪酬"等科目，贷记"财政拨款收入"科目（使用本年度预算指标）或"财政应返还额度"科目（使用以前年度预算指标）；同时，在预算会计下借记"行政支出""事业支出"等科目，贷记"财政拨款预算收入"科目（使用本年度预算指标）或"资金结存——财政应返还额度"科目（使用以前年度预算指标）。

2. 按规定向本单位实有资金账户划转财政资金的账务处理。

中央预算单位在某些特定情况下按规定从本单位零余额账户向本单位实有资金账户划转资金用于后续相关支出的，可在"银行存款"或"资金结存——货币资金"科目下设置"财政拨款资金"明细科目，或采用辅助核算等形式，核算反映按规定从本单位零余额账户转入实有资金账户的资金金额，并应当按照以下规定进行账务处理：

（1）从本单位零余额账户向实有资金账户划转资金时，应当根据收到的国库集中支付凭证及实有资金账户入账凭证，按照凭证入账金额，在财务会计下借记"银行存款"科目，贷记"财政拨款收入"科目（使用本年度预算指标）或"财政应返还额度"科目（使用以前年度预算指标）；同时，在预算会计下借记"资金结存——货币资金"科目，贷记"财政拨款预算收入"科目（使用本年度预算指标）或"资金结存——财政应返还额度"科目（使用以前年度预算指标）。

将本单位实有资金账户中从零余额账户划转的资金用于相关支出时，按照实际支付的金额，在财务会计下借记"应付职工薪酬""其他应交税费"等科目，贷记"银行存款"科目；同时，在预算会计下借记"行政支出""事业支出"等支出科目下的"财政拨款支出"明细科目，贷记"资金结存——货币资金"科目。

3. 已支付的财政资金退回的账务处理。

发生当年资金退回时，中央预算单位应当根据收到的财政资金退回通知书及相关原始凭证，按照通知书上的退回金额，在财务会计下借记"财政拨款收入"科目（支付时使用本

年度预算指标）或"财政应返还额度"科目（支付时使用以前年度预算指标），贷记"业务活动费用""库存物品"等科目；同时，在预算会计下借记"财政拨款预算收入"科目（支付时使用本年度预算指标）或"资金结存——财政应返还额度"科目（支付时使用以前年度预算指标），贷记"行政支出""事业支出"等科目。

发生项目未结束的跨年资金退回时，中央预算单位应当根据收到的财政资金退回通知书及相关原始凭证，按照通知书上的退回金额，在财务会计下借记"财政应返还额度"科目，贷记"以前年度盈余调整""库存物品"等科目；同时，在预算会计下借记"资金结存——财政应返还额度"科目，贷记"财政拨款结转——年初余额调整"等科目。

4.结余资金上缴国库的账务处理。

因项目结束或收回结余资金，中央预算单位按照规定通过实有资金账户汇总相关资金统一上缴国库的，应当根据一般缴款书或银行汇款单上的上缴财政金额，在财务会计下借记"累计盈余"科目，贷记"银行存款"科目；同时，在预算会计下借记"财政拨款结余——归集上缴"科目，贷记"资金结存——货币资金"科目。中央预算单位按照规定注销财政拨款结转结余资金额度的，应当按照《政府会计制度》相关规定进行账务处理。

5.年末的账务处理。

年末，中央预算单位根据财政部批准的本年度预算指标数大于当年实际支付数的差额中允许结转使用的金额，在财务会计下借记"财政应返还额度"科目，贷记"财政拨款收入"科目；同时，在预算会计下借记"资金结存——财政应返还额度"科目，贷记"财政拨款预算收入"科目。

上述会计处理中涉及增值税业务的，相关账务处理参见《政府会计制度》中"应交增值税"等科目相关规定。

（三）关于新旧衔接的会计处理。

中央预算单位在转为预算管理一体化资金支付方式时，应当注销原零余额账户用款额度，按照零余额账户用款额度的金额，在财务会计下借记"财政拨款收入"科目（本年度预算指标）或"财政应返还额度"科目（以前年度预算指标），贷记"零余额账户用款额度"科目；同时，在预算会计下借记"财政拨款预算收入"科目（本年度预算指标）或"资金结存——财政应返还额度"科目（以前年度预算指标），贷记"资金结存——零余额账户用款额度"科目。

省级及以下地方预算单位在预算管理一体化下的有关会计处理参照上述规定执行，但财政国库集中支付结余不再按权责发生制列支的地区，预算单位不执行上述规定中"5.年末的账务处理"。

二、关于从结余中提取的专用基金的会计处理

该问题主要涉及《政府会计制度》中有关专用基金、专用结余的会计处理。

（一）有关账务处理规定。

根据《事业单位财务规则》（财政部令第108号）规定，事业单位应当将专用基金纳入预算管理。事业单位按照规定使用从非财政拨款结余或经营结余中提取的专用基金时，应当在财务会计下借记"业务活动费用"等费用科目，贷记"银行存款"等科目，并在有关费用科目的明细核算或辅助核算中注明"使用专用基金"（使用专用基金购置固定资产、无形资产的，按照《政府会计制度》中"专用基金"科目相关规定进行处理）；同时，在预算会计下借记"事业支出"等预算支出科目，贷记"资金结存"科目，并在有关预算支出科目的明细核算或辅助核算中注明"使用专用结余"。

事业单位应当在期末将有关费用中使用专用基金的本期发生额转入专用基金，在财务会计下借记"专用基金"科目，贷记"业务活动费用"等科目；在年末将有关预算支出中使用专用结余的本年发生额转入专用结余，在预算会计下借记"专用结余"科目，贷记"事业支出"等科目。

（二）有关列报要求。

事业单位在编制净资产变动表时，"本年盈余"行"专用基金"项目应当根据本年使用从非财政拨款结余或经营结余中提取的专用基金时直接计入费用的金额，以"—"号填列；"使用专用基金"行"专用基金"项目应当根据本年使用专用基金时直接冲减专用基金余额的金额填列。

事业单位在编制预算结转结余变动表时，"三、本年变动金额"中"其他资金结转结余"项目下的"本年收支差额"项目，应当根据"非财政拨款结转"科目下"本年收支结转"明细科目、"其他结余"科目、"经营结余"科目、"专用结余"科目本年转入的预算收入与预算支出的差额的合计数填列。自2023年度起，"三、本年变动金额"中"其他资金结转结余"项目下不再设置"使用专用结余"项目。

三、关于生效日期

本解释自公布之日起施行。2022年度内自《事业单位财务规则》（财政部令第108号）、《中央财政预算管理一体化资金支付管理办法（试行）》（财库〔2022〕5号）施行日至本解释首次执行日期间，相关单位上述业务的会计处理与本解释规定不一致的，应当根据本解释相关规定进行处理。

6. 政府会计准则制度解释第6号（2023年公布）

（财会〔2023〕18号印发）

一、关于固定资产的明细核算

根据《固定资产等资产基础分类与代码》（GB/T 14885-2022），行政事业单位（以下简称单位）应当自本解释施行之日起，在《政府会计制度——行政事业单位会计科目和报表》（财会〔2017〕25号，以下简称《政府会计制度》）中"固定资产""固定资产累计折旧"科目下按照固定资产类别设置"房屋和构筑物""设备""文物和陈列品""图书和档案""家具和用具""特种动植物"明细科目。

同时，单位应当将"固定资产"科目和对应的"固定资产累计折旧"科目原相关明细科目余额（如有）按以下规定转入新的明细科目：

1. 原"房屋及构筑物"明细科目的余额，按照所属资产类别分别转入"房屋和构筑物""设备""家具和用具"明细科目；

2. 原"专用设备"、"通用设备"明细科目的余额转入"设备"明细科目；

3. 原"图书、档案"明细科目的余额转入"图书和档案"明细科目；

4. 原"家具、用具、装具及动植物"明细科目中属于家具、用具、装具的资产余额转入"家具和用具"明细科目；

5. 原"家具、用具、装具及动植物"明细科目中属于动植物的资产余额转入"特种动植物"明细科目。

二、关于工程项目专门借款利息的会计处理

单位为购建固定资产等工程项目借入专门借款的，属于工程项目建设期间发生的利息

费用，应当计入工程成本，在财务会计借记"在建工程——待摊投资"科目，贷记"应付利息"或"长期借款——应计利息"科目；属于工程项目建设期间尚未动用的借款资金产生的归属于单位的利息收入，应当冲减工程成本，在财务会计借记"银行存款"等科目，贷记"在建工程——待摊投资"科目。

专门借款不属于工程项目建设期间发生的利息费用，应当计入当期费用，在财务会计借记"其他费用"科目，贷记"应付利息"或"长期借款——应计利息"科目；不属于工程项目建设期间尚未动用的借款资金产生的归属于单位的利息收入，应当计入当期收入，在财务会计借记"银行存款"等科目，贷记"利息收入"科目。

单位应当在实际支付专门借款利息支出、收到尚未动用的借款资金产生的归属于单位的利息收入时，按照《政府会计制度》相关规定进行预算会计处理。

工程项目建设期间的确定，应当遵循《政府会计准则第8号——负债》（财会〔2018〕31号）的规定。

三、关于以前年度社会保险费结算的会计处理

单位因养老保险制度改革实施准备期清算、养老保险缴费比例调整等原因导致调整以前年度应缴社会保险费（如职工基本养老保险费、职业年金等）的，对属于单位缴费的部分应区分以下情况进行会计处理：

（一）社会保险经办机构轧差退回以前年度缴费的情况。

单位应当在财务会计借记"银行存款""财政应返还额度"等科目，贷记"以前年度盈余调整"等科目；在预算会计借记"资金结存"科目，贷记有关结转结余科目下的"年初余额调整"明细科目。

有关资金需缴回财政或注销财政拨款结转结余资金额度的，应当按照《政府会计制度》相关规定进行会计处理。

（二）社会保险经办机构轧差补收以前年度缴费的情况。

在确定补缴金额时，单位应当在财务会计借记"以前年度盈余调整"等科目，贷记"应付职工薪酬——社会保险费"科目。

在实际补缴时，单位应当在财务会计借记"应付职工薪酬——社会保险费"科目，贷记"银行存款""财政应返还额度""财政拨款收入"等科目；在预算会计借记"行政支出""事业支出"等科目，贷记"资金结存""财政拨款预算收入"等科目。

（三）社会保险经办机构全额退回以前年度缴费，再按调整后的结算金额收缴的情况。

单位在收到全额退费时，应当在财务会计借记"银行存款"等科目，贷记"其他应付款"科目，预算会计不作处理。

单位按调整后的结算金额缴费时，应当区分以下情况进行会计处理：

1.结算缴费金额小于退费金额的。

单位应当在财务会计按照退费金额借记"其他应付款"科目，按照结算缴费金额贷记"银行存款"等科目，按照其差额贷记"以前年度盈余调整"等科目；在预算会计按照差额借记"资金结存"科目，贷记有关结转结余科目下的"年初余额调整"明细科目。

有关资金需缴回财政或注销财政拨款结转结余资金额度的，应当按照《政府会计制度》相关规定进行会计处理。

2.结算缴费金额大于退费金额的。

在确定缴纳金额时，单位应当在财务会计按照结算缴费金额大于退费金额的差额借记"以前年度盈余调整"等科目，贷记"应付职工薪酬——社会保险费"科目。

在实际缴纳时，单位应当在财务会计按照退费金额借记"其他应付款"科目，按照差

额借记"应付职工薪酬——社会保险费"科目,按照结算缴费金额贷记"银行存款""财政应返还额度""财政拨款收入"等科目;在预算会计按照差额借记"行政支出""事业支出"等科目,贷记"资金结存""财政拨款预算收入"等科目。

此外,单位对属于个人缴费的部分,收到退回的以前年度缴费时,应当在财务会计借记"银行存款"等科目,贷记"其他应付款"科目;确定应补缴以前年度缴费金额时,应当在财务会计借记"其他应收款"科目,贷记"应付职工薪酬——社会保险费"科目;从应付职工薪酬中代扣应补缴的社会保险费时,应当在财务会计借记"应付职工薪酬——基本工资"科目,贷记"其他应收款"科目。

四、关于事业单位开办资金的会计处理

事业单位在初始设立并取得开办资金对应的各类资产时,应当在财务会计借记有关资产科目,贷记"累计盈余"科目。同时,在预算会计按照取得的纳入部门预算管理的资金,借记"资金结存"科目,贷记有关预算收入科目。本解释所称初始设立不包括《行政事业单位划转撤并相关会计处理规定》(财会〔2022〕29号)中合并、分立情形下新组建单位,以及本解释"关于由执行其他会计制度转为执行政府会计准则制度的新旧衔接处理"中单位性质转为事业单位的情形。

事业单位在持续运行期间,接受举办单位无偿投入资产的,应当按照《政府会计制度》中取得上级补助收入、无偿调入非现金资产等业务相关规定进行会计处理。

事业单位办理开办资金变更登记,无需进行会计处理。

五、关于由执行其他会计制度转为执行政府会计准则制度的新旧衔接处理

因单位性质或执行的财务管理制度发生变化,由执行其他会计制度转为执行政府会计准则制度的,单位应当按照以下规定进行新旧衔接处理。

在首次执行日,单位应当按照政府会计准则制度的规定设立新账,对所有资产、负债、净资产、预算结余进行重新分类、确认和计量,一般流程包括将原账科目余额转入新账财务会计科目、按照原账科目余额登记新账预算结余科目,将未入账事项登记新账科目,并对相关新账科目余额进行调整。单位按照政府会计准则制度确认原未入账资产、负债,以及调整资产、负债余额的,应当相应调整累计盈余。单位应当按照登记及调整后新账的各会计科目余额,编制首次执行日的科目余额表,作为新账各会计科目的期初余额。

在首次执行日,单位应当根据新账会计科目期初余额,按照政府会计准则制度编制期初资产负债表,并在附注披露新旧衔接对报表项目金额的影响。

单位在首次执行日后编制财务报表和预算会计报表应当遵循政府会计准则制度的规定,首份年度财务报表和预算会计报表无需填列上年比较数。

六、关于生效日期

本解释自公布之日起施行。

本解释规定首次施行时均采用未来适用法。

7. 政府会计准则制度解释第7号(2024年公布)

(财会〔2023〕32号印发)

一、关于新机制下政府和社会资本合作(PPP)相关会计处理

根据《国务院办公厅转发国家发展改革委、财政部〈关于规范实施政府和社会资本合

作新机制的指导意见〉的通知》（国办函〔2023〕115号）有关要求，行政事业单位（以下简称单位）应当按照以下规定对相关业务事项进行会计处理：

单位应当自本解释施行之日起，转销PPP项目资产、PPP项目净资产账面余额，借记"PPP项目净资产"科目，贷记"PPP项目资产"科目；借贷方存在差额的，单位应当按照差额并根据资产类别借记"固定资产""公共基础设施"等科目。

由单位原有资产形成的特许经营项目相关资产，单位应当按照《政府会计准则第3号——固定资产》（财会〔2016〕12号）、《政府会计准则第5号——公共基础设施》（财会〔2017〕11号）等相关规定进行会计处理。由社会资本方投资建设并运营的特许经营项目相关资产，在合同终止时按约定无偿移交单位的，单位应当借记"固定资产""公共基础设施"等科目，贷记"累计盈余"科目。

二、关于净资产变动表的编制

根据《政府会计准则第7号——会计调整》（财会〔2018〕28号）、《行政事业单位划转撤并相关会计处理规定》（财会〔2022〕29号）、《〈政府会计准则第11号——文物资源〉应用指南》（财会〔2023〕19号）和本解释"关于新机制下政府和社会资本合作（PPP）相关会计处理"等规定，单位应当对净资产变动表作出以下调整：

1. 删除"PPP项目净资产"项目。
2. 在"（六）权益法调整"项目后增加"（七）会计政策变更"项目，反映单位本年除以前年度盈余调整以外，因会计政策变更对净资产的影响。
3. 在"（七）会计政策变更"项目后增加"（八）其他"项目，反映单位按照政府会计准则制度规定，除本年盈余、无偿调拨净资产、归集调整预算结转结余、提取或设置专用基金、使用专用基金、权益法调整、会计政策变更以外的对净资产的影响。包括划转撤并调整，以考古发掘方式取得文物资源，使用计提的科研项目间接费用或管理费购买固定资产、无形资产等情况对净资产的影响。
4. 删除"上年数"栏。

净资产变动表的格式参见附录。单位应当在附注中对净资产变动表重要项目作进一步披露，包括以前年度盈余调整事项的说明、专用基金的类别、"（八）其他"项目的构成等。

三、关于生效日期

本解释自公布之日起施行。

附录

净资产变动表

会政财03表

编制单位：＿＿＿＿＿＿　　　　　　　＿＿＿年　　　　　　　　　　单位：元

项目	累计盈余	专用基金	权益法调整	净资产合计
一、上年年末余额				
二、以前年度盈余调整（减少以"—"号填列）				
三、本年年初余额				
四、本年变动金额（减少以"—"号填列）				

(续表)

项目	累计盈余	专用基金	权益法调整	净资产合计
（一）本年盈余			—	
（二）无偿调拨净资产		—		
（三）归集调整预算结转结余		—		
（四）提取或设置专用基金			—	
其中：从预算收入中提取	—		—	
从预算结余中提取			—	
设置的专用基金	—		—	
（五）使用专用基金			—	
（六）权益法调整	—	—		
（七）会计政策变更			—	—
（八）其他				
五、本年年末余额				

注："—"标识单元格不需填列。

8.《政府会计准则第 3 号——固定资产》应用指南（2017 年发布）

（财会〔2017〕4 号印发）

一、关于固定资产折旧年限

（一）通常情况下，政府会计主体应当按照表 1 规定确定各类应计提折旧的固定资产的折旧年限。

表 1：政府固定资产折旧年限表

固定资产类别	内容		折旧年限（年）
房屋及构筑物	业务及管理用房	钢结构	不低于 50
		钢筋混凝土结构	不低于 50
		砖混结构	不低于 30
		砖木结构	不低于 30
房屋及构筑物	简易房		不低于 8
	房屋附属设施		不低于 8
	构筑物		不低于 8

（续表）

固定资产类别	内容	折旧年限（年）
通用设备	计算机设备	不低于 6
	办公设备	不低于 6
	车辆	不低于 8
	图书档案设备	不低于 5
	机械设备	不低于 10
	电气设备	不低于 5
	雷达、无线电和卫星导航设备	不低于 10
	通信设备	不低于 5
	广播、电视、电影设备	不低于 5
	仪器仪表	不低于 5
	电子和通信测量设备	不低于 5
	计量标准器具及量具、衡器	不低于 5
专用设备	探矿、采矿、选矿和造块设备	10～15
	石油天然气开采专用设备	10～15
	石油和化学工业专用设备	10～15
	炼焦和金属冶炼轧制设备	10～15
	电力工业专用设备	20～30
	非金属矿物制品工业专用设备	10～20
	核工业专用设备	20～30
	航空航天工业专用设备	20～30
	工程机械	10～15
	农业和林业机械	10～15
	木材采集和加工设备	10～15
	食品加工专用设备	10～15
	饮料加工设备	10～15
	烟草加工设备	10～15
	粮油作物和饲料加工设备	10～15
	纺织设备	10～15
	缝纫、服饰、制革和毛皮加工设备	10～15
	造纸和印刷机械	10～20
	化学药品和中药专用设备	5～10

（续表）

固定资产类别	内容	折旧年限（年）
专用设备	医疗设备	5～10
	电工、电子专用生产设备	5～10
	安全生产设备	10～20
	邮政专用设备	10～15
	环境污染防治设备	10～20
	公安专用设备	3～10
	水工机械	10～20
	殡葬设备及用品	5～10
	铁路运输设备	10～20
	水上交通运输设备	10～20
	航空器及其配套设备	10～20
	专用仪器仪表	5～10
	文艺设备	5～15
	体育设备	5～15
	娱乐设备	5～15
家具、用具及装具	家具	不低于15
	用具、装具	不低于5

（二）国务院有关部门在遵循本应用指南中表1所规定的固定资产折旧年限的情况下，可以根据实际需要进一步细化本行业固定资产的类别，具体确定各类固定资产的折旧年限，并报财政部审核批准。

（三）政府会计主体应当在遵循本应用指南、主管部门有关折旧年限规定的情况下，根据固定资产的性质和实际使用情况，合理确定其折旧年限。

具体确定固定资产的折旧年限时，应当考虑下列因素：

1. 固定资产预计实现服务潜力或提供经济利益的期限；
2. 固定资产预计有形损耗和无形损耗；
3. 法律或者类似规定对固定资产使用的限制。

（四）固定资产的折旧年限一经确定，不得随意变更。

因改建、扩建等原因而延长固定资产使用年限的，应当重新确定固定资产的折旧年限。

（五）政府会计主体盘盈、无偿调入、接受捐赠以及置换的固定资产，应当考虑该项资产的新旧程度，按照其尚可使用的年限计提折旧。

二、关于固定资产折旧计提时点

固定资产应当按月计提折旧，当月增加的固定资产，当月开始计提折旧；当月减少的固定资产，当月不再计提折旧。

固定资产提足折旧后，无论能否继续使用，均不再计提折旧；提前报废的固定资产，也不再补提折旧。已提足折旧的固定资产，可以继续使用的，应当继续使用，规范实物管理。

9.《政府会计准则第 11 号——文物资源》应用指南

(财会〔2023〕19 号印发)

一、关于会计科目设置

政府会计主体应当将《政府会计制度——行政事业单位会计科目和报表》(财会〔2017〕25 号,以下简称《政府会计制度》)中的"文物文化资产"科目修改为"文物资源"科目(以下简称本科目)。本科目核算由政府会计主体承担管理收藏职责的文物资源,包括符合《政府会计准则第 11 号——文物资源》(以下简称 11 号准则)第二条规定的文物资源和第二十一条规定的其他藏品。

本科目应当按照文物资源的类型、计量属性等进行明细核算。政府会计主体应当根据文物资源的类型设置"可移动文物""不可移动文物""其他藏品"一级明细科目。根据文物资源的计量属性设置"成本""名义金额"二级明细科目。对于可移动文物和其他藏品,根据文物资源的入藏状态,设置"待入藏""馆藏""借出"三级明细科目。对于认定为不可移动文物的公共基础设施,其三级及以下明细科目设置可参照公共基础设施有关规定执行。

政府会计主体可以根据实际情况在本科目下自行增设明细科目。

本科目"成本"明细科目的期末借方余额,反映以成本计量的文物资源成本,"名义金额"明细科目的期末借方余额,反映以名义金额计量的文物资源数量。

"固定资产"科目下的原"文物和陈列品"明细科目调整为"陈列品"明细科目。

二、关于"文物资源"科目的主要账务处理

(一)新旧衔接账务处理。

1. 关于新旧会计科目衔接的账务处理。

政府会计主体在 11 号准则首次执行日,应当将原"文物文化资产"科目余额转入本科目中,并作新旧衔接账务处理。

对于已在本科目核算且属于 11 号准则适用范围的资产,政府会计主体无需对其账面价值进行调整。

对于已在本科目核算、但不属于 11 号准则适用范围的资产,政府会计主体应当在首次执行日按照该资产的账面价值,在财务会计借记"固定资产"等科目,贷记本科目。

2. 关于新旧衔接时相关资产重分类为文物资源的账务处理。

对于按照 11 号准则规定应当确认为文物资源、但已确认为固定资产等其他资产的,政府会计主体应当在首次执行日按照该资产的账面价值,在财务会计借记本科目,按照相关科目的账面余额,借记"固定资产累计折旧"等科目(如有),贷记"固定资产"等科目。资产原账面价值为零的,在转销原资产相关科目余额的同时,按照名义金额在财务会计借记本科目,贷记"累计盈余"科目。对于按照名义金额计量的文物资源,政府会计主体可根据实际管理情况确定文物资源的实物数量单位,如处、件、件/套(下同)。

3. 关于存量未入账文物资源的账务处理。

对于属于 11 号准则适用范围但尚未入账的存量文物资源,政府会计主体应当在首次执行日按照有关原始凭证注明的金额确定其初始入账成本,没有相关凭据可供取得的,按照名义金额入账,在财务会计借记本科目,贷记"累计盈余"科目。

4. 关于已借入但未入账文物资源的账务处理。

对于已借入但未入账的文物资源,政府会计主体应当在首次执行日按照该文物资源在

借出方的账面价值,在财务会计借记"受托代理资产"科目,贷记"受托代理负债"科目。

(二)初始确认的账务处理。

1. 征集购买的文物资源的账务处理。

政府会计主体通过征集购买方式取得的文物资源,应当按照购买价款,在财务会计借记本科目,贷记"财政拨款收入""银行存款"等科目;在预算会计借记"行政支出""事业支出"等科目,贷记"财政拨款预算收入""资金结存"等科目。

文物资源在取得后直接入藏的,政府会计主体应当在财务会计将其记入本科目下的"馆藏"明细科目;取得后暂未入藏的,政府会计主体应当将其记入本科目下的"待入藏"明细科目,待办理完成入藏手续后由本科目下的"待入藏"明细科目转入"馆藏"明细科目。

政府会计主体通过其他方式取得文物资源且尚未入藏的,参照上述规定进行账务处理。

2. 调入、依法接收、指定保管的文物资源的账务处理。

政府会计主体通过调入、依法接收、指定保管等方式取得的文物资源,应当按照确定的成本或名义金额,在财务会计借记本科目,贷记"无偿调拨净资产"科目。

3. 考古发掘、接受捐赠的文物资源的账务处理。

政府会计主体对于考古发掘、接受捐赠等方式取得的文物资源,应当按照名义金额入账,在财务会计借记本科目,贷记"累计盈余""捐赠收入"等科目。

4. 其他资产重分类为文物资源的账务处理。

其他资产重分类为文物资源的,政府会计主体应当在财务会计按照该资产的账面价值,借记本科目,按照相关资产科目余额,借记"固定资产累计折旧"等科目(如有),贷记"固定资产"等科目。资产原账面价值为零的,在转销原资产相关科目余额的同时,按照名义金额在财务会计借记本科目,贷记"累计盈余"科目。

5. 盘盈的文物资源的账务处理。

文物资源发生盘盈的,政府会计主体应当按照确定的成本或名义金额,在财务会计借记本科目,贷记"待处理财产损溢"科目。

按照规定报经批准处理后,对属于本年度取得的文物资源,政府会计主体应当按照当年新取得文物资源的情形进行账务处理,在财务会计借记"待处理财产损溢"科目,贷记"捐赠收入""无偿调拨净资产""累计盈余"等科目;对属于以前年度取得的文物资源,政府会计主体应当按照前期差错进行账务处理,在财务会计借记"待处理财产损溢"科目,贷记"以前年度盈余调整"科目。

6. 为取得文物资源发生的相关支出的账务处理。

为取得文物资源发生的相关支出,包括文物资源入藏前发生的保险费、运输费、装卸费、专业人员服务费,以及按规定向捐赠人支付的物质奖励等,政府会计主体应当在财务会计按照实际发生的费用,借记"业务活动费用"等科目,贷记"财政拨款收入""银行存款"等科目;在预算会计按照实际支付的金额,借记"行政支出""事业支出"等科目,贷记"财政拨款预算收入""资金结存"等科目。

(三)文物资源保护、利用的账务处理。

1. 文物资源本体修复修缮支出的账务处理。

对于文物资源本体的修复修缮等相关保护支出,政府会计主体应当在财务会计按照实际发生的费用,借记"业务活动费用"科目,贷记"财政拨款收入""银行存款""库存物品"等科目;在预算会计按照实际支付的金额,借记"行政支出""事业支出"等科目,贷记"财政拨款预算收入""资金结存"等科目。

2. 文物资源借出和借入的账务处理。

(1)政府会计主体将已入藏的文物资源借给外单位的,应当至少在每年年末核查尚未收回的文物资源,按照账面价值,在财务会计借记本科目下的"借出"明细科目,贷记本科目下的"馆藏"明细科目;在借出的文物资源收回时做相反会计分录。

（2）政府会计主体从外单位借入文物资源的，应当至少在每年年末核查尚未归还的文物资源，按照该文物资源在借出方的账面价值，在财务会计借记"受托代理资产"科目，贷记"受托代理负债"科目；在归还借入的文物资源时做相反会计分录。

（四）文物资源调出、撤销退出的账务处理。

政府会计主体发生文物资源调出、撤销退出等情形的，应当分以下情况进行账务处理：

1.文物资源调出的账务处理。

报经批准无偿调出文物资源的，政府会计主体应当在财务会计按照调出的文物资源的账面价值，借记"无偿调拨净资产"科目，贷记本科目；按照无偿调出过程中发生的归属于调出方的相关支出，借记"资产处置费用"科目，贷记"财政拨款收入""银行存款"等科目。同时，政府会计主体应当在预算会计按照实际支付的金额，借记"其他支出"科目，贷记"财政拨款预算收入""资金结存"等科目。

2.文物资源被依法拆除或发生毁损、丢失的账务处理。

文物资源报经文物行政部门批准被依法拆除或者因不可抗力等因素毁损、丢失的，政府会计主体应当在按照规定程序核查处理后确认文物资源灭失时，按照该文物资源的账面价值，在财务会计借记"待处理财产损溢"科目，贷记本科目。文物资源报经批准予以核销时，政府会计主体应当在财务会计借记"资产处置费用"科目，贷记"待处理财产损溢"科目。

政府会计主体在按照规定程序核查处理过程中依法取得净收入的，应当按照收到的金额在财务会计借记"银行存款"等科目，贷记"其他收入"科目；在预算会计借记"资金结存"等科目，贷记"其他预算收入"科目。政府会计主体发生净支出的，按照实际支出净额在财务会计借记"资产处置费用"科目，贷记"银行存款"等科目；在预算会计借记"其他支出"科目，贷记"资金结存"等科目。

3.文物资源重分类为其他资产的账务处理。

文物资源撤销退出后仍作为其他资产进行管理的，政府会计主体应当按照该文物资源的账面价值，在财务会计借记"固定资产"等科目，贷记本科目。

三、关于文物资源项目的列报

（一）关于文物资源在资产负债表中的列示。

政府会计主体应当将《政府会计制度》资产负债表（会政财01表）中的"文物文化资产"项目修改为"文物资源"项目，并分别列示不同计量属性的文物资源，即在"文物资源"项目下设置"以成本计量"和"以名义金额计量"两个子项目。

（二）关于文物资源在财务报表附注中的披露。

1.对于各类文物资源期初、期末数量以及本期增减变动情况，建议的披露格式如下：

表1 各类文物资源实物量情况项目

年初数	本期增加数	本期减少数	期末数
不可移动文物			
……			
可移动文物			
……			
其中：待入藏征集物			
其他藏品			
……			
其中：待入藏征集物			

（续表）

	年初数	本期增加数	本期减少数	期末数
其中：名义金额计量的文物资源				
不可移动文物				
……				
可移动文物				
……				
其中：待入藏征集物				
其他藏品				
……				
其中：待入藏征集物				

注：1.政府会计主体可根据需要按照国家级、省级、市县级、未核定文保单位披露不可移动文物的构成情况；按照一级、二级、三级、一般、未定级披露可移动文物的构成情况（下同）。
2.政府会计主体可根据实际管理情况确定文物资源的实物数量单位，如处、件、件/套。

2.对于各类以成本计量的文物资源账面余额的期初、期末数以及本期增减变动情况，建议的披露格式如下：

表2　各类以成本计量的文物资源价值量有关情况

单位：元

项目	年初余额	本期增加额	本期减少额	期末余额
不可移动文物				
……				
可移动文物				
……				
其中：待入藏征集物				
其他藏品				
……				
其中：待入藏征集物				

政府会计主体应当披露当期为征集文物资源所支付的购买价款和捐赠奖金。

3.政府会计主体当期进行不可移动文物修缮的，应当披露当期修缮的不可移动文物的数量和修缮支出金额，以及其中由政府会计主体负责修缮的民间不可移动文物的数量。

政府会计主体当期进行可移动文物和其他藏品修复的，应当披露当期修复的可移动文物和其他藏品的数量和修复支出金额，以及其中涉及珍贵文物的数量。

4.对于文物资源其他相关信息，建议的披露格式如下：

表3　文物资源借用情况

项目	实物数量	金额（单位：元）
借出但期末未收回的文物资源		
借入但期末未归还的文物资源		

表 4 本年度文物资源调出、撤销退出等情况

项目	实物数量	金额（单位：元）
调出		
依法拆除		
因不可抗力等原因毁损、丢失		
重分类转出		

此外，政府会计主体还可以根据需要披露与文物资源相关的文化创意产品的研发支出和收入等情况。

10. 关于进一步加强公路水路公共基础设施政府会计核算的通知（2020 年发布）

（财会〔2020〕23 号）

各省、自治区、直辖市、计划单列市财政厅（局）、交通运输厅（局、委），新疆生产建设兵团财政局、交通运输局：

为了确保政府会计准则制度在交通运输领域全面有效实施，根据《政府会计准则——基本准则》（财政部令第 78 号）、《政府会计准则第 5 号——公共基础设施》（财会〔2017〕11 号）、《政府会计准则第 10 号——政府和社会资本合作项目合同》（财会〔2019〕23 号）和《关于进一步做好政府会计准则制度新旧衔接和加强行政事业单位资产核算的通知》（财会〔2018〕34 号）等规定，结合交通运输行业实际，现就进一步加强公路水路公共基础设施政府会计核算有关事项通知如下：

一、总体要求

公路水路公共基础设施是政府资产的重要组成部分。科学合理确认、计量、记录和报告公路水路公共基础设施资产，对建立权责发生制的政府综合财务报告制度，使公路水路公共基础设施更好服务发展、造福人民具有重要意义。必须坚持以习近平新时代中国特色社会主义思想为指导，紧紧围绕权责发生制政府综合财务报告制度改革的总体目标和任务，扎实推进公路水路公共基础设施会计核算，全面反映公路水路资产"家底"，夯实政府财务报告和行政事业性国有资产报告的核算基础，为加快建设交通强国，推动交通运输治理体系和治理能力现代化提供基础保障。

二、关于公路水路公共基础设施的确认

（一）公路水路公共基础设施的界定。

本通知所称的公路水路公共基础设施，是指各级交通运输主管部门为满足社会公共交通运输需求所控制的公路、运输站场、航道、港口、轮渡及其配套设施等有形资产。

独立于公路水路公共基础设施、不构成公路水路公共基础设施使用不可缺少组成部分的管理用房屋构筑物、设备、车辆、船舶，不对社会公众开放的公务码头，不再提供公共服务的公路水路设施，其会计核算适用《政府会计准则第 3 号——固定资产》，纳入单位固定资产管理。

（二）公路水路公共基础设施的记账主体。

1. 确定记账主体的一般原则。

各级交通运输主管部门应当根据公路水路公共基础设施管理体制，按照"谁承担管理维护职责，由谁记账"的原则，并结合直接承担后续支出责任情况，合理确定公路水路公共基础设施的记账主体。

相关记账主体对公路水路公共基础设施的确认应当协调一致，确保资产确认不重复、不遗漏。

2. 确定记账主体的有关具体规定。

（1）中央委托地方承担管理维护职责的公路水路公共基础设施，应当由地方具体承担管理维护职责的交通运输行政事业单位作为记账主体。委托方应当设置备查簿进行登记。

（2）对于由企业举债形成的非收费公路，相关债务已经由政府承担的，应当及时从企业资产负债表中剥离，按上述一般原则确定公路公共基础设施的记账主体，并及时登记入账。

（3）对于车辆通行费纳入政府性基金预算管理且相应的债务由政府偿还的政府收费公路（包括存量的政府还贷公路），由负责编制车辆通行费支出预算的交通运输行政事业单位作为记账主体。

（4）对于由企业举债并负责偿还的收费公路，采用政府和社会资本合作（PPP）模式形成的，政府方应当按照《政府会计准则第10号——政府和社会资本合作项目合同》及其应用指南的相关规定确定记账主体；采用建设—运营—移交（BOT）方式形成但未纳入全国PPP综合信息平台项目库，且企业方已按照相关企业会计准则确认为无形资产的，政府方应当参照《政府会计准则第10号——政府和社会资本合作项目合同》及其应用指南的相关规定确定记账主体；除上述情形外且已由企业方入账的，地方交通运输主管部门应当设置备查簿进行登记，待后续相关规定明确后，再进行调整。

（5）对于天然航道、天然锚地和无偿划拨的土地，不进行价值核算，无需确认入账，对其具有管理维护职责的交通运输行政事业单位应当设置备查簿进行登记。

对于已按财会〔2018〕34号文有关规定入账的存量公路水路公共基础设施，其记账主体与上述规定不一致的，应当自2021年1月1日起根据上述规定予以调整。记账主体按规定增加公共基础设施的，借记"公共基础设施"科目，贷记"累计盈余"科目；按规定减少公共基础设施的，做相反的会计分录。

三、关于公路水路公共基础设施的构成

（三）公路水路公共基础设施的构成。

公路水路公共基础设施包括公路公共基础设施、汽车客运站公共基础设施和水路公共基础设施。

公路公共基础设施包括公路用地、公路（含公路桥涵、公路隧道、公路渡口等）及构筑物、交通工程及沿线设施（含交通安全设施、管理设施、服务设施、绿化环保设施）等。

汽车客运站公共基础设施主要包括场地设施、站务用房、生产辅助用房、安全与服务设施。

水路公共基础设施包括航道公共基础设施、沿海航海保障公共基础设施、港口公共基础设施和轮渡公共基础设施。航道公共基础设施主要包括航道、通航建筑物、航道整治建筑物、航标、其他助航设施。沿海航海保障公共基础设施主要包括沿海航道、航标、其他助航设施。港口公共基础设施主要包括码头及附属设施、防波堤、护岸、进出港航道、锚地等。轮渡公共基础设施包括码头、趸船、道路（引道）、标志牌、候船室（亭）、收费亭等。

公路水路公共基础设施资产构成见附件1。

四、关于公路水路公共基础设施的初始计量

（四）公路水路公共基础设施初始计量的原则。

对于 2019 年 1 月 1 日起新增的公路水路公共基础设施，应当按照《政府会计准则第 5 号——公共基础设施》的规定进行初始计量。

对于尚未入账的公路水路公共基础设施，在《基本建设财务管理规定》（财建〔2002〕394 号）施行之后建成的，一般应当按照其初始购建成本入账；在《基本建设财务管理规定》施行之前建成的，应当按照财会〔2018〕34 号文有关规定确定初始入账成本。分属于不同记账主体的同一公路水路公共基础设施，初始入账成本的确定应采用一致的会计政策。

对于已按财会〔2018〕34 号文有关规定入账的存量公路水路公共基础设施，其初始入账成本无需调整。

（五）重置成本标准的确定。

按重置成本作为初始入账成本的存量公路水路公共基础设施，其重置成本标准应当按以下权限确定：

中央级交通运输行政事业单位承担管理维护职责的公路水路公共基础设施重置成本标准，由国务院交通运输主管部门负责制定。

中央委托地方承担管理维护职责的公路水路公共基础设施的重置成本标准，由地方交通运输主管部门负责制定。

省道、省管航道的重置成本标准，由省级交通运输主管部门负责制定；县道、乡道、村道，以及汽车客运站、其他地方航道、沿海助导航设施、地方港口、轮渡的重置成本标准，由省级交通运输主管部门负责明确制定单位。

各有关部门和单位应当在 2021 年 6 月 30 日之前，按照上述权限制定并公布相关公路水路公共基础设施的重置成本标准。

（六）重置成本标准参考因素。

确定存量公路水路公共基础设施重置成本时，除主要依据定额标准外，还应充分考虑影响重置成本标准的其他因素，具体如下：

公路应主要参考地域、地形、技术等级、路基宽度、路面材料类型；

汽车客运站应主要参考结构类型、规模；

航道应主要参考航道维护尺度、航道技术等级；

通航建筑物应主要参考技术等级、规模；

航道整治建筑物应主要参考结构类型、规模；

航标应主要参考结构类型、规模、尺寸、航道等级；

其他助航设施可参考结构类型、规模；

码头及附属设施应主要参考分类构成、结构类型、规模；

防波堤应主要参考结构类型、规模；

护岸应主要参考结构类型、规模；

锚地应主要参考规模。

五、关于公路水路公共基础设施的明细核算

（七）公路公共基础设施的明细核算。

公路公共基础设施应当按照行政等级、路线（含桩号）进行明细核算，公路技术等级、公里数等作为辅助核算。

按照行政等级，公路公共基础设施应当涵盖国道、省道、县道、乡道和村道。

（八）汽车客运站公共基础设施的明细核算。

汽车客运站应当按场站名称和资产类别进行明细核算。

（九）水路公共基础设施的明细核算。

航道公共基础设施应当按航道名称、资产类别进行明细核算。

沿海航海保障公共基础设施应当按沿海航道名称、航标类别（视觉航标、音响航标和无线电航标）和其他沿海航海保障设施类别进行明细核算。

港口公共基础设施应当按港口名称、资产类别进行明细核算，港区、资产个数、吞吐量等作为辅助核算。

轮渡公共基础设施应当按渡口名称和资产类别进行明细核算。

（十）明细核算其他要求。

公路水路公共基础设施会计明细科目及编码见附件2。

各有关记账主体在做好公路水路公共基础设施明细核算的同时，还应做好备查簿登记，详细记录资产组成部分的名称、建设时间、资产价值等。

对于已按财会〔2018〕34号文有关规定入账的存量公路水路公共基础设施，其明细科目应当自2021年1月1日起按照本通知规定予以调整。

六、关于组织保障

（十一）严格责任落实。

各级交通运输行政事业单位要高度重视公路水路公共基础设施的会计核算工作，加强组织领导，明确任务分工和责任，理顺工作机制，抓好组织落实，确保改革顺利推进。各记账主体要切实担负起主体责任，制定详细的实施方案，明确工作目标，充实会计人员，落实工作责任，确保认识到位、组织到位、人员到位，并于2021年12月31日之前按照政府会计准则制度及本通知规定将存量公路水路公共基础设施纳入政府会计核算。

（十二）加强业务指导。

各地财政部门、交通运输主管部门要根据本通知精神，结合地方实际，研究制定地方公路水路公共基础设施会计核算实施细则，加强对下级行政事业单位开展公路水路公共基础设施会计核算工作的指导。鼓励探索建立健全政府会计核算考核机制，推动考核评价结果应用。

（十三）强化宣贯培训。

各地财政部门、交通运输主管部门要积极做好公路水路公共基础设施会计核算工作的政策解读和宣贯培训工作，不断拓宽培训渠道，推动培训工作实现全覆盖，使会计及相关人员及时、全面地掌握政府会计准则制度的各项规定和具体要求，切实提高业务素质和管理水平，确保工作落到实处、见到实效。

附件1：公路水路公共基础设施资产构成表
　　　2：公路水路公共基础设施会计明细科目及编码表

财政部　交通运输部
2020年12月30日

附件1：

公路水路公共基础设施资产构成表

一级	二级	三级	四级	五级	六级	计量单位	主体结构	备注
公路公共基础设施	公路用地					亩		
	公路及构筑物	路基	挖方路段			公里		
			填方路段	填土方		立方米		
				填石方		立方米		
				土石混填		立方米		
			特殊路基处理			平方米		
			防护工程	挡土墙		立方米		
				抗滑桩		立方米		
				生态防护		平方米		
				一般边坡防护		平方米		
				预应力锚索		米		
				锚杆框架梁		立方米		
				其他		/		
			排水工程	边沟		米		
				截水沟		米		
				急流槽		米		
				排水沟		米		
				其他		/		
			其他					

（续表）

一级	二级	三级	四级	五级	六级	计量单位	主体结构	备注
公路公共基础设施	公路及构筑物	路面	沥青混凝土路面			平方米		
			水泥混凝土路面			平方米		
			其他			平方米		
			小桥			米/座		
			中桥			米/座		
		桥涵		预应力混凝土T梁		米/座		
				预应力混凝土小箱梁		米/座		
				现浇预应力混凝土箱梁		米/座		
			大桥特大桥梁		混凝土基础	立方米		
					钢沉井	吨		
				预应力混凝土连续梁	下部	立方米		
					上部	立方米		
					水上防撞系统	套		
					VTS通航系统	套		
					其他	/		
					混凝土基础	立方米		
					钢沉井	吨		
				预应力混凝土连续刚构	下部构造	立方米		
					上部构造	立方米		
					水上防撞系统	套		
					VTS通航系统	套		
					其他	/		

(续表)

一级	二级	三级	四级	五级	六级	计量单位	主体结构	备注
公路公共基础设施	公路及构筑物	桥涵	大桥特大桥梁	混凝土箱型拱	基础	立方米		
					下部	立方米		
					主拱圈	立方米		
					拱上立柱	立方米		
					桥面系混凝土	立方米		
					其他	/		
				钢管拱	基础	立方米		
					下部	立方米		
					钢拱肋	吨		
					拱助混凝土	立方米		
					系杆	吨		
					吊杆	吨		
					桥面系混凝土	立方米		
					桥梁健康监测系统	套		
				斜拉桥	混凝土基础	立方米		
					钢沉井	吨		
					混凝土索塔	立方米		
					钢塔	吨		
					钢锚箱	吨		
					平行钢丝斜拉索	吨		
					钢绞线斜拉索	吨		
					预应力混凝土箱梁	立方米		
					钢箱梁	吨		

(续表)

一级	二级	三级	四级	五级	六级	计量单位	主体结构	备注
公路公共基础设施	公路及构筑物	桥涵	大桥特大桥梁	斜拉桥	钢桥梁	吨		
					伸缩缝	米		
					支座	个		
					阻尼器	个		
					桥梁健康监测系统	套		
					水上防撞系统	套		
					VTS通航系统	套		
					索塔避雷系统	套		
					混凝土基础	立方米		
					钢沉井	吨		
					锚碇	立方米		
					混凝土索塔	立方米		
					钢塔	吨		
				悬索桥	主索鞍	吨		
					散索鞍	吨		
					主缆	吨		
					索夹	吨		
					吊索	吨		
					预应力混凝土箱梁	立方米		
					钢箱梁	吨		
					钢桁梁	吨		
					伸缩缝	米		
					支座	个		

（续表）

一级	二级	三级	四级	五级	六级	计量单位	主体结构	备注
公路公共基础设施	公路及构筑物	桥涵	大桥特大桥梁	悬索桥	阻尼器	个		
					主缆抽湿系统	套		
					桥梁健康监测系统	套		
					水上防撞系统	套		
					VTS通航系统	套		
				其他		/		
			涵洞	盖板涵		米/道		
				拱涵		米/道		
				管涵		米/道		
				箱涵		米/道		
				洞门		座		
		隧道	短隧道	明洞		米		
				洞身	小导管	米		
					管棚	米		
					锚杆	根		
					格栅拱架	榀		
					型钢拱架	榀		
					衬砌	立方米		
					防水板	平方米		
					管沟	立方米		
					水泥混凝土路面	平方米		
					沥青混凝土路面	平方米		

（续表）

一级	二级	三级	四级	五级	六级	计量单位	主体结构	备注
公路公共基础设施	公路及构筑物	隧道	短隧道	洞身	防火喷涂	平方米		
				洞身	隧道照明系统	延米		
				洞身	隧道供配电系统	延米		
				洞门		座		
				明洞		米		
			中隧道		小导管	米		
					管棚	米		
					锚杆	米		
					格栅拱架	榀		
					型钢拱架	榀		
				洞身	衬砌	立方米		
				洞身	防水板	平方米		
				洞身	管沟	立方米		
				洞身	水泥混凝土路面	平方米		
				洞身	沥青混凝土路面	平方米		
				洞身	防火喷涂	平方米		
				洞身	隧道通风系统	延米		
				洞身	隧道照明系统	延米		
				洞身	隧道消防系统	延米		
				洞身	隧道供配电系统	延米		
				洞身	隧道监控系统	延米		
			长隧道	洞门		座		
				明洞		米		

（续表）

一级	二级	三级	四级	五级	六级	计量单位	主体结构	备注
公路公共基础设施	公路及构筑物	隧道	长隧道	洞身	小导管	米		
					管棚	米		
					锚杆	米		
					格栅拱架	榀		
					型钢拱架	榀		
					衬砌	立方米		
					防水板	平方米		
					管沟	立方米		
					水泥混凝土路面	平方米		
					沥青混凝土路面	平方米		
					防火喷涂	平方米		
					隧道通风系统	延米		
					隧道照明系统	延米		
					隧道消防系统	延米		
					隧道供配电系统	延米		
					隧道监控系统	延米		
			特长隧道	洞门		座		
				明洞		米		
				洞身	小导管	米		
					管棚	米		
					锚杆	米		
					格栅拱架	榀		
					型钢拱架	榀		

（续表）

一级	二级	三级	四级	五级	六级	计量单位	主体结构	备注
公路公共基础设施	公路及构筑物	隧道	特长隧道	洞身	衬砌	立方米		
					防水板	平方米		
					管沟	立方米		
					水泥混凝土路面	平方米		
					沥青混凝土路面	平方米		
					防火喷涂	平方米		
					隧道通风系统	延米		
					隧道照明系统	延米		
					隧道消防系统	延米		
					隧道供配电系统	延米		
					隧道监控系统	延米		
				辅助坑道	斜井	米/座		
					竖井	米/座		
		公路渡口				处		
	公路交通工程及沿线设施	交通安全设施	交通标志	单柱式交通标志		个/块		
				双柱式交通标志		个		
				三柱式交通标志		个		
				门架式交通标志		个		
				单悬臂式交通标志		个		
				双悬臂式交通标志		个		
				附着式交通标志		个		
				里程碑		个		
				公路界碑		个		

（续表）

一级	二级	三级	四级	五级	六级	计量单位	主体结构	备注
公路公共基础设施	公路交通工程及沿线设施	交通安全设施	交通标志	百米桩		个		
				热熔型标线		平方米		
			交通标线	双组分标线		平方米		
				水性标线		平方米		
				树脂防滑型		平方米		
				预成型标线带		平方米		
				突起路标		个		
				立面标记		平方米		
			护栏	路侧混凝土护栏		立方米		
				中央分隔带混凝土护栏		立方米		
				路侧波形梁护栏		米		
				中央分隔带波形梁护栏		米		
				路侧缆索护栏		米		
				中央分隔带缆索护栏		米		
				中央分隔带开口护栏		米		
			防撞垫			套		
			视线诱导设施	轮廓标	柱式轮廓标	个		
					附着式轮廓标	个		
			隔离栅	钢板网隔离栅		米		
				编织网隔离栅		米		
				焊接网隔离栅		米		
				刺钢丝网隔离栅		米		
				隔离墙		米		

(续表)

一级	二级	三级	四级	五级	六级	计量单位	主体结构	备注
公路公共基础设施	公路交通工程及沿线设施	交通安全设施	隔离栅	绿篱		米		
			防落网	防落物网		米		
				防落石网		米		
			防眩设施	防眩板		块		
				防眩网		米		
			防雪栅			米		
			防风栅			米		
			防沙栅			米		
			积雪标杆			个		
			限高架			个		
			减速丘			个		
			凸面镜			个		
			其他			/		
		管理设施	通信设施	干线传输系统		项		
				综合业务接入网系统		项		
				程控数字交换系统		项		
				广播系统		项		
				会议电视系统		项		
				通信电源系统		项		
				通信管道工程		项		
				光缆工程		项		
				电缆工程		项		
				其他		/		

(续表)

一级	二级	三级	四级	五级	六级	计量单位	主体结构	备注
公路公共基础设施	公路交通工程及沿线设施	管理设施	监控设施	监控中心	计算机系统	项		
					闭路电视系统	项		
					监控系统软件	套		
					操作台	组		
					电视墙	组		
					光缆	米		
					电缆	米		
					线缆	米		
					其他	/		
				监控分中心	计算机系统	项		
					闭路电视系统	项		
					监控系统软件	套		
					操作台	组		
					电视墙	组		
					光缆	米		
					电缆	米		
					线缆	米		
					其他	/		
				监控外场设施	可变情报板	套		
					车辆检测器	套		
					气象检测器	套		
					路面检测器	套		
					摄像机	套		

（续表）

一级	二级	三级	四级	五级	六级	计量单位	主体结构	备注
公路公共基础设施	公路交通工程及沿线设施	管理设施	监控设施	监控外场设施	其他	/		
				其他		/		
				收费中心设备	计算机系统	项		
					收费视频监控系统	项		
					对讲和安全报警系统	项		
					IC卡及配套设施	套		
					控制台	套		
					其他	/		
			收费设施	收费分中心设备	计算机系统	项		
					收费视频监控系统	项		
					对讲和安全报警系统	项		
					IC卡及配套设施	套		
					控制台	套		
					其他	/		
				收费站设备	计算机系统	项		
					收费视频监控系统	项		
					对讲和安全报警系统	项		
					IC卡及配套设施	套		
					控制台	套		
					其他	/		
				收费车道设备	ETC收费车道	套		

（续表）

一级	二级	三级	四级	五级	六级	计量单位	主体结构	备注
公路公共基础设施	公路交通工程及沿线设施	管理设施	收费设施	收费车道设备	其他收费车道	套		
				收费土建	收费岛	套		
					地下通道（天桥）	套		
				收费大棚		项		
				ETC门架系统		项		
				治超系统		项		
				收费系统软件		套		
				其他		/		
			供配电设施	进线工程		项		
				变压器		套		
				发电机		套		
				成套开关设备		套		
				不间断电源		套		
				电力监控系统		项		
				电缆		米		
				线缆		米		
				接地工程		项		
				其他		/		
			照明设施	道路照明设施		套		
				站区照明设施		套		
				照明配电箱		套		
				电缆		米		
				其他		/		

（续表）

一级	二级	三级	四级	五级	六级	计量单位	主体结构	备注
公路公共基础设施	公路交通工程及沿线设施	管理设施	房屋建筑	管理中心	场区	平方米		
					房屋	平方米		
					其他	/		
				管理分中心	场区	平方米		
					房屋	平方米		
					其他	/		
				收费站房	场区	平方米		
					房屋	平方米		
					其他	/		
		服务设施	服务区	停车场		平方米		
				房屋	公共厕所	平方米		
					餐厅	平方米		
					休息室	平方米		
					其他	平方米		
				加油站		个		
				维修站		个		
				充电桩		平方米		
			停车区	停车场		平方米		
				房屋	管理用房屋	平方米		
					公共厕所	平方米		
					其他	个		
				充电桩		/		
			客运汽车停靠站	车辆停靠设施			砖混结构	

（续表）

一级	二级	三级	四级	五级	六级	计量单位	主体结构	备注
公路公共基础设施	公路交通工程及沿线设施	服务设施	客运汽车停靠站	乘客候车设施		/	砖混结构	
			观景台			/		
		绿化环保设施	绿化工程			平方米		
			隔音屏障等			平方米		
			其他			/		
汽车客运站公共基础设施		场地设施	站前广场			平方米		
			停车场			平方米		
			发车位			个		
			换乘设施			/		
		站务用房	候车亭（室）			平方米	钢、钢筋混凝土结构、砖混结构	
			母婴候车室（区）			平方米		
			售票（处）厅			平方米		
			小件（行包）服务处			平方米		
			综合服务处			平方米		
			站务员室			平方米		
			驾乘休息室			平方米		
			调度室			平方米		
			治安室			平方米		
			无障碍设施			件		
			智能化系统用房			平方米		

（续表）

一级	二级	三级	四级	五级	六级	计量单位	主体结构	备注
汽车客运站公共基础设施	站务用房	盥洗室和旅客厕所				平方米		
		饮水处				平方米		
		进、出站检查室				平方米		
		旅游服务处				平方米		
		医疗救护室				/		
		其他				个		
	生产辅助用房	汽车安全检验台				处		
		汽车清洁、清洗台				/		
		其他						
	安全与服务设施	售票检票设备				台/套		
		候车服务设备				台/套		
		安全检查设备				台/套		
		安全应急设备				台/套		
		车辆清洁清洗设备				台/套		
		广播通讯设备				台/套		
		小件（行包）搬运与便民设备				台/套		
		采暖/制冷设备				台/套		
		宣传告示设备				台/套		
		网络售票设备				台/套		
		安全监控设备				台/套		
		车辆调度与管理设备				台/套		
		验票检票信息设备				台/套		
		其他				/		

（续表）

一级	二级	三级	四级	五级	六级	计量单位	主体结构	备注
水路公共基础设施	航道及沿海航海保障公共基础设施	航道	内河航道	人工运河		公里		
			内河航道	水库		公里		
			沿海航道	渠道		公里		
						公里		
			船闸及附属设施	船闸		座	钢筋混凝土	
				引航道		公里		
				待闸锚地		个		
				导航建筑物		座	钢筋混凝土	
				靠船建筑物		座	钢筋混凝土	
				控制系统		套		
				电气系统		套		
				信息系统		套		
				其他		/		
		通航建筑物	升船机及附属设施	升船机		座	钢筋混凝土	
				引航道		公里		
				待航锚地		个		
				导航建筑物		座	钢筋混凝土	
				靠船建筑物		座	钢筋混凝土	
				控制系统		套		
				电气系统		套		
				信息系统		套		
				其他		/		

(续表)

一级	二级	三级	四级	五级	六级	计量单位	主体结构	备注
水路公共基础设施	航道及沿海航海保障公共基础设施	航道整治建筑物	防护工程	护岸		平方米	枯水平台、水下护底、水下镇脚	
							钢筋混凝土	
				护滩		平方米	排体、钢丝网格、抛石结构	
							钢筋混凝土	
				护底		平方米	排体、钢丝网石兜、抛石	
							钢筋混凝土	
				拾撬浮		米	钢结构	
				其他		/		
			坝体	丁坝		座	抛石、浆砌块、桩板、砼预制件、沙枕-块石-砼模袋砼结构	
							钢筋混凝土	
				顺坝		座	抛石、浆砌块、桩板、砼预制件、沙枕-块石-砼模袋砼结构	
							钢筋混凝土	
				导流坝		座	抛石、浆砌块、桩板、砼预制件、沙枕-块石-砼模袋砼结构	
							钢筋混凝土	
				潜坝		座	抛石结构、桩板结构、沙枕-块石结构、预制件结构	
							钢筋混凝土	

（续表）

一级	二级	三级	四级	五级	六级	计量单位	主体结构	备注
水路公共基础设施	航道及沿海航海保障公共基础设施	航道整治建筑物	堤类	防波堤		座	抛石、砼预制构件、块石-砼预制构件护面结构	
						座	混凝土	
			挡沙堤			座	抛石、砼预制构件、块石-砼预制构件护面结构	
						座	混凝土	
		航标	视觉航标	灯塔		座	钢筋混凝土	
						座	石砌、铸铁、钢	
				灯桩		座	钢筋混凝土、钢制结构	
						座	玻璃钢、滚塑、聚脲弹性体等	
				导标		座	混凝土基座方形铁架	
						座	石砌塔	
				灯船		座	钢筋混凝土、钢制结构灯桩	包括塔体、灯塔、控制系统及电器配套系统、等用房设备设施。
				灯浮		座	钢管材质	
				桥涵标		座	钢制	
				立标		座	钢制	
				浮标		座	钢制、塑材质	
				其他		座	钢制	
						/	钢筋混凝土	
			音响航标	雾号		座		

（续表）

一级	二级	三级	四级	五级	六级	计量单位	主体结构	备注
水路公共基础设施	航道及沿海航海保障公共基础设施	航标	无线电航标	雷达指向标		台/座	无线电子元器件、钢结构	包括塔体、灯塔、灯器、控制系统、配用房等设施设备系统。
				雷达应答器		台/座	无线电子元器件、钢结构	
				AIS实体航标		台/座	无线电子元器件、钢结构	
				DGNSS系统		台/座	无线电子元器件、混凝土/钢结构	包括基准台站、北斗CORS站、监测系统、链路、机房等设施设备系统。
				AIS系统		台/座	无线电子元器件、钢结构	包括AIS岸台、AIS监测系统、AIS信息系统、链路、机房等设施设备系统
		其他助航设施	基础测绘设施	测量控制点		个	混凝土	
			海岸电台	天线		副		
				铁塔		座		
				收发信机		台		
			信号台			座		
			航行水尺			座		
	航道及沿海航海保障公共基础设施	其他助航设施	水位系统	自动水位站（仪）		座	钢结构	
				人工水位站（仪）		座	钢结构	
				水文信息网		套	无线电子元器件、钢结构	
				链路		套	无线电子元器件、钢结构	

(续表)

一级	二级	三级	四级	五级	六级	计量单位	主体结构	备注
水路公共基础设施	港口公共基础设施	码头				座	钢筋混凝土	
		防波堤				公里	块石、护面块体	
		护岸				平方米	钢筋混凝土等	
		进出港航道				公里		
		锚地				座		
		附属设施	港区内铁路专用线			公里		
			港区内道路			公里		
			进出港道路			公里		
			运输管道			公里	钢筋混凝土等	
			滚装连接桥			座	钢筋混凝土等	
			堆场			平方米		
			房屋			平方米		
			其他			/		
	轮渡公共基础设施	码头				个	钢筋混凝土	
		趸船				个	钢质	
		道路（引道）				米	水泥路面	
		标志牌				个	钢筋混凝土/铝合板	
		候船室（亭）				座	钢筋混凝土/砖混结构	
		收费亭				座	钢筋混凝土/砖混结构	
		其他				/		

附件2：

公路水路公共基础设施会计明细科目及编码表

一级科目及编码	二级科目及编码	三级科目及编码	四级科目	五级科目	六级科目	七级科目	辅助核算	备查	核算内容说明
1801 公共基础设施	180101 交通基础设施	18010101 公路公共基础设施	1801010101 国道	路线名称（含起止桩号），如G102（K100-K130）			技术等级、公里数	建设时间、各项组成部分资产名称、资产价值，计提折旧方法和年限	核算公用土地、公路及构筑物、公路交通工程及沿线设施等资产原值
			1801010102 省道	路线名称（含起止点）					
			1801010103 县道	路线名称（含起止点）					
			1801010104 乡道	路线名称（含起止点）					
			1801010105 村道	路线名称（含起止点）					
			1801010106 专用公路	路线名称（含起止点）					
		18010102 汽车运输公共基础设施	场站名称	场地设施					核算站前广场、停车场、发车位、换乘设施等资产原值
				站务用房				建设时间、各项组成部分资产名称、资产价值，计提折旧方法和年限	核算候车亭（区）、母婴候车室（室）、综合服务处、厅小件（行包）服务处、售票、调度室、站务员室、驾乘休息室、智能化系统用房、无障碍设施、饮水处、医疗盥洗室和旅客厕所、旅游服务处、出站检查室、救护室等资产原值
				生产辅助用房					核算汽车安全检验台、汽车清洗和清洁台等资产原值

（续表）

一级科目及编码	二级科目及编码	三级科目及编码	四级科目	五级科目	六级科目	七级科目	辅助核算	备查	核算内容说明
1801 公共基础设施	180101 交通基础设施	18010102 汽车客运站公共基础设施	场站名称	安全与服务设施				建设时间、各项组成部分资产名称、资产价值、计提折旧方法和年限	核算售票检票设备、候车服务设备、安全检查设备、安全应急设备、车辆清洁、小件（行包）搬运设备、通讯设备、采暖/制冷设备、广播宣传告示设备、网络售取票设备、便民服务设备、车辆调度与管理设备、安全监控设备、验票检票信息管理设备等资产原值
		18010103 航道公共基础设施	航道名称	航道	内河航道			水系、航道等级、航道公里数、建设时间、各项组成部分资产名称、资产价值、计提折旧方法和年限	核算人工运河、水库、渠道等人工河道的资产原值
				通航建筑物	船闸名称				核算船闸及其附属的引航道、闸锚地、待航锚地、靠船建筑物、导航建筑物、电气系统、控制系统等资产原值
					升船机名称				核算升船机及其附属的引航道、待航锚地、导航建筑物、靠船建筑物、控制系统、电气系统、信息系统等资产原值
					防护工程				核算护岸、护滩、护底、抬撬护等资产原值
				航道整治物	坝体				核算丁坝、顺坝、导流坝、潜坝等资产原值
					堤类				核算防波堤、挡沙堤等资产原值

(续表)

一级科目及编码	二级科目及编码	三级科目及编码	四级科目	五级科目	六级科目	七级科目	辅助核算	备查	核算内容说明
1801 公共基础设施	180101 交通基础设施	18010103 航道公共基础设施	航道名称	航标	视觉航标			水系、航道等级、航道公里数、建设时间、各项组成部分资产名称、资产价值、计提折旧方法和年限	核算灯塔、灯桩、导标、灯船、灯浮、灯器、桥涵标、立标、浮标、灯浮、灯遥测遥控器、灯电源、其他资产原值
					音响航标				核算雾号资产原值
					无线电航标				核算雷达应答器、AIS 实体航标、雷达挡向标、AIS 系统、DGNSS 系统资产原值
					其他标志				核算其他标志资产原值
				其他助航设施	基础测绘设施				核算测量控制点资产原值
					海岸电台				核算天线、铁塔、收发信机等海岸电台资产原值
					信号台				核算信号台资产原值
					航行水尺				核算航行水尺资产原值
					水位站				核算水位站资产原值
					其他				核算其他助航设施资产原值

（续表）

一级科目及编码	二级科目及编码	三级科目及编码	四级科目	五级科目	六级科目	七级科目	辅助核算	备查	核算内容说明
1801 公共基础设施	180101 交通基础设施	18010104 沿海航海保障公共基础设施	沿海航道						核算沿海航道的资产原值
			航标	视觉航标			港区、站点		核算灯塔、灯桩、导标、灯船、灯浮、桥涵标、立标、浮标、其他资产原值
				音响航标			港区、站点		核算雾号资产原值
				无线电航标			港区、站点		核算雷达指向标、雷达应答器、AIS实体航标、DGNSS、AIS系统资产原值
				其他标志			港区、站点		核算其他标志资产原值
			其他助航设施	基础测绘设施			港区、站点		核算基础测绘设施资产原值
				海岸电台			场地		核算天线、铁塔、收发信机资产原值
				信号台			场地		核算信号台资产原值
				航行水尺			港区、站点		核算航行水尺资产原值
				水位系统			港区、站点		核算水位站、水文信息网和链路等资产原值
				其他助航设施			港区、站点		核算其他助航设施资产原值

（续表）

一级科目及编码	二级科目及编码	三级科目及编码	四级科目	五级科目	六级科目	七级科目	辅助核算	备查	核算内容说明
1801 公共基础设施	180101 交通基础设施	18010104 沿海航海保障公共基础设施	沿海航道					建设时间、各项组成部分资产名称、资产价值、计提折旧方法和年限	核算沿海航道的资产原值
			航标	视觉航标			港区、站点		核算灯塔、灯桩、导标、立标、灯浮、桥涵标、灯船、浮标、其他资产原值
				音响航标			港区、站点		核算雾号资产原值
				无线电航标			港区、站点		核算雷达指向标、雷达应答器、AIS 实体航标、DGNSS、AIS 系统资产原值
				其他标志			港区、站点		核算其他标志资产原值
				基础测绘设施			港区、站点		核算基础测绘设施资产原值
			其他助航设施	海岸电台			场地		核算天线、铁塔、收发信机资产原值
				信号台			场地		核算信号台资产原值
				航行水尺			港区、站点		核算航行水尺资产原值
				水位系统			港区、站点		核算水位站、水文信息网网链路等资产原值
				其他助航设施			港区、站点		核算其他助航设施资产原值

11. 关于进一步加强市政基础设施政府会计核算的通知（2022年发布）

(财会〔2022〕38号)

各省、自治区、直辖市、计划单列市财政厅（局）、住房和城乡建设厅（局、委）、工业和信息化主管部门（大数据产业主管部门）、公安厅（局）、交通运输厅（局、委）、水利（水务）厅（局），北京市城市管理委员会、园林绿化局，天津市城市管理委员会，上海市绿化和市容管理局，重庆市城市管理局，新疆生产建设兵团财政局、住房和城乡建设局、工业和信息化局、公安局、交通运输局、水利局：

为了积极推进存量市政基础设施入账，确保政府会计准则制度在市政基础设施领域全面有效实施，根据《政府会计准则第5号——公共基础设施》（财会〔2017〕11号，以下简称5号准则）等规定，结合市政基础设施管理实际，现就进一步加强市政基础设施政府会计核算有关事项通知如下：

一、总体要求

市政基础设施是国有资产的重要组成部分，是保障城市正常运行的重要资源。科学合理确认、计量、记录和报告市政基础设施资产，对加强市政基础设施资产管理，使市政基础设施更好服务发展、造福人民具有重要意义。必须坚持以习近平新时代中国特色社会主义思想为指导，紧紧围绕权责发生制政府综合财务报告制度改革的总体目标和任务，扎实推进市政基础设施政府会计核算，进一步全面完整反映市政基础设施"家底"，夯实政府财务报告和行政事业性国有资产报告的核算基础，为推动城市高质量发展提供基础保障。

二、关于市政基础设施的界定

（一）市政基础设施的范围。

本通知所称的市政基础设施，是指由各级市政基础设施行业主管部门及其所属事业单位（以下统称市政单位）为满足城镇居民生活需要和其他公共服务需求而控制的、促进城市可持续发展所需的工程设施等有形资产。

下列各项不属于本通知所称的市政基础设施：

1. 独立于市政基础设施、不构成市政基础设施使用不可缺少组成部分的管理用房屋建筑物、设备、车辆和船只等。

2. 图书馆、博物馆、文化馆（站）、美术馆、科技馆、纪念馆、体育场馆等用于提供公共文化服务的建筑物、场地、设备。

3. 已按照《财政部 交通运输部关于进一步加强公路水路公共基础设施政府会计核算的通知》（财会〔2020〕23号）、《财政部 水利部关于进一步加强水利基础设施政府会计核算的通知》（财会〔2021〕29号）规定，确认为公路水路、水利基础设施的资产。但是，有关公路水路、水利基础设施随着城镇发展变更为市政基础设施的除外。

4. 不再提供公共产品和服务的市政基础设施。

5. 由企业控制、按照企业会计准则制度进行核算的市政基础设施。

（二）市政基础设施的类别。

市政基础设施按照功能及特征，分为交通设施、供排水设施、能源设施、环卫设施、园林绿化设施、综合类设施、信息通信设施和其他市政设施。

交通设施包括城市道路、城市桥梁、城市隧道、城市公共汽电车客运服务设施、城市客运轮渡设施、城市轨道交通设施等。

供排水设施包括城市供水设施、城市排水和污水处理设施等。

能源设施包括城市燃气设施、集中供热设施等。

环卫设施包括生活垃圾收运处理设施、建筑垃圾收运处理设施、公共厕所等。

园林绿化设施包括公园绿地、广场用地、防护绿地、附属绿地等。

综合类设施包括地下综合管廊等。

信息通信设施包括信息基础设施等。

其他市政设施包括城市照明设施、公共停车场设施等。

市政基础设施涉及土地使用权的，应当根据资产管理需要在相关类别市政基础设施下单独反映土地使用权。

市政基础设施资产构成表见附件1。

三、关于市政基础设施的会计核算依据

市政基础设施的会计核算，应当遵循5号准则、《财政部关于进一步做好政府会计准则制度新旧衔接和加强行政事业单位资产核算的通知》（财会〔2018〕34号）、《政府会计制度——行政事业单位会计科目和报表》（财会〔2017〕25号）、《政府会计准则制度解释第2号》（财会〔2019〕24号）、《政府会计准则制度解释第4号》（财会〔2021〕33号）等规定。但是，列入文物文化资产的市政基础设施，其会计核算适用政府会计准则制度中关于文物文化资产的相关规定；采用政府和社会资本合作模式（即PPP模式）形成的市政基础设施，其会计核算适用《政府会计准则第10号——政府和社会资本合作项目合同》（财会〔2019〕23号，以下简称10号准则）及其应用指南。

四、关于市政基础设施的记账主体

（一）确定记账主体的一般原则。

各级市政单位应当根据市政基础设施管理体制，按照"谁承担管理维护职责，由谁记账"的原则，并结合直接承担后续支出责任情况，合理确定市政基础设施的记账主体。市政基础设施的管理维护责任单位难以确定的，应当由建设单位提请县级以上人民政府明确。

相关记账主体对市政基础设施的确认应当协调一致，确保资产确认不重复、不遗漏。

（二）确定记账主体的有关具体规定。

1. 对于已建造完成交付使用的市政基础设施，应当按上述一般原则确定记账主体，并及时登记入账。其中，建设单位与管理维护责任单位不一致的，建设单位应当在移交管理维护职责的同时办理资产移交手续、按规定移交相关会计档案。因管理维护职责不明确而未移交的市政基础设施，可暂由建设单位确认为市政基础设施，待管理维护职责明确后再移交给负有管理维护职责的市政单位入账。

2. 由多个市政单位共同管理维护的市政基础设施，应当由对该资产负有主要管理维护职责或者承担后续主要支出责任的市政单位作为记账主体予以确认。

3. 分为多个组成部分由不同市政单位分别管理维护的市政基础设施，应当由各个市政单位作为记账主体分别对其负责管理维护的市政基础设施的相应部分予以确认。例如，某城市道路中的道路结构、道路绿化、照明设施分别由负责道路、园林绿化、城市照明的市政单位管理维护，则道路结构应当由负责道路管理的市政单位确认为交通设施（城市道路），道路绿化应当由负责园林绿化的市政单位确认为园林绿化设施（附属绿地），照明设施应当由

负责城市照明的市政单位确认为其他市政设施（城市照明设施）。

4.负有管理维护市政基础设施职责的市政单位通过政府购买服务方式委托企业或其他会计主体代为管理维护市政基础设施的，该市政基础设施应当由委托方作为记账主体予以确认。

5.对于由企业举债形成的非收费市政基础设施，相关债务已经由政府承担的，应当及时从企业资产负债表中剥离，按上述一般原则确定市政基础设施的记账主体，并及时登记入账。

6.对于由企业举债并负责偿还的收费市政基础设施，适用10号准则的，政府方应当按照10号准则及其应用指南的相关规定确定记账主体；不适用10号准则且已由企业方入账的，相关市政基础设施行业主管部门应当设置备查簿进行登记，待后续相关规定明确后，再进行调整。

五、关于市政基础设施的明细核算

各记账主体可以根据管理要求，以市政基础设施资产构成为基本依据，按照市政基础设施的功能类别进行明细核算，同时按照单体工程的名称等进行辅助核算。各记账主体在做好市政基础设施明细核算的同时，还应当按照资产管理有关规定，做好资产管理系统登记或备查簿登记，按照规定的市政基础设施资产信息卡样式登记资产信息卡。

各记账主体可以根据管理需要增加明细核算层级，按照单体工程资产组成部分等进行明细核算。

市政基础设施会计明细科目及编号表见附件2。

属于文物文化资产的市政基础设施和采用PPP模式形成的市政基础设施，其明细核算可以参照本通知执行。

六、关于市政基础设施的初始计量

（一）市政基础设施初始计量的原则。

对于2019年1月1日起新增交付使用或开始承担管理维护职责的市政基础设施，记账主体应当按照5号准则的规定进行初始计量。

对于其他尚未入账的市政基础设施，在2002年原《基本建设财务管理规定》施行之后办理竣工财务决算的，一般应当按照其初始购建成本入账；因建设年代久远（截至2019年年初至少已使用50年）、其初始购建有关的原始凭据已不可考，在原《基本建设财务管理规定》施行之后经过改扩建或大型修缮的，可以按照距入账时间最近一次改扩建或大型修缮的成本入账，但应当在财务报表附注中对相关情况进行披露；上述情形以外的，应当按照财会〔2018〕34号文件有关规定进行初始计量。

（二）初始购建成本的确定。

市政基础设施的初始购建成本，应当按照5号准则、财会〔2018〕34号文件等政府会计准则制度的有关规定确定。

各记账主体在确定存量市政基础设施的初始购建成本时，应当以建设单位提供的与存量市政基础设施购建及交付使用有关的原始凭证为依据。无法取得工程竣工财务决算资料的，可以依次按照工程结算审核金额、工程结算金额、工程合同造价金额、工程设计预算金额、工程概算金额等作为初始购建成本。

（三）重置成本标准的确定。

以重置成本作为初始入账成本的存量市政基础设施，应当由县级以上人民政府的相关市政基础设施行业主管部门制定本级政府所属相关市政基础设施的重置成本标准，或明确其重置成本标准制定单位；乡镇政府所属市政基础设施的重置成本标准，由其所在的县级人民政府的相关市政基础设施行业主管部门制定。县级人民政府市政基础设施行业主管部门制定重置成本标准后，应当报省级人民政府相关市政基础设施行业主管部门备案。

确定存量市政基础设施重置成本标准时，应当以定额标准为基础，并充分考虑影响重置成本标准的其他因素，可以聘请会计师事务所等中介机构参与。

各记账主体应当按照财会〔2018〕34号文件的有关规定，结合市政基础设施具体数量（如长度、面积等）、成新率及重置成本标准等因素，计算确定市政基础设施的入账成本。

七、关于政策衔接的规定

（一）对于已经作为市政基础设施核算、但不属于本通知界定的市政基础设施的相关资产，记账主体应当在2023年6月30日前将其重分类为固定资产、其他类别的公共基础设施等。对于原已确认为固定资产或其他类别的公共基础设施、但属于本通知界定的市政基础设施的相关资产，记账主体应当在2023年6月30日前将其重分类为市政基础设施。

（二）对于已按财会〔2018〕34号文件有关规定入账的存量市政基础设施，其记账主体与本通知不一致，应当在2023年6月30日前根据本通知规定予以调整。记账主体按规定增加市政基础设施的，借记"公共基础设施"科目，贷记"累计盈余"科目；按规定减少市政基础设施的，做相反的会计分录。相关记账主体应当按照《会计基础工作规范》等规定做好对账、档案移交等工作。

（三）对于已按财会〔2018〕34号文件有关规定入账的存量市政基础设施，其明细核算与本通知要求不一致，应当在2023年6月30日前按照本通知规定予以调整。

（四）对于已按财会〔2018〕34号文件有关规定入账的存量市政基础设施，无需根据本通知规定对其初始入账成本进行调整。

（五）对于本通知印发前尚未入账的存量市政基础设施，记账主体根据本通知规定首次入账时，应当按照确定的初始入账成本，借记"公共基础设施"科目相关明细科目，贷记"累计盈余"科目。

（六）在国务院财政部门对市政基础设施折旧（摊销）年限作出规定之前，各记账主体在市政基础设施首次入账时暂不考虑补提折旧（摊销），初始入账后也暂不计提折旧（摊销）。各记账主体在本通知印发前已经核算市政基础设施且计提折旧（摊销）的，可继续沿用之前的折旧（摊销）政策；对于已经作为市政基础设施核算、但按照本通知要求重分类为固定资产的，应当按照《政府会计准则第3号——固定资产》及其应用指南等规定计提折旧，此前未计提折旧的，应当在资产重分类的同时补提折旧。

八、关于组织保障

（一）提高政治站位，严格责任落实。

各级财政部门、市政基础设施行业主管部门要提高政治站位，充分认识市政基础设施入账的重要意义，高度重视市政基础设施的会计核算工作，切实加强组织领导，建立健全工作机制，细化分解目标任务，明确各有关部门分工和责任，督促有关单位及时办理市政基础设施资产移交手续，有序推进市政基础设施入账工作。各记账主体要切实担负起主体责任，制定工作方案，落实工作责任，确保认识到位、组织到位、人员到位，并于2023年12月31日之前按照政府会计准则制度及本通知规定将存量市政基础设施纳入政府会计核算。各省级财政部门在2024年6月30日前将本地区各类市政基础设施的入账情况报财政部（会计司）。

（二）做好沟通协调，加强业务指导。

各地财政部门、市政基础设施行业主管部门要加强沟通、强化协同、形成工作合力，要根据本通知精神，结合地方实际完善各项工作流程，加强对下级行政事业单位开展市政基础设施会计核算工作的指导，督促各有关记账主体在组织开展市政基础设施专项资产清查的基础上，加强市政基础设施资产系统基础信息管理，及时、有效做好市政基础设施入账工作。鼓励各地创新工作方式，探索建立健全政府会计核算考核机制，推动考核评价结果应用。

（三）强化政策宣传，做好培训工作。

各地财政部门、市政基础设施行业主管部门要积极做好市政基础设施政府会计核算工作的政策解读和宣传贯彻培训工作，形成自上而下推动市政基础设施政府会计核算的良好氛围。要积极采取各种方式拓宽培训渠道，推动培训工作直达基层，使会计及相关人员及时、全面地掌握政府会计准则制度的各项规定和具体要求，切实提高业务素质和管理水平，确保市政基础设施政府会计核算工作落到实处、见到实效。

附件：1. 市政基础设施资产构成表
2. 市政基础设施会计明细科目及编号表

财政部　住房城乡建设部　工业和信息化部
公安部　交通运输部　水利部
2022 年 12 月 30 日

附件 1

市政基础设施资产构成表

表 1-1　市政交通设施资产构成表

第一级	第二级	计量单位	第三级	备注
城市道路	道路结构	平方米	路基	包括填方路基、零填路基、挖方路基、特殊路基处理、防护工程
			路面	包括机动车道、非机动车道、人行道
	交通安全管理设施	组	交通信号设施	包括交通标志、交通标线、交通信号灯、信号机、交通流量检测器、倒计时显示器、信息传输网络、杆件及基础等
			交通监控系统	包括视频监视设备、交通违法监测记录设备、道路车辆智能监测记录系统、交通可变信息标志（诱导屏）等外场监控设施和信息传输网络等，不包括监控中心、后台信息系统
			交通岗亭	
			视线诱导设施	包括警示柱、道口标柱、分道体等
			其他交通安全管理设施	包括限高架、减速丘、凸面镜等
			护栏或防撞设施	包括人行护栏、机动车隔离栏、机非隔离栏、行人隔离栏、分隔柱、隔离栅、防撞护栏、防撞垫、防撞岛、防撞墩、防撞桶等
			防眩设施	包括防眩板、防眩网
			防护栅	包括防雪栅、防风栅、防沙栅
			防落物网	

（续表）

第一级	第二级	计量单位	第三级	备注
城市道路	交通安全防护设施	组	声屏障	
			交通岛	包括导流岛、安全岛
			其他交通安全防护设施	
城市桥梁	桥梁结构	平方米	梁式桥	含人行天桥
			拱式桥	
			钢构桥	
			悬索桥	
			斜拉桥	
			其他桥	
	交通安全管理设施	组	同城市道路－交通安全管理设施	
	交通安全防护设施	组	同城市道路－交通安全防护设施	
城市隧道	隧道结构	平方米	洞门工程	包括洞门墙体等
			洞身工程	包括衬砌等
			路面	
	交通安全管理设施	组	同城市道路－交通安全管理设施	
	交通安全防护设施	组	同城市道路－交通安全防护设施	
	通风设施	套		
	防冻设施	套		
	消音设施	套		
城市公共汽电车客运服务设施	公交场站	座	站台	
			站牌	
			候车亭	
			站务用房	
			停车场	
			保养场	
			监控系统	

（续表）

第一级	第二级	计量单位	第三级	备注
城市公共汽电车客运服务设施	电车触线网	米		
	整流站	座		
	加油（气）站	座		
	电动公交车充电设施	台		
城市客运轮渡设施	码头	座		
	道路（引道）	米		
	标志牌	个		
城市轨道交通设施	轨道	千米		
	区间设施	千米	隧道	
			桥涵	
			路基	
			其他区间设施	包括声屏障、防雪棚、疏散平台、降水工程等
	车站	座	高架车站	
			地面车站	
			地下车站	
	通信设施	套	专用通信系统	
			公安通信系统	
			政务通信系统	
			民用通信系统	
			乘客信息系统	
			车载系统	
			云平台系统	
	通信设施	套	乘客服务系统	
	供电设施	套	主变电站	
			变电所	
			电缆	
			地线管理系统	
			电能管理系统	
			直流电源整合系统	
			接触网	
			接触网安全检测监测系统	

（续表）

第一级	第二级	计量单位	第三级	备注
城市轨道交通设施	供电设施	套	供电车间	
			动力照明供电系统	
			其他	
	信号系统设备	套	中心ATS设备	
			车载信号设备	
			轨旁设备	包括ATP/ATO设备、联锁设备、ATS设备、电源设备、数据通信设备
	综合监控系统	套		
	火灾自动报警系统	套		
	环境与设备监控系统	套		
	安防及门禁系统	套	车站安检机设备	
			门禁系统	
	通风、空调与供暖	套	通风空调设施	
			空调水设施	
			采暖设施	
	自动售票检票系统	套	线路中心系统	
			线路数据汇聚中心	
			票务管理中心	
			车站计算机管理系统	
			车站终端设备	
	站内客运设施	套	自动扶梯系统	
			电梯系统	
			站台门系统	
			其他	
	车辆基地	座	车辆段	
			停车场	
其他交通设施				包括人行地下通道等

表 1-2 市政供排水设施资产构成表

第一级	第二级	计量单位	第三级	备注
城市供水设施	取水工程	座	地下水取水构筑物	
			地表水取水构筑物	
城市供水设施	供水厂（站）	座	建（构）筑物	
			仪器设备	
			附属设施	
	加压泵站	座		
	给水管网	千米	输配水工程	包括输水管（渠）、配水管网
			附属设施	包括消防设施，如消火栓和消防水鹤
城市排水和污水处理设施	路基、桥面、隧道排水设施	千米	地表水排水设施	包括管道、偏沟、雨水口、连接管、边沟、排水沟、截水沟、急流槽和涵洞等
			地下水排水设施	包括暗沟（管）、渗沟、排水隔离层等
	排水管网	千米	雨水管网	
			污水管网	
			雨污合流管网	
			调蓄设施	
			其他	
	排水泵站	座	雨水泵站	
			污水泵站	
			合流污水泵站	
			其他	
	污水处理厂（站）	座	建（构）筑物	
			污水处理设备	包括工艺设备、电气设备
			污泥处理设备	包括工艺设备、电气设备
			附属工程设施	
	再生水管网	千米		
	再生水处理厂	座	建（构）筑物	
			污水处理设备	包括工艺设备、电气设备
			附属工程设施	
	污泥处理厂	座	建（构）筑物	
			污泥处理设备	包括工艺设备、电气设备
			附属工程设施	
其他供排水设施				

表1-3　市政能源设施资产构成表

第一级	第二级	计量单位	第三级	备注
城市燃气设施	燃气厂站	座	天然气厂站	包括天然气城市门站、天然气储配站、天然气调压站、压缩天然气储配站、压缩天然气瓶组供气站、压缩天然气汽车加气站、液化天然气储配气化站、液化天然气汽车加气站、液化天然气瓶组气化站、煤制天然气厂等
城市燃气设施	燃气厂站	座	液化石油气厂站	包括液化石油气储存站、液化石油气储配站、液化石油气灌瓶站、液化石油气气化站、液化石油气汽车加气站、液化石油气瓶组气化站、液化石油气瓶装供应站、液化石油气混气站等
			人工煤气厂站	
			其他燃气厂站	
	供气管网	千米	天然气管网	
			液化石油气管网	
			人工煤气管网	
			其他燃气管网	
集中供热设施	热源厂	座	热电厂	
			集中锅炉房	
			其他热源	
	供热管网	千米		
	厂站	座	中继泵站	
			热力站	
其他能源设施				

表1-4　市政环卫设施资产构成表

第一级	第二级	计量单位	第三级	备注
生活垃圾收运处理设施	生活垃圾收集设施	座		包括垃圾容器、垃圾容器间、垃圾管道、环卫工人休息场所
	生活垃圾转运设施	座	生活垃圾转运站	含环卫工人休息场所
			垃圾转运码头	
	生活垃圾处理设施	座	生活垃圾焚烧厂	
			生活垃圾卫生填埋场	
			生活垃圾堆肥处理厂	
			厨余垃圾处理厂	
建筑垃圾收运处理设施	转运调配场	座		
	建筑垃圾处理设施	座	建筑垃圾资源化处理设施	
			建筑垃圾堆填处理设施	
			建筑垃圾填埋处理设施	

（续表）

第一级	第二级	计量单位	第三级	备注
公共厕所	固定式公共厕所	座		含环卫工人休息场所
	活动式公共厕所	座		
其他环卫设施				包括粪便处理设施、其他固体废弃物处理设施、环卫车辆停车场等

表 1-5　市政园林绿化设施资产构成表

第一级	第二级	计量单位	第三级	备注
公园绿地	绿化工程	平方米		
	园林附属工程		园路与广场铺装工程	
			道路工程	
			游憩设施及建筑物	
			园林构筑物	
			景观水体	
			其他设施	
广场用地	绿化工程	平方米		
	园林附属工程		同公园绿地—园林附属工程	
防护绿地	道路防护绿地	平方米		道路红线以外具有防护功能、游人不宜进入的绿地
	公用设施防护绿地	平方米	能源设施防护绿地	
			环卫设施防护绿地	
			其他公用设施防护绿地	
附属绿地	道路绿化	平方米	道路绿带	包括分车绿带、行道树绿带、路侧绿带
			交通岛绿地	包括中心岛绿地、导向岛绿地、立体交叉绿岛
	环卫设施用地内附属绿地	平方米		
其他园林绿化设施				

表 1-6　市政综合类设施资产构成表

第一级	第二级	计量单位	第三级
地下综合管廊	管廊本体	千米	
	供电设施	套	
	通风设施	套	
	监控与报警系统	套	
	管廊信息系统	套	机房
			硬件设备
其他综合类设施			

表 1-7　市政信息通信设施资产构成表

第一级	第二级	计量单位	第三级
信息基础设施	数据中心	座	机房
			电子信息设备
			安全设备
			智能化系统
			布线系统
			网络系统
	智能计算中心	座	
其他信息通信设施			

表 1-8　其他市政设施资产构成表

第一级	第二级	计量单位	第三级	备注
城市照明设施	功能照明	杆	照明器具	包括光源、灯具、灯杆。
			配电系统	包括配电室、配电箱、变压器、电缆线路
			监控系统	包括区域控制器、终端控制器以及相互连接的通信传输网络
	景观照明	杆	同功能照明	
公共停车场设施	停车基本设施	个	停车位	
			机械停车设备	
			通道	包括行车通道和人行通道
	建筑设备	套	采暖通风设施	
			电气设施	
			交通工程设施	
	管理设施	间	值班室	
			其他管理设施	包括控制室、防灾中心等
	安全防护与环境保护设施	套	安全防护设施	包括防雪设施、防滑设施等
			环境保护设施	包括降噪设施等
其他设施				

附件 2

市政基础设施会计明细科目及编号表

表 2-1 市政交通设施会计明细科目及编号表

一级科目及编号	二级科目及编号	三级科目及编号	四级科目及编号	辅助核算	资产管理系统/备查簿登记
1801 公共基础设施	180103 市政基础设施	18010301 交通设施	1801030101 城市道路	名称（含起止点）	建设时间、道路等级、各类车行道和人行道的面积、各项组成部分资产名称、资产价值、计提折旧方法和年限
			1801030102 城市桥梁	名称（含起止点或地址）	建设时间、桥梁跨径类型、各项组成部分资产名称、资产价值、计提折旧方法和年限
			1801030103 城市隧道	名称（含地址）	建设时间、隧道类型、各项组成部分资产名称、资产价值、计提折旧方法和年限
			1801030104 城市公共汽电车客运服务设施	公交场站名称（含地址）	建设时间、各项组成部分资产名称、资产价值、计提折旧方法和年限
			1801030105 城市客运轮渡设施	码头名称（含地址）	建设时间、各项组成部分资产名称、资产价值、计提折旧方法和年限
1801 公共基础设施	180103 市政基础设施	18010301 交通设施	1801030106 城市轨道交通设施	名称（含起止点）	建设时间、各项组成部分资产名称、资产价值、计提折旧方法和年限
			1801030199 其他交通设施		

表 2-2 市政供排水设施会计明细科目及编号表

一级科目及编号	二级科目及编号	三级科目及编号	四级科目及编号	辅助核算	资产管理系统/备查簿登记
1801 公共基础设施	180103 市政基础设施	18010302 供排水设施	1801030201 城市供水设施	名称（含地址）	建设时间、建设规模、各项组成部分资产名称、资产价值、计提折旧方法和年限
			1801030202 城市排水和污水处理设施	名称（含地址）	建设时间、建设规模、各项组成部分资产名称、资产价值、计提折旧方法和年限
			1801030299 其他供排水设施		

表 2-3　市政能源设施会计明细科目及编号表

一级科目及编号	二级科目及编号	三级科目及编号	四级科目及编号	辅助核算	资产管理系统/备查簿登记
1801 公共基础设施	180103 市政基础设施	18010303 能源设施	1801030301 城市燃气设施	名称（含地址）	建设时间、建设规模、各项组成部分资产名称、资产价值、计提折旧方法和年限
			1801030302 集中供热设施	名称（含地址）	建设时间、建设规模、各项组成部分资产名称、资产价值、计提折旧方法和年限
			1801030399 其他能源设施		

表 2-4　市政环卫设施会计明细科目及编号表

一级科目及编号	二级科目及编号	三级科目及编号	四级科目及编号	辅助核算	资产管理系统/备查簿登记
1801 公共基础设施	180103 市政基础设施	18010304 环卫设施	1801030401 生活垃圾收运处理设施	名称（含地址）	建设时间、垃圾日处理量、各项组成部分资产名称、资产价值、计提折旧方法和年限
			1801030402 建筑垃圾收运处理设施	名称（含地址）	建设时间、垃圾日处理量、各项组成部分资产名称、资产价值、计提折旧方法和年限
			1801030403 公共厕所	名称（含地址）	建设时间、建筑面积、厕所类型、各项组成部分资产名称、资产价值、计提折旧方法和年限
			1801030499 其他环卫设施		

表 2-5　市政园林绿化设施会计明细科目及编号表

一级科目及编号	二级科目及编号	三级科目及编号	四级科目及编号	辅助核算	资产管理系统/备查簿登记
1801 公共基础设施	180103 市政基础设施	18010305 园林绿化设施	1801030501 公园绿地	名称（含地址）	建设时间、绿地面积、公园类别、各项组成部分资产名称、资产价值
			1801030502 广场用地	名称（含地址）	建设时间、绿地面积、各项组成部分资产名称、资产价值
			1801030503 防护绿地	名称（含地址）	建设时间、绿地面积、绿地类别、各项组成部分资产名称、资产价值
			1801030504 附属绿地	名称（含地址）	建设时间、绿地面积、绿地类别、各项组成部分资产名称、资产价值
			1801030599 其他园林绿化设施		

表2-6　市政综合类设施会计明细科目及编号表

一级科目及编号	二级科目及编号	三级科目及编号	四级科目及编号	辅助核算	资产管理系统/备查簿登记
1801 公共基础设施	180103 市政基础设施	18010306 综合类设施	1801030601 地下综合管廊	名称（含起止点）	建设时间、舱数、各项组成部分资产名称、资产价值、计提折旧方法和年限
			1801030699 其他综合类设施		

表2-7　市政信息通信设施会计明细科目及编号表

一级科目及编号	二级科目及编号	三级科目及编号	四级科目及编号	辅助核算	资产管理系统/备查簿登记
1801 公共基础设施	180103 市政基础设施	18010307 信息通信设施	1801030701 信息基础设施	名称（含地址）	建设时间、各项组成部分资产名称、资产价值、计提折旧方法和年限
			1801030799 其他信息通信设施		

表2-8　其他市政设施会计明细科目及编号表

一级科目及编号	二级科目及编号	三级科目及编号	四级科目及编号	辅助核算	资产管理系统/备查簿登记
1801 公共基础设施	180103 市政基础设施	18010308 其他市政设施	1801030801 城市照明设施	名称（起止点或地址）	建设时间、照明类别、各项组成部分资产名称、资产价值、计提折旧方法和年限
			1801030802 公共停车场设施	名称（地址）	建设时间、停车场类型、停车场面积、各项组成部分资产名称、资产价值、计提折旧方法和年限
			1801030899 其他设施		

第十三章　财政总预算会计核算法规

1. 财政总会计制度（2022年发布）

（财库〔2022〕41号印发）

第一章　总　　则

第一条　为加强财政预算管理，提升国家财政治理效能，规范各级政府财政总会计（以下简称总会计）核算，保证会计信息质量，充分发挥总会计的职能作用，根据《中华人民共和国会计法》《中华人民共和国预算法》《中华人民共和国预算法实施条例》及政府会计准则等法律、行政法规和规章，制定本制度。

第二条　本制度适用于中央，省、自治区、直辖市及新疆生产建设兵团，设区的市、自治州，县、自治县、不设区的市、市辖区，乡、民族乡、镇等各级政府财政部门总会计。

第三条　总会计是各级政府财政核算、反映、监督一般公共预算资金、政府性基金预算资金、国有资本经营预算资金、社会保险基金预算资金以及财政专户管理资金、专用基金和代管资金等资金有关的经济活动或事项的专业会计。

社会保险基金预算资金会计核算不适用本制度，由财政部另行规定。

第四条　总会计的职责主要包括：

（一）进行会计核算。办理政府财政各项预算收支、资产负债以及财政运行的会计核算工作，反映政府财政预算执行情况、财务状况、运行情况和现金流量等。

（二）严格财政资金收付调度管理。组织办理财政资金的收付、调拨，在确保资金安全性、规范性、流动性前提下，合理调度管理资金，提高资金使用效益。

（三）规范账户管理。加强对国库单一账户、财政专户、零余额账户和预算单位银行账户等的管理。

（四）实行会计监督，参与预算管理和财务管理。通过会计核算和反映，进行预算执行情况、财务状况、运行情况和现金流量情况分析，并对财政、部门及其所属单位的预算执行和财务管理情况实行会计监督。

（五）协调预算收入征收部门、国家金库、国库集中收付代理银行、财政专户开户银行和其他有关部门之间的业务关系。

（六）组织本地区财政总决算、部门决算、政府财务报告编审和汇总工作。

（七）组织和指导下级财政总会计工作。

第五条　各级政府财政部门应当根据工作需要，配备一定数量的专职会计人员，负责总会计工作，并保持相对稳定。

第六条　总会计应当根据政府会计准则（包括基本准则和具体准则）规定的原则和本制度的要求，对其发生的各项经济业务或事项进行会计核算。

第七条　总会计应当具备财务会计与预算会计双重功能，实现财务会计与预算会计适度区分并相互衔接，全面清晰反映政府财政财务信息和预算执行信息。

财务会计实行权责发生制。预算会计实行收付实现制，国家法律法规等另有规定，依照其规定。

对于纳入预算管理的财政资金收支业务，在采用预算会计核算的同时应当进行财务会计核算；对于不同预算类型资金间的调入调出、待发国债等业务，仅需进行预算会计核算；对于其他业务，仅需进行财务会计核算。

第八条 总会计的核算目标是向会计信息使用者提供政府财政预算执行情况、财务状况、运行情况和现金流量等会计信息，反映政府财政受托责任履行情况。

总会计的会计信息使用者包括人民代表大会、政府及其有关部门、政府财政部门自身和其他会计信息使用者。

第九条 总会计的会计核算应当以本级政府财政业务活动持续正常地进行为前提。

第十条 总会计应当划分会计期间，分期结算账目，按规定编制会计报表和报告。

会计期间至少分为年度和月度。会计年度、月度等会计期间的起讫日期采用公历日期。年度终了后，可根据工作需要设置一定期限的上年报告清理期。

第十一条 总会计应当以人民币作为记账本位币，以元为金额单位，元以下记至角、分。发生外币业务，在登记外币金额的同时，一般应当按照业务发生当日中国人民银行公布的汇率中间价，将有关外币金额折算为人民币金额记账。

期末，各种以外币计价或结算的资产负债项目，应当按照期末中国人民银行公布的汇率中间价进行折算，因汇率变动产生的差额记入有关费用和支出科目。

第十二条 总会计应当采用借贷记账法记账。

第十三条 总会计的会计记录应当使用中文，少数民族地区可以同时使用本民族文字。

第二章 会 计 要 素

第十四条 本制度会计要素包括财务会计要素和预算会计要素。财务会计要素包括资产、负债、净资产、收入和费用；预算会计要素包括预算收入、预算支出和预算结余。

第一节 资 产

第十五条 总会计核算的资产，应当按照取得或发生时实际金额进行计量。

第十六条 总会计核算的资产按照流动性，分为流动资产和非流动资产。流动资产是指预计在1年内（含1年）耗用或者可以变现的资产；非流动资产是指流动资产以外的资产。

第十七条 总会计核算的资产具体包括财政存款、国库现金管理资产、有价证券、应收非税收入、应收股利、应收及暂付款项、借出款项、预拨经费、在途款、应收转贷款、股权投资等。

财政存款是指政府财政部门代表政府管理的国库存款和其他财政存款等。财政存款的支配权属于同级政府财政部门，并由总会计负责管理，统一在国库或选定的银行开立存款账户，统一收付，不得透支，不得提取现金。

国库现金管理资产是指政府财政在确保支付需要前提下，将暂时闲置的国库存款存放商业银行或者投资于货币市场形成的资产，包括国库现金管理商业银行定期存款以及国库现金管理其他资产。

有价证券是指政府财政按照有关规定取得并持有的有价证券。

应收非税收入是指政府财政应向缴款人收取但实际尚未缴入国库的非税收入款项。

应收股利是指政府因持有股权投资应当收取的现金股利或应当分得的利润。

应收及暂付款项是指政府财政业务活动中形成的债权，包括与下级往来和其他应收款等。应收及暂付款项应当及时清理结算，不得长期挂账。

借出款项是指政府财政按照对外借款管理有关规定借给预算单位临时急需，并按期收回的款项。借出款项仅限于政府财政对纳入本级预算管理的一级预算单位（不含企业）安排借款，不得经预算单位再转借企业。借款资金仅限于临时性资金周转或应对社会影响较大突发事件的临时急需垫款，借款期限不得超过一年，借款时应明确还款来源。

预拨经费是指政府财政在本级人民代表大会批准年度预算前，可以提前预拨已经列入年度预算的各部门基本支出、项目支出和对下级转移支付支出，以及法律规定必须履行支付义务的支出和用于自然灾害等突发事件处理的支出。除上述支出事项及财政部另有规定外，其他支出均不得提前预拨。预拨经费（不含预拨下年度预算资金）应在年终前转列费用或清理收回。

在途款是指报告清理期和库款报解整理期内发生的需要通过本科目过渡处理的属于上年度收入、费用等业务的款项。

应收转贷款是指政府财政将借入的资金转贷给下级政府财政的款项，包括应收地方政府债券转贷款、应收主权外债转贷款等。

股权投资是指政府持有的各类股权投资，包括国际金融组织股权投资、政府投资基金股权投资和企业股权投资等。

第二节 负　　债

第十八条　总会计核算的负债，应当按照承担的有关义务金额或实际发生金额进行计量。

第十九条　总会计核算的负债按照流动性，分为流动负债和非流动负债。流动负债是指预计在 1 年内（含 1 年）偿还的负债；非流动负债是指流动负债以外的负债。

第二十条　总会计核算的负债具体包括应付政府债券、应付国库集中支付结余、应付及暂收款项、应付代管资金、应付利息、借入款项、应付转贷款、其他负债等。

应付政府债券是指政府财政以政府名义发行的国债和地方政府债券的应付本金，包括应付短期政府债券和应付长期政府债券。

应付国库集中支付结余是指省级以上（含省级）政府财政国库集中支付中应列为当年费用，但年末未支付需结转下一年度支付的款项。

应付及暂收款项是指政府财政业务活动中形成的支付义务，包括与上级往来和其他应付款等。应付及暂收款项应当及时清理结算。

应付代管资金是指政府财政代为管理的，使用权属于被代管主体的资金。

应付利息是指政府财政以政府名义发行的政府债券及借入款项应支付的利息。

借入款项是指政府财政以政府名义向外国政府和国际金融组织等借入的款项，以及经国务院批准的其他方式借入的款项。

应付转贷款是指政府财政从上级政府财政借入的债务转贷款的本金和利息，包括应付地方政府债券转贷款和应付主权外债转贷款等。

其他负债是指政府财政因有关政策明确要求其承担支出责任的事项而形成的支付义务。

第三节 净　资　产

第二十一条　总会计核算的净资产是指本级政府财政总会计核算的资产扣除负债后的净额。

第二十二条　总会计核算的净资产包括累计盈余、本期盈余、预算稳定调节基金、预算周转金、权益法调整、以前年度盈余调整等。

累计盈余是指政府财政一般公共预算资金、政府性基金预算资金、国有资本经营预算资金、财政专户管理资金、专用基金历年实现的盈余滚存的金额。

本期盈余是指政府财政一般公共预算资金、政府性基金预算资金、国有资本经营预算资金、财政专户管理资金、专用基金本期各项收入、费用分别相抵后的余额。

预算稳定调节基金是指政府财政为保持年度间预算的衔接和稳定而设置的储备性资金。

预算周转金是指政府财政为调剂预算年度内季节性收支差额，保证及时用款而设置的库款周转资金。

权益法调整是指政府财政按照持股比例计算应享有的被投资主体除净损益和利润分配以外的所有者权益变动的份额。

以前年度盈余调整是指政府财政调整以前年度盈余的事项。

第四节 收 入

第二十三条 总会计核算的收入，应当按照开具票据金额或实际取得金额进行计量。

第二十四条 总会计核算的收入包括税收收入、非税收入、投资收益、转移性收入、其他收入、财政专户管理资金收入和专用基金收入等。税收收入是指政府财政筹集的纳入本级财政管理的税收收入。非税收入是指政府财政筹集的纳入本级财政管理的非税收入。投资收益是指政府持有股权投资所实现的收益或发生的损失。

转移性收入是指在各级政府财政之间进行资金调拨所形成的收入，包括补助收入、上解收入和地区间援助收入等。其中，补助收入是指上级政府财政按照财政体制规定或专项需要补助给本级政府财政的款项。上解收入是指按照财政体制规定或专项需要由下级政府财政上交给本级政府财政的款项。地区间援助收入是指受援方政府财政收到援助方政府财政转来的可统筹使用的各类援助、捐赠等资金收入。

其他收入是指政府财政从其他渠道调入资金、豁免主权外债偿还责任，以及无偿取得股权投资等产生的收入。

财政专户管理资金收入是指政府财政纳入财政专户管理的教育收费等资金收入。

专用基金收入是指政府财政根据法律法规等规定设立的各项专用基金（包括粮食风险基金等）取得的资金收入。

第五节 费 用

第二十五条 总会计核算的费用，应当按照承担支付义务金额或实际发生金额进行计量。

第二十六条 总会计核算的费用包括政府机关商品和服务拨款费用、政府机关工资福利拨款费用、对事业单位补助拨款费用、对企业补助拨款费用、对个人和家庭补助拨款费用、对社会保障基金补助拨款费用、资本性拨款费用、其他拨款费用、财务费用、转移性费用、其他费用、财政专户管理资金支出、专用基金支出等。

政府机关商品和服务拨款费用是指本级政府财政拨付给机关和参照公务员法管理的事业单位（以下简称参公事业单位）购买商品和服务的各类费用，不包括用于购置固定资产、战略性和应急性物资储备等资本性拨款费用。

政府机关工资福利拨款费用是指本级政府财政拨付给机关和参公事业单位在职职工和编制外长期聘用人员的各类劳动报酬及为上述人员缴纳的各项社会保险费等费用。

对事业单位补助拨款费用是指本级政府财政拨付的对事业单位（不含参公事业单位）的经常性补助费用，不包括对事业单位的资本性拨款费用。

对企业补助拨款费用是指本级政府财政拨付的对各类企业的补助费用，不包括对企业的资本金注入和资本性拨款费用。

对个人和家庭补助拨款费用是指本级政府财政拨付的对个人和家庭的补助费用。

对社会保障基金补助拨款费用是指本级政府财政拨付的对社会保险基金的补助，以及补充全国社会保障基金的费用。

资本性拨款费用是指本级政府财政拨付给行政事业单位和企业的资本性费用，不包括对企业的资本金注入。

其他拨款费用是指本级政府财政拨付的经常性赠与、国家赔偿费用、对民间非营利组织和群众性自治组织补贴等费用。

财务费用是指本级政府财政用于偿还政府债务的利息费用，政府债务发行、兑付、登记费用，以外币计算的政府资产及债务由于汇率变化产生的汇兑损益等。

转移性费用是指在各级政府财政之间进行资金调拨形成的费用，包括补助费用、上解费用、地区间援助费用等。其中，补助费用是指本级政府财政按照财政体制规定或专项需要补助给下级政府财政的费用。上解费用是指本级政府财政按照财政体制规定或专项需要上交给上级政府财政的费用。地区间援助费用是指援助方政府财政安排用于受援方政府财政统筹使用的各类援助、补偿、捐赠等费用。

其他费用是指政府财政无偿划出股权投资以及确认其他负债等产生的费用。

财政专户管理资金支出是指政府财政用纳入财政专户管理的教育收费等资金安排的支出。

专用基金支出是指政府财政用专用基金收入安排的支出。

第二十七条 对于收回本年度已列费用的款项，应冲减当期费用；对于收回以前年度已列费用的款项，通常记入以前年度盈余调整。

第六节 预算收入

第二十八条 预算收入一般在实际取得时予以确认，以实际取得的金额计量。

第二十九条 总会计核算的预算收入包括一般公共预算收入、政府性基金预算收入、国有资本经营预算收入、财政专户管理资金收入、专用基金收入、转移性预算收入、动用预算稳定调节基金、债务预算收入、债务转贷预算收入和待处理收入等。

一般公共预算收入是指政府财政筹集纳入本级一般公共预算管理的税收收入和非税收入。

政府性基金预算收入是指政府财政筹集纳入本级政府性基金预算管理的非税收入。

国有资本经营预算收入是指政府财政筹集纳入本级国有资本经营预算管理的非税收入。

财政专户管理资金收入是指政府财政纳入财政专户管理的教育收费等资金收入。

专用基金收入是指政府财政根据法律法规等规定设立各项专用基金（包括粮食风险基金等）取得的资金收入。

转移性预算收入是指在各级政府财政之间进行资金调拨以及在本级政府财政不同类型资金之间调剂所形成的收入，包括补助预算收入、上解预算收入、地区间援助预算收入和调入预算资金等。

补助预算收入是指上级政府财政按照财政体制规定或专项需要补助给本级政府财政的款项，包括返还性收入、一般性转移支付收入和专项转移支付收入等。上解预算收入是指按照财政体制规定或专项需要由下级政府财政上交给本级政府财政的款项。地区间援助预算收入是指受援方政府财政收到援助方政府财政转来的可统筹使用的各类援助、捐赠等资金收入。调入预算资金是指政府财政为平衡某类预算收支，从其他类型预算资金及其他渠道调入的资金。

动用预算稳定调节基金是指政府财政为弥补一般公共预算收支缺口动用的预算稳定调节基金。

债务预算收入是指政府财政根据法律法规等规定，通过发行债券、向外国政府和国际金融组织借款等方式筹集的纳入预算管理的资金收入。

债务转贷预算收入是指本级政府财政收到上级政府财政转贷的债务收入。

待处理收入是指本级政府财政收回的部门预算结转结余资金和转移支付结转资金。

第三十条 一般公共预算收入、政府性基金预算收入、国有资本经营预算收入、财政专户管理资金收入和专用基金收入应当按照实际收到的金额入账。中央政府财政年末可按有关规定对部分收入事项采用权责发生制核算。转移性预算收入应当按照财政体制的规定和预算管理需要，按实际发生的金额入账。债务预算收入应当按照实际发行额或借入的金额入账，债务转贷预算收入应当按照实际收到的转贷金额入账。待处理收入应当按照实际收到的金额入账。

已建乡（镇）国库的地区，乡（镇）财政的本级收入以乡（镇）国库收到数为准。县（含县本级）以上各级财政的各项预算收入（含固定收入与共享收入）以缴入基层国库数额为准。

未建乡（镇）国库的地区，乡（镇）财政的本级收入以乡（镇）总会计收到县级财政返回数额为准。

第三十一条 总会计应当加强各项预算收入的管理，严格会计核算手续。对于各项预算收入的账务处理必须以审核无误的国库入账凭证、预算收入日报表、专户资金入账凭证和其他合法凭证为依据。发现错误，应当按照有关规定及时通知有关单位共同更正。

对于已缴入国库和财政专户的预算收入退库（付），要严格把关，强化监督。凡不属于国家规定的退库（付）项目，一律不得办理退库（付）及冲退预算收入。属于国家规定的退库（付）事项，具体退库（付）程序按财政部的有关规定办理。

第七节 预算支出

第三十二条 预算支出一般在实际发生时予以确认，以实际发生的金额计量。

第三十三条 总会计核算的预算支出包括一般公共预算支出、政府性基金预算支出、国有资本经营预算支出、财政专户管理资金支出、专用基金支出、转移性预算支出、安排预算稳定调节基金、债务还本预算支出、债务转贷预算支出和待处理支出等。

一般公共预算支出是指政府财政管理的由本级政府安排使用的列入一般公共预算的支出。

政府性基金预算支出是指政府财政管理的由本级政府安排使用的列入政府性基金预算的支出。

国有资本经营预算支出是指政府财政管理的由本级政府安排使用的列入国有资本经营预算的支出。

财政专户管理资金支出是指政府财政用纳入财政专户管理的教育收费等资金安排的支出。

专用基金支出是指政府财政用专用基金收入安排的支出。

转移性预算支出是指各级政府财政之间进行资金调拨以及在本级政府财政不同类型资金之间调剂所形成的支出，包括补助预算支出、上解预算支出、地区间援助预算支出和调出预算资金等。补助预算支出是指本级政府财政按财政体制规定或专项需要补助给下级政府财政的款项，包括对下级的税收返还、一般性转移支付和专项转移支付等。上解预算支出是指按照财政体制规定或专项需要由本级政府财政上交给上级政府财政的款项。地区间援助预算支出是指援助方政府财政安排用于受援方政府财政统筹使用的各类援助、捐赠等资金支出。调出预算资金是指政府财政为平衡预算收支，在不同类型预算资金之间的调出支出。

安排预算稳定调节基金是指政府财政安排用于弥补以后年度预算资金不足的储备性资金。

债务还本预算支出是指政府财政偿还本级政府承担的债务本金支出。

债务转贷预算支出是指本级政府财政向下级政府财政转贷的债务支出。

待处理支出是指政府财政按照预拨经费管理有关规定预拨给预算单位尚未列为预算支出的款项。待处理支出（不含预拨下年度预算资金）应在年终前转列支出或清理收回。

第三十四条 一般公共预算支出、政府性基金预算支出、国有资本经营预算支出一般应当按照实际支付的金额入账。省级以上（含省级）政府财政年末可按规定采用权责发生制将国库集中支付结余列支入账。中央政府财政年末可按有关规定对部分支出事项采用权责发生制核算。从本级预算支出中安排提取的专用基金，按照实际提取金额列支入账。财政专户管理资金支出、专用基金支出应当按照实际支付的金额入账。转移性预算支出应当根据财政体制的规定和预算管理需要，按实际发生的金额入账。债务转贷预算支出应当按照实际转贷的金额入账。债务还本预算支出应当按照实际偿还的金额入账。待处理支出应当按照实际支付的金额入账。

对于收回当年已列支出的款项，应冲销当年预算支出。对于收回以前年度已列支出的款项，通常冲销当年预算支出。

第三十五条 总会计应当加强预算支出管理，科学预测和调度资金，严格按照批准的年度预算办理支出，严格审核拨付申请，严格按照预算管理规定和实际拨付金额列报支出，不得办理无预算、超预算的支出，不得任意调整预算支出科目。

对于各项支出的账务处理必须以审核无误的国库划款清算凭证、资金支付凭证和其他合法凭证为依据。

第八节 预算结余

第三十六条 预算结余是指预算年度内政府预算收入扣除预算支出后的余额，以及历年滚存的库款和专户资金余额。

第三十七条 总会计核算的预算结余包括一般公共预算结转结余、政府性基金预算结转结余、国有资本经营预算结转结余、财政专户管理资金结余、专用基金结余、预算稳定调节基金、预算周转金和资金结存等。

一般公共预算结转结余是指本级政府财政一般公共预算收支的执行结果。

政府性基金预算结转结余是指本级政府财政政府性基金预算收支的执行结果。

国有资本经营预算结转结余是指本级政府财政国有资本经营预算收支的执行结果。财政专户管理资金结余是指本级政府财政纳入财政专户管理的教育收费等资金收支的执行结果。专用基金结余是指本级政府财政专用基金收支的执行结果。预算稳定调节基金是指本级政府财政为保持年度间预算的衔接和稳定，在一般公共预算中设置的储备性资金。预算周转金是指本级政府财政为调剂预算年度内季节性收支差额，保证及时用款而设置的周转资金。资金结存是指政府财政纳入预算管理资金的流入、流出、调整和滚存的结果。

第三十八条 各项结转结余应每年结算一次。

第三章 会计科目

第三十九条 总会计应当按照下列规定运用会计科目：

（一）总会计应当对有关法律、法规允许进行的经济活动，按照本制度的规定使用会计科目进行核算；不得以本制度规定的会计科目及使用说明作为进行有关经济活动的依据。

（二）总会计应当按照本制度的规定设置和使用会计科目，不需使用的总账科目可以不使用；在不影响会计处理和编报会计报表的前提下，各级总会计可以根据实际情况在本套科目体系下自行增设下级明细科目。

（三）总会计应当执行本制度统一规定的会计科目编号，不得随意打乱重编，以便于填制会计凭证、登记账簿、查阅账目，实行会计信息化管理。

（四）总会计在填制会计凭证、登记会计账簿时，应同时填列会计科目的名称及编号。

（五）总会计设置明细科目或进行明细核算，除遵循本制度规定外，还应当满足政府财政预算管理和财务管理的需要。

第四十条 总会计适用的会计科目如下：

序号	科目编号	会计科目名称
一、财务会计科目		
（一）资产类		
1	1001	国库存款
2	1002	其他财政存款

(续表)

序号	科目编号	会计科目名称
3	1003	国库现金管理资产
	100301	商业银行定期存款
	100399	其他国库现金管理资产
4	1011	有价证券
5	1021	应收非税收入
6	1022	应收股利
7	1031	借出款项
8	1032	与下级往来
9	1033	预拨经费
10	1034	在途款
11	1035	其他应收款
12	1041	应收地方政府债券转贷款
	104101	应收本金
	104102	应收利息
13	1042	应收主权外债转贷款
	104201	应收本金
	104202	应收利息
14	1061	股权投资
	106101	国际金融组织股权投资
	106102	政府投资基金股权投资
	106103	企业股权投资
(二) 负债类		
15	2001	应付短期政府债券
	200101	应付国债
	200102	应付地方政府一般债券
	200103	应付地方政府专项债券
16	2011	应付国库集中支付结余
17	2012	与上级往来
18	2013	其他应付款
19	2014	应付代管资金
20	2015	应付利息
	201501	应付国债利息
	201502	应付地方政府债券利息
	201503	应付地方政府主权外债利息
21	2021	应付长期政府债券
	202101	应付国债

（续表）

序号	科目编号	会计科目名称
	202102	应付地方政府一般债券
	202103	应付地方政府专项债券
22	2022	借入款项
23	2031	应付地方政府债券转贷款
	203101	应付本金
	203102	应付利息
24	2032	应付主权外债转贷款
	203201	应付本金
	203202	应付利息
25	2041	其他负债
（三）净资产类		
26	3001	累计盈余
	300101	预算管理资金累计盈余
	300102	财政专户管理资金累计盈余
	300103	专用基金累计盈余
27	3011	本期盈余
	301101	预算管理资金本期盈余
	301102	财政专户管理资金本期盈余
	301103	专用基金本期盈余
28	3021	预算稳定调节基金
29	3022	预算周转金
30	3041	权益法调整
31	3051	以前年度盈余调整
	305101	预算管理资金以前年度盈余调整
	305102	财政专户管理资金以前年度盈余调整
	305103	专用基金以前年度盈余调整
（四）收入类		
32	4001	税收收入
33	4002	非税收入
34	4011	投资收益
35	4021	补助收入
36	4022	上解收入
37	4023	地区间援助收入
38	4031	其他收入
39	4041	财政专户管理资金收入
40	4042	专用基金收入

（续表）

序号	科目编号	会计科目名称
（五）费用类		
41	5001	政府机关商品和服务拨款费用
42	5002	政府机关工资福利拨款费用
43	5003	对事业单位补助拨款费用
44	5004	对企业补助拨款费用
45	5005	对个人和家庭补助拨款费用
46	5006	对社会保障基金补助拨款费用
47	5007	资本性拨款费用
48	5008	其他拨款费用
49	5011	财务费用
	501101	利息费用
	501102	债务发行兑付费用
	501103	汇兑损益
50	5021	补助费用
51	5022	上解费用
52	5023	地区间援助费用
53	5031	其他费用
54	5041	财政专户管理资金支出
55	5042	专用基金支出
二、预算会计科目		
（一）预算收入类		
56	6001	一般公共预算收入
57	6002	政府性基金预算收入
58	6003	国有资本经营预算收入
59	6005	财政专户管理资金收入
60	6007	专用基金收入
61	6011	补助预算收入
	601101	一般公共预算补助收入
	601102	政府性基金预算补助收入
	601103	国有资本经营预算补助收入
	601111	上级调拨
62	6012	上解预算收入
	601201	一般公共预算上解收入
	601202	政府性基金预算上解收入
	601203	国有资本经营预算上解收入
63	6013	地区间援助预算收入

（续表）

序号	科目编号	会计科目名称
64	6021	调入预算资金
	602101	一般公共预算调入资金
	602102	政府性基金预算调入资金
65	6031	动用预算稳定调节基金
66	6041	债务预算收入
	604101	国债收入
	604102	一般债务收入
	604103	专项债务收入
67	6042	债务转贷预算收入
	604201	一般债务转贷收入
	604202	专项债务转贷收入
68	6051	待处理收入
	605101	库款资金待处理收入
	605102	专户资金待处理收入
（二）预算支出类		
69	7001	一般公共预算支出
70	7002	政府性基金预算支出
71	7003	国有资本经营预算支出
72	7005	财政专户管理资金支出
73	7007	专用基金支出
74	7011	补助预算支出
	701101	一般公共预算补助支出
	701102	政府性基金预算补助支出
	701103	国有资本经营预算补助支出
	701111	调拨下级
75	7012	上解预算支出
	701201	一般公共预算上解支出
	701202	政府性基金预算上解支出
	701203	国有资本经营预算上解支出
76	7013	地区间援助预算支出
77	7021	调出预算资金
	702101	一般公共预算调出资金
	702102	政府性基金预算调出资金
	702103	国有资本经营预算调出资金
78	7031	安排预算稳定调节基金
79	7041	债务还本预算支出

（续表）

序号	科目编号	会计科目名称
	704101	国债还本支出
	704102	一般债务还本支出
	704103	专项债务还本支出
80	7042	债务转贷预算支出
	704201	一般债务转贷支出
	704202	专项债务转贷支出
81	7051	待处理支出
（三）预算结余类		
82	8001	一般公共预算结转结余
83	8002	政府性基金预算结转结余
84	8003	国有资本经营预算结转结余
85	8005	财政专户管理资金结余
86	8007	专用基金结余
87	8031	预算稳定调节基金
88	8033	预算周转金
89	8041	资金结存
	80410	库款资金结存
	80410	专户资金结存
	80410	在途资金结存
	80410	集中支付结余结存
	80410	上下级调拨结存
	804106	待发国债结存
	804107	零余额账户结存
	804108	已结报支出
	804109	待处理结存

第四十一条 财务会计科目使用说明如下：

一、资产类

1001 国库存款

一、本科目核算政府财政存放在国库单一账户的款项。

二、国库存款的主要账务处理如下：

（一）国库存款增加时，按照实际收到的金额，借记本科目，贷记有关科目。

（二）国库存款减少时，按照实际支付的金额，借记有关科目，贷记本科目。

三、本科目期末借方余额反映政府财政国库存款的结存数。

1002 其他财政存款

一、本科目核算政府财政未列入"国库存款"科目反映的各项财政存款。

二、本科目应按照存款资金的性质和存款银行等进行明细核算。

三、其他财政存款的主要账务处理如下：

（一）财政专户收到款项时，按照实际收到的金额，借记本科目，贷记有关科目。

（二）其他财政存款产生的利息收入，除规定作为专户资金收入外，其他利息收入都应缴入国库。

取得其他财政存款利息收入时，按照实际获得的利息金额，根据以下情况分别处理：

1.按规定作为专户资金收入的，借记本科目，贷记"应付代管资金"或有关收入科目。

2.按规定应缴入国库的，借记本科目，贷记"其他应付款"科目。将其他财政存款利息收入缴入国库时，借记"其他应付款"科目，贷记本科目；同时，借记"国库存款"科目，贷记"非税收入"科目。

（三）其他财政存款减少时，按照实际支付的金额，借记有关科目，贷记本科目。

四、本科目期末借方余额反映政府财政持有的其他财政存款。

1003 国库现金管理资产

一、本科目核算政府财政将暂时闲置的国库存款存放商业银行或者投资于货币市场形成的资产。

二、本科目应按照业务种类设置"商业银行定期存款""其他国库现金管理资产"明细科目，并可根据管理需要进行明细核算。

三、国库现金管理资产的主要账务处理如下：

（一）商业银行定期存款

1.根据国库现金管理有关规定开展商业银行定期存款时，将国库存款转存商业银行，按照存入商业银行的金额，借记本科目，贷记"国库存款"科目。

2.商业银行定期存款收回国库时，按照实际收回的金额，借记"国库存款"科目，按照原存入商业银行的存款本金金额，贷记本科目，按照其差额，贷记"非税收入"科目。

（二）其他国库现金管理业务可根据管理条件和管理需要，参照商业银行定期存款的账务处理。

四、本科目期末借方余额反映政府财政开展国库现金管理业务形成的资产。

1011 有价证券

一、本科目核算政府财政按照有关规定取得并持有的有价证券。

二、本科目应按照有价证券种类进行明细核算。

三、有价证券的主要账务处理如下：

（一）购入有价证券时，按照实际支付的金额，借记本科目，贷记"国库存款""其他财政存款"等科目。

（二）转让或到期兑付有价证券时，按照实际收到的金额，借记"国库存款""其他财政存款"等科目，按照该有价证券的账面余额，贷记本科目，按照其差额，贷记或借记有关收入或费用科目。

四、本科目期末借方余额反映政府财政持有的有价证券金额。

1021 应收非税收入

一、本科目核算政府财政应向缴款人收取但实际尚未缴入国库的非税收入款项。对于非税收入管理部门不能提供已开具非税收入缴款票据、尚未缴入本级国库的非税收入数据的地区，可暂不使用本科目核算。

二、本科目应参照《政府收支分类科目》中"非税收入"科目进行明细核算，同时可根据管理需要，参照实际情况，按执收部门（单位）进行明细核算。

三、应收非税收入的主要账务处理如下：

（一）确认取得非税收入时，按照非税收入管理部门提供的已开具缴款票据、尚未缴入本级国库的非税收入金额，借记本科目，贷记"非税收入"科目。

（二）实际收到非税收入款项时，按照实际收到的非税收入金额，借记"国库存款"科目，已列应收非税收入部分金额，贷记本科目；未列入应收非税收入部分金额，贷记"非税收入"科目。

（三）期末，非税收入管理部门应对未入库的应收非税收入进行全面核查，总会计根据核查结果对应收非税收入余额进行确认，确保应收非税收入核算准确。

四、本科目期末借方余额反映政府财政尚未入库的应收非税收入。

1022 应收股利

一、本科目核算政府因持有股权投资应当收取的现金股利或应当分得的利润。

二、本科目应根据管理需要，按照被投资主体进行明细核算。

三、应收股利的主要账务处理如下：

（一）采用权益法核算

1.持有股权投资期间，被投资主体宣告发放现金股利或利润的，根据股权管理部门提供的资料，按照应上缴政府财政的部分，借记本科目，贷记"股权投资（损益调整）"科目；

2.收到现金股利或利润时，按照实际收到的金额，借记"国库存款"科目，贷记本科目；按照实际收到金额中未宣告发放的现金股利或利润，借记本科目，贷记"股权投资（损益调整）"科目。

（二）采用成本法核算

1.持有股权投资期间，被投资主体宣告发放现金股利或利润时，根据股权管理部门提供的资料，按照应上缴政府财政的部分，借记本科目，贷记"投资收益"科目。

2.收到现金股利或利润时，按照实际收到的金额，借记"国库存款"科目，贷记本科目；按照实际收到金额中未宣告发放的现金股利或利润，借记本科目，贷记"投资收益"科目。

四、本科目期末借方余额反映政府财政应当收取但尚未收到的现金股利或利润。

1031 借出款项

一、本科目核算政府财政按照对外借款管理有关规定借给预算单位临时急需，并按期收回的款项。

二、本科目应按照借款单位进行明细核算。

三、借出款项的主要账务处理如下：

（一）将款项借出时，按照实际支付的金额，借记本科目，贷记"国库存款"等科目。

（二）收回借款时，按照实际收到的金额，借记"国库存款"等科目，贷记本科目。

四、本科目期末借方余额反映政府财政借给预算单位尚未收回的款项。

1032 与下级往来

一、本科目核算本级政府财政与下级政府财政的往来待结算款项。

二、本科目应按照下级政府财政进行明细核算。

三、与下级往来的主要账务处理如下：

（一）拨付下级政府财政款项时，借记本科目，贷记"国库存款"科目。

（二）有主权外债业务的财政部门，贷款资金由下级政府财政同级部门（单位）使用，且贷款的最终还款责任由本级政府财政承担的，本级政府财政部门支付贷款资金时，借记本科目或"补助费用"科目，贷记"国库存款""其他财政存款"等科目；外方将贷款资金直接支付给供应商或用款单位时，借记本科目或"补助费用"科目，贷记"借入款项"或"应付主权外债转贷款"科目。

（三）两级财政年终结算时，确认应当由下级政府财政上交的收入数，借记本科目，贷记"上解收入"科目。

（四）两级财政年终结算时，确认应补助下级政府财政的费用数，借记"补助费用"科目，贷记本科目。

（五）收到下级政府财政缴入国库的往来待结算款项时，借记"国库存款"科目，贷记本科目。

（六）扣缴下级政府财政资金时，借记本科目，贷记"其他应付款"等科目。

四、本科目期末借方余额反映下级政府财政欠本级政府财政的款项；期末贷方余额反映本级政府财政欠下级政府财政的款项。

1033 预拨经费

一、本科目核算政府财政按照预拨经费管理有关规定预拨给预算单位尚未列为费用的款项。

二、本科目应当按照预算单位进行明细核算。

三、预拨经费的主要账务处理如下：

（一）拨出款项时，借记本科目，贷记"国库存款"等科目。

（二）转列费用时，借记有关费用科目，贷记本科目。

（三）收回预拨款项时，借记"国库存款"等科目，贷记本科目。

四、本科目期末借方余额反映政府财政年末尚未转列费用或尚待收回的预拨经费款项。

1034 在途款

一、本科目核算报告清理期和库款报解整理期内发生的需要通过本科目过渡处理的属于上年度收入、费用等业务的款项。

二、在途款的主要账务处理如下：

（一）报告清理期和库款报解整理期内收到属于上年度收入等款项时，在上年度账务中，借记本科目，贷记有关收入科目或"应收非税收入"科目；收回属于上年度费用等款项时，在上年度账务中，借记本科目，贷记"预拨经费"或有关费用科目。

（二）冲转在途款时，在本年度账务中，借记"国库存款"科目，贷记本科目。

三、本科目期末借方余额反映政府财政持有的在途款。

1035 其他应收款

一、本科目核算政府财政临时发生的其他应收、暂付、垫付款项。项目单位拖欠外国政府和国际金融组织贷款本息和有关费用导致有关政府财政履行担保责任，代偿的贷款本息费，也通过本科目核算。

二、本科目应按照资金类别、债务单位等进行明细核算。

三、其他应收款的主要账务处理如下：

（一）发生其他应收款项时，借记本科目，贷记"国库存款""其他财政存款"等科目。

（二）收回其他应收款项时，借记"国库存款""其他财政存款"科目，贷记本科目。

（三）其他应收款项转列费用时，借记有关费用科目，贷记本科目。

（四）政府财政对使用外国政府和国际金融组织贷款资金的项目单位履行担保责任，代偿贷款本息费时，借记本科目，贷记"国库存款""其他财政存款"等科目。政府财政行使追索权，收回项目单位贷款本息费时，借记"国库存款""其他财政存款"等科目，贷记本科目。政府财政最终未收回项目单位贷款本息费，经核准转列费用时，借记有关费用科目，贷记本科目。

四、本科目应及时清理结算，期末原则上应无余额。

1041 应收地方政府债券转贷款

一、本科目核算本级政府财政转贷给下级政府财政的地方政府债券资金的本金及利息。

二、本科目应设置"应收本金"和"应收利息"明细科目，并按照转贷对象进行明细核算，其下应根据管理规定设置"一般债券""专项债券"等明细科目。其中，"应收利息"科目通常应根据债务管理部门计算并提供的政府债券转贷款的应收利息情况，按期进行核算。

三、应收地方政府债券转贷款的主要账务处理如下：

（一）向下级政府财政转贷地方政府债券资金时，按照转贷的本金，借记本科目，按照实际拨付的金额或债务管理部门确认的转贷金额，贷记"国库存款"或"与下级往来"等科目，按照其差额，借记或贷记有关费用科目。

（二）按期确认地方政府债券转贷款的应收利息时，根据债务管理部门计算确认的转贷款本期应收未收利息金额，借记本科目，贷记"财务费用——利息费用"等有关科目。

（三）收到下级政府财政偿还的地方政府债券转贷款本息时，按照收到的金额，借记"国库存款""其他财政存款"等科目，贷记本科目。

（四）扣缴下级政府财政应偿还的地方政府债券转贷款本息时，按照扣缴的金额，借记"与下级往来"等科目，贷记本科目。

（五）豁免下级政府财政应偿还的地方政府债券转贷款本息时，根据债务管理部门转来的有关资料及有关预算文件，按照豁免金额，借记"补助费用""与下级往来"等科目，贷记本科目。

四、本科目期末借方余额反映政府财政应收未收的地方政府债券转贷款本金及利息。

1042 应收主权外债转贷款

一、本科目核算本级政府财政转贷给下级政府财政的外国政府、国际金融组织贷款等主权外债资金的本金及利息。

二、本科目应设置"应收本金"和"应收利息"明细科目，并按照转贷对象进行明细核算。其中，"应收利息"科目通常应根据债务管理部门计算并提供的主权外债转贷款的应收利息情况，按期进行核算。

三、应收主权外债转贷款的主要账务处理如下：

（一）向下级政府财政转贷主权外债资金，且主权外债最终还款责任由下级政府财政承担的，应当分别按照以下情况处理：

1. 本级政府财政支付转贷资金时，借记本科目，贷记"国库存款""其他财政存款"科目。

2. 外方或上级政府财政将贷款资金直接拨付给用款单位或供应商时，根据债务管理部门转来的有关资料，按照实际拨付的金额，借记本科目，贷记"借入款项"或"应付主权外债转贷款"科目。

（二）按期确认主权外债转贷款的应收利息时，根据债务管理部门计算确认的转贷款本期应收未收利息金额，借记本科目，贷记"财务费用——利息费用"等科目。

（三）收回下级政府财政偿还的主权外债转贷款本息时，按照收回的金额，借记"国库存款""其他财政存款"等科目，贷记本科目。

（四）扣缴下级政府财政应偿还的主权外债转贷款本息时，按照扣缴的金额，借记"与下级往来"等科目，贷记本科目。

（五）债权人豁免下级政府财政应偿还的主权外债转贷款本息时，根据债务管理部门转来的有关资料及有关预算文件，按照豁免转贷款的金额，借记"应付主权外债转贷款""借入款项""应付利息"等科目，贷记本科目。

（六）本级政府财政豁免下级政府财政应偿还的主权外债转贷款本息时，根据债务管理部门转来的有关资料及有关预算文件，按照豁免金额，借记"补助费用""与下级往来"等科目，贷记本科目。

（七）年末，根据债务管理部门提供的应收主权外债转贷款因汇率变动产生的期末人民币余额与账面余额之间的差额资料，借记或贷记"财务费用——汇兑损益"科目，贷记或借记本科目。

四、本级政府财政首次确认以前年度转贷给下级政府财政的主权外债时,根据债务管理部门提供的有关资料,按照转贷主权外债本息余额,借记本科目,贷记"以前年度盈余调整"科目。

五、本科目期末借方余额反映政府财政应收未收的主权外债转贷款本金及利息。

1061 股权投资

一、本科目核算政府持有的各类股权投资。包括国际金融组织股权投资、政府投资基金股权投资和企业股权投资等。

二、股权投资在持有期间,通常采用权益法进行核算。政府无权决定被投资主体的财务和经营政策或无权参与被投资主体的财务和经营政策决策的,应当采用成本法进行核算。

三、本科目应当按照"国际金融组织股权投资""政府投资基金股权投资""企业股权投资"设置一级明细科目,在一级明细科目下,分别设置"投资成本""损益调整""其他权益变动"明细科目,同时应根据管理需要,按照被投资主体进行明细核算。

四、股权投资的主要账务处理如下:

(一)采用权益法核算

1. 政府财政以现金取得股权投资时,按照实际支付的金额,借记本科目(投资成本),贷记"国库存款"科目。

实际支付的金额中包含的已宣告但尚未发放的现金股利,应当单独确认为应收股利。

2. 政府财政以现金以外其他资产置换取得股权投资时,按照股权管理部门确认的金额,借记本科目(投资成本),贷记相关资产类科目。

3. 通过清查发现以前年度取得、尚未纳入财政总会计核算的股权投资时,根据股权管理部门提供的资料,按照股权投资的投资成本,借记本科目(投资成本),按照以前年度实现的损益中应享有的份额,借记本科目(损益调整),按照二者合计金额贷记"以前年度盈余调整"科目;按照确定的其他权益变动金额,借记本科目(其他权益变动),贷记"权益法调整"科目。已宣告但尚未发放的现金股利,应当单独确认为应收股利。

4. 无偿划入股权投资时,根据股权管理部门提供的资料,按照股权投资的投资成本,借记本科目(投资成本),按照以前年度实现的损益中应享有的份额,借记本科目(损益调整),按照二者合计金额贷记"其他收入"科目;按照确定的其他权益变动金额,借记本科目(其他权益变动),贷记"权益法调整"科目。

5. 被投资主体实现净利润的,根据股权管理部门提供的资料,按照应享有的份额,借记本科目(损益调整),贷记"投资收益"科目。

被投资主体发生净亏损的,根据股权管理部门提供的资料,按照应分担的份额,借记"投资收益"科目,贷记本科目(损益调整),但以"股权投资"的账面余额减记至零为限。发生亏损的被投资主体以后年度又实现净利润的,按照收益分享额弥补未确认的亏损分担额等后的金额,借记本科目(损益调整),贷记"投资收益"科目。

6. 被投资主体宣告发放现金股利或利润的,根据股权管理部门提供的资料,按照应上缴政府财政的部分,借记"应收股利"科目,贷记本科目(损益调整)。

7. 收到现金股利或利润时,按照实际收到的金额,借记"国库存款"科目,贷记"应收股利"科目;按照实际收到金额中未宣告发放的现金股利或利润,借记"应收股利"科目,贷记本科目(损益调整)。

8. 被投资主体发生除净损益和利润分配以外的所有者权益变动的,根据股权管理部门提供的资料,按照应享有或应分担的份额,借记或贷记本科目(其他权益变动),贷记或借记"权益法调整"科目。

9. 股权投资持有期间,被投资主体以收益转增投资的,根据股权管理部门提供的资料,按照收益转增投资的金额，借记本科目（投资成本），贷记本科目（损益调整）。

10. 处置股权投资时，根据股权管理部门提供的资料，按照被处置股权投资对应的"权益法调整"科目账面余额，借记或贷记"权益法调整"科目，贷记或借记本科目（其他权益变动）；按照处置收回的金额，借记"国库存款"科目，按照已宣告尚未领取的现金股利或利润，贷记"应收股利"科目，按照被处置股权投资的账面余额，贷记本科目（投资成本、损益调整），按照其差额，贷记或借记"投资收益"科目。

11. 无偿划出股权投资时，根据股权管理部门提供的资料，按照被划出股权投资对应的"权益法调整"科目账面余额，借记或贷记"权益法调整"科目，贷记或借记本科目（其他权益变动）；按照被划出股权投资的账面余额，借记"其他费用"科目，贷记本科目（投资成本、损益调整）。

12. 企业破产清算时，根据股权管理部门提供的资料，按照破产清算企业股权投资对应的"权益法调整"科目账面余额，借记或贷记"权益法调整"科目，贷记或借记本科目（其他权益变动）；按照缴入国库清算收入的金额，借记"国库存款"科目，按照破产清算股权投资的账面余额，贷记本科目（投资成本、损益调整），按照其差额，借记或贷记"投资收益"科目。

（二）采用成本法核算

1. 政府财政以现金取得股权投资时，按照实际支付的金额，借记本科目（投资成本），贷记"国库存款"科目。

实际支付的金额中包含的已宣告但尚未发放的现金股利，应当单独确认为应收股利。

2. 政府财政以现金以外其他资产置换取得股权投资时，按照股权管理部门确认的金额，借记本科目（投资成本），贷记相关资产类科目。

3. 通过清查发现以前年度取得、尚未纳入财政总会计核算的股权投资时，根据股权管理部门提供的资料，按照其确定的投资成本，借记本科目（投资成本），贷记"以前年度盈余调整"科目。已宣告但尚未发放的现金股利，应当单独确认为应收股利。

4. 无偿划入股权投资时，根据股权管理部门提供的资料，按照其确定的投资成本，借记本科目（投资成本），贷记"其他收入"科目。

5. 处置股权投资时，按照收回的金额，借记"国库存款"科目，按照已宣告尚未领取的现金股利或利润，贷记"应收股利"科目，按照被处置股权投资账面余额，贷记本科目（投资成本），按照其差额，贷记或借记"投资收益"科目。

6. 无偿划出股权投资时，按照被划出股权投资的账面余额，借记"其他费用"科目，贷记本科目（投资成本）。

7. 企业破产清算时，根据股权管理部门提供的资料，按照缴入国库清算收入的金额，借记"国库存款"科目，按照破产清算股权投资的账面余额，贷记本科目（投资成本），按照其差额，借记或贷记"投资收益"科目。

（三）成本法与权益法的转换

1. 对股权投资的核算从成本法改为权益法的，应按照成本法下本科目（投资成本）账面余额与追加投资成本的合计金额，借记本科目（投资成本），按照成本法下本科目（投资成本）账面余额，贷记本科目（投资成本），按照追加投资的金额，贷记"国库存款"科目。

2. 对股权投资的核算从权益法改为成本法的，按照"权益法调整"科目账面余额，借记或贷记"权益法调整"科目，贷记或借记本科目（其他权益变动）；按照权益法下本科目（投资成本、损益调整）账面余额作为成本法下投资成本账面余额，借记本科目（投资成本），贷记本科目（投资成本、损益调整）。

其后，被投资单位宣告分派现金股利或利润时，属于已记入投资成本账面余额的部分，按照应分得的现金股利或利润份额,借记"应收股利"科目,贷记本科目(投资成本)。

五、本科目期末借方余额反映政府持有的各类股权投资的价值。

二、负债类

2001 应付短期政府债券

一、本科目核算政府财政以政府名义发行的期限不超过1年(含1年)的国债和地方政府债券的应付本金,其中,国债包括中央政府财政发行的国内政府债券和境外发行的主权债券等。

二、本科目应设置"应付国债""应付地方政府一般债券""应付地方政府专项债券"明细科目。债务管理部门应当设置辅助明细账,主要包括政府债券金额、种类、期限、发行日、到期日、票面利率、偿还本金及付息情况等内容,并按期计算债券存续期应付利息情况。

三、应付短期政府债券的主要账务处理如下:

(一)实际收到短期政府债券发行收入时,按照实际收到的金额,借记"国库存款"科目,按照短期政府债券实际发行额,贷记本科目,按照发行收入和发行额的差额,借记或贷记有关费用科目。

(二)中央财政发生国债随卖业务时,按照实际收到的金额,借记"国库存款"等科目;根据国债随卖确认文件等相关债券管理资料,按照国债随卖面值,贷记本科目或"应付长期政府债券"科目;按照其差额,借记或贷记"财务费用——利息费用"科目。

(三)中央财政发生国债随买业务时,根据国债随买确认文件等相关债券管理资料,按照国债随买面值,借记本科目或"应付长期政府债券"科目;按照实际支付的金额,贷记"国库存款"等科目;按照其差额,借记或贷记"财务费用——利息费用"科目。

(四)实际偿还本级政府财政承担的短期政府债券本金时,借记本科目,贷记"国库存款"等科目。

四、本科目期末贷方余额反映政府财政尚未偿还的短期政府债券本金。

2011 应付国库集中支付结余

一、本科目核算省级以上(含省级)政府财政国库集中支付中,应列为当年费用,但年末尚未支付需结转下一年度支付的款项。

二、本科目应按照预算单位进行明细核算;同时可根据管理需要,参照《政府收支分类科目》中支出经济分类科目进行明细核算。

三、应付国库集中支付结余的主要账务处理如下:

(一)年末,对当年发生的应付国库集中支付结余,借记有关费用科目,贷记本科目。

(二)实际支付应付国库集中支付结余资金时,借记本科目,贷记"国库存款"科目。

(三)收回尚未支付的应付国库集中支付结余时,借记本科目,贷记"以前年度盈余调整"等科目。

四、本科目期末贷方余额反映政府财政尚未支付的国库集中支付结余。

2012 与上级往来

一、本科目核算本级政府财政与上级政府财政的往来待结算款项。

二、本科目可根据管理需要,按照往来款项的类别和项目等进行明细核算。

三、与上级往来的主要账务处理如下:

(一)收到上级政府财政拨付的款项时,借记"国库存款""其他财政存款"科目,贷记本科目。

(二)有主权外债业务的财政部门,贷款资金由本级政府财政同级部门使用,且贷款的最终还款责任由上级政府财政承担的,本级政府财政收到贷款资金时,借记"国库存款""其他财政存款"等科目,贷记本科目或"补助收入"科目;外方或上级政府财政将贷款资金直接支付给供应商或用款单位时,借记有关费用科目,贷记本科目或"补助收入"科目。

(三)两级财政年终结算中确认的应当上交上级政府财政的款项,借记"上解费用"科目,贷记本科目。

(四)两级财政年终结算中确认的应当由上级政府财政补助的款项,借记本科目,贷记"补助收入"科目。

(五)上级政府财政扣缴有关款项时,借记有关科目,贷记本科目。

(六)归还上级政府财政的往来性款项时,按照实际归还的金额,借记本科目,贷记"国库存款""其他财政存款"等科目。

四、本科目期末贷方余额反映本级政府财政欠上级政府财政的款项;借方余额反映上级政府财政欠本级政府财政的款项。

2013 其他应付款

一、本科目核算政府财政临时发生的暂收、应付、收到的不明性质款项和收回的结转结余资金等。税务机关代征入库的社会保险费,也通过本科目核算。

二、本科目应按照债权人或资金来源等进行明细核算。

三、其他应付款的主要账务处理如下:

(一)收到不明性质款项及收回结转结余资金时,借记"国库存款""其他财政存款"等科目,贷记本科目。

(二)将有关款项清理退还、划转、转作收入时,借记本科目,贷记"国库存款""其他财政存款"或有关收入科目。

(三)社会保险费代征入库时,借记"国库存款"科目,贷记本科目。入库的社会保险费划转社保基金专户时,借记本科目,贷记"国库存款"科目。

(四)收回的结转结余资金,财政部门按原预算科目使用的,实际安排支出时,借记本科目,贷记"国库存款""其他财政存款"等科目。

收回的结转结余资金,财政部门调整预算科目使用的,实际安排支出时,借记本科目,贷记"以前年度盈余调整——预算管理资金以前年度盈余调整"等科目;同时,借记有关费用科目,贷记"国库存款"等科目。

(五)有关款项确认冲减当年费用时,借记本科目,贷记有关费用科目;有关款项确认冲减以前年度有关费用事项的,借记本科目,贷记"以前年度盈余调整——预算管理资金以前年度盈余调整"等科目。

四、本科目应当及时清理结算,期末贷方余额反映政府财政尚未结清的其他应付款项。

2014 应付代管资金

一、本科目核算政府财政代为管理的使用权属于被代管主体的资金。

二、本科目应根据管理需要进行相关明细核算。

三、应付代管资金的主要账务处理如下:

(一)收到代管资金时,借记"其他财政存款"等科目,贷记本科目。

(二)支付代管资金时,借记本科目,贷记"其他财政存款"等科目。

(三)代管资金产生的利息收入按照有关规定仍属于代管资金的,借记"其他财政存款"等科目,贷记本科目。

四、本科目期末贷方余额反映政府财政尚未支付的代管资金。

2015 应付利息

一、本科目核算政府财政以政府名义发行的政府债券应支付的利息,以及以政府名义借入款项本期应承担的利息等。

二、本科目应根据管理需要设置"应付国债利息""应付地方政府债券利息""应付地方政府主权外债利息"明细科目。本科目应根据债务管理部门计算并提供的政府债券及借入款项的应付利息情况，按期进行核算。

三、应付利息的主要账务处理如下：

（一）根据债务管理部门计算确定的本期应付未付利息金额，借记"财务费用——利息费用"科目，贷记本科目。

（二）实际支付利息时，支付金额中已计提的部分，借记本科目，未计提的部分，借记"财务费用——利息费用"科目，贷记"国库存款""其他财政存款"等科目。

（三）提前赎回已发行的政府债券、豁免政府财政承担的主权外债应付利息时，按照减少的当年已计提应付利息金额，借记本科目，贷记"财务费用——利息费用"等科目。减少以前年度已计提但尚未支付的利息金额，借记本科目，贷记"以前年度盈余调整"科目。

（四）期末，政府发行的以外币计价的政府债券及借入款项由于汇率变化产生的应付利息折算差额，借记或贷记"财务费用——汇兑损益"科目，贷记或借记本科目。

四、本科目期末贷方余额反映政府财政应付未付的利息金额。

2021 应付长期政府债券

一、本科目核算政府财政以政府名义发行的期限超过1年的国债和地方政府债券的应付本金。其中，国债包括中央政府财政发行的国内政府债券和境外发行的主权债券等。

二、本科目应设置"应付国债""应付地方政府一般债券""应付地方政府专项债券"明细科目。债务管理部门应设置辅助明细账，主要包括政府债券金额、种类、期限、发行日、到期日、票面利率、实际偿还本金及付息情况等内容，并按期计算债券存续期应负担的利息金额。

三、应付长期政府债券的主要账务处理如下：

（一）实际收到长期政府债券发行收入时，按照实际收到的金额，借记"国库存款""其他财政存款"科目，按照长期政府债券实际发行额，贷记本科目，按照其差额，借记或贷记有关费用科目。

（二）中央财政发生国债随卖业务时，账务处理参照"应付短期政府债券"科目使用说明中国债随卖业务的账务处理。

（三）中央财政发生国债随买业务时，账务处理参照"应付短期政府债券"科目使用说明中国债随买业务的账务处理。

（四）政府财政以定向承销方式发行长期政府债券时，根据债务管理部门转来的债券发行文件等有关资料，借记"以前年度盈余调整""应收地方政府债券转贷款"等科目，按照长期政府债券实际发行额，贷记本科目，按照发行收入和发行额的差额，借记或贷记有关费用科目。

（五）实际偿还长期政府债券本金时，借记本科目，贷记"国库存款""其他财政存款"等科目。

四、本科目期末贷方余额反映政府财政尚未偿还的长期政府债券本金。

2022 借入款项

一、本科目核算政府财政以政府名义向外国政府、国际金融组织等借入的款项，以及经国务院批准的其他方式借入的款项。

二、本科目应按照债权人进行明细核算。债务管理部门应设置辅助明细账，主要包括借入款项对应的项目、期限、借入日期、实际偿还及付息情况等内容，并按期计算借款存续期应负担的利息金额。

三、借入款项的主要账务处理如下：

（一）借入主权外债的主要账务处理

1.本级政府财政收到借入的主权外债资金时，按照实际收到的金额借记"国库存款""其他财政存款"科目，按照实际承担的债务金额贷记本科目，按照实际收到的金额与承担的债务之间的差额，借记或贷记有关费用科目。

2.本级政府财政借入主权外债，且由外方或上级政府财政将贷款资金直接支付给用款单位或供应商时，应根据以下情况分别处理：

（1）本级政府财政承担还款责任，贷款资金由本级政府财政同级部门使用的，根据债务管理部门转来的有关资料，按照实际承担的债务金额，借记有关费用科目，贷记本科目。

（2）本级政府财政承担还款责任，贷款资金由下级政府财政同级部门使用的，根据债务管理部门转来的有关资料及有关预算文件，借记"补助费用"科目或"与下级往来"科目，贷记本科目。

（3）下级政府财政承担还款责任，贷款资金由下级政府财政同级部门使用的，根据债务管理部门转来的有关资料，借记"应收主权外债转贷款"科目，贷记本科目。

3.偿还主权外债本金时，按照实际支付的金额，借记本科目，贷记"国库存款""其他财政存款"等科目。

4.债权人豁免本级政府财政承担偿还责任的借入主权外债本金时，根据债务管理部门转来的有关资料，按照被豁免的本金，借记本科目，贷记"其他收入"等科目。

5.债权人豁免下级政府财政承担偿还责任的借入主权外债本金时，根据债务管理部门转来的有关资料，按照被豁免的本金，借记本科目，贷记"应收主权外债转贷款"科目。

（二）年末，根据债务管理部门提供借入款项因汇率变动产生的期末人民币余额与账面余额之间的差额资料，借记或贷记"财务费用——汇兑损益"科目，贷记或借记本科目。

（三）其他借入款项账务处理参照本科目使用说明中借入主权外债业务的账务处理。

四、本级政府财政首次确认以前年度借入的主权外债时，根据债务管理部门提供的有关资料，按照借入主权外债的余额，借记"以前年度盈余调整"科目，贷记本科目。

五、本科目期末贷方余额反映本级政府财政尚未偿还的借入款项本金。

2031 应付地方政府债券转贷款

一、本科目核算地方政府财政从上级政府财政借入地方政府债券转贷款的本金和利息。

二、本科目应设置"应付本金"和"应付利息"明细科目，其下可根据管理规定设置"地方政府一般债券""地方政府专项债券"等明细科目。其中，"应付利息"科目通常应根据债务管理部门计算并提供的政府债券转贷款的应付利息情况，按期进行核算。

三、应付地方政府债券转贷款的主要账务处理如下：

（一）上级政府财政转贷地方政府债券资金时，按照实际收到的金额或债务管理部门转来的相关资料，借记"国库存款"或"与上级往来"等科目，按照转贷本金金额，贷记本科目，按照其差额，借记或贷记有关费用科目。

（二）按期确认地方政府债券转贷款的应付利息时，根据债务管理部门计算确定的本期应付未付利息金额，借记"财务费用——利息费用"科目，贷记本科目。

（三）偿还本级政府财政承担的地方政府债券转贷款本息时，借记本科目，贷记"国库存款"等科目。

（四）上级政府财政扣缴地方政府债券转贷款本息时，借记本科目，贷记"与上级往来"等科目。

（五）上级政府财政豁免转贷款本息时，根据债务管理部门转来的有关资料及有关预算文件，按照豁免金额，借记本科目，贷记"补助收入"或"与上级往来"等科目。

四、本科目期末贷方余额反映本级政府财政尚未偿还的地方政府债券转贷款本金和利息。

2032 应付主权外债转贷款

一、本科目核算本级政府财政从上级政府财政借入主权外债转贷款的本金和利息。

二、本科目应设置"应付本金"和"应付利息"明细科目。债务管理部门应当设置辅助明细账，主要包括应付主权外债对应的项目、期限、借入日期、实际偿还及付息情况等内容，并按期计算外债存续期应负担的利息金额。

三、应付主权外债转贷款的主要账务处理如下：

（一）收到上级政府财政转贷的主权外债资金时，按照实际收到的金额借记"国库存款""其他财政存款"科目，按照实际承担的债务金额贷记本科目，按照实际收到的金额和承担的债务金额之间的差额，借记或贷记有关费用科目。

（二）从上级政府财政借入主权外债转贷款，且由外方或上级政府财政将贷款资金直接支付给用款单位或供应商时，应根据以下情况分别处理：

1. 本级政府财政承担还款责任，贷款资金由本级政府财政同级部门使用的，根据债务管理部门转来的有关资料，借记有关费用科目，贷记本科目。

2. 本级政府财政承担还款责任，贷款资金由下级政府财政同级部门使用的，根据债务管理部门转来的有关资料及有关预算文件，借记"补助费用"或"与下级往来"等科目，贷记本科目。

3. 下级政府财政承担还款责任，贷款资金由下级政府财政同级部门使用的，根据债务管理部门转来的有关资料，借记"应收主权外债转贷款"科目，贷记本科目。

（三）按期确认主权外债转贷款的应付利息时，根据债务管理部门计算确认的转贷款本期应付未付利息金额，借记"财务费用——利息费用"科目，贷记本科目。

（四）偿还主权外债转贷款的本息时，借记本科目，贷记"国库存款""其他财政存款"等科目。

（五）上级政府财政扣缴借入主权外债转贷款的本息时，借记本科目，贷记"与上级往来"科目。

（六）上级政府财政豁免主权外债转贷款本息时，根据以下情况分别处理：

1. 豁免本级政府财政承担偿还责任的主权外债转贷款本息时，根据债务管理部门转来的有关资料及有关预算文件，按照豁免转贷款的金额，借记本科目，贷记"补助收入"或"与上级往来"等科目。

2. 豁免下级政府财政承担偿还责任的主权外债转贷款本息时，根据债务管理部门转来的有关资料及有关预算文件，按照豁免转贷款的金额，借记本科目，贷记"应收主权外债转贷款"科目，同时借记"补助费用"或"与下级往来"等科目，贷记"补助收入"或"与上级往来"科目。

（七）年末，根据债务管理部门提供的应付主权外债转贷款因汇率变动产生的期末人民币余额与账面余额之间的差额资料，借记或贷记"财务费用——汇兑损益"科目，贷记或借记本科目。

四、本级政府财政首次确认以前年度转贷的主权外债时，根据债务管理部门提供的有关资料，按照转贷主权外债本息余额，借记"以前年度盈余调整"科目，贷记本科目。

五、本科目期末贷方余额反映本级政府财政尚未偿还的主权外债转贷款本金和利息。

2041 其他负债

一、本科目核算政府财政因有关政策明确要求其承担支出责任的事项而形成的支付义务。

二、本科目可根据管理需要，按照项目等进行明细核算。

三、其他负债的主要账务处理如下：

（一）政策明确由政府财政承担支出责任的其他负债，按照确定应承担的负债金额，借记"其他费用"科目,贷记本科目。

(二)期末,根据债务管理部门转来的其他负债期末余额与账面余额的差额,借记或贷记本科目,贷记或借记"其他费用"科目。

四、本科目贷方余额反映政府财政承担的尚未支付的其他负债余额。

三、净资产类

3001 累计盈余

一、本科目核算政府财政纳入一般公共预算、政府性基金预算、国有资本经营预算管理的预算资金,财政专户管理资金、专用基金历年实现的盈余滚存的金额。

二、本科目应设置"预算管理资金累计盈余""财政专户管理资金累计盈余""专用基金累计盈余"明细科目。

三、累计盈余的主要账务处理如下:

(一)"预算管理资金累计盈余"科目的主要账务处理

1. 年终转账时,将"本期盈余——预算管理资金本期盈余"科目余额转入本科目,借记或贷记"预算管理资金本期盈余"科目,贷记或借记本科目。

2. 年终转账时,将"以前年度盈余调整——预算管理资金以前年度盈余调整"科目余额转入本科目,借记或贷记"以前年度盈余调整——预算管理资金以前年度盈余调整"科目,贷记或借记本科目。

3. 本科目期末余额反映预算管理资金累计盈余的累计数。

(二)"财政专户管理资金累计盈余"科目的主要账务处理

1. 年终转账时,将"本期盈余——财政专户管理资金本期盈余"科目余额转入本科目,借记或贷记"财政专户管理资金本期盈余"科目,贷记或借记本科目。

2. 年终转账时,将"以前年度盈余调整——财政专户管理资金以前年度盈余调整"科目余额转入本科目,借记或贷记"以前年度盈余调整——财政专户管理资金以前年度盈余调整"科目,贷记或借记本科目。

3. 本科目期末余额反映财政专户管理资金累计盈余的累计数。

(三)"专用基金累计盈余"科目的主要账务处理

1. 年终转账时,将"本期盈余——专用基金本期盈余"科目的余额转入本科目,借记或贷记"专用基金本期盈余"科目,贷记或借记本科目。

2. 年终转账时,将"以前年度盈余调整——专用基金以前年度盈余调整"科目的余额转入本科目,借记或贷记"以前年度盈余调整——专用基金以前年度盈余调整"科目,贷记或借记本科目。

3. 本科目期末余额反映专用基金累计盈余的累计数。

3011 本期盈余

一、本科目核算政府财政纳入一般公共预算、政府性基金预算、国有资本经营预算管理的资金,财政专户管理资金、专用基金本期各项收入、费用分别相抵后的余额。设置补充和动用预算稳定调节基金,设置补充预算周转金产生的盈余变动事项,也通过本科目核算。

二、本科目应设置"预算管理资金本期盈余""财政专户管理资金本期盈余""专用基金本期盈余"明细科目。

三、本期盈余的主要账务处理如下:

(一)"预算管理资金本期盈余"科目的账务处理

1. 年终转账时,将纳入一般公共预算、政府性基金预算、国有资本经营预算管理的各类收入科目本年发生额转入本科目的贷方,借记"税收收入""非税收入""投资收益""补助收入""上解收入""地区间援助收入""其他收入"科目,贷记本科目;将纳入一般公共预算、政府性基金预算、国有资本经营预算管理的各类费用科目本年发生额转入本科目的借方,借记本科目,贷记"政府机关商品和服务拨款费用""政府机关工资福利拨款费用""对事业单位补助拨款费用""对企业补助拨款费用""对个人和家庭补助拨款费用""对社会保障基金补助拨款费用""资本性拨款费用""其他拨款费用""财务费用""补助费用""上解费用""地区间援助费用""其他费用"科目。

2. 设置或补充预算稳定调节基金时,借记本科目,贷记"预算稳定调节基金"科目;动用预算稳定调节基金时,借记"预算稳定调节基金"科目,贷记本科目。

3. 设置或补充预算周转金时,借记本科目,贷记"预算周转金"科目。

4. 完成上述结转后,将本科目余额转入累计盈余。如为借方余额,贷记本科目,借记"累计盈余——预算管理资金累计盈余"科目;如为贷方余额,借记本科目,贷记"累计盈余——预算管理资金累计盈余"科目。

5. 期末结转后,本科目应无余额。

(二)"财政专户管理资金本期盈余"科目的账务处理

1. 年终转账时,将财政专户管理资金收入的本年发生额转入本科目的贷方,借记"财政专户管理资金收入"科目,贷记本科目;将财政专户管理资金支出的本年发生额转入本科目的借方,借记本科目,贷记"财政专户管理资金支出"科目。

2. 完成上述结转后,将本科目余额转入累计盈余。借记或贷记本科目,贷记或借记"累计盈余——财政专户管理资金累计盈余"科目。

3. 期末结转后,本科目应无余额。

(三)"专用基金本期盈余"科目的账务处理

1. 年终转账时,将专用基金收入的本年发生额转入本科目的贷方,借记"专用基金收入"科目,贷记本科目;将专用基金支出的本年发生额转入本科目的借方,借记本科目,贷记"专用基金支出"科目。

2. 完成上述结转后,将本科目余额转入累计盈余。借记或贷记本科目,贷记或借记"累计盈余——专用基金累计盈余"科目。

3. 期末结转后,本科目应无余额。

3021 预算稳定调节基金

一、本科目核算本级政府财政为保持年度间预算的衔接和稳定而设置的储备性资金。

二、预算稳定调节基金的主要账务处理如下:

(一)设置或补充预算稳定调节基金时,借记"本期盈余——预算管理资金本期盈余"科目,贷记本科目。

(二)将预算周转金调入预算稳定调节基金时,借记"预算周转金"科目,贷记本科目。

(三)动用预算稳定调节基金时,借记本科目,贷记"本期盈余——预算管理资金本期盈余"科目。

三、本科目期末贷方余额反映预算稳定调节基金的累计规模。

3022 预算周转金

一、本科目核算政府财政设置的用于调剂预算年度内季节性收支差额周转使用的资金。

二、预算周转金的主要账务处理如下:

(一)设置或补充预算周转金时,借记"本期盈余——预算管理资金本期盈余"科目,贷记本科目。

(二)将预算周转金调入预算稳定调节基金时,借记本科目,贷记"预算稳定调节基金"科目。

三、本科目期末贷方余额反映预算周转金的累计规模。

3041 权益法调整

一、本科目核算政府财政按照持股比例计算应享有的被投资主体除净损益和利润分配以外的所有者权益变动的份额。

二、本科目应根据管理需要，按照被投资主体进行明细核算。

三、权益法调整的主要账务处理如下：

（一）被投资主体发生除净损益和利润分配以外的其他权益变动时，按照政府财政持股比例计算应享有的部分，借记或贷记"股权投资（其他权益变动）"科目，贷记或借记本科目。

（二）处置股权投资或因企业破产清算导致股权投资减少时，按照相应的"权益法调整"账面余额，借记或贷记本科目，贷记或借记"股权投资（其他权益变动）"科目。

（三）无偿划出股权投资时，根据股权管理部门提供的资料，按照被划出股权投资对应的"权益法调整"科目账面余额，借记或贷记本科目，贷记或借记"股权投资（其他权益变动）"科目；按照被划出股权投资的账面余额，借记"其他费用"科目，贷记"股权投资（投资成本、损益调整）"科目。

（四）由于管理需要，股权投资的核算由权益法改为成本法的，按照"权益法调整"科目账面余额，借记或贷记本科目，贷记或借记"股权投资（其他权益变动）"科目；按照权益法下"股权投资（投资成本、损益调整）"科目账面余额作为成本法下"股权投资（投资成本）"账面余额，借记"股权投资（投资成本）"科目，贷记"股权投资（投资成本、损益调整）"科目。

四、本科目期末余额反映政府财政在被投资主体除净损益和利润分配以外的所有者权益变动中累计享有（或分担）的份额。

3051 以前年度盈余调整

一、本科目核算政府财政调整以前年度盈余的事项。

二、本科目应设置"预算管理资金以前年度盈余调整""财政专户管理资金以前年度盈余调整""专用基金以前年度盈余调整"明细科目。

三、以前年度盈余调整的主要账务处理如下：

（一）调整增加以前年度收入时，按照调整增加的金额，借记有关科目，贷记本科目；调整减少的，作相反会计分录。

（二）调整增加以前年度费用时，按照调整增加的金额，借记本科目，贷记有关科目；调整减少的，作相反会计分录。

（三）对于政府以前年度取得的资产或承担的负债，在本年初次确认时，借记有关资产科目或贷记有关负债科目，贷记或借记本科目。

（四）年终转账时，将本科目余额转入累计盈余，借记或贷记"累计盈余"科目，贷记或借记本科目。

四、期末结转后，本科目应无余额。

四、收入类

4001 税收收入

一、本科目核算政府财政筹集的纳入本级财政管理的税收收入。

二、本科目应参照《政府收支分类科目》中"税收收入"科目进行明细核算。

三、税收收入的主要账务处理如下：

（一）收到款项时，根据当日收入日报表所列本级税收收入数，借记"国库存款"科目，贷记本科目。

（二）年终转账时，本科目贷方余额转入本期盈余，借记本科目，贷记"本期盈余——

预算管理资金本期盈余"科目。

四、本科目平时贷方余额反映本级政府财政税收收入的累计数。

五、期末结转后,本科目应无余额。

4002 非税收入

一、本科目核算政府财政筹集的纳入本级财政管理的非税收入。

二、本科目应参照《政府收支分类科目》中"非税收入"科目进行明细核算。

三、非税收入的主要账务处理如下:

(一)确认取得非税收入时

1. 按照实际收到的非税收入金额,借记"国库存款"科目,贷记本科目。

2. 全部实行非税收入电子化管理,非税收入管理部门具备条件提供已开具缴款票据、尚未缴入本级国库的非税收入数据的地区,按照本级应收的非税收入金额,借记"应收非税收入"科目,贷记本科目。

(二)期末,非税收入管理部门应提供已列应收非税收入中确认不能缴库的金额,借记本科目,贷记"应收非税收入"科目。

(三)年终转账时,本科目贷方余额转入本期盈余,借记本科目,贷记"本期盈余——预算管理资金本期盈余"科目。

四、本科目平时贷方余额反映本级政府财政非税收入的累计数。

五、期末结转后,本科目应无余额。

4011 投资收益

一、本科目核算政府股权投资所实现的收益或发生的损失。

二、本科目可根据管理需要,按照被投资主体进行明细核算。

三、投资收益的主要账务处理如下:

(一)采用权益法核算

1. 股权投资持有期间,被投资主体实现净损益的,根据股权管理部门提供的资料,按照应享有或应分担的被投资主体实现净损益的份额,借记或贷记"股权投资(损益调整)"科目,贷记或借记本科目。

2. 处置股权投资时,根据股权管理部门提供的资料,按照处置收回的金额,借记"国库存款"科目,按照已宣告尚未领取的现金股利或利润,贷记"应收股利"科目,按照被处置股权投资的账面余额,贷记"股权投资(投资成本、损益调整)"科目,按照借贷方差额,贷记或借记本科目;同时,按照被处置股权投资对应的"权益法调整"科目账面余额,借记或贷记"权益法调整"科目,贷记或借记"股权投资(其他权益变动)"科目。

3. 企业破产清算时,按照缴入国库清算收入的金额,借记"国库存款"科目,按照破产清算股权投资的账面余额,贷记"股权投资(投资成本、损益调整)"科目,按照其差额,借记或贷记本科目;同时,按照破产清算企业股权投资对应的"权益法调整"科目账面余额,借记或贷记"权益法调整"科目,贷记或借记"股权投资(其他权益变动)"科目。

(二)采用成本法核算

1. 股权投资持有期间,被投资主体宣告发放现金股利或利润的,根据股权管理部门提供的资料,按照应上缴政府财政的部分,借记"应收股利"科目,贷记本科目。

2. 收到现金股利或利润时,按照实际收到的金额,借记"国库存款"科目,贷记"应收股利"科目;按照实际收到金额中未宣告发放的现金股利或利润,借记"应收股利"科目,贷记本科目。

3. 处置股权投资时,按照收回的金额,借记"国库存款"科目,按照已宣告尚未领取的现金股利或利润,贷记"应收股利"科目,按照股权投资账面余额,贷记"股权投资(投资成本)"科目,按照借贷方差额,贷记或借记本科目。

4. 企业破产清算时，根据股权管理部门提供的资料，按照缴入国库清算收入的金额，借记"国库存款"科目，按照破产清算股权投资的账面余额，贷记"股权投资（投资成本）"科目，按照其差额，借记或贷记本科目。

四、年终转账时，本科目余额转入本期盈余，借记或贷记本科目，贷记或借记"本期盈余——预算管理资金本期盈余"科目。

五、期末结转后，本科目应无余额。

4021 补助收入

一、本科目核算上级政府财政按照财政体制规定或专项需要补助给本级政府财政的款项，包括税收返还、转移支付等。

二、补助收入的主要账务处理如下：

（一）年终与上级政府财政结算时，按照结算确认的应当由上级政府补助的收入数，借记"与上级往来"科目，贷记本科目。退还或核减补助收入时，借记本科目，贷记"与上级往来"科目。

（二）年终转账时，本科目贷方余额转入本期盈余，借记本科目，贷记"本期盈余——预算管理资金本期盈余"科目。

三、本科目平时贷方余额反映本级政府财政取得补助收入的累计数。

四、期末结转后，本科目应无余额。

4022 上解收入

一、本科目核算按照财政体制规定或专项需要由下级政府财政上交给本级政府财政的款项。

二、本科目可根据管理需要，按照上解地区进行明细核算。

三、上解收入的主要账务处理如下：

（一）年终与下级政府财政结算时，按照结算确认的应上解金额，借记"与下级往来"科目，贷记本科目。退还或核减上解收入时，借记本科目，贷记"与下级往来"科目。

（二）年终转账时，本科目贷方余额转入本期盈余，借记本科目，贷记"本期盈余——预算管理资金本期盈余"科目。

四、本科目平时贷方余额反映上解收入的累计数。

五、期末结转后，本科目应无余额。

4023 地区间援助收入

一、本科目核算受援方政府财政收到援助方政府财政转来的可统筹使用的各类援助、捐赠等资金收入。援助方政府已列"地区间援助费用"科目的援助、捐赠等资金，受援方通过本科目核算。

二、本科目可根据管理需要，按照援助地区等进行明细核算。

三、地区间援助收入的主要账务处理如下：

（一）收到援助方政府财政转来的资金时，借记"国库存款"科目，贷记本科目。

（二）年终转账时，本科目贷方余额转入本期盈余，借记本科目，贷记"本期盈余——预算管理资金本期盈余"科目。

四、本科目平时贷方余额反映地区间援助收入的累计数。

五、期末结转后，本科目应无余额。

4031 其他收入

一、本科目核算政府财政除税收收入、非税收入、投资收益、补助收入、上解收入、地区间援助收入、财政专户管理资金收入、专用基金收入以外的各项收入，包括从其他渠道调入资金、豁免主权外债偿还责任以及无偿取得股权投资等产生的收入。

二、本科目可根据管理需要，按照其他收入类别等进行明细核算。

三、其他收入的主要账务处理如下：

（一）从其他渠道调入资金时，按照调入的金额，借记"国库存款"科目，贷记本科目。

（二）债权人豁免政府财政承担的主权外债时，政府财政按照减少的债务金额，借记"借入款项"等科目，贷记本科目。

（三）无偿划入股权投资时，账务处理参照"股权投资"科目使用说明中权益法和成本法下对应业务的账务处理。

（四）年终转账时，本科目贷方余额转入本期盈余。借记本科目，贷记"本期盈余——预算管理资金本期盈余"科目。

四、本科目平时贷方余额反映本级政府财政其他收入的累计数。

五、期末结转后，本科目应无余额。

4041 财政专户管理资金收入

一、本科目核算政府财政纳入财政专户管理的教育收费等资金收入。

二、本科目可根据管理需要，按照预算单位等进行明细核算。

三、财政专户管理资金收入的主要账务处理如下：

（一）收到财政专户管理资金时，借记"其他财政存款"科目，贷记本科目。

（二）年终转账时，本科目贷方余额转入本期盈余，借记本科目，贷记"本期盈余——财政专户管理资金本期盈余"科目。

四、本科目平时贷方余额反映财政专户管理资金收入的累计数。

五、期末结转后，本科目应无余额。

4042 专用基金收入

一、本科目核算政府财政按照法律法规和国务院、财政部规定设置或取得的粮食风险基金等专用基金收入。

二、本科目可根据管理需要，按照专用基金的种类进行明细核算。

三、专用基金收入的主要账务处理如下：

（一）取得专用基金收入转入财政专户时，借记"其他财政存款"科目，贷记本科目。退回取得的专用基金收入时，借记本科目，或"以前年度盈余调整——专用基金以前年度盈余调整"科目，贷记"其他财政存款"科目。

（二）通过费用安排取得专用基金收入仍留存国库的，借记有关费用科目，贷记"专用基金收入"科目。

（三）年终转账时，本科目贷方余额转入本期盈余，借记本科目，贷记"本期盈余——专用基金本期盈余"科目。

四、本科目平时贷方余额反映本级政府财政专用基金收入的累计数。

五、期末结转后，本科目应无余额。

五、费用类

5001 政府机关商品和服务拨款费用

一、本科目核算本级政府财政拨付给机关和参公事业单位购买商品和服务的各类费用，不包括用于购置固定资产、战略性和应急性物资储备等资本性拨款费用。

二、本科目可根据管理需要，参照《政府收支分类科目》中支出经济分类科目，按照预算单位和项目等进行明细核算。

三、政府机关商品和服务拨款费用的主要账务处理如下：

（一）实际发生政府机关商品和服务拨款费用时，借记本科目，贷记"国库存款"科目。

（二）当年政府机关商品和服务拨款费用发生退回时，按照实际收到的退回金额，借记"国库存款"科目，贷记本科目。

（三）年终转账时，本科目借方余额转入本期盈余，借记"本期盈余——预算管理资金本期盈余"科目，贷记本科目。

四、本科目平时借方余额反映本级政府机关商品和服务拨款费用的累计数。

五、期末结转后，本科目应无余额。

5002 政府机关工资福利拨款费用

一、本科目核算本级政府财政拨付给机关和参公事业单位在职职工和编制外长期聘用人员的各类劳动报酬及为上述人员缴纳的各项社会保险费等费用。

二、本科目可根据管理需要，参照《政府收支分类科目》中支出经济分类科目，按照预算单位和项目等进行明细核算。

三、政府机关工资福利拨款费用的主要账务处理如下：

（一）实际发生政府机关工资福利拨款费用时，借记本科目，贷记"国库存款"科目。

（二）当年政府机关工资福利拨款费用发生退回时，按照实际收到的退回金额，借记"国库存款"科目，贷记本科目。

（三）年终转账时，本科目借方余额转入本期盈余，借记"本期盈余——预算管理资金本期盈余"科目，贷记本科目。

四、本科目平时借方余额反映本级政府机关工资福利拨款费用的累计数。

五、期末结转后，本科目应无余额。

5003 对事业单位补助拨款费用

一、本科目核算本级政府财政拨付的对事业单位（不含参公事业单位）的经常性补助费用，不包括对事业单位的资本性拨款费用。

二、本科目可根据管理需要，参照《政府收支分类科目》中支出经济分类科目，按照预算单位和项目等进行明细核算。

三、对事业单位补助拨款费用的主要账务处理如下：

（一）实际发生对事业单位补助拨款费用时，借记本科目，贷记"国库存款"科目。

（二）当年对事业单位补助拨款费用发生退回时，按照实际收到的退回金额，借记"国库存款"科目，贷记本科目。

（三）年终转账时，本科目借方余额转入本期盈余，借记"本期盈余——预算管理资金本期盈余"科目，贷记本科目。

四、本科目平时借方余额反映本级政府财政对事业单位补助拨款费用的累计数。

五、期末结转后，本科目应无余额。

5004 对企业补助拨款费用

一、本科目核算本级政府财政拨付的对各类企业的补助费用，不包括对企业的资本金注入和资本性拨款费用。

二、本科目可根据管理需要，参照《政府收支分类科目》中支出经济分类科目，按照预算单位和项目等进行明细核算。

三、对企业补助拨款费用的主要账务处理如下：

（一）实际发生对企业补助拨款费用时，借记本科目，贷记"国库存款"科目。

（二）当年对企业补助拨款费用发生退回时，按照实际收到的退回金额，借记"国库存款"科目，贷记本科目。

（三）年终转账时，本科目借方余额转入本期盈余，借记"本期盈余——预算管理资金本期盈余"科目，贷记本科目。

四、本科目平时借方余额反映本级政府财政对企业补助拨款费用的累计数。

五、期末结转后，本科目应无余额。

5005 对个人和家庭补助拨款费用

一、本科目核算本级政府财政拨付的对个人和家庭的补助费用。

二、本科目可根据管理需要，参照《政府收支分类科目》中支出经济分类科目，按照预算单位和项目等进行明细核算。

三、对个人和家庭补助拨款费用的主要账务处理如下：

（一）实际发生对个人和家庭补助拨款费用时，借记本科目，贷记"国库存款"科目。

（二）当年对个人和家庭补助拨款费用发生退回时，按照实际收到的金额，借记"国库存款"科目，贷记本科目。

（三）年终转账时，本科目借方余额转入本期盈余，借记"本期盈余——预算管理资金本期盈余"科目，贷记本科目。

四、本科目平时借方余额反映本级政府财政对个人和家庭补助拨款费用的累计数。

五、期末结转后，本科目应无余额。

5006 对社会保障基金补助拨款费用

一、本科目核算本级政府财政拨付的对社会保险基金的补助费用，以及补充全国社会保障基金的费用。

二、本科目可根据管理需要，参照《政府收支分类科目》中支出经济分类科目，按照预算单位和项目等进行明细核算。

三、对社会保障基金补助拨款费用的主要账务处理如下：

（一）实际发生对社会保障基金补助拨款费用时，借记本科目，贷记"国库存款"科目。

（二）当年对社会保障基金补助拨款费用发生退回时，按照实际收到的金额，借记"国库存款"科目，贷记本科目。

（三）年终转账时，本科目借方余额转入本期盈余，借记"本期盈余——预算管理资金本期盈余"科目，贷记本科目。

四、本科目平时借方余额反映本级政府财政对社会保障基金补助拨款费用的累计数。

五、期末结转后，本科目应无余额。

5007 资本性拨款费用

一、本科目核算政府财政拨付给行政事业单位和企业的资本性拨款费用，不包括对企业的资本金注入。

二、本科目可根据管理需要，参照《政府收支分类科目》中支出经济分类科目，按照预算单位和项目等进行明细核算。

三、资本性拨款费用的主要账务处理如下：

（一）实际发生资本性拨款费用时，借记本科目，贷记"国库存款"科目。

（二）当年资本性拨款费用发生退回时，按照实际退回的金额，借记"国库存款"科目，贷记本科目。

（三）年终转账时，本科目借方余额转入本期盈余，借记"本期盈余——预算管理资金本期盈余"科目，贷记本科目。

四、本科目平时借方余额反映本级政府财政资本性拨款费用的累计数。

五、期末结转后，本科目应无余额。

5008 其他拨款费用

一、本科目核算本级政府财政拨付的经常性赠与、国家赔偿费用、对民间非营利组织和群众性自治组织补贴等拨款费用。

二、本科目可根据管理需要，参照《政府收支分类科目》中支出经济分类科目，按照预算单位和项目等进行明细核算。

三、其他拨款费用的主要账务处理如下：

（一）实际发生其他拨款费用时，借记本科目，贷记"国库存款"科目。

（二）当年其他拨款费用发生退回时，按照实际收到的退回金额，借记"国库存款"科目，贷记本科目。

（三）年终转账时，本科目借方余额转入本期盈余，借记"本期盈余——预算管理资金本期盈余"科目，贷记本科目。

四、本科目平时借方余额反映本级政府财政其他拨款费用的累计数。

五、期末结转后，本科目应无余额。

5011 财务费用

一、本科目核算本级政府财政用于偿还政府债务利息费用，政府债务发行、兑付、登记费用，以外币计算的政府资产及债务由于汇率变化产生的汇兑损益等。

二、本科目应设置"利息费用""债务发行兑付费用""汇兑损益"明细科目。

三、财务费用的主要账务处理如下：

（一）利息费用的主要账务处理

1. 按期计提利息费用时，根据债务管理部门计算确定的本期应支付利息金额，借记本科目，贷记"应付利息""应付地方政府债券转贷款——应付利息""应付主权外债转贷款——应付利息"等科目。

2. 中央财政发生国债随卖业务时，账务处理参照"应付短期政府债券"科目使用说明中国债随卖业务的账务处理。

3. 中央财政发生国债随买业务时，账务处理参照"应付短期政府债券"科目使用说明中国债随买业务的账务处理。

4. 提前赎回已发行的政府债券、债权人豁免政府财政承担的主权外债应付利息时，按照减少的当年已计提应付利息金额，借记"应付利息""应付地方政府债券转贷款——应付利息""应付主权外债转贷款——应付利息"等科目，贷记本科目。

（二）债务发行兑付费用的主要账务处理

1. 支付政府债务发行、兑付、登记款项时，按照实际支付的金额，借记本科目，贷记"国库存款"科目。

2. 收到或扣缴下级政府财政应承担的政府债务发行、兑付、登记款项时，按照实际收到或扣缴的金额，借记"国库存款""其他财政存款""与下级往来"等科目，贷记本科目。

（三）汇兑损益的主要账务处理

1. 期末，将所有以外币计算的政府资产按期末汇率折算为人民币金额，折算后的金额小于账面余额时，按照折算差额，借记本科目，贷记"其他财政存款""应收主权外债转贷款"等科目；折算后的金额大于账面余额时，按照折算差额，借记"其他财政存款""应收主权外债转贷款"科目，贷记本科目。

2. 期末，将所有以外币计算的借入款项、政府债券、主权外债转贷款、应付利息等政府负债按期末汇率折算为人民币金额，折算后的金额小于账面余额时，按照折算差额，借记"借入款项""应付长期政府债券""应付主权外债转贷款""应付利息"等科目，贷记本科目；折算后的金额大于账面余额时，按照折算差额，借记本科目，贷记"借入款项""应付长期政府债券""应付主权外债转贷款""应付利息"等科目。

（四）年终转账时，本科目借方或贷方余额转入本期盈余，借记或贷记"本期盈余——预算管理资金本期盈余"科目，贷记或借记本科目。

四、本科目平时借方余额反映本级政府财政财务费用的累计数。

五、期末结转后，本科目应无余额。

5021 补助费用

一、本科目核算本级政府财政按财政体制规定或专项需要补助给下级政府财政的款项，包括对下级的税收返还、一般性转移支付和专项转移支付等。

二、本科目可根据管理需要，按照补助地区进行明细核算。

三、补助费用的主要账务处理如下：

（一）年终与下级政府财政结算时，按照结算确认的应当补助下级政府的费用数，借记本科目，贷记"与下级往来"科目。退还或核减补助费用时，借记"与下级往来"科目，贷记本科目。

（二）专项转移支付资金实行特设专户管理的，根据有关支出管理部门下达的预算文件和拨款依据确认费用，借记本科目或"与下级往来"科目；资金由本级政府财政拨付给下级的，贷记"其他财政存款"等科目；资金由上级政府财政直接拨给下级的，贷记"与上级往来"或"补助收入"科目。

（三）年终转账时，本科目借方余额转入本期盈余，借记"本期盈余——预算管理资金本期盈余"科目，贷记本科目。

四、本科目平时借方余额反映本级政府财政对下级补助费用的累计数。

五、期末结转后，本科目应无余额。

5022 上解费用

一、本科目核算本级政府财政按照财政体制规定或专项需要上解给上级政府财政的款项。

二、本科目可根据管理需要按照项目等进行明细核算。

三、上解费用的主要账务处理如下：

（一）年终与上级政府财政结算时，按照结算确认的应当上解费用数，借记本科目，贷记"与上级往来"科目。退还或核减上解费用时，借记"与上级往来"等科目，贷记本科目。

（二）年终转账时，本科目借方余额转入本期盈余，借记"本期盈余——预算管理资金本期盈余"科目，贷记本科目。

四、本科目平时借方余额反映本级政府财政上解费用的累计数。

五、期末结转后，本科目应无余额。

5023 地区间援助费用

一、本科目核算援助方政府财政安排用于受援方政府财政统筹使用的各类援助、补偿、捐赠等。

二、本科目可根据管理需要，按照受援地区等进行明细核算。

三、地区间援助费用的主要账务处理如下：

（一）发生地区间援助费用时，借记本科目，贷记"国库存款"科目。

（二）年终转账时，本科目借方余额转入本期盈余，借记"本期盈余——预算管理资金本期盈余"科目，贷记本科目。

四、本科目平时借方余额反映地区间援助费用的累计数。

五、期末结转后，本科目应无余额。

5031 其他费用

一、本科目核算本级政府财政无偿划出股权投资时产生的投资损失、政府财政承担支出责任的其他负债等。

二、本科目可根据管理需要，按照类别进行明细核算。

三、其他费用的主要账务处理如下：

（一）政府财政无偿划出股权投资时，根据股权管理部门提供的资料，按照被划出股权投资对应的"权益法调整"科目账面余额，借记或贷记"权益法调整"科目，贷记或借记"股权投资（其他权益变动）"科目；按照被划出股权投资的账面余额，借记本科目，贷记"股权投资（投资成本、损益调整）"科目。

（二）政府财政承担支出责任的其他负债，按照确定应承担的负债金额，借记本科目，贷记"其他负债"科目。

（三）无偿划出股权投资时，账务处理参照"股权投资"科目使用说明中权益法和成本法下对应业务的账务处理。

（四）年终转账时，本科目借方余额转入本期盈余，借记"本期盈余——预算管理资金本期盈余"科目，贷记本科目。

四、本科目平时借方余额反映本级政府财政其他费用的累计数。

五、期末结转后，本科目应无余额。

5041 财政专户管理资金支出

一、本科目核算本级政府财政用纳入财政专户管理的教育收费等资金安排的支出。

二、本科目可根据管理需要，按照预算单位等进行明细核算。

三、财政专户管理资金支出的主要账务处理如下：

（一）发生财政专户管理资金支出时，借记本科目，贷记"其他财政存款"等科目。

（二）当年记入的财政专户管理资金支出发生退回时，按照实际退回的金额，借记"其他财政存款"科目，贷记本科目。

（三）以前年度财政专户管理资金支出发生退回时，按照实际退回的金额，借记"其他财政存款"科目，贷记"以前年度盈余调整——财政专户管理资金以前年度盈余调整"科目。

（四）年终转账时，本科目借方余额转入本期盈余，借记"本期盈余——财政专户管理资金本期盈余"科目，贷记本科目。

四、本科目平时借方余额反映财政专户管理资金支出的累计数。

五、期末结转后，本科目应无余额。

5042 专用基金支出

一、本科目核算本级政府财政用专用基金收入安排的支出。

二、本科目可根据管理需要，按照专用基金种类、预算单位等进行明细核算。

三、专用基金支出的主要账务处理如下：

（一）发生专用基金支出时，借记本科目，贷记"其他财政存款"等科目。

（二）当年专用基金支出发生退回时，按照实际退回的金额，借记"其他财政存款"等科目，贷记本科目。

（三）以前年度专用基金支出发生退回时，按照实际退回的金额，借记"其他财政存款"等科目，贷记"以前年度盈余调整——专用基金以前年度盈余调整"科目。

（四）年终转账时，本科目借方余额转入本期盈余，借记"本期盈余——专用基金本期盈余"科目，贷记本科目。

四、本科目平时借方余额反映专用基金支出的累计数。五、期末结转后，本科目应无余额。

第四十二条 预算会计科目使用说明如下：

六、预算收入类

6001 一般公共预算收入

一、本科目核算政府财政筹集的纳入本级一般公共预算管理的税收收入和非税收入。

二、本科目应根据《政府收支分类科目》中"一般公共预算收入"科目进行明细核算。

三、一般公共预算收入的主要账务处理如下：

（一）收到款项时，根据当日预算收入日报表所列一般公共预算本级收入数，借记"资金结存——库款资金结存"科目，贷记本科目。

（二）年终转账时，本科目贷方余额转入一般公共预算结转结余，借记本科目，贷记

"一般公共预算结转结余"科目。

四、本科目平时贷方余额反映本级一般公共预算收入的累计数。

五、期末结转后，本科目应无余额。

6002 政府性基金预算收入

一、本科目核算政府财政筹集的纳入本级政府性基金预算管理的非税收入。

二、本科目应根据《政府收支分类科目》中"政府性基金预算收入"科目进行明细核算。

三、政府性基金预算收入的主要账务处理如下：

（一）收到款项时，根据当日预算收入日报表所列政府性基金预算本级收入数，借记"资金结存——库款资金结存"科目，贷记本科目。

（二）年终转账时，本科目贷方余额转入政府性基金预算结转结余，借记本科目，贷记"政府性基金预算结转结余"科目。

四、本科目平时贷方余额反映本级政府性基金预算收入的累计数。

五、期末结转后，本科目应无余额。

6003 国有资本经营预算收入

一、本科目核算政府财政筹集的纳入本级国有资本经营预算管理的非税收入。

二、本科目应根据《政府收支分类科目》中"国有资本经营预算收入"科目进行明细核算。

三、国有资本经营预算收入的主要账务处理如下：

（一）收到款项时，根据当日预算收入日报表所列国有资本经营预算本级收入数，借记"资金结存——库款资金结存"科目，贷记本科目。

（二）年终转账时，本科目贷方余额转入国有资本经营预算结转结余，借记本科目，贷记"国有资本经营预算结转结余"科目。

四、本科目平时贷方余额反映本级国有资本经营预算收入的累计数。

五、期末结转后，本科目应无余额。

6005 财政专户管理资金收入

一、本科目核算政府财政纳入财政专户管理的教育收费等资金收入。

二、本科目应根据《政府收支分类科目》中收入分类科目进行明细核算。同时，根据管理需要，按预算单位等进行明细核算。

三、财政专户管理资金收入的主要账务处理如下：

（一）收到财政专户管理资金收入时，借记"资金结存——专户资金结存"科目，贷记本科目。

（二）年终转账时，本科目贷方余额转入财政专户管理资金结余，借记本科目，贷记"财政专户管理资金结余"科目。

四、本科目平时贷方余额反映财政专户管理资金收入的累计数。

五、期末结转后，本科目应无余额。

6007 专用基金收入

一、本科目核算本级政府财政按照法律法规和国务院、财政部规定设置或取得的粮食风险基金等专用基金收入。

二、本科目应按照专用基金种类进行明细核算。

三、专用基金收入的主要账务处理如下：

（一）通过预算支出安排取得专用基金收入并将资金转入财政专户的，借记"资金结存——专户资金结存"科目，贷记本科目；同时，借记"一般公共预算支出"等科目，贷记"资金结存——库款资金结存"等科目。退回专用基金收入时，做相反的会计分录。

（二）通过预算支出安排取得专用基金收入，资金仍留存国库的，借记"一般公共预算支出"等科目，贷记本科目。

（三）年终转账时，本科目贷方余额转入专用基金结余，借记本科目，贷记"专用基金结余"科目。

四、本科目平时贷方余额反映取得专用基金收入的累计数。

五、期末结转后，本科目应无余额。

6011 补助预算收入

一、本科目核算上级政府财政按照财政体制规定或专项需要补助给本级政府财政的款项，包括税收返还、一般性转移支付和专项转移支付等。

二、本科目下应设置"一般公共预算补助收入""政府性基金预算补助收入""国有资本经营预算补助收入""上级调拨"明细科目，可根据《政府收支分类科目》规定进行明细核算。其中，"一般公共预算补助收入"科目核算本级政府财政收到上级政府财政的一般公共预算转移支付收入；"政府性基金预算补助收入"科目核算本级政府财政收到上级政府财政的政府性基金转移支付收入；"国有资本经营预算补助收入"科目核算本级政府财政收到上级政府财政的国有资本经营预算转移支付收入；"上级调拨"科目核算年度执行中，本级政府财政收到暂不能明确资金类别的上级政府财政调拨资金或按年终结算应确认事项金额。

三、补助预算收入的主要账务处理如下：

（一）年度执行中，收到上级政府财政调拨的资金时，按照实际收到的金额，借记"资金结存——库款资金结存"科目，贷记"补助预算收入——上级调拨"等科目。

专项转移支付资金实行特设专户管理的，收到资金时按照实际收到的金额，借记"资金结存——专户资金结存"科目，贷记"补助预算收入——上级调拨"科目。

有主权外债业务的财政部门，贷款资金由本级政府财政同级预算单位使用，且贷款的最终还款责任由上级政府财政承担的，本级政府财政部门收到贷款资金时，借记"资金结存——专户资金结存"科目，贷记"补助预算收入——上级调拨"科目；外方或上级政府财政将贷款资金直接支付给供应商或用款单位时，借记"一般公共预算支出"科目，贷记"补助预算收入——上级调拨"等科目；上级政府财政豁免本级政府财政主权外债，根据债务管理部门提供的有关资料和有关预算文件，借记"资金结存——上下级调拨结存"科目，贷记"补助预算收入——上级调拨"科目。

（二）根据预算管理需要，本级政府财政向上级政府财政归还资金时，按照实际转出的金额，借记"补助预算收入——上级调拨"科目，贷记"资金结存——库款资金结存"科目。

（三）年终两级财政办理结算以后，根据预算管理部门提供的结算单确认上级补助预算收入，借记"补助预算收入——上级调拨"科目，贷记"补助预算收入——一般公共预算补助收入""补助预算收入——政府性基金预算补助收入""补助预算收入——国有资本经营预算补助收入"等科目；两级财政年终结算中发生应上交上级政府财政款项时，借记"上解预算支出"等科目，贷记"补助预算收入——上级调拨"等科目。

（四）完成上述结转以后，将本科目下各明细科目余额分别结转至相应的预算结余类科目，借记本科目，贷记"一般公共预算结转结余""政府性基金预算结转结余""国有资本经营预算结转结余""资金结存——上下级调拨结存"等科目。

四、本科目平时贷方余额反映本级政府财政收到上级政府财政调拨资金的累计数。

五、期末结转后，本科目应无余额。

6012 上解预算收入

一、本科目核算按照财政体制规定或专项需要由下级政府财政上交给本级政府财政的款项。

二、本科目下应按照不同资金性质设置"一般公共预算上解收入""政府性基金预算上解收入""国有资本经营预算上解收入"明细科目，并按照上解地区进行明细核算。

三、上解预算收入的主要账务处理如下：

（一）年终与下级政府财政结算时，根据预算管理部门提供的有关资料，按照尚未收到的上解款金额，借记"补助预算支出——调拨下级"科目，贷记本科目。

（二）年终转账时，本科目贷方余额应根据不同资金性质分别转入相应的结转结余科目，借记本科目，贷记"一般公共预算结转结余""政府性基金预算结转结余""国有资本经营预算结转结余"等科目。

四、本科目平时贷方余额反映上解收入的累计数。五、期末结转后，本科目应无余额。

6013 地区间援助预算收入

一、本科目核算受援方政府财政收到援助方政府财政转来的可统筹使用的各类援助、捐赠等资金收入。援助方政府已列"地区间援助预算支出"的援助、捐赠等资金，受援方通过本科目核算。

二、本科目应根据管理需要，按照援助地区等进行明细核算。

三、地区间援助预算收入的主要账务处理如下：

（一）收到援助方政府财政转来的资金时，借记"资金结存——库款资金结存"科目，贷记本科目。

（二）年终转账时，本科目贷方余额转入一般公共预算结转结余，借记本科目，贷记"一般公共预算结转结余"科目。

四、本科目平时贷方余额反映地区间援助收入的累计数。

五、期末结转后，本科目应无余额。

6021 调入预算资金

一、本科目核算政府财政为平衡某类预算收支、从其他类型预算资金及其他渠道调入的资金。

二、本科目下应按照不同资金性质设置"一般公共预算调入资金""政府性基金预算调入资金"明细科目。

三、调入预算资金的主要账务处理如下：

（一）从其他类型预算资金及其他渠道调入一般公共预算时，按照调入或实际收到的金额，借记"调出预算资金——政府性基金预算调出资金""调出预算资金——国有资本经营预算调出资金""资金结存——库款资金结存"等科目，贷记"调入预算资金——一般公共预算调入资金"科目。

（二）从其他类型预算资金及其他渠道调入政府性基金预算时，按照调入或实际收到的资金金额，借记"资金结存——库款资金结存"等科目，贷记"调入预算资金——政府性基金预算调入资金"科目。

（三）年终转账时，本科目贷方余额按明细科目分别转入相应的结转结余科目，借记本科目，贷记"一般公共预算结转结余""政府性基金预算结转结余"等科目。

四、本科目平时贷方余额反映调入预算资金的累计数。

五、期末结转后，本科目无余额。

6031 动用预算稳定调节基金

一、本科目核算政府财政为弥补本年度预算资金不足，动用的预算稳定调节基金。

二、动用预算稳定调节基金的主要账务处理如下：

（一）动用预算稳定调节基金时，借记"预算稳定调节基金"科目，贷记本科目。

（二）年终转账时，本科目贷方余额转入一般公共预算结转结余，借记本科目，贷记"一般公共预算结转结余"科目。

三、本科目平时贷方余额反映动用预算稳定调节基金的累计数。

四、期末结转后，本科目应无余额。

6041 债务预算收入

一、本科目核算政府财政根据法律法规等规定,通过发行债券、向外国政府和国际金融组织借款等方式筹集的纳入预算管理的债务收入。

二、本科目应设置"国债收入""一般债务收入"和"专项债务收入"明细科目,并根据《政府收支分类科目》中"债务收入"科目进行明细核算。

三、债务预算收入的主要账务处理如下:

(一)省级以上(含省级)政府财政收到政府债券发行收入时,按照实际收到的金额,借记"资金结存——库款资金结存"科目,按照政府债券实际发行额,贷记本科目,按照其差额,借记或贷记有关支出科目。

(二)中央财政发生国债随卖业务时,按照实际收到的金额,借记"资金结存——库款资金结存"科目;根据国债随卖确认文件等相关债务管理资料,按照国债随卖面值,贷记本科目,按照实际收到金额与面值的差额,借记或贷记"一般公共预算支出"科目。

(三)按定向承销方式发行的政府债券,根据债务管理部门转来的债券发行文件等有关资料进行确认,由本级政府财政承担还款责任,贷款资金由本级政府财政同级部门使用的,借记"债务还本预算支出"科目,贷记本科目;转贷下级政府财政的,借记"债务转贷预算支出"科目,贷记本科目。

(四)政府财政向外国政府、国际金融组织等机构借款时,按照实际提款的外币金额和即期汇率折算的人民币金额,借记"资金结存——库款资金结存""资金结存——专户资金结存"等科目,贷记本科目。

(五)本级政府财政借入主权外债,且由外方或上级政府财政将贷款资金直接支付给用款单位或供应商时,应根据以下情况分别处理:

1. 本级政府财政承担还款责任,贷款资金由本级政府财政同级部门使用的,本级政府财政根据贷款资金支付有关资料,借记"一般公共预算支出"科目,贷记本科目。

2. 本级政府财政承担还款责任,贷款资金由下级政府财政同级部门使用的,本级政府财政根据贷款资金支付有关资料及预算文件,借记"补助预算支出——调拨下级"等科目,贷记本科目。

3. 下级政府财政承担还款责任,贷款资金由下级政府财政同级部门使用的,本级政府财政根据贷款资金支付有关资料,借记"债务转贷预算支出"科目,贷记本科目

(六)年终转账时,本科目下"国债收入""一般债务收入"的贷方余额转入一般公共预算结转结余,借记"债务预算收入——国债收入""债务预算收入——一般债务收入"科目,贷记"一般公共预算结转结余"科目;本科目下"专项债务收入"的贷方余额转入政府性基金预算结转结余,借记"债务预算收入——专项债务收入"科目,贷记"政府性基金预算结转结余"科目,可根据预算管理需要,按照专项债务对应的政府性基金预算收入科目分别转入"政府性基金预算结转结余"相应明细科目。

四、本科目平时贷方余额反映债务预算收入的累计数。

五、期末结转后,本科目应无余额。

6042 债务转贷预算收入

一、本科目核算省级以下(不含省级)政府财政收到上级政府财政转贷的债务收入。

二、本科目应设置"一般债务转贷收入""专项债务转贷收入"明细科目,并根据《政府收支分类科目》中"债务转贷收入"科目进行明细核算。

三、债务转贷预算收入的主要账务处理如下:

(一)省级以下(不含省级)政府财政收到地方政府债券转贷收入时,按照实际收到的金额或债务管理部门确认的金额,借记"资金结存——库款资金结存""补助预算收入——上级调拨"等科目,贷记本科目;实际收到的金额与债务管理部门确认的到期应偿还转贷款

本金之间的差额，借记或贷记有关支出科目。

（二）实行定向承销方式转贷的地方政府债券，省级以下（不含省级）政府财政根据债务管理部门提供的有关资料进行确认，借记"债务还本预算支出"科目，贷记本科目。

（三）省级以下（不含省级）政府财政收到主权外债转贷收入的具体账务处理如下：

1.本级财政收到主权外债转贷资金时，借记"资金结存——库款资金结存""资金结存——专户资金结存"科目，贷记本科目。

2.从上级政府财政借入主权外债转贷款，且由外方或上级政府财政将贷款资金直接支付给用款单位或供应商时，应根据以下情况分别处理：

（1）本级政府财政承担还款责任，贷款资金由本级政府财政同级部门使用的，本级政府财政根据贷款资金支付有关资料，借记"一般公共预算支出"科目，贷记本科目。

（2）本级政府财政承担还款责任，贷款资金由下级政府财政同级部门使用的，本级政府财政根据贷款资金支付有关资料及预算文件，借记"补助预算支出——调拨下级"等科目，贷记本科目。

（3）下级政府财政承担还款责任，贷款资金由下级政府财政同级部门使用的，本级政府财政根据转贷资金支付有关资料，借记"债务转贷预算支出"科目，贷记本科目；下级政府财政根据贷款资金支付有关资料，借记"一般公共预算支出"科目，贷记本科目。

（四）年终转账时，本科目下"一般债务转贷收入"明细科目的贷方余额转入一般公共预算结转结余，借记本科目，贷记"一般公共预算结转结余"科目；本科目下"专项债务转贷收入"明细科目的贷方余额转入政府性基金预算结转结余，借记本科目，贷记"政府性基金预算结转结余"科目，可根据预算管理需要，按照专项债务对应的政府性基金预算收入科目分别转入"政府性基金预算结转结余"相应明细科目。

四、本科目平时贷方余额反映债务转贷预算收入的累计数。

五、期末结转后，本科目应无余额。

6051 待处理收入

一、本科目核算本级政府财政收回的结转结余资金。

二、本科目下应设置"库款资金待处理收入""专户资金待处理收入"明细科目。

三、待处理收入的主要账务处理如下：

（一）收到收回的结转结余资金时，借记"资金结存——库款资金结存"等科目，贷记本科目。

（二）收回的结转结余资金，财政部门按原预算科目使用的，实际安排支出时，借记本科目或"资金结存——待处理结存"科目，贷记"资金结存——库款资金结存"科目。

（三）收回的结转结余资金，财政部门调整预算科目使用的，实际安排支出时，借记本科目或"资金结存——待处理结存"科目，按原结转预算科目，贷记"一般公共预算支出"等科目；同时，按实际支出预算科目，借记"一般公共预算支出"等科目，贷记"资金结存——库款资金结存"等科目。

（四）年终，本科目贷方余额转入资金结存，借记本科目，贷记"资金结存——待处理结存"科目。

四、本科目平时贷方余额反映待处理收入的累计数。

五、期末结转后，本科目应无余额。

七、预算支出类

7001 一般公共预算支出

一、本科目核算政府财政管理的由本级政府安排使用的列入一般公共预算的支出。

二、本科目应根据《政府收支分类科目》中支出功能分类科目和支出经济分类科目进行明细核算。同时，可根据预算管理需要，按照预算单位和项目等进行明细核算。

三、一般公共预算支出的主要账务处理如下：

（一）实际发生一般公共预算支出时，借记本科目，贷记"资金结存——库款资金结存"等科目。

（二）已支出事项发生退回时，借记"资金结存——库款资金结存"等科目，贷记本科目。

（三）年终转账时，本科目借方余额转入一般公共预算结转结余，借记"一般公共预算结转结余"科目，贷记本科目。

四、本科目平时借方余额反映一般公共预算支出的累计数。

五、期末结转后，本科目应无余额。

7002 政府性基金预算支出

一、本科目核算政府财政管理的由本级政府安排使用的列入政府性基金预算的支出。

二、本科目应根据《政府收支分类科目》中支出功能分类科目和支出经济分类科目进行明细核算。同时，可根据预算管理需要，按照预算单位和项目等进行明细核算。

三、政府性基金预算支出的主要账务处理如下：

（一）实际发生政府性基金预算支出时，借记本科目，贷记"资金结存——库款资金结存"等科目。

（二）已支出事项发生退回时，借记"资金结存——库款资金结存"等科目，贷记本科目。

（三）年终转账时，本科目借方余额转入政府性基金预算结转结余，借记"政府性基金预算结转结余"科目，贷记本科目。

四、本科目平时借方余额反映政府性基金预算支出的累计数。

五、期末结转后，本科目应无余额。

7003 国有资本经营预算支出

一、本科目核算政府财政管理的由本级政府安排使用的列入国有资本经营预算的支出。

二、本科目应根据《政府收支分类科目》中支出功能分类科目和支出经济分类科目进行明细核算。同时，根据预算管理需要，按照预算单位和项目等进行明细核算。

三、国有资本经营预算支出的主要账务处理如下：

（一）实际发生国有资本经营预算支出时，借记本科目，贷记"资金结存——库款资金结存"等科目。

（二）已支出事项发生退回时，借记"资金结存——库款资金结存"等科目，贷记本科目。

（三）年终转账时，本科目借方余额转入国有资本经营预算结转结余，借记"国有资本经营预算结转结余"科目，贷记本科目。

四、本科目平时借方余额反映国有资本经营预算支出的累计数。

五、期末结转后，本科目应无余额。

7005 财政专户管理资金支出

一、本科目核算本级政府财政用纳入财政专户管理的教育收费等资金安排的支出。

二、本科目应根据《政府收支分类科目》中支出功能分类科目和支出经济分类科目进行明细核算。同时，可根据管理需要，按照预算单位和项目等进行明细核算。

三、财政专户管理资金支出的主要账务处理如下：

（一）发生财政专户管理资金支出时，借记本科目，贷记"资金结存——专户资金结存"等科目。

（二）已支出事项发生退回时，借记"资金结存——专户资金结存"等科目，贷记本科目。

（三）年终转账时，本科目借方余额转入财政专户管理资金结余，借记"财政专户管理资金结余"科目，贷记本科目。

四、本科目平时借方余额反映财政专户管理资金支出的累计数。

五、期末结转后，本科目应无余额。

7007 专用基金支出

一、本科目核算政府财政专用基金收入安排的支出。

二、本科目应根据专用基金的种类设置明细科目。同时，根据预算管理需要，按预算单位等进行明细核算。

三、专用基金支出的主要账务处理如下：

（一）发生专用基金支出时，借记本科目，贷记"资金结存——库款资金结存""资金结存——专户资金结存"等科目。

（二）已支出事项发生退回时，借记"资金结存——库款资金结存""资金结存——专户资金结存"等科目，贷记本科目。

（三）年终转账时，本科目借方余额转入专用基金结余，借记"专用基金结余"科目，贷记本科目。

四、本科目平时借方余额反映专用基金支出的累计数。

五、期末结转后，本科目应无余额。

7011 补助预算支出

一、本科目核算本级政府财政按照财政体制规定或专项需要补助给下级政府财政的款项，包括对下级的税收返还、一般性转移支付和专项转移支付等。

二、本科目应按照不同资金性质设置"一般公共预算补助支出""政府性基金预算补助支出""国有资本经营预算补助支出"和"调拨下级"明细科目。同时，可根据管理需要，按照补助地区和《政府收支分类科目》中支出功能分类科目进行明细核算。其中，"一般公共预算补助支出"科目核算本级政府财政对下级政府财政的一般性转移支付支出；"政府性基金预算补助支出"科目核算本级政府财政对下级政府财政的政府性基金预算转移支付支出；"国有资本经营预算补助支出"科目核算本级政府财政对下级政府财政的国有资本经营预算转移支付支出；"调拨下级"科目核算年度执行中，本级政府财政调拨给下级政府财政的尚未指定资金性质的资金或结算应确认事项金额。

三、补助预算支出的主要账务处理如下：

（一）年度执行中，调拨资金给下级政府财政，根据实际调拨的金额借记"补助预算支出——调拨下级"等科目，贷记"资金结存——库款资金结存""资金结存——专户资金结存"科目。

（二）两级财政年终结算中应当由下级政府财政上交的款项，借记"补助预算支出——调拨下级"等科目，贷记"上解预算收入"科目。

（三）专项转移支付资金实行特设专户管理的，根据有关支出管理部门下达的预算文件和拨款依据确认支出，借记"补助预算支出——调拨下级"等科目；资金由本级政府财政拨付给下级的，贷记"资金结存——专户资金结存"等科目；资金由上级政府财政直接拨给下级的，贷记"补助预算收入——上级调拨"科目。

（四）本级政府财政借入或收到转贷的主权外债，贷款资金由下级政府财政同级部门使用，且贷款最终还款责任由本级政府财政承担的，根据债务管理部门提供的有关资料，借记"补助预算支出——调拨下级"等科目，贷记"资金结存——库款资金结存""资金结存——专户资金结存"科目；外方或上级政府财政将贷款资金直接支付给用款单位或供应商时，借记"补助预算支出——调拨下级"等科目，贷记"债务预算收入""债务转贷预算收入"等科目；

本级政府财政豁免下级政府财政主权外债，根据债务管理部门提供的有关资料和有关预算文件，借记"补助预算支出——调拨下级"等科目，贷记"资金结存——上下级调拨结存"科目。

（五）根据预算管理需要，收回已调拨下级政府财政资金时，按照实际收到的金额，借记"资金结存——库款资金结存""资金结存——专户资金结存"等科目，贷记"补助预算支出——调拨下级"等科目。

（六）发生上解多交应当退回的，按照应当退回的金额，借记"上解预算收入"科目，贷记"补助预算支出——调拨下级"等科目。

（七）年终两级财政办理结算以后，根据预算管理部门提供的结算单确认补助下级预算支出，借记"补助预算支出——一般公共预算补助支出""补助预算支出——政府性基金预算补助支出""补助预算支出——国有资本经营预算补助支出"等科目，贷记"补助预算支出——调拨下级"科目。

（八）完成上述结转以后，将本科目下各明细科目余额分别结转至相应的预算结余类科目。借记"资金结存——上下级调拨结存""一般公共预算结转结余""政府性基金预算结转结余""国有资本经营预算结转结余"等科目，贷记本科目。

四、本科目平时借方余额反映补助预算支出的累计数。

五、期末结转后，本科目应无余额。

7012 上解预算支出

一、本科目核算本级政府财政按照财政体制规定或专项需要上交给上级政府财政的款项。

二、本科目应按照不同资金性质设置"一般公共预算上解支出""政府性基金预算上解支出""国有资本经营预算上解支出"明细科目。

三、上解预算支出的主要账务处理如下：

（一）发生上解预算支出时，借记本科目，贷记"资金结存——库款资金结存""补助预算收入——上级调拨"等科目。

（二）年终与上级政府财政结算时，按照尚未支付的上解金额，借记本科目，贷记"补助预算收入——上级调拨"等科目。退还或核减上解支出时，借记"资金结存——库款资金结存""补助预算收入——上级调拨"等科目，贷记本科目。

（三）年终转账时，本科目借方余额应根据不同资金性质分别转入相应的结转结余科目，借记"一般公共预算结转结余""政府性基金预算结转结余"等科目，贷记本科目。

四、本科目平时借方余额反映上解支出的累计数。五、期末结转后，本科目应无余额。

7013 地区间援助预算支出

一、本科目核算援助方政府财政安排用于受援方政府财政统筹使用的各类援助、捐赠等资金支出。

二、本科目应按照受援地区等进行相应明细核算。

三、地区间援助预算支出的主要账务处理如下：

（一）发生地区间援助预算支出时，借记本科目，贷记"资金结存——库款资金结存"科目。

（二）年终转账时，本科目借方余额转入一般公共预算结转结余，借记"一般公共预算结转结余"科目，贷记本科目。

四、本科目平时借方余额反映地区间援助支出的累计数。

五、期末结转后，本科目应无余额。

7021 调出预算资金

一、本科目核算政府财政为平衡预算收支，在不同类型预算资金之间的调出支出。

二、本科目应设置"一般公共预算调出资金""政府性基金预算调出资金"和"国有资本经营预算调出资金"明细科目。

三、调出预算资金的主要账务处理如下：

（一）从一般公共预算调出资金时，按照调出的金额，借记"调出预算资金——一般公共预算调出资金"科目，贷记"调入预算资金"有关明细科目。

（二）从政府性基金预算调出资金时，按照调出的金额，借记"调出预算资金——政府性基金预算调出资金"科目，贷记"调入预算资金"有关明细科目。

（三）从国有资本经营预算调出资金时，按照调出的金额，借记"调出预算资金——国有资本经营预算调出资金"科目，贷记"调入预算资金"有关明细科目。

（四）年终转账时，本科目借方余额分别转入相应的结转结余科目，借记"一般公共预算结转结余""政府性基金预算结转结余"和"国有资本经营预算结转结余"等科目，贷记本科目。

四、本科目平时借方余额反映调出预算资金的累计数。

五、期末结转后，本科目应无余额。

7031 安排预算稳定调节基金

一、本科目核算政府财政安排用于弥补以后年度预算资金不足的储备资金。

二、安排预算稳定调节基金的主要账务处理如下：

（一）安排预算稳定调节基金时，借记本科目，贷记"预算稳定调节基金"科目。

（二）年终转账时，本科目借方余额转入一般公共预算结转结余，借记"一般公共预算结转结余"科目，贷记本科目。

三、本科目平时借方余额反映安排预算稳定调节基金的累计数。

四、期末结转后，本科目应无余额。

7041 债务还本预算支出

一、本科目核算政府财政偿还本级政府财政承担的纳入预算管理的债务本金支出。

二、本科目应设置"国债还本支出""一般债务还本支出""专项债务还本支出"明细科目，并根据《政府收支分类科目》中"债务还本支出"科目进行明细核算。

三、债务还本预算支出的主要账务处理如下：

（一）偿还本级政府财政承担的政府债券、主权外债等纳入预算管理的债务本金时，借记本科目，贷记"资金结存——库款资金结存""资金结存——专户资金结存""补助预算收入——上级调拨"等科目。

（二）中央财政发生国债随买业务时，根据国债随买确认文件等相关债券管理资料，按照国债随买面值，借记本科目，按照实际支付的金额，贷记"资金结存——库款资金结存"科目；按照其差额，借记或贷记"一般公共预算支出"科目。

（三）年终转账时，本科目下"国债还本支出""一般债务还本支出"的借方余额转入一般公共预算结转结余，借记"一般公共预算结转结余"科目，贷记"债务还本预算支出——国债还本支出""债务还本预算支出——一般债务还本支出"科目；本科目下"专项债务还本支出"的借方余额转入政府性基金预算结转结余，借记"政府性基金预算结转结余"科目，贷记"债务还本预算支出——专项债务还本支出"科目，可根据预算管理需要，按照专项债务对应的政府性基金预算支出科目分别转入"政府性基金预算结转结余"相应明细科目。

四、本科目平时借方余额反映本级政府财政债务还本预算支出的累计数。

五、期末结转后，本科目应无余额。

7042 债务转贷预算支出

一、本科目核算本级政府财政向下级政府财政转贷的债务支出。

二、本科目应设置"一般债务转贷支出""专项债务转贷支出"明细科目，并根据《政府收支分类科目》中"债务转贷支出"科目和转贷地区进行明细核算。

三、债务转贷预算支出的主要账务处理如下：

（一）本级政府财政向下级政府财政转贷地方政府债券资金时，借记本科目，贷记"资金结存——库款资金结存""补助预算支出——调拨下级"等科目。

（二）本级政府财政向下级政府财政转贷主权外债资金，且主权外债最终还款责任由下级政府财政承担的具体账务处理如下：

1. 支付转贷资金时，根据外债管理部门提交的转贷业务有关资料，借记本科目，贷记"资金结存——库款资金结存""资金结存—专户资金结存"科目。

2. 外方或上级政府财政将贷款资金直接支付给用款单位或供应商时，根据外债管理部门提交的转贷业务有关资料，借记本科目，贷记"债务预算收入""债务转贷预算收入"科目。

（三）年终转账时，本科目下"一般债务转贷支出"明细科目的借方余额转入一般公共预算结转结余，借记"一般公共预算结转结余"科目，贷记"债务转贷预算支出——一般债务转贷支出"科目；本科目下"专项债务转贷支出"明细科目的借方余额转入政府性基金预算结转结余，借记"政府性基金预算结转结余"科目，贷记"债务转贷预算支出——专项债务转贷支出"科目，可根据预算管理需要，按照专项债务对应的政府性基金预算支出科目分别转入"政府性基金预算结转结余"相应明细科目。

四、本科目平时借方余额反映债务转贷支出的累计数。

五、期末结转后，本科目应无余额。

7051 待处理支出

一、本科目核算政府财政按照预拨经费管理有关规定预拨给预算单位尚未列为预算支出的款项。

二、本科目应当按照预算单位进行明细核算。

三、待处理支出的主要账务处理如下：

（一）拨出款项时，借记本科目，贷记"资金结存——库款资金结存"等科目。

（二）转列预算支出时，借记"一般公共预算支出""政府性基金预算支出""国有资本经营预算支出"等科目，贷记本科目。

（三）收回预拨款项时，借记"资金结存——库款资金结存"等科目，贷记本科目。

（四）年终，本科目借方余额转入资金结存，借记"资金结存——待处理结存"科目，贷记本科目。

四、本科目平时借方余额反映政府财政尚未转列支出或尚待收回的待处理支出数。

五、期末结转后，本科目应无余额。

八、预算结余类

8001 一般公共预算结转结余

一、本科目核算本级政府财政一般公共预算收支的执行结果。

二、一般公共预算结转结余的主要账务处理如下：

（一）年终转账时，将一般公共预算的有关收入科目贷方余额转入本科目的贷方，借记"一般公共预算收入""补助预算收入——一般公共预算补助收入""上解预算收入——一般公共预算上解收入""地区间援助预算收入""调入预算资金——一般公共预算调入资金""债务预算收入——国债收入""债务预算收入——一般债务收入""债务转贷预算收入——一般债务转贷收入""动用预算稳定调节基金"科目，贷记本科目；将一般公共预算的有关支出科目借方余额转入本科目的借方，借记本科目，贷记"一般公共预算支出""补助预算支出——一般公共预算补助支出""上解预算支出——一般公共预算上解支出""地区间援助预算支出""调出预算资金——一般公共预算调出资金""安排预算稳定调节基金""债务还本预算支出——国债还本支出""债务还本预算支出——一般债务还本支出""债务转贷预算支出——一般债务转贷支出"科目。

（二）设置或补充预算周转金时，借记本科目，贷记"预算周转金"科目。

三、本科目期末贷方余额反映一般公共预算收支相抵后的滚存结转结余。

8002 政府性基金预算结转结余

一、本科目核算本级政府财政政府性基金预算收支的执行结果。

二、本科目可根据管理需要，按照政府性基金的项目进行明细核算。

三、政府性基金预算结转结余的主要账务处理如下：

年终转账时，将政府性基金预算的有关收入科目贷方余额转入本科目的贷方，按照政府性基金项目分别转入本科目的贷方，借记"政府性基金预算收入""补助预算收入——政府性基金预算补助收入""上解预算收入——政府性基金预算上解收入""调入预算资金——政府性基金预算调入资金""债务预算收入——专项债务收入""债务转贷预算收入——专项债务转贷收入"科目，贷记本科目；将政府性基金预算的有关支出科目借方余额转入本科目的借方，借记本科目，贷记"政府性基金预算支出""补助预算支出——政府性基金预算补助支出""上解预算支出——政府性基金预算上解支出""调出预算资金——政府性基金预算调出资金""债务还本预算支出——专项债务还本支出""债务转贷预算支出——专项债务转贷支出"科目。

四、本科目期末贷方余额反映政府性基金预算收支相抵后的滚存结转结余。

8003 国有资本经营预算结转结余

一、本科目核算本级政府财政国有资本经营预算收支的执行结果。

二、国有资本经营预算结转结余的主要账务处理如下：年终转账时，将国有资本经营预算的有关收入科目贷方余额转入本科目的贷方，借记"国有资本经营预算收入""补助预算收入——国有资本经营预算补助收入""上解预算收入——国有资本经营预算上解收入"科目，贷记本科目；将国有资本经营预算的有关支出科目借方余额转入本科目的借方，借记本科目，贷记"国有资本经营预算支出""补助预算支出——国有资本经营预算补助支出""上解预算支出——国有资本经营预算上解支出""调出预算资金——国有资本经营预算调出资金"科目。

三、本科目期末贷方余额反映国有资本经营预算收支相抵后的滚存结转结余。

8005 财政专户管理资金结余

一、本科目核算本级政府财政纳入财政专户管理的教育收费等资金收支的执行结果。

二、财政专户管理资金结余的主要账务处理如下：

年终转账时，将财政专户管理资金的有关收入科目贷方余额转入本科目的贷方，借记"财政专户管理资金收入"科目，贷记本科目；将财政专户管理资金的有关支出科目借方余额转入本科目的借方，借记本科目，贷记"财政专户管理资金支出"科目。

三、本科目期末贷方余额反映政府财政纳入财政专户管理的资金收支相抵后的滚存结余。

8007 专用基金结余

一、本科目核算本级政府财政专用基金收支的执行结果。

二、本科目应根据专用基金的种类进行明细核算。

三、专用基金结余的主要账务处理如下：

年终转账时，将专用基金的有关收入科目贷方余额转入本科目的贷方，借记"专用基金收入"科目，贷记本科目；将专用基金的有关支出科目借方余额转入本科目的借方，借记本科目，贷记"专用基金支出"科目。

四、本科目期末贷方余额反映政府财政管理的专用基金收支相抵后的滚存结余。

8031 预算稳定调节基金

一、本科目核算本级政府财政为保持年度间预算的衔接和稳定，在一般公共预算中设置的储备性资金。

二、预算稳定调节基金的主要账务处理如下：

（一）使用超收收入或一般公共预算结余设置或补充预算稳定调节基金时，借记"安排预算稳定调节基金"科目，贷记本科目。

（二）将预算周转金调入预算稳定调节基金时，借记"预算周转金"科目，贷记本科目。

（三）动用预算稳定调节基金时，借记本科目，贷记"动用预算稳定调节基金"科目。

三、本科目期末贷方余额反映预算稳定调节基金的累计规模。

8033 预算周转金

一、本科目核算政府财政设置的用于调剂预算年度内季节性收支差额周转使用的资金。

二、预算周转金的主要账务处理如下：

（一）设置或补充预算周转金时，借记"一般公共预算结转结余"科目，贷记本科目。

（二）将预算周转金调入预算稳定调节基金时，借记本科目，贷记"预算稳定调节基金"科目。

三、本科目期末贷方余额反映预算周转金的累计规模。

8041 资金结存

一、本科目核算政府财政纳入预算管理的资金流入、流出、调整和滚存的情况。

二、本科目应设置"库款资金结存""专户资金结存""在途资金结存""集中支付结余结存""上下级调拨结存""待发国债结存""零余额账户结存""已结报支出""待处理结存"明细科目。

三、资金结存科目的主要账务处理如下：

（一）"库款资金结存"科目核算政府财政以国库存款形态存在的资金。本科目期末应为借方余额。

1. 收到预算收入时，根据当日预算收入日报表所列预算收入数，借记本科目，贷记有关预算收入科目。

已入库款项发生退库（付）的，资金划出时，借记有关预算收入科目，贷记本科目。

2. 发生预算支出时，按照实际支付的金额，借记有关预算支出科目，贷记本科目。

预算支出发生退回的，资金划出时，借记本科目，贷记有关预算支出科目。

（二）"专户资金结存"科目核算政府财政以财政专户存款形态存在的资金。本科目期末应为借方余额。

1. 收到预算收入时，按照有关收入凭证，借记本科目，贷记有关预算收入科目。

已收到款项发生退付的，资金划出时，借记有关预算收入科目，贷记本科目。

2. 发生预算支出时，按照实际支付的金额，借记有关预算支出科目，贷记本科目。预算支出发生退回的，资金划出时，借记本科目，贷记有关预算支出科目。

（三）"在途资金结存"科目核算报告清理期和库款报解整理期内发生的需要通过本科目过渡处理的属于上年度收入、支出等业务的款项。本科目期末余额反映政府财政持有的在途款金额。

1. 报告清理期和库款报解整理期内收到属于上年度收入时，在上年度账务中，借记本科目，贷记有关收入科目；收回属于上年度支出时，在上年度账务中，借记本科目，贷记"预拨经费"或有关支出科目。

2. 冲转在途款时，在本年度账务中，借记"资金结存——库款资金结存"科目，贷记本科目。

（四）"集中支付结余结存"科目核算省级以上（含省级）政府财政国库集中支付中，应列为当年支出，但年末尚未支付需结转下一年度支付的款项。本科目期末应为贷方余额，反映政府财政尚未支付的国库集中支付结余。

1. 年末，对当年发生的应付国库集中支付结余，借记有关支出科目，贷记本科目。

2. 实际支付应付国库集中支付结余资金时，借记本科目，贷记"资金结存——库款资金结存"科目。

3. 收回尚未支付的应付国库集中支付结余时，借记本科目，贷记有关支出科目。

（五）"上下级调拨结存"科目核算上下级政府财政之间资金调拨和资金结算等事项。本科目期末余额反映政府财政上下级往来款项的净额。

1. 年终转账时，将"补助预算收入——上级调拨"科目贷方余额转入资金结存，借记"补助预算收入——上级调拨"科目，贷记本科目。

2. 年终转账时，将"补助预算支出——调拨下级"科目借方余额转入资金结存，借记本科目，贷记"补助预算支出——调拨下级"科目。

（六）"待发国债结存"科目核算为弥补中央财政预算收支差额，中央财政预计发行国债与实际发行国债之间的差额。本科目期末应为借方余额，反映中央财政尚未使用的国债发行额度。

年度终了，实际发行国债收入用于债务还本支出后，小于为弥补中央财政预算收支差额中央财政预计发行国债时，按照其差额，借记本科目，贷记"债务预算收入"科目；实际发行国债收入用于债务还本支出后，大于为弥补中央财政预算收支差额中央财政预计发行国债时，按照其差额，借记"债务预算收入"科目，贷记本科目。

（七）"零余额账户结存"科目核算政府财政国库支付执行机构在代理银行开设的财政零余额账户发生的支付和清算业务。财政国库支付执行机构未单设的地区不使用本科目。本科目年末应无余额。

1. 财政国库支付执行机构通过财政零余额账户支付款项时，借记有关预算支出科目，贷记本科目。

2. 根据每日清算的金额，借记本科目，贷记"资金结存——已结报支出"科目。

（八）"已结报支出"科目核算政府财政国库支付执行机构已清算的国库集中支付支出数额。财政国库支付执行机构未单设的地区不使用本科目。本科目年末应无余额。

1. 财政国库集中支付执行机构根据每日清算的金额，借记"资金结存——零余额账户结存"科目，贷记本科目。

2. 财政国库集中支付执行机构按照国库集中支付制度有关规定办理资金支付时，借记相关预算支出科目，贷记本科目。

3. 年终财政国库集中支付执行机构按照累计结清的预算支出金额，与有关方面核对一致后转账，借记本科目，贷记有关预算支出科目。

（九）"待处理结存"科目核算结转下年度的待处理收入和待处理支出等。本科目期末余额反映尚未清理的以前年度待处理收支的金额。

1. 年终转账时，将"待处理收入"科目贷方余额转入资金结存，借记"待处理收入"科目，贷记本科目。

2. 年终转账时，将"待处理支出"科目借方余额转入资金结存，借记本科目，贷记"待处理支出"科目。

2. 将以前年度结转的待处理收入转列预算收入或退回时，借记本科目，贷记有关预算收入科目、"资金结存——库款资金结存"科目。

3. 将以前年度结转的待处理支出转列预算支出或收回时，借记有关预算支出科目、"资金结存——库款资金结存"等科目，贷记本科目。

第四章 会计结账和结算

第四十三条 总会计应当按月进行会计结账。具体结账方法，按照会计基础工作规范有关规定办理。

第四十四条 政府财政部门应当及时进行年终清理结算，并在预算会计和财务会计账

中准确反映清理结算结果。年终清理结算的主要事项如下:

(一)核对年度预算。年终前,总会计应配合预算管理部门将本级政府财政全年预算指标与上、下级政府财政转移性收支预算和本级各部门预算进行核对,及时办理预算调整和转移支付事项。本年预算调整和下达对下级政府财政转移支付预算指标一般截止到11月30日;各项预算拨款,一般截止到12月25日。

(二)清理本年收入。总会计应认真清理本年收入,与非税收入征收部门核对年末应收非税收入情况,并组织收入征收部门和国家金库进行年度对账,督促收入征收部门和国家金库年终前及时将本年税收收入和非税收入缴入国库或指定财政专户,确保准确核算本年收入。

(三)清理本年支出和费用。应在本年支领列报的款项,非特殊原因,应在年终前办理完毕。总会计对本级各单位的支出和费用应与单位的相应收入核对无误。属于应收回的拨款,应及时收回,并按收回数相应冲减支出和费用。

(四)核实股权、债权和债务。财政部门内部有关资产、债务管理部门应在有关业务发生时及时向总会计提供与股权、债权、债务等核算和反映有关的资料,确保财务会计资产负债信息确认的及时性。各级财政债务管理部门需定期提供上下级财政核对确认的本地区债权债务利息有关资料。财政部门内部涉及股权投资的相关管理部门应提供股权投资对应的股权证明材料及变动情况资料。

年末,总会计对股权投资、借出款项、应收股利、应收地方政府债券转贷款、应收主权外债转贷款、借入款项、应付短期政府债券、应付长期政府债券、应付地方政府债券转贷款、应付主权外债转贷款、应付利息、其他负债等余额应与相关管理部门进行核对,记录不一致的要及时查明原因,按规定调整账务,相关管理部门要及时提供有关资料,确保账实相符,账账相符。

(五)清理往来款项。政府财政要认真清理其他应收款、其他应付款等各种往来款项,在年度终了前予以收回或归还。应转作收入或支出、费用的各项款项,预算会计与财务会计要及时处理。

第四十五条 总会计对年终报告清理期内发生的会计事项,应当划清会计年度,及时进行结账。属于清理上年度的会计事项,记入上年度会计账;属于新年度的会计事项,记入新年度会计账,防止错记漏记。通常记入上年度的会计事项主要有:

(一)依据年终财政结算进行核算。财政预算管理部门要在年终清理的基础上,于次年元月底前结清上下级政府财政的转移性收支和往来款项。总会计要按照财政管理体制的规定和专项需要,根据预算结算单,与年度预算执行过程中已补助和已上解数额进行比较,结合往来款和借垫款情况,计算出全年最后应补或应退数额,填制"年终财政决算结算单",经核对无误后,作为年终财政结算凭证,预算会计和财务会计据以入账。

(二)依据企业决算数据进行核算。财政部门内部涉及股权投资的相关管理部门应及时取得纳入总会计核算范围的被投资主体经审计后的决算报表,并据此向总会计提供股权投资核算所需资料,财务会计对股权投资变动情况进行核算。

(三)依据人大审议意见进行核算。本级人民代表大会常务委员会(或人民代表大会)审查意见中,提出的需更正原报告有关事项,总会计应根据审查意见相应调整有关账目。

第四十六条 总会计应对预算会计和财务会计分别办理年终结账。年终结账工作一般分为年终转账、结清旧账和记入新账三个步骤,依次做账。

(一)年终转账。计算出预算会计和财务会计各科目12月份合计数和全年累计数,结出年末余额。

预算会计将预算收入和预算支出分别转入"一般公共预算结转结余""政府性基金预算结转结余""国有资本经营预算结转结余""财政专户管理资金结余""专用基金结余"等科目冲销。

财务会计将收入和费用分别转入相应的本期盈余科目冲销；再将本期盈余科目转入相应的累计盈余科目冲销。

（二）结清旧账。将各收入、支出和费用科目的借方、贷方结出全年总计数。对年终有余额的科目，在"摘要"栏内注明"结转下年"字样，表示转入新账。

（三）记入新账。根据年终转账后的总账和明细账余额，编制年终"资产负债表"和有关明细表（不需填制记账凭证），预算会计和财务会计将表列各科目余额分别记入新年度有关总账和明细账年初余额栏内，并在"摘要"栏注明"上年结转"字样，以区别新年度发生数。

第五章 会 计 报 表

第四十七条 财务会计报表包括资产负债表、收入费用表、现金流量表、本年预算结余与本期盈余调节表等会计报表和附注。

资产负债表是反映政府财政在某一特定日期财务状况的报表。

收入费用表是反映政府财政在一定会计期间运行情况的报表。

现金流量表是反映政府财政在一定会计期间现金流入和流出情况的报表。

本年预算结余与本期盈余调节表是反映政府财政在某一会计年度内预算结余与本期盈余差异调整情况的报表。附注是指对在会计报表中列示项目的文字描述或明细资料，以及对未能在会计报表中列示项目的说明。

第四十八条 财务会计报表格式如下：

资产负债表

总会财01表

编制单位：　　　　　　　　　年　月　日　　　　　　　　　单位：元

资产	年初余额	期末余额	负债和净资产	年初余额	期末余额
流动资产：			流动负债：		
国库存款			应付短期政府债券		
其他财政存款			应付国库集中支付结余		
国库现金管理资产			与上级往来		
有价证券			其他应付款		
应收非税收入			应付代管资金		
应收股利			应付利息		
借出款项			一年内到期的非流动负债		
与下级往来			流动负债合计		
预拨经费			非流动负债：		
在途款			应付长期政府债券		
其他应收款			借入款项		
应收利息			应付地方政府债券转贷款		
一年内到期的非流动资产			应付主权外债转贷款		
流动资产合计			其他负债		
非流动资产：			非流动负债合计		
应收地方政府债券转贷款			负债合计		
应收主权外债转贷款			净资产：		
股权投资			累计盈余		
非流动资产合计			预算稳定调节基金		

(续表)

资产	年初余额	期末余额	负债和净资产	年初余额	期末余额
			预算周转金		
			权益法调整		
			净资产合计		
资产总计			负债和净资产总计		

收入费用表

总会财02表

编制单位：　　　　　　　　　　　　　　年　月　　　　　　　　　　　　　单位：元

项目	预算管理资金		财政专户管理资金		专用基金	
	本月数	本年累计数	本月数	本年累计数	本月数	本年累计数
收入合计						
税收收入			—	—	—	—
非税收入			—	—	—	—
投资收益						
补助收入						
上解收入						
地区间援助收入						
其他收入						
财政专户管理资金收入	—	—			—	—
专用基金收入	—	—	—	—		
费用合计						
政府机关商品和服务拨款费用			—	—	—	—
政府机关工资福利拨款费用			—	—	—	—
对事业单位补助拨款费用			—	—	—	—
对企业补助拨款费用			—	—	—	—
对个人和家庭补助拨款费用			—	—	—	—
对社会保障基金补助拨款费用			—	—	—	—
资本性拨款费用			—	—	—	—
其他拨款费用			—	—	—	—
财务费用			—	—	—	—
补助费用			—	—	—	—
上解费用			—	—	—	—
地区间援助费用			—	—	—	—
其他费用			—	—	—	—
财政专户管理资金支出	—	—			—	—
专用基金支出						
本期盈余（本年收入与费用的差额）						

注：表中有"—"的部分不必填列。

现金流量表

总会财 03 表

编制单位：　　　　　　　　　　　　　年　　月　　　　　　　　　　　　单位：元

项目	本年金额	上年金额
一、日常活动产生的现金流量		
组织税收收入收到的现金		
组织非税收入收到的现金		
组织财政专户管理资金收入收到的现金		
组织专用基金收入收到的现金		
上下级政府财政资金往来收到的现金		
收回暂付性款项相关的现金		
其他日常活动所收到的现金		
现金流入小计		
政府机关商品和服务拨款所支付的现金		
政府机关工资福利拨款所支付的现金		
对事业单位补助拨款所支付的现金		
对企业补助拨款所支付的现金		
对个人和家庭补助拨款所支付的现金		
对社会保障基金补助拨款所支付的现金		
财政专户管理资金支出所支付的现金		
专用基金支出所支付的现金		
上下级政府财政资金往来所支付的现金		
资本性拨款所支付的现金		
暂付性款项所支付的现金		
其他日常活动所支付的现金		
现金流出小计		
日常活动产生的现金流量净额		
二、投资活动产生的现金流量		
收回股权投资所收到的现金		
取得股权投资收益收到的现金		
收到其他与投资活动有关的现金		
现金流入小计		
取得股权投资所支出的现金		
支付其他与投资活动有关的现金		
现金流出小计		
投资活动产生的现金流量净额		

（续表）

	项目	本年金额	上年金额
三、	筹资活动产生的现金流量		
	发行政府债券收到的现金		
	借入款项收到的现金		
	取得政府债券转贷款收到的现金		
	取得主权外债转贷款收到的现金		
	收回转贷款本金收到的现金		
	收到下级上缴转贷款利息相关的现金		
	其他筹资活动收到的现金		
	现金流入小计		
	转贷地方政府债券所支付的现金		
	转贷主权外债所支付的现金		
	支付债务本金相关的现金		
	支付债务利息相关的现金		
	其他筹资活动支付的现金		
	现金流出小计		
	筹资活动产生的现金流量净额		
四、	汇率变动对现金的影响额		
五、	现金净增加额		

本年预算结余与本期盈余调节表

总会财04表

编制单位：　　　　　　　　　　　年　　　　　　　　　　　单位：元

项目	金额
本年预算结余（本年预算收入与支出差额）：	
日常活动产生的差异：	
加：1. 当期确认为收入但没有确认为预算收入	
当期应收未缴库非税收入	
减：2. 当期确认为预算收入但没有确认为收入	
当期收到上期应收未缴库非税收入	
3. 当期确认为预算支出收回但没有确认为费用收回	
（1）当期收到退回以前年度已列支资金	
（2）当期将以前年度国库集中支付结余收回预算	
投资活动产生的差异：	
加：1. 当期确认为收入但没有确认为预算收入	
（1）当期投资收益或损失	
（2）当期无偿划入股权投资	

（续表）

项目	金额
2.当期确认为预算支出但没有确认为费用	
（1）当期股权投资增支	
（2）当期股权投资减支	
减：3.当期确认为预算收入但没有确认为收入	
（1）当期收到利润收入和股利股息收入	
（2）当期收到清算、处置股权投资的收入	
4.当期确认为费用但没有确认为预算支出	
当期无偿划出股权投资费用	
筹资活动产生的差异：	
加：1.当期确认为预算支出但没有确认为费用	
（1）当期转贷款支出	
（2）当期债务还本支出	
（3）拨付上年计提债务利息	
减：2.当期确认为预算收入但没有确认为收入	
（1）当期债务收入	
（2）当期转贷款收入	
3.当期确认为费用但没有确认为预算支出	
当期计提未拨付债务利息	
其他差异事项	
当期汇兑损益净额	
本期盈余（本年收入与费用的差额）	

第四十九条 总会计应当按照下列规定编制财务会计报表：

（一）收入费用表应当按月度和年度编制，资产负债表、现金流量表、本年预算结余与本期盈余调节表和附注应当至少按年度编制。

（二）总会计应当根据本制度编制并提供真实、完整的会计报表，切实做到账表一致，不得估列代编，弄虚作假。

（三）总会计要严格按照统一规定的种类、格式、内容、计算方法和编制口径填制会计报表，以保证全国统一汇总和分析。汇总报表的单位，要把所属单位的报表汇集齐全，防止漏报。

第五十条 财务会计报表编制说明如下：

一、资产负债表的编制说明

（一）本表"年初余额"栏内各项数字，应当根据上年年末资产负债表"期末余额"栏内数字填列。如果本年度资产负债表规定的各个项目的名称和内容同上年度不一致，应对上年年末资产负债表各项目的名称和数字按照本年度的规定进行调整，填入本表"年初余额"栏内。

（二）本表"期末余额"栏各项目的内容和填列方法

1. 资产类项目

（1）"国库存款"项目，反映政府财政期末存放在国库单一账户的款项金额。本项目应当根据"国库存款"科目的期末余额填列。

（2）"其他财政存款"项目，反映政府财政期末持有的其他财政存款金额。本项目应当根据"其他财政存款"科目的期末余额填列。

（3）"国库现金管理资产"项目，反映政府财政期末实行国库现金管理业务等持有的资产金额。本项目应当根据"国库现金管理资产"科目的期末余额填列。

（4）"有价证券"项目，反映政府财政期末持有的有价证券金额。本项目应当根据"有价证券"科目的期末余额填列。

（5）"应收非税收入"项目，反映政府财政期末向缴款人收取但尚未缴入国库的非税收入。本项目应当根据"应收非税收入"科目的期末余额填列。

（6）"应收股利"项目，反映政府财政期末尚未收回的现金股利或利润金额。本项目应当根据"应收股利"科目的期末余额填列。

（7）"借出款项"项目，反映政府财政期末借给预算单位尚未收回的款项金额。本项目应当根据"借出款项"科目的期末余额填列。

（8）"与下级往来"项目，正数反映下级政府财政欠本级政府财政的款项金额；负数反映本级政府财政欠下级政府财政的款项金额。本项目应当根据"与下级往来"科目的期末余额填列，期末余额如为借方则以正数填列，如为贷方则以负数填列。

（9）"预拨经费"项目，反映政府财政期末尚未转列支出或尚待收回的预拨经费金额。本项目应当根据"预拨经费"科目的期末余额填列。

（10）"在途款"项目，反映政府财政期末持有的在途款金额。本项目应当根据"在途款"科目的期末余额填列。

（11）"其他应收款"项目，反映政府财政期末尚未收回的其他应收款的金额。本项目应当根据"其他应收款"科目的期末余额填列。

（12）"应收利息"项目，反映政府财政期末应收未收的转贷款利息金额。本项目应当根据"应收地方政府债券转贷款""应收主权外债转贷款"科目下的"应收利息"明细科目期末余额填列。

（13）"一年内到期的非流动资产"项目，反映政府财政期末非流动资产项目中距离偿还本金日期1年以内（含1年）的转贷款本金。本项目应当根据"应收地方政府债券转贷款""应收主权外债转贷款"科目下的"应收本金"明细科目期末余额及债务管理部门提供的资料分析填列。

（14）"流动资产合计"项目，反映政府财政期末流动资产的合计数。本项目应当根据本表中"国库存款""其他财政存款""国库现金管理资产""有价证券""应收非税收入""应收股利""借出款项""与下级往来""预拨经费""在途款""其他应收款""应收利息""一年内到期的非流动资产"项目金额的合计数填列。

（15）"应收地方政府债券转贷款"项目，反映政府财政期末尚未收回的距离偿还本金日期超过1年的地方政府债券转贷款的本金金额。本项目应当根据"应收地方政府债券转贷款"科目下的"应收本金"明细科目期末余额及债务管理部门提供的资料分析填列。

（16）"应收主权外债转贷款"项目，反映政府财政期末尚未收回的距离偿还本金日期超过1年的主权外债转贷款的本金金额。本项目应当根据"应收主权外债转贷款"科目下的"应收本金"明细科目期末余额及债务管理部门提供的资料分析填列。

（17）"股权投资"项目，反映政府期末持有股权投资的金额。本项目应当根据"股权投资"科目的期末余额填列。

（18）"非流动资产合计"项目，反映政府财政期末非流动资产的合计数。本项目应当根据本表中"应收地方政府债券转贷款""应收主权外债转贷款""股权投资"项目金额的合计数填列。

（19）"资产总计"项目，反映政府财政期末资产的合计数。本项目应当根据本表中"流动资产合计""非流动资产合计"项目金额的合计数填列。

2.负债类项目

（1）"应付短期政府债券"项目，反映政府财政期末尚未偿还的发行期不超过1年（含1年）的国债和地方政府债券本金金额。本项目应当根据"应付短期政府债券"科目的期末余额填列。

（2）"应付国库集中支付结余"项目，反映政府财政期末尚未支付的国库集中支付结余金额。本项目应当根据"应付国库集中支付结余"科目的期末余额填列。

（3）"与上级往来"项目，正数反映本级政府财政期末欠上级政府财政的款项金额；负数反映上级政府财政欠本级政府财政的款项金额。本项目应当根据"与上级往来"科目的期末余额填列，期末余额如为贷方则以正数填列，如为借方则以负数填列。

（4）"其他应付款"项目，反映政府财政期末尚未支付的其他应付款的金额。本项目应当根据"其他应付款"科目的期末余额填列。

（5）"应付代管资金"项目，反映政府财政期末尚未支付的代管资金金额。本项目应当根据"应付代管资金"科目的期末余额填列。

（6）"应付利息"项目，反映政府财政期末尚未支付的利息金额。省级以上（含省级）政府财政应当根据"应付利息"科目期末余额填列；市县政府财政应当根据"应付地方政府债券转贷款""应付主权外债转贷款"科目下的"应付利息"明细科目期末余额填列。

（7）"一年内到期的非流动负债"项目，反映政府财政期末承担的距离偿还本金日期1年以内（含1年）的非流动负债。省级以上（含省级）政府财政应当根据"应付长期政府债券""借入款项"科目余额，市县政府财政应当根据"应付地方政府债券转贷款""应付主权外债转贷款"科目下的"应付本金"明细科目期末余额及债务管理部门提供的资料分析填列。

（8）"流动负债合计"项目，反映政府财政期末流动负债合计数。本项目应当根据本表"应付短期政府债券""应付国库集中支付结余""与上级往来""其他应付款""应付代管资金""应付利息""一年内到期的非流动负债"项目金额的合计数填列。

（9）"应付长期政府债券"项目，反映政府财政期末承担的距离偿还本金日期超过1年的国债和地方政府债券本金金额。本项目应当根据"应付长期政府债券"科目期末余额及债务管理部门提供的资料分析填列。

（10）"借入款项"项目，反映政府财政期末承担的距离偿还本金日期超过1年的借入款项的本金金额。省级以上（含省级）政府财政应当根据"借入款项"科目的期末余额及债务管理部门提供的资料分析填列。

（11）"应付地方政府债券转贷款"项目，反映政府财政期末承担的距离偿还本金日期超过1年的地方政府债券转贷款的本金金额。本项目应当根据"应付地方政府债券转贷款"科目下的"应付本金"明细科目期末余额及债务管理部门提供的资料分析填列。

（12）"应付主权外债转贷款"项目，反映政府财政期末承担的距离偿还本金日期超过1年的主权外债转贷款的本金金额。本项目应当根据"应付主权外债转贷款"科目下的"应付本金"明细科目期末余额及债务管理部门提供的资料分析填列。

（13）"其他负债"项目，反映中央政府财政期末承担的其他负债金额。本项目应当根据"其他负债"科目的期末余额填列。

（14）"非流动负债合计"项目，反映政府财政期末非流动负债合计数。本项目应当根据本表中"应付长期政府债券""借入款项""应付地方政府债券转贷款""应付主权外债转贷款""其他负债"项目金额的合计数填列。

（15）"负债合计"项目，反映政府财政期末负债的合计数。本项目应当根据本表中"流动负债合计""非流动负债合计"项目金额的合计数填列。

3.净资产类项目

（1）"累计盈余"项目，反映政府财政纳入一般公共预算、政府性基金预算、国有资本经营预算管理的预算资金，财政专户管理资金、专用基金历年实现的盈余滚存的金额。本项目应当根据"预算管理资金累计盈余""财政专户管理资金累计盈余""专用基金累计盈余"科目的期末余额填列。

（2）"预算稳定调节基金"项目，反映政府财政期末预算稳定调节基金的余额。本项目应当根据"预算稳定调节基金"科目的期末余额填列。

（3）"预算周转金"项目，反映政府财政期末预算周转金的余额。本项目应当根据"预算周转金"科目的期末余额填列。

（4）"权益法调整"项目，反映政府财政按照持股比例计算应享有的被投资主体除净损益和利润分配以外的其他权益变动的份额。本项目根据"权益法调整"科目的期末余额填列。

（5）"净资产合计"项目，反映政府财政期末净资产合计数。本项目应当根据本表中"累计盈余""预算稳定调节基金""预算周转金""权益法调整"项目金额的合计数填列。

（6）"负债和净资产总计"项目，应当根据本表中"负债合计""净资产合计"项目金额的合计数填列。

二、收入费用表的编制说明

（一）本表"本月数"栏反映各项目的本月实际发生数。

在编制年度收入费用表时，应将本栏改为"上年数"栏，反映上年度各项目的实际发生数；如果本年度收入费用表规定的各个项目的名称和内容同上年度不一致，应对上年度收入费用表各项目的名称和数字按照本年度的规定进行调整，填入本年度收入费用表的"上年数"栏。

本表"本年累计数"栏反映各项目自年初起至报告期末止的累计实际发生数。编制年度收入费用表时，应当将本栏改为"本年数"。

（二）本表"本月数"栏各项目的内容和填列方法

1."收入合计"项目，反映政府财政本期取得的各项收入合计金额。其中，预算管理资金的"收入合计"应当根据属于预算管理资金的"税收收入""非税收入""投资收益""补助收入""上解收入""地区间援助收入""其他收入"项目金额的合计填列；财政专户管理资金的"收入合计"应当根据"财政专户管理资金收入"项目的金额填列；专用基金的"收入合计"应当根据"专用基金收入"项目的金额填列。

2."税收收入"项目，反映政府财政本期取得的税收收入金额。本项目根据"税收收入"科目本期发生额填列。

3."非税收入"项目，反映政府财政本期取得的各项非税收入金额。本项目根据"非税收入"科目本期发生额填列。

4."投资收益"项目,反映政府财政本期取得的各项投资收益金额。本项目根据"投资收益"科目本期发生额填列。

5."补助收入"项目,反映政府财政本期取得的各类资金的补助收入金额。本项目根据"补助收入"科目本期发生额填列。

6."上解收入"项目,反映政府财政本期取得的各类资金的上解收入金额。本项目根据"上解收入"科目本期发生额填列。

7."地区间援助收入"项目,反映政府财政本期取得的地区间援助收入金额。本项目应当根据"地区间援助收入"科目的本期发生额填列。

8."其他收入"项目,反映政府财政本期取得的除"税收收入""非税收入""投资收益""补助收入""上解收入""地区间援助收入""财政专户管理资金收入""专用基金收入"以外的收入金额。本项目应当根据"其他收入"科目本期发生额填列。

9."财政专户管理资金收入"项目,反映政府财政本期取得的教育收费等资金收入金额。本项目根据"财政专户管理资金收入"科目本期发生额填列。

10."专用基金收入"项目,反映政府财政本期取得的粮食风险基金等资金收入金额。本项目根据"专用基金收入"科目本期发生额填列。

11."费用合计"项目,反映政府财政本期发生的各类费用合计金额。其中,预算管理资金的"费用合计"应当根据属于预算管理资金的"政府机关商品和服务拨款费用""政府机关工资福利拨款费用""对事业单位补助拨款费用""对企业补助拨款费用""对个人和家庭补助拨款费用""对社会保障基金补助拨款费用""资本性拨款费用""其他拨款费用""财务费用""补助费用""上解费用""地区间援助费用""其他费用"项目金额的合计填列;财政专户管理资金的"费用合计"应当根据"财政专户管理资金支出"项目的金额填列;专用基金的"费用合计"应当根据"专用基金支出"项目的金额填列。

12."政府机关商品和服务拨款费用"项目,反映政府财政本期发生的购买商品和服务的各类费用金额。本项目根据"政府机关商品和服务拨款费用"科目本期发生额填列。

13."政府机关工资福利拨款费用"项目,反映政府财政本期发生的支付给职工和长期聘用人员的各类劳动报酬及为上述人员缴纳的各项社会保险费等费用。本项目根据"政府机关工资福利拨款费用"科目本期发生额填列。

14."对事业单位补助拨款费用"项目,反映政府财政本期发生的对事业单位的经常性补助费用金额。本项目根据"对事业单位补助拨款费用"科目本期发生额填列。

15."对企业补助拨款费用"项目,反映政府财政本期发生的对企业补助拨款费用金额。本项目根据"对企业补助拨款费用"科目本期发生额填列。

16."对个人和家庭补助拨款费用"项目,反映政府财政本期发生的对个人和家庭补助拨款费用金额。本项目根据"对个人和家庭补助拨款费用"科目本期发生额填列。

17."对社会保障基金补助拨款费用"项目,反映政府财政本期发生的对社会保险基金的补助拨款以及补充全国社会保障基金费用的拨款金额。本项目根据"对社会保障基金补助拨款费用"科目本期发生额填列。

18."资本性拨款费用"项目,反映政府财政本期发生的对行政事业单位的房屋建筑物购建、基础设施建设、公务用车购置、设备购置、物资储备等方面资本性拨款费用金额。本项目根据"资本性拨款费用"科目本期发生额填列。

19."其他拨款费用"项目,反映政府财政未列入以上拨款费用项目的财政拨款费用金额。本项目根据"其他拨款费用"科目本期发生额填列。

20."财务费用"项目,反映政府财政本期发生的偿还政府债务利息及支付政府债务发行、兑付、登记相关费用及汇兑损益金额。本项目根据"财务费用"科目本期发生额填列。

21."补助费用"项目,反映政府财政本期发生的各类资金的补助费用金额。本项目根据"补助费用"科目本期发生额填列。

22."上解费用"项目,反映政府财政本期发生的上缴上级各类资金产生的费用金额。本项目根据"上解费用"科目本期发生额填列。

23."地区间援助费用"项目,反映政府财政本期发生的地区间援助费用金额。本项目根据"地区间援助费用"科目的本期发生额填列。

24."其他费用"项目,反映政府财政本期股权划出、其他负债变动形成的费用金额。本项目根据"其他费用"科目的本期发生额填列。

25."财政专户管理资金支出"项目,反映政府财政本期使用纳入财政专户管理的教育收费等资金产生的费用金额。本项目根据"财政专户管理资金支出"科目本期发生额填列。

26."专用基金支出"项目,反映政府财政本期使用专用基金产生的费用金额。本项目根据"专用基金支出"科目本期发生额填列。

27."本期盈余"项目,反映政府财政本年末收入减去费用的金额。本项目根据本表"收入合计"减去"费用合计"的差额填列。

三、现金流量表的编制说明

(一)本表中现金,是指政府财政的国库存款、其他财政存款及国库现金管理资产中的商业银行定期存款。本表中现金流量,是指现金的流入和流出。

(二)本表应当按照日常活动、投资活动、筹资活动的现金流量分别反映。

(三)本表"本年金额"栏反映各项目的本年实际发生数。本表"上年金额"栏反映各项目的上年实际发生数,应当根据上年现金流量表中"本年金额"栏内所列数字填列。

(四)本表"本年金额"栏各项目的填列方法。

1.日常活动产生的现金流量

(1)现金流入项目

"组织税收收入收到的现金"项目,反映政府财政本年取得税收收入收到的现金。本项目应当根据会计账簿中"税收收入""在途款"科目发生额分析填列。

"组织非税收入收到的现金"项目,反映政府财政本年取得非税收入收到的现金。本项目应当根据会计账簿中"非税收入""应收非税收入""在途款"科目发生额分析填列。

"组织财政专户管理资金收入收到的现金"项目,反映政府财政本年取得财政专户管理资金收入收到的现金。本项目根据会计账簿中"财政专户管理资金收入"科目发生额分析填列。

"组织专用基金收入收到的现金"项目,反映政府财政本年取得专用基金收入收到的现金。本项目根据会计账簿中"专用基金收入"科目发生额分析填列。

"上下级政府财政资金往来收到的现金"项目,反映政府财政本年收到上下级政府财政转移支付、清算欠款、临时调度款等相关的现金。本项目根据会计账簿中"补助收入""上解收入""与下级往来""与上级往来"科目贷方发生额分析填列。

"收回暂付性款项相关的现金"项目,反映政府财政本年收回暂付性款项相关的现金。本项目根据会计账簿中"预拨经费""借出款项""其他应收款"科目贷方发生额分析填列。

"其他日常活动所收到的现金"项目,反映政府财政收到的除以上项目外与日常活动相关的现金。本项目根据会计账簿中"地区间援助收入""其他收入""其他应付款""应付代管资金""在途款""以前年度盈余调整"等科目贷方发生额分析填列。

（2）现金流出项目

"政府机关商品和服务拨款所支付的现金"项目，反映政府财政本年在日常活动中用于购买商品、接受劳务支付的现金。本项目根据会计账簿中"政府机关商品和服务拨款费用"科目和"应付国库集中支付结余"科目借方发生额分析填列。

"政府机关工资福利拨款所支付的现金"项目，反映政府财政本年承担职工劳务报酬及社会保险费等支付的现金。本项目根据会计账簿中"政府机关工资福利拨款费用"科目和"应付国库集中支付结余"科目借方发生额分析填列。

"对事业单位补助拨款所支付的现金"项目，反映政府财政本年对事业单位经常性补助所支付的现金。本项目根据会计账簿中"对事业单位补助拨款费用"科目和"应付国库集中支付结余"科目借方发生额分析填列。

"对企业补助拨款所支付的现金"项目，反映政府财政本年对企业资本性投资外的其他补助所支付的现金。本项目根据会计账簿中"对企业补助拨款费用"科目和"应付国库集中支付结余"科目借方发生额分析填列。

"对个人和家庭补助拨款所支付的现金"项目，反映政府财政本年对个人和家庭的补助所支付的现金。本项目根据会计账簿中"对个人和家庭补助拨款费用"科目和"应付国库集中支付结余"科目借方发生额分析填列。

"对社会保障基金补助拨款所支付的现金"项目，反映政府财政本年对社会保险基金的补助，以及补充全国社会保障基金所支付的现金。本项目根据会计账簿中"对社会保障基金补助拨款费用"科目和"应付国库集中支付结余"科目借方发生额分析填列。

"财政专户管理资金支出所支付的现金"项目，反映政府财政本年从财政专户管理资金中安排各项支出所支付的现金。本项目根据会计账簿中"财政专户管理资金支出"科目借方发生额分析填列。

"专用基金支出所支付的现金"项目，反映政府财政用专用基金收入安排的支出所支付的现金。本项目根据会计账簿中"专用基金支出"科目借方发生额分析填列。

"上下级政府财政资金往来所支付的现金"项目，反映政府财政本年支付上下级政府财政转移支付、清算欠款、临时调度款等相关的现金。本项目根据会计账簿中"补助费用""上解费用""与下级往来""与上级往来"科目借方发生额分析填列。

"资本性拨款所支付的现金"项目，反映政府财政本年支付行政事业单位和企业用于房屋建筑物构建、基础设施建设、公务用车购置、设备购置、物资储备等相关的现金。本项目根据会计账簿中"资本性拨款费用"科目和"应付国库集中支付结余"科目借方发生额分析填列。

"暂付性款项所支付的现金"项目，反映政府财政本年安排暂付性款项所支付的现金。本项目根据会计账簿中"预拨经费""借出款项""其他应收款"科目借方发生额分析填列。

"其他日常活动所支付的现金"项目，反映政府财政本年支付除以上项目外与日常活动相关的现金。本项目根据会计账簿中"其他拨款费用""地区间援助费用""其他应付款""应付代管资金""应付国库集中支付结余""在途款""以前年度盈余调整"等科目借方发生额分析填列。

2. 投资活动产生的现金流量

（1）现金流入项目

"收回股权投资所收到的现金"项目，反映政府财政本年出售、转让、处置股权等收回投资而收到的现金。本项目根据会计账簿中"股权投资"科目下"投资成本""损益调整"明细科目贷方发生额分析填列。

"取得股权投资收益收到的现金"项目，反映政府财政本年因被投资单位分配股利、利润或处置股权、企业破产清算等产生收益而收到的现金。本项目根据会计账簿中"应收股利""投资收益"科目贷方发生额分析填列。

"收到的其他与投资活动有关的现金"项目，反映政府财政本年收到除以上项目外与投资活动相关的现金。本项目根据会计账簿中"有价证券""应收股利"等科目贷方发生额分析填列。

（2）现金流出项目

"取得股权投资所支出的现金"项目，反映政府财政本年为取得股权投资而支付的现金。本项目根据会计账簿中"股权投资"科目借方发生额分析填列。

"支付其他与投资活动有关的现金"项目，反映政府财政本年支付除以上项目外与投资活动相关的现金。本项目根据会计账簿中"有价证券"等科目借方发生额分析填列。

（3）投资活动产生的现金流量净额。本项目根据现金流入项目合计数减去现金流出项目合计数差额填列，差额小于零则以负数填列。

3. 筹资活动产生的现金流量

（1）现金流入项目

"发行政府债券收到的现金"项目，反映政府财政本年发行国债和地方政府债券收到的现金。本项目根据会计账簿中"应付短期政府债券""应付长期政府债券"科目贷方发生额分析填列。

"借入款项收到的现金"项目，反映政府财政本年借入款项收到的现金。本项目根据会计账簿中"借入款项"科目贷方发生额分析填列。

"取得政府债券转贷款收到的现金"项目，反映政府财政本年取得政府债券转贷款收到的现金。本项目根据会计账簿中"应付地方政府债券转贷款"科目下"应付本金"明细科目贷方发生额分析填列。

"取得主权外债转贷款收到的现金"项目，反映政府财政本年取得主权外债转贷款收到的现金。本项目根据会计账簿中"应付主权外债转贷款"科目下"应付本金"明细科目贷方发生额分析填列。

"收回转贷款本金收到的现金"项目，反映政府财政本年收到下级政府财政归还政府债券转贷款及主权外债转贷款本金相关的现金。本项目根据会计账簿中"应收地方政府债券转贷款""应收主权外债转贷款"科目下"应收本金"明细科目贷方发生额分析填列。

"收到下级上缴转贷款利息相关的现金"项目，反映政府财政本年收到下级政府财政上缴政府债券转贷款及主权外债转贷款利息相关的现金。本项目根据会计账簿中"应收地方政府债券转贷款""应收主权外债转贷款"科目下"应收利息"明细科目贷方发生额分析填列。

"其他筹资活动收到的现金"项目，反映政府财政本年收到的其他与筹资活动相关的现金。本项目根据会计账簿中"其他应付款""其他应收款"等科目贷方发生额分析填列。

（2）现金流出项目

"转贷地方政府债券所支付的现金"项目，反映政府财政本年对下级政府财政转贷地方政府债券所支付的现金。本项目根据会计账簿中"应收地方政府债券转贷款"科目下"应收本金"明细科目借方发生额分析填列。

"转贷主权外债所支付的现金"项目，反映政府财政本年对下级政府财政转贷主权外债所支付的现金。本项目根据会计账簿中"应收主权外债转贷款"科目下"应收本金"明细科目借方发生额分析填列。

"支付债务本金相关的现金"项目，反映政府财政本年偿还政府债务本金所支付的现金。省级以上（含省级）政府财政根据会计账簿中"应付短期政府债券""应付长期政府债券""借入款项"科目借方发生额分析填列；市县政府财政根据会计账簿中"应付地方政府债券转贷款""应付主权外债转贷款"科目下"应付本金"明细科目借方发生额分析填列。

"支付债务利息相关的现金"项目，反映政府财政本年支付政府债务利息相关的现金。省级以上（含省级）政府财政根据会计账簿中"应付利息"科目借方发生额分析填列；市县政府财政根据会计账簿中"应付地方政府债券转贷款""应付主权外债转贷款"科目下"应付利息"明细科目、"财务费用"科目借方发生额分析填列。

"其他筹资活动支付的现金"项目，反映政府财政本年支付的政府债券发行、兑付、登记费用等其他与筹资活动相关的现金。本项目根据会计账簿中"财务费用""其他应付款""其他应收款"等科目借方发生额分析填列。

（3）筹资活动产生的现金流量净额。本项目根据现金流入项目合计数减去现金流出项目合计数差额填列，差额小于零则以负数填列。

4. 汇率变动对现金的影响额。反映政府财政外币现金流量折算为人民币时，所采用的即期汇率折算的人民币金额与期末汇率折算的人民币金额之间的差额。本项目根据"财务费用"科目下的"汇兑损益"明细科目发生额分析填列。

5. 现金净增加额。本项目反映政府财政本年现金变动的净额，根据本表中"日常活动产生的现金流量净额""投资活动产生的现金流量净额""筹资活动产生的现金流量净额""汇率变动对现金的影响额"项目金额的合计数填列，金额小于零则以负数填列。

四、本年预算结余与本期盈余调节表编制说明

（一）当期预算结余。本项目根据本年预算收入与预算支出的差额填列。

（二）日常活动产生的差异

1. "当期确认为收入但没有确认为预算收入"项目

主要为"当期应收未缴库非税收入"项目。本项目反映政府财政本年已确认非税收入但缴款人尚未缴入国库的各项非税款项。根据会计账簿中"应收非税收入"以及"非税收入"科目发生额分析填列。

2. "当期确认为预算收入但没有确认为收入"项目

主要为"当期收到上期应收未缴库非税收入"项目。本项目反映政府财政本年收到的上年应收非税收入。根据会计账簿中"应收非税收入"科目贷方发生额以及"国库存款"科目借方发生额分析填列，不含以前年度盈余调整事项和新增确认的非税收入。

3. "当期确认为预算支出收回但没有确认为费用收回"项目

"当期收到退回以前年度已列支资金"项目。本项目反映政府财政收到退回的以前年度已列支资金而冲减预算支出的事项。根据会计账簿中"国库存款""其他财政存款"科目借方发生额以及"以前年度盈余调整"科目贷方发生额分析填列。

"当期将以前年度国库集中支付结余收回预算"项目。本项目反映政府财政将以前年度应付国库集中支付结余资金收回预算而冲减预算支出的事项。根据会计账簿中"应付国库集中支付结余"科目借方发生额以及"以前年度盈余调整"科目贷方发生额分析填列。

（三）投资活动产生的差异

1. "当期确认为收入但没有确认为预算收入"项目

（1）"当期投资收益或损失"项目。本项目反映政府财政本年确认的股权投资收益。根据会计账簿中"投资收益"科目发生额分析填列。其中，投资损失以负数填列；不含清算、处置股权投资增加的收益。

（2）"当期无偿划入股权投资"项目。本项目反映政府财政本年接受无偿划入的股权投资。根据会计账簿中"股权投资"科目下"投资成本"明细科目借方发生额、"其他收入"科目贷方发生额分析填列。

2. "当期确认为预算支出但没有确认为费用"项目

（1）"当期股权投资增支"项目。本项目反映政府财政本年新增股权投资增加的支出。

根据会计账簿中"股权投资"科目下"投资成本"明细科目借方发生额以及"国库存款"科目贷方发生额分析填列，不含无偿划入或权益法调整增加的股权投资以及补记以前年度股权投资。

（2）"当期股权投资减支"项目。本项目反映政府财政本年退出、清算、处置股权投资减少的支出。根据会计账簿中"股权投资"科目下"投资成本"明细科目贷方发生额以及"国库存款"科目借方发生额分析，以负数填列，不含无偿划出或权益法调整减少的股权投资额。

3."当期确认为预算收入但没有确认为收入"项目

（1）"当期收到利润收入和股利股息收入"项目。本项目反映政府财政本年收到被投资主体上缴以前年度利润和股利股息。根据会计账簿中"资金结存——库款资金结存"科目借方发生额以及"一般公共预算收入——利润收入、股利股息收入""国有资本经营预算收入——利润收入、股利股息收入"贷方发生额分析填列，不含清算、处置股权投资增加的收益。

（2）"当期收到清算、处置股权投资的收入"项目。本项目反映政府财政本年清算、处置股权投资发生的收入，需根据"投资收益""国库存款"科目借方发生额、"股权投资"等科目贷方发生额分析填列。

4."当期确认为费用但没有确认为预算支出"项目

主要为"当期无偿划出股权投资费用"项目。本项目反映政府财政本年无偿划出的股权投资。根据会计账簿中"股权投资"科目下"投资成本"明细科目贷方发生额、"其他费用"科目借方发生额分析填列。

（四）筹资活动产生的差异

1."当期确认为预算支出但没有确认为费用"项目

（1）"当期转贷款支出"项目。反映政府财政本年转贷下级政府财政的政府债券、主权外债资金。根据会计账簿中"债务转贷预算支出"科目借方发生额分析填列。

（2）"当期债务还本支出"项目。反映本级政府财政本年偿还的债务本金。根据会计账簿中"债务还本预算支出"科目借方发生额分析填列。

（3）"拨付上年计提债务利息"项目。反映政府财政本年偿还上年已计提的债务利息。根据会计账簿中"应付利息"科目年初贷方余额填列；市县政府财政根据会计账簿中"应付地方政府债券转贷款"和"应付主权外债转贷款"科目下"应付利息"明细科目年初贷方余额填列。

2."当期确认为预算收入但没有确认为收入"项目

（1）"当期债务收入"项目。反映省级以上（含省级）政府财政本年发行政府债券、借入主权外债的收入。根据会计账簿中"债务预算收入"科目贷方发生额分析填列。

（2）"当期转贷款收入"项目。反映市县政府财政本年收到的地方政府债券、主权外债转贷款收入。根据会计账簿中"债务转贷预算收入"贷方发生额分析填列。

3."当期确认为费用但没有确认为预算支出"项目

主要为"当期计提未拨付债务利息"项目。本项目反映政府财政本年已计提需在下一年度支付的利息。省级以上（含省级）政府财政根据会计账簿中"应付利息"科目年末贷方余额填列；市县政府财政根据会计账簿中"应付地方政府债券转贷款——应付利息"以及"应付主权外债转贷款——应付利息"科目年末贷方余额填列。

（五）其他差异事项。本项目反映政府财政其他活动事项产生的差异。其中，减少预算结余和增加本期盈余事项以正数反映，增加预算结余和减少本期盈余事项以负数反映。中央财政计提其他负债产生的费用也在本项目反映。

（六）当期汇兑损益净额。本项目根据"财务费用——汇兑损益"发生额分析填列，汇兑损失以负数反映，汇兑收益以正数反映。

（七）本期盈余（本年收入与费用的差额）。根据本表"当期预算结余""投资活动产生的差异""日常活动产生的差异""筹资活动产生的差异""其他差异事项""当期汇兑损益净额"金额汇总填列。本项目与"收入费用表"本期盈余合计数一致。

五、会计报表附注

总会计财务会计报表附注应当至少披露下列内容：

（一）遵循《财政总会计制度》的声明；

（二）本级政府财政财务状况的说明；

（三）会计报表中列示的重要项目的进一步说明，包括其主要构成、增减变动情况等；

（四）政府财政承担担保责任负债情况的说明；

（五）有助于理解和分析会计报表的其他需要说明的事项。

第五十一条 预算会计报表包括预算收入支出表、一般公共预算执行情况表、政府性基金预算执行情况表、国有资本经营预算执行情况表、财政专户管理资金收支情况表、专用基金收支情况表等会计报表和附注。

预算收入支出表是反映政府财政在某一会计期间各类财政资金收支余情况的报表。预算收入支出表根据资金性质按照收入、支出、结转结余的构成分类、分项列示。

一般公共预算执行情况表是反映政府财政在某一会计期间一般公共预算收支执行结果的报表，按照《政府收支分类科目》中一般公共预算收支科目列示。

政府性基金预算执行情况表是反映政府财政在某一会计期间政府性基金预算收支执行结果的报表，按照《政府收支分类科目》中政府性基金预算收支科目列示。

国有资本经营预算执行情况表是反映政府财政在某一会计期间国有资本经营预算收支执行结果的报表，按照《政府收支分类科目》中国有资本经营预算收支科目列示。

财政专户管理资金收支情况表是反映政府财政在某一会计期间纳入财政专户管理的资金收支情况的报表，按照相关政府收支分类科目列示。

专用基金收支情况表是反映政府财政在某一会计期间专用基金收支情况的报表，按照专用基金类型分别列示。

附注是指对在会计报表中列示项目的文字描述或明细资料，以及对未能在会计报表中列示项目的说明。

第五十二条 预算会计报表的格式如下：

预算收入支出表

总会预01表

编制单位：　　　　　　　　　　　年　　月　　　　　　　　　　单位：元

项目	一般公共预算		政府性基金预算		国有资本经营预算		财政专户管理资金		专用基金	
	本月数	本年累计数	本月数	本年累计数	本月数	本年累计数	本月数	本年累计数	本月数	本年累计数
年初结转结余										
收入合计										
本级收入										

（续表）

项目	一般公共预算		政府性基金预算		国有资本经营预算		财政专户管理资金		专用基金	
	本月数	本年累计数	本月数	本年累计数	本月数	本年累计数	本月数	本年累计数	本月数	本年累计数
其中：来自预算安排的收入	—	—					—	—	—	—
补助预算收入							—	—	—	—
上解预算收入							—	—	—	—
地区间援助预算收入			—	—	—	—	—	—	—	—
债务预算收入					—	—	—	—	—	—
债务转贷预算收入					—	—	—	—	—	—
动用预算稳定调节基金			—	—	—	—	—	—	—	—
调入预算资金										
支出合计										
本级支出										
其中：权责发生制列支										
预算安排专用基金的支出			—	—	—	—	—	—	—	—
补助预算支出							—	—	—	—
上解预算支出							—	—	—	—
地区间援助预算支出			—	—	—	—	—	—	—	—
债务还本预算支出					—	—	—	—	—	—
债务转贷预算支出					—	—	—	—	—	—
安排预算稳定调节基金			—	—	—	—	—	—	—	—
调出预算资金										
结余转出							—	—	—	—
其中：增设预算周转金			—	—	—	—	—	—	—	—
年末结转结余										

注：表中有"—"的部分不必填列。

一般公共预算执行情况表

总会预 02-1 表

编制单位：　　　　　　　　　　　　　　　年　月　日　　　　　　　　　　　　　　　单位：元

项目	本月（旬）数	本年（月）累计数
一般公共预算收入		
101 税收收入		
10101 增值税		
1010101 国内增值税		
……		
一般公共预算支出		
201 一般公共服务支出		
20101 人大事务		
2010101 行政运行		
……		

政府性基金预算执行情况表

总会预 02-2 表

编制单位：　　　　　　　　　　年　月　日　　　　　　　　　　单位：元

项目	本月（旬）数	本年（月）累计数
政府性基金预算收入		
10301 政府性基金收入		
1030102 农网还贷资金收入		
103010201 中央农网还贷资金收入		
……		
政府性基金预算支出		
206 科学技术支出		
20610 核电站乏燃料处理处置基金支出		
2061001 乏燃料运输		
……		

国有资本经营预算执行情况表

总会预 02-3 表

编制单位：　　　　　　　　　　年　月　日　　　　　　　　　　单位：元

项目	本月（旬）数	本年（月）累计数
国有资本经营预算收入		
10306 国有资本经营收入		
1030601 利润收入		
103060103 烟草企业利润收入		
……		
国有资本经营预算支出		
208 社会保障和就业支出		
20804 补充全国社会保障基金		
2080451 国有资本经营预算补充社保基金支出		
……		

财政专户管理资金收支情况表

总会预 03 表

编制单位：　　　　　　　　　　年　月　日　　　　　　　　　　单位：元

项目	本月（旬）数	本年（月）累计数
财政专户管理资金收入		
财政专户管理资金支出		

专用基金收支情况表

总会预 04 表

编制单位：　　　　　　　　　　　年　月　日　　　　　　　　　　　单位：元

项目	本月（旬）数	本年（月）累计数
专用基金收入		
粮食风险基金		
……		
专用基金支出		
粮食风险基金		
……		

第五十三条　总会计应当按照下列规定编制预算会计报表：

（一）预算收入支出表应当按月度和年度编制，一般公共预算执行情况表、政府性基金预算执行情况表、国有资本经营预算执行情况表应当按旬、月度和年度编制，财政专户管理资金收支情况表、专用基金收支情况表应当按月度和年度编制。旬报、月报的报送期限及编报内容应当根据上级政府财政具体要求和本行政区域预算管理的需要办理。

（二）总会计应当根据本制度编制并提供真实、完整的会计报表，切实做到账表一致，不得估列代编，弄虚作假。

（三）总会计要严格按照统一规定的种类、格式、内容、计算方法和编制口径填制会计报表，以保证全国统一汇总和分析。汇总报表的单位，要把所属单位的报表汇集齐全，防止漏报。

第五十四条　预算会计报表的编制说明如下：

一、预算收入支出表的编制说明

（一）本表"本月数"栏反映各项目的本月实际发生数。在编制年度预算收入支出表时，应将本栏改为"上年数"栏，反映上年度各项目的实际发生数；如果本年度预算收入支出表规定的各个项目的名称和内容同上年度不一致，应对上年度预算收入支出表各项目的名称和数字按照本年度的规定进行调整，填入本年度预算收入支出表的"上年数"栏。

本表"本年累计数"栏反映各项目自年初起至报告期末止的累计实际发生数。编制年度预算收入支出表时，应当将本栏改为"本年数"。

（二）本表"本月数"栏各项目的内容和填列方法。

1."年初结转结余"项目，反映政府财政本年初各类资金结转结余金额。其中，一般公共预算的"年初结转结余"应当根据"一般公共预算结转结余"科目的年初余额填列；政府性基金预算的"年初结转结余"应当根据"政府性基金预算结转结余"科目的年初余额填列；国有资本经营预算的"年初结转结余"应当根据"国有资本经营预算结转结余"科目的年初余额填列；财政专户管理资金的"年初结转结余"应当根据"财政专户管理资金结余"科目的年初余额填列；专用基金的"年初结转结余"应当根据"专用基金结余"科目的年初余额填列。

2."收入合计"项目，反映政府财政本期取得的各类资金的收入合计金额。其中，一般公共预算的"收入合计"应当根据属于一般公共预算的"本级收入""补助预算收入""上解预算收入""地区间援助预算收入""债务预算收入""债务转贷预算收入""动用预算稳定调节基金"和"调入预算资金"各行项目金额的合计填列；政府性基金预算的"收入合计"应当根据属于政府性基金预算的"本级收入""补助预算收入""上解预算收入""债务预算收入""债务转贷预算收入"和"调入预算资金"各行项目金额的合计填列；国有资本经营预算的"收入合计"应当根据属于国有资本经营预算的"本级收入""补助预算收入""上解预算收入"项目的金额填列；财政专户管理资金的"收入合计"应当根据属于财政专户管理资金的"本级收入"项目的金额填列；专用基金的"收入合计"应当根据属于专用基金的"本级收入"项目的金额填列。

3."本级收入"项目，反映政府财政本期取得的各类资金的本级收入金额。其中，一般公共预算的"本级收入"应当根据"一般公共预算收入"科目的本期发生额填列；政府性基金预算的"本级收入"应当根据"政府性基金预算收入"科目的本期发生额填列；国有资本经营预算的"本级收入"应当根据"国有资本经营预算收入"科目的本期发生额填列；财政专户管理资金的"本级收入"应当根据"财政专户管理资金收入"科目的本期发生额填列；专用基金的"本级收入"应当根据"专用基金收入"科目的本期发生额填列。

4."来自预算安排的收入"项目，反映政府财政本期通过预算安排取得专用基金收入的金额。本项目应当根据"专用基金收入"科目的本期发生额分析填列。

5."补助预算收入"项目，反映政府财政本期取得的各类资金的补助收入金额。其中，一般公共预算的"补助预算收入"应当根据"补助预算收入"科目下的"一般公共预算补助预算收入"明细科目的本期发生额填列；政府性基金预算的"补助预算收入"应当根据"补助预算收入"科目下的"政府性基金预算补助收入"明细科目的本期发生额填列；国有资本经营预算的"补助预算收入"应当根据"补助预算收入"科目下的"国有资本经营预算补助收入"明细科目的本期发生额填列。

6."上解预算收入"项目，反映政府财政本期取得的各类资金的上解预算收入金额。其中，一般公共预算的"上解预算收入"应当根据"上解预算收入"科目下的"一般公共预算上解收入"明细科目的本期发生额填列；政府性基金预算的"上解收入"应当根据"上解收入"科目下的"政府性基金预算上解收入"明细科目的本期发生额填列；国有资本经营预算的"上解收入"应当根据"上解预算收入"科目下的"国有资本经营预算上解收入"明细科目的本期发生额填列。

7."地区间援助预算收入"项目，反映政府财政本期取得的地区间援助预算收入金额。本项目应当根据"地区间援助预算收入"科目的本期发生额填列。

8."债务预算收入"项目，反映政府财政本期取得的债务预算收入金额。其中，一般公共预算的"债务预算收入"应当根据"债务预算收入"科目下除"专项债务收入"以外的其他明细科目的本期发生额填列；政府性基金预算的"债务预算收入"应当根据"债务预算收入"科目下的"专项债务收入"明细科目的本期发生额填列。

9."债务转贷预算收入"项目，反映政府财政本期取得的债务转贷预算收入金额。其中，一般公共预算的"债务转贷预算收入"应当根据"债务转贷预算收入"科目下"一般债务转贷收入"明细科目的本期发生额填列；政府性基金预算的"债务转贷收入"应当根据"债务转贷预算收入"科目下的"专项债务转贷收入"明细科目的本期发生额填列。

10."动用预算稳定调节基金"项目，反映政府财政本期动用的预算稳定调节基金金额。本项目应当根据"动用预算稳定调节基金"科目的本期发生额填列。

11."调入预算资金"项目，反映政府财政本期取得的调入预算资金金额。其中，一般公共预算的"调入预算资金"应当根据"调入预算资金"科目下"一般公共预算调入资金"明细科目的本期发生额填列；政府性基金预算的"调入预算资金"应当根据"调入预算资金"

科目下"政府性基金预算调入资金"明细科目的本期发生额填列。

12. "支出合计"项目，反映政府财政本期发生的各类资金的支出合计金额。其中，一般公共预算的"支出合计"应当根据属于一般公共预算的"本级支出""补助预算支出""上解预算支出""地区间援助预算支出""债务还本预算支出""债务转贷预算支出""安排预算稳定调节基金"和"调出预算资金"各行项目金额的合计填列；政府性基金预算的"支出合计"应当根据属于政府性基金预算的"本级支出""补助预算支出""上解预算支出""债务还本预算支出""债务转贷预算支出"和"调出预算资金"各行项目金额的合计填列；国有资本经营预算的"支出合计"应当根据属于国有资本经营预算的"本级支出""补助预算支出""上解预算支出"和"调出预算资金"项目金额的合计填列；财政专户管理资金的"支出合计"应当根据属于财政专户管理资金的"本级支出"项目的金额填列；专用基金的"支出合计"应当根据属于专用基金的"本级支出"项目的金额填列。

13. "本级支出"项目，反映政府财政本期发生的各类资金的本级支出金额。其中，一般公共预算的"本级支出"应当根据"一般公共预算支出"科目的本期发生额填列；政府性基金预算的"本级支出"应当根据"政府性基金预算支出"科目的本期发生额填列；国有资本经营预算的"本级支出"应当根据"国有资本经营预算支出"科目的本期发生额填列；财政专户管理资金的"本级支出"应当根据"财政专户管理资金支出"科目的本期发生额填列；专用基金的"本级支出"应当根据"专用基金支出"科目的本期发生额填列。

14. "权责发生制列支"项目，反映省级以上（含省级）政府财政国库集中支付中，应列为当年费用，但年末尚未支付需结转下一年度支付的款项。其中，一般公共预算的"权责发生制列支项目"应当根据"一般公共预算支出"科目的本期发生额分析填列；政府性基金预算的"权责发生制列支项目"应当根据"政府性基金预算支出"科目的本期发生额分析填列；国有资本经营预算的"权责发生制列支项目"应当根据"国有资本经营预算支出"科目的本期发生额分析填列。

15. "预算安排专用基金的支出"项目，反映政府财政本期通过预算安排取得专用基金收入的金额。本项目应当根据"一般公共预算支出"科目的本期发生额分析填列。

16. "补助预算支出"项目，反映政府财政本期发生的各类资金的补助预算支出金额。其中，一般公共预算的"补助预算支出"应当根据"补助预算支出"科目下的"一般公共预算补助支出"明细科目的本期发生额填列；政府性基金预算的"补助预算支出"应当根据"补助预算支出"科目下的"政府性基金预算补助支出"明细科目的本期发生额填列；国有资本经营预算的"补助预算支出"应当根据"补助预算支出"科目下的"国有资本经营预算补助支出"明细科目的本期发生额填列。

17. "上解预算支出"项目，反映政府财政本期发生的各类资金的上解预算支出金额。其中，一般公共预算的"上解预算支出"应当根据"上解预算支出"科目下的"一般公共预算上解支出"明细科目的本期发生额填列；政府性基金预算的"上解预算支出"应当根据"上解预算支出"科目下的"政府性基金预算上解支出"明细科目的本期发生额填列；国有资本经营预算的"上解预算支出"应当根据"上解预算支出"科目下的"国有资本经营预算上解支出"明细科目的本期发生额填列。

18. "地区间援助预算支出"项目，反映政府财政本期发生的地区间援助预算支出金额。本项目应当根据"地区间援助预算支出"科目的本期发生额填列。

19. "债务还本预算支出"项目，反映政府财政本期发生的债务还本预算支出金额。其中，一般公共预算的"债务还本预算支出"应当根据"债务还本预算支出"科目下除"专项债务还本支出"以外的其他明细科目的本期发生额填列；政府性基金预算的"债务还本预算支出"应当根据"债务还本预算支出"科目下的"专项债务还本支出"明细科目的本期发生额填列。

20."债务转贷预算支出"项目,反映政府财政本期发生的债务转贷预算支出金额。其中,一般公共预算的"债务转贷预算支出"应当根据"债务转贷预算支出"科目下"一般债务转贷支出"明细科目的本期发生额填列;政府性基金预算的"债务转贷预算支出"应当根据"债务转贷支出"科目下的"专项债务转贷支出"明细科目的本期发生额填列。

21."安排预算稳定调节基金"项目,反映政府财政本期安排的预算稳定调节基金金额。本项目根据"安排预算稳定调节基金"科目的本期发生额填列。

22."调出预算资金"项目,反映政府财政本期发生的各类资金的调出资金金额。其中,一般公共预算的"调出预算资金"应当根据"调出预算资金"科目下"一般公共预算调出资金"明细科目的本期发生额填列;政府性基金预算的"调出预算资金"应当根据"调出预算资金"科目下"政府性基金预算调出资金"明细科目的本期发生额填列;国有资本经营预算的"调出预算资金"应当根据"调出预算资金"科目下"国有资本经营预算调出资金"明细科目的本期发生额填列。

23."增设预算周转金"项目,反映政府财政本期设置或补充预算周转金的金额。本项目应当根据"预算周转金"科目的本期贷方发生额填列。

24."年末结转结余"项目,反映政府财政本年末的各类资金的结转结余金额。其中,一般公共预算的"年末结转结余"应当根据"一般公共预算结转结余"科目的年末余额填列;政府性基金预算的"年末结转结余"应当根据"政府性基金预算结转结余"科目的年末余额填列;国有资本经营预算的"年末结转结余"应当根据"国有资本经营预算结转结余"科目的年末余额填列;财政专户管理资金的"年末结转结余"应当根据"财政专户管理资金结余"科目的年末余额填列;专用基金的"年末结转结余"应当根据"专用基金结余"科目的年末余额填列。

二、一般公共预算执行情况表的编制说明

(一)"一般公共预算收入"项目及所属各明细项目,应当根据"一般公共预算收入"科目及所属各明细科目的本期发生额填列。

(二)"一般公共预算支出"项目及所属各明细项目,应当根据"一般公共预算支出"科目及所属各明细科目的本期发生额填列。

三、政府性基金预算执行情况表的编制说明

(一)"政府性基金预算收入"项目及所属各明细项目,应当根据"政府性基金预算收入"科目及所属各明细科目的本期发生额填列。

(二)"政府性基金预算支出"项目及所属各明细项目,应当根据"政府性基金预算支出"科目及所属各明细科目的本期发生额填列。

四、国有资本经营预算执行情况表的编制说明

(一)"国有资本经营预算收入"项目及所属各明细项目,应当根据"国有资本经营预算收入"科目及所属各明细科目的本期发生额填列。

(二)"国有资本经营预算支出"项目及所属各明细项目,应当根据"国有资本经营预算支出"科目及所属各明细科目的本期发生额填列。

五、财政专户管理资金收支情况表的编制说明

(一)"财政专户管理资金收入"项目及所属各明细项目,应当根据"财政专户管理资金收入"科目及所属各明细科目的本期发生额填列。

(二)"财政专户管理资金支出"项目及所属各明细项目,应当根据"财政专户管理资金支出"科目及所属各明细科目的本期发生额填列。

六、专用基金收支情况表的编制说明

(一)"专用基金收入"项目及所属各明细项目,应当根据"专用基金收入"科目及所属各明细科目的本期发生额填列。

（二）"专用基金支出"项目及所属各明细项目，应当根据"专用基金支出"科目及所属各明细科目的本期发生额填列。

七、会计报表附注 总会计预算会计报表附注应当至少披露下列内容：

（一）遵循《财政总会计制度》的声明；

（二）本级政府财政预算执行情况的说明；

（三）会计报表中列示的重要项目的进一步说明，包括其主要构成、增减变动情况等；

（四）有助于理解和分析会计报表的其他需要说明的事项。

第六章 信息化管理

第五十五条 各级财政部门应当加强有关业务处理系统及网络的建设和运行维护，确保各级总会计采用的会计信息管理系统必须符合本制度规定的核算方法，系统运行安全稳定、业务办理规范有序、业务信息真实有效。

第五十六条 各级财政部门应不断推进会计信息化应用，加强会计信息管理系统电子化改造，推进与其他有关业务系统的有效衔接，不断提高总会计账务处理及报表生成的自动化程度，并为会计档案电子化管理提供支撑。

第五十七条 各级总会计不得直接在会计信息管理系统中更改登记有误的账簿信息，应当采取冲销法或补充登记法重新填制调账记账凭证，复核无误后登记会计账簿。

第五十八条 信息系统储存的总会计原始数据应当由专人定期备份至专用存储设备。保存电子会计数据的存储介质应当纳入容灾备份体系妥善保管。

第七章 会计监督

第五十九条 各级总会计应加强对各项财政业务的核算管理与会计监督。严格依法办事，对于不合法的会计事项，应及时予以纠正或按程序反映。

第六十条 各级总会计应加强对预算单位财政资金使用情况的管理，及时了解掌握有关单位的用款情况，发现问题及时按程序反映。

第六十一条 各级总会计应自觉接受人民代表大会、审计、监察部门，以及上级政府财政部门的监督，按规定向人民代表大会、审计、监察部门以及上级政府财政部门提供有关资料。

第八章 附则

第六十二条 本制度所称会计核算、财务会计、预算会计、收付实现制、权责发生制与《政府会计准则——基本准则》一致。

第六十三条 本制度未特殊规定的一般会计处理方法，按照财政部有关规定处理。会计档案的管理，按照财政部、国家档案局《会计档案管理办法》执行。

第六十四条 各级财政部门对不同类型资金活动根据管理需要可单独设账核算。

第六十五条 地方各级财政部门在与本制度不相违背的前提下，负责制定本地区总会计有关具体核算办法。

第六十六条 本制度自2023年1月1日起执行。《财政部关于印发〈财政总预算会计制度〉的通知》（财库〔2015〕192号）、《财政部关于印发〈新旧财政总预算会计制度有关衔接问题的处理规定〉的通知》（财库〔2015〕205号）、《财政部关于收回财政存量资金预算会计处理有关问题的通知》（财预〔2015〕81号）、《财政部关于国债做市支持操作总预算会计账务处理的通知》（财库〔2017〕91号）同时废止。

2. 财政总预算会计管理基础工作规定（2012年发布）

（财库〔2012〕1号印发）

第一章 总　则

第一条　为适应财政国库管理制度改革需要，进一步加强和规范财政总预算会计基础管理，保障财政资金安全，根据《中华人民共和国会计法》《会计基础工作规范》《财政总预算会计制度》以及财政国库管理制度等有关法律、法规、制度，制定本规定。

第二条　本规定适用于各级财政国库管理和执行机构。

第三条　财政总预算会计管理基础工作包括：

（一）明确岗位职责分工，完善相关管理制度；

（二）规范账户管理；

（三）严格财政资金收付、调度管理，加强会计监督；

（四）及时组织会计核算，全面、准确反映预算执行；

（五）规范印章、票据、会计档案管理；

（六）其他基础性工作。

第四条　各级财政部门应当加强财政总预算会计管理信息化建设，充分运用现代信息技术，建立完善相关业务管理信息系统，保障财政资金安全高效运行，不断提高总预算会计管理水平。

第五条　各级财政部门应当按照本规定组织和开展财政总预算会计管理基础工作。各级财政部门负责人应当对本级财政总预算会计管理基础工作负领导责任。

第二章　岗位和人员管理

第六条　各级财政部门应当根据财政国库管理要求和财政总预算会计业务需要，遵循制衡、高效原则，科学设置财政总预算会计工作岗位，岗位设置不得交叉、重复。

第七条　财政总预算会计管理基础工作岗位包括账户管理岗位、资金调度岗位、审核岗位、支付岗位、会计核算岗位、监督管理岗位等：

（一）账户管理岗位，主要负责对国库单一账户、财政专户、零余额账户和预算单位银行账户等进行管理；

（二）资金调度岗位，主要负责分析财政资金结构和收支变动情况，预测财政资金流量，科学合理调度财政资金；

（三）审核岗位，主要负责依据预算对用款计划、支付申请等进行审核；

（四）支付岗位，主要负责对支付申请及相关单据要素进行复核，并开具支付凭证；

（五）会计核算岗位，主要负责对各类财政资金收支、债权债务、往来款项和上下级财政间结算等事项进行核算，并负责组织日常对账、编报会计报告；

（六）监督管理岗位，主要负责对财政部门内部资金收付管理和预算单位财政资金使用实施会计监督。

第八条　各级财政部门应当建立岗位责任制，按照岗位设置要求和不相容职务相分离原则，足额配备相关人员，明确岗位人员职责分工：

（一）负责开具支付凭证人员不得管理支付业务专用印章，不得兼管会计核算工作；

（二）负责管理支付业务专用印章人员，不得兼管会计核算工作；

（三）负责管理信息系统人员不得兼管财政总预算会计具体业务工作；

（四）其他需要相分离的工作，应当由不同人员负责。

第九条 各级财政部门应当严格设定总预算会计业务管理信息系统使用和管理人员的操作权限，加强密码和密码设备管理，禁止未经授权人员使用业务管理信息系统。

第十条 各级财政部门应当选用具备下列条件的人员从事财政总预算会计工作：

（一）坚持原则、廉洁奉公；

（二）具有良好的品行；

（三）熟悉国家财经法律、法规、规章和方针、政策，熟练掌握财政预算、国库管理等有关知识。

会计核算岗位人员除具备上述条件外，还应当取得会计从业资格证书。财政总预算会计其他管理岗位人员原则上也需要取得会计从业资格证书。

因在财务、会计、审计或者其他经济管理工作中犯有严重错误受到行政处罚、撤职以上处分，自处罚、处分决定之日起不满二年的人员不得从事财政总预算会计工作。

第十一条 各级财政部门应当定期组织财政总预算会计人员参加业务培训，开展会计职业道德教育和廉政风险教育。

第十二条 各级财政部门应当在保持相对稳定的基础上，对财政总预算会计人员进行定期轮岗。

第十三条 财政总预算会计人员因故离岗时不得违规替岗；因工作调动或其他原因离职，须按照《会计基础工作规范》相关规定办理交接手续。

第十四条 各级财政部门任用财政总预算会计人员应当按有关规定实行回避制度。

第三章 账户管理

第十五条 各级财政部门应当按照财政国库管理制度和银行账户管理有关规定，加强对国库单一账户、财政专户、零余额账户和预算单位银行账户等的管理。

第十六条 各级财政部门应当按照国家有关规定在相应的人民银行国库部门开设国库单一账户；未设人民银行机构的地方，应当在商业银行、信用社代理国库开设。

第十七条 各级财政部门应当严格按照国家有关规定设置财政专户，规范财政专户的开立、变更和撤销等工作：

（一）财政部门开立财政专户应当按规定办理审批手续；

（二）选择财政专户开户银行应当遵循公开、公平、公正原则，综合考量银行资质、偿债能力、盈利能力、运营情况、内部控制水平、信息化管理水平及服务水平等因素后确定，严格规范选择开户银行的审批程序，建立领导班子集体决策制度，有条件的应通过招标方式确定；

（三）财政部门应当与财政专户开户银行签订规范的账户管理协议，明确双方权利和义务；

（四）财政专户相关信息发生变更，财政部门应当按规定办理变更手续并进行备案；

（五）财政部门撤销财政专户应当按规定及时办理撤销手续并进行备案。

第十八条 各级财政部门应当按照有关规定规范零余额账户管理。零余额账户的开立、变更与撤销须经同级财政部门批准，并按照财政国库管理制度规定的程序和要求执行。

第十九条 各级财政部门应当建立预算单位银行账户审批、备案、年检等管理制度，按规定加强预算单位银行账户开立、变更、撤销等管理。

第二十条 各级财政部门应当建立账户管理信息系统，对账户开立、变更、撤销等情况实行动态管理，及时更新账户管理信息。

第二十一条 地方各级财政部门应当定期向上级财政部门报告账户管理情况。

第四章 财政资金管理

第二十二条 各级财政部门应当按照国库集中收付制度规定，建立科学规范的财政资金收付管理流程，将所有财政资金收付纳入信息系统管理，实现资金收付各环节之间有效制衡。信息系统应当具备严密的业务流程控制和完整的系统操作日志。

第二十三条 审核人员应当依据预算对用款计划进行审核；依据预算、用款计划、收入缴库进度等对支付申请进行审核。审核无误后在信息系统中进行确认并提交支付人员。

第二十四条 支付人员应当对审核后的支付申请等相关单据要素进行复核。经复核无误后，在信息系统中确认并开具相应的支付凭证，禁止手工填制。

第二十五条 支付凭证经复核无误后，由管理支付印章的人员加盖支付印章。支付印章包括支付业务专用章、法定代表人或经授权的法人代表人名章。

第二十六条 支付印章不得随意更换。因机构调整或单位领导变动等确需更换印章时，应履行必要的审批程序及时更换预留印鉴。新印章一经启用，原印章立即失效。

第二十七条 支付印章应当实行专人负责、分人分印管理，任何人员均不得统管、代管全部支付印章。

第二十八条 各级财政部门应当指定专人负责与银行交接支付凭证等原始单据，传输相关电子数据，确保原始单据及相关电子数据传递安全；与支付相关的银行回单等原始单据应由专人传递给会计核算人员保管。单据传递应当实行交接登记制度。

第二十九条 支付凭证作废时应当加盖"作废"戳记，连同留存联一并交由专人保管，定期销毁。

第三十条 完全采用无纸化支付方式的，应当按照《中华人民共和国电子签名法》有关规定建立完善的系统安全控制机制，有关各方应当预先签订协议，明确电子签名、电子印章、电子凭证的使用确认规范，无纸化支付程序及管理责任，保障财政资金和信息安全。

第三十一条 各级财政部门应当严格管理资金收付相关票据和凭证，重要票据和凭证应当实行专人专柜管理；领用、核销实行登记制度。

第三十二条 各级财政部门应当指定专人负责保管定期存单、有价证券等，配备单独的保险柜等设备存放，并进行定期盘点。

第三十三条 各级财政部门应当加强财政资金调度管理，定期分析资金结构和收支变动情况，预测资金流量，在确保资金安全性、规范性、流动性前提下，提高资金使用效率和效益；严禁违反国家相关规定调度和使用资金。

第三十四条 各级财政部门应当加强财政资金安全管理，建立风险防控管理机制，实现对财政资金的动态防控管理，确保财政资金安全。

第五章 会计核算管理

第三十五条 各级财政部门应当按照现行法律、法规和有关国家统一会计制度规定建立会计账册，进行会计核算，及时提供合法、真实、准确、完整的会计信息。

第三十六条 各级财政部门负责对下列事项进行会计核算：
（一）各类财政资金收支；
（二）财政债权债务的发生和结算；
（三）往来款项的发生和结算；
（四）上下级财政间的结算；
（五）其他需要进行会计核算的事项。

第三十七条 各级财政部门应当采用信息系统进行账务处理。

第三十八条 会计核算人员收到财政资金收付凭证等原始单据（含电子数据）后应当及时审核，相关信息核对无误后，通过信息系统生成记账凭证；记账凭证复核无误后登记相应的会计账簿。

第三十九条　会计核算人员不得直接在信息系统中更改登记有误的账簿信息，应当采取冲销法或补充登记法，重新填制调账记账凭证，复核无误后登记会计账簿。

第四十条　会计核算人员应当按月进行会计结账，具体结账按《财政总预算会计制度》等相关规定办理。

第四十一条　各级财政部门应当建立并严格执行对账制度，采取网上对账、交叉对账、后台对账等方式，确保账证相符、账账相符、账实相符、账表相符。

第四十二条　各级财政部门内部国库机构要与业务管理机构核对资金账等；上下级财政部门要核对资金账；财政部门要与本级各预算单位核对资金账等，与征收机关核对资金账，与同级人民银行国库核对资金账，与财政专户开户银行通过后台对账方式核对专户资金账，有条件的地方要与开户银行的上级单位核对专户余额账。

第四十三条　各级财政部门应当根据登记完整、核对无误的会计账簿记录和其他有关资料，定期编制和汇总会计报告，做到数字真实、计算准确、内容完整、说明清楚。

第四十四条　各级财政部门应当结合实际需要定期打印会计凭证、会计账簿和会计报表，装订成册，并由制单人员、记账人员、复核人员和会计机构负责人或会计主管人员等相关人员签名或盖章。

第四十五条　各级财政部门应当指导本级预算单位做好日常会计管理工作，组织年度财政决算、部门决算的编审和汇总工作。

第四十六条　各级财政部门对总预算会计凭证、会计账簿、会计报表和其他会计资料，应当建立档案由专人妥善保管。总预算会计档案建档要求、保管期限、销毁办法等依据《会计档案管理办法》规定执行。

第四十七条　信息系统存储的总预算会计原始数据应当由专人定期备份至机房专用存储设备。保存电子会计数据的存储介质应当纳入容灾备份体系妥善保管。

第六章　监督检查

第四十八条　各级财政部门应当建立内部监督检查制度，对账户管理、财政资金管理、会计核算等日常工作实施定期检查和不定期抽查。

第四十九条　各级财政部门应当建立预算执行动态监控机制，严格监督专项转移支付资金拨付情况和本级预算单位财政资金使用情况。

第五十条　县级以上财政部门应当加强对下级财政总预算会计管理基础工作的指导，定期检查下级财政部门账户管理、财政资金管理、会计核算等工作开展情况，及时通报检查结果。

第五十一条　财政总预算会计管理基础工作中有违规、违纪行为的，应当根据《财政违法行为处罚处分条例》等有关规定进行处理。

第五十二条　各级财政部门要积极配合审计等部门的检查工作，自觉接受审查和监督。

第七章　附　　则

第五十三条　纳入财政专户管理的其他资金参照本规定执行。

第五十四条　各省、自治区、直辖市、计划单列市财政厅（局）可以根据本规定结合本地区的实际情况，制定实施办法，并报财政部备案。

第五十五条　本规定自 2012 年 3 月 1 日起实施。

第四编

政府采购相关法规

第十四章　法律及政府采购目录及标准

1. 中华人民共和国政府采购法（2014年修正）

（2002年6月29日第九届全国人民代表大会常务委员会第二十八次会议通过　根据2014年8月31日第十二届全国人民代表大会常务委员会第十次会议《关于修改〈中华人民共和国保险法〉等五部法律的决定》修正）

第一章　总　则

第一条　为了规范政府采购行为，提高政府采购资金的使用效益，维护国家利益和社会公共利益，保护政府采购当事人的合法权益，促进廉政建设，制定本法。

第二条　在中华人民共和国境内进行的政府采购适用本法。

本法所称政府采购，是指各级国家机关、事业单位和团体组织，使用财政性资金采购依法制定的集中采购目录以内的或者采购限额标准以上的货物、工程和服务的行为。

政府集中采购目录和采购限额标准依照本法规定的权限制定。

本法所称采购，是指以合同方式有偿取得货物、工程和服务的行为，包括购买、租赁、委托、雇用等。

本法所称货物，是指各种形态和种类的物品，包括原材料、燃料、设备、产品等。

本法所称工程，是指建设工程，包括建筑物和构筑物的新建、改建、扩建、装修、拆除、修缮等。

本法所称服务，是指除货物和工程以外的其他政府采购对象。

第三条　政府采购应当遵循公开透明原则、公平竞争原则、公正原则和诚实信用原则。

第四条　政府采购工程进行招标投标的，适用招标投标法。

第五条　任何单位和个人不得采用任何方式，阻挠和限制供应商自由进入本地区和本行业的政府采购市场。

第六条　政府采购应当严格按照批准的预算执行。

第七条　政府采购实行集中采购和分散采购相结合。集中采购的范围由省级以上人民政府公布的集中采购目录确定。

属于中央预算的政府采购项目，其集中采购目录由国务院确定并公布；属于地方预算的政府采购项目，其集中采购目录由省、自治区、直辖市人民政府或者其授权的机构确定并公布。

纳入集中采购目录的政府采购项目，应当实行集中采购。

第八条　政府采购限额标准，属于中央预算的政府采购项目，由国务院确定并公布；属于地方预算的政府采购项目，由省、自治区、直辖市人民政府或者其授权的机构确定并公布。

第九条　政府采购应当有助于实现国家的经济和社会发展政策目标，包括保护环境，扶持不发达地区和少数民族地区，促进中小企业发展等。

第十条　政府采购应当采购本国货物、工程和服务。但有下列情形之一的除外：

（一）需要采购的货物、工程或者服务在中国境内无法获取或者无法以合理的商业条件获取的；

（二）为在中国境外使用而进行采购的；

（三）其他法律、行政法规另有规定的。

前款所称本国货物、工程和服务的界定，依照国务院有关规定执行。

第十一条 政府采购的信息应当在政府采购监督管理部门指定的媒体上及时向社会公开发布，但涉及商业秘密的除外。

第十二条 在政府采购活动中，采购人员及相关人员与供应商有利害关系的，必须回避。供应商认为采购人员及相关人员与其他供应商有利害关系的，可以申请其回避。

前款所称相关人员，包括招标采购中评标委员会的组成人员，竞争性谈判采购中谈判小组的组成人员，询价采购中询价小组的组成人员等。

第十三条 各级人民政府财政部门是负责政府采购监督管理的部门，依法履行对政府采购活动的监督管理职责。

各级人民政府其他有关部门依法履行与政府采购活动有关的监督管理职责。

第二章　政府采购当事人

第十四条 政府采购当事人是指在政府采购活动中享有权利和承担义务的各类主体，包括采购人、供应商和采购代理机构等。

第十五条 采购人是指依法进行政府采购的国家机关、事业单位、团体组织。

第十六条 集中采购机构为采购代理机构。设区的市、自治州以上人民政府根据本级政府采购项目组织集中采购的需要设立集中采购机构。

集中采购机构是非营利事业法人，根据采购人的委托办理采购事宜。

第十七条 集中采购机构进行政府采购活动，应当符合采购价格低于市场平均价格、采购效率更高、采购质量优良和服务良好的要求。

第十八条 采购人采购纳入集中采购目录的政府采购项目，必须委托集中采购机构代理采购；采购未纳入集中采购目录的政府采购项目，可以自行采购，也可以委托集中采购机构在委托的范围内代理采购。

纳入集中采购目录属于通用的政府采购项目的，应当委托集中采购机构代理采购；属于本部门、本系统有特殊要求的项目，应当实行部门集中采购；属于本单位有特殊要求的项目，经省级以上人民政府批准，可以自行采购。

第十九条 采购人可以委托集中采购机构以外的采购代理机构，在委托的范围内办理政府采购事宜。

采购人有权自行选择采购代理机构，任何单位和个人不得以任何方式为采购人指定采购代理机构。

第二十条 采购人依法委托采购代理机构办理采购事宜的，应当由采购人与采购代理机构签订委托代理协议，依法确定委托代理的事项，约定双方的权利义务。

第二十一条 供应商是指向采购人提供货物、工程或者服务的法人、其他组织或者自然人。

第二十二条 供应商参加政府采购活动应当具备下列条件：

（一）具有独立承担民事责任的能力；

（二）具有良好的商业信誉和健全的财务会计制度；

（三）具有履行合同所必需的设备和专业技术能力；

（四）有依法缴纳税收和社会保障资金的良好记录；

（五）参加政府采购活动前三年内，在经营活动中没有重大违法记录；

（六）法律、行政法规规定的其他条件。

采购人可以根据采购项目的特殊要求，规定供应商的特定条件，但不得以不合理的条件对供应商实行差别待遇或者歧视待遇。

第二十三条 采购人可以要求参加政府采购的供应商提供有关资质证明文件和业绩情况,并根据本法规定的供应商条件和采购项目对供应商的特定要求,对供应商的资格进行审查。

第二十四条 两个以上的自然人、法人或者其他组织可以组成一个联合体,以一个供应商的身份共同参加政府采购。

以联合体形式进行政府采购的,参加联合体的供应商均应当具备本法第二十二条规定的条件,并应当向采购人提交联合协议,载明联合体各方承担的工作和义务。联合体各方应当共同与采购人签订采购合同,就采购合同约定的事项对采购人承担连带责任。

第二十五条 政府采购当事人不得相互串通损害国家利益、社会公共利益和其他当事人的合法权益;不得以任何手段排斥其他供应商参与竞争。

供应商不得以向采购人、采购代理机构、评标委员会的组成人员、竞争性谈判小组的组成人员、询价小组的组成人员行贿或者采取其他不正当手段谋取中标或者成交。

采购代理机构不得以向采购人行贿或者采取其他不正当手段谋取非法利益。

第三章 政府采购方式

第二十六条 政府采购采用以下方式:
(一)公开招标;
(二)邀请招标;
(三)竞争性谈判;
(四)单一来源采购;
(五)询价;
(六)国务院政府采购监督管理部门认定的其他采购方式。
公开招标应作为政府采购的主要采购方式。

第二十七条 采购人采购货物或者服务应当采用公开招标方式的,其具体数额标准,属于中央预算的政府采购项目,由国务院规定;属于地方预算的政府采购项目,由省、自治区、直辖市人民政府规定;因特殊情况需要采用公开招标以外的采购方式的,应当在采购活动开始前获得设区的市、自治州以上人民政府采购监督管理部门的批准。

第二十八条 采购人不得将应当以公开招标方式采购的货物或者服务化整为零或者以其他任何方式规避公开招标采购。

第二十九条 符合下列情形之一的货物或者服务,可以依照本法采用邀请招标方式采购:
(一)具有特殊性,只能从有限范围的供应商处采购的;
(二)采用公开招标方式的费用占政府采购项目总价值的比例过大的。

第三十条 符合下列情形之一的货物或者服务,可以依照本法采用竞争性谈判方式采购:
(一)招标后没有供应商投标或者没有合格标的或者重新招标未能成立的;
(二)技术复杂或者性质特殊,不能确定详细规格或者具体要求的;
(三)采用招标所需时间不能满足用户紧急需要的;
(四)不能事先计算出价格总额的。

第三十一条 符合下列情形之一的货物或者服务,可以依照本法采用单一来源方式采购:
(一)只能从唯一供应商处采购的;
(二)发生了不可预见的紧急情况不能从其他供应商处采购的;
(三)必须保证原有采购项目一致性或者服务配套的要求,需要继续从原供应商处添购,且添购资金总额不超过原合同采购金额百分之十的。

第三十二条 采购的货物规格、标准统一、现货货源充足且价格变化幅度小的政府采购项目,可以依照本法采用询价方式采购。

第四章　政府采购程序

第三十三条　负有编制部门预算职责的部门在编制下一财政年度部门预算时,应当将该财政年度政府采购的项目及资金预算列出,报本级财政部门汇总。部门预算的审批,按预算管理权限和程序进行。

第三十四条　货物或者服务项目采取邀请招标方式采购的,采购人应当从符合相应资格条件的供应商中,通过随机方式选择三家以上的供应商,并向其发出投标邀请书。

第三十五条　货物和服务项目实行招标方式采购的,自招标文件开始发出之日起至投标人提交投标文件截止之日止,不得少于二十日。

第三十六条　在招标采购中,出现下列情形之一的,应予废标:
（一）符合专业条件的供应商或者对招标文件作实质响应的供应商不足三家的;
（二）出现影响采购公正的违法、违规行为的;
（三）投标人的报价均超过了采购预算,采购人不能支付的;
（四）因重大变故,采购任务取消的。
废标后,采购人应当将废标理由通知所有投标人。

第三十七条　废标后,除采购任务取消情形外,应当重新组织招标;需要采取其他方式采购的,应当在采购活动开始前获得设区的市、自治州以上人民政府采购监督管理部门或者政府有关部门批准。

第三十八条　采用竞争性谈判方式采购的,应当遵循下列程序:
（一）成立谈判小组。谈判小组由采购人的代表和有关专家共三人以上的单数组成,其中专家的人数不得少于成员总数的三分之二。
（二）制定谈判文件。谈判文件应当明确谈判程序、谈判内容、合同草案的条款以及评定成交的标准等事项。
（三）确定邀请参加谈判的供应商名单。谈判小组从符合相应资格条件的供应商名单中确定不少于三家的供应商参加谈判,并向其提供谈判文件。
（四）谈判。谈判小组所有成员集中与单一供应商分别进行谈判。在谈判中,谈判的任何一方不得透露与谈判有关的其他供应商的技术资料、价格和其他信息。谈判文件有实质性变动的,谈判小组应当以书面形式通知所有参加谈判的供应商。
（五）确定成交供应商。谈判结束后,谈判小组应当要求所有参加谈判的供应商在规定时间内进行最后报价,采购人从谈判小组提出的成交候选人中根据符合采购需求、质量和服务相等且报价最低的原则确定成交供应商,并将结果通知所有参加谈判的未成交的供应商。

第三十九条　采取单一来源方式采购的,采购人与供应商应当遵循本法规定的原则,在保证采购项目质量和双方商定合理价格的基础上进行采购。

第四十条　采取询价方式采购的,应当遵循下列程序:
（一）成立询价小组。询价小组由采购人的代表和有关专家共三人以上的单数组成,其中专家的人数不得少于成员总数的三分之二。询价小组应当对采购项目的价格构成和评定成交的标准等事项作出规定。
（二）确定被询价的供应商名单。询价小组根据采购需求,从符合相应资格条件的供应商名单中确定不少于三家的供应商,并向其发出询价通知书让其报价。
（三）询价。询价小组要求被询价的供应商一次报出不得更改的价格。
（四）确定成交供应商。采购人根据符合采购需求、质量和服务相等且报价最低的原则确定成交供应商,并将结果通知所有被询价的未成交的供应商。

第四十一条　采购人或者其委托的采购代理机构应当组织对供应商履约的验收。大型或者复杂的政府采购项目,应当邀请国家认可的质量检测机构参加验收工作。验收方成员应当在验收书上签字,并承担相应的法律责任。

第四十二条 采购人、采购代理机构对政府采购项目每项采购活动的采购文件应当妥善保存,不得伪造、变造、隐匿或者销毁。采购文件的保存期限为从采购结束之日起至少保存十五年。

采购文件包括采购活动记录、采购预算、招标文件、投标文件、评标标准、评估报告、定标文件、合同文本、验收证明、质疑答复、投诉处理决定及其他有关文件、资料。

采购活动记录至少应当包括下列内容:
(一)采购项目类别、名称;
(二)采购项目预算、资金构成和合同价格;
(三)采购方式,采用公开招标以外的采购方式的,应当载明原因;
(四)邀请和选择供应商的条件及原因;
(五)评标标准及确定中标人的原因;
(六)废标的原因;
(七)采用招标以外采购方式的相应记载。

第五章　政府采购合同

第四十三条 政府采购合同适用合同法。采购人和供应商之间的权利和义务,应当按照平等、自愿的原则以合同方式约定。

采购人可以委托采购代理机构代表其与供应商签订政府采购合同。由采购代理机构以采购人名义签订合同的,应当提交采购人的授权委托书,作为合同附件。

第四十四条 政府采购合同应当采用书面形式。

第四十五条 国务院政府采购监督管理部门应当会同国务院有关部门,规定政府采购合同必须具备的条款。

第四十六条 采购人与中标、成交供应商应当在中标、成交通知书发出之日起三十日内,按照采购文件确定的事项签订政府采购合同。

中标、成交通知书对采购人和中标、成交供应商均具有法律效力。中标、成交通知书发出后,采购人改变中标、成交结果的,或者中标、成交供应商放弃中标、成交项目的,应当依法承担法律责任。

第四十七条 政府采购项目的采购合同自签订之日起七个工作日内,采购人应当将合同副本报同级政府采购监督管理部门和有关部门备案。

第四十八条 经采购人同意,中标、成交供应商可以依法采取分包方式履行合同。

政府采购合同分包履行的,中标、成交供应商就采购项目和分包项目向采购人负责,分包供应商就分包项目承担责任。

第四十九条 政府采购合同履行中,采购人需追加与合同标的相同的货物、工程或者服务的,在不改变合同其他条款的前提下,可以与供应商协商签订补充合同,但所有补充合同的采购金额不得超过原合同采购金额的百分之十。

第五十条 政府采购合同的双方当事人不得擅自变更、中止或者终止合同。

政府采购合同继续履行将损害国家利益和社会公共利益的,双方当事人应当变更、中止或者终止合同。有过错的一方应当承担赔偿责任,双方都有过错的,各自承担相应的责任。

第六章　质疑与投诉

第五十一条 供应商对政府采购活动事项有疑问的,可以向采购人提出询问,采购人应当及时作出答复,但答复的内容不得涉及商业秘密。

第五十二条 供应商认为采购文件、采购过程和中标、成交结果使自己的权益受到损害的，可以在知道或者应知其权益受到损害之日起七个工作日内，以书面形式向采购人提出质疑。

第五十三条 采购人应当在收到供应商的书面质疑后七个工作日内作出答复，并以书面形式通知质疑供应商和其他有关供应商，但答复的内容不得涉及商业秘密。

第五十四条 采购人委托采购代理机构采购的，供应商可以向采购代理机构提出询问或者质疑，采购代理机构应当依照本法第五十一条、第五十三条的规定就采购人委托授权范围内的事项作出答复。

第五十五条 质疑供应商对采购人、采购代理机构的答复不满意或者采购人、采购代理机构未在规定的时间内作出答复的，可以在答复期满后十五个工作日内向同级政府采购监督管理部门投诉。

第五十六条 政府采购监督管理部门应当在收到投诉后三十个工作日内，对投诉事项作出处理决定，并以书面形式通知投诉人和与投诉事项有关的当事人。

第五十七条 政府采购监督管理部门在处理投诉事项期间，可以视具体情况书面通知采购人暂停采购活动，但暂停时间最长不得超过三十日。

第五十八条 投诉人对政府采购监督管理部门的投诉处理决定不服或者政府采购监督管理部门逾期未作处理的，可以依法申请行政复议或者向人民法院提起行政诉讼。

第七章 监督检查

第五十九条 政府采购监督管理部门应当加强对政府采购活动及集中采购机构的监督检查。

监督检查的主要内容是：

（一）有关政府采购的法律、行政法规和规章的执行情况；

（二）采购范围、采购方式和采购程序的执行情况；

（三）政府采购人员的职业素质和专业技能。

第六十条 政府采购监督管理部门不得设置集中采购机构，不得参与政府采购项目的采购活动。

采购代理机构与行政机关不得存在隶属关系或者其他利益关系。

第六十一条 集中采购机构应当建立健全内部监督管理制度。采购活动的决策和执行程序应当明确，并相互监督、相互制约。经办采购的人员与负责采购合同审核、验收人员的职责权限应当明确，并相互分离。

第六十二条 集中采购机构的采购人员应当具有相关职业素质和专业技能，符合政府采购监督管理部门规定的专业岗位任职要求。

集中采购机构对其工作人员应当加强教育和培训；对采购人员的专业水平、工作实绩和职业道德状况定期进行考核。采购人员经考核不合格的，不得继续任职。

第六十三条 政府采购项目的采购标准应当公开。

采用本法规定的采购方式的，采购人在采购活动完成后，应当将采购结果予以公布。

第六十四条 采购人必须按照本法规定的采购方式和采购程序进行采购。

任何单位和个人不得违反本法规定，要求采购人或者采购工作人员向其指定的供应商进行采购。

第六十五条 政府采购监督管理部门应当对政府采购项目的采购活动进行检查，政府采购当事人应当如实反映情况，提供有关材料。

第六十六条 政府采购监督管理部门应当对集中采购机构的采购价格、节约资金效果、服务质量、信誉状况、有无违法行为等事项进行考核，并定期如实公布考核结果。

第六十七条 依照法律、行政法规的规定对政府采购负有行政监督职责的政府有关部门，应当按照其职责分工，加强对政府采购活动的监督。

第六十八条 审计机关应当对政府采购进行审计监督。政府采购监督管理部门、政府采购各当事人有关政府采购活动，应当接受审计机关的审计监督。

第六十九条 监察机关应当加强对参与政府采购活动的国家机关、国家公务员和国家行政机关任命的其他人员实施监察。

第七十条 任何单位和个人对政府采购活动中的违法行为，有权控告和检举，有关部门、机关应当依照各自职责及时处理。

第八章 法律责任

第七十一条 采购人、采购代理机构有下列情形之一的，责令限期改正，给予警告，可以并处罚款，对直接负责的主管人员和其他直接责任人员，由其行政主管部门或者有关机关给予处分，并予通报：

（一）应当采用公开招标方式而擅自采用其他方式采购的；

（二）擅自提高采购标准的；

（三）以不合理的条件对供应商实行差别待遇或者歧视待遇的；

（四）在招标采购过程中与投标人进行协商谈判的；

（五）中标、成交通知书发出后不与中标、成交供应商签订采购合同的；

（六）拒绝有关部门依法实施监督检查的。

第七十二条 采购人、采购代理机构及其工作人员有下列情形之一，构成犯罪的，依法追究刑事责任；尚不构成犯罪的，处以罚款，有违法所得的，并处没收违法所得，属于国家机关工作人员的，依法给予行政处分：

（一）与供应商或者采购代理机构恶意串通的；

（二）在采购过程中接受贿赂或者获取其他不正当利益的；

（三）在有关部门依法实施的监督检查中提供虚假情况的；

（四）开标前泄露标底的。

第七十三条 有前两条违法行为之一影响中标、成交结果或者可能影响中标、成交结果的，按下列情况分别处理：

（一）未确定中标、成交供应商的，终止采购活动；

（二）中标、成交供应商已经确定但采购合同尚未履行的，撤销合同，从合格的中标、成交候选人中另行确定中标、成交供应商；

（三）采购合同已经履行的，给采购人、供应商造成损失的，由责任人承担赔偿责任。

第七十四条 采购人对应当实行集中采购的政府采购项目，不委托集中采购机构实行集中采购的，由政府采购监督管理部门责令改正；拒不改正的，停止按预算向其支付资金，由其上级行政主管部门或者有关机关依法给予其直接负责的主管人员和其他直接责任人员处分。

第七十五条 采购人未依法公布政府采购项目的采购标准和采购结果的，责令改正，对直接负责的主管人员依法给予处分。

第七十六条 采购人、采购代理机构违反本法规定隐匿、销毁应当保存的采购文件或者伪造、变造采购文件的，由政府采购监督管理部门处以二万元以上十万元以下的罚款，对其直接负责的主管人员和其他直接责任人员依法给予处分；构成犯罪的，依法追究刑事责任。

第七十七条 供应商有下列情形之一的，处以采购金额千分之五以上千分之十以下的罚款，列入不良行为记录名单，在一至三年内禁止参加政府采购活动，有违法所得的，并处没收违法所得，情节严重的，由工商行政管理机关吊销营业执照；构成犯罪的，依法追究刑事责任：

（一）提供虚假材料谋取中标、成交的；
（二）采取不正当手段诋毁、排挤其他供应商的；
（三）与采购人、其他供应商或者采购代理机构恶意串通的；
（四）向采购人、采购代理机构行贿或者提供其他不正当利益的；
（五）在招标采购过程中与采购人进行协商谈判的；
（六）拒绝有关部门监督检查或者提供虚假情况的。

供应商有前款第（一）至（五）项情形之一的，中标、成交无效。

第七十八条 采购代理机构在代理政府采购业务中有违法行为的，按照有关法律规定处以罚款，可以在一至三年内禁止其代理政府采购业务，构成犯罪的，依法追究刑事责任。

第七十九条 政府采购当事人有本法第七十一条、第七十二条、第七十七条违法行为之一，给他人造成损失的，并应依照有关民事法律规定承担民事责任。

第八十条 政府采购监督管理部门的工作人员在实施监督检查中违反本法规定滥用职权，玩忽职守，徇私舞弊的，依法给予行政处分；构成犯罪的，依法追究刑事责任。

第八十一条 政府采购监督管理部门对供应商的投诉逾期未作处理的，给予直接负责的主管人员和其他直接责任人员行政处分。

第八十二条 政府采购监督管理部门对集中采购机构业绩的考核，有虚假陈述，隐瞒真实情况的，或者不作定期考核和公布考核结果的，应当及时纠正，由其上级机关或者监察机关对其负责人进行通报，并对直接负责的人员依法给予行政处分。

集中采购机构在政府采购监督管理部门考核中，虚报业绩，隐瞒真实情况的，处以二万元以上二十万元以下的罚款，并予以通报；情节严重的，取消其代理采购的资格。

第八十三条 任何单位或者个人阻挠和限制供应商进入本地区或者本行业政府采购市场的，责令限期改正；拒不改正的，由该单位、个人的上级行政主管部门或者有关机关给予单位责任人或者个人处分。

第九章 附 则

第八十四条 使用国际组织和外国政府贷款进行的政府采购，贷款方、资金提供方与中方达成的协议对采购的具体条件另有规定的，可以适用其规定，但不得损害国家利益和社会公共利益。

第八十五条 对因严重自然灾害和其他不可抗力事件所实施的紧急采购和涉及国家安全和秘密的采购，不适用本法。

第八十六条 军事采购法规由中央军事委员会另行制定。

第八十七条 本法实施的具体步骤和办法由国务院规定。

第八十八条 本法自2003年1月1日起施行。

2. 中华人民共和国政府采购法实施条例（2015年公布）

（2014年12月31日国务院第75次常务会议通过 2015年1月30日中华人民共和国国务院令第658号公布）

第一章 总 则

第一条 根据《中华人民共和国政府采购法》（以下简称政府采购法），制定本条例。

第二条 政府采购法第二条所称财政性资金是指纳入预算管理的资金。

以财政性资金作为还款来源的借贷资金，视同财政性资金。

国家机关、事业单位和团体组织的采购项目既使用财政性资金又使用非财政性资金的，使用财政性资金采购的部分，适用政府采购法及本条例；财政性资金与非财政性资金无法分割采购的，统一适用政府采购法及本条例。

政府采购法第二条所称服务，包括政府自身需要的服务和政府向社会公众提供的公共服务。

第三条 集中采购目录包括集中采购机构采购项目和部门集中采购项目。

技术、服务等标准统一，采购人普遍使用的项目，列为集中采购机构采购项目；采购人本部门、本系统基于业务需要有特殊要求，可以统一采购的项目，列为部门集中采购项目。

第四条 政府采购法所称集中采购，是指采购人将列入集中采购目录的项目委托集中采购机构代理采购或者进行部门集中采购的行为；所称分散采购，是指采购人将采购限额标准以上的未列入集中采购目录的项目自行采购或者委托采购代理机构代理采购的行为。

第五条 省、自治区、直辖市人民政府或者其授权的机构根据实际情况，可以确定分别适用于本行政区域省级、设区的市级、县级的集中采购目录和采购限额标准。

第六条 国务院财政部门应当根据国家的经济和社会发展政策，会同国务院有关部门制定政府采购政策，通过制定采购需求标准、预留采购份额、价格评审优惠、优先采购等措施，实现节约能源、保护环境、扶持不发达地区和少数民族地区、促进中小企业发展等目标。

第七条 政府采购工程以及与工程建设有关的货物、服务，采用招标方式采购的，适用《中华人民共和国招标投标法》及其实施条例；采用其他方式采购的，适用政府采购法及本条例。

前款所称工程，是指建设工程，包括建筑物和构筑物的新建、改建、扩建及其相关的装修、拆除、修缮等；所称与工程建设有关的货物，是指构成工程不可分割的组成部分，且为实现工程基本功能所必需的设备、材料等；所称与工程建设有关的服务，是指为完成工程所需的勘察、设计、监理等服务。

政府采购工程以及与工程建设有关的货物、服务，应当执行政府采购政策。

第八条 政府采购项目信息应当在省级以上人民政府财政部门指定的媒体上发布。采购项目预算金额达到国务院财政部门规定标准的，政府采购项目信息应当在国务院财政部门指定的媒体上发布。

第九条 在政府采购活动中，采购人员及相关人员与供应商有下列利害关系之一的，应当回避：

（一）参加采购活动前3年内与供应商存在劳动关系；

（二）参加采购活动前3年内担任供应商的董事、监事；

（三）参加采购活动前3年内是供应商的控股股东或者实际控制人；

（四）与供应商的法定代表人或者负责人有夫妻、直系血亲、三代以内旁系血亲或者近姻亲关系；

（五）与供应商有其他可能影响政府采购活动公平、公正进行的关系。

供应商认为采购人员及相关人员与其他供应商有利害关系的，可以向采购人或者采购代理机构书面提出回避申请，并说明理由。采购人或者采购代理机构应当及时询问被申请回避人员，有利害关系的被申请回避人员应当回避。

第十条 国家实行统一的政府采购电子交易平台建设标准，推动利用信息网络进行电子化政府采购活动。

第二章　政府采购当事人

第十一条 采购人在政府采购活动中应当维护国家利益和社会公共利益，公正廉洁，诚实守信，执行政府采购政策，建立政府采购内部管理制度，厉行节约，科学合理确定采购需求。

采购人不得向供应商索要或者接受其给予的赠品、回扣或者与采购无关的其他商品、服务。

第十二条 政府采购法所称采购代理机构，是指集中采购机构和集中采购机构以外的采购代理机构。

集中采购机构是设区的市级以上人民政府依法设立的非营利事业法人，是代理集中采购项目的执行机构。集中采购机构应当根据采购人委托制定集中采购项目的实施方案，明确采购规程，组织政府采购活动，不得将集中采购项目转委托。集中采购机构以外的采购代理机构，是从事采购代理业务的社会中介机构。

第十三条 采购代理机构应当建立完善的政府采购内部监督管理制度，具备开展政府采购业务所需的评审条件和设施。

采购代理机构应当提高确定采购需求，编制招标文件、谈判文件、询价通知书，拟订合同文本和优化采购程序的专业化服务水平，根据采购人委托在规定的时间内及时组织采购人与中标或者成交供应商签订政府采购合同，及时协助采购人对采购项目进行验收。

第十四条 采购代理机构不得以不正当手段获取政府采购代理业务，不得与采购人、供应商恶意串通操纵政府采购活动。

采购代理机构工作人员不得接受采购人或者供应商组织的宴请、旅游、娱乐，不得收受礼品、现金、有价证券等，不得向采购人或者供应商报销应当由个人承担的费用。

第十五条 采购人、采购代理机构应当根据政府采购政策、采购预算、采购需求编制采购文件。

采购需求应当符合法律法规以及政府采购政策规定的技术、服务、安全等要求。政府向社会公众提供的公共服务项目，应当就确定采购需求征求社会公众的意见。除因技术复杂或者性质特殊，不能确定详细规格或者具体要求外，采购需求应当完整、明确。必要时，应当就确定采购需求征求相关供应商、专家的意见。

第十六条 政府采购法第二十条规定的委托代理协议，应当明确代理采购的范围、权限和期限等具体事项。

采购人和采购代理机构应当按照委托代理协议履行各自义务，采购代理机构不得超越代理权限。

第十七条 参加政府采购活动的供应商应当具备政府采购法第二十二条第一款规定的条件，提供下列材料：

（一）法人或者其他组织的营业执照等证明文件，自然人的身份证明；

（二）状况报告，依法缴纳税收和社会保障资金的相关材料；

（三）具备履行合同所必需的设备和专业技术能力的证明材料；

（四）参加政府采购活动前3年内在经营活动中没有重大违法记录的书面声明；

（五）具备法律、行政法规规定的其他条件的证明材料。

采购项目有特殊要求的，供应商还应当提供其符合特殊要求的证明材料或者情况说明。

第十八条 单位负责人为同一人或者存在直接控股、管理关系的不同供应商，不得参加同一合同项下的政府采购活动。

除单一来源采购项目外，为采购项目提供整体设计、规范编制或者项目管理、监理、检测等服务的供应商，不得再参加该采购项目的其他采购活动。

第十九条 政府采购法第二十二条第一款第五项所称重大违法记录，是指供应商因违法经营受到刑事处罚或者责令停产停业、吊销许可证或者执照、较大数额罚款等行政处罚。

供应商在参加政府采购活动前 3 年内因违法经营被禁止在一定期限内参加政府采购活动，期限届满的，可以参加政府采购活动。

第二十条　采购人或者采购代理机构有下列情形之一的，属于以不合理的条件对供应商实行差别待遇或者歧视待遇：

（一）就同一采购项目向供应商提供有差别的项目信息；

（二）设定的资格、技术、商务条件与采购项目的具体特点和实际需要不相适应或者与合同履行无关；

（三）采购需求中的技术、服务等要求指向特定供应商、特定产品；

（四）以特定行政区域或者特定行业的业绩、奖项作为加分条件或者中标、成交条件；

（五）对供应商采取不同的资格审查或者评审标准；

（六）限定或者指定特定的专利、商标、品牌或者供应商；

（七）非法限定供应商的所有制形式、组织形式或者所在地；

（八）以其他不合理条件限制或者排斥潜在供应商。

第二十一条　采购人或者采购代理机构对供应商进行资格预审的，资格预审公告应当在省级以上人民政府财政部门指定的媒体上发布。已进行资格预审的，评审阶段可以不再对供应商资格进行审查。资格预审合格的供应商在评审阶段资格发生变化的，应当通知采购人和采购代理机构。

资格预审公告应当包括采购人和采购项目名称、采购需求、对供应商的资格要求以及供应商提交资格预审申请文件的时间和地点。提交资格预审申请文件的时间自公告发布之日起不得少于 5 个工作日。

第二十二条　联合体中有同类资质的供应商按照联合体分工承担相同工作的，应当按照资质等级较低的供应商确定资质等级。

以联合体形式参加政府采购活动的，联合体各方不得再单独参加或者与其他供应商另外组成联合体参加同一合同项下的政府采购活动。

第三章　政府采购方式

第二十三条　采购人采购公开招标数额标准以上的货物或者服务，符合政府采购法第二十九条、第三十条、第三十一条、第三十二条规定情形或者有需要执行政府采购政策等特殊情况的，经设区的市级以上人民政府财政部门批准，可以依法采用公开招标以外的采购方式。

第二十四条　列入集中采购目录的项目，适合实行批量集中采购的，应当实行批量集中采购，但紧急的小额零星货物项目和有特殊要求的服务、工程项目除外。

第二十五条　政府采购工程依法不进行招标的，应当依照政府采购法和本条例规定的竞争性谈判或者单一来源采购方式采购。

第二十六条　政府采购法第三十条第三项规定的情形，应当是采购人不可预见的或者非因采购人拖延导致的；第四项规定的情形，是指因采购艺术品或者因专利、专有技术或者因服务的时间、数量事先不能确定等导致不能事先计算出价格总额。

第二十七条　政府采购法第三十一条第一项规定的情形，是指因货物或者服务使用不可替代的专利、专有技术，或者公共服务项目具有特殊要求，导致只能从某一特定供应商处采购。

第二十八条　在一个财政年度内，采购人将一个预算项目下的同一品目或者类别的货物、服务采用公开招标以外的方式多次采购，累计资金数额超过公开招标数额标准的，属于以化整为零方式规避公开招标，但项目预算调整或者经批准采用公开招标以外方式采购除外。

第四章 政府采购程序

第二十九条 采购人应当根据集中采购目录、采购限额标准和已批复的部门预算编制政府采购实施计划,报本级人民政府财政部门备案。

第三十条 采购人或者采购代理机构应当在招标文件、谈判文件、询价通知书中公开采购项目预算金额。

第三十一条 招标文件的提供期限自招标文件开始发出之日起不得少于5个工作日。

采购人或者采购代理机构可以对已发出的招标文件进行必要的澄清或者修改。澄清或者修改的内容可能影响投标文件编制的,采购人或者采购代理机构应当在投标截止时间至少15日前,以书面形式通知所有获取招标文件的潜在投标人;不足15日的,采购人或者采购代理机构应当顺延提交投标文件的截止时间。

第三十二条 采购人或者采购代理机构应当按照国务院财政部门制定的招标文件标准文本编制招标文件。

招标文件应当包括采购项目的商务条件、采购需求、投标人的资格条件、投标报价要求、评标方法、评标标准以及拟签订的合同文本等。

第三十三条 招标文件要求投标人提交投标保证金的,投标保证金不得超过采购项目预算金额的2%。投标保证金应当以支票、汇票、本票或者金融机构、担保机构出具的保函等非现金形式提交。投标人未按照招标文件要求提交投标保证金的,投标无效。

采购人或者采购代理机构应当自中标通知书发出之日起5个工作日内退还未中标供应商的投标保证金,自政府采购合同签订之日起5个工作日内退还中标供应商的投标保证金。

竞争性谈判或者询价采购中要求参加谈判或者询价的供应商提交保证金的,参照前两款的规定执行。

第三十四条 政府采购招标评标方法分为最低评标价法和综合评分法。

最低评标价法,是指投标文件满足招标文件全部实质性要求且投标报价最低的供应商为中标候选人的评标方法。综合评分法,是指投标文件满足招标文件全部实质性要求且按照评审因素的量化指标评审得分最高的供应商为中标候选人的评标方法。

技术、服务等标准统一的货物和服务项目,应当采用最低评标价法。

采用综合评分法的,评审标准中的分值设置应当与评审因素的量化指标相对应。

招标文件中没有规定的评标标准不得作为评审的依据。

第三十五条 谈判文件不能完整、明确列明采购需求,需要由供应商提供最终设计方案或者解决方案的,在谈判结束后,谈判小组应当按照少数服从多数的原则投票推荐3家以上供应商的设计方案或者解决方案,并要求其在规定时间内提交最后报价。

第三十六条 询价通知书应当根据采购需求确定政府采购合同条款。在询价过程中,询价小组不得改变询价通知书所确定的政府采购合同条款。

第三十七条 政府采购法第三十八条第五项、第四十条第四项所称质量和服务相等,是指供应商提供的产品质量和服务均能满足采购文件规定的实质性要求。

第三十八条 达到公开招标数额标准,符合政府采购法第三十一条第一项规定情形,只能从唯一供应商处采购的,采购人应当将采购项目信息和唯一供应商名称在省级以上人民政府财政部门指定的媒体上公示,公示期不得少于5个工作日。

第三十九条 除国务院财政部门规定的情形外,采购人或者采购代理机构应当从政府采购评审专家库中随机抽取评审专家。

第四十条 政府采购评审专家应当遵守评审工作纪律,不得泄露评审文件、评审情况和评审中获悉的商业秘密。

评标委员会、竞争性谈判小组或者询价小组在评审过程中发现供应商有行贿、提供虚假材料或者串通等违法行为的,应当及时向财政部门报告。

政府采购评审专家在评审过程中受到非法干预的,应当及时向财政、监察等部门举报。

第四十一条 评标委员会、竞争性谈判小组或者询价小组成员应当按照客观、公正、审慎的原则,根据采购文件规定的评审程序、评审方法和评审标准进行独立评审。采购文件内容违反国家有关强制性规定的,评标委员会、竞争性谈判小组或者询价小组应当停止评审并向采购人或者采购代理机构说明情况。

评标委员会、竞争性谈判小组或者询价小组成员应当在评审报告上签字,对自己的评审意见承担法律责任。对评审报告有异议的,应当在评审报告上签署不同意见,并说明理由,否则视为同意评审报告。

第四十二条 采购人、采购代理机构不得向评标委员会、竞争性谈判小组或者询价小组的评审专家作倾向性、误导性的解释或者说明。

第四十三条 采购代理机构应当自评审结束之日起2个工作日内将评审报告送交采购人。采购人应当自收到评审报告之日起5个工作日内在评审报告推荐的中标或者成交候选人中按顺序确定中标或者成交供应商。

采购人或者采购代理机构应当自中标、成交供应商确定之日起2个工作日内,发出中标、成交通知书,并在省级以上人民政府财政部门指定的媒体上公告中标、成交结果,招标文件、竞争性谈判文件、询价通知书随中标、成交结果同时公告。

中标、成交结果公告内容应当包括采购人和采购代理机构的名称、地址、联系方式,项目名称和项目编号,中标或者成交供应商名称、地址和中标或者成交金额,主要中标或者成交标的的名称、规格型号、数量、单价、服务要求以及评审专家名单。

第四十四条 除国务院财政部门规定的情形外,采购人、采购代理机构不得以任何理由组织重新评审。采购人、采购代理机构按照国务院财政部门的规定组织重新评审的,应当书面报告本级人民政府财政部门。

采购人或者采购代理机构不得通过对样品进行检测、对供应商进行考察等方式改变评审结果。

第四十五条 采购人或者采购代理机构应当按照政府采购合同规定的技术、服务、安全标准组织对供应商履约情况进行验收,并出具验收书。验收书应当包括每一项技术、服务、安全标准的履约情况。

政府向社会公众提供的公共服务项目,验收时应当邀请服务对象参与并出具意见,验收结果应当向社会公告。

第四十六条 政府采购法第四十二条规定的采购文件,可以用电子档案方式保存。

第五章 政府采购合同

第四十七条 国务院财政部门应当会同国务院有关部门制定政府采购合同标准文本。

第四十八条 采购文件要求中标或者成交供应商提交履约保证金的,供应商应当以支票、汇票、本票或者金融机构、担保机构出具的保函等非现金形式提交。履约保证金的数额不得超过政府采购合同金额的10%。

第四十九条 中标或者成交供应商拒绝与采购人签订合同的,采购人可以按照评审报告推荐的中标或者成交候选人名单排序,确定下一候选人为中标或者成交供应商,也可以重新开展政府采购活动。

第五十条 采购人应当自政府采购合同签订之日起2个工作日内,将政府采购合同在省级以上人民政府财政部门指定的媒体上公告,但政府采购合同中涉及国家秘密、商业秘密的内容除外。

第五十一条 采购人应当按照政府采购合同规定,及时向中标或者成交供应商支付采购资金。

政府采购项目资金支付程序，按照国家有关财政资金支付管理的规定执行。

第六章　质疑与投诉

第五十二条　采购人或者采购代理机构应当在3个工作日内对供应商依法提出的询问作出答复。

供应商提出的询问或者质疑超出采购人对采购代理机构委托授权范围的，采购代理机构应当告知供应商向采购人提出。

政府采购评审专家应当配合采购人或者采购代理机构答复供应商的询问和质疑。

第五十三条　政府采购法第五十二条规定的供应商应知其权益受到损害之日，是指：

（一）对可以质疑的采购文件提出质疑的，为收到采购文件之日或者采购文件公告期限届满之日；

（二）对采购过程提出质疑的，为各采购程序环节结束之日；

（三）对中标或者成交结果提出质疑的，为中标或者成交结果公告期限届满之日。

第五十四条　询问或者质疑事项可能影响中标、成交结果的，采购人应当暂停签订合同，已经签订合同的，应当中止履行合同。

第五十五条　供应商质疑、投诉应当有明确的请求和必要的证明材料。供应商投诉的事项不得超出已质疑事项的范围。

第五十六条　财政部门处理投诉事项采用书面审查的方式，必要时可以进行调查取证或者组织质证。

对财政部门依法进行的调查取证，投诉人和与投诉事项有关的当事人应当如实反映情况，并提供相关材料。

第五十七条　投诉人捏造事实、提供虚假材料或者以非法手段取得证明材料进行投诉的，财政部门应当予以驳回。

财政部门受理投诉后，投诉人书面申请撤回投诉的，财政部门应当终止投诉处理程序。

第五十八条　财政部门处理投诉事项，需要检验、检测、鉴定、专家评审以及需要投诉人补正材料的，所需时间不计算在投诉处理期限内。

财政部门对投诉事项作出的处理决定，应当在省级以上人民政府财政部门指定的媒体上公告。

第七章　监督检查

第五十九条　政府采购法第六十三条所称政府采购项目的采购标准，是指项目采购所依据的经费预算标准、资产配置标准和技术、服务标准等。

第六十条　除政府采购法第六十六条规定的考核事项外，财政部门对集中采购机构的考核事项还包括：

（一）政府采购政策的执行情况；

（二）采购文件编制水平；

（三）采购方式和采购程序的执行情况；

（四）询问、质疑答复情况；

（五）内部监督管理制度建设及执行情况；

（六）省级以上人民政府财政部门规定的其他事项。

财政部门应当制定考核计划，定期对集中采购机构进行考核，考核结果有重要情况的，应当向本级人民政府报告。

第六十一条　采购人发现采购代理机构有违法行为的，应当要求其改正。采购代理机构拒不改正的，采购人应当向本级人民政府财政部门报告，财政部门应当依法处理。

采购代理机构发现采购人的采购需求存在以不合理条件对供应商实行差别待遇、歧视待遇或者其他不符合法律、法规和政府采购政策规定内容,或者发现采购人有其他违法行为的,应当建议其改正。采购人拒不改正的,采购代理机构应当向采购人的本级人民政府财政部门报告,财政部门应当依法处理。

第六十二条 省级以上人民政府财政部门应当对政府采购评审专家库实行动态管理,具体管理办法由国务院财政部门制定。

采购人或者采购代理机构应当对评审专家在政府采购活动中的职责履行情况予以记录,并及时向财政部门报告。

第六十三条 各级人民政府财政部门和其他有关部门应当加强对参加政府采购活动的供应商、采购代理机构、评审专家的监督管理,对其不良行为予以记录,并纳入统一的信用信息平台。

第六十四条 各级人民政府财政部门对政府采购活动进行监督检查,有权查阅、复制有关文件、资料,相关单位和人员应当予以配合。

第六十五条 审计机关、监察机关以及其他有关部门依法对政府采购活动实施监督,发现采购当事人有违法行为的,应当及时通报财政部门。

第八章　法律责任

第六十六条 政府采购法第七十一条规定的罚款,数额为10万元以下。

政府采购法第七十二条规定的罚款,数额为5万元以上25万元以下。

第六十七条 采购人有下列情形之一的,由财政部门责令限期改正,给予警告,对直接负责的主管人员和其他直接责任人员依法给予处分,并予以通报:

(一)未按照规定编制政府采购实施计划或者未按照规定将政府采购实施计划报本级人民政府财政部门备案;

(二)将应当进行公开招标的项目化整为零或者以其他任何方式规避公开招标;

(三)未按照规定在评标委员会、竞争性谈判小组或者询价小组推荐的中标或者成交候选人中确定中标或者成交供应商;

(四)未按照采购文件确定的事项签订政府采购合同;

(五)政府采购合同履行中追加与合同标的相同的货物、工程或者服务的采购金额超过原合同采购金额10%;

(六)擅自变更、中止或者终止政府采购合同;

(七)未按照规定公告政府采购合同;

(八)未按照规定时间将政府采购合同副本报本级人民政府财政部门和有关部门备案。

第六十八条 采购人、采购代理机构有下列情形之一的,依照政府采购法第七十一条、第七十八条的规定追究法律责任:

(一)未依照政府采购法和本条例规定的方式实施采购;

(二)未依法在指定的媒体上发布政府采购项目信息;

(三)未按照规定执行政府采购政策;

(四)违反本条例第十五条的规定导致无法组织对供应商履约情况进行验收或者国家财产遭受损失;

(五)未依法从政府采购评审专家库中抽取评审专家;

(六)非法干预采购评审活动;

(七)采用综合评分法时评审标准中的分值设置未与评审因素的量化指标相对应;

(八)对供应商的询问、质疑逾期未作处理;

(九)通过对样品进行检测、对供应商进行考察等方式改变评审结果;

（十）未按照规定组织对供应商履约情况进行验收。

第六十九条 集中采购机构有下列情形之一的，由财政部门责令限期改正，给予警告，有违法所得的，并处没收违法所得，对直接负责的主管人员和其他直接责任人员依法给予处分，并予以通报：

（一）内部监督管理制度不健全，对依法应当分设、分离的岗位、人员未分设、分离；

（二）将集中采购项目委托其他采购代理机构采购；

（三）从事营利活动。

第七十条 采购人员与供应商有利害关系而不依法回避的，由财政部门给予警告，并处2000元以上2万元以下的罚款。

第七十一条 有政府采购法第七十一条、第七十二条规定的违法行为之一，影响或者可能影响中标、成交结果的，依照下列规定处理：

（一）未确定中标或者成交供应商的，终止本次政府采购活动，重新开展政府采购活动。

（二）已确定中标或者成交供应商但尚未签订政府采购合同的，中标或者成交结果无效，从合格的中标或者成交候选人中另行确定中标或者成交供应商；没有合格的中标或者成交候选人的，重新开展政府采购活动。

（三）政府采购合同已签订但尚未履行的，撤销合同，从合格的中标或者成交候选人中另行确定中标或者成交供应商；没有合格的中标或者成交候选人的，重新开展政府采购活动。

（四）政府采购合同已经履行，给采购人、供应商造成损失的，由责任人承担赔偿责任。

政府采购当事人有其他违反政府采购法或者本条例规定的行为，经改正后仍然影响或者可能影响中标、成交结果或者依法被认定为中标、成交无效的，依照前款规定处理。

第七十二条 供应商有下列情形之一的，依照政府采购法第七十七条第一款的规定追究法律责任：

（一）向评标委员会、竞争性谈判小组或者询价小组成员行贿或者提供其他不正当利益；

（二）中标或者成交后无正当理由拒不与采购人签订政府采购合同；

（三）未按照采购文件确定的事项签订政府采购合同；

（四）将政府采购合同转包；

（五）提供假冒伪劣产品；

（六）擅自变更、中止或者终止政府采购合同。

供应商有前款第一项规定情形的，中标、成交无效。评审阶段资格发生变化，供应商未依照本条例第二十一条的规定通知采购人和采购代理机构的，处以采购金额5‰的罚款，列入不良行为记录名单，中标、成交无效。

第七十三条 供应商捏造事实、提供虚假材料或者以非法手段取得证明材料进行投诉的，由财政部门列入不良行为记录名单，禁止其1至3年内参加政府采购活动。

第七十四条 有下列情形之一的，属于恶意串通，对供应商依照政府采购法第七十七条第一款的规定追究法律责任，对采购人、采购代理机构及其工作人员依照政府采购法第七十二条的规定追究法律责任：

（一）供应商直接或者间接从采购人或者采购代理机构处获得其他供应商的相关情况并修改其投标文件或者响应文件；

（二）供应商按照采购人或者采购代理机构的授意撤换、修改投标文件或者响应文件；

（三）供应商之间协商报价、技术方案等投标文件或者响应文件的实质性内容；

（四）属于同一集团、协会、商会等组织成员的供应商按照该组织要求协同参加政府采购活动；

（五）供应商之间事先约定由某一特定供应商中标、成交；

（六）供应商之间商定部分供应商放弃参加政府采购活动或者放弃中标、成交；

（七）供应商与采购人或者采购代理机构之间、供应商相互之间，为谋求特定供应商中标、成交或者排斥其他供应商的其他串通行为。

第七十五条　政府采购评审专家未按照采购文件规定的评审程序、评审方法和评审标准进行独立评审或者泄露评审文件、评审情况的，由财政部门给予警告，并处2 000元以上2万元以下的罚款；影响中标、成交结果的，处2万元以上5万元以下的罚款，禁止其参加政府采购评审活动。

政府采购评审专家与供应商存在利害关系未回避的，处2万元以上5万元以下的罚款，禁止其参加政府采购评审活动。

政府采购评审专家收受采购人、采购代理机构、供应商贿赂或者获取其他不正当利益，构成犯罪的，依法追究刑事责任；尚不构成犯罪的，处2万元以上5万元以下的罚款，禁止其参加政府采购评审活动。

政府采购评审专家有上述违法行为的，其评审意见无效，不得获取评审费；有违法所得的，没收违法所得；给他人造成损失的，依法承担民事责任。

第七十六条　政府采购当事人违反政府采购法和本条例规定，给他人造成损失的，依法承担民事责任。

第七十七条　财政部门在履行政府采购监督管理职责中违反政府采购法和本条例规定，滥用职权、玩忽职守、徇私舞弊的，对直接负责的主管人员和其他直接责任人员依法给予处分；直接负责的主管人员和其他直接责任人员构成犯罪的，依法追究刑事责任。

第九章　附　　则

第七十八条　财政管理实行省直接管理的县级人民政府可以根据需要并报经省级人民政府批准，行使政府采购法和本条例规定的设区的市级人民政府批准变更采购方式的职权。

第七十九条　本条例自2015年3月1日起施行。

3. 财政部关于《中华人民共和国政府采购法实施条例》第十九条第一款 "较大数额罚款"具体适用问题的意见（2022年发布）

（财库〔2022〕3号）

各省、自治区、直辖市、计划单列市财政厅（局），新疆生产建设兵团财政局：

《中华人民共和国政府采购法实施条例》施行以来，部分地方财政部门、市场主体反映《中华人民共和国政府采购法实施条例》第十九条第一款"较大数额罚款"在执行过程中标准不一、差异较大。为贯彻落实国务院关于进一步优化营商环境的要求，维护政府采购市场秩序，规范行政执法行为，经研究并会商有关部门，现提出以下意见：

《中华人民共和国政府采购法实施条例》第十九条第一款规定的"较大数额罚款"认定为200万元以上的罚款，法律、行政法规以及国务院有关部门明确规定相关领域"较大数额罚款"标准高于200万元的，从其规定。

本意见自2022年2月8日起施行，此前颁布的有关规定与本意见不一致的，按照本意见执行。

财政部

2022年1月5日

4. 政府采购需求管理办法（2021年发布）

（财库〔2021〕22号印发）

第一章 总 则

第一条 为加强政府采购需求管理，实现政府采购项目绩效目标，根据《中华人民共和国政府采购法》和《中华人民共和国政府采购法实施条例》等有关法律法规，制定本办法。

第二条 政府采购货物、工程和服务项目的需求管理适用本办法。

第三条 本办法所称政府采购需求管理，是指采购人组织确定采购需求和编制采购实施计划，并实施相关风险控制管理的活动。

第四条 采购需求管理应当遵循科学合理、厉行节约、规范高效、权责清晰的原则。

第五条 采购人对采购需求管理负有主体责任，按照本办法的规定开展采购需求管理各项工作，对采购需求和采购实施计划的合法性、合规性、合理性负责。主管预算单位负责指导本部门采购需求管理工作。

第二章 采购需求

第六条 本办法所称采购需求，是指采购人为实现项目目标，拟采购的标的及其需要满足的技术、商务要求。

技术要求是指对采购标的的功能和质量要求，包括性能、材料、结构、外观、安全，或者服务内容和标准等。

商务要求是指取得采购标的的时间、地点、财务和服务要求，包括交付（实施）的时间（期限）和地点（范围），付款条件（进度和方式），包装和运输，售后服务，保险等。

第七条 采购需求应当符合法律法规、政府采购政策和国家有关规定，符合国家强制性标准，遵循预算、资产和财务等相关管理制度规定，符合采购项目特点和实际需要。

采购需求应当依据部门预算（工程项目概预算）确定。

第八条 确定采购需求应当明确实现项目目标的所有技术、商务要求，功能和质量指标的设置要充分考虑可能影响供应商报价和项目实施风险的因素。

第九条 采购需求应当清楚明了、表述规范、含义准确。

技术要求和商务要求应当客观，量化指标应当明确相应等次，有连续区间的按照区间划分等次。需由供应商提供设计方案、解决方案或者组织方案的采购项目，应当说明采购标的的功能、应用场景、目标等基本要求，并尽可能明确其中的客观、量化指标。

采购需求可以直接引用相关国家标准、行业标准、地方标准等标准、规范，也可以根据项目目标提出更高的技术要求。

第十条 采购人可以在确定采购需求前，通过咨询、论证、问卷调查等方式开展需求调查，了解相关产业发展、市场供给、同类采购项目历史成交信息，可能涉及的运行维护、升级更新、备品备件、耗材等后续采购，以及其他相关情况。

面向市场主体开展需求调查时，选择的调查对象一般不少于3个，并应当具有代表性。

第十一条 对于下列采购项目，应当开展需求调查：

（一）1 000万元以上的货物、服务采购项目，3 000万元以上的工程采购项目；

（二）涉及公共利益、社会关注度较高的采购项目，包括政府向社会公众提供的公共服务项目等；

（三）技术复杂、专业性较强的项目，包括需定制开发的信息化建设项目、采购进口产品的项目等；

（四）主管预算单位或者采购人认为需要开展需求调查的其他采购项目。

编制采购需求前一年内，采购人已就相关采购标的开展过需求调查的可以不再重复开展。

按照法律法规的规定，对采购项目开展可行性研究等前期工作，已包含本办法规定的需求调查内容的，可以不再重复调查；对在可行性研究等前期工作中未涉及的部分，应当按照本办法的规定开展需求调查。

第三章　采购实施计划

第十二条　本办法所称采购实施计划，是指采购人围绕实现采购需求，对合同的订立和管理所做的安排。

采购实施计划根据法律法规、政府采购政策和国家有关规定，结合采购需求的特点确定。

第十三条　采购实施计划主要包括以下内容：

（一）合同订立安排，包括采购项目预（概）算、最高限价，开展采购活动的时间安排，采购组织形式和委托代理安排，采购包划分与合同分包，供应商资格条件，采购方式、竞争范围和评审规则等。

（二）合同管理安排，包括合同类型、定价方式、合同文本的主要条款、履约验收方案、风险管控措施等。

第十四条　采购人应当通过确定供应商资格条件、设定评审规则等措施，落实支持创新、绿色发展、中小企业发展等政府采购政策功能。

第十五条　采购人要根据采购项目实施的要求，充分考虑采购活动所需时间和可能影响采购活动进行的因素，合理安排采购活动实施时间。

第十六条　采购人采购纳入政府集中采购目录的项目，必须委托集中采购机构采购。政府集中采购目录以外的项目可以自行采购，也可以自主选择委托集中采购机构，或者集中采购机构以外的采购代理机构采购。

第十七条　采购人要按照有利于采购项目实施的原则，明确采购包或者合同分包要求。

采购项目划分采购包的，要分别确定每个采购包的采购方式、竞争范围、评审规则和合同类型、合同文本、定价方式等相关合同订立、管理安排。

第十八条　根据采购需求特点提出的供应商资格条件，要与采购标的的功能、质量和供应商履约能力直接相关，且属于履行合同必需的条件，包括特定的专业资格或者技术资格、设备设施、业绩情况、专业人才及其管理能力等。

业绩情况作为资格条件时，要求供应商提供的同类业务合同一般不超过 2 个，并明确同类业务的具体范围。涉及政府采购政策支持的创新产品采购的，不得提出同类业务合同、生产台数、使用时长等业绩要求。

第十九条　采购方式、评审方法和定价方式的选择应当符合法定适用情形和采购需求特点，其中，达到公开招标数额标准，因特殊情况需要采用公开招标以外的采购方式的，应当依法获得批准。

采购需求客观、明确且规格、标准统一的采购项目，如通用设备、物业管理等，一般采用招标或者询价方式采购，以价格作为授予合同的主要考虑因素，采用固定总价或者固定单价的定价方式。

采购需求客观、明确，且技术较复杂或者专业性较强的采购项目，如大型装备、咨询服务等，一般采用招标、谈判（磋商）方式采购，通过综合性评审选择性价比最优的产品，采用固定总价或者固定单价的定价方式。

不能完全确定客观指标，需由供应商提供设计方案、解决方案或者组织方案的采购项目，如首购订购、设计服务、政府和社会资本合作等，一般采用谈判（磋商）方式采购，综合考虑以单方案报价、多方案报价以及性价比要求等因素选择评审方法，并根据实现项目目标的要求，采取固定总价或者固定单价、成本补偿、绩效激励等单一或者组合定价方式。

第二十条 除法律法规规定可以在有限范围内竞争或者只能从唯一供应商处采购的情形外，一般采用公开方式邀请供应商参与政府采购活动。

第二十一条 采用综合性评审方法的，评审因素应当按照采购需求和与实现项目目标相关的其他因素确定。

采购需求客观、明确的采购项目，采购需求中客观但不可量化的指标应当作为实质性要求，不得作为评分项；参与评分的指标应当是采购需求中的量化指标，评分项应当按照量化指标的等次，设置对应的不同分值。不能完全确定客观指标，需由供应商提供设计方案、解决方案或者组织方案的采购项目，可以结合需求调查的情况，尽可能明确不同技术路线、组织形式及相关指标的重要性和优先级，设定客观、量化的评审因素、分值和权重。价格因素应当按照相关规定确定分值和权重。

采购项目涉及后续采购的，如大型装备等，要考虑兼容性要求。可以要求供应商报出后续供应的价格，以及后续采购的可替代性、相关产品和估价，作为评审时考虑的因素。

需由供应商提供设计方案、解决方案或者组织方案，且供应商经验和能力对履约有直接影响的，如订购、设计等采购项目，可以在评审因素中适当考虑供应商的履约能力要求，并合理设置分值和权重。需由供应商提供设计方案、解决方案或者组织方案，采购人认为有必要考虑全生命周期成本的，可以明确使用年限，要求供应商报出安装调试费用、使用期间能源管理、废弃处置等全生命周期成本，作为评审时考虑的因素。

第二十二条 合同类型按照民法典规定的典型合同类别，结合采购标的的实际情况确定。

第二十三条 合同文本应当包含法定必备条款和采购需求的所有内容，包括但不限于标的名称，采购标的质量、数量（规模）、履行时间（期限）、地点和方式，包装方式，价款或者报酬、付款进度安排、资金支付方式，验收、交付标准和方法，质量保修范围和保修期，违约责任与解决争议的方法等。

采购项目涉及采购标的的知识产权归属、处理的，如订购、设计、定制开发的信息化建设项目等，应当约定知识产权的归属和处理方式。采购人可以根据项目特点划分合同履行阶段，明确分期考核要求和对应的付款进度安排。对于长期运行的项目，要充分考虑成本、收益以及可能出现的重大市场风险，在合同中约定成本补偿、风险分担等事项。

合同权利义务要围绕采购需求和合同履行设置。国务院有关部门依法制定了政府采购合同标准文本的，应当使用标准文本。属于本办法第十一条规定范围的采购项目，合同文本应当经过采购人聘请的法律顾问审定。

第二十四条 履约验收方案要明确履约验收的主体、时间、方式、程序、内容和验收标准等事项。采购人、采购代理机构可以邀请参加本项目的其他供应商或者第三方专业机构及专家参与验收，相关验收意见作为验收的参考资料。政府向社会公众提供的公共服务项目，验收时应当邀请服务对象参与并出具意见，验收结果应当向社会公告。

验收内容要包括每一项技术和商务要求的履约情况，验收标准要包括所有客观、量化指标。不能明确客观标准、涉及主观判断的，可以通过在采购人、使用人中开展问卷调查等方式，转化为客观、量化的验收标准。

分期实施的采购项目，应当结合分期考核的情况，明确分期验收要求。货物类项目可以根据需要设置出厂检验、到货检验、安装调试检验、配套服务检验等多重验收环节。工程类项目的验收方案应当符合行业管理部门规定的标准、方法和内容。

履约验收方案应当在合同中约定。

第二十五条 对于本办法第十一条规定的采购项目，要研究采购过程和合同履行过程中的风险,判断风险发生的环节、可能性、影响程度和管控责任,提出有针对性的处置措施和替代方案。

采购过程和合同履行过程中的风险包括国家政策变化、实施环境变化、重大技术变化、预算项目调整、因质疑投诉影响采购进度、采购失败、不按规定签订或者履行合同、出现损害国家利益和社会公共利益情形等。

第二十六条 各级财政部门应当按照简便、必要的原则,明确报财政部门备案的采购实施计划具体内容,包括采购项目的类别、名称、采购标的、采购预算、采购数量(规模)、组织形式、采购方式、落实政府采购政策有关内容等。

第四章 风险控制

第二十七条 采购人应当将采购需求管理作为政府采购内控管理的重要内容,建立健全采购需求管理制度,加强对采购需求的形成和实现过程的内部控制和风险管理。

第二十八条 采购人可以自行组织确定采购需求和编制采购实施计划,也可以委托采购代理机构或者其他第三方机构开展。

第二十九条 采购人应当建立审查工作机制,在采购活动开始前,针对采购需求管理中的重点风险事项,对采购需求和采购实施计划进行审查,审查分为一般性审查和重点审查。

对于审查不通过的,应当修改采购需求和采购实施计划的内容并重新进行审查。

第三十条 一般性审查主要审查是否按照本办法规定的程序和内容确定采购需求、编制采购实施计划。审查内容包括,采购需求是否符合预算、资产、财务等管理制度规定;对采购方式、评审规则、合同类型、定价方式的选择是否说明适用理由;属于按规定需要报相关监管部门批准、核准的事项,是否作出相关安排;采购实施计划是否完整。

第三十一条 重点审查是在一般性审查的基础上,进行以下审查:

(一)非歧视性审查。主要审查是否指向特定供应商或者特定产品,包括资格条件设置是否合理,要求供应商提供超过2个同类业务合同的,是否具有合理性;技术要求是否指向特定的专利、商标、品牌、技术路线等;评审因素设置是否具有倾向性,将有关履约能力作为评审因素是否适当。

(二)竞争性审查。主要审查是否确保充分竞争,包括应当以公开方式邀请供应商的,是否依法采用公开竞争方式;采用单一来源采购方式的,是否符合法定情形;采购需求的内容是否完整、明确,是否考虑后续采购竞争性;评审方法、评审因素、价格权重等评审规则是否适当。

(三)采购政策审查。主要审查进口产品的采购是否必要,是否落实支持创新、绿色发展、中小企业发展等政府采购政策要求。

(四)履约风险审查。主要审查合同文本是否按规定由法律顾问审定,合同文本运用是否适当,是否围绕采购需求和合同履行设置权利义务,是否明确知识产权等方面的要求,履约验收方案是否完整、标准是否明确,风险处置措施和替代方案是否可行。

(五)采购人或者主管预算单位认为应当审查的其他内容。

第三十二条 审查工作机制成员应当包括本部门、本单位的采购、财务、业务、监督等内部机构。采购人可以根据本单位实际情况,建立相关专家和第三方机构参与审查的工作机制。

参与确定采购需求和编制采购实施计划的专家和第三关于在政府采购活动中落实平等对待内外资企业有关政策的通知方机构不得参与审查。

第三十三条 一般性审查和重点审查的具体采购项目范围,由采购人根据实际情况确定。主管预算单位可以根据本部门实际情况,确定由主管预算单位统一组织重点审查的项目类别或者金额范围。

属于本办法第十一条规定范围的采购项目,应当开展重点审查。

第三十四条 采购需求和采购实施计划的调查、确定、编制、审查等工作应当形成书面记录并存档。

采购文件应当按照审核通过的采购需求和采购实施计划编制。

第五章 监督检查与法律责任

第三十五条 财政部门应当依法加强对政府采购需求管理的监督检查，将采购人需求管理作为政府采购活动监督检查的重要内容，不定期开展监督检查工作，采购人应当如实反映情况，提供有关材料。

第三十六条 在政府采购项目投诉、举报处理和监督检查过程中，发现采购人未按本办法规定建立采购需求管理内控制度、开展采购需求调查和审查工作的，由财政部门采取约谈、书面关注等方式责令采购人整改，并告知其主管预算单位。对情节严重或者拒不改正的，将有关线索移交纪检监察、审计部门处理。

第三十七条 在政府采购项目投诉、举报处理和监督检查过程中，发现采购方式、评审规则、供应商资格条件等存在歧视性、限制性、不符合政府采购政策等问题的，依照《中华人民共和国政府采购法》等国家有关规定处理。

第三十八条 在政府采购项目投诉、举报处理和监督检查过程中，发现采购人存在无预算或者超预算采购、超标准采购、铺张浪费、未按规定编制政府采购实施计划等问题的，依照《中华人民共和国政府采购法》《中华人民共和国预算法》《财政违法行为处罚处分条例》《党政机关厉行节约反对浪费条例》等国家有关规定处理。

第六章 附 则

第三十九条 采购项目涉及国家秘密的，按照涉密政府采购有关规定执行。

第四十条 因采购人不可预见的紧急情况实施采购的，可以适当简化相关管理要求。

第四十一条 由集中采购机构组织的批量集中采购和框架协议采购的需求管理，按照有关制度规定执行。

第四十二条 各省、自治区、直辖市财政部门可以根据本办法制定具体实施办法。

第四十三条 本办法所称主管预算单位是指负有编制部门预算职责，向本级财政部门申报预算的国家机关、事业单位和团体组织。

第四十四条 本办法自2021年7月1日起施行。

第十五章 采购组织形式管理法律法规

1. 政府采购竞争性磋商采购方式管理暂行办法（2014年发布）

（财库〔2014〕214号印发）

第一章 总 则

第一条 为了规范政府采购行为，维护国家利益、社会公共利益和政府采购当事人的合法权益，依据《中华人民共和国政府采购法》（以下简称政府采购法）第二十六条第一款第六项规定，制定本办法。

第二条 本办法所称竞争性磋商采购方式，是指采购人、政府采购代理机构通过组建竞争性磋商小组（以下简称磋商小组）与符合条件的供应商就采购货物、工程和服务事宜进行磋商，供应商按照磋商文件的要求提交响应文件和报价，采购人从磋商小组评审后提出的候选供应商名单中确定成交供应商的采购方式。

第三条　符合下列情形的项目，可以采用竞争性磋商方式开展采购：

（一）政府购买服务项目；

（二）技术复杂或者性质特殊，不能确定详细规格或者具体要求的；

（三）因艺术品采购、专利、专有技术或者服务的时间、数量事先不能确定等原因不能事先计算出价格总额的；

（四）市场竞争不充分的科研项目，以及需要扶持的科技成果转化项目；

（五）按照招标投标法及其实施条例必须进行招标的工程建设项目以外的工程建设项目。

第二章　磋商程序

第四条　达到公开招标数额标准的货物、服务采购项目，拟采用竞争性磋商采购方式的，采购人应当在采购活动开始前，报经主管预算单位同意后，依法向设区的市、自治州以上人民政府财政部门申请批准。

第五条　采购人、采购代理机构应当按照政府采购法和本办法的规定组织开展竞争性磋商，并采取必要措施，保证磋商在严格保密的情况下进行。

任何单位和个人不得非法干预、影响磋商过程和结果。

第六条　采购人、采购代理机构应当通过发布公告、从省级以上财政部门建立的供应商库中随机抽取或者采购人和评审专家分别书面推荐的方式邀请不少于3家符合相应资格条件的供应商参与竞争性磋商采购活动。

符合政府采购法第二十二条第一款规定条件的供应商可以在采购活动开始前加入供应商库。财政部门不得对供应商申请入库收取任何费用，不得利用供应商库进行地区和行业封锁。

采取采购人和评审专家书面推荐方式选择供应商的，采购人和评审专家应当各自出具书面推荐意见。采购人推荐供应商的比例不得高于推荐供应商总数的50%。

第七条　采用公告方式邀请供应商的，采购人、采购代理机构应当在省级以上人民政府财政部门指定的政府采购信息发布媒体发布竞争性磋商公告。竞争性磋商公告应当包括以下主要内容：

（一）采购人、采购代理机构的名称、地点和联系方法；

（二）采购项目的名称、数量、简要规格描述或项目基本概况介绍；

（三）采购项目的预算；

（四）供应商资格条件；

（五）获取磋商文件的时间、地点、方式及磋商文件售价；

（六）响应文件提交的截止时间、开启时间及地点；

（七）采购项目联系人姓名和电话。

第八条　竞争性磋商文件（以下简称磋商文件）应当根据采购项目的特点和采购人的实际需求制定，并经采购人书面同意。采购人应当以满足实际需求为原则，不得擅自提高经费预算和资产配置等采购标准。

磋商文件不得要求或者标明供应商名称或者特定货物的品牌，不得含有指向特定供应商的技术、服务等条件。

第九条　磋商文件应当包括供应商资格条件、采购邀请、采购方式、采购预算、采购需求、政府采购政策要求、评审程序、评审方法、评审标准、价格构成或者报价要求、响应文件编制要求、保证金交纳数额和形式以及不予退还保证金的情形、磋商过程中可能实质性变动的内容、响应文件提交的截止时间、开启时间及地点以及合同草案条款等。

第十条　从磋商文件发出之日起至供应商提交首次响应文件截止之日止不得少于10日。

磋商文件售价应当按照弥补磋商文件制作成本费用的原则确定，不得以营利为目的，不得以项目预算金额作为确定磋商文件售价依据。磋商文件的发售期限自开始之日起不得少于5个工作日。

提交首次响应文件截止之日前，采购人、采购代理机构或者磋商小组可以对已发出的磋商文件进行必要的澄清或者修改，澄清或者修改的内容作为磋商文件的组成部分。澄清或者修改的内容可能影响响应文件编制的，采购人、采购代理机构应当在提交首次响应文件截止时间至少5日前，以书面形式通知所有获取磋商文件的供应商；不足5日的，采购人、采购代理机构应当顺延提交首次响应文件截止时间。

第十一条　供应商应当按照磋商文件的要求编制响应文件，并对其提交的响应文件的真实性、合法性承担法律责任。

第十二条　采购人、采购代理机构可以要求供应商在提交响应文件截止时间之前交纳磋商保证金。磋商保证金应当采用支票、汇票、本票或者金融机构、担保机构出具的保函等非现金形式交纳。磋商保证金数额应当不超过采购项目预算的2%。供应商未按照磋商文件要求提交磋商保证金的，响应无效。

供应商为联合体的，可以由联合体中的一方或者多方共同交纳磋商保证金，其交纳的保证金对联合体各方均具有约束力。

第十三条　供应商应当在磋商文件要求的截止时间前，将响应文件密封送达指定地点。在截止时间后送达的响应文件为无效文件，采购人、采购代理机构或者磋商小组应当拒收。

供应商在提交响应文件截止时间前，可以对所提交的响应文件进行补充、修改或者撤回，并书面通知采购人、采购代理机构。补充、修改的内容作为响应文件的组成部分。补充、修改的内容与响应文件不一致的，以补充、修改的内容为准。

第十四条　磋商小组由采购人代表和评审专家共3人以上单数组成，其中评审专家人数不得少于磋商小组成员总数的2/3。采购人代表不得以评审专家身份参加本部门或本单位采购项目的评审。采购代理机构人员不得参加本机构代理的采购项目的评审。

采用竞争性磋商方式的政府采购项目，评审专家应当从政府采购评审专家库内相关专业的专家名单中随机抽取。符合本办法第三条第四项规定情形的项目，以及情况特殊、通过随机方式难以确定合适的评审专家的项目，经主管预算单位同意，可以自行选定评审专家。技术复杂、专业性强的采购项目，评审专家中应当包含1名法律专家。

第十五条　评审专家应当遵守评审工作纪律，不得泄露评审情况和评审中获悉的商业秘密。

磋商小组在评审过程中发现供应商有行贿、提供虚假材料或者串通等违法行为的，应当及时向财政部门报告。

评审专家在评审过程中受到非法干涉的，应当及时向财政、监察等部门举报。

第十六条　磋商小组成员应当按照客观、公正、审慎的原则，根据磋商文件规定的评审程序、评审方法和评审标准进行独立评审。未实质性响应磋商文件的响应文件按无效响应处理，磋商小组应当告知提交响应文件的供应商。

磋商文件内容违反国家有关强制性规定的，磋商小组应当停止评审并向采购人或者采购代理机构说明情况。

第十七条　采购人、采购代理机构不得向磋商小组中的评审专家作倾向性、误导性的解释或者说明。

采购人、采购代理机构可以视采购项目的具体情况，组织供应商进行现场考察或召开磋商前答疑会，但不得单独或分别组织只有一个供应商参加的现场考察和答疑会。

第十八条　磋商小组在对响应文件的有效性、完整性和响应程度进行审查时，可以要求供应商对响应文件中含义不明确、同类问题表述不一致或者有明显文字和计算错误的内容等作出必要的澄清、说明或者更正。供应商的澄清、说明或者更正不得超出响应文件的范围或者改变响应文件的实质性内容。

磋商小组要求供应商澄清、说明或者更正响应文件应当以书面形式作出。供应商的澄清、说明或者更正应当由法定代表人或其授权代表签字或者加盖公章。由授权代表签字的，应当附法定代表人授权书。供应商为自然人的，应当由本人签字并附身份证明。

第十九条 磋商小组所有成员应当集中与单一供应商分别进行磋商，并给予所有参加磋商的供应商平等的磋商机会。

第二十条 在磋商过程中，磋商小组可以根据磋商文件和磋商情况实质性变动采购需求中的技术、服务要求以及合同草案条款，但不得变动磋商文件中的其他内容。实质性变动的内容，须经采购人代表确认。

对磋商文件作出的实质性变动是磋商文件的有效组成部分，磋商小组应当及时以书面形式同时通知所有参加磋商的供应商。

供应商应当按照磋商文件的变动情况和磋商小组的要求重新提交响应文件，并由其法定代表人或授权代表签字或者加盖公章。由授权代表签字的，应当附法定代表人授权书。供应商为自然人的，应当由本人签字并附身份证明。

第二十一条 磋商文件能够详细列明采购标的的技术、服务要求的，磋商结束后，磋商小组应当要求所有实质性响应的供应商在规定时间内提交最后报价，提交最后报价的供应商不得少于 3 家。

磋商文件不能详细列明采购标的的技术、服务要求，需经磋商由供应商提供最终设计方案或解决方案的，磋商结束后，磋商小组应当按照少数服从多数的原则投票推荐 3 家以上供应商的设计方案或者解决方案，并要求其在规定时间内提交最后报价。

最后报价是供应商响应文件的有效组成部分。符合本办法第三条第四项情形的，提交最后报价的供应商可以为 2 家。

第二十二条 已提交响应文件的供应商，在提交最后报价之前，可以根据磋商情况退出磋商。采购人、采购代理机构应当退还退出磋商的供应商的磋商保证金。

第二十三条 经磋商确定最终采购需求和提交最后报价的供应商后，由磋商小组采用综合评分法对提交最后报价的供应商的响应文件和最后报价进行综合评分。

综合评分法，是指响应文件满足磋商文件全部实质性要求且按评审因素的量化指标评审得分最高的供应商为成交候选供应商的评审方法。

第二十四条 综合评分法评审标准中的分值设置应当与评审因素的量化指标相对应。磋商文件中没有规定的评审标准不得作为评审依据。

评审时，磋商小组各成员应当独立对每个有效响应的文件进行评价、打分，然后汇总每个供应商每项评分因素的得分。

综合评分法货物项目的价格分值占总分值的比重（即权值）为 30% 至 60%，服务项目的价格分值占总分值的比重（即权值）为 10% 至 30%。采购项目中含不同采购对象的，以占项目资金比例最高的采购对象确定其项目属性。符合本办法第三条第三项的规定和执行统一价格标准的项目，其价格不列为评分因素。有特殊情况需要在上述规定范围外设定价格分权重的，应当经本级人民政府财政部门审核同意。

综合评分法中的价格分统一采用低价优先法计算，即满足磋商文件要求且最后报价最低的供应商的价格为磋商基准价，其价格分为满分。其他供应商的价格分统一按照下列公式计算：

磋商报价得分＝（磋商基准价 / 最后磋商报价）× 价格权值 ×100

项目评审过程中，不得去掉最后报价中的最高报价和最低报价。

第二十五条 磋商小组应当根据综合评分情况，按照评审得分由高到低顺序推荐 3 名以上成交候选供应商，并编写评审报告。符合本办法第二十一条第三款情形的，可以推荐 2 家成交候选供应商。评审得分相同的，按照最后报价由低到高的顺序推荐。评审得分且最后报价相同的，按照技术指标优劣顺序推荐。

第二十六条 评审报告应当包括以下主要内容：
（一）邀请供应商参加采购活动的具体方式和相关情况；
（二）响应文件开启日期和地点；
（三）获取磋商文件的供应商名单和磋商小组成员名单；
（四）评审情况记录和说明，包括对供应商的资格审查情况、供应商响应文件评审情况、磋商情况、报价情况等；
（五）提出的成交候选供应商的排序名单及理由。

第二十七条 评审报告应当由磋商小组全体人员签字认可。磋商小组成员对评审报告有异议的，磋商小组按照少数服从多数的原则推荐成交候选供应商，采购程序继续进行。对评审报告有异议的磋商小组成员，应当在报告上签署不同意见并说明理由，由磋商小组书面记录相关情况。磋商小组成员拒绝在报告上签字又不书面说明其不同意见和理由的，视为同意评审报告。

第二十八条 采购代理机构应当在评审结束后 2 个工作日内将评审报告送采购人确认。

采购人应当在收到评审报告后 5 个工作日内，从评审报告提出的成交候选供应商中，按照排序由高到低的原则确定成交供应商，也可以书面授权磋商小组直接确定成交供应商。采购人逾期未确定成交供应商且不提出异议的，视为确定评审报告提出的排序第一的供应商为成交供应商。

第二十九条 采购人或者采购代理机构应当在成交供应商确定后 2 个工作日内，在省级以上财政部门指定的政府采购信息发布媒体上公告成交结果，同时向成交供应商发出成交通知书，并将磋商文件随成交结果同时公告。成交结果公告应当包括以下内容：
（一）采购人和采购代理机构的名称、地址和联系方式；
（二）项目名称和项目编号；
（三）成交供应商名称、地址和成交金额；
（四）主要成交标的的名称、规格型号、数量、单价、服务要求；
（五）磋商小组成员名单。

采用书面推荐供应商参加采购活动的，还应当公告采购人和评审专家的推荐意见。

第三十条 采购人与成交供应商应当在成交通知书发出之日起 30 日内，按照磋商文件确定的合同文本以及采购标的、规格型号、采购金额、采购数量、技术和服务要求等事项签订政府采购合同。

采购人不得向成交供应商提出超出磋商文件以外的任何要求作为签订合同的条件，不得与成交供应商订立背离磋商文件确定的合同文本以及采购标的、规格型号、采购金额、采购数量、技术和服务要求等实质性内容的协议。

第三十一条 采购人或者采购代理机构应当在采购活动结束后及时退还供应商的磋商保证金，但因供应商自身原因导致无法及时退还的除外。未成交供应商的磋商保证金应当在成交通知书发出后 5 个工作日内退还，成交供应商的磋商保证金应当在采购合同签订后 5 个工作日内退还。

有下列情形之一的，磋商保证金不予退还：
（一）供应商在提交响应文件截止时间后撤回响应文件的；
（二）供应商在响应文件中提供虚假材料的；
（三）除因不可抗力或磋商文件认可的情形以外，成交供应商不与采购人签订合同的；
（四）供应商与采购人、其他供应商或者采购代理机构恶意串通的；

（五）磋商文件规定的其他情形。

第三十二条 除资格性检查认定错误、分值汇总计算错误、分项评分超出评分标准范围、客观分评分不一致、经磋商小组一致认定评分畸高、畸低的情形外，采购人或者采购代理机构不得以任何理由组织重新评审。采购人、采购代理机构发现磋商小组未按照磋商文件规定的评审标准进行评审的，应当重新开展采购活动，并同时书面报告本级财政部门。

采购人或者采购代理机构不得通过对样品进行检测、对供应商进行考察等方式改变评审结果。

第三十三条 成交供应商拒绝签订政府采购合同的，采购人可以按照本办法第二十八条第二款规定的原则确定其他供应商作为成交供应商并签订政府采购合同，也可以重新开展采购活动。拒绝签订政府采购合同的成交供应商不得参加对该项目重新开展的采购活动。

第三十四条 出现下列情形之一的，采购人或者采购代理机构应当终止竞争性磋商采购活动，发布项目终止公告并说明原因，重新开展采购活动：

（一）因情况变化，不再符合规定的竞争性磋商采购方式适用情形的；

（二）出现影响采购公正的违法、违规行为的；

（三）除本办法第二十一条第三款规定的情形外，在采购过程中符合要求的供应商或者报价未超过采购预算的供应商不足3家的。

第三十五条 在采购活动中因重大变故，采购任务取消的，采购人或者采购代理机构应当终止采购活动，通知所有参加采购活动的供应商，并将项目实施情况和采购任务取消原因报送本级财政部门。

第三章 附 则

第三十六条 相关法律制度对政府和社会资本合作项目采用竞争性磋商采购方式另有规定的，从其规定。

第三十七条 本办法所称主管预算单位是指负有编制部门预算职责，向同级财政部门申报预算的国家机关、事业单位和团体组织。

第三十八条 本办法自发布之日起施行。

2. 中央预算单位变更政府采购方式审批管理办法（2015年发布）

（财库〔2015〕36号印发）

第一章 总 则

第一条 为了加强中央预算单位政府采购管理，规范中央预算单位变更政府采购方式审批管理工作，根据《中华人民共和国政府采购法》《政府采购非招标采购方式管理办法》及政府采购相关制度规定，制定本办法。

第二条 中央预算单位达到公开招标数额标准的货物、服务采购项目，需要采用公开招标以外采购方式的，应当在采购活动开始前，按照本办法规定申请变更政府采购方式。

本办法所称公开招标以外的采购方式，是指邀请招标、竞争性谈判、竞争性磋商、单一来源采购、询价以及财政部认定的其他采购方式。

第三条 变更政府采购方式申请应当由中央主管预算单位向财政部提出。财政部应当按照政府采购法和本办法规定进行审批。

第四条 中央主管预算单位应当加强对本部门所属预算单位变更政府采购方式工作的指导和监督。中央预算单位应当提交完整、明确、合规的申请材料，并对申请材料的真实性负责。

第二章 变更方式申请

第五条 中央预算单位应当建立和完善采购方式变更内部管理制度,明确采购、财务、业务相关部门(岗位)责任。业务部门应当结合工作实际,根据经费预算和资产配置等采购标准,提出合理采购需求。采购部门(岗位)应当组织财务、业务等相关部门(岗位),根据采购需求和相关行业、产业发展状况,对拟申请采用采购方式的理由及必要性进行内部会商。会商意见应当由相关部门(岗位)人员共同签字认可。

第六条 中央预算单位申请单一来源采购方式,符合政府采购法第三十一条第一项情形的,在进行单位内部会商前,应先组织3名以上专业人员对只能从唯一供应商处采购的理由进行论证。专业人员论证意见应当完整、清晰和明确,意见不明确或者含混不清的,属于无效意见,不作为审核依据。专业人员论证意见中应当载明专业人员姓名、工作单位、职称、联系电话和身份证号码。专业人员不能与论证项目有直接利害关系,不能是本单位或者潜在供应商及其关联单位的工作人员。

第七条 中央预算单位申请采用公开招标以外采购方式的,应当提交以下材料:

(一)中央主管预算单位出具的变更采购方式申请公文,公文中应当载明以下内容:中央预算单位名称、采购项目名称、项目概况等项目基本情况说明,拟申请采用的采购方式和理由,联系人及联系电话等。申请变更为单一来源采购方式的,还需提供拟定的唯一供应商名称、地址;

(二)项目预算金额、预算批复文件或者资金来源证明;

(三)单位内部会商意见。申请变更为单一来源采购方式的,如符合政府采购法第三十一条第一项情形,还需提供专业人员论证意见。

第八条 非中央预算单位所能预见的原因或者非中央预算单位拖延造成采用招标所需时间不能满足需要而申请变更采购方式的,中央预算单位应当提供项目紧急原因的说明材料。

第九条 中央预算单位因采购任务涉及国家秘密需要变更采购方式的,应当提供由国家保密机关出具的本项目为涉密采购项目的证明文件。

第十条 中央预算单位符合《政府采购非招标采购方式管理办法》第二十七条第一款第一项情形和第二款情形,申请采用竞争性谈判采购方式的;公开招标过程中提交投标文件或者经评审实质性响应招标文件要求的供应商只有一家时,申请单一来源采购方式的,除按照本办法第七条第一项和第二项要求提供有关申请材料外,还应当提供以下材料:

(一)在中国政府采购网发布招标公告的证明材料;

(二)中央预算单位、采购代理机构出具的对招标文件和招标过程没有供应商质疑的说明材料;

(三)评标委员会或3名以上评审专家出具的招标文件没有不合理条款的论证意见。

第十一条 中央主管预算单位在同一预算年度内,对所属多个预算单位因相同采购需求和原因采购同一品目的货物或者服务,拟申请采用同一种采购方式的,可统一组织一次内部会商后,向财政部报送一揽子方式变更申请。

第十二条 中央预算单位一般应通过"政府采购计划管理系统"报送采购方式变更申请,对系统中已导入政府采购预算的,不再提供部门预算批复文件复印件。因采购任务涉及国家秘密需要变更采购方式的,应当通过纸质文件报送。

第十三条 中央预算单位申请采用单一来源采购方式,符合政府采购法第三十一条第一项情形的,在向财政部提出变更申请前,经中央主管预算单位同意后,在中国政府采购网上进行公示,并将公示情况一并报财政部。

因采购任务涉及国家秘密需要变更为单一来源采购方式的,可不进行公示。

第十四条 中央预算单位申请变更为单一来源采购方式的申请前公示,公示期不得少于 5 个工作日，公示材料为单一来源采购征求意见公示文书和专业人员论证意见。因公开招标过程中提交投标文件或者经评审实质性响应招标文件要求的供应商只有一家时，申请采用单一来源采购方式的，公示材料还包括评审专家和代理机构分别出具的招标文件无歧视性条款、招标过程未受质疑相关意见材料。

单一来源采购征求意见公示文书内容应包括：中央预算单位、采购项目名称和内容；公示的期限；拟采购的唯一供应商名称；中央主管预算单位、财政部政府采购监管部门的联系地址、联系人和联系电话。

第十五条 任何供应商、单位或者个人对采用单一来源采购方式公示有异议的，可以在公示期内将书面意见反馈给中央预算单位，并同时抄送中央主管预算单位和财政部。

第十六条 中央预算单位收到对采用单一来源采购方式公示的异议后，应当在公示期满 5 个工作日内，组织补充论证，论证后认为异议成立的，应当依法采取其他采购方式；论证后认为异议不成立的，应当将异议意见、论证意见与公示情况一并报财政部。

第三章 审 批 管 理

第十七条 财政部收到变更采购方式申请后应当及时审查，并按下列情形限时办结：

（一）变更政府采购方式申请的理由和申请材料符合政府采购法和本办法规定的，财政部应当在收到材料之日起，7 个工作日内予以批复。

（二）申请材料不符合本办法规定的，财政部应当在 3 个工作日内通知中央主管预算单位修改补充。办结日期以财政部重新收到申报材料时算起。

（三）变更政府采购方式申请的理由不符合政府采购法规定的，财政部应当在收到材料之日起，3 个工作日内予以答复，并将不予批复的理由告知中央主管预算单位。

第十八条 中央预算单位应当按照财政部的批复文件，依法开展政府采购活动，未经批准，擅自采用公开招标以外采购方式的，财政部将依据政府采购法及有关法律法规予以处理。

第四章 附 则

第十九条 中央预算单位采购限额标准以上公开招标数额标准以下的货物、工程和服务，以及达到招标规模标准依法可不进行招标的政府采购工程建设项目，需要采用公开招标以外采购方式的，由单位根据《政府采购非招标采购方式管理办法》及有关制度规定，自主选择相应采购方式。

第二十条 本办法自 2015 年 3 月 1 日起实施。原《中央单位变更政府采购方式审批管理暂行办法》（财库〔2009〕48 号）、《财政部关于对中央单位申请单一来源采购实行审核前公示相关问题的通知》（财库〔2011〕130 号）停止执行。

3. 关于做好政府采购框架协议采购工作有关问题的通知（2022 年发布）

（财库〔2022〕17 号）

各中央预算单位，各省、自治区、直辖市、计划单列市财政厅（局），新疆生产建设兵团财政局，有关集中采购机构：

《政府采购框架协议采购方式管理暂行办法》（财政部令第 110 号，以下简称《办法》）

已于 2022 年 3 月 1 日开始施行。为进一步做好政府采购框架协议采购工作，提升《办法》实施效果，现就有关问题通知如下：

一、加强框架协议采购组织协调。《办法》对多频次、小额度采购活动进行了规范，是落实《深化政府采购制度改革方案》的重要内容，也是对政府采购管理制度的一次重要完善与创新。各级集中采购机构、主管预算单位要充分理解把握《办法》对框架协议采购的规范性要求，切实做好需求标准确定、采购方案拟定、供应商入围征集和合同履约管理等工作。各级财政部门要认真做好组织协调，进一步清理违规设置的供应商备选库、名录库、资格库，加强对框架协议采购方案的审核备案管理，切实抓好《办法》确定的公平竞争机制建设，平稳有序推进框架协议采购的实施。

二、处理好集中采购相关问题的衔接。《办法》施行后，财政部关于协议供货、定点采购的规定不再执行，地方各级财政部门要对涉及协议供货、定点采购的制度规定进行清理规范。《办法》施行前订立的协议供货、定点采购协议，可以继续执行至期限届满。已实施批量集中采购的品目，按现有规定继续推进和完善批量集中采购工作。

对一些地方或者部门缺乏专业实施力量的问题，省级财政部门可以结合本地实际，通过修订集中采购目录或者制定专门办法，适当调整相关品目实施的组织形式。有条件的地方，还可以通过跨级次、跨地区统筹确定征集主体推进实施，并同步开展集中采购机构竞争试点。

三、推动采购需求标准的制定。各级财政部门要指导集中采购机构、主管预算单位结合业务特点合理确定各类产品的需求标准，逐步提高标准的科学性和完整程度，做到客观、细化、可评判、可验证，无明确需求标准的不得开展框架协议采购。要合理确定不同等次、规格产品的最高限制单价，综合考虑采购历史成交价格与市场调查情况，平衡采购需求标准与成本价格的关系，做到最高限制单价与采购需求标准相匹配。

集中采购机构、主管预算单位应当高度重视服务项目需求标准的制定工作。对实施开放式框架协议的服务类采购，特别是向社会提供公共服务的项目，各级财政部门要对主管预算单位的市场调查情况及成本构成重点把关，严禁服务内容及最高限制单价突破预算和其他购买公共服务的政策要求。条件成熟时，省级财政部门可以会同相关部门制定发布统一的服务需求标准。对新开展的公共服务类框架协议采购项目，财政部门可以指导相关部门先以封闭式框架协议采购开展试点，时机成熟后再按规定实施开放式框架协议采购。

四、加强采购方案审核备案管理。集中采购机构、主管预算单位应当按照不同品目分类拟定采购方案，报本级财政部门审核或者备案。各级财政部门要按照公平公正、促进竞争、讲求绩效的原则，加强对集中采购机构框架协议采购方案的审核。重点包括：一是实施范围审核。要认真落实"适用于小额零星采购"以及"以封闭式框架协议为主"的基本原则，严格把控相应实施范围。其中，小额零星采购严格限定在采购人需要多频次采购，且单笔采购金额未达到政府采购限额标准的范围内。严禁出现《办法》对政府限价服务、专用设备、公共服务等采购的一些特殊规定在适用范围上的扩大。二是竞争机制审核。要严格执行"需求明确、竞争价格"的评审要求，同时把握对各品目分级、分类、分包的合理性，防止品目拆分过细带来的竞争不充分等问题。对专用设备采购，要严格控制质量优先法的适用，加强对需求标准、最高限制单价以及竞争淘汰率的匹配性审核。三是其他重要问题审核。包括落实政府采购政策，以及防止政府采购"专供"、高价专用耗材捆绑问题的措施等。

主管预算单位的框架协议采购方案实行备案管理。财政部门在备案中发现存在擅自扩大适用范围、需求标准不合理不明确、开放式框架协议采购缺乏供应商申请办法、公共服务标准及最高限制单价不符合相关规定等问题的，可以要求相关单位改正后实施，也可以通过监督检查或者投诉处理进行监管。

五、落实政府采购政策。框架协议采购要落实政府采购政策，细化政策执行措施。政府绿色采购、促进中小企业发展等采购政策原则上在框架协议采购的第一阶段落实，第二阶段交易不再作要求；政府采购进口产品管理要求在第二阶段落实。在落实绿色采购政策方面，对实施强制采购或者执行强制性绿色采购标准的品目，应当将符合绿色采购政策作为实质性要求，对实施优先采购或者执行推荐性绿色采购标准的品目，应当在评审时给予相关供应商评审优惠；在支持中小企业政策方面，对符合条件的小微企业，应当按照《政府采购促进中小企业发展管理办法》的规定给予价格扣除优惠政策；在进口产品管理方面，对检测、实验、医疗等专用仪器设备，确有采购进口产品需求的，采购方案中可以就相应的进口产品设置采购包，但第二阶段采购人在采购入围进口产品前，需按规定履行相关核准程序。

省级财政部门可以探索选择特定货物、服务品目，专门面向残疾人福利性单位、基层群众性自治组织等特殊主体设置采购包，要求采购人在采购相关货物、服务时，将合同授予该采购包的入围供应商。

六、推进框架协议电子化采购系统建设。省级财政部门应当按照《办法》确定的业务规则、预算管理一体化规范和技术标准，统筹协调电子化采购系统的建设和拓展完善，实现互联互通和业务协同。集中采购目录以外、未达到采购限额标准的采购活动，可以继续通过电子卖场开展，但不得强制采购人通过电子卖场交易。

在框架协议采购全流程电子系统建设完成之前，框架协议采购可以在已有电子采购系统上分阶段实施，第一阶段入围征集活动可以依托项目采购的相关系统，第二阶段确定成交供应商可以依托电子卖场等系统，按照《办法》确定的规则开展。

七、维护供应商合法权益。货物采购中，入围供应商可以委托代理商接受采购人合同授予并履行采购合同，代理商根据与入围供应商签订的委托协议开展活动，其行为的法律后果由入围供应商承担。框架协议有效期内，入围供应商可以根据征集文件的规定调整代理商名单，征集人应当提供便利。对于代理商拒不履行合同义务的，征集人应当依法追究入围供应商责任，并按协议约定解除代理商在该框架协议中接受合同授予的资格。征集人不得未经入围供应商同意，擅自增减变动代理商。

各地区、各部门要加强统筹协调，认真安排部署，全面总结框架协议采购中好的经验和做法，对于执行中发现的问题，要研究完善办法措施，并及时向财政部反映。

财政部
2022 年 5 月 16 日

第十六章　招投标管理法律法规

1. 中华人民共和国招标投标法（2017 年修正）

（1999 年 8 月 30 日第九届全国人民代表大会常务委员会第十一次会议通过　根据 2017 年 12 月 27 日第十二届全国人民代表大会常务委员会第三十一次会议《关于修改〈中华人民共和国招标投标法〉〈中华人民共和国计量法〉的决定》修正）

第一章　总　　则

第一条　为了规范招标投标活动，保护国家利益、社会公共利益和招标投标活动当事人的合法权益，提高经济效益，保证项目质量，制定本法。

第二条　在中华人民共和国境内进行招标投标活动，适用本法。

第三条 在中华人民共和国境内进行下列工程建设项目包括项目的勘察、设计、施工、监理以及与工程建设有关的重要设备、材料等的采购，必须进行招标：

（一）大型基础设施、公用事业等关系社会公共利益、公众安全的项目；

（二）全部或者部分使用国有资金投资或者国家融资的项目；

（三）使用国际组织或者外国政府贷款、援助资金的项目。

前款所列项目的具体范围和规模标准，由国务院发展计划部门会同国务院有关部门制订，报国务院批准。

法律或者国务院对必须进行招标的其他项目的范围有规定的，依照其规定。

第四条 任何单位和个人不得将依法必须进行招标的项目化整为零或者以其他任何方式规避招标。

第五条 招标投标活动应当遵循公开、公平、公正和诚实信用的原则。

第六条 依法必须进行招标的项目，其招标投标活动不受地区或者部门的限制。任何单位和个人不得违法限制或者排斥本地区、本系统以外的法人或者其他组织参加投标，不得以任何方式非法干涉招标投标活动。

第七条 招标投标活动及其当事人应当接受依法实施的监督。

有关行政监督部门依法对招标投标活动实施监督，依法查处招标投标活动中的违法行为。

对招标投标活动的行政监督及有关部门的具体职权划分，由国务院规定。

第二章 招 标

第八条 招标人是依照本法规定提出招标项目、进行招标的法人或者其他组织。

第九条 招标项目按照国家有关规定需要履行项目审批手续的，应当先履行审批手续，取得批准。

招标人应当有进行招标项目的相应资金或者资金来源已经落实，并应当在招标文件中如实载明。

第十条 招标分为公开招标和邀请招标。

公开招标，是指招标人以招标公告的方式邀请不特定的法人或者其他组织投标。

邀请招标，是指招标人以投标邀请书的方式邀请特定的法人或者其他组织投标。

第十一条 国务院发展计划部门确定的国家重点项目和省、自治区、直辖市人民政府确定的地方重点项目不适宜公开招标的，经国务院发展计划部门或者省、自治区、直辖市人民政府批准，可以进行邀请招标。

第十二条 招标人有权自行选择招标代理机构，委托其办理招标事宜。任何单位和个人不得以任何方式为招标人指定招标代理机构。

招标人具有编制招标文件和组织评标能力的，可以自行办理招标事宜。任何单位和个人不得强制其委托招标代理机构办理招标事宜。

依法必须进行招标的项目，招标人自行办理招标事宜的，应当向有关行政监督部门备案。

第十三条 招标代理机构是依法设立、从事招标代理业务并提供相关服务的社会中介组织。

招标代理机构应当具备下列条件：

（一）有从事招标代理业务的营业场所和相应资金；

（二）有能够编制招标文件和组织评标的相应专业力量。

第十四条 招标代理机构与行政机关和其他国家机关不得存在隶属关系或者其他利益关系。

第十五条 招标代理机构应当在招标人委托的范围内办理招标事宜，并遵守本法关于招标人的规定。

第十六条 招标人采用公开招标方式的，应当发布招标公告。依法必须进行招标的项目的招标公告，应当通过国家指定的报刊、信息网络或者其他媒介发布。

招标公告应当载明招标人的名称和地址、招标项目的性质、数量、实施地点和时间以及获取招标文件的办法等事项。

第十七条 招标人采用邀请招标方式的，应当向三个以上具备承担招标项目的能力、资信良好的特定的法人或者其他组织发出投标邀请书。

投标邀请书应当载明本法第十六条第二款规定的事项。

第十八条 招标人可以根据招标项目本身的要求，在招标公告或者投标邀请书中，要求潜在投标人提供有关资质证明文件和业绩情况，并对潜在投标人进行资格审查；国家对投标人的资格条件有规定的，依照其规定。

招标人不得以不合理的条件限制或者排斥潜在投标人，不得对潜在投标人实行歧视待遇。

第十九条 招标人应当根据招标项目的特点和需要编制招标文件。招标文件应当包括招标项目的技术要求、对投标人资格审查的标准、投标报价要求和评标标准等所有实质性要求和条件以及拟签订合同的主要条款。

国家对招标项目的技术、标准有规定的，招标人应当按照其规定在招标文件中提出相应要求。

招标项目需要划分标段、确定工期的，招标人应当合理划分标段、确定工期，并在招标文件中载明。

第二十条 招标文件不得要求或者标明特定的生产供应者以及含有倾向或者排斥潜在投标人的其他内容。

第二十一条 招标人根据招标项目的具体情况，可以组织潜在投标人踏勘项目现场。

第二十二条 招标人不得向他人透露已获取招标文件的潜在投标人的名称、数量以及可能影响公平竞争的有关招标投标的其他情况。

招标人设有标底的，标底必须保密。

第二十三条 招标人对已发出的招标文件进行必要的澄清或者修改的，应当在招标文件要求提交投标文件截止时间至少十五日前，以书面形式通知所有招标文件收受人。该澄清或者修改的内容为招标文件的组成部分。

第二十四条 招标人应当确定投标人编制投标文件所需要的合理时间；但是，依法必须进行招标的项目，自招标文件开始发出之日起至投标人提交投标文件截止之日止，最短不得少于二十日。

第三章 投 标

第二十五条 投标人是响应招标、参加投标竞争的法人或者其他组织。

依法招标的科研项目允许个人参加投标的，投标的个人适用本法有关投标人的规定。

第二十六条 投标人应当具备承担招标项目的能力；国家有关规定对投标人资格条件或者招标文件对投标人资格条件有规定的，投标人应当具备规定的资格条件。

第二十七条 投标人应当按照招标文件的要求编制投标文件。投标文件应当对招标文件提出的实质性要求和条件作出响应。

招标项目属于建设施工的，投标文件的内容应当包括拟派出的项目负责人与主要技术人员的简历、业绩和拟用于完成招标项目的机械设备等。

第二十八条 投标人应当在招标文件要求提交投标文件的截止时间前，将投标文件送达投标地点。招标人收到投标文件后，应当签收保存，不得开启。投标人少于三个的，招标人应当依照本法重新招标。

在招标文件要求提交投标文件的截止时间后送达的投标文件，招标人应当拒收。

第二十九条 投标人在招标文件要求提交投标文件的截止时间前，可以补充、修改或者撤回已提交的投标文件，并书面通知招标人。补充、修改的内容为投标文件的组成部分。

第三十条 投标人根据招标文件载明的项目实际情况,拟在中标后将中标项目的部分非主体、非关键性工作进行分包的,应当在投标文件中载明。

第三十一条 两个以上法人或者其他组织可以组成一个联合体,以一个投标人的身份共同投标。

联合体各方均应当具备承担招标项目的相应能力;国家有关规定或者招标文件对投标人资格条件有规定的,联合体各方均应当具备规定的相应资格条件。由同一专业的单位组成的联合体,按照资质等级较低的单位确定资质等级。

联合体各方应当签订共同投标协议,明确约定各方拟承担的工作和责任,并将共同投标协议连同投标文件一并提交招标人。联合体中标的,联合体各方应当共同与招标人签订合同,就中标项目向招标人承担连带责任。

招标人不得强制投标人组成联合体共同投标,不得限制投标人之间的竞争。

第三十二条 投标人不得相互串通投标报价,不得排挤其他投标人的公平竞争,损害招标人或者其他投标人的合法权益。

投标人不得与招标人串通投标,损害国家利益、社会公共利益或者他人的合法权益。

禁止投标人以向招标人或者评标委员会成员行贿的手段谋取中标。

第三十三条 投标人不得以低于成本的报价竞标,也不得以他人名义投标或者以其他方式弄虚作假,骗取中标。

第四章 开标、评标和中标

第三十四条 开标应当在招标文件确定的提交投标文件截止时间的同一时间公开进行;开标地点应当为招标文件中预先确定的地点。

第三十五条 开标由招标人主持,邀请所有投标人参加。

第三十六条 开标时,由投标人或者其推选的代表检查投标文件的密封情况,也可以由招标人委托的公证机构检查并公证;经确认无误后,由工作人员当众拆封,宣读投标人名称、投标价格和投标文件的其他主要内容。

招标人在招标文件要求提交投标文件的截止时间前收到的所有投标文件,开标时都应当当众予以拆封、宣读。

开标过程应当记录,并存档备查。

第三十七条 评标由招标人依法组建的评标委员会负责。

依法必须进行招标的项目,其评标委员会由招标人的代表和有关技术、经济等方面的专家组成,成员人数为五人以上单数,其中技术、经济等方面的专家不得少于成员总数的三分之二。

前款专家应当从事相关领域工作满八年并具有高级职称或者具有同等专业水平,由招标人从国务院有关部门或者省、自治区、直辖市人民政府有关部门提供的专家名册或者招标代理机构的专家库内的相关专业的专家名单中确定;一般招标项目可以采取随机抽取方式,特殊招标项目可以由招标人直接确定。

与投标人有利害关系的人不得进入相关项目的评标委员会;已经进入的应当更换。

评标委员会成员的名单在中标结果确定前应当保密。

第三十八条 招标人应当采取必要的措施,保证评标在严格保密的情况下进行。

任何单位和个人不得非法干预、影响评标的过程和结果。

第三十九条 评标委员会可以要求投标人对投标文件中含义不明确的内容作必要的澄清或者说明,但是澄清或者说明不得超出投标文件的范围或者改变投标文件的实质性内容。

第四十条 评标委员会应当按照招标文件确定的评标标准和方法,对投标文件进行评审和比较;设有标底的,应当参考标底。评标委员会完成评标后,应当向招标人提出书面评标报告，并推荐合格的中标候选人。

招标人根据评标委员会提出的书面评标报告和推荐的中标候选人确定中标人。招标人也可以授权评标委员会直接确定中标人。

国务院对特定招标项目的评标有特别规定的，从其规定。

第四十一条 中标人的投标应当符合下列条件之一：

（一）能够最大限度地满足招标文件中规定的各项综合评价标准；

（二）能够满足招标文件的实质性要求，并且经评审的投标价格最低；但是投标价格低于成本的除外。

第四十二条 评标委员会经评审，认为所有投标都不符合招标文件要求的，可以否决所有投标。

依法必须进行招标的项目的所有投标被否决的，招标人应当依照本法重新招标。

第四十三条 在确定中标人前，招标人不得与投标人就投标价格、投标方案等实质性内容进行谈判。

第四十四条 评标委员会成员应当客观、公正地履行职务，遵守职业道德，对所提出的评审意见承担个人责任。

评标委员会成员不得私下接触投标人，不得收受投标人的财物或者其他好处。

评标委员会成员和参与评标的有关工作人员不得透露对投标文件的评审和比较、中标候选人的推荐情况以及与评标有关的其他情况。

第四十五条 中标人确定后，招标人应当向中标人发出中标通知书，并同时将中标结果通知所有未中标的投标人。

中标通知书对招标人和中标人具有法律效力。中标通知书发出后，招标人改变中标结果的，或者中标人放弃中标项目的，应当依法承担法律责任。

第四十六条 招标人和中标人应当自中标通知书发出之日起三十日内，按照招标文件和中标人的投标文件订立书面合同。招标人和中标人不得再行订立背离合同实质性内容的其他协议。

招标文件要求中标人提交履约保证金的，中标人应当提交。

第四十七条 依法必须进行招标的项目，招标人应当自确定中标人之日起十五日内，向有关行政监督部门提交招标投标情况的书面报告。

第四十八条 中标人应当按照合同约定履行义务，完成中标项目。中标人不得向他人转让中标项目，也不得将中标项目肢解后分别向他人转让。

中标人按照合同约定或者经招标人同意，可以将中标项目的部分非主体、非关键性工作分包给他人完成。接受分包的人应当具备相应的资格条件，并不得再次分包。

中标人应当就分包项目向招标人负责，接受分包的人就分包项目承担连带责任。

第五章　法　律　责　任

第四十九条 违反本法规定，必须进行招标的项目而不招标的，将必须进行招标的项目化整为零或者以其他任何方式规避招标的，责令限期改正，可以处项目合同金额千分之五以上千分之十以下的罚款；对全部或者部分使用国有资金的项目，可以暂停项目执行或者暂停资金拨付；对单位直接负责的主管人员和其他直接责任人员依法给予处分。

第五十条 招标代理机构违反本法规定，泄露应当保密的与招标投标活动有关的情况和资料的，或者与招标人、投标人串通损害国家利益、社会公共利益或者他人合法权益的，处五万元以上二十五万元以下的罚款；对单位直接负责的主管人员和其他直接责任人员处单位罚款数额百分之五以上百分之十以下的罚款；有违法所得的，并处没收违法所得；情节严重的，禁止其一年至二年内代理依法必须进行招标的项目并予以公告，直至由工商行政管理机关吊销营业执照；构成犯罪的，依法追究刑事责任。给他人造成损失的，依法承担赔偿责任。

前款所列行为影响中标结果的，中标无效。

第五十一条 招标人以不合理的条件限制或者排斥潜在投标人的，对潜在投标人实行歧视待遇的，强制要求投标人组成联合体共同投标的，或者限制投标人之间竞争的，责令改正，可以处一万元以上五万元以下的罚款。

第五十二条 依法必须进行招标的项目的招标人向他人透露已获取招标文件的潜在投标人的名称、数量或者可能影响公平竞争的有关招标投标的其他情况的，或者泄露标底的，给予警告，可以并处一万元以上十万元以下的罚款；对单位直接负责的主管人员和其他直接责任人员依法给予处分；构成犯罪的，依法追究刑事责任。

前款所列行为影响中标结果的，中标无效。

第五十三条 投标人相互串通投标或者与招标人串通投标的，投标人以向招标人或者评标委员会成员行贿的手段谋取中标的，中标无效，处中标项目金额千分之五以上千分之十以下的罚款，对单位直接负责的主管人员和其他直接责任人员处单位罚款数额百分之五以上百分之十以下的罚款；有违法所得的，并处没收违法所得；情节严重的，取消其一年至二年内参加依法必须进行招标的项目的投标资格并予以公告，直至由工商行政管理机关吊销营业执照；构成犯罪的，依法追究刑事责任。给他人造成损失的，依法承担赔偿责任。

第五十四条 投标人以他人名义投标或者以其他方式弄虚作假，骗取中标的，中标无效，给招标人造成损失的，依法承担赔偿责任；构成犯罪的，依法追究刑事责任。

依法必须进行招标的项目的投标人有前款所列行为尚未构成犯罪的，处中标项目金额千分之五以上千分之十以下的罚款，对单位直接负责的主管人员和其他直接责任人员处单位罚款数额百分之五以上百分之十以下的罚款；有违法所得的，并处没收违法所得；情节严重的，取消其一年至三年内参加依法必须进行招标的项目的投标资格并予以公告，直至由工商行政管理机关吊销营业执照。

第五十五条 依法必须进行招标的项目，招标人违反本法规定，与投标人就投标价格、投标方案等实质性内容进行谈判的，给予警告，对单位直接负责的主管人员和其他直接责任人员依法给予处分。

前款所列行为影响中标结果的，中标无效。

第五十六条 评标委员会成员收受投标人的财物或者其他好处的，评标委员会成员或者参加评标的有关工作人员向他人透露对投标文件的评审和比较、中标候选人的推荐以及与评标有关的其他情况的，给予警告，没收收受的财物，可以并处三千元以上五万元以下的罚款，对有所列违法行为的评标委员会成员取消担任评标委员会成员的资格，不得再参加任何依法必须进行招标的项目的评标；构成犯罪的，依法追究刑事责任。

第五十七条 招标人在评标委员会依法推荐的中标候选人以外确定中标人的，依法必须进行招标的项目在所有投标被评标委员会否决后自行确定中标人的，中标无效，责令改正，可以处中标项目金额千分之五以上千分之十以下的罚款；对单位直接负责的主管人员和其他直接责任人员依法给予处分。

第五十八条 中标人将中标项目转让给他人的，将中标项目肢解后分别转让给他人的，违反本法规定将中标项目的部分主体、关键性工作分包给他人的，或者分包人再次分包的，转让、分包无效，处转让、分包项目金额千分之五以上千分之十以下的罚款；有违法所得的，并处没收违法所得；可以责令停业整顿；情节严重的，由工商行政管理机关吊销营业执照。

第五十九条 招标人与中标人不按照招标文件和中标人的投标文件订立合同的，或者招标人、中标人订立背离合同实质性内容的协议的，责令改正；可以处中标项目金额千分之五以上千分之十以下的罚款。

第六十条 中标人不履行与招标人订立的合同的，履约保证金不予退还，给招标人造成的损失超过履约保证金数额的，还应当对超过部分予以赔偿；没有提交履约保证金的，应当对招标人的损失承担赔偿责任。

中标人不按照与招标人订立的合同履行义务，情节严重的，取消其二年至五年内参加依法必须进行招标的项目的投标资格并予以公告，直至由工商行政管理机关吊销营业执照。

因不可抗力不能履行合同的，不适用前两款规定。

第六十一条 本章规定的行政处罚，由国务院规定的有关行政监督部门决定。本法已对实施行政处罚的机关作出规定的除外。

第六十二条 任何单位违反本法规定，限制或者排斥本地区、本系统以外的法人或者其他组织参加投标的，为招标人指定招标代理机构的，强制招标人委托招标代理机构办理招标事宜的，或者以其他方式干涉招标投标活动的，责令改正；对单位直接负责的主管人员和其他直接责任人员依法给予警告、记过、记大过的处分，情节较重的，依法给予降级、撤职、开除的处分。

个人利用职权进行前款违法行为的，依照前款规定追究责任。

第六十三条 对招标投标活动依法负有行政监督职责的国家机关工作人员徇私舞弊、滥用职权或者玩忽职守，构成犯罪的，依法追究刑事责任；不构成犯罪的，依法给予行政处分。

第六十四条 依法必须进行招标的项目违反本法规定，中标无效的，应当依照本法规定的中标条件从其余投标人中重新确定中标人或者依照本法重新进行招标。

第六章 附 则

第六十五条 投标人和其他利害关系人认为招标投标活动不符合本法有关规定的，有权向招标人提出异议或者依法向有关行政监督部门投诉。

第六十六条 涉及国家安全、国家秘密、抢险救灾或者属于利用扶贫资金实行以工代赈、需要使用农民工等特殊情况，不适宜进行招标的项目，按照国家有关规定可以不进行招标。

第六十七条 使用国际组织或者外国政府贷款、援助资金的项目进行招标，贷款方、资金提供方对招标投标的具体条件和程序有不同规定的，可以适用其规定，但违背中华人民共和国的社会公共利益的除外。

第六十八条 本法自2000年1月1日起施行。

2. 中华人民共和国招标投标法实施条例（2019年修订）

（2011年12月20日中华人民共和国国务院令第613号公布 根据2017年3月1日《国务院关于修改和废止部分行政法规的决定》第一次修订 根据2018年3月19日《国务院关于修改和废止部分行政法规的决定》第二次修订 根据2019年3月2日《国务院关于修改部分行政法规的决定》第三次修订）

第一章 总 则

第一条 为了规范招标投标活动，根据《中华人民共和国招标投标法》（以下简称招标投标法），制定本条例。

第二条 招标投标法第三条所称工程建设项目，是指工程以及与工程建设有关的货物、服务。前款所称工程，是指建设工程，包括建筑物和构筑物的新建、改建、扩建及其相关的装修、拆除、修缮等；所称与工程建设有关的货物，是指构成工程不可分割的组成部分，且为实现工程基本功能所必需的设备、材料等；所称与工程建设有关的服务，是指为完成工程所需的勘察、设计、监理等服务。

第三条 依法必须进行招标的工程建设项目的具体范围和规模标准，由国务院发展改革部门会同国务院有关部门制订，报国务院批准后公布施行。

第四条 国务院发展改革部门指导和协调全国招标投标工作，对国家重大建设项目的工程招标投标活动实施监督检查。国务院工业和信息化、住房城乡建设、交通运输、铁道、水利、商务等部门，按照规定的职责分工对有关招标投标活动实施监督。

县级以上地方人民政府发展改革部门指导和协调本行政区域的招标投标工作。县级以上地方人民政府有关部门按照规定的职责分工，对招标投标活动实施监督，依法查处招标投标活动中的违法行为。县级以上地方人民政府对其所属部门有关招标投标活动的监督职责分工另有规定的，从其规定。

财政部门依法对实行招标投标的政府采购工程建设项目的政府采购政策执行情况实施监督。

监察机关依法对与招标投标活动有关的监察对象实施监察。

第五条 设区的市级以上地方人民政府可以根据实际需要，建立统一规范的招标投标交易场所，为招标投标活动提供服务。招标投标交易场所不得与行政监督部门存在隶属关系，不得以营利为目的。

国家鼓励利用信息网络进行电子招标投标。

第六条 禁止国家工作人员以任何方式非法干涉招标投标活动。

第二章 招　　标

第七条 按照国家有关规定需要履行项目审批、核准手续的依法必须进行招标的项目，其招标范围、招标方式、招标组织形式应当报项目审批、核准部门审批、核准。项目审批、核准部门应当及时将审批、核准确定的招标范围、招标方式、招标组织形式通报有关行政监督部门。

第八条 国有资金占控股或者主导地位的依法必须进行招标的项目，应当公开招标；但有下列情形之一的，可以邀请招标：

（一）技术复杂、有特殊要求或者受自然环境限制，只有少量潜在投标人可供选择；

（二）采用公开招标方式的费用占项目合同金额的比例过大。

有前款第二项所列情形，属于本条例第七条规定的项目，由项目审批、核准部门在审批、核准项目时作出认定；其他项目由招标人申请有关行政监督部门作出认定。

第九条 除招标投标法第六十六条规定的可以不进行招标的特殊情况外，有下列情形之一的，可以不进行招标：

（一）需要采用不可替代的专利或者专有技术；

（二）采购人依法能够自行建设、生产或者提供；

（三）已通过招标方式选定的特许经营项目投资人依法能够自行建设、生产或者提供；

（四）需要向原中标人采购工程、货物或者服务，否则将影响施工或者功能配套要求；

（五）国家规定的其他特殊情形。

招标人为适用前款规定弄虚作假的，属于招标投标法第四条规定的规避招标。

第十条 招标投标法第十二条第二款规定的招标人具有编制招标文件和组织评标能力，是指招标人具有与招标项目规模和复杂程度相适应的技术、经济等方面的专业人员。

第十一条 国务院住房城乡建设、商务、发展改革、工业和信息化等部门，按照规定的职责分工对招标代理机构依法实施监督管理。

第十二条 招标代理机构应当拥有一定数量的具备编制招标文件、组织评标等相应能力的专业人员。

第十三条 招标代理机构在招标人委托的范围内开展招标代理业务，任何单位和个人不得非法干涉。

招标代理机构代理招标业务，应当遵守招标投标法和本条例关于招标人的规定。招标代理机构不得在所代理的招标项目中投标或者代理投标，也不得为所代理的招标项目的投标人提供咨询。

第十四条 招标人应当与被委托的招标代理机构签订书面委托合同，合同约定的收费标准应当符合国家有关规定。

第十五条 公开招标的项目，应当依照招标投标法和本条例的规定发布招标公告、编制招标文件。

招标人采用资格预审办法对潜在投标人进行资格审查的，应当发布资格预审公告、编制资格预审文件。

依法必须进行招标的项目的资格预审公告和招标公告，应当在国务院发展改革部门依法指定的媒介发布。在不同媒介发布的同一招标项目的资格预审公告或者招标公告的内容应当一致。指定媒介发布依法必须进行招标的项目的境内资格预审公告、招标公告，不得收取费用。

编制依法必须进行招标的项目的资格预审文件和招标文件，应当使用国务院发展改革部门会同有关行政监督部门制定的标准文本。

第十六条 招标人应当按照资格预审公告、招标公告或者投标邀请书规定的时间、地点发售资格预审文件或者招标文件。资格预审文件或者招标文件的发售期不得少于5日。

招标人发售资格预审文件、招标文件收取的费用应当限于补偿印刷、邮寄的成本支出，不得以营利为目的。

第十七条 招标人应当合理确定提交资格预审申请文件的时间。依法必须进行招标的项目提交资格预审申请文件的时间，自资格预审文件停止发售之日起不得少于5日。

第十八条 资格预审应当按照资格预审文件载明的标准和方法进行。

国有资金占控股或者主导地位的依法必须进行招标的项目，招标人应当组建资格审查委员会审查资格预审申请文件。资格审查委员会及其成员应当遵守招标投标法和本条例有关评标委员会及其成员的规定。

第十九条 资格预审结束后，招标人应当及时向资格预审申请人发出资格预审结果通知书。未通过资格预审的申请人不具有投标资格。

通过资格预审的申请人少于3个的，应当重新招标。

第二十条 招标人采用资格后审办法对投标人进行资格审查的，应当在开标后由评标委员会按照招标文件规定的标准和方法对投标人的资格进行审查。

第二十一条 招标人可以对已发出的资格预审文件或者招标文件进行必要的澄清或者修改。澄清或者修改的内容可能影响资格预审申请文件或者投标文件编制的，招标人应当在提交资格预审申请文件截止时间至少3日前，或者投标截止时间至少15日前，以书面形式通知所有获取资格预审文件或者招标文件的潜在投标人；不足3日或者15日的，招标人应当顺延提交资格预审申请文件或者投标文件的截止时间。

第二十二条 潜在投标人或者其他利害关系人对资格预审文件有异议的，应当在提交资格预审申请文件截止时间2日前提出；对招标文件有异议的，应当在投标截止时间10日前提出。招标人应当自收到异议之日起3日内作出答复；作出答复前，应当暂停招标投标活动。

第二十三条 招标人编制的资格预审文件、招标文件的内容违反法律、行政法规的强制性规定，违反公开、公平、公正和诚实信用原则，影响资格预审结果或者潜在投标人投标的，依法必须进行招标的项目的招标人应当在修改资格预审文件或者招标文件后重新招标。

第二十四条 招标人对招标项目划分标段的，应当遵守招标投标法的有关规定，不得利用划分标段限制或者排斥潜在投标人。依法必须进行招标的项目的招标人不得利用划分标段规避招标。

第二十五条 招标人应当在招标文件中载明投标有效期。投标有效期从提交投标文件的截止之日起算。

第二十六条 招标人在招标文件中要求投标人提交投标保证金的，投标保证金不得超过招标项目估算价的2%。投标保证金有效期应当与投标有效期一致。

依法必须进行招标的项目的境内投标单位，以现金或者支票形式提交的投标保证金应当从其基本账户转出。

招标人不得挪用投标保证金。

第二十七条 招标人可以自行决定是否编制标底。一个招标项目只能有一个标底。标底必须保密。

接受委托编制标底的中介机构不得参加受托编制标底项目的投标，也不得为该项目的投标人编制投标文件或者提供咨询。

招标人设有最高投标限价的，应当在招标文件中明确最高投标限价或者最高投标限价的计算方法。招标人不得规定最低投标限价。

第二十八条 招标人不得组织单个或者部分潜在投标人踏勘项目现场。

第二十九条 招标人可以依法对工程以及与工程建设有关的货物、服务全部或者部分实行总承包招标。以暂估价形式包括在总承包范围内的工程、货物、服务属于依法必须进行招标的项目范围且达到国家规定规模标准的，应当依法进行招标。

前款所称暂估价，是指总承包招标时不能确定价格而由招标人在招标文件中暂时估定的工程、货物、服务的金额。

第三十条 对技术复杂或者无法精确拟定技术规格的项目，招标人可以分两阶段进行招标。

第一阶段，投标人按照招标公告或者投标邀请书的要求提交不带报价的技术建议，招标人根据投标人提交的技术建议确定技术标准和要求，编制招标文件。

第二阶段，招标人向在第一阶段提交技术建议的投标人提供招标文件，投标人按照招标文件的要求提交包括最终技术方案和投标报价的投标文件。

招标人要求投标人提交投标保证金的，应当在第二阶段提出。

第三十一条 招标人终止招标的，应当及时发布公告，或者以书面形式通知被邀请的或者已经获取资格预审文件、招标文件的潜在投标人。已经发售资格预审文件、招标文件或者已经收取投标保证金的，招标人应当及时退还所收取的资格预审文件、招标文件的费用，以及所收取的投标保证金及银行同期存款利息。

第三十二条 招标人不得以不合理的条件限制、排斥潜在投标人或者投标人。

招标人有下列行为之一的，属于以不合理条件限制、排斥潜在投标人或者投标人：

（一）就同一招标项目向潜在投标人或者投标人提供有差别的项目信息；

（二）设定的资格、技术、商务条件与招标项目的具体特点和实际需要不相适应或者与合同履行无关；

（三）依法必须进行招标的项目以特定行政区域或者特定行业的业绩、奖项作为加分条件或者中标条件；

（四）对潜在投标人或者投标人采取不同的资格审查或者评标标准；
（五）限定或者指定特定的专利、商标、品牌、原产地或者供应商；
（六）依法必须进行招标的项目非法限定潜在投标人或者投标人的所有制形式或者组织形式；
（七）以其他不合理条件限制、排斥潜在投标人或者投标人。

第三章 投　　标

第三十三条　投标人参加依法必须进行招标的项目的投标，不受地区或者部门的限制，任何单位和个人不得非法干涉。

第三十四条　与招标人存在利害关系可能影响招标公正性的法人、其他组织或者个人，不得参加投标。

单位负责人为同一人或者存在控股、管理关系的不同单位，不得参加同一标段投标或者未划分标段的同一招标项目投标。

违反前两款规定的，相关投标均无效。

第三十五条　投标人撤回已提交的投标文件，应当在投标截止时间前书面通知招标人。招标人已收取投标保证金的，应当自收到投标人书面撤回通知之日起5日内退还。

投标截止后投标人撤销投标文件的，招标人可以不退还投标保证金。

第三十六条　未通过资格预审的申请人提交的投标文件，以及逾期送达或者不按照招标文件要求密封的投标文件，招标人应当拒收。

招标人应当如实记载投标文件的送达时间和密封情况，并存档备查。

第三十七条　招标人应当在资格预审公告、招标公告或者投标邀请书中载明是否接受联合体投标。

招标人接受联合体投标并进行资格预审的，联合体应当在提交资格预审申请文件前组成。资格预审后联合体增减、更换成员的，其投标无效。

联合体各方在同一招标项目中以自己名义单独投标或者参加其他联合体投标的，相关投标均无效。

第三十八条　投标人发生合并、分立、破产等重大变化的，应当及时书面告知招标人。投标人不再具备资格预审文件、招标文件规定的资格条件或者其投标影响招标公正性的，其投标无效。

第三十九条　禁止投标人相互串通投标。

有下列情形之一的，属于投标人相互串通投标：

（一）投标人之间协商投标报价等投标文件的实质性内容；
（二）投标人之间约定中标人；
（三）投标人之间约定部分投标人放弃投标或者中标；
（四）属于同一集团、协会、商会等组织成员的投标人按照该组织要求协同投标；
（五）投标人之间为谋取中标或者排斥特定投标人而采取的其他联合行动。

第四十条　有下列情形之一的，视为投标人相互串通投标：

（一）不同投标人的投标文件由同一单位或者个人编制；
（二）不同投标人委托同一单位或者个人办理投标事宜；
（三）不同投标人的投标文件载明的项目管理成员为同一人；
（四）不同投标人的投标文件异常一致或者投标报价呈规律性差异；
（五）不同投标人的投标文件相互混装；
（六）不同投标人的投标保证金从同一单位或者个人的账户转出。

第四十一条　禁止招标人与投标人串通投标。

有下列情形之一的，属于招标人与投标人串通投标：

（一）招标人在开标前开启投标文件并将有关信息泄露给其他投标人；

（二）招标人直接或者间接向投标人泄露标底、评标委员会成员等信息；

（三）招标人明示或者暗示投标人压低或者抬高投标报价；

（四）招标人授意投标人撤换、修改投标文件；

（五）招标人明示或者暗示投标人为特定投标人中标提供方便；

（六）招标人与投标人为谋求特定投标人中标而采取的其他串通行为。

第四十二条 使用通过受让或者租借等方式获取的资格、资质证书投标的，属于招标投标法第三十三条规定的以他人名义投标。

投标人有下列情形之一的，属于招标投标法第三十三条规定的以其他方式弄虚作假的行为：

（一）使用伪造、变造的许可证件；

（二）提供虚假的财务状况或者业绩；

（三）提供虚假的项目负责人或者主要技术人员简历、劳动关系证明；

（四）提供虚假的信用状况；

（五）其他弄虚作假的行为。

第四十三条 提交资格预审申请文件的申请人应当遵守招标投标法和本条例有关投标人的规定。

第四章　开标、评标和中标

第四十四条 招标人应当按照招标文件规定的时间、地点开标。

投标人少于3个的，不得开标；招标人应当重新招标。

投标人对开标有异议的，应当在开标现场提出，招标人应当当场作出答复，并制作记录。

第四十五条 国家实行统一的评标专家专业分类标准和管理办法。具体标准和办法由国务院发展改革部门会同国务院有关部门制定。

省级人民政府和国务院有关部门应当组建综合评标专家库。

第四十六条 除招标投标法第三十七条第三款规定的特殊招标项目外，依法必须进行招标的项目，其评标委员会的专家成员应当从评标专家库内相关专业的专家名单中以随机抽取方式确定。任何单位和个人不得以明示、暗示等任何方式指定或者变相指定参加评标委员会的专家成员。

依法必须进行招标的项目的招标人非因招标投标法和本条例规定的事由，不得更换依法确定的评标委员会成员。更换评标委员会的专家成员应当依照前款规定进行。

评标委员会成员与投标人有利害关系的，应当主动回避。

有关行政监督部门应当按照规定的职责分工，对评标委员会成员的确定方式、评标专家的抽取和评标活动进行监督。行政监督部门的工作人员不得担任本部门负责监督项目的评标委员会成员。

第四十七条 招标投标法第三十七条第三款所称特殊招标项目，是指技术复杂、专业性强或者国家有特殊要求，采取随机抽取方式确定的专家难以保证胜任评标工作的项目。

第四十八条 招标人应当向评标委员会提供评标所必需的信息，但不得明示或者暗示其倾向或者排斥特定投标人。

招标人应当根据项目规模和技术复杂程度等因素合理确定评标时间。超过三分之一的评标委员会成员认为评标时间不够的，招标人应当适当延长。

评标过程中，评标委员会成员有回避事由、擅离职守或者因健康等原因不能继续评标的，应当及时更换。被更换的评标委员会成员作出的评审结论无效，由更换后的评标委员会成员重新进行评审。

第四十九条 评标委员会成员应当依照招标投标法和本条例的规定,按照招标文件规定的评标标准和方法,客观、公正地对投标文件提出评审意见。招标文件没有规定的评标标准和方法不得作为评标的依据。

评标委员会成员不得私下接触投标人,不得收受投标人给予的财物或者其他好处,不得向招标人征询确定中标人的意向,不得接受任何单位或者个人明示或者暗示提出的倾向或者排斥特定投标人的要求,不得有其他不客观、不公正履行职务的行为。

第五十条 招标项目设有标底的,招标人应当在开标时公布。标底只能作为评标的参考,不得以投标报价是否接近标底作为中标条件,也不得以投标报价超过标底上下浮动范围作为否决投标的条件。

第五十一条 有下列情形之一的,评标委员会应当否决其投标:

(一)投标文件未经投标单位盖章和单位负责人签字;

(二)投标联合体没有提交共同投标协议;

(三)投标人不符合国家或者招标文件规定的资格条件;

(四)同一投标人提交两个以上不同的投标文件或者投标报价,但招标文件要求提交备选投标的除外;

(五)投标报价低于成本或者高于招标文件设定的最高投标限价;

(六)投标文件没有对招标文件的实质性要求和条件作出响应;

(七)投标人有串通投标、弄虚作假、行贿等违法行为。

第五十二条 投标文件中有含义不明确的内容、明显文字或者计算错误,评标委员会认为需要投标人作出必要澄清、说明的,应当书面通知该投标人。投标人的澄清、说明应当采用书面形式,并不得超出投标文件的范围或者改变投标文件的实质性内容。

评标委员会不得暗示或者诱导投标人作出澄清、说明,不得接受投标人主动提出的澄清、说明。

第五十三条 评标完成后,评标委员会应当向招标人提交书面评标报告和中标候选人名单。中标候选人应当不超过3个,并标明排序。

评标报告应当由评标委员会全体成员签字。对评标结果有不同意见的评标委员会成员应当以书面形式说明其不同意见和理由,评标报告应当注明该不同意见。评标委员会成员拒绝在评标报告上签字又不书面说明其不同意见和理由的,视为同意评标结果。

第五十四条 依法必须进行招标的项目,招标人应当自收到评标报告之日起3日内公示中标候选人,公示期不得少于3日。

投标人或者其他利害关系人对依法必须进行招标的项目的评标结果有异议的,应当在中标候选人公示期间提出。招标人应当自收到异议之日起3日内作出答复;作出答复前,应当暂停招标投标活动。

第五十五条 国有资金占控股或者主导地位的依法必须进行招标的项目,招标人应当确定排名第一的中标候选人为中标人。排名第一的中标候选人放弃中标、因不可抗力不能履行合同、不按照招标文件要求提交履约保证金,或者被查实存在影响中标结果的违法行为等情形,不符合中标条件的,招标人可以按照评标委员会提出的中标候选人名单排序依次确定其他中标候选人为中标人,也可以重新招标。

第五十六条 中标候选人的经营、财务状况发生较大变化或者存在违法行为,招标人认为可能影响其履约能力的,应当在发出中标通知书前由原评标委员会按照招标文件规定的标准和方法审查确认。

第五十七条 招标人和中标人应当依照招标投标法和本条例的规定签订书面合同,合同的标的、价款、质量、履行期限等主要条款应当与招标文件和中标人的投标文件的内容一致。招标人和中标人不得再行订立背离合同实质性内容的其他协议。

招标人最迟应当在书面合同签订后5日内向中标人和未中标的投标人退还投标保证金及银行同期存款利息。

第五十八条 招标文件要求中标人提交履约保证金的,中标人应当按照招标文件的要求提交。履约保证金不得超过中标合同金额的10%。

第五十九条 中标人应当按照合同约定履行义务,完成中标项目。中标人不得向他人转让中标项目,也不得将中标项目肢解后分别向他人转让。

中标人按照合同约定或者经招标人同意,可以将中标项目的部分非主体、非关键性工作分包给他人完成。接受分包的人应当具备相应的资格条件,并不得再次分包。

中标人应当就分包项目向招标人负责,接受分包的人就分包项目承担连带责任。

第五章 投诉与处理

第六十条 投标人或者其他利害关系人认为招标投标活动不符合法律、行政法规规定的,可以自知道或者应当知道之日起10日内向有关行政监督部门投诉。投诉应当有明确的请求和必要的证明材料。

就本条例第二十二条、第四十四条、第五十四条规定事项投诉的,应当先向招标人提出异议,异议答复期间不计算在前款规定的期限内。

第六十一条 投诉人就同一事项向两个以上有权受理的行政监督部门投诉的,由最先收到投诉的行政监督部门负责处理。

行政监督部门应当自收到投诉之日起3个工作日内决定是否受理投诉,并自受理投诉之日起30个工作日内作出书面处理决定;需要检验、检测、鉴定、专家评审的,所需时间不计算在内。

投诉人捏造事实、伪造材料或者以非法手段取得证明材料进行投诉的,行政监督部门应当予以驳回。

第六十二条 行政监督部门处理投诉,有权查阅、复制有关文件、资料,调查有关情况,相关单位和人员应当予以配合。必要时,行政监督部门可以责令暂停招标投标活动。

行政监督部门的工作人员对监督检查过程中知悉的国家秘密、商业秘密,应当依法予以保密。

第六章 法 律 责 任

第六十三条 招标人有下列限制或者排斥潜在投标人行为之一的,由有关行政监督部门依照招标投标法第五十一条的规定处罚:

(一)依法应当公开招标的项目不按照规定在指定媒介发布资格预审公告或者招标公告;

(二)在不同媒介发布的同一招标项目的资格预审公告或者招标公告的内容不一致,影响潜在投标人申请资格预审或者投标。

依法必须进行招标的项目的招标人不按照规定发布资格预审公告或者招标公告,构成规避招标的,依照招标投标法第四十九条的规定处罚。

第六十四条 招标人有下列情形之一的,由有关行政监督部门责令改正,可以处10万元以下的罚款:

(一)依法应当公开招标而采用邀请招标;

(二)招标文件、资格预审文件的发售、澄清、修改的时限,或者确定的提交资格预审申请文件、投标文件的时限不符合招标投标法和本条例规定;

(三)接受未通过资格预审的单位或者个人参加投标;

(四)接受应当拒收的投标文件。

招标人有前款第一项、第三项、第四项所列行为之一的,对单位直接负责的主管人员和其他直接责任人员依法给予处分。

第六十五条 招标代理机构在所代理的招标项目中投标、代理投标或者向该项目投标人提供咨询的,接受委托编制标底的中介机构参加受托编制标底项目的投标或者为该项目的投标人编制投标文件、提供咨询的,依照招标投标法第五十条的规定追究法律责任。

第六十六条 招标人超过本条例规定的比例收取投标保证金、履约保证金或者不按照规定退还投标保证金及银行同期存款利息的,由有关行政监督部门责令改正,可以处5万元以下的罚款;给他人造成损失的,依法承担赔偿责任。

第六十七条 投标人相互串通投标或者与招标人串通投标的,投标人向招标人或者评标委员会成员行贿谋取中标的,中标无效;构成犯罪的,依法追究刑事责任;尚不构成犯罪的,依照招标投标法第五十三条的规定处罚。投标人未中标的,对单位的罚款金额按照招标项目合同金额依照招标投标法规定的比例计算。

投标人有下列行为之一的,属于招标投标法第五十三条规定的情节严重行为,由有关行政监督部门取消其1年至2年内参加依法必须进行招标的项目的投标资格:

(一)以行贿谋取中标;
(二)3年内2次以上串通投标;
(三)串通投标行为损害招标人、其他投标人或者国家、集体、公民的合法利益,造成直接经济损失30万元以上;
(四)其他串通投标情节严重的行为。

投标人自本条第二款规定的处罚执行期限届满之日起3年内又有该款所列违法行为之一的,或者串通投标、以行贿谋取中标情节特别严重的,由工商行政管理机关吊销营业执照。

法律、行政法规对串通投标报价行为的处罚另有规定的,从其规定。

第六十八条 投标人以他人名义投标或者以其他方式弄虚作假骗取中标的,中标无效;构成犯罪的,依法追究刑事责任;尚不构成犯罪的,依照招标投标法第五十四条的规定处罚。依法必须进行招标的项目的投标人未中标的,对单位的罚款金额按照招标项目合同金额依照招标投标法规定的比例计算。

投标人有下列行为之一的,属于招标投标法第五十四条规定的情节严重行为,由有关行政监督部门取消其1年至3年内参加依法必须进行招标的项目的投标资格:

(一)伪造、变造资格、资质证书或者其他许可证件骗取中标;
(二)3年内2次以上使用他人名义投标;
(三)弄虚作假骗取中标给招标人造成直接经济损失30万元以上;
(四)其他弄虚作假骗取中标情节严重的行为。

投标人自本条第二款规定的处罚执行期限届满之日起3年内又有该款所列违法行为之一的,或者弄虚作假骗取中标情节特别严重的,由工商行政管理机关吊销营业执照。

第六十九条 出让或者出租资格、资质证书供他人投标的,依照法律、行政法规的规定给予行政处罚;构成犯罪的,依法追究刑事责任。

第七十条 依法必须进行招标的项目的招标人不按照规定组建评标委员会,或者确定、更换评标委员会成员违反招标投标法和本条例规定的,由有关行政监督部门责令改正,可以处10万元以下的罚款,对单位直接负责的主管人员和其他直接责任人员依法给予处分;违法确定或者更换的评标委员会成员作出的评审结论无效,依法重新进行评审。

国家工作人员以任何方式非法干涉选取评标委员会成员的,依照本条例第八十一条的规定追究法律责任。

第七十一条 评标委员会成员有下列行为之一的,由有关行政监督部门责令改正;情节严重的,禁止其在一定期限内参加依法必须进行招标的项目的评标;情节特别严重的,取消其担任评标委员会成员的资格：

（一）应当回避而不回避；

（二）擅离职守；

（三）不按照招标文件规定的评标标准和方法评标；

（四）私下接触投标人；

（五）向招标人征询确定中标人的意向或者接受任何单位或者个人明示或者暗示提出的倾向或者排斥特定投标人的要求；

（六）对依法应当否决的投标不提出否决意见；

（七）暗示或者诱导投标人作出澄清、说明或者接受投标人主动提出的澄清、说明；

（八）其他不客观、不公正履行职务的行为。

第七十二条 评标委员会成员收受投标人的财物或者其他好处的，没收收受的财物，处3 000元以上5万元以下的罚款，取消担任评标委员会成员的资格，不得再参加依法必须进行招标的项目的评标；构成犯罪的，依法追究刑事责任。

第七十三条 依法必须进行招标的项目的招标人有下列情形之一的，由有关行政监督部门责令改正，可以处中标项目金额10‰以下的罚款；给他人造成损失的，依法承担赔偿责任；对单位直接负责的主管人员和其他直接责任人员依法给予处分：

（一）无正当理由不发出中标通知书；

（二）不按照规定确定中标人；

（三）中标通知书发出后无正当理由改变中标结果；

（四）无正当理由不与中标人订立合同；

（五）在订立合同时向中标人提出附加条件。

第七十四条 中标人无正当理由不与招标人订立合同，在签订合同时向招标人提出附加条件，或者不按照招标文件要求提交履约保证金的，取消其中标资格，投标保证金不予退还。对依法必须进行招标的项目的中标人，由有关行政监督部门责令改正，可以处中标项目金额10‰以下的罚款。

第七十五条 招标人和中标人不按照招标文件和中标人的投标文件订立合同，合同的主要条款与招标文件、中标人的投标文件的内容不一致，或者招标人、中标人订立背离合同实质性内容的协议的，由有关行政监督部门责令改正，可以处中标项目金额5‰以上10‰以下的罚款。

第七十六条 中标人将中标项目转让给他人的，将中标项目肢解后分别转让给他人的，违反招标投标法和本条例规定将中标项目的部分主体、关键性工作分包给他人的，或者分包人再次分包的，转让、分包无效，处转让、分包项目金额5‰以上10‰以下的罚款；有违法所得的，并处没收违法所得；可以责令停业整顿；情节严重的，由工商行政管理机关吊销营业执照。

第七十七条 投标人或者其他利害关系人捏造事实、伪造材料或者以非法手段取得证明材料进行投诉，给他人造成损失的，依法承担赔偿责任。

招标人不按照规定对异议作出答复，继续进行招标投标活动的，由有关行政监督部门责令改正，拒不改正或者不能改正并影响中标结果的，依照本条例第八十二条的规定处理。

第七十八条 国家建立招标投标信用制度。有关行政监督部门应当依法公告对招标人、招标代理机构、投标人、评标委员会成员等当事人违法行为的行政处理决定。

第七十九条 项目审批、核准部门不依法审批、核准项目招标范围、招标方式、招标组织形式的，对单位直接负责的主管人员和其他直接责任人员依法给予处分。

有关行政监督部门不依法履行职责，对违反招标投标法和本条例规定的行为不依法查处，或者不按照规定处理投诉、不依法公告对招标投标当事人违法行为的行政处理决定的，对直接负责的主管人员和其他直接责任人员依法给予处分。

项目审批、核准部门和有关行政监督部门的工作人员徇私舞弊、滥用职权、玩忽职守，构成犯罪的，依法追究刑事责任。

第八十条 国家工作人员利用职务便利，以直接或者间接、明示或者暗示等任何方式非法干涉招标投标活动，有下列情形之一的，依法给予记过或者记大过处分；情节严重的，依法给予降级或者撤职处分；情节特别严重的，依法给予开除处分；构成犯罪的，依法追究刑事责任：

（一）要求对依法必须进行招标的项目不招标，或者要求对依法应当公开招标的项目不公开招标；

（二）要求评标委员会成员或者招标人以其指定的投标人作为中标候选人或者中标人，或者以其他方式非法干涉评标活动，影响中标结果；

（三）以其他方式非法干涉招标投标活动。

第八十一条 依法必须进行招标的项目的招标投标活动违反招标投标法和本条例的规定，对中标结果造成实质性影响，且不能采取补救措施予以纠正的，招标、投标、中标无效，应当依法重新招标或者评标。

第七章 附 则

第八十二条 招标投标协会按照依法制定的章程开展活动，加强行业自律和服务。

第八十三条 政府采购的法律、行政法规对政府采购货物、服务的招标投标另有规定的，从其规定。

第八十四条 本条例自 2012 年 2 月 1 日起施行。

3. 政府采购货物和服务招标投标管理办法（2017 年修订）

（中华人民共和国财政部令第 87 号公布）

第一章 总 则

第一条 为了规范政府采购当事人的采购行为，加强对政府采购货物和服务招标投标活动的监督管理，维护国家利益、社会公共利益和政府采购招标投标活动当事人的合法权益，依据《中华人民共和国政府采购法》（以下简称政府采购法）、《中华人民共和国政府采购法实施条例》（以下简称政府采购法实施条例）和其他有关法律法规规定，制定本办法。

第二条 本办法适用于在中华人民共和国境内开展政府采购货物和服务（以下简称货物服务）招标投标活动。

第三条 货物服务招标分为公开招标和邀请招标。

公开招标，是指采购人依法以招标公告的方式邀请非特定的供应商参加投标的采购方式。

邀请招标，是指采购人依法从符合相应资格条件的供应商中随机抽取 3 家以上供应商，并以投标邀请书的方式邀请其参加投标的采购方式。

第四条 属于地方预算的政府采购项目，省、自治区、直辖市人民政府根据实际情况，可以确定分别适用于本行政区域省级、设区的市级、县级公开招标数额标准。

第五条 采购人应当在货物服务招标投标活动中落实节约能源、保护环境、扶持不发达地区和少数民族地区、促进中小企业发展等政府采购政策。

第六条 采购人应当按照行政事业单位内部控制规范要求，建立健全本单位政府采购内部控制制度，在编制政府采购预算和实施计划、确定采购需求、组织采购活动、履约验收、答复询问质疑、配合投诉处理及监督检查等重点环节加强内部控制管理。

采购人不得向供应商索要或者接受其给予的赠品、回扣或者与采购无关的其他商品、服务。

第七条 采购人应当按照财政部制定的《政府采购品目分类目录》确定采购项目属性。按照《政府采购品目分类目录》无法确定的，按照有利于采购项目实施的原则确定。

第八条 采购人委托采购代理机构代理招标的，采购代理机构应当在采购人委托的范围内依法开展采购活动。

采购代理机构及其分支机构不得在所代理的采购项目中投标或者代理投标，不得为所代理的采购项目的投标人参加本项目提供投标咨询。

第二章 招 标

第九条 未纳入集中采购目录的政府采购项目，采购人可以自行招标，也可以委托采购代理机构在委托的范围内代理招标。

采购人自行组织开展招标活动的，应当符合下列条件：

（一）有编制招标文件、组织招标的能力和条件；

（二）有与采购项目专业性相适应的专业人员。

第十条 采购人应当对采购标的的市场技术或者服务水平、供应、价格等情况进行市场调查，根据调查情况、资产配置标准等科学、合理地确定采购需求，进行价格测算。

第十一条 采购需求应当完整、明确，包括以下内容：

（一）采购标的需实现的功能或者目标，以及为落实政府采购政策需满足的要求；

（二）采购标的需执行的国家相关标准、行业标准、地方标准或者其他标准、规范；

（三）采购标的需满足的质量、安全、技术规格、物理特性等要求；

（四）采购标的的数量、采购项目交付或者实施的时间和地点；

（五）采购标的需满足的服务标准、期限、效率等要求；

（六）采购标的的验收标准；

（七）采购标的的其他技术、服务等要求。

第十二条 采购人根据价格测算情况，可以在采购预算额度内合理设定最高限价，但不得设定最低限价。

第十三条 公开招标公告应当包括以下主要内容：

（一）采购人及其委托的采购代理机构的名称、地址和联系方法；

（二）采购项目的名称、预算金额，设定最高限价的，还应当公开最高限价；

（三）采购人的采购需求；

（四）投标人的资格要求；

（五）获取招标文件的时间期限、地点、方式及招标文件售价；

（六）公告期限；

（七）投标截止时间、开标时间及地点；

（八）采购项目联系人姓名和电话。

第十四条 采用邀请招标方式的，采购人或者采购代理机构应当通过以下方式产生符合资格条件的供应商名单，并从中随机抽取3家以上供应商向其发出投标邀请书：

（一）发布资格预审公告征集；

（二）从省级以上人民政府财政部门（以下简称财政部门）建立的供应商库中选取；

（三）采购人书面推荐。

采用前款第一项方式产生符合资格条件供应商名单的，采购人或者采购代理机构应当按照资格预审文件载明的标准和方法，对潜在投标人进行资格预审。

采用第一款第二项或者第三项方式产生符合资格条件供应商名单的，备选的符合资格条件供应商总数不得少于拟随机抽取供应商总数的两倍。

随机抽取是指通过抽签等能够保证所有符合资格条件供应商机会均等的方式选定供应商。随机抽取供应商时，应当有不少于两名采购人工作人员在场监督，并形成书面记录，随采购文件一并存档。

投标邀请书应当同时向所有受邀请的供应商发出。

第十五条 资格预审公告应当包括以下主要内容：

（一）本办法第十三条第一至四项、第六项和第八项内容；

（二）获取资格预审文件的时间期限、地点、方式；

（三）提交资格预审申请文件的截止时间、地点及资格预审日期。

第十六条 招标公告、资格预审公告的公告期限为5个工作日。公告内容应当以省级以上财政部门指定媒体发布的公告为准。公告期限自省级以上财政部门指定媒体最先发布公告之日起算。

第十七条 采购人、采购代理机构不得将投标人的注册资本、资产总额、营业收入、从业人员、利润、纳税额等规模条件作为资格要求或者评审因素，也不得通过将除进口货物以外的生产厂家授权、承诺、证明、背书等作为资格要求，对投标人实行差别待遇或者歧视待遇。

第十八条 采购人或者采购代理机构应当按照招标公告、资格预审公告或者投标邀请书规定的时间、地点提供招标文件或者资格预审文件，提供期限自招标公告、资格预审公告发布之日起计算不得少于5个工作日。提供期限届满后，获取招标文件或者资格预审文件的潜在投标人不足3家的，可以顺延提供期限，并予公告。

公开招标进行资格预审的，招标公告和资格预审公告可以合并发布，招标文件应当向所有通过资格预审的供应商提供。

第十九条 采购人或者采购代理机构应当根据采购项目的实施要求，在招标公告、资格预审公告或者投标邀请书中载明是否接受联合体投标。如未载明，不得拒绝联合体投标。

第二十条 采购人或者采购代理机构应当根据采购项目的特点和采购需求编制招标文件。招标文件应当包括以下主要内容：

（一）投标邀请；

（二）投标人须知（包括投标文件的密封、签署、盖章要求等）；

（三）投标人应当提交的资格、资信证明文件；

（四）为落实政府采购政策，采购标的需满足的要求，以及投标人须提供的证明材料；

（五）投标文件编制要求、投标报价要求和投标保证金交纳、退还方式以及不予退还投标保证金的情形；

（六）采购项目预算金额，设定最高限价的，还应当公开最高限价；

（七）采购项目的技术规格、数量、服务标准、验收等要求，包括附件、图纸等；

（八）拟签订的合同文本；

（九）货物、服务提供的时间、地点、方式；

（十）采购资金的支付方式、时间、条件；

（十一）评标方法、评标标准和投标无效情形；

（十二）投标有效期；

（十三）投标截止时间、开标时间及地点；

（十四）采购代理机构代理费用的收取标准和方式；

（十五）投标人信用信息查询渠道及截止时点、信用信息查询记录和证据留存的具体方式、信用信息的使用规则等；

（十六）省级以上财政部门规定的其他事项。

对于不允许偏离的实质性要求和条件，采购人或者采购代理机构应当在招标文件中规定，并以醒目的方式标明。

第二十一条 采购人或者采购代理机构应当根据采购项目的特点和采购需求编制资格预审文件。资格预审文件应当包括以下主要内容：

（一）资格预审邀请；

（二）申请人须知；

（三）申请人的资格要求；

（四）资格审核标准和方法；

（五）申请人应当提供的资格预审申请文件的内容和格式；

（六）提交资格预审申请文件的方式、截止时间、地点及资格审核日期；

（七）申请人信用信息查询渠道及截止时点、信用信息查询记录和证据留存的具体方式、信用信息的使用规则等内容；

（八）省级以上财政部门规定的其他事项。

资格预审文件应当免费提供。

第二十二条 采购人、采购代理机构一般不得要求投标人提供样品，仅凭书面方式不能准确描述采购需求或者需要对样品进行主观判断以确认是否满足采购需求等特殊情况除外。

要求投标人提供样品的，应当在招标文件中明确规定样品制作的标准和要求、是否需要随样品提交相关检测报告、样品的评审方法以及评审标准。需要随样品提交检测报告的，还应当规定检测机构的要求、检测内容等。

采购活动结束后，对于未中标人提供的样品，应当及时退还或者经未中标人同意后自行处理；对于中标人提供的样品，应当按照招标文件的规定进行保管、封存，并作为履约验收的参考。

第二十三条 投标有效期从提交投标文件的截止之日起算。投标文件中承诺的投标有效期应当不少于招标文件中载明的投标有效期。投标有效期内投标人撤销投标文件的，采购人或者采购代理机构可以不退还投标保证金。

第二十四条 招标文件售价应当按照弥补制作、邮寄成本的原则确定，不得以营利为目的，不得以招标采购金额作为确定招标文件售价的依据。

第二十五条 招标文件、资格预审文件的内容不得违反法律、行政法规、强制性标准、政府采购政策，或者违反公开透明、公平竞争、公正和诚实信用原则。

有前款规定情形，影响潜在投标人投标或者资格预审结果的，采购人或者采购代理机构应当修改招标文件或者资格预审文件后重新招标。

第二十六条 采购人或者采购代理机构可以在招标文件提供期限截止后，组织已获取招标文件的潜在投标人现场考察或者召开开标前答疑会。

组织现场考察或者召开答疑会的，应当在招标文件中载明，或者在招标文件提供期限截止后以书面形式通知所有获取招标文件的潜在投标人。

第二十七条 采购人或者采购代理机构可以对已发出的招标文件、资格预审文件、投标邀请书进行必要的澄清或者修改，但不得改变采购标的和资格条件。澄清或者修改应当在原公告发布媒体上发布澄清公告。澄清或者修改的内容为招标文件、资格预审文件、投标邀请书的组成部分。

澄清或者修改的内容可能影响投标文件编制的，采购人或者采购代理机构应当在投标截止时间至少15日前，以书面形式通知所有获取招标文件的潜在投标人；不足15日的，采购人或者采购代理机构应当顺延提交投标文件的截止时间。

澄清或者修改的内容可能影响资格预审申请文件编制的，采购人或者采购代理机构应当在提交资格预审申请文件截止时间至少3日前，以书面形式通知所有获取资格预审文件的潜在投标人；不足3日的，采购人或者采购代理机构应当顺延提交资格预审申请文件的截止时间。

第二十八条 投标截止时间前，采购人、采购代理机构和有关人员不得向他人透露已获取招标文件的潜在投标人的名称、数量以及可能影响公平竞争的有关招标投标的其他情况。

第二十九条 采购人、采购代理机构在发布招标公告、资格预审公告或者发出投标邀请书后，除因重大变故采购任务取消情况外，不得擅自终止招标活动。

终止招标的，采购人或者采购代理机构应当及时在原公告发布媒体上发布终止公告，以书面形式通知已经获取招标文件、资格预审文件或者被邀请的潜在投标人，并将项目实施情况和采购任务取消原因报告本级财政部门。已经收取招标文件费用或者投标保证金的，采购人或者采购代理机构应当在终止采购活动后5个工作日内，退还所收取的招标文件费用和所收取的投标保证金及其在银行产生的孳息。

第三章 投　　标

第三十条 投标人，是指响应招标、参加投标竞争的法人、其他组织或者自然人。

第三十一条 采用最低评标价法的采购项目，提供相同品牌产品的不同投标人参加同一合同项下投标的，以其中通过资格审查、符合性审查且报价最低的参加评标；报价相同的，由采购人或者采购人委托评标委员会按照招标文件规定的方式确定一个参加评标的投标人，招标文件未规定的采取随机抽取方式确定，其他投标无效。

使用综合评分法的采购项目，提供相同品牌产品且通过资格审查、符合性审查的不同投标人参加同一合同项下投标的，按一家投标人计算，评审后得分最高的同品牌投标人获得中标人推荐资格；评审得分相同的，由采购人或者采购人委托评标委员会按照招标文件规定的方式确定一个投标人获得中标人推荐资格，招标文件未规定的采取随机抽取方式确定，其他同品牌投标人不作为中标候选人。

非单一产品采购项目，采购人应当根据采购项目技术构成、产品价格比重等合理确定核心产品，并在招标文件中载明。多家投标人提供的核心产品品牌相同的，按前两款规定处理。

第三十二条 投标人应当按照招标文件的要求编制投标文件。投标文件应当对招标文件提出的要求和条件作出明确响应。

第三十三条 投标人应当在招标文件要求提交投标文件的截止时间前，将投标文件密封送达投标地点。采购人或者采购代理机构收到投标文件后，应当如实记载投标文件的送达时间和密封情况，签收保存，并向投标人出具签收回执。任何单位和个人不得在开标前开启投标文件。

逾期送达或者未按照招标文件要求密封的投标文件，采购人、采购代理机构应当拒收。

第三十四条 投标人在投标截止时间前，可以对所递交的投标文件进行补充、修改或者撤回，并书面通知采购人或者采购代理机构。补充、修改的内容应当按照招标文件要求签署、盖章、密封后，作为投标文件的组成部分。

第三十五条 投标人根据招标文件的规定和采购项目的实际情况，拟在中标后将中标项目的非主体、非关键性工作分包的，应当在投标文件中载明分包承担主体，分包承担主体应当具备相应资质条件且不得再次分包。

第三十六条 投标人应当遵循公平竞争的原则，不得恶意串通，不得妨碍其他投标人的竞争行为，不得损害采购人或者其他投标人的合法权益。

在评标过程中发现投标人有上述情形的，评标委员会应当认定其投标无效，并书面报告本级财政部门。

第三十七条 有下列情形之一的，视为投标人串通投标，其投标无效：

（一）不同投标人的投标文件由同一单位或者个人编制；

（二）不同投标人委托同一单位或者个人办理投标事宜；

（三）不同投标人的投标文件载明的项目管理成员或者联系人员为同一人；

（四）不同投标人的投标文件异常一致或者投标报价呈规律性差异；

（五）不同投标人的投标文件相互混装；

（六）不同投标人的投标保证金从同一单位或者个人的账户转出。

第三十八条 投标人在投标截止时间前撤回已提交的投标文件的，采购人或者采购代理机构应当自收到投标人书面撤回通知之日起5个工作日内，退还已收取的投标保证金，但因投标人自身原因导致无法及时退还的除外。

采购人或者采购代理机构应当自中标通知书发出之日起5个工作日内退还未中标人的投标保证金，自采购合同签订之日起5个工作日内退还中标人的投标保证金或者转为中标人的履约保证金。

采购人或者采购代理机构逾期退还投标保证金的，除应当退还投标保证金本金外，还应当按中国人民银行同期贷款基准利率上浮20%后的利率支付超期资金占用费，但因投标人自身原因导致无法及时退还的除外。

第四章 开标、评标

第三十九条 开标应当在招标文件确定的提交投标文件截止时间的同一时间进行。开标地点应当为招标文件中预先确定的地点。

采购人或者采购代理机构应当对开标、评标现场活动进行全程录音录像。录音录像应当清晰可辨，音像资料作为采购文件一并存档。

第四十条 开标由采购人或者采购代理机构主持，邀请投标人参加。评标委员会成员不得参加开标活动。

第四十一条 开标时，应当由投标人或者其推选的代表检查投标文件的密封情况；经确认无误后，由采购人或者采购代理机构工作人员当众拆封，宣布投标人名称、投标价格和招标文件规定的需要宣布的其他内容。

投标人不足3家的，不得开标。

第四十二条 开标过程应当由采购人或者采购代理机构负责记录，由参加开标的各投标人代表和相关工作人员签字确认后随采购文件一并存档。

投标人代表对开标过程和开标记录有疑义，以及认为采购人、采购代理机构相关工作人员有需要回避的情形的，应当场提出询问或者回避申请。采购人、采购代理机构对投标人代表提出的询问或者回避申请应当及时处理。

投标人未参加开标的，视同认可开标结果。

第四十三条 公开招标数额标准以上的采购项目，投标截止后投标人不足3家或者通过资格审查或符合性审查的投标人不足3家的，除采购任务取消情形外，按照以下方式处理：

（一）招标文件存在不合理条款或者招标程序不符合规定的，采购人、采购代理机构改正后依法重新招标；

（二）招标文件没有不合理条款、招标程序符合规定，需要采用其他采购方式采购的，采购人应当依法报财政部门批准。

第四十四条 公开招标采购项目开标结束后，采购人或者采购代理机构应当依法对投标人的资格进行审查。

合格投标人不足3家的，不得评标。

第四十五条 采购人或者采购代理机构负责组织评标工作，并履行下列职责：

（一）核对评审专家身份和采购人代表授权函，对评审专家在政府采购活动中的职责履行情况予以记录，并及时将有关违法违规行为向财政部门报告；

（二）宣布评标纪律；

（三）公布投标人名单，告知评审专家应当回避的情形；

（四）组织评标委员会推选评标组长，采购人代表不得担任组长；

（五）在评标期间采取必要的通讯管理措施，保证评标活动不受外界干扰；

（六）根据评标委员会的要求介绍政府采购相关政策法规、招标文件；

（七）维护评标秩序，监督评标委员会依照招标文件规定的评标程序、方法和标准进行独立评审，及时制止和纠正采购人代表、评审专家的倾向性言论或者违法违规行为；

（八）核对评标结果，有本办法第六十四条规定情形的，要求评标委员会复核或者书面说明理由，评标委员会拒绝的，应予记录并向本级财政部门报告；

（九）评审工作完成后，按照规定向评审专家支付劳务报酬和异地评审差旅费，不得向评审专家以外的其他人员支付评审劳务报酬；

（十）处理与评标有关的其他事项。

采购人可以在评标前说明项目背景和采购需求，说明内容不得含有歧视性、倾向性意见，不得超出招标文件所述范围。说明应当提交书面材料，并随采购文件一并存档。

第四十六条 评标委员会负责具体评标事务，并独立履行下列职责：

（一）审查、评价投标文件是否符合招标文件的商务、技术等实质性要求；

（二）要求投标人对投标文件有关事项作出澄清或者说明；

（三）对投标文件进行比较和评价；

（四）确定中标候选人名单，以及根据采购人委托直接确定中标人；

（五）向采购人、采购代理机构或者有关部门报告评标中发现的违法行为。

第四十七条 评标委员会由采购人代表和评审专家组成，成员人数应当为5人以上单数，其中评审专家不得少于成员总数的三分之二。

采购项目符合下列情形之一的，评标委员会成员人数应当为7人以上单数：

（一）采购预算金额在1 000万元以上；

（二）技术复杂；

（三）社会影响较大。

评审专家对本单位的采购项目只能作为采购人代表参与评标，本办法第四十八条第二款规定情形除外。采购代理机构工作人员不得参加由本机构代理的政府采购项目的评标。

评标委员会成员名单在评标结果公告前应当保密。

第四十八条 采购人或者采购代理机构应当从省级以上财政部门设立的政府采购评审专家库中，通过随机方式抽取评审专家。

对技术复杂、专业性强的采购项目，通过随机方式难以确定合适评审专家的，经主管预算单位同意，采购人可以自行选定相应专业领域的评审专家。

第四十九条 评标中因评标委员会成员缺席、回避或者健康等特殊原因导致评标委员会组成不符合本办法规定的，采购人或者采购代理机构应当依法补足后继续评标。被更换的评标委员会成员所作出的评标意见无效。

无法及时补足评标委员会成员的，采购人或者采购代理机构应当停止评标活动，封存所有投标文件和开标、评标资料，依法重新组建评标委员会进行评标。原评标委员会所作出的评标意见无效。

采购人或者采购代理机构应当将变更、重新组建评标委员会的情况予以记录，并随采购文件一并存档。

第五十条 评标委员会应当对符合资格的投标人的投标文件进行符合性审查，以确定其是否满足招标文件的实质性要求。

第五十一条 对于投标文件中含义不明确、同类问题表述不一致或者有明显文字和计算错误的内容，评标委员会应当以书面形式要求投标人作出必要的澄清、说明或者补正。

投标人的澄清、说明或者补正应当采用书面形式，并加盖公章，或者由法定代表人或其授权的代表签字。投标人的澄清、说明或者补正不得超出投标文件的范围或者改变投标文件的实质性内容。

第五十二条 评标委员会应当按照招标文件中规定的评标方法和标准，对符合性审查合格的投标文件进行商务和技术评估，综合比较与评价。

第五十三条 评标方法分为最低评标价法和综合评分法。

第五十四条 最低评标价法，是指投标文件满足招标文件全部实质性要求，且投标报价最低的投标人为中标候选人的评标方法。

技术、服务等标准统一的货物服务项目，应当采用最低评标价法。

采用最低评标价法评标时，除了算术修正和落实政府采购政策需进行的价格扣除外，不能对投标人的投标价格进行任何调整。

第五十五条 综合评分法，是指投标文件满足招标文件全部实质性要求，且按照评审因素的量化指标评审得分最高的投标人为中标候选人的评标方法。

评审因素的设定应当与投标人所提供货物服务的质量相关，包括投标报价、技术或者服务水平、履约能力、售后服务等。资格条件不得作为评审因素。评审因素应当在招标文件中规定。

评审因素应当细化和量化，且与相应的商务条件和采购需求对应。商务条件和采购需求指标有区间规定的，评审因素应当量化到相应区间，并设置各区间对应的不同分值。

评标时，评标委员会各成员应当独立对每个投标人的投标文件进行评价，并汇总每个投标人的得分。

货物项目的价格分值占总分值的比重不得低于30%；服务项目的价格分值占总分值的比重不得低于10%。执行国家统一定价标准和采用固定价格采购的项目，其价格不列为评审因素。

价格分应当采用低价优先法计算，即满足招标文件要求且投标价格最低的投标报价为评标基准价，其价格分为满分。其他投标人的价格分统一按照下列公式计算：

投标报价得分＝（评标基准价／投标报价）×100

评标总得分＝ $F_1 \times A_1 + F_2 \times A_2 + \cdots + F_n \times A_n$

F_1，F_2，$\cdots F_n$ 分别为各项评审因素的得分；

A_1，A_2，$\cdots A_n$ 分别为各项评审因素所占的权重（$A_1 + A_2 + \cdots + A_n = 1$）。

评标过程中，不得去掉报价中的最高报价和最低报价。

因落实政府采购政策进行价格调整的，以调整后的价格计算评标基准价和投标报价。

第五十六条 采用最低评标价法的，评标结果按投标报价由低到高顺序排列。投标报价相同的并列。投标文件满足招标文件全部实质性要求且投标报价最低的投标人为排名第一的中标候选人。

第五十七条 采用综合评分法的，评标结果按评审后得分由高到低顺序排列。得分相同的，按投标报价由低到高顺序排列。得分且投标报价相同的并列。投标文件满足招标文件全部实质性要求，且按照评审因素的量化指标评审得分最高的投标人为排名第一的中标候选人。

第五十八条 评标委员会根据全体评标成员签字的原始评标记录和评标结果编写评标报告。评标报告应当包括以下内容：

（一）招标公告刊登的媒体名称、开标日期和地点；

（二）投标人名单和评标委员会成员名单；

（三）评标方法和标准；

（四）开标记录和评标情况及说明，包括无效投标人名单及原因；

（五）评标结果，确定的中标候选人名单或者经采购人委托直接确定的中标人；

（六）其他需要说明的情况，包括评标过程中投标人根据评标委员会要求进行的澄清、说明或者补正，评标委员会成员的更换等。

第五十九条 投标文件报价出现前后不一致的，除招标文件另有规定外，按照下列规定修正：

（一）投标文件中开标一览表（报价表）内容与投标文件中相应内容不一致的，以开标一览表（报价表）为准；

（二）大写金额和小写金额不一致的，以大写金额为准；

（三）单价金额小数点或者百分比有明显错位的，以开标一览表的总价为准，并修改单价；

（四）总价金额与按单价汇总金额不一致的，以单价金额计算结果为准。

同时出现两种以上不一致的，按照前款规定的顺序修正。修正后的报价按照本办法第五十一条第二款的规定经投标人确认后产生约束力，投标人不确认的，其投标无效。

第六十条 评标委员会认为投标人的报价明显低于其他通过符合性审查投标人的报价，有可能影响产品质量或者不能诚信履约的，应当要求其在评标现场合理的时间内提供书面说明，必要时提交相关证明材料；投标人不能证明其报价合理性的，评标委员会应当将其作为无效投标处理。

第六十一条 评标委员会成员对需要共同认定的事项存在争议的，应当按照少数服从多数的原则作出结论。持不同意见的评标委员会成员应当在评标报告上签署不同意见及理由，否则视为同意评标报告。

第六十二条 评标委员会及其成员不得有下列行为：

（一）确定参与评标至评标结束前私自接触投标人；

（二）接受投标人提出的与投标文件不一致的澄清或者说明，本办法第五十一条规定的情形除外；

（三）违反评标纪律发表倾向性意见或者征询采购人的倾向性意见；

（四）对需要专业判断的主观评审因素协商评分；

（五）在评标过程中擅离职守，影响评标程序正常进行的；

（六）记录、复制或者带走任何评标资料；

（七）其他不遵守评标纪律的行为。

评标委员会成员有前款第一至五项行为之一的，其评审意见无效，并不得获取评审劳务报酬和报销异地评审差旅费。

第六十三条 投标人存在下列情况之一的，投标无效：

（一）未按照招标文件的规定提交投标保证金的；

（二）投标文件未按招标文件要求签署、盖章的；

（三）不具备招标文件中规定的资格要求的；

（四）报价超过招标文件中规定的预算金额或者最高限价的；

（五）投标文件含有采购人不能接受的附加条件的；

（六）法律、法规和招标文件规定的其他无效情形。

第六十四条 评标结果汇总完成后，除下列情形外，任何人不得修改评标结果：

（一）分值汇总计算错误的；

（二）分项评分超出评分标准范围的；

（三）评标委员会成员对客观评审因素评分不一致的；

（四）经评标委员会认定评分畸高、畸低的。

评标报告签署前，经复核发现存在以上情形之一的，评标委员会应当当场修改评标结果，并在评标报告中记载；评标报告签署后，采购人或者采购代理机构发现存在以上情形之一的，应当组织原评标委员会进行重新评审，重新评审改变评标结果的，书面报告本级财政部门。

投标人对本条第一款情形提出质疑的，采购人或者采购代理机构可以组织原评标委员会进行重新评审，重新评审改变评标结果的，应当书面报告本级财政部门。

第六十五条 评标委员会发现招标文件存在歧义、重大缺陷导致评标工作无法进行，或者招标文件内容违反国家有关强制性规定的，应当停止评标工作，与采购人或者采购代理机构沟通并作书面记录。采购人或者采购代理机构确认后，应当修改招标文件，重新组织采购活动。

第六十六条 采购人、采购代理机构应当采取必要措施，保证评标在严格保密的情况下进行。除采购人代表、评标现场组织人员外，采购人的其他工作人员以及与评标工作无关的人员不得进入评标现场。

有关人员对评标情况以及在评标过程中获悉的国家秘密、商业秘密负有保密责任。

第六十七条 评标委员会或者其成员存在下列情形导致评标结果无效的，采购人、采购代理机构可以重新组建评标委员会进行评标，并书面报告本级财政部门，但采购合同已经履行的除外：

（一）评标委员会组成不符合本办法规定的；
（二）有本办法第六十二条第一至五项情形的；
（三）评标委员会及其成员独立评标受到非法干预的；
（四）有政府采购法实施条例第七十五条规定的违法行为的。

有违法违规行为的原评标委员会成员不得参加重新组建的评标委员会。

第五章　中标和合同

第六十八条 采购代理机构应当在评标结束后2个工作日内将评标报告送采购人。

采购人应当自收到评标报告之日起5个工作日内，在评标报告确定的中标候选人名单中按顺序确定中标人。中标候选人并列的，由采购人或者采购人委托评标委员会按照招标文件规定的方式确定中标人；招标文件未规定的，采取随机抽取的方式确定。

采购人自行组织招标的，应当在评标结束后5个工作日内确定中标人。

采购人在收到评标报告5个工作日内未按评标报告推荐的中标候选人顺序确定中标人，又不能说明合法理由的，视同按评标报告推荐的顺序确定排名第一的中标候选人为中标人。

第六十九条 采购人或者采购代理机构应当自中标人确定之日起2个工作日内，在省级以上财政部门指定的媒体上公告中标结果，招标文件应当随中标结果同时公告。

中标结果公告内容应当包括采购人及其委托的采购代理机构的名称、地址、联系方式，项目名称和项目编号，中标人名称、地址和中标金额，主要中标标的的名称、规格型号、数量、单价、服务要求，中标公告期限以及评审专家名单。

中标公告期限为1个工作日。

邀请招标采购人采用书面推荐方式产生符合资格条件的潜在投标人的，还应当将所有被推荐供应商名单和推荐理由随中标结果同时公告。

在公告中标结果的同时，采购人或者采购代理机构应当向中标人发出中标通知书；对未通过资格审查的投标人，应当告知其未通过的原因；采用综合评分法评审的，还应当告知未中标人本人的评审得分与排序。

第七十条 中标通知书发出后，采购人不得违法改变中标结果，中标人无正当理由不得放弃中标。

第七十一条 采购人应当自中标通知书发出之日起30日内，按照招标文件和中标人投标文件的规定，与中标人签订书面合同。所签订的合同不得对招标文件确定的事项和中标人投标文件作实质性修改。

采购人不得向中标人提出任何不合理的要求作为签订合同的条件。

第七十二条 政府采购合同应当包括采购人与中标人的名称和住所、标的、数量、质量、价款或者报酬、履行期限及地点和方式、验收要求、违约责任、解决争议的方法等内容。

第七十三条 采购人与中标人应当根据合同的约定依法履行合同义务。

政府采购合同的履行、违约责任和解决争议的方法等适用《中华人民共和国合同法》。

第七十四条 采购人应当及时对采购项目进行验收。采购人可以邀请参加本项目的其他投标人或者第三方机构参与验收。参与验收的投标人或者第三方机构的意见作为验收书的参考资料一并存档。

第七十五条 采购人应当加强对中标人的履约管理,并按照采购合同约定,及时向中标人支付采购资金。对于中标人违反采购合同约定的行为,采购人应当及时处理,依法追究其违约责任。

第七十六条 采购人、采购代理机构应当建立真实完整的招标采购档案,妥善保存每项采购活动的采购文件。

第六章 法律责任

第七十七条 采购人有下列情形之一的,由财政部门责令限期改正;情节严重的,给予警告,对直接负责的主管人员和其他直接责任人员由其行政主管部门或者有关机关依法给予处分,并予以通报;涉嫌犯罪的,移送司法机关处理:

(一)未按照本办法的规定编制采购需求的;

(二)违反本办法第六条第二款规定的;

(三)未在规定时间内确定中标人的;

(四)向中标人提出不合理要求作为签订合同条件的。

第七十八条 采购人、采购代理机构有下列情形之一的,由财政部门责令限期改正,情节严重的,给予警告,对直接负责的主管人员和其他直接责任人员,由其行政主管部门或者有关机关给予处分,并予通报;采购代理机构有违法所得的,没收违法所得,并可以处以不超过违法所得3倍、最高不超过3万元的罚款,没有违法所得的,可以处以1万元以下的罚款:

(一)违反本办法第八条第二款规定的;

(二)设定最低限价的;

(三)未按照规定进行资格预审或者资格审查的;

(四)违反本办法规定确定招标文件售价的;

(五)未按规定对开标、评标活动进行全程录音录像的;

(六)擅自终止招标活动的;

(七)未按照规定进行开标和组织评标的;

(八)未按照规定退还投标保证金的;

(九)违反本办法规定进行重新评审或者重新组建评标委员会进行评标的;

(十)开标前泄露已获取招标文件的潜在投标人的名称、数量或者其他可能影响公平竞争的有关招标投标情况的;

(十一)未妥善保存采购文件的;

(十二)其他违反本办法规定的情形。

第七十九条 有本办法第七十七条、第七十八条规定的违法行为之一,经改正后仍然影响或者可能影响中标结果的,依照政府采购法实施条例第七十一条规定处理。

第八十条 政府采购当事人违反本办法规定,给他人造成损失的,依法承担民事责任。

第八十一条 评标委员会成员有本办法第六十二条所列行为之一的,由财政部门责令限期改正;情节严重的,给予警告,并对其不良行为予以记录。

第八十二条 财政部门应当依法履行政府采购监督管理职责。财政部门及其工作人员在履行监督管理职责中存在懒政怠政、滥用职权、玩忽职守、徇私舞弊等违法违纪行为的,依照政府采购法、《中华人民共和国公务员法》《中华人民共和国行政监察法》、政府采购法实施条例等国家有关规定追究相应责任;涉嫌犯罪的,移送司法机关处理。

第七章 附 则

第八十三条 政府采购货物服务电子招标投标、政府采购货物中的进口机电产品招标投标有关特殊事宜,由财政部另行规定。

第八十四条 本办法所称主管预算单位是指负有编制部门预算职责,向本级财政部门申报预算的国家机关、事业单位和团体组织。

第八十五条 本办法规定按日计算期间的,开始当天不计入,从次日开始计算。期限的最后一日是国家法定节假日的,顺延到节假日后的次日为期限的最后一日。

第八十六条 本办法所称的"以上""以下""内""以内",包括本数;所称的"不足",不包括本数。

第八十七条 各省、自治区、直辖市财政部门可以根据本办法制定具体实施办法。

第八十八条 本办法自 2017 年 10 月 1 日起施行。财政部 2004 年 8 月 11 日发布的《政府采购货物和服务招标投标管理办法》(财政部令第 18 号)同时废止。

4. 铁路工程建设项目招标投标管理办法(2018 年公布)

(中华人民共和国交通运输部令 2018 年第 13 号公布)

第一章 总 则

第一条 为了规范铁路工程建设项目招标投标活动,保护国家利益、社会公共利益和招标投标活动当事人的合法权益,根据《中华人民共和国招标投标法》《中华人民共和国招标投标法实施条例》等法律、行政法规,制定本办法。

第二条 在中华人民共和国境内从事铁路工程建设项目的招标投标活动适用本办法。前款所称铁路工程建设项目是指铁路工程以及与铁路工程建设有关的货物、服务。

第三条 依法必须进行招标的铁路工程建设项目的招标投标,应当依照《公共资源交易平台管理暂行办法》等国家规定纳入公共资源交易平台。

依法必须进行招标的铁路工程建设项目的具体范围和规模标准,依照《中华人民共和国招标投标法》《中华人民共和国招标投标法实施条例》《必须招标的工程项目规定》等确定。

第四条 国家铁路局负责全国铁路工程建设项目招标投标活动的监督管理工作。

地区铁路监督管理局负责辖区内铁路工程建设项目招标投标活动的监督管理工作。

国家铁路局、地区铁路监督管理局以下统称铁路工程建设项目招标投标行政监管部门。

第五条 铁路工程建设项目的招标人和交易场所应当按照国家有关规定推行电子招标投标。国家铁路局建立铁路工程建设行政监督平台,对铁路工程建设项目招标投标活动实行信息化监督管理。

第二章 招 标

第六条 铁路工程建设项目的招标人是指提出招标项目、进行招标的法人或者其他组织。招标人组织开展的铁路工程建设项目招标活动,应当具备《中华人民共和国招标投标法》《中华人民共和国招标投标法实施条例》《工程建设项目勘察设计招标投标办法》《工程建设项目施工招标投标办法》《工程建设项目货物招标投标办法》等规定的有关条件。

第七条 招标人委托招标代理机构进行招标的，应当与被委托的招标代理机构签订书面委托合同。招标人授权项目管理机构进行招标或者由项目代建人承担招标工作的，招标人或者代建项目的委托人应当出具包括委托授权招标范围、招标工作权限等内容的委托授权书。多个招标人就相同或者类似的招标项目进行联合招标的，可以委托招标代理机构或者其中一个招标人牵头组织招标工作。

第八条 依法必须进行招标的铁路工程建设项目，招标人应当根据国务院发展改革部门会同有关行政监督部门制定的《标准施工招标资格预审文件》《标准施工招标文件》《标准设备采购招标文件》《标准材料采购招标文件》《标准勘察招标文件》《标准设计招标文件》《标准监理招标文件》等标准文本以及铁路行业补充文本，结合招标项目具体特点和实际需要，编制资格预审文件和招标文件。

第九条 采用公开招标方式的铁路工程建设项目，招标人应当依法发布资格预审公告或者招标公告。

依法必须进行招标的铁路工程建设项目的资格预审公告或者招标公告应当至少载明下列内容：

（一）招标项目名称、内容、范围、规模、资金来源；
（二）投标资格能力要求，以及是否接受联合体投标；
（三）获取资格预审文件或者招标文件的时间、方式；
（四）递交资格预审文件或者投标文件的截止时间、方式；
（五）招标人及其招标代理机构的名称、地址、联系人及联系方式；
（六）采用电子招标投标方式的，潜在投标人访问电子招标投标交易平台的网址和方法；
（七）对具有行贿犯罪记录、失信被执行人等失信情形潜在投标人的依法限制要求；
（八）其他依法应当载明的内容。

第十条 采用邀请招标方式的铁路工程建设项目，招标人应当向3家以上具备相应资质能力、资信良好的特定的法人或者其他组织发出投标邀请书。

第十一条 依法必须进行招标的铁路工程建设项目，招标人应当在发布资格预审公告或者招标公告前7个工作日内向铁路工程建设项目招标投标行政监管部门备案。鼓励采用电子方式进行备案。

第十二条 资格预审应当按照资格预审文件载明的标准和方法进行。

第十三条 国有资金占控股或者主导地位的依法必须进行招标的铁路工程建设项目资格预审结束后，资格审查委员会应当编制资格审查报告。资格审查报告应当载明下列内容，如果有评分情况，在资格审查报告中一并列明：

（一）招标项目基本情况；
（二）资格审查委员会成员名单；
（三）资格预审申请文件递交情况；
（四）通过资格审查的申请人名单；
（五）未通过资格审查的申请人名单，以及未通过审查的具体理由、依据（应当指明不符合资格预审文件的具体条款序号）；
（六）澄清、说明事项；
（七）需要说明的其他事项。

资格审查委员会所有成员应当在资格审查报告上签字。对审查结果有不同意见的资格审查委员会成员应当以书面形式说明其不同意见和理由，资格审查报告应当注明该不同意见。资格审查委员会成员拒绝在资格审查报告上签字又不书面说明其不同意见和理由的，视为同意资格审查结果。

第十四条 招标人应当及时向资格预审合格的潜在投标人发出资格预审合格通知书或者投标邀请书,告知获取招标文件的时间、地点和方法;同时向资格预审不合格的潜在投标人发出资格预审结果通知书,注明未通过资格预审的具体理由。

通过资格预审的申请人少于3个的,应当重新招标。

第十五条 资格预审申请人对资格预审结果有异议的,可以自收到或者应当收到资格预审结果通知书后3日内提出。招标人应当自收到异议之日起3日内作出答复,异议答复应当列明事实和依据;作出答复前,应当暂停招标投标活动。

第十六条 招标人应当依照国家有关法律法规规定,在招标文件中载明招标项目是否允许分包,以及允许分包或者不得分包的范围。

第十七条 招标人应当在招标文件或者资格预审文件中集中载明评标办法、评审标准和否决情形。否决情形应当以醒目方式标注。资格审查委员会或者评标委员会不得以未集中载明的评审标准和否决情形限制、排斥潜在投标人或者否决投标。

第十八条 招标人不得以不合理的条件限制或者排斥潜在投标人,不得对潜在投标人实行歧视待遇。

除《中华人民共和国招标投标法实施条例》第三十二条规定的情形外,招标人有下列行为之一的,视为以不合理的条件限制或者排斥潜在投标人:

(一)对符合国家关于铁路建设市场开放规定的设计、施工、监理企业,不接受其参加有关招标项目的投标;

(二)设定的企业资质、个人执业资格条件违反国家有关规定,或者与招标项目实际内容无关;

(三)招标文件或者资格预审文件中设定的投标人资格要求高于招标公告载明的投标人资格要求;

(四)对企业或者项目负责人的业绩指标要求,超出招标项目对应的工程实际需要。

第十九条 招标人以暂估价形式包括在总承包范围内的工程、货物、服务属于依法必须进行招标的项目范围且达到国家规定规模标准的,应当依法进行招标。暂估价部分招标的实施主体应当在总承包项目的合同条款中约定。

第二十条 招标人在发布招标公告、发出投标邀请书、售出招标文件或者资格预审文件后,除不可抗力、国家政策变化等原因外,不得擅自终止招标。

招标人终止招标的,应当及时发布公告,或者以书面形式通知被邀请的或者已经获取资格预审文件、招标文件的潜在投标人。已经发售资格预审文件、招标文件或者已经收取投标保证金的,招标人应当及时退还所收取的资格预审文件、招标文件的费用,以及所收取的投标保证金及银行同期存款利息。

第三章 投 标

第二十一条 铁路工程建设项目的投标人是指响应招标、参加投标竞争的法人或者其他组织。投标人应当具备承担招标项目的能力,并具备招标文件规定和国家规定的资格条件。

第二十二条 投标人应当按照招标文件的要求编制投标文件。投标文件应当对招标文件提出的实质性要求和条件予以响应。

第二十三条 投标人可以银行保函方式提交投标保证金。招标人不得拒绝投标人以银行保函形式提交的投标保证金,评标委员会也不得以此理由否决其投标。

第二十四条 根据招标文件载明的项目实际情况和工程分包的有关规定,投标人应当在投标文件中载明中标后拟分包的工程内容等事项。

第二十五条 投标人在投标文件中填报的资质、业绩、主要人员资历和目前在岗情况、信用等信息，应当与其在铁路工程建设行政监督平台上填报、发布的一致。

第二十六条 投标人不得有下列行为：

（一）串通投标；

（二）向招标人、招标代理机构或者评标委员会成员行贿；

（三）采取挂靠、转让、租借等方式从其他法人、组织获取资格或者资质证书进行投标，或者以其他方式弄虚作假进行投标；

（四）排挤其他投标人公平竞争的行为。

第四章 开标、评标和中标

第二十七条 招标人应当按照招标文件规定的时间、地点开标，并邀请所有投标人参加。递交投标文件的投标人少于3个的标段或者包件，招标人不得开标，应当将相应标段或者包件的投标文件当场退还给投标人，并依法重新组织招标。

重新招标后投标人仍少于3个，属于按照国家规定需要政府审批、核准的铁路工程建设项目的，报经原审批、核准部门审批、核准后可以不再进行招标；其他铁路工程建设项目，招标人可以自行决定不再进行招标。

依照本条规定不再进行招标的，招标人可以邀请已提交资格预审申请文件的申请人或者已提交投标文件的投标人进行谈判，确定项目承担单位，并将谈判报告报对该项目具有招标监督职责的铁路工程建设项目招标投标行政监管部门备案。

第二十八条 招标人应当记录关于开标过程的下列内容并存档备查：

（一）开标时间和地点；

（二）投标文件密封检查情况；

（三）投标人名称、投标价格和招标文件规定的其他主要内容；

（四）投标人提出的异议及当场答复情况。

第二十九条 评标由招标人依法组建的评标委员会负责。评标委员会成员的确定和更换应当遵守《中华人民共和国招标投标法》《中华人民共和国招标投标法实施条例》《评标委员会和评标方法暂行规定》等规定。

依法必须进行招标的铁路工程建设项目的评标委员会中，除招标人代表外，招标人及与该工程建设项目有监督管理关系的人员不得以技术、经济专家身份等名义参加评审。

第三十条 招标人应当向评标委员会提供评标所必需的信息和材料，但不得明示或者暗示其倾向或者排斥特定投标人。提供评标所必需的信息和材料主要包括招标文件、招标文件的澄清或者修改、开标记录、投标文件、资格预审相关文件、投标人信用信息等。

第三十一条 评标委员会设负责人的，评标委员会负责人应当由评标委员会成员推举产生或者由招标人确定。评标委员会负责人负责组织并与评标委员会成员一起开展评标工作，其与评标委员会的其他成员享有同等权利与义务。

第三十二条 评标委员会认为投标人的报价明显低于其他投标报价，有可能影响工程质量或者不能诚信履约的，可以要求其澄清、说明是否低于成本价投标，必要时应当要求其一并提交相关证明材料。投标人不能证明其报价合理性的，评标委员会应当认定其以低于成本价竞标，并否决其投标。

第三十三条 评标委员会经评审，否决投标的，应当在评标报告中列明否决投标人的原因及依据；认为所有投标都不符合招标文件要求，或者符合招标文件要求的投标人不足3家使得投标明显缺乏竞争性的，可以否决所有投标。评标委员会作出否决投标或者否决所有投标意见的,应当有三分之二及以上评标委员会成员同意。

第三十四条 评标委员会成员应当客观、公正地履行职务,恪守职业道德,对所提出的评审意见承担个人责任。

评标委员会成员不得私下接触投标人,不得收受投标人的财物或者其他好处,不得向招标人征询确定中标人的意向,不得接受任何单位或者个人明示或者暗示提出的倾向或者排斥特定投标人的要求。

评标委员会成员和参与评标的有关工作人员不得透露对投标文件的评审和比较、中标候选人的推荐情况以及与评标有关的其他情况。

第三十五条 评标完成后,评标委员会应当向招标人提交书面评标报告和中标候选人名单。中标候选人应当不超过3个,并标明排序。

评标报告应当如实记载下列内容:

(一)基本情况和数据表;

(二)评标委员会成员名单,评标委员会设有负责人的一并注明;

(三)开标记录;

(四)符合要求的投标人名单;

(五)否决投标的情况说明,包括具体理由及招标文件中的相应否决条款;

(六)评标标准、评标方法或者评标因素一览表;

(七)经评审的价格或者评分比较一览表;

(八)经评审的投标人排序;

(九)推荐的中标候选人名单与签订合同前要处理的事宜;

(十)澄清、说明、补正事项纪要。

评标报告应当由评标委员会全体成员签字;设立评标委员会负责人的,评标委员会负责人应当在评标报告上逐页签字。对评标结果有不同意见的评标委员会成员应当以书面形式说明其不同意见和理由,评标报告应当注明该不同意见。评标委员会成员拒绝在评标报告上签字又不书面说明其不同意见和理由的,视为同意评标结果。评标委员会提交的评标报告内容不符合前款要求的,应当补充完善。

第三十六条 依法必须进行招标的铁路工程建设项目的招标人,应当对评标委员会成员履职情况如实记录并按规定对铁路建设工程评标专家予以评价。

第三十七条 招标人根据评标委员会提出的书面评标报告和推荐的中标候选人确定中标人。招标人也可以授权评标委员会直接确定中标人。依法必须进行招标的铁路工程建设项目,招标人应当自收到评标报告之日起3日内在规定的媒介上公示中标候选人,公示期不得少于3日。

对中标候选人的公示信息应当包括:招标项目名称,标段或者包件编号,中标候选人排序、名称、投标报价、工期或者交货期承诺,评分或者经评审的投标报价情况,项目负责人姓名及其相关证书名称和编号,中标候选人在投标文件中填报的企业和项目负责人的工程业绩,异议受理部门及联系方式等。

第三十八条 依法必须进行招标的铁路工程建设项目的投标人或者其他利害关系人对评标结果有异议的,应当在中标候选人公示期间提出。招标人应当自收到异议之日起3日内作出答复,异议答复应当列明事实、依据;作出答复前,应当暂停招标投标活动。

招标人经核查发现异议成立并对中标结果产生实质性影响的,应当组织原评标委员会按照招标文件规定的标准和方法审查确认。若异议事项涉嫌弄虚作假等违法行为或者原评标委员会无法根据招标文件和投标文件审查确认的,以及招标人发现评标结果有明显错误的,招标人应当向铁路工程建设项目招标投标行政监管部门反映或者投诉。

第三十九条 中标候选人的经营、财务状况发生较大变化或者存在违法行为,招标人认为可能影响其履约能力的，应当在发出中标通知书前由原评标委员会按照招标文件规定的标准和方法审查确认。

非因本办法第三十八条第二款及本条第一款规定的事由，招标人不得擅自组织原评标委员会或者另行组建评标委员会审查确认。

第四十条 中标人确定后，招标人应当向中标人发出中标通知书，并同时将中标结果通知所有未中标的投标人。依法必须进行招标项目的中标结果还应当按规定在有关媒介公示中标人名称。

所有投标均被否决的，招标人应当书面通知所有投标人，并说明具体原因。

第四十一条 依法必须进行招标的铁路工程建设项目，招标人应当自确定中标人之日起15日内，向铁路工程建设项目招标投标行政监管部门提交招标投标情况书面报告。鼓励采用电子方式报告。

招标投标情况书面报告应当包括下列主要内容：

（一）招标范围；

（二）招标方式和发布招标公告的媒介；

（三）招标文件中投标人须知、技术条款、评标标准和方法、合同主要条款等内容；

（四）评标委员会的组成、成员遵守评标纪律和履职情况，对评标专家的评价意见；

（五）评标报告；

（六）中标结果；

（七）其他需提交的问题说明和资料。

第四十二条 招标人和中标人应当在投标有效期内并自中标通知书发出之日起30日内，按照招标文件和中标人的投标文件订立书面合同。招标人和中标人不得再行订立背离合同实质性内容的其他协议。

第四十三条 招标文件要求中标人提交履约保证金的，中标人应当提交。履约保证金可以银行保函、支票、现金等方式提交。

中标人提交履约保证金的，在工程项目竣工前，招标人不得再同时预留工程质量保证金。

第四十四条 中标人应当按照合同约定履行义务，完成中标项目。

招标人应当加强对合同履行的管理，建立对中标人合同履约的考核制度。依法必须进行招标的铁路工程建设项目，招标人、中标人应当按规定向铁路工程建设项目招标投标行政监管部门提交合同履约信息。

第四十五条 铁路工程建设项目的施工中标人对已包含在中标工程内的货物再次通过招标方式采购的，招标人应当依据承包合同约定对再次招标活动进行监督，对施工中标人再次招标选定的货物进场质量验收情况进行检查。

第五章 监 督 管 理

第四十六条 铁路工程建设项目招标投标行政监管部门应当依法加强对铁路工程建设项目招标投标活动的监督管理。

国家铁路局组建、管理铁路建设工程评标专家库，指导、协调地区铁路监督管理局开展铁路工程建设项目招标投标监督管理工作。

地区铁路监督管理局应当按规定通报或者报告辖区内的铁路工程建设项目招标投标违法违规行为和相关监督管理信息，分析铁路工程建设项目招标投标相关情况。

第四十七条 铁路工程建设项目招标投标监督管理方式主要包括监督抽查、投诉处理、办理备案、接收书面报告、行政处罚、记录公告等方式。

第四十八条 投标人或者其他利害关系人（以下简称投诉人）认为铁路工程建设项目招标投标活动不符合法律、行政法规规定的，可以自知道或者应当知道之日起10日内向铁路工程建设项目招标投标行政监管部门投诉。

第四十九条 投诉人投诉时，应当提交投诉书。投诉书应当包括下列内容：

（一）投诉人的名称、地址及有效联系方式；

（二）被投诉人的名称、地址及有效联系方式；

（三）投诉事项的基本事实；

（四）相关请求及主张；

（五）有效线索和相关证明材料。

对按规定应当先向招标人提出异议的事项进行投诉的，还应当提交已提出异议的证明文件。如果已向有关行政监督部门投诉的，应当一并说明。

投诉人是法人的，投诉书必须由其法定代表人或者授权代表签字并盖章；其他组织或者自然人投诉的，投诉书必须由其主要负责人或者投诉人本人签字，并附有效身份证明复印件。

投诉书有关材料是外文的，投诉人应当同时提供其中文译本。

第五十条 有下列情形之一的投诉，铁路工程建设项目招标投标行政监管部门不予受理：

（一）投诉人不是所投诉招标投标活动的参与者，或者与投诉项目无任何利害关系的；

（二）投诉事项不具体，且未提供有效线索，难以查证的；

（三）投诉书未署具投诉人真实姓名、签字和有效联系方式的；以法人名义投诉的，投诉书未经法定代表人或者授权代表签字并加盖公章的；

（四）超过投诉时效的；

（五）已经作出处理决定，并且投诉人没有提出新的证据的；

（六）投诉事项应当先提出异议没有提出异议的，或者已进入行政复议或者行政诉讼程序的。

第五十一条 铁路工程建设项目招标投标行政监管部门受理投诉后，应当调取、查阅有关文件，调查、核实有关情况，根据调查和取证情况，对投诉事项进行审查，按照下列规定做出处理决定：

（一）投诉缺乏事实根据或者法律依据的，驳回投诉；

（二）投诉情况属实，招标投标活动确实存在违法行为的，依照《中华人民共和国招标投标法》及其他有关法规、规章进行处理。

第五十二条 铁路工程建设项目招标投标行政监管部门积极推进铁路建设工程招标投标信用体系建设，建立健全守信激励和失信惩戒机制，维护公平公正的市场竞争秩序。

鼓励和支持招标人优先选择信用良好的从业企业。招标人可以对信用良好的投标人或者中标人，减免投标保证金，减少履约保证金或者质量保证金。招标人采用相关信用优惠措施的，应当在招标文件中载明。

第五十三条 铁路工程建设项目招标投标行政监管部门对招标人、招标代理机构、投标人以及评标委员会成员等的违法违规行为依法作出行政处理决定的，应当按规定予以公告，并记入相应当事人的不良行为记录。

对于列入不良行为记录、行贿犯罪档案、失信被执行人名录的市场主体，依法按规定在招标投标活动中对其予以限制。

第五十四条 铁路工程建设项目招标投标行政监管部门履行监督管理职责过程中，有权查阅、复制招标投标活动的有关文件、资料和数据；在投诉调查处理中，发现有违反法律、法规、规章规定的，应当要求相关当事人整改，必要时可以责令暂停招标投标活动。招标投标活动交易服务机构及市场主体应当如实提供相关情况和材料。

第五十五条 铁路工程建设项目招标投标行政监管部门的工作人员对监督过程中知悉

的国家秘密、商业秘密，应当依法予以保密。

第六章　法　律　责　任

第五十六条　招标人有下列情形之一的，由铁路工程建设项目招标投标行政监管部门责令改正，给予警告；情节严重的，可以并处3万元以下的罚款：

（一）不按本办法规定编制资格预审文件或者招标文件的；

（二）拒绝以银行保函方式提交的投标保证金或者履约保证金的，或者违规在招标文件中增设保证金的；

（三）向评标委员会提供的评标所需信息不符合本办法规定的；

（四）不按本办法规定公示中标候选人的；

（五）不按本办法规定进行招标备案或者提交招标投标情况书面报告的；

（六）否决所有投标未按本办法规定告知的；

（七）擅自终止招标活动的，或者终止招标未按规定告知有关潜在投标人的；

（八）非因本办法第三十八条第二款和第三十九条第一款规定的事由，擅自组织原评标委员会或者另行组建评标委员会审查确认的。

第五十七条　投标人或者其他利害关系人捏造事实、伪造材料或者以非法手段取得证明材料进行投诉，尚未构成犯罪的，由铁路工程建设项目招标投标行政监管部门责令改正，给予警告；情节严重的，可以并处3万元以下的罚款。

第五十八条　评标委员会成员、资格审查委员会成员有下列情形之一的，由铁路工程建设项目招标投标行政监管部门责令改正，给予警告；情节严重的，禁止其在6个月至1年内参加依法必须进行招标的铁路工程建设项目的评审；情节特别严重的，取消担任评标委员会、资格审查委员会成员资格，并从专家库中除名，不再接受其评标专家入库申请：

（一）应当回避而不回避；

（二）擅离职守；

（三）不按照招标文件规定的评标标准和方法评标；

（四）私下接触投标人；

（五）向招标人征询确定中标人的意向，或者接受任何单位或者个人明示或者暗示提出的倾向或者排斥特定投标人的要求；

（六）对依法应当否决的投标不提出否决意见；

（七）暗示或者诱导投标人作出澄清、说明或者接受投标人主动提出的澄清、说明；

（八）评审活动中其他不客观、不公正的行为。

第七章　附　　则

第五十九条　采用电子方式进行招标投标的，应当符合本办法和国家有关电子招标投标的规定。

第六十条　本办法自2019年1月1日起施行。

第十七章　采购进口产品相关法规

1. 政府采购进口产品管理办法（2007年发布）

（财库〔2007〕第119号印发）

第一章　总　　则

第一条　为了贯彻落实《国务院关于实施〈国家中长期科学和技术发展规划纲要（2006—2020年）〉若干配套政策的通知》（国发〔2006〕6号），推动和促进自主创新政府采购政策的实施，规范进口产品政府采购行为，根据《中华人民共和国政府采购法》等法律法规规定，制定本办法。

第二条　国家机关、事业单位和团体组织（以下统称采购人）使用财政性资金以直接进口或委托方式采购进口产品（包括已进入中国境内的进口产品）的活动，适用本办法。

第三条　本办法所称进口产品是指通过中国海关报关验放进入中国境内且产自关境外的产品。

第四条　政府采购应当采购本国产品，确需采购进口产品的，实行审核管理。

第五条　采购人采购进口产品时，应当坚持有利于本国企业自主创新或消化吸收核心技术的原则，优先购买向我方转让技术、提供培训服务及其他补偿贸易措施的产品。

第六条　设区的市、自治州以上人民政府财政部门（以下简称为财政部门）应当依法开展政府采购进口产品审核活动，并实施监督管理。

第二章　审核管理

第七条　采购人需要采购的产品在中国境内无法获取或者无法以合理的商业条件获取，以及法律法规另有规定确需采购进口产品的，应当在获得财政部门核准后，依法开展政府采购活动。

第八条　采购人报财政部门审核时，应当出具以下材料：

（一）《政府采购进口产品申请表》（详见附1）；

（二）关于鼓励进口产品的国家法律法规政策文件复印件；

（三）进口产品所属行业的设区的市、自治州以上主管部门出具的《政府采购进口产品所属行业主管部门意见》（详见附2）；

（四）专家组出具的《政府采购进口产品专家论证意见》（详见附3）。

第九条　采购人拟采购的进口产品属于国家法律法规政策明确规定鼓励进口产品的，在报财政部门审核时，应当出具第八条第（一）款、第（二）款材料。

第十条　采购人拟采购的进口产品属于国家法律法规政策明确规定限制进口产品的，在报财政部门审核时，应当出具第八条第（一）款、第（三）款和第（四）款材料。

采购人拟采购国家限制进口的重大技术装备和重大产业技术的，应当出具发展改革委的意见。采购人拟采购国家限制进口的重大科学仪器和装备的，应当出具科技部的意见。

第十一条　采购人拟采购其他进口产品的，在报财政部门审核时，应当出具第八条第

（一）款材料，并同时出具第（三）款或者第（四）款材料。

第十二条 本办法所称专家组应当由五人以上的单数组成，其中，必须包括一名法律专家，产品技术专家应当为非本单位并熟悉该产品的专家。

采购人代表不得作为专家组成员参与论证。

第十三条 参与论证的专家不得作为采购评审专家参与同一项目的采购评审工作。

第三章 采 购 管 理

第十四条 政府采购进口产品应当以公开招标为主要方式。因特殊情况需要采用公开招标以外的采购方式的，按照政府采购有关规定执行。

第十五条 采购人及其委托的采购代理机构在采购进口产品的采购文件中应当载明优先采购向我国企业转让技术、与我国企业签订消化吸收再创新方案的供应商的进口产品。

第十六条 采购人因产品的一致性或者服务配套要求，需要继续从原供应商处添购原有采购项目的，不需要重新审核，但添购资金总额不超过原合同采购金额的10%。

第十七条 政府采购进口产品合同履行中，采购人确需追加与合同标的相同的产品，在不改变合同其他条款的前提下，且所有补充合同的采购金额不超过原合同采购金额的10%的，可以与供应商协商签订补充合同，不需要重新审核。

第十八条 政府采购进口产品合同应当将维护国家利益和社会公共利益作为必备条款。合同履行过程中出现危害国家利益和社会公共利益问题的，采购人应当立即终止合同。

第十九条 采购人或者其委托的采购代理机构应当依法加强对进口产品的验收工作，防止假冒伪劣产品。

第二十条 采购人申请支付进口产品采购资金时，应当出具政府采购进口产品相关材料和财政部门的审核文件。否则不予支付资金。

第四章 监 督 检 查

第二十一条 采购人未获得财政部门采购进口产品核准，有下列情形之一的，责令限期改正，并给予警告，对直接负责的主管人员和其他直接责任人员，由其行政主管部门或者有关机关给予处分，并予通报：

（一）擅自采购进口产品的；

（二）出具不实申请材料的；

（三）违反本办法规定的其他情形。

第二十二条 采购代理机构在代理政府采购进口产品业务中有违法行为的，给予警告，可以按照有关法律规定并处罚款；情节严重的，可以依法取消其进行相关业务的资格；构成犯罪的，依法追究刑事责任。

第二十三条 供应商有下列情形之一的，处以采购金额5‰以上10‰以下的罚款，列入不良行为记录名单，在1～3年内禁止参加政府采购活动，有违法所得的，并处没收违法所得，情节严重的，由工商行政管理机关吊销营业执照；涉嫌犯罪的，移送司法机关处理：

（一）提供虚假材料谋取中标、成交的；

（二）采取不正当手段诋毁、排挤其他供应商的；

（三）与采购人、其他供应商或者采购代理机构恶意串通的；

（四）向采购人、采购代理机构行贿或者提供其他不正当利益的；

（五）在招标采购过程中与采购人进行协商谈判的；

（六）拒绝有关部门监督检查或者提供虚假情况的。

供应商有前款第（一）至（五）项情形之一的，中标、成交无效。

第二十四条 专家出具不实论证意见的，按照有关法律规定追究法律责任。

第五章 附 则

第二十五条 采购人采购进口产品的，应当同时遵守国家其他有关法律法规的规定。涉及进口机电产品招标投标的，应当按照国际招标有关办法执行。

第二十六条 本办法未作出规定的，按照政府采购有关规定执行。

第二十七条 涉及国家安全和秘密的项目不适用本办法。

第二十八条 本办法自印发之日起施行。

附1

政府采购进口产品申请表

申请单位	
申请文件名称	
申请文号	
采购项目名称	
采购项目金额	
采购项目所属项目名称	
采购项目所属项目金额	
项目使用单位	
项目组织单位	
申请理由	盖章 年 月 日

附 2

政府采购进口产品所属行业主管部门意见

一、基本情况	
申请单位	
拟采购产品名称	
拟采购产品金额	
采购项目所属项目名称	
采购项目所属项目金额	
二、申请理由	
□1. 中国境内无法获取：	
□2. 无法以合理的商业条件获取：	
□3. 其他。	
原因阐述：	
三、进口产品所属行业主管部门意见	
	盖章
	年　月　日

附 3

政府采购进口产品专家论证意见

一、基本情况	
申请单位	
拟采购产品名称	
拟采购产品金额	
采购项目所属项目名称	
采购项目所属项目金额	
二、申请理由	
□1. 中国境内无法获取：	
□2. 无法以合理的商业条件获取：	
□3. 其他。	
原因阐述：	
三、专家论证意见	
	专家签字
	年　月　日

2. 关于简化优化中央预算单位变更政府采购方式和采购进口产品审批审核有关事宜的通知（2016年发布）

（财办库〔2016〕416号）

党中央有关部门办公厅（室），国务院各部委、各直属机构办公厅（室），全国人大常委会办公厅秘书局，全国政协办公厅秘书局，高法院办公厅，高检院办公厅，各民主党派中央办公厅（室），有关人民团体办公厅（室）：

为简化优化中央预算单位变更政府采购方式和采购进口产品审批审核程序，提高审批审核工作效率，保障中央预算单位政府采购活动的顺利开展，现将有关事宜通知如下：

一、推行变更政府采购方式一揽子申报和批复

主管预算单位应加强本部门变更政府采购方式申报管理，定期归集所属预算单位申请项目，向财政部（国库司）一揽子申报，财政部（国库司）一揽子批复。归集的周期和频次由主管预算单位结合实际自行确定。时间紧急或临时增加的采购项目可单独申报和批复。

二、推行采购进口产品集中论证和统一报批

主管预算单位应按年度汇总所属预算单位的采购进口产品申请，组织专家集中论证后向财政部（国库司）申报，财政部（国库司）统一批复。时间紧急或临时增加的采购项目可单独申报和批复。

三、提高申报和审批审核效率

主管预算单位应完善内部管理规定和流程，明确时间节点和工作要求，及时做好所属预算单位变更政府采购方式和采购进口产品申报工作。对于中央预算单位变更政府采购方式和采购进口产品申请，财政部（国库司）实行限时办结制。对于申请理由不符合规定的项目，财政部（国库司）及时退回并告知原因；对于申请材料不完善和不符合规定的，财政部（国库司）一次性告知主管预算单位修改补充事项；对于符合规定的申请项目，财政部（国库司）自收到申请材料起5个工作日内完成批复。

中央预算单位变更政府采购方式和采购进口产品的其他事宜，按照《财政部关于印发〈中央预算单位变更政府采购方式审批管理办法〉的通知》（财库〔2015〕36号）、《财政部关于印发〈政府采购进口产品管理办法〉的通知》（财库〔2007〕119号）和《财政部关于完善中央单位政府采购预算管理和中央高校、科研院所科研仪器设备采购管理有关事项的通知》（财库〔2016〕194号）的有关规定执行。

本通知自2017年1月1日起执行。

财政部办公厅
2016年11月18日

3. 关于在政府采购活动中落实平等对待内外资企业有关政策的通知（2021年发布）

（财库〔2021〕35号）

各中央预算单位，各省、自治区、直辖市、计划单列市财政厅（局），新疆生产建设兵团财政局：

为构建统一开放、竞争有序的政府采购市场体系，促进政府采购公平竞争，现就在政府采购活动中平等对待在中国境内设立的内外资企业有关事项通知如下：

一、保障内外资企业平等参与政府采购

政府采购依法对内外资企业在中国境内生产的产品（包括提供的服务，下同）平等对待。各级预算单位应当严格执行《中华人民共和国政府采购法》和《中华人民共和国外商投资法》等相关法律法规，在政府采购活动中，除涉及国家安全和国家秘密的采购项目外，不得区别对待内外资企业在中国境内生产的产品。在中国境内生产的产品，不论其供应商是内资还是外资企业，均应依法保障其平等参与政府采购活动的权利。

二、在政府采购活动中落实平等对待内外资企业的要求

各级预算单位在政府采购活动中，不得在政府采购信息发布、供应商资格条件确定和资格审查、评审标准等方面，对内资企业或外商投资企业实行差别待遇或者歧视待遇，不得以所有制形式、组织形式、股权结构、投资者国别、产品品牌以及其他不合理的条件对供应商予以限定，切实保障内外资企业公平竞争。

三、平等维护内外资企业的合法权益

内外资企业在政府采购活动中，凡认为采购文件、采购过程、中标或者成交结果使自身权益受到损害的，均可依照相关规定提起质疑和投诉。各级财政部门应当严格落实《政府采购质疑和投诉办法》（财政部令第94号），畅通投诉渠道，依法受理并公平处理供应商的投诉，不得在投诉处理中对内外资企业实施差别待遇或者歧视待遇，维护政府采购供应商的合法权益。

对于违反本通知要求的规定和做法，以及违规设立产品、供应商等各类备选库、名录库、资格库等规定和做法，各地要及时予以清理纠正，并将清理纠正情况于11月底前报送财政部。

财政部
2021年10月13日

第十八章　采购信息管理法规

1. 政府采购信息发布管理办法（2019年公布）

（中华人民共和国财政部令第101号公布）

第一条　为了规范政府采购信息发布行为，提高政府采购透明度，根据《中华人民共和国政府采购法》《中华人民共和国政府采购法实施条例》等有关法律、行政法规，制定本办法。

第二条 政府采购信息发布，适用本办法。

第三条 本办法所称政府采购信息，是指依照政府采购有关法律制度规定应予公开的公开招标公告、资格预审公告、单一来源采购公示、中标（成交）结果公告、政府采购合同公告等政府采购项目信息，以及投诉处理结果、监督检查处理结果、集中采购机构考核结果等政府采购监管信息。

第四条 政府采购信息发布应当遵循格式规范统一、渠道相对集中、便于查找获得的原则。

第五条 财政部指导和协调全国政府采购信息发布工作，并依照政府采购法律、行政法规有关规定，对中央预算单位的政府采购信息发布活动进行监督管理。

地方各级人民政府财政部门（以下简称财政部门）对本级预算单位的政府采购信息发布活动进行监督管理。

第六条 财政部对中国政府采购网进行监督管理。省级（自治区、直辖市、计划单列市）财政部门对中国政府采购网省级分网进行监督管理。

第七条 政府采购信息应当按照财政部规定的格式编制。

第八条 中央预算单位政府采购信息应当在中国政府采购网发布，地方预算单位政府采购信息应当在所在行政区域的中国政府采购网省级分网发布。

除中国政府采购网及其省级分网以外，政府采购信息可以在省级以上财政部门指定的其他媒体同步发布。

第九条 财政部门、采购人和其委托的采购代理机构（以下统称发布主体）应当对其提供的政府采购信息的真实性、准确性、合法性负责。

中国政府采购网及其省级分网和省级以上财政部门指定的其他媒体（以下统称指定媒体）应当对其收到的政府采购信息发布的及时性、完整性负责。

第十条 发布主体发布政府采购信息不得有虚假和误导性陈述，不得遗漏依法必须公开的事项。

第十一条 发布主体应当确保其在不同媒体发布的同一政府采购信息内容一致。

在不同媒体发布的同一政府采购信息内容、时间不一致的，以在中国政府采购网或者其省级分网发布的信息为准。同时在中国政府采购网和省级分网发布的，以在中国政府采购网上发布的信息为准。

第十二条 指定媒体应当采取必要措施，对政府采购信息发布主体的身份进行核验。

第十三条 指定媒体应当及时发布收到的政府采购信息。

中国政府采购网或者其省级分网应当自收到政府采购信息起1个工作日内发布。

第十四条 指定媒体应当加强安全防护，确保发布的政府采购信息不被篡改、不遗漏，不得擅自删除或者修改信息内容。

第十五条 指定媒体应当向发布主体免费提供信息发布服务，不得向市场主体和社会公众收取信息查阅费用。

第十六条 采购人或者其委托的采购代理机构未依法在指定媒体上发布政府采购项目信息的，依照政府采购法实施条例第六十八条追究法律责任。

采购人或者其委托的采购代理机构存在其他违反本办法规定行为的，由县级以上财政部门依法责令限期改正，给予警告，对直接负责的主管人员和其他直接责任人员，建议其行政主管部门或者有关机关依法依规处理，并予通报。

第十七条　指定媒体违反本办法规定的，由实施指定行为的省级以上财政部门依法责令限期改正，对直接负责的主管人员和其他直接责任人员，建议其行政主管部门或者有关机关依法依规处理，并予通报。

第十八条　财政部门及其工作人员在政府采购信息发布活动中存在懒政怠政、滥用职权、玩忽职守、徇私舞弊等违法违纪行为的，依照《中华人民共和国政府采购法》《中华人民共和国公务员法》《中华人民共和国监察法》《中华人民共和国政府采购法实施条例》等国家有关规定追究相应责任；涉嫌犯罪的，依法移送有关国家机关处理。

第十九条　涉密政府采购项目信息发布，依照国家有关规定执行。

第二十条　省级财政部门可以根据本办法制定具体实施办法。

第二十一条　本办法自2020年3月1日起施行。财政部2004年9月11日颁布实施的《政府采购信息公告管理办法》（财政部令第19号）同时废止。

2. 政府采购公告和公示信息格式规范（2020年版）

（财办库〔2020〕50号印发）

政府采购意向公告

（单位名称）　　年_（至）_月政府采购意向

为便于供应商及时了解政府采购信息，根据《财政部关于开展政府采购意向公开工作的通知》（财库〔2020〕10号）等有关规定，现将_（单位名称）_　　年_（至）_月采购意向公开如下：

序号	采购项目名称	采购需求概况	预算金额（万元）	预计采购时间（填写到月）	备注
	（填写具体采购项目的名称）	（填写采购标的名称，采购标的实现的主要功能或者目标，采购标的数量，以及采购标的需满足的质量、服务、安全、时限等要求）	（精确到万元）	（填写到月）	（其他需要说明的情况）
	……				
	……				

本次公开的采购意向是本单位政府采购工作的初步安排，具体采购项目情况以相关采购公告和采购文件为准。

（单位名称）
年　月　日

资格预审公告

> 项目概况
> （*采购标的*）招标项目的潜在资格预审申请人应在（*地址*）领取资格预审文件，并于＿＿＿年 月 日 点 分（北京时间）前提交申请文件。

一、项目基本情况

项目编号（*或招标编号、政府采购计划编号、采购计划备案文号等，如有*）：

项目名称：

采购方式：□公开招标 □邀请招标

预算金额：

最高限价（*如有*）：

采购需求：（*包括但不限于标的的名称、数量、简要技术需求或服务要求等*）

合同履行期限：

本项目（*是／否*）接受联合体投标。

二、申请人的资格要求：

1. 满足《中华人民共和国政府采购法》第二十二条规定；

2. 落实政府采购政策需满足的资格要求：（*如属于专门面向中小企业采购的项目，供应商应为中小微企业、监狱企业、残疾人福利性单位*）

3. 本项目的特定资格要求：（*如项目接受联合体投标，对联合体应提出相关资格要求；如属于特定行业项目，供应商应当具备特定行业法定准入要求。*）

三、领取资格预审文件

时间：＿＿＿年 月 日至＿＿＿年 月 日（*提供期限自本公告发布之日起不得少于5个工作日*），每天上＿＿＿午＿＿＿至，下午＿＿＿至＿＿＿（北京时间，法定节假日除外）

地点：

方式：

四、资格预审申请文件的组成及格式

（*可详见附件*）

五、资格预审的审查标准及方法

六、拟邀请参加投标的供应商数量

□采用随机抽取的方式邀请家供应商参加投标。如通过资格预审供应商数量少于拟邀请供应商数量，采用下列方式（□1 或□2）。（*适用于邀请招标*）

1. 如通过资格预审供应商数量少于拟邀请供应商数量，但不少于三家则邀请全部通过资格预审供应商参加投标。

2. 如通过资格预审供应商数量少于拟邀请供应商数量，则重新组织招标活动。

□邀请全部通过资格预审供应商参加投标。（*适用于公开招标*）

七、申请文件提交

应在＿＿年 月 日 点 分（北京时间）前，将申请文件提交至。

八、资格预审日期

资格预审日期为申请文件提交截止时间至＿＿年 月 日前

九、公告期限

自本公告发布之日起 5 个工作日。

十、其他补充事宜

十一、凡对本次资格预审提出询问，请按以下方式联系

  1. 采购人信息
  名　　称：＿＿＿＿＿＿＿＿＿＿＿＿＿
  地　　址：＿＿＿＿＿＿＿＿＿＿＿＿＿
  联系方式：＿＿＿＿＿＿＿＿＿＿＿＿＿
  2. 采购代理机构信息（如有）
  名　　称：＿＿＿＿＿＿＿＿＿＿＿＿＿
  地　　址：＿＿＿＿＿＿＿＿＿＿＿＿＿
  联系方式：＿＿＿＿＿＿＿＿＿＿＿＿＿
  3. 项目联系方式
  项目联系人：（*组织本项目采购活动的具体工作人员姓名*）
  电　　话：＿＿＿＿＿＿＿＿＿＿＿＿＿
  （*说明：1. 采用竞争性谈判、竞争性磋商、询价等非招标方式采购过程中，如需要使用资格预审的，可参照上述格式发布公告。2. 格式规范文本中标注斜体的部分是对文件相关内容提示或说明，下同。*）

招 标 公 告

项目概况

（*采购标的*） 招标项目的潜在投标人应在（*地址*）获取招标文件，并于＿＿年 月 日 点 分（北京时间）前递交投标文件。

一、项目基本情况

项目编号（*或招标编号、政府采购计划编号、采购计划备案文号等，如有*）：
项目名称：
预算金额：
最高限价（如有）：
采购需求：（*包括但不限于标的的名称、数量、简要技术需求或服务要求等*）
合同履行期限：
本项目（*是/否*）接受联合体投标。

二、申请人的资格要求：

1. 满足《中华人民共和国政府采购法》第二十二条规定；

2. 落实政府采购政策需满足的资格要求：(*如属于专门面向中小企业采购的项目，供应商应为中小微企业、监狱企业、残疾人福利性单位*)

3. 本项目的特定资格要求：(*如项目接受联合体投标，对联合体应提出相关资格要求；如属于特定行业项目，供应商应当具备特定行业法定准入要求。*)

三、获取招标文件

时间：＿＿年 月 日至＿＿年 月 日（*提供期限自本公告发布之日起不得少于5个工作日*），每天上午＿＿至＿＿，下午＿＿至＿＿（北京时间，法定节假日除外）

地点：

方式：

售价：

四、提交投标文件截止时间、开标时间和地点

＿＿年 月 日 点 分（北京时间）（自招标文件开始发出之日起至投标人提交投标文件截止之日止，不得少于20日）

地点：

五、公告期限

自本公告发布之日起5个工作日。

六、其他补充事宜

七、对本次招标提出询问，请按以下方式联系。

1. 采购人信息

名　　称：＿＿＿＿＿＿＿＿＿＿＿＿

地　　址：＿＿＿＿＿＿＿＿＿＿＿＿

联系方式：＿＿＿＿＿＿＿＿＿＿＿＿

2. 采购代理机构信息（如有）

名　　称：＿＿＿＿＿＿＿＿＿＿＿＿

地　　址：＿＿＿＿＿＿＿＿＿＿＿＿

联系方式：＿＿＿＿＿＿＿＿＿＿＿＿

3. 项目联系方式

项目联系人：(*组织本项目采购活动的具体工作人员姓名*)

电　　话：＿＿＿＿＿＿＿＿＿＿＿＿

竞争性谈判（竞争性磋商、询价）公告

> 项目概况
> （*采购标的*）采购项目的潜在供应商应在（*地址*）获取采购文件，并于____年 月 日 点 分（北京时间）前提交响应文件。

一、项目基本情况
项目编号（*或招标编号、政府采购计划编号、采购计划备案文号等，如有*）：
项目名称：
采购方式：□竞争性谈判 □竞争性磋商 □询价
预算金额：
最高限价（如有）：
采购需求：（*包括但不限于标的的名称、数量、简要技术需求或服务要求等*）
合同履行期限：
本项目（*是／否*）接受联合体。

二、申请人的资格要求：
1. 满足《中华人民共和国政府采购法》第二十二条规定；
2. 落实政府采购政策需满足的资格要求：（*如属于专门面向中小企业采购的项目，供应商应为中小微企业、监狱企业、残疾人福利性单位*）
3. 本项目的特定资格要求：（*如项目接受联合体投标，对联合体应提出相关资格要求；如属于特定行业项目，供应商应当具备特定行业法定准入要求。*）

三、获取采购文件
时间：____年 月 日至____年 月 日（*磋商文件的发售期限自开始之日起不得少于5个工作日*），每天上午__至__，下午__至__（北京时间，法定节假日除外）
地点：
方式：
售价：

四、响应文件提交
截止时间：____年 月 日 点 分（北京时间）（*从磋商文件开始发出之日起至供应商提交首次响应文件截止之日止不得少于10日；从谈判文件开始发出之日起至供应商提交首次响应文件截止之日止不得少于3个工作日；从询价通知书开始发出之日起至供应商提交响应文件截止之日止不得少于3个工作日*）
地点：

五、开启（*竞争性磋商方式必须填写*）
时间：____年 月 日 点 分（北京时间）
地点：

六、公告期限
自本公告发布之日起3个工作日。

七、其他补充事宜

八、凡对本次采购提出询问，请按以下方式联系。
  1. 采购人信息
  名 称：_____
  地 址：_____
  联系方式：_____
  2. 采购代理机构信息（如有）
  名 称：_____
  地 址：_____
  联系方式：_____
  3. 项目联系方式
  项目联系人：（*组织本项目采购活动的具体工作人员姓名*）
  电 话：_____

中标（成交）结果公告

一、项目编号（*或招标编号、政府采购计划编号、采购计划备案文号等，如有*）：

二、项目名称：

三、中标（成交）信息
  供应商名称：
  供应商地址：
  中标（成交）金额：（*可填写下浮率、折扣率或费率*）

四、主要标的信息

货物类	服务类	工程类
名称： 品牌（如有）： 规格型号： 数量： 单价：	名称： 服务范围： 服务要求： 服务时间： 服务标准：	名称： 施工范围： 施工工期： 项目经理： 执业证书信息：

五、评审专家（单一来源采购人员）名单：

六、代理服务收费标准及金额：

七、公告期限
  自本公告发布之日起 1 个工作日。

八、其他补充事宜

九、凡对本次公告内容提出询问，请按以下方式联系。
  1. 采购人信息
  名 称：_____
  地 址：_____
  联系方式：_____
  2. 采购代理机构信息（如有）
  名 称：_____
  地 址：_____
  联系方式：_____
  3. 项目联系方式
  项目联系人：（*组织本项目采购活动的具体工作人员姓名*）
  电 话：_____

十、附件
  1. 采购文件（*已公告的可不重复公告*）。
  2. 被推荐供应商名单和推荐理由（*适用于邀请招标、竞争性谈判、询价、竞争性磋商采用书面推荐方式产生符合资格条件的潜在供应商的*）。
  3. 中标、成交供应商为中小企业的，应公告其《中小企业声明函》。
  4. 中标、成交供应商为残疾人福利性单位的，应公告其《残疾人福利性单位声明函》。
  5. 中标、成交供应商为注册地在国家级贫困县域内物业公司的，应公告注册所在县扶贫部门出具的聘用建档立卡贫困人员具体数量的证明。

更 正 公 告

一、项目基本情况
  原公告的采购项目编号（*或招标编号、政府采购计划编号、采购计划备案文号等，如有*）：_____
  原公告的采购项目名称：_____
  首次公告日期：_____

二、更正信息
  更正事项：□采购公告 □采购文件 □采购结果
  更正内容：（*采购结果更正，还需同时在附件中公告变更后的中标（成交）供应商的相关信息*）
  更正日期：_____

三、其他补充事宜

四、凡对本次公告内容提出询问，请按以下方式联系。
　　1.采购人信息
　　名　　称：_____
　　地　　址：_____
　　联系方式：_____
　　2.采购代理机构信息（如有）
　　名　　称：_____
　　地　　址：_____
　　联系方式：_____
　　3.项目联系方式
　　项目联系人：（*组织本项目采购活动的具体工作人员姓名*）
　　电　　话：_____

五、附件（*适用于更正中标、成交供应商*）
　　1.中标、成交供应商为中小企业的，应公告其《中小企业声明函》。
　　2.中标、成交供应商为残疾人福利性单位的，应公告其《残疾人福利性单位声明函》。
　　3.中标、成交供应商为注册地在国家级贫困县域内物业公司的，应公告注册所在县扶贫部门出具的聘用建档立卡贫困人员具体数量的证明。

终 止 公 告

一、项目基本情况
　　采购项目编号（*或招标编号、政府采购计划编号、采购计划备案文号等，如有*）：_____
　　采购项目名称：_____

二、项目终止的原因

三、其他补充事宜

四、凡对本次公告内容提出询问，请按以下方式联系。
　　1.采购人信息
　　名　　称：_____
　　地　　址：_____
　　联系方式：_____
　　2.采购代理机构信息（如有）
　　名　　称：_____
　　地　　址：_____
　　联系方式：_____
　　3.项目联系方式
　　项目联系人：（*组织本项目采购活动的具体工作人员姓名*）
　　电　　话：_____

合 同 公 告

一、合同编号：_____

二、合同名称：_____

三、项目编号
（或招标编号、政府采购计划编号、采购计划备案文号等，如有）：_____

四、项目名称：

五、合同主体
  采购人（甲方）：_____
  地   址：_____
  联系方式：_____
  供应商（乙方）：_____
  地   址：_____
  联系方式：_____

六、合同主要信息
  主要标的名称：_____
  规格型号（或服务要求）：_____
  主要标的数量：_____
  主要标的单价：_____
  合同金额：_____
  履约期限、地点等简要信息：_____
  采购方式：（如公开招标、竞争性磋商、单一来源采购等）

七、合同签订日期：_____

八、合同公告日期：_____

九、其他补充事宜：_____
  附件：上传合同（*采购人应当按照《政府采购法实施条例》有关要求，将政府采购合同中涉及国家秘密、商业秘密的内容删除后予以公开*）

公共服务项目验收结果公告

一、合同编号：_____

二、合同名称：_____

三、项目编号
（或招标编号、政府采购计划编号、采购计划备案文号等，如有）：_____

四、项目名称：_____

五、合同主体
　　采购人（甲方）：_____
　　地　　址：_____
　　联系方式：_____
　　供应商（乙方）：_____
　　地　　址：_____
　　联系方式：_____

六、合同主要信息
　　服务内容：_____
　　服务要求：_____
　　服务期限：_____
　　服务地点：_____

七、验收日期：_____

八、验收组成员（应当邀请服务对象参与）：_____

九、验收意见：_____

十、其他补充事宜：_____

单一来源采购公示

一、项目信息
　　采购人：_____
　　项目名称：_____
　　拟采购的货物或服务的说明：_____
　　拟采购的货物或服务的预算金额：_____
　　采用单一来源采购方式的原因及说明：_____

二、拟定供应商信息
　　名称：_____
　　地址：_____

三、公示期限
　　　　年　月　日至　　年　月　日（公示期限不得少于5个工作日）

四、其他补充事宜：

五、联系方式
  1.采购人
  联 系 人：_____
  联系地址：_____
  联系电话：_____
  2.财政部门
  联系人：_____
  联系地址：_____
  联系电话：_____
  3.采购代理机构（如有）
  联 系 人：_____
  联系地址：_____
  联系电话：_____

六、附件
  专业人员论证意见（*格式见附件*）

附件

单一来源采购方式专业人员论证意见

专业人员信息	姓名：	
	职称：	
	工作单位：	
项目信息	项目名称：	
	供应商名称：	
专业人员论证意见	（专业人员论证意见应当完整、清晰和明确的表达从唯一供应商处采购的理由）	
专业人员签字		日期　年　月　日

注：本表格中专业人员论证意见由专业人员手工填写。

投诉处理结果公告

一、项目编号
（或招标编号、政府采购计划编号、采购计划备案文号等，如有）：_____

二、项目名称：_____

三、相关当事人
　　投 诉 人：_____
　　地　　址：_____
　　被投诉人：_____
　　地　　址：_____
　　相关供应商：_____
　　地　　址：_____
　　当 事 人：_____
　　地　　址：_____

四、基本情况

五、处理依据及结果

六、其他补充事宜

（执法机关名称）
年　月　日

监督检查处理结果公告

一、项目编号
（或招标编号、政府采购计划编号、采购计划备案文号等，如有）：_____

二、项目名称：_____

三、相关当事人
　　当事人1：_____
　　地　　址：_____
　　当事人2：_____
　　地　　址：_____
　　……

四、基本情况

五、处理依据及结果

六、其他补充事宜

（执法机关名称）

年　月　日

集中采购机构考核结果公告

一、考核单位名称：

二、被考核单位名称：

三、考核内容

四、考核方法

五、工作成效及存在问题

六、考核结果

七、其他补充事宜

年　月　日

第十九章　政府采购代理机构管理

1. 政府采购代理机构管理暂行办法（2018年发布）

（财库〔2018〕2号印发）

第一章　总　　则

第一条　为加强政府采购代理机构监督管理，促进政府采购代理机构规范发展，根据《中华人民共和国政府采购法》《中华人民共和国政府采购法实施条例》等法律法规，制定本办法。

第二条 本办法所称政府采购代理机构（以下简称代理机构）是指集中采购机构以外、受采购人委托从事政府采购代理业务的社会中介机构。

第三条 代理机构的名录登记、从业管理、信用评价及监督检查适用本办法。

第四条 各级人民政府财政部门（以下简称财政部门）依法对代理机构从事政府采购代理业务进行监督管理。

第五条 财政部门应当加强对代理机构的政府采购业务培训，不断提高代理机构专业化水平。鼓励社会力量开展培训，增强代理机构业务能力。

第二章 名录登记

第六条 代理机构实行名录登记管理。省级财政部门依托中国政府采购网省级分网（以下简称省级分网）建立政府采购代理机构名录（以下简称名录）。名录信息全国共享并向社会公开。

第七条 代理机构应当通过工商登记注册地（以下简称注册地）省级分网填报以下信息申请进入名录，并承诺对信息真实性负责：

（一）代理机构名称、统一社会信用代码、办公场所地址、联系电话等机构信息；

（二）法定代表人及专职从业人员有效身份证明等个人信息；

（三）内部监督管理制度；

（四）在自有场所组织评审工作的，应当提供评审场所地址、监控设备设施情况；

（五）省级财政部门要求提供的其他材料。

登记信息发生变更的，代理机构应当在信息变更之日起10个工作日内自行更新。

第八条 代理机构登记信息不完整的，财政部门应当及时告知其完善登记资料；代理机构登记信息完整清晰的，财政部门应当及时为其开通相关政府采购管理交易系统信息发布、专家抽取等操作权限。

第九条 代理机构在其注册地省级行政区划以外从业的，应当向从业地财政部门申请开通政府采购管理交易系统相关操作权限，从业地财政部门不得要求其重复提交登记材料，不得强制要求其在从业地设立分支机构。

第十条 代理机构注销时，应当向相关采购人移交档案，并及时向注册地所在省级财政部门办理名录注销手续。

第三章 从业管理

第十一条 代理机构代理政府采购业务应当具备以下条件：

（一）具有独立承担民事责任的能力；

（二）建立完善的政府采购内部监督管理制度；

（三）拥有不少于5名熟悉政府采购法律法规、具备编制采购文件和组织采购活动等相应能力的专职从业人员；

（四）具备独立办公场所和代理政府采购业务所必需的办公条件；

（五）在自有场所组织评审工作的，应当具备必要的评审场地和录音录像等监控设备设施并符合省级人民政府规定的标准。

第十二条 采购人应当根据项目特点、代理机构专业领域和综合信用评价结果，从名录中自主择优选择代理机构。

任何单位和个人不得以摇号、抽签、遴选等方式干预采购人自行选择代理机构。

第十三条 代理机构受采购人委托办理采购事宜，应当与采购人签订委托代理协议，明确采购代理范围、权限、期限、档案保存、代理费用收取方式及标准、协议解除及终止、违约责任等具体事项，约定双方权利义务。

第十四条 代理机构应当严格按照委托代理协议的约定依法依规开展政府采购代理业务，相关开标及评审活动应当全程录音录像，录音录像应当清晰可辨，音像资料作为采购文件一并存档。

第十五条 代理费用可以由中标、成交供应商支付，也可由采购人支付。由中标、成交供应商支付的，供应商报价应当包含代理费用。代理费用超过分散采购限额标准的，原则上由中标、成交供应商支付。

代理机构应当在采购文件中明示代理费用收取方式及标准，随中标、成交结果一并公开本项目收费情况，包括具体收费标准及收费金额等。

第十六条 采购人和代理机构在委托代理协议中约定由代理机构负责保存采购文件的，代理机构应当妥善保存采购文件，不得伪造、变造、隐匿或者销毁采购文件。采购文件的保存期限为从采购结束之日起至少十五年。

采购文件可以采用电子档案方式保存。采用电子档案方式保存采购文件的，相关电子档案应当符合《中华人民共和国档案法》《中华人民共和国电子签名法》等法律法规的要求。

第四章 信用评价及监督检查

第十七条 财政部门负责组织开展代理机构综合信用评价工作。采购人、供应商和评审专家根据代理机构的从业情况对代理机构的代理活动进行综合信用评价。综合信用评价结果应当全国共享。

第十八条 采购人、评审专家应当在采购活动或评审活动结束后5个工作日内，在政府采购信用评价系统中记录代理机构的职责履行情况。

供应商可以在采购活动结束后5个工作日内，在政府采购信用评价系统中记录代理机构的职责履行情况。

代理机构可以在政府采购信用评价系统中查询本机构的职责履行情况，并就有关情况作出说明。

第十九条 财政部门应当建立健全定向抽查和不定向抽查相结合的随机抽查机制。对存在违法违规线索的政府采购项目开展定向检查；对日常监管事项，通过随机抽取检查对象、随机选派执法检查人员等方式开展不定向检查。

财政部门可以根据综合信用评价结果合理优化对代理机构的监督检查频次。

第二十条 财政部门应当依法加强对代理机构的监督检查，监督检查包括以下内容：

（一）代理机构名录信息的真实性；
（二）委托代理协议的签订和执行情况；
（三）采购文件编制与发售、评审组织、信息公告发布、评审专家抽取及评价情况；
（四）保证金收取及退还情况，中标或者成交供应商的通知情况；
（五）受托签订政府采购合同、协助采购人组织验收情况；
（六）答复供应商质疑、配合财政部门处理投诉情况；
（七）档案管理情况；
（八）其他政府采购从业情况。

第二十一条 对代理机构的监督检查结果应当在省级以上财政部门指定的政府采购信息发布媒体向社会公开。

第二十二条 受到财政部门禁止代理政府采购业务处罚的代理机构，应当及时停止代理业务，已经签订委托代理协议的项目，按下列情况分别处理：

（一）尚未开始执行的项目，应当及时终止委托代理协议；
（二）已经开始执行的项目，可以终止的应当及时终止，确因客观原因无法终止的应当妥善做好善后工作。

第二十三条 代理机构及其工作人员违反政府采购法律法规的行为，依照政府采购法律法规进行处理；涉嫌犯罪的，依法移送司法机关处理。

代理机构的违法行为给他人造成损失的，依法承担民事责任。

第二十四条 财政部门工作人员在代理机构管理中存在滥用职权、玩忽职守、徇私舞弊等违法违纪行为的，依照《中华人民共和国政府采购法》《中华人民共和国公务员法》《中华人民共和国行政监察法》《中华人民共和国政府采购法实施条例》等国家有关规定追究相关责任；涉嫌犯罪的，依法移送司法机关处理。

第五章 附 则

第二十五条 政府采购行业协会按照依法制定的章程开展活动，加强代理机构行业自律。

第二十六条 省级财政部门可根据本办法规定制定具体实施办法。

第二十七条 本办法自 2018 年 3 月 1 日施行。

2. 关于做好政府采购代理机构名录登记有关工作的通知（2018 年发布）

（财办库〔2018〕28 号）

各省、自治区、直辖市财政厅（局），新疆生产建设兵团财政局：

为确保《政府采购代理机构管理暂行办法》（财库〔2018〕2 号，以下简称《办法》）顺利施行，现就相关事项通知如下：

一、做好名录登记工作衔接。2018 年 3 月 1 日起，财政部不再办理政府采购代理机构（以下简称代理机构）名录登记事宜，由各省级财政部门按照《办法》要求做好新增代理机构名录登记工作。此前已通过中国政府采购网中央主网（以下简称中央主网）进行网上登记的代理机构，名录管理权限将于 3 月 1 日调整至其工商注册地省级财政部门。

二、及时补充完善登记信息。财政部将于 3 月 1 日前完成名录登记系统升级改造，并以短信、系统提示等方式统一通知此前已完成网上登记的代理机构按照《办法》规定补充完善专职从业人员、自有场所设施情况等登记信息。各省级财政部门应当对相关登记信息的完整性进行审核，并及时告知审核结果。5 月 1 日起，各省级财政部门应当将登记信息不符合《办法》要求的代理机构从名录中暂时移出并暂停其信息发布、专家抽取等操作权限，待其登记信息符合要求后予以恢复。

三、进一步规范名录登记管理。名录登记系统以统一社会信用代码作为代理机构唯一标识。总公司已完成名录登记的，分公司无需重复登记。各省级财政部门应当对本地区代理机构进行梳理分类，名录中不再单独列示分公司。

四、落实信息公开要求。根据《办法》第十五条有关要求，财政部已对中国政府采购网采购公告发布系统数据接口规范进行调整，并在中央主网发布。各省级财政部门应当及时更新本地区政府采购中标、成交结果公告模板及数据接口规范，随政府采购项目中标、成交结果一并公告代理费用收费标准及金额。

五、严格落实政府采购行政处罚结果。名录登记系统将与中央主网"政府采购严重违法失信行为记录名单"进行关联。对被禁止参加政府采购活动的代理机构，各省级财政部门应当及时将其从名录中移除，并停止其信息发布和专家抽取等操作权限；处罚期满后，应当及时恢复。

六、各省级财政部门应当按照《办法》及本通知要求向代理机构做好政策解释和相关服务工作，对《办法》实施过程中存在的问题和建议请及时向财政部国库司反馈。

特此通知。

财政部办公厅
2018 年 2 月 13 日

第二十章　政府采购评审专家管理法律法规

1. 评标委员会和评标方法暂行规定（2013 年修正）

（国家发展计划委员会　国家经济贸易委员会　建设部　铁道部　交通部　信息产业部　水利部令 12 号发布　根据 2013 年 3 月 11 日《关于废止和修改部分招标投标规章和规范性文件的决定》2013 年第 23 号令修正）

第一章　总　则

第一条　为了规范评标活动，保证评标的公平、公正，维护招标投标活动当事人的合法权益，依照《中华人民共和国招标投标法》《中华人民共和国招标投标法实施条例》，制定本规定。

第二条　本规定适用于依法必须招标项目的评标活动。

第三条　评标活动遵循公平、公正、科学、择优的原则。

第四条　评标活动依法进行，任何单位和个人不得非法干预或者影响评标过程和结果。

第五条　招标人应当采取必要措施，保证评标活动在严格保密的情况下进行。

第六条　评标活动及其当事人应当接受依法实施的监督。

有关行政监督部门依照国务院或者地方政府的职责分工，对评标活动实施监督，依法查处评标活动中的违法行为。

第二章　评标委员会

第七条　评标委员会依法组建，负责评标活动，向招标人推荐中标候选人或者根据招标人的授权直接确定中标人。

第八条　评标委员会由招标人负责组建。

评标委员会成员名单一般应于开标前确定。评标委员会成员名单在中标结果确定前应当保密。

第九条　评标委员会由招标人或其委托的招标代理机构熟悉相关业务的代表，以及有关技术、经济等方面的专家组成，成员人数为五人以上单数，其中技术、经济等方面的专家不得少于成员总数的三分之二。

评标委员会设负责人的，评标委员会负责人由评标委员会成员推举产生或者由招标人确定。评标委员会负责人与评标委员会的其他成员有同等的表决权。

第十条　评标委员会的专家成员应当从依法组建的专家库内的相关专家名单中确定。

按前款规定确定评标专家，可以采取随机抽取或者直接确定的方式。一般项目，可以采取随机抽取的方式；技术复杂、专业性强或者国家有特殊要求的招标项目，采取随机抽取方式确定的专家难以保证胜任的，可以由招标人直接确定。

第十一条 评标专家应符合下列条件：
（一）从事相关专业领域工作满八年并具有高级职称或者同等专业水平；
（二）熟悉有关招标投标的法律法规，并具有与招标项目相关的实践经验；
（三）能够认真、公正、诚实、廉洁地履行职责。

第十二条 有下列情形之一的，不得担任评标委员会成员：
（一）投标人或者投标人主要负责人的近亲属；
（二）项目主管部门或者行政监督部门的人员；
（三）与投标人有经济利益关系，可能影响对投标公正评审的；
（四）曾因在招标、评标以及其他与招标投标有关活动中从事违法行为而受过行政处罚或刑事处罚的。

评标委员会成员有前款规定情形之一的，应当主动提出回避。

第十三条 评标委员会成员应当客观、公正地履行职责，遵守职业道德，对所提出的评审意见承担个人责任。

评标委员会成员不得与任何投标人或者与招标结果有利害关系的人进行私下接触，不得收受投标人、中介人、其他利害关系人的财物或者其他好处，不得向招标人征询其确定中标人的意向，不得接受任何单位或者个人明示或者暗示提出的倾向或者排斥特定投标人的要求，不得有其他不客观、不公正履行职务的行为。

第十四条 评标委员会成员和与评标活动有关的工作人员不得透露对投标文件的评审和比较、中标候选人的推荐情况以及与评标有关的其他情况。

前款所称与评标活动有关的工作人员，是指评标委员会成员以外的因参与评标监督工作或者事务性工作而知悉有关评标情况的所有人员。

第三章　评标的准备与初步评审

第十五条 评标委员会成员应当编制供评标使用的相应表格，认真研究招标文件，至少应了解和熟悉以下内容：
（一）招标的目标；
（二）招标项目的范围和性质；
（三）招标文件中规定的主要技术要求、标准和商务条款；
（四）招标文件规定的评标标准、评标方法和在评标过程中考虑的相关因素。

第十六条 招标人或者其委托的招标代理机构应当向评标委员会提供评标所需的重要信息和数据，但不得带有明示或者暗示倾向或者排斥特定投标人的信息。

招标人设有标底的，标底在开标前应当保密，并在评标时作为参考。

第十七条 评标委员会应当根据招标文件规定的评标标准和方法，对投标文件进行系统地评审和比较。招标文件中没有规定的标准和方法不得作为评标的依据。

招标文件中规定的评标标准和评标方法应当合理，不得含有倾向或者排斥潜在投标人的内容，不得妨碍或者限制投标人之间的竞争。

第十八条 评标委员会应当按照投标报价的高低或者招标文件规定的其他方法对投标文件排序。以多种货币报价的，应当按照中国银行在开标日公布的汇率中间价换算成人民币。

招标文件应当对汇率标准和汇率风险作出规定。未作规定的，汇率风险由投标人承担。

第十九条 评标委员会可以书面方式要求投标人对投标文件中含义不明确、对同类问题表述不一致或者有明显文字和计算错误的内容作必要的澄清、说明或者补正。澄清、说明或者补正应以书面方式进行并不得超出投标文件的范围或者改变投标文件的实质性内容。

投标文件中的大写金额和小写金额不一致的,以大写金额为准;总价金额与单价金额不一致的,以单价金额为准,但单价金额小数点有明显错误的除外;对不同文字文本投标文件的解释发生异议的,以中文文本为准。

第二十条 在评标过程中,评标委员会发现投标人以他人的名义投标、串通投标、以行贿手段谋取中标或者以其他弄虚作假方式投标的,应当否决该投标人的投标。

第二十一条 在评标过程中,评标委员会发现投标人的报价明显低于其他投标报价或者在设有标底时明显低于标底,使得其投标报价可能低于其个别成本的,应当要求该投标人作出书面说明并提供相关证明材料。投标人不能合理说明或者不能提供相关证明材料的,由评标委员会认定该投标人以低于成本报价竞标,应当否决其投标。

第二十二条 投标人资格条件不符合国家有关规定和招标文件要求的,或者拒不按照要求对投标文件进行澄清、说明或者补正的,评标委员会可以否决其投标。

第二十三条 评标委员会应当审查每一投标文件是否对招标文件提出的所有实质性要求和条件作出响应。未能在实质上响应的投标,应当予以否决。

第二十四条 评标委员会应当根据招标文件,审查并逐项列出投标文件的全部投标偏差。投标偏差分为重大偏差和细微偏差。

第二十五条 下列情况属于重大偏差:

(一)没有按照招标文件要求提供投标担保或者所提供的投标担保有瑕疵;
(二)投标文件没有投标人授权代表签字和加盖公章;
(三)投标文件载明的招标项目完成期限超过招标文件规定的期限;
(四)明显不符合技术规格、技术标准的要求;
(五)投标文件载明的货物包装方式、检验标准和方法等不符合招标文件的要求;
(六)投标文件附有招标人不能接受的条件;
(七)不符合招标文件中规定的其他实质性要求。

投标文件有上述情形之一的,为未能对招标文件作出实质性响应,并按本规定第二十三条规定作否决投标处理。招标文件对重大偏差另有规定的,从其规定。

第二十六条 细微偏差是指投标文件在实质上响应招标文件要求,但在个别地方存在漏项或者提供了不完整的技术信息和数据等情况,并且补正这些遗漏或者不完整不会对其他投标人造成不公平的结果。细微偏差不影响投标文件的有效性。

评标委员会应当书面要求存在细微偏差的投标人在评标结束前予以补正。拒不补正的,在详细评审时可以对细微偏差作不利于该投标人的量化,量化标准应当在招标文件中规定。

第二十七条 评标委员会根据本规定第二十条、第二十一条、第二十二条、第二十三条、第二十五条的规定否决不合格投标后,因有效投标不足三个使得投标明显缺乏竞争的,评标委员会可以否决全部投标。

投标人少于三个或者所有投标被否决的,招标人在分析招标失败的原因并采取相应措施后,应当依法重新招标。

第四章 详细评审

第二十八条 经初步评审合格的投标文件,评标委员会应当根据招标文件确定的评标标准和方法,对其技术部分和商务部分作进一步评审、比较。

第二十九条 评标方法包括经评审的最低投标价法、综合评估法或者法律、行政法规允许的其他评标方法。

第三十条 经评审的最低投标价法一般适用于具有通用技术、性能标准或者招标人对其技术、性能没有特殊要求的招标项目。

第三十一条 根据经评审的最低投标价法,能够满足招标文件的实质性要求,并且经评审的最低投标价的投标，应当推荐为中标候选人。

第三十二条 采用经评审的最低投标价法的，评标委员会应当根据招标文件中规定的评标价格调整方法，以所有投标人的投标报价以及投标文件的商务部分作必要的价格调整。

采用经评审的最低投标价法的，中标人的投标应当符合招标文件规定的技术要求和标准，但评标委员会无需对投标文件的技术部分进行价格折算。

第三十三条 根据经评审的最低投标价法完成详细评审后，评标委员会应当拟定一份"标价比较表"，连同书面评标报告提交招标人。"标价比较表"应当载明投标人的投标报价、对商务偏差的价格调整和说明以及经评审的最终投标价。

第三十四条 不宜采用经评审的最低投标价法的招标项目，一般应当采取综合评估法进行评审。

第三十五条 根据综合评估法，最大限度地满足招标文件中规定的各项综合评价标准的投标，应当推荐为中标候选人。

衡量投标文件是否最大限度地满足招标文件中规定的各项评价标准，可以采取折算为货币的方法、打分的方法或者其他方法。需量化的因素及其权重应当在招标文件中明确规定。

第三十六条 评标委员会对各个评审因素进行量化时，应当将量化指标建立在同一基础或者同一标准上，使各投标文件具有可比性。

对技术部分和商务部分进行量化后，评标委员会应当对这两部分的量化结果进行加权，计算出每一投标的综合评估价或者综合评估分。

第三十七条 根据综合评估法完成评标后，评标委员会应当拟定一份"综合评估比较表"，连同书面评标报告提交招标人。"综合评估比较表"应当载明投标人的投标报价、所作的任何修正、对商务偏差的调整、对技术偏差的调整、对各评审因素的评估以及对每一投标的最终评审结果。

第三十八条 根据招标文件的规定，允许投标人投备选标的，评标委员会可以对中标人所投的备选标进行评审，以决定是否采纳备选标。不符合中标条件的投标人的备选标不予考虑。

第三十九条 对于划分有多个单项合同的招标项目，招标文件允许投标人为获得整个项目合同而提出优惠的，评标委员会可以对投标人提出的优惠进行审查，以决定是否将招标项目作为一个整体合同授予中标人。将招标项目作为一个整体合同授予的，整体合同中标人的投标应当最有利于招标人。

第四十条 评标和定标应当在投标有效期内完成。不能在投标有效期结束日30个工作日前完成评标和定标的，招标人应当通知所有投标人延长投标有效期。拒绝延长投标有效期的投标人有权收回投标保证金。同意延长投标有效期的投标人应当相应延长其投标担保的有效期，但不得修改投标文件的实质性内容。因延长投标有效期造成投标人损失的，招标人应当给予补偿，但因不可抗力需延长投标有效期的除外。

招标文件应当载明投标有效期。投标有效期从提交投标文件截止日起计算。

第五章 推荐中标候选人与定标

第四十一条 评标委员会在评标过程中发现的问题，应当及时作出处理或者向招标人提出处理建议，并作书面记录。

第四十二条 评标委员会完成评标后，应当向招标人提出书面评标报告，并抄送有关行政监督部门。评标报告应当如实记载以下内容：

（一）基本情况和数据表；

（二）评标委员会成员名单；

（三）开标记录；

（四）符合要求的投标一览表；
（五）否决投标的情况说明；
（六）评标标准、评标方法或者评标因素一览表；
（七）经评审的价格或者评分比较一览表；
（八）经评审的投标人排序；
（九）推荐的中标候选人名单与签订合同前要处理的事宜；
（十）澄清、说明、补正事项纪要。

第四十三条 评标报告由评标委员会全体成员签字。对评标结论持有异议的评标委员会成员可以书面方式阐述其不同意见和理由。评标委员会成员拒绝在评标报告上签字且不陈述其不同意见和理由的，视为同意评标结论。评标委员会应当对此作出书面说明并记录在案。

第四十四条 向招标人提交书面评标报告后，评标委员会应将评标过程中使用的文件、表格以及其他资料应当即时归还招标人。

第四十五条 评标委员会推荐的中标候选人应当限定在一至三人，并标明排列顺序。

第四十六条 中标人的投标应当符合下列条件之一：
（一）能够最大限度满足招标文件中规定的各项综合评价标准；
（二）能够满足招标文件的实质性要求，并且经评审的投标价格最低；但是投标价格低于成本的除外。

第四十七条 招标人不得与投标人就投标价格、投标方案等实质性内容进行谈判。

第四十八条 国有资金占控股或者主导地位的项目，招标人应当确定排名第一的中标候选人为中标人。排名第一的中标候选人放弃中标、因不可抗力提出不能履行合同，或者招标文件规定应当提交履约保证金而在规定的期限内未能提交，或者被查实存在影响中标结果的违法行为等情形，不符合中标条件的，招标人可以按照评标委员会提出的中标候选人名单排序依次确定其他中标候选人为中标人。依次确定其他中标候选人与招标人预期差距较大，或者对招标人明显不利的，招标人可以重新招标。

招标人可以授权评标委员会直接确定中标人。

国务院对中标人的确定另有规定的，从其规定。

第四十九条 中标人确定后，招标人应当向中标人发出中标通知书，同时通知未中标人，并与中标人在投标有效期内以及中标通知书发出之日起 30 日之内签订合同。

第五十条 中标通知书对招标人和中标人具有法律约束力。中标通知书发出后，招标人改变中标结果或者中标人放弃中标的，应当承担法律责任。

第五十一条 招标人应当与中标人按照招标文件和中标人的投标文件订立书面合同。招标人与中标人不得再行订立背离合同实质性内容的其他协议。

第五十二条 招标人与中标人签订合同后 5 日内，应当向中标人和未中标的投标人退还投标保证金。

第六章 罚 则

第五十三条 评标委员会成员有下列行为之一的，由有关行政监督部门责令改正；情节严重的，禁止其在一定期限内参加依法必须进行招标的项目的评标；情节特别严重的，取消其担任评标委员会成员的资格：
（一）应当回避而不回避；
（二）擅离职守；
（三）不按照招标文件规定的评标标准和方法评标；
（四）私下接触投标人；
（五）向招标人征询确定中标人的意向或者接受任何单位或者个人明示或者暗示提出

的倾向或者排斥特定投标人的要求；

（六）对依法应当否决的投标不提出否决意见；

（七）暗示或者诱导投标人作出澄清、说明或者接受投标人主动提出的澄清、说明；

（八）其他不客观、不公正履行职务的行为。

第五十四条 评标委员会成员收受投标人的财物或者其他好处的，评标委员会成员或者与评标活动有关的工作人员向他人透露对投标文件的评审和比较、中标候选人的推荐以及与评标有关的其他情况的，给予警告，没收收受的财物，可以并处三千元以上五万元以下的罚款；对有所列违法行为的评标委员会成员取消担任评标委员会成员的资格，不得再参加任何依法必须进行招标项目的评标；构成犯罪的，依法追究刑事责任。

第五十五条 招标人有下列情形之一的，责令改正，可以处中标项目金额千分之十以下的罚款；给他人造成损失的，依法承担赔偿责任；对单位直接负责的主管人员和其他直接责任人员依法给予处分：

（一）无正当理由不发出中标通知书；

（二）不按照规定确定中标人；

（三）中标通知书发出后无正当理由改变中标结果；

（四）无正当理由不与中标人订立合同；

（五）在订立合同时向中标人提出附加条件。

第五十六条 招标人与中标人不按照招标文件和中标人的投标文件订立合同的，合同的主要条款与招标文件、中标人的投标文件的内容不一致，或者招标人、中标人订立背离合同实质性内容的协议的，由有关行政监督部门责令改正，可以处中标项目金额千分之五以上千分之十以下的罚款。

第五十七条 中标人无正当理由不与招标人订立合同，在签订合同时向招标人提出附加条件，或者不按照招标文件要求提交履约保证金的，取消其中标资格，投标保证金不予退还。对依法必须进行招标的项目的中标人，由有关行政监督部门责令改正，可以处中标项目金额10‰以下的罚款。

第七章 附 则

第五十八条 依法必须招标项目以外的评标活动，参照本规定执行。

第五十九条 使用国际组织或者外国政府贷款、援助资金的招标项目的评标活动，贷款方、资金提供方对评标委员会与评标方法另有规定的，适用其规定，但违背中华人民共和国的社会公共利益的除外。

第六十条 本规定颁布前有关评标机构和评标方法的规定与本规定不一致的，以本规定为准。法律或者行政法规另有规定的，从其规定。

第六十一条 本规定由国家发展改革委会同有关部门负责解释。

第六十二条 本规定自发布之日起施行。

2. 政府采购评审专家管理办法（2016年发布）

（财库〔2016〕198号印发）

第一章 总 则

第一条 为加强政府采购评审活动管理，规范政府采购评审专家（以下简称评审专家）评审行为，根据《中华人民共和国政府采购法》（以下简称《政府采购法》）、《中华人民共和国政府采购法实施条例》（以下简称《政府采购法实施条例》）等法律法规及有关规定，制定本办法。

第二条 本办法所称评审专家，是指经省级以上人民政府财政部门选聘，以独立身份参加政府采购评审，纳入评审专家库管理的人员。评审专家选聘、解聘、抽取、使用、监督管理适用本办法。

第三条 评审专家实行统一标准、管用分离、随机抽取的管理原则。

第四条 财政部负责制定全国统一的评审专家专业分类标准和评审专家库建设标准，建设管理国家评审专家库。

省级人民政府财政部门负责建设本地区评审专家库并实行动态管理，与国家评审专家库互联互通、资源共享。

各级人民政府财政部门依法履行对评审专家的监督管理职责。

第二章 评审专家选聘与解聘

第五条 省级以上人民政府财政部门通过公开征集、单位推荐和自我推荐相结合的方式选聘评审专家。

第六条 评审专家应当具备以下条件：

（一）具有良好的职业道德，廉洁自律，遵纪守法，无行贿、受贿、欺诈等不良信用记录；

（二）具有中级专业技术职称或同等专业水平且从事相关领域工作满8年，或者具有高级专业技术职称或同等专业水平；

（三）熟悉政府采购相关政策法规；

（四）承诺以独立身份参加评审工作，依法履行评审专家工作职责并承担相应法律责任的中国公民；

（五）不满70周岁，身体健康，能够承担评审工作；

（六）申请成为评审专家前三年内，无本办法第二十九条规定的不良行为记录。

对评审专家数量较少的专业，前款第（二）项、第（五）项所列条件可以适当放宽。

第七条 符合本办法第六条规定条件，自愿申请成为评审专家的人员（以下简称申请人），应当提供以下申请材料：

（一）个人简历、本人签署的申请书和承诺书；

（二）学历学位证书、专业技术职称证书或者具有同等专业水平的证明材料；

（三）证明本人身份的有效证件；

（四）本人认为需要申请回避的信息；

（五）省级以上人民政府财政部门规定的其他材料。

第八条 申请人应当根据本人专业或专长申报评审专业。

第九条 省级以上人民政府财政部门对申请人提交的申请材料、申报的评审专业和信用信息进行审核，符合条件的选聘为评审专家，纳入评审专家库管理。

第十条 评审专家工作单位、联系方式、专业技术职称、需要回避的信息等发生变化的，应当及时向相关省级以上人民政府财政部门申请变更相关信息。

第十一条 评审专家存在以下情形之一的，省级以上人民政府财政部门应当将其解聘：

（一）不符合本办法第六条规定条件；

（二）本人申请不再担任评审专家；

（三）存在本办法第二十九条规定的不良行为记录；

（四）受到刑事处罚。

第三章 评审专家抽取与使用

第十二条 采购人或者采购代理机构应当从省级以上人民政府财政部门设立的评审专

家库中随机抽取评审专家。

评审专家库中相关专家数量不能保证随机抽取需要的，采购人或者采购代理机构可以推荐符合条件的人员，经审核选聘入库后再随机抽取使用。

第十三条 技术复杂、专业性强的采购项目，通过随机方式难以确定合适评审专家的，经主管预算单位同意，采购人可以自行选定相应专业领域的评审专家。

自行选定评审专家的，应当优先选择本单位以外的评审专家。

第十四条 除采用竞争性谈判、竞争性磋商方式采购，以及异地评审的项目外，采购人或者采购代理机构抽取评审专家的开始时间原则上不得早于评审活动开始前2个工作日。

第十五条 采购人或者采购代理机构应当在评审活动开始前宣布评审工作纪律，并将记载评审工作纪律的书面文件作为采购文件一并存档。

第十六条 评审专家与参加采购活动的供应商存在下列利害关系之一的，应当回避：

（一）参加采购活动前三年内，与供应商存在劳动关系，或者担任过供应商的董事、监事，或者是供应商的控股股东或实际控制人；

（二）与供应商的法定代表人或者负责人有夫妻、直系血亲、三代以内旁系血亲或者近姻亲关系；

（三）与供应商有其他可能影响政府采购活动公平、公正进行的关系。

评审专家发现本人与参加采购活动的供应商有利害关系的，应当主动提出回避。采购人或者采购代理机构发现评审专家与参加采购活动的供应商有利害关系的，应当要求其回避。

除本办法第十三条规定的情形外，评审专家对本单位的政府采购项目只能作为采购人代表参与评审活动。

各级财政部门政府采购监督管理工作人员，不得作为评审专家参与政府采购项目的评审活动。

第十七条 出现评审专家缺席、回避等情形导致评审现场专家数量不符合规定的，采购人或者采购代理机构应当及时补抽评审专家，或者经采购人主管预算单位同意自行选定补足评审专家。无法及时补足评审专家的，采购人或者采购代理机构应当立即停止评审工作，妥善保存采购文件，依法重新组建评标委员会、谈判小组、询价小组、磋商小组进行评审。

第十八条 评审专家应当严格遵守评审工作纪律，按照客观、公正、审慎的原则，根据采购文件规定的评审程序、评审方法和评审标准进行独立评审。

评审专家发现采购文件内容违反国家有关强制性规定或者采购文件存在歧义、重大缺陷导致评审工作无法进行时，应当停止评审并向采购人或者采购代理机构书面说明情况。

评审专家应当配合答复供应商的询问、质疑和投诉等事项，不得泄露评审文件、评审情况和在评审过程中获悉的商业秘密。

评审专家发现供应商具有行贿、提供虚假材料或者串通等违法行为的，应当及时向财政部门报告。

评审专家在评审过程中受到非法干预的，应当及时向财政、监察等部门举报。

第十九条 评审专家应当在评审报告上签字，对自己的评审意见承担法律责任。对需要共同认定的事项存在争议的，按照少数服从多数的原则做出结论。对评审报告有异议的，应当在评审报告上签署不同意见并说明理由，否则视为同意评审报告。

第二十条 评审专家名单在评审结果公告前应当保密。评审活动完成后，采购人或者采购代理机构应当随中标、成交结果一并公告评审专家名单，并对自行选定的评审专家做出标注。

各级财政部门、采购人和采购代理机构有关工作人员不得泄露评审专家的个人情况。

第二十一条 采购人或者采购代理机构应当于评审活动结束后5个工作日内，在政府采购信用评价系统中记录评审专家的职责履行情况。

评审专家可以在政府采购信用评价系统中查询本人职责履行情况记录，并就有关情况作出说明。

省级以上人民政府财政部门可根据评审专家履职情况等因素设置阶梯抽取概率。

第二十二条 评审专家应当于评审活动结束后5个工作日内，在政府采购信用评价系统中记录采购人或者采购代理机构的职责履行情况。

第二十三条 集中采购目录内的项目，由集中采购机构支付评审专家劳务报酬；集中采购目录外的项目，由采购人支付评审专家劳务报酬。

第二十四条 省级人民政府财政部门应当根据实际情况，制定本地区评审专家劳务报酬标准。中央预算单位参照本单位所在地或评审活动所在地标准支付评审专家劳务报酬。

第二十五条 评审专家参加异地评审的，其往返的城市间交通费、住宿费等实际发生的费用，可参照采购人执行的差旅费管理办法相应标准向采购人或集中采购机构凭据报销。

第二十六条 评审专家未完成评审工作擅自离开评审现场，或者在评审活动中有违法违规行为的，不得获取劳务报酬和报销异地评审差旅费。评审专家以外的其他人员不得获取评审劳务报酬。

第四章 评审专家监督管理

第二十七条 评审专家未按照采购文件规定的评审程序、评审方法和评审标准进行独立评审或者泄露评审文件、评审情况的，由财政部门给予警告，并处2 000元以上2万元以下的罚款；影响中标、成交结果的，处2万元以上5万元以下的罚款，禁止其参加政府采购评审活动。

评审专家与供应商存在利害关系未回避的，处2万元以上5万元以下的罚款，禁止其参加政府采购评审活动。

评审专家收受采购人、采购代理机构、供应商贿赂或者获取其他不正当利益，构成犯罪的，依法追究刑事责任；尚不构成犯罪的，处2万元以上5万元以下的罚款，禁止其参加政府采购评审活动。

评审专家有上述违法行为的，其评审意见无效；有违法所得的，没收违法所得；给他人造成损失的，依法承担民事责任。

第二十八条 采购人、采购代理机构发现评审专家有违法违规行为的，应当及时向采购人本级财政部门报告。

第二十九条 申请人或评审专家有下列情形的，列入不良行为记录：

（一）未按照采购文件规定的评审程序、评审方法和评审标准进行独立评审；

（二）泄露评审文件、评审情况；

（三）与供应商存在利害关系未回避；

（四）收受采购人、采购代理机构、供应商贿赂或者获取其他不正当利益；

（五）提供虚假申请材料；

（六）拒不履行配合答复供应商询问、质疑、投诉等法定义务；

（七）以评审专家身份从事有损政府采购公信力的活动。

第三十条 采购人或者采购代理机构未按照本办法规定抽取和使用评审专家的，依照《政府采购法》及有关法律法规追究法律责任。

第三十一条 财政部门工作人员在评审专家管理工作中存在滥用职权、玩忽职守、徇私舞弊等违法违纪行为的，依照《政府采购法》《公务员法》《行政监察法》《政府采购法实施条例》等国家有关规定追究相应责任；涉嫌犯罪的，移送司法机关处理。

第五章 附 则

第三十二条 参加评审活动的采购人代表、采购人依法自行选定的评审专家管理参照本办法执行。

  第三十三条 国家对评审专家抽取、选定另有规定的，从其规定。

  第三十四条 各省级人民政府财政部门，可以根据本办法规定，制定具体实施办法。

  第三十五条 本办法由财政部负责解释。

  第三十六条 本办法自 2017 年 1 月 1 日起施行。财政部、监察部 2003 年 11 月 17 日发布的《政府采购评审专家管理办法》（财库〔2003〕119 号）同时废止。

3. 关于在中央预算单位开展政府采购评审专家和采购代理机构履职评价试点工作的通知（2022 年发布）

（财办库〔2022〕192 号）

各省、自治区、直辖市、计划单列市财政厅（局），新疆生产建设兵团财政局，党中央有关部门办公厅（室），国务院各部委、各直属机构办公厅（室），全国人大常委会办公厅秘书局，全国政协办公厅秘书局，最高人民法院办公厅，最高人民检察院办公厅，各民主党派中央办公厅，有关人民团体办公厅（室），中共中央直属机关采购中心，中央国家机关政府采购中心、公安部警用装备采购中心、人民银行集中采购中心、海关总署物资装备采购中心、税务总局集中采购中心，全国人大机关采购中心，有关采购代理机构：

  为落实《深化政府采购制度改革方案》关于推进政府采购领域信用体系建设要求，按照《政府采购评审专家管理办法》（财库〔2016〕198 号）和《政府采购代理机构管理暂行办法》（财库〔2018〕2 号）有关规定，财政部决定在中央预算单位开展政府采购评审专家和采购代理机构履职评价试点工作，现就有关事项通知如下：

  一、政府采购评审专家履职评价

  （一）评价主体和对象。采购人或其委托的采购代理机构应当依法从财政部设立的政府采购评审专家库中抽取评审专家，并对专家进行履职评价。

  （二）评价方式。采购人或其委托的采购代理机构在评审活动结束后，通过中国政府采购网信用评价系统（以下简称评价系统），对评审专家的专业技术水平、遵守评审纪律、评审工作质量等情况逐项打分，作出评价。

  （三）结果运用。财政部定期根据每位评审专家累计平均得分，对排名位于后 1/3 的评审专家，将其抽取概率降低 50%。

  二、采购代理机构履职评价

  （一）评价主体和对象。对在财政部设立的评审专家库中抽取评审专家的采购代理机构，由被抽取的评审专家对其进行履职评价。

  （二）评价方式。评审专家在评审活动结束后，通过评价系统对采购代理机构的采购文件编写质量、评审活动组织等情况逐项打分，作出评价。

  （三）结果运用。财政部将采购代理机构年度平均得分计入"政府采购代理机构监督评价"得分，满分为 5 分。采购代理机构累计接受评价的次数和累计平均得分在中国政府采购网公开，供采购人在选取采购代理机构时参考。

  三、工作要求

  采购人、采购代理机构和政府采购评审专家应当遵循诚实信用的原则，按规定在政府采购评审活动结束后 5 个工作日内完成评价工作，不得虚假评价。评审专家应当根据履职评价的得分情况，努力提高专业水平和职业道德素质，提升评审工作质量。采购代理机构应当不断加强内控管理,增强采购文件编制、评审活动组织等服务能力,提升采购代理专业化水平。

各省级财政部门可以根据实际情况,参照本通知规定的评价指标,在本地区组织开展对政府采购评审专家、采购代理机构的履职评价。

本通知自 2022 年 11 月 1 日起施行。

附件：1. 对政府采购评审专家履职情况的评价指标
2. 对采购代理机构履职情况的评价指标

财政部办公厅
2022 年 8 月 10 日

附件 1

对政府采购评审专家履职情况的评价指标

序号	评价指标	分值
1	熟悉政府采购法律法规和规章制度规定。	7
2	具备评审相关政府采购项目所需的专业知识。	7
3	确认参与评审后,无缺席现象。如有特殊情况不能参加,提前在系统中请假。	6
4	参加评审时,无迟到或早退现象。	5
5	迟到后未能参加评审的,不向采购代理机构或采购人索要报酬。	5
6	参与评审时,按要求出示有效身份证明,将手机等通讯设备交由管理人员统一保管。	5
7	评审期间服从现场管理,恪尽职守,不擅自与外界联系,不在评审现场高声喧哗或随意走动,遵守现场纪律。	7
8	评审时仔细阅读采购文件,准确理解采购文件要求,打分认真、客观、公正。	5
9	评审专家发现采购文件内容违反国家强制性规定或者采购文件存在歧义、重大缺陷导致评审工作无法进行时,停止评审并向采购人或者采购代理机构书面说明情况。	5
10	对供应商投标（响应）判定为不合格投标（响应）或者对供应商报价判定为无效报价时,详细说明理由。	5
11	按照规定不接受投标（响应）供应商提出的与投标（响应）文件不一致的澄清或者说明,不接受供应商口头澄清,不接受无法定代表人或其授权代表签字、盖章的澄清或说明。	5
12	未出现客观分评审错误。	7
13	未出现评分畸高、畸低现象。	6
14	无故意拖延评审时间行为。	5
15	在评审报告上签字。对报告有异议的,在评审报告签署不同意见并说明理由。	5
16	离开评审现场时未记录、复制或带走任何评审资料。	5
17	不超标准索要劳务报酬、差旅费。	5

（续表）

序号	评价指标	分值
18	配合采购人或者采购代理机构答复供应商的询问和质疑。	5
	合计	100

注：①如专家因迟到或其他原因未能参与评审工作，采购代理机构只对第 3 项或第 5 项指标进行评价，评价结果换算为百分制后计入得分。

②采购代理机构原则上应当在评审工作结束后 5 个工作日内对评审专家进行评价。对第 18 项指标可以追加做出评价。

附件 2

对采购代理机构履职情况的评价指标

序号	评价指标	分值	得分
1	采购代理机构工作人员熟练掌握政府采购各项法律法规和规章制度。	5	
2	采购代理机构向评审专家准确通知评审时间、地点。评审时间、地点改变后，及时通知评审专家。	5	
3	在评审工作开始前，采购代理机构统一保管手机等通讯工具或相关电子设备。	5	
4	采购代理机构人员核对评审专家身份和采购人代表授权函。	5	
5	采购代理机构提供必要的评审条件及配套的评审环境。	5	
6	采购代理机构保障评审活动不受外界干扰。	5	
7	采购代理机构人员宣布评审纪律，告知评审专家应当回避的情形，介绍政府采购相关政策法规、采购文件。	5	
8	采购文件编制规范、完整。	9	
9	采购文件中评审方法和标准符合规定。	5	
10	采购代理机构督促评审委员会按规定独立评审，及时纠正和制止倾向性言论等违法行为。	5	
11	采购代理机构人员未发表任何存在歧视性、倾向性的意见，未非法干预采购评审活动。	9	
12	采购代理机构采取必要措施禁止与评审工作无关的人员进入评审现场。	5	
13	采购代理机构认真核对评审结果。	9	
14	采购代理机构按规定对评审活动进行全程录音、录像。	9	
15	采购代理机构人员服务过程细致耐心，严格规范。	5	
16	集中采购机构及时按照规定向评审专家支付劳务报酬或异地评审差旅费（对集中采购机构代理项目的评价指标）；社会代理机构接受采购人委托及时按照规定向评审专家支付劳务报酬，或向评审专家说明劳务报酬由采购人支付（对社会代理机构代理项目的评价指标）。	9	
	合计	100	

注：评审专家原则上应当在评审工作结束后 5 个工作日内对采购代理机构进行评价，对第 16 项指标可以在评审活动结束后 30 个工作日内评价。

第五编

行政事业单位财务管理法规

第二十一章　分行业的行政事业单位财务管理法规

1. 行政单位财务规则（2023 年修订）

（中华人民共和国财政部令第 113 号公布）

第一章　总　　则

第一条　为了规范行政单位的财务行为，加强行政单位财务管理和监督，提高资金使用效益，保障行政单位工作任务的完成，制定本规则。

第二条　本规则适用于各级各类国家机关、政党组织（以下统称行政单位）的财务活动。

第三条　行政单位财务管理的基本原则是：艰苦奋斗，厉行节约；量入为出，保障重点；从严从简，勤俭办一切事业；制止奢侈浪费，降低行政成本，注重资金使用效益。

第四条　行政单位财务管理的主要任务是：

（一）科学、合理编制预算，严格预算执行，完整、准确、及时编制决算；

（二）建立健全财务制度，实施内部控制管理，加强对行政单位财务活动的控制和监督；

（三）全面实施绩效管理，提高资金使用效益；

（四）加强资产管理，合理配置、有效利用、规范处置资产，防止国有资产流失；

（五）按照规定编制决算报告和财务报告，真实反映单位预算执行情况、财务状况和运行情况；

（六）对行政单位所属并归口行政财务管理的单位的财务活动实施指导、监督；

（七）加强对非独立核算的机关后勤服务部门的财务管理，实行内部核算办法。

第五条　行政单位的财务活动在单位负责人领导下，由单位财务部门统一管理。

行政单位应当实行独立核算，明确承担相关职责的机构，配备与履职相适应的财务、会计人员力量。不具备配备条件的，可以委托经批准从事代理记账业务的中介机构代理记账。

行政单位的各项经济业务事项应当按照国家统一的会计制度进行会计核算。

第二章　单位预算管理

第六条　行政单位预算由收入预算和支出预算组成。

第七条　按照预算管理权限，行政单位预算管理分为下列级次：

（一）向本级财政部门申报预算的行政单位，为一级预算单位；

（二）向一级预算单位申报预算并有下级预算单位的行政单位，为二级预算单位，依次类推；

（三）向上一级预算单位申报预算，且没有下级预算单位的行政单位，为基层预算单位。

一级预算单位有下级预算单位的，为主管预算单位。

第八条　各级预算单位应当按照预算管理级次申报预算，并按照批准的预算组织实施，定期将预算执行情况向上一级预算单位或者本级财政部门报告。

第九条　国家对行政单位实行收支统一管理、结转和结余按照规定使用的预算管理办法。

第十条　行政单位编制预算，应当综合考虑以下因素：

（一）年度工作计划和收支预测；
（二）以前年度预算执行情况；
（三）以前年度结转和结余情况；
（四）资产配置标准和存量资产情况；
（五）有关绩效结果；
（六）其他因素。

第十一条 行政单位预算依照下列程序编报和审批：
（一）行政单位测算、提出预算建议数，逐级汇总后报送本级财政部门；
（二）财政部门审核行政单位提出的预算建议数，下达预算控制数；
（三）行政单位根据预算控制数正式编制年度预算草案，逐级汇总后报送本级财政部门；
（四）经法定程序批准后，财政部门批复行政单位预算。

第十二条 行政单位应当严格执行预算，按照收支平衡的原则，合理安排各项资金，不得超预算安排支出。

预算在执行中应当严格控制调剂。确需调剂的，行政单位应当按照规定程序办理。

第十三条 行政单位应当按照规定编制决算草案，逐级审核汇总后报本级财政部门审批。

第十四条 行政单位应当加强决算审核和分析，规范决算管理工作，保证决算数据的完整、真实、准确。

第十五条 行政单位应当全面实施预算绩效管理，加强绩效结果应用，提高资金使用效益。

第三章 收 入 管 理

第十六条 收入是指行政单位依法取得的非偿还性资金，包括财政拨款收入和其他收入。

财政拨款收入，是指行政单位从本级财政部门取得的预算资金。

其他收入，是指行政单位依法取得的除财政拨款收入以外的各项收入。

行政单位依法取得的应当上缴财政的罚没收入、行政事业性收费收入、政府性基金收入、国有资源（资产）有偿使用收入等，不属于行政单位的收入。

第十七条 行政单位取得各项收入，应当符合国家规定，按照财务管理的要求，分项如实核算。

第十八条 行政单位应当将各项收入全部纳入单位预算，统一核算，统一管理，未纳入预算的收入不得安排支出。

第四章 支 出 管 理

第十九条 支出是指行政单位为保障机构正常运转和完成工作任务所发生的资金耗费和损失，包括基本支出和项目支出。

基本支出，是指行政单位为保障其机构正常运转和完成日常工作任务所发生的支出，包括人员经费和公用经费。

项目支出，是指行政单位为完成其特定的工作任务所发生的支出。

第二十条 行政单位应当将各项支出全部以项目形式纳入预算项目库，实施项目全生命周期管理，未纳入预算项目库的项目一律不得安排预算。

各项支出由单位财务部门按照批准的预算和有关规定审核办理。

第二十一条 行政单位应当严格执行国家规定的开支范围及标准，不得擅自扩大开支范围、提高开支标准，建立健全支出管理制度，合理安排支出进度，严控一般性支出。

第二十二条 行政单位从财政部门或者上级预算单位取得的项目资金，应当按照批准的项目和用途使用，专款专用，在单位统一会计账簿中按项目明细单独核算，并按照有关规定报告资金使用情况，接受财政部门和上级预算单位的监督。

第二十三条 行政单位应当严格执行国库集中支付制度和政府采购法律制度等规定。

第二十四条 行政单位可以根据机构运转和完成工作任务的实际需要，实行成本核算。成本核算的具体办法按照国务院财政部门有关规定执行。

第二十五条 行政单位应当依法依规加强各类票据管理，确保票据来源合法、内容真实、使用正确，不得使用虚假票据。

第五章 结转和结余管理

第二十六条 结转资金，是指当年预算已执行但未完成，或者因故未执行，下一年度需要按照原用途继续使用的资金。

第二十七条 结余资金，是指当年预算工作目标已完成，或者因故终止，当年剩余的资金。

结转资金在规定使用年限未使用或者未使用完的，视为结余资金。

第二十八条 财政拨款结转和结余的管理，应当按照国家有关规定执行。

第六章 资产管理

第二十九条 资产是指行政单位依法直接支配的、能以货币计量的各类经济资源，包括流动资产、固定资产、在建工程、无形资产、公共基础设施、政府储备物资、文物文化资产、保障性住房等。

第三十条 流动资产是指预计在一年以内耗用或者可以变现的资产，包括货币资金、应收及预付款项、存货等。

前款所称存货是指行政单位在工作中为耗用而储存的资产，包括材料、产品、包装物和低值易耗品以及未达到固定资产标准的用具、装具、动植物等。

第三十一条 固定资产是指使用期限超过一年，单位价值在 1 000 元以上，并且在使用过程中基本保持原有物质形态的资产。单位价值虽未达到规定标准，但是耐用时间在一年以上的大批同类物资，作为固定资产管理。

第三十二条 在建工程是指已经发生必要支出，但尚未达到交付使用状态的建设项目工程。

在建工程达到交付使用状态时，应当按照规定办理工程竣工财务决算和资产交付使用，期限最长不得超过 1 年。

第三十三条 无形资产是指不具有实物形态而能为使用者提供某种权利的资产，包括专利权、商标权、著作权、土地使用权、非专利技术等。

第三十四条 行政单位应当建立健全单位资产管理制度，明确资产使用人和管理人的岗位责任，按照国家规定设置国有资产台账，加强和规范资产配置、使用和处置管理，维护资产安全完整。涉及资产评估的，按照国家有关规定执行。

行政单位应当汇总编制本单位行政事业性国有资产管理情况报告。

第三十五条 行政单位应当根据依法履行职能和完成工作任务的需要，结合资产存量和价值、资产配置标准、绩效目标和财政承受能力，优先通过调剂方式配置资产。不能调剂的，可以采用购置、建设、租用等方式。

第三十六条 行政单位应当加强资产日常管理工作，做好资产建账、核算和登记工作，定期或者不定期进行清查盘点、对账，保证账账相符，账实相符。出现资产盘盈盘亏的，应当按照财务、会计和资产管理制度有关规定处理。

行政单位对需要办理权属登记的资产应当依法及时办理。

第三十七条 行政单位开设银行存款账户，应当报本级财政部门审批或者备案，并由财务部门统一管理。

第三十八条 行政单位应当加强应收及预付款项的管理，严格控制规模，并及时进行清理，不得长期挂账。

第三十九条 行政单位的资产增加时，应当及时登记入账；减少时，应当按照资产处置规定办理报批手续，进行账务处理。

行政单位货币性资产损失核销，按照本级财政部门预算及财务管理有关规定执行。

第四十条 除法律另有规定外，行政单位不得以任何形式用其依法直接支配的国有资产对外投资或者设立营利性组织。对于未与行政单位脱钩的营利性组织，行政单位应当按照有关规定进行监管。

除法律、行政法规另有规定外，行政单位不得以任何方式举借债务，不得以任何方式对外提供担保。

第四十一条 行政单位对外出租、出借国有资产，应当按照有关规定履行相关审批程序。未经批准，不得对外出租、出借。

第四十二条 行政单位应当在确保安全使用的前提下，推进本单位大型设备等国有资产共享共用工作，可以对提供方给予合理补偿。

第四十三条 行政单位资产处置应当遵循公开、公平、公正和竞争、择优的原则，依法进行资产评估，严格履行相关审批程序。

第四十四条 公共基础设施、政府储备物资、文物文化资产、保障性住房等国有资产管理的具体办法，由国务院财政部门会同有关部门制定。

第七章 负债管理

第四十五条 负债是指行政单位过去的经济业务事项形成的、预期会导致经济资源流出的现时义务，包括应缴款项、暂存款项、应付款项等。

第四十六条 应缴款项是指行政单位依法取得的应当上缴财政的资金，包括罚没收入、行政事业性收费收入、政府性基金收入、国有资源（资产）有偿使用收入等。

第四十七条 行政单位取得罚没收入、行政事业性收费收入、政府性基金收入、国有资源（资产）有偿使用收入等，应当按照国库集中收缴的有关规定及时足额上缴，不得隐瞒、滞留、截留、占用、挪用、拖欠或者坐支。

第四十八条 暂存款项是行政单位在业务活动中与其他单位或者个人发生的预收、代管等待结算的款项。

第四十九条 行政单位应当加强对暂存款项的管理，不得将应当纳入单位收入管理的款项列入暂存款项；对各种暂存款项应当及时清理、结算，不得长期挂账。

第八章 行政单位划转撤并的财务处理

第五十条 行政单位划转撤并的财务处理，应当在财政部门、主管预算单位等部门的监督指导下进行。

划转撤并的行政单位应当对单位的财产、债权、债务等进行全面清理，编制财产目录和债权、债务清单，提出财产作价依据和债权、债务处理办法，做好资产和负债的移交、接收、划转和管理工作，并妥善处理各项遗留问题。

第五十一条 划转撤并的行政单位的资产和负债经主管预算单位审核并上报财政部门和有关部门批准后，分别按照下列规定处理：

（一）转为事业单位和改变隶属关系的行政单位，其资产和负债无偿移交，并相应调整、划转经费指标。

（二）转为企业的行政单位，其资产按照有关规定进行评估作价并扣除负债后，转作企业的国有资本。

（三）撤销的行政单位，其全部资产和负债由财政部门或者财政部门授权的单位处理。

（四）合并的行政单位，其全部资产和负债移交接收单位或者新组建单位，并相应划转经费指标；合并后多余的资产，由财政部门或者财政部门授权的单位处理。

（五）分立的行政单位，其资产和负债按照有关规定移交分立后的行政单位，并相应划转经费指标。

第九章 财务报告和决算报告

第五十二条 行政单位应当按照国家有关规定向主管预算单位和财政部门以及其他有关的报告使用者提供财务报告、决算报告。

行政单位财务会计和预算会计要素的确认、计量、记录、报告应当遵循政府会计准则制度的规定。

第五十三条 财务报告主要以权责发生制为基础编制，以财务会计核算生成的数据为准，综合反映行政单位特定日期财务状况和一定时期运行情况等信息。

第五十四条 财务报告由财务报表和财务分析两部分组成。财务报表主要包括资产负债表、收入费用表等会计报表和报表附注。财务分析的内容主要包括财务状况分析、运行情况分析和财务管理情况等。

第五十五条 决算报告主要以收付实现制为基础编制，以预算会计核算生成的数据为准，综合反映行政单位年度预算收支执行结果等信息。

第五十六条 决算报告由决算报表和决算分析两部分组成。决算报表主要包括收入支出表、财政拨款收入支出表等。决算分析的内容主要包括收支预算执行分析、资金使用效益分析和机构人员情况等。

第十章 财务监督

第五十七条 行政单位财务监督主要包括对预算管理、收入管理、支出管理、结转和结余管理、资产管理、负债管理等的监督。

第五十八条 行政单位财务监督应当实行事前监督、事中监督、事后监督相结合，日常监督与专项监督相结合，并对违反财务规章制度的问题进行检查处理。

第五十九条 行政单位应当建立健全内部控制制度、经济责任制度、财务信息披露制度等监督制度，按照规定编制内部控制报告，依法依规公开财务信息，做好预决算公开工作。

第六十条 行政单位应当遵守财经纪律和财务制度，依法接受主管预算单位和财政、审计部门的监督。

第六十一条 财政部门、行政单位及其工作人员存在违反本规则规定的行为，以及其他滥用职权、玩忽职守、徇私舞弊等违法违规行为的，依法追究相应责任。

第十一章 附 则

第六十二条 行政单位基本建设投资的财务管理，应当执行本规则，但国家基本建设投资财务管理制度另有规定的，从其规定。

第六十三条 行政单位应当严格按照《中华人民共和国保守国家秘密法》等法律法规和有关规定，做好涉密事项的财务管理工作。

第六十四条 行政单位所属独立核算的企业、事业单位分别执行相应的财务制度，不执行本规则。

第六十五条 省、自治区、直辖市人民政府财政部门可以依据本规则结合本地区实际情况制定实施办法。

第六十六条 本规则自 2023 年 3 月 1 日起施行。《行政单位财务规则》（财政部令第 71 号）同时废止。

2. 事业单位财务规则（2022 年修订）

（中华人民共和国财政部令第 108 号公布）

第一章 总 则

第一条 为了进一步规范事业单位的财务行为，加强事业单位财务管理和监督，提高资金使用效益，保障事业单位健康发展，制定本规则。

第二条 本规则适用于各级各类事业单位（以下简称事业单位）的财务活动。

第三条 事业单位财务管理的基本原则是：执行国家有关法律、法规和财务规章制度；坚持勤俭办一切事业的方针；正确处理事业发展需要和资金供给的关系，社会效益和经济效益的关系，国家、单位和个人三者利益的关系。

第四条 事业单位财务管理的主要任务是：合理编制单位预算，严格预算执行，完整、准确编制单位决算报告和财务报告，真实反映单位预算执行情况、财务状况和运行情况；依法组织收入，努力节约支出；建立健全财务制度，加强经济核算，全面实施绩效管理，提高资金使用效益；加强资产管理，合理配置和有效利用资产，防止资产流失；加强对单位经济活动的财务控制和监督，防范财务风险。

第五条 事业单位的财务活动在单位负责人的领导下，由单位财务部门统一管理。

第六条 事业单位的各项经济业务事项按照国家统一的会计制度进行会计核算。

第二章 单位预算管理

第七条 事业单位预算是指事业单位根据事业发展目标和计划编制的年度财务收支计划。

事业单位预算由收入预算和支出预算组成。

第八条 国家对事业单位实行核定收支、定额或者定项补助、超支不补、结转和结余按规定使用的预算管理办法。

定额或者定项补助根据国家有关政策和财力可能，结合事业单位改革要求、事业特点、事业发展目标和计划、事业单位收支及资产状况等确定。定额或者定项补助可以为零。

非财政补助收入大于支出较多的事业单位，可以实行收入上缴办法。具体办法由财政部门会同有关主管部门制定。

第九条 事业单位参考以前年度预算执行情况，根据预算年度的收入增减因素和措施，以及以前年度结转和结余情况，测算编制收入预算草案；根据事业发展需要与财力可能，测算编制支出预算草案。

事业单位预算应当自求收支平衡，不得编制赤字预算。

第十条 事业单位应当根据国家宏观调控总体要求、年度事业发展目标和计划以及预算编制的规定，提出预算建议数，经主管部门审核汇总报财政部门（一级预算单位直接报财政部门，下同）。事业单位根据财政部门下达的预算控制数编制预算草案，由主管部门审核汇总报财政部门，经法定程序审核批复后执行。

第十一条 事业单位应当严格执行批准的预算。预算执行中，国家对财政补助收入和财政专户管理资金的预算一般不予调剂，确需调剂的，由事业单位报主管部门审核后报财政部门调剂；其他资金确需调剂的，按照国家有关规定办理。

第十二条 事业单位决算是指事业单位预算收支和结余的年度执行结果。

第十三条 事业单位应当按照规定编制年度决算草案，由主管部门审核汇总后报财政部门审批。

第十四条 事业单位应当加强决算审核和分析，保证决算数据的真实、准确，规范决算管理工作。

第十五条 事业单位应当全面加强预算绩效管理，提高资金使用效益。

第三章 收入管理

第十六条 收入是指事业单位为开展业务及其他活动依法取得的非偿还性资金。

第十七条 事业单位收入包括：

（一）财政补助收入，即事业单位从本级财政部门取得的各类财政拨款。

（二）事业收入，即事业单位开展专业业务活动及其辅助活动取得的收入。其中：按照国家有关规定应当上缴国库或者财政专户的资金，不计入事业收入；从财政专户核拨给事业单位的资金和经核准不上缴国库或者财政专户的资金，计入事业收入。

（三）上级补助收入，即事业单位从主管部门和上级单位取得的非财政补助收入。

（四）附属单位上缴收入，即事业单位附属独立核算单位按照有关规定上缴的收入。

（五）经营收入，即事业单位在专业业务活动及其辅助活动之外开展非独立核算经营活动取得的收入。

（六）其他收入，即本条上述规定范围以外的各项收入，包括投资收益、利息收入、捐赠收入、非本级财政补助收入、租金收入等。

第十八条 事业单位应当将各项收入全部纳入单位预算，统一核算，统一管理，未纳入预算的收入不得安排支出。

第十九条 事业单位对按照规定上缴国库或者财政专户的资金，应当按照国库集中收缴的有关规定及时足额上缴，不得隐瞒、滞留、截留、占用、挪用、拖欠或坐支。

第四章 支出管理

第二十条 支出是指事业单位开展业务及其他活动发生的资金耗费和损失。

第二十一条 事业单位支出包括：

（一）事业支出，即事业单位开展专业业务活动及其辅助活动发生的基本支出和项目支出。基本支出，是指事业单位为保障其单位正常运转、完成日常工作任务所发生的支出，包括人员经费和公用经费；项目支出，是指事业单位为完成其特定的工作任务和事业发展目标所发生的支出。

（二）经营支出，即事业单位在专业业务活动及其辅助活动之外开展非独立核算经营活动发生的支出。

（三）对附属单位补助支出，即事业单位用财政补助收入之外的收入对附属单位补助发生的支出。

（四）上缴上级支出，即事业单位按照财政部门和主管部门的规定上缴上级单位的支出。

（五）其他支出，即本条上述规定范围以外的各项支出，包括利息支出、捐赠支出等。

第二十二条 事业单位应当将各项支出全部纳入单位预算，实行项目库管理，建立健全支出管理制度。

第二十三条 事业单位的支出应当厉行节约，严格执行国家有关财务规章制度规定的开支范围及开支标准；国家有关财务规章制度没有统一规定的，由事业单位规定，报主管部门和财政部门备案。事业单位的规定违反法律制度和国家政策的，主管部门和财政部门应当责令改正。

第二十四条 事业单位从财政部门和主管部门取得的有指定项目和用途的专项资金，应当专款专用、单独核算，并按照规定报送专项资金使用情况的报告，接受财政部门或者主管部门的检查、验收。

第二十五条 事业单位应当加强经济核算，可以根据开展业务活动及其他活动的实际需要，实行成本核算。成本核算的具体办法按照国务院财政部门相关规定执行。

第二十六条 事业单位应当严格执行国库集中支付制度和政府采购制度等有关规定。

第二十七条 事业单位应当依法加强各类票据管理，确保票据来源合法、内容真实、使用正确，不得使用虚假票据。

第五章 结转和结余管理

第二十八条 结转和结余是指事业单位年度收入与支出相抵后的余额。

结转资金是指当年预算已执行但未完成，或者因故未执行，下一年度需要按照原用途继续使用的资金。结余资金是指当年预算工作目标已完成，或者因故终止，当年剩余的资金。

经营收支结转和结余应当单独反映。

第二十九条 财政拨款结转和结余的管理，应当按照国家有关规定执行。

第三十条 非财政拨款结转按照规定结转下一年度继续使用。非财政拨款结余可以按照国家有关规定提取职工福利基金，剩余部分用于弥补以后年度单位收支差额；国家另有规定的，从其规定。

第三十一条 事业单位应当加强非财政拨款结余的管理，盘活存量，统筹安排、合理使用，支出不得超出非财政拨款结余规模。

第六章 专用基金管理

第三十二条 专用基金是指事业单位按照规定提取或者设置的有专门用途的资金。

专用基金管理应当遵循先提后用、专款专用的原则，支出不得超出基金规模。

第三十三条 专用基金包括职工福利基金和其他专用基金。

职工福利基金是指按照非财政拨款结余的一定比例提取以及按照其他规定提取转入，用于单位职工的集体福利设施、集体福利待遇等的资金。

其他专用基金是指除职工福利基金外，按照有关规定提取或者设置的专用资金。

第三十四条 事业单位应当将专用基金纳入预算管理，结合实际需要按照规定提取，保持合理规模，提高使用效益。专用基金余额较多的，应当降低提取比例或者暂停提取；确需调整用途的，由主管部门会同本级财政部门确定。

第三十五条 各项基金的提取比例和管理办法，国家有统一规定的，按照统一规定执行；没有统一规定的，由主管部门会同本级财政部门确定。

第七章 资产管理

第三十六条 资产是指事业单位依法直接支配的各类经济资源。

第三十七条 事业单位的资产包括流动资产、固定资产、在建工程、无形资产、对外投资、公共基础设施、政府储备物资、文物文化资产、保障性住房等。

第三十八条 事业单位应当建立健全单位资产管理制度，明确资产使用人和管理人的岗位责任，按照国家规定设置国有资产台账，加强和规范资产配置、使用和处置管理，维护资产安全完整，提高资产使用效率。涉及资产评估的，按照国家有关规定执行。

事业单位应当汇总编制本单位行政事业性国有资产管理情况报告。

事业单位应当定期或者不定期对资产进行盘点、对账。出现资产盘盈盘亏的，应当按照财务、会计和资产管理制度有关规定处理，做到账实相符和账账相符。

事业单位对需要办理权属登记的资产应当依法及时办理。

第三十九条 事业单位应当根据依法履行职能和事业发展的需要,结合资产存量、资产配置标准、绩效目标和财政承受能力配置资产。优先通过调剂方式配置资产。不能调剂的,可以采用购置、建设、租用等方式。

第四十条 流动资产是指可以在一年以内变现或者耗用的资产,包括现金、各种存款、应收及预付款项、存货等。

前款所称存货是指事业单位在开展业务活动及其他活动中为耗用或出售而储存的资产,包括材料、燃料、包装物和低值易耗品以及未达到固定资产标准的用具、装具、动植物等。

事业单位货币性资产损失核销,应当经主管部门审核同意后报本级财政部门审批。

第四十一条 固定资产是指使用期限超过一年,单位价值在1 000元以上,并在使用过程中基本保持原有物质形态的资产。单位价值虽未达到规定标准,但是耐用时间在一年以上的大批同类物资,作为固定资产管理。

行业事业单位的固定资产明细目录由国务院主管部门制定,报国务院财政部门备案。

第四十二条 在建工程是指已经发生必要支出,但尚未达到交付使用状态的建设工程。

在建工程达到交付使用状态时,应当按照规定办理工程竣工财务决算和资产交付使用,期限最长不得超过1年。

第四十三条 无形资产是指不具有实物形态而能为使用者提供某种权利的资产,包括专利权、商标权、著作权、土地使用权、非专利技术以及其他财产权利。

事业单位转让无形资产取得的收入、取得无形资产发生的支出,应当按照国家有关规定处理。

第四十四条 对外投资是指事业单位依法利用货币资金、实物、无形资产等方式向其他单位的投资。

事业单位应当严格控制对外投资。利用国有资产对外投资应当有利于事业发展和实现国有资产保值增值,符合国家有关规定,经可行性研究和集体决策,按照规定的权限和程序进行。事业单位不得使用财政拨款及其结余进行对外投资,不得从事股票、期货、基金、企业债券等投资,国家另有规定的除外。

事业单位应当明确对外投资形成的股权及其相关权益管理责任,按照国家有关规定将对外投资形成的股权纳入经营性国有资产集中统一监管体系。

第四十五条 公共基础设施、政府储备物资、文物文化资产、保障性住房等资产管理的具体办法,由国务院财政部门会同有关部门制定。

第四十六条 事业单位资产处置应当遵循公开、公平、公正和竞争、择优的原则,严格履行相关审批程序。

事业单位出租、出借资产应当严格履行相关审批程序。

第四十七条 事业单位应当在确保安全使用的前提下,推进本单位大型设备等国有资产共享共用工作,可以对提供方给予合理补偿。

第八章 负债管理

第四十八条 负债是指事业单位所承担的能以货币计量,需要以资产或者劳务偿还的债务。

第四十九条 事业单位的负债包括借入款项、应付款项、暂存款项、应缴款项等。

应缴款项包括事业单位按照国家有关规定收取的应当上缴国库或者财政专户的资金、应缴税费,以及其他应当上缴的款项。

第五十条 事业单位应当对不同性质的负债分类管理,及时清理并按照规定办理结算,保证各项负债在规定期限内偿还。

第五十一条　事业单位应当建立健全财务风险预警和控制机制，规范和加强借入款项管理，如实反映依法举借债务情况，严格执行审批程序，不得违反规定融资或者提供担保。

第九章　事业单位清算

第五十二条　事业单位发生划转、改制、撤销、合并、分立时，应当进行清算。

第五十三条　事业单位清算，应当在主管部门和财政部门的监督指导下，对单位的财产、债权、债务等进行全面清理，编制财产目录和债权、债务清单，提出财产作价依据和债权、债务处理办法，做好资产和负债的移交、接收、划转和管理工作，并妥善处理各项遗留问题。

第五十四条　事业单位清算结束后，经主管部门审核并报财政部门批准，其资产和负债分别按照下列办法处理：

（一）因隶属关系改变，成建制划转的事业单位，全部资产和负债无偿移交，并相应划转经费指标。

（二）转为企业的事业单位，全部资产扣除负债后，转作国家资本金。

（三）撤销的事业单位，全部资产和负债由主管部门和财政部门核准处理。

（四）合并的事业单位，全部资产和负债移交接收单位或者新组建单位，合并后多余的资产由主管部门和财政部门核准处理。

（五）分立的事业单位，全部资产和负债按照有关规定移交分立后的事业单位，并相应划转经费指标。

第十章　财务报告和决算报告

第五十五条　事业单位应当按国家有关规定向主管部门和财政部门以及其他有关的报告使用者提供财务报告、决算报告。

事业单位财务会计和预算会计要素的确认、计量、记录、报告应当遵循政府会计准则制度的规定。

第五十六条　财务报告主要以权责发生制为基础编制，综合反映事业单位特定日期财务状况和一定时期运行情况等信息。

第五十七条　财务报告由财务报表和财务分析两部分组成。财务报表主要包括资产负债表、收入费用表等会计报表和报表附注。财务分析的内容主要包括财务状况分析、运行情况分析和财务管理情况等。

第五十八条　决算报告主要以收付实现制为基础编制，综合反映事业单位年度预算收支执行结果等信息。

第五十九条　决算报告由决算报表和决算分析两部分组成。决算报表主要包括收入支出表、财政拨款收入支出表等。决算分析的内容主要包括收支预算执行分析、资金使用效益分析和机构人员情况等。

第十一章　财务监督

第六十条　事业单位财务监督主要包括对预算管理、收入管理、支出管理、结转和结余管理、专用基金管理、资产管理、负债管理等的监督。

第六十一条　事业单位财务监督应当实行事前监督、事中监督、事后监督相结合，日常监督与专项监督相结合。

第六十二条　事业单位应当建立健全内部控制制度、经济责任制度、财务信息披露制度等监督制度，依法公开财务信息。

第六十三条　事业单位应当遵守财经纪律和财务制度，依法接受主管部门和财政、审计部门的监督。

第六十四条　各级事业单位、主管部门和财政部门及其工作人员存在违反本规则规定的行为，以及其他滥用职权、玩忽职守、徇私舞弊等违法违规行为的，依法追究相应责任。

第十二章 附 则

第六十五条 事业单位基本建设投资的财务管理，应当执行本规则，但国家基本建设投资财务管理制度另有规定的，从其规定。

第六十六条 参照公务员法管理的事业单位财务制度的适用，由国务院财政部门另行规定。

第六十七条 接受国家经常性资助的社会力量举办的公益服务性组织和社会团体，依照本规则执行；其他社会力量举办的公益服务性组织和社会团体，可以参照本规则执行。

第六十八条 下列事业单位或者事业单位特定项目，执行企业财务制度，不执行本规则：
（一）纳入企业财务管理体系的事业单位和事业单位附属独立核算的生产经营单位；
（二）事业单位经营的接受外单位要求投资回报的项目；
（三）经主管部门和财政部门批准的具备条件的其他事业单位。

第六十九条 行业特点突出，需要制定行业事业单位财务管理制度的，由国务院财政部门会同有关主管部门根据本规则制定。

第七十条 省、自治区、直辖市人民政府财政部门可以根据本规则结合本地区实际情况制定事业单位具体财务管理办法。

第七十一条 本规则自2022年3月1日起施行。《事业单位财务规则》（财政部令第68号）同时废止。

3. 高等学校财务制度（2022年修订）

（财教〔2022〕128号印发）

第一章 总 则

第一条 为了进一步规范高等学校财务行为，加强财务管理和监督，提升财务治理能力和水平，提高资金使用效益，促进高等教育事业健康发展，根据《事业单位财务规则》（财政部令第108号）和国家有关法律制度，结合高等学校特点，制定本制度。

第二条 本制度适用于各级人民政府举办的全日制普通高等学校、成人高等学校（以下统称高等学校）。其他社会组织和个人举办的上述学校可以参照本制度执行。

第三条 高等学校财务管理的基本原则是：执行国家有关法律、法规和财务规章制度；坚持勤俭办学的方针；正确处理事业发展需要和资金供给的关系，社会效益和经济效益的关系，国家、学校和个人三者利益的关系。

第四条 高等学校财务管理的主要任务是：合理编制学校预算，严格预算执行，完整、准确编制学校决算报告和财务报告，真实反映学校预算执行情况、财务状况和运行情况；依法多渠道筹集资金，努力节约支出；建立健全学校财务制度，加强经济核算，全面实施绩效管理，提高资金使用效益；加强资产管理，真实完整地反映资产使用状况，合理配置和有效利用资产，防止资产流失；建立健全内部控制体系，加强对学校经济活动的财务控制和监督，防范财务风险。

第五条 高等学校的各项经济业务事项按照国家统一的会计制度进行会计核算。

第二章 财务管理体制

第六条 高等学校实行"统一领导、集中管理"的财务管理体制；规模较大的学校可以实行"统一领导、分级管理"的财务管理体制。

第七条 高等学校财务工作实行党委领导下的校（院）长负责制。高等学校应当在校级行政领导班子设置总会计师岗位或配备具有财务管理背景的副校级行政领导成员，协助校（院）长管理学校财务工作。

第八条 高等学校应当单独设置一级财务机构，配备专业化一级财务机构负责人，在校（院）长和分管领导的领导下，统一管理学校财务工作。

第九条 高等学校校内非独立法人单位因工作需要设置的财务机构，应当作为学校的二级财务机构。二级财务机构应当遵守和执行学校统一制定的财务规章制度，并接受学校一级财务机构的统一领导、监督和检查。

第十条 高等学校财务机构应当配备专职财务、会计人员财务、会计人员应当具备与其工作岗位相适应的专业能力。财务、会计人员的调入、调出、专业技术职务评聘，应当由学校一级财务机构会同有关部门办理。校内二级财务机构负责人的任免、调动或者撤换，应当征求学校一级财务机构意见。

第三章 预算管理

第十一条 高等学校预算是指高等学校根据事业发展目标和计划编制的年度财务收支计划。

高等学校预算由收入预算和支出预算组成。

第十二条 国家对高等学校实行核定收支、定额或者定项补助、超支不补、结转和结余按规定使用的预算管理办法。定额和定项补助根据国家有关政策和财力可能，结合学校改革要求、事业特点、事业发展目标和计划、学校收支及资产状况等确定。

第十三条 高等学校预算编制应当遵循"量入为出、收支平衡"的原则。收入预算编制应当积极稳妥；支出预算编制应当统筹兼顾、保证重点、勤俭节约。

第十四条 高等学校参考以前年度预算执行、预算绩效评价结果、结转和结余情况，根据国家宏观调控总体要求、预算年度事业发展目标、计划与财力可能，以及年度收支增减因素和措施，按照预算编制的规定编制预算草案。

高等学校预算应当自求收支平衡，不得编制赤字预算。

第十五条 高等学校一级财务机构提出预算建议方案，经学校领导班子集体审议通过后，上报主管部门，经主管部门审核汇总报财政部门（一级预算单位直接报财政部门，下同）。高等学校根据财政部门下达的预算控制数编制预算草案，由主管部门审核汇总报财政部门，经法定程序审核批复后执行。

第十六条 高等学校应当严格执行批准的预算。预算执行中，国家对财政补助收入和财政专户管理资金的预算一般不予调剂，确需调剂的，由高等学校报主管部门审核后报财政部门调剂；其他资金确需调剂的，按照国家有关规定办理。

第十七条 高等学校决算是指高等学校预算收支和结余的年度执行结果。

第十八条 高等学校应当按照规定编制年度决算草案，由主管部门审核汇总后报财政部门审批。

第十九条 高等学校应当加强决算审核和分析，保证决算数据的真实、准确，规范决算管理工作。

第二十条 高等学校应当全面加强预算绩效管理，提高资金使用效益。

第四章 收入管理

第二十一条 收入是指高等学校开展教学、科研及其他活动依法取得的非偿还性资金。

第二十二条 高等学校收入包括：

（一）财政补助收入，即高等学校从本级财政部门取得的各类财政拨款。包括：

1. 财政教育拨款，即高等学校从本级财政部门取得的各类财政教育拨款。
2. 财政科研拨款，即高等学校从本级财政部门取得的各类财政科研拨款。
3. 财政其他拨款，即高等学校从本级财政部门取得的本条上述拨款范围以外的财政拨款。

（二）事业收入，即高等学校开展教学、科研及其辅助活动取得的收入。包括：

1. 教育事业收入，指高等学校开展教学及其辅助活动所取得的收入，包括：通过学历和非学历教育向学生个人或者单位收取的学费、住宿费、委托培养费、考试考务费、培训费和其他教育事业收入。

按照国家有关规定应当上缴国库或者财政专户的资金，不计入教育事业收入；从财政专户核拨给学校的资金和经核准不上缴国库或财政专户的资金，计入教育事业收入。

2. 科研事业收入，指高等学校开展科研及其辅助活动所取得的收入，包括：通过承接科研项目、开展科研协作、进行科技咨询等取得的收入。科研事业收入不包括按照部门预算隶属关系从本级财政部门取得的财政拨款。

（三）上级补助收入，即高等学校从主管部门和上级单位取得的非财政补助收入。

（四）附属单位上缴收入，即高等学校附属独立核算单位按照有关规定上缴的收入。

（五）经营收入，即高等学校在教学、科研及其辅助活动之外，开展非独立核算经营活动取得的收入。

（六）其他收入，即本条上述规定范围以外的各项收入，包括投资收益、利息收入、捐赠收入、非本级财政补助收入等。

第二十三条 高等学校组织收入应当合法合规。各项收费应当严格执行国家规定的收费范围和标准，并且使用合法票据；各项收入应当全部纳入学校预算，统一核算，统一管理，未纳入预算的收入不得安排支出。

第二十四条 高等学校对按照规定上缴国库或者财政专户的资金，应当按照国库集中收缴的有关规定及时足额上缴，不得隐瞒、滞留、截留、占用、挪用、拖欠或坐支。

第五章 支 出 管 理

第二十五条 支出是指高等学校开展教学、科研及其他活动发生的资金耗费和损失。

第二十六条 高等学校支出包括：

（一）事业支出，即高等学校开展教学、科研及其辅助活动发生的基本支出和项目支出。

基本支出，是指高等学校为保障其正常运转、完成教学科研和其他日常工作任务所发生的支出，包括人员经费和公用经费；项目支出，是指高等学校为完成其特定的工作任务和事业发展目标所发生的支出。

（二）经营支出，即高等学校在教学、科研及其辅助活动之外开展非独立核算经营活动发生的支出。经营支出应当与经营收入配比。

（三）对附属单位补助支出，即高等学校用财政补助收入之外的收入对附属单位补助发生的支出。

（四）上缴上级支出，即高等学校按照财政部门和主管部门的规定上缴上级单位的支出。

（五）其他支出，即本条上述规定范围以外的各项支出。包括利息支出、捐赠支出等。

第二十七条 高等学校应当将各项支出全部纳入学校预算，实行项目库管理，建立健全支出管理制度，未纳入预算项目库的项目一律不得安排预算。

第二十八条 高等学校应当加强支出管理，厉行节约，不得虚列虚报。高等学校的支出应当严格执行国家有关财务规章制度规定的开支范围及开支标准，国家有关财务规章制度没有统一规定的，由学校结合本校情况规定，报主管部门和财政部门备案。高等学校的规定违反法律制度和国家政策的，主管部门和财政部门应当责令改正。

第二十九条 高等学校从财政部门和主管部门取得的有指定项目和用途的专项资金，

应当专款专用、单独核算，并按照规定报送专项资金使用情况的报告，接受财政部门或者主管部门检查、验收。

第三十条 高等学校应当加强经济核算，可以根据开展教学、科研业务活动及其他活动的实际需要，实行成本核算。成本核算的具体办法按照国务院财政部门相关规定执行。

第三十一条 高等学校应当严格执行国库集中支付制度和政府采购制度等有关规定。

第三十二条 高等学校应当依法加强各类票据管理，确保票据来源合法、内容真实、使用正确，不得使用虚假票据。

第六章 结转和结余管理

第三十三条 结转和结余是指高等学校年度收入与支出相抵后的余额。

结转资金是指当年预算已执行但未完成，或者因故未执行，下一年度需要按照原用途继续使用的资金。结余资金是指当年预算工作目标已完成，或者因故终止，当年剩余的资金。

经营收支结转和结余应当单独反映。

第三十四条 高等学校财政拨款结转和结余的管理，应当按照国家有关规定执行。

第三十五条 高等学校非财政拨款结转按照规定结转下一年度继续使用。非财政拨款结余可以按照国家有关规定提取职工福利基金，剩余部分用于弥补以后年度单位收支差额；国家另有规定的，从其规定。

第三十六条 高等学校应当加强非财政拨款结余的管理，盘活存量，统筹安排、合理使用，支出不得超出非财政拨款结余规模。

第七章 专用基金管理

第三十七条 专用基金是指高等学校按照规定提取或者设置的有专门用途的资金。

第三十八条 专用基金管理应当遵循先提后用、专款专用的原则，支出不得超出基金规模。

第三十九条 专用基金包括：职工福利基金、学生奖助基金和其他专用基金。

（一）职工福利基金，是指按照非财政拨款结余的一定比例提取以及按照其他规定提取转入，用于单位职工的集体福利设施、集体福利待遇等的资金。

（二）学生奖助基金，是指按照国家有关规定，按照事业收入的一定比例提取，在事业支出的相关科目中列支，用于学费减免、国家助学贷款风险补偿、勤工助学、校内无息借款、校内奖助学金和特殊困难补助等的资金。

（三）其他专用基金，是指按照其他有关规定，根据事业发展需要提取或者设置的其他专用资金，包括留本基金等。

第四十条 高等学校应当将专用基金纳入预算管理，结合实际需要按照规定提取，保持合理规模，提高使用效益。专用基金余额较多的，应当降低提取比例或者暂停提取；确需调整用途的，由主管部门会同本级财政部门确定。

第四十一条 各项基金的提取比例和管理办法，国家有统一规定的，按照统一规定执行；没有统一规定的，由主管部门会同本级财政部门确定。

第八章 资产管理

第四十二条 资产是指高等学校依法直接支配的各类经济资源。

第四十三条 高等学校的资产包括流动资产、固定资产、在建工程、无形资产、对外投资、公共基础设施、政府储备物资、文物文化资产、保障性住房等。

第四十四条 高等学校应当建立健全单位资产管理制度，明确资产使用人和管理人的岗位责任，按照国家规定设置国有资产台账，加强和规范资产配置、使用和处置管理，维护资产安全完整，提高资产使用效率。涉及资产评估的，按照国家有关规定执行。

高等学校应当汇总编制本单位行政事业性国有资产管理情况报告。

高等学校应当定期或者不定期对资产进行盘点、对账。出现资产盘盈盘亏的，应当按照财务、会计和资产管理制度有关规定处理，做到账实相符和账账相符。

高等学校对需要办理权属登记的资产应当依法及时办理。

第四十五条 高等学校应当根据依法履行职能和事业发展的需要，结合资产存量、资产配置标准、绩效目标和财政承受能力配置资产。优先通过调剂方式配置资产。不能调剂的，可以采用购置、建设、租用等方式。

第四十六条 流动资产是指可以在一年以内变现或者耗用的资产，包括现金、各种存款、应收及预付款项、存货等。前款所称存货是指高等学校在开展教学、科研及其他活动中为耗用或出售而储存的资产，包括各类材料、燃料、包装物和低值易耗品以及未达到固定资产标准的用具、装具、动植物等。

高等学校货币性资产损失核销，应当按规定经主管部门审核同意后报本级财政部门审批。

第四十七条 固定资产是指使用期限超过一年，单位价值在1 000元以上，并在使用过程中基本保持原有物质形态的资产。单位价值虽未达到规定标准，但是耐用时间在一年以上的大批同类物资，作为固定资产管理。

高等学校的固定资产明细目录由国务院教育行政主管部门制定，报国务院财政部门备案。

第四十八条 在建工程是指已经发生必要支出，但尚未达到交付使用状态的建设工程。

在建工程达到交付使用状态时，应当按照规定办理工程竣工财务决算和资产交付使用，期限最长不得超过1年。

第四十九条 无形资产是指不具有实物形态而能为使用者提供某种权利的资产，包括专利权、商标权、著作权、土地使用权、非专利技术以及其他财产权利。

高等学校转让无形资产取得的收入、取得无形资产发生的支出，应当按照国家有关规定处理。

高等学校对其持有的科技成果，可按规定自主决定转让、许可或者作价投资，转化科技成果所获得的收入全部留归本单位。

第五十条 对外投资是指高等学校依法利用货币资金、实物、无形资产等方式向其他单位的投资。

高等学校应当严格控制对外投资，利用国有资产对外投资应当有利于事业发展和实现国有资产保值增值，符合国家有关规定，经可行性研究和集体决策，按照规定的权限和程序进行。高等学校不得使用财政拨款及其结余进行对外投资，不得从事股票、期货、基金、企业债券等投资。国家另有规定的除外。

高等学校应当明确对外投资形成的股权及其相关权益管理责任，按照国家有关规定将对外投资形成的股权纳入经营性国有资产集中统一监管体系。

第五十一条 公共基础设施、政府储备物资、文物文化资产、保障性住房等资产管理的具体办法，由国务院财政部门会同有关部门制定。

第五十二条 高等学校资产处置应当遵循公开、公平、公正和竞争、择优的原则，严格履行相关审批程序。

高等学校出租、出借资产，应当按照国家有关规定严格履行相关审批程序。

第五十三条 高等学校应当在确保安全使用的前提下，推进本单位大型设备等国有资产共享共用工作，可以对提供方给予合理补偿。

第九章 负债管理

第五十四条 负债是指高等学校所承担的能以货币计量，需要以资产或劳务偿还的债务。

第五十五条 高等学校的负债包括借入款项、应付款项、暂存款项、应缴款项等。

借入款项是指高等学校向银行等金融机构借入的各类款项。

应付款项包括高等学校应付职工薪酬、应付票据、应付账款和其他应付款等款项。

暂存款项包括预收账款等款项。

应缴款项包括高等学校按照国家有关规定收取的应当上缴国库或者财政专户的资金、应缴税费，以及其他应当上缴的款项。

第五十六条 高等学校应当对不同性质的负债分类管理，及时清理并按照规定办理结算，保证各项负债在规定期限内偿还。

第五十七条 高等学校应当建立健全财务风险预警和控制机制，规范和加强借入款项管理，如实反映依法举借债务情况，严格执行审批程序，不得违反规定融资或者提供担保，不得以任何方式直接或间接替地方政府及其部门融资或者提供担保，严禁新增地方政府隐性债务。具体审批办法由主管部门会同本级财政部门制定。

第十章　财务清算

第五十八条 经国家有关部门批准，高等学校发生划转、改制、撤销、合并、分立时，应当进行财务清算。

第五十九条 高等学校财务清算，应当在主管部门和财政部门的监督指导下成立财务清算工作小组，对学校的财产、债权、债务等进行全面清理，编制财产目录和债权、债务清单以及清算财务报告，全面反映高校的财务状况和清算损益，提出财产作价依据和债权、债务处理办法，做好资产和负债的移交、接收、划转和管理工作，并妥善处理各项遗留问题。

第六十条 高等学校清算结束后，经主管部门审核并报财政部门批准，其资产和负债分别按照下列办法处理：

（一）因隶属关系改变，成建制划转的高等学校，全部资产和负债无偿移交，并相应划转经费指标。

（二）撤销的高等学校，全部资产和负债由主管部门和财政部门核准处理。

（三）合并的高等学校，全部资产和负债移交接收单位或者新组建单位，合并后多余的国有资产由主管部门和财政部门核准处理。

（四）分立的高等学校，全部资产和负债按照有关规定移交分立后的高等学校，并相应划转经费指标。

第十一章　报告和分析

第六十一条 高等学校应当按国家有关规定向主管部门和财政部门以及其他有关的报告使用者提供财务报告、决算报告。高等学校应当为相关使用者提供满足需要的管理会计报告。

高等学校财务会计和预算会计要素的确认、计量、记录、报告应当遵循政府会计准则制度的规定。

第六十二条 财务报告主要以权责发生制为基础编制，综合反映高等学校特定日期财务状况和一定时期运行情况等信息。

第六十三条 财务报告由财务报表和财务分析两部分组成。财务报表主要包括资产负债表、收入费用表等会计报表和报表附注。财务分析的内容主要包括财务状况分析、运行情况分析和财务管理情况等。

财务分析应当按照主管部门的规定设置财务分析指标，主要包括但不限于反映财务风险管理、财务运行能力、财务发展能力等方面的指标。

第六十四条 决算报告主要以收付实现制为基础编制，综合反映高等学校年度预算收支执行结果等信息。

第六十五条 决算报告由决算报表和决算分析两部分组成。决算报表主要包括收入支出表、财政拨款收入支出表等。决算分析的内容主要包括收支预算执行分析、资金使用效益分析和机构人员情况等。

决算分析应当按照主管部门的规定设置分析指标,主要包括但不限于反映高等学校预算管理、资金使用效益、收支结构、结转结余情况等方面的指标。

第六十六条 管理会计报告主要以提供决策和管理支持为目标,根据相关使用者的需要编制,反映高等学校绩效管理、成本管理、内部控制、国有资产管理等情况。

第十二章 财务监督

第六十七条 高等学校财务监督的主要内容包括:
(一)预算编制、执行的规范性、合理性、有效性;报告的真实性、完整性、准确性;
(二)各项收入和支出的合法性、合规性;
(三)结转和结余的管理情况;
(四)专用基金的管理情况;
(五)资产管理的安全性、规范性、有效性;
(六)负债的合规性和风险程度;
(七)其他重要事项,包括对附属单位财务管理情况进行监督等。

第六十八条 高等学校财务监督应当实行事前监督、事中监督、事后监督相结合,日常监督与专项监督相结合。

第六十九条 高等学校应当建立健全内部控制制度、经济责任制度、财务信息披露制度等监督制度,依法公开财务信息,按规定编制和报送内部控制报告。

第七十条 高等学校应当遵守财经纪律和财务制度,依法接受主管部门和财政、审计部门的监督。

第七十一条 各高等学校及其工作人员存在违反本制度规定的行为,以及其他滥用职权、玩忽职守、徇私舞弊等违法违规行为的,依法追究相应责任。

第十三章 附 则

第七十二条 高等学校基本建设投资财务管理,应当执行本制度。但国家基本建设投资财务管理制度另有规定的,从其规定。

第七十三条 高等学校应当根据本制度,结合学校实际情况,制定内部财务管理办法。

第七十四条 本制度自发布之日起施行。财政部、教育部2012年12月19日发布的《高等学校财务制度》(财教〔2012〕488号)同时废止。

4. 中小学校财务制度(2022年修订)

(财教〔2022〕159号印发)

第一章 总 则

第一条 为了进一步规范中小学校的财务行为,加强财务管理和监督,提高资金使用效益,促进教育事业健康发展,根据《事业单位财务规则》和国家有关法律制度,结合中小学校特点,制定本制度。

第二条 本制度适用于各级人民政府举办的普通中小学校、中等职业学校(含技工学校)、特殊教育学校、专门学校、成人中学和成人初等学校。

第三条 中小学校财务管理的基本原则是：贯彻执行国家有关法律、法规和财务规章制度；坚持勤俭办学的方针；正确处理事业发展需要和资金供给的关系，社会效益和经济效益的关系，国家、学校和个人三者利益的关系。

第四条 中小学校财务管理的主要任务是：合理编制学校预算，严格预算执行，完整、准确编制学校决算报告和财务报告，真实反映学校预算执行情况、财务状况和运行情况；依法筹集教育经费，努力节约支出；建立健全财务制度，加强经济核算，全面实施绩效管理，提高资金使用效益；加强资产管理，合理配置和有效利用资产，防止资产流失；加强对学校经济活动的财务控制和监督，防范财务风险。

第五条 中小学校的各项经济业务事项按照国家统一的会计制度进行会计核算。

第二章 财务管理体制

第六条 中小学校财务管理实行党组织领导的校长负责制。校长在学校党组织领导下，依法依规管理财务工作，对财务资料的真实性、完整性负责。

第七条 中小学校应当指定专人主管财务工作，配备财务、会计人员，并根据需要合理设置财务部门，对学校的各类经济活动实施管理、核算和监督。

财务主管人员应当依法依规履行职责，参与学校重大建设项目、重要办学资源配置、重要资产处置、大额资金使用等重大事项的决策。

第八条 中小学校财务、会计人员的任职条件、工作职责、任免奖罚、业务培训和专业技术职务岗位设置，应当严格按照国家会计法律制度执行。

财务、会计人员应当熟悉国家财经法律、法规、规章和方针、政策，掌握财会和教育教学业务管理的有关知识。

第九条 中小学校应当以校为单位进行会计核算。实行"集中记账，分校核算"的，不改变学校财务管理权。即在一定区域内，由县级财政和教育部门确定的会计核算机构统一办理区域内中小学校的会计核算。

中小学校应当提升财务信息化管理水平，积极利用现代信息技术，管理学校财务活动。

第十条 中小学校食堂应当坚持公益性和非营利性原则。

学校自主经营食堂为学生提供就餐服务的，财务活动纳入学校财务部门统一管理，可在学校现有账户下分账核算，真实反映收支状况，并定期公开账务。如有结余，应当转入下一会计年度继续使用。

学校采用委托方式经营食堂为学生提供就餐服务的，应当加强监督管理，不得向被委托方转嫁建设、修缮等费用。

学校采用配餐或托餐方式为学生提供就餐服务的，餐费可由学校统一收取并按照代收费管理。

第十一条 非独立核算的勤工俭学、社会服务和经营等项目的财务活动，由学校财务部门统一管理。

义务教育阶段学校按照国家有关规定不得从事经营活动。

第三章 预算管理

第十二条 中小学校预算是指中小学校根据教育事业发展目标和计划编制的年度财务收支计划。

中小学校预算由收入预算和支出预算组成。

第十三条 国家对中小学校实行核定收支、定额或者定项补助、超支不补、结转和结余按规定使用的预算管理办法。定额或者定项补助根据国家有关政策和财力可能，结合教育改革要求、中小学校特点、事业发展目标和计划、学校收支及资产状况等确定。

第十四条 中小学校预算以校为基本编制单位，不具有独立法人资格的学校纳入其所隶属学校统一编制。

预算编制应当坚持量入为出、收支平衡、统筹兼顾、保证重点、勤俭节约和讲求绩效的原则。中小学校不得编制赤字预算。

第十五条 中小学校应当考虑学校维持正常运转和发展的基本需要，参考以前年度的预算执行情况，根据预算年度的收入增减因素和措施，以及以前年度结转和结余情况，积极稳妥地逐项测算编制收入预算草案。

中小学校应当根据学校开展教育教学等活动需要和财力可能，分轻重缓急，编制支出预算草案，按其功能分类编列到项，按其经济性质分类编列到款。

第十六条 中小学校预算由学校根据年度事业发展目标和计划以及预算编制的规定，提出预算建议数，经主管部门审核汇总后报财政部门。学校根据财政部门下达的预算控制数编制预算草案，由主管部门审核汇总报财政部门，经法定程序审核批复后执行。

第十七条 中小学校应当严格执行批准的预算，规范办理收支事项，加强预算执行管理。严禁超预算、无预算安排支出。

第十八条 预算执行中，财政补助收入和财政专户管理资金的预算一般不予调剂。确需调剂的，由中小学校报主管部门审核后报财政部门调剂。其他资金确需调剂的，按照国家有关规定办理。

第十九条 中小学校决算是指中小学校预算收支和结余的年度执行结果。

第二十条 中小学校应当按照规定编制年度决算草案，由主管部门审核汇总后报财政部门审批。

第二十一条 中小学校应当加强决算审核和分析，保证决算数据的真实、准确，规范决算管理工作。

第二十二条 中小学校的预算、决算应当按照财政部门和主管部门统一要求及时向社会公开。

第二十三条 中小学校应当全面加强预算绩效管理，提高资金使用效益。

第四章 收入管理

第二十四条 收入是指中小学校为开展教育教学及其他活动依法取得的非偿还性资金。

第二十五条 中小学校收入包括：

（一）财政补助收入，即中小学校从本级财政部门取得的各类财政拨款。

（二）事业收入，即中小学校开展教育教学及其辅助活动依法取得的收入。其中：按照国家规定应当上缴国库或者财政专户的资金，不计入事业收入；从财政专户核拨给学校的资金和经核准不上缴国库或者财政专户的资金，计入事业收入。

（三）上级补助收入，即中小学校从主管部门和上级单位取得的非财政补助收入。

（四）附属单位上缴收入，即中小学校附属的独立核算单位按照规定上缴学校的收入。

（五）经营收入，即非义务教育阶段学校在教育教学及其辅助活动之外，开展非独立核算经营活动取得的收入。

（六）其他收入，即本条上述规定范围以外的各项收入，包括投资收益、利息收入、捐赠收入、非本级财政补助收入、租金收入等。其中：为在校学生提供课后服务收取的服务性收费收入，计入其他收入。

第二十六条 中小学校应当将各项收入全部纳入学校预算，统一核算，统一管理，未纳入预算的收入不得安排支出。

中小学校严禁设立"小金库"，严禁账外设账，严禁公款私存。

第二十七条 中小学校组织收入应当合法合规，各项收费应当严格执行国家规定的收费范围、收费项目和收费标准，不得擅自扩大收费范围、增加收费项目、提高收费标准。

中小学校对按照规定上缴国库或者财政专户的资金，应当按照国库集中收缴的有关规定及时足额上缴，不得隐瞒、滞留、截留、占用、挪用、拖欠或坐支。

第二十八条 中小学校应当加强票据管理。行政事业性收费和代收费应当按照财务隶属关系使用财政部门监（印）制的财政票据。服务性收费应当使用税务发票。

第五章 支出管理

第二十九条 支出是指中小学校为开展教育教学及其他活动发生的各项资金耗费和损失。

第三十条 中小学校支出包括：

（一）事业支出，即中小学校开展教育教学及其辅助活动发生的基本支出和项目支出。基本支出是指中小学校为保障其正常运转、完成日常工作任务所发生的支出，包括人员经费和公用经费。项目支出是指中小学校为了完成特定工作任务和事业发展目标所发生的支出。

（二）经营支出，即非义务教育阶段学校在教育教学及其辅助活动之外开展非独立核算经营活动发生的支出。

（三）对附属单位补助支出，即中小学校用财政补助收入之外的收入对附属单位补助发生的支出。

（四）上缴上级支出，即中小学校按照财政部门和主管部门的规定上缴上级单位的支出。

（五）其他支出，即本条上述规定范围以外的各项支出，包括利息支出、捐赠支出等。

中小学校可以结合实际，在上述支出分类的基础上，进一步按照教育教学功能细化支出分类。

第三十一条 中小学校应当将各项支出全部纳入学校预算，实行项目库管理，建立健全支出管理制度，未纳入预算项目库的项目一律不得安排预算。

第三十二条 中小学校支出应当坚持厉行节约，严格执行国家有关财务规章制度规定的开支范围及开支标准；国家有关财务规章制度没有统一规定的，由学校结合本校情况规定，报主管部门和财政部门备案。学校规定违反法律制度和国家政策的，主管部门和财政部门应当责令改正。

中小学校应当加强支出管理，基本支出、项目支出不得混用，公用经费、人员经费不得混用。项目支出应当按照规定专款专用，不得挤占和挪用。

第三十三条 非义务教育阶段学校开展非独立核算经营活动，应当以不影响正常教育教学活动为前提。在开展非独立核算经营活动中，应当加强经济核算，正确归集实际发生的各项费用；不能直接归集的，应当按照规定的比例合理分摊。

经营支出应当与经营收入配比。

第三十四条 中小学校从财政部门和主管部门取得的有指定项目和用途的专项资金，应当专款专用、单独核算，并按照规定报送专项资金使用情况报告，接受财政部门或者主管部门的检查、验收。

第三十五条 中小学校应当加强经济核算，可以根据开展业务活动及其他活动的实际需要，实行成本核算。成本核算的具体办法按照国务院财政部门相关规定执行。

第三十六条 中小学校各项支出应当按照实际发生数列支，不得虚列虚报，不得以计划数和预算数代替。

第三十七条 中小学校应当严格执行国库集中支付制度和政府采购制度等有关规定。

第三十八条 中小学校应当依法加强各类票据管理，确保票据来源合法、内容真实、使用正确，不得使用虚假票据。

第六章 结转和结余管理

第三十九条 结转和结余是指中小学校年度收入与支出相抵后的余额。

结转资金是指当年预算已执行但未完成，或者因故未执行，下一年度需要按照原用途继续使用的资金。结余资金是指当年预算工作目标已完成，或者因故终止，当年剩余的资金。

经营收支结转和结余应当单独反映。

第四十条 财政拨款结转和结余的管理，应当按照国家有关规定执行。

第四十一条 非财政拨款结转按照规定结转下一年度继续使用。非财政拨款结余可以按照国家有关规定提取职工福利基金，剩余部分用于弥补以后年度学校收支差额；国家另有规定的，从其规定。

第四十二条 中小学校应当加强非财政拨款结余的管理，盘活存量，统筹安排、合理使用，支出不得超出非财政拨款结余规模。

第七章 专用基金管理

第四十三条 专用基金是指中小学校按照规定提取或者设置的有专门用途的资金。

专用基金管理应当遵循先提后用、专款专用的原则，支出不得超出基金规模。

第四十四条 专用基金包括职工福利基金、奖助学基金和其他专用基金。

（一）职工福利基金，即按照非财政拨款结余的一定比例提取以及按照其他规定提取转入，用于职工集体福利设施、集体福利待遇等的资金。

（二）奖助学基金，即接受社会捐赠和按照规定从事业收入中提取转入，用于奖励、资助学生的资金。

（三）其他专用基金，即按照其他有关规定，根据事业发展需要提取或者设置的专用资金。

第四十五条 中小学校应当将专用基金纳入预算管理，结合实际需要按照规定提取，保持合理规模，提高使用效益。除奖助学基金外，专用基金余额较多的，应当降低提取比例或者暂停提取；确需调整用途的，由主管部门会同本级财政部门确定。

第四十六条 各项基金的提取比例和管理办法，国家有统一规定的，按照统一规定执行；没有统一规定的，由主管部门会同本级财政部门确定。

第八章 资产管理

第四十七条 资产是指中小学校依法直接支配的各类经济资源。包括流动资产、固定资产、在建工程、无形资产、对外投资、文物文化资产等。

第四十八条 中小学校应当建立健全资产管理制度，明确资产使用人和管理人的岗位责任，按照国家规定设置国有资产台账，加强和规范资产配置、使用和处置管理，维护资产安全完整，提高资产使用效率。涉及资产评估的，按照国家有关规定执行。

中小学校应当汇总编制学校行政事业性国有资产管理情况报告。

中小学校应当定期或者不定期对资产进行盘点、对账。出现资产盘盈盘亏的，应当按照财务、会计和资产管理制度有关规定处理，做到账实相符和账账相符。

中小学校对需要办理权属登记的资产应当依法及时办理。

第四十九条 中小学校应当根据依法履行职能和事业发展的需要，结合资产存量、资产配置标准、绩效目标和财政承受能力配置资产。优先通过调剂方式配置资产，不能调剂的，可以采用购置、建设、租用等方式。

第五十条 流动资产是指可以在一年以内变现或者耗用的资产，包括现金、各种存款、应收及预付款项、存货等。

应收及预付款项是指中小学校在开展教育教学和其他活动过程中形成的各项债权，包括应收账款、应收票据、预付账款和其他应收款等。

存货是指中小学校在开展教育教学活动及其他活动中为耗用或出售而储存的资产，包括材料、燃料、包装物和低值易耗品以及未达到固定资产标准的用具、装具、动植物等。

第五十一条 中小学校应当按照国家有关规定开设基本存款账户和零余额账户，建立健全现金及各种存款的内部管理制度，加强资金监督管理；对应收及预付款项应当及时清理结算，不得长期挂账；规范存货领用制度，提高资产使用效益。

中小学校货币性资产损失核销，应当经主管部门审核同意后报本级财政部门审批。

第五十二条 固定资产是指使用期限超过一年，单位价值在1000元以上，并在使用过程中基本保持原有物质形态的资产。单位价值虽未达到规定标准，但是耐用时间在一年以上的大批同类物资，作为固定资产管理。

中小学校固定资产明细目录由教育部制定，报财政部备案。

第五十三条 在建工程是指已经发生必要支出，但尚未达到交付使用状态的建设工程。

在建工程达到交付使用状态时，应当按照规定办理工程竣工财务决算和资产交付使用，期限最长不得超过1年。

第五十四条 无形资产是指不具有实物形态而能为使用者提供某种权利的资产，包括专利权、商标权、著作权、土地使用权、非专利技术以及其他财产权利。

中小学校转让无形资产取得的收入、取得无形资产发生的支出，应当按照国家有关规定处理。

第五十五条 对外投资是指非义务教育阶段学校依法利用货币资金、实物、无形资产等方式向其他单位的投资。

非义务教育阶段学校应当严格控制对外投资。利用国有资产对外投资应当有利于事业发展和实现国有资产保值增值，符合国家有关规定，经可行性研究和集体决策，按照规定的权限和程序进行。不得使用财政拨款及其结余进行对外投资，不得从事股票、期货、基金、企业债券等投资。

非义务教育阶段学校应当明确对外投资形成的股权及其相关权益管理责任，按照国家有关规定将对外投资形成的股权纳入经营性国有资产集中统一监管体系。

义务教育阶段学校不得对外投资。

第五十六条 中小学校文物文化资产等资产管理的具体办法，由国务院财政部门会同有关部门制定。

第五十七条 在满足学校正常教育教学活动的前提下，中小学校可以出租、出借资产。

中小学校出租、出借资产应当进行必要的可行性论证，严格履行相关审批程序。

第五十八条 中小学校资产处置是指学校对其占有、使用的资产，进行产权转让或者注销产权的行为，包括出售、出让、转让、对外捐赠、报废、报损以及货币性资产损失核销等。

中小学校资产处置应当遵循公开、公平、公正和竞争、择优的原则，严格履行相关审批程序。

第五十九条 中小学校资产处置收入应当按照国家有关规定，实行"收支两条线"管理。

第六十条 中小学校长期闲置、低效运转或者超标准配置的国有资产，应当由主管部门进行调剂，并报本级财政部门备案。

第六十一条 中小学校应当在确保安全使用的前提下，推进学校大型设备等国有资产共享共用工作，可收取合理补偿。所取得的共享共用补偿收入应纳入学校预算，统一管理。

第九章　负债管理

第六十二条 负债是指中小学校所承担的能以货币计量，需要以资产或者劳务偿还的债务。

第六十三条 中小学校的负债包括借入款项、应付款项、应缴款项、代管款项等。

借入款项是指非义务教育阶段学校经批准从银行等金融机构借入的短期或者长期借款。

应付款项包括中小学校应付票据、应付账款、其他应付款和预收账款等。

应缴款项包括中小学校收取的应当上缴国库或者财政专户的资金、应缴税费，以及其他按照国家有关规定应当上缴的款项。

代管款项是指中小学校接受委托代为管理的各类款项。

第六十四条 中小学校应当对不同性质的负债分类管理,及时清理并按照规定办理结算,保证各项负债在规定期限内偿还。

第六十五条 中小学校应当建立健全财务风险预警和控制机制,规范和加强借入款项管理,如实反映依法举借债务情况,严格执行审批程序。

严禁义务教育阶段学校举借债务,非义务教育阶段学校不得违反规定举借债务。

中小学校不得提供担保,不得替地方政府及其部门举债融资。

第十章 财务清算

第六十六条 经国家有关部门批准,中小学校发生划转、撤销、合并、分立时,应当进行清算。

第六十七条 中小学校财务清算,应当在主管部门和财政部门的监督指导下,对学校的财产、债权、债务等进行全面清理,编制财产目录和债权、债务清单以及清算财务报告,全面反映学校的财务状况和清算损益,提出财产作价依据和债权、债务处理办法,做好资产和负债的移交、接收、划转和管理工作,并妥善处理各项遗留问题。

第六十八条 中小学校财务清算结束后,经主管部门审核并报财政部门批准,其资产和负债分别按照下列办法处理:

(一)因隶属关系改变,成建制划转的中小学校,全部资产和负债无偿移交,并相应划转经费指标。

(二)撤销的中小学校,全部资产和负债由主管部门和财政部门核准处理。

(三)合并的中小学校,全部资产和负债移交接收单位或者新组建单位,合并后多余的资产由主管部门和财政部门核准处理。

(四)分立的中小学校,全部资产和负债按照有关规定移交分立后的中小学校,并相应划转经费指标。

第十一章 财务报告和决算报告

第六十九条 中小学校应当按国家有关规定向主管部门和财政部门以及其他有关的报告使用者提供财务报告、决算报告。

中小学校财务会计和预算会计要素的确认、计量、记录、报告应当遵循政府会计准则制度的规定。

第七十条 财务报告主要以权责发生制为基础编制,综合反映学校特定日期财务状况和一定时期运行情况等信息。

第七十一条 财务报告由财务报表和财务分析两部分组成。财务报表主要包括资产负债表、收入费用表等会计报表和报表附注。财务分析的内容主要包括财务状况分析、运行情况分析和财务管理情况等。

第七十二条 决算报告主要以收付实现制为基础编制,综合反映学校年度预算收支执行结果等信息。

第七十三条 决算报告由决算报表和决算分析两部分组成。决算报表主要包括收入支出表、财政拨款收入支出表等。决算分析的内容主要包括收支预算执行分析、资金使用效益分析和机构人员情况等。

第十二章 财务监督

第七十四条 中小学校财务监督的主要内容包括:

（一）预、决算编制的科学性、真实性、完整性和预算执行的时效性、均衡性；
（二）各项收入、支出的合法性、合规性；
（三）结转和结余资金以及专用基金管理的合规性；
（四）资产管理的安全性、完整性、合规性、有效性；
（五）负债的合规性和风险性；
（六）学生人数、教职工人数等基础数据的真实性、准确性和完整性。

第七十五条 中小学校财务监督应当实行事前监督、事中监督、事后监督相结合，日常监督与专项监督相结合。

第七十六条 中小学校应当建立健全内部控制制度、经济责任制度、财务信息披露制度等监督制度，按规定编制和报送内部控制报告，规范学校各项经济活动，依法公开财务信息。

第七十七条 中小学校应当遵守财经纪律和财务制度，依法接受主管部门和财政、审计等部门的监督。

第七十八条 中小学校及其工作人员存在违反本制度规定的行为，以及其他滥用职权、玩忽职守、徇私舞弊等违法违规行为的，依法追究相应责任。

第十三章 附 则

第七十九条 中小学校基本建设投资的财务管理，应当执行本制度，但国家基本建设投资财务管理制度另有规定的，从其规定。

第八十条 纳入企业财务管理体系的中小学校，以及独立核算的中小学校校办企业，执行企业财务制度，不执行本制度。

第八十一条 政府举办的幼儿园依照本制度执行。

社会力量举办的普通中小学校、中等职业学校（含技工学校）、特殊教育学校、专门学校、成人中学、成人初等学校和幼儿园可以参照本制度执行。

第八十二条 各省、自治区、直辖市人民政府财政部门、教育部门可以根据本制度，结合本地区实际情况，制定具体财务管理办法或者补充规定。

第八十三条 中小学校应当根据本制度结合学校实际情况制定内部财务管理办法，报主管部门备案。

第八十四条 本制度自 2022 年 9 月 1 日起施行。财政部、教育部 2012 年 12 月 21 日颁布的《中小学校财务制度》（财教〔2012〕489 号）同时废止。

5. 广播电视事业单位财务制度（2022 年修订）

（财教〔2022〕161 号印发）

第一章 总 则

第一条 为了进一步规范广播电视事业单位的财务行为，加强广播电视事业单位财务管理和监督，提高资金使用效益，保障广播电视事业单位健康发展，根据《事业单位财务规则》和国家有关法律制度，结合广播电视事业单位特点，制定本制度。

第二条 本制度适用于各级各类广播电视事业单位（以下简称广播电视事业单位）的财务活动。

第三条 广播电视事业单位财务管理的基本原则是：执行国家有关法律、法规和财务规章制度；坚持勤俭办一切事业的方针；正确处理事业发展需要和资金供给的关系，社会效益和经济效益的关系，国家、单位和个人三者利益的关系。

第四条 广播电视事业单位财务管理的主要任务是：合理编制单位预算，严格预算执行，完整、准确编制单位决算报告和财务报告，真实反映单位预算执行情况、财务状况和运行情况；依法组织收入，努力节约支出；建立健全财务制度，加强经济核算，全面实施绩效管理，提高资金使用效益；加强资产管理，合理配置和有效利用资产，防止资产流失；建立健全内部控制体系，加强对单位经济活动的财务控制和监督，防范财务风险。

第五条 广播电视事业单位应当按照国家有关规定设置财务会计机构，配备财务、会计人员。财务、会计人员应当具备从事财务会计工作所需要的专业能力。

省级以上（含副省级）广播电视事业单位应当设置总会计师；规模较大的广播电视事业单位根据需要可以设置总会计师。总会计师按照《总会计师条例》规定的任职资格设置并履行职责。

第六条 广播电视事业单位的全部财务活动在单位负责人领导下，由单位财务部门统一管理。

第七条 广播电视事业单位的各项经济业务事项按照国家统一的会计制度进行会计核算。广播电视事业单位应当加强财务信息化建设。

第二章　单位预算管理

第八条 广播电视事业单位预算是指广播电视事业单位根据广播电视事业发展目标和计划编制的年度财务收支计划。

广播电视事业单位预算由收入预算和支出预算组成。

第九条 国家对广播电视事业单位实行核定收支、定额或者定项补助、超支不补、结转和结余按规定使用的预算管理办法。

定额或者定项补助根据国家有关政策和财力可能，结合广播电视事业单位改革要求、事业特点、事业发展目标和计划、单位收支及资产状况等确定。定额或者定项补助可以为零。

非财政补助收入大于支出较多的广播电视事业单位，可以实行收入上缴办法。具体办法由财政部门会同有关主管部门制定。

第十条 预算编制原则：

（一）坚持合法合规的原则。根据国家有关方针政策、法律法规以及广播电视事业发展目标和计划编制单位预算草案。

（二）坚持完整性和统一性原则。广播电视事业单位应当将所有收入和支出全部纳入单位预算，并按照统一的口径、程序及计算依据编制单位预算草案。

（三）坚持以收定支、收支平衡的原则。单位预算应当自求平衡，不得编制赤字预算。

（四）坚持统筹兼顾、保证重点的原则。既要考虑事业发展的需要，又要考虑国家财力的可能和单位的收入状况、资产状况，保证重点，兼顾一般。

（五）坚持厉行节约、注重绩效的原则。挖掘内部潜力，促进增收节支，加强绩效管理，将绩效结果与预算编制有机结合。

第十一条 广播电视事业单位应当按照财政部门和主管部门预算编制的有关要求，参考以前年度预算执行情况，根据预算年度的收入增减因素和措施，以及以前年度结转结余等情况，测算编制收入预算草案；根据事业发展需要与财力可能，测算编制支出预算草案。

第十二条 广播电视事业单位应当根据国家宏观调控总体要求、年度广播电视事业发展目标、计划和预算编制的规定，提出预算建议数，经主管部门审核汇总报财政部门（一级预算单位直接报财政部门，下同）。广播电视事业单位根据财政部门下达的预算控制数编制预算草案，由主管部门审核汇总报财政部门，经法定程序审核批复后执行。

第十三条 广播电视事业单位应当严格执行批准的预算。预算执行中，国家对财政补助收入和财政专户管理资金的预算一般不予调剂。确需调剂的，由广播电视事业单位报主管部门审核后报财政部门调剂；其他资金确需调剂的，按照国家有关规定办理。

对财政部门和主管部门批复调剂的事项，广播电视事业单位应当及时进行调剂。

第十四条 广播电视事业单位应当全面加强预算管理，建立健全预算编制、审批、执行、调剂和绩效管理等制度。

第十五条 广播电视事业单位决算是指广播电视事业单位预算收支和结余的年度执行结果。

第十六条 广播电视事业单位应当按照规定及时编制年度决算草案，由主管部门审核汇总后报财政部门审批。

第十七条 广播电视事业单位应当加强决算的填报、审核和分析，保证决算数据的真实、完整、准确，规范决算管理工作。

第十八条 广播电视事业单位应当全面加强预算绩效管理，提高资金使用效益。

第三章 收入管理

第十九条 收入是指广播电视事业单位为开展广播电视业务及其他活动依法取得的非偿还性资金。

第二十条 广播电视事业单位的收入包括：

（一）财政补助收入，即广播电视事业单位从本级财政部门取得的各类财政拨款。

（二）事业收入，即广播电视事业单位开展广播电视和网络视听节目的制作、播出、传输、发射、接收、监测等专业业务活动及其辅助活动取得的收入，其中：按照国家有关规定应当上缴国库或者财政专户的资金，不计入事业收入；从财政专户核拨给广播电视事业单位的资金和经核准不上缴国库或者财政专户的资金，计入事业收入。国家另有规定的除外。

（三）上级补助收入，即广播电视事业单位从主管部门和上级单位取得的非财政补助收入。

（四）附属单位上缴收入，即广播电视事业单位附属独立核算单位按照有关规定上缴的收入。

（五）经营收入，即广播电视事业单位在专业业务活动及其辅助活动之外开展非独立核算经营活动取得的收入。

（六）其他收入，即本条上述规定范围以外的各项收入，包括投资收益、利息收入、捐赠收入、非本级财政补助收入、租金收入等。

第二十一条 事业收入包括：

（一）广告收入，即广播电视事业单位因播出、刊登广告收取的收入。

（二）收视费收入，即广播电视事业单位收取的广播电视和网络视听节目收视费收入。

（三）节目销售收入，即广播电视事业单位销售广播电视和网络视听节目取得的收入。

（四）合作合拍收入，即广播电视事业单位与国内外单位、机构合作广播电视和网络视听节目或合拍影视和网络视听节目取得的收入。

（五）节目制作和播放收入，即广播电视事业单位为其他单位制作、播放广播电视和网络视听节目取得的收入。

（六）节目传输和发射收入，即广播电视事业单位为用户传送广播电视和网络视听节目取得的收入。

（七）技术服务收入，即广播电视事业单位对外提供技术服务、技术咨询、翻译服务、信息服务、计量检测、设备技术安装和维修等取得的收入。

（八）其他事业收入，即广播电视事业单位开展专业业务及其辅助活动取得的除上述各项收入以外的收入，包括培训收入、门票收入等。

第二十二条 经营收入包括：

（一）销售收入，即广播电视事业单位非独立核算的销售商品收入。

（二）经营服务收入，即广播电视事业单位非独立核算的对外提供经营服务收入。

（三）其他经营收入，即广播电视事业单位在专业业务活动及其辅助活动之外开展非独立核算经营活动取得的除上述各项收入以外的收入。

第二十三条 收入管理的要求：

（一）广播电视事业单位应当在国家政策允许的范围内，依法组织收入，坚持把社会效益放在首位、社会效益和经济效益相统一。

（二）广播电视事业单位应当使用财政部门或税务部门统一监（印）制的票据，并建立健全票据管理制度。

（三）广播电视事业单位各项收入应当及时入账，不得由下属单位或其他单位违规代存代管资金，防止流失。

（四）广播电视事业单位应当将各项收入全部纳入单位预算，统一核算，统一管理，未纳入预算的收入不得安排支出。

第二十四条 广播电视事业单位对按照规定上缴国库或者财政专户的资金，应当按照国库集中收缴的有关规定及时足额上缴，不得隐瞒、滞留、截留、占用、挪用、拖欠或坐支。

第四章 支 出 管 理

第二十五条 支出是广播电视事业单位开展广播电视和网络视听节目的制作、播出、传输、发射、接收、监测等业务及其他活动发生的资金耗费和损失。

第二十六条 广播电视事业单位支出包括：

（一）事业支出，即广播电视事业单位开展广播电视和网络视听节目的制作、播出、传输、发射、接收、监测等专业业务活动及其辅助活动发生的基本支出和项目支出。基本支出是指广播电视事业单位为了保障其正常运转、完成日常工作任务所发生的支出，包括人员经费和公用经费；项目支出是指广播电视事业单位为了完成其特定的工作任务和事业发展目标所发生的支出。

（二）经营支出，即广播电视事业单位在广播电视和网络视听节目的制作、播出、传输、发射、接收、监测等专业业务活动及其辅助活动之外开展非独立核算经营活动发生的支出。

（三）对附属单位补助支出，即广播电视事业单位用财政补助收入之外的收入对附属单位补助发生的支出。

（四）上缴上级支出，即实行收入上缴办法的广播电视事业单位按照规定的定额或比例上缴上级单位的支出。

（五）其他支出，即本条上述规定范围以外的各项支出，包括利息支出、捐赠支出等。

第二十七条 广播电视事业单位应当将各项支出全部纳入单位预算，实行项目库管理，建立健全支出管理制度。各项支出应当在单位负责人的领导下，由单位财务部门按照经法定程序批复的预算，坚持量入为出，统一安排使用。单位业务部门按照财务部门核定的预算和规定的程序使用资金。

第二十八条 广播电视事业单位应当厉行节约，严格执行国家有关财务规章制度规定的开支范围及开支标准；国家有关财务规章制度没有统一规定的，由广播电视事业单位作出规定，报主管部门和财政部门备案。

广播电视事业单位的规定违反法律制度和国家政策的，主管部门和财政部门应当责令改正。

第二十九条 广播电视事业单位从财政部门和主管部门取得的有指定项目和用途的专项资金，应当专款专用、单独核算，并按照规定报送专项资金使用情况的报告，接受财政部门和主管部门的检查、验收。

第三十条 广播电视事业单位应当建立健全支出标准体系，合理使用资金，控制支出规模。

第三十一条 广播电视事业单位应当严格执行国库集中支付制度和政府采购制度等有关规定。

第三十二条 广播电视事业单位应当依法加强票据管理，确保票据来源合法、内容真实、使用正确，不得使用虚假票据。

票据经办部门和人员应当对票据的真实性、合法性负责。财务部门应当加强票据的审核，拒绝报销虚假票据。

第三十三条 广播电视事业单位应当强化成本意识、加强经济核算，可以根据开展广播电视业务活动及其他活动的实际需要，实行成本核算。成本核算的具体办法按照国务院财政部门相关规定执行。

第三十四条 广播电视事业单位实行成本核算，应当按照计入成本核算对象的方式不同，将广播电视业务活动中所发生的各种费用进行归集、分配和计算，其费用可以划分为直接费用、间接费用。

（一）直接费用是指直接开展广播电视和网络视听节目制作、播出、传输、发射、接收、监测等专业业务活动和非独立核算经营活动所发生的业务活动费用中，能确定由某一成本核算对象负担的费用。

（二）间接费用是指其他不能直接计入成本核算对象的费用。

第五章 结转和结余管理

第三十五条 结转和结余是指广播电视事业单位年度收入与支出相抵后的余额。

结转资金是指当年预算已执行但未完成，或者因故未执行，下一年度需要按照原用途继续使用的资金。结余资金是指当年预算工作目标已完成，或者因故终止，当年剩余的资金。

经营收支结转和结余应当单独反映。

第三十六条 财政拨款结转和结余的管理，应当按照国家有关规定执行。

第三十七条 非财政拨款结转按照规定结转下一年度继续使用。非财政拨款结余可以按照国家有关规定提取职工福利基金，剩余部分用于弥补以后年度单位收支差额；国家另有规定的，从其规定。

第三十八条 广播电视事业单位应当加强非财政拨款结余的管理，盘活存量，统筹安排，合理使用，支出不得超出非财政拨款结余规模。

第六章 专用基金管理

第三十九条 专用基金是指广播电视事业单位按照规定提取或设置的有专门用途的资金。

专用基金管理应当遵循先提后用、专款专用的原则，支出不得超出基金规模。

第四十条 专用基金包括职工福利基金和其他专用基金。

职工福利基金是指按照非财政拨款结余的一定比例提取以及按照其他规定提取转入，用于单位职工的集体福利设施、集体福利待遇等的资金。

其他专用基金是指除职工福利基金外，按照有关规定提取或者设置的专用资金。

第四十一条 广播电视事业单位应当将专用基金纳入预算管理，结合实际需要按照规定提取，保持合理规模，提高使用效益。专用基金余额较多的，应当降低提取比例或者暂停提取；确需调整用途的，由主管部门会同本级财政部门确定。

第四十二条 各项基金的提取比例和管理办法，国家有统一规定的，按照统一规定执行；没有统一规定的，由主管部门会同本级财政部门确定。

第七章 资产管理

第四十三条 资产是指广播电视事业单位依法直接支配的各类经济资源。

第四十四条 广播电视事业单位的资产包括流动资产、固定资产、在建工程、无形资产、对外投资、文物文化资产等。

第四十五条 广播电视事业单位应当建立健全单位资产管理制度，明确资产使用人和管理人的岗位责任，按照国家规定设置国有资产台账，加强和规范资产配置、使用和处置管理，维护资产安全完整，提高资产使用效率。涉及资产评估的，按照国家有关规定执行。

广播电视事业单位应当汇总编制本单位行政事业性国有资产管理情况报告。

广播电视事业单位应当定期或者不定期对资产进行盘点、对账。出现资产盘盈盘亏的，应当按照财务、会计和资产管理制度有关规定处理，做到账实相符和账账相符。

广播电视事业单位对需要办理权属登记的资产应当依法及时办理。

第四十六条 广播电视事业单位应当根据依法履行职能和事业发展的需要，结合资产存量、资产配置标准、绩效目标和财政承受能力配置资产。优先通过调剂方式配置资产。不能调剂的，可以采用购置、建设、租用等方式。

广播电视事业单位购置、建设、租用资产，应当提出资产配置需求，编制资产配置相关支出预算，严格按照预算管理规定和财政部门批复的预算配置资产。

第四十七条 流动资产是指可以在一年以内变现或者耗用的资产，包括现金、各种存款、应收及预付款项和存货等。

第四十八条 广播电视事业单位应当按照国家有关规定开立、使用和管理银行账户。

第四十九条 广播电视事业单位应当按时清理结算应收款项和预付款项，加强管理。广播电视事业单位货币性资产损失核销，应当经主管部门审核同意后报本级财政部门审批。

第五十条 存货是指广播电视事业单位在开展广播电视业务活动及其他活动中为耗用或出售而储存的资产，包括广播电视和网络视听节目、材料、燃料、包装物、低值易耗品以及未达到固定资产标准的用具、装具、动植物等。

（一）广播电视事业单位应当建立健全存货管理制度。单位资产管理部门应当指定专人负责，严格收发手续，完善存货验收、入库、保管和出库制度，防止丢失、损坏、变质。

（二）广播电视事业单位应当加强自制节目、外购节目和合作合拍节目等管理，建立健全广播电视和网络视听节目的制作、购置、验收入库、播出等制度，确保广播电视和网络视听节目安全、规范、有效管理。

（三）广播电视事业单位资产管理部门应当建立材料明细账，定期与财务部门的材料总账进行核对，做到账账相符。

（四）广播电视事业单位应当建立健全存货定额管理制度，科学制定材料储备定额和主要材料消耗定额，保持合理的存货库存量。

第五十一条 固定资产是指使用期限超过一年，单位价值在1 000元以上，并在使用过程中基本保持原有物质形态的资产。单位价值虽未达到规定标准，但耐用时间在一年以上的大批同类物资，作为固定资产管理。

广播电视事业单位的固定资产明细目录由国务院广播电视主管部门制定，报国务院财政部门备案。

第五十二条 广播电视事业单位应当加强固定资产管理：

（一）加强固定资产维护和保养，制定操作规程，建立技术档案和使用情况报告制度。

（二）购建和调入的固定资产，由单位资产管理部门负责验收，单位财务部门参与验收。购进专用设备和新建的房屋及构筑物竣工时，应当有专业技术人员参加验收。经验收后的固定资产应当及时入账并交付使用。

（三）广播电视事业单位固定资产报废和转让，按照规定程序办理。

（四）广播电视事业单位应当对单位固定资产实行动态管理，提高信息化水平。

第五十三条 在建工程是指已经发生必要支出，但尚未达到交付使用状态的建设工程。

广播电视事业单位应当加强在建工程管理，在建工程达到预定使用状态时，应当按照规定办理工程竣工财务决算和资产交付使用，期限最长不得超过1年。

第五十四条 无形资产是指不具有实物形态而能为使用者提供某种权利的资产，包括专利权、商标权、著作权、土地使用权、非专利技术以及其他财产权利。

广播电视事业单位应当加强本单位无形资产的评估确认、开发、保护、使用和转让管理。

广播电视事业单位转让无形资产取得的收入、取得无形资产发生的支出应当按照国家有关规定处理。

第五十五条 对外投资是广播电视事业单位依法利用货币资金、实物、无形资产等方式向其他单位的投资。广播电视事业单位应当严格控制对外投资。利用国有资产对外投资应当有利于事业发展和实现国有资产保值增值，符合国家有关规定，经可行性研究和集体决策，按照规定的权限和程序进行。广播电视事业单位不得使用财政拨款及其结余进行对外投资，不得从事股票、期货、基金、企业债券等投资，国家另有规定的除外。

广播电视事业单位应当明确对外投资形成的股权及其相关权益管理责任，按照国家有关规定将对外投资形成的股权纳入经营性国有资产集中统一监管体系。

第五十六条 文物文化资产包括不可移动文物、可移动文物、文创衍生品、标本模型以及其他藏品。

（一）广播电视事业单位应当将本单位的文物文化资产，按规定登记入账或设置备查簿进行登记，并在本单位行政事业性国有资产管理情况报告中体现。

（二）广播电视事业单位应当设立总登记账，对于按有关行业规定应作为藏品、文物资源资产进行管理的文物文化资产，及时、准确、完整登记录入总登记账，作为统计和核算实物量的依据。总登记账应合理分类，将不可移动文物、可移动文物单独登记。

（三）广播电视事业单位应当建立健全监督管理制度，定期核对总登记账数、资产账面数、备查簿登记数，确保数量、名称和实物一一对应。

（四）文物文化资产管理的具体办法，由国务院财政部门会同有关部门制定。

第五十七条 广播电视事业单位资产处置应当遵循公开、公平、公正和竞争、择优的原则，严格履行相关审批程序。

广播电视事业单位出租、出借资产，应当按照国家有关规定严格履行相关审批程序。

广播电视事业单位应当在确保安全使用的前提下，推进本单位大型设备等国有资产共享共用工作，可以对提供方给予合理补偿。

第八章 负债管理

第五十八条 负债是指广播电视事业单位所承担的能以货币计量，需要以资产或者劳务偿还的债务。

第五十九条 广播电视事业单位的负债包括借入款项、应付款项、暂存款项、应缴款项等。

应缴款项包括广播电视事业单位按照国家有关规定收取的应当上缴国库或者财政专户的资金、应缴税费，以及其他应当上缴的款项。

第六十条 广播电视事业单位应当对不同性质的负债分类管理，及时清理并按照规定办理结算，保证各项负债在规定期限内偿还。

第六十一条 广播电视事业单位应当建立健全财务风险预警和控制机制，规范和加强借入款项管理，如实反映依法举借债务情况。

广播电视事业单位应对自身的偿债能力以及未来内部发展和外部环境变化进行科学的评估，确保有可靠偿还计划和稳定的偿还资金来源。

广播电视事业单位应按内部控制规范的要求，制定举借债务的内部控制制度，识别风险点、控制点，严格执行审批程序，不得违反规定融资或者提供担保，不得以任何方式直接或间接替地方政府及其部门融资或提供担保。

第九章 事业单位清算

第六十二条 广播电视事业单位发生划转、改制、撤销、合并、分立时，应当进行清算。

第六十三条 广播电视事业单位清算，应当在主管部门和财政部门的监督指导下成立财务清算工作组，对单位的财产、债权、债务等进行全面清理，编制财产目录和债权、债务清单以及清算财务报表，全面反映单位的财务状况和清算损益，提出财产作价依据和债权、债务处理办法，做好资产和负债的移交、接收、划转和管理工作，并妥善处理各项遗留问题。

第六十四条 广播电视事业单位清算结束后，经主管部门审核并报财政部门批准，其资产和负债分别按照下列办法处理：

（一）因隶属关系改变，成建制划转的广播电视事业单位，全部资产和负债无偿移交划转，并相应划转经费指标。

（二）转为企业的广播电视事业单位，全部资产扣除负债后，转作国家资本金。

（三）撤销的广播电视事业单位，全部资产和负债由主管部门和财政部门核准处理。

（四）合并的广播电视事业单位，全部资产和负债移交接收单位或者新组建单位，合并后多余的资产由主管部门和财政部门核准处理，并相应划转经费指标。

（五）分立的广播电视事业单位，全部资产和负债按照有关规定移交分立后的事业单位，并相应划转经费指标。

第十章 财务报告和决算报告

第六十五条 广播电视事业单位应当按国家有关规定向主管部门和财政部门以及其他有关的报告使用者提供财务报告、决算报告。

广播电视事业单位财务会计和预算会计要素的确认、计量、记录、报告应当遵循政府会计准则制度的规定。

第六十六条 广播电视事业单位在编制年度财务报告前，应当对资产负债情况进行全面清查核实，按规定做好各类资产的清查盘点工作。广播电视事业单位在编制年度决算报告前，应当对全年收入、支出和结转结余进行全面清理核实，严格对账，扎实做好资金清理工作。

第六十七条 财务报告主要以权责发生制为基础编制，综合反映广播电视事业单位特定日期财务状况和一定时期运行情况等信息。

第六十八条 财务报告由财务报表和财务分析两部分组成。财务报表主要包括资产负债表、收入费用表等会计报表和报表附注。广播电视事业单位财务分析的内容主要包括财务状况分析、运行情况分析和财务管理情况等。

广播电视事业单位应当在财务报告附注中披露与举借债务、应付及预收款项、暂收性负债和预计负债有关信息。

第六十九条 决算报告主要以收付实现制为基础编制，综合反映广播电视事业单位年度预算收支执行结果等信息。

第七十条 决算报告由决算报表和决算分析两部分组成。决算报表主要包括收入支出表、财政拨款收入支出表等。广播电视事业单位决算分析的内容主要包括收支预算执行分析、资金使用效益分析和机构人员情况等。

第十一章　财务监督

第七十一条　广播电视事业单位财务监督主要包括对预算管理、收入管理、支出管理、结转和结余管理、专用基金管理、资产管理、负债管理等的监督。

第七十二条　广播电视事业单位财务监督应当实行事前监督、事中监督、事后监督相结合，日常监督与专项监督相结合。

第七十三条　广播电视事业单位应当建立健全内部控制制度、经济责任制度、财务信息披露制度等监督制度，按规定编制和报送内部控制报告，依法公开财务信息。

第七十四条　广播电视事业单位应当遵守财经纪律和财务制度，依法接受主管部门和财政、审计部门的监督。

第七十五条　各级广播电视事业单位、主管部门和财政部门及其工作人员存在违反本制度规定的行为，以及其他滥用职权、玩忽职守、徇私舞弊等违法违规行为的，依法追究相应责任。

第十二章　附　则

第七十六条　广播电视事业单位基本建设投资的财务管理，应当执行本制度，但国家基本建设投资财务管理制度另有规定的，从其规定。

第七十七条　参照公务员法管理的广播电视事业单位财务制度的适用，由国务院财政部门另行规定。

第七十八条　接受国家经常性资助的社会力量举办的广播电视公益服务性组织和社会团体，依照本制度执行；其他社会力量举办的广播电视公益服务性组织和社会团体可以参照本制度执行。

第七十九条　下列广播电视事业单位或者广播电视事业单位的特定项目，不执行本制度：

（一）纳入企业财务管理体系的广播电视事业单位和广播电视事业单位附属独立核算的生产经营单位。

（二）广播电视事业单位接受外单位要求投资回报的经营项目。

（三）经主管部门和财政部门批准的具备条件的其他广播电视事业单位。

第八十条　广播电视科学研究单位和学校执行同行业事业单位财务管理制度。

第八十一条　省、自治区、直辖市的财政部门和广播电视主管部门，可以根据本制度，结合本地区实际情况，制定补充规定，报国务院财政部门和国务院主管部门备案。

广播电视事业单位应当按照本制度，根据单位实际情况，制定内部财务管理办法，并报主管部门备案。

第八十二条　本制度自印发之日起施行。《财政部　广电总局关于印发〈广播电视事业单位财务制度〉的通知》（财教〔2012〕504号）同时废止。

6.体育事业单位财务制度（2022年修订）

（财教〔2022〕163号印发）

第一章　总　则

第一条　为了进一步规范体育事业单位的财务行为，加强体育事业单位财务管理和监督，提高资金使用效益，保障体育事业单位健康发展，根据《事业单位财务规则》和国家有关法律制度，结合体育事业单位特点，制定本制度。

第二条 本制度适用于各级各类体育事业单位（以下简称体育事业单位）的财务活动。

第三条 体育事业单位财务管理的基本原则是：执行国家有关法律、法规和财务规章制度；坚持勤俭办一切事业的方针；正确处理事业发展需要和资金供给的关系，社会效益和经济效益的关系，国家、单位和个人三者利益的关系。

第四条 体育事业单位财务管理的主要任务是：合理编制单位预算，严格预算执行，完整、准确编制单位决算报告和财务报告，真实反映单位预算执行情况、财务状况和运行情况；依法组织收入，努力节约支出；建立健全财务制度，加强经济核算，全面实施绩效管理，提高资金使用效益；加强资产管理，合理配置和有效利用资产，防止资产流失；参与单位重大经济决策和对外签订经济合同等事项；建立健全内部控制体系，加强对单位经济活动的财务控制和监督，防范财务风险。

第五条 体育事业单位应当按照国家有关规定设置财务会计机构，配备财务会计人员。财务会计人员应当具备从事财务会计工作所需要的专业能力。

第六条 体育事业单位的财务活动在单位负责人的领导下，由单位财务部门统一管理。

第七条 体育事业单位的各项经济业务事项按国家统一的会计制度进行会计核算。体育事业单位应当加强财务信息化建设。

第二章　单位预算管理

第八条 体育事业单位预算是指体育事业单位根据事业发展目标和计划编制的年度财务收支计划。体育事业单位预算由收入预算和支出预算组成。

第九条 国家对体育事业单位实行核定收支、定额或者定项补助、超支不补、结转和结余按规定使用的预算管理办法。

定额或者定项补助根据国家有关政策和财力可能，结合事业单位改革要求、体育事业特点、发展目标和计划、单位收支及资产状况等确定。定额或者定项补助可以为零。

非财政补助收入大于支出较多的体育事业单位，可以实行收入上缴办法。具体办法由财政部门会同体育主管部门制定。

第十条 体育事业单位参考以前年度预算执行情况，根据预算年度的收入增减因素和措施，以及以前年度结转和结余情况，测算编制收入预算草案；根据事业发展需要与财力可能，测算编制支出预算草案。体育事业单位预算应当自求收支平衡，不得编制赤字预算。

第十一条 体育事业单位应当根据国家宏观调控总体要求、年度事业发展目标和计划以及预算编制的规定，提出预算建议数，经主管部门审核汇总报财政部门（一级预算单位直接报财政部门，下同）。体育事业单位根据财政部门下达的预算控制数编制预算草案，由主管部门审核汇总报财政部门，经法定程序审核批复后执行。

第十二条 体育事业单位应当严格执行批准的预算。预算执行中，国家对财政补助收入和财政专户管理资金的预算一般不予调剂，确需调剂的，由体育事业单位报主管部门审核后报财政部门调剂；其他资金确需调剂的，按照国家有关规定办理。

第十三条 体育事业单位决算是指体育事业单位预算收支和结余的年度执行结果。

第十四条 体育事业单位应当按照规定编制年度决算草案，由主管部门审核汇总后报财政部门审批。

第十五条 体育事业单位应当加强决算审核和分析，保证决算数据的真实、准确，规范决算管理工作。

第十六条 体育事业单位应当全面加强预算绩效管理，提高资金使用效益。

第三章 收入管理

第十七条 收入是指体育事业单位为开展业务及其他活动依法取得的非偿还性资金。

第十八条 体育事业单位收入包括：

（一）财政补助收入，即体育事业单位从本级财政部门取得的各类财政拨款。

（二）事业收入，即体育事业单位开展专业业务活动及其辅助活动取得的收入。其中：按照国家有关规定应当上缴国库或者财政专户的资金，不计入事业收入；从财政专户核拨给事业单位的资金和经核准不上缴国库或者财政专户的资金，计入事业收入。

（三）上级补助收入，即体育事业单位从主管部门和上级单位取得的非财政补助收入。

（四）附属单位上缴收入，即体育事业单位附属独立核算单位按照有关规定上缴的收入。

（五）经营收入，即体育事业单位在专业业务活动及其辅助活动之外开展非独立核算经营活动取得的收入。

（六）其他收入，即本条上述规定范围以外的各项收入，包括投资收益、利息收入、捐赠收入、非本级财政补助收入、租金收入等。

第十九条 事业收入包括：

（一）体育竞赛收入，即体育事业单位组织和参加各类体育赛事和活动所取得的收入，包括出售门票、赛事冠名权、赛事媒体转播权等取得的各项收入。

（二）体育服务收入，即体育事业单位对外提供技术指导、技术咨询、技术培训、信息服务和推广体育科研成果等取得的收入。

（三）体育衍生业务收入，即体育事业单位通过形象代言、特许使用权、体育组织冠名权等取得的收入。

（四）其他体育事业收入，即体育事业单位开展专业业务活动及其辅助活动取得的除上述各项收入以外的收入。

第二十条 经营收入包括：

（一）销售收入，即体育事业单位非独立核算的销售商品收入。

（二）经营服务收入，即体育事业单位非独立核算的对外提供经营服务取得的收入。

（三）其他经营收入，即体育事业单位在专业业务活动及其辅助活动之外开展非独立核算的经营活动取得的除上述各项收入以外的收入。

第二十一条 体育事业单位应当在国家政策允许的范围内，依法组织收入，坚持把社会效益放在首位，同时注重经济效益。体育事业单位应当将各项收入全部纳入单位预算，统一核算，统一管理，未纳入预算的收入不得安排支出。

第二十二条 体育事业单位对按照规定上缴国库或者财政专户的资金，应当按照国库集中收缴的有关规定及时足额上缴，不得隐瞒、滞留、截留、占用、挪用、拖欠或坐支。

第四章 支出管理

第二十三条 支出是指体育事业单位开展业务及其他活动发生的资金耗费和损失。

第二十四条 体育事业单位支出包括：

（一）事业支出，即体育事业单位开展专业业务活动及其辅助活动发生的基本支出和项目支出。基本支出，是指体育事业单位为保障其单位正常运转、完成日常工作任务所发生的支出，包括人员经费和公用经费；项目支出，是指体育事业单位为完成其特定的工作任务和事业发展目标所发生的支出。

（二）经营支出，即体育事业单位在专业业务活动及其辅助活动之外开展非独立核算经营活动发生的支出。

（三）对附属单位补助支出，即体育事业单位用财政补助收入之外的收入对附属单位补助发生的支出。

（四）上缴上级支出，即体育事业单位按照财政部门和主管部门的规定上缴上级单位的支出。

（五）其他支出，即本条上述规定范围以外的各项支出，包括利息支出、捐赠支出等。

第二十五条 体育事业单位应当将各项支出全部纳入单位预算，实行项目库管理，建立健全支出管理制度。

第二十六条 体育事业单位的支出应当厉行节约，严格执行国家有关财务规章制度规定的开支范围及开支标准；国家有关财务规章制度没有统一规定的，由体育事业单位规定，报主管部门和财政部门备案。体育事业单位的规定违反法律制度和国家政策的，主管部门和财政部门应当责令改正。

第二十七条 体育事业单位从财政部门和主管部门取得的有指定项目和用途的专项资金，应当专款专用、单独核算，并按照规定报送专项资金使用情况的报告，接受财政部门或者主管部门的检查、验收。

第二十八条 体育事业单位应当强化成本意识、加强经济核算，具备条件的体育事业单位可以根据开展业务活动及其他活动的实际需要，实行成本核算。成本核算的具体办法按照国务院财政部门相关规定执行。

第二十九条 体育事业单位应当严格执行国库集中支付制度和政府采购制度等有关规定。

第三十条 体育事业单位应当依法加强各类票据管理，确保票据来源合法、内容真实、使用正确，不得使用虚假票据。

票据经办部门和人员应当对票据的真实性、合法性负责。财务部门应当加强票据的审核，拒绝报销虚假票据。

第五章　结转和结余管理

第三十一条 结转和结余是指体育事业单位年度收入与支出相抵后的余额。

结转资金是指当年预算已执行但未完成，或者因故未执行，下一年度需要按照原用途继续使用的资金。结余资金是指当年预算工作目标已完成，或者因故终止，当年剩余的资金。

经营收支结转和结余应当单独反映。

第三十二条 财政拨款结转和结余的管理，应当按照国家有关规定执行。

第三十三条 非财政拨款结转按照规定结转下一年度继续使用。非财政拨款结余可以按照国家有关规定提取职工福利基金，剩余部分用于弥补以后年度单位收支差额；国家另有规定的，从其规定。

第三十四条 体育事业单位应当加强非财政拨款结余的管理，盘活存量，统筹安排、合理使用，支出不得超出非财政拨款结余规模。

第六章　专用基金管理

第三十五条 专用基金是指体育事业单位按照规定提取或者设置的有专门用途的资金。

专用基金管理应当遵循先提后用、专款专用的原则，支出不得超出基金规模。

第三十六条 专用基金包括职工福利基金和其他专用基金。

职工福利基金是指按照非财政拨款结余的一定比例提取以及按其他规定提取转入，用于单位职工的集体福利设施、集体福利待遇等的资金。

其他专用基金是指除职工福利基金外，按照有关规定提取或者设置的专用资金。

第三十七条 体育事业单位应当将专用基金纳入预算管理，结合实际需要按照规定提取，保持合理规模，提高使用效益。专用基金余额较多的，应当降低提取比例或者暂停提取；

确需调整用途的，由主管部门会同本级财政部门确定。

第三十八条 各项基金的提取比例和管理办法，国家有统一规定的，按照统一规定执行；没有统一规定的，由主管部门会同本级财政部门确定。

第七章 资产管理

第三十九条 资产是指体育事业单位依法直接支配的各类经济资源。

第四十条 体育事业单位的资产包括流动资产、固定资产、在建工程、无形资产、对外投资、文物文化资产等。

第四十一条 体育事业单位应当建立健全单位资产管理制度，明确资产使用人和管理人的岗位责任，按照国家规定设置国有资产台账，加强和规范资产配置、使用和处置管理，维护资产安全完整，提高资产使用效率。涉及资产评估的，按照国家有关规定执行。

体育事业单位购建、调入、接受捐赠和赞助的资产，在入账及交付使用前，应当及时组织验收。

体育事业单位应当汇总编制本单位行政事业性国有资产管理情况报告。

体育事业单位应当定期或者不定期对资产进行盘点、对账。出现资产盘盈盘亏的，应当按照财务、会计和资产管理制度有关规定处理，做到账实相符和账账相符。

体育事业单位对需要办理权属登记的资产应当依法及时办理。

第四十二条 体育事业单位应当根据依法履行职能和事业发展的需要，结合资产存量、资产配置标准、绩效目标和财政承受能力配置资产。优先通过调剂方式配置资产。不能调剂的，可以采用购置、建设、租用等方式。

第四十三条 流动资产是指可以在一年以内变现或者耗用的资产，包括现金、各种存款、应收及预付款项、存货等。

前款所称存货是指体育事业单位在开展业务活动及其他活动中为耗用或出售而储存的资产，包括材料、燃料、包装物、低值易耗品和消耗性物品以及未达到固定资产标准的用具、装具、动植物等。

体育事业单位应当严格执行国家银行账户、现金及各种存款的有关规定。

体育事业单位对应收及预付款项要按时清理结算，加强管理。货币性资产损失核销，应当经主管部门审核同意后报本级财政部门审批。

第四十四条 固定资产是指使用期限超过一年，单位价值在 1000 元以上，并在使用过程中基本保持原有物质形态的资产。单位价值虽未达到规定标准，但是耐用时间在一年以上的大批同类物资，作为固定资产管理。

体育事业单位的固定资产明细目录由国务院体育主管部门制定,报国务院财政部门备案。

第四十五条 体育事业单位接受捐赠、赞助的实物包括固定资产和存货两类。

体育事业单位接受捐赠、赞助的固定资产和存货，按照有关凭证、合同约定价格或同类资产的市场价格记账，接受捐赠、赞助资产时发生的相关费用应当计入资产价值。

体育事业单位接受捐赠、赞助的存货，同时按照实物管理要求建立健全物资台账，严格出入库管理。

第四十六条 在建工程是指已经发生必要支出，但尚未达到交付使用状态的建设工程。

在建工程达到交付使用状态时，应当按照规定办理工程竣工财务决算和资产交付使用，期限最长不得超过 1 年。

第四十七条 无形资产是指不具有实物形态而能为使用者提供某种权利的资产，包括专利权、商标权、著作权、土地使用权、非专利技术以及其他财产权利。

体育事业单位应当加强本单位无形资产管理。体育事业单位转让无形资产取得的收入、取得无形资产发生的支出，应当按照国家有关规定处理。

第四十八条 对外投资是指体育事业单位依法利用货币资金、实物、无形资产等方式向其他单位的投资。

（一）体育事业单位应当严格控制对外投资。利用国有资产对外投资应当有利于事业发展和实现国有资产保值增值，符合国家有关规定，经可行性研究和集体决策，按照规定的权限和程序进行。

（二）体育事业单位不得使用财政拨款及其结余进行对外投资，不得从事股票、期货、基金、企业债券等投资，国家另有规定的除外。

（三）体育事业单位应当明确对外投资形成的股权及其相关权益管理责任，按照国家有关规定将对外投资形成的股权纳入经营性国有资产集中统一监管体系。

第四十九条 文化文物资产管理的具体办法，由国务院财政部门会同有关部门制定。

第五十条 体育事业单位资产处置应当遵循公开、公平、公正和竞争、择优的原则，严格履行相关审批程序。

体育事业单位出租、出借资产，应当按照国家有关规定严格履行相关审批程序。

体育事业单位应当在确保安全使用的前提下，推进本单位大型设备等国有资产共享共用工作，可以对提供方给予合理补偿。

第八章 负债管理

第五十一条 负债是指体育事业单位所承担的能以货币计量，需要以资产或者劳务偿还的债务。

第五十二条 体育事业单位的负债包括借入款项、应付款项、暂存款项、应缴款项等。

应缴款项包括体育事业单位按照国家有关规定收取的应当上缴国库或者财政专户的资金、应缴税费，以及其他应当上缴的款项。

第五十三条 体育事业单位应当对不同性质的负债分类管理，及时清理并按照规定办理结算，保证各项负债在规定期限内偿还。

第五十四条 体育事业单位应当建立健全财务风险预警和控制机制，规范和加强借入款项管理，如实反映依法举借债务情况，严格执行审批程序，不得违反规定融资或者提供担保，不得以任何方式直接或间接替地方政府及其部门融资或提供担保。

第九章 事业单位清算

第五十五条 体育事业单位发生划转、改制、撤销、合并、分立时，应当进行清算。

第五十六条 体育事业单位清算，应当在主管部门和财政部门的监督指导下成立财务清算工作组，对单位的财产、债权、债务等进行全面清理，编制财产目录和债权、债务清单以及清算财务报表，全面反映单位的财务状况和清算损益，提出财产作价依据和债权、债务处理办法，做好资产和负债的移交、接收、划转和管理工作，并妥善处理各项遗留问题。

第五十七条 体育事业单位清算结束后，经主管部门审核并报财政部门批准，其资产和负债分别按照下列办法处理：

（一）因隶属关系改变，成建制划转的体育事业单位，全部资产和负债无偿移交，并相应划转经费指标。

（二）转为企业的体育事业单位，全部资产扣除负债后，转作国家资本金。

（三）撤销的体育事业单位，全部资产和负债由主管部门和财政部门核准处理。

（四）合并的体育事业单位，全部资产和负债移交接收单位或者新组建单位，合并后多余的资产由主管部门和财政部门核准处理。

（五）分立的体育事业单位，全部资产和负债按照有关规定移交分立后的事业单位，并相应划转经费指标。

第十章　财务报告和决算报告

第五十八条　体育事业单位应当按国家有关规定向主管部门和财政部门以及其他有关的报告使用者提供财务报告、决算报告。

体育事业单位财务会计和预算会计要素的确认、计量、记录、报告应当遵循政府会计准则制度的规定。

第五十九条　体育事业单位在编制财务报告前，应当对财产、债权、债务等进行全面清查盘点，并编制盘存表。对盘盈、盘亏、报废、损毁等按照规定程序办理。

第六十条　财务报告主要以权责发生制为基础编制，综合反映体育事业单位特定日期财务状况和一定时期运行情况等信息。

第六十一条　财务报告由财务报表和财务分析两部分组成。财务报表主要包括资产负债表、收入费用表等会计报表和报表附注。财务分析的内容主要包括财务状况分析、运行情况分析和财务管理情况等。

第六十二条　决算报告主要以收付实现制为基础编制，综合反映体育事业单位年度预算收支执行结果等信息。

第六十三条　决算报告由决算报表和决算分析两部分组成。决算报表主要包括收入支出表、财政拨款收入支出表等。决算分析的内容主要包括收支预算执行分析、资金使用效益分析和机构人员情况等。

第十一章　财务监督

第六十四条　体育事业单位财务监督主要包括对预算管理、收入管理、支出管理、结转和结余管理、专用基金管理、资产管理、负债管理等的监督。

第六十五条　体育事业单位财务监督应当实行事前监督、事中监督、事后监督相结合，日常监督与专项监督相结合。

第六十六条　体育事业单位应当建立健全内部控制制度、经济责任制度、财务信息披露制度等监督制度，依法公开财务信息，按规定编制和报送内部控制报告。

第六十七条　体育事业单位的财务审计、监察机构履行内部财务监督职责，加强对单位经济活动的监督，有效防范财务风险。

第六十八条　体育事业单位应当遵守财经纪律和财务制度，依法接受主管部门和财政、审计部门的监督。

第六十九条　各级体育事业单位、主管部门和财政部门及其工作人员存在违反本规则规定的行为，以及其他滥用职权、玩忽职守、徇私舞弊等违法违规行为的，依法追究相应责任。

第十二章　附　　则

第七十条　体育事业单位基本建设投资的财务管理，应当执行本制度，但国家基本建设投资财务管理制度另有规定的，从其规定。

第七十一条　参照公务员法管理的体育事业单位财务制度的适用，按国务院财政部门有关规定执行。

第七十二条　接受国家经常性资助的社会力量举办的体育公益服务性组织和社会团体，依照本制度执行；其他社会力量举办的公益服务性组织和社会团体，可以参照本制度执行。

第七十三条　下列体育事业单位或者事业单位特定项目，执行企业财务制度，不执行本规则：

（一）纳入企业财务管理体系的体育事业单位和体育事业单位附属独立核算的生产经营单位；

（二）体育事业单位经营的接受外单位要求投资回报的项目；

（三）经主管部门和财政部门批准的具备条件的其他体育事业单位。

第七十四条 体育科学研究单位、学校、体育彩票机构和体育医院执行同行业事业单位财务制度。

第七十五条 省、自治区、直辖市财政部门和体育主管部门可以根据《事业单位财务规则》和本制度，结合本地区实际情况制定体育事业单位具体财务管理办法。

体育事业单位应当按照本制度，根据单位实际情况，制定单位内部各类专项管理制度。

第七十六条 本制度自印发之日起施行。《财政部　国家体育总局关于印发〈体育事业单位财务制度〉的通知》（财教〔2012〕505号）同时废止。

7. 文物事业单位财务制度（2022年修订）

（财教〔2022〕162号印发）

第一章　总　　则

第一条 为了进一步规范文物事业单位的财务行为，加强文物事业单位财务管理和监督，提高资金使用效益，保障文物事业单位健康发展，根据《事业单位财务规则》，结合文物事业单位特点，制定本制度。

第二条 本制度适用于各级各类文物事业单位（以下简称文物事业单位）的财务活动。

第三条 文物事业单位财务管理的基本原则是：执行国家有关法律、法规和财务规章制度；坚持勤俭办一切事业的方针；正确处理事业发展需要和资金供给的关系，社会效益和经济效益的关系，国家、单位和个人三者利益的关系。

第四条 文物事业单位财务管理的主要任务是：合理编制单位预算，严格预算执行，完整、准确编制单位决算报告和财务报告，真实反映单位预算执行情况、财务状况和运行情况；依法组织收入，努力节约支出；建立健全财务制度，加强经济核算，全面实施绩效管理，提高资金使用效益；加强资产管理，合理配置和有效利用资产，防止资产流失；建立健全内部控制体系，加强对单位经济活动的财务控制和监督，防范财务风险。

第五条 文物事业单位应当按照国家有关规定设置财务会计机构，配备财务、会计人员。财务、会计人员应当具备从事财务会计工作所需要的专业能力。

第六条 文物事业单位的财务活动在单位负责人的领导下，由单位财务部门统一管理。

第七条 文物事业单位的各项经济业务事项按照国家统一的会计制度进行会计核算。文物事业单位应当加强财务信息化建设。

第二章　单位预算管理

第八条 文物事业单位预算是指文物事业单位根据事业发展目标和计划编制的年度财务收支计划。

文物事业单位预算由收入预算和支出预算组成。

第九条 国家对文物事业单位实行核定收支、定额或者定项补助、超支不补、结转和结余按规定使用的预算管理办法。

定额或者定项补助根据国家有关政策和财力可能，结合文物事业单位改革要求、文物事业特点、事业发展目标和计划、单位收支及资产状况等确定。定额或者定项补助可以为零。

非财政补助收入大于支出较多的文物事业单位，可以实行收入上缴办法。具体办法由财政部门会同主管部门制定。

第十条 预算编制原则：

（一）坚持合法合规的原则。根据国家有关方针政策、法律法规以及文物事业发展目标和计划编制单位预算草案。

（二）坚持完整性和统一性原则。文物事业单位应当将所有收入和支出全部纳入单位预算，并按照统一的口径、程序及计算依据编制单位预算草案。

（三）坚持以收定支、收支平衡的原则。单位预算应当自求平衡，不得编制赤字预算。

（四）坚持统筹兼顾、保证重点的原则。预算编制既要考虑文物事业发展的需要，又要考虑国家财力的可能和单位的收入状况、资产状况，保证重点，兼顾一般。

（五）坚持厉行节约、注重绩效的原则。挖掘内部潜力，促进增收节支，加强绩效管理，将绩效结果与预算编制有机结合。

第十一条 文物事业单位参考以前年度预算执行情况，根据预算年度的收入增减因素和措施，以及以前年度结转和结余情况，测算编制收入预算草案；根据文物事业发展需要与财力可能，测算编制支出预算草案。

第十二条 文物事业单位应当根据国家宏观调控总体要求、年度事业发展目标和计划以及预算编制的规定，提出预算建议数，经主管部门审核汇总报财政部门（一级预算单位直接报财政部门，下同）。文物事业单位根据财政部门下达的预算控制数编制预算草案，由主管部门审核汇总报财政部门，经法定程序审核批复后执行。

第十三条 文物事业单位应当严格执行批准的预算。预算执行中，国家对财政补助收入和财政专户管理资金的预算一般不予调剂，确需调剂的，由文物事业单位报主管部门审核后报财政部门调剂；其他资金确需调剂的，按照国家有关规定办理。

第十四条 文物事业单位决算是指文物事业单位预算收支和结余的年度执行结果。

第十五条 文物事业单位应当按照规定编制年度决算草案，由主管部门审核汇总后报财政部门审批。

第十六条 文物事业单位应当加强决算审核和分析，保证决算数据的真实、准确，规范决算管理工作。

第十七条 文物事业单位应当全面加强预算绩效管理，提高资金使用效益。

第三章 收入管理

第十八条 收入是指文物事业单位为开展业务及其他活动依法取得的非偿还性资金。

第十九条 文物事业单位收入包括：

（一）财政补助收入，即文物事业单位从本级财政部门取得的各类财政拨款。

（二）事业收入，即文物事业单位开展专业业务活动及其辅助活动取得的收入。其中：按照国家有关规定应当上缴国库或者财政专户的资金，不计入事业收入；从财政专户核拨给事业单位的资金和经核准不上缴国库或者财政专户的资金，计入事业收入。

（三）上级补助收入，即文物事业单位从主管部门和上级单位取得的非财政补助收入。

（四）附属单位上缴收入，即文物事业单位附属独立核算单位按照有关规定上缴的收入。

（五）经营收入，即文物事业单位在专业业务活动及辅助活动之外开展非独立核算的经营活动取得的收入。

（六）其他收入，即本条上述规定范围以外的各项收入，包括投资收益、利息收入、捐赠收入、非本级财政补助收入、租金收入等。

第二十条 事业收入包括：

（一）门票收入，即文物事业单位开展业务活动出售门票取得的收入。

（二）展览收入，即文物事业单位自行举办或与外单位合办、协办展览而取得的收入。

（三）讲解导览收入，即文物事业单位为观众提供讲解、语音导览服务取得的收入。

（四）考古调查、勘探、发掘收入，即文物事业单位进行考古调查、勘探和依法考古发掘取得的收入。

（五）文物保护工程收入，即文物事业单位对外提供文物保护工程勘察设计、施工、监理等取得的收入。

（六）文物修复设计、施工和文物保护服务收入，即文物事业单位对外提供文物修复、文物复制、文物保护评估、文物保护方案编制、文物监测等服务取得的收入。

（七）文物鉴定、审核收入，即文物事业单位对外提供文物拍卖标底审核、文物进出境审核等取得的收入。

（八）文物调拨、交换、出借补偿收入，即文物事业单位因文物调拨、交换、出借取得的补偿收入。

（九）文化创意产品开发收入，即文物事业单位采取合作、独立开发等方式开发文化创意产品取得的收入。

（十）版权授权收入，即文物事业单位提供版权授权取得的收入。

（十一）其他事业收入，即文物事业单位开展专业业务活动及其辅助活动取得的除上述各项收入以外的收入。

第二十一条 经营收入包括：

（一）销售收入，即文物事业单位非独立核算的销售商品收入。

（二）经营服务收入，即文物事业单位非独立核算的对外提供影视拍摄等经营服务收入。

（三）其他经营收入，即文物事业单位在专业业务活动及其辅助活动之外开展非独立核算经营活动取得的除上述各项收入以外的收入。

第二十二条 文物事业单位应当将各项收入全部纳入单位预算，统一核算，统一管理，未纳入预算的收入不得安排支出。

第二十三条 文物事业单位应当在国家政策允许的范围内，依法组织收入，坚持把社会效益放在首位、社会效益和经济效益相统一。

第二十四条 文物事业单位应当严格执行国家批准或备案的收费项目和收费标准。

文物事业单位应当使用财政部门或税务部门统一监（印）制的票据，并建立健全票据管理制度。

文物事业单位各项收入应当及时入账，不得由下属单位或其他单位违规代存代管资金，防止流失。

第二十五条 文物事业单位事业收入应当用于文物保护事业发展需要，任何单位或者个人不得侵占、挪用。

配合建设工程进行考古调查、勘探、发掘取得的收入应当专门用于承担相关工作，任何单位不得统筹、挪用。

文物调拨、交换、出借补偿收入，必须用于改善文物的收藏条件和收集新的文物，不得挪作他用；任何单位或者个人不得侵占。

第二十六条 文物事业单位对按照规定上缴国库或者财政专户的资金，应当按照国库集中收缴的有关规定及时足额上缴，不得隐瞒、滞留、截留、占用、挪用、拖欠或坐支。

第四章 支出管理

第二十七条 支出是指文物事业单位开展业务及其他活动发生的资金耗费和损失。

第二十八条 文物事业单位支出包括：

（一）事业支出，即文物事业单位开展专业业务活动及其辅助活动发生的基本支出和项目支出。基本支出，是指文物事业单位为了保障其正常运转、完成日常工作任务所发生的支出，包括人员经费和公用经费；项目支出，是指文物事业单位为了完成其特定的工作任务和事业发展目标所发生的支出。

（二）经营支出，即文物事业单位在专业业务活动及其辅助活动之外开展非独立核算经营活动发生的支出。

（三）对附属单位补助支出，即文物事业单位用财政补助收入之外的收入对附属单位补助发生的支出。

（四）上缴上级支出，即文物事业单位按照财政部门和主管部门的规定上缴上级单位的支出。

（五）其他支出，即本条上述规定范围以外的支出，包括利息支出、捐赠支出等。

第二十九条 文物事业单位应当将各项支出全部纳入单位预算，实行项目库管理，建立健全支出管理制度。

第三十条 文物事业单位的支出应当厉行节约，严格执行国家有关财务规章制度规定的开支范围及开支标准，建立健全支出标准体系。国家有关财务规章制度没有统一规定的，由文物事业单位规定，报主管部门和财政部门备案。

文物事业单位的规定违反法律制度和国家政策的，主管部门和财政部门应当责令改正。

第三十一条 文物事业单位从财政部门和主管部门取得的有指定项目和用途的专项资金，应当专款专用，单独核算，并按照规定报送专项资金使用情况的报告，接受财政部门或者主管部门的检查、验收。

第三十二条 文物事业单位应当加强经济核算，可以根据开展文物业务活动及其他活动的实际需要，实行成本核算。成本核算的具体办法按照国务院财政部门相关规定执行。

第三十三条 文物事业单位应当严格执行国库集中支付制度和政府采购制度等有关规定。

第三十四条 文物事业单位应当依法加强票据管理，确保票据来源合法、内容真实、使用正确，严禁使用虚假票据。

票据经办部门和人员应当对票据的真实性、合法性负责。财务部门应当加强票据的审核，拒绝报销虚假票据。

第五章 结转和结余管理

第三十五条 结转和结余是指文物事业单位年度收入与支出相抵后的余额。

结转资金是指当年预算已执行但未完成，或者因故未执行，下一年度需要按照原用途继续使用的资金。结余资金是指当年预算工作目标已完成，或者因故终止，当年剩余的资金。

经营收支结转和结余应当单独反映。

第三十六条 财政拨款结转和结余的管理，应当按照国家有关规定执行。

第三十七条 非财政拨款结转按照规定结转下一年度继续使用。非财政拨款结余可以按照国家有关规定提取职工福利基金，剩余部分用于弥补以后年度单位收支差额；国家另有规定的，从其规定。

第三十八条 文物事业单位应当加强非财政拨款结余的管理，盘活存量，统筹安排，合理使用，支出不得超出非财政拨款结余规模。

第六章 专用基金管理

第三十九条 专用基金是指文物事业单位按照规定提取或者设置的有专门用途的资金。

专用基金管理应当遵循先提后用、专款专用的原则，支出不得超出基金规模。

第四十条 专用基金包括职工福利基金和其他专用基金。

职工福利基金是指按照非财政拨款结余的一定比例提取以及按照其他规定提取转入，

用于单位职工的集体福利设施、集体福利待遇等的资金。

其他专用基金是指除职工福利基金外，按照有关规定提取或者设置的专用资金。

第四十一条 文物事业单位应当将专用基金纳入预算管理，结合实际需要按照规定提取，保持合理规模，提高使用效益。专用基金余额较多的，应当降低提取比例或者暂停提取；确需调整用途的，由主管部门会同本级财政部门确定。

第四十二条 各项基金的提取比例和管理办法，国家有统一规定的，按照统一规定执行；没有统一规定的，由主管部门会同本级财政部门确定。

第七章 资产管理

第四十三条 资产是指文物事业单位依法直接支配的各类经济资源。

第四十四条 文物事业单位的资产包括流动资产、固定资产、在建工程、无形资产、对外投资、文物文化资产等。

第四十五条 文物事业单位应当建立健全单位资产管理制度，明确资产使用人和管理人的岗位责任，按照国家规定设置国有资产台账，加强和规范资产配置、使用和处置管理，维护资产安全完整，提高资产使用效率。涉及资产评估的，按照国家有关规定执行。

文物事业单位应当汇总编制本单位行政事业性国有资产管理情况报告。

文物事业单位应当定期或者不定期对资产进行盘点、对账。出现资产盘盈盘亏的，应当按照财务、会计和资产管理制度有关规定处理，做到账实相符和账账相符。

文物事业单位对需要办理权属登记的资产应当依法及时办理。

第四十六条 文物事业单位应当根据依法履行职能和事业发展的需要，结合资产存量、资产配置标准、绩效目标和财政承受能力配置资产。优先通过调剂方式配置资产。不能调剂的，可以采用购置、建设、租用等方式。

第四十七条 流动资产是指可以在一年以内变现或者耗用的资产，包括现金、各种存款、应收及预付款项、存货等。

第四十八条 文物事业单位财务部门按照国家有关规定开立、使用和管理银行账户。

文物事业单位应当按时清理结算应收款项和预付款项，加强管理。

文物事业单位货币性资产损失核销，应当经主管部门审核同意后报本级财政部门审批。

第四十九条 存货是指文物事业单位在开展业务活动及其他活动中为耗用或出售而储存的资产，包括材料、燃料、包装物和低值易耗品以及未达到固定资产标准的用具、装具、动植物等。

第五十条 固定资产是指使用期限超过一年，单位价值在1000元及以上，并在使用过程中基本保持原有物质形态的资产。单位价值虽未达到规定标准，但是耐用时间在一年以上的大批同类物资，作为固定资产管理。

文物事业单位的固定资产明细目录由国务院主管部门制定，报国务院财政部门备案。

第五十一条 在建工程是指已经发生必要支出，但尚未达到交付使用状态的建设工程。

在建工程达到预定使用状态时，应当按照规定办理工程竣工财务决算和资产交付使用，期限最长不得超过1年。

第五十二条 无形资产是指不具有实物形态而能为使用者提供某种权利的资产，包括专利权、商标权、著作权、土地使用权、非专利技术以及其他财产权利。

文物事业单位应当加强对本单位无形资产的管理，转让无形资产取得的收入、取得无形资产发生的支出，应当按照国家有关规定处理。

第五十三条 对外投资是指文物事业单位依法利用货币资金、实物、无形资产等方式向其他单位的投资。

文物事业单位应当严格控制对外投资。利用国有资产对外投资应当有利于事业发展和实现国有资产保值增值，符合国家有关规定，经可行性研究和集体决策，按照规定的权限和程序进行。

文物事业单位不得使用财政拨款及其结余进行对外投资，不得从事股票、期货、基金、企业债券等投资，国家另有规定的除外。

文物事业单位应当明确对外投资形成的股权及其相关权益管理责任，按照国家有关规定将对外投资形成的股权纳入经营性国有资产集中统一监管体系。

第五十四条 文物文化资产包括不可移动文物、可移动文物、文创衍生品、标本模型以及其他藏品。

（一）文物事业单位应当将本单位的文物文化资产，按规定登记入账或设置备查簿进行登记，并在本单位行政事业性国有资产管理情况报告中体现。

（二）文物事业单位应当设立总登记账，对于按有关行业规定应作为藏品、文物资源资产进行管理的文物文化资产，及时、准确、完整登记录入总登记账，作为统计和核算实物量的依据。总登记账应合理分类，将不可移动文物、可移动文物单独登记。

（三）文物事业单位应当建立健全监督管理制度，定期核对总登记账数、资产账面数、备查簿登记数，确保数量、名称和实物一一对应。

（四）文物文化资产管理的具体办法，由国务院财政部门会同有关部门制定。

第五十五条 文物事业单位资产处置应当遵循公开、公平、公正和竞争、择优的原则，严格履行相关审批程序。

文物事业单位出租、出借资产，应当严格履行相关审批程序。

第五十六条 文物事业单位应当在确保安全使用的前提下，推进本单位大型设备等国有资产共享共用工作，可以对提供方给予合理补偿。

第八章 负债管理

第五十七条 负债是指文物事业单位所承担的能以货币计量，需要以资产或者劳务偿还的债务。

第五十八条 文物事业单位的负债包括借入款项、应付款项、暂存款项、应缴款项等。

应缴款项包括文物事业单位按照国家有关规定收取的应当上缴国库或者财政专户的资金、应缴税费，以及其他应当上缴的款项。

第五十九条 文物事业单位应当对不同性质的负债分类管理，及时清理并按照规定办理结算，保证各项负债在规定期限内偿还。

第六十条 文物事业单位应当建立财务风险预警和控制机制，规范和加强借入款项管理，如实反映依法举借债务情况，严格执行审批程序，不得违反规定融资或者提供担保，不得以任何方式直接或间接替地方政府及其部门融资或提供担保。

第九章 事业单位清算

第六十一条 文物事业单位发生划转、改制、撤销、合并、分立时，应当进行清算。

第六十二条 文物事业单位清算，应当在主管部门和财政部门的监督指导下成立财务清算工作组，对单位的财产、债权、债务等进行全面清理，编制财产目录和债权、债务清单以及清算财务报表，全面反映单位的财务状况和清算损益，提出财产作价依据和债权、债务处理办法，做好资产和负债的移交、接收、划转和管理工作，并妥善处理各项遗留问题。

涉及的文物资源资产应当单独报文物主管部门核准后处理。

第六十三条 文物事业单位清算结束后，经主管部门审核并报财政部门批准，其资产和负债分别按照下列办法处理：

（一）因隶属关系改变，成建制划转的文物事业单位，全部资产和负债无偿移交，并相应划转经费指标。

（二）转为企业的文物事业单位，全部资产扣除负债后，转作国家资本金。

（三）撤销的文物事业单位，全部资产和负债由主管部门和财政部门核准处理。

（四）合并的文物事业单位，全部资产和负债移交接收单位或者新组建单位，合并后多余的国有资产由主管部门和财政部门核准处理。

（五）分立的文物事业单位，全部资产和负债按照有关规定移交分立后的文物事业单位，并相应划转经费指标。

第十章 财务报告和决算报告

第六十四条 文物事业单位应当按国家有关规定向主管部门和财政部门以及其他有关的报告使用者提供财务报告、决算报告。

文物事业单位财务会计和预算会计要素的确认、计量、记录、报告应当遵循政府会计准则制度的规定。

第六十五条 财务报告主要以权责发生制为基础编制，综合反映事业单位特定日期财务状况和一定时期运行情况等信息。

第六十六条 财务报告由财务报表和财务分析两部分组成。财务报表主要包括资产负债表、收入费用表等会计报表和报表附注。财务分析的内容主要包括财务状况分析、运行情况分析和财务管理情况等。

第六十七条 决算报告主要以收付实现制为基础编制，综合反映事业单位年度预算收支执行结果等信息。

第六十八条 决算报告由决算报表和决算分析两部分组成。决算报表主要包括收入支出表、财政拨款收入支出表等。决算分析的内容主要包括收支预算执行分析、资金使用效益分析和机构人员情况等。

第十一章 财务监督

第六十九条 文物事业单位财务监督主要包括对预算管理、收入管理、支出管理、结转和结余管理、专用基金管理、资产管理、负债管理等的监督。

第七十条 文物事业单位财务监督应当实行事前监督、事中监督、事后监督相结合，日常监督与专项监督相结合。

第七十一条 文物事业单位应当建立健全内部控制制度、经济责任制度、财务信息披露制度等监督制度，按规定编制和报送内部控制报告，依法公开财务信息。

第七十二条 文物事业单位应当遵守财经纪律和财务制度，依法接受主管部门和财政、审计部门的监督。

第七十三条 各级文物事业单位、主管部门和财政部门及其工作人员存在违反本制度规定的行为，以及其他滥用职权、玩忽职守、徇私舞弊等违法违规行为的，依法追究相应责任。

第十二章 附 则

第七十四条 文物事业单位基本建设投资财务管理，应当执行本制度，但国家基本建设投资财务管理制度另有规定的，从其规定。

第七十五条 参照公务员法管理的文物事业单位财务制度的适用，由国务院财政部门另行规定。

第七十六条 接受国家经常性资助的社会力量举办的文物公益服务性组织和社会团体，依照本制度执行。其他社会力量举办的文物公益服务性组织和社会团体，可以参照本制度执行。

第七十七条 下列文物事业单位或者事业单位特定项目，执行企业财务制度，不执行本制度：

（一）纳入企业财务管理体系的文物事业单位和文物事业单位附属独立核算的生产经营单位。

（二）文物事业单位经营的接受外单位要求投资回报的项目。

（三）经主管部门和财政部门批准的具备条件的其他文物事业单位。

第七十八条 省、自治区、直辖市财政部门和文物主管部门，可以根据本制度，结合本地区实际情况，制定补充规定，报国务院财政部门和国务院主管部门备案。

文物事业单位应当按照本制度，根据单位实际情况，制定单位内部财务管理办法，并报主管部门备案。

第七十九条 本制度自印发之日起施行。《财政部　国家文物局关于印发〈文物事业单位财务制度〉的通知》（财教〔2012〕506号）同时废止。

8. 科学事业单位财务制度（2022年修订）

（财教〔2022〕166号印发）

第一章　总　　则

第一条 为了进一步规范科学事业单位的财务行为，加强财务管理和监督，提高资金使用效益，促进科技事业健康发展，根据《事业单位财务规则》和国家有关法律制度，结合科学事业单位特点，制定本制度。

第二条 本制度适用于各级各类科学事业单位的财务活动。

第三条 科学事业单位财务管理的基本原则是：执行国家有关法律、法规和财务规章制度；坚持勤俭办一切事业的方针；正确处理事业发展需要与资金供给的关系，社会效益与经济效益的关系，国家、单位和个人三者利益的关系。

第四条 科学事业单位财务管理的主要任务是：合理编制单位预算，严格预算执行，完整、准确编制单位决算报告和财务报告，真实反映单位预算执行情况、财务状况和运行情况；依法组织收入，努力节约支出，规范科研项目资金管理；建立健全财务制度，加强经济核算，全面实施绩效管理，提高资金使用效益；加强资产管理，合理配置和有效利用资产，防止资产流失；加强对单位经济活动的财务控制和监督，防范财务风险。

第五条 科学事业单位的财务活动在单位负责人的领导下，由单位财务部门统一管理。

第六条 科学事业单位的各项经济业务事项按照国家统一的会计制度进行会计核算。

第二章　单位预算管理

第七条 科学事业单位预算是指单位根据事业发展目标和计划编制的年度财务收支计划。

科学事业单位预算由收入预算和支出预算组成。

第八条 国家对科学事业单位实行核定收支、定额或者定项补助、超支不补、结转和结余按规定使用的预算管理办法。

定额或者定项补助根据国家有关政策和财力可能，结合事业单位改革要求，科技事业发展目标和计划、科学事业单位特点、单位收支及资产状况等确定。定额或者定项补助可以为零。

第九条 非财政补助收入大于支出较多的科学事业单位，可以实行收入上缴办法。具体办法由财政部门会同有关主管部门制定。

第十条 科学事业单位应当在单位负责人主持下,由财务部门会同其他有关业务部门,参考以前年度预算执行情况,根据预算年度收入增减因素和措施,以及以前年度结转和结余情况,测算编制收入预算草案;根据事业发展需要与财力可能,测算编制支出预算草案。

科学事业单位预算编制应当坚持以收定支、收支平衡、统筹兼顾、保证重点的原则,不得编制赤字预算。

第十一条 科学事业单位应当根据国家宏观调控总体要求、年度事业发展目标和计划以及预算编制的规定,提出预算建议数,经主管部门审核汇总报财政部门(一级预算单位直接报财政部门,下同)。单位根据财政部门下达的预算控制数编制预算草案,由主管部门审核汇总报财政部门,经法定程序审核批复后执行。

第十二条 科学事业单位应当严格执行批复的预算。预算执行中,国家对财政补助收入和财政专户管理资金的预算一般不予调剂,确需调剂的,由单位报主管部门审核后报财政部门调剂;其他资金确需调剂的,按照国家有关规定办理。

第十三条 科学事业单位应当将批复的预算及时分解、落实,明确单位内部预算执行责任,加强预算执行管理,提高预算执行效率。

第十四条 科学事业单位决算是指单位预算收支和结余的年度执行结果。

第十五条 科学事业单位应当按照规定编制年度决算草案,由主管部门审核汇总后报财政部门审批。

第十六条 科学事业单位应当加强决算审核和分析,保证决算数据的真实、准确,规范决算管理工作。

第十七条 科学事业单位是单位承担的科研项目预算管理的责任主体,应当建立健全科研项目预算管理制度。

第十八条 科研项目预算应当由科研项目负责人协助单位财务部门,按照目标相关性、政策相符性、经济合理性的原则,根据科研项目任务的实际需要科学、合理、真实地编制。科研项目预算应当按照有关规定公开。

科研项目预算执行过程中需要调剂的,应当按照有关规定办理。

第十九条 科学事业单位应当全面加强预算绩效管理,提高资金使用效益。

第三章 收 入 管 理

第二十条 收入是指科学事业单位为开展业务及其他活动依法取得的非偿还性资金。包括:

(一)财政补助收入,即科学事业单位从本级政府财政部门取得的各类财政拨款。

(二)事业收入,即科学事业单位开展专业业务活动及其辅助活动取得的收入。其中:按照国家有关规定应当上缴国库或者财政专户的资金,不计入事业收入;从财政专户核拨给科学事业单位的资金和经核准不上缴国库或者财政专户的资金,计入事业收入。

(三)上级补助收入,即科学事业单位从主管部门和上级单位取得的非财政补助收入。

(四)附属单位上缴收入,即科学事业单位附属独立核算单位按照有关规定上缴的收入。

(五)经营收入,即科学事业单位在专业业务活动及其辅助活动之外开展非独立核算经营活动取得的收入。

(六)其他收入,即本条上述规定范围以外的各项收入,包括投资收益、利息收入、捐赠收入、非本级财政补助收入、租金收入等。

非本级财政补助收入是指科学事业单位从非本级政府财政部门取得的财政拨款,不包括因开展科研及其辅助活动从非本级政府财政部门取得的经费拨款。

第二十一条 科学事业单位的事业收入包括:

（一）科研收入，即科学事业单位开展科研活动及其辅助活动取得的收入。
（二）技术活动收入，即科学事业单位对外提供技术咨询、技术服务等活动取得的收入。
（三）学术活动收入，即科学事业单位开展学术交流、学术期刊出版等活动取得的收入。
（四）科普活动收入，即科学事业单位开展科学知识宣传、讲座和科技展览等活动取得的收入。
（五）试制产品活动收入，即科学事业单位试制中间试验产品等活动取得的收入。
（六）教学活动收入，即科学事业单位开展教学活动取得的收入。
以上各项收入不包括按照部门预算隶属关系从本级政府财政部门取得的财政拨款。

第二十二条 科学事业单位收入管理的要求主要包括：
（一）单位组织收入应当遵守国家政策规定，各项收入的来源应当合法。
（二）单位应当将各项收入全部纳入单位预算，统一核算，统一管理，未纳入预算的收入不得安排支出。
（三）单位应当执行国家规定的收费范围和标准。调整收费范围和标准，应当按照规定程序报经有关部门批准。
（四）单位应当按照规定使用财政、税务等部门统一印制的票据。

第二十三条 科学事业单位对按照规定上缴国库或者财政专户的资金，应当按照国库集中收缴的有关规定及时足额上缴，不得隐瞒、滞留、截留、占用、挪用、拖欠或坐支。
科学事业单位严禁设立小金库，严禁账外设账，严禁公款私存。

第四章 支出管理

第二十四条 支出是指科学事业单位开展业务及其他活动发生的资金耗费和损失。包括：
（一）事业支出，即科学事业单位开展专业业务活动及其辅助活动发生的基本支出和项目支出。
基本支出是指科学事业单位为保障其单位正常运转、完成日常工作任务所发生的支出，包括人员经费和公用经费。项目支出是指科学事业单位为完成其特定的工作任务和事业发展目标所发生的支出。
（二）上缴上级支出，即科学事业单位按照财政部门和主管部门的规定上缴上级单位的支出。
（三）对附属单位补助支出，即科学事业单位用财政补助收入之外的收入对附属单位补助发生的支出。
（四）经营支出，即科学事业单位在专业业务活动及其辅助活动之外开展非独立核算经营活动发生的支出。
（五）其他支出，即本条上述规定范围以外的各项支出，包括利息支出、捐赠支出等。

第二十五条 科学事业单位应当将各项支出全部纳入单位预算，实行项目库管理，建立健全支出管理制度。

第二十六条 科学事业单位应当加强经济核算，可以根据开展科研业务活动及其他活动的实际需要，实行成本核算。成本核算的具体办法按照国务院财政部门相关规定执行。

第二十七条 科学事业单位应当厉行节约，严格执行国家有关财务规章制度规定的开支范围及开支标准；国家有关财务规章制度没有统一规定的，由单位规定，报主管部门和财政部门备案。单位的规定违反法律制度和国家政策的，主管部门和财政部门应当责令改正。

第二十八条 科学事业单位从财政部门、主管部门和其他相关部门取得的有指定项目和用途的专项资金，应当专款专用、单独核算，并按照规定报送专项资金使用情况的报告，接受财政部门、主管部门和其他相关部门的检查、验收。
对于不同来源的科研项目资金，应当按照国家有关规定或者合同要求进行管理，不得截留、挤占、挪用和违反规定转拨资金，不得虚列支出，不得以任何形式谋取私利。

第二十九条 科学事业单位应当严格执行国库集中支付制度和政府采购制度等有关规定。

第三十条 科学事业单位应当依法加强各类票据管理，确保票据来源合法、内容真实、使用正确，不得使用虚假票据。

第五章 结转和结余管理

第三十一条 结转和结余是指科学事业单位年度收入与支出相抵后的余额。

结转资金是指当年预算已执行但未完成，或者因故未执行，下一年度需要按照原用途继续使用的资金。结余资金是指当年预算工作目标已完成，或者因故终止，当年剩余的资金。

第三十二条 财政拨款结转和结余的管理，应当按照国家有关规定执行。

第三十三条 非财政拨款结转按照规定结转下一年度继续使用。非财政拨款结余可以按照国家有关规定提取职工福利基金，剩余部分用于弥补单位以后年度收支差额；国家另有规定的，从其规定。

经营收支结转和结余应当单独反映。经营收支结余先按照国家有关规定弥补以前年度经营收支发生的亏损，提取科技成果转化基金，其余部分并入单位的结余中进行分配。

第三十四条 科学事业单位应当加强非财政拨款结余的管理，盘活存量，统筹安排、合理使用，支出不得超出非财政拨款结余规模。

第三十五条 科研项目完成或者因故终止时，应当及时进行验收或者结算，并办理财务结账手续。

科研项目资金的结转和结余管理，按照国家有关规定或者合同的要求执行。

第六章 专用基金管理

第三十六条 专用基金是指科学事业单位按照规定提取或者设置的有专门用途的资金。

专用基金管理应当遵循先提后用、专款专用的原则，支出不得超出基金规模。

第三十七条 专用基金包括：

（一）职工福利基金，即按照非财政拨款结余的一定比例提取以及按照其他规定提取转入，用于单位职工的集体福利设施、集体福利待遇等的资金。

（二）科技成果转化基金，即单位从事业收入中提取，在事业支出的相关科目中列支，以及在经营收支结余中提取转入，用于科技成果转化的资金。事业收入和经营收支结余较少的单位可以不提取科技成果转化基金。

（三）其他专用基金，除职工福利基金和科技成果转化基金外，按照有关规定提取或者设置的专用资金。

第三十八条 各项基金的提取比例和管理办法，国家有统一规定的，按照统一规定执行；没有统一规定的，由主管部门会同本级政府财政部门确定。

第三十九条 科学事业单位应当将专用基金纳入预算管理，结合实际需要按照规定提取，保持合理规模，提高使用效益。专用基金余额较多的，应当降低提取比例或者暂停提取；确需调整用途的，由主管部门会同本级政府财政部门确定。

第七章 资产管理

第四十条 资产是指科学事业单位依法直接支配的各类经济资源。

第四十一条 科学事业单位的资产包括流动资产、固定资产、在建工程、无形资产、对外投资、公共基础设施、政府储备物资、文物文化资产、保障性住房等。

第四十二条 科学事业单位应当建立健全单位资产管理制度，明确资产使用人和管理人的岗位责任，按照国家规定设置国有资产台账，加强和规范资产配置、使用和处置管理，维护资产安全完整，提高资产使用效率，保障事业健康发展。涉及资产评估的，按照国家有关规定执行。

单位应当汇总编制本单位行政事业性国有资产管理情况报告。

单位应当定期或者不定期对资产进行盘点、对账。出现资产盘盈盘亏的，应当按照财务、会计和资产管理制度有关规定处理，做到账实相符和账账相符。

单位对需要办理权属登记的资产应当依法及时办理。

第四十三条 科学事业单位应当根据依法履行职能和事业发展的需要，结合资产存量、资产配置标准、绩效目标和财政承受能力配置资产。优先通过调剂方式配置资产。不能调剂的，可以采用购置、建设、租用等方式。

第四十四条 流动资产是指可以在一年以内变现或者耗用的资产，包括现金、各种存款、应收及预付款项、存货等。

存货是指科学事业单位在开展业务活动及其他活动中为耗用或出售而储存的资产，包括各类材料、燃料、包装物和低值易耗品以及未达到固定资产标准的用具、装具、动植物等。

科学事业单位货币性资产损失核销，应当经主管部门审核同意后报本级政府财政部门审批。

第四十五条 固定资产是指使用期限超过一年，单位价值在1000元以上，并在使用过程中基本保持原有物质形态的资产。单位价值虽未达到规定标准，但是耐用时间在一年以上的大批同类物资，作为固定资产管理。

科学事业单位的固定资产明细目录由国务院主管部门结合科学事业单位特点制定，报国务院财政部门备案。

第四十六条 科学事业单位应当指定专门机构或者专人对固定资产进行管理，年度终了前应当进行全面清查盘点，做到账账、账卡、账实相符，对于固定资产的盘盈、盘亏应当按照规定及时进行处理。

第四十七条 在建工程是指已发生必要支出，但尚未达到交付使用状态的建设工程。

在建工程达到交付使用状态时，应当按照规定办理工程竣工财务决算和资产交付使用，期限最长不得超过1年。

第四十八条 无形资产是指不具有实物形态而能为使用者提供某种权利的资产，包括专利权、商标权、著作权、土地使用权、非专利技术以及其他财产权利。

第四十九条 科学事业单位应当加强无形资产的管理。单位对于无形资产应当按照国家有关规定合理计价，及时入账。

科学事业单位转让无形资产取得的收入、取得无形资产发生的支出，应当按照国家有关规定处理。

科学事业单位对其持有的科技成果，可按规定自主决定转让、许可或者作价投资，转化科技成果所获得的收入全部留归本单位。

第五十条 对外投资是指事业单位依法利用货币资金、实物、无形资产等方式向其他单位的投资。

科学事业单位应当严格控制对外投资。利用国有资产对外投资应当有利于事业发展和实现国有资产保值增值，符合国家有关规定，经可行性研究和集体决策，按照规定的权限和程序进行。

科学事业单位不得使用财政拨款及其结余进行对外投资，不得从事股票、期货、基金、企业债券等投资，国家另有规定的除外。

科学事业单位应当明确对外投资形成的股权及其相关权益管理责任，按照国家有关规定将对外投资形成的股权纳入经营性国有资产集中统一监管体系。

第五十一条 公共基础设施、政府储备物资、文物文化资产、保障性住房等资产管理的具体办法，由国务院财政部门会同有关部门制定。

第五十二条 科学事业单位资产处置应当遵循公开、公平、公正和竞争、择优的原则，严格履行相关审批程序。

科学事业单位出租、出借资产，应当严格履行相关审批程序。

第五十三条 科学事业单位应当按照国家有关规定，推进重大科研基础设施和大型科研仪器等国有资产的开放共享共用工作。

第八章 负债管理

第五十四条 负债是指科学事业单位所承担的能以货币计量，需要以资产或者劳务偿还的债务。包括借入款项、预收款项、应付款项、暂存款项、应缴款项等。

（一）借入款项，即科学事业单位开展各项活动向银行等金融机构借入的款项。

（二）预收款项，即科学事业单位与国家有关部门及其他单位签订研究和试制合同以及其他经济合同后，预先收到但尚未实现收入的款项，包括预收的政府专项合同款项、委托合同款项及其他合同款项等。

（三）应付款项，即科学事业单位按照规定和要求，应付而暂时未付的各种款项。

（四）暂存款项，即科学事业单位从其他单位或者个人收到的、代为保管或者暂时尚未确定性质的款项。

（五）应缴款项，即科学事业单位按照国家有关规定收取的应当上缴国库或者财政专户的资金、应缴税费，以及其他应当上缴的款项。

第五十五条 科学事业单位应当对不同性质的负债进行分类管理，及时清理并按照规定办理结算，保证各项负债在规定期限内偿还。

对预收款项，应当在合同完成或者阶段性完成后及时结转为收入；对应付款项，应当按时清付；对各项应缴税费，应当依据国家法律制度计缴。

第五十六条 科学事业单位应当建立健全财务风险预警和控制机制，不得违法违规举借债务，规范和加强借入款项管理，如实反映依法举借债务情况，严格执行审批程序，不得违反规定融资或者提供担保，不得以任何方式直接或间接替地方政府及其部门融资或提供担保，严禁新增地方政府隐性债务。将偿债资金来源严格限定在非财政性资金范围内，不得承诺或安排财政性资金偿还债务。

第九章 财务清算

第五十七条 科学事业单位发生划转、改制、撤销、合并、分立时，应当进行清算。

第五十八条 科学事业单位财务清算，应当在主管部门和财政部门的监督指导下成立财务清算工作组，对单位的财产、债权、债务等进行全面清理，编制财产目录和债权、债务清单以及清算财务报告，全面反映单位的财务状况和清算损益，提出财产作价依据和债权、债务处理办法，做好资产和负债的移交、接收、划转和管理工作，并妥善处理各项遗留问题。

第五十九条 科学事业单位清算结束后，经主管部门审核并报财政部门批准，其资产和负债分别按照下列办法处理：

（一）因隶属关系改变，成建制划转的单位，全部资产和负债无偿移交，并相应划转经费指标。

（二）转为企业的单位，全部资产扣除负债后，转作国家资本金。

（三）撤销的单位，全部资产和负债由主管部门和财政部门核准处理。

（四）合并的单位，全部资产和负债移交接收单位或者新组建单位，合并后多余的资产由主管部门和财政部门核准处理。

（五）分立的单位，全部资产和负债按照有关规定移交分立后的单位，并相应划转经费指标。

第十章　财务报告和决算报告

第六十条　科学事业单位应当按国家有关规定向主管部门和财政部门以及其他有关的报告使用者提供财务报告、决算报告。

科学事业单位财务会计和预算会计要素的确认、计量、记录、报告应当遵循政府会计准则制度的规定。

第六十一条　科学事业单位财务报告主要以权责发生制为基础编制，综合反映单位特定日期财务状况和一定时期运行情况等信息。

第六十二条　科学事业单位的财务报告由财务报表和财务分析两部分组成。财务报表主要包括资产负债表、收入费用表等会计报表和报表附注。财务分析的内容主要包括财务状况分析、运行情况分析和财务管理情况等。

第六十三条　科学事业单位决算报告主要以收付实现制为基础编制，综合反映事业单位年度预算收支执行结果等信息。

第六十四条　科学事业单位决算报告由决算报表和决算分析两部分组成。决算报表主要包括收入支出表、财政拨款收入支出表等。决算分析的内容主要包括收支预算执行分析、资金使用效益分析和机构人员情况等。

第十一章　财务监督

第六十五条　科学事业单位财务监督主要包括对预算管理、收入管理、支出管理、科研项目资金管理、结转和结余管理、专用基金管理、资产管理、负债管理等的监督。

第六十六条　科学事业单位财务监督应当实行事前监督、事中监督、事后监督相结合，日常监督与专项监督相结合。

第六十七条　科学事业单位是科研项目资金管理使用的主体，应强化法人责任，动态监管资金使用并实时预警提醒，确保资金合理规范使用。

科研项目资金管理使用的监督，按照国家有关规定执行。

第六十八条　科学事业单位应当建立健全内部控制制度、经济责任制度、财务信息披露制度等监督制度，依法公开财务信息，按规定编制和报送内部控制报告。

第六十九条　科学事业单位应当遵守财经纪律和财务制度，依法接受主管部门和财政、审计部门的监督。

第七十条　各级科学事业单位、主管部门和财政部门及其工作人员存在违反本制度规定的行为，以及其他滥用职权、玩忽职守、徇私舞弊等违法违规行为的，依法追究相应责任。

第十二章　附　　则

第七十一条　科学事业单位基本建设投资的财务管理，应当执行本制度，但国家基本建设投资财务管理制度另有规定的，从其规定。

第七十二条　参照公务员法管理的科学事业单位财务制度的适用，由国务院财政部门另行规定。

第七十三条　中国科学技术协会及地方科学技术协会所属的事业单位执行本制度。

接受国家经常性资助的社会力量举办的从事科学研究及相关活动的公益服务性组织和社会团体，依照本制度执行；其他社会力量举办的从事科学研究及相关活动的公益服务性组织和社会团体，可以参照本制度执行。

第七十四条 下列科学事业单位执行企业财务制度，不执行本制度：

（一）纳入企业财务管理体系的科学事业单位和科学事业单位附属独立核算的生产经营单位；

（二）经主管部门和财政部门批准的具备条件的其他科学事业单位。

第七十五条 军工科研单位财务制度另行制定，不执行本制度。

第七十六条 科学事业单位应当按照《事业单位财务规则》和本制度的规定，结合单位实际，制定内部财务管理办法，并报主管部门备案。

第七十七条 本制度自颁布之日起施行。财政部、科技部 2012 年 12 月 28 日颁布的《科学事业单位财务制度》（财教〔2012〕502 号）同时废止。

第二十二章 行政事业单位收入与价格管理法规

1. 中央行政单位国有资产处置收入和出租出借收入管理暂行办法（2009 年发布）

（财行〔2009〕400 号印发）

第一条 为了规范和加强中央行政单位国有资产收入管理，防止国有资产流失，根据《行政单位国有资产管理暂行办法》（财政部令第 35 号）以及国家其他有关规定，制定本办法。

第二条 本办法适用于以下机关和单位（以下统称中央行政单位）：

（一）中共中央直属机关，国务院各部委、各直属机构、办事机构，全国人大常委会办公厅，全国政协办公厅，最高人民法院，最高人民检察院，各民主党派中央等；

（二）中央垂直管理系统行政单位；

（三）驻外机构，指驻外使领馆、常驻联合国和其他国际组织代表团、中央行政单位驻外非外交性质代表机构等。

第三条 本办法所称中央行政单位国有资产处置收入是指中央行政单位国有资产产权的转移或核销所产生的收入，包括国有资产的出售收入、出让收入、置换差价收入、报废报损残值变价收入等。

本办法所称中央行政单位国有资产出租出借收入是指中央行政单位在保证完成正常工作的前提下，经审批同意，出租、出借国有资产所取得的收入。

中央行政单位国有资产处置收入和出租出借收入，以下统称为国有资产收入。

第四条 中央行政单位处置国有资产，应按照规定程序履行报批手续。未经批准，不得处置。

中央行政单位拟将占有、使用的国有资产对外出租、出借的，无论是本单位实施，还是委托后勤服务单位或者其他单位实施，都应按照规定程序履行报批手续；未经批准，不得出租、出借。

第五条 国有资产收入属于中央政府非税收入，是中央财政收入的重要组成部分，由财政部负责收缴和监管。

第六条 国有资产处置收入上缴中央国库，纳入预算；出租出借收入上缴中央财政专户，支出从中央财政专户中拨付。国家另有规定的除外。

第七条 中央行政单位处置和出租、出借国有资产应缴纳的税款和所发生的相关费用（资产评估费、技术鉴定费、交易手续费等），在收入中抵扣，抵扣后的余额按照政府非税收入收缴管理有关规定上缴中央财政。

第八条 中央行政单位应按照有关规定做好国有资产收入收缴工作，并监督检查下属单位国有资产收入缴纳情况。

第九条 中央行政单位取得的国有资产收入，应区分不同情况，按照以下几种方式上缴：

（一）对已开设中央财政汇缴专户的预算单位，应按照财政部非税收入收缴制度有关规定，在收入抵扣后两个工作日内，将余额缴入中央财政汇缴专户。

（二）对未开设中央财政汇缴专户的预算单位，应按照财政部非税收入收缴制度有关规定，分下列不同情况上缴国有资产收入：

1. 一级预算单位。由财政部为其开设中央财政汇缴专户，一级预算单位在收入抵扣后两个工作日内，将余额缴入其中央财政汇缴专户。

2. 二级预算单位。对于无下属预算单位的二级预算单位，由财政部为其主管一级预算单位开设中央财政汇缴专户，二级预算单位在收入抵扣后两个工作日内，将余额直接缴入一级预算单位的中央财政汇缴专户；对于有下属预算单位的二级预算单位，由财政部为二级预算单位开设中央财政汇缴专户，二级预算单位在收入抵扣后两个工作日内，将余额直接缴入其中央财政汇缴专户。

3. 三级及三级以下预算单位。由财政部为其主管二级预算单位开设中央财政汇缴专户，三级及三级以下预算单位在收入抵扣后两个工作日内，将余额直接缴入其主管二级预算单位的中央财政汇缴专户。

第十条 中央行政单位上缴国有资产收入时，使用以下收入科目：

出租出借收入，使用"行政单位国有资产出租收入（103070601）"科目；

处置收入，使用"行政单位国有资产处置收入（103070602）"科目。

第十一条 中央行政单位应当记录和反映国有资产收入，并按照有关规定报送统计报告。

第十二条 财政部驻各地财政监察专员办事处负责对中央行政单位国有资产收入缴纳情况进行监督检查。

第十三条 国有资产收入有关收支，应统一纳入部门预算统筹安排。

国有资产收入原来用于发放津贴补贴的部分，上缴中央财政后，由财政部统筹安排，作为规范后中央行政单位统一发放津贴补贴的资金来源。除此之外，国有资产收入不得再用于人员经费支出。

其余国有资产收入原则上由财政部统筹安排用于中央行政单位固定资产更新改造和新增资产配置，可优先安排用于收入上缴单位。

第十四条 中央行政单位要如实反映和缴纳国有资产收入，不得隐瞒；不得截留、挤占、坐支和挪用国有资产收入；不得违反规定使用国有资产收入。

中央行政单位要切实履行监管职责，加强对下属单位国有资产的监督管理，建立健全国有资产收入形成、收缴、使用、监督管理等方面的规章制度，防止隐瞒、截留、挤占、坐支和挪用国有资产收入。

第十五条 财政部、中央行政单位和个人违反本办法规定的，应根据《财政违法行为处罚处分条例》（国务院令第427号）等国家有关规定追究法律责任。

第十六条 中央行政单位公有住房按国家现行住房分配货币化改革的政策进行出售、出租的收入，按照国家有关规定执行，不执行本办法。

第十七条 参照公务员法管理、执行行政单位财务和会计制度的中央级事业单位和社会团体的国有资产收入管理，依照本办法执行。

对于人民银行系统和外汇管理局系统因行政经费支出形成的国有资产收入管理，依照本办法执行。

第十八条 本办法自发布之日起施行。此前发布的有关中央行政单位国有资产处置收入和出租出借收入管理的规定，凡与本办法规定不一致的，以本办法为准。

2. 政府非税收入管理办法（2016年发布）

（财税〔2016〕33号印发）

第一章 总 则

第一条 为了加强政府非税收入（以下简称非税收入）管理，规范政府收支行为，健全公共财政职能，保护公民、法人和其他组织的合法权益，根据国家有关规定，制定本办法。

第二条 非税收入设立、征收、票据、资金和监督管理等活动，适用本办法。

第三条 本办法所称非税收入，是指除税收以外，由各级国家机关、事业单位、代行政府职能的社会团体及其他组织依法利用国家权力、政府信誉、国有资源（资产）所有者权益等取得的各项收入。具体包括：

（一）行政事业性收费收入；

（二）政府性基金收入；

（三）罚没收入；

（四）国有资源（资产）有偿使用收入；

（五）国有资本收益；

（六）彩票公益金收入；

（七）特许经营收入；

（八）中央银行收入；

（九）以政府名义接受的捐赠收入；

（十）主管部门集中收入；

（十一）政府收入的利息收入；

（十二）其他非税收入。

本办法所称非税收入不包括社会保险费、住房公积金（指计入缴存人个人账户部分）。

第四条 非税收入是政府财政收入的重要组成部分，应当纳入财政预算管理。

第五条 非税收入实行分类分级管理。

根据非税收入不同类别和特点，制定与分类相适应的管理制度。鼓励各地区探索和建立符合本地实际的非税收入管理制度。

第六条 非税收入管理应当遵循依法、规范、透明、高效的原则。

第七条 各级财政部门是非税收入的主管部门。

财政部负责制定全国非税收入管理制度和政策，按管理权限审批设立非税收入，征缴、管理和监督中央非税收入，指导地方非税收入管理工作。

县级以上地方财政部门负责制定本行政区域非税收入管理制度和政策，按管理权限审批设立非税收入，征缴、管理和监督本行政区域非税收入。

第八条 各级财政部门应当完善非税收入管理工作机制，建立健全非税收入管理系统和统计报告制度。

第二章 设立和征收管理

第九条 设立和征收非税收入,应当依据法律、法规的规定或者按下列管理权限予以批准:

(一)行政事业性收费按照国务院和省、自治区、直辖市(以下简称省级)人民政府及其财政、价格主管部门的规定设立和征收。

(二)政府性基金按照国务院和财政部的规定设立和征收。

(三)国有资源有偿使用收入、特许经营收入按照国务院和省级人民政府及其财政部门的规定设立和征收。

(四)国有资产有偿使用收入、国有资本收益由拥有国有资产(资本)产权的人民政府及其财政部门按照国有资产(资本)收益管理规定征收。

(五)彩票公益金按照国务院和财政部的规定筹集。

(六)中央银行收入按照相关法律法规征收。

(七)罚没收入按照法律、法规和规章的规定征收。

(八)主管部门集中收入、以政府名义接受的捐赠收入、政府收入的利息收入及其他非税收入按照同级人民政府及其财政部门的管理规定征收或者收取。

任何部门和单位不得违反规定设立非税收入项目或者设定非税收入的征收对象、范围、标准和期限。

第十条 取消、停征、减征、免征或者缓征非税收入,以及调整非税收入的征收对象、范围、标准和期限,应当按照设立和征收非税收入的管理权限予以批准,不许越权批准。

取消法律、法规规定的非税收入项目,应当按照法定程序办理。

第十一条 非税收入可以由财政部门直接征收,也可以由财政部门委托的部门和单位(以下简称执收单位)征收。

未经财政部门批准,不得改变非税收入执收单位。

法律、法规对非税收入执收单位已有规定的,从其规定。

第十二条 执收单位应当履行下列职责:

(一)公示非税收入征收依据和具体征收事项,包括项目、对象、范围、标准、期限和方式等;

(二)严格按照规定的非税收入项目、征收范围和征收标准进行征收,及时足额上缴非税收入,并对欠缴、少缴收入实施催缴;

(三)记录、汇总、核对并按规定向同级财政部门报送非税收入征缴情况;

(四)编报非税收入年度收入预算;

(五)执行非税收入管理的其他有关规定。

第十三条 执收单位不得违规多征、提前征收或者减征、免征、缓征非税收入。

第十四条 各级财政部门应当加强非税收入执收管理和监督,不得向执收单位下达非税收入指标。

第十五条 公民、法人或者其他组织(以下简称缴纳义务人)应当按规定履行非税收入缴纳义务。

对违规设立非税收入项目、扩大征收范围、提高征收标准的,缴纳义务人有权拒绝缴纳并向有关部门举报。

第十六条 缴纳义务人因特殊情况需要缓缴、减缴、免缴非税收入的,应当向执收单位提出书面申请,并由执收单位报有关部门按照规定审批。

第十七条 非税收入应当全部上缴国库,任何部门、单位和个人不得截留、占用、挪用、坐支或者拖欠。

第十八条 非税收入收缴实行国库集中收缴制度。

第十九条 各级财政部门应当加快推进非税收入收缴电子化管理,逐步降低征收成本,提高收缴水平和效率。

第三章 票据管理

第二十条 非税收入票据是征收非税收入的法定凭证和会计核算的原始凭证,是财政、审计等部门进行监督检查的重要依据。

第二十一条 非税收入票据种类包括非税收入通用票据、非税收入专用票据和非税收入一般缴款书。具体适用下列范围:

(一)非税收入通用票据,是指执收单位征收非税收入时开具的通用凭证。

(二)非税收入专用票据,是指特定执收单位征收特定的非税收入时开具的专用凭证,主要包括行政事业性收费票据、政府性基金票据、国有资源(资产)收入票据、罚没票据等。

(三)非税收入一般缴款书,是指实施非税收入收缴管理制度改革的执收单位收缴非税收入时开具的通用凭证。

第二十二条 各级财政部门应当通过加强非税收入票据管理,规范执收单位的征收行为,从源头上杜绝乱收费,并确保依法合规的非税收入及时足额上缴国库。

第二十三条 非税收入票据实行凭证领取、分次限量、核旧领新制度。

执收单位使用非税收入票据,一般按照财务隶属关系向同级财政部门申领。

第二十四条 除财政部另有规定以外,执收单位征收非税收入,应当向缴纳义务人开具财政部或者省级财政部门统一监(印)制的非税收入票据。

对附加在价格上征收或者需要依法纳税的有关非税收入,执收单位应当按规定向缴纳义务人开具税务发票。

不开具前款规定票据的,缴纳义务人有权拒付款项。

第二十五条 非税收入票据使用单位不得转让、出借、代开、买卖、擅自销毁、涂改非税收入票据;不得串用非税收入票据,不得将非税收入票据与其他票据互相替代。

第二十六条 非税收入票据使用完毕,使用单位应当按顺序清理票据存根、装订成册、妥善保管。

非税收入票据存根的保存期限一般为 5 年。保存期满需要销毁的,报经原核发票据的财政部门查验后销毁。

第四章 资金管理

第二十七条 非税收入应当依照法律、法规规定或者按照管理权限确定的收入归属和缴库要求,缴入相应级次国库。

第二十八条 非税收入实行分成的,应当按照事权与支出责任相适应的原则确定分成比例,并按下列管理权限予以批准:

(一)涉及中央与地方分成的非税收入,其分成比例由国务院或者财政部规定;

(二)涉及省级与市、县级分成的非税收入,其分成比例由省级人民政府或者其财政部门规定;

(三)涉及部门、单位之间分成的非税收入,其分成比例按照隶属关系由财政部或者省级财政部门规定。

未经国务院和省级人民政府及其财政部门批准,不得对非税收入实行分成或者调整分成比例。

第二十九条 非税收入应当通过国库单一账户体系收缴、存储、退付、清算和核算。

第三十条　上下级政府分成的非税收入，由财政部门按照分级划解、及时清算的原则办理。

第三十一条　已上缴中央和地方财政的非税收入依照有关规定需要退付的，分别按照财政部和省级财政部门的规定执行。

第三十二条　根据非税收入不同性质，分别纳入一般公共预算、政府性基金预算和国有资本经营预算管理。

第三十三条　各级财政部门应当按照规定加强政府性基金、国有资本收益与一般公共预算资金统筹使用，建立健全预算绩效评价制度，提高资金使用效率。

第五章　监督管理

第三十四条　各级财政部门应当建立健全非税收入监督管理制度，加强非税收入政策执行情况的监督检查，依法处理非税收入违法违规行为。

第三十五条　执收单位应当建立健全内部控制制度，接受财政部门和审计机关的监督检查，如实提供非税收入情况和相关资料。

第三十六条　各级财政部门和执收单位应当通过政府网站和公共媒体等渠道，向社会公开非税收入项目名称、设立依据、征收方式和标准等，并加大预决算公开力度，提高非税收入透明度，接受公众监督。

第三十七条　任何单位和个人有权监督和举报非税收入管理中的违法违规行为。

各级财政部门应当按职责受理、调查、处理举报或者投诉，并为举报人保密。

第三十八条　对违反本办法规定设立、征收、缴纳、管理非税收入的行为，依照《中华人民共和国预算法》《财政违法行为处罚处分条例》和《违反行政事业性收费和罚没收入收支两条线管理规定行政处分暂行规定》等国家有关规定追究法律责任；涉嫌犯罪的，依法移送司法机关处理。

第六章　附　　则

第三十九条　教育收费管理参照本办法规定执行，收入纳入财政专户管理。

第四十条　省级财政部门可以根据本办法的规定，结合本地区实际情况，制定非税收入管理的具体实施办法。

第四十一条　本办法自颁布之日起施行。

3. 政府制定价格成本监审办法（2017年发布）

（中华人民共和国国家发展和改革委员会令2017年第8号发布）

第一章　总　　则

第一条　为加强对政府制定价格商品和服务的成本监管，规范政府制定价格成本监审行为，提高政府价格决策科学性，根据《中华人民共和国价格法》和有关法律法规规定，制定本办法。

第二条　国务院价格主管部门及有关部门，省、自治区、直辖市人民政府价格主管部门及有关部门，和经省、自治区、直辖市人民政府授权的市、县人民政府（以下简称定价机关）依法制定或者调整商品和服务价格（以下简称制定价格）过程中的成本监审行为，适用本办法。

第三条　本办法所称成本监审是指定价机关通过审核经营者成本，核定政府制定价格成本（以下简称定价成本）的行为，是政府制定价格的重要程序，是价格监管的重要内容。

本办法所称定价成本，是指定价机关核定的经营者生产经营或者提供政府制定价格的商品或者服务的合理费用支出，是政府制定价格的基本依据。

第四条 各级定价机关负责组织实施本级定价权限范围内的成本监审，履行主体责任，对成本监审结论负责。

第五条 成本监审项目实行目录管理。成本监审目录由国务院价格主管部门和省、自治区、直辖市人民政府价格主管部门分别依据中央和地方定价目录确定，并及时向社会公布。

自然垄断环节以及依成本定价的重要公用事业和公益性服务应当列入成本监审目录。成本监审目录应当根据政府定价目录修订情况和价格监管需要适时调整。

列入成本监审目录的商品和服务，未经成本监审的，不得制定价格，没有正式营业或者营业不满一个会计年度的除外。

第六条 成本监审应当遵循公正、公开、科学、规范、效率的原则。

第七条 成本监审包括制定价格前监审和定期监审两种形式。

成本监审目录中应当明确不同商品和服务的监审形式以及定期监审的间隔周期，定期监审的间隔周期不得少于一年。

第八条 定价机关原则上应当对生产经营同种商品或者提供同种服务的所有经营者实施成本监审。经营者数量众多的，可以选取一定数量的有代表性的经营者实施成本监审。

第九条 国务院价格主管部门及有关部门，省、自治区、直辖市人民政府价格主管部门及有关部门可以根据不同商品和服务的实际情况，制定具体商品和服务的定价成本监审办法。

第十条 定价机关根据工作需要，可以委托价格主管部门或者有关部门开展成本监审部分工作，也可以通过政府购买服务等方式，委托或聘请专业机构或者人员参与成本监审工作。以政府购买服务等方式委托或聘请的，应当签订合同，明确工作内容及相关责任。

第十一条 经营者应当建立健全成本核算制度，完整准确记录并单独核算定价商品或者服务的生产经营成本和收入。

第十二条 定价机关应当逐步建立健全成本信息公开制度，经营者应当按照定价机关的规定公开成本，定价机关制定价格应当公开成本监审结论。

第二章 成本监审程序

第十三条 成本监审应当履行书面通知、资料初审、实地审核、意见告知、出具报告等程序。

第十四条 定价机关实施成本监审，应当书面通知有关经营者，明确成本监审范围、监审形式、监审期间（成本审核会计年度期间），以及需要提供的资料和进行实地审核的要求等内容。

第十五条 经营者应当自收到书面通知之日起20个工作日内提供相关商品或者服务成本监审所需资料（以下简称成本资料），并对所提供成本资料的真实性、合法性、完整性负责。成本资料应当包括下列内容：

（一）按照定价机关要求和规定表式核算填报的成本报表，主要成本项目的核算方法、成本费用分摊方法及其相关依据；

（二）经会计师事务所审计或者政府有关部门审核的年度财务报告；

（三）生产量、销售量、服务量以及相关的统计报表；

（四）成本监审所需的其他资料。

第十六条 定价机关应当自收到经营者报送成本资料之日起10个工作日内对其完整性

进行初审，资料不完整的，应当要求经营者限期补充。

第十七条 经营者报送的成本资料经初审合格的，定价机关应当开展实地审核，调查了解经营者生产经营情况，查阅、复制有关资料，按照本办法第三章和相关商品或者服务的定价成本监审办法及有关规定对经营者成本进行审核。

实地审核过程中，定价机关可以根据工作需要，要求经营者补充提供成本相关资料。

第十八条 定价机关应当将经营者成本审核初步意见告知经营者。经营者对成本审核初步意见有异议的，可以向定价机关提出书面意见及理由。

第十九条 定价机关应当在对成本监审程序、成本审核方法和标准等进行复核后，核定定价成本，出具成本监审报告。成本监审报告应当包括下列内容：

（一）成本监审项目；

（二）成本监审依据；

（三）成本监审程序；

（四）经营者基本情况；

（五）经营者成本审核情况；

（六）成本监审结论；

（七）定价成本核定表；

（八）其他需要说明的事项。

第二十条 成本监审工作人员与经营者有利害关系的，应当回避。定价机关及其工作人员不得将获得的经营者成本资料用于价格监管以外的任何其他目的，不得泄露经营者的商业秘密。

第二十一条 定价机关应当按照档案管理制度建立成本监审卷宗并存档。卷宗应当实行"一项目一卷宗"制度，内容包括：成本监审书面通知、经营者报送的成本资料、成本监审报告等。

第三章　定价成本核定

第二十二条 核定定价成本应当遵循以下原则：

（一）合法性。计入定价成本的费用应当符合有关法律、法规，财务制度和国家统一的会计制度，以及价格监管制度等规定。

（二）相关性。计入定价成本的费用应当与定价商品或者服务生产经营过程直接相关或者间接相关。

（三）合理性。计入定价成本的费用应当反映生产经营活动正常需要，并按照合理方法和合理标准核算；影响定价成本水平的主要技术、经济指标应当符合行业标准或者公允水平。

第二十三条 核定定价成本，应当以经会计师事务所审计或者政府有关部门审核的年度财务报告以及手续齐备的原始凭证及账册为基础，有关费用按照本办法第二十四条至第三十九条规定核定。

第二十四条 原材料、燃料和动力的单位产品消耗数量、损耗率等主要技术指标，应当按照有关消耗定额或者损耗率的国家标准或者行业标准核定，没有国家标准或者行业标准的，参照可比经营者平均水平核定。同行业内各经营者之间技术指标不可比的，应当考虑经营者实际情况和区域差异等因素，并参照经营者历史水平合理核定。

原材料、燃料等购进价格明显高于同期同类产品市场平均价格的，原则上应当按照同期同类产品市场平均价格确定其进货成本。

第二十五条 职工工资总额按照职工平均工资与职工人数核定。其中，职工平均工资原则上据实核定，但不得超过统计部门公布的当地该行业职工平均工资水平；职工人数按照实际在岗职工人数核定，政府有关部门或者行业有明确规定的，不得超过其规定人数。由政府有关部门进行工资管理的，职工工资总额上限为按照其工资管理规定核定的数值。

因解除与职工的劳动关系给予的补偿，按照一定年限分摊计入定价成本。

第二十六条　工会经费、职工教育经费、职工福利费、社会保险费（包含补充医疗和补充养老保险）、住房公积金，审核计算基数原则上按照经营者实缴基数核定，但不得超过核定的工资总额和当地政府规定的基数，计算比例按照不超过国家或者当地政府统一规定的比例确定。应当在工会经费、职工教育经费和职工福利费中列支的费用，不得在其他费用项目中列支。

第二十七条　固定资产、无形资产等各类资产的原值，参照合理规模，遵循历史成本原则核定。按照规定进行过清产核资的，根据有关部门认定的固定资产价值核定。未投入实际使用的、不能提供价值有效证明的、由政府补助或者社会无偿投入的资产，以及评估增值的部分不得计提折旧或者摊销费用。

第二十八条　固定资产折旧方法采用年限平均法（交通运输等行业可以采用工作量折旧法）。折旧年限应当根据固定资产的性质、设计使用年限和行业规范，并考虑资产使用状况合理核定。经营者确定的固定资产折旧年限明显低于实际使用年限，成本监审时应当按照实际使用年限调整折旧年限。残值率一般按 3%～5% 计算。行业定价成本监审办法有规定的，从其规定。

第二十九条　实行特许经营的，固定资产折旧年限按照不同情况分别处理：

（一）特许经营期满后资产无偿移交的，固定资产折旧年限最高不超过特许经营期；

（二）特许经营期满后资产有偿转让的，按照第二十八条规定确定折旧年限。

第三十条　无形资产从开始使用之日起，在有效使用期限内分摊计入年度费用中。其中，土地使用权费已计入地面建筑物价值且无法分离的，随建筑物提取折旧；其他按照土地使用权年限分摊。

特许经营权费用原则上不得计入定价成本，政府规定允许计入的，按照特许经营年限分摊，没有特许经营年限的按 30 年分摊。专利权等其他无形资产，按照受益年限分摊，没有明确受益年限的按不少于 10 年分摊。

第三十一条　修理费用原则上据实核定，也可以按照固定资产原值的一定比例核定，或者在固定资产原值的一定比例内据实核定。

第三十二条　管理费用中，人员相关费用按照本办法第二十五和二十六条规定核定；会议费、交通费、差旅费、业务招待费等非生产性费用按照监审期间内平均水平核定，其中业务招待费不得超过当年主营业务（指生产经营监审商品或者服务的业务，下同）收入的 5‰。

第三十三条　销售费用中，人员相关费用按照本办法第二十五和二十六条规定核定，其他项目原则上据实核定。

第三十四条　财务费用中的利息支出原则上据实核定。年度利息支出差异较大的，按照还款期计算的年平均利息核定。自有资本金比例未达到国家规定的，不足部分的借款利息不得计入定价成本。

第三十五条　经营者获得的与监审商品或者服务有关的政府补助，用于购买固定资产的，按照第二十七和二十八条规定核定；

用于补助专门项目的，直接冲减该项费用；未明确规定专项用途的，应当冲减总成本。

第三十六条　经营者生产经营多种商品或者服务的，应当采取合理的方法分摊共同发生的费用。

第三十七条 其他业务成本应当单独核算，不计入监审商品或者服务成本。其他业务与主营业务共同使用资产、人员或者统一支付费用，依托主营业务从事生产经营活动，以及因从事主营业务而获得政府优惠政策，不能单独核算或者核算不合理的，应当将其他业务收入按照一定比例冲减总成本。该比例可采用收入比、直接人员数量比、资产比或者其他合理方法确定。

第三十八条 本办法未规定的其他费用，有关法律法规和国家政策已明确规定核算原则和标准的，按照相关规定核定；没有明确规定的，原则上据实核定，但应当符合公允水平。

第三十九条 下列费用不得计入定价成本：

（一）不符合《中华人民共和国会计法》等有关法律、行政法规，财务制度和国家统一的会计制度，以及价格监管制度等的费用；

（二）与监审商品或者服务生产经营过程无关的费用；

（三）虽与监审商品或者服务生产经营过程有关、但有专项资金来源予以补偿的费用；

（四）固定资产盘亏、毁损、闲置和出售的净损失；

（五）向上级公司或者管理部门上交的利润性质的管理费用、代上级公司或者管理部门缴纳的各项费用、向出资人支付的利润分成以及对附属单位的补助支出等；

（六）各类捐赠、赞助、滞纳金、违约金、罚款，以及计提的准备金；

（七）公益广告、公益宣传费用，以及垄断性行业的各类广告费；

（八）经营者过度购置固定资产所增加的支出（折旧、修理费、借款利息等）；

（九）其他不合理费用。

第四十条 同种商品或者服务有多个经营者的，应当在审核单个经营者成本基础上，通过汇总平均，核定商品或者服务的定价成本。

第四章 法 律 责 任

第四十一条 根据本办法应当开展成本监审的商品和服务，定价机关制定价格未开展成本监审的，由价格主管部门、上级主管部门或者本级人民政府责令改正；情况严重的通报批评；造成重大影响的，对直接责任人员和领导人员，依法给予处分。

第四十二条 从事成本监审工作的人员泄露国家秘密、商业秘密以及滥用职权、徇私舞弊、玩忽职守、索贿受贿，依法给予处分，构成犯罪的，依法追究刑事责任。

第四十三条 经营者拒绝提供成本监审所需资料，或者提供虚假资料、不完整提供资料的，定价机关可以中止成本监审、按照从低原则核定成本，并将其不良信用记录纳入全国信用信息共享平台，实施失信联合惩戒。

第五章 附 则

第四十四条 成本监审工作所需经费，纳入本部门年度同级财政预算。

第四十五条 本办法由国家发展和改革委员会负责解释。

第四十六条 本办法自 2018 年 1 月 1 日起施行。国家发展改革委 2006 年 3 月 1 日发布的《政府制定价格成本监审办法》和 2007 年 6 月 5 日发布的《定价成本监审一般技术规范（试行）》同时废止。

4. 行政事业性收费标准管理办法（2018年发布）

（发改价格规〔2018〕988号印发）

第一章 总 则

第一条 为加强行政事业性收费标准管理，保护公民、法人和其他组织的合法权益，规范对收费标准的管理行为，提高收费决策的科学性和透明度，根据《中华人民共和国价格法》《中华人民共和国预算法》及国务院有关规定，制定本办法。

第二条 中华人民共和国境内列入行政事业性收费目录清单的收费项目，收费标准的申请、受理、调查、论证、审核、决策、公布、公示、监督、检查等，适用本办法。法律法规另有规定的，从其规定。

第三条 本办法所称行政事业性收费（以下简称收费），是指国家机关、事业单位、代行政府职能的社会团体及其他组织根据法律法规等有关规定，依照国务院规定程序批准，在实施社会公共管理，以及在向公民、法人和其他组织提供特定公共服务过程中，向特定对象收取的费用。

第四条 收费标准实行中央和省两级审批制度。国务院和省、自治区、直辖市人民政府（以下简称省级政府）的价格、财政部门按照规定权限审批收费标准。未列入行政事业性收费目录清单的收费项目，一律不得审批收费标准。中央有关部门和单位（包括中央驻地方单位，下同），以及全国或者区域（跨省、自治区、直辖市）范围内实施收费的收费标准，由国务院价格、财政部门审批。其中，重要收费项目的收费标准应当由国务院价格、财政部门审核后报请国务院批准。除上款规定的其他收费标准，由省级政府价格、财政部门审批。其中，重要收费项目的收费标准应当由省级政府价格、财政部门审核后报请省级政府批准。

第五条 地域成本差异较大的全国或者区域（跨省、自治区、直辖市）范围内实施的收费标准，国务院价格、财政部门可以授权省级政府价格、财政部门审批。专业性强且类别较多的考试、注册等收费，省级以上政府价格、财政部门可以制定收费标准的上限，由行业主管部门在上限范围内确定具体收费标准。

第六条 审批收费标准应当遵循以下原则：

（一）公平、公正、公开和效率的原则；

（二）满足社会公共管理需要，合理补偿管理或者服务成本，并与社会承受能力相适应的原则；

（三）促进环境保护、资源节约和有效利用，以及经济和社会事业持续发展的原则；

（四）符合国际惯例和国际对等的原则。

第七条 公民、法人或者其他组织有权对收费的实施和管理进行监督，可以拒绝缴纳和举报违反法律法规以及本办法规定的收费。

第二章 申请和受理

第八条 除法律法规和省级以上人民政府另有规定外，收费单位申请制定或者调整收费标准，应当按照管理权限向国务院价格、财政部门或者省级政府价格、财政部门（以下简称价格、财政部门）提出书面申请。国务院价格、财政部门负责审批的收费标准，由中央有关部门，省级政府或者其价格、财政部门向国务院价格、财政部门提出书面申请。省级政府价格、财政部门负责审批的收费标准，由省级政府有关部门、地市级人民政府或者其价格、财政部门向省级政府价格、财政部门提出书面申请。

第九条 申请制定或者调整收费标准应当提供以下材料：

（一）申请制定或者调整的收费标准方案、依据和理由，预计年度收费额或者近三年年度收费额、调整后的收费增减额；

（二）申请制定或者调整收费标准的成本测算材料；

（三）相关的法律法规、规章和政策规定；

（四）收费单位的有关情况，包括收费单位性质、职能设置、人员配备、经费来源等；

（五）对收费对象及相关行业的影响；

（六）价格、财政部门认为应当提供的其他相关材料。申请人应当对提供材料的真实性、完整性、合法性负责。

第十条 价格、财政部门收到申请后，应当对申请材料进行初步审查。申请材料齐全、符合规定要求的，应当予以受理，并告知申请单位；申请材料不齐全或者内容不符合规定要求的，应当一次性告知申请单位对申请材料进行修改或者补充。

第十一条 具有下列情形之一的申请，不予以受理：

（一）申请依据与现行法律法规、规章和政策相抵触的；

（二）制定或者调整收费标准的理由不充分或者明显不合理的；

（三）提供虚假材料的；

（四）超出价格、财政部门审批权限的。对不予受理的申请，应当在接到申请之日起15个工作日内书面通知申请单位，并说明理由。

第三章 审批程序和原则

第十二条 价格、财政部门受理申请后，可对收费成本进行审核，审查申请收费标准与收费单位履行职能需要是否相适应，以及实施收费的操作性、社会承受能力等相关事宜。价格、财政部门可以委托第三方机构进行收费成本审核。

第十三条 价格、财政部门可以采用召开座谈会、论证会、听证会或者书面征求意见等形式，征求社会有关方面的意见。

第十四条 对符合规定申请的收费标准，应当根据收费的不同性质和成本构成特点实行分类审核。

第十五条 行政管理类收费，即根据法律法规规定，在行使国家管理职能时，向被管理对象收取的费用，收费标准按照行使管理职能的需要从严审核。其中，各种证件、牌照、簿卡等证照收费标准按照证照印制、发放的直接成本，即印制费用、运输费用、仓储费用及合理损耗等成本进行审核。证照印制费用原则上按照招标价格确定。全国统一印制，分散发放的证照，应当分别制定印制证照和具体发放证照部门的收费标准。

第十六条 资源补偿类收费，即根据法律法规规定向开采、利用自然和社会公共资源者收取的费用，收费标准参考相关资源的价值或者其稀缺性，并考虑可持续发展等因素审核。对开采利用自然资源造成生态破坏、环境污染或者其他环境损坏的，审核收费标准时，应当充分考虑相关生态环境治理和恢复成本。

第十七条 鉴定类收费，即根据法律法规规定，行使或者代行政府职能强制实施检验、检测、检定、认证、检疫等收取的费用，收费标准根据行使管理职能的需要，按照鉴定的场地费用、人员劳务费、仪器设备折旧、流动耗材损耗及其他成本审核。

第十八条 考试类收费，即根据法律法规、国务院或者省级政府文件规定组织考试收取的费用，以及组织经人力资源和社会保障部批准的专业技术资格、执业资格和职业资格考试收取的费用，收费标准按照考务工作、组织报名、租用考试场地、聘请监考人员等组织考试的成本审核。在全国范围内统一组织的考试，可以分别制定中央有关单位向各地考试机构收取的考务费标准和各地考试机构向考生收取的考试费标准。

第十九条　培训类收费，即根据法律法规或者国务院规定开展强制性培训收取的费用，收费标准按照聘请师资、租用培训场地、编制培训资料、交通支出等培训成本审核。

第二十条　收费涉及与其他国家或者地区关系的，收费标准按照国际惯例和对等原则审核。

第二十一条　其他类别的收费标准，根据管理或者服务需要，按照成本补偿和非营利原则审核。

第二十二条　价格、财政部门原则上自受理申请之日起60个工作日内作出收费标准审批决定。申请单位同时申请设立收费项目和制定收费标准的，原则上在收费立项文件印发之日起60个工作日内作出收费标准审批决定。对需要召开听证会的，根据听证的有关程序执行，听证时间不计入收费标准审批时限。

上述审批时限不包括上报国务院或者省级政府批准的时间。因特殊原因超过审批时限的，应当书面告知申请单位。

第二十三条　价格、财政部门审批收费标准的决定，以公文形式发布。主要内容包括：收费主体、收费对象、收费范围、计费（量）单位和标准、收费频次、执行期限等。

第二十四条　初次制定的收费标准，可以规定试行期。试行期满后继续收费的，申请单位应当在试行期满60个工作日前，按照规定程序和要求重新申请收费标准，由价格、财政部门根据试行情况和本办法规定重新审批。

第四章　管理和监督

第二十五条　除涉及国家秘密外，价格、财政部门应当及时将审批的收费标准告知申请单位，并向社会公布。

第二十六条　收费单位应当在收费地点的显著位置公示收费项目、收费标准、收费主体、计费单位、收费依据、收费范围、收费对象、减免规定、监督举报电话等，自觉接受社会监督。

第二十七条　价格、财政部门应当加快建立收费标准执行情况后评估制度，对收费标准执行情况进行监测或定期审核，加强事中事后监管。

法律法规及国务院规定发生变化，或者收费成本、范围、对象等情况变动较大的，价格、财政部门应当及时调整收费标准。

第二十八条　收费单位应当建立健全内部收费管理制度，严格执行国家各项收费管理规定。

第二十九条　行业主管部门应当加强对本行业收费单位的指导，督促收费单位依法依规收费。

第五章　法　律　责　任

第三十条　收费单位违反规定，具有下列情形之一的，由各级价格、财政部门按照职责分工责令改正，并按照有关法律法规和党中央、国务院关于收费管理的有关规定进行查处。

（一）擅自制定收费标准的；

（二）不执行规定收费标准和减免政策的，或者采取分解收费项目、增加收费频次、延长收费时限、扩大收费范围等方式变相提高收费标准的；

（三）已明令取消的收费项目或者停止执行的收费标准仍然收费的；

（四）未按照规定向社会公示收费项目、收费标准收费的；

（五）其他违反收费管理规定的。

第三十一条 各级政府及其部门违反本办法规定，擅自审批收费标准的，责令改正，情节严重的给予通报批评，并对直接负责的主管人员和其他直接责任人员，依法给予处分。

第三十二条 各级价格、财政部门工作人员在收费管理工作中，滥用职权、徇私舞弊、玩忽职守、索贿受贿，构成犯罪的，依法追究刑事责任；尚不构成犯罪的，依法给予处分。

第六章 附 则

第三十三条 价格、财政部门在审批收费标准时，需要委托第三方机构进行成本审核、评估论证的，委托所需费用按照有关规定纳入部门预算。

第三十四条 本办法由国家发展改革委、财政部按照各自职责负责解释。

第三十五条 本办法自2018年5月1日起执行。《国家发展改革委、财政部关于印发〈行政事业性收费标准管理暂行办法〉的通知》（发改价格〔2006〕532号）同时废止。

5. 价格认定复核办法（2018年发布）

（发改价格规〔2018〕1343号印发）

第一章 总 则

第一条 为规范价格认定复核工作，保障纪检监察、司法工作的顺利进行，根据《价格认定规定》（发改价格〔2015〕2251号）等有关规定，结合价格认定工作实际，制定本办法。

第二条 本办法所称价格认定复核，是指价格认定机构办理涉嫌违纪违法案件、涉嫌刑事案件价格认定时，纪检监察、司法机关（以下简称提出机关）对价格认定结论或者复核决定有异议并提出复核的，上级人民政府价格主管部门的价格认定机构对下级人民政府价格主管部门的价格认定机构作出的价格认定结论或者复核决定进行审核并作出复核决定的行为，以及国务院价格主管部门的价格认定机构作出最终复核决定的行为。

前款所称提出机关，包括原价格认定提出机关，以及纪检监察机关、公安机关移送人民检察院审查起诉和人民检察院向人民法院提起公诉的案件中对价格认定结论或者复核决定有异议的其他司法机关。

第三条 价格认定复核工作实行"统一领导、分级管理、属地管辖、逐级复核"的原则。地市级及以上人民政府价格主管部门的价格认定机构办理价格认定的复核事项。国务院价格主管部门的价格认定机构作出的复核决定为最终复核决定。

第二章 复核的提出

第四条 提出机关对价格认定结论或者复核决定有异议的，可以在提出机关收到价格认定结论或者复核决定之日起60日内，向作出该价格认定结论或者复核决定的价格认定机构的上一级价格认定机构逐级提出复核。提出机关对国务院价格主管部门的价格认定机构出具的价格认定结论有异议的，可以在收到价格认定结论之日起60日内，向国务院价格主管部门的价格认定机构提出最终复核。价格认定事项当事人对价格认定结论或者复核决定有异议的，可以在规定期限内向提出机关提出复核申请，并提供相关的理由和依据，经提出机关认可后，由提出机关按规定提出复核。

第五条 对同一价格认定事项不得向已作出复核决定的价格认定机构重复提出复核。逐级提出复核次数不得超过两次，本条第二款规定的情形除外。经地市级价格主管部门的价格认定机构作出复核决定后，又经省级价格主管部门的价格认定机构作出复核决定的复核事项，提出机关有确切证据证明省级价格主管部门的价格认定机构作出的复核决定有下列情形之一的，可以向国务院价格主管部门的价格认定机构提出最终复核，经审核证据确凿的，国务院价格主管部门的价格认定机构应当受理最终复核：

（一）程序不符合相关规定的；
（二）适用依据错误的；
（三）选用方法不当的；
（四）采用参数不合理的；
（五）测算错误的；
（六）国务院价格主管部门的价格认定机构认可的其他需要最终复核的情形。

第六条 提出机关提出复核，应当提交价格认定复核申请书。价格认定复核申请书应当包括下列内容：

（一）办理复核事项的价格认定机构名称；
（二）复核标的的名称、数量以及质量等基本情况，价格认定基准日，价格内涵；
（三）复核的异议事项；
（四）提出复核的主要事实依据和具体理由；
（五）提供材料的名称、份数；
（六）提出复核的日期；
（七）提出机关名称、联系地址、联系人、联系方式；
（八）其他需要说明的事项。

价格认定复核申请书应当附原价格认定协助书、原价格认定结论书复印件。申请二次复核或者最终复核的，还应当附原价格认定复核申请书、原复核决定书复印件。价格认定复核申请书和相关材料应当加盖提出机关公章。

第七条 对影响价格认定结论的事实存在争议的，价格认定机构应当要求提出机关书面确认或者提供相关专业部门出具的鉴定报告。

第三章 复核的受理

第八条 价格认定机构应当对提出机关提供的价格认定复核申请书和相关材料进行审核，在10个工作日内决定受理或者不予受理复核。受理复核的，价格认定机构应当出具价格认定复核受理通知书。不予受理复核的，价格认定机构应当出具价格认定复核不予受理通知书并说明理由。

第九条 有下列情形之一的，价格认定机构不予受理复核：

（一）对非本行政区域内下一级价格认定机构出具的价格认定结论或者复核决定提出复核的；
（二）超出复核申请期限的；
（三）价格认定复核申请书所提异议事项不属于价格认定范围的；
（四）提出机关没有明确提出复核的事实依据和具体理由的；
（五）提出复核的价格认定事项中，价格认定标的、基准日或者价格内涵与原价格认定协助书或者复核申请书所载内容不一致的；
（六）对影响价格认定结论的事实存在争议，提出机关无法确认或缺少相关专业部门出具的鉴定报告的；
（七）国务院价格主管部门的价格认定机构已作出最终复核的；
（八）司法机关按照当时法律已经结案，且未进行另外司法程序的；
（九）其他不予受理复核的情形。

第十条 有下列情形之一的，价格认定机构应当书面告知提出机关补充相关材料：

（一）复核申请书内容不符合要求的；
（二）相关材料不齐全或者相互矛盾的；
（三）应当提供有效的真伪、质量、技术等检测、鉴定报告而未提供的；
（四）提出复核时，原价格认定标的已灭失或者其状态与基准日相比发生重大变化，且提出机关未确定其基准日状态的。补充材料通知应当载明需要补充的事项和合理的补充材料期限。补充申请材料所用时间不计入受理审查期限。提出机关在通知规定的期限内补足相关材料或者对有关事项予以明确后，符合价格认定受理条件的，价格认定机构应当及时受理。提出机关未在通知规定的期限内补足相关材料或者对有关事项予以明确的，价格认定机构应当不予受理。

第十一条　价格认定机构受理复核后，应当及时告知原价格认定机构或者价格认定复核机构，原价格认定机构或者价格认定复核机构应当及时向办理复核的价格认定机构提供原价格认定档案或者价格认定复核档案。

第四章　复核的办理

第十二条　价格认定机构受理复核后，应当指派至少 2 名价格认定人员办理复核。承办复核工作的价格认定人员应当熟悉价格认定相关法律、法规、规定及技术规范，具有价格认定岗位的工作经验，参加省级以上价格主管部门的价格认定机构组织的价格认定复核岗位培训且考核合格。

第十三条　价格认定机构应当在受理复核之日起 60 日内作出复核决定；另有约定的，在约定期限内作出。

第十四条　价格认定机构应当对提出机关提出的异议事项及相关部分进行复核。价格认定机构认为有必要的，可以不受异议事项限制，对原价格认定涉及的其他内容进行复核。价格认定机构应当对原价格认定依据的真实性、合法性和关联性进行审查。

第十五条　对重大、疑难的价格认定复核事项，价格认定机构认为必要或者提出机关提出申请，价格认定机构可以通过听证、座谈等方式，听取提出机关、相关当事人、专家的意见。

第十六条　对重大、疑难的价格认定复核事项，以及二次复核、最终复核事项，价格认定机构应当进行集体审议。集体审议人员范围由价格认定机构根据有关规定明确。

第五章　复 核 决 定

第十七条　价格认定机构完成价格认定复核事项后，应当向提出机关出具价格认定复核决定书，决定维持原价格认定结论或者复核决定；或者决定撤销原价格认定结论或者复核决定，并作出新的价格认定结论。

第十八条　原价格认定或者复核程序符合规定，原价格认定结论或者复核决定适用依据正确、选用方法适当、采用参数合理并且测算准确的，价格认定机构应当维持原价格认定结论或者复核决定。

第十九条　有下列情形之一的，价格认定机构应当撤销原价格认定结论或者复核决定，并作出新的价格认定结论：
（一）程序不符合规定的；
（二）适用依据错误的；
（三）选用方法不当的；
（四）采用参数不合理的；
（五）测算错误的；
（六）具有其他应当予以撤销的情形。

第二十条 价格认定复核决定书应当包括以下内容：
（一）复核的范围及内容；
（二）复核过程要述；
（三）复核结论；
（四）其他需要说明的事项。
价格认定复核决定书应当加盖价格认定机构公章。价格认定复核决定书应当抄送原价格认定机构和价格认定复核机构。

第六章 附 则

第二十一条 涉嫌违纪违法案件、涉嫌刑事案件以外的其他事项的价格认定复核办法，另行规定。
第二十二条 本办法由国家发展和改革委员会负责解释。
第二十三条 法律法规另有规定的，从其规定。
第二十四条 本办法自 2019 年 1 月 1 日起施行。

6. 关于加强非税收入退付管理的通知（2020年发布）

（财库〔2020〕23号）

党中央有关部门，国务院各部委、各直属机构，全国人大常委会办公厅，全国政协办公厅，最高人民法院，最高人民检察院，各民主党派中央，有关人民团体，各省、自治区、直辖市、计划单列市财政厅（局），新疆生产建设兵团财政局，财政部各地监管局：

为切实落实减税降费政策，把保就业、保民生、保市场主体等"六保"任务不折不扣落实到位，把已取消、停征、免征及降低征收标准的收费基金优惠政策不折不扣地落实到相关企业和个人，现就加强非税收入退付管理有关事项通知如下：

一、确保非税收入应退尽退

各级财政部门要结合本地实际，进一步优化非税收入退付业务流程，提高减税降费涉及非税收入退付工作效率，对实行定期清算、已缴纳款项可冲抵以后月份应缴款的非税收入，要明确冲抵流程和操作办法。各级财政部门和财政部各地监管局要加强配合，对涉及中央地方分成需就地办理退库的非税收入，按照规定加快办理退付。

二、积极推进电子退付

各地财政部门要积极推动非税收入电子退付、电子对账等方面的创新。有条件的地方可探索实现非税收入退付申报、业务审核、缴款审核、资金退付等业务网上办理，通过"非接触"退付，助力新冠肺炎疫情防控工作，切实减轻企业和个人负担。

三、强化内部管理

各级财政部门要认真开展非税收入月度执行情况与减、免、缓、停政策的联动分析，确保政策落实到位。各执收单位要加强内部控制，建立健全非税收入退付内部控制制度，实行退付资金复核制度，认真做好非税收入收缴和退付的核算工作。

四、做好政策宣传

各级财政部门和各执收单位要采取多种形式积极宣传、准确解读减税降费政策要求，确保减税降费红利及时足额惠及缴款企业和个人，增加群众获得感。

五、加强组织领导

各级财政部门、财政部各地监管局、有关主管部门要结合部门职责，指导和监督各执收单位，及时主动为应予退付的企业和个人办理退付业务，切实缓解企业经营困难。遇到重要或突发情况要及时报告。

财政部
2020 年 7 月 16 日

第二十三章　行政事业单位日常公用经费管理法规

1. 党政机关厉行节约反对浪费条例（2013 年发布）

（中发〔2013〕13 号印发）

第一章　总　　则

第一条　为了进一步弘扬艰苦奋斗、勤俭节约的优良作风，推进党政机关厉行节约反对浪费，建设节约型机关，根据国家有关法律法规和中央有关规定，制定本条例。

第二条　本条例适用于党的机关、人大机关、行政机关、政协机关、审判机关、检察机关，以及工会、共青团、妇联等人民团体和参照公务员法管理的事业单位。

第三条　本条例所称浪费，是指党政机关及其工作人员违反规定进行不必要的公务活动，或者在履行公务中超出规定范围、标准和要求，不当使用公共资金、资产和资源，给国家和社会造成损失的行为。

第四条　党政机关厉行节约反对浪费，应当遵循下列原则：坚持从严从简，勤俭办一切事业，降低公务活动成本；坚持依法依规，遵守国家法律法规和党内法规制度的相关规定，严格按程序办事；坚持总量控制，科学设定相关标准，严格控制经费支出总额，加强厉行节约绩效考评；坚持实事求是，从实际出发安排公务活动，取消不必要的公务活动，保证正常公务活动；坚持公开透明，除涉及国家秘密事项外，公务活动中的资金、资产、资源使用等情况应予公开，接受各方面监督；坚持深化改革，通过改革创新破解体制机制障碍，建立健全厉行节约反对浪费工作长效机制。

第五条　中共中央办公厅、国务院办公厅负责统筹协调、指导检查全国党政机关厉行节约反对浪费工作，建立协调联络机制承办具体事务。地方各级党委办公厅（室）、政府办公厅（室）负责指导检查本地区党政机关厉行节约反对浪费工作。

纪检监察机关和组织人事、宣传、外事、发展改革、财政、审计、机关事务管理等部门根据职责分工，依法依规履行对厉行节约反对浪费相关工作的管理、监督等职责。

第六条　各级党委和政府应当加强对厉行节约反对浪费工作的组织领导。党政机关领导班子主要负责人对本地区、本部门、本单位的厉行节约反对浪费工作负总责，其他成员根据工作分工，对职责范围内的厉行节约反对浪费工作负主要领导责任。

第二章　经费管理

第七条　党政机关应当加强预算编制管理，按照综合预算的要求，将各项收入和支出全部纳入部门预算。

党政机关依法取得的罚没收入、行政事业性收费、政府性基金、国有资产收益和处置等非税收入，必须按规定及时足额上缴国库，严禁以任何形式隐瞒、截留、挤占、挪用、坐支或者私分，严禁转移到机关所属工会、培训中心、服务中心等单位账户使用。

第八条 党政机关应当遵循先有预算、后有支出的原则，严格执行预算，严禁超预算或者无预算安排支出，严禁虚列支出、转移或者套取预算资金。

严格控制国内差旅费、因公临时出国（境）费、公务接待费、公务用车购置及运行费、会议费、培训费等支出。年度预算执行中不予追加，因特殊需要确需追加的，由财政部门审核后按程序报批。

建立预算执行全过程动态监控机制，完善预算执行管理办法，建立健全预算绩效管理体系，增强预算执行的严肃性，提高预算执行的准确率，防止年底突击花钱等现象发生。

第九条 推进政府会计改革，进一步健全会计制度，准确核算机关运行经费，全面反映行政成本。

第十条 财政部门应当会同有关部门，根据国内差旅、因公临时出国（境）、公务接待、会议、培训等工作特点，综合考虑经济发展水平、有关货物和服务的市场价格水平，制定分地区的公务活动经费开支范围和开支标准。

加强相关开支标准之间的衔接，建立开支标准调整机制，定期根据有关货物和服务的市场价格变动情况调整相关开支标准，增强开支标准的协调性、规范性、科学性。

严格开支范围和标准，严格支出报销审核，不得报销任何超范围、超标准以及与相关公务活动无关的费用。

第十一条 全面实行公务卡制度。健全公务卡强制结算目录，党政机关国内发生的公务差旅费、公务接待费、公务用车购置及运行费、会议费、培训费等经费支出，除按规定实行财政直接支付或者银行转账外，应当使用公务卡结算。

第十二条 党政机关采购货物、工程和服务，应当遵循公开透明、公平竞争、诚实信用原则。

政府采购应当依法完整编制采购预算，严格执行经费预算和资产配置标准，合理确定采购需求，不得超标准采购，不得超出办公需要采购服务。

严格执行政府采购程序，不得违反规定以任何方式和理由指定或者变相指定品牌、型号、产地。采购公开招标数额标准以上的货物、工程和服务，应当进行公开招标，确需改变采购方式的，应当严格执行有关公示和审批程序。列入政府集中采购目录范围的，应当委托集中采购机构代理采购，并逐步实行批量集中采购。严格控制协议供货采购的数量和规模，不得以协议供货拆分项目的方式规避公开招标。

党政机关应当按照政府采购合同规定的采购需求组织验收。政府采购监督管理部门应当逐步建立政府采购结果评价制度，对政府采购的资金节约、政策效能、透明程度以及专业化水平进行综合、客观评价。

加快政府采购管理交易平台建设，推进电子化政府采购。

第三章 国内差旅和因公临时出国（境）

第十三条 党政机关应当建立健全并严格执行国内差旅内部审批制度，从严控制国内差旅人数和天数，严禁无明确公务目的的差旅活动，严禁以公务差旅为名变相旅游，严禁异地部门间无实质内容的学习交流和考察调研。

第十四条 国内差旅人员应当严格按规定乘坐交通工具、住宿、就餐，费用由所在单位承担。

差旅人员住宿、就餐由接待单位协助安排的，必须按标准交纳住宿费、餐费。差旅人员不得向接待单位提出正常公务活动以外的要求，不得接受礼金、礼品和土特产品等。

第十五条 统筹安排年度因公临时出国计划，严格控制团组数量和规模，不得安排照顾性、无实质内容的一般性出访，不得安排考察性出访，严禁集中安排赴热门国家和地区出访，严禁以各种名义变相公款出国旅游。严格执行因公临时出国限量管理规定，不得把出国作为个人待遇、安排轮流出国。严格控制跨地区、跨部门团组。

组织、外专等有关部门应当加强出国培训总体规划和监督管理，严格控制出国培训规模，科学设置培训项目，择优选派培训对象，提高出国培训的质量和实效。

第十六条 外事管理部门应当加强因公临时出国审核审批管理，对违反规定、不适合成行的团组予以调整或者取消。

加强因公临时出国经费预算总额控制，严格执行经费先行审核制度。无出国经费预算安排的不予批准，确有特殊需要的，按规定程序报批。严禁违反规定使用出国经费预算以外资金作为出国经费，严禁向所属单位、企业、我国驻外机构等摊派或者转嫁出国费用。

第十七条 出国团组应当按规定标准安排交通工具和食宿，不得违反规定乘坐民航包机，不得乘坐私人、企业和外国航空公司包机，不得安排超标准住房和用车，不得擅自增加出访国家或者地区，不得擅自绕道旅行，不得擅自延长在国外停留时间。

出国期间，不得与我国驻外机构和其他中资机构、企业之间用公款互赠礼品或者纪念品，不得用公款相互宴请。

第十八条 严格根据工作需要编制出境计划，加强因公出境审批和管理，不得安排出境考察，不得组织无实质内容的调研、会议、培训等活动。

严格遵守因公出境经费预算、支出、使用、核算等财务制度，不得接受超标准接待和高消费娱乐，不得接受礼金、贵重礼品、有价证券、支付凭证等。

第四章 公 务 接 待

第十九条 建立健全国内公务接待集中管理制度。党政机关公务接待管理部门应当加强对国内公务接待工作的管理和指导。

第二十条 党政机关应当建立公务接待审批控制制度，对无公函的公务活动不予接待，严禁将非公务活动纳入接待范围。

第二十一条 党政机关应当严格执行国内公务接待标准，实行接待费支出总额控制制度。

接待单位应当严格按标准安排接待对象的住宿用房，协助安排用餐的按标准收取餐费，不得在接待费中列支应当由接待对象承担的费用，不得以举办会议、培训等名义列支、转移、隐匿接待费开支。

建立国内公务接待清单制度，如实反映接待对象、公务活动、接待费用等情况。接待清单作为财务报销的凭证之一并接受审计。

第二十二条 外宾接待工作应当遵循服务外交、友好对等、务实节俭的原则。外宾邀请单位应当严格按照有关规定安排接待活动，从严从紧控制外宾团组和接待费用。

第二十三条 有关部门和地方应当参照国内公务接待标准，制定招商引资等活动的接待办法，严格审批，强化管理，严禁超规格、超标准接待，严禁扩大接待范围、增加接待项目，严禁以招商引资等名义变相安排公务接待。

第二十四条 党政机关不得以任何名义新建、改建、扩建所属宾馆、招待所等具有接待功能的设施或者场所。

建立接待资源共享机制，推进机关所属接待、培训场所的集中统一管理和利用。健全服务经营机制，推行机关所属接待、培训场所企业化管理，降低服务经营成本。

积极推进国内公务接待服务社会化改革，有效利用社会资源为国内公务接待提供住宿、餐饮、用车等服务。

第五章 公务用车

第二十五条 坚持社会化、市场化方向，改革公务用车制度，合理有效配置公务用车资源，创新公务交通分类提供方式，保障公务出行，降低行政成本，建立符合国情的新型公务用车制度。

改革公务用车实物配给方式，取消一般公务用车，保留必要的执法执勤、机要通信、应急和特种专业技术用车及按规定配备的其他车辆。普通公务出行由公务人员自主选择，实行社会化提供。取消的一般公务用车，采取公开招标、拍卖等方式公开处置。

适度发放公务交通补贴，不得以车改补贴的名义变相发放福利。

第二十六条 党政机关应当从严配备实行定向化保障的公务用车，不得以特殊用途等理由变相超编制、超标准配备公务用车，不得以任何方式换用、借用、占用下属单位或者其他单位和个人的车辆，不得接受企事业单位和个人赠送的车辆。

严格按规定配备专车，不得擅自扩大专车配备范围或者变相配备专车。

从严控制执法执勤用车的配备范围、编制和标准。执法执勤用车配备应当严格限制在一线执法执勤岗位，机关内部管理和后勤岗位以及机关所属事业单位一律不得配备。

第二十七条 公务用车实行政府集中采购，应当选用国产汽车，优先选用新能源汽车。

公务用车严格按照规定年限更新，已到更新年限尚能继续使用的应当继续使用，不得因领导干部职务晋升、调任等原因提前更新。

公务用车保险、维修、加油等实行政府采购，降低运行成本。

第二十八条 除涉及国家安全、侦查办案等有保密要求的特殊工作用车外，执法执勤用车应当喷涂明显的统一标识。

第二十九条 根据公务活动需要，严格按规定使用公务用车，严禁以任何理由挪用或者固定给个人使用执法执勤、机要通信等公务用车，领导干部亲属和身边工作人员不得因私使用配备给领导干部的公务用车。

第六章 会议活动

第三十条 党政机关应当精简会议，严格执行会议费开支范围和标准。

党政机关会议实行分类管理、分级审批。财政部门应当会同机关事务管理等部门制定本级党政机关会议费管理办法，从严控制会议数量、会期和参会人员规模。完善并严格执行严禁党政机关到风景名胜区开会制度规定。

第三十一条 会议召开场所实行政府采购定点管理。会议住宿用房以标准间为主，用餐安排自助餐或者工作餐。

会议期间，不得安排宴请，不得组织旅游以及与会议无关的参观活动，不得以任何名义发放纪念品。

完善会议费报销制度。未经批准以及超范围、超标准开支的会议费用，一律不予报销。严禁违规使用会议费购置办公设备，严禁列支公务接待费等与会议无关的任何费用，严禁套取会议资金。

第三十二条 建立健全培训审批制度，严格控制培训数量、时间、规模，严禁以培训名义召开会议。

严格执行分类培训经费开支标准，严格控制培训经费支出范围，严禁在培训经费中列支公务接待费、会议费等与培训无关的任何费用。严禁以培训名义进行公款宴请、公款旅游活动。

第三十三条 未经批准，党政机关不得以公祭、历史文化、特色物产、单位成立、行政区划变更、工程奠基或者竣工等名义举办或者委托、指派其他单位举办各类节会、庆典活动,不得举办论坛、博览会、展会活动。严禁使用财政性资金举办营业性文艺晚会。从严控制举办大型综合性运动会和各类赛会。

经批准的节会、庆典、论坛、博览会、展会、运动会、赛会等活动,应当严格控制规模和经费支出,不得向下属单位摊派费用,不得借举办活动发放各类纪念品,不得超出规定标准支付费用邀请名人、明星参与活动。为举办活动专门配备的设备在活动结束后应当及时收回。

第三十四条 严格控制和规范各类评比达标表彰活动,实行中央和省(自治区、直辖市)两级审批制度。评比达标表彰项目费用由举办单位承担,不得以任何方式向相关单位和个人收取费用。

第七章 办公用房

第三十五条 党政机关办公用房建设应当从严控制。凡是违反规定的拟建办公用房项目,必须坚决终止;凡是未按照规定程序履行审批手续、擅自开工建设的办公用房项目,必须停建并予以没收;凡是超规模、超标准、超投资概算建设的办公用房项目,应当根据具体情况限期腾退超标准面积或者全部没收、拍卖。

党政机关办公用房应当严格管理,推进办公用房资源的公平配置和集约使用。凡是超过规定面积标准占有、使用办公用房以及未经批准租用办公用房的,必须腾退;凡是未经批准改变办公用房使用功能的,原则上应当恢复原使用功能。严禁出租出借办公用房,已经出租出借的,到期必须收回;租赁合同未到期的,租金收入应当按照收支两条线管理。

第三十六条 党政机关新建、改建、扩建、购置、置换、维修改造、租赁办公用房,必须严格按规定履行审批程序。采取置换方式配给办公用房的,应当执行新建办公用房各项标准,不得以未使用政府预算建设资金、资产整合等名义规避审批。

第三十七条 党政机关办公用房建设项目应当按照朴素、实用、安全、节能原则,严格执行办公用房建设标准、单位综合造价标准和公共建筑节能设计标准,符合土地利用和城市规划要求。党政机关办公楼不得追求成为城市地标建筑,严禁配套建设大型广场、公园等设施。

第三十八条 党政机关办公用房建设项目投资,统一由政府预算建设资金安排。土地收益和资产转让收益应当按照有关规定实行收支两条线管理,不得直接用于办公用房建设。

党政机关办公用房维修改造项目所需投资,统一列入预算由财政资金安排解决,未经审批的项目不得安排预算。

第三十九条 办公用房建设应当严格执行工程招投标和政府采购有关规定,加强对工程项目的全过程监理和审计监督。加快推行办公用房建设项目代建制。

办公用房因使用时间较长、设施设备老化、功能不全,不能满足办公需求的,可以进行维修改造。维修改造项目应当以消除安全隐患、恢复和完善使用功能、降低能源资源消耗为重点,严格履行审批程序,严格执行维修改造标准。

第四十条 建立健全办公用房集中统一管理制度,对办公用房实行统一调配、统一权属登记。

党政机关应当严格按照有关标准和本单位"三定"方案,从严核定、使用办公用房。超标部分应当移交同级机关事务管理部门用于统一调剂。

新建、调整办公用房的单位,应当按照"建新交旧""调新交旧"的原则,在搬入新建或者新调整办公用房的同时,将原办公用房腾退移交机关事务管理部门统一调剂使用。

因机构增设、职能调整确需增加办公用房的,应当在本单位现有办公用房中解决;本单位现有办公用房不能满足需要的,由机关事务管理部门整合办公用房资源调剂解决;无法调剂、确需租用解决的,应当严格履行报批手续,不得以变相补偿方式租用由企业等单位提供的办公用房。

第四十一条 党政机关领导干部应当按照标准配置使用一处办公用房，确因工作需要另行配置办公用房的，应当严格履行审批程序。领导干部不得长期租用宾馆、酒店房间作为办公用房。配置使用的办公用房，在退休或者调离时应当及时腾退并由原单位收回。

第八章 资源节约

第四十二条 党政机关应当节约集约利用资源，加强全过程节约管理，提高能源、水、粮食、办公家具、办公设备、办公用品等的利用效率和效益，统筹利用土地，杜绝浪费行为。

第四十三条 对能源、水的使用实行分类定额和目标责任管理。推广应用节能技术产品，淘汰高耗能设施设备，重点推广应用新能源和可再生能源。积极使用节水型器具，建设节水型单位。

健全节能产品政府采购政策，严格执行节能产品政府强制采购和优先采购制度。

第四十四条 优化办公家具、办公设备等资产的配置和使用，通过调剂方式盘活存量资产，节约购置资金。已到更新年限尚能继续使用的，不得报废处置。

对产生的非涉密废纸、废弃电器电子产品等废旧物品进行集中回收处理，促进循环利用；涉及国家秘密的，按照有关保密规定进行销毁。

第四十五条 党政机关政务信息系统建设应当统筹规划，统一组织实施，防止重复建设和频繁升级。

建立共享共用机制，加强资源整合，推动重要政务信息系统互联互通、信息共享和业务协同，降低软件开发、系统维护和升级等方面费用，防止资源浪费。

积极利用信息化手段，推行无纸化办公，减少一次性办公用品消耗。

第九章 宣传教育

第四十六条 宣传部门应当把厉行节约反对浪费作为重要宣传内容，充分发挥各级各类媒体作用，重视运用互联网等新兴媒体，通过新闻报道、文化作品、公益广告等形式，广泛宣传中华民族勤俭节约的优秀品德，宣传阐释相关制度规定，宣传推广厉行节约的经验做法和先进典型，倡导绿色低碳消费理念和健康文明生活方式。

第四十七条 党政机关应当把加强厉行节约反对浪费教育作为作风建设的重要内容，融入干部队伍建设和机关日常管理之中，建立健全常态化工作机制。对各种铺张浪费现象和行为，应当严肃批评、督促改正。

纪检监察机关应当不定期曝光铺张浪费的典型案例，发挥警示教育作用。

组织人事部门和党校、行政学院、干部学院应当把厉行节约反对浪费作为干部教育培训的重要内容，创新教育方法，切实增强教育培训的针对性和实效性。

第四十八条 党政机关应当围绕建设节约型机关，组织开展形式多样、便于参与的活动，引导干部职工增强节约意识、珍惜物力财力，积极培育和形成崇尚节约、厉行节约、反对浪费的机关文化，为在全社会形成节俭之风发挥示范表率作用。

第十章 监督检查

第四十九条 各级党委和政府应当建立厉行节约反对浪费监督检查机制，明确监督检查的主体、职责、内容、方法、程序等，加强经常性督促检查，针对突出问题开展重点检查、暗访等专项活动。

下级党委和政府应当每年向上级党委和政府报告本地区厉行节约反对浪费工作情况，党委和政府所属部门、单位应当每年向本级党委和政府报告本部门、本单位厉行节约反对浪费工作情况。报告可结合领导班子年度考核和工作报告一并进行。

第五十条　领导干部厉行节约反对浪费工作情况，应当列为领导班子民主生活会和领导干部述职述廉的重要内容并接受评议。

第五十一条　党委办公厅（室）、政府办公厅（室）负责统筹协调相关部门开展对厉行节约反对浪费工作的督促检查。每年至少组织开展一次专项督查，并将督查情况在适当范围内通报。专项督查可以与党风廉政建设责任制检查考核、年终党建工作考核等相结合，督查考核结果应当按照干部管理权限送纪检监察机关和组织人事部门，作为干部管理监督、选拔任用的依据。

第五十二条　纪检监察机关应当加强对厉行节约反对浪费工作的监督检查，受理群众举报和有关部门移送的案件线索，及时查处违纪违法问题。

中央和省、自治区、直辖市党委巡视组应当按照有关规定，加强对有关党组织领导班子及其成员厉行节约反对浪费工作情况的巡视监督。

第五十三条　财政部门应当加强对党政机关预算编制、执行等财政、财务、政府采购和会计事项的监督检查，依法处理发现的违规问题，并及时向本级党委和政府汇报监督检查结果。

审计部门应当加大对党政机关公务支出和公款消费的审计力度，依法处理、督促整改违规问题，并将涉嫌违纪违法问题移送有关部门查处。

第五十四条　党政机关应当建立健全厉行节约反对浪费信息公开制度。除依照法律法规和有关要求须保密的内容和事项外，下列内容应当按照及时、方便、多样的原则，以适当方式进行公开：

（一）预算和决算信息；

（二）政府采购文件、采购预算、中标成交结果、采购合同等情况；

（三）国内公务接待的批次、人数、经费总额等情况；

（四）会议的名称、主要内容、支出金额等情况；

（五）培训的项目、内容、人数、经费等情况；

（六）节会、庆典、论坛、博览会、展会、运动会、赛会等活动举办信息；

（七）办公用房建设、维修改造、使用、运行费用支出等情况；

（八）公务支出和公款消费的审计结果；

（九）其他需要公开的内容。

第五十五条　推动和支持人民代表大会及其常务委员会依法严格审查批准党政机关公务支出预算，加强对预算执行情况的监督。发挥人大代表的监督作用，通过提出意见、建议、批评以及询问、质询等方式加强对党政机关厉行节约反对浪费工作的监督。

支持人民政协对党政机关厉行节约反对浪费工作的监督，自觉接受并积极支持政协委员通过调研、视察、提案等方式加强对党政机关厉行节约反对浪费工作的监督。

第五十六条　重视各级各类媒体在厉行节约反对浪费方面的舆论监督作用。建立舆情反馈机制，及时调查处理媒体曝光的违规违纪违法问题。

发挥群众对党政机关及其工作人员铺张浪费行为的监督作用，认真调查处理群众反映的问题。

第十一章　责任追究

第五十七条　建立党政机关厉行节约反对浪费工作责任追究制度。

对违反本条例规定造成浪费的，应当依纪依法追究相关人员的责任，对负有领导责任的主要负责人或者有关领导干部实行问责。

第五十八条　有下列情形之一的，追究相关人员的责任：

（一）未经审批列支财政性资金的；

（二）采取弄虚作假等手段违规取得审批的；

（三）违反审批要求擅自变通执行的；
（四）违反管理规定超标准或者以虚假事项开支的；
（五）利用职务便利假公济私的；
（六）有其他违反审批、管理、监督规定行为的。

第五十九条 有下列情形之一的，追究主要负责人或者有关领导干部的责任：
（一）本地区、本部门、本单位铺张浪费、奢侈奢华问题严重，对发现的问题查处不力，干部群众反映强烈的；
（二）指使、纵容下属单位或者人员违反本条例规定造成浪费的；
（三）不履行内部审批、管理、监督职责造成浪费的；
（四）不按规定及时公开本地区、本部门、本单位有关厉行节约反对浪费工作信息的；
（五）其他对铺张浪费问题负有领导责任的。

第六十条 违反本条例规定造成浪费的，根据情节轻重，由有关部门依照职责权限给予批评教育、责令作出检查、诫勉谈话、通报批评或者调离岗位、责令辞职、免职、降职等处理。

应当追究党纪政纪责任的，依照《中国共产党纪律处分条例》《行政机关公务员处分条例》等有关规定给予相应的党纪政纪处分。

涉嫌违法犯罪的，依法追究法律责任。

第六十一条 违反本条例规定获得的经济利益，应当予以收缴或者纠正。

违反本条例规定，用公款支付、报销应由个人支付的费用，应当责令退赔。

第六十二条 受到责任追究的人员对处理决定不服的，可以按照相关规定向有关机关提出申诉。受理申诉机关应当依据有关规定认真受理并作出结论。

申诉期间，不停止处理决定的执行。

第十二章 附　　则

第六十三条 各省、自治区、直辖市党委和政府，中央和国家机关各部委，可以根据本条例，结合实际制定实施细则。有关职能部门应当根据各自职责，制定完善相关配套制度。

国有企业、国有金融企业、不参照公务员法管理的事业单位，参照本条例执行。

中国人民解放军和中国人民武装警察部队按照军队有关规定执行。

第六十四条 本条例由中共中央办公厅、国务院办公厅会同有关部门负责解释。

第六十五条 本条例自发布之日起施行。1997年5月25日发布的《中共中央、国务院关于党政机关厉行节约制止奢侈浪费行为的若干规定》同时废止。其他有关党政机关厉行节约反对浪费的规定，凡与本条例不一致的，按照本条例执行。

2. 因公临时出国经费管理办法（2013年发布）

（财行〔2013〕516号印发）

第一章 总　　则

第一条 为了进一步规范因公临时出国经费管理，加强预算监督，提高资金使用效益，保证外事工作的顺利开展，根据《中华人民共和国预算法》《党政机关厉行节约反对浪费条例》等法律法规，制定本办法。

第二条 本办法适用于各级党政军机关、人大政协机关、审判机关、检察机关、民主党派、人民团体和事业单位因公组派临时代表团组的省部级以下（含省部级）出国人员（以下简称出国人员）。

第三条 各地区各部门各单位因公组派临时出国团组应当坚持强化预算约束、优化经费结构、厉行勤俭节约、讲求务实高效的原则，严格控制因公临时出国规模，规范因公临时出国经费管理。

第二章 预算管理和计划管理

第四条 因公临时出国经费应当全部纳入预算管理，并按照下列规定执行：

（一）各级财政部门应当加强因公临时出国经费的预算管理，严格控制因公临时出国经费总额，科学合理地安排因公临时出国经费预算。

（二）各地区各部门各单位应当加强预算硬约束，认真贯彻落实厉行节约的要求，在核定的年度因公临时出国经费预算内，务实高效、精简节约地安排因公临时出国活动，不得超预算或无预算安排出访团组。确有特殊需要的，按规定程序报批。

第五条 出访团组实行计划审批管理，并按照下列规定执行：

（一）各地区各部门各单位应当认真贯彻中央有关外事管理规定，科学制订年度因公临时出国计划，认真履行因公临时出国计划报批制度，严格控制因公临时出国团组人数、国家数和在外停留天数，正确执行限量管理规定。组团单位和派出单位要明确责任，谁派出、谁负责。

（二）因公临时出国应当坚持因事定人的原则，不得因人找事，不得安排照顾性和无实质内容的一般性出访，不得安排考察性出访。

（三）各级外事部门应当加强因公临时出国计划的审核审批管理，严格把关，对违反规定、不适合成行的团组予以调整或者取消。驻外使馆答复国内因公临时出国征求意见时，应当严格履行把关职责。

第六条 各地区各部门各单位出国经费的支付，应当严格按照国库集中支付制度和公务卡管理制度的有关规定执行。

各地区各部门各单位应当严格执行各项经费开支标准，不得擅自突破，严禁接受或变相接受企事业单位资助，严禁向同级机关、下级机关、下属单位、企业、驻外机构等摊派或转嫁出访费用。

第七条 各地区各部门各单位应当建立因公临时出国计划与财务管理的内部控制制度。出访团组应当事先填报《因公临时出国任务和预算审批意见表》（见附1），由单位外事和财务部门分别出具审签意见，明确审核责任。出国任务、出国经费预算未通过审核的，不得安排出访团组。

第三章 经 费 管 理

第八条 因公临时出国经费包括：国际旅费、国外城市间交通费、住宿费、伙食费、公杂费和其他费用。

国际旅费，是指出境口岸至入境口岸旅费。

国外城市间交通费，是指为完成工作任务所必须发生的，在出访国家的城市与城市之间的交通费用。

住宿费是指出国人员在国外发生的住宿费用。

伙食费是指出国人员在国外期间的日常伙食费用。

公杂费是指出国人员在国外期间的市内交通、邮电、办公用品、必要的小费等费用。

其他费用主要是指出国签证费用、必需的保险费用、防疫费用、国际会议注册费用等。

第九条 国际旅费按照下列规定执行：

（一）选择经济合理的路线。出国人员应当优先选择由我国航空公司运营的国际航线，由于航班衔接等原因确需选择外国航空公司航线的，应当事先报经单位外事和财务部门审批同意。不得以任何理由绕道旅行，或以过境名义变相增加出访国家和时间。

（二）按照经济适用的原则，通过政府采购等方式，选择优惠票价，并尽可能购买往返机票。

（三）因公临时出国购买机票，须经本单位外事和财务部门审批同意。机票款由本单位通过公务卡、银行转账方式支付，不得以现金支付。单位财务部门应当根据《航空运输电子客票行程单》等有效票据注明的金额予以报销。

（四）出国人员应当严格按照规定安排交通工具，不得乘坐民航包机或私人、企业和外国航空公司包机。

（五）省部级人员可以乘坐飞机头等舱、轮船一等舱、火车高级软卧或全列软席列车的商务座；司局级人员可以乘坐飞机公务舱、轮船二等舱、火车软卧或全列软席列车的一等座；其他人员均乘坐飞机经济舱、轮船三等舱、火车硬卧或全列软席列车的二等座。所乘交通工具舱位等级划分与以上不一致的，可乘坐同等水平的舱位。所乘交通工具未设置上述规定中本级别人员可乘坐舱位等级的，应乘坐低一等级舱位。上述人员发生的国际旅费据实报销。

（六）出国人员乘坐国际列车，国内段按国内差旅费的有关规定执行；国外段超过6小时的按自然（日历）天数计算，每人每天补助12美元。

第十条 出国人员根据出访任务需要在一个国家城市间往来，应当事先在出国计划中列明，并报本单位外事和财务部门批准。未列入出国计划、未经本单位外事和财务部门批准的，不得在国外城市间往来。出国人员的旅程必须按照批准的计划执行，其城市间交通费凭有效原始票据据实报销。

第十一条 住宿费按照下列规定执行：

（一）出国人员应当严格按照规定安排住宿，省部级人员可安排普通套房，住宿费据实报销；厅局级及以下人员安排标准间，在规定的住宿费标准之内予以报销。

（二）参加国际会议等的出国人员，原则上应当按照住宿费标准执行。如对方组织单位指定或推荐酒店，应当严格把关，通过询价方式从紧安排，超出费用标准的，须事先报经本单位外事和财务部门批准。经批准，住宿费可据实报销。

第十二条 伙食费和公杂费按照下列规定执行：

（一）出国人员伙食费、公杂费可以按规定的标准发给个人包干使用。包干天数按离、抵我国国境之日计算。

（二）根据工作需要和特点，不宜个人包干的出访团组，其伙食费和公杂费由出访团组统一掌握，包干使用。

（三）外方以现金或实物形式提供伙食费和公杂费接待我代表团组的，出国人员不再领取伙食费和公杂费。

（四）出访用餐应当勤俭节约，不上高档菜肴和酒水，自助餐也要注意节俭。

第十三条 出访团组对外原则上不搞宴请，确需宴请的，应当连同出国计划一并报批，宴请标准按照所在国家一人一天的伙食费标准掌握。

出访团组与我国驻外使领馆等外交机构和其他中资机构、企业之间一律不得用公款相互宴请。

第十四条 出访团组在国外期间，收授礼品应当严格按有关规定执行。原则上不对外赠送礼品，确有必要赠送的，应当事先报经本单位外事和财务部门审批同意，按照厉行节俭的原则，选择具有民族特色的纪念品、传统手工艺品和实用物品，朴素大方，不求奢华。

出访团组与我国驻外使领馆等外交机构和其他中资机构、企业之间一律不得以任何名义、任何方式互赠礼品或纪念品。

第十五条 出国签证费用、防疫费用、国际会议注册费用等凭有效原始票据据实报销。根据到访国要求，出国人员必须购买保险的，应当事先报经本单位外事和财务部门批准后，按照到访国驻华使领馆要求购买，凭有效原始票据据实报销。

第十六条 出国人员回国报销费用时，须凭有效票据填报有团组负责人审核签字的国外费用报销单（具体表格由各单位制定）。各种报销凭证须用中文注明开支内容、日期、数量、金额等，并由经办人签字。

各单位财务部门应当根据本办法制定本单位财务报销审批的具体规定，加强对因公临时出国团组的经费核销管理。各单位财务部门应当对因公临时出国团组提交的出国任务批件、护照（包括签证和出入境记录）复印件及有效费用明细票据进行认真审核，严格按照批准的出国团组人员、天数、路线、经费预算及开支标准核销经费，不得核销与出访任务无关的开支。

第十七条 中央各部门根据出国经费预算，结合实际购汇需求，自主核定本部门及其所属单位购汇数额，通过财政部批准的人民币资金账户，向外汇指定银行购买外汇。

省级财政部门根据本级各部门和下级财政部门的申请，自主核定本地区购汇数额，并确定一家外汇指定银行具体办理购汇手续。

第四章 监 督 检 查

第十八条 除涉密内容和事项外，因公临时出国经费的预决算应当按照预决算信息公开的有关规定，及时公开，主动接受社会监督。

第十九条 各级外事、财政、审计等部门对因公临时出国情况进行定期或不定期联合检查。各级财政部门应当定期或不定期对各部门各单位因公临时出国经费管理使用情况进行监督检查。审计部门应当对各部门各单位因公临时出国经费管理使用情况进行审计。

财务部门应当建立健全因公临时出国团组内部监督检查机制，每半年向同级外事、财政部门报送本部门本单位因公临时出国经费使用情况。严格按照预算绩效管理的有关规定，加强因公临时出国经费预算绩效评价，切实提高预算资金的使用效益。

第二十条 组团单位应当采取集中形式，对团组全体人员进行行前财经纪律教育。对出国人员违反本办法规定，有下列行为之一的，除相关开支一律不予报销外，按照《财政违法行为处罚处分条例》等有关规定严肃处理，并追究有关人员责任：

（一）违规扩大出国经费开支范围的；

（二）擅自提高经费开支标准的；

（三）虚报团组级别、人数、国家数、天数等，套取出国经费的；

（四）使用虚假发票报销出国费用的；

（五）其他违反本办法的行为。

第五章 附   则

第二十一条 各地区各部门各单位因公临时赴香港、澳门、台湾地区的，适用本办法。

第二十二条 各地区各部门各单位可以根据本办法，结合实际制定具体规定，报财政部备案。边境地区有频繁出国任务的，其因公临时出国经费开支标准和管理办法由所在省、自治区财政厅根据实际情况制定，并报财政部备案。

第二十三条 对与我新建交或未建交国家，相关经费开支标准暂按照经济水平相近的邻国标准执行。

第二十四条 财政部、外交部根据出访国家或地区经济发展、物价等变动情况，对相关经费开支标准适时调整。

第二十五条 国有企业和其他因公临时出国人员参照本办法执行。

第二十六条　本办法由财政部、外交部负责解释。

第二十七条　本办法自发布之日起30日后施行。财政部、外交部《关于印发〈临时出国人员费用开支标准和管理办法〉的通知》（财行〔2001〕73号）和财政部、中国民用航空总局《关于加强因公出国机票管理的通知》（财外字〔1998〕283号）同时废止。

3. 因公短期出国培训费用管理办法（2014年发布）

（财行〔2014〕4号印发）

第一条　为进一步规范因公短期出国培训费用管理，加强预算监督，提高资金使用效益，保证出国培训工作的顺利开展，根据《党政机关厉行节约反对浪费条例》等法律法规，制定本办法。

第二条　各级党的机关、人大机关、行政机关、政协机关、审判机关、检察机关、民主党派、人民团体和事业单位（以下简称各单位）因公短期出国培训费用的管理适用本办法。

第三条　因公短期出国培训，是指各单位选派各类专业技术人员和管理人员到国外进行90天以内（不含90天）的业务培训。

第四条　因公短期出国培训应当坚持强化预算约束、优化培训结构、因事立项定人、加强监督管理的原则，严控费用规模，严格计划执行。

第五条　因公短期出国培训费用纳入预算管理。各单位安排因公短期出国培训项目应当实行经费预算先行审核，无预算或超预算的不得安排出国培训。

第六条　因公短期出国培训实行计划审核审批管理。组织、外专等有关部门应当加强出国培训的总体规划，严格控制出国培训规模，科学设置培训项目，择优选派培训对象，注重出国培训的质量和实效。

第七条　各单位应当建立因公短期出国培训计划与预算管理的内部控制制度。组团单位应当填报《因公短期出国培训任务和预算审批意见表》，由出国培训管理部门和财务部门分别审核并出具审签意见，报经本单位领导办公会或党组（党委）审议确定。培训任务、培训费用预算审核未通过的，不得列入单位出国培训计划，不得安排出国培训。

第八条　因公短期出国培训费用开支范围包括：培训费、国际旅费、国外城市间交通费、住宿费、伙食费、公杂费和其他费用。其中，培训费是指出国培训团组用于授课、翻译、场租、资料、课程设计、对口业务考察或业务实践活动等在国外培训所必须发生的费用。

第九条　国际旅费、国外城市间交通费、住宿费、伙食费、公杂费、其他费用的管理要求和开支标准参照《因公临时出国经费管理办法》（财行〔2013〕516号）执行。

培训费开支在规定的标准之内据实报销。

出国培训团组需在国内开展预培训和培训总结所发生的费用，参照国内培训费相关规定执行。

第十条　组团单位和培训项目境外承办机构双方应当签订培训协议，明确培训费用的明细支出项目。

国家外国专家局对培训项目境外承办机构定期进行资格认定和监督检查，认定结果予以公开。

第十一条　中央财政安排出国培训专项经费，对专业技术人才、高技能人才、农村实用及社会工作人才类培训予以重点资助。

第十二条　由外方资助出国培训经费的，各单位不得重复支付。外方对费用开支有明确规定的，按其规定执行；没有规定的，参照规定的标准和要求执行。外方资助经费不足以弥补规定培训费用开支的，可以按照规定的开支标准，由各单位补足其费用差额部分。

第十三条 培训人员回国报销费用时，应当凭出国任务批件和出国培训审核件，填报《因公短期出国培训费用报销单》，并附各项经费开支有效票据。

各单位财务部门应当对因公短期出国培训团组提供的出国任务批件、护照（包括签证和出入境记录）复印件及有效费用明细票据进行认真审核，严格按照批准的出国培训团组人员、天数、路线、经费预算及开支标准核销经费，超出部分不得核销。

第十四条 各单位不得组织计划外或营利性出国培训项目，也不得安排照顾性质、无实质内容、无实际需要及参观考察等一般性出国培训项目。

第十五条 培训团组在国外期间，原则上不赠送礼品，一律不安排宴请。

培训团组严禁接受或变相接受企事业单位资助，严禁向同级机关、下级机关、所属单位、我驻外机构等摊派或转嫁出国培训费用。

第十六条 建立出国培训项目信息公开制度和成果共享机制。除涉密内容和事项外，各单位应当将培训的项目、内容、人数、经费等情况，以适当方式进行公开。

第十七条 各级出国培训管理、外事、财政、审计等部门对因公短期出国培训项目执行情况和培训费用管理使用情况进行定期或不定期检查。

各单位应当建立健全因公短期出国培训项目内部监督检查机制，每半年向同级出国培训管理、外事、财政部门报送本单位因公短期出国培训项目执行和费用使用情况。

第十八条 各单位以及培训人员违反本办法规定，有下列行为之一的，相关开支一律不予报销，并按照《财政违法行为处罚处分条例》和《党政机关厉行节约反对浪费条例》等有关规定予以处理：

（一）无预算或未经财务部门同意安排出国培训项目的；

（二）违规扩大出国培训费用开支范围的；

（三）擅自提高出国培训费用开支标准的；

（四）虚报培训团组人数、天数等，套取出国培训费用的；

（五）使用虚假票据报销出国培训费用的；

（六）培训期间存在铺张浪费、公款旅游行为的；

（七）其他违反本办法的行为。

第十九条 各单位因公短期赴香港、澳门、台湾地区培训的，适用本办法。

第二十条 确有必要到未列培训费开支标准的国家（地区）开展因公培训的，可按照经济社会发展水平相近的国家标准执行。

第二十一条 国有企业和其他机构因公短期出国培训参照本办法执行。

第二十二条 本办法由财政部、国家外国专家局负责解释。

第二十三条 本办法自2014年4月1日起施行。国家外国专家局、财政部《关于出国（境）实习培训团组集体开支的培训费标准和管理办法的暂行规定》（外专发〔1994〕162号）及国家外国专家局、财政部《关于调整短期出国（境）培训生活费开支标准和部分国家培训费币种的通知》（外专发〔2002〕95号）同时废止。

4. 中央和国家机关差旅费管理办法（2013年发布）

（财行〔2013〕531号印发）

第一章 总 则

第一条 为加强和规范中央和国家机关国内差旅费管理，推进厉行节约反对浪费，根据《党政机关厉行节约反对浪费条例》，制定本办法。

第二条 本办法适用于中央和国家机关，以及参照公务员法管理的事业单位（以下简称中央单位）。

本办法所称中央和国家机关，是指党中央各部门，国务院各部委、各直属机构，全国人大常委会办公厅，全国政协办公厅，最高人民法院，最高人民检察院，各人民团体、各民主党派中央和全国工商联。

第三条 差旅费是指工作人员临时到常驻地以外地区公务出差所发生的城市间交通费、住宿费、伙食补助费和市内交通费。

第四条 中央单位应当建立健全公务出差审批制度。出差必须按规定报经单位有关领导批准，从严控制出差人数和天数；严格差旅费预算管理，控制差旅费支出规模；严禁无实质内容、无明确公务目的的差旅活动，严禁以任何名义和方式变相旅游，严禁异地部门间无实质内容的学习交流和考察调研。

第五条 财政部按照分地区、分级别、分项目的原则制定差旅费标准，并根据经济社会发展水平、市场价格及消费水平变动情况适时调整。

第二章 城市间交通费

第六条 城市间交通费是指工作人员因公到常驻地以外地区出差乘坐火车、轮船、飞机等交通工具所发生的费用。

第七条 出差人员应当按规定等级乘坐交通工具。乘坐交通工具的等级见下表：

交通工具 级　别	火车（含高铁、动车、全列软席列车）	轮船（不包括旅游船）	飞机	其他交通工具（不包括出租小汽车）
部级及相当职务人员	火车软席（软座、软卧），高铁/动车商务座，全列软席列车一等软座	一等舱	头等舱	凭据报销
司局级及相当职务人员	火车软席（软座、软卧），高铁/动车一等座，全列软席列车一等软座	二等舱	经济舱	凭据报销
其余人员	火车硬席（硬座、硬卧），高铁/动车二等座、全列软席列车二等软座	三等舱	经济舱	凭据报销

部级及相当职务人员出差，因工作需要，随行一人可乘坐同等级交通工具。

未按规定等级乘坐交通工具的，超支部分由个人自理。

第八条 到出差目的地有多种交通工具可选择时，出差人员在不影响公务、确保安全的前提下，应当选乘经济便捷的交通工具。

第九条 乘坐飞机的，民航发展基金、燃油附加费可以凭据报销。

第十条 乘坐飞机、火车、轮船等交通工具的，每人次可以购买交通意外保险一份。所在单位统一购买交通意外保险的，不再重复购买。

第三章 住　宿　费

第十一条 住宿费是指工作人员因公出差期间入住宾馆（包括饭店、招待所，下同）发生的房租费用。

第十二条 财政部分地区制定住宿费限额标准。各省、自治区、直辖市和计划单列市财政厅（局）根据当地经济社会发展水平、市场价格、消费水平等因素，提出所在市（省会城市、直辖市、计划单列市，下同）的住宿费限额标准报财政部，经财政部统筹研究提出意见反馈地方审核确认后，由财政部统一发布作为中央单位工作人员到相关地区出差的住宿费限额标准。

对于住宿价格季节性变化明显的城市，住宿费限额标准在旺季可适当上浮一定比例，具体规定由财政部另行发布。

第十三条 部级及相当职务人员住普通套间，司局级及以下人员住单间或标准间。

第十四条 出差人员应当在职务级别对应的住宿费标准限额内，选择安全、经济、便捷的宾馆住宿。

第四章 伙食补助费

第十五条 伙食补助费是指对工作人员在因公出差期间给予的伙食补助费用。

第十六条 伙食补助费按出差自然（日历）天数计算，按规定标准包干使用。

第十七条 财政部分地区制定伙食补助费标准。各省、自治区、直辖市和计划单列市财政厅（局）负责根据当地经济社会发展水平、市场价格、消费水平等因素，参照所在市公务接待工作餐、会议用餐等标准提出伙食补助费标准报财政部，经财政部统筹研究提出意见反馈地方审核确认后，由财政部统一发布作为中央单位工作人员到相关地区出差的伙食补助费标准。

第十八条 出差人员应当自行用餐。凡由接待单位统一安排用餐的，应当向接待单位交纳伙食费。

第五章 市内交通费

第十九条 市内交通费是指工作人员因公出差期间发生的市内交通费用。

第二十条 市内交通费按出差自然（日历）天数计算，每人每天80元包干使用。

第二十一条 出差人员由接待单位或其他单位提供交通工具的，应向接待单位或其他单位交纳相关费用。

第六章 报销管理

第二十二条 出差人员应当严格按规定开支差旅费，费用由所在单位承担，不得向下级单位、企业或其他单位转嫁。

第二十三条 城市间交通费按乘坐交通工具的等级凭据报销，订票费、经批准发生的签转或退票费、交通意外保险费凭证报销。

住宿费在标准限额之内凭发票据实报销。

伙食补助费按出差目的地的标准报销，在途期间的伙食补助费按当天最后到达目的地的标准报销。

市内交通费按规定标准报销。

未按规定开支差旅费的，超支部分由个人自理。

第二十四条 工作人员出差结束后应当及时办理报销手续。差旅费报销时应当提供出差审批单、机票、车票、住宿费发票等凭证。

住宿费、机票支出等按规定用公务卡结算。

第二十五条 财务部门应当严格按规定审核差旅费开支，对未经批准出差以及超范围、超标准开支的费用不予报销。

实际发生住宿而无住宿费发票的，不得报销住宿费以及城市间交通费、伙食补助费和市内交通费。

第七章 监督问责

第二十六条 各单位应当加强对本单位工作人员出差活动和经费报销的内控管理，对本单位出差审批制度、差旅费预算及规模控制负责，相关领导、财务人员等对差旅费报销进行审核把关，确保票据来源合法，内容真实完整、合规。对未经批准擅自出差、不按规定开支和报销差旅费的人员进行严肃处理。

一级预算单位应当强化对所属预算单位的监督检查，发现问题及时处理，重大问题向财政部报告。

各单位应当自觉接受审计部门对出差活动及相关经费支出的审计监督。

第二十七条 财政部会同有关部门对中央单位差旅费管理和使用情况进行监督检查。主要内容包括：

（一）单位差旅审批制度是否健全，出差活动是否按规定履行审批手续；

（二）差旅费开支范围和标准是否符合规定；

（三）差旅费报销是否符合规定；

（四）是否向下级单位、企业或其他单位转嫁差旅费；

（五）差旅费管理和使用的其他情况。

第二十八条 出差人员不得向接待单位提出正常公务活动以外的要求，不得在出差期间接受违反规定用公款支付的宴请、游览和非工作需要的参观，不得接受礼品、礼金和土特产品等。

第二十九条 违反本办法规定，有下列行为之一的，依法依规追究相关单位和人员的责任：

（一）单位无出差审批制度或出差审批控制不严的；

（二）虚报冒领差旅费的；

（三）擅自扩大差旅费开支范围和提高开支标准的；

（四）不按规定报销差旅费的；

（五）转嫁差旅费的；

（六）其他违反本办法行为的。

有前款所列行为之一的，由财政部会同有关部门责令改正，违规资金应予追回，并视情况予以通报。对直接责任人和相关负责人，报请其所在单位按规定给予行政处分。涉嫌违法的，移送司法机关处理。

第八章 附　　则

第三十条 工作人员外出参加会议、培训，举办单位统一安排食宿的，会议、培训期间的食宿费和市内交通费由会议、培训举办单位按规定统一开支；往返会议、培训地点的差旅费由所在单位按照规定报销。

第三十一条 不参照公务员法管理的事业单位参照本办法执行。

各单位应当根据本办法，结合本单位实际情况制定具体操作规定。

中国人民解放军和中国人民武装警察部队的差旅费管理办法参照本办法另行规定。

第三十二条 本办法由财政部负责解释。

第三十三条 本办法自2014年1月1日起施行。2006年11月13日发布的《财政部关于印发〈中央国家机关和事业单位差旅费管理办法〉的通知》（财行〔2006〕313号）同时废止，其他有关中央国家机关和事业单位差旅费管理规定与本办法不一致的，按照本办法执行。

附件

中央和国家机关国内差旅住宿费标准调整表

单位：元/人·天

序号	地区（城市）	住宿费标准			淡旺季浮动标准建议				
					旺季期间	旺季上浮价			上浮比例
		部级	司局级	其他人员		部级	司局级	其他人员	
1	北京市	1 100	650	500					
2	天津市	800	480	380					
3	河北省（石家庄）	800	450	350					
4	山西省（太原）	800	480	350					
5	内蒙古（呼和浩特）	800	460	350					
6	辽宁省（沈阳）	800	480	350					
7	大连市	800	490	350	7～9月	960	590	420	20%
8	吉林省（长春）	800	450	350					
9	黑龙江省（哈尔滨）	800	450	350	7～9月	960	540	420	20%
10	上海市	1 100	600	500					
11	江苏省（南京）	900	490	380					
12	浙江省（杭州）	900	500	400					
13	宁波市	800	450	350					
14	安徽省（合肥）	800	460	350					
15	福建省（福州）	900	480	380					
16	厦门市	900	500	400					
17	江西省（南昌）	800	470	350					
18	山东省（济南）	800	480	380					
19	青岛市	800	490	380	7～9月	960	590	450	20%
20	河南省（郑州）	900	480	380					
21	湖北省（武汉）	800	480	350					
22	湖南省（长沙）	800	450	350					
23	广东省（广州）	900	550	450					
24	深圳市	900	550	450					
25	广　西（南宁）	800	470	350					
26	海南省（海口）	800	500	350	11～2月	1 040	650	450	30%
27	重庆市	800	480	370					
28	四川省（成都）	900	470	370					
29	贵州省（贵阳）	800	470	370					
30	云南省（昆明）	900	480	380					
31	西　藏（拉萨）	800	500	350	6～9月	1 200	750	530	50%

（续表）

序号	地区（城市）	住宿费标准			淡旺季浮动标准建议			
		部级	司局级	其他人员	旺季期间	旺季上浮价			上浮比例
						部级	司局级	其他人员	
32	陕西省（西安）	800	460	350					
33	甘肃省（兰州）	800	470	350					
34	青海省（西宁）	800	500	350	6～9月	1 200	750	530	50%
35	宁　夏（银川）	800	470	350					
36	新　疆（乌鲁木齐）	800	480	350					

5. 关于调整中央和国家机关差旅住宿费标准等有关问题的通知（2015年发布）

（财行〔2015〕497号）

党中央有关部门，国务院各部委、各直属机构，全国人大常委会办公厅，全国政协办公厅，高法院，高检院，各人民团体，各民主党派中央，新疆生产建设兵团：

　　为贯彻落实《党政机关厉行节约反对浪费条例》和差旅费制度关于标准应适时调整的规定，进一步规范和加强中央和国家机关差旅费管理，提高差旅住宿费标准的科学性、有效性，综合考虑近两年全国各地区宾馆（饭店）住宿费价格变动、实际工作需要、淡旺季等因素，经研究决定，自2016年1月1日起调整《中央和国家机关差旅费管理办法》（财行〔2013〕531号）规定的差旅住宿费标准。现就有关事项通知如下：

　　一、调整北京、上海等11个城市部级干部住宿费标准、7个城市司局级干部住宿费标准和33个城市处级及以下干部住宿费标准，具体标准见附表。

　　二、拉萨、西宁、哈尔滨、海口、大连、青岛等6个受地理、气候等自然条件限制和季节性热点影响较大的城市试行差旅住宿费淡旺季标准。旺季期间及上浮后标准见附表。

　　三、调整后的差旅住宿费标准是中央和国家机关工作人员到各省会城市、直辖市、计划单列市出差的住宿费上限标准，各类人员应当坚持勤俭节约原则，根据职级对应的住宿费标准自行选择宾馆住宿（不分房型），在限额标准内据实报销。

　　中央和国家机关工作人员到各省、自治区、直辖市、计划单列市所辖地、州、市（县）出差执行当地财政部门制定的差旅住宿费标准。各地、州、市（县）差旅住宿费标准未制定公布前，可暂按其省会城市住宿费标准执行。

　　四、各单位应当严格按照差旅费制度和厉行节约反对浪费的有关规定，加强出差审批管理，从严控制出差人数和天数，严格差旅费预算管理和报销审核，控制差旅费支出规模。对违反差旅费管理规定的行为，有关部门应依法依规追究相关单位和人员的责任。

　　附件：中央和国家机关国内差旅住宿费标准调整（略）

财政部
2015年9月30日

6. 中央和国家机关培训费管理办法（2016年修订）

（财行〔2016〕540号印发）

第一章　总　　则

第一条　为进一步规范中央和国家机关培训工作，保证培训工作需要，加强培训经费管理，依据《中华人民共和国公务员法》《干部教育培训工作条例》和其他有关法律法规，制定本办法。

第二条　本办法所称培训，是指中央和国家机关及其所属机构使用财政资金在境内举办的三个月以内的各类培训。

第三条　本办法所称中央和国家机关，是指党中央各部门，国务院各部委、各直属机构，全国人大常委会办公厅，全国政协办公厅，最高人民法院，最高人民检察院，各人民团体，各民主党派中央和全国工商联（以下简称各单位）。

第四条　各单位举办培训应当坚持厉行节约、反对浪费的原则，实行单位内部统一管理，增强培训计划的科学性和严肃性，增强培训项目的针对性和实效性，保证培训质量，节约培训资源，提高培训经费使用效益。

第二章　计划和备案管理

第五条　建立培训计划编报和审批制度。各单位培训主管部门制订的本单位年度培训计划（包括培训名称、目的、对象、内容、时间、地点、参训人数、所需经费及列支渠道等），经单位财务部门审核后，报单位领导办公会议或党组（党委）会议批准后施行。

第六条　年度培训计划一经批准，原则上不得调整。因工作需要确需临时增加培训项目的，报单位主要负责同志审批。

第七条　各单位年度培训计划于每年3月31日前同时报中央组织部、财政部、国家公务员局备案。

第三章　开支范围和标准

第八条　本办法所称培训费，是指各单位开展培训直接发生的各项费用支出，包括师资费、住宿费、伙食费、培训场地费、培训资料费、交通费以及其他费用。

（一）师资费是指聘请师资授课发生的费用，包括授课老师讲课费、住宿费、伙食费、城市间交通费等。

（二）住宿费是指参训人员及工作人员培训期间发生的租住房间的费用。

（三）伙食费是指参训人员及工作人员培训期间发生的用餐费用。

（四）培训场地费是指用于培训的会议室或教室租金。

（五）培训资料费是指培训期间必要的资料及办公用品费。

（六）交通费是指用于培训所需的人员接送以及与培训有关的考察、调研等发生的交通支出。

（七）其他费用是指现场教学费、设备租赁费、文体活动费、医药费等与培训有关的其他支出。

参训人员参加培训往返及异地教学发生的城市间交通费，按照中央和国家机关差旅费有关规定回单位报销。

第九条　除师资费外，培训费实行分类综合定额标准，分项核定、总额控制，各项费用之间可以调剂使用。综合定额标准如下：

单位：元／人·天

培训类别	住宿费	伙食费	场地、资料、交通费	其他费用	合计
一类培训	500	150	80	30	760
二类培训	400	150	70	30	650
三类培训	340	130	50	30	550

一类培训是指参训人员主要为省部级及相应人员的培训项目。
二类培训是指参训人员主要为司局级人员的培训项目。
三类培训是指参训人员主要为处级及以下人员的培训项目。
以其他人员为主的培训项目参照上述标准分类执行。
综合定额标准是相关费用开支的上限。各单位应在综合定额标准以内结算报销。
30天以内的培训按照综合定额标准控制；超过30天的培训，超过天数按照综合定额标准的70%控制。上述天数含报到撤离时间，报到和撤离时间分别不得超过1天。

第十条 师资费在综合定额标准外单独核算。
（一）讲课费（税后）执行以下标准：副高级技术职称专业人员每学时最高不超过500元，正高级技术职称专业人员每学时最高不超过1 000元，院士、全国知名专家每学时一般不超过1 500元。
讲课费按实际发生的学时计算，每半天最多按4学时计算。
其他人员讲课费参照上述标准执行。
同时为多班次一并授课的，不重复计算讲课费。
（二）授课老师的城市间交通费按照中央和国家机关差旅费有关规定和标准执行，住宿费、伙食费按照本办法标准执行，原则上由培训举办单位承担。
（三）培训工作确有需要从异地（含境外）邀请授课老师，路途时间较长的，经单位主要负责同志书面批准，讲课费可以适当增加。

第四章 培训组织

第十一条 培训实行中央和地方分级管理，各单位举办培训，原则上不得下延至市、县及以下。
第十二条 各单位开展培训，应当在开支范围和标准内优先选择党校、行政学院、干部学院以及组织人事部门认可的其他培训机构承办。
第十三条 组织培训的工作人员控制在参训人员数量的10%以内，最多不超过10人。
第十四条 严禁借培训名义安排公款旅游；严禁借培训名义组织会餐或安排宴请；严禁组织高消费娱乐健身活动；严禁使用培训费购置电脑、复印机、打印机、传真机等固定资产以及开支与培训无关的其他费用；严禁在培训费中列支公务接待费、会议费；严禁套取培训费设立"小金库"。
培训住宿不得安排高档套房，不得额外配发洗漱用品；培训用餐不得上高档菜肴，不得提供烟酒；除必要的现场教学外，7日以内的培训不得组织调研、考察、参观。
第十五条 邀请境外师资讲课，须严格按照有关外事管理规定，履行审批手续。境内师资能够满足培训需要的，不得邀请境外师资。
第十六条 培训举办单位应当注重教学设计和质量评估，通过需求调研、课程设计和开发、专家论证、评估反馈等环节，推进培训工作科学化、精准化；注重运用大数据、"互联网+"等现代信息技术手段开展培训和管理。所需费用纳入部门预算予以保障。

第五章　报销结算

第十七条　报销培训费，综合定额范围内的，应当提供培训计划审批文件、培训通知、实际参训人员签到表以及培训机构出具的收款票据、费用明细等凭证；师资费范围内的，应当提供讲课费签收单或合同，异地授课的城市间交通费、住宿费、伙食费按照差旅费报销办法提供相关凭据；执行中经单位主要负责同志批准临时增加的培训项目，还应提供单位主要负责同志审批材料。

各单位财务部门应当严格按照规定审核培训费开支，对未履行审批备案程序的培训，以及超范围、超标准开支的费用不予报销。

第十八条　培训费的资金支付应当执行国库集中支付和公务卡管理有关制度规定。

第十九条　培训费由培训举办单位承担，不得向参训人员收取任何费用。

第六章　监督检查

第二十条　各单位应当将非涉密培训的项目、内容、人数、经费等情况，以适当方式公开。

第二十一条　各单位应当于每年3月31日前将上年度培训计划执行情况（包括培训名称、对象、内容、时间、地点、参训人数、工作人员数、经费开支及列支渠道、培训成效、问题建议等）报送中央组织部、财政部、国家公务员局。

第二十二条　中央组织部、财政部、国家公务员局等有关部门对各单位培训活动和培训费管理使用情况进行监督检查。主要内容包括：

（一）培训计划的编报是否符合规定；

（二）临时增加培训计划是否报单位主要负责同志审批；

（三）培训费开支范围和开支标准是否符合规定；

（四）培训费报销和支付是否符合规定；

（五）是否存在虚报培训费用的行为；

（六）是否存在转嫁、摊派培训费用的行为；

（七）是否存在向参训人员收费的行为；

（八）是否存在奢侈浪费现象；

（九）是否存在其他违反本办法的行为。

第二十三条　对于检查中发现的违反本办法的行为，由中央组织部、财政部、国家公务员局等有关部门责令改正，追回资金，并予以通报。对相关责任人员，按规定予以党纪政纪处分；涉嫌违法的，移交司法机关处理。

第七章　附　则

第二十四条　各单位可以按照本办法，结合本单位业务特点和工作实际，制定培训费管理具体规定。

第二十五条　中央组织部、国家公务员局组织的调训和统一培训，有关部门组织的援外培训，不适用本办法，按有关规定执行。

第二十六条　中央事业单位培训费管理参照本办法执行。

第二十七条　本办法由财政部会同中央组织部、国家公务员局负责解释。

第二十八条　本办法自2017年1月1日起施行。《中央和国家机关培训费管理办法》（财行〔2013〕523号）同时废止。

7. 中央和国家机关会议费管理办法（2016年发布）

（财行〔2016〕214号印发）

第一章 总 则

第一条　为进一步加强和规范中央和国家机关会议费管理，精简会议，改进会风，提高会议效率和质量，节约会议经费开支，制定本办法。

第二条　中央和国家机关会议的分类、审批和会议费管理等，适用本办法。

本办法所称中央和国家机关，是指党中央各部门，国务院各部委、各直属机构，全国人大常委会办公厅，全国政协办公厅，最高人民法院，最高人民检察院，各人民团体、各民主党派中央和全国工商联（以下简称各单位）。

第三条　各单位召开会议应当坚持厉行节约、反对浪费、规范简朴、务实高效的原则，严格控制会议数量和规模，规范会议费管理。

第四条　各单位召开的会议实行分类管理、分级审批。

第五条　各单位应当严格会议费预算管理，控制会议费预算规模。会议费预算应当细化到具体会议项目，执行中不得突破。会议费应当纳入部门预算，并单独列示。

第二章 会议分类和审批

第六条　中央和国家机关会议分类如下：

一类会议，是以党中央和国务院名义召开的，要求省、自治区、直辖市、计划单列市或中央部门负责同志参加的会议。

二类会议，是党中央和国务院各部委、各直属机构，最高人民法院，最高人民检察院，各人民团体召开的，要求省、自治区、直辖市、计划单列市有关厅（局）或本系统、直属机构负责同志参加的会议。

三类会议，是党中央和国务院各部委、各直属机构，最高人民法院，最高人民检察院，各人民团体及其所属内设机构召开的，要求省、自治区、直辖市、计划单列市有关厅（局）或本系统机构有关人员参加的会议。

四类会议，是指除上述一、二、三类会议以外的其他业务性会议，包括小型研讨会、座谈会、评审会等。

第七条　中央和国家机关会议按以下程序和要求进行审批：

一类会议。应当由主办单位报经党中央和国务院批准。会议总务、经费预算及费用结算等工作分别由中共中央直属机关事务管理局（以下简称中直管理局）和国家机关事务管理局（以下简称国管局）负责。

二类会议。党中央和国务院各部委、各直属机构，各人民团体应当于每年12月底前，将下一年度会议计划（包括会议名称、召开的理由、主要内容、时间地点、代表人数、工作人员数、所需经费及列支渠道等）送财政部审核会签，按程序经中央办公厅、国务院办公厅审核后报批。各单位召开二类会议原则上每年不超过1次。

三类会议。各单位应当建立会议计划编报和审批制度，年度会议计划（包括会议数量、会议名称、召开的理由、主要内容、时间地点、代表人数、工作人员数、所需经费及列支渠道等）经单位领导办公会或党组（党委）会审批后执行。

四类会议。由单位分管领导审核后列入单位年度会议计划。

年度会议计划一经批准，原则上不得调整。对党中央、国务院交办等确需临时增加的会议，按规定程序报批。

第八条 一类会议会期按照批准文件，根据工作需要从严控制；二、三、四类会议会期均不得超过 2 天；传达、布置类会议会期不得超过 1 天。

会议报到和离开时间，一、二、三类会议合计不得超过 2 天，四类会议合计不得超过 1 天。

第九条 各单位应当严格控制会议规模。

一类会议参会人员按照批准文件，根据会议性质和主要内容确定，严格限定会议代表和工作人员数量。

二类会议参会人员不得超过 300 人，其中，工作人员控制在会议代表人数的 15% 以内；不请省、自治区、直辖市和中央部门主要负责同志、分管负责同志出席。

三类会议参会人员不得超过 150 人，其中，工作人员控制在会议代表人数的 10% 以内。

四类会议参会人员视内容而定，一般不得超过 50 人。

第十条 全国人大常委会办公厅、全国政协办公厅、各民主党派中央和全国工商联的会议分类、审批事项、会期及参会人员等，由上述部门依据法律法规、章程规定，参照第六条至第九条作出规定，并报财政部备案。

第十一条 各单位召开会议应当改进会议形式，充分运用电视电话、网络视频等现代信息技术手段，降低会议成本，提高会议效率。

传达、布置类会议优先采取电视电话、网络视频会议方式召开。电视电话、网络视频会议的主会场和分会场应当控制规模，节约费用支出。

第十二条 不能够采用电视电话、网络视频召开的会议实行定点管理。各单位会议应当到定点会议场所召开，按照协议价格结算费用。未纳入定点范围，价格低于会议综合定额标准的单位内部会议室、礼堂、宾馆、招待所、培训中心，可优先作为本单位或本系统会议场所。

无外地代表且会议规模能够在单位内部会议室安排的会议，原则上在单位内部会议室召开，不安排住宿。

第十三条 参会人员以在京单位为主的会议不得到京外召开。各单位不得到党中央、国务院明令禁止的风景名胜区召开会议。

第三章 会议费开支范围、标准和报销支付

第十四条 会议费开支范围包括会议住宿费、伙食费、会议场地租金、交通费、文件印刷费、医药费等。

前款所称交通费是指用于会议代表接送站，以及会议统一组织的代表考察、调研等发生的交通支出。

会议代表参加会议发生的城市间交通费，按照差旅费管理办法的规定回单位报销。

第十五条 会议费开支实行综合定额控制，各项费用之间可以调剂使用。

会议费综合定额标准如下：

单位：元／人·天

会议类别	住宿费	伙食费	其他费用	合计
一类会议	500	150	110	760
二类会议	400	150	100	650
三、四类会议	340	130	80	550

综合定额标准是会议费开支的上限。各单位应在综合定额标准以内结算报销。

第十六条 一类会议费在部门预算专项经费中列支，二、三、四类会议费原则上在部门预算公用经费中列支。

会议费由会议召开单位承担，不得向参会人员收取，不得以任何方式向下属机构、企事业单位、地方转嫁或摊派。

第十七条 各单位在会议结束后应当及时办理报销手续。会议费报销时应当提供会议审批文件、会议通知及实际参会人员签到表、定点会议场所等会议服务单位提供的费用原始明细单据、电子结算单等凭证。财务部门要严格按规定审核会议费开支，对未列入年度会议计划，以及超范围、超标准开支的经费不予报销。

第十八条 各单位会议费支付，应当严格按照国库集中支付制度和公务卡管理制度的有关规定执行，以银行转账或公务卡方式结算，禁止以现金方式结算。

具备条件的，会议费应当由单位财务部门直接结算。

第四章 会议费公示和年度报告制度

第十九条 各单位应当将非涉密会议的名称、主要内容、参会人数、经费开支等情况在单位内部公示或提供查询，具备条件的应当向社会公开。

第二十条 一级预算单位应当于每年3月底前，将本级和下属预算单位上年度会议计划和执行情况（包括会议名称、主要内容、时间地点、代表人数、工作人员数、经费开支及列支渠道等）汇总后报财政部。党中央各部门同时抄送中直管理局，国务院各部门同时抄送国管局。

第二十一条 财政部对各单位报送的会议年度报告进行汇总分析，针对执行中存在的问题，及时完善相关制度。

第五章 管理职责

第二十二条 财政部的主要职责是：

（一）会同国管局、中直管理局等部门制定或修订中央本级会议费管理办法，并对执行情况进行监督检查；

（二）按规定对各单位报送的二类会议计划进行审核会签；

（三）对会议费支付结算实施动态监控；

（四）对各单位报送的会议年度报告进行汇总分析，提出加强管理的措施。

第二十三条 国管局的主要职责是：

（一）配合财政部制定或修订中央和国家机关会议费管理办法；

（二）负责国务院召开的一类会议的总务工作；

（三）配合财政部对国务院各部委、各直属机构会议费执行情况进行监督检查。

第二十四条 中直管理局的主要职责是：

（一）配合财政部制定或修订中央和国家机关会议费管理办法；

（二）负责党中央召开的一类会议的总务工作；

（三）配合财政部对中央各部门会议费执行情况进行监督检查。

第二十五条 各单位的主要职责是：

（一）负责制定本单位会议费管理的实施细则；

（二）负责单位年度会议计划编制和三类、四类会议的审批管理；

（三）负责安排会议预算并按规定管理、使用会议费，做好相应的财务管理和会计核算工作，对内部会议费报销进行审核把关，确保票据来源合法，内容真实、完整、合规；

（四）按规定报送会议年度报告，加强对本单位会议费使用的内控管理。

第六章 监督检查和责任追究

第二十六条 财政部、国管局、中直管理局会同有关部门对各单位会议费管理和使用情况进行监督检查。主要内容包括：

（一）会议计划的编报、审批是否符合规定；

（二）会议费开支范围和开支标准是否符合规定；

（三）会议费报销和支付是否符合规定；

（四）会议会期、规模是否符合规定，会议是否在规定的地点和场所召开；

（五）是否向下属机构、企事业单位或地方转嫁、摊派会议费；

（六）会议费管理和使用的其他情况。

第二十七条 严禁各单位借会议名义组织会餐或安排宴请；严禁套取会议费设立"小金库"；严禁在会议费中列支公务接待费。

各单位应严格执行会议用房标准，不得安排高档套房；会议用餐严格控制菜品种类、数量和分量，安排自助餐，严禁提供高档菜肴，不安排宴请，不上烟酒；会议会场一律不摆花草，不制作背景板，不提供水果。

不得使用会议费购置电脑、复印机、打印机、传真机等固定资产以及开支与本次会议无关的其他费用；不得组织会议代表旅游和与会议无关的参观；严禁组织高消费娱乐、健身活动；严禁以任何名义发放纪念品；不得额外配发洗漱用品。

第二十八条 违反本办法规定，有下列行为之一的，依法依规追究会议举办单位和相关人员的责任：

（一）计划外召开会议的；

（二）以虚报、冒领手段骗取会议费的；

（三）虚报会议人数、天数等进行报销的；

（四）违规扩大会议费开支范围，擅自提高会议费开支标准的；

（五）违规报销与会议无关费用的；

（六）其他违反本办法行为的。

有前款所列行为之一的，由财政部会同有关部门责令改正，追回资金，并经报批后予以通报。对直接负责的主管人员和相关负责人，报请其所在单位按规定给予行政处分。如行为涉嫌违法的，移交司法机关处理。

定点会议场所或单位内部宾馆、招待所、培训中心有关工作人员违反规定的，按照财政部定点会议场所管理的有关规定处理。

第七章 附　　则

第二十九条 各单位应当按照本办法规定，结合本单位业务特点和工作需要，制定会议费管理具体规定。

第三十条 党中央、国务院直属事业单位的会议费管理参照本办法执行。中央和国家机关各部门所属事业单位的会议费管理由各部门依据从严从紧原则参照本办法作出具体规定。

第三十一条 本办法由财政部负责解释，自 2016 年 7 月 1 日起施行。《中央和国家机关会议费管理办法》（财行〔2013〕286 号）同时废止。

8. 财政部　国管局　中直管理局关于《中央和国家机关会议费管理办法》的补充通知（2023年发布）

（财行〔2023〕86号）

党中央有关部门，国务院各部委、各直属机构，全国人大常委会办公厅，全国政协办公厅，最高人民法院，最高人民检察院，各民主党派中央，有关人民团体：

为贯彻落实中央八项规定精神，进一步规范中央和国家机关会议费管理，现就有关事项补充通知如下：

一、本通知适用于中央和国家机关按照《中央和国家机关会议费管理办法》（财行〔2016〕214号，以下简称《办法》）规定召开的一类、二类、三类、四类会议，包括线下会议和线上会议。

线上会议是指采取电视电话、网络视频等方式召开的会议，含线上与线下相结合的会议。

二、会议会期，二、三、四类会议原则上不超过1天半，传达、布置类会议不得超过1天。

会议报到和离开时间，一、二、三类会议合计不得超过1天半，四类会议合计不得超过1天。

三、各单位召开会议，在符合保密和网络信息安全要求的前提下，提倡采用线上会议形式。线上会议的主会场和分会场参会人数合计不得超过《办法》规定的相应会议类别参会人数上限，不请外地同志到主会场参会。

线上会议优先选择单位内部电视电话、电子政务内网视频会商等现有应用系统。单位现有应用系统无法保障的，应当结合工作性质、保密要求等，选择专用系统、运营商服务系统、第三方软件服务系统等。

四、会议费开支范围包括：

（一）线下费用：《办法》规定的住宿费、伙食费、会议场地租金、交通费、文件印刷费、医药费等；

（二）线上费用：能够明确对应具体会议的设备租赁费、线路费、电视电话会议通话费、技术服务费、软件应用费、音视频制作费等。

五、会议费应当按照以下方式进行核算列支：

（一）线下费用按照《办法》有关规定以实际发生的费用项目分项定额标准总额为上限，结合线下实际参会人数、会议时间进行核算。各项费用之间可以调剂使用，未实际发生的费用项目不得参与调剂。

（二）线上费用不纳入《办法》规定的综合定额标准内核算，凭合法票据原则上在单位年度会议费预算内据实列支。

各单位应当按照厉行节约、提高效率的原则，通过市场调研、充分议价，合理选择线上会议应用系统，细化完善本单位线上会议支出标准。

六、各单位在会议结束后应当及时办理会议费报销手续。线下费用按照《办法》有关规定进行报销。线上费用应当提供费用清单和使用相关应用系统所开具的合法票据，签署服务合同的，需一并提供相关合同。

七、各单位应当加强涉密会议安全和保密管理，落实网络安全工作责任制，强化网络安全技术防护措施，选择安全可靠的应用系统，督促系统服务供应商严格落实安全保密责任,加强对运维人员、技术服务人员日常保密教育和监督,定期开展终端设备和涉密场所保密检查,妥善保管会议音视频等材料,切实做好安全保障工作。

八、各单位应当加强对会议内容相近、参会人员范围相同会议的统筹,严格控制各类会议规模,简化办会形式,合理确定参会人员范围,减少参会人员数量,减少陪会。

九、各单位应在《办法》及本通知规定的开支范围和开支标准内从严从紧核定会议费预算,节约会议经费开支。

十、本通知自2023年8月1日起施行。《办法》有关规定与本通知不符的,以本通知为准。

财政部　国管局　中直管理局
2023年5月30日

9. 党政机关办公用房管理办法（2017年发布）

（中办发〔2017〕70号印发）

第一章　总　则

第一条　为了进一步规范党政机关办公用房管理,推进办公用房资源合理配置和节约集约使用,保障正常办公,降低行政成本,促进党风廉政建设和节约型机关建设,根据《党政机关厉行节约反对浪费条例》《机关事务管理条例》《机关团体建设楼堂馆所管理条例》等有关规定,制定本办法。

第二条　本办法适用于各级党政机关办公用房的规划、权属、配置、使用、维修、处置等管理工作。

本办法所称党政机关,是指党的机关、人大机关、行政机关、政协机关、监察机关、审判机关、检察机关,以及工会、共青团、妇联等人民团体和参照公务员法管理的事业单位。

本办法所称办公用房,是指党政机关占有、使用或者可以确认属于机关资产的,为保障党政机关正常运行需要设置的基本工作场所,包括办公室、服务用房、设备用房和附属用房。

第三条　党政机关办公用房管理应当遵循下列原则：

（一）依法合规,严格执行法律法规和党内有关制度规定,强化监督管理；

（二）科学规划,统筹机关办公和公共服务需求,优化布局和功能；

（三）规范配置,科学制定标准,严格审核程序,合理保障需求；

（四）有效利用,统筹调剂余缺,及时依规处置,避免闲置浪费；

（五）厉行节约,注重庄重朴素、经济适用,节约能源资源。

第四条　建立健全党政机关办公用房集中统一管理制度,统一规划、统一权属、统一配置、统一处置。县级以上党政机关办公用房有关管理部门根据职责分工,负责本级党政机关办公用房管理工作,指导下级党政机关办公用房管理工作。

中央和国家机关办公用房管理,由归口的机关事务管理部门负责规划、权属、调剂、使用监管、处置、维修等,国家发展改革委负责建设项目审批、建设标准制定以及投资安排等,财政部负责预算安排、指导开展资产管理等。中央和国家机关所属垂直管理机构、派出机构和参照公务员法管理的事业单位办公用房的权属、使用、维修等有关管理工作,由归口的机关事务管理部门委托行政主管部门负责。

地方各级党政机关办公用房管理的职责分工,由各省、自治区、直辖市参照前款规定,结合本地区实际情况合理确定相关机构承担办公用房管理职责。

各级党政机关是办公用房的使用单位，负责本单位占有、使用办公用房的内部管理和日常维护。

第二章 权属管理

第五条 党政机关办公用房的房屋所有权、土地使用权等不动产权利（以下统称办公用房权属），统一登记至本级机关事务管理部门名下。

中央和国家机关所属垂直管理机构、派出机构和参照公务员法管理的事业单位办公用房权属应当登记在行政主管部门名下。地方各级党政机关所属垂直管理机构、派出机构办公用房权属的登记主体由各省、自治区、直辖市规定。

涉及国家秘密、国家安全等特殊情况的，经机关事务管理部门核准，可以将办公用房权属登记在使用单位名下。

因历史资料缺失、权属不清等问题无法登记的，由机关事务管理部门协调有关部门进行办公用房权属备案，使用单位不得自行处置。

第六条 建立健全党政机关办公用房清查盘点制度。使用单位应当建立本单位办公用房资产管理分台账，资产信息发生变更的，及时调整更新。机关事务管理部门应当建立本级党政机关办公用房资产管理总台账，定期组织清查盘点，确保总台账信息与使用单位分台账信息账账相符，与办公用房实际状况账实相符，与权属证书信息账证相符。

第七条 建立健全党政机关办公用房管理信息统计报告制度。

各级机关事务管理部门应当建立健全本级党政机关办公用房管理信息系统，定期统计汇总办公用房管理情况，报上级机关事务管理部门，并送同级发展改革、财政部门。

国家机关事务管理局、中共中央直属机关事务管理局应当会同有关部门，建立全国党政机关办公用房信息数据库，并纳入国家数据共享交换平台，实现与发展改革、财政、国土资源、住房城乡建设等部门共享共用。各省、自治区、直辖市应当统筹推进本地区办公用房管理信息系统建设，实现上下一体、互联互通、动态管理。

第八条 建立健全党政机关办公用房档案管理制度。使用单位应当加强本单位办公用房档案管理，及时归集权属、建设、维修等原始档案，并移交产权单位。产权单位应当加强办公用房档案的收集、保存和利用，确保档案完整。

第三章 配置管理

第九条 县级以上机关事务管理、发展改革、财政部门应当会同有关部门，结合人员编制情况、办公与业务需要等，编制本级党政机关办公用房配置保障规划，优化办公用房布局，具备条件的逐步推进集中或者相对集中办公，共用配套附属设施。

地方各级人民政府编制土地利用总体规划和城乡规划时，应当统筹安排本级党政机关办公用房用地。县级以上党政机关的驻在地人民政府应当有效保障上级党政机关办公用房用地需求。

第十条 党政机关办公用房配置应当严格执行相关标准，从严核定面积。

国家发展改革委会同住房城乡建设部、财政部，制定和完善党政机关办公用房建设标准，并实行标准动态调整。

第十一条 党政机关办公用房配置方式包括调剂、置换、租用和建设。

第十二条 使用单位需要配置办公用房的，由机关事务管理部门优先整合现有办公用房资源调剂解决。

第十三条 采取置换方式配置办公用房的，应当严格履行审批程序，执行新建办公用房各项标准，确保符合办公用房各类功能要求，并按规定组织资产评估，置换所得超出面积标准的办公用房由机关事务管理部门统一调剂，置换所得收益按照非税收入有关规定管理。

置换旧房的，由机关事务管理部门会同发展改革、财政部门报同级人民政府审批；置换新房的，应当严格履行建设审批程序。不得以置换名义量身打造办公用房，不得以未使用政府预算建设资金、资产整合等名义规避审批。

第十四条 无法调剂或者置换解决办公用房的，可以面向市场租用，但应当严格按照规定履行审批程序。

需租用办公用房的，由使用单位提出申请，经机关事务管理部门核准后，报财政部门审核安排预算；或者由机关事务管理部门统筹本级党政机关办公用房使用需求，制定租用方案，报财政部门审核安排预算后，统一租赁并统筹安排使用。

任何单位不得以变相补偿方式租用由企业等单位提供的办公用房。

各级财政部门会同机关事务管理部门，制定本级党政机关办公用房租金标准，并实行标准动态调整。

第十五条 无法调剂、置换、租用办公用房，或者涉及国家秘密、国家安全等特殊情况的，可以采取建设方式解决，但应当按照国家有关政策从严控制，严格履行审批程序。党政机关办公用房建设包括新建、扩建、改建、购置。

中共中央直属机关办公用房建设项目由归口的机关事务管理部门审核同意后统一申报，由国家发展改革委核报国务院审批。

中央国家机关本级办公用房建设项目，由国家发展改革委核报国务院审批，申报前应当由归口的机关事务管理部门出具必要性审查意见。

中央国家机关所属垂直管理机构、派出机构办公用房建设项目，厅（局）级及以上单位的项目由国家发展改革委审批，申报前应当由归口的机关事务管理部门出具必要性审查意见；厅（局）级以下单位的项目由行政主管部门审批，并报国家发展改革委和归口的机关事务管理部门备案。

中央国家机关所属参照公务员法管理的事业单位的办公用房建设项目，由国务院、国家发展改革委和行政主管部门按照中央预算内投资审批权限分别负责审批，其中由国务院、国家发展改革委审批的项目，申报前应当由归口的机关事务管理部门出具必要性审查意见。

省、自治区、直辖市及计划单列市本级党政机关办公用房建设项目，由国家发展改革委核报国务院审批；地方其他党政机关办公用房建设项目，由省级人民政府审批。

县级党政机关直属单位和乡（镇）级党政机关办公用房建设项目，可以由省级人民政府根据实际情况委托市级人民政府审批。

地方各级党政机关所属垂直管理机构、派出机构和参照公务员法管理的事业单位办公用房建设项目的审批程序，由各省、自治区、直辖市规定。

第十六条 党政机关办公用房配置所需资金，应当通过政府预算安排，不得接受任何形式赞助或者捐款，不得搞任何形式集资或者摊派，不得向其他任何单位借款，不得让施工单位垫资，严禁挪用各类专项资金。

土地收益和资产转让收益按照非税收入有关规定管理，不得直接用于办公用房配置。涉及新增资产的，应当向财政部门申报新增资产配置预算。

第十七条 新配置办公用房的党政机关，应当在搬入新办公用房后1个月内，将超出核定面积的原有办公用房腾退移交同级机关事务管理部门统一调剂使用，不得继续占用或者自行处置，不得自行安排其他单位使用。

第四章 使 用 管 理

第十八条 机关事务管理部门应当与使用单位签订办公用房使用协议，核发办公用房分配使用凭证。

办公用房分配使用凭证可以按照有关规定用于办理使用单位法人登记、集体户籍、大中修项目施工许可等，不得用于出租、出借、经营。

第十九条 使用单位应当严格按照有关规定在核定面积内合理安排使用办公用房，不得擅自改变办公用房使用功能，不得调整给其他单位使用。办公用房安排使用情况应当按年度通过政务内网、公示栏等平台进行内部公示；领导干部办公用房配备情况应当按年度报机关事务管理部门备案，严禁超标准配备、使用办公用房。

领导干部在不同单位同时任职的，应当在主要任职单位安排1处办公用房；主要任职单位与兼职单位相距较远且经常到兼职单位工作的，经严格审批后，可以由兼职单位再安排1处小于标准面积的办公用房，并在免去兼任职务后2个月内腾退兼职单位安排的办公用房。

工作人员调离或者退休的，使用单位应当在办理调离或者退休手续后1个月内收回其办公用房。

第二十条 党政机关工作人员办公室具备条件的，应当采用大开间等形式，提高办公用房利用率。

会议室、接待室等服务用房，可以采取可拆卸式隔断设计，提高空间使用的灵活性。

第二十一条 项目批复中已经明确和机关一并建设办公用房的事业单位，按照面积标准核定后可以继续无偿使用机关办公用房。

公益一类事业单位已经占用的机关办公用房，按照面积标准核定后可以继续无偿使用。公益二类事业单位已经占用的机关办公用房，应当按照规定予以腾退；确有困难的，经机关事务管理部门批准，可以继续有偿使用，租金收益按照非税收入有关规定管理。事业单位已经新建、购置办公用房或者租用其他房屋办公的，应当在6个月内将原有办公用房腾退移交机关事务管理部门。

生产经营类事业单位、国有企业和行业协会商会等社团组织，原则上不得占用党政机关办公用房。

第二十二条 党政机关办公用房使用单位机构、编制调整的，机关事务管理部门应当重新核定其办公用房面积。超出面积标准的，使用单位应当在6个月内将超出部分的办公用房腾退移交机关事务管理部门。

党政机关转为企业的，应当在办理企业工商注册后6个月内将原有办公用房腾退移交机关事务管理部门。转企单位确有困难的，经机关事务管理部门批准，可以继续有偿使用，租金收益按照非税收入有关规定管理；新建、购置或者租用办公用房的，应当在6个月内将原有办公用房腾退移交机关事务管理部门。

党政机关撤销的，应当在6个月内将原有办公用房腾退移交机关事务管理部门。

第二十三条 建立健全政府向社会购买物业服务机制，逐步实现办公用房物业服务社会化、专业化，具备条件的逐步推进统一物业管理服务。

机关事务管理部门应当会同有关部门，按照经济、适度的原则，制定本级党政机关办公用房物业服务内容、服务标准和费用定额。

第二十四条 鼓励有条件的地区探索试行办公用房租金制，逐步推进办公用房经费预算管理和实物资产管理相结合。

第五章 维修管理

第二十五条 党政机关办公用房维修包括日常维修和大中修。中央和国家机关办公用房维修标准由归口的机关事务管理部门、财政部会同住房城乡建设部制定，地方各级党政机关办公用房维修标准由各省、自治区、直辖市结合实际制定，并建立标准动态调整机制。

第二十六条 使用单位负责办公用房的日常检查和维修，所需资金通过部门预算安排。

第二十七条 党政机关办公用房因使用时间较长、设施设备老化、功能不全、存在安全隐患等原因需要大中修的，使用单位向机关事务管理部门提出申请；机关事务管理部门结合办公用房建筑年代、历史维修记录、老化损坏程度、单位建筑面积能耗水平和使用单位的实际需求，统筹安排办公用房大中修项目，报财政部门审核安排预算。

办公用房大中修项目应当严格按照规定履行审批程序，未经审批的项目，不得安排预算。中央和国家机关本级办公用房大中修项目，由归口的机关事务管理部门审批。中央和国家机关所属垂直管理机构、派出机构和参照公务员法管理的事业单位办公用房大中修项目，机关事务管理部门委托行政主管部门审批，其中厅（局）级及以上单位办公用房大中修项目审批情况应当报归口的机关事务管理部门备案。地方各级党政机关办公用房大中修项目的审批程序，由各省、自治区、直辖市规定。

第六章 处置利用管理

第二十八条 党政机关办公用房有下列情形之一闲置的，可以按照有关规定采取调剂使用、转换用途、置换、出租、拍卖、拆除等方式及时处置利用：

（一）同级党政机关办公用房总量满足使用需求，仍有余量的；
（二）因地理位置、周边环境、房屋结构等原因，不适合继续作为办公用房使用的；
（三）因城乡规划调整等需要拆迁的；
（四）经专业机构鉴定属于危房，且无加固改造价值的；
（五）其他原因导致办公用房闲置的。

处置利用党政机关办公用房涉及权属、用途等变更的，应当依法办理相关手续。

第二十九条 同一区域内闲置办公用房具备条件的，应当加强跨系统、跨层级调剂使用。

中央和国家机关所属垂直管理机构、派出机构之间调剂使用的，由行政主管部门审核提出意见，经归口的机关事务管理部门批准后实施，调剂使用情况报财政部备案。

中央和国家机关所属垂直管理机构、派出机构与地方各级党政机关之间调剂使用的，由行政主管部门会同有关地方人民政府审核提出意见，经归口的机关事务管理部门会同财政部批准后实施。

地方同级或者上下级党政机关之间，以及地方各级党政机关所属垂直管理机构、派出机构之间调剂使用的，参照前两款规定办理。

第三十条 具备条件的，机关事务管理部门可以商有关部门将闲置办公用房转为便民服务、社区活动等公益场所，或者按照有关规定置换为其他符合国家政策和需要的资产。

机关事务管理部门可以通过公共资源交易平台统一招租，租金收益按照非税收入有关规定管理。党政机关如有需要，应当及时收回出租的办公用房，统筹调剂使用。使用单位不得擅自出租办公用房。

第三十一条 闲置办公用房无法通过调剂使用、转换用途、置换、出租等方式处置利用的，机关事务管理部门报财政部门批准后，可以通过公共资源交易平台依法公开拍卖，拍卖收益按照非税收入有关规定管理。

第七章 监督问责

第三十二条 党政机关办公用房使用单位应当建立本单位内部使用管理制度，加强监督检查和责任追究，及时发现和纠正违规问题。

党政机关办公用房有关管理部门应当根据职责分工，加强办公用房监管，严格履行相关管理程序，对使用单位的办公用房违规管理使用问题及时按照规定移交有关部门和单位查处。

纪检监察机关应当及时受理群众举报和有关部门移送的办公用房管理案件线索，严肃查处违规违纪问题。

第三十三条 建立健全党政机关办公用房巡检考核制度。

县级以上机关事务管理、发展改革、财政部门会同有关部门，定期对本级党政机关（含所属垂直管理机构、派出机构）办公用房使用情况以及下级党政机关办公用房管理情况进行专项联合巡检，及时发现和纠正违规问题。

办公用房专项巡检应当与党风廉政建设责任制检查考核、政府绩效考核以及党政领导班子和领导干部年度考核相结合，巡检考核结果作为干部管理监督、选拔任用的依据。

第三十四条 建立健全党政机关办公用房管理信息公开制度。除依照法律法规和有关要求需要保密的内容和事项外，办公用房建设、使用、维修、处置利用、运行费用支出等情况，应当在政府门户网站等公共平台定期公开，主动接受社会监督。

第三十五条 建立健全党政机关办公用房管理责任追究制度，对有令不行、有禁不止的，依照有关规定严肃追究相关人员责任。

管理部门有下列情形之一的，依纪依法追究相关人员责任：

（一）违规审批项目或者安排投资计划、预算的；

（二）不按照规定履行调剂、置换、租用、建设等审批程序的；

（三）为使用单位超标准配置办公用房的；

（四）不按照规定处置办公用房的；

（五）办公用房管理信息统计报送中瞒报、漏报的；

（六）对发现的违规问题不及时处理的；

（七）有其他违反办公用房管理规定情形的。

使用单位有下列情形之一的，依纪依法追究相关人员责任：

（一）擅自将办公用房权属登记至本单位或者所属单位名下，或者不配合办理权属登记的；

（二）未经批准建设或者大中修办公用房的；

（三）不按规定腾退移交办公用房的；

（四）未经批准租用、借用办公用房的；

（五）擅自改变办公用房使用功能或者处置办公用房的；

（六）擅自安排企事业单位、社会组织等使用机关办公用房的；

（七）为工作人员超标准配备办公用房，或者未经批准配备两处以上办公用房的；

（八）有其他违反办公用房管理规定情形的。

第八章 附 则

第三十六条 党政机关本级的技术业务用房以及机关办公区内的技术业务用房，权属统一登记至本级机关事务管理部门名下，从严控制使用范围和用途，原则上不得调整用作办公用房。

党政机关本级的技术业务用房建设项目以及机关办公区内的技术业务用房建设项目，应当严格按规定履行审批程序，项目申报前由机关事务管理部门出具土地、人防等审查意见。

住房城乡建设部会同国家发展改革委、有关业务主管部门，制定和完善各类技术业务用房建设标准，合理区分办公用房和技术业务用房。

第三十七条 各省、自治区、直辖市以及中央和国家机关各部门，应当根据本办法，结合实际制定具体管理办法。

第三十八条 各民主党派机关办公用房管理适用本办法。

不参照公务员法管理的事业单位办公用房管理办法，另行制定。

第三十九条 本办法由国家机关事务管理局、中共中央直属机关事务管理局、国家发展改革委和财政部负责解释。

第四十条 本办法自2017年12月5日起施行。其他有关党政机关办公用房管理的规定，凡与本办法不一致的，按照本办法执行。

10. 党政机关公务用车管理办法（2017年发布）

（中办发〔2017〕71号印发）

第一章 总 则

第一条 为了进一步规范党政机关公务用车管理，有效保障公务活动，促进党风廉政建设和节约型机关建设，根据《党政机关厉行节约反对浪费条例》《机关事务管理条例》等有关规定，制定本办法。

第二条 本办法适用于党的机关、人大机关、行政机关、政协机关、监察机关、审判机关、检察机关，以及工会、共青团、妇联等人民团体和参照公务员法管理的事业单位。

第三条 本办法所称公务用车，是指党政机关配备的用于定向保障公务活动的机动车辆，包括机要通信用车、应急保障用车、执法执勤用车、特种专业技术用车以及其他按照规定配备的公务用车。

机要通信用车是指用于传递、运送机要文件和涉密载体的机动车辆。

应急保障用车是指用于处理突发事件、抢险救灾或者其他紧急公务的机动车辆。

执法执勤用车是指中央批准的执法执勤部门（系统）用于一线执法执勤公务的机动车辆。

特种专业技术用车是指固定搭载专业技术设备、用于执行特殊工作任务的机动车辆。

第四条 党政机关公务用车管理遵循统一管理、定向保障、经济适用、节能环保的原则。

第五条 党政机关公务用车实行统一制度规范、分级分类管理。党政机关公务用车主管部门负责本级党政机关公务用车管理工作，根据职责实行统一编制、统一标准、统一购置经费、统一采购配备管理；指导监督下级党政机关公务用车管理工作。

第二章 编制和标准管理

第六条 党政机关公务用车实行编制管理。车辆编制根据机构设置、人员编制和工作需要等因素确定。

机要通信用车、应急保障用车和其他按照规定配备的公务用车编制由公务用车主管部门会同有关部门确定。

执法执勤用车、特种专业技术用车编制由财政部门会同有关部门确定，并送公务用车主管部门备案。

第七条 党政机关配备公务用车应当严格执行以下标准：

（一）机要通信用车配备价格12万元以内、排气量1.6升（含）以下的轿车或者其他小型客车。

（二）应急保障用车和其他按照规定配备的公务用车配备价格18万元以内、排气量1.8升（含）以下的轿车或者其他小型客车。确因情况特殊，可以适当配备价格25万元以内、排气量3.0升（含）以下的其他小型客车、中型客车或者价格45万元以内的大型客车。

（三）执法执勤用车配备价格12万元以内、排气量1.6升（含）以下的轿车或者其他小型客车，因工作需要可以配备价格18万元以内、排气量1.8升（含）以下的轿车或者其他小型客车。确因情况特殊，可以适当配备价格25万元以内、排气量3.0升（含）以下的其他小型客车、中型客车或者价格45万元以内的大型客车。

（四）特种专业技术用车配备标准由有关部门会同财政部门按照保障工作需要、厉行节约的原则确定。

公务用车配备新能源轿车的，价格不得超过18万元。

上述配备标准应当根据公务保障需要、汽车行业技术发展、市场价格变化等因素适时调整。

第八条 严格控制执法执勤用车的配备范围、编制和标准。执法执勤用车配备应当严格限定在一线执法执勤岗位。

第三章 配备和经费管理

第九条 公务用车主管部门根据公务用车配备更新标准和现状，编制年度公务用车配备更新计划。

第十条 财政部门根据年度公务用车配备更新计划，按照预算管理有关规定统筹安排购置经费，列入公务用车主管部门预算。

第十一条 财政部门会同公务用车主管部门制定公务用车运行费用定额标准，统筹安排公务用车运行费用，列入党政机关部门预算。

第十二条 公务用车主管部门按照政府采购法律法规和国家有关政策规定，统一组织实施公务用车集中采购。

第十三条 党政机关应当配备使用国产汽车，带头使用新能源汽车，按照规定逐步扩大新能源汽车配备比例。

第十四条 地方各级党政机关确因工作需要超出规定标准配备公务用车的，必须报省级公务用车主管部门批准。

党政机关原则上不配备越野车。确因工作需要，按照程序报批后，可以适当配备国产越野车。越野车不得作为领导干部固定用车。

第十五条 除涉及国家安全、侦查办案等有保密要求的特殊工作用车外，党政机关公务用车产权注册登记所有人应当为本机关法人，不得将公务用车登记在下属单位、企业或者个人名下。

第四章 使用和处置管理

第十六条 党政机关应当加强公务用车使用管理，严格按照规定使用公务用车，严禁公车私用、私车公养，不得既领取公务交通补贴又违规使用公务用车。

第十七条 党政机关应当推进公务用车服务平台建设。各地区应当结合实际，将各类公务用车纳入平台集中管理，采用信息化手段统筹调度、高效使用，鼓励通过社会化专业机构提高平台管理运行效率。

第十八条 党政机关应当推进公务用车标识化管理。除涉及国家安全、侦查办案和其他有保密要求的特殊工作用车外，公务用车应当统一标识。

第十九条 党政机关应当建立公务用车管理台账，加强相关证照档案的保存和管理。

各省、自治区、直辖市以及中央和国家机关公务用车主管部门应当建立统一的公务用车管理信息系统，提高公务用车配备使用管理信息化水平。

第二十条 党政机关应当建立健全公务用车使用管理制度，严格执行，加强监督，降低运行成本。

严格公务用车使用时间、事由、地点、里程、油耗、费用等信息登记和公示制度。严格执行回单位或者其他指定地点停放制度，节假日期间除工作需要外应当封存停驶。

实行公务用车保险、维修、加油政府集中采购和定点保险、定点维修、定点加油制度，健全公务用车油耗、运行费用单车核算和年度绩效评价制度。

第二十一条 党政机关应当减少公务用车长途行驶，工作人员到外地办理公务，除特殊情况外，应当乘用公共交通工具。外事接待、会议和集体活动用车主要通过社会租赁方式解决。

第二十二条　公务用车使用年限超过8年的可以更新；达到更新年限仍能继续使用的，应当继续使用。因安全等原因确需提前更新的，应当严格履行审批手续。

公务用车按照规定更新后，可以采取拍卖、厂家回收、报废等方式规范处置旧车。处置收入按照非税收入有关规定管理。

第五章　监督问责

第二十三条　党政机关应当建立公务用车配备更新和使用情况统计报告制度。各省、自治区、直辖市公务用车主管部门负责统计汇总本地区公务用车配备更新和使用情况。国家机关事务管理局、中共中央直属机关事务管理局负责统计汇总中央和国家机关公务用车配备更新和使用情况。

第二十四条　党政机关应当严格执行公务用车配备使用管理各项规定，将公务用车配备更新、使用、处置和经费预算执行等情况纳入内部审计、政务公开和政务诚信建设范围，接受社会监督。

公务用车主管部门应当加强对党政机关公务用车配备更新、使用、处置等情况的监督检查，定期通报或者公示相关情况。

财政、审计部门应当加强对公务用车经费预算管理使用情况的监督检查，依法处理、督促整改违规问题，并将涉嫌违纪违法问题移送有关部门查处。

公安交通管理部门应当定期与公务用车主管部门交换公务用车注册登记信息、使用状态等情况。

纪检监察机关应当及时受理群众举报和有关部门移送的公务用车管理问题线索，严肃查处违纪违法问题。

第二十五条　公务用车主管部门有下列情形之一的，依纪依法追究相关人员责任：

（一）违规核定公务用车编制的；

（二）违规审批超编制、超标准配备公务用车的；

（三）违规审批未到年限更新公务用车的；

（四）违规安排公务用车经费预算的；

（五）有其他未按规定履行管理监督职责行为的。

第二十六条　党政机关有下列情形之一的，依纪依法追究相关人员责任：

（一）超编制、超标准配备公务用车的；

（二）违反规定将公务用车登记在下属单位、企业或者个人名下的；

（三）公车私用、私车公养，或者既领取公务交通补贴又违规使用公务用车的；

（四）换用、借用、占用下属单位或者其他单位和个人的车辆，或者擅自接受企事业单位和个人赠送车辆的；

（五）挪用或者固定给个人使用执法执勤、机要通信等公务用车的；

（六）为公务用车增加高档配置或者豪华内饰的；

（七）在车辆维修等费用中虚列名目或者夹带其他费用，为非本单位车辆报销运行维护费用的；

（八）违规处置公务用车的；

（九）有其他违反公务用车配备使用管理规定行为的。

第六章　附　则

第二十七条　本办法所称小型客车、中型客车、大型客车等，依据中华人民共和国公共安全行业标准GA802-2014《机动车类型　术语和定义》界定。

第二十八条　各省、自治区、直辖市以及中央和国家机关各部门，应当根据本办法，结合实际制定具体管理办法。

第二十九条 中央和国家机关所属垂直管理机构、派出机构公务用车由行政主管部门依照本办法进行管理。

各民主党派机关公务用车管理适用本办法。

不参照公务员法管理的事业单位公务用车，按照本办法的原则管理。

第三十条 本办法由国家机关事务管理局、中共中央直属机关事务管理局会同有关部门负责解释。

第三十一条 本办法自2017年12月5日起施行。中共中央办公厅、国务院办公厅2011年1月6日印发的《党政机关公务用车配备使用管理办法》同时废止。

11. 党政机关会议定点管理办法（2015年发布）

（财行〔2015〕1号印发）

第一章 总 则

第一条 为加强和规范党政机关会议定点管理，节约会议费支出，降低行政运行成本，根据《党政机关厉行节约反对浪费条例》《中央和国家机关会议费管理办法》等规定，制定本办法。

第二条 党政机关会议定点管理，是指财政部门或财政部门委托的机构通过政府采购方式确定一定数量的宾馆饭店或专业会议场所作为党政机关举办会议场所（以下称会议定点场所）的相关管理活动。

第三条 各级党政机关举办的会议，除采用电视电话、网络视频方式以及在本单位或本系统内部会议室、礼堂、宾馆、招待所、培训（会议）中心等举办的外，应当在会议定点场所召开。

第四条 省级（含自治区、直辖市和计划单列市，下同）财政部门统一负责本地区党政机关会议定点管理。各省级财政部门根据实际情况确定本地区各级财政部门在会议定点场所的政府采购和日常管理中的具体职责分工。

第五条 各地区确定的会议定点场所在全国范围内实行资源共享，各级党政机关举办会议共同使用，执行统一的会议定点场所目录和相同的协议价格。

第二章 会议定点场所及协议价格的确定

第六条 会议定点宾馆饭店应当具备保证会议所需要的住宿房间、会议室、餐厅以及相关设施。

专业会议场所应当具备会议所需要的会议室等相关设施。

第七条 确定会议定点场所应当遵循的原则：

（一）数量适当。会议定点场所的数量以能满足党政机关会议需要为宜。

（二）布局合理。会议定点场所的分布要合理，交通便利。

（三）档次适中。兼顾不同地区和不同级别党政机关会议的需要，确定不同档次的会议定点场所。

（四）价格优惠。宾馆饭店、专业会议场所对会议的收费给予优惠。

（五）公开公平。对各类宾馆饭店、专业会议场所等应执行公开、统一的政府采购标准。

第八条 会议定点场所应当通过公开招标方式确定。因特殊情况需要采用公开招标以外方式采购的，应当报经省级财政部门批准后执行。

第九条 会议定点场所政府采购的内容包括住宿房间价格、会议室租金和伙食费。住宿房间价格按标准间、单人间和普通套房三种类型确定。会议室租金按照大会议室、中会议室、小会议室三种类型确定。伙食费标准按照每人每天确定或明细到单餐。

会议定点场所的政府采购控制价格由具体负责政府采购的财政部门按照不高于本地区会议费管理办法规定的开支标准确定。

第十条 具备本办法第六条规定条件的宾馆饭店、专业会议场所可以参加会议定点场所招投标。

党政机关驻外地的内部宾馆、招待所、培训（会议）中心等具备本办法第六条规定条件的可以参加所在地的会议定点场所招投标。

第十一条 会议定点场所政府采购应坚持公开、公正、公平的原则，严格按照政府采购制度的有关规定进行。

第十二条 具体负责政府采购的财政部门通过政府采购确定会议定点场所后，应当与会议定点场所签订协议书，并督促会议定点场所在规定时间内在党政机关会议定点场所管理系统上注册。

省级财政部门汇总本地区政府采购的会议定点场所及协议价格报财政部备案。

第三章 会议定点场所的变动调整

第十三条 会议定点场所实行动态管理，两年调整一次。

第十四条 根据工作需要，各地财政部门可以对会议定点场所进行调整，调整办法由省级财政部门按有关规定制定。

第十五条 协议期满后，对符合招标文件中规定的续约条件的，经协议双方协商一致，本轮次的会议定点场所可以续签下一轮次的协议，继续保留会议定点场所资格；也可自愿退出，会议定点场所资格自动取消。

第十六条 会议定点场所在协议期内不得提高协议价格。

第十七条 会议定点场所在协议期内，由于名称、法人代表等信息发生变动的，由会议定点场所申请，经当地财政部门审核同意后重新注册，并报省级财政部门备案。

第十八条 协议期内会议定点场所发生下列情况之一的，由会议定点场所提出书面申请，经签订协议的财政部门审核同意后在党政机关会议定点场所管理系统办理注销：

（一）由于会议定点场所服务功能发生变化，不能满足协议要求的；

（二）由于自然灾害等不可抗力导致会议定点场所无法正常经营的；

（三）由于其他情况导致会议定点场所无法正常经营的。

第四章 管理与监督

第十九条 财政部负责制定党政机关会议定点管理办法和会议定点场所协议书的主要条款，统筹推进党政机关会议定点场所管理系统建设，组织、指导、协调和监督全国党政机关会议定点管理工作。

第二十条 省级财政部门负责制定本地区会议定点管理的实施细则，指导、协调和实施本地区会议定点场所政府采购工作，负责本省（区、市）党政机关会议定点场所管理系统的管理与运行维护，指导、协调本地区会议定点场所注册、日常管理、处理投诉等工作，负责本省（区、市）党政机关会议定点管理监督检查工作。

第二十一条 省级以下财政部门根据省级财政部门规定的职责，实施本地区会议定点场所的政府采购工作，设立投诉电话，受理对会议定点场所的投诉，对投诉进行及时处理，并定期将投诉情况汇总报省级财政部门。

第二十二条 各级财政部门负责督促本级党政机关执行会议定点管理规定，督促本地区会议定点场所履行协议规定。

第二十三条　党政机关在会议定点场所举办会议应当严格执行定点协议，不得要求会议定点场所虚报会议天数、人数、开具虚假发票等。

第二十四条　会议定点场所有权拒绝党政机关提出的超出协议的服务项目和要求。

第二十五条　会议定点场所有以下行为之一的，经调查属实，第一次予以书面警告，第二次取消会议定点场所资格，情节严重的不得参加下一轮次的会议定点场所政府采购：

（一）无正当理由拒绝接待党政机关会议的；

（二）超过协议价格收取费用或采取减少服务项目等降低服务质量的；

（三）提供虚假发票的；

（四）未按规定提供发票、费用原始明细单据、电子结算单等凭证的；

（五）不配合、甚至干扰阻挠财政部门正常核查工作的；

（六）违反协议规定的其他事项的。

第二十六条　会议定点场所在协议期内未经批准单方面终止履行协议或因违法经营行为受到行政处罚的，根据政府采购法等规定取消其会议定点场所资格，并不得参与下一轮次党政机关会议定点场所政府采购。

第五章　附　　则

第二十七条　本办法由财政部负责解释。

第二十八条　各省级财政部门应根据本办法，结合本地区实际，制订具体实施细则，并报财政部备案。

第二十九条　本办法自发布之日起实行。《中央国家机关出差和会议定点管理办法》（财行〔2006〕312号）、《关于进一步加强党政机关出差和会议定点管理工作的通知》（财行〔2012〕254号）同时废止。其他党政机关会议定点管理规定与本办法不一致的，按照本办法执行。

12. 关于规范差旅伙食费和市内交通费收交管理有关事项的通知（2019年修订）

（财办行〔2019〕104号）

各省、自治区、直辖市、计划单列市财政厅（局）、机关事务主管部门，新疆生产建设兵团财政局、机关事务管理局，党中央有关部门办公厅（室），国务院各部委、各直属机构办公厅（室），全国人大常委会办公厅秘书局，全国政协办公厅秘书局，高法院办公厅，高检院办公厅，各民主党派中央办公厅，有关人民团体办公厅（室）：

为进一步贯彻落实中央八项规定精神，严肃财经纪律，根据《党政机关厉行节约反对浪费条例》《党政机关国内公务接待管理规定》《中央和国家机关差旅费管理办法》等规章制度，现就规范差旅伙食费和市内交通费收交管理有关事项通知如下：

一、中央单位出差人员（以下称出差人员）出差期间按规定领取伙食补助费。除确因工作需要由接待单位按规定安排的一次工作餐外，用餐费用自行解决。出差人员需接待单位协助安排用餐的，应当提前告知控制标准，并向伙食提供方交纳伙食费。

在单位内部食堂用餐，有对外收费标准的，出差人员按标准交纳；没有对外收费标准的，早餐按照日伙食补助费标准的20%交纳，午餐、晚餐按照日伙食补助费标准的40%

交纳。在宾馆、饭店等餐饮服务单位用餐的，按照餐饮服务单位收费标准交纳相关费用。

二、出差人员出差期间按规定领取市内交通费。接待单位协助提供交通工具并有收费标准的，出差人员按标准交纳，最高不超过日市内交通费标准；没有收费标准的，每人每半天按照日市内交通费标准的50%交纳。

三、接待单位协助安排用餐、提供交通工具的，出差人员应当索取相应的行政事业单位资金往来结算票据或税务发票等凭证，个人保存备查，不作为报销依据。

四、接待单位应当按规定收取出差人员相关费用，及时出具行政事业单位资金往来结算票据或税务发票；确实无法出具上述凭证的，可出具其他收款凭证。加强收取费用的管理，做好业务台账登记，纳入统一核算，所收费用可作为代收款项用于相关支出或作收入处理。

五、各地区各部门要督促接待单位按照中央八项规定精神和党政机关公务接待管理有关规定，进一步完善内部管理制度，合理制定收费标准，协助安排用餐应当根据出差人员告知的控制标准合理安排。

六、各地要结合本地区实际，制定本地区出差人员差旅伙食费和市内交通费收交管理规定。中央单位可根据本通知要求，制定本单位差旅伙食费和市内交通费交纳、报销具体操作规定。

七、本通知自2019年8月1日起施行。

财政部办公厅　国管局办公室　中直管理局办公室
2019年7月3日

13. 国家标准制修订经费管理办法（2019年修订）

（财行〔2019〕447号印发）

第一章　总　则

第一条　为规范和加强国家标准制修订经费的管理，提高资金使用效益，保证国家标准制修订任务的完成，根据《中华人民共和国预算法》《中华人民共和国标准化法》等法律法规及预算管理制度规定，制定本办法。

第二条　国家标准制修订经费（以下称标准经费），是中央财政设立的用于补助国家标准制修订工作的专项经费。

标准经费原则上对国家标准制修订工作成本进行补助。国家标准制修订项目承担单位（以下称项目承担单位）应当保证落实必要的配套资金。

标准经费列入国家市场监督管理总局（以下称市场监管总局）部门预算，由市场监管总局组织实施。

第三条　标准经费的管理和使用应当遵循下列原则：

（一）科学安排，规范使用。应当按照经济社会发展需要和国家标准计划，科学合理安排标准经费，规范标准经费的使用，保障国家标准制修订工作有效开展。

（二）突出重点，分类支持。标准经费重点支持经济社会发展急需的重要标准，主要包括强制性国家标准以及推荐性国家标准中的基础通用类、与强制性国家标准配套的标准，并按照"重大""基础通用"和"一般"三种类别进行补助。

（三）专款专用，追踪问效。项目承担单位收到标准经费后，应当纳入项目承担单位财务统一管理，单独核算，专款专用。标准经费的管理和使用应当建立面向结果的追踪问效机制。

第四条　标准经费相关部门和单位的职责如下：

（一）财政部负责标准经费年度预算草案的审核以及预算的批复，并对标准经费执行情况进行监督；

（二）市场监管总局负责标准经费年度预算草案的组织编制、审查、上报，以及预算的批复和下达，并对项目承担单位执行情况和标准经费使用情况进行监督检查；

（三）项目承担单位负责实施国家标准制修订项目，落实配套经费，接受监督检查，按照要求报送项目执行情况和标准经费使用情况。

第五条 项目承担单位是指负责国家标准的起草、技术审查工作的单位或技术组织，包括国务院有关行政主管部门、标准化技术委员会或专家组等。

制修订国家标准应当充分发挥企业、社会团体和教育、科研机构等的作用。

第二章 标准经费的使用范围

第六条 标准经费的使用范围包括：

（一）国家标准立项及报批的审查、论证评估；

（二）国际标准和国外先进标准的购置、翻译和跟踪采用；

（三）国家标准的起草、征求意见、试验验证、技术审查；

（四）国家标准样品的研制和复制；

（五）国家标准的审批、发布和公告；

（六）强制性国家标准文本的印制和信息发布；

（七）国家标准的宣传、推广和外文版翻译；

（八）国家标准复审；

（九）对标准化技术委员会的管理、考核工作，以及标准化技术委员会与国家标准制修订直接相关的组织、管理工作；

（十）与国家标准制修订直接相关的其他工作。

第七条 标准经费的开支项目包括资料费、设备费、试验验证费、差旅费、会议费、劳务费、专家咨询费、公告费、印刷费、宣传推广费、其他费用。各项开支具体如下：

（一）资料费。包括制修订国家标准过程中需要支出的书刊、资料、复印等费用以及购置国际标准、国外先进标准和目录等文本或软件资料等必须支出的费用。

（二）设备费。包括制修订国家标准过程中购置或租赁试验仪器设备而发生的费用。

（三）试验验证费。包括制修订国家标准中必须进行的试验、验证所发生的能源、材料、低值易耗品的购置费用及测试费用。

（四）差旅费。包括制修订国家标准过程（包括技术审查、技术协调和审核、复审）中，按规定支出的城市间交通费、住宿费、伙食补助费和市内交通费等费用。

（五）会议费。包括制修订国家标准过程中为了进行论证、研讨、协调而召开有关会议，按规定开支的会议住宿费、伙食费、会议场地租金、交通费、文件印刷费等。

（六）劳务费。包括按规定支付给参加国家标准的起草、汇总整理、审核、翻译等方面的人员的劳务性费用。劳务费不得支付给参与标准经费及其项目管理的相关工作人员。

（七）专家咨询费。包括国家标准草案在审定过程中支付给临时聘请的咨询专家的费用。专家咨询费不得支付给参与标准经费及其项目管理的相关工作人员。

（八）公告费、印刷费。包括国家标准审批完成后进行公告和印制时所发生的费用。

（九）宣传推广费。包括对涉及面广、影响较大的国家标准，为推动其实施所发生的费用。

（十）其他费用。包括与国家标准制修订直接相关的，除上述支出以外的其他支出。

第三章 项目及预算审批程序

第八条 国家标准制修订项目按照统一规划的原则，实行公开征集制度。国务院有关行政主管部门，省、自治区、直辖市人民政府标准化行政主管部门，标准化技术委员会，以及社会团体、企业事业组织和公民，可以根据经济社会发展需要，向市场监管总局提出制修订国家标准的立项建议。

立项建议申报书应当按照规定格式填报，主要包括制修订国家标准项目的经费预算数额和来源构成等。

第九条 市场监管总局根据当年的国家标准计划立项条件，对制修订国家标准立项建议申报书进行专家评估、审查、征求意见、协调和汇总，形成年度国家标准计划，并确定计划项目的"重大""基础通用"和"一般"三种补助类别。

第十条 市场监管总局根据上年国家标准计划，依据标准性质、类别及实际需要，并考虑完成项目时间年限，编制当年标准经费预算草案，列入市场监管总局部门预算，上报财政部。

第十一条 财政部结合国家标准制修订任务、目标和国家财力情况，对标准经费预算草案进行审核，并依法及时批复经全国人民代表大会批准的标准经费预算。

第十二条 市场监管总局根据财政部批复的标准经费预算，依法及时下达国家标准制修订项目经费预算。

未列入国家标准计划的项目不予安排标准经费预算。

第四章 标准经费的使用和管理

第十三条 国家标准的制修订周期原则上不应当超过二年。按照国库集中支付制度有关规定和项目实施进度支付标准经费。

市场监管总局和项目承担单位应当按照标准经费预算执行有关要求，确保标准经费执行进度。

第十四条 项目承担单位应当按照下列要求对标准经费进行使用与管理：

（一）根据国家标准计划制定项目实施方案，并严格组织管理；

（二）严格执行国家有关财务制度规定，合理安排，节约使用，保证专款专用；

（三）标准经费应当与配套资金统筹安排，单独核算；

（四）项目完成后，项目承担单位应当按照要求及时向市场监管总局报送标准经费使用情况及项目完成情况的总结报告；

（五）标准经费结转和结余资金，按照国家有关规定执行。

第十五条 国家标准制修订工作中涉及政府采购的，按照政府采购有关规定执行。

第十六条 国家标准计划项目一经批准，项目承担单位不得自行调整。确需调整的，项目承担单位应当提出申请，按照规定程序报批。

第十七条 国家标准制修订项目被撤销或中止的，市场监管总局应当视情况收回部分或全部标准经费。

第十八条 项目承担单位不能按时完成国家标准制修订任务的，应当及时书面报告市场监管总局，经批准后方可延期。

第十九条 市场监管总局对国家标准制修订项目的实施过程和完成情况进行绩效考评。

第五章 法律责任

第二十条 项目承担单位应当对国家标准制修订项目进展情况和资金使用情况进行自查，发现有违反财经纪律、财务制度和本办法规定的，应当及时予以纠正。

第二十一条 财政部对标准经费预算执行情况进行监督。市场监管总局对标准经费使用情况进行定期或不定期的监督检查。

第二十二条 项目承担单位或者个人对标准经费存在截留、挪用、弄虚作假等违法违纪行为的，依照《中华人民共和国预算法》《财政违法行为处罚处分条例》等法律法规和国家有关规定追究相应责任。

第二十三条 有关主管部门及其工作人员存在滥用职权、玩忽职守、徇私舞弊等违法违纪行为的，按照《中华人民共和国预算法》《中华人民共和国公务员法》《中华人民共和国监察法》《财政违法行为处罚处分条例》等法律法规和国家有关规定追究相应责任；涉嫌犯罪的，依法移送司法机关处理。

第六章 附 则

第二十四条 本办法由财政部、市场监管总局负责解释。

第二十五条 本办法自印发之日起施行。《财政部 质检总局 国家标准委关于印发〈国家标准制修订经费管理办法〉的通知》（财行〔2007〕29号）同时废止。

14. 出国留学经费管理办法（2022年发布）

（财教〔2022〕190号印发）

第一章 总 则

第一条 为规范出国留学经费管理和使用，提高资金使用效益，推动出国留学事业发展，根据国家预算管理有关法律法规，制定本办法。

第二条 本办法所称"出国留学经费"，是指中央财政安排用于资助国家公派出国留学人员赴国外学习、进修、访问、交流，奖励优秀自费出国留学人员的经费。

第三条 本办法所称"国家公派出国留学人员"，是指根据留学项目要求，通过专家评审，公平公正择优选拔的赴国外学习、进修、访问、交流的人员。

第二章 职责分工

第四条 财政部负责审核教育部报送的出国留学经费预算编制建议，会同教育部确定出国留学经费支出范围、资助标准和留学项目类别，核定年度预算，对经费使用进行监督，组织开展绩效管理工作等。

第五条 教育部负责编制出国留学经费年度预算、组织项目实施，并具体进行监督、绩效管理工作，会同财政部制定年度选派计划。

第六条 国家留学基金管理委员会（以下简称留学基金委）负责提出下一年度选派计划建议，包括年度留学项目、留学人员规模、留学人员结构等。在年度选派计划范围内，公平公正择优选拔国家公派出国留学人员，并负责国家公派出国留学人员管理。

第七条 教育部留学服务中心（以下简称留服中心）及教育部委托机构负责国家公派留学人员的派出服务工作，包括组织国家公派出国留学人员行前培训，订购国际机票，办理护照签证、出境证明、报到证明、奖学金退款等。

第三章 预算和决算管理

第八条 出国留学经费预算编制依据包括：

（一）国家公派出国留学事业发展需要和国家财力情况；

（二）政府互换项目、国际组织人才培养项目等情况；

（三）预计的年度资助人数和各项资助标准；

（四）以前年度出国留学经费结转和结余情况；

（五）汇率情况；

（六）绩效评价结果。

第九条 出国留学经费资助对象主要包括高级研究学者、访问学者、博士后、博士生、硕士生、本科生、赴国际组织实习人员。

第十条 出国留学经费的支出范围包括：

（一）学费或研修费，是指用于资助符合条件的国家公派出国留学人员，向国外留学机构或单位支付的学费、研修费等。

（二）奖学金，是指用于资助符合条件的国家公派出国留学人员，在国外学习期间的基本学习生活费用，包括生活费、注册费、医疗保险费、书籍资料费、板凳费、签证延长费等。

（三）艰苦地区补贴，是指用于发放给赴条件艰苦国家（地区）的国家公派出国留学人员的特殊生活补贴。纳入艰苦地区补贴范围的国家（地区）由财政部、教育部共同确定。

（四）一次往返国际旅费，是指用于资助国家公派出国留学人员出国、结束学业回国的交通费用（各一次）。

（五）签证费，是指用于资助国家公派出国留学人员办理出国留学所需签证的费用。

（六）优秀自费留学生奖学金，是指用于奖励符合条件的优秀自费留学人员费用。

出国留学人员根据留学项目类别、留学国别、留学身份等因素全额或部分享受以上资助项目。

第十一条 出国留学经费应当按照以下方式发放：

奖学金、艰苦地区补贴和优秀自费留学生奖学金，经审核后，教育部本级直接转账至留学人员个人国内专用银行卡；

学费或研修费，由留学基金委在经教育部批复的额度范围内审核支付或报销；

一次往返国际旅费和签证费，由留服中心及教育部委托机构订购支付或按有关规定报销。

第十二条 出国留学经费资助的留学项目类别包括：

（一）国家公派高级研究学者、访问学者、博士后项目，主要是指面向社会各行各业公开选拔，资助高级研究学者、访问学者、博士后赴国外从事访问交流或博士后研究工作的项目。

（二）国家建设高水平大学公派研究生项目，主要是指面向社会公开选拔，资助攻读博士学位研究生、联合培养博士生、短期出国交流博士生导师赴国外一流院校或科研机构学习的项目。

（三）高校合作项目，主要是指面向高校合作选拔，资助优秀青年骨干教师和科研人员赴国外从事访问交流或博士后研究工作的项目。

（四）地方和行业部门合作项目，其中地方合作项目主要是指与有关地方合作选拔，资助符合高等教育和经济社会发展需要的地方单位人员赴国外学习的项目；行业部门合作项目，主要是指与有关部委、行业部门等合作选拔，资助行业发展急需人才赴国外学习的项目。

（五）国际组织人才培养项目，主要是指资助优秀人才赴国际组织实习、资助国际组织后备人才赴国外学习的项目。

（六）政府互换项目，主要是指根据中国和相关国家政府教育交流协议，资助人员赴对方国家学习的互换项目。

（七）中外合作项目，主要是指根据中方与外方为落实国家领导人出访成果及中外人文交流机制有关举措而签署的合作项目或根据教育部委托留学基金委与外方高校、机构签署的合作协议，资助相关人员赴国外学习的项目。

（八）优秀自费留学生奖学金项目，主要是指奖励品学兼优的自费留学人员的项目；

（九）经教育部、财政部批准的其他留学项目。

第十三条 财政部、教育部确定公派出国留学经费支出范围、资助标准，并建立出国留学经费资助标准动态调整机制。其中，奖学金和艰苦地区补贴标准，由财政部、教育部根据出国留学人员基本学习生活需要、国外物价水平、汇率情况和国家财力状况等确定。

对于地方和行业部门合作项目，留学人员获得的奖学金或艰苦地区补贴不得超过财政部、教育部确定的资助标准。

对于政府互换项目，对方提供的奖学金资助标准高于留学人员奖学金资助标准的，奖学金全部归留学人员；低于留学人员奖学金资助标准的，由国家提供部分补贴。

对于中外合作项目，若合作双方对资助内容和标准另有协议的，按协议规定办理。

除上述规定外，教育部、留学基金委、留服中心及教育部委托机构不得擅自扩大支出范围或提高资助标准。

第十四条 优秀自费留学生奖学金标准由教育部商财政部确定。

第十五条 出国留学经费应当按照国库集中支付制度规定拨付。涉及政府采购范围的，应当按照政府采购有关规定执行。

第十六条 出国留学经费预算一经批复，应当严格执行，一般不予调整。确需调整的，按规定程序报批。

第十七条 留学基金委、留服中心及教育部委托机构应加强预算执行的控制和管理，定期分析预算执行情况，按照财政部、教育部有关要求，报送出国留学经费使用报告，报告应当真实、准确、及时、完整。

第十八条 年度终了，留学基金委、留服中心及教育部委托机构应编制出国留学经费决算，纳入单位决算，报送教育部汇总审核，并对决算的规范性、真实性、准确性、完整性负责。教育部负责审核汇总出国留学经费情况，纳入教育部年度部门决算，按要求报送财政部审核批复。

第十九条 出国留学经费年度结转、结余资金按照国家有关结转和结余资金规定管理。

第四章　绩效管理与监督

第二十条 教育部按照全面实施预算绩效管理有关要求，加强出国留学经费绩效管理，做好全过程绩效管理，科学设置绩效目标和指标，组织开展绩效运行监控和绩效评价，加强绩效评价结果应用。财政部根据工作需要开展重点绩效评价，绩效评价结果作为安排预算、完善政策和改进管理的重要依据。

第二十一条 留学基金委、留服中心及教育部委托机构应当建立科学、合理的经费监督管理机制，严格遵守财务相关制度，接受财政、教育、审计等部门的监督检查。单位负责人对出国留学经费收支的真实性、合法性、完整性负责，财务人员应当对出国留学经费依法进行会计核算和监督。

第二十二条 财政部、教育部及其工作人员在项目资金分配使用、审核管理等相关工作中，存在违反规定安排资金或其他滥用职权、玩忽职守、徇私舞弊等违法违规行为的，依法追究相关责任。

留学基金委、留服中心及教育部委托机构、个人在资金申报、使用或管理过程中存在违法违规行为的，依照《中华人民共和国预算法》及其实施条例、《财政违法行为处罚处分条例》等国家有关规定追究相应责任。

第五章　附　　则

第二十三条 因国家公派出国留学人员违约，退回或追缴的中央财政拨款及产生的利息，纳入出国留学经费管理，交回零余额账户，作冲减当年预算支出处理。

对教育部、留学基金委取得的与出国留学相关的捐赠收入、合作收入、其他收入等资金，由教育部纳入部门预算统一管理。

第二十四条 本办法由财政部、教育部负责解释。

第二十五条 本办法自印发之日起施行。《财政部 教育部关于印发〈出国留学经费管理办法〉的通知》（财教〔2013〕411号）同时废止。

第二十四章 行政事业单位资产管理相关法规

1. 行政事业性国有资产管理条例（2021年公布）

（中华人民共和国国务院令第738号公布）

第一章 总 则

第一条 为了加强行政事业性国有资产管理与监督，健全国有资产管理体制，推进国家治理体系和治理能力现代化，根据全国人民代表大会常务委员会关于加强国有资产管理情况监督的决定，制定本条例。

第二条 行政事业性国有资产，是指行政单位、事业单位通过以下方式取得或者形成的资产：

（一）使用财政资金形成的资产；

（二）接受调拨或者划转、置换形成的资产；

（三）接受捐赠并确认为国有的资产；

（四）其他国有资产。

第三条 行政事业性国有资产属于国家所有，实行政府分级监管、各部门及其所属单位直接支配的管理体制。

第四条 各级人民政府应当建立健全行政事业性国有资产管理机制，加强对本级行政事业性国有资产的管理，审查、批准重大行政事业性国有资产管理事项。

第五条 国务院财政部门负责制定行政事业单位国有资产管理规章制度并负责组织实施和监督检查，牵头编制行政事业性国有资产管理情况报告。

国务院机关事务管理部门和有关机关事务管理部门会同有关部门依法依规履行相关中央行政事业单位国有资产管理职责，制定中央行政事业单位国有资产管理具体制度和办法并组织实施，接受国务院财政部门的指导和监督检查。

相关部门根据职责规定，按照集中统一、分类分级原则，加强中央行政事业单位国有资产管理，优化管理手段，提高管理效率。

第六条 各部门根据职责负责本部门及其所属单位国有资产管理工作，应当明确管理责任，指导、监督所属单位国有资产管理工作。

各部门所属单位负责本单位行政事业性国有资产的具体管理，应当建立和完善内部控制管理制度。

第七条 各部门及其所属单位管理行政事业性国有资产应当遵循安全规范、节约高效、公开透明、权责一致的原则，实现实物管理与价值管理相统一，资产管理与预算管理、财务管理相结合。

第二章 资产配置、使用和处置

第八条 各部门及其所属单位应当根据依法履行职能和事业发展的需要，结合资产存量、资产配置标准、绩效目标和财政承受能力配置资产。

第九条 各部门及其所属单位应当合理选择资产配置方式，资产配置重大事项应当经可行性研究和集体决策，资产价值较高的按照国家有关规定进行资产评估，并履行审批程序。

资产配置包括调剂、购置、建设、租用、接受捐赠等方式。

第十条 县级以上人民政府应当组织建立、完善资产配置标准体系，明确配置的数量、价值、等级、最低使用年限等标准。

资产配置标准应当按照勤俭节约、讲求绩效和绿色环保的要求，根据国家有关政策、经济社会发展水平、市场价格变化、科学技术进步等因素适时调整。

第十一条 各部门及其所属单位应当优先通过调剂方式配置资产。不能调剂的，可以采用购置、建设、租用等方式。

第十二条 行政单位国有资产应当用于本单位履行职能的需要。

除法律另有规定外，行政单位不得以任何形式将国有资产用于对外投资或者设立营利性组织。

第十三条 事业单位国有资产应当用于保障事业发展、提供公共服务。

第十四条 各部门及其所属单位应当加强对本单位固定资产、在建工程、流动资产、无形资产等各类国有资产的管理，明确管理责任，规范使用流程，加强产权保护，推进相关资产安全有效使用。

第十五条 各部门及其所属单位应当明确资产使用人和管理人的岗位责任。

资产使用人、管理人应当履行岗位责任，按照规程合理使用、管理资产，充分发挥资产效能。资产需要维修、保养、调剂、更新、报废的，资产使用人、管理人应当及时提出。

资产使用人、管理人发生变化的，应当及时办理资产交接手续。

第十六条 各部门及其所属单位接受捐赠的资产，应当按照捐赠约定的用途使用。捐赠人意愿不明确或者没有约定用途的，应当统筹安排使用。

第十七条 事业单位利用国有资产对外投资应当有利于事业发展和实现国有资产保值增值，符合国家有关规定，经可行性研究和集体决策，按照规定权限和程序进行。

事业单位应当明确对外投资形成的股权及其相关权益管理责任，按照规定将对外投资形成的股权纳入经营性国有资产集中统一监管体系。

第十八条 县级以上人民政府及其有关部门应当建立健全国有资产共享共用机制，采取措施引导和鼓励国有资产共享共用，统筹规划有效推进国有资产共享共用工作。

各部门及其所属单位应当在确保安全使用的前提下，推进本单位大型设备等国有资产共享共用工作，可以对提供方给予合理补偿。

第十九条 各部门及其所属单位应当根据履行职能、事业发展需要和资产使用状况，经集体决策和履行审批程序，依据处置事项批复等相关文件及时处置行政事业性国有资产。

第二十条 各部门及其所属单位应当将依法罚没的资产按照国家规定公开拍卖或者按照国家有关规定处理，所得款项全部上缴国库。

第二十一条 各部门及其所属单位应当对下列资产及时予以报废、报损：

（一）因技术原因确需淘汰或者无法维修、无维修价值的资产；

（二）涉及盘亏、坏账以及非正常损失的资产；

（三）已超过使用年限且无法满足现有工作需要的资产；

（四）因自然灾害等不可抗力造成毁损、灭失的资产。

第二十二条　各部门及其所属单位发生分立、合并、改制、撤销、隶属关系改变或者部分职能、业务调整等情形，应当根据国家有关规定办理相关国有资产划转、交接手续。

第二十三条　国家设立的研究开发机构、高等院校对其持有的科技成果的使用和处置，依照《中华人民共和国促进科技成果转化法》《中华人民共和国专利法》和国家有关规定执行。

第三章　预算管理

第二十四条　各部门及其所属单位购置、建设、租用资产应当提出资产配置需求，编制资产配置相关支出预算，并严格按照预算管理规定和财政部门批复的预算配置资产。

第二十五条　行政单位国有资产出租和处置等收入，应当按照政府非税收入和国库集中收缴制度的有关规定管理。

除国家另有规定外，事业单位国有资产的处置收入应当按照政府非税收入和国库集中收缴制度的有关规定管理。

事业单位国有资产使用形成的收入，由本级人民政府财政部门规定具体管理办法。

第二十六条　各部门及其所属单位应当及时收取各类资产收入，不得违反国家规定，多收、少收、不收、侵占、私分、截留、占用、挪用、隐匿、坐支。

第二十七条　各部门及其所属单位应当在决算中全面、真实、准确反映其国有资产收入、支出以及国有资产存量情况。

第二十八条　各部门及其所属单位应当按照国家规定建立国有资产绩效管理制度，建立健全绩效指标和标准，有序开展国有资产绩效管理工作。

第二十九条　县级以上人民政府投资建设公共基础设施，应当依法落实资金来源，加强预算约束，防范政府债务风险，并明确公共基础设施的管理维护责任单位。

第四章　基础管理

第三十条　各部门及其所属单位应当按照国家规定设置行政事业性国有资产台账，依照国家统一的会计制度进行会计核算，不得形成账外资产。

第三十一条　各部门及其所属单位采用建设方式配置资产的，应当在建设项目竣工验收合格后及时办理资产交付手续，并在规定期限内办理竣工财务决算，期限最长不得超过1年。

各部门及其所属单位对已交付但未办理竣工财务决算的建设项目，应当按照国家统一的会计制度确认资产价值。

第三十二条　各部门及其所属单位对无法进行会计确认入账的资产，可以根据需要组织专家参照资产评估方法进行估价，并作为反映资产状况的依据。

第三十三条　各部门及其所属单位应当明确资产的维护、保养、维修的岗位责任。因使用不当或者维护、保养、维修不及时造成资产损失的，应当依法承担责任。

第三十四条　各部门及其所属单位应当定期或者不定期对资产进行盘点、对账。出现资产盘盈盘亏的，应当按照财务、会计和资产管理制度有关规定处理，做到账实相符和账账相符。

第三十五条　各部门及其所属单位处置资产应当及时核销相关资产台账信息，同时进行会计处理。

第三十六条　除国家另有规定外，各部门及其所属单位将行政事业性国有资产进行转让、拍卖、置换、对外投资等，应当按照国家有关规定进行资产评估。

行政事业性国有资产以市场化方式出售、出租的，依照有关规定可以通过相应公共资源交易平台进行。

第三十七条 有下列情形之一的，各部门及其所属单位应当对行政事业性国有资产进行清查：

（一）根据本级政府部署要求；

（二）发生重大资产调拨、划转以及单位分立、合并、改制、撤销、隶属关系改变等情形；

（三）因自然灾害等不可抗力造成资产毁损、灭失；

（四）会计信息严重失真；

（五）国家统一的会计制度发生重大变更，涉及资产核算方法发生重要变化；

（六）其他应当进行资产清查的情形。

第三十八条 各部门及其所属单位资产清查结果和涉及资产核实的事项，应当按照国务院财政部门的规定履行审批程序。

第三十九条 各部门及其所属单位在资产清查中发现账实不符、账账不符的，应当查明原因予以说明，并随同清查结果一并履行审批程序。各部门及其所属单位应当根据审批结果及时调整资产台账信息，同时进行会计处理。

由于资产使用人、管理人的原因造成资产毁损、灭失的，应当依法追究相关责任。

第四十条 各部门及其所属单位对需要办理权属登记的资产应当依法及时办理。对有账簿记录但权证手续不全的行政事业性国有资产，可以向本级政府有关主管部门提出确认资产权属申请，及时办理权属登记。

第四十一条 各部门及其所属单位之间，各部门及其所属单位与其他单位和个人之间发生资产纠纷的，应当依照有关法律法规规定采取协商等方式处理。

第四十二条 国务院财政部门应当建立全国行政事业性国有资产管理信息系统，推行资产管理网上办理，实现信息共享。

第五章 资 产 报 告

第四十三条 国家建立行政事业性国有资产管理情况报告制度。

国务院向全国人民代表大会常务委员会报告全国行政事业性国有资产管理情况。

县级以上地方人民政府按照规定向本级人民代表大会常务委员会报告行政事业性国有资产管理情况。

第四十四条 行政事业性国有资产管理情况报告，主要包括资产负债总量，相关管理制度建立和实施，资产配置、使用、处置和效益，推进管理体制机制改革等情况。

行政事业性国有资产管理情况按照国家有关规定向社会公开。

第四十五条 各部门所属单位应当每年编制本单位行政事业性国有资产管理情况报告，逐级报送相关部门。

各部门应当汇总编制本部门行政事业性国有资产管理情况报告，报送本级政府财政部门。

第四十六条 县级以上地方人民政府财政部门应当每年汇总本级和下级行政事业性国有资产管理情况，报送本级政府和上一级政府财政部门。

第六章 监 督

第四十七条 县级以上人民政府应当接受本级人民代表大会及其常务委员会对行政事业性国有资产管理情况的监督，组织落实本级人民代表大会及其常务委员会审议提出的整改要求，并向本级人民代表大会及其常务委员会报告整改情况。

乡、民族乡、镇人民政府应当接受本级人民代表大会对行政事业性国有资产管理情况的监督。

第四十八条 县级以上人民政府对下级政府的行政事业性国有资产管理情况进行监督。下级政府应当组织落实上一级政府提出的监管要求，并向上一级政府报告落实情况。

第四十九条 县级以上人民政府财政部门应当对本级各部门及其所属单位行政事业性国有资产管理情况进行监督检查，依法向社会公开检查结果。

第五十条 县级以上人民政府审计部门依法对行政事业性国有资产管理情况进行审计监督。

第五十一条 各部门应当建立健全行政事业性国有资产监督管理制度，根据职责对本行业行政事业性国有资产管理依法进行监督。

各部门所属单位应当制定行政事业性国有资产内部控制制度，防控行政事业性国有资产管理风险。

第五十二条 公民、法人或者其他组织发现违反本条例的行为，有权向有关部门进行检举、控告。接受检举、控告的有关部门应当依法进行处理，并为检举人、控告人保密。

任何单位或者个人不得压制和打击报复检举人、控告人。

第七章 法 律 责 任

第五十三条 各部门及其所属单位有下列行为之一的，责令改正，情节较重的，对负有直接责任的主管人员和其他直接责任人员依法给予处分：

（一）配置、使用、处置国有资产未按照规定经集体决策或者履行审批程序；

（二）超标准配置国有资产；

（三）未按照规定办理国有资产调剂、调拨、划转、交接等手续；

（四）未按照规定履行国有资产拍卖、报告、披露等程序；

（五）未按照规定期限办理建设项目竣工财务决算；

（六）未按照规定进行国有资产清查；

（七）未按照规定设置国有资产台账；

（八）未按照规定编制、报送国有资产管理情况报告。

第五十四条 各部门及其所属单位有下列行为之一的，责令改正，有违法所得的没收违法所得，情节较重的，对负有直接责任的主管人员和其他直接责任人员依法给予处分；构成犯罪的，依法追究刑事责任：

（一）非法占有、使用国有资产或者采用弄虚作假等方式低价处置国有资产；

（二）违反规定将国有资产用于对外投资或者设立营利性组织；

（三）未按照规定评估国有资产导致国家利益损失；

（四）其他违反本条例规定造成国有资产损失的行为。

第五十五条 各部门及其所属单位在国有资产管理工作中有违反预算管理规定行为的，依照《中华人民共和国预算法》及其实施条例、《财政违法行为处罚处分条例》等法律、行政法规追究责任。

第五十六条 各部门及其所属单位的工作人员在国有资产管理工作中滥用职权、玩忽职守、徇私舞弊或者有浪费国有资产等违法违规行为的，由有关部门依法给予处分；构成犯罪的，依法追究刑事责任。

第八章 附 则

第五十七条 除国家另有规定外，社会组织直接支配的行政事业性国有资产管理，依照本条例执行。

第五十八条 货币形式的行政事业性国有资产管理，按照预算管理有关规定执行。

执行企业财务、会计制度的事业单位以及事业单位对外投资的全资企业或者控股企业的资产管理,不适用本条例。

第五十九条 公共基础设施、政府储备物资、国有文物文化等行政事业性国有资产管理的具体办法,由国务院财政部门会同有关部门制定。

第六十条 中国人民解放军、中国人民武装警察部队直接支配的行政事业性国有资产管理,依照中央军事委员会有关规定执行。

第六十一条 本条例自 2021 年 4 月 1 日起施行。

2. 关于做好《行政事业性国有资产管理条例》贯彻实施工作的通知(2021 发布)

(财资函〔2021〕2 号)

党中央有关部门,国务院各部委、各直属机构,全国人大常委会办公厅,全国政协办公厅,最高人民法院,最高人民检察院,各民主党派中央,有关人民团体,各省、自治区、直辖市、计划单列市财政厅(局)、新疆生产建设兵团财政局,有关中央管理企业:

《行政事业性国有资产管理条例》(国务院令第 738 号,以下简称《条例》)已于近日颁布,自 2021 年 4 月 1 日起施行。《条例》是我国行政事业性国有资产领域的第一部行政法规,填补了我国社会主义法律体系的空白。为做好《条例》贯彻实施工作,现将有关事项通知如下:

一、充分认识贯彻实施《条例》的重要意义

《条例》坚持以习近平新时代中国特色社会主义思想为指导,全面贯彻落实党的十九大和十九届二中、三中、四中、五中全会精神,与近年来推行的各项财政改革相衔接,是长期以来行政事业性国有资产管理实践的科学总结,是我国行政事业性国有资产法治体系建设的重要立法成果。《条例》的出台和实施,对于加强行政事业性国有资产监管,促进国有资产管理的法治化、规范化、程序化,构建安全规范、节约高效、公开透明、权责一致的国有资产管理机制,提高国有资产治理水平和治理能力具有重要的历史意义和现实意义。

《条例》以改革为引领,以建立现代财政制度,推进国家治理体系和治理能力现代化为目标,构建符合"放管服"改革要求的行政事业性国有资产管理和监督制度。以法律为遵循,依据《中华人民共和国宪法》及《中华人民共和国民法典》规定对行政事业性国有资产管理进行规范,与其他法律、行政法规相衔接,维护法制统一。以创新为支撑,在继承现行有效的行政事业单位国有资产管理制度基础上,建立信息管理系统、资产确权和有效利用机制。以问题为导向,针对当前行政事业性国有资产部分领域存在的突出问题,完善行政事业性国有资产管理制度。各级财政部门、各主管部门要充分认识贯彻实施《条例》的重大意义,并以此为契机,全面提升行政事业性国有资产管理水平。

二、认真做好《条例》组织实施工作

行政事业性国有资产是国有资产的重要组成部分,是党和国家事业发展的物质基础和重要保障。习近平总书记、李克强总理多次作出重要指示批示,对加强行政事业性国有资产管理与监督提出明确要求。各级财政部门、主管部门、行政事业单位要坚决贯彻全面依法治国理念,全面落实《条例》,梳理现有管理文件,对照《条例》规定做好"立改废"工作,持续推进制度创新、优化政策供给,及时研究出台和完善相关制度办法,不断提升管理水平。要严格执行《条例》规定,合理配置、有效使用、规范处置资产,建立资产调剂、共享共用机制。要加强预算管理,严格按照预算管理规定和财政部门批复的预算配置资产,在决算中

全面、真实、准确反映国有资产收入、支出以及国有资产存量情况，建立国有资产绩效管理制度。要加强行政事业性国有资产基础管理，完善账务管理，做到账实相符和账账相符，建立资产管理信息系统。要认真落实行政事业性国有资产管理情况报告制度，细化报告内容，完善报告程序。要按规定开展监督工作，接受人大、政府、财政、审计、行业监督，违反《条例》规定的应依法处理。

中央相关部门要按照"三定"规定担负管理职责，落实《条例》有关要求，优化管理手段，提高管理效率，做好中央行政事业性国有资产管理。地方各级财政部门要会同有关部门按照《条例》规定，切实加强对本地方国有资产管理工作。

三、加强《条例》培训和宣传

各级财政部门、各主管部门要坚持围绕中心，服务大局，紧紧围绕"十四五"时期财政资产管理工作发展和改革目标，高度重视《条例》的学习培训工作，认真学习、深刻领会《条例》的基本原则和各项具体规定，充分掌握《条例》对行政事业性国有资产管理提出的新要求。要将《条例》作为财政法制宣传教育的重要内容，在各类业务培训中予以安排。

各级财政部门、各主管部门要广泛开展多种形式的学习活动，及时宣讲《条例》，使各部门、各单位的领导干部和从事行政事业资产管理工作的同志能够及时了解、掌握《条例》的主要内容和具体规定。要更新理念，创新方法，拓展领域，完善机制，坚持学用结合，学以致用，将《条例》培训与业务工作相结合，不断提高依法履职能力，切实做好本地方、本部门、本单位行政事业性国有资产管理各项工作。在贯彻执行《条例》中遇到重大情况，请及时反馈财政部。

财 政 部

2021 年 4 月 13 日

3. 国有资产报告编报工作暂行办法（2021 年发布）

（财资〔2021〕123 号印发）

第一条 为贯彻落实《中共中央关于建立国务院向全国人大常委会报告国有资产管理情况制度的意见》和《全国人民代表大会常务委员会关于加强国有资产管理情况监督的决定》，建立健全国有资产报告制度，规范国有资产报告编报工作，根据《中华人民共和国预算法》《中华人民共和国会计法》《中华人民共和国企业国有资产法》《行政事业性国有资产管理条例》《企业财务通则》《金融企业财务通则》以及自然资源有关法律法规等规定，制定本办法。

第二条 本办法适用于财政部门根据国务院授权牵头编制国有资产管理情况的报告（以下简称国有资产报告）相关工作。

第三条 财政部门要建立国有资产报告工作协调机制，会商有关部门和单位解决国有资产报告工作中的问题，统筹推进国有资产报告编报工作。

第四条 国有资产报告编制要实现全口径、全覆盖，采取价值量与实物量相结合的方式，全面、科学反映各级各类国有资产管理情况。

国有资产报告采取综合报告和专项报告相结合方式。

第五条 综合报告全面反映各级各类国有资产管理情况。

第六条 专项报告分别反映企业国有资产（不含金融企业）、金融企业国有资产、行政事业性国有资产、国有自然资源四类国有资产管理情况。

企业国有资产（不含金融企业）专项报告的范围包括各履行出资人职责的部门和机构管理企业、党政机关和事业单位所办企业等国有资产。

金融企业国有资产专项报告的范围包括国家及其授权投资主体直接或间接对金融机构出资所形成的资本和应享有的权益，凭借国家权力和信用支持的金融机构所形成的资本和应享有的权益等国有金融资本。

行政事业性国有资产专项报告的范围包括各类行政事业单位依法直接支配的各类资产，包括固定资产、在建工程、无形资产、对外投资以及流动资产等，还包括由行政事业单位用于提供公共服务的公共基础设施、保障性住房、政府储备物资、文物文化资产等。

国有自然资源专项报告的范围包括全民所有土地、矿产、森林、草原、湿地、水流、海洋等自然资源资产。

第七条 国有资产报告应当根据各类国有资产性质和管理目标，真实反映国有资产管理情况、管理成效、存在的问题，提出改进工作安排意见等。

国有资产报告应当突出报告重点，重点报告本级人大常委会审议关注的内容，以及与其相关的重要情况。

第八条 国有资产报告按照公历年度编制，反映上一年度1月1日至12月31日国有资产监督管理情况。

第九条 财政部每年向各省、自治区、直辖市人民政府财政部门以及有关中央部门和单位印发开展年度国有资产报告编报工作的通知，布置年度报告工作，明确报告工作具体安排、编报要求和报送时限等。

各有关部门和单位应当依法依规认真、如实编写国有资产报告，不得瞒报、虚报、漏报国有资产情况，并对资产报告的真实性、准确性和完整性负责。

第十条 财政部在有关中央部门和单位以及各省级人民政府报送的报告基础上，经过审核汇总，编制全国国有资产综合报告和有关专项报告，按照程序呈报国务院。

县级以上地方各级财政部门按照财政部和本级人民政府部署要求，开展本地区综合报告和有关专项报告编制工作。

第十一条 县级以上各级财政部门商各相关部门、单位配合做好本级人大常委会审议报告相关工作，按照规定程序对报告的数据和内容进行审核。

第十二条 根据本级人大常委会审议意见任务分工，财政部门商各相关部门汇总梳理关于本级人大常委会审议意见的处理情况和国有资产管理领域审计发现主要问题及整改问责情况，形成审议意见处理情况报告，经本级人民政府同意后报本级人大常委会。

第十三条 财政部门应当按照规定及时公开国有资产报告有关信息，自觉接受社会监督。

第十四条 财政部牵头推进全口径国有资产信息共享平台建设，全面完整反映各类国有资产配置、使用、处置和效益等基本情况。

第十五条 各级财政部门、有关部门和单位及其工作人员在国有资产报告编制工作中发生滥用职权、玩忽职守、徇私舞弊或者渎职失职等违法违规行为的，依照《中华人民共和国监察法》《中华人民共和国公职人员政务处分法》《财政违法行为处罚处分条例》等追究责任；构成犯罪的，依法追究刑事责任。

第十六条 省级财政部门根据本办法，可以制定本地区国有资产报告编报工作具体办法。

第十七条 本办法自印发之日起施行。

4. 行政单位国有资产管理暂行办法（2017年修正）

（2006年5月30日财政部令第35号公布　根据2017年12月4日财政部令第90号《财政部关于修改〈注册会计师注册办法〉等6部规章的决定》修正）

第一章　总　　则

第一条　为了规范和加强行政单位国有资产管理，维护国有资产的安全和完整，合理配置国有资产，提高国有资产使用效益，保障行政单位履行职能，根据国务院有关规定，制定本办法。

第二条　本办法适用于各级党的机关、人大机关、行政机关、政协机关、审判机关、检察机关和各民主党派机关（以下统称行政单位）的国有资产管理行为。

第三条　本办法所称的行政单位国有资产，是指由各级行政单位占有、使用的，依法确认为国家所有，能以货币计量的各种经济资源的总称，即行政单位的国有（公共）财产。

行政单位国有资产包括行政单位用国家财政性资金形成的资产、国家调拨给行政单位的资产、行政单位按照国家规定组织收入形成的资产，以及接受捐赠和其他经法律确认为国家所有的资产，其表现形式为固定资产、流动资产和无形资产等。

第四条　行政单位国有资产管理的主要任务是：

（一）建立和健全各项规章制度；

（二）推动国有资产的合理配置和有效使用；

（三）保障国有资产的安全和完整；

（四）监管尚未脱钩的经济实体的国有资产，实现国有资产的保值增值。

第五条　行政单位国有资产管理的内容包括：资产配置、资产使用、资产处置、资产评估、产权界定、产权纠纷调处、产权登记、资产清查、资产统计报告和监督检查等。

第六条　行政单位国有资产管理活动，应当遵循以下原则：

（一）资产管理与预算管理相结合；

（二）资产管理与财务管理相结合；

（三）实物管理与价值管理相结合。

第七条　行政单位国有资产管理，实行国家统一所有，政府分级监管，单位占有、使用的管理体制。

第二章　管理机构及职责

第八条　各级财政部门是政府负责行政单位国有资产管理的职能部门，对行政单位国有资产实行综合管理。其主要职责是：

（一）贯彻执行国家有关国有资产管理的法律、法规和政策；

（二）根据国家国有资产管理的有关规定，制定行政单位国有资产管理的规章制度，并对执行情况进行监督检查；

（三）负责会同有关部门研究制定本级行政单位国有资产配置标准，负责资产配置事项的审批，按规定进行资产处置和产权变动事项的审批，负责组织产权界定、产权纠纷调处、资产统计报告、资产评估、资产清查等工作；

（四）负责本级行政单位出租、出借国有资产的审批，负责与行政单位尚未脱钩的经济实体的国有资产的监督管理；

（五）负责本级行政单位国有资产收益的监督、管理；

（六）对本级行政单位和下级财政部门的国有资产管理工作进行监督、检查；

（七）向本级政府和上级财政部门报告有关国有资产管理工作。

第九条 行政单位对本单位占有、使用的国有资产实施具体管理。其主要职责是：

（一）根据行政单位国有资产管理的规定，负责制定本单位国有资产管理具体办法并组织实施；

（二）负责本单位国有资产的账卡管理、清查登记、统计报告及日常监督检查等工作；

（三）负责本单位国有资产的采购、验收、维修和保养等日常管理工作，保障国有资产的安全完整；

（四）负责办理本单位国有资产的配置、处置、出租、出借等事项的报批手续；

（五）负责与行政单位尚未脱钩的经济实体的国有资产的具体监督管理工作并承担保值增值的责任；

（六）接受财政部门的指导和监督，报告本单位国有资产管理情况。

第十条 财政部门根据工作需要，可以将国有资产管理的部分工作交由有关单位完成。有关单位应当完成所交给的国有资产管理工作，向财政部门负责，并报告工作的完成情况。

第十一条 各级财政部门和行政单位应当明确国有资产管理的机构和人员，加强行政单位国有资产管理工作。

第三章 资 产 配 置

第十二条 行政单位国有资产配置应当遵循以下原则：

（一）严格执行法律、法规和有关规章制度；

（二）与行政单位履行职能需要相适应；

（三）科学合理，优化资产结构；

（四）勤俭节约，从严控制。

第十三条 对有规定配备标准的资产，应当按照标准进行配备；对没有规定配备标准的资产，应当从实际需要出发，从严控制，合理配备。

财政部门对要求配置的资产，能通过调剂解决的，原则上不重新购置。

第十四条 购置有规定配备标准的资产，除国家另有规定外，应当按下列程序报批：

（一）行政单位的资产管理部门会同财务部门审核资产存量，提出拟购置资产的品目、数量，测算经费额度，经单位负责人审核同意后报同级财政部门审批，并按照同级财政部门要求提交相关材料；

（二）同级财政部门根据单位资产状况对行政单位提出的资产购置项目进行审批；

（三）经同级财政部门审批同意，各单位可以将资产购置项目列入单位年度部门预算，并在编制年度部门预算时将批复文件和相关材料一并报同级财政部门，作为审批部门预算的依据。未经批准，不得列入部门预算，也不得列入单位经费支出。

第十五条 经批准召开重大会议、举办大型活动等需要购置资产的，由会议或者活动主办单位按照本办法规定程序报批。

第十六条 行政单位购置纳入政府采购范围的资产，依法实施政府采购。

第十七条 行政单位资产管理部门应当对购置的资产进行验收、登记，并及时进行账务处理。

第四章 资 产 使 用

第十八条 行政单位应当建立健全国有资产使用管理制度，规范国有资产使用行为。

第十九条 行政单位应当认真做好国有资产的使用管理工作，做到物尽其用，充分发挥国有资产的使用效益；保障国有资产的安全完整，防止国有资产使用中的不当损失和浪费。

第二十条 行政单位对所占有、使用的国有资产应当定期清查盘点，做到家底清楚，账、卡、实相符，防止国有资产流失。

第二十一条 行政单位应当建立严格的国有资产管理责任制，将国有资产管理责任落实到人。

第二十二条 行政单位不得用国有资产对外担保，法律另有规定的除外。

第二十三条 行政单位不得以任何形式用占有、使用的国有资产举办经济实体。在本办法颁布前已经用占有、使用的国有资产举办经济实体的，应当按照国家关于党政机关与所办经济实体脱钩的规定进行脱钩。脱钩之前，行政单位应当按照国家有关规定对其经济实体的经济效益、收益分配及使用情况等进行严格监管。

财政部门应当对其经济效益、收益分配及使用情况进行监督检查。

第二十四条 行政单位拟将占有、使用的国有资产对外出租、出借的，必须事先上报同级财政部门审核批准。未经批准，不得对外出租、出借。

同级财政部门应当根据实际情况对行政单位国有资产对外出租、出借事项严格控制，从严审批。

第二十五条 行政单位出租、出借的国有资产，其所有权性质不变，仍归国家所有；所形成的收入，按照政府非税收入管理的规定，实行"收支两条线"管理。

第二十六条 对行政单位中超标配置、低效运转或者长期闲置的国有资产，同级财政部门有权调剂使用或者处置。

第五章 资产处置

第二十七条 行政单位国有资产处置，是指行政单位国有资产产权的转移及核销，包括各类国有资产的无偿转让、出售、置换、报损、报废等。

第二十八条 行政单位需处置的国有资产范围包括：

（一）闲置资产；

（二）因技术原因并经过科学论证，确需报废、淘汰的资产；

（三）因单位分立、撤销、合并、改制、隶属关系改变等原因发生的产权或者使用权转移的资产；

（四）盘亏、呆账及非正常损失的资产；

（五）已超过使用年限无法使用的资产；

（六）依照国家有关规定需要进行资产处置的其他情形。

第二十九条 行政单位处置国有资产应当严格履行审批手续，未经批准不得处置。

第三十条 资产处置应当由行政单位资产管理部门会同财务部门、技术部门审核鉴定，提出意见，按审批权限报送审批。

第三十一条 行政单位国有资产处置的审批权限和处置办法，除国家另有规定外，由财政部门根据本办法规定。

第三十二条 行政单位国有资产处置应当按照公开、公正、公平的原则进行。资产的出售与置换应当采取拍卖、招投标、协议转让及国家法律、行政法规规定的其他方式进行。

第三十三条 行政单位国有资产处置的变价收入和残值收入，按照政府非税收入管理的规定，实行"收支两条线"管理。

第三十四条 行政单位分立、撤销、合并、改制及隶属关系发生改变时，应当对其占有、使用的国有资产进行清查登记，编制清册，报送财政部门审核、处置，并及时办理资产转移手续。

第三十五条 行政单位联合召开重大会议、举办大型活动等而临时购置的国有资产，由主办单位在会议、活动结束时按照本办法规定报批后处置。

第六章 资产评估

第三十六条 行政单位有下列情形之一的，应当对相关资产进行评估：
（一）行政单位取得的没有原始价格凭证的资产；
（二）拍卖、有偿转让、置换国有资产；
（三）依照国家有关规定需要进行资产评估的其他情形。

第三十七条 行政单位国有资产评估项目实行核准制和备案制。实行核准制和备案制的项目范围、权限由财政部门另行规定。

第三十八条 行政单位国有资产评估工作应当委托具有资产评估资质的资产评估机构进行。

第三十九条 进行资产评估的行政单位，应当如实提供有关情况和资料，并对所提供的情况和资料的客观性、真实性和合法性负责，不得以任何形式干预评估机构独立执业。

第七章 产权纠纷调处

第四十条 产权纠纷是指由于财产所有权、经营权、使用权等产权归属不清而发生的争议。

第四十一条 行政单位之间的产权纠纷，由当事人协商解决。协商不能解决的，由财政部门或者同级政府调解、裁定。

第四十二条 行政单位与非行政单位、组织或者个人之间发生产权纠纷，由行政单位提出处理意见，并报经财政部门同意后，与对方当事人协商解决。协商不能解决的，依照司法程序处理。

第八章 资产统计报告

第四十三条 行政单位应当建立资产登记档案，并严格按照财政部门的要求做出报告。
财政部门、行政单位应当建立和完善资产管理信息系统，对国有资产实行动态管理。

第四十四条 行政单位报送资产统计报告，应当做到真实、准确、及时、完整，并对国有资产占有、使用、变动、处置等情况做出文字分析说明。
财政部门与行政单位应当对国有资产实行绩效管理，监督资产使用的有效性。

第四十五条 财政部门应当对行政单位资产统计报告进行审核批复，必要时可以委托有关单位进行审计。
经财政部门审核批复的统计报告，应当作为预算管理和资产管理的依据和基础。

第四十六条 财政部门可以根据工作需要，组织开展资产清查工作。进行资产清查的实施办法，由县级以上人民政府财政部门另行制定。

第四十七条 财政部门可以根据国有资产统计工作的需要，开展行政单位国有资产产权登记工作。产权登记办法，由开展产权登记的财政部门制定并负责组织实施。

第九章 监督检查和法律责任

第四十八条 财政部门、行政单位及其工作人员，应当认真履行国有资产管理职责，依法维护国有资产的安全、完整。

第四十九条 财政部门、行政单位应当加强国有资产管理和监督，坚持单位内部监督与财政监督、审计监督、社会监督相结合，事前监督、事中监督、事后监督相结合，日常监督与专项检查相结合。

第五十条　各级财政部门、行政单位及其工作人员在行政单位国有资产配置、使用、处置等管理工作中，存在违反本办法规定的行为，以及其他滥用职权、玩忽职守、徇私舞弊等违法违纪行为的，依照《中华人民共和国公务员法》《中华人民共和国行政监察法》《财政违法行为处罚处分条例》等国家有关规定追究相应责任；涉嫌犯罪的，依法移送司法机关处理。

第十章　附　　则

第五十一条　参照公务员制度管理的事业单位和社会团体的国有资产管理依照本办法执行。

第五十二条　行政单位所属独立核算的非公务员管理的事业单位执行事业单位国有资产管理的有关规定，独立核算的企业执行企业国有资产管理的有关规定，不执行本办法。

第五十三条　地方财政部门可以根据本办法及上级财政部门有关国有资产管理的规定，制定本地区和本级行政单位国有资产管理的规章制度，并报上一级财政部门备案。

第五十四条　行政单位境外国有资产管理办法由财政部另行制定。

中央级行政单位的国有资产管理实施办法，由财政部会同有关部门根据本办法制定。

第五十五条　中国人民解放军等特定单位占有、使用的国有资产的管理办法，由解放军总后勤部等有关部门会同财政部另行制定。

第五十六条　本办法自2006年7月1日起施行。此前颁布的有关行政单位国有资产管理的规章制度，凡与本办法相抵触的，以本办法为准。

5. 事业单位国有资产管理暂行办法（2019年修订）

（2006年5月30日财政部令第36号公布　根据2017年12月4日财政部令第90号《财政部关于修改〈注册会计师注册办法〉等6部规章的决定》第一次修改　根据2019年3月29日《财政部关于修改〈事业单位国有资产管理暂行办法〉的决定》第二次修改）

第一章　总　　则

第一条　为了规范和加强事业单位国有资产管理，维护国有资产的安全完整，合理配置和有效利用国有资产，保障和促进各项事业发展，建立适应社会主义市场经济和公共财政要求的事业单位国有资产管理体制，根据国务院有关规定，制定本办法。

第二条　本办法适用于各级各类事业单位的国有资产管理活动。

第三条　本办法所称的事业单位国有资产，是指事业单位占有、使用的，依法确认为国家所有，能以货币计量的各种经济资源的总称，即事业单位的国有（公共）财产。

事业单位国有资产包括国家拨给事业单位的资产，事业单位按照国家规定运用国有资产组织收入形成的资产，以及接受捐赠和其他经法律确认为国家所有的资产，其表现形式为流动资产、固定资产、无形资产和对外投资等。

第四条　事业单位国有资产管理活动，应当坚持资产管理与预算管理相结合的原则，推行实物费用定额制度，促进事业资产整合与共享共用，实现资产管理和预算管理的紧密统一；应当坚持所有权和使用权相分离的原则；应当坚持资产管理与财务管理、实物管理与价值管理相结合的原则。

第五条　事业单位国有资产实行国家统一所有，政府分级监管，单位占有、使用的管理体制。

第二章 管理机构及其职责

第六条 各级财政部门是政府负责事业单位国有资产管理的职能部门，对事业单位的国有资产实施综合管理。其主要职责是：

（一）根据国家有关国有资产管理的规定，制定事业单位国有资产管理的规章制度，并组织实施和监督检查；

（二）研究制定本级事业单位实物资产配置标准和相关的费用标准，组织本级事业单位国有资产的产权登记、产权界定、产权纠纷调处、资产评估监管、资产清查和统计报告等基础管理工作；

（三）按规定权限审批本级事业单位有关资产购置、处置和利用国有资产对外投资、出租、出借和担保等事项，组织事业单位长期闲置、低效运转和超标准配置资产的调剂工作，建立事业单位国有资产整合、共享、共用机制；

（四）推进本级有条件的事业单位实现国有资产的市场化、社会化，加强事业单位转企改制工作中国有资产的监督管理；

（五）负责本级事业单位国有资产收益的监督管理；

（六）建立和完善事业单位国有资产管理信息系统，对事业单位国有资产实行动态管理；

（七）研究建立事业单位国有资产安全性、完整性和使用有效性的评价方法、评价标准和评价机制，对事业单位国有资产实行绩效管理；

（八）监督、指导本级事业单位及其主管部门、下级财政部门的国有资产管理工作。

第七条 事业单位的主管部门（以下简称主管部门）负责对本部门所属事业单位的国有资产实施监督管理。其主要职责是：

（一）根据本级和上级财政部门有关国有资产管理的规定，制定本部门事业单位国有资产管理的实施办法，并组织实施和监督检查；

（二）组织本部门事业单位国有资产的清查、登记、统计汇总及日常监督检查工作；

（三）审核本部门所属事业单位利用国有资产对外投资、出租、出借和担保等事项，按规定权限审核或者审批有关资产购置、处置事项；

（四）负责本部门所属事业单位长期闲置、低效运转和超标准配置资产的调剂工作，优化事业单位国有资产配置，推动事业单位国有资产共享、共用；

（五）督促本部门所属事业单位按规定缴纳国有资产收益；

（六）组织实施对本部门所属事业单位国有资产管理和使用情况的评价考核；

（七）接受同级财政部门的监督、指导并向其报告有关事业单位国有资产管理工作。

第八条 事业单位负责对本单位占有、使用的国有资产实施具体管理。其主要职责是：

（一）根据事业单位国有资产管理的有关规定，制定本单位国有资产管理的具体办法并组织实施；

（二）负责本单位资产购置、验收入库、维护保管等日常管理，负责本单位资产的账卡管理、清查登记、统计报告及日常监督检查工作；

（三）办理本单位国有资产配置、处置和对外投资、出租、出借和担保等事项的报批手续；

（四）负责本单位用于对外投资、出租、出借和担保的资产的保值增值，按照规定及时、足额缴纳国有资产收益；

（五）负责本单位存量资产的有效利用，参与大型仪器、设备等资产的共享、共用和公共研究平台建设工作；

（六）接受主管部门和同级财政部门的监督、指导并向其报告有关国有资产管理工作。

第九条 各级财政部门、主管部门和事业单位应当按照本办法的规定，明确管理机构和人员，做好事业单位国有资产管理工作。

第十条 财政部门根据工作需要，可以将国有资产管理的部分工作交由有关单位完成。

第三章 资产配置及使用

第十一条 事业单位国有资产配置是指财政部门、主管部门、事业单位等根据事业单位履行职能的需要，按照国家有关法律、法规和规章制度规定的程序，通过购置或者调剂等方式为事业单位配备资产的行为。

第十二条 事业单位国有资产配置应当符合以下条件：

（一）现有资产无法满足事业单位履行职能的需要；

（二）难以与其他单位共享、共用相关资产；

（三）难以通过市场购买产品或者服务的方式代替资产配置，或者采取市场购买方式的成本过高。

第十三条 事业单位国有资产配置应当符合规定的配置标准；没有规定配置标准的，应当从严控制，合理配置。

第十四条 对于事业单位长期闲置、低效运转或者超标准配置的资产，原则上由主管部门进行调剂，并报同级财政部门备案；跨部门、跨地区的资产调剂应当报同级或者共同上一级的财政部门批准。法律、行政法规另有规定的，依照其规定。

第十五条 事业单位向财政部门申请用财政性资金购置规定限额以上资产的（包括事业单位申请用财政性资金举办大型会议、活动需要进行的购置），除国家另有规定外，按照下列程序报批：

（一）年度部门预算编制前，事业单位资产管理部门会同财务部门审核资产存量，提出下一年度拟购置资产的品目、数量，测算经费额度，报主管部门审核；

（二）主管部门根据事业单位资产存量状况和有关资产配置标准，审核、汇总事业单位资产购置计划，报同级财政部门审批；

（三）同级财政部门根据主管部门的审核意见，对资产购置计划进行审批；

（四）经同级财政部门批准的资产购置计划，事业单位应当列入年度部门预算，并在上报年度部门预算时附送批复文件等相关材料，作为财政部门批复部门预算的依据。

第十六条 事业单位向主管部门或者其他部门申请项目经费的，有关部门在下达经费前，应当将所涉及的规定限额以上的资产购置事项报同级财政部门批准。

第十七条 事业单位用其他资金购置规定限额以上资产的，报主管部门审批；主管部门应当将审批结果定期报同级财政部门备案。

第十八条 事业单位购置纳入政府采购范围的资产，应当按照国家有关政府采购的规定执行。

第十九条 事业单位国有资产的使用包括单位自用和对外投资、出租、出借、担保等方式。

第二十条 事业单位应当建立健全资产购置、验收、保管、使用等内部管理制度。

事业单位应当对实物资产进行定期清查，做到账账、账卡、账实相符，加强对本单位专利权、商标权、著作权、土地使用权、非专利技术、商誉等无形资产的管理，防止无形资产流失。

第二十一条 事业单位利用国有资产对外投资、出租、出借和担保等应当进行必要的可行性论证，并提出申请，经主管部门审核同意后，报同级财政部门审批。法律、行政法规和本办法第五十六条另有规定的，依照其规定。

事业单位应当对本单位用于对外投资、出租和出借的资产实行专项管理，并在单位财务会计报告中对相关信息进行充分披露。

第二十二条　财政部门和主管部门应当加强对事业单位利用国有资产对外投资、出租、出借和担保等行为的风险控制。

第二十三条　除本办法第五十六条及国家另有规定外，事业单位对外投资收益以及利用国有资产出租、出借和担保等取得的收入应当纳入单位预算，统一核算，统一管理。

第四章　资　产　处　置

第二十四条　事业单位国有资产处置，是指事业单位对其占有、使用的国有资产进行产权转让或者注销产权的行为。处置方式包括出售、出让、转让、对外捐赠、报废、报损以及货币性资产损失核销等。

第二十五条　除本办法第五十六条另有规定外，事业单位处置国有资产，应当严格履行审批手续，未经批准不得自行处置。

第二十六条　事业单位占有、使用的房屋建筑物、土地和车辆的处置，货币性资产损失的核销，以及单位价值或者批量价值在规定限额以上的资产的处置，经主管部门审核后报同级财政部门审批；规定限额以下的资产的处置报主管部门审批，主管部门将审批结果定期报同级财政部门备案。法律、行政法规和本办法第五十六条另有规定的，依照其规定。

第二十七条　财政部门或者主管部门对事业单位国有资产处置事项的批复是财政部门重新安排事业单位有关资产配置预算项目的参考依据，是事业单位调整相关会计账目的凭证。

第二十八条　事业单位国有资产处置应当遵循公开、公正、公平的原则。

事业单位出售、出让、转让、变卖资产数量较多或者价值较高的，应当通过拍卖等市场竞价方式公开处置。

第二十九条　除本办法第五十六条另有规定外，事业单位国有资产处置收入属于国家所有，应当按照政府非税收入管理的规定，实行"收支两条线"管理。

第五章　产权登记与产权纠纷处理

第三十条　事业单位国有资产产权登记（以下简称产权登记）是国家对事业单位占有、使用的国有资产进行登记，依法确认国家对国有资产的所有权和事业单位对国有资产的占有、使用权的行为。

第三十一条　事业单位应当向同级财政部门或者经同级财政部门授权的主管部门（以下简称授权部门）申报、办理产权登记，并由财政部门或者授权部门核发《事业单位国有资产产权登记证》（以下简称《产权登记证》）。

第三十二条　《产权登记证》是国家对事业单位国有资产享有所有权，单位享有占有、使用权的法律凭证，由财政部统一印制。

事业单位办理法人年检、改制、资产处置和利用国有资产对外投资、出租、出借、担保等事项时，应当出具《产权登记证》。

第三十三条　事业单位国有资产产权登记的内容主要包括：

（一）单位名称、住所、负责人及成立时间；

（二）单位性质、主管部门；

（三）单位资产总额、国有资产总额、主要实物资产额及其使用状况、对外投资情况；

（四）其他需要登记的事项。

第三十四条　事业单位应当按照以下规定进行国有资产产权登记：

（一）新设立的事业单位，办理占有产权登记；

（二）发生分立、合并、部分改制，以及隶属关系、单位名称、住所和单位负责人等产权登记内容发生变化的事业单位，办理变更产权登记；

（三）因依法撤销或者整体改制等原因被清算、注销的事业单位，办理注销产权登记。

第三十五条　各级财政部门应当在资产动态管理信息系统和变更产权登记的基础上，对事业单位国有资产产权登记实行定期检查。

第三十六条　事业单位与其他国有单位之间发生国有资产产权纠纷的，由当事人协商解决。协商不能解决的，可以向同级或者共同上一级财政部门申请调解或者裁定，必要时报有管辖权的人民政府处理。

第三十七条　事业单位与非国有单位或者个人之间发生产权纠纷的，事业单位应当提出拟处理意见，经主管部门审核并报同级财政部门批准后，与对方当事人协商解决。协商不能解决的，依照司法程序处理。

第六章　资产评估与资产清查

第三十八条　事业单位有下列情形之一的，应当对相关国有资产进行评估：

（一）整体或者部分改制为企业；

（二）以非货币性资产对外投资；

（三）合并、分立、清算；

（四）资产拍卖、转让、置换；

（五）整体或者部分资产租赁给非国有单位；

（六）确定涉讼资产价值；

（七）法律、行政法规规定的其他需要进行评估的事项。

第三十九条　事业单位有下列情形之一的，可以不进行资产评估：

（一）经批准事业单位整体或者部分资产无偿划转；

（二）行政、事业单位下属的事业单位之间的合并、资产划转、置换和转让；

（三）国家设立的研究开发机构、高等院校将其持有的科技成果转让、许可或者作价投资给国有全资企业的；

（四）发生其他不影响国有资产权益的特殊产权变动行为，报经同级财政部门确认可以不进行资产评估的。

第四十条　国家设立的研究开发机构、高等院校将其持有的科技成果转让、许可或者作价投资给非国有全资企业的，由单位自主决定是否进行资产评估。

第四十一条　事业单位国有资产评估工作应当委托具有资产评估资质的评估机构进行。事业单位应当如实向资产评估机构提供有关情况和资料，并对所提供的情况和资料的客观性、真实性和合法性负责。

事业单位不得以任何形式干预资产评估机构独立执业。

第四十二条　事业单位国有资产评估项目实行核准制和备案制。核准和备案工作按照国家有关国有资产评估项目核准和备案管理的规定执行。

第四十三条　事业单位有下列情形之一的，应当进行资产清查：

（一）根据国家专项工作要求或者本级政府实际工作需要，被纳入统一组织的资产清查范围的；

（二）进行重大改革或者整体、部分改制为企业的；

（三）遭受重大自然灾害等不可抗力造成资产严重损失的；

（四）会计信息严重失真或者国有资产出现重大流失的；

（五）会计政策发生重大更改，涉及资产核算方法发生重要变化的；

（六）同级财政部门认为应当进行资产清查的其他情形。

第四十四条　事业单位进行资产清查，应当向主管部门提出申请，并按照规定程序报同级财政部门批准立项后组织实施，但根据国家专项工作要求或者本级政府工作需要进行的资产清查除外。

第四十五条 事业单位资产清查工作的内容主要包括基本情况清理、账务清理、财产清查、损溢认定、资产核实和完善制度等。资产清查的具体办法由财政部另行制定。

第七章 资产信息管理与报告

第四十六条 事业单位应当按照国有资产管理信息化的要求，及时将资产变动信息录入管理信息系统，对本单位资产实行动态管理，并在此基础上做好国有资产统计和信息报告工作。

第四十七条 事业单位国有资产信息报告是事业单位财务会计报告的重要组成部分。事业单位应当按照财政部门规定的事业单位财务会计报告的格式、内容及要求，对其占有、使用的国有资产状况定期做出报告。

第四十八条 事业单位国有资产占有、使用状况，是主管部门、财政部门编制和安排事业单位预算的重要参考依据。各级财政部门、主管部门应当充分利用资产管理信息系统和资产信息报告，全面、动态地掌握事业单位国有资产占有、使用状况，建立和完善资产与预算有效结合的激励和约束机制。

第八章 监督检查与法律责任

第四十九条 财政部门、主管部门、事业单位及其工作人员，应当依法维护事业单位国有资产的安全完整，提高国有资产使用效益。

第五十条 财政部门、主管部门和事业单位应当建立健全科学合理的事业单位国有资产监督管理责任制，将资产监督、管理的责任落实到具体部门、单位和个人。

第五十一条 事业单位国有资产监督应当坚持单位内部监督与财政监督、审计监督、社会监督相结合，事前监督与事中监督、事后监督相结合，日常监督与专项检查相结合。

第五十二条 事业单位及其工作人员违反本办法，有下列行为之一的，依据《财政违法行为处罚处分条例》的规定进行处罚、处理、处分：

（一）以虚报、冒领等手段骗取财政资金的；

（二）擅自占有、使用和处置国有资产的；

（三）擅自提供担保的；

（四）通过串通作弊、暗箱操作等低价处置国有资产的；

（五）未按规定缴纳国有资产收益的。

第五十三条 各级财政部门、主管部门及其工作人员在事业单位国有资产配置、使用、处置等管理工作中，存在违反本办法规定的行为，以及其他滥用职权、玩忽职守、徇私舞弊等违法违纪行为的，依照《中华人民共和国公务员法》《中华人民共和国监察法》《财政违法行为处罚处分条例》等国家有关规定追究相应责任；涉嫌犯罪的，依法移送司法机关处理。

第五十四条 主管部门在配置事业单位国有资产或者审核、批准国有资产使用、处置事项的工作中违反本办法规定的，财政部门可以责令其限期改正，逾期不改的予以警告。

第五十五条 违反本办法有关事业单位国有资产管理规定的其他行为，依据国家有关法律、法规及规章制度进行处理。

第九章 附 则

第五十六条 国家设立的研究开发机构、高等院校对其持有的科技成果，可以自主决定转让、许可或者作价投资，不需报主管部门、财政部门审批或者备案，并通过协议定价、在技术交易市场挂牌交易、拍卖等方式确定价格。通过协议定价的，应当在本单位公示科技成果名称和拟交易价格。

国家设立的研究开发机构、高等院校转化科技成果所获得的收入全部留归本单位。

第五十七条 社会团体和民办非企业单位中占有、使用国有资产的,参照本办法执行。参照公务员制度管理的事业单位和社会团体,依照国家关于行政单位国有资产管理的有关规定执行。

第五十八条 实行企业化管理并执行企业财务会计制度的事业单位,以及事业单位创办的具有法人资格的企业,由财政部门按照企业国有资产监督管理的有关规定实施监督管理。

第五十九条 地方财政部门制定的本地区和本级事业单位的国有资产管理规章制度,应当报上一级财政部门备案。

中央级事业单位的国有资产管理实施办法,由财政部会同有关部门根据本办法制定。

第六十条 境外事业单位国有资产管理办法由财政部另行制定。中国人民解放军、武装警察部队以及经国家批准的特定事业单位的国有资产管理办法,由解放军总后勤部、武装警察部队和有关主管部门会同财政部另行制定。

行业特点突出,需要制定行业事业单位国有资产管理办法的,由财政部会同有关主管部门根据本办法制定。

第六十一条 本办法中有关资产配置、处置事项的"规定限额"由省级以上财政部门另行确定。

第六十二条 本办法自2006年7月1日起施行。此前颁布的有关事业单位国有资产管理的规定与本办法相抵触的,按照本办法执行。

6.中央级事业单位国有资产处置管理暂行办法(2021年发布)

(财资〔2021〕127号印发)

第一章 总 则

第一条 为规范中央行政事业单位国有资产处置行为,维护国有资产安全和完整,根据《行政事业性国有资产管理条例》(国务院令第738号)等规定,制定本办法。

第二条 本办法所称中央行政事业单位,包括党中央各部门、国务院各部委和各直属机构、全国人大常委会办公厅、全国政协办公厅、最高人民法院、最高人民检察院、各民主党派中央、有关人民团体(以下统称各部门)的机关本级及其所属各级行政事业单位,有关中央管理企业所属的各级事业单位。

第三条 中央行政事业单位国有资产处置方式包括无偿划转、对外捐赠、转让、置换、报废、损失核销等。

第四条 符合下列情形的中央行政事业单位国有资产应当予以处置:

(一)因技术原因确需淘汰或者无法维修、无维修价值的;

(二)涉及盘亏等非正常损失的;

(三)已超过使用年限且无法满足现有工作需要的;

(四)因自然灾害等不可抗力造成毁损、灭失的;

(五)因单位分立、合并、改制、撤销、隶属关系改变或者部分职能、业务调整等而移交的;

(六)发生产权变动的;

(七)依照国家有关规定需要处置的其他情形。

第五条 中央行政事业单位国有资产处置应当遵循公开、公正、公平和竞争择优的原则,按照规定权限履行审批手续,未经批准不得自行处置。

第六条 中央行政事业单位拟处置的国有资产权属应当清晰,取得或者形成的方式应当合法合规,权属关系不明或者存在权属纠纷的,应当按照有关规定界定权属后予以处置。

被设置为担保物的国有资产处置,应当符合《中华人民共和国民法典》等法律的有关规定。

第二章 处置权限和要求

第七条 财政部、各部门按照规定权限对中央行政事业单位国有资产处置事项进行审核、审批或者备案。

财政部批复各部门所属行政事业单位国有资产处置的文件,应当同步抄送财政部当地监管局。

第八条 各部门机关本级和机关服务中心的国有资产处置,分别由国管局、中直管理局、全国人大常委会办公厅、全国政协办公厅归口管理。

中央行政事业单位处置办公用房和公务用车,《党政机关办公用房管理办法》《党政机关公务用车管理办法》等有规定的,从其规定。

第九条 除本办法第十条、第十一条规定外,各部门及中央管理企业所属行政事业单位(含垂直管理机构和派出机构,各部门机关本级和机关服务中心除外)处置单位价值或者批量价值(账面原值,下同)1 500万元以上(含1 500万元)的国有资产,应当经各部门审核同意后报财政部当地监管局审核,审核通过后由各部门报财政部审批;处置单位价值或者批量价值1500万元以下的国有资产,由各部门自行审批。

各部门所属行政事业单位应当在规定权限内根据实际及时处置国有资产,一个月度内分散处置的国有资产原则上按同一批次汇总计算批量价值。

第十条 各部门所属高等院校国有资产处置,由各部门审批。其中,已达使用年限并且应淘汰报废的国有资产,由高等院校自主处置,并将处置结果按季度报各部门备案。

第十一条 国家设立的中央级研究开发机构、高等院校对持有的科技成果,可以自主决定转让,除涉及国家秘密、国家安全及关键核心技术外,不需报各部门和财政部审批或者备案。涉及国家秘密、国家安全及关键核心技术的科技成果转让,由各部门按照国家有关保密制度的规定审批。

国家设立的中央级研究开发机构、高等院校以科技成果作价投资形成的国有股权无偿划转、转让、损失核销等处置事项,由各部门审批。

第十二条 中央军工集团及中国工程物理研究院所属科研事业单位国有资产处置,其中影响武器装备科研生产能力、维修保障能力等的,应当在国家国防科技工业主管部门履行相关审核程序后,履行资产处置审批程序。

第十三条 在突发公共卫生事件或者国家重大自然灾害等应急情况下,相关单位可本着急事急办、特事特办的原则,按照主管部门要求履行相关程序后处置国有资产,待应急事件结束后报主管部门备案。

第十四条 财政部、各部门、中央行政事业单位对国有资产处置事项的批复文件,是国有资产处置的依据。

中央行政事业单位要依据批复文件处置资产,处置完毕后应当及时核销相关资产台账信息,同时进行会计处理,确保账实相符和账账相符。

中央行政事业单位国有资产处置情况应当在行政事业性国有资产管理情况年度报告中予以反映。

第十五条 除国家另有规定外,中央行政事业单位转让、拍卖、置换国有资产等,应当依法进行资产评估,并按照国有资产评估管理有关规定进行核准或者备案。

国家设立的中央级研究开发机构、高等院校将其持有的科技成果转让给国有全资企业的，可以不进行资产评估；转让给非国有全资企业的，由单位自主决定是否进行资产评估；通过协议定价的，应当在本单位公示科技成果名称和拟交易价格。

第三章 处置方式和程序

第一节 无偿划转

第十六条 无偿划转是指在不改变国有资产性质的前提下，以无偿转让的方式变更国有资产占有、使用权的行为。无偿划转国有资产应当按照以下程序办理：

（一）中央行政事业单位之间无偿划转国有资产，以及中央行政事业单位对国有全资企业无偿划转国有资产，由划出方按照本办法第二章规定的相应权限履行审批手续；

（二）跨级次无偿划转国有资产，由中央无偿划转给地方的，应当附接收方主管部门和同级财政部门同意接收的相关文件，由中央行政事业单位按本办法第二章规定的相应权限履行审批手续；由地方无偿划转给中央的，由划出方按照同级财政部门规定的处置权限履行审批手续。

第十七条 中央行政事业单位申请无偿划转国有资产，应当由划出方提交以下材料：

（一）申请文件及单位内部决策文件，国有资产价值凭证及产权证明（如购货发票或者收据、记账凭证、资产信息卡、竣工决算报告、国有土地使用权证、房屋所有权证、不动产权证、专利证、著作权证、担保（抵押）凭证、债权或者股权凭证、投资协议等凭据的复印件，下同），以及《中央行政事业单位国有资产无偿划转和对外捐赠申请表》（见附件1）；

（二）划出方和划入方签署的意向性协议；

（三）因单位撤销、合并、分立、改制而移交国有资产的，需提供撤销、合并、分立、改制的批文；

（四）其他相关材料。

第二节 对外捐赠

第十八条 对外捐赠是指中央行政事业单位依照《中华人民共和国公益事业捐赠法》，自愿无偿将其占有、使用的国有资产赠与合法受赠人的行为。

中央行政事业单位对外捐赠应当利用本单位闲置资产或者淘汰且具有使用价值的资产，不得新购资产用于对外捐赠。同一部门上下级单位之间和部门所属单位之间，不得相互捐赠资产。

第十九条 中央行政事业单位申请对外捐赠国有资产，应当提交以下材料：

（一）申请文件及单位内部决策文件，国有资产价值凭证及产权证明，以及《中央行政事业单位国有资产无偿划转和对外捐赠申请表》；

（二）对外捐赠报告，包括对外捐赠事由、方式、责任人、国有资产构成及其数额、对外捐赠事项对本单位财务状况和业务活动影响的分析等；

（三）其他相关材料。

第二十条 对外捐赠应当依据受赠方出具的同级财政部门或者相关主管部门统一印（监）制的捐赠收据，受赠方所在地城镇街道办事处、乡镇人民政府等出具的凭证或者捐赠资产交接清单予以确认。

第三节 转 让

第二十一条 转让是指中央行政事业单位变更国有资产占有、使用权并取得收益的行为。

中央行政事业单位转让国有资产，应当以公开竞争方式进行，严格控制非公开协议方式，可以通过相应公共资源交易平台进行。

第二十二条 中央行政事业单位转让国有资产，以财政部、各部门核准或者备案的资产评估报告所确认的评估价值作为确定底价的参考依据，意向交易价格低于评估结果90%的，应当报资产评估报告核准或者备案部门重新确认后交易。

第二十三条 中央行政事业单位申请转让国有资产，应当提交以下材料：

（一）申请文件及单位内部决策文件，国有资产价值凭证及产权证明，以及《中央行政事业单位国有资产转让等申请表》（见附件2）；

（二）转让方案，包括国有资产的基本情况，转让的原因、方式，可行性及风险分析等；

（三）转让方和受让方签署的意向性协议；

（四）其他相关材料。

第四节 置 换

第二十四条 置换是指中央行政事业单位与其他单位以固定资产、无形资产等为主进行的资产交换，一般不涉及货币性资产或者只涉及用于补差价的少量货币性资产。

资产置换，应当以财政部、各部门核准或者备案的资产评估报告所确认的评估价值作为置换对价的参考依据。

第二十五条 中央行政事业单位申请置换国有资产，应当提交以下材料：

（一）申请文件及双方单位内部决策文件，双方资产价值凭证及产权证明，以及《中央行政事业单位国有资产转让等申请表》；

（二）置换方案，包括双方拟用于置换资产的基本情况、设置担保情况，置换的原因、方式，可行性及风险分析等；

（三）置换双方签署的意向性协议；

（四）其他相关材料。

第五节 报 废

第二十六条 报废是指按照有关规定或者经有关部门、专家鉴定，对因技术原因确需淘汰或者无法维修、无维修价值的国有资产，或者已超过使用年限且无法满足工作需要的国有资产，进行产权核销的国有资产处置行为。

中央行政事业单位已达使用年限仍可继续使用的国有资产，应当继续使用。

第二十七条 中央行政事业单位申请报废国有资产，应当提交以下材料：

（一）申请文件及单位内部决策文件，国有资产价值凭证及产权证明，以及《中央行政事业单位国有资产转让等申请表》；

（二）有关部门、专家出具的鉴定文件及处理意见；

（三）因房屋拆除等原因需办理国有资产核销手续的，提交相关职能部门的房屋拆除批复文件、建设项目拆建立项文件、双方签定的房屋拆迁补偿协议等；

（四）专利、非专利技术、著作权、资源资质等因被其他新技术所代替或者已经超过法律保护的期限、丧失使用价值和转让价值的，提供有关技术部门的鉴定材料，或者已经超过法律保护期限的证明文件；

（五）其他相关材料。

第六节 损 失 核 销

第二十八条 损失核销是指由于发生盘亏、毁损、非正常损失等原因，按照有关规定对国有资产损失进行核销的国有资产处置行为。

中央行政事业单位对发生的国有资产损失,应当及时处理。

第二十九条 中央行政事业单位申请存货、固定资产、无形资产等国有资产损失核销,应当提交以下材料:

(一)申请文件及单位内部决策文件,国有资产价值凭证及产权证明,以及《中央行政事业单位国有资产转让等申请表》;

(二)国有资产盘亏、毁损以及非正常损失的情况说明,第三方机构出具的经济鉴证证明,国家有关技术鉴定部门或者具有技术鉴定资格的第三方机构出具的技术鉴定证明(涉及保险索赔的应当有保险公司理赔情况说明),赔偿责任认定说明和单位内部核批文件;

(三)国有资产被盗的,需要提供公安机关出具的结案证明;

(四)因不可抗力因素(自然灾害、意外事故)造成国有资产毁损的,需要提供相关部门出具的受灾证明、事故处理报告、车辆报损证明、房屋拆除证明等;

(五)其他相关材料。

第三十条 中央行政事业单位申请对外投资、担保(抵押)国有资产的损失核销,应当提交以下材料:

(一)申请文件及单位内部决策文件,国有资产价值凭证及产权证明,以及《中央行政事业单位国有资产转让等申请表》;

(二)形成损失的情况说明、被投资单位的清算审计报告及注销文件、第三方机构出具的经济鉴证证明和具有法律效力的证明材料;

(三)涉及仲裁或者提起诉讼的,提交仲裁决定或者法院判决等相关法律文书;

(四)其他相关材料。

第四章 处 置 收 入

第三十一条 处置收入是指在转让、置换、报废等处置国有资产过程中获得的收入,包括转让资产收入、置换差价收入、拆迁补偿收入、报废报损残值变价收入、保险理赔收入、转让土地使用权收益、所办一级企业的清算收入等。

第三十二条 除国家另有规定外,中央行政事业单位国有资产处置收入,应当在扣除相关税金、资产评估费、拍卖佣金等费用后,按照政府非税收入和国库集中收缴管理有关规定及时上缴中央国库。

土地使用权转让收益以及占地补偿收益,按照财政部有关规定上缴中央国库。

各部门所属高等院校自主处置已达使用年限并且应淘汰报废的国有资产取得的收益,留归高等院校,纳入单位预算,统一核算、统一管理。

国家设立的中央级研究开发机构、高等院校转化科技成果所获得的收入全部留归本单位,纳入单位预算,统一核算、统一管理,主要用于对完成和转化职务科技成果作出重要贡献人员的奖励和报酬、科学技术研发与成果转化等相关工作。

第三十三条 中央事业单位利用国有资产对外投资形成的股权(权益)的处置收入,除按照中央国有资本经营预算有关规定应申报、上交的国有资本收益和国家另有规定外,按照以下规定管理:

(一)利用货币资金对外投资形成股权(权益)的处置收入纳入单位预算,统一核算,统一管理;

(二)国家设立的中央级研究开发机构、高等院校利用科技成果作价投资形成股权(权益)的处置收入纳入单位预算,统一核算、统一管理;

(三)利用其他国有资产对外投资形成的股权(权益)的处置收入,扣除投资收益以及相关税费后,按照政府非税收入和国库集中收缴管理有关规定及时上缴中央国库;投资收益纳入单位预算,统一核算、统一管理;

（四）统筹利用货币资金、科技成果和其他国有资产混合对外投资形成的股权（权益）的处置收入，按照本条第（一）（二）（三）项的有关规定分别管理。

第五章 监 督 检 查

第三十四条 财政部对中央行政事业单位国有资产处置情况进行监督检查。

财政部各地监管局可以依据职责和财政部授权对所在地中央行政事业单位国有资产处置情况进行监督检查。

第三十五条 各部门应当建立国有资产处置管理制度，定期或者不定期对所属行政事业单位国有资产处置情况进行监督检查。

第三十六条 财政部、各部门、中央行政事业单位及其工作人员在国有资产处置管理工作中，存在违反本办法规定的行为，以及其他滥用职权、玩忽职守、徇私舞弊等违法违纪行为的，依照《中华人民共和国公务员法》《中华人民共和国监察法》《行政事业性国有资产管理条例》等国家有关规定追究责任；构成犯罪的，依法追究刑事责任。

第三十七条 各部门及其所属行政事业单位在国有资产处置过程中有下列情形之一的，依纪依法追究相关人员责任：

（一）未按照规定经集体决策或者履行审批程序，擅自越权对规定限额以上的国有资产进行处置；

（二）未按照规定办理国有资产处置手续，对不符合规定的申报处置材料予以审批；

（三）采用弄虚作假等方式低价处置国有资产；

（四）截留国有资产处置收入；

（五）未按照规定评估国有资产导致国家利益损失；

（六）其他造成单位国有资产损失的行为。

第六章 附 则

第三十八条 执行企业财务、会计制度的中央事业单位，以及中央行政事业单位所办国有及国有控股企业国有资产处置，按照企业国有资产管理有关规定执行，不适用本办法。

第三十九条 中央行政事业单位货币性资产损失核销，按照预算及财务管理有关规定执行。第四十条公共基础设施、政府储备物资、国有文物文化等行政事业性国有资产处置，以及中央行政事业单位境外国有资产处置，按照有关规定执行。

第四十一条 各部门可根据本办法的规定，结合实际情况，授权所属行政事业单位一定限额的国有资产处置权限，并制定具体办法。

第四十二条 中央行政事业单位涉及国家安全和秘密的国有资产处置，应当符合国家有关保密制度的规定和要求。

第四十三条 本办法自印发之日起施行。此前颁布的有关行政事业单位国有资产处置管理规定，与本办法相抵触的，以本办法为准。《中央级事业单位国有资产处置管理暂行办法》（财教〔2008〕495号）予以废止。

附：1.中央行政事业单位国有资产无偿划转和对外捐赠申请表（略）
2.中央行政事业单位国有资产转让等申请表（略）

7. 中央级事业单位国有资产使用管理暂行办法（2009年发布）

（财教〔2009〕192号印发）

第一章 总 则

第一条 为了规范和加强中央级事业单位国有资产使用管理，提高资产使用效益，防止国有资产流失，根据《事业单位财务规则》《事业单位国有资产管理暂行办法》《中央级事业单位国有资产管理暂行办法》，制定本办法。

第二条 本办法适用于执行事业单位财务和会计制度的中央级各类事业单位。

第三条 中央级事业单位国有资产使用应遵循权属清晰、安全完整、风险控制、注重绩效的原则。

第四条 中央级事业单位国有资产使用包括单位自用、对外投资和出租、出借等，国有资产使用应首先保证事业发展的需要。

第五条 财政部、中央级事业单位主管部门（以下简称主管部门）按照规定权限对中央级事业单位国有资产对外投资和出租、出借等事项进行审批（审核）或备案。中央级事业单位负责本单位国有资产使用的具体管理。

第六条 财政部、主管部门对中央级事业单位国有资产使用事项的批复，以及中央级事业单位报主管部门备案的文件，是中央级事业单位办理产权登记和账务处理的重要依据。账务处理按照国家事业单位财务和会计制度的有关规定执行。

第七条 中央级事业单位应对本单位对外投资和出租、出借资产实行专项管理，并在单位财务会计报告中对相关信息进行披露。

第八条 中央级事业单位国有资产使用应按照国有资产信息化管理的要求，及时将资产变动信息录入管理信息系统，对本单位国有资产实行动态管理。

第九条 中央级事业单位拟对外投资和出租、出借的国有资产的权属应当清晰。权属关系不明确或者存在权属纠纷的资产不得进行对外投资和出租、出借。

第二章 资产自用

第十条 中央级事业单位资产自用管理应本着实物量和价值量并重的原则，对实物资产进行定期清查，完善资产管理账表及有关资料，做到账账、账卡、账实相符，并对资产丢失、毁损等情况实行责任追究制度。

第十一条 中央级事业单位要建立健全自用资产的验收、领用、使用、保管和维护等内部管理流程，并加强审计监督和绩效考评。

第十二条 中央级事业单位国有资产管理部门对单位购置、接受捐赠、无偿划拨等方式获得的资产应及时办理验收入库手续，严把数量、质量关，验收合格后送达具体使用部门；自建资产应及时办理竣工验收、竣工财务决算编报以及按要求办理资产移交和产权登记。中央级事业单位财务管理部门应根据资产的相关凭证或文件及时进行账务处理。

第十三条 中央级事业单位应建立资产领用交回制度。资产领用应经主管领导批准。资产出库时保管人员应及时办理出库手续。办公用资产应落实到人，使用人员离职时，所用资产应按规定交回。

第十四条 中央级事业单位应认真做好自用资产使用管理，经常检查并改善资产使用状况，减少资产的非正常损耗，做到高效节约、物尽其用，充分发挥国有资产使用效益，防止国有资产使用过程中的损失和浪费。

第十五条 财政部、主管部门应积极引导和鼓励中央级事业单位实行国有资产共享共用，建立资产共享共用与资产绩效、资产配置、单位预算挂钩的联动机制。中央级事业单位应积极推进本单位国有资产的共享共用工作，提高国有资产使用效益。

第十六条 中央级事业单位应加强对无形资产的管理和保护，并结合国家知识产权战略的实施，促进科技成果转化。

第十七条 中央级事业单位应建立资产统计报告制度，定期向单位领导报送资产统计报告，及时反映本单位资产使用以及变动情况。

第三章 对 外 投 资

第十八条 中央级事业单位利用国有资产对外投资，单项或批量价值（账面原值，下同）在800万元人民币以上（含800万元）的，经主管部门审核后报财政部审批；单项或批量价值在800万元以下的，由主管部门按照有关规定进行审批，并于批复之日起15个工作日内将审批文件（一式三份）报财政部备案。

第十九条 中央级事业单位应在科学论证、公开决策的基础上提出对外投资申请，附相关材料，报主管部门审核或者审批。主管部门应对中央级事业单位申报材料的完整性、决策过程的合规性、拟投资项目资金来源的合理性等进行审查，并报财政部审批或者备案。

中央级事业单位对外投资效益情况是主管部门审核新增对外投资事项的参考依据。主管部门要严格控制资产负债率过高的中央级事业单位的对外投资行为。

第二十条 中央级事业单位申请利用国有资产对外投资，应提供如下材料，并对材料的真实性、有效性、准确性负责：

（一）中央级事业单位对外投资事项的书面申请；

（二）拟对外投资资产的价值凭证及权属证明，如购货发票或收据、工程决算副本、国有土地使用权证、房屋所有权证、股权证等凭据的复印件（加盖单位公章）；

（三）中央级事业单位进行对外投资的可行性分析报告；

（四）中央级事业单位拟同意利用国有资产对外投资的会议决议或会议纪要复印件；

（五）中央级事业单位法人证书复印件、拟合作方法人证书复印件或企业营业执照复印件、个人身份证复印件等；

（六）拟创办经济实体的章程和工商行政管理部门下发的企业名称预先核准通知书；

（七）中央级事业单位与拟合作方签订的合作意向书、协议草案或合同草案；

（八）中央级事业单位上年度财务报表；

（九）经中介机构审计的拟合作方上年财务报表；

（十）其他材料。

第二十一条 中央级事业单位转让（减持）对外投资形成的股权，按照《中央级事业单位国有资产处置管理暂行办法》的有关规定办理。

第二十二条 中央级事业单位经批准利用国有资产进行对外投资的，应聘请具有相应资质的中介机构，对拟投资资产进行资产评估。资产评估事项按规定履行备案或核准手续。

第二十三条 中央级事业单位不得从事以下对外投资事项：

（一）买卖期货、股票，国家另有规定的除外；

（二）购买各种企业债券、各类投资基金和其他任何形式的金融衍生品或进行任何形式的金融风险投资，国家另有规定的除外；

（三）利用国外贷款的事业单位，在国外债务尚未清偿前利用该贷款形成的资产对外投资；

（四）其他违反法律、行政法规规定的。

第二十四条　中央级事业单位应在保证单位正常运转和事业发展的前提下，严格控制货币性资金对外投资。不得利用财政拨款和财政拨款结余对外投资。

第二十五条　中央级事业单位应加强无形资产对外投资的管理，防止国有资产流失。

第二十六条　中央级事业单位利用国有资产进行境外投资的，应遵循国家境外投资项目核准和外汇管理等相关规定，履行报批手续。

第二十七条　中央级事业单位应加强对外投资形成的股权的管理，依法履行出资人的职能。

第二十八条　中央级事业单位利用国有资产对外投资取得的收益，应按照预算管理及事业单位财务和会计制度的有关规定纳入单位预算，统一核算，统一管理。

第二十九条　财政部、主管部门应加强对中央级事业单位国有资产对外投资的考核。中央级事业单位应建立和完善国有资产内控机制和保值增值机制，确保国有资产的安全完整，实现国有资产的保值增值。

第四章　出租、出借

第三十条　中央级事业单位国有资产出租、出借，资产单项或批量价值在 800 万元人民币以上（含 800 万元）的，经主管部门审核后报财政部审批；资产单项或批量价值在 800 万元以下的，由主管部门按照有关规定进行审批，并于 15 个工作日内将审批结果（一式三份）报财政部备案。

第三十一条　中央级事业单位国有资产出租、出借，应在严格论证的基础上提出申请，附相关材料，报主管部门审核或者审批。主管部门应对中央级事业单位申报材料的完整性、决策过程的合规性进行审查，按规定报财政部审批或者备案。

第三十二条　中央级事业单位申请出租、出借国有资产，应提供如下材料，并对材料的真实性、有效性、准确性负责：

（一）中央级事业单位拟出租、出借事项的书面申请；

（二）拟出租、出借资产的价值凭证及权属证明，如购货发票或收据、工程决算副本、国有土地使用权证、房屋所有权证、股权证等凭据的复印件（加盖单位公章）；

（三）中央级事业单位进行出租、出借的可行性分析报告；

（四）中央级事业单位同意利用国有资产出租、出借的内部决议或会议纪要复印件；

（五）中央级事业单位法人证书复印件、拟出租出借方的事业单位法人证书复印件或企业营业执照复印件、个人身份证复印件等；

（六）其他材料。

第三十三条　中央级事业单位国有资产有下列情形之一的，不得出租、出借：

（一）已被依法查封、冻结的；

（二）未取得其他共有人同意的；

（三）产权有争议的；

（四）其他违反法律、行政法规规定的。

第三十四条　中央级事业单位国有资产出租，原则上应采取公开招租的形式确定出租的价格，必要时可采取评审或者资产评估的办法确定出租的价格。中央级事业单位利用国有资产出租、出借的，期限一般不得超过五年。

第三十五条　中央级事业单位国有资产出租、出借取得的收入，应按照预算管理及事业单位财务和会计制度的有关规定纳入单位预算，统一核算、统一管理。

第五章　监督管理

第三十六条　财政部、主管部门应加强对中央级事业单位国有资产使用行为及其收入的日常监督和专项检查。

财政部驻各地财政监察专员办事处（以下简称专员办）对所在地的中央级事业单位国有资产使用情况进行监督检查。

第三十七条 财政部批复的中央级事业单位国有资产对外投资和出租、出借文件，应抄送相关的专员办；中央级事业单位收到主管部门对其国有资产对外投资和出租、出借的批复文件后，应将复印件报当地专员办备案。

第三十八条 主管部门、中央级事业单位在国有资产使用过程中不得有下列行为：

（一）未按规定权限申报，擅自对规定限额以上的国有资产进行对外投资和出租、出借；

（二）对不符合规定的对外投资和出租、出借事项予以审批；

（三）串通作弊，暗箱操作，违规利用国有资产对外投资和出租、出借；

（四）其他违反国家有关规定造成单位资产损失的行为。

第三十九条 主管部门、中央级事业单位违反本办法规定的，依照《财政违法行为处罚处分条例》等国家有关规定追究法律责任。

第四十条 中央级事业单位应依照《中华人民共和国企业国有资产法》《中华人民共和国公司法》《企业财务通则》和《企业国有产权转让管理暂行办法》等企业国有资产监管的有关规定，加强对所投资全资企业和控股企业的监督管理。

第四十一条 中央级事业单位应于每个会计年度终了后，按照财政部规定的部门决算报表格式、内容和要求，对其国有资产使用情况做出报告，报主管部门的同时抄送当地专员办备案，由主管部门汇总后报财政部。

第六章 附 则

第四十二条 参照《中华人民共和国公务员法》管理并执行事业单位财务和会计制度的中央级事业单位国有资产使用管理，按照本办法执行。

执行《民间非营利组织会计制度》的中央级社会团体及民办非企业单位国有资产使用管理，参照本办法执行。

实行企业化管理并执行企业财务和会计制度的中央级事业单位，其国有资产使用按照企业国有资产监督管理的有关规定实施监督管理。

第四十三条 主管部门应依据本办法，结合本部门实际制定本部门所属事业单位（包括驻外机构）国有资产使用的具体实施办法，报财政部备案。主管部门可以根据实际工作需要，授予所属事业单位一定限额的国有资产使用权限并报财政部备案。

第四十四条 对涉及国家安全的中央级事业单位国有资产使用管理活动，应按照国家有关保密制度的规定，做好保密工作，防止失密和泄密。

第四十五条 本办法自 2009 年 9 月 1 日起施行。此前颁布的有关规定与本办法不一致的，以本办法为准。

8. 行政事业单位资产清查核实管理办法（2016 年发布）

（财资〔2016〕1 号印发）

第一章 总 则

第一条 为了加强行政事业单位国有资产管理，规范行政事业单位资产清查核实工作（以下简称清查核实），真实反映行政事业单位的资产及财务状况，保障行政事业单位国有资产的安全完整，根据《行政单位国有资产管理暂行办法》（财政部令第 35 号）、《事业单位国有资产管理暂行办法》（财政部令第 36 号）和国家有关规定，制定本办法。

第二条 本办法所称行政事业单位资产清查，是指各级政府及其财政部门、主管部门和行政事业单位，根据专项工作要求或者特定经济行为需要，按照规定的政策、工作程序和方法，对行政事业单位进行账务清理、财产清查，依法认定各项资产损溢和资金挂账，真实反映行政事业单位国有资产占有使用状况的工作。

行政事业单位有下列情形之一的，应当进行资产清查：

（一）根据国家专项工作要求或者本级政府及其财政部门实际工作需要，被纳入统一组织的资产清查范围的。

（二）进行重大改革或者改制的。

（三）遭受重大自然灾害等不可抗力造成资产严重损失的。

（四）会计信息严重失真或者国有资产出现重大流失的。

（五）会计政策发生重大变更，涉及资产核算方法发生重要变化的。

（六）财政部门、主管部门认为应当进行资产清查的其他情形。

第三条 本办法所称行政事业单位资产核实，是指财政部门和主管部门根据国家资产清查核实政策和有关财务、会计制度，对行政事业单位资产清查工作中认定的资产盘盈、资产损失和资金挂账等进行认定批复，并对资产总额进行确认的工作。

第四条 执行行政或者事业单位财务、会计制度的各级各类行政事业单位和社会团体的清查核实适用本办法。

第五条 清查核实由财政部门、主管部门和行政事业单位按照"统一政策、分级管理"的原则组织实施。财政部门、主管部门和行政事业单位在规定权限内对资产盘盈、资产损失和资金挂账等事项进行处理，国家另有规定的，依照其规定。

第六条 清查核实应当依托行政事业单位资产管理信息系统（以下简称信息系统）开展。

第二章 管理职责

第七条 财政部的主要职责是：

（一）制定全国行政事业单位资产清查核实制度，并组织实施和监督检查。

（二）负责中央级行政事业单位资产清查立项申请的批复（备案）。

（三）负责审核中央级行政事业单位资产清查结果，并汇总全国（含本级）行政事业单位资产清查结果。

（四）按照规定权限审批中央级行政事业单位资产盘盈、资产损失和资金挂账等事项。

（五）指导地方财政部门开展行政事业单位清查核实工作。

第八条 地方各级财政部门的主要职责是：

（一）根据国家及上级财政部门有关行政事业单位资产清查核实的规定和工作需要，制定本地区和本级行政事业单位资产清查核实规章制度，组织开展本地区和本级行政事业单位资产清查核实工作，并负责监督检查。

（二）负责本级行政事业单位资产清查立项申请的批复（备案）。

（三）负责审核本级行政事业单位资产清查结果，并汇总本地区（含本级）行政事业单位资产清查结果，及时向上级财政部门报告工作情况。

（四）按照规定权限审批本级行政事业单位资产盘盈、资产损失和资金挂账等事项。

（五）指导下级财政部门开展行政事业单位清查核实工作。

第九条 主管部门的主要职责是：

（一）负责审批或者提出本部门所属行政事业单位的资产清查立项申请。

（二）负责指导本部门所属行政事业单位制定资产清查实施方案，并对所属行政事业单位资产清查工作进行监督检查。

（三）按照规定权限审核或者审批本部门行政事业单位资产盘盈、资产损失和资金挂账等事项。

（四）负责审核汇总本部门所属行政事业单位资产清查结果，并向同级财政部门报送资产清查报告。

（五）根据有关部门出具的资产核实批复文件，指导和监督本部门所属行政事业单位调整信息系统相关数据并进行账务处理。

第十条 行政事业单位的主要职责是：

（一）向主管部门提出资产清查立项申请。

（二）负责制定本单位资产清查实施方案，具体组织开展资产清查工作，并向主管部门报送资产清查结果。

（三）根据有关部门出具的资产核实批复文件，调整信息系统相关数据，进行账务处理，并报主管部门备案。

（四）负责办理相关资产管理手续。

第十一条 财政部门、主管部门或行政事业单位组织开展行政事业单位资产清查核实，应当明确内部工作机构。

第十二条 行政事业单位因自身工作需要，定期或者不定期对资产进行的清查盘点，不需要报经财政部门或者主管部门审批。

第三章 资产清查的程序、内容

第十三条 资产清查工作根据组织主体不同，分别按照以下程序进行：

（一）由各级政府及其财政部门组织开展的资产清查工作。由各级政府及其财政部门统一部署，明确清查范围、基准日等。行政事业单位在主管部门、同级财政部门的监督指导下明确本单位资产清查工作机构，制定资产清查工作实施方案，根据方案组织清查，必要时可委托社会中介机构对清查结果进行专项审计，并形成资产清查报告按规定逐级上报。财政部门和主管部门对报送的资产清查结果进行审核确认。

（二）由各主管部门组织开展的资产清查工作。主管部门应当向同级财政部门提出资产清查立项申请，说明资产清查的原因，明确清查范围和基准日等内容，经同级财政部门同意立项后按照本条第一项规定程序组织实施。

（三）由行政事业单位组织开展的资产清查工作。行政事业单位应当向主管部门提出资产清查立项申请，说明资产清查的原因，明确清查范围和基准日等内容，经主管部门同意立项后，在主管部门的监督指导下明确本单位资产清查工作机构，制定实施方案，根据方案组织清查，必要时可委托社会中介机构对清查结果进行专项审计，并形成资产清查报告按规定逐级上报至主管部门审核确认。

第十四条 行政事业单位可以委托依法设立的，具备与所承担工作相适应的专业人员和专业胜任能力的会计师事务所等社会中介机构对资产清查结果进行专项审计。财政部门或者主管部门认为必要时，可以直接委托社会中介机构对资产清查结果进行专项审计或复核。

资产清查工作专项审计费用，按照"谁委托，谁付费"的原则，由委托方承担。

涉密单位资产清查结果可由内审机构开展审计。如确需社会中介机构进行专项审计的，应当按照国家保密管理的规定做好保密工作。

第十五条 资产清查工作内容主要包括单位基本情况清理、账务清理、财产清查和完善制度等。

单位基本情况清理是指对应当纳入资产清查工作范围的所属单位户数、机构及人员状况等基本情况进行全面清理。

账务清理是指对行政事业单位的各种银行账户、各类库存现金、有价证券、各项资金往来和会计核算科目等基本账务情况进行全面核对和清理。

财产清查是指对行政事业单位的各项资产进行全面的清理、核对和查实。行政事业单位对清查出的各种资产盘盈、损失和资金挂账应当按照资产清查要求进行分类，提出相关处理建议。

完善制度是指针对资产清查工作中发现的问题，进行全面总结、认真分析，提出相应整改措施和实施计划，建立健全资产管理制度。

第十六条 行政事业单位资产清查报告主要包括下列内容：

（一）工作报告。主要反映本单位的资产清查工作基本情况和结果，应当包括本单位资产清查的基准日、范围、内容、结果，基准日资产及财务状况，对清查中发现的问题的整改措施和实施计划。

（二）清查报表。按照规定在信息系统中填报的资产清查报表及相关纸质报表。

（三）专项审计报告。社会中介机构对行政事业单位资产清查结果出具的经注册会计师签字的专项审计报告。

（四）证明材料。清查出的资产盘盈、资产损失和资金挂账等的相关凭证资料和具有法律效力的证明材料。

（五）其他需要提供的备查材料。

第四章 资产盘盈

第十七条 资产盘盈是指行政事业单位在资产清查基准日无账面记载，但单位实际占有使用的能以货币计量的经济资源，包括货币资金盘盈、存货盘盈、对外投资盘盈、固定资产盘盈、无形资产盘盈、往来款项盘盈等。

第十八条 货币资金盘盈是指行政事业单位清查出的无账面记载或者反映的现金和各类存款等，具体按照以下方式认定：

（一）现金盘盈，根据现金保管人确认的现金盘点情况（包括倒推至基准日的记录）和现金保管人对于现金盘盈的说明等进行认定。

（二）存款盘盈，根据银行对账单和银行存款余额调节表进行认定。

第十九条 存货盘盈是指行政事业单位清查出的无账面记载或者反映的材料、燃料、包装物、低值易耗品及达不到固定资产标准的用具、装具、动植物等。

存货盘盈根据存货明细表和保管人对于盘盈的情况说明、价值确定依据等进行认定。

第二十条 对外投资盘盈是指行政事业单位清查出的无账面记载或者反映的单位对外投资。

对外投资盘盈，根据对外投资合同（协议）、价值确定依据、情况说明等进行认定。

第二十一条 固定资产盘盈是指行政事业单位清查出的无账面记载或者反映的固定资产。

固定资产盘盈根据固定资产盘点单、盘盈情况说明、盘盈价值确定依据（同类资产的市场价格、类似资产的购买合同、发票或竣工决算资料）等进行认定。

第二十二条 固定资产盘盈按照以下方式处理：

（一）行政事业单位清理出不属于纪检、监察部门规定清退范围的账外固定资产，且长期无偿占有使用的，若产权属于其他行政事业单位的，在当事双方协商一致的基础上，可以按照国家行政事业单位国有资产管理的相关规定办理无偿划拨；若产权属于其他国有企业的，在当事双方协商一致的基础上，可以按照国家国有企业资产管理的相关规定办理无偿划拨；若产权属于其他单位的，应当在尊重产权单位意见的基础上，由当事双方协商解决。如行政事业单位需要收购或租赁该资产的，应当按照市场价值签订转让或租赁合同，并按照规定程序上报。

（二）清查出的因历史原因而无法入账的无主财产，依法确认为国有资产的，应当及时入账，纳入国有资产管理范围。

（三）清查出的已投入使用但尚未办理决算手续的固定资产，按照估计价值入账，待确定实际成本后再进行调整。

第二十三条 无形资产盘盈是指行政事业单位清查出的无账面记载或者反映的无形资产。

无形资产盘盈根据无形资产盘点单、盘盈情况说明、盘盈价值确定依据（同类资产的市场价格、类似资产的购买合同、发票或自行开发资料）等进行认定。

第二十四条 应收票据、应收账款和预付账款等往来款项盘盈是指行政事业单位清查出的无账面记载或者反映的应收票据、应收账款和预付账款等往来款项。

应收票据、应收账款和预付账款等往来款项盘盈，根据清查明细表、盘盈情况说明、与对方单位的对账单或询证函等进行认定。

第二十五条 对于清查出来的缺乏价值确定依据的盘盈资产，可以委托具有专业胜任能力的资产评估机构进行资产评估，以评估值作为价值确定依据，没有相关凭据也未经评估的，应当按照名义金额（即人民币1元）入账。

第五章 资产损失

第二十六条 资产损失是指行政事业单位在资产清查基准日有账面记载，但实际发生的短少、毁损、被盗或者丧失使用价值的，能以货币计量的经济资源，包括货币资金损失、坏账损失、存货损失、对外投资损失、固定资产损失、无形资产损失等。

第二十七条 行政事业单位清查出的资产损失应当逐项清理，取得合法证据后，对损失项目及金额按照规定进行认定。对已取得具有法律效力的外部证据，而无法确定损失金额的，根据社会中介机构出具的经济鉴证证明进行认定。

第二十八条 货币资金损失是指行政事业单位清查出的现金短缺和各类存款损失等。

现金短缺，在扣除责任人赔偿后，根据现金盘点情况（包括倒推至基准日的记录）、社会中介机构出具的经济鉴证证明、短款说明及核准文件、赔偿责任认定及说明、司法涉案材料等进行认定。各类存款损失的认定比照执行。

第二十九条 坏账损失是指行政事业单位清查出的不能收回的各项应收款项造成的损失。清查出的各项坏账，应当分析原因，对有合法证据证明确实不能收回的应收款项，按照以下方式处理：

（一）因债务人被宣告破产、撤销注销工商登记或者被政府责令关闭等导致无法收回的应收款项，应当根据法院的破产公告、破产清算文件、工商部门的撤销注销证明、政府部门有关文件等进行认定。已经清算的，应当对扣除清偿部分后不能收回的款项认定为损失。

（二）债务人死亡或依法被宣告失踪、死亡，其财产或者遗产不足清偿且没有继承人的应收款项，应当在取得相关法律文件后认定为损失。

（三）因不可抗力因素（自然灾害、意外事故）无法收回的应收款项，由单位做出专项说明，可以根据社会中介机构出具的经济鉴证证明认定损失。

（四）涉诉的应收款项，已生效的人民法院判决书、裁定书判定、裁定其败诉的，或者虽然胜诉但因无法执行被裁定终止执行的，认定为损失。

（五）逾期3年的应收款项，具有依法催收磋商记录，并且能够确认3年内没有任何业务往来的，应当根据社会中介机构出具的经济鉴证证明，在扣除应付该债务人的各种款项和有关责任人员的赔偿后的余额，认定为损失。

（六）逾期3年的应收款项，债务人在国外及我国香港、澳门、台湾地区的，经依法催收仍未收回，且在3年内没有任何业务往来的，在取得境外社会中介机构出具的终止收款意见书，或者取得我国驻外使（领）馆商务机构出具的债务人逃亡、破产证明后，认定为损失。

（七）逾期3年以上、单笔数额较小、不足以弥补清收成本的，由单位作出专项说明，根据社会中介机构出具的经济鉴证证明认定损失。

第三十条 存货损失是指行政事业单位材料、燃料、包装物、低值易耗品及达不到固定资产标准的用具、装具、动植物等因盘亏、毁损、报废、被盗等原因造成的损失。具体按以下方式认定：

（一）盘亏的存货，扣除责任人赔偿后的部分，可以根据存货盘点单、社会中介机构出具的经济鉴证证明、盘亏情况说明、盘亏的价值确定依据、赔偿责任认定说明和内部核批文件等认定损失。

（二）毁损、报废的存货，扣除残值及保险赔偿或责任人赔偿后的部分，可以根据国家有关技术鉴定部门或具有技术鉴定资格的社会中介机构出具的技术鉴定证明（涉及保险索赔的应当有保险公司理赔情况说明）、毁损报废说明、赔偿责任认定说明和内部核批文件等认定损失。

（三）被盗的存货，扣除保险理赔及责任人赔偿后的部分，可以根据公安机关案件受理证明或结案证明、责任认定及赔偿情况说明（涉及保险索赔的应当有保险公司理赔情况说明）认定损失。

第三十一条 对外投资损失，应当分析原因，有合法证据证明确实不能收回的，区分以下情况可以认定损失：

（一）因被投资单位已宣告破产、被撤销注销工商登记或者被政府责令关闭等情况造成难以收回的对外投资，可以根据法院的破产公告或者破产清算的清偿文件、工商部门的撤销注销文件、政府有关部门的行政决定等认定损失。

已经清算的，扣除清算资产清偿后的差额部分，可以认定为损失。

尚未清算的，被投资单位剩余资产确实不足清偿投资的差额部分，根据社会中介机构出具的经济鉴证证明，认定为损失。

（二）对事业单位参股投资、金额较小、不具有控制权的对外投资，被投资单位已资不抵债且连续停止经营3年以上的，根据社会中介机构出具的经济鉴证证明，对确实不能收回的部分，认定为损失。

（三）债券等短期投资，未进行交割或清理的，不能认定为损失。

第三十二条 固定资产损失是指行政事业单位房屋及构筑物、通用设备、专用设备、文物和陈列品、图书档案、家具用具装具及动植物等因盘亏、毁损、报废、被盗等原因造成的损失。具体按以下方式认定：

（一）盘亏的固定资产，扣除责任人赔偿后的差额部分，可以根据固定资产盘点单、盘亏情况说明、盘亏的价值确定依据、社会中介机构出具的经济鉴证证明、赔偿责任认定说明和内部核批文件等认定。

（二）毁损、报废的固定资产，扣除残值、保险赔偿和责任人赔偿后的差额部分，可以根据国家有关技术鉴定部门或具有技术鉴定资格的社会中介机构出具的技术鉴定证明（涉及保险索赔的应当有保险公司的出险调查单和理赔计算单、保险公司理赔情况说明）、毁损报废说明、赔偿责任认定说明和内部核批文件等认定。

因不可抗力因素（自然灾害、意外事故）造成固定资产毁损、报废的，应当依据相关部门出具的事故处理报告、车辆报损证明、房屋拆除证明、受灾证明等鉴定报告认定。

（三）被盗的固定资产，扣除保险理赔及责任人赔偿后的部分，可以根据公安机关案件受理证明或结案证明、责任认定及赔偿情况说明（涉及保险索赔的应当有保险公司的出险调查单和理赔计算单、保险公司理赔情况说明）认定。

第三十三条 无形资产损失是指无形资产因被其他新技术所代替或者已经超过了法律保护的期限、丧失了使用价值和转让价值等所造成的损失。

无形资产损失，可以根据有关技术部门的鉴定材料，或者已经超过了法律保护期限的证明文件等认定。

第六章　资　金　挂　账

第三十四条　资金挂账是指行政事业单位在资产清查基准日应当按照损益、收支进行确认处理，但挂账未确认的资金（资产）数额。对于清查出的资金挂账，按照真实客观反映经济状况的原则进行认定。

第三十五条　特殊资金挂账按照以下方式处理：

（一）属于按照国家规定组织实施住房制度改革，职工住房账面价值、资产基金（非流动资产基金）应当冲减而未冲减的挂账，在按照国家规定办理房改有关合法手续、移交产权后，按照规定核销。

（二）属于对外投资中由于所办企业按照国家要求脱钩等政策性因素造成的损失挂账，在取得国家关于企业脱钩的文件和产权划转文件后，可在办理资产核实手续时申报核销处理。

第七章　资产核实的程序、管理权限和申报内容

第三十六条　行政事业单位资产核实的一般程序：

（一）行政事业单位应当依据资产清查出的资产盘盈、资产损失和资金挂账等事项，搜集整理相关证明材料，提出处理意见并逐级向主管部门提出资产核实的申请报告。各单位应当对所报送材料的真实性、合规性和完整性负责。

（二）主管部门按照规定权限进行合规性和完整性审核（审批）同意后，报同级财政部门审批（备案）。

（三）财政部门按照规定权限进行审批（备案）。

（四）行政事业单位依据有关部门对资产盘盈、资产损失和资金挂账的批复，调整信息系统相关数据并进行账务处理。

（五）财政部门、主管部门和行政事业单位结合清查核实中发现的问题完善相关制度。

第三十七条　行政事业单位资产核实的管理权限按照本办法第三十八条、第三十九条规定执行。根据各级政府及其财政部门专项工作要求开展的资产清查工作，有关资产核实的审批权限，可以根据资产清查工作的实际需要另行确定。

第三十八条　中央级行政事业单位资产核实的管理权限：

（一）资产盘盈。单位应当按照财务、会计制度的有关规定确定价值，并在资产清查工作报告中予以说明，报经主管部门批准，并报财政部备案后调整有关账目。

（二）资产损失。货币性资产损失核销、对外投资损失，单位应当逐级上报，经财政部批准后调整有关账目。行政单位的固定资产、无形资产和存货损失，按照现行管理制度中规定的资产处置权限进行审批。事业单位房屋构筑物、土地和车辆损失，单位应当逐级上报，经财政部批准后核销。其他固定资产、无形资产和存货的损失，按照现行管理制度中规定的资产处置权限进行审批。

（三）资金挂账，单位应当逐级上报，经财政部批准后调整有关账目。

中央级行政事业单位申请的资产核实事项中，既包括财政部审批权限内资产的，也包括主管部门审批权限内资产的，应当统一报送财政部。

第三十九条　地方行政事业单位资产核实管理权限，由地方各级财政部门根据实际情况自行确定。

第四十条　行政事业单位的资产核实申报事项应当提交以下材料：

（一）资产损溢、资金挂账核实申请文件。

（二）信息系统生成打印的行政事业单位国有资产清查报表。

（三）信息系统生成打印的行政事业单位国有资产损溢、资金挂账核实申请表。

（四）申报处理资产盘盈、资产损失和资金挂账的专项说明，逐笔写明发生日期、损失原因、政策依据、处理方式，并分类列示。

（五）根据申报核实的事项，提供相应的具有法律效力的外部证据、社会中介机构出具的经济鉴证证明、特定事项的单位内部证据等证明材料。

具有法律效力的外部证据是指行政事业单位收集到的与本单位资产损溢相关的具有法律效力的书面文件，包括单位的撤销、合并公告及清偿文件；政府部门有关文件；司法机关的判决或者裁定；公安机关的案件受理证明或结案证明；工商行政管理部门的注销证明；专业技术部门的鉴定报告；保险公司的出险调查单和理赔计算单；企业的破产公告及破产清算的清偿文件；符合法律规定的其他证明等。

社会中介机构的经济鉴证证明是指具备与所承担工作相适应的专业人员和专业胜任能力的会计师事务所、资产评估机构、律师事务所、专业鉴定机构等社会中介机构按照独立、客观、公正的原则，对单位的某项经济事项出具的专项经济鉴证证明或鉴证意见书。资产损失和资金挂账应当委托社会中介机构出具经济鉴证证明，涉及国家安全的特殊单位、特殊事项和已取得具有法律效力的外部证据的事项除外。

特定事项的单位内部证据是指行政事业单位对涉及资产盘盈、资产损失和资金挂账等情况的内部证明和内部鉴定意见书等，包括有关会计核算资料和原始凭证；行政事业单位的内部核批文件及情况说明；资产盘点单和明细表；行政事业单位内部鉴定技术小组或内部专业技术部门的鉴定文件或资料；因经营管理责任造成的损失的责任认定意见及赔偿情况说明；相关经济行为的业务合同等；符合法律规定的其他证明等。

（六）其他需要提供的材料。

第四十一条 行政事业单位经批准核销的不良债权、对外投资等损失，实行"账销案存"管理，相关资料、凭证应当专项登记，并继续进行清理和追索。经批准核销的实物资产损失应当分类清理，对有利用价值或残值的，应当积极处理，降低损失。

第四十二条 行政事业单位清查出的由于会计技术差错造成的资产不实，不属于资产盘盈、资产损失和资金挂账的认定范围，应当依据单位财务、会计制度有关规定处理。

第四十三条 申报不合规，证据不齐全、不真实，或者不符合相关制度规定的资产盘盈、资产损失、资金挂账事项，主管部门和财政部门不予核实。

第八章 账务处理

第四十四条 资产盘盈、资产损失和资金挂账批复前，行政事业单位应当按照以下原则进行账务处理：

（一）财政部门批复（备案）前的资产盘盈（含账外资产）可以按照财务、会计制度的有关规定暂行入账。待财政部门批复（备案）后，进行账务调整和处理。

（二）财政部门批复（备案）前的资产损失和资金挂账，单位不得自行进行账务处理。待财政部门批复（备案）后，进行账务处理。

第四十五条 资产盘盈、资产损失和资金挂账批复后，行政事业单位按照国家统一的财务、会计制度进行账务处理，并在批复之日起30个工作日内将账务处理结果报主管部门备案。未按照规定调账的，应当详细说明情况并附相关证明材料。

第四十六条 行政事业单位需要办理产权变动登记手续的，在资产核实审批后，按照有关规定办理相关手续。

第九章 监督和管理

第四十七条 财政部门、主管部门应当加强对行政事业单位清查核实的组织指导和监督检查，可以结合工作需要组织相关专业人员或委托社会中介机构，对单位资产清查核实结果进行检查或抽查。

第四十八条 财政部门、主管部门对行政事业单位有关资产清查结果的审核和资产损溢、资金挂账的认定,应当严格执行国家有关法律、法规、规章和有关财务、会计制度规定,依法办事,严格把关,严肃工作纪律。

第四十九条 主管部门应当对行政事业单位资产清查结果进行认真复核,保证资产清查结果的全面、准确和合规。

第五十条 行政事业单位进行资产清查,应当做到账表、账账、账卡、账实相符,不重不漏,查清资产来源、去向和管理情况,找出管理中存在的问题,完善制度、堵塞管理漏洞。

第五十一条 行政事业单位聘请社会中介机构参与清查核实,应当要求社会中介机构按照独立、客观、公正的原则,履行必要的程序,认真核实单位各项资产清查材料,并按照规定进行实物盘点和账务核对,对资产清查结果出具专项审计报告。对需要出具经济鉴证证明的资产核实事项,应当要求社会中介机构按照国家资产清查核实政策和有关财务、会计制度的相关规定,在充分调查论证的基础上进行职业推断和客观评判,出具鉴证意见。

社会中介机构应当对行政事业单位资产清查专项审计报告、经济鉴证证明的真实性、准确性、完整性承担责任,严格履行保密义务。

行政事业单位应当配合社会中介机构的工作,提供进行专项审计及相关工作必需的资料和线索。任何单位和个人不得干预社会中介机构的正常执业。

第五十二条 行政事业单位对在资产清查中新形成的资料,要分类整理形成档案,按照国家有关会计档案管理的规定进行管理,并接受国家有关部门的监督。

第五十三条 行政事业单位应当对资产清查中发现的资产盘盈、资产损失和资金挂账事项提供合法证据,单位主要负责人应当对申报的资产清查结果的真实性、完整性承担责任。

第五十四条 财政部门和主管部门工作人员在对单位清查核实进行审核过程中徇私舞弊,造成严重后果的,由有关部门依法给予行政处分或纪律处分。

第五十五条 行政事业单位和主管部门在清查核实中违反本办法规定程序的,不组织或不积极组织,未按照时限完成清查核实的,由财政部门责令其限期完成;对清查核实质量不符合规定要求的,由财政部门责令其重新组织开展清查核实;对清查出的问题不及时处理或者拒不完成清查核实的单位,财政部门予以通报。

第五十六条 行政事业单位在资产清查核实中有意瞒报、弄虚作假、提供虚假会计资料的,由财政部门责令其改正,并依据《中华人民共和国会计法》等法律、法规规定进行处理。

第五十七条 行政事业单位负责人和有关工作人员在资产清查核实中,采取私分、低价变卖、虚报损失等手段侵吞、转移国有资产的,由财政部门会同有关部门进行处理。

第五十八条 社会中介机构及有关当事人在清查核实中与单位相互串通,弄虚作假、提供虚假鉴证材料的,由财政部门会同有关部门依法查处。

第十章　附　则

第五十九条 执行《民间非营利组织会计制度》的社会团体及民办非企业单位中占有、使用国有资产的,参照本制度执行。

行政单位所属未脱钩企业,实行企业化管理并执行企业财务和会计制度的事业单位,以及事业单位所办的全资企业和控股企业,其国有资产的清查核实工作按照企业清产核资的有关规定执行。

第六十条 事业单位代表政府管理的,未纳入本单位核算的政府储备物资、公共基础设施等资产的清查核实办法另行制定。

第六十一条　各省、自治区、直辖市和计划单列市财政部门可根据本办法,结合本地区实际,制定具体的实施办法,并报财政部备案。

第六十二条　本办法由财政部负责解释。

第六十三条　本办法自2016年3月1日起施行。《行政事业单位资产清查暂行办法》(财办〔2006〕52号)、《行政事业单位资产核实暂行办法》(财办〔2007〕19号)同时废止。

9. 中央部门所属高校国有资产处置管理补充规定（2017年发布）

(财资〔2017〕72号印发)

根据《教育部等五部门关于深化高等教育领域简政放权放管结合优化服务改革的若干意见》(教政法〔2017〕7号)和《事业单位国有资产管理暂行办法》(财政部令第36号)、《中央级事业单位国有资产处置管理暂行办法》(财教〔2008〕495号)等有关规定,现就中央部门所属高校国有资产处置管理作出如下补充规定:

一、进一步扩大中央部门所属高校资产处置权限。本规定所称资产处置,是指中央部门所属高校对其占有、使用的国有资产进行产权转让或注销产权的行为。中央部门所属高校资产处置事项,由财政部授权各中央部门进行审批,各中央部门应当于批复之日起15个工作日内,将批复文件报财政部备案。其中,已达使用年限并且应淘汰报废的资产处置,授权高校自主处置,处置结果按季度报各中央部门备案。已达使用年限仍可以继续使用的,应当继续使用。

二、科学合理制定资产使用年限标准。各中央部门根据本部门所属高校实际情况,组织本部门所属高校分类制定资产使用年限标准,会同财政部颁布实施,并根据经济社会发展水平变化情况,适时调整。

三、规范高校资产处置收益管理。高校自主处置已达使用年限并且应淘汰报废的资产取得的收益,留归高校,纳入学校预算,统一核算,统一管理。涉及科技成果转化资产处置的,按照《中华人民共和国促进科技成果转化法》《国务院关于印发实施〈中华人民共和国促进科技成果转化法〉若干规定的通知》(国发〔2016〕16号)和《中华人民共和国专利法》及其实施细则等有关规定执行。除上述情形以外的资产处置收入,按照《中央级事业单位国有资产处置管理暂行办法》(财教〔2008〕495号)有关规定执行。

四、及时进行账务处理。中央部门所属高校资产处置后,应当依据相关资产处置批复和现行事业单位财务会计制度的有关规定,及时进行账务处理,确保账实相符。

五、落实高校国有资产监管的主体责任。各中央部门要加强高校国有资产管理的指导和监督力度,完善监管体系,明确监管职责权限,定期进行检查,及时发现国有资产管理过程中存在的突出问题、管理漏洞和薄弱环节,并督促加以改进。各高校要牢固树立勤俭办学理念,强化高校资产管理的主体责任,建立健全国有资产监督管理责任制,提高内部控制水平,防止国有资产流失。

六、建立国有资产处置年度报告制度。各中央部门应当在年度终了后的3个月内,将在授权范围内审批的上年度资产处置情况,以及所属高校自主审批的资产处置情况书面报告财政部。报告的主要内容包括:处置资产的原因、账面原值和处置方式,取得的收入及其使用情况,授权管理取得的成效、存在的问题和改进的建议等。

七、强化财政监督检查职责。财政部应当加强对各中央部门和高校资产处置情况事后监督，组织开展专项检查。财政部驻各地财政监察专员办事处对所在地的中央部门所属高校资产处置情况进行监督检查。

八、本规定适用于党中央有关部门、国务院有关部委、直属机构和有关人民团体等所属的高等本科学校和高职高专学校。

九、地方财政部门要结合本地区实际情况，制定具体规定。

十、本规定由财政部负责解释，自 2017 年 12 月 1 日起施行。

10. 中央行政事业单位国有资产配置管理办法（2018 年发布）

（财资〔2018〕98 号印发）

第一章 总 则

第一条 为了规范和加强中央行政事业单位国有资产配置（以下简称资产配置）管理，实现资产管理与预算管理相结合，提高资产配置的科学性，保障行政事业单位履行职能和事业发展需要，根据《中华人民共和国预算法》等有关规定，制定本办法。

第二条 本办法适用于中央行政事业单位的资产配置行为。

本办法所称中央行政事业单位是指党中央各部门、国务院各部委和各直属机构、全国人大常委会办公厅、政协全国委员会办公厅、最高人民法院、最高人民检察院、各民主党派中央、有关人民团体的机关本级及其所属各级行政事业单位，有关中央管理企业所属的各级事业单位。

第三条 资产配置是指财政部、中央部门、中央行政事业单位根据单位履行职能需要、存量资产状况和财力情况等因素，通过调剂、租用、购置等方式配备资产的行为。

本办法所称中央部门是指党中央各部门、国务院各部委和各直属机构、全国人大常委会办公厅、政协全国委员会办公厅、最高人民法院、最高人民检察院、各民主党派中央、有关人民团体，以及具有管理事业单位职能的中央管理企业的集团总部。

第四条 资产配置应当遵循资产功能、数量与单位职能相匹配，资产存量与增量相结合，厉行勤俭节约、讲求绩效和绿色环保的原则。

第五条 资产配置的资金来源包括财政拨款收入和其他各类收入。

第六条 中央行政事业单位通过租用、购置、建设等方式配置资产应当按规定编制年度新增资产配置相关预算，按程序报财政部审核。纳入新增资产配置相关预算编制范围的资产类别，由财政部在布置年度部门预算时明确。国家另有规定的从其规定。

第七条 中央行政事业单位应当按照标准配置资产；没有标准的，应当从严控制，避免浪费。

第二章 资产配置标准

第八条 资产配置标准是对中央行政事业单位配置资产的品目、数量、价格、使用年限等指标的限额规定，是编报和审核新增资产配置相关预算、实施资产采购和监督检查的重要依据。

第九条 资产配置标准包括数量标准、价格标准、使用年限标准、技术标准及其他标准，可采用上限标准、区间标准、下限标准或其他适宜的形式。

第十条 资产配置标准应当遵循保障履职需要、厉行节约和相对稳定的原则制定，并根据国家有关政策、社会经济发展水平、市场价格变化和技术进步等因素适时调整。

第十一条 中央行政事业单位办公设备、家具等通用资产配置标准由财政部制定。有条件的中央部门根据本行业特点制定专用资产配置标准，由财政部审核后会同相关中央部门发布实施。

第三章 资产配置方式

第十二条 中央行政事业单位有以下情形之一，可以申请资产配置：

（一）现有资产无法满足履行职能需要；

（二）资产处置后需要更新；

（三）其他适用于资产配置的情形。

第十三条 资产配置的主要方式包括调剂、租用、购置、建设、接受捐赠等。中央行政事业单位资产配置，应当优先通过调剂方式解决。确实无法调剂的，应当本着控制成本、节约资金、方便使用的原则，对租用、购置、建设等方式进行综合分析和可行性论证，选择最优方式进行配置。

第十四条 调剂是指以无偿调入的方式配置资产的行为。资产配置能够通过调剂方式解决的，原则上应当申请调剂。资产调剂由划出方中央部门根据行政事业单位国有资产处置管理的有关规定履行审批程序。

第十五条 租用是指以一定费用取得资产使用权的方式配置资产的行为。资产租用应当遵循公开、公平、公正和市场化原则，遵守国家有关规定。经批准召开重大会议、举办大型活动及开展临时性工作等需要配置资产的，原则上应当通过租用方式解决。

第十六条 购置是指以购买的方式配置资产的行为。对于资产处置后的更新申请，符合资产配置标准的，财政部优先予以安排；对于新增的资产购置申请，应当结合单位资产存量和业务需要从严审核。

第十七条 建设是指以自建、自行研制等方式配置资产的行为。资产建设应当按照国家有关规定履行审批程序，重大事项应当经过可行性研究和集体决策。

第十八条 中央行政事业单位通过接受捐赠的方式配置资产，应当符合《中华人民共和国公益事业捐赠法》的有关规定。

第四章 资产配置相关预算申请、审核与批复

第十九条 纳入新增资产配置相关预算编制范围的资产配置，应当按照部门预算规定的程序申请：

（一）单位申报。中央行政事业单位应当根据业务需要、资产存量等情况以及资产配置标准，按要求编制新增资产配置相关预算，报中央部门审核。对缺乏配置标准或与标准不一致的项目，要对资产配置的必要性、可行性进行充分论证，详细说明资产配置的依据和理由；

（二）中央部门初审。中央部门对所属行政事业单位存量资产信息的准确性、完整性以及资产配置需求的合理性、合规性进行初审，并将审核后的新增资产配置相关预算申请随部门预算报送财政部；

（三）财政部审核。财政部根据有关资产配置标准以及中央行政事业单位的履职需要、资产存量与使用情况等，审核新增资产配置相关预算。新增资产配置相关预算审核结果是单位年度资产配置的上限指标；

（四）批复。财政部将新增资产配置相关预算随部门预算一并批复给各部门，各部门批复给所属各单位。

第二十条 中央行政事业单位通过基本建设项目纳入新增资产配置相关预算编制范围的资产，应当申报新增资产配置相关预算。

第五章　资产配置相关预算执行与调整

第二十一条　中央行政事业单位应当严格执行经批复的新增资产配置相关预算。新增资产配置相关预算一经批复，原则上不得调整。在预算执行中因特殊原因确需调整的，应当由中央部门向财政部提出调整新增资产配置相关预算申请，经财政部同意后方可执行。

第二十二条　中央行政事业单位因特殊原因需要追加新增资产配置相关预算的，应当在追加申请中详细说明追加理由，追加资产的品目、数量、所需经费及其来源等。

第二十三条　中央行政事业单位资产配置后应当及时验收、登记，建立资产卡片和资产账目，并将资产的相关信息录入资产管理信息系统。

第二十四条　中央行政事业单位配置纳入政府采购范围的资产，应当按照政府采购有关法律法规及制度规定执行。

第六章　管理与监督

第二十五条　财政部、中央部门应当加强资产配置管理和监督，建立监管机制，及时发现和纠正中央行政事业单位资产配置管理中的各种违法、违规行为，提高资产配置效率。

第二十六条　财政部会同有关部门对中央行政事业单位资产配置管理情况进行监督检查。存在以下情形的，视情节轻重暂停或按一定比例核减其新增资产配置相关预算，并采取适当方式予以通报：

（一）报送虚假材料的；

（二）未经批准超标准配置资产的；

（三）超出新增资产配置相关预算配置资产的；

（四）单位存在大量闲置资产而仍申请新购的。

第二十七条　财政部、中央部门、中央行政事业单位及其工作人员在资产配置过程中，存在违反本办法规定的行为，以及其他滥用职权、玩忽职守、徇私舞弊等违法违纪行为的，按照《中华人民共和国预算法》《中华人民共和国公务员法》《中华人民共和国监察法》《中华人民共和国财政违法行为处罚处分条例》等国家有关规定追究相应责任；涉嫌犯罪的，移送司法机关处理。

第七章　附　　则

第二十八条　财政部驻各省、自治区、直辖市、计划单列市财政监察专员办事处按照财政部要求开展中央行政事业单位资产配置管理的相关工作。

第二十九条　执行《民间非营利组织会计制度》和占有使用资产的中央级社会服务机构、社会团体等单位涉及国有资产配置的，参照本办法执行。执行企业财务和会计制度的单位涉及国有资产配置的，按企业国有资产管理的有关规定执行。

第三十条　职工住房管理按照国家有关住房政策的规定执行。

第三十一条　中央部门和中央行政事业单位可以根据本办法，结合本部门、本单位实际情况，制定具体国有资产配置管理办法。

第三十二条　中国人民解放军、武装警察部队的国有资产配置管理办法另行制定。

第三十三条　涉及国家安全的中央行政事业单位国有资产配置，应当按照国家有关保密制度的规定，做好保密工作，防止失密泄密。

第三十四条　本办法自2019年1月1日起施行。此前颁布的有关规定与本办法不一致的，按照本办法执行。

11. 公共租赁住房资产管理暂行办法（2018年发布）

（财资〔2018〕106号印发）

第一章 总 则

第一条 为规范和加强公共租赁住房资产（以下简称公租房资产）管理，根据《中华人民共和国物权法》《中华人民共和国预算法》等法律法规，制定本办法。

第二条 本办法适用于公租房资产管理行为。本办法所称公租房资产，是指地方政府住房保障主管部门持有的，纳入城镇住房保障规划和年度计划，向符合条件的保障对象提供的住房。公租房资产包括公租房项目中的住宅，以及配套的非住宅资产（公共用房、经营性用房、车位、设施设备用房等房屋建筑物）。

企业所有的公租房及行政事业单位所持有的非保障性质的住房不适用本办法。

第三条 财政部、住房城乡建设部负责制定全国公租房资产管理制度并组织实施，开展绩效评价和监督管理等工作。

地方各级财政部门、地方各级住房保障主管部门负责制定本行政区域公租房资产管理制度并组织实施，开展财务管理、绩效评价和监督管理等工作。

地方各级财政部门按国家和本地区有关规定权限办理本级政府公租房资产相关预算、资产相关收入收缴、处置事项审核，以及组织资产报告编制、审核、汇总等管理工作。

地方各级住房保障主管部门按国家和本地区有关规定权限办理本级政府公租房资产的登记入账、配置、使用、处置、信息管理以及编制资产报告等管理工作。

地方各级住房保障主管部门可以委托城镇住房保障实施机构，承担本行政区域内公租房保障的具体工作。

第四条 公租房资产管理原则：

（一）所有权和使用权相分离；

（二）合理配置、高效使用、规范处置；

（三）资产管理与预算管理、绩效管理、财务管理相结合。

第二章 资 产 配 置

第五条 公租房资产配置方式包括建设（含改扩建）、购置、调剂、接受捐赠等。

第六条 公租房资产配置依据主要是：

（一）城镇保障性安居工程规划或年度计划；

（二）公租房实际需求；

（三）公租房资产存量情况及绩效评价结果；

（四）政府财力及债务状况等。

第七条 地方各级住房保障主管部门组织编制本级政府公租房资产配置计划。

公租房资产配置计划包括当年公租房资产的增减套数、面积、资金需求和来源、上一年度资产存量以及配置方式、经营维护等情况。公租房资产配置计划随同部门预算一同上报财政部门，申请资金纳入部门预算。

第八条 地方各级住房保障主管部门应严格执行经批准的公租房资产相关预算。

第九条 地方各级住房保障主管部门采用建设、购买等方式配置公租房资产的，应执行国家有关招投标、政府采购等法律法规规定。

第十条 地方各级住房保障主管部门应在公租房项目工程验收合格并办理交付使用手

续后，按照国家统一的会计制度要求，及时将在建工程转为公租房资产，并接收相关建设资料。

第十一条 地方各级住房保障主管部门应与建设单位在合同中约定，建设单位不得将公租房资产作为融资抵押物。

第三章 资 产 使 用

第十二条 地方各级住房保障主管部门应按照《公共租赁住房管理办法》（住房城乡建设部令第 11 号）等制度出租公租房资产。公租房资产出租收入和罚款收入按照政府非税收入管理和国库集中收缴管理的有关规定缴入同级国库，实行收支两条线管理。

第十三条 适合通过政府购买服务方式实施的公租房资产运营管理和维护等服务事项，住房保障主管部门可按规定实施政府购买服务，并应在购买服务合同中约定承接主体相应的运营管理和维护等方面责任和义务，确保公租房资产的合理使用和正常运转。

第十四条 地方各级住房保障主管部门可以组织对同一城市不同行政区划的公租房资产建立调剂使用机制，充分发挥公租房资产使用效率。

第十五条 公租房项目配套的非住宅资产对外出租应当通过公开方式进行招租。

第十六条 公租房中的住宅资产租赁合同到期后，根据政策可以续租的，地方各级住房保障主管部门应按相关工作程序将公租房资产继续出租给保障对象；保障对象不再续租或不再符合保障条件的，地方各级住房保障主管部门应及时收回公租房资产。

第十七条 保障对象在租赁合同到期后拒不腾退的，住房保障主管部门应依法依规采取措施，要求保障对象腾退公租房。

第十八条 接受捐赠的公租房资产，应纳入公租房体系统一管理和使用。捐赠人对捐赠房产有指定要求的，住房保障主管部门按指定要求管理使用。

第十九条 地方各级住房保障主管部门不得以公租房资产进行担保。

第四章 资 产 处 置

第二十条 由于机构职能调整或住房保障工作需要，公租房资产在不同行政事业单位之间进行划转的，划出方应报同级财政部门审核后报同级人民政府批准。

第二十一条 符合下列条件之一需拆除公租房资产的，经同级财政部门审核，地方各级住房保障主管部门可以按照国家和本地区房地产管理有关规定办理：

（一）由于自然灾害等不可抗力致使毁损的；

（二）根据市政规划，需要拆除的；

（三）经有资质的房屋鉴定部门鉴定，房屋达到 D 级危房的。

第二十二条 国家对公租房资产处置事项另有规定的，依照其规定。

第二十三条 公租房资产处置收入，按照政府非税收入管理和国库集中收缴管理的有关规定缴入同级国库，实行收支两条线管理。

第五章 资产财务管理

第二十四条 地方各级住房保障主管部门应按照国家统一的会计制度规定，及时对公租房资产进行会计核算。

第二十五条 公租房交付使用后，地方各级住房保障主管部门应根据会计账簿及项目交付使用验收单等资料建立公租房资产卡片。

第二十六条 公租房资产卡片分为主卡片和子卡片，主卡片按公租房项目建立，主要填写内容为：卡片编号、资产名称、产权所有人、位置、住宅套数、账面价值、累计折旧、账面余额、总建筑面积、占地面积等信息。

在主卡片下建立相应的子卡片，子卡片主要填写内容为：子卡片编号、主卡片资产名称、资产类型、地址、账面价值、累计折旧、账面余额、建筑面积、租金标准等信息。

第二十七条 公租房因合并、分立、改扩建，资产名称、账面价值、套数、建筑面积、占地面积等发生变更的，住房保障主管部门应及时变更资产卡片相应的信息。

公租房资产因使用人发生变更的，住房保障主管部门应根据租赁合同、领交房手续等凭证及时更新资产卡片相应的信息。

第二十八条 地方各级住房保障主管部门应定期组织开展资产盘点工作，确保资产"账、卡、物"相一致。

第二十九条 地方各级住房保障主管部门应加强公租房资产信息管理，会同财政部门建立健全公租房资产信息管理系统，全面反映公租房资产信息。

第三十条 对产权登记在国有企业，由地方各级住房保障主管部门控制或管理的公租房资产，地方各级住房保障主管部门不进行会计核算，但应将其相关信息录入公租房资产信息管理系统。

第六章 资产报告

第三十一条 地方各级住房保障主管部门、地方各级财政部门应根据有关要求，将公租房资产管理情况纳入行政事业性国有资产年度报告。

第三十二条 地方各级住房保障主管部门应根据会计账簿、会计报表、资产卡片，按行政事业性国有资产年度报告有关要求定期编制资产报告，向同级财政部门报送，全面反映公租房资产管理情况。主要内容应包括：

（一）公租房资产情况；
（二）公租房资产相关管理制度建立和实施情况；
（三）公租房资产配置、使用、处置和收入情况；
（四）其他需要报告的事项。

第三十三条 地方各级财政部门应汇总和编报本行政区域包含公租房资产在内的国有资产管理情况年度报告，并按有关要求做好向本级人大常委会报告工作。

第三十四条 对产权登记在国有企业，由地方各级住房保障主管部门统一管理的公租房资产，地方各级住房保障主管部门应参照第三十二条有关要求，将其作为附件随本部门的资产报告报送。

第三十五条 地方各级住房保障主管部门应定期公开本级政府公租房资产存量、变动和使用情况等信息。

第七章 监督管理

第三十六条 各级财政部门、住房保障主管部门及其工作人员，应认真履行公租房资产监管职责，依法维护资产的安全、完整。

第三十七条 地方各级住房保障主管部门应对保障对象使用公租房资产情况和保障对象家庭人口、住房、经济变化情况进行监督，对违反保障性住房政策和合同约定使用资产的，按照合同约定收回资产，并按有关规定追究责任。

第三十八条 各级财政部门、住房保障主管部门及其工作人员违反本办法规定，存在滥用职权、玩忽职守、徇私舞弊等违纪违法行为的，按照《中华人民共和国公务员法》《财政违法行为处罚处分条例》等国家有关规定追究相应责任；涉嫌犯罪的，移送司法机关处理。

第八章 附 则

第三十九条 各省、自治区、直辖市、计划单列市财政部门和住房保障主管部门，可以根据本办法，结合本地区实际情况，制定具体实施办法并报财政部、住房城乡建设部备案。

第四十条 地方各级住房保障主管部门持有的，未纳入城镇住房保障规划和年度计划的其他公租房参照本办法进行管理。

第四十一条 本办法自2019年1月1日起施行。

附件

公共租赁住房资产主卡片

卡片编号		住宅套数		套
资产名称		账面价值		元
产权所有人		累计折旧		元
产权证编号		账面余额		元
位置		项目总投资		元
建设日期		总建筑面积		平方米
竣工决算日期		占地面积		平方米
交付使用日期		保养维护单位		
备注				

说明：1. 资产名称为该公租房项目名称。

2. 产权所有人是指不动产产权登记证载明的法人单位全称。

3. 位置是指该项目不动产产权登记证注明的具体位置。

4. 建设日期是指开始建设日期。

5. 竣工决算日期是指批准办理竣工决算的日期。

6. 交付使用日期是指首次分配保障对象使用的日期。

7. 住宅套数是指该项目中用于居住的住宅总套数。

8. 账面价值是指项目入账价值t。

9. 账面余额＝账面价值－累计折旧。

10. 项目总投资是指项目总投资规模。

11. 总建筑面积是指该项目住房房屋建筑面积。

12. 占地面积是指该项目产权证登记的土地使用权面积。

13. 保养维护单位是指物业管理或保养维护管理单位名称。

14. 各单位还可在该卡片样式基础上自行增加管理需要的资产信息内容。

12. 罚没财物管理办法（2020年发布）

（财税〔2020〕54号印发）

第一章　总　　则

第一条 为规范和加强罚没财物管理，防止国家财产损失，保护自然人、法人和非法人组织的合法权益，根据《中华人民共和国预算法》《罚款决定与罚款收缴分离实施办法》（国务院令第235号）等有关法律、行政法规规定，制定本办法。

第二条 罚没财物移交、保管、处置、收入上缴、预算管理等，适用本办法。

第三条 本办法所称罚没财物，是指执法机关依法对自然人、法人和非法人组织作出行政处罚决定，没收、追缴决定或者法院生效裁定、判决取得的罚款、罚金、违法所得、非法财物，没收的保证金、个人财产等，包括现金、有价票证、有价证券、动产、不动产和其他财产权利等。

本办法所称执法机关，是指各级行政机关、监察机关、审判机关、检察机关，法律法规授权的具有管理公共事务职能的事业单位和组织。

本办法所称罚没收入是指罚款、罚金等现金收入，罚没财物处置收入及其孳息。

第四条 罚没财物管理工作应遵循罚款决定与罚款收缴相分离，执法与保管、处置岗位相分离，罚没收入与经费保障相分离的原则。

第五条 财政部负责制定全国罚没财物管理制度，指导、监督各地区、各部门罚没财物管理工作。中央有关执法机关可以根据本办法，制定本系统罚没财物管理具体实施办法，指导本系统罚没财物管理工作。

地方各级财政部门负责制定罚没财物管理制度，指导、监督本行政区内各有关单位的罚没财物管理工作。

各级执法机关、政府公物仓等单位负责制定本单位罚没财物管理操作规范，并在本单位职责范围内对罚没财物管理履行主体责任。

第二章 移交和保管

第六条 有条件的部门和地区可以设置政府公物仓对罚没物品实行集中管理。未设置政府公物仓的，由执法机关对罚没物品进行管理。

各级执法机关、政府公物仓按照安全、高效、便捷和节约的原则，使用下列罚没仓库存放保管罚没物品：

（一）执法机关罚没物品保管仓库；

（二）政府公物仓库；

（三）通过购买服务等方式选择社会仓库。

第七条 设置政府公物仓的地区，执法机关应当在根据行政处罚决定，没收、追缴决定，法院生效裁定、判决没收物品或者公告期满后，在同级财政部门规定的期限内，将罚没物品及其他必要的证明文件、材料，移送至政府公物仓，并向财政部门备案。

第八条 罚没仓库的保管条件、保管措施、管理方式应当满足防火、防水、防腐、防疫、防盗等基础安全要求，符合被保管罚没物品的特性。应当安装视频监控、防盗报警等安全设备。

第九条 执法机关、政府公物仓应当建立健全罚没物品保管制度，规范业务流程和单据管理，具体包括：

（一）建立台账制度，对接管的罚没物品必须造册、登记，清楚、准确、全面反映罚没物品的主要属性和特点，完整记录从入库到处置全过程。

（二）建立分类保管制度，对不同种类的罚没物品，应当分类保管。对文物、文化艺术品、贵金属、珠宝等贵重罚没物品，应当做到移交、入库、保管、出库全程录音录像，并做好密封工作。

（三）建立安全保卫制度，落实人员责任，确保物品妥善保管。

（四）建立清查盘存制度，做到账实一致，定期向财政部门报告罚没物品管理情况。

第十条 罚没仓库应当凭经执法机关或者政府公物仓按管理职责批准的书面文件或者单证办理出库手续，并在登记的出库清单上列明，由经办人与提货人共同签名确认，确保出库清单与批准文件、出库罚没物品一致。

罚没仓库无正当理由不得妨碍符合出库规定和手续的罚没物品出库。

第十一条 执法机关、政府公物仓应当运用信息化手段，建立来源去向明晰、管理全程可控、全面接受监督的管理信息系统。

执法机关、政府公物仓的管理信息系统,应当逐步与财政部门的非税收入收缴系统等平台对接,实现互联互通和信息共享。

第三章 罚没财物处置

第十二条 罚没财物的处置应当遵循公开、公平、公正原则,依法分类、定期处置,提高处置效率,降低仓储成本和处置成本,实现处置价值最大化。

第十三条 各级执法机关、政府公物仓应当依照法律法规和本级人民政府规定的权限,按照本办法的规定处置罚没财物。

各级财政部门会同有关部门对本级罚没财物处置、收入收缴等进行监督,建立处置审批和备案制度。

财政部各地监管局对属地中央预算单位罚没财物的处置、收入收缴等进行监督。

第十四条 除法律法规另有规定外,容易损毁、灭失、变质、保管困难或者保管费用过高、季节性商品等不宜长期保存的物品,长期不使用容易导致机械性能下降、价值贬损的车辆、船艇、电子产品等物品,以及有效期即将届满的汇票、本票、支票等,在确定为罚没财物前,经权利人同意或者申请,并经执法机关负责人批准,可以依法先行处置;权利人不明确的,可以依法公告,公告期满后仍没有权利人同意或者申请的,可以依法先行处置。先行处置所得款项按照涉案现金管理。

第十五条 罚没物品处置前存在破损、污秽等情形的,在有利于加快处置的情况下,且清理、修复费用低于变卖收入的,可以进行适当清理、修复。

第十六条 执法机关依法取得的罚没物品,除法律、行政法规禁止买卖的物品或者财产权利、按国家规定另行处置外,应当按照国家规定进行公开拍卖。公开拍卖应当符合下列要求:

(一)拍卖活动可以采取现场拍卖方式,鼓励有条件的部门和地区通过互联网和公共资源交易平台进行公开拍卖。

(二)公开拍卖应当委托具有相应拍卖资格的拍卖人进行,拍卖人可以通过摇珠等方式从具备资格条件的范围中选定,必要时可以选择多个拍卖人进行联合拍卖。

(三)罚没物品属于国家有强制安全标准或者涉及人民生命财产安全的,应当委托符合有关规定资格条件的检验检疫机构进行检验检测,不符合安全、卫生、质量或者动植物检疫标准的,不得进行公开拍卖。

(四)根据需要,可以采取"一物一拍"等方式对罚没物品进行拍卖。采用公开拍卖方式处置的,一般应当确定拍卖标的保留价。保留价一般参照价格认定机构或者符合资格条件的资产评估机构作出的评估价确定,也可以参照市场价或者通过互联网询价确定。

(五)公开拍卖发生流拍情形的,再次拍卖的保留价不得低于前次拍卖保留价的80%。发生3次(含)以上流拍情形的,经执法机关商同级财政部门确定后,可以通过互联网平台采取无底价拍卖或者转为其他处置方式。

第十七条 属于国家规定的专卖商品等限制流通的罚没物品,应当交由归口管理单位统一变卖,或者变卖给按规定可以接受该物品的单位。

第十八条 下列罚没物品,应当移交相关主管部门处置:

(一)依法没收的文物,应当移交国家或者省级文物行政管理部门,由其指定的国有博物馆、图书馆等文物收藏单位收藏或者按国家有关规定处置。经国家或者省级文物行政管理部门授权,市、县的文物行政管理部门或者有关国有博物馆、图书馆等文物收藏单位可以具体承办文物接收事宜。

(二)武器、弹药、管制刀具、毒品、毒具、赌具、禁止流通的易燃易爆危险品等,应当移交同级公安部门或者其他有关部门处置,或者经公安部门、其他有关部门同意,由有关执法机关依法处置。

（三）依法没收的野生动植物及其制品，应当交由野生动植物保护主管部门、海洋执法部门或者有关保护区域管理机构按规定处置，或者经有关主管部门同意，交由相关科研机构用于科学研究。

（四）其他应当移交相关主管部门处置的罚没物品。

第十九条 罚没物品难以变卖或者变卖成本大于收入，且具有经济价值或者其他价值的，执法机关应当报送同级财政部门，经同级财政部门同意后，可以赠送有关公益单位用于公益事业；没有捐赠且能够继续使用的，由同级财政部门统一管理。

第二十条 淫秽、反动物品，非法出版物，有毒有害的食品药品及其原材料，危害国家安全以及其他有社会危害性的物品，以及法律法规规定应当销毁的，应当由执法机关予以销毁。

对难以变卖且无经济价值或者其他价值的，可以由执法机关、政府公物仓予以销毁。

属于应销毁的物品经无害化或者合法化处理，丧失原有功能后尚有经济价值的，可以由执法机关、政府公物仓作为废旧物品变卖。

第二十一条 已纳入罚没仓库保管的物品，依法应当退还的，由执法机关、政府公物仓办理退还手续。

第二十二条 依法应当进行权属登记的房产、土地使用权等罚没财产和财产权利，变卖前可以依据行政处罚决定，没收、追缴决定，法院生效裁定、判决进行权属变更，变更后应当按本办法相关规定处置。

权属变更后的承接权属主体可以是执法机关、政府公物仓、同级财政部门或者其他指定机构，但不改变罚没财物的性质，承接单位不得占用、出租、出借。

第二十三条 罚没物品无法直接适用本办法规定处置的，执法机关与同级财政商有关部门后，提出处置方案，报上级财政部门备案。

第四章 罚 没 收 入

第二十四条 罚没收入属于政府非税收入，应当按照国库集中收缴管理有关规定，全额上缴国库，纳入一般公共预算管理。

第二十五条 除依法可以当场收缴的罚款外，作出罚款决定的执法机关应当与收缴罚款的机构分离。

第二十六条 中央与省级罚没收入的划分权限，省以下各级政府间罚没收入的划分权限，按照现行预算管理有关规定确定。法律法规另有规定的，从其规定。

第二十七条 除以下情形外，罚没收入应按照执法机关的财务隶属关系缴入同级国库：

（一）海关、公安、中国海警、市场监管等部门取得的缉私罚没收入全额缴入中央国库。

（二）海关（除缉私外）、国家外汇管理部门、国家邮政部门、通信管理部门、气象管理部门、应急管理部所属煤矿安全监察部门、交通运输部所属海事部门中央本级取得的罚没收入全额缴入中央国库。省以下机构取得的罚没收入，50%缴入中央国库，50%缴入地方国库。

（三）国家烟草专卖部门取得的罚没收入全额缴入地方国库。

（四）应急管理部所属的消防救援部门取得的罚没收入，50%缴入中央国库，50%缴入地方国库。

（五）国家市场监督管理总局所属的反垄断部门与地方反垄断部门联合办理或者委托地方查办的重大案件取得的罚没收入，全额缴入中央国库。

（六）国有企业、事业单位监察机构没收、追缴的违法所得，按照国有企业、事业单位隶属关系全额缴入中央或者地方国库。

（七）中央政法机关交办案件按照有关规定执行。

（八）财政部规定的其他情形。

第二十八条　罚没物品处置收入，可以按扣除处置该罚没物品直接支出后的余额，作为罚没收入上缴；政府预算已经安排罚没物品处置专项经费的，不得扣除处置该罚没物品的直接支出。

前款所称处置罚没物品直接支出包括质量鉴定、评估和必要的修复费用。

第二十九条　罚没收入的缴库，按下列规定执行：

（一）执法机关取得的罚没收入，除当场收缴的罚款和财政部另有规定外，应当在取得之日缴入财政专户或者国库；

（二）执法人员依法当场收缴罚款的，执法机关应当自收到款项之日起 2 个工作日内缴入财政专户或者国库；

（三）委托拍卖机构拍卖罚没物品取得的变价款，由委托方自收到款项之日起 2 个工作日内缴入财政专户或者国库。

第三十条　政府预算收入中罚没收入预算为预测性指标，不作为收入任务指标下达。执法机关的办案经费由本级政府预算统筹保障，执法机关经费预算安排不得与该单位任何年度上缴的罚没收入挂钩。

第三十一条　依法退还多缴、错缴等罚没收入，应当按照本级财政部门有关规定办理。

第三十二条　执法机关在罚没财物管理工作中，应当按照规定使用财政部门相关票据。

第三十三条　对向执法机关检举、揭发各类违法案件的人员，经查实后，按照相关规定给予奖励，奖励经费不得从案件罚没收入中列支。

第五章　附　　则

第三十四条　各级财政部门、执法机关、政府公物仓及其工作人员在罚没财物管理、处置工作中，存在违反本办法规定的行为，以及其他滥用职权、玩忽职守、徇私舞弊等违法违纪行为的，按照《中华人民共和国监察法》《财政违法行为处罚处分条例》等国家有关规定追究相应责任；构成犯罪的，依法追究刑事责任。

第三十五条　执法机关扣押的涉案财物，有关单位、个人向执法机关声明放弃的或者无人认领的财物；党的纪律检查机关依据党内法规收缴的违纪所得以及按规定登记上交的礼品、礼金等财物；党政机关收到的采购、人事等合同违约金；党政机关根据国家赔偿法履行赔偿义务之后向故意或者有重大过失的工作人员、受委托的组织或者个人追偿的赔偿款等，参照罚没财物管理。国家另有规定的除外。

国有企业、事业单位党的纪检机构依据党内法规收缴的违纪所得，以及按规定登记上交的礼品、礼金等财物，按照国有企业、事业单位隶属关系全额缴入中央或者地方国库。

第三十六条　本办法自 2021 年 1 月 1 日起实施。

本办法实施前已经形成的罚没财物，尚未处置的，按照本办法执行。

13. 国有文物资源资产管理暂行办法（2021 年发布）

（财资〔2021〕84 号印发）

第一章　总　　则

第一条　为健全国有资产报告制度，保障国有文物资源资产安全完整、有效保护和合理利用，根据《中华人民共和国文物保护法》《中共中央关于建立国务院向全国人大常委会报告国有资产管理情况制度的意见》《关于加强文物保护利用改革的若干意见》和行政事业单位国有资产管理有关规定，制定本办法。

第二条 各级各类行政事业单位国有文物资源资产的取得、保管保护、使用、处置、报告等管理活动，适用本办法。

第三条 文物资源资产来源包括文物普查、考古调查、勘探和发掘、征集、购买、调拨、捐赠、依法置换、依法接收、指定保管等方式。

第四条 文物资源资产管理遵循保护为主、全面登记、合理利用、动态监控、分类施策、分级管理的原则。

第五条 各级财政部门、文物行政部门、其他主管部门、管理收藏单位按照职责分工承担文物资源资产登记、核算、保管保护、展示利用、信息化管理、资产报告和监督检查等工作。

第六条 各级财政部门会同同级文物行政部门负责制定文物资源资产管理综合性制度，并组织实施和监督检查；建立文物资源资产管理情况报告制度并组织实施。

第七条 各级文物行政部门负责制定文物资源资产专业性管理制度，并组织实施和监督检查；组织所属管理收藏单位开展文物资源资产管理工作，并接受同级财政部门的监督和指导。

其他主管部门负责组织所属管理收藏单位开展文物资源资产管理工作，并接受同级财政部门的监督指导和文物行政部门的行业监督指导。

第八条 管理收藏单位根据财政部门、文物行政部门的规定，负责本单位管理、保护收藏、核算文物资源资产的具体管理工作。文物资源资产的管理收藏单位与实际使用单位不一致的，经相关文物行政部门确认后，由实际使用单位承担日常管理工作。

本条所称的管理收藏单位包括文物行政部门和其他主管部门所属的博物馆（纪念馆）、图书馆、考古科研教学机构、文物管理所等以及其他管理、收藏国有文物的单位。

第二章 文物资源资产登录和清查

第九条 管理收藏单位应当将全部文物资源资产及时、准确登记录入文物总登记账。管理收藏单位的文物总登记账是统计和核算文物资源资产实物量的依据，应当真实、及时反映管理收藏所有文物的信息。

第十条 管理收藏单位应当按照国家统一的会计制度规定进行会计核算，将成本能够可靠取得的文物资源资产及时登记入财务账，确保不重不漏。文物资源资产涉及价值增减变动的，应当及时调整相关账目。

成本无法可靠取得的文物资源资产，应当设置备查簿进行登记，并在年度国有资产报告中体现数量，待成本可以可靠取得后，再按照国家统一的会计制度的规定及时入账。

第十一条 文物总登记账和文物资源资产财务账是文物资源资产核算和管理的重要记录，应当作为编制文物资源资产报告和开展文物资源资产管理工作的依据。

文物总登记账与文物资源资产财务账应当定期核对，确保账账、账实相符。

第十二条 管理收藏单位购买、征集文物资源资产，按照国家有关规定需要进行资产评估的，应当进行资产评估。

第十三条 管理收藏单位应当建立业务部门和财务资产管理部门协作机制，完整反映文物资源资产管理情况。

第十四条 文物资源资产信息卡是文物资源资产登记录入文物总登记账、文物资源资产财务账的基础，分为不可移动文物资源资产信息卡（见附1）和可移动文物资源资产信息卡（见附2）。

第十五条 不可移动文物资源资产信息卡主要内容包括基本信息、财务信息和管理信息。

基本信息主要包括：资产名称、文物级别、文物类别、公布日期、是否可计价、面积、具体地址、文物来源等；

财务信息主要包括：账面价值、价值类型、入账信息、资金来源等；

管理信息主要包括：管理部门、使用单位、管理人员、使用状况等。

第十六条 可移动文物资源资产信息卡主要内容包括基本信息、财务信息和管理信息。

基本信息主要包括：资产名称、文物级别、文物类别、入藏日期、是否可计价、计量单位、文物来源等；

财务信息主要包括：账面价值、价值类型、入账信息、资金来源等；

管理信息主要包括：管理部门、收藏单位、管理人员、使用状况、存放地点等。

第十七条 文物资源资产信息因调拨、交换、损毁、丢失、撤销退出等发生变动的，管理收藏单位应当及时变更资产信息卡，并同步调整有关账目。

第十八条 各级财政部门、文物行政部门、管理收藏单位可以根据工作需要开展文物资源资产清查，清查工作程序参照《行政事业单位资产清查核实管理办法》（财资〔2016〕1号）等相关规定执行。

第三章　文物资源资产保护利用

第十九条 管理收藏单位应当建立文物资源资产接收、登记、鉴定、编目、档案、安全检查等保管保护制度，可移动文物收藏单位应当建立文物库房管理、修复复制等保管保护制度，明确管理责任，完善内部管理流程。

管理收藏单位应当按照国家文物管理的有关规定，设立规范的文物库房，配备专业设施设备，安排专职人员进行管理，对文物资源资产进行账目清点，抽样核查。

第二十条 管理收藏单位应当按照不损坏文物、不改变文物原状等要求，对文物资源资产进行保养修缮和定期维护，不得损毁、改建、添建或者拆除不可移动文物。

第二十一条 文物行政部门和其他主管部门可以通过购买服务方式对文物资源资产进行保养修缮，承接主体应当按照购买服务合同的约定承担相应管理责任。

第二十二条 博物馆（纪念馆）、图书馆等管理收藏单位应当加强文物资源资产展示利用管理，有效盘活文物资源资产，提高文物资源资产利用效率，充分发挥文物宣传教育作用，满足社会公共文化需求。

第二十三条 考古科研教学机构等管理收藏单位应当加强文物资源资产的科学研究利用，做好文物科研标本的保管保护工作。

第二十四条 其他管理收藏单位应当做好所收藏文物资源资产的管理工作，相关文物行政部门可以安排专业人员协助。涉及文物行业管理事项，管理收藏单位应当按照文物行政部门的规定执行；涉及文物资源资产管理情况报告等事项，管理收藏单位应当按照行政和财务隶属关系报送情况。

第二十五条 可移动文物借展借用、调拨、损毁丢失，以及不可移动文物拆除等应当按照《中华人民共和国文物保护法》《中华人民共和国文物保护法实施条例》等相关规定执行。

第二十六条 文物资源资产调拨、拆除或者发生损毁丢失的，管理收藏单位应当按照规定程序核查处理后，及时调整或者核销账务，并在年度国有资产报告中作出说明。

第二十七条 撤销退出是指不可移动文物降级撤销和可移动文物退出。文物资源资产撤销退出按照国家有关规定执行。

第二十八条 管理收藏单位禁止利用文物资源资产进行对外投资和担保。国有文物收藏单位禁止将馆藏文物资源资产赠予、出租或者出售给其他单位、个人。

第二十九条 文物资源资产借展、交换、调拨等发生的补偿费用应当纳入单位年度预算，专门用于改善文物的收藏条件和文物征集，不得挪作他用。

文物资源资产管理产生的其他收入属于政府所有的,应当按照政府非税收入管理和国库集中收缴管理有关规定,上缴同级国库。

第四章 文物资源资产信息化管理

第三十条 财政部会同文物行政主管部门提出资产管理相关信息化要求,制定文物资源资产管理信息数据规范,建立资产管理信息集中共享机制。

第三十一条 文物资源资产管理应当按照资产管理信息化要求,建立文物资源资产动态管理机制。

有条件的地区和管理收藏单位可以结合地理信息地图对不可移动文物资源资产进行信息化管理。

第三十二条 资产管理信息系统中的文物资源资产信息应当与文物普查数据库中的文物信息相衔接,文物资源资产行业管理信息应当以文物普查数据库为准并保持一致。

存量文物资源资产数据应当作为管理维护、保养修缮预算支出安排的重要依据。

第三十三条 管理收藏单位应当按照文物资源资产信息卡规定内容,及时录入文物资源资产管理信息。文物资源资产管理信息发生变动的,管理收藏单位应当及时更新信息,保证文物资源资产信息数据真实、准确、完整。

第三十四条 各级文物行政部门可以根据文物资源资产管理实际情况,组织开发符合文物资源资产管理特点的个性化功能模块,加强与资产管理信息系统衔接。

第五章 文物资源资产报告

第三十五条 文物资源资产管理情况是国有资产报告的组成部分,应当纳入本级政府年度国有资产管理情况报告。

第三十六条 文物资源资产管理情况年度报告主要内容包括:
(一)文物资源资产的实物量与价值量及增减变动、规模、性质、分类等情况;
(二)文物资源资产相关管理制度建立和实施情况;
(三)文物资源资产取得、保管保护、研究利用和收入情况;
(四)文物资源资产调拨、拆除、损毁、丢失、管理信息变动等情况;
(五)其他需要报告的事项。

第三十七条 管理收藏单位应当将本单位文物资源资产管理情况纳入本单位财务报告和国有资产年度报告,按照规定的程序报送上级文物行政部门或其他主管部门,并对报告的真实性、准确性和完整性负责。

第三十八条 各级文物行政部门和其他主管部门应当根据国有资产报告制度规定的程序,审核汇总所属管理收藏单位文物资源资产管理情况,并报送同级财政部门。

第三十九条 各级财政部门负责汇总本地区文物资源资产管理情况,并纳入本级政府年度国有资产报告,由本级人民政府向本级人大常委会报告,同时按照规定程序报送上一级财政部门。

第六章 监督检查

第四十条 各级财政部门、文物行政部门可以根据工作需要,定期或不定期开展文物资源资产管理专项监督检查。

第四十一条 文物资源资产管理专项监督检查的主要内容包括:
(一)文物资源资产登记入账核算情况;
(二)文物资源资产保管保护和研究利用情况;
(三)文物资源资产拆除减损等情况;

（四）文物资源资产收支管理情况；
（五）文物资源资产安全管理情况；
（六）其他需要监督检查的情况。

第四十二条 各级财政部门、文物行政部门、其他主管部门、管理收藏单位及其工作人员违反本办法规定，在文物资源资产监管工作中存在滥用职权、玩忽职守、徇私舞弊等违纪违法行为的，按照《中华人民共和国文物保护法》《中华人民共和国公务员法》《中华人民共和国监察法》《中华人民共和国会计法》《财政违法行为处罚处分条例》等追究相应责任；构成犯罪的，依法追究刑事责任。

第七章 附 则

第四十三条 已归类为固定资产的文物，按照本办法规定执行。

第四十四条 中国人民解放军和中国人民武装警察部队文物资源资产管理，依照中央军事委员会有关规定执行。

第四十五条 国有企业、管理收藏国有文物的民间非营利组织管理国有文物资源资产的活动，参照本办法规定执行。

第四十六条 省级财政部门和文物行政部门，应当根据本办法，结合本地区文物资源资产管理实际情况，制定具体实施办法并报财政部、国家文物局备案。

第四十七条 本办法自印发之日起施行。

附：1. 不可移动文物资源资产信息卡参考样式（略）
　　2. 可移动文物资源资产信息卡参考样式（略）

14. 关于盘活行政事业单位国有资产的指导意见（2022年发布）

（财资〔2022〕124号）

党中央有关部门，国务院各部委、各直属机构，全国人大常委会办公厅，全国政协办公厅，最高人民法院，最高人民检察院，各民主党派中央，有关人民团体，有关中央管理企业，各省、自治区、直辖市、计划单列市财政厅（局），新疆生产建设兵团财政局：

行政事业单位国有资产是党和国家事业发展的物质基础和重要保障。近年来，行政事业单位国有资产规模不断壮大，管理水平不断提高，但还存在部分资产统筹不够、使用效益不高等现象。为落实政府过紧日子要求，有效盘活行政事业单位国有资产，根据《行政事业性国有资产管理条例》（国务院令第738号）、《国务院关于进一步深化预算管理制度改革的意见》（国发〔2021〕5号）等法规制度，现提出以下意见。

一、总体要求

（一）指导思想。以习近平新时代中国特色社会主义思想为指导，深入贯彻党的二十大精神，完整、准确、全面贯彻新发展理念，着力推动高质量发展，主动构建新发展格局，加快推进行政事业单位各类国有资产盘活利用，建立健全资产盘活工作机制，通过自用、共享、调剂、出租、处置等多种方式，提升资产盘活利用效率，为保障行政事业单位履职和事业发展、促进经济社会发展提供更加坚实的物质基础。

（二）基本原则。

统筹资源。通过盘活存量资产，推进存量资产充分利用和调剂共享，切实提高现有资产使用效益；以存量调控增量，优化资源配置，推动解决资产重复配置、闲置浪费等问题。

全面覆盖。将行政事业单位低效运转、闲置的房屋、土地、车辆、办公设备家具、大型仪器、软件等资产纳入盘活范围，充分发挥资产效能。货币形式的行政事业单位国有资产按照预算管理规定予以管理和盘活。

因地制宜。结合工作实际，区分资产类别研究明确盘活方式，有针对性地盘活资产。鼓励因地制宜探索盘活资产的有效路径，总结提炼可复制、可推广的经验和做法，以点带面推动资产盘活利用。

激励约束。将资产盘活成效与新增资产配置预算挂钩，通过预算约束推动资产盘活利用。加强监督检查，全面提升资产盘活积极性。

二、盘活方式

（三）优化在用资产管理。行政事业单位要最大限度发挥在用资产使用价值，以最精简的资产保障单位履职和事业发展。要全面准确掌握资产使用状况，加强资产配置可行性论证，能够通过现有资产功能挖潜、修旧利废满足业务工作要求的，应当减少配置；到期仍具有使用价值的资产要继续使用，切实做到物尽其用。

（四）推进资产共享共用。按规定将国家重大科研基础设施和大型科研仪器纳入科研设施与仪器国家网络管理平台，通过平台向社会开放共享。根据行业资产管理情况，筛选具备条件的资产开展共享共用，包括但不限于仪器设备、文体设施、软件资产、数据资源等。教育、医疗卫生、科技、文化体育等领域行业主管部门要牵头建立本行业资产共享共用机制。

（五）加强资产调剂。行政事业单位闲置资产，优先在本单位、本部门内部调剂利用。对使用价值大、利用范围广的闲置资产，积极推进跨部门、跨地区、跨级次资产调剂。对因技术原因需要更新、但仍具有使用价值的资产，通过转变用途，调剂到技术要求相对较低的单位、部门，最大程度激发资产效能。

（六）实施公物仓管理。鼓励有条件的县级以上财政部门建立公物仓，会同有关主管部门建立健全公物仓管理机制，将低效、闲置资产，大型会议（活动）、临时机构配置资产等，统一纳入公物仓集中管理、调配使用。行政事业单位在配置资产时，应首先考虑从公物仓调剂解决，节约财政资金，优化资源配置。

（七）开展资产出租、处置。除国家另有规定外，行政事业单位难以调剂利用的办公用房、仪器设备等资产，按照规定的权限批准后，可以对外出租或处置。行政事业单位国有资产出租、处置应当遵循公开、公正、公平和竞争择优的原则，以市场化方式出租、出售的，依照有关规定可以通过相应公共资源交易平台进行。

（八）探索资产集中运营管理。鼓励探索行政事业单位国有资产统一管理、市场化运营的盘活方式。有条件的地方财政部门可建立资产集中运营平台或者委托专业机构，整合行政事业单位低效、闲置资产，实行专业化、市场化运营和管理，提升资产资源统筹能力和资产运营收益。

三、组织实施

（九）研究制定资产盘活方案。行政事业单位要系统梳理资产使用情况，全面摸清行政事业单位资产底数，结合年度资产盘点工作开展专项清理，重点对房屋、土地、车辆、办公设备家具、大型仪器等资产使用状况进行摸底，理清低效、闲置资产并准确标注资产使用状态，形成待盘活资产清单，逐项研究并有针对性地制定盘活方案。

（十）有序组织资产盘活工作。行政事业单位要立足单位实际，充分利用各种盘活方式，能够在本单位范围内盘活的资产，要加快盘活利用；本单位无法盘活的，要及时将待盘活资产信息报本单位上级主管部门。上级主管部门要建立健全部门资产盘活机制，指导所属单位通过资产调剂等方式盘活资产，有效推动资产在本部门所属单位间盘活利用。对于本部门无法有效盘活的资产，要及时将资产信息反馈本级财政部门。财政部门要加强组织协调和政策指导，整合行政事业单位待盘活资产信息，建立健全信息发布机制，促进待盘活资产由闲置向在用转化，打通部门间资产盘活通道。

（十一）规范资产盘活管理。各部门及其所属单位要强化责任意识，加强资产全生命周期管理，在规范审批程序的基础上，加快办理资产出租、处置事项，相关收入按照本级财政部门的规定，上缴国库或纳入单位预算管理，防止国有资产流失。严禁借盘活资产名义，对无需处置的行政事业单位国有资产进行处置或者虚假交易，以变相虚增财政收入。各级财政部门要加强监督检查，确保资产盘活合法合规、收入管理规范有序。

四、工作要求

（十二）加强信息技术支撑。加快推进资产管理融入预算管理一体化系统，建立预算资金形成资产的全链条管理机制，准确核算和动态反映资产配置、存量等情况，全面展示可共享、调剂资产信息，完善在线审核流程，推动实现资产跨部门、跨地区、跨级次共享调剂。鼓励基于物联网技术开展资产使用管理动态监测，实时掌握资产使用情况，为盘活资产提供更加及时准确的基础信息。

（十三）建立激励约束长效机制。建立资产存量与新增资产配置预算挂钩机制，充分结合存量资产使用状况审核新增资产，优化资产配置，从源头节约财政资金。对闲置浪费严重的部门、单位，财政部门可视情况停止批复新增资产配置预算。各部门及其所属单位要全面总结经验，汇总本部门资产盘活工作情况，并纳入行政事业性国有资产年报予以反映，持续推进资产盘活工作。

（十四）确保资产盘活工作取得实效。有效盘活并高效使用行政事业单位国有资产，是贯彻落实过紧日子要求、加强财政资源统筹的重要举措。各级财政部门、各部门及其所属单位要高度重视，提高站位，明确责任，积极作为，制定有针对性的落实方案，明确工作流程和具体要求，全力破解行政事业单位国有资产管理中的痛点、堵点和难点问题，确保盘活工作取得实效，全面提升行政事业单位国有资产管理效能。

财政部
2022 年 10 月 25 日

第二十五章　政府和社会资本合作项目财务管理相关法规

1. 关于规范实施政府和社会资本合作新机制的指导意见（2023 年发布）

（国办函〔2023〕115 号发布）

政府和社会资本合作（PPP）实施近十年来，一定程度上起到了改善公共服务、拉动有效投资的作用，但在实践中也出现了一些亟待解决的问题。为贯彻落实党中央、国务院决策部署，进一步深化基础设施投融资体制改革，切实激发民间投资活力，现就规范实施政府和社会资本合作新机制（简称新机制）提出如下指导意见。

一、准确把握新机制的总体要求

以习近平新时代中国特色社会主义思想为指导，深入贯彻党的二十大精神，坚持稳中求进工作总基调，完整、准确、全面贯彻新发展理念，加快构建新发展格局，着力推动高质量发展，统筹发展和安全，规范实施政府和社会资本合作新机制，充分发挥市场机制作用，拓宽民间投资空间，坚决遏制新增地方政府隐性债务，提高基础设施和公用事业项目建设运营水平，确保规范发展、阳光运行。

（一）聚焦使用者付费项目。政府和社会资本合作项目应聚焦使用者付费项目，明确收费渠道和方式，项目经营收入能够覆盖建设投资和运营成本、具备一定投资回报，不因采用政府和社会资本合作模式额外新增地方财政未来支出责任。政府可在严防新增地方政府隐性债务、符合法律法规和有关政策规定要求的前提下，按照一视同仁的原则，在项目建设期对使用者付费项目给予政府投资支持；政府付费只能按规定补贴运营、不能补贴建设成本。除此之外，不得通过可行性缺口补助、承诺保底收益率、可用性付费等任何方式，使用财政资金弥补项目建设和运营成本。

（二）全部采取特许经营模式。政府和社会资本合作应全部采取特许经营模式实施，根据项目实际情况，合理采用建设—运营—移交（BOT）、转让—运营—移交（TOT）、改建—运营—移交（ROT）、建设—拥有—运营—移交（BOOT）、设计—建设—融资—运营—移交（DBFOT）等具体实施方式，并在合同中明确约定建设和运营期间的资产权属，清晰界定各方权责利关系。

（三）合理把握重点领域。政府和社会资本合作应限定于有经营性收益的项目，主要包括公路、铁路、民航基础设施和交通枢纽等交通项目，物流枢纽、物流园区项目，城镇供水、供气、供热、停车场等市政项目，城镇污水垃圾收集处理及资源化利用等生态保护和环境治理项目，具有发电功能的水利项目，体育、旅游公共服务等社会项目，智慧城市、智慧交通、智慧农业等新型基础设施项目，城市更新、综合交通枢纽改造等盘活存量和改扩建有机结合的项目。

（四）优先选择民营企业参与。要坚持初衷、回归本源，最大程度鼓励民营企业参与政府和社会资本合作新建（含改扩建）项目，制定《支持民营企业参与的特许经营新建（含改扩建）项目清单（2023年版）》（以下简称清单，见附件）并动态调整。市场化程度较高、公共属性较弱的项目，应由民营企业独资或控股；关系国计民生、公共属性较强的项目，民营企业股权占比原则上不低于35%；少数涉及国家安全、公共属性强且具有自然垄断属性的项目，应积极创造条件、支持民营企业参与。对清单所列领域以外的政府和社会资本合作项目，可积极鼓励民营企业参与。外商投资企业参与政府和社会资本合作项目按照外商投资管理有关要求并参照上述规定执行。

（五）明确管理责任分工。国家发展改革委要牵头做好特许经营模式推进工作，切实加强政策指导。地方各级人民政府要切实负起主体责任，规范推进本级政府事权范围内的特许经营项目。地方各级人民政府可依法依规授权有关行业主管部门、事业单位等，作为特许经营项目实施机构（以下简称项目实施机构），负责特许经营方案编制、特许经营者选择、特许经营协议签订、项目实施监管、合作期满移交接收等工作。地方各级发展改革部门要发挥综合协调作用，严格把关项目特许经营方案等有关内容，依法依规履行项目审批、核准或备案职责。各级财政部门要严格执行预算管理制度，加强地方政府债务管理，加大财会监督力度，严肃财经纪律。

（六）稳妥推进新机制实施。把握好工作力度、节奏，2023年2月政府和社会资本合作项目清理核查前未完成招标采购程序的项目，以及后续新实施的政府和社会资本合作项目，均应按照本指导意见规定的新机制执行，不再执行2015年5月印发的《国务院办公厅转发财政部发展改革委人民银行关于在公共服务领域推广政府和社会资本合作模式指导意见的通知》（国办发〔2015〕42号）。

二、规范推进建设实施

（七）严格审核特许经营方案。对拟采取特许经营模式实施的项目，项目实施机构应参照可行性研究报告编写规范，牵头编制特许经营方案，并比照政府投资项目审批权限和要求，由有关方面履行审核手续，以合理控制项目建设内容和规模、明确项目产出（服务）方案。在审核特许经营方案时，要同步开展特许经营模式可行性论证，对项目是否适合采取特许经营模式进行认真比较和论证；必要时可委托专业咨询机构评估，提高可行性论证质量。

（八）公平选择特许经营者。项目实施机构应根据经批准的特许经营方案，通过公开竞争方式依法依规选择特许经营者（含特许经营者联合体，下同）。应将项目运营方案、收费单价、特许经营期限等作为选择特许经营者的重要评定标准，并高度关注其项目管理经验、专业运营能力、企业综合实力、信用评级状况。选定的特许经营者及其投融资、建设责任原则上不得调整，确需调整的应重新履行特许经营者选择程序。根据国家有关规定和项目建设投资、运营成本、投资回收年限等，合理确定特许经营期限，充分保障特许经营者合法权益。特许经营期限原则上不超过40年，投资规模大、回报周期长的特许经营项目可以根据实际情况适当延长，法律法规另有规定的除外。

（九）规范签订特许经营协议。项目实施机构与特许经营者应在法律地位平等、权利义务对等的基础上签订特许经营协议。需成立项目公司的，项目实施机构应当与特许经营者签订协议，约定其在规定期限内成立项目公司，并与项目公司签订特许经营协议。特许经营协议应明确项目实施范围、产出（服务）质量和标准、投资收益获得方式、项目风险管控、协议变更、特许经营期限等内容，约定双方的权利、义务和责任。

（十）严格履行投资管理程序。对政府采用资本金注入方式给予投资支持的特许经营项目，应按照《政府投资条例》有关规定履行审批手续；对由社会资本方单独投资的项目，应按照《企业投资项目核准和备案管理条例》有关规定履行核准或备案手续。规范履行项目调整程序，完成审批、核准或备案手续的项目如发生变更建设地点、调整主要建设内容、调整建设标准等重大情形，应报请原审批、核准机关重新履行项目审核程序，必要时应重新开展特许经营模式可行性论证和特许经营方案审核工作。特许经营项目法人确定后，如与前期办理审批、用地、规划等手续时的项目法人不一致，应依法办理项目法人变更手续，项目实施机构应给予必要支持和便利。

（十一）做好项目建设实施管理。特许经营者应做深做实项目前期工作，严格按照有关规定优化工程建设方案，合理安排工期，有效控制造价，保障工程质量，做好运营筹备。对地质条件复杂、施工风险较大、存在维修养护困难的项目，应完善勘察和施工设计，强化建设风险控制，防止项目烂尾。项目建成后，应依法依规及时组织竣工验收和专项验收。需要试运行或试运营的项目，应在投入试运行或试运营前符合相应要求并取得试运行或试运营许可。

三、切实加强运营监管

（十二）定期开展项目运营评价。项目实施机构应会同有关方面对项目运营情况进行监测分析，开展运营评价，评估潜在风险，建立约束机制，切实保障公共产品、公共服务的质量和效率。项目实施机构应将社会公众意见作为项目监测分析和运营评价的重要内容，加大公共监督力度，按照有关规定开展绩效评价。

（十三）惩戒违法违规和失信行为。如特许经营者存在违反法律法规和国家强制性标准，严重危害公共利益，造成重大质量、安全事故或突发环境事件等情形，有关方面应依法依规责令限期改正并予以处罚。对提供的公共产品、公共服务不满足特许经营协议约定标准的，特许经营者应按照协议约定承担违约责任。依法依规将项目相关方的失信信息纳入全国信用信息共享平台。

（十四）规范开展特许经营协议变更和项目移交等工作。在特许经营协议有效期内，如确需变更协议内容，协议当事人应在协商一致的基础上依法签订补充协议。特许经营期限届满或提前终止的，应按协议约定依法依规做好移交或退出工作，严禁以提前终止为由将特许经营转变为通过建设—移交（BT）模式变相举债；拟继续采取特许经营模式的，应按规定重新选择特许经营者，同等条件下可优先选择原特许经营者。特许经营期限内因改扩建等原因需重新选择特许经营者的，同等条件下可优先选择原特许经营者。对因特许经营协议引发的各类争议，鼓励通过友好协商解决，必要时可根据争议性质，依法依规申请仲裁、申请行政复议或提起行政、民事诉讼，妥善处理解决。

（十五）建立常态化信息披露机制。项目实施机构应将项目建设内容、特许经营中标结果、特许经营协议主要内容、公共产品和公共服务标准、运营考核结果等非涉密信息，依托全国投资项目在线审批监管平台，及时向社会公开。特许经营者应将项目每季度运营情况、经审计的年度财务报表等信息，通过适当方式向社会公开。

四、加大政策保障力度

（十六）加强组织实施。各地区要压紧压实主体责任，完善工作机制，精心组织实施。各有关部门要强化协同联动，明确政策规定，加强实施监管。国家发展改革委要制定特许经营方案编写大纲、特许经营协议范本和实施细则，指导各地区按照新机制要求依法合规、稳妥有序实施政府和社会资本合作项目，并会同有关方面及时修订完善特许经营相关制度文件，营造良好制度环境。

（十七）做好要素保障和融资支持。支持在不改变项目地表原地类和使用现状的前提下，利用地下空间进行开发建设，提高土地使用效率。支持依法依规合理调整土地规划用途和开发强度，通过特许经营模式推动原有资产改造与转型，提高资产利用效率。探索分层设立国有建设用地使用权，支持项目依法依规加快办理前期手续。鼓励金融机构按照风险可控、商业可持续的原则，采用预期收益质押等方式为特许经营项目提供融资支持。积极支持符合条件的特许经营项目发行基础设施领域不动产投资信托基金（REITs）。

（十八）支持创新项目实施方式。鼓励特许经营者通过技术创新、管理创新和商业模式创新等降低建设和运营成本，提高投资收益，促进政府和社会资本合作项目更好实施。特许经营者在保障项目质量和产出（服务）效果的前提下，通过加强管理、降低成本、提升效率、积极创新等获得的额外收益主要归特许经营者所有。鼓励符合条件的国有企业通过特许经营模式规范参与盘活存量资产，形成投资良性循环。

附件：支持民营企业参与的特许经营新建（含改扩建）项目清单（2023年版）

附件

支持民营企业参与的特许经营新建（含改扩建）项目清单（2023年版）

一、应由民营企业独资或控股的项目

（一）环保领域

1. 垃圾固废处理和垃圾焚烧发电项目

（二）市政领域

2. 园区基础设施项目

3. 公共停车场项目

（三）物流领域

4. 物流枢纽、物流园区项目

（四）农业林业领域

5. 农业废弃物资源化利用项目
6. 旅游农业、休闲农业基础设施项目
7. 林业生态项目

（五）社会领域

8. 体育项目
9. 旅游公共服务项目

二、民营企业股权占比原则上不低于35%的项目

（一）环保领域

10. 污水处理项目
11. 污水管网项目

（二）市政领域

12. 城镇供水、供气、供热项目

（三）交通运输领域

13. 城际铁路、资源开发性铁路和支线铁路，铁路客货运输商业类、延伸类业务项目
14. 收费公路项目（不含投资规模大、建设难度高的收费公路项目）
15. 低运量轨道交通项目

（四）物流领域

16. 机场货运处理设施项目
17. 国家物流枢纽、国家骨干冷链物流基地项目

（五）水利领域

18. 具有发电功能的小型水利项目

（六）新型基础设施领域

19. 智慧城市、智慧交通、智慧农业、智慧能源项目
20. 数据中心项目
21. 人工智能算力基础设施项目
22. 民用空间基础设施项目

三、积极创造条件、支持民营企业参与的项目

（一）交通运输领域

23. 列入中长期铁路网规划、国家批准的专项规划和区域规划的铁路项目
24. 投资规模大、建设难度高的收费公路等项目
25. 城市地铁、轻轨和市域（郊）铁路项目
26. 民用运输机场项目

（二）能源领域

27. 农村电网改造升级项目
28. 油气管网主干线或支线项目
29. 石油、天然气储备设施项目

（三）水利领域

30. 具有发电功能的大中型水利项目

2. 政府和社会资本合作模式操作指南（试行）（2014年发布）

（财金〔2014〕113号印发）

第一章 总 则

第一条 为科学规范地推广运用政府和社会资本合作模式（Public-Private Partnership，PPP），根据《中华人民共和国预算法》《中华人民共和国政府采购法》《中华人民共和国合同法》《国务院关于加强地方政府性债务管理的意见》（国发〔2014〕43号）、《国务院关于深化预算管理制度改革的决定》（国发〔2014〕45号）和《财政部关于推广运用政府和社会资本合作模式有关问题的通知》（财金〔2014〕76号）等法律、法规、规章和规范性文件，制定本指南。

第二条 本指南所称社会资本是指已建立现代企业制度的境内外企业法人，但不包括本级政府所属融资平台公司及其他控股国有企业。

第三条 本指南适用于规范政府、社会资本和其他参与方开展政府和社会资本合作项目的识别、准备、采购、执行和移交等活动。

第四条 财政部门应本着社会主义市场经济基本原则，以制度创新、合作契约精神，加强与政府相关部门的协调，积极发挥第三方专业机构作用，全面统筹政府和社会资本合作管理工作。

各省、自治区、直辖市、计划单列市和新疆生产建设兵团财政部门应积极设立政府和社会资本合作中心或指定专门机构，履行规划指导、融资支持、识别评估、咨询服务、宣传培训、绩效评价、信息统计、专家库和项目库建设等职责。

第五条 各参与方应按照公平、公正、公开和诚实信用的原则，依法、规范、高效实施政府和社会资本合作项目。

第二章 项 目 识 别

第六条 投资规模较大、需求长期稳定、价格调整机制灵活、市场化程度较高的基础设施及公共服务类项目，适宜采用政府和社会资本合作模式。

政府和社会资本合作项目由政府或社会资本发起，以政府发起为主。

（一）政府发起。

财政部门（政府和社会资本合作中心）应负责向交通、住建、环保、能源、教育、医疗、体育健身和文化设施等行业主管部门征集潜在政府和社会资本合作项目。行业主管部门可从国民经济和社会发展规划及行业专项规划中的新建、改建项目或存量公共资产中遴选潜在项目。

（二）社会资本发起。

社会资本应以项目建议书的方式向财政部门（政府和社会资本合作中心）推荐潜在政府和社会资本合作项目。

第七条 财政部门（政府和社会资本合作中心）会同行业主管部门，对潜在政府和社会资本合作项目进行评估筛选，确定备选项目。财政部门（政府和社会资本合作中心）应根据筛选结果制定项目年度和中期开发计划。

对于列入年度开发计划的项目，项目发起方应按财政部门（政府和社会资本合作中心）的要求提交相关资料。新建、改建项目应提交可行性研究报告、项目产出说明和初步实施方案；存量项目应提交存量公共资产的历史资料、项目产出说明和初步实施方案。

第八条 财政部门（政府和社会资本合作中心）会同行业主管部门，从定性和定量两方面开展物有所值评价工作。定量评价工作由各地根据实际情况开展。

定性评价重点关注项目采用政府和社会资本合作模式与采用政府传统采购模式相比能否增加供给、优化风险分配、提高运营效率、促进创新和公平竞争等。

定量评价主要通过对政府和社会资本合作项目全生命周期内政府支出成本现值与公共部门比较值进行比较，计算项目的物有所值量值，判断政府和社会资本合作模式是否降低项目全生命周期成本。

第九条 为确保财政中长期可持续性，财政部门应根据项目全生命周期内的财政支出、政府债务等因素，对部分政府付费或政府补贴的项目，开展财政承受能力论证，每年政府付费或政府补贴等财政支出不得超出当年财政收入的一定比例。

通过物有所值评价和财政承受能力论证的项目，可进行项目准备。

第三章 项目准备

第十条 县级（含）以上地方人民政府可建立专门协调机制，主要负责项目评审、组织协调和检查督导等工作，实现简化审批流程、提高工作效率的目的。政府或其指定的有关职能部门或事业单位可作为项目实施机构，负责项目准备、采购、监管和移交等工作。

第十一条 项目实施机构应组织编制项目实施方案，依次对以下内容进行介绍：

（一）项目概况。

项目概况主要包括基本情况、经济技术指标和项目公司股权情况等。

基本情况主要明确项目提供的公共产品和服务内容、项目采用政府和社会资本合作模式运作的必要性和可行性，以及项目运作的目标和意义。

经济技术指标主要明确项目区位、占地面积、建设内容或资产范围、投资规模或资产价值、主要产出说明和资金来源等。

项目公司股权情况主要明确是否要设立项目公司以及公司股权结构。

（二）风险分配基本框架。

按照风险分配优化、风险收益对等和风险可控等原则，综合考虑政府风险管理能力、项目回报机制和市场风险管理能力等要素，在政府和社会资本间合理分配项目风险。

原则上，项目设计、建造、财务和运营维护等商业风险由社会资本承担，法律、政策和最低需求等风险由政府承担，不可抗力等风险由政府和社会资本合理共担。

（三）项目运作方式。

项目运作方式主要包括委托运营、管理合同、建设—运营—移交、建设—拥有—运营、转让—运营—移交和改建—运营—移交等。

具体运作方式的选择主要由收费定价机制、项目投资收益水平、风险分配基本框架、融资需求、改扩建需求和期满处置等因素决定。

（四）交易结构。

交易结构主要包括项目投融资结构、回报机制和相关配套安排。

项目投融资结构主要说明项目资本性支出的资金来源、性质和用途，项目资产的形成和转移等。

项目回报机制主要说明社会资本取得投资回报的资金来源，包括使用者付费、可行性缺口补助和政府付费等支付方式。

相关配套安排主要说明由项目以外相关机构提供的土地、水、电、气和道路等配套设施和项目所需的上下游服务。

（五）合同体系。

合同体系主要包括项目合同、股东合同、融资合同、工程承包合同、运营服务合同、原料供应合同、产品采购合同和保险合同等。项目合同是其中最核心的法律文件。

项目边界条件是项目合同的核心内容，主要包括权利义务、交易条件、履约保障和调整衔接等边界。

权利义务边界主要明确项目资产权属、社会资本承担的公共责任、政府支付方式和风险分配结果等。

交易条件边界主要明确项目合同期限、项目回报机制、收费定价调整机制和产出说明等。

履约保障边界主要明确强制保险方案以及由投资竞争保函、建设履约保函、运营维护保函和移交维修保函组成的履约保函体系。

调整衔接边界主要明确应急处置、临时接管和提前终止、合同变更、合同展期、项目新增改扩建需求等应对措施。

（六）监管架构。

监管架构主要包括授权关系和监管方式。授权关系主要是政府对项目实施机构的授权，以及政府直接或通过项目实施机构对社会资本的授权；监管方式主要包括履约管理、行政监管和公众监督等。

（七）采购方式选择。

项目采购应根据《中华人民共和国政府采购法》及相关规章制度执行，采购方式包括公开招标、竞争性谈判、邀请招标、竞争性磋商和单一来源采购。项目实施机构应根据项目采购需求特点，依法选择适当采购方式。

公开招标主要适用于核心边界条件和技术经济参数明确、完整、符合国家法律法规和政府采购政策，且采购中不作更改的项目。

第十二条 财政部门（政府和社会资本合作中心）应对项目实施方案进行物有所值和财政承受能力验证，通过验证的，由项目实施机构报政府审核；未通过验证的，可在实施方案调整后重新验证；经重新验证仍不能通过的，不再采用政府和社会资本合作模式。

第四章 项目采购

第十三条 项目实施机构应根据项目需要准备资格预审文件，发布资格预审公告，邀请社会资本和与其合作的金融机构参与资格预审，验证项目能否获得社会资本响应和实现充分竞争，并将资格预审的评审报告提交财政部门（政府和社会资本合作中心）备案。

项目有 3 家以上社会资本通过资格预审的，项目实施机构可以继续开展采购文件准备工作；项目通过资格预审的社会资本不足 3 家的，项目实施机构应在实施方案调整后重新组织资格预审；项目经重新资格预审合格社会资本仍不够 3 家的，可依法调整实施方案选择的采购方式。

第十四条 资格预审公告应在省级以上人民政府财政部门指定的媒体上发布。资格预审合格的社会资本在签订项目合同前资格发生变化的，应及时通知项目实施机构。

资格预审公告应包括项目授权主体、项目实施机构和项目名称、采购需求、对社会资本的资格要求、是否允许联合体参与采购活动、拟确定参与竞争的合格社会资本的家数和确定方法，以及社会资本提交资格预审申请文件的时间和地点。提交资格预审申请文件的时间自公告发布之日起不得少于 15 个工作日。

第十五条 项目采购文件应包括采购邀请、竞争者须知（包括密封、签署、盖章要求等）、竞争者应提供的资格、资信及业绩证明文件、采购方式、政府对项目实施机构的授权、实施方案的批复和项目相关审批文件、采购程序、响应文件编制要求、提交响应文件截止时间、开启时间及地点、强制担保的保证金交纳数额和形式、评审方法、评审标准、政府采购政策要求、项目合同草案及其他法律文本等。

采用竞争性谈判或竞争性磋商采购方式的，项目采购文件除上款规定的内容外，还应明确评审小组根据与社会资本谈判情况可能实质性变动的内容，包括采购需求中的技术、服务要求以及合同草案条款。

第十六条 评审小组由项目实施机构代表和评审专家共 5 人以上单数组成，其中评审专家人数不得少于评审小组成员总数的 2/3。评审专家可以由项目实施机构自行选定，但评审专家中应至少包含 1 名财务专家和 1 名法律专家。项目实施机构代表不得以评审专家身份参加项目的评审。

第十七条 项目采用公开招标、邀请招标、竞争性谈判、单一来源采购方式开展采购的，按照政府采购法律法规及有关规定执行。

项目采用竞争性磋商采购方式开展采购的，按照下列基本程序进行：

（一）采购公告发布及报名。

竞争性磋商公告应在省级以上人民政府财政部门指定的媒体上发布。竞争性磋商公告应包括项目实施机构和项目名称、项目结构和核心边界条件、是否允许未进行资格预审的社会资本参与采购活动，以及审查原则、项目产出说明、对社会资本提供的响应文件要求、获取采购文件的时间、地点、方式及采购文件的售价、提交响应文件截止时间、开启时间及地点。提交响应文件的时间自公告发布之日起不得少于 10 日。

（二）资格审查及采购文件发售。

已进行资格预审的，评审小组在评审阶段不再对社会资本资格进行审查。允许进行资格后审的，由评审小组在响应文件评审环节对社会资本进行资格审查。项目实施机构可以视项目的具体情况，组织对符合条件的社会资本的资格条件，进行考察核实。

采购文件售价，应按照弥补采购文件印制成本费用的原则确定，不得以营利为目的，不得以项目采购金额作为确定采购文件售价依据。采购文件的发售期限自开始之日起不得少于 5 个工作日。

（三）采购文件的澄清或修改。

提交首次响应文件截止之日前，项目实施机构可以对已发出的采购文件进行必要的澄清或修改，澄清或修改的内容应作为采购文件的组成部分。澄清或修改的内容可能影响响应文件编制的，项目实施机构应在提交首次响应文件截止时间至少 5 日前，以书面形式通知所有获取采购文件的社会资本；不足 5 日的，项目实施机构应顺延提交响应文件的截止时间。

（四）响应文件评审。

项目实施机构应按照采购文件规定组织响应文件的接收和开启。

评审小组对响应文件进行两阶段评审：

第一阶段：确定最终采购需求方案。评审小组可以与社会资本进行多轮谈判，谈判过程中可实质性修订采购文件的技术、服务要求以及合同草案条款，但不得修订采购文件中规定的不可谈判核心条件。实质性变动的内容，须经项目实施机构确认，并通知所有参与谈判的社会资本。具体程序按照《政府采购非招标方式管理办法》及有关规定执行。

第二阶段：综合评分。最终采购需求方案确定后，由评审小组对社会资本提交的最终响应文件进行综合评分，编写评审报告并向项目实施机构提交候选社会资本的排序名单。具体程序按照《政府采购货物和服务招标投标管理办法》及有关规定执行。

第十八条 项目实施机构应在资格预审公告、采购公告、采购文件、采购合同中，列明对本国社会资本的优惠措施及幅度、外方社会资本采购我国生产的货物和服务要求等相关政府采购政策，以及对社会资本参与采购活动和履约保证的强制担保要求。社会资本应以支票、汇票、本票或金融机构、担保机构出具的保函等非现金形式缴纳保证金。参加采购活动的保证金的数额不得超过项目预算金额的 2%。履约保证金的数额不得超过政府和社会资本合作项目初始投资总额或资产评估值的 10%。无固定资产投资或投资额不大的服务型合作项目，履约保证金的数额不得超过平均 6 个月的服务收入额。

第十九条 项目实施机构应组织社会资本进行现场考察或召开采购前答疑会，但不得单独或分别组织只有一个社会资本参加的现场考察和答疑会。

第二十条 项目实施机构应成立专门的采购结果确认谈判工作组。按照候选社会资本的排名，依次与候选社会资本及与其合作的金融机构就合同中可变的细节问题进行合同签署前的确认谈判，率先达成一致的即为中选者。确认谈判不得涉及合同中不可谈判的核心条款，不得与排序在前但已终止谈判的社会资本进行再次谈判。

第二十一条 确认谈判完成后，项目实施机构应与中选社会资本签署确认谈判备忘录，并将采购结果和根据采购文件、响应文件、补遗文件和确认谈判备忘录拟定的合同文本进行公示，公示期不得少于5个工作日。合同文本应将中选社会资本响应文件中的重要承诺和技术文件等作为附件。合同文本中涉及国家秘密、商业秘密的内容可以不公示。

公示期满无异议的项目合同，应在政府审核同意后，由项目实施机构与中选社会资本签署。

需要为项目设立专门项目公司的，待项目公司成立后，由项目公司与项目实施机构重新签署项目合同，或签署关于承继项目合同的补充合同。

项目实施机构应在项目合同签订之日起2个工作日内，将项目合同在省级以上人民政府财政部门指定的媒体上公告，但合同中涉及国家秘密、商业秘密的内容除外。

第二十二条 各级人民政府财政部门应当加强对PPP项目采购活动的监督检查，及时处理采购活动中的违法违规行为。

第五章 项目执行

第二十三条 社会资本可依法设立项目公司。政府可指定相关机构依法参股项目公司。项目实施机构和财政部门（政府和社会资本合作中心）应监督社会资本按照采购文件和项目合同约定，按时足额出资设立项目公司。

第二十四条 项目融资由社会资本或项目公司负责。社会资本或项目公司应及时开展融资方案设计、机构接洽、合同签订和融资交割等工作。财政部门（政府和社会资本合作中心）和项目实施机构应做好监督管理工作，防止企业债务向政府转移。

社会资本或项目公司未按照项目合同约定完成融资的，政府可提取履约保函直至终止项目合同；遇系统性金融风险或不可抗力的，政府、社会资本或项目公司可根据项目合同约定协商修订合同中相关融资条款。

当项目出现重大经营或财务风险，威胁或侵害债权人利益时，债权人可依据与政府、社会资本或项目公司签订的直接介入协议或条款，要求社会资本或项目公司改善管理等。在直接介入协议或条款约定期限内，重大风险已解除的，债权人应停止介入。

第二十五条 项目合同中涉及的政府支付义务，财政部门应结合中长期财政规划统筹考虑，纳入同级政府预算，按照预算管理相关规定执行。财政部门（政府和社会资本合作中心）和项目实施机构应建立政府和社会资本合作项目政府支付台账，严格控制政府财政风险。在政府综合财务报告制度建立后，政府和社会资本合作项目中的政府支付义务应纳入政府综合财务报告。

第二十六条 项目实施机构应根据项目合同约定，监督社会资本或项目公司履行合同义务，定期监测项目产出绩效指标，编制季报和年报，并报财政部门（政府和社会资本合作中心）备案。

政府有支付义务的，项目实施机构应根据项目合同约定的产出说明，按照实际绩效直接或通知财政部门向社会资本或项目公司及时足额支付。设置超额收益分享机制的，社会资本或项目公司应根据项目合同约定向政府及时足额支付应享有的超额收益。

项目实际绩效优于约定标准的，项目实施机构应执行项目合同约定的奖励条款，并可将其作为项目期满合同能否展期的依据；未达到约定标准的，项目实施机构应执行项目合同约定的惩处条款或救济措施。

第二十七条 社会资本或项目公司违反项目合同约定，威胁公共产品和服务持续稳定安全供给，或危及国家安全和重大公共利益的，政府有权临时接管项目，直至启动项目提前终止程序。

政府可指定合格机构实施临时接管。临时接管项目所产生的一切费用，将根据项目合同约定，由违约方单独承担或由各责任方分担。社会资本或项目公司应承担的临时接管费用，可以从其应获终止补偿中扣减。

第二十八条 在项目合同执行和管理过程中，项目实施机构应重点关注合同修订、违约责任和争议解决等工作。

（一）合同修订。

按照项目合同约定的条件和程序，项目实施机构和社会资本或项目公司可根据社会经济环境、公共产品和服务的需求量及结构等条件的变化，提出修订项目合同申请，待政府审核同意后执行。

（二）违约责任。

项目实施机构、社会资本或项目公司未履行项目合同约定义务的，应承担相应违约责任，包括停止侵害、消除影响、支付违约金、赔偿损失以及解除项目合同等。

（三）争议解决。

在项目实施过程中，按照项目合同约定，项目实施机构、社会资本或项目公司可就发生争议且无法协商达成一致的事项，依法申请仲裁或提起民事诉讼。

第二十九条 项目实施机构应每3～5年对项目进行中期评估，重点分析项目运行状况和项目合同的合规性、适应性和合理性；及时评估已发现问题的风险，制订应对措施，并报财政部门（政府和社会资本合作中心）备案。

第三十条 政府相关职能部门应根据国家相关法律法规对项目履行行政监管职责，重点关注公共产品和服务质量、价格和收费机制、安全生产、环境保护和劳动者权益等。

社会资本或项目公司对政府职能部门的行政监管处理决定不服的，可依法申请行政复议或提起行政诉讼。

第三十一条 政府、社会资本或项目公司应依法公开披露项目相关信息，保障公众知情权，接受社会监督。

社会资本或项目公司应披露项目产出的数量和质量、项目经营状况等信息。政府应公开不涉及国家秘密、商业秘密的政府和社会资本合作项目合同条款、绩效监测报告、中期评估报告和项目重大变更或终止情况等。

社会公众及项目利益相关方发现项目存在违法、违约情形或公共产品和服务不达标的，可向政府职能部门提请监督检查。

第六章 项目移交

第三十二条 项目移交时，项目实施机构或政府指定的其他机构代表政府收回项目合同约定的项目资产。

项目合同中应明确约定移交形式、补偿方式、移交内容和移交标准。移交形式包括期满终止移交和提前终止移交；补偿方式包括无偿移交和有偿移交；移交内容包括项目资产、人员、文档和知识产权等；移交标准包括设备完好率和最短可使用年限等指标。

采用有偿移交的，项目合同中应明确约定补偿方案；没有约定或约定不明的，项目实施机构应按照"恢复相同经济地位"原则拟定补偿方案，报政府审核同意后实施。

第三十三条 项目实施机构或政府指定的其他机构应组建项目移交工作组，根据项目合同约定与社会资本或项目公司确认移交情形和补偿方式，制定资产评估和性能测试方案。

项目移交工作组应委托具有相关资质的资产评估机构，按照项目合同约定的评估方式，对移交资产进行资产评估，作为确定补偿金额的依据。

项目移交工作组应严格按照性能测试方案和移交标准对移交资产进行性能测试。性能测试结果不达标的，移交工作组应要求社会资本或项目公司进行恢复性修理、更新重置或提取移交维修保函。

第三十四条 社会资本或项目公司应将满足性能测试要求的项目资产、知识产权和技术法律文件，连同资产清单移交项目实施机构或政府指定的其他机构，办妥法律过户和管理权移交手续。社会资本或项目公司应配合做好项目运营平稳过渡相关工作。

第三十五条 项目移交完成后，财政部门（政府和社会资本合作中心）应组织有关部门对项目产出、成本效益、监管成效、可持续性、政府和社会资本合作模式应用等进行绩效评价，并按相关规定公开评价结果。评价结果作为政府开展政府和社会资本合作管理工作决策参考依据。

第七章 附　　则

第三十六条 本操作指南自印发之日起施行，有效期3年。

第三十七条 本操作指南由财政部负责解释。

附1：

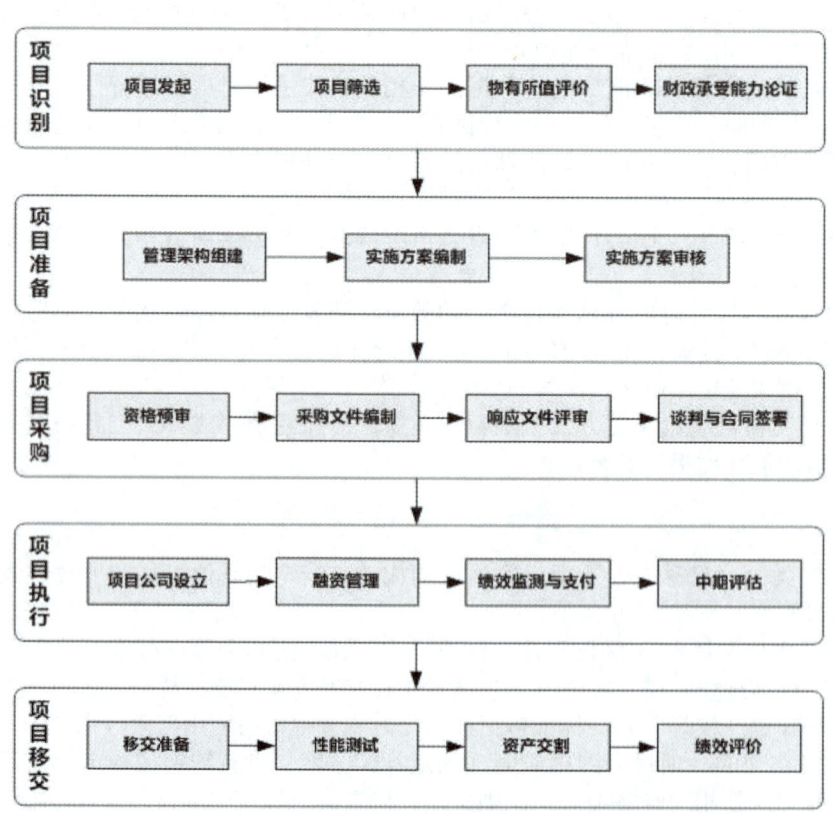

政府和社会资本合作项目操作流程图

附2：

名词解释

1. 全生命周期（Whole Life Cycle），是指项目从设计、融资、建造、运营、维护至终止移交的完整周期。

2. 产出说明（Output Specification），是指项目建成后项目资产所应达到的经济、技术标准，以及公共产品和服务的交付范围、标准和绩效水平等。

3. 物有所值（Value for Money，VFM），是指一个组织运用其可利用资源所能获得的长期最大利益。VFM评价是国际上普遍采用的一种评价传统上由政府提供的公共产品和服务是否可运用政府和社会资本合作模式的评估体系，旨在实现公共资源配置利用效率最优化。

4. 公共部门比较值（Public Sector Comparator，PSC），是指在全生命周期内，政府采用传统采购模式提供公共产品和服务的全部成本的现值，主要包括建设运营净成本、可转移风险承担成本、自留风险承担成本和竞争性中立调整成本等。

5. 使用者付费（User Charge），是指由最终消费用户直接付费购买公共产品和服务。

6. 可行性缺口补助（Viability Gap Funding），是指使用者付费不足以满足社会资本或项目公司成本回收和合理回报，而由政府以财政补贴、股本投入、优惠贷款和其他优惠政策的形式，给予社会资本或项目公司的经济补助。

7. 政府付费（Government Payment），是指政府直接付费购买公共产品和服务，主要包括可用性付费（Availability Payment）、使用量付费（Usage Payment）和绩效付费（Performance Payment）。

政府付费的依据主要是设施可用性、产品和服务使用量和质量等要素。

8. 委托运营（Operations & Maintenance，O&M），是指政府将存量公共资产的运营维护职责委托给社会资本或项目公司，社会资本或项目公司不负责用户服务的政府和社会资本合作项目运作方式。政府保留资产所有权，只向社会资本或项目公司支付委托运营费。合同期限一般不超过8年。

9. 管理合同（Management Contract，MC），是指政府将存量公共资产的运营、维护及用户服务职责授权给社会资本或项目公司的项目运作方式。政府保留资产所有权，只向社会资本或项目公司支付管理费。管理合同通常作为转让—运营—移交的过渡方式，合同期限一般不超过3年。

10. 建设—运营—移交（Build-Operate-Transfer，BOT），是指由社会资本或项目公司承担新建项目设计、融资、建造、运营、维护和用户服务职责，合同期满后项目资产及相关权利等移交给政府的项目运作方式。合同期限一般为20～30年。

11. 建设—拥有—运营（Build-Own-Operate，BOO），由BOT方式演变而来，二者区别主要是BOO方式下社会资本或项目公司拥有项目所有权，但必须在合同中注明保证公益性的约束条款，一般不涉及项目期满移交。

12. 转让—运营—移交（Transfer-Operate-Transfer，TOT），是指政府将存量资产所有权有偿转让给社会资本或项目公司，并由其负责运营、维护和用户服务，合同期满后资产及其所有权等移交给政府的项目运作方式。合同期限一般为20～30年。

13. 改建—运营—移交（Rehabilitate-Operate-Transfer，ROT），是指政府在TOT模式的基础上，增加改扩建内容的项目运作方式。合同期限一般为20～30年。

3. 政府和社会资本合作（PPP）综合信息平台运行规程
（2015年发布）

（财金〔2015〕166号印发）

第一章 总 则

第一条 为贯彻落实《国务院办公厅转发财政部 发展改革委 人民银行关于在公共服务领域推广政府和社会资本合作模式指导意见的通知》（国办发〔2015〕42号）和《国务院办公厅关于运用大数据加强对市场主体服务和监管的若干意见》（国办发〔2015〕51号）精神，提升全国政府和社会资本合作（Public-Private Partnership，PPP）工作管理信息化水平，财政部建立PPP综合信息发布平台，制定本规程。

第二条 PPP综合信息平台用于收集、管理和发布国家PPP政策、工作动态、项目信息等内容，推动项目实施的公开透明、有序竞争，提高政府运用PPP大数据，增强政府服务和监管PPP工作的水平与效率。

第三条 中央、省、市、县级财政部门参与PPP综合信息平台进行的系统运行、维护和管理，适用本规程。

第二章 PPP综合信息平台内容

第四条 PPP综合信息平台应遵照《国务院办公厅转发财政部 发展改革委 人民银行关于在公共服务领域推广政府和社会资本合作模式指导意见的通知》（国办发〔2015〕42号）、《财政部关于印发政府和社会资本合作模式操作指南（试行）的通知》（财金〔2014〕113号）、《财政部关于印发政府和社会资本合作项目政府采购管理办法的通知》（财库〔2014〕215号）、《财政部关于印发政府采购竞争性磋商采购方式管理暂行办法的通知》（财库〔2014〕214号）、《财政部关于印发政府和社会资本合作项目财政承受能力论证指引的通知》（财金〔2015〕21号）等政策要求，收集、管理和发布PPP项目信息，保证项目实施公开透明。

第五条 PPP综合信息平台由财政部PPP工作领导小组办公室委托财政部PPP中心组织开发，由财政部PPP中心和信息网络中心共同承担运行和管理工作，共包括PPP信息发布平台和PPP信息管理平台两大部分。

PPP信息发布平台以外网形式对社会发布PPP政策法规、工作动态、PPP项目库、PPP项目招商与采购公告以及知识分享等信息。网址为http：//www.cpppc.org。

PPP信息管理平台为内部管理平台，用于对全国PPP项目进行跟踪、监督，为开展PPP工作或开发实施PPP项目提供技术支持，具体包括PPP项目库、机构库和资料库，具有录入、查询、统计和用户管理等功能。

第六条 财政部PPP中心负责PPP信息发布平台和PPP信息管理平台下的机构库（咨询服务机构与专家、金融机构等）和资料库的运行、维护和管理。

第七条 省、市、县级财政PPP业务部门和信息技术部门需配合财政部PPP中心维护和管理PPP信息管理平台下的项目库。项目库是PPP综合信息平台的核心组成部分，包含储备库、执行库和示范库三个子库。由各级财政部门会同相关部门评估、筛选的PPP项目，基本信息均应录入PPP综合信息平台。经省级财政部门审核满足上报要求的，列为储备项目。编制项目实施方案，通过物有所值评价、财政承受能力论证，并经本级政府审核同意的，列为执行项目。通过中央或省级财政部门评审并列为中央或省级示范项目的，列为示范项目。在项目开发实施过程中，有咨询服务机构、社会资本方采购需求的，可填写项目招商信息，经省级财政部门审核后上报。

所有PPP项目必须列入项目库。省、市、县级财政部门应与相关部门密切沟通，保证符合条件的项目及时、准确、规范、完整列入项目库。

第八条 省、市、县级财政部门要按照财政部PPP中心统一制定的数据规范与要求，录入本级PPP项目的基本信息以及项目识别、准备、采购、执行和移交阶段的信息。中央部门拟作为实施机构的PPP项目，由财政部统一评审录入项目信息。

第九条 财政部PPP中心和信息网络中心应保障PPP综合信息平台的运行、推广和升级完善。省、市、县级财政部门可根据需要开发符合自身需求的个性化功能模块，建立地方PPP信息平台，但应当与PPP综合信息平台进行实时数据对接，保证数据规范一致。

PPP综合信息平台应与预算管理、政府采购、政府债务管理等信息系统开放共享。

第十条 中央和省、市、县级财政PPP业务部门和信息技术部门应为PPP综合信息平台的应用、运行、维护和管理提供保障，建立健全内部管理制度，落实岗位责任制和领导负责制，合理安排岗位人员，加强管理和风险防范。

第三章 用户管理

第十一条 中央、省、市、县级财政部门、行业主管部门、实施机构、社会资本、咨询服务机构、金融机构、专家、公众等用户，可通过互联网在线访问、查询公开信息。

第十二条 在PPP综合信息平台初始阶段，财政部PPP中心为省、市、县级财政部门用户生成一个管理员账户。省、市、县级财政部门如需新增账户，可根据内部管理制度，给新增账户开设与其权限匹配的账户，以方便数据和资料上传。

第十三条 为增强PPP综合信息平台的系统安全性，系统将按照财政部统一安全防护体系进行升级。

第四章 信息管理与应用

第十四条 各级财政部门通过PPP信息管理平台，可以管理本级及下级财政部门的PPP项目信息，即中央级可以管理全国各省、市、县PPP项目信息，各省级财政部门可以管理本省（区、市）各市、县PPP项目信息，各市、县级财政部门可以管理本市县PPP项目信息。

中央和省、市、县级财政部门要通过PPP综合信息平台，及时了解国家PPP工作政策、发展动态，特别是跟踪、监督所辖行政区域内PPP项目开发、执行情况，进行全生命周期管理。

第十五条 省级财政部门应对所辖市、县财政部门上报的项目信息和拟在PPP综合信息平台上发布的PPP项目招商信息进行合规性审核。

第十六条 中央和省、市、县级财政部门应积极实现数据共享，除共享PPP项目库信息外，要逐步实现机构库中咨询服务机构与专家、社会资本、金融机构等信息资源的共享，实现对机构库信息的全系统可识别、可跟踪，为将来利用大数据评价服务质量、建立信用体系夯实基础。对有需求的行业主管部门和实施机构，逐步实现数据共享。

第五章 监督检查

第十七条 财政部PPP中心和信息网络中心要保障PPP综合信息平台的安全运行，不断完善系统功能。

第十八条 上级财政部门应每季度对行政区域内PPP综合信息平台建设情况进行检查

和考核。对系统应用情况较好、数据填报及时、数据质量高的地区，在制定、执行相关奖励政策时应予以优先考虑。

第十九条 省、市、县级财政部门在项目库中上传的 PPP 项目信息不真实、不准确、不规范、不完整的，将不予采用。原则上，国家级和省级示范项目、各地 PPP 年度规划和中期规划项目均需从 PPP 综合信息平台的项目库中筛选和识别。未纳入 PPP 综合信息平台项目库的项目，不得列入各地 PPP 项目目录，原则上不得通过预算安排支出责任。

第六章 附 则

第二十条 本规程由财政部 PPP 工作领导小组办公室负责解释和修订。

第二十一条 本规程自 2016 年 1 月 1 日起实施。

4. 基本公共服务领域中央与地方共同财政事权和支出责任划分改革方案（2018 年发布）

（国办发〔2018〕6 号印发）

为全面贯彻落实党的十九大精神，进一步提高各级政府提供基本公共服务的能力和水平，按照党中央、国务院关于推进中央与地方财政事权和支出责任划分改革的决策部署，现就基本公共服务领域中央与地方共同财政事权和支出责任划分改革制定如下方案：

一、总体要求

（一）指导思想。

高举中国特色社会主义伟大旗帜，全面贯彻落实党的十九大精神，以习近平新时代中国特色社会主义思想为指导，坚持稳中求进工作总基调，坚持新发展理念，紧扣我国社会主要矛盾变化，按照高质量发展的要求，统筹推进"五位一体"总体布局和协调推进"四个全面"战略布局，充分发挥中央统一领导、地方组织落实的制度优势，按照加快建立现代财政制度、建立权责清晰、财力协调、区域均衡的中央和地方财政关系的要求，遵循相关法律法规规定，科学界定中央与地方权责，确定基本公共服务领域共同财政事权范围，制定基本公共服务保障国家基础标准，规范中央与地方支出责任分担方式，加大基本公共服务投入，加快推进基本公共服务均等化，织密扎牢民生保障网，不断满足人民日益增长的美好生活需要。

（二）基本原则。

——坚持以人民为中心。从解决人民最关心最直接最现实的利益问题入手，首先将教育、医疗卫生、社会保障等领域中与人直接相关的主要基本公共服务事项明确为中央与地方共同财政事权，并合理划分支出责任，同时完善相关转移支付制度，确保更好地为人民群众提供基本公共服务。

——坚持财政事权划分由中央决定。完善中央决策、地方落实的机制。基本公共服务领域共同财政事权范围、支出责任分担方式、国家基础标准由中央确定；明确地方政府职责，充分发挥地方政府区域管理优势和积极性，保障政策落实。

——坚持保障标准合理适度。既要尽力而为，加快推进基本公共服务均等化，适时调整国家基础标准，逐步提高保障水平；又要量力而行，兼顾各级财政承受能力，不超越经济社会发展阶段，兜牢基本民生保障底线。

——坚持差别化分担。充分考虑我国各地经济社会发展不平衡、基本公共服务成本和财力差异较大的国情，中央承担的支出责任要有所区别，体现向困难地区倾斜，并逐步规范、适当简化基本公共服务领域共同财政事权支出责任的分担方式。

——坚持积极稳妥推进。基本公共服务领域中央与地方共同财政事权和支出责任划分是一个动态调整、不断完善的过程，既要加强顶层设计，明确改革路径和方式，又要加强与各领域管理体制改革的衔接，在管理体制和相关政策比较明确、支出责任分担机制相对稳定的民生领域首先实现突破。

（三）主要目标。

通过基本公共服务领域中央与地方共同财政事权和支出责任划分改革，力争到2020年，逐步建立起权责清晰、财力协调、标准合理、保障有力的基本公共服务制度体系和保障机制。

二、主要内容

（一）明确基本公共服务领域中央与地方共同财政事权范围。

根据《国务院关于推进中央与地方财政事权和支出责任划分改革的指导意见》（国发〔2016〕49号），结合《国务院关于印发"十三五"推进基本公共服务均等化规划的通知》（国发〔2017〕9号），将涉及人民群众基本生活和发展需要、现有管理体制和政策比较清晰、由中央与地方共同承担支出责任、以人员或家庭为补助对象或分配依据、需要优先和重点保障的主要基本公共服务事项，首先纳入中央与地方共同财政事权范围，目前暂定为八大类18项：一是义务教育，包括公用经费保障、免费提供教科书、家庭经济困难学生生活补助、贫困地区学生营养膳食补助4项；二是学生资助，包括中等职业教育国家助学金、中等职业教育免学费补助、普通高中教育国家助学金、普通高中教育免学杂费补助4项；三是基本就业服务，包括基本公共就业服务1项；四是基本养老保险，包括城乡居民基本养老保险补助1项；五是基本医疗保障，包括城乡居民基本医疗保险补助、医疗救助2项；六是基本卫生计生，包括基本公共卫生服务、计划生育扶助保障2项；七是基本生活救助，包括困难群众救助、受灾人员救助、残疾人服务3项；八是基本住房保障，包括城乡保障性安居工程1项。

已在国发〔2016〕49号和国发〔2017〕9号文件中明确但暂未纳入上述范围的基本公共文化服务等事项，在分领域中央与地方财政事权和支出责任划分改革中，根据事权属性分别明确为中央财政事权、地方财政事权或中央与地方共同财政事权。基本公共服务领域共同财政事权范围，随着经济社会发展和相关领域管理体制改革相应进行调整。

（二）制定基本公共服务保障国家基础标准。

国家基础标准由中央制定和调整，要保障人民群众基本生活和发展需要，兼顾财力可能，并根据经济社会发展逐步提高，所需资金按中央确定的支出责任分担方式负担。参照现行财政保障或中央补助标准，制定义务教育公用经费保障、免费提供教科书、家庭经济困难学生生活补助、贫困地区学生营养膳食补助、中等职业教育国家助学金、城乡居民基本养老保险补助、城乡居民基本医疗保险补助、基本公共卫生服务、计划生育扶助保障9项基本公共服务保障的国家基础标准。地方在确保国家基础标准落实到位的前提下，因地制宜制定高于国家基础标准的地区标准，应事先按程序报上级备案后执行，高出部分所需资金自行负担。对困难群众救助等其余9项不易或暂不具备条件制定国家基础标准的事项，地方可结合实际制定地区标准，待具备条件后，由中央制定国家基础标准。法律法规或党中央、国务院另有规定的，从其规定。

（三）规范基本公共服务领域中央与地方共同财政事权的支出责任分担方式。

根据地区经济社会发展总体格局、各项基本公共服务的不同属性以及财力实际状况，基本公共服务领域中央与地方共同财政事权的支出责任主要实行中央与地方按比例分担，并保持基本稳定。具体明确和规范如下：

一是中等职业教育国家助学金、中等职业教育免学费补助、普通高中教育国家助学金、普通高中教育免学杂费补助、城乡居民基本医疗保险补助、基本公共卫生服务、计划生育扶助保障7个事项，实行中央分档分担办法：第一档包括内蒙古、广西、重庆、四川、贵州、云南、西藏、陕西、甘肃、青海、宁夏、新疆12个省（区、市），中央分担80%；第二档包括河北、山西、吉林、黑龙江、安徽、江西、河南、湖北、湖南、海南10个省，中央分担60%；第三档包括辽宁、福建、山东3个省，中央分担50%；第四档包括天津、江苏、浙江、广东4个省（市）和大连、宁波、厦门、青岛、深圳5个计划单列市，中央分担30%；第五档包括北京、上海2个直辖市，中央分担10%。按照保持现有中央与地方财力格局总体稳定的原则，上述分担比例调整涉及的中央与地方支出基数划转，按预算管理有关规定办理。

二是义务教育公用经费保障等6个按比例分担、按项目分担或按标准定额补助的事项，暂按现行政策执行，具体如下：义务教育公用经费保障，中央与地方按比例分担支出责任，第一档为8∶2，第二档为6∶4，其他为5∶5。家庭经济困难学生生活补助，中央与地方按比例分担支出责任，各地区均为5∶5，对人口较少民族寄宿生增加安排生活补助所需经费，由中央财政承担。城乡居民基本养老保险补助，中央确定的基础养老金标准部分，中央与地方按比例分担支出责任，中央对第一档和第二档承担全部支出责任，其他为5∶5。免费提供教科书，免费提供国家规定课程教科书和免费为小学一年级新生提供正版学生字典所需经费，由中央财政承担；免费提供地方课程教科书所需经费，由地方财政承担。贫困地区学生营养膳食补助，国家试点所需经费，由中央财政承担；地方试点所需经费，由地方财政统筹安排，中央财政给予生均定额奖补。受灾人员救助，对遭受重特大自然灾害的省份，中央财政按规定的补助标准给予适当补助，灾害救助所需其余资金由地方财政承担。

三是基本公共就业服务、医疗救助、困难群众救助、残疾人服务、城乡保障性安居工程5个事项，中央分担比例主要依据地方财力状况、保障对象数量等因素确定。

对上述共同财政事权支出责任地方承担部分，由地方通过自有财力和中央转移支付统筹安排。中央加大均衡性转移支付力度，促进地区间财力均衡。党中央、国务院明确规定比照享受相关区域政策的地区继续按相关规定执行。中央与新疆生产建设兵团财政事权和支出责任划分，参照中央与地方划分原则执行；财政支持政策原则上参照新疆维吾尔自治区执行，并适当考虑兵团的特殊因素。

（四）调整完善转移支付制度。

在一般性转移支付下设立共同财政事权分类分档转移支付，原则上将改革前一般性转移支付和专项转移支付安排的基本公共服务领域共同财政事权事项，统一纳入共同财政事权分类分档转移支付，完整反映和切实履行中央承担的基本公共服务领域共同财政事权的支出责任。

（五）推进省以下支出责任划分改革。

中央财政要加强对省以下共同财政事权和支出责任划分改革的指导。对地方承担的基本公共服务领域共同财政事权的支出责任，省级政府要考虑本地区实际，根据各项基本公共服务事项的重要性、受益范围和均等化程度等因素，结合省以下财政体制，合理划分省以下各级政府的支出责任，加强省级统筹，适当增加和上移省级支出责任。县级政府要将自有财力和上级转移支付优先用于基本公共服务，承担提供基本公共服务的组织落实责任；上级政府要通过调整收入划分、加大转移支付力度，增强县级政府基本公共服务保障能力。

三、配套措施

（一）明确部门管理职责。中央财政在落实中央承担的支出责任、做好资金保障的同时，要切实加强对地方财政履行支出责任的指导和监督。中央有关部门要积极推动相关基本公共服务领域管理体制改革，调整完善制度政策，指导和督促地方落实相关服务标准。地方财政要确保地方承担的支出责任落实到位。地方有关部门要认真执行相关政策，履行好提供基本公共服务的职责。

（二）加强基本公共服务项目预算管理。中央财政要根据国家基础标准、分担比例等因素，优先足额安排并提前下达、及时拨付共同财政事权分类分档转移支付。地方财政要完整、规范、合理编制基本公共服务项目预算，保证资金及时下达和拨付，完善基本公共服务项目预算管理流程，加大预算公开力度。

（三）推进基本公共服务大数据平台建设。财政及相关部门要建立规范的数据采集制度，统一数据标准，加快基本公共服务大数据平台建设，收集汇总各项基本公共服务相关数据，实现信息共享，为测算分配转移支付资金、落实各方责任、实现基本公共服务便利可及提供技术支撑。

（四）强化监督检查和绩效管理。加强对基本公共服务事项基础标准落实、基础数据真实性、资金管理使用规范性、服务便利可及性等方面的监督检查，保证支出责任落实。按照"谁使用、谁负责"的原则，对基本公共服务项目全面实施绩效管理，不断提高资金使用效益和基本公共服务质量。

四、实施时间

本方案自2019年1月1日起实施。

附件：基本公共服务领域中央与地方共同财政事权清单及基础标准、支出责任划分情况表（略）

5. 医疗卫生领域中央与地方财政事权和支出责任划分改革方案（2018年发布）

（国办发〔2018〕67号印发）

为全面贯彻落实党的十九大精神，推动实施健康中国战略，按照党中央、国务院关于推进中央与地方财政事权和支出责任划分改革的决策部署，现就医疗卫生领域中央与地方财政事权和支出责任划分改革制定如下方案：

一、总体要求

（一）改革的必要性。

人民健康是民族昌盛和国家富强的重要标志，医疗卫生是保障人民健康的重要民生事业。按照我国医疗卫生体制，医疗卫生领域财政事权主要包括公共卫生、医疗保障、计划生育、能力建设等四个方面。目前，我国医疗卫生领域中央与地方财政事权和支出责任划分的体系框架初步形成，但也存在一些问题，主要是划分体系不够完整，缺乏系统的制度规范；部分事项财政事权划分不明确，地方执行缺乏依据；部分事项财政事权划分不科学，职责交叉重叠；存在多种中央和地方分担比例，支出责任划分不尽合理；部分项目分散、多头管理，财政资金使用效益不高等，需要通过财政事权和支出责任划分改革加以解决。

（二）指导思想。

全面贯彻党的十九大和十九届二中、三中全会精神，以习近平新时代中国特色社会主义思想为指导，坚持稳中求进工作总基调，坚持新发展理念，紧扣我国社会主要矛盾变化，按照高质量发展的要求，统筹推进"五位一体"总体布局和协调推进"四个全面"战略布局，充分发挥中央统一领导、地方组织落实的制度优势，按照加快建立现代财政制度、建立权责清晰、财力协调、区域均衡的中央和地方财政关系的要求，坚持把人民健康放在优先发展的战略地位，大力支持实施健康中国战略，深化医药卫生体制改革，促进生育政策和相关经济社会政策配套衔接，努力为人民群众提供全方位全周期健康服务，推动建立医疗卫生领域可持续的投入保障长效机制并平稳运行。通过改革，形成中央领导、权责清晰、依法规范、运转高效的医疗卫生领域中央与地方财政事权和支出责任划分模式，提高基本医疗卫生服务的供给效率和水平。

（三）基本原则。

——坚持政府主导，促进人人公平享有。科学界定政府、社会和个人投入责任，坚持政府在提供基本医疗卫生服务中的主导地位，加大政府卫生投入，大力支持深化医药卫生体制改革，促进完善生育政策，加大对贫困地区和贫困人口的支持力度，推动实现人人享有基本医疗卫生服务。坚持政府主导与发挥市场机制作用相结合，完善财政投入机制，鼓励通过政府购买服务等方式提高医疗卫生领域投入效益。

——坚持遵循规律，适度强化中央权责。遵循财政事权和支出责任划分的一般规律，科学合理划分医疗卫生领域中央与地方财政事权和支出责任。以全国性或跨区域的公共卫生服务为重点，适度强化中央财政事权和支出责任。属于中央与地方共同财政事权的，由中央统一制定国家基础标准或提出原则要求。

——坚持问题导向，统筹兼顾突出重点。聚焦当前划分体系存在的主要问题，坚持医疗卫生领域全覆盖，提高划分体系的完整性；深入分析各项基本医疗卫生服务的性质和特点，提高划分体系的科学性；合理确定中央与地方支出责任分担方式，提高划分体系的规范性；统筹推进项目优化整合，提高财政资金的使用效益。

——坚持积极稳妥，分类施策扎实推进。在保持现有财政事权和支出责任框架总体稳定的基础上，兼顾当前和长远，分类推进改革。对现行划分较为科学合理且行之有效的事项，予以确认；对现行划分不尽合理且改革条件成熟的事项，进行改革调整；对尚不具备改革条件的事项，暂时延续现行划分格局，并根据相关领域体制机制改革进展情况及时作相应调整。

二、主要内容

根据《国务院关于推进中央与地方财政事权和支出责任划分改革的指导意见》（国发〔2016〕49号），按照实施《"健康中国2030"规划纲要》、深化医药卫生体制改革的总体要求，分别划分公共卫生、医疗保障、计划生育、能力建设四个方面的财政事权和支出责任。

（一）公共卫生方面。

公共卫生方面主要包括基本公共卫生服务和重大公共卫生服务，划分为中央财政事权、中央与地方共同财政事权两类。

1.基本公共卫生服务。基本公共卫生服务包括健康教育、预防接种、重点人群健康管理等原基本公共卫生服务内容，以及从原重大公共卫生服务和计划生育项目中划入的妇幼卫生、老年健康服务、医养结合、卫生应急、孕前检查等内容。其中，原基本公共卫生服务项目内容、资金、使用主体等保持相对独立和稳定，按照相应的服务规范组织实施；新划入基本公共卫生服务的项目由各省份结合地方实际自主安排，资金不限于基层医疗卫生机构使用。基本公共卫生服务内容根据经济社会发展、公共卫生服务需要和财政承受能力等因素适时调整。

基本公共卫生服务明确为中央与地方共同财政事权，由中央财政和地方财政共同承担支出责任。中央制定基本公共卫生服务人均经费国家基础标准，并根据经济社会发展情况逐步提高。基本公共卫生服务支出责任实行中央分档分担办法：第一档包括内蒙古、广西、重庆、四川、贵州、云南、西藏、陕西、甘肃、青海、宁夏、新疆12个省（自治区、直辖市），中央分担80%；第二档包括河北、山西、吉林、黑龙江、安徽、江西、河南、湖北、湖南、海南10个省，中央分担60%；第三档包括辽宁、福建、山东3个省，中央分担50%；第四档包括天津、江苏、浙江、广东4个省（直辖市）和大连、宁波、厦门、青岛、深圳5个计划单列市，中央分担30%；第五档包括北京、上海2个直辖市，中央分担10%。

2. 重大公共卫生服务。全国性或跨区域的重大传染病防控等重大公共卫生服务，主要包括纳入国家免疫规划的常规免疫及国家确定的群体性预防接种和重点人群应急接种所需疫苗和注射器购置，艾滋病、结核病、血吸虫病、包虫病防控，精神心理疾病综合管理，重大慢性病防控管理模式和适宜技术探索等内容，上划为中央财政事权，由中央财政承担支出责任。将原重大公共卫生服务中的中医药事业传承与发展划入能力建设方面。除上述项目之外的原重大公共卫生服务项目，纳入基本公共卫生服务统筹安排。

（二）医疗保障方面。

医疗保障方面主要包括城乡居民基本医疗保险补助和医疗救助，明确为中央与地方共同财政事权，由中央财政和地方财政共同承担支出责任。

1. 城乡居民基本医疗保险补助。中央财政和地方财政按规定对城乡居民基本医疗保险予以缴费补助。中央财政按照一定补助标准，参照上述基本公共卫生服务支出责任中央分档分担办法安排补助资金。

2. 医疗救助。医疗救助主要包括城乡医疗救助和疾病应急救助。中央财政根据救助需求、工作开展情况、地方财力状况等因素分配对地方转移支付资金。

（三）计划生育方面。

计划生育方面主要包括农村部分计划生育家庭奖励扶助、计划生育家庭特别扶助、计划生育"少生快富"补助3个计划生育扶助保障项目，明确为中央与地方共同财政事权，由中央财政和地方财政共同承担支出责任。除上述3个项目之外的原计划生育项目，纳入基本公共卫生服务统筹安排。

中央制定计划生育扶助保障补助国家基础标准，并根据经济社会发展情况逐步提高。中央财政参照上述基本公共卫生服务支出责任中央分档分担办法安排补助资金。

（四）能力建设方面。

能力建设方面主要包括医疗卫生机构改革和发展建设、卫生健康能力提升、卫生健康管理事务、医疗保障能力建设、中医药事业传承与发展。

1. 医疗卫生机构改革和发展建设。国家对医疗卫生机构改革和发展建设的补助，按照隶属关系分别明确为中央财政事权或地方财政事权，由同级财政承担支出责任。符合区域卫生规划的中央所属医疗卫生机构改革和发展建设明确为中央财政事权，由中央财政承担支出责任；中央所属医疗卫生机构承担地方政府委托的公共卫生、紧急救治、援外、支农、支边等任务的，由地方财政给予合理补助。符合区域卫生规划的地方所属医疗卫生机构改革和发展建设明确为地方财政事权，由地方财政承担支出责任；地方所属医疗卫生机构承担中央财政事权任务的，由中央财政给予合理补助。在深化医药卫生体制改革期间，中央财政对地方推进公立医院综合改革、实施国家基本药物制度、提升困难地区服务能力等按规定给予补助。加大对社会力量办医的支持力度，中央财政和地方财政按照规定落实对社会力量办医的补助政策。

2. 卫生健康能力提升。卫生健康能力提升主要包括卫生健康人才队伍建设、重点学科发展等。国家根据战略规划统一组织实施的卫生健康人才队伍建设、重点学科发展等项目明确为中央与地方共同财政事权，由中央财政和地方财政共同承担支出责任，中央财政根据工作任务量、补助标准、绩效考核情况等因素分配对地方转移支付资金。地方自主实施的能力提升项目明确为地方财政事权，由地方财政承担支出责任。

3. 卫生健康管理事务。卫生健康管理事务主要包括战略规划、综合监管、宣传引导、健康促进、基本药物和短缺药品监测、重大健康危害因素和重大疾病监测、妇幼卫生监测等，按照承担职责的相关职能部门隶属关系分别明确为中央财政事权或地方财政事权，由同级财政承担支出责任。

4. 医疗保障能力建设。医疗保障能力建设主要包括战略规划、综合监管、宣传引导、经办服务能力提升、信息化建设、人才队伍建设等，按照承担职责的相关职能部门及其所属机构隶属关系分别明确为中央财政事权或地方财政事权，由同级财政承担支出责任。在深化医药卫生体制改革期间，中央财政对地方医疗保障能力建设按规定给予补助。

5. 中医药事业传承与发展。中医药事业传承与发展主要包括中医药临床优势培育、中医药传承与创新、中医药传统知识保护与挖掘、中医药"治未病"技术规范与推广等，明确为中央与地方共同财政事权，由中央财政和地方财政共同承担支出责任，中央财政根据工作任务量、绩效考核情况、地方财力状况等因素分配对地方转移支付资金。

医疗卫生领域其他未列事项，按照改革的总体要求和事项特点具体确定财政事权和支出责任。党中央、国务院明确规定比照享受相关区域政策的地区继续按相关规定执行。中央基本建设支出按国家有关规定执行。军队、国有和集体企事业单位等举办的医疗卫生机构按照现行体制和相关领域改革要求落实经费保障责任。中央与新疆生产建设兵团财政事权和支出责任划分，参照中央与地方划分原则执行；财政支持政策原则上参照新疆维吾尔自治区执行，并适当考虑兵团的特殊因素。

明确为中央财政事权且确需委托地方行使的事项，受委托地方在委托范围内，以委托单位名义行使职权，承担相应的法律责任，并接受委托单位监督。明确为中央与地方共同财政事权的事项中，基本公共卫生服务、计划生育扶助保障等中央制定国家基础标准的事项，地方政府可以在确保国家基础标准全部落实到位的前提下，在国家基础标准之上合理增加保障内容或提高保障标准，增支部分由地方财政负担。对于医疗救助、卫生健康人才队伍建设、重点学科发展等不易或暂不具备条件统一制定国家基础标准的事项，中央提出原则要求并设立绩效目标，地方据此自主制定本地区标准，中央财政给予适当补助。地方政府制定出台地区标准要充分考虑区域间基本医疗卫生服务的公平性、当地经济社会发展水平和财政承受能力，确保财政可持续。地区标准高于国家基础标准的，需事先按程序报上级备案后执行；地方政府出台涉及重大政策调整等事项的，需事先按程序报中央有关部门备案后执行。

按照保持现有中央与地方财力格局总体稳定的原则，上述改革涉及的中央与地方支出基数划转，按预算管理有关规定办理。

三、配套措施

医疗卫生领域财政事权和支出责任划分是中央与地方财政事权和支出责任划分改革的重要内容，各地区、各部门要高度重视，加强组织领导，密切协调配合，结合实际细化政策措施，精心组织实施，确保改革顺利推进。

（一）协同推进相关改革。将中央与地方财政事权和支出责任划分改革同深化医药卫生体制改革紧密结合、统筹推进，着重健全城乡居民基本医疗保险稳定可持续的筹资和报销比例调整机制，合理确定政府与个人分担比例，推进公立医院体制机制改革，强化区域卫生规划约束力等，形成两项改革良性互动、协同促进的局面。

（二）完善省以下分担机制。省级政府要参照本方案的要求，结合省以下财政体制，合理划分医疗卫生领域省以下各级政府的财政事权和支出责任。要明确省级政府在推进区域内基本公共服务均等化方面的职责，加大对区域内困难地区的转移支付力度。要将适宜由更高一级政府承担的基本医疗卫生服务支出责任上移，避免过多增加基层政府支出压力。

（三）强化支出责任落实。中央财政和地方财政要按照确定的支出责任合理安排预算，根据"谁使用、谁负责"的原则全面实施绩效管理，保障基本医疗卫生服务的有效提供。对地方政府合理制定保障标准、落实支出责任存在的收支缺口，除符合区域卫生规划的医疗卫生机构基本建设等资本性支出可通过依法发行地方政府债券方式安排外，主要通过上级政府给予的一般性转移支付弥补。中央财政加大对困难地区的均衡性转移支付力度，促进基本公共服务均等化。

（四）修订完善规章制度。财政部、卫生健康委、医保局、中医药局等部门要根据本方案，在全面系统梳理的基础上，抓紧修订完善具体项目管理办法和转移支付资金管理办法等规章制度，并在今后制修订相关法律、行政法规时，体现医疗卫生领域中央与地方财政事权和支出责任划分有关内容。各地区相关部门要及时推动将地方各级政府间的财政事权和支出责任划分相关制度以地方性法规、政府规章的形式规定，加强法治化、规范化建设，确保行政权力在法律和制度的框架内运行。

四、实施时间

本方案自 2019 年 1 月 1 日起实施。

附件：医疗卫生领域中央与地方财政事权和支出责任划分情况表（略）

第二十六章　行政事业单位内部控制法规

1. 行政事业单位内部控制规范（试行）（2012 年发布）

（财会〔2012〕21 号印发）

第一章　总　　则

第一条　为了进一步提高行政事业单位内部管理水平，规范内部控制，加强廉政风险防控机制建设，根据《中华人民共和国会计法》《中华人民共和国预算法》等法律法规和相关规定，制定本规范。

第二条　本规范适用于各级党的机关、人大机关、行政机关、政协机关、审判机关、检察机关、各民主党派机关、人民团体和事业单位（以下统称单位）经济活动的内部控制。

第三条　本规范所称内部控制，是指单位为实现控制目标，通过制定制度、实施措施和执行程序，对经济活动的风险进行防范和管控。

第四条　单位内部控制的目标主要包括：合理保证单位经济活动合法合规、资产安全和使用有效、财务信息真实完整，有效防范舞弊和预防腐败，提高公共服务的效率和效果。

第五条　单位建立与实施内部控制，应当遵循下列原则：

（一）全面性原则。内部控制应当贯穿单位经济活动的决策、执行和监督全过程，实现对经济活动的全面控制。

（二）重要性原则。在全面控制的基础上，内部控制应当关注单位重要经济活动和经济活动的重大风险。

（三）制衡性原则。内部控制应当在单位内部的部门管理、职责分工、业务流程等方面形成相互制约和相互监督。

（四）适应性原则。内部控制应当符合国家有关规定和单位的实际情况，并随着外部环境的变化、单位经济活动的调整和管理要求的提高，不断修订和完善。

第六条　单位负责人对本单位内部控制的建立健全和有效实施负责。

第七条　单位应当根据本规范建立适合本单位实际情况的内部控制体系，并组织实施。具体工作包括梳理单位各类经济活动的业务流程，明确业务环节，系统分析经济活动风险，确定风险点，选择风险应对策略，在此基础上根据国家有关规定建立健全单位各项内部管理制度并督促相关工作人员认真执行。

第二章 风险评估和控制方法

第八条 单位应当建立经济活动风险定期评估机制，对经济活动存在的风险进行全面、系统和客观评估。

经济活动风险评估至少每年进行一次；外部环境、经济活动或管理要求等发生重大变化的，应及时对经济活动风险进行重估。

第九条 单位开展经济活动风险评估应当成立风险评估工作小组，单位领导担任组长。

经济活动风险评估结果应当形成书面报告并及时提交单位领导班子，作为完善内部控制的依据。

第十条 单位进行单位层面的风险评估时，应当重点关注以下方面：

（一）内部控制工作的组织情况。包括是否确定内部控制职能部门或牵头部门；是否建立单位各部门在内部控制中的沟通协调和联动机制。

（二）内部控制机制的建设情况。包括经济活动的决策、执行、监督是否实现有效分离；权责是否对等；是否建立健全议事决策机制、岗位责任制、内部监督等机制。

（三）内部管理制度的完善情况。包括内部管理制度是否健全；执行是否有效。

（四）内部控制关键岗位工作人员的管理情况。包括是否建立工作人员的培训、评价、轮岗等机制；工作人员是否具备相应的资格和能力。

（五）财务信息的编报情况。包括是否按照国家统一的会计制度对经济业务事项进行账务处理；是否按照国家统一的会计制度编制财务会计报告。

（六）其他情况。

第十一条 单位进行经济活动业务层面的风险评估时，应当重点关注以下方面：

（一）预算管理情况。包括在预算编制过程中单位内部各部门间沟通协调是否充分，预算编制与资产配置是否相结合、与具体工作是否相对应；是否按照批复的额度和开支范围执行预算，进度是否合理，是否存在无预算、超预算支出等问题；决算编报是否真实、完整、准确、及时。

（二）收支管理情况。包括收入是否实现归口管理，是否按照规定及时向财会部门提供收入的有关凭据，是否按照规定保管和使用印章和票据等；发生支出事项时是否按照规定审核各类凭据的真实性、合法性，是否存在使用虚假票据套取资金的情形。

（三）政府采购管理情况。包括是否按照预算和计划组织政府采购业务；是否按照规定组织政府采购活动和执行验收程序；是否按照规定保存政府采购业务相关档案。

（四）资产管理情况。包括是否实现资产归口管理并明确使用责任；是否定期对资产进行清查盘点，对账实不符的情况及时进行处理；是否按照规定处置资产。

（五）建设项目管理情况。包括是否按照概算投资；是否严格履行审核审批程序；是否建立有效的招投标控制机制；是否存在截留、挤占、挪用、套取建设项目资金的情形；是否按照规定保存建设项目相关档案并及时办理移交手续。

（六）合同管理情况。包括是否实现合同归口管理；是否明确应签订合同的经济活动范围和条件；是否有效监控合同履行情况，是否建立合同纠纷协调机制。

（七）其他情况。

第十二条 单位内部控制的控制方法一般包括：

（一）不相容岗位相互分离。合理设置内部控制关键岗位，明确划分职责权限，实施相应的分离措施，形成相互制约、相互监督的工作机制。

（二）内部授权审批控制。明确各岗位办理业务和事项的权限范围、审批程序和相关责任，建立重大事项集体决策和会签制度。相关工作人员应当在授权范围内行使职权、办理业务。

（三）归口管理。根据本单位实际情况，按照权责对等的原则采取成立联合工作小组并确定牵头部门或牵头人员等方式，对有关经济活动实行统一管理。

（四）预算控制。强化对经济活动的预算约束，使预算管理贯穿于单位经济活动的全过程。

（五）财产保护控制。建立资产日常管理制度和定期清查机制，采取资产记录、实物保管、定期盘点、账实核对等措施，确保资产安全完整。

（六）会计控制。建立健全本单位财会管理制度，加强会计机构建设，提高会计人员业务水平，强化会计人员岗位责任制，规范会计基础工作，加强会计档案管理，明确会计凭证、会计账簿和财务会计报告处理程序。

（七）单据控制。要求单位根据国家有关规定和单位的经济活动业务流程，在内部管理制度中明确界定各项经济活动所涉及的表单和票据，要求相关工作人员按照规定填制、审核、归档、保管单据。

（八）信息内部公开。建立健全经济活动相关信息内部公开制度，根据国家有关规定和单位的实际情况，确定信息内部公开的内容、范围、方式和程序。

第三章 单位层面内部控制

第十三条 单位应当单独设置内部控制职能部门或者确定内部控制牵头部门，负责组织协调内部控制工作。同时，应当充分发挥财会、内部审计、纪检监察、政府采购、基建、资产管理等部门或岗位在内部控制中的作用。

第十四条 单位经济活动的决策、执行和监督应当相互分离。单位应当建立健全集体研究、专家论证和技术咨询相结合的议事决策机制。

重大经济事项的内部决策，应当由单位领导班子集体研究决定。重大经济事项的认定标准应当根据有关规定和本单位实际情况确定，一经确定，不得随意变更。

第十五条 单位应当建立健全内部控制关键岗位责任制，明确岗位职责及分工，确保不相容岗位相互分离、相互制约和相互监督。单位应当实行内部控制关键岗位工作人员的轮岗制度，明确轮岗周期。不具备轮岗条件的单位应当采取专项审计等控制措施。

内部控制关键岗位主要包括预算业务管理、收支业务管理、政府采购业务管理、资产管理、建设项目管理、合同管理以及内部监督等经济活动的关键岗位。

第十六条 内部控制关键岗位工作人员应当具备与其工作岗位相适应的资格和能力。

单位应当加强内部控制关键岗位工作人员业务培训和职业道德教育，不断提升其业务水平和综合素质。

第十七条 单位应当根据《中华人民共和国会计法》的规定建立会计机构，配备具有相应资格和能力的会计人员。单位应当根据实际发生的经济业务事项按照国家统一的会计制度及时进行账务处理、编制财务会计报告，确保财务信息真实、完整。

第十八条 单位应当充分运用现代科学技术手段加强内部控制。对信息系统建设实施归口管理，将经济活动及其内部控制流程嵌入单位信息系统中，减少或消除人为操纵因素，保护信息安全。

第四章 业务层面内部控制

第一节 预算业务控制

第十九条 单位应当建立健全预算编制、审批、执行、决算与评价等预算内部管理制度。

单位应当合理设置岗位，明确相关岗位的职责权限，确保预算编制、审批、执行、评价等不相容岗位相互分离。

第二十条 单位的预算编制应当做到程序规范、方法科学、编制及时、内容完整、项目细化、数据准确。

（一）单位应当正确把握预算编制有关政策，确保预算编制相关人员及时全面掌握相关规定。

（二）单位应当建立内部预算编制、预算执行、资产管理、基建管理、人事管理等部门或岗位的沟通协调机制，按照规定进行项目评审，确保预算编制部门及时取得和有效运用与预算编制相关的信息，根据工作计划细化预算编制，提高预算编制的科学性。

第二十一条 单位应当根据内设部门的职责和分工，对按照法定程序批复的预算在单位内部进行指标分解、审批下达，规范内部预算追加调整程序，发挥预算对经济活动的管控作用。

第二十二条 单位应当根据批复的预算安排各项收支，确保预算严格有效执行。

单位应当建立预算执行分析机制。定期通报各部门预算执行情况，召开预算执行分析会议，研究解决预算执行中存在的问题，提出改进措施，提高预算执行的有效性。

第二十三条 单位应当加强决算管理，确保决算真实、完整、准确、及时，加强决算分析工作，强化决算分析结果运用，建立健全单位预算与决算相互反映、相互促进的机制。

第二十四条 单位应当加强预算绩效管理，建立"预算编制有目标、预算执行有监控、预算完成有评价、评价结果有反馈、反馈结果有应用"的全过程预算绩效管理机制。

第二节 收支业务控制

第二十五条 单位应当建立健全收入内部管理制度。

单位应当合理设置岗位，明确相关岗位的职责权限，确保收款、会计核算等不相容岗位相互分离。

第二十六条 单位的各项收入应当由财会部门归口管理并进行会计核算，严禁设立账外账。

业务部门应当在涉及收入的合同协议签订后及时将合同等有关材料提交财会部门作为账务处理依据，确保各项收入应收尽收，及时入账。财会部门应当定期检查收入金额是否与合同约定相符；对应收未收项目应当查明情况，明确责任主体，落实催收责任。

第二十七条 有政府非税收入收缴职能的单位，应当按照规定项目和标准征收政府非税收入，按照规定开具财政票据，做到收缴分离、票款一致，并及时、足额上缴国库或财政专户，不得以任何形式截留、挪用或者私分。

第二十八条 单位应当建立健全票据管理制度。财政票据、发票等各类票据的申领、启用、核销、销毁均应履行规定手续。单位应当按照规定设置票据专管员，建立票据台账，做好票据的保管和序时登记工作。票据应当按照顺序号使用，不得拆本使用，做好废旧票据管理。负责保管票据的人员要配置单独的保险柜等保管设备，并做到人走柜锁。

单位不得违反规定转让、出借、代开、买卖财政票据、发票等票据，不得擅自扩大票据适用范围。

第二十九条 单位应当建立健全支出内部管理制度，确定单位经济活动的各项支出标准，明确支出报销流程，按照规定办理支出事项。单位应当合理设置岗位，明确相关岗位的职责权限，确保支出申请和内部审批、付款审批和付款执行、业务经办和会计核算等不相容岗位相互分离。

第三十条 单位应当按照支出业务的类型，明确内部审批、审核、支付、核算和归档等支出各关键岗位的职责权限。实行国库集中支付的，应当严格按照财政国库管理制度有关规定执行。

（一）加强支出审批控制。明确支出的内部审批权限、程序、责任和相关控制措施。

审批人应当在授权范围内审批，不得越权审批。

（二）加强支出审核控制。全面审核各类单据。重点审核单据来源是否合法，内容是否真实、完整，使用是否准确，是否符合预算，审批手续是否齐全。

支出凭证应当附反映支出明细内容的原始单据，并由经办人员签字或盖章，超出规定标准的支出事项应由经办人员说明原因并附审批依据，确保与经济业务事项相符。

（三）加强支付控制。明确报销业务流程，按照规定办理资金支付手续。签发的支付凭证应当进行登记。使用公务卡结算的，应当按照公务卡使用和管理有关规定办理业务。

（四）加强支出的核算和归档控制。由财会部门根据支出凭证及时准确登记账簿；与支出业务相关的合同等材料应当提交财会部门作为账务处理的依据。

第三十一条 根据国家规定可以举借债务的单位应当建立健全债务内部管理制度，明确债务管理岗位的职责权限，不得由一人办理债务业务的全过程。大额债务的举借和偿还属于重大经济事项，应当进行充分论证，并由单位领导班子集体研究决定。

单位应当做好债务的会计核算和档案保管工作。加强债务的对账和检查控制，定期与债权人核对债务余额，进行债务清理，防范和控制财务风险。

第三节 政府采购业务控制

第三十二条 单位应当建立健全政府采购预算与计划管理、政府采购活动管理、验收管理等政府采购内部管理制度。

第三十三条 单位应当明确相关岗位的职责权限，确保政府采购需求制定与内部审批、招标文件准备与复核、合同签订与验收、验收与保管等不相容岗位相互分离。

第三十四条 单位应当加强对政府采购业务预算与计划的管理。建立预算编制、政府采购和资产管理等部门或岗位之间的沟通协调机制。根据本单位实际需求和相关标准编制政府采购预算，按照已批复的预算安排政府采购计划。

第三十五条 单位应当加强对政府采购活动的管理。对政府采购活动实施归口管理，在政府采购活动中建立政府采购、资产管理、财会、内部审计、纪检监察等部门或岗位相互协调、相互制约的机制。

单位应当加强对政府采购申请的内部审核，按照规定选择政府采购方式、发布政府采购信息。对政府采购进口产品、变更政府采购方式等事项应当加强内部审核，严格履行审批手续。

第三十六条 单位应当加强对政府采购项目验收的管理。根据规定的验收制度和政府采购文件，由指定部门或专人对所购物品的品种、规格、数量、质量和其他相关内容进行验收，并出具验收证明。

第三十七条 单位应当加强对政府采购业务质疑投诉答复的管理。指定牵头部门负责、相关部门参加，按照国家有关规定做好政府采购业务质疑投诉答复工作。

第三十八条 单位应当加强对政府采购业务的记录控制。妥善保管政府采购预算与计划、各类批复文件、招标文件、投标文件、评标文件、合同文本、验收证明等政府采购业务相关资料。定期对政府采购业务信息进行分类统计，并在内部进行通报。

第三十九条 单位应当加强对涉密政府采购项目安全保密的管理。对于涉密政府采购项目，单位应当与相关供应商或采购中介机构签订保密协议或者在合同中设定保密条款。

第四节 资 产 控 制

第四十条 单位应当对资产实行分类管理，建立健全资产内部管理制度。

单位应当合理设置岗位，明确相关岗位的职责权限，确保资产安全和有效使用。

第四十一条 单位应当建立健全货币资金管理岗位责任制，合理设置岗位，不得由一人办理货币资金业务的全过程，确保不相容岗位相互分离。

（一）出纳不得兼管稽核、会计档案保管和收入、支出、债权、债务账目的登记工作。

（二）严禁一人保管收付款项所需的全部印章。财务专用章应当由专人保管，个人名章应当由本人或其授权人员保管。负责保管印章的人员要配置单独的保管设备，并做到人走柜锁。

（三）按照规定应当由有关负责人签字或盖章的，应当严格履行签字或盖章手续。

第四十二条 单位应当加强对银行账户的管理，严格按照规定的审批权限和程序开立、变更和撤销银行账户。

第四十三条 单位应当加强货币资金的核查控制。指定不办理货币资金业务的会计人员定期和不定期抽查盘点库存现金，核对银行存款余额，抽查银行对账单、银行日记账及银行存款余额调节表，核对是否账实相符、账账相符。对调节不符、可能存在重大问题的未达账项应当及时查明原因，并按照相关规定处理。

第四十四条 单位应当加强对实物资产和无形资产的管理，明确相关部门和岗位的职责权限，强化对配置、使用和处置等关键环节的管控。

（一）对资产实施归口管理。明确资产使用和保管责任人，落实资产使用人在资产管理中的责任。贵重资产、危险资产、有保密等特殊要求的资产，应当指定专人保管、专人使用，并规定严格的接触限制条件和审批程序。

（二）按照国有资产管理相关规定，明确资产的调剂、租借、对外投资、处置的程序、审批权限和责任。

（三）建立资产台账，加强资产的实物管理。单位应当定期清查盘点资产，确保账实相符。财会、资产管理、资产使用等部门或岗位应当定期对账，发现不符的，应当及时查明原因，并按照相关规定处理。

（四）建立资产信息管理系统，做好资产的统计、报告、分析工作，实现对资产的动态管理。

第四十五条 单位应当根据国家有关规定加强对对外投资的管理。

（一）合理设置岗位，明确相关岗位的职责权限，确保对外投资的可行性研究与评估、对外投资决策与执行、对外投资处置的审批与执行等不相容岗位相互分离。

（二）单位对外投资，应当由单位领导班子集体研究决定。

（三）加强对投资项目的追踪管理，及时、全面、准确地记录对外投资的价值变动和投资收益情况。

（四）建立责任追究制度。对在对外投资中出现重大决策失误、未履行集体决策程序和不按规定执行对外投资业务的部门及人员，应当追究相应的责任。

第五节　建设项目控制

第四十六条 单位应当建立健全建设项目内部管理制度。

单位应当合理设置岗位，明确内部相关部门和岗位的职责权限，确保项目建议和可行性研究与项目决策、概预算编制与审核、项目实施与价款支付、竣工决算与竣工审计等不相容岗位相互分离。

第四十七条 单位应当建立与建设项目相关的议事决策机制，严禁任何个人单独决策或者擅自改变集体决策意见。决策过程及各方面意见应当形成书面文件，与相关资料一同妥善归档保管。

第四十八条 单位应当建立与建设项目相关的审核机制。项目建议书、可行性研究报告、概预算、竣工决算报告等应当由单位内部的规划、技术、财会、法律等相关工作人员或者根据国家有关规定委托具有相应资质的中介机构进行审核，出具评审意见。

第四十九条 单位应当依据国家有关规定组织建设项目招标工作，并接受有关部门的监督。

单位应当采取签订保密协议、限制接触等必要措施，确保标底编制、评标等工作在严格保密的情况下进行。

第五十条 单位应当按照审批单位下达的投资计划和预算对建设项目资金实行专款专用，严禁截留、挪用和超批复内容使用资金。财会部门应当加强与建设项目承建单位的沟通，准确掌握建设进度，加强价款支付审核，按照规定办理价款结算。实行国库集中支付的建设项目，单位应当按照财政国库管理制度相关规定支付资金。

第五十一条 单位应当加强对建设项目档案的管理。做好相关文件、材料的收集、整理、归档和保管工作。

第五十二条 经批准的投资概算是工程投资的最高限额，如有调整，应当按照国家有关规定报经批准。

单位建设项目工程洽商和设计变更应当按照有关规定履行相应的审批程序。

第五十三条 建设项目竣工后，单位应当按照规定的时限及时办理竣工决算，组织竣工决算审计，并根据批复的竣工决算和有关规定办理建设项目档案和资产移交等工作。

建设项目已实际投入使用但超时限未办理竣工决算的，单位应当根据对建设项目的实际投资暂估入账，转作相关资产管理。

第六节 合同控制

第五十四条 单位应当建立健全合同内部管理制度。

单位应当合理设置岗位，明确合同的授权审批和签署权限，妥善保管和使用合同专用章，严禁未经授权擅自以单位名义对外签订合同，严禁违规签订担保、投资和借贷合同。

单位应当对合同实施归口管理，建立财会部门与合同归口管理部门的沟通协调机制，实现合同管理与预算管理、收支管理相结合。

第五十五条 单位应当加强对合同订立的管理，明确合同订立的范围和条件。对于影响重大、涉及较高专业技术或法律关系复杂的合同，应当组织法律、技术、财会等工作人员参与谈判，必要时可聘请外部专家参与相关工作。谈判过程中的重要事项和参与谈判人员的主要意见，应当予以记录并妥善保管。

第五十六条 单位应当对合同履行情况实施有效监控。合同履行过程中，因对方或单位自身原因导致可能无法按时履行的，应当及时采取应对措施。

单位应当建立合同履行监督审查制度。对合同履行中签订补充合同，或变更、解除合同等应当按照国家有关规定进行审查。

第五十七条 财会部门应当根据合同履行情况办理价款结算和进行账务处理。未按照合同条款履约的，财会部门应当在付款之前向单位有关负责人报告。

第五十八条 合同归口管理部门应当加强对合同登记的管理，定期对合同进行统计、分类和归档，详细登记合同的订立、履行和变更情况，实行对合同的全过程管理。与单位经济活动相关的合同应当同时提交财会部门作为账务处理的依据。

单位应当加强合同信息安全保密工作，未经批准，不得以任何形式泄露合同订立与履行过程中涉及的国家秘密、工作秘密或商业秘密。

第五十九条 单位应当加强对合同纠纷的管理。合同发生纠纷的，单位应当在规定时效内与对方协商谈判。合同纠纷协商一致的，双方应当签订书面协议；合同纠纷经协商无法解决的，经办人员应向单位有关负责人报告，并根据合同约定选择仲裁或诉讼方式解决。

第五章 评价与监督

第六十条 单位应当建立健全内部监督制度,明确各相关部门或岗位在内部监督中的职责权限,规定内部监督的程序和要求,对内部控制建立与实施情况进行内部监督检查和自我评价。

内部监督应当与内部控制的建立和实施保持相对独立。

第六十一条 内部审计部门或岗位应当定期或不定期检查单位内部管理制度和机制的建立与执行情况,以及内部控制关键岗位及人员的设置情况等,及时发现内部控制存在的问题并提出改进建议。

第六十二条 单位应当根据本单位实际情况确定内部监督检查的方法、范围和频率。

第六十三条 单位负责人应当指定专门部门或专人负责对单位内部控制的有效性进行评价并出具单位内部控制自我评价报告。

第六十四条 国务院财政部门及其派出机构和县级以上地方各级人民政府财政部门应当对单位内部控制的建立和实施情况进行监督检查,有针对性地提出检查意见和建议,并督促单位进行整改。

国务院审计机关及其派出机构和县级以上地方各级人民政府审计机关对单位进行审计时,应当调查了解单位内部控制建立和实施的有效性,揭示相关内部控制的缺陷,有针对性地提出审计处理意见和建议,并督促单位进行整改。

第六章 附则

第六十五条 本规范自2014年1月1日起施行。

2. 行政事业单位内部控制报告管理制度(试行)
(2017年发布)

(财会〔2017〕1号印发)

第一章 总则

第一条 为贯彻落实党的十八届四中全会通过的《中共中央关于全面推进依法治国若干重大问题的决定》的有关精神,进一步加强行政事业单位内部控制建设,规范行政事业单位内部控制报告的编制、报送、使用及报告信息质量的监督检查等工作,促进行政事业单位内部控制信息公开,提高行政事业单位内部控制报告质量,根据《财政部关于全面推进行政事业单位内部控制建设的指导意见》(财会〔2015〕24号,以下简称《指导意见》)和《行政事业单位内部控制规范(试行)》(财会〔2012〕21号,以下简称《单位内部控制规范》)等,制定本制度。

第二条 本制度适用于所有行政事业单位。

本制度所称行政事业单位包括各级党的机关、人大机关、行政机关、政协机关、审判机关、检察机关、各民主党派机关、人民团体和事业单位。

第三条 本制度所称内部控制报告,是指行政事业单位在年度终了,结合本单位实际情况,依据《指导意见》和《单位内部控制规范》,按照本制度规定编制的能够综合反映本单位内部控制建立与实施情况的总结性文件。

第四条 行政事业单位编制内部控制报告应当遵循下列原则:

（一）全面性原则。内部控制报告应当包括行政事业单位内部控制的建立与实施、覆盖单位层面和业务层面各类经济业务活动，能够综合反映行政事业单位的内部控制建设情况。

（二）重要性原则。内部控制报告应当重点关注行政事业单位重点领域和关键岗位，突出重点、兼顾一般，推动行政事业单位围绕重点开展内部控制建设，着力防范可能产生的重大风险。

（三）客观性原则。内部控制报告应当立足于行政事业单位的实际情况，坚持实事求是，真实、完整地反映行政事业单位内部控制建立与实施情况。

（四）规范性原则。行政事业单位应当按照财政部规定的统一报告格式及信息要求编制内部控制报告，不得自行修改或删减报告及附表格式。

第五条 行政事业单位是内部控制报告的责任主体。

单位主要负责人对本单位内部控制报告的真实性和完整性负责。

第六条 行政事业单位应当根据本制度，结合本单位内部控制建立与实施的实际情况，明确相关内设机构、管理层级及岗位的职责权限，按照规定的方法、程序和要求，有序开展内部控制报告的编制、审核、报送、分析使用等工作。

第七条 内部控制报告编报工作按照"统一部署、分级负责、逐级汇总、单向报送"的方式，由财政部统一部署，各地区、各垂直管理部门分级组织实施并以自下而上的方式逐级汇总，非垂直管理部门向同级财政部门报送，各行政事业单位按照行政管理关系向上级行政主管部门单向报送。

第二章　内部控制报告编报工作的组织

第八条 财政部负责组织实施全国行政事业单位内部控制报告编报工作。其职责主要是制定行政事业单位内部控制报告的有关规章制度及全国统一的行政事业单位内部控制报告格式，布置全国行政事业单位内部控制年度报告编报工作并开展相关培训，组织和指导全国行政事业单位内部控制报告的收集、审核、汇总、报送、分析使用，组织开展全国行政事业单位内部控制报告信息质量的监督检查工作，组织和指导全国行政事业单位内部控制考核评价工作，建立和管理全国行政事业单位内部控制报告数据库等工作。

第九条 地方各级财政部门负责组织实施本地区行政事业单位内部控制报告编报工作，并对本地区内部控制汇总报告的真实性和完整性负责。其职责主要是布置本地区行政事业单位内部控制年度报告编报工作并开展相关培训，组织和指导本地区行政事业单位内部控制报告的收集、审核、汇总、报送、分析使用，组织和开展本地区行政事业单位内部控制报告信息质量的监督检查工作，组织和指导本地区行政事业单位内部控制考核评价工作，建立和管理本地区行政事业单位内部控制报告数据库等工作。

第十条 各行政主管部门（以下简称各部门）应当按照财政部门的要求，负责组织实施本部门行政事业单位内部控制报告编报工作，并对本部门内部控制汇总报告的真实性和完整性负责。其职责主要是布置本部门行政事业单位内部控制年度报告编报工作并开展相关培训，组织和指导本部门行政事业单位内部控制报告的收集、审核、汇总、报送、分析使用，组织和开展本部门行政事业单位内部控制报告信息质量的监督检查工作，组织和指导本部门行政事业单位内部控制考核评价工作，建立和管理本部门行政事业单位内部控制报告数据库。

第三章　行政事业单位内部控制报告的编制与报送

第十一条 年度终了，行政事业单位应当按照本制度的有关要求，根据本单位当年内部控制建设工作的实际情况及取得的成效，以能够反映内部控制工作基本事实的相关材料为支撑，按照财政部发布的统一报告格式编制内部控制报告，经本单位主要负责人审批后对外报送。

第十二条 行政事业单位能够反映内部控制工作基本事实的相关材料一般包括内部控制领导机构会议纪要、内部控制制度、流程图、内部控制检查报告、内部控制培训会相关材料等。

第十三条 行政事业单位应当在规定的时间内，向上级行政主管部门报送本单位内部控制报告及能够反映本单位内部控制工作基本事实的相关材料。

第四章 部门行政事业单位内部控制报告的编制与报送

第十四条 各部门应当在所属行政事业单位上报的内部控制报告和部门本级内部控制报告的基础上，汇总形成本部门行政事业单位内部控制报告。

第十五条 各部门汇总的行政事业单位内部控制报告应当以所属行政事业单位上报的信息为准，不得虚报、瞒报和随意调整。

第十六条 各部门应当在规定的时间内，向同级财政部门报送本部门行政事业单位内部控制报告。

第五章 地区行政事业单位内部控制报告的编制与报送

第十七条 地方各级财政部门应当在下级财政部门上报的内部控制报告和本地区部门内部控制报告的基础上，汇总形成本地区行政事业单位内部控制报告。

第十八条 地方各级财政部门汇总的本地区行政事业单位内部控制报告应当以本地区部门和下级财政部门上报的信息为准，不得虚报、瞒报和随意调整。

第十九条 地方各级财政部门应当在规定的时间内，向上级财政部门逐级报送本地区行政事业单位内部控制报告。

第六章 行政事业单位内部控制报告的使用

第二十条 行政事业单位应当加强对本单位内部控制报告的使用，通过对内部控制报告中反映的信息进行分析，及时发现内部控制建设工作中存在的问题，进一步健全制度，提高执行力，完善监督措施，确保内部控制有效实施。

第二十一条 各地区、各部门应当加强对行政事业单位内部控制报告的分析，强化分析结果的反馈和使用，切实规范和改进财政财务管理，更好发挥对行政事业单位内部控制建设的促进和监督作用。

第七章 行政事业单位内部控制报告的监督检查

第二十二条 各地区、各部门汇总的内部控制报告报送后，各级财政部门、各部门应当组织开展对所报送的内部控制报告内容的真实性、完整性和规范性进行监督检查。

第二十三条 行政事业单位内部控制报告信息质量的监督检查工作采取"统一管理、分级实施"原则。中央部门内部控制报告信息质量监督检查工作由财政部组织实施，各地区行政事业单位内部控制报告信息质量监督检查工作由同级财政部门按照统一的工作要求分级组织实施，各部门所属行政事业单位内部控制报告信息质量监督检查由本部门组织实施。

第二十四条 行政事业单位内部控制报告信息质量的监督检查应按规定采取适当的方式来确定对象，并对内部控制报告存在明显质量问题或以往年份监督检查不合格单位进行重点核查。

第二十五条 各地区、各部门应当认真组织落实本地区（部门）的行政事业单位内部控制报告编报工作，加强对内部控制报告编报工作的考核。

第二十六条 行政事业单位应当认真、如实编制内部控制报告，不得漏报、瞒报有关内部控制信息，更不得编造虚假内部控制信息；单位负责人不得授意、指使、强令相关人员提供虚假内部控制信息，不得对拒绝、抵制编造虚假内部控制信息的人员进行打击报复。

第二十七条 对于违反规定、提供虚假内部控制信息的单位及相关负责人，按照《中华人民共和国会计法》《中华人民共和国预算法》《财政违法行为处罚处分条例》等有关法律法规规定追究责任。

各级财政部门及其工作人员在行政事业单位内部控制报告管理工作中，存在滥用职权、玩忽职守、徇私舞弊等违法违纪行为的，按照《公务员法》《行政监察法》《财政违法行为处罚处分条例》等国家有关规定追究相应责任；涉嫌犯罪的，移送司法机关处理。

第八章 附 则

第二十八条 各地区、各部门可依据本制度，结合工作实际，制定相应的实施细则。

第二十九条 本制度自 2017 年 3 月 1 日起施行。

3. 关于进一步加强公立医院内部控制建设的指导意见（2023 年发布）

（财会〔2023〕31 号印发）

为贯彻落实中央办公厅、国务院办公厅印发的《关于进一步加强财会监督工作的意见》有关要求，推动公立医院进一步加强内部控制建设，提升公立医院内部治理水平和公共服务效能，现提出如下意见。

一、总体要求

（一）指导思想。

以习近平新时代中国特色社会主义思想为指导，深入贯彻落实党的二十大、二十届中央纪委二次全会、国务院廉政工作会议精神，以人民健康为中心，将公平可及、群众受益作为出发点和立足点，坚持公益性原则，全面规范公立医院经济活动及相关业务活动，建立健全科学有效的内部制约机制，持续优化公立医院内部控制环境，有效防控公立医院内部运营风险，为推动公立医院高质量发展、深化医药卫生体制改革、实施健康中国战略提供有力支撑。

（二）基本原则。

1. 坚持党的领导。充分发挥党的领导政治优势，把党的领导落实到公立医院内部控制建立、实施与评价监督的全过程，确保党中央、国务院重大决策部署有效贯彻落实。

2. 坚持系统思维。公立医院内部控制要确保覆盖各项经济活动及相关业务活动，贯穿决策、执行、监督全过程，与内部审计、巡视巡察、纪检监察等其他各类监督机制有机贯通融合，构建内外协同、衔接高效、运转有序的内部控制工作机制。

3. 坚持问题导向。针对公立医院重点业务和问题频发的高风险领域，查找风险隐患，形成风险清单，强化责任落实，加强问题整改，推动有关法律法规和相关政策制度内化为内部控制制度、标准和流程，建立长效机制，突出重点，讲求实效，切实提高内部控制工作的针对性和有效性。

4. 坚持动态适应。公立医院内部控制建设应当符合国家有关规定和公立医院的实际情况，并随着外部环境的变化、公立医院经济活动及相关业务活动的调整和管理要求的提高，不断优化完善，适应新时代新环境新变化的需求。

（三）主要目标。

推动公立医院全面贯彻落实《行政事业单位内部控制规范（试行）》（财会〔2012〕21号）、《行政事业单位内部控制报告管理制度（试行）》（财会〔2017〕1号）、《关于加强公立医院运营管理的指导意见》（国卫财务发〔2020〕27号）、《公立医院内部控制管理办法》（国卫财务发〔2020〕31号）等制度办法，到2025年底，建立健全权责清晰、制衡有力、运行有效、监督到位的内部控制体系，强化财经纪律刚性约束，合理保证公立医院经济活动及相关业务活动合法合规、资产安全和使用有效、财务信息真实完整，有效防范舞弊和预防腐败，提高资源配置和使用效益。

二、主要任务和措施

（一）持续优化公立医院内部控制环境。

1. 充分发挥公立医院党委在内部控制建设中的领导作用，明确公立医院党委主要负责人是整体内部控制建设与实施的第一责任人，明确党政领导班子其他成员作为各自分管领域内部控制建设与实施的负责人，将内部控制工作纳入党政领导班子年度履职清单。

2. 建立健全公立医院内部控制领导小组或内部控制委员会工作机制，鼓励公立医院综合职能部门作为内部控制建设的牵头部门，鼓励公立医院内部审计部门或指定的相关部门对内部控制建立和实施情况进行监督评价，明确公立医院内部各部门是本部门内部控制建设和实施的责任主体，部门负责人对本部门的内部控制有效性负责。

3. 建立健全公立医院议事决策机制，"三重一大"事项应当严格履行集体决策程序。完善内部控制关键岗位责任制，实行内部控制关键岗位轮岗制度，明确轮岗周期。不具备轮岗条件的公立医院应当采取专项审计等控制措施。

4. 强化公立医院内部控制文化建设，创新方式方法，定期组织党政领导班子和干部职工学习内部控制知识，开展内部控制典型案例的学习交流，提高全体人员对医疗领域共性风险及本医院个性风险的认识，确保内部控制理念入脑入心，持续营造公立医院全体人员学习内部控制、人人参与内部控制的良好氛围。

5. 加强公立医院内部控制人才队伍建设，定期组织开展内部控制培训，提升公立医院内部控制人员的专业技能和综合素质，为内部控制建设提供人力资源保障。

（二）切实加强公立医院风险评估工作。

6. 健全完善定期风险评估机制，公立医院至少每年组织一次风险评估，并形成书面风险评估报告。当外部环境、业务活动、经济活动或管理要求等发生重大变化时，公立医院应当及时对经济活动及相关业务活动的风险进行重新评估。

7. 鼓励有条件的公立医院聘请具有胜任能力的第三方机构开展风险评估工作。

8. 加强公立医院风险评估的针对性，在开展单位层面风险评估的基础上，重点对涉及资金规模较大、廉政风险较高、业务模式较新、影响可持续发展等领域进行风险评估。

9. 进一步提升公立医院风险应对能力，综合运用风险规避、风险降低、风险分担和风险承受等风险应对策略，实现对风险的有效控制。

（三）着力完善公立医院重点业务及高风险领域的内部控制措施。

10. 加强预算管理，强化预算刚性约束，建立预算执行、分析和改进机制，加强预算调整审批控制，坚持"无预算不支出"原则，落实全过程预算绩效管理。

11. 健全收支管理，依法依规组织各类收入，规范各类支出的审批流程，明确资金流向和使用范围，确保不相容岗位职责分离与授权审批，进一步明确收入管理、票据管理、支出管理、公务卡管理、医疗费用管理的控制点,严控"三公"经费支出。

12. 加强采购管理,严格落实国家药品和医用耗材采购政策,明确职责划分与归口管理,确定药品、医用耗材、仪器设备、科研试剂等品类多、金额大的物资和设备,以及信息系统、委托(购买)服务、工程物资等采购过程中的关键管控环节和控制措施。

13. 强化资产管理,严格按规定程序配置各类设备资产,严禁举债购置大型医用设备,规范国有资产出租出借和处置行为,落实定期清查盘点制度。严格控制对外投资,明确对外投资的可行性评估与投资效益分析等相关内容。

14. 加强基本建设项目管理,严禁公立医院举债建设和超标准装修,规范基本建设项目的全过程管理。加强多院区建设管理,严禁未批先办、未批先建,坚决杜绝无序扩张。

15. 完善合同管理,明确合同管理归口部门、合同各相关部门职责权限,加强合同合法性审查、授权管理、合同签署和履行管理。

16. 严格按照卫生健康行政部门(含中医药主管部门)批准范围开展诊疗活动,诊疗项目的收费应当符合物价部门、医保部门政策。加强依法执业自查管理,建立依法执业自查工作制度,对执业活动依法依规情况进行检查。

17. 规范使用医保基金,严格落实医保政策,强化定点医疗机构自我管理主体责任,加强医保管理促进临床合理诊疗,完善医保基金使用管理,定期检查本单位医保基金使用情况。

18. 严格执行教育项目经费的预算控制和闭环管理。优化完善科研项目管理制度,确保科研自主权接得住、管得好。

19. 完善互联网诊疗管理,明确归口管理部门、各部门权责界定,健全与第三方合作的评估、审批程序。

20. 优化医联体管理,明确医联体业务的审批程序,明确牵头医院与医联体成员之间的职责权限、业务联动、诊疗服务与收费、资源与信息共享、绩效与利益分配等制度,加强对医联体业务的监督。

21. 加强生物安全管理,规范生物医学新技术临床研究管理,强化实验室生物安全风险管控,加强人类遗传资源采集、保藏、利用、对外提供等活动的管理和监督,健全生物安全相关管理制度,筑牢公立医院生物安全防线。

(四)全面提升公立医院内部控制的信息化水平。

22. 充分利用信息化技术手段,加强公立医院内部控制建设,落实管理制度化、制度流程化、流程表单化、表单信息化、信息智能化的建设要求。

23. 推进内部控制建设融入公立医院信息化建设,将岗位职责、业务标准、制度流程、控制措施以及数据需求嵌入医院信息系统,通过信息化的方式进行固化,确保各项业务活动可控制、可追溯,有效减少人为违规操纵。

24. 加强公立医院信息平台化、集成化建设,积极探索打通各类信息系统之间的壁垒,保障公立医院信息系统互联互通、信息共享,实现各类经济活动及相关业务活动的资金流、实物流、信息流、数据流有效匹配和顺畅衔接。

25. 加强公立医院网络安全与数据安全建设,强化账户授权管控要求,建立数据分类分级保护制度,保障网络信息的存储安全,以及数据的产生、传输和使用过程中的安全,防止患者隐私和个人信息被泄露。

(五)强化对公立医院内部控制的评价与监督。

26. 公立医院应建立健全内部控制评价办法,定期对内部控制体系建立与实施情况进行自我评价,科学评价内部控制的有效性。鼓励有条件的公立医院委托第三方机构对内部控制进行评价。

27. 按照财政部门和上级主管部门要求,公立医院应及时、完整、准确报送内部控制报告,加强内部控制报告审核工作,提高内部控制报告质量。

28. 根据内部控制评价中所发现的问题,强化问题整改,明确整改责任落实,及时制定整改措施,完善内部控制制度,实现内部控制工作闭环管理。

29. 加强内部控制成果应用,鼓励将内部控制评价结果和内部控制报告作为绩效管理、监督问责等工作的重要依据,提高广大干部职工对内部控制的重视程度。

30. 完善内部控制监督的联动机制,将内部控制建立及实施情况与内部审计、纪检监察等其他内部监督机制有效联动,充分利用党和国家各项监督体系成果,形成监督合力。

三、保障措施

(一)加强组织领导。各级财政部门要发挥统筹协调作用,加强对公立医院内部控制建设的政策指导。各级卫生健康行政部门(含中医药主管部门)要加强对公立医院内部控制的指导和督促工作,确保公立医院内部控制建设有效落地。各级医保等相关部门要结合职责分工,协同推进公立医院内部控制建设。

(二)制定工作方案。公立医院要按照本指导意见确定的总体要求和主要任务,结合本单位实际情况,制定工作方案,健全工作机制,明确任务分工,加大保障力度,层层压实责任,充分利用信息化技术手段,积极推动内部控制在本单位的落地见效。

(三)强化监督检查。各级财政部门、卫生健康行政部门(含中医药主管部门)、医保部门,要按照各自职责分工,加强对公立医院内部控制建立与实施情况的监督检查,针对检查中发现的内部控制问题和薄弱环节,督促公立医院及时制定整改措施,建立长效机制,持续优化内部控制体系。同时加强与审计、巡视巡察、纪检监察等部门的沟通协调和信息共享,形成全方位、多维度的内部控制监督格局。

(四)加强宣传引导。各级财政部门、卫生健康行政部门(含中医药主管部门)、医保部门和各公立医院要加大宣传教育力度,加强政策指导及业务培训,广泛宣传内部控制建设的必要性和重要意义,积极推广内部控制建设的先进经验和典型做法,引导公立医院广大干部职工自觉提高风险防范和权力规范运行意识,为全面推进公立医院内部控制建设营造良好的环境和氛围。

第二十七章 政府债务管理相关法规

1. 地方政府债券发行管理办法(2020年发布)

(财库〔2020〕43号印发)

第一条 为规范地方政府债券发行管理,保护投资者合法权益,根据《中华人民共和国预算法》《中共中央办公厅国务院办公厅关于做好地方政府专项债券发行及项目配套融资工作的通知》和《国务院关于加强地方政府性债务管理的意见》(国发〔2014〕43号)等法律法规和相关规定,制定本办法。

第二条 本办法所称地方政府债券,是指省、自治区、直辖市和经省级人民政府批准自办债券发行的计划单列市人民政府(以下称地方政府)发行的、约定一定期限内还本付息的政府债券。

地方政府债券包括一般债券和专项债券。一般债券是为没有收益的公益性项目发行，主要以一般公共预算收入作为还本付息资金来源的政府债券；专项债券是为有一定收益的公益性项目发行，以公益性项目对应的政府性基金收入或专项收入作为还本付息资金来源的政府债券。

第三条 地方政府依法自行组织本地区地方政府债券发行和还本付息工作。地方政府债券发行兑付工作由地方政府财政部门（以下称地方财政部门）负责办理。

第四条 地方财政部门应当切实履行偿债责任，及时支付债券本息，维护政府信誉。加强专项债券项目跟踪管理，严格落实项目收益与融资规模相平衡的有关要求，保障债券还本付息，防范专项债券偿付风险。

第五条 地方财政部门、地方政府债券承销团成员、信用评级机构及其他相关主体，应当按照市场化、规范化原则做好地方政府债券发行相关工作。

第二章 债券发行额度和期限

第六条 地方财政部门应当在国务院批准的分地区限额内发行地方政府债券。新增债券、再融资债券、置换债券发行规模不得超过财政部下达的当年本地区对应类别的债券限额或发行规模上限。

第七条 地方财政部门应当根据项目期限、融资成本、到期债务分布、投资者需求、债券市场状况等因素，合理确定债券期限结构。

第八条 地方财政部门可结合实际情况，在按照市场化原则保障债权人合法权益的前提下，采取到期偿还、提前偿还、分期偿还等本金偿还方式。

第九条 地方财政部门应当均衡一般债券期限结构，充分结合项目周期、债券市场需求等合理确定专项债券期限，专项债券期限应当与项目期限相匹配。专项债券期限与项目期限不匹配的，可在同一项目周期内以接续发行的方式进行融资。专项债券可以对应单一项目发行，也可以对应多个项目集合发行。财政部对地方政府债券发行期限进行必要的统筹协调。

第三章 信用评级和信息披露

第十条 地方财政部门应当按照公开、公平、公正原则，从具备中国境内债券市场评级资质的信用评级机构中依法竞争择优选择信用评级机构，并按规定及时披露所选定的信用评级机构。地方财政部门应当与信用评级机构签署信用评级协议，明确双方的权利和义务。

第十一条 信用评级机构应当按照独立、客观、公正和审慎性原则开展信用评级工作，严格遵守信用评级业管理有关办法、地方政府债券信用评级有关规定和行业自律规范，及时发布信用评级报告。

首次评级后，信用评级机构应当在评级结果有效期内每年开展一次跟踪评级，在债券存续期内发生可能影响偿债能力和偿债意愿的重大事项时，及时进行不定期跟踪评级，并公布跟踪评级结果。

第十二条 地方财政部门应当按照地方政府债券信息披露有关规定，及时公开地方政府债券发行安排、债券基本信息、本地区财政经济运行及债务情况、债券信用评级报告等。专项债券还应当全面详细公开项目信息、项目收益与融资平衡方案、债券对应的政府性基金或专项收入情况、由第三方专业机构出具的评估意见以及对投资者做出购买决策有重大影响的其他信息。

第十三条 地方财政部门应当在地方政府债券发行定价结束后，及时披露债券发行结果。

第十四条 地方政府债券到期前，地方财政部门应当按有关规定持续披露经济运行、财政收支、政府债务管理情况、跟踪评级报告以及可能影响债券偿还能力的重大事项等。专项债券还应当披露项目收益、对应的政府性基金或专项收入情况等。债券发行后确需调整债券资金用途的，地方财政部门应当按程序报批，经省级人民政府或省级人大常委会批准后及时披露相关信息。

第十五条 地方财政部门应当及时披露地方政府债券发行相关信息，对披露文件的合规性、完整性负责。

第十六条 信息披露遵循诚实信用原则，不得有虚假记载、误导性陈述或重大遗漏。

第十七条 地方财政部门披露债券发行时间后，因债券市场波动、市场资金面、承销团成员承销意愿、不可抗力等特殊因素需要推迟或取消地方政府债券发行时，应当按规定提前向财政部报告，并向市场披露推迟或取消发行信息。

第四章 债券发行与托管

第十八条 地方财政部门应当统筹债券发行、财政收支和库款管理等，结合资金需求科学安排地方政府债券发行节奏，提高债券资金使用效率。

第十九条 地方财政部门应当合理设置单只债券发行规模，公开发行的地方政府债券鼓励采用续发行方式。

第二十条 地方财政部门应当按照公开、公平、公正的原则组建地方政府债券承销团，根据市场环境和债券发行任务等因素，合理确定承销团成员和主承销商的数量、选择方式、组建流程等。

承销团成员应当是中国境内依法成立的金融机构，经营范围包括债券承销，财务稳健，资本充足率、偿付能力或者净资本状况等指标达到监管标准，具有较强的风险防控能力。除外国银行分行外，其他机构应当具备独立法人资格；外国银行分行参与承销地方政府债券，应当取得其总行对该事项的书面授权。

第二十一条 地方财政部门应当按照有关法律法规，在平等自愿基础上与地方政府债券承销团成员签署债券承销协议，明确双方权利和义务。承销团成员可以书面委托其分支机构代理签署并履行债券承销协议。地方财政部门可以在承销团成员中择优选择主承销商，主承销商发挥承销主力作用。

第二十二条 地方财政部门应当规范承销团管理，定期开展承销团考评，完善退出和增补机制，实现权利义务相匹配。

第二十三条 地方政府债券发行可以采用承销、招标等方式。

第二十四条 地方财政部门采用承销方式发行地方政府债券，应当与主承销商协商确定承销规则，明确承销方式和募集原则等。地方财政部门与主承销商协商确定利率（价格）区间，各承销商在规定时间内报送申购利率（价格）和数量意愿，按事先确定的定价和配售规则确定最终发行利率（价格）和各承销商债券承销额。

第二十五条 地方财政部门采用招标方式发行地方政府债券，应当科学制定招标规则，明确招标方式和中标原则，合理设定投标比例、承销比例等技术参数。地方财政部门通过财政部规定的电子招标系统，要求各承销商通过该系统在规定时间报送投标利率及投标额，按地方财政部门制定的招标发行规则，确定债券发行利率及各承销商债券中标额。地方财政部门可结合市场情况和自身需要，采用弹性招标方式发行地方政府债券。

第二十六条 地方财政部门应当按照财政部有关规定积极通过商业银行柜台市场发行

地方政府债券，不断拓宽地方政府债券发行渠道，便利个人和非金融机构投资选择。

第二十七条 除财政部另有规定外，地方政府债券应当在中央国债登记结算有限责任公司办理总登记托管，在国家规定的登记托管机构办理分登记托管。地方政府债券在全国银行间债券市场（商业银行柜台市场除外）、证券交易所债券市场均实行一级托管，各类投资者直接在登记托管机构开立债券账户，实行穿透式管理。发行结束后，按有关规定及时上市交易。

第二十八条 发行服务机构、登记结算机构、代理还本付息机构等应当与地方财政部门商定合理的发行费用标准，原则上不得高于非政府债券标准。发行服务机构、登记结算机构、代理还本付息机构拟修改或新增收费标准的，应当提前报财政部核准后实施。

第五章 相关机构职责

第二十九条 地方财政部门应当加强地方政府债券发行现场管理，确保在发行定价过程中，不得有违反公平竞争、进行利益输送、谋取不正当利益以及其他破坏市场秩序的行为。

地方财政部门和地方政府债券发行服务机构应当按照地方政府债券发行现场管理有关规定，对发行现场的人员出入登记、通讯设备存放、无线电屏蔽和电话录音等方面进行严格管理。如遇特殊情况，应当及时向财政部报告。

第三十条 地方政府债券发行服务机构应当建立健全债券发行服务制度，优化发行服务工作流程，做好发行系统维护工作，强化内部控制，不断提升发行服务水平。

第三十一条 地方政府债券市场基础设施应当在财政部指导下，积极配合做好地方政府债券收益率曲线编制等工作。

第三十二条 地方政府债券市场基础设施应当加强市场跟踪分析，及时向财政部门报送数据信息及市场分析报告。

第三十三条 地方财政部门应当积极推动扩大地方政府债券投资者范围，鼓励各类机构投资者和个人投资者在符合法律法规等相关规定的前提下投资地方政府债券。

各交易场所和市场服务机构应当不断完善地方政府债券现券交易、回购、质押安排，促进地方政府债券流动性改善。鼓励各类机构在回购交易中更多接受地方政府债券作为质押品。

第六章 监督检查

第三十四条 财政部各地监管局应当加强对地方政府债券的监督检查，规范地方政府债券的发行、资金使用和偿还等行为。

第三十五条 登记结算机构、承销团成员、信用评级机构等第三方专业机构和人员应当勤勉尽责，严格遵守职业规范和相关规则，对弄虚作假、存在违法违规行为的，财政部将向地方财政部门通报。地方财政部门在组建承销团或选择第三方专业机构参与地方政府债券相关工作时，应当予以负面考虑。涉嫌犯罪的，依法移送有关国家机关处理。

第三十六条 地方财政部门应当按规定及时向财政部报送本地区地方政府债券发行计划。地方政府债券发行兑付过程中出现重大事项及时向财政部报告。

第七章 附 则

第三十七条 本办法自 2021 年 1 月 1 日起施行。

2. 记账式国债招标发行规则（2022年发布）

（财库〔2022〕004号印发）

第一条 为规范记账式国债招标发行管理，促进国债市场健康发展，根据《中华人民共和国预算法》《中华人民共和国预算法实施条例》等法律法规，制定本规则。

第二条 本规则所称记账式国债，是指财政部通过记账式国债承销团向社会各类投资者发行的以电子方式记录债权的可流通国债。本规则所称关键期限国债由财政部在向社会公布的发行计划中确定。

第三条 记账式国债发行招标通过财政部政府债券发行系统（以下称发行系统）进行。发行系统包括中心端和客户端。记账式国债承销团成员（以下称国债承销团成员）通过客户端远程投标。

第四条 记账式国债通过竞争性招标确定票面利率或发行价格。

（一）国债承销团成员应当按照发行系统客户端提示按时报送国债投标需求。

（二）如无特殊规定，竞争性招标时间为招标日上午10:35至11:35。

（三）竞争性招标标的为利率或价格，国债承销团成员在每个利率或价格上的投标为一个标位，除另有规定外，利率招标时，标位变动幅度为0.01%；价格招标时，标位变动幅度在国债发行通知中规定。财政部按照低利率或高价格优先的原则对有效投标逐笔募入，直到募满招标额或将全部有效投标募完为止，募入即为中标。

最高中标利率或最低中标价格上的投标额大于剩余招标额，以国债承销团成员在该利率或价格上的投标额为权重平均分配，取整至0.1亿元，尾数按投标时间优先原则分配。

（四）竞争性招标方式包括单一价格招标、修正的多重价格招标等。

单一价格招标方式下，标的为利率时，全场最高中标利率为当期（次）国债票面利率，各中标国债承销团成员（以下称中标机构）均按面值承销；标的为价格时，全场最低中标价格为当期（次）国债发行价格，各中标机构均按发行价格承销。

修正的多重价格招标方式下，标的为利率时，全场加权平均中标利率四舍五入后为当期（次）国债票面利率，低于或等于票面利率的中标标位，按面值承销；高于票面利率的中标标位，按各中标标位的利率与票面利率折算的价格承销。标的为价格时，全场加权平均中标价格四舍五入后为当期（次）国债发行价格，高于或等于发行价格的中标标位，按发行价格承销；低于发行价格的中标标位，按各中标标位的价格承销。

竞争性招标确定的票面利率（百分数）保留2位小数，一年以下（含一年）期限国债发行价格（以元为单位）保留3位小数，一年以上（不含一年）期限国债发行价格保留2位小数。

（五）投标限定。

投标标位差。每一国债承销团成员最高、最低投标标位差不得大于当期（次）国债发行通知规定的投标标位差。

投标剔除。背离全场加权平均投标利率或价格一定数量以上（不含本数）的标位为无效投标，全部落标，不参与全场加权平均中标利率或价格的计算。

中标剔除。标的为利率时，高于全场加权平均中标利率一定数量以上（不含本数）的标位，全部落标；标的为价格时，低于全场加权平均中标价格一定数量以上（不含本数）的标位，全部落标。

单一标位限制。单一标位最低投标限额为0.1亿元。当期（次）国债竞争性招标额在

500亿元以上（不含本数）时，单一标位最高投标限额为当期（次）国债竞争性招标额的10%；当期（次）国债竞争性招标额在500亿元以下（含本数）时，单一标位最高投标限额为50亿元。

投标量变动幅度为0.1亿元的整数倍。

最高投标限额。国债承销团甲类成员最高投标限额为当期（次）国债竞争性招标额的35%。国债承销团乙类成员最高投标限额为当期（次）国债竞争性招标额的25%。上述比例均计算至0.1亿元，0.1亿元以下四舍五入。

第五条 如无特殊规定，10年期以下期限（含）记账式国债可以进行追加发行。竞争性招标结束后20分钟内，国债承销团甲类成员有权通过投标追加承销当期（次）国债。

（一）追加投标为数量投标，国债承销团甲类成员按照竞争性招标确定的票面利率或发行价格承销。

（二）国债承销团甲类成员追加承销额上限为该成员当期（次）国债竞争性中标额的50%，且不能超出该成员当期（次）国债最低承销额，计算至0.1亿元，0.1亿元以下四舍五入。追加承销额应为0.1亿元的整数倍。

第六条 国债承销团成员应当承担最低投标、承销责任。

（一）国债承销团甲类成员最低投标额为当期（次）国债竞争性招标额的4%；乙类为1.5%。

（二）国债承销团甲类成员最低承销额（含追加承销部分）为当期（次）国债竞争性招标额的1%；乙类为0.2%。

上述比例均计算至0.01亿元，0.01亿元以下四舍五入。

第七条 中央国债登记结算有限责任公司（以下称国债公司）为记账式国债债权总托管机构，同时为银行间债券市场（含商业银行柜台）的记账式国债债权分托管机构，中国证券登记结算有限责任公司（以下简称证券登记公司）为交易所债券市场的记账式国债债权分托管机构。债权托管机构在财政部收到发行款后，为认购人办理债权登记和托管。

（一）债权托管机构选择。不可追加投标的国债在竞争性招标结束后20分钟内、可以追加投标的国债在追加投标结束后20分钟内，各中标机构应通过发行系统填制"债权托管申请书"，在国债公司，证券登记公司上海、深圳分公司选择托管。逾时未填制的，系统默认全部在国债公司托管。

（二）券种注册和承销额度注册。国债公司，证券登记公司上海、深圳分公司根据招标结果办理券种注册，根据各中标机构选择的债券托管数据为各中标机构办理承销额度注册。

（三）债权确立。国债承销团成员应当按照国债发行通知规定缴纳发行款。财政部收到发行款后，托管机构为认购人办理债权登记、托管手续。具体按以下方式处理：

债权登记日，国债公司办理总债权登记、为认购人办理债权托管，证券登记公司上海、深圳分公司为认购人办理分托管部分的债权登记和托管。债权登记日为发行款缴款截止日下一个工作日。

财政部如未足额收到中标机构应缴发行款，将不迟于债权登记日下午3点通知国债公司。国债公司办理债权登记和托管时对财政部未收到发行款的相应债权暂不办理债权登记和托管；对涉及证券登记公司上海、深圳分公司分托管的部分，国债公司应不迟于当日下午4点书面通知证券登记公司上海、深圳分公司，后者对财政部未收到发行款的相应债权暂不办理债权登记和托管。对于未办理债权确认的部分，财政部根据发行款收到情况另行通知国债公司处理。国债公司如在债权登记日下午3点前未收到财政部关于不办理全部或部分债权登记的通知，证券登记公司上海、深圳分公司未在债权登记日下午4点前收到国债公司关于不办理全部或部分托管债权的通知，应办理全部债权登记和托管手续。

第八条 如果发行系统客户端出现技术问题，国债承销团成员可以将内容齐全的"记账式国债发行应急投标书"（以下称应急投标书）或"记账式国债债权托管应急申请书"（以下称应急债权托管书）（格式见附1、附2）传真至国债公司，委托国债公司代为投标或债权托管。

（一）国债承销团成员应当在投标前事先做好应急投标各项准备。

（二）国债承销团成员如需进行应急投标或应急债权托管，应及时通过招标室电话向财政部国债招标人员报告。

（三）竞争性应急投标、追加应急投标、债权托管应急申请的截止时间分别为当期（次）国债竞争性投标、追加投标和债权托管截止时间。应急投标、应急债权托管时间分别以招标室收到应急投标书、应急债权托管书的时间为准。

（四）应急投标书或应急债权托管书录入发行系统后，申请应急的国债承销团成员将无法通过发行系统投标或债权托管。应急投标书或应急债权托管书录入发行系统前，该国债承销团成员仍可通过发行系统投标或债权托管。

（五）如国债承销团成员既通过发行系统投标（债权托管），又进行应急投标（应急债权托管），或进行多次应急投标（应急债权托管），以最后一次有效投标（债权托管申请）为准；如国债承销团成员应急投标（应急债权托管）内容与通过发行系统投标（债权托管）的内容一致，不作应急处理。

（六）国债公司确认竞争性招标时间内其负责维护的发行系统或通讯主干线运行出现问题时，财政部将通过中债发行业务短信平台（010-88170678），通知经报备的国债承销团成员常规联系人、投标操作人，延长竞争性招标应急投标时间至投标截止时间后半小时。通知内容为"[国债招标室通知]××××年××月××日记账式国债竞争性招标应急投标时间延长半小时"。

第九条 国债公司或财政部授权的其他单位作为发行系统技术支持机构，应当为记账式国债招标发行提供相关支持服务。

（一）做好发行系统日常维护，确保发行系统中心端、客户端能够实现记账式国债发行招标、投标所需各项功能。

（二）定期向财政部报告发行系统运行情况，在财政部指导下进行发行系统升级完善。

（三）做好记账式国债发行招标现场及发行招标备用场所的发行系统测试、准备工作，确保发行招标现场及发行招标备用场所招标室专用电话、应急投标传真机等设备运行正常、通讯线路畅通，并在财政部指导下启用发行招标备用场所。

（四）如发行招标备用场所招标室专用电话、应急投标传真机等相关信息发生变更，应当及时向财政部报告，并在财政部指导下及时通知国债承销团成员。

第十条 招标结束后至缴款日（含缴款当日），中标机构可以通过分销转让中标的全部或部分国债债权额度。

（一）关键期限国债分销方式为场内挂牌、场外签订分销合同、商业银行柜台销售。非关键期限国债分销方式为场内挂牌、场外签订分销合同。

（二）分销对象为在证券登记公司开立股票和基金账户，在国债公司、商业银行开立债券账户的各类投资者。

（三）国债承销团成员间不得分销。

（四）非国债承销团成员通过分销获得的国债债权额度，在分销期内不得转让。

（五）国债承销团成员根据市场情况自定分销价格。

第十一条 发行手续费在每季度发行结束后及时拨付。1年期至3年期（含）记账式国债发行手续费为发行额的0.04%；5年期（含）至50年期记账式国债发行手续费为发行额的0.08%；1年期以下（包括1年期续发）记账式国债无发行手续费。

第十二条 记账式国债可以上市交易。

（一）上市日为债权登记日下一个工作日。关键期限国债在全国银行间债券市场（含商业银行柜台）、证券交易所债券市场上市交易。非关键期限国债在全国银行间债券市场（不含商业银行柜台）、证券交易所债券市场上市交易。

（二）上市后，各期国债可按规定在各交易场所间相互转托管。

（三）通过商业银行柜台购买的国债，可以在债权托管银行质押贷款，具体办法由各商业银行制定。债权托管银行应当及时向国债公司报送债权质押信息。

第十三条 财政部委托国债公司，证券登记公司上海、深圳分公司以及商业银行办理利息支付及到期偿还本金等事宜。

第十四条 本规则自印发之日起施行。

附：1. 记账式国债发行应急投标书（略）
  2. 记账式国债债权托管应急申请书（略）

3. 储蓄国债发行额度管理办法（2022年发布）

（财库〔2022〕43号印发）

第一章 总 则

第一条 为加强储蓄国债发行额度管理，根据国家有关法律法规，以及《储蓄国债（电子式）管理办法》（财库〔2013〕7号）、《储蓄国债（凭证式）管理办法》（银发〔2021〕20号）等制度规定，制定本办法。

第二条 本办法适用于储蓄国债（电子式）和储蓄国债（凭证式）发行额度分配管理。国债发行通知另有规定的除外。

第三条 储蓄国债承销团成员（以下称承销团成员）应当在获得的发行额度内销售储蓄国债。

第二章 储蓄国债（电子式）发行额度管理

第四条 储蓄国债（电子式）发行额度分为基本代销额度和机动代销额度。发行开始前，财政部会同人民银行根据发行通知规定，将当期储蓄国债（电子式）计划最大发行额的70%作为基本代销额度，按照各承销团成员基本代销额度比例分配给承销团成员；其余30%发行额度作为机动代销额度在发行期内供各承销团成员抓取。

第五条 财政部会同人民银行以季度为周期，调整各承销团成员储蓄国债（电子式）基本代销额度比例，并在每季度首期储蓄国债（电子式）发行通知中公布。承销团成员基本代销额度比例计算和调整方法为：

（一）计算新加入承销团的成员（以下称新成员）首季度基本代销额度比例：

$$新成员首季度基本代销额度比例 = \sum \frac{退出承销团成员上一季度基本代销额度比例}{} \div 新成员数量$$

（二）计算其他承销团成员基本代销额度比例：

$$\text{某承销团成员新基本代销额度比例} = \frac{\sum \text{其上一季度各期储蓄国债（电子式）销售量}}{\sum \text{参与调整的承销团成员上一季度各期储蓄国债（电子式）销售量}} \times \sum \text{参与调整的承销团成员原基本代销额度比例} \times 100\%$$

承销团成员上一季度各期储蓄国债（电子式）销售量不包含超额度违规销售的部分。

（三）尾差处理。

上述计算结果以百分数为单位四舍五入保留2位小数，不足0.01%的，按照0.01%计算。经上述计算后，如承销团成员基本代销额度比例合计不等于100%，则按以下原则进行尾差处理：

如计算结果合计大于100%，从基本代销额度比例调增幅度最大的机构开始，从高至低依次调减0.01个百分点，直至承销团成员基本代销额度比例合计为100%止。如有两家及以上承销团成员调增幅度相同，且均非新成员，上一年度综合排名居后的承销团成员先调减；如调增幅度相同的承销团成员中有新成员，则调增幅度相同的承销团成员中，当年储蓄国债（电子式）累计销量居后的先调减。

如计算结果合计小于100%，从基本代销额度比例调增幅度最大的机构开始，从高至低依次调增0.01个百分点，直至承销团成员基本代销额度比例合计为100%止。如有两家及以上承销团成员调增幅度相同，且均非新成员，上一年度综合排名居前的承销团成员先调增；如调增幅度相同的承销团成员中有新成员，则调增幅度相同的承销团成员中，当年储蓄国债（电子式）累计销量居前的先调增。

新成员首季度基本代销额度比例不参与尾差处理。

第六条 发行期每日8:30—16:30，当承销团成员未售出发行额度低于本单位初始基本代销额度的10%时，承销团成员可以通过与财政部储蓄国债（电子式）业务管理信息系统（以下称财政部系统）联网的方式申请抓取机动代销额度。单笔申请上限为本单位当期国债初始基本代销额度的10%，同一期国债两次申请时间间隔不少于1分钟。机动代销额度分配和尾数均按照时间优先原则处理。

第七条 发行期每日日终，承销团成员将当日储蓄国债（电子式）相关业务数据传送至财政部系统。承销团成员应当加强管理，确保本单位业务数据准确、无误，符合财政部系统总量数据核查和明细数据核查要求。

第八条 储蓄国债（电子式）发行期内，财政部会同人民银行可以调减销售进度缓慢的承销团成员剩余基本代销额度，调减出的额度纳入未分配机动代销额度，于调整日次日起供承销团成员抓取。具体调整方式为：

（一）定期调整。承销团成员获得的基本代销额度可销售至国债发行通知中规定的定期调整日，此后，承销团成员剩余基本代销额度不再保留，纳入未分配机动代销额度。定期调整日次日营业开始前，中央国债登记结算有限责任公司（以下称国债公司）在财政部系统中将已通过调整日总量数据核查的承销团成员的剩余基本代销额度调减为零，并等额调增未分配机动代销额度；已通过调整日总量数据核查的承销团成员，应当在其业务系统中，将其剩余基本代销额度调减为零。

（二）不定期调整。财政部会同人民银行根据各承销团成员销售情况，决定调减部分承销团成员剩余基本代销额度的日期和比例，并通知国债公司和被调减的承销团成员。具体调减数额为调整日日终承销团成员剩余基本代销额度与上述比例的乘积，计算结果按万元为单位取整，尾数舍去。如调整比例为100%，承销团成员全部剩余基本代销额度调减为零。调整日次日营业开始前，国债公司在财政部系统中如数调减有关承销团成员的基本代销额度，并等额调增未分配机动代销额度；已通过调整日总量数据核查的被调减承销团成员应当在其业务系统中，如数调减其基本代销额度。

（三）如有承销团成员调整日未通过总量数据核查，其基本代销额度的上述两种调减操作均暂不执行，当日剩余发行额度冻结；待其总量数据核查通过后，再对其基本代销额度执行调减操作。

第九条 发行期每日日终，通过财政部系统总量数据核查的承销团成员，应当将本单位未售出的机动代销额度清零。在计算承销团成员当日未售出机动代销额度时，按照先销售基本代销额度、后销售机动代销额度的原则计算。国债公司在财政部系统中等额调增未分配机动代销额度。承销团成员当日剩余并清零的储蓄国债（电子式）机动代销额度，不得超过其当期国债初始基本代销额度的5%。

仅通过当期国债总量数据核查、未通过明细数据核查的承销团成员，应当于次日查找原因并更正数据；如次日仍未通过，第3日起，不得申请机动代销额度，待明细数据核查通过后方可恢复。

未通过当期国债总量数据核查的承销团成员，应当冻结当日未售出发行额度，并于次日起停止销售该期国债，同时查找原因尽快更正，待总量数据核查通过后方可恢复销售。

第十条 储蓄国债（电子式）发行期结束，各承销团成员通过与财政部系统账务核对后，将未售出的发行额度调减为零并做停止销售处理；国债公司在财政部系统中将当期国债未售出的发行额度注销。

第十一条 如储蓄国债（电子式）取消发行，原定发行首日营业开始前，各承销团成员在其业务系统中将已获得的基本代销额度调减为零并做停止销售处理；国债公司在财政部系统中将当期国债发行额度注销。如储蓄国债（电子式）停止发行，停止发行日营业开始前，各承销团成员通过与财政部系统账务核对后，将未售出的额度调减为零并做停止销售处理；国债公司在财政部系统中将当期国债未售出的发行额度注销。

第十二条 如承销团成员无法参加某期储蓄国债（电子式）发行，应当不晚于当期国债发行前20个工作日报告财政部和人民银行，其基本代销额度纳入当期国债机动代销额度，供其他承销团成员抓取。

第十三条 承销团成员违规及处理：

（一）如承销团成员销售储蓄国债（电子式）超过其获得的发行额度，该成员应当立即停止销售，并报告财政部和人民银行。如承销团成员及时更正，最终未造成当期国债超额度发行，财政部会同人民银行停止其后续三次发行的储蓄国债（电子式）机动代销额度抓取资格。如承销团成员更正不及时造成当期国债超额度发行，或在同一届储蓄国债承销团存续期内发生两次超额度销售储蓄国债，财政部会同人民银行通知其退出承销团。

（二）如承销团成员在某期储蓄国债（电子式）发行中，首次发生当日剩余并清零的机动代销额度超出限额，该成员应当暂停次日的当期国债机动代销额度申请；如承销团成员同一期国债累计两次发生此类违规，次日起该成员不得申请当期国债机动代销额度，同时，其下一季度储蓄国债（电子式）基本代销额度比例不得调增。

（三）如承销团成员违反储蓄国债（电子式）相关制度规定（超额度销售除外），并被财政部会同人民银行通报，财政部会同人民银行停止其后续一次发行的储蓄国债（电子式）机动代销额度抓取资格，同时，其下一季度储蓄国债（电子式）基本代销额度比例不得调增。

（四）如承销团成员超额度销售储蓄国债（凭证式），并及时更正，未造成当期储蓄国债（凭证式）超额度发行，其下一季度储蓄国债（电子式）基本代销额度比例不得调增。

第十四条 国债公司应当严格按照储蓄国债（电子式）管理制度要求，建立健全内部操作规程，加强风险防范，切实按规定做好财政部系统日常运营维护、储蓄国债（电子式）发行额度监测、每日业务数据传输、对账等工作，如遇系统异常，立即向财政部报告，并积极配合财政部处理。

第三章 储蓄国债（凭证式）发行额度管理

第十五条 发行开始前，财政部会同人民银行将当期储蓄国债（凭证式）计划最大发行额按发行通知中规定的代销额度分配比例分配给承销团成员。

第十六条 财政部会同人民银行以季度为周期，调整各承销团成员储蓄国债（凭证式）代销额度比例，并在每季度首期储蓄国债（凭证式）发行通知中公布。储蓄国债（凭证式）代销额度比例计算和调整方法为：

（一）计算新成员首季度代销额度比例：

$$\text{新成员首季度代销额度比例} = \sum \text{退出承销团成员上一季度代销额度比例} \div \text{新成员数量}$$

（二）计算其他承销团成员代销额度比例：

$$\text{某承销团成员新代销额度比例} = \frac{\sum \text{其上一季度各期储蓄国债（凭证式）销售量}}{\sum \text{参与调整的承销团成员上一季度各期储蓄国债（凭证式）销售量}} \times \sum \text{参与调整的承销团成员原代销额度比例} \times 100\%$$

承销团成员上一季度各期储蓄国债（凭证式）销售量不包含超额度违规销售的部分。

如有成员按本办法第二十条第（一）项规定进行代销额度调减，其他成员代销额度比例重新计算，该成员被调减出的代销额度比例计入公式中"∑参与调整的承销团成员原代销额度比例"。

（三）尾差处理。

上述计算结果以百分数为单位四舍五入保留2位小数，不足0.01%的，按照0.01%计算。经上述计算后，如承销团成员储蓄国债（凭证式）代销额度比例合计不等于100%，比照储蓄国债（电子式）进行尾差处理。

第十七条 储蓄国债（凭证式）发行期间，原则上不调整承销团成员的发行额度。

第十八条 储蓄国债（凭证式）发行期结束后，各承销团成员应当准确计算当期储蓄国债（凭证式）实际发售金额，并将未售出的发行额度注销。

第十九条 承销团成员如无法连续7天（含）以上参加某期储蓄国债（凭证式）发行，应当不晚于当期国债发行前20个工作日报告财政部和人民银行。财政部会同人民银行于发行开始前，将其代销额度分配给参与当期国债发行的承销团成员，从最近一次调整时代销额度比例调增幅度最大的机构开始，从高至低依次调增0.01个百分点，直至额度分配完毕。如两家及以上承销团成员调增幅度相同，且均非新成员，上一年度综合排名居前的承销团成员先调增；如调增幅度相同的承销团成员中有新成员，则调增幅度相同的承销团成员中，当年储蓄国债（凭证式）累计销量居前的先调增。

第二十条 承销团成员违规及处理：

（一）如承销团成员销售储蓄国债（凭证式）超出其获得的发行额度，该成员应当立即停止销售，并报告财政部和人民银行。如承销团成员及时更正，最终未造成当期国债超额度发行，其后续一个季度储蓄国债（凭证式）代销额度比例确定方法为：从按本办法第十六条第（二）项试算出的新代销额度比例和原代销比例中取较低值，乘以70%确定；如承销团成员更正不及时造成当期国债超额度发行，或在同一届储蓄国债承销团存续期内发生两次超额度销售储蓄国债，财政部会同人民银行通知其退出承销团。

（二）如承销团成员违反储蓄国债（凭证式）相关制度规定（超额度发行除外），并被财政部、人民银行通报，该成员下一季度储蓄国债（凭证式）代销额度不得调增。

（三）如承销团成员超额度销售储蓄国债（电子式），并及时更正，未造成当期储蓄国债（电子式）超额度发行，该成员下一季度储蓄国债（凭证式）代销额度不得调增。

第四章 附 则

第二十一条 本办法由财政部会同人民银行负责解释。

第二十二条 本办法自印发之日起实施。

4. 地方政府专项债券项目资金绩效管理办法（2021年发布）

（财预〔2021〕61号印发）

第一章 总 则

第一条 为加强地方政府专项债券项目资金绩效管理，提高专项债券资金使用效益，有效防范政府债务风险，根据《中华人民共和国预算法》《中华人民共和国预算法实施条例》《中共中央 国务院关于全面实施预算绩效管理的意见》《国务院关于进一步深化预算管理制度改革的意见》《项目支出绩效评价管理办法》等法律法规及有关规定，制定本办法。

第二条 本办法所称地方政府专项债券（以下简称专项债券）指省级政府为有一定收益的公益性项目发行的、以公益性项目对应的政府性基金收入或专项收入作为还本付息资金来源的政府债券，包括新增专项债券和再融资专项债券等。

第三条 本办法所称绩效管理，是指财政部门、项目主管部门和项目单位以专项债券支持项目为对象，通过事前绩效评估、绩效目标管理、绩效运行监控、绩效评价管理、评价结果应用等环节，推动提升债券资金配置效率和使用效益的过程。

第四条 绩效管理应当遵循以下原则：

（一）科学规范。专项债券项目资金绩效实行全生命周期管理。坚持"举债必问效、无效必问责"，遵循项目支出绩效管理的基本要求，注重融资收益平衡与偿债风险。建立规范的工作流程和指标体系，推动绩效管理工作有序开展。

（二）协同配合。各级财政部门牵头组织专项债券项目资金绩效管理工作，督促指导项目主管部门和项目单位具体实施各项管理工作。上级财政部门加强工作指导和检查。

（三）公开透明。绩效信息是专项债券项目信息的重要组成部分，应当依法依规公开，自觉接受社会监督，通过公开推动提高专项债券资金使用绩效。

（四）强化运用。突出绩效管理结果的激励约束作用，将专项债券项目资金绩效管理结果作为专项债券额度分配的重要测算因素，并与有关管理措施和政策试点等挂钩。

第二章 事前绩效评估

第五条 申请专项债券资金前，项目单位或项目主管部门要开展事前绩效评估，并将评估情况纳入专项债券项目实施方案。事前绩效评估主要判断项目申请专项债券资金支持的必要性和可行性，重点论证以下方面：

（一）项目实施的必要性、公益性、收益性；

（二）项目建设投资合规性与项目成熟度；

（三）项目资金来源和到位可行性；

（四）项目收入、成本、收益预测合理性；

（五）债券资金需求合理性；

（六）项目偿债计划可行性和偿债风险点；

（七）绩效目标合理性；

（八）其他需要纳入事前绩效评估的事项。

第六条 地方财政部门指导项目主管部门和项目单位做好事前绩效评估，将事前绩效评估作为项目进入专项债券项目库的必备条件。必要时财政部门可组织第三方机构独立开展绩效评估，并将评估结果作为是否获得专项债券资金支持的重要参考依据。

第三章 绩效目标管理

第七条 绩效目标应当重点反映专项债券项目的产出数量、质量、时效、成本，还包括经济效益、社会效益、生态效益、可持续影响、服务对象满意度等绩效指标。

第八条 项目单位在申请专项债券项目资金需求时，要同步设定绩效目标，经项目主管部门审核后，报同级财政部门审定。绩效目标要尽可能细化量化，能有效反映项目的预期产出、融资成本、偿债风险等。

第九条 地方财政部门要将绩效目标设置作为安排专项债券资金的前置条件，加强绩效目标审核，将审核后的绩效目标与专项债券资金同步批复下达。

第十条 绩效目标原则上执行中不作调整。确因项目建设运营环境发生重大变化等原因需要调整的，按照新设项目的工作流程办理。

第四章 绩效运行监控

第十一条 绩效运行监控是指在专项债券资金使用过程中，对专项债券资金预算执行进度和绩效目标实现情况进行"双监控"，查找资金使用和项目实施中的薄弱环节，及时纠正偏差。

第十二条 项目主管部门和项目单位应当建立专项债券项目资金绩效跟踪监测机制，对绩效目标实现程度进行动态监控，发现问题及时纠正并告知同级财政部门，提高专项债券资金使用效益，确保绩效目标如期实现。

第十三条 地方财政部门应当跟踪专项债券项目绩效目标实现程度，对严重偏离绩效目标的项目要暂缓或停止拨款，督促及时整改。项目无法实施或存在严重问题的要及时追回专项债券资金并按程序调整用途。

第十四条 财政部门利用信息化手段探索对专项债券项目实行穿透式监管，根据工作需要组织对专项债券项目建设运营等情况开展现场检查，及时纠偏纠错。

第五章 绩效评价管理

第十五条 地方财政部门负责组织本地区专项债券项目资金绩效评价工作。年度预算执行终了，项目单位要自主开展绩效自评，评价结果报送主管部门和本级财政部门。项目主管部门和本级财政部门选择部分重点项目开展绩效评价。

第十六条 省级财政部门根据工作需要，每年选取部分重大项目开展重点绩效评价。

选取项目对应的资金规模原则上不低于本地区上年新增专项债务限额的5%，并逐步提高比例。鼓励引入第三方机构，对重大项目开展重点绩效评价。必要时财政部可直接组织开展绩效评价。

第十七条 项目主管部门和财政部门绩效评价要反映项目决策、管理、产出和效益。绩效评价指标框架和绩效评价提纲由省级财政部门结合实际情况自主制定，参考《项目支出绩效评价管理办法》有关范例，并突出专项债券项目资金绩效评价特点。包括但不限于以下内容：

（一）决策方面。项目立项批复情况；项目完成勘察、设计、用地、环评、开工许可等前期工作情况；项目符合专项债券支持领域和方向情况；项目绩效目标设定情况；项目申请专项债券额度与实际需要匹配情况等。

（二）管理方面。专项债券收支、还本付息及专项收入纳入政府性基金预算管理情况；债券资金按规定用途使用情况；资金拨付和支出进度与项目建设进度匹配情况；项目竣工后资产备案和产权登记情况；专项债券本息偿还计划执行情况；项目收入、成本及预期收益的合理性；项目年度收支平衡或项目全生命周期预期收益与专项债券规模匹配情况；专项债券期限与项目期限匹配情况等；专项债券项目信息公开情况；外部监督发现问题整改情况；信息系统管理使用情况；其他财务、采购和管理情况；

（三）产出方面。项目形成资产情况；项目建设质量达标情况；项目建设进度情况；项目建设成本情况；考虑闲置因素后债券资金实际成本情况；项目建成后提供公共产品和服务情况；项目运营成本情况等。

（四）效益方面。项目综合效益实现情况；项目带动社会有效投资情况；项目支持国家重大区域发展战略情况；项目直接服务对象满意程度等。

第十八条 专项债券项目建立全生命周期跟踪问效机制，项目建设期绩效评价侧重项目决策、管理和产出等，运营期绩效评价侧重项目产出和效益等。

第十九条 地方各级财政部门负责组织实施本地区绩效评价结果公开工作，指导项目主管部门和项目单位每年6月底前公开上年度专项债券项目资金绩效评价结果。绩效评价结果要在全国统一的地方政府债务信息公开平台上公开。

第六章 评价结果应用

第二十条 绩效评价结果量化为百分制综合评分，并按照综合评分进行分级。综合评分为90分（含）以上的为"优"，80分（含）至90分的为"良"，60分（含）至80分的为"中"，60分以下的为"差"。

第二十一条 项目主管部门和项目单位要根据绩效评价结果及时整改问题。省级财政部门也要及时将重点绩效评价结果反馈项目主管部门和项目单位，并提出整改意见。项目主管部门和项目单位应根据评价结果和整改意见，提出明确整改措施，认真组织开展整改工作。

第二十二条 上级财政部门对下级财政部门绩效管理工作定期开展抽查，指导和督促提高绩效管理水平。财政部组织各地监管局定期抽查各地区绩效管理工作情况、省级财政部门重点绩效评价开展情况等，抽查情况书面报告财政部。

第二十三条 按照评价与结果应用主体相统一的原则，财政部在分配新增地方政府专项债务限额时，将财政部绩效评价结果及各地监管局抽查结果等作为分配调整因素。省级财政部门在分配专项债务限额时，将抽查情况及开展的重点绩效评价结果等作为分配调整因素。地方财政部门将绩效评价结果作为项目建设期专项债券额度以及运营期财政补助资金分配的调整因素。

第二十四条 各级财政部门、项目主管部门和项目单位及个人，违反专项债券项目资金绩效管理规定致使财政资金使用严重低效无效并造成重大损失的，以及有其他滥用职权、玩忽职守、徇私舞弊等违法违规行为的，依法责令改正；对负有直接责任的主管人员和其他直接责任人员依法给予处分；涉嫌犯罪的，依法移送有关机关处理。

第七章 附 则

第二十五条 省级财政部门制定本地区专项债券项目资金绩效管理办法，报财政部备案，并抄送财政部相关监管局。

第二十六条 本办法自印发之日起施行。2022年及以后年度新增专项债券到期后按规定发行的再融资专项债券参照本办法执行。

5. 关于进一步做好地方政府债券发行工作的意见
（2020年发布）

（财库〔2020〕36号）

各省、自治区、直辖市、计划单列市财政厅（局），新疆生产建设兵团财政局，中央国债登记结算有限责任公司、中国证券登记结算有限责任公司，中国外汇交易中心，上海证券交易所、深圳证券交易所，地方政府债券承销团成员，地方政府债券信用评级机构等第三方专业机构：

为贯彻落实党中央、国务院有关决策部署，进一步完善地方政府债券（以下简称地方债）发行机制，保障地方债发行工作长期可持续开展，根据《中华人民共和国预算法》《国务院关于加强地方政府性债务管理的意见》（国发〔2014〕43号）和地方债发行管理有关规定，现就进一步做好地方债发行工作提出以下意见：

一、不断完善地方债发行机制，提升发行市场化水平

（一）地方财政部门、地方债承销团成员、信用评级机构等第三方专业机构应当进一步强化市场化意识，按照市场化、规范化原则做好地方债发行工作，积极推动地方债市场发展。

（二）地方债采用招标或承销方式发行。地方财政部门应当加强与承销团成员的沟通，合理设定承销团成员最低投标比例、最低承销比例、最高投标比例、单一标位投标比例等技术参数。

（三）鼓励具备条件的地区参考地方债收益率曲线合理设定投标区间，不断提升地方债发行市场化水平，杜绝行政干预和窗口指导，促进地方债发行利率合理反映地区差异和项目差异。

二、科学设计地方债发行计划，维护债券市场平稳运行

（一）地方财政部门应当根据发债进度要求、财政支出使用需要、库款水平、债券市场等因素，科学设计地方债发行计划，合理选择发行时间窗口，适度均衡发债节奏，既要保障项目建设需要，又要避免债券资金长期滞留国库。

（二）地方财政部门应当在每季度最后一个月20日前，向财政部（国库司）报送下季度地方债发行计划，包括发行时间、发行量、债券种类等。财政部将统筹政府债券发行节奏，对各地发债进度进行必要的组织协调。

（三）地方财政部门应当做好债券发行与库款管理的衔接。对预算拟安排新增债券资金的项目，或拟发行再融资债券偿还的到期地方债，可通过先行调度库款的办法支付项目资金或还本资金，发行地方债后及时回补库款。

三、优化地方债期限结构，合理控制筹资成本

（一）地方财政部门应当统筹考虑地方债收益率曲线建设、项目期限、融资成本、到期债务分布、投资者需求等因素科学设计债券期限。地方债期限为1年、2年、3年、5年、7年、10年、15年、20年、30年。允许地方结合实际情况，采取到期还本、提前还本、分年还本等不同还本方式。

（二）地方财政部门应当均衡一般债券期限结构。年度新增一般债券平均发行期限应当控制在10年以下（含10年），10年以上（不含10年）新增一般债券发行规模应当控制在当年新增一般债券发行总额的30%以下（含30%），再融资一般债券期限应当控制在10年以下（含10年）。

（三）地方财政部门应当保障专项债券期限与项目期限相匹配。新增专项债券到期后原则上由地方政府安排政府性基金收入、专项收入偿还，债券与项目期限不匹配的允许在同一项目周期内接续发行，再融资专项债券期限原则上与同一项目剩余期限相匹配。

四、加强地方债发行项目评估，严防偿付风险

（一）地方财政部门应当严格专项债券项目合规性审核和风险把控，加强对拟发债项目的评估，切实保障项目质量，严格落实收支平衡有关要求。

（二）地方财政部门应当强化专项债券项目的全过程管理，对专项债券项目"借、用、管、还"实行逐笔监控，确保到期偿债、严防偿付风险。

（三）律师事务所、会计师事务所等第三方专业机构应当勤勉尽责，根据项目实际情况出具专项债券法律意见书和财务评估报告，对所依据的文件资料内容进行核查和验证，并对出具评估意见的准确性负责。

五、完善地方债信息披露和信用评级，促进形成市场化融资约束机制

（一）地方财政部门应当在每月20日前披露本地区下月地方债发行计划，在3月、6月、9月和12月20日前披露本地区下季度地方债发行计划。

（二）地方财政部门应当进一步加大专项债券信息披露力度，充分披露对应项目详细情况、项目收益和融资平衡方案、第三方评估意见等。地方债存续期内，应当于每年6月30日前披露对应项目上一年度全年实际收益、项目最新预期收益等信息。如新披露的信息与上一次披露的信息差异较大，应当进行必要的说明。

（三）地方债发行后，确需调整债券资金用途的，地方财政部门应当按程序报批，不迟于省级人民政府或省级人大常委会批准后第10个工作日进行信息披露，包括债券名称、调整金额、调整前后项目名称、调整后项目收益与融资平衡方案、跟踪评级报告、第三方评估意见等。

（四）信用评级机构应当规范开展地方债信用评级，不断完善信用评级指标体系，并对外披露。开展专项债券信用评级时，应当充分评估项目质量、收益与融资平衡等情况，促进评级结果合理反映项目差异，提高评级结果有效性。

六、规范承销团组建和管理，合理匹配权利义务

（一）地方财政部门应当按照公开、公平、公正的原则组建承销团，合理设定目标数量，鼓励优先吸纳记账式国债承销团成员加入承销团，鼓励优先吸纳记账式国债承销团甲类成员成为主承销商。采用公开承销方式发行地方债时，也应当按照有关规定组建承销团，不得随意指定部分承销团成员参与公开承销。

（二）地方财政部门应当加强承销团管理，定期开展承销团考评，完善退出机制。地方财政部门应当在承销协议中合理设置承销团成员最低投标额、最低承销额等参数及相应的退团触发条件，并严格执行协议约定。增补承销团时，应当提前公布增补通知，每年最多增补一次。

（三）地方债承销团成员应当按照承销协议约定和有关规定，积极开展地方债承销、分销、做市、交易等工作，定期将有关情况报地方财政部门。

七、加强组织领导，保障地方债平稳顺利发行

（一）地方财政部门应当按照本意见要求，结合实际情况，细化政策措施，保障地方债平稳顺利发行。

（二）地方债市场基础设施应当认真做好发行系统维护、发行现场管理、数据提供等工作，不断提高发行、登记、托管、交易、结算、代理兑付等服务水平，并积极落实降费政策，与地方财政部门合理商定地方债发行兑付服务费用标准，不得高于非政府债券标准。

（三）在地方债相关工作中出现重大违规行为、弄虚作假的承销团成员和第三方专业机构，财政部将向地方财政部门通报。地方财政部门在组建承销团或选择第三方专业机构参与地方债相关工作时，应当予以负面考虑。

本意见自2021年1月1日起实施。2019年4月25日财政部发布的《财政部关于做好地方政府债券发行工作的意见》（财库〔2019〕23号）仍然有效，其中与本意见规定不一致的，按照本意见执行。

财政部
2020年11月4日

6. 关于地方政府专项债券会计核算问题的通知（2015年发布）

（财库〔2015〕91号）

各省、自治区、直辖市、计划单列市财政厅（局）：

为适应地方政府专项债券预算管理需要，规范地方政府专项债券会计核算，根据《国务院关于加强地方政府性债务管理的意见》（国发〔2014〕43号）、《财政部关于印发〈2015年地方政府专项债券预算管理办法〉的通知》（财预〔2015〕32号），以及财政总预算会计管理相关制度规定，现就地方政府专项债券会计核算有关事项通知如下：

一、专项债券发行的会计处理

省级财政部门实际收到地方政府专项债券发行收入时。

借：国库存款

　　贷：债务收入——地方政府债务收入——专项债务收入——××基金债务收入

二、专项债券转贷的会计处理

（一）地方各级财政部门将地方政府专项债券收入转贷给下级财政部门时。

借：债务转贷支出——地方政府债务转贷支出——××基金债务转贷支出

　　贷：国库存款

（二）省级以下财政部门实际收到地方政府专项债券转贷收入时。

借：国库存款

　　贷：债务转贷收入——地方政府债务转贷收入——××基金债务转贷收入

三、专项债券收入安排支出的会计处理

地方各级财政部门将专项债券收入或专项债券转贷收入安排用于本级政府项目支出时。

借：基金预算支出——××基金及对应专项债务收入安排的支出

　　贷：国库存款

四、专项债券还本的会计处理

（一）地方各级财政部门偿还本级承担的地方政府专项债券本金时。

借：债务还本支出——地方政府债务还本支出——专项债务还本支出——××基金债务
　　　　还本支出
　　贷：国库存款

（二）上级财政部门代收地方政府专项债券还本资金时。

借：国库存款
　　贷：暂存款——××地方政府 ××基金债务还本支出

偿还代收的地方政府专项债券还本资金时：

借：暂存款——××地方政府 ××基金债务还本支出
　　贷：国库存款

（三）上级财政部门垫付地方政府专项债券还本资金时。

借：暂付款——××地方政府 ××基金债务还本支出
　　贷：国库存款

收到下级财政部门缴来的垫付地方政府专项债券还本资金时：

借：国库存款
　　贷：暂付款——××地方政府 ××基金债务还本支出

（四）地方各级财政部门为弥补××基金收入不足从公益性项目单位调入资金用于偿付专项债券本金时。

借：国库存款
　　贷：调入资金——政府性基金调入资金——调入专项收入——××基金调入专项收入

五、专项债券付息的会计处理

（一）地方各级财政部门偿还本级承担的地方政府专项债券利息资金时。

借：基金预算支出——债务付息支出——地方政府债务付息支出——专项债务付息
　　　　支出——××基金债务付息支出
　　贷：国库存款

（二）上级财政部门代收地方政府专项债券付息资金时。

借：国库存款
　　贷：暂存款——××地方政府 ××基金债务付息支出

偿还代收的地方政府专项债券付息资金时：

借：暂存款——××地方政府 ××基金债务付息支出
　　贷：国库存款

（三）上级财政部门垫付地方政府专项债券付息资金时。

借：暂付款——××地方政府 ××基金债务付息支出
　　贷：国库存款

收到下级财政部门缴来的垫付地方政府专项债券付息资金时：

借：国库存款
　　贷：暂付款——××地方政府 ××基金债务付息支出

六、专项债券发行相关费用的会计处理

（一）地方各级财政部门支付本级承担的地方政府专项债券发行相关费用时。

借：基金预算支出——债务发行费用支出——地方政府债务发行费用支出——专项债务
　　　　发行费用支出——××基金债务发行费用支出
　　贷：国库存款

（二）上级财政部门代收地方政府专项债券发行相关费用时。
借：国库存款
　　贷：暂存款——××地方政府××基金债务发行费用

支付代收的地方政府专项债券发行相关费用时：
借：暂存款——××地方政府××基金债务发行费用
　　贷：国库存款

（三）上级财政部门垫付地方政府专项债券发行相关费用时。
借：暂付款——××地方政府××基金债务发行费用
　　贷：国库存款

收到下级财政部门缴来的垫付地方政府专项债券发行相关费用时：
借：国库存款
　　贷：暂付款——××地方政府××基金债务发行费用

七、通过年终结算扣缴专项债券本息费的会计处理

（一）省级以下财政部门未按时上缴地方政府专项债券本金，通过年终结算扣缴时。
借：暂付款——××地方政府××基金债务还本支出
　　贷：与上级往来

列报支出时，对应由本级财政部门承担的还本支出：
借：债务还本支出——地方政府债务还本支出——专项债务还本支出——××基金
　　　　　　　　债务还本支出
　　贷：暂付款——××地方政府××基金债务还本支出

上级财政部门年终结算扣缴时：
借：与下级往来
　　贷：暂存款/暂付款——××地方政府××基金债务还本支出

（二）省级以下财政部门未按时上缴地方政府专项债券利息，通过年终结算扣缴利息时。
借：暂付款——××地方政府××基金债务付息支出
　　贷：与上级往来

列报支出时，对应由本级财政部门承担的付息支出：
借：基金预算支出——债务付息支出——地方政府债务付息支出——专项债务付息
　　　　　　　　支出——××基金债务付息支出
　　贷：暂付款——××地方政府××基金债务付息支出

上级财政部门年终结算扣缴时：
借：与下级往来
　　贷：暂存款/暂付款——××地方政府××基金债务付息支出

（三）省级以下财政部门未按时上缴地方政府专项债券发行相关费用，通过年终结算扣缴时。
借：暂付款——××地方政府××基金债务发行费用
　　贷：与上级往来

列报支出时，对应由本级财政部门承担的发行相关费用支出：
借：基金预算支出——债务发行费用支出——地方政府债务发行费用支出——专项
　　　　　　　　债务发行费用支出——××基金债务发行费用支出
　　贷：暂付款——××地方政府债务发行费用

上级财政部门年终结算扣缴时：
借：与下级往来

贷：暂存款/暂付款——××地方政府××基金债务发行费用
　　（四）省级以下财政部门未按时上缴地方政府专项债券还本付息资金的，通过年终结算扣缴罚息时。
　　借：上解支出——××基金
　　　　贷：与上级往来
　　上级财政部门会计处理为：
　　借：与下级往来
　　　　贷：上解收入——××基金

八、年终转账的会计处理

　　（一）与专项债券相关的收入类科目年终转账时。
　　借：债务收入——地方政府债务收入——专项债务收入——××基金债务收入
　　　　债务转贷收入——地方政府专项债务转贷收入——××基金债务转贷收入
　　　　调入资金——政府性基金调入资金——调入专项收入——××基金调入专项收入
　　　　上解收入——××基金
　　　　贷：基金预算结余——××基金结余
　　（二）与专项债券相关的支出类科目年终转账时。
　　借：基金预算结余——××基金结余
　　　　贷：债务还本支出——地方政府债务还本支出——专项债务还本支出——××基金债务还本支出
　　　　　　债务转贷支出——地方政府专项债务转贷支出——××基金债务转贷支出
　　　　　　基金预算支出——××基金及对应专项债务收入安排的支出
　　　　　　　　　　——债务付息支出——地方政府债务付息支出——专项债务付息支出——××基金债务付息支出
　　　　　　　　　　——债务发行费用支出——地方政府债务发行费用支出——专项债务发行费用支出——××基金债务发行费用支出
　　　　上解支出——××基金

九、其他事项

　　地方各级财政部门应设置相应的辅助账，详细记录发行、收到和转贷的地方政府专项债券金额、种类、期限、发行日、到期日、票面利率、偿还及付息情况等。
　　本通知自印发之日起执行。

财政部
2015年4月20日

7. 地方政府一般债务预算管理办法（2016年发布）

（财预〔2016〕154号印发）

第一章　总　　则

　　第一条　为规范地方政府一般债务预算管理，根据《中华人民共和国预算法》《国务院关于加强地方政府性债务管理的意见》（国发〔2014〕43号）等有关规定，制定本办法。
　　第二条　本办法所称地方政府一般债务（以下简称一般债务），包括地方政府一般债券（以下简称一般债券）、地方政府负有偿还责任的国际金融组织和外国政府贷款转贷债务（以下简称外债转贷）、清理甄别认定的截至2014年12月31日非地方政府债券形式的存量一般债务（以下简称非债券形式一般债务）。

第三条 一般债务收入、安排的支出、还本付息、发行费用纳入一般公共预算管理。

第四条 除外债转贷外，一般债务收入通过发行一般债券方式筹措。

省、自治区、直辖市政府为一般债券的发行主体，具体发行工作由省级财政部门负责。设区的市、自治州、县、自治县、不设区的市、市辖区政府（以下简称市县级政府）确需发行一般债券的，应当纳入本省、自治区、直辖市一般债务预算管理，由省、自治区、直辖市政府统一发行并转贷给市县级政府。经省政府批准，计划单列市政府可以自办发行一般债券。

第五条 一般债务收入应当用于公益性资本支出，不得用于经常性支出。

第六条 一般债务应当有偿还计划和稳定的偿还资金来源。

一般债务本金通过一般公共预算收入（包含调入预算稳定调节基金和其他预算资金）、发行一般债券等偿还。

一般债务利息通过一般公共预算收入（包含调入预算稳定调节基金和其他预算资金）等偿还，不得通过发行一般债券偿还。

第七条 非债券形式一般债务应当在国务院规定的期限内置换成一般债券。

第八条 加强地方政府债务管理信息化建设，一般债务预算收支纳入本级财政预算管理信息系统，一般债务管理纳入全国统一的管理信息系统。

第九条 外债转贷预算管理办法由财政部另行制定。

第二章　一般债务限额和余额

第十条 财政部在全国人民代表大会或其常务委员会批准的一般债务限额内，根据债务风险、财力状况等因素并统筹考虑国家调控政策、各地区公益性项目建设需求等，提出分地区一般债务限额及当年新增一般债务限额方案，报国务院批准后下达省级财政部门。

省级财政部门应当于每年10月底前，提出本地区下一年度增加举借一般债务和安排公益性资本支出项目的建议，经省、自治区、直辖市政府批准后报财政部。

第十一条 省级财政部门在财政部下达的本地区一般债务限额内，根据债务风险、财力状况等因素并统筹考虑本地区公益性项目建设需求等，提出省本级及所辖各市县当年一般债务限额方案，报省、自治区、直辖市政府批准后下达市县级财政部门。

市县级财政部门应当提前提出省级代发一般债券和安排公益性资本支出项目的建议，经本级政府批准后按程序报省级财政部门。

第十二条 省、自治区、直辖市应当在一般债务限额内举借一般债务，一般债务余额不得超过本地区一般债务限额。

省、自治区、直辖市发行一般债券偿还到期一般债务本金计划，由省级财政部门统筹考虑本级和各市县实际需求提出，报省、自治区、直辖市政府批准后按规定组织实施。

第三章　预算编制和批复

第十三条 增加举借一般债务收入，以下内容应当列入预算调整方案：

（一）省、自治区、直辖市在新增一般债务限额内筹措的一般债券收入；

（二）市县级政府从上级政府转贷的一般债务收入。

一般债务收入应当在一般公共预算收入合计线下反映，省级列入"一般债务收入"下对应的预算科目，市县级列入"地方政府一般债务转贷收入"下对应的预算科目。

第十四条 增加举借一般债务安排的支出应当列入预算调整方案，包括本级支出和转贷下级支出。一般债务支出应当明确到具体项目，纳入财政支出预算项目库管理，并与中期财政规划相衔接。

一般债务安排本级的支出，应当在一般公共预算支出合计线上反映，根据支出用途列入相关预算科目；转贷下级支出应当在一般公共预算支出合计线下反映，列入"债务转贷支出"下对应的预算科目。

第十五条 一般债务还本支出应当根据当年到期一般债务规模、一般公共预算财力等因素合理预计、妥善安排，并列入年度预算草案。

一般债务还本支出应当在一般公共预算支出合计线下反映，列入"地方政府一般债务还本支出"下对应的预算科目。

第十六条 一般债务利息和发行费用应当根据一般债务规模、利率、费率等情况合理预计，并列入一般公共预算支出统筹安排。

一般债务利息、发行费用支出应当在一般公共预算支出合计线上反映。一般债务利息支出列入"地方政府一般债务付息支出"下对应的预算科目，发行费用支出列入"地方政府一般债务发行费用支出"下对应的预算科目。

第十七条 增加举借一般债务和相应安排的支出，财政部门负责具体编制一般公共预算调整方案，由本级政府提请本级人民代表大会常务委员会批准。

第十八条 一般债务转贷下级政府的，财政部门应当在本级人民代表大会或其常务委员会批准后，及时将一般债务转贷的预算下达有关市县级财政部门。

接受一般债务转贷的市县级政府在本级人民代表大会或其常务委员会批准后，应当及时与上级财政部门签订转贷协议。

第四章 预算执行和决算

第十九条 省级财政部门统筹考虑本级和市县情况，根据预算调整方案、偿还一般债务本金需求和债券市场状况等因素，制定全省一般债券发行计划，合理确定期限结构和发行时点。

第二十条 省级财政部门发行一般债券募集的资金，应当缴入省级国库，并根据预算安排和还本计划拨付资金。

代市县级政府发行一般债券募集的资金，由省级财政部门按照转贷协议及时拨付市县级财政部门。

第二十一条 省级财政部门应当按照规定做好一般债券发行的信息披露和信用评级等相关工作。披露的信息应当包括一般公共预算财力情况、发行一般债券计划和安排支出项目方案、偿债计划和资金来源，以及其他按照规定应当公开的信息。

第二十二条 省级财政部门应当在发行一般债券后3个工作日内，将一般债券发行情况报财政部备案，并抄送财政部驻当地财政监察专员办事处（以下简称专员办）。

第二十三条 地方各级财政部门应当依据预算调整方案及一般债券发行规定的预算科目和用途，使用一般债券资金。确需调整支出用途的，应当按照规定程序办理。

第二十四条 省级财政部门应当按照合同约定，及时偿还全省、自治区、直辖市一般债券到期本金、利息以及支付发行费用。市县级财政部门应当按照转贷协议约定，及时向省级财政部门缴纳本地区或本级应当承担的还本付息、发行费用等资金。

第二十五条 市县级财政部门未按时足额向省级财政部门缴纳一般债券还本付息、发行费用等资金的，省级财政部门可以采取适当方式扣回，并将违约情况向市场披露。

第二十六条 预算年度终了，地方各级财政部门编制一般公共预算决算草案时，应当全面、准确反映一般债务收入、安排的支出、还本付息和发行费用等情况。

第五章 非债券形式一般债务纳入预算管理

第二十七条 县级以上地方各级财政部门应当将非债券形式一般债务纳入本地区一般债务限额，实行预算管理。

对非债券形式一般债务，应当由政府、债权人、债务人通过合同方式，约定在国务院规定的期限内置换成一般债券的时限，转移偿还义务。偿还义务转移给地方政府后，地方财政部门应当根据相关材料登记总预算会计账。

第二十八条 对非债券形式一般债务，债务人为地方政府及其部门的，应当在国务院规定的期限内置换成一般债券；债务人为企事业单位或个人，且债权人同意在国务院规定的期限内置换成一般债券的，地方政府应当予以置换，债权人不同意在国务院规定的期限内置换成一般债券的，不再计入地方政府债务，由债务人自行偿还，对应的一般债务限额由财政部按照程序予以调减。

第六章 监督管理

第二十九条 县级以上地方各级财政部门应当按照法律、法规和财政部规定，向社会公开一般债务限额、余额、期限结构、使用、偿还等情况，主动接受监督。

第三十条 县级以上地方各级财政部门应当建立和完善相关制度，加强对本地区一般债务的管理和监督。

第三十一条 专员办应当加强对所在地一般债务的监督，督促地方规范一般债务的举借、使用、偿还等行为，发现违反法律法规和财政管理规定的行为，及时报告财政部。

第三十二条 违反本办法规定情节严重的，财政部可以暂停相关地区一般债券发行资格。违反法律、行政法规的，依法追究有关人员责任；涉嫌犯罪的，移送司法机关依法处理。

第七章 附 则

第三十三条 省、自治区、直辖市可以根据本办法制定实施细则。
第三十四条 本办法由财政部负责解释。
第三十五条 本办法自印发之日起施行。

8. 地方政府专项债务预算管理办法（2016年发布）

（财预〔2016〕155号印发）

第一章 总 则

第一条 为规范地方政府专项债务预算管理，根据《中华人民共和国预算法》《国务院关于加强地方政府性债务管理的意见》（国发〔2014〕43号）等有关规定，制定本办法。

第二条 本办法所称地方政府专项债务（以下简称专项债务），包括地方政府专项债券（以下简称专项债券）、清理甄别认定的截至2014年12月31日非地方政府债券形式的存量专项债务（以下简称非债券形式专项债务）。

第三条 专项债务收入、安排的支出、还本付息、发行费用纳入政府性基金预算管理。

第四条 专项债务收入通过发行专项债券方式筹措。

省、自治区、直辖市政府为专项债券的发行主体，具体发行工作由省级财政部门负责。设区的市、自治州、县、自治县、不设区的市、市辖区政府（以下简称市县级政府）确需发行专项债券的，应当纳入本省、自治区、直辖市政府性基金预算管理，由省、自治区、直辖市政府统一发行并转贷给市县级政府。经省政府批准，计划单列市政府可以自办发行专项债券。

第五条 专项债务收入应当用于公益性资本支出，不得用于经常性支出。

第六条 专项债务应当有偿还计划和稳定的偿还资金来源。

专项债务本金通过对应的政府性基金收入、专项收入、发行专项债券等偿还。

专项债务利息通过对应的政府性基金收入、专项收入偿还,不得通过发行专项债券偿还。

第七条 专项债务收支应当按照对应的政府性基金收入、专项收入实现项目收支平衡,不同政府性基金科目之间不得调剂。执行中专项债务对应的政府性基金收入不足以偿还本金和利息的,可以从相应的公益性项目单位调入专项收入弥补。

第八条 非债券形式专项债务应当在国务院规定的期限内置换成专项债券。

第九条 加强地方政府债务管理信息化建设,专项债务预算收支纳入本级财政预算管理信息系统,专项债务管理纳入全国统一的管理信息系统。

第二章 专项债务限额和余额

第十条 财政部在全国人民代表大会或其常务委员会批准的专项债务限额内,根据债务风险、财力状况等因素并统筹考虑国家调控政策、各地区公益性项目建设需求等,提出分地区专项债务限额及当年新增专项债务限额方案,报国务院批准后下达省级财政部门。

省级财政部门应当于每年10月底前,提出本地区下一年度增加举借专项债务和安排公益性资本支出项目的建议,经省、自治区、直辖市政府批准后报财政部。

第十一条 省级财政部门在财政部下达的本地区专项债务限额内,根据债务风险、财力状况等因素并统筹考虑本地区公益性项目建设需求等,提出省本级及所辖各市县当年专项债务限额方案,报省、自治区、直辖市政府批准后下达市县级财政部门。

市县级财政部门应当提前提出省级代发专项债券和安排公益性资本支出项目的建议,经本级政府批准后按程序报省级财政部门。

第十二条 省、自治区、直辖市应当在专项债务限额内举借专项债务,专项债务余额不得超过本地区专项债务限额。

省、自治区、直辖市发行专项债券偿还到期专项债务本金计划,由省级财政部门统筹考虑本级和各市县实际需求提出,报省、自治区、直辖市政府批准后按规定组织实施。

第三章 预算编制和批复

第十三条 增加举借专项债务收入,以下内容应当列入预算调整方案:

(一)省、自治区、直辖市在新增专项债务限额内筹措的专项债券收入;

(二)市县级政府从上级政府转贷的专项债务收入。

专项债务收入应当在政府性基金预算收入合计线下反映,省级列入"专项债务收入"下对应的政府性基金债务收入科目,市县级列入"地方政府专项债务转贷收入"下对应的政府性基金债务转贷收入科目。

第十四条 增加举借专项债务安排的支出应当列入预算调整方案,包括本级支出和转贷下级支出。专项债务支出应当明确到具体项目,纳入财政支出预算项目库管理,并与中期财政规划相衔接。

专项债务安排本级的支出,应当在政府性基金预算支出合计线上反映,根据支出用途列入相关预算科目;转贷下级支出应当在政府性基金预算支出合计线下反映,列入"债务转贷支出"下对应的政府性基金债务转贷支出科目。

第十五条 专项债务还本支出应当根据当年到期专项债务规模、政府性基金财力、调入专项收入等因素合理预计、妥善安排,并列入年度预算草案。

专项债务还本支出应当在政府性基金预算支出合计线下反映,列入"地方政府专项债务还本支出"下对应的政府性基金债务还本支出科目。

第十六条 专项债务利息和发行费用应当根据专项债务规模、利率、费率等情况合理预计,并列入政府性基金预算支出统筹安排。

专项债务利息、发行费用支出应当在政府性基金预算支出合计线上反映。专项债务利息支出列入"地方政府专项债务付息支出"下对应的政府性基金债务付息支出科目，发行费用支出列入"地方政府专项债务发行费用支出"下对应的政府性基金债务发行费用支出科目。

第十七条 增加举借专项债务和相应安排的支出，财政部门负责具体编制政府性基金预算调整方案，由本级政府提请本级人民代表大会常务委员会批准。

第十八条 专项债务转贷下级政府的，财政部门应当在本级人民代表大会或其常务委员会批准后，及时将专项债务转贷的预算下达有关市县级财政部门。

接受专项债务转贷的市县级政府在本级人民代表大会或其常务委员会批准后，应当及时与上级财政部门签订转贷协议。

第四章 预算执行和决算

第十九条 省级财政部门统筹考虑本级和市县情况，根据预算调整方案、偿还专项债务本金需求和债券市场状况等因素，制定全省专项债券发行计划，合理确定期限结构和发行时点。

第二十条 省级财政部门发行专项债券募集的资金，应当缴入省级国库，并根据预算安排和还本计划拨付资金。

代市县级政府发行专项债券募集的资金，由省级财政部门按照转贷协议及时拨付市县级财政部门。

第二十一条 省级财政部门应当按照规定做好专项债券发行的信息披露和信用评级等相关工作。披露的信息应当包括政府性基金预算财力情况、发行专项债券计划和安排支出项目方案、偿债计划和资金来源，以及其他按照规定应当公开的信息。

第二十二条 省级财政部门应当在发行专项债券后3个工作日内，将专项债券发行情况报财政部备案，并抄送财政部驻当地财政监察专员办事处（以下简称专员办）。

第二十三条 地方各级财政部门应当依据预算调整方案及专项债券发行规定的预算科目和用途，使用专项债券资金。确需调整支出用途的，应当按照规定程序办理。

第二十四条 省级财政部门应当按照合同约定，及时偿还全省、自治区、直辖市专项债券到期本金、利息以及支付发行费用。市县级财政部门应当按照转贷协议约定，及时向省级财政部门缴纳本地区或本级应当承担的还本付息、发行费用等资金。

第二十五条 市县级财政部门未按时足额向省级财政部门缴纳专项债券还本付息、发行费用等资金的，省级财政部门可以采取适当方式扣回，并将违约情况向市场披露。

第二十六条 预算年度终了，地方各级财政部门编制政府性基金预算决算草案时，应当全面、准确反映专项债务收入、安排的支出、还本付息和发行费用等情况。

第五章 非债券形式专项债务纳入预算管理

第二十七条 县级以上地方各级财政部门应当将非债券形式专项债务纳入本地区专项债务限额，实行预算管理。

对非债券形式专项债务，应当由政府、债权人、债务人通过合同方式，约定在国务院规定的期限内置换成专项债券的时限，转移偿还义务。

偿还义务转移给地方政府后，地方财政部门应当根据相关材料登记总预算会计账。

第二十八条 对非债券形式专项债务，债务人为地方政府及其部门的，应当在国务院规定的期限内置换成专项债券；债务人为企事业单位或个人，且债权人同意在国务院规定的期限内置换成专项债券的，地方政府应当予以置换，债权人不同意在国务院规定的期限内置换成专项债券的，不再计入地方政府债务，由债务人自行偿还，对应的专项债务限额由财政部按照程序予以调减。

第六章　监　督　管　理

第二十九条　县级以上地方各级财政部门应当按照法律、法规和财政部规定，向社会公开专项债务限额、余额、期限结构、使用、项目收支、偿还等情况，主动接受监督。

第三十条　县级以上地方各级财政部门应当建立和完善相关制度，加强对本地区专项债务的管理和监督。

第三十一条　专员办应当加强对所在地专项债务的监督，督促地方规范专项债务的举借、使用、偿还等行为，发现违反法律法规和财政管理规定的行为，及时报告财政部。

第三十二条　违反本办法规定情节严重的，财政部可以暂停相关地区专项债券发行资格。违反法律、行政法规的，依法追究有关人员责任；涉嫌犯罪的，移送司法机关依法处理。

第七章　附　　则

第三十三条　省、自治区、直辖市可以根据本办法制定实施细则。
第三十四条　本办法由财政部负责解释。
第三十五条　本办法自印发之日起施行。

9. 地方政府债券公开承销发行业务规程（2018年发布）

（财库〔2018〕68号印发）

第一章　总　　则

第一条　为规范地方政府债券公开承销发行业务，保障地方政府债券发行工作顺利开展，根据地方政府债券发行管理有关规定，制定本规程。

第二条　本规程所称地方政府债券公开承销，是指各省（自治区、直辖市、计划单列市）财政部门（以下简称地方财政部门）与主承销商协商确定利率（价格）区间后，由簿记管理人组织承销团成员发送申购利率（价格）和数量意愿，按事先确定的定价和配售规则确定最终发行利率（价格）并进行配售的行为。

第三条　公开承销，适用于公开发行规模较小的地方政府债券，包括一般债券、专项债券（含项目收益与融资自求平衡的专项债券）。采用公开承销方式发行地方政府债券，适用本规程。

第四条　地方政府债券公开承销通过财政部政府债券发行系统、财政部上海证券交易所政府债券发行系统、财政部深圳证券交易所政府债券发行系统（以下统称发行系统）开展。

第五条　地方政府债券公开承销应当遵循公开、公平、公正原则，严格遵守地方政府债券发行管理有关规定，严禁恶意影响发行利率、进行不正当利益输送等破坏市场秩序的行为。

第二章　公开承销参与方

第六条　地方政府债券公开承销参与方包括地方财政部门、承销团成员及其他意向投资机构、业务技术支持部门、中介机构等。其中承销团成员包括簿记管理人、除簿记管理人外的主承销商和其他承销团成员。

第七条 地方财政部门可以就地方政府债券公开承销专门组建承销团,也可以沿用公开招标方式下的承销团。专门组建承销团的,可以就单期债券发行组建承销团,也可以就一段时间内债券发行组建承销团,承销团成员原则上不少于4家。地方财政部门组建承销团时应当与承销团成员签署相关协议,明确各方权利义务。

第八条 簿记管理人是受地方财政部门委托,负责地方政府债券公开承销组织操作的主承销商。

第九条 地方财政部门、簿记管理人应当在充分询价的基础上,综合考虑询价情况、筹资成本预期等因素,与其他主承销商协商确定地方政府债券公开承销安排及申购利率(价格)区间。公开承销的申购利率区间下限不得低于申购前1至5个工作日(含第1和第5个工作日)中国债券信息网公布的中债国债收益率曲线中相同待偿期国债收益率算术平均值,公开承销的申购价格区间上限不得高于申购前1至5个工作日(含第1和第5个工作日)中国债券信息网公布的中债国债收益率曲线中相同待偿期国债收益率算术平均值计算的、原地方政府债券在缴款日的含息价格。簿记管理人应当履行以下职责:

(一)与地方财政部门协商地方政府债券公开承销时间安排和详细方案;

(二)在向承销团成员充分询价的基础上,组织其他主承销商与地方财政部门协商确定公开承销利率(价格)区间;

(三)记录承销团成员申购地方政府债券的利率(价格)及数量意愿,按照本规程等相关制度规定进行地方政府债券的定价和配售;

(四)组织公开承销工作,维护发行现场秩序,确保公开承销工作顺利进行;

(五)对公开承销过程中各项重要事项的决策过程进行记录和说明,并妥善保存公开承销流程各个环节的相关文件和资料;

(六)协助地方财政部门按照相关规定开展信息披露工作;

(七)开展财政部规定或地方财政部门委托的与公开承销相关的其他工作。

第十条 除簿记管理人外的其他主承销商,应当本着勤勉尽责的原则向除承销团成员外的其他意向投资者进行询价,与地方财政部门协商确定公开承销利率(价格)区间,并参与地方政府债券申购、配售、分销、缴款工作;除主承销商外的其他承销团成员,应当按照公开承销安排和相关协议约定,参与公开承销的询价、申购、配售、分销、缴款工作;除承销团成员外的其他意向投资者,可以委托除簿记管理人外的其他承销团成员代为参与公开承销申购。簿记管理人、主承销商等担任询价工作的承销团成员应当按照市场化原则参与地方政府债券公开承销,严禁通过"串标"等方式进行价格操纵,扰乱市场秩序。

第十一条 承销团成员可以进行自营申购或代意向投资者申购,承销团成员之间不得互相代为申购。

第十二条 簿记管理人原则上不得参与公开承销竞争性申购,地方财政部门可以在承销协议中与簿记管理人约定固定承销额,每期债券的固定承销额不再参与本期债券的公开承销利率(价格)确定。簿记管理人应当根据法律法规和本规程规定,指定本单位地方政府债券公开承销簿记建档业务的具体牵头部门。

第十三条 簿记管理人应当将簿记业务和投资交易业务进行分离,并建立健全内部控制制度,防范利益冲突和潜在风险。

第十四条 地方财政部门应当与承销团成员商定合理的发行手续费标准,可以对簿记管理人和其他承销团成员分别设置不同的手续费标准。

第三章 公开承销流程

第十五条 公开承销前,簿记管理人应当向所有承销团成员询价,并明确记录询价情况。

第十六条 公开承销前,簿记管理人应当督促和协助地方财政部门,不迟于公开承销前5个工作日，在本单位门户网站、中国债券信息网以及相关业务技术支持部门网站披露发行通知、信用评级报告等文件，发行通知应当明确公开承销流程、利率（价格）区间、发行利率（价格）确定原则、配售规则、发行系统等相关安排。地方财政部门应当制定地方政府债券公开承销发行规则，并于首次公开承销前进行披露。

第十七条 除簿记管理人外的其他承销团成员，应当根据本机构及其他意向投资者的申购需求，在规定的竞争性承销时间内，通过发行系统发送申购意向函。

第十八条 公开承销按照低利率或高价格优先的原则对有效申购逐笔募入，直至募满计划发行量或将全部有效申购募完为止。申购标的为利率时，全场最高配售利率为当期债券的票面利率，各获配承销团成员按面值承销；申购标的为价格时，全场最低配售价格为当期债券的票面价格，各获配承销团成员按票面价格承销。最高配售利率（最低配售价格）标位配售数量以各

承销团成员在此标位申购量为权重进行分配，最小承销单位为申购量的最小变动幅度，分配后仍有尾数时，按申购时间优先原则分配。

第十九条 公开承销地方政府债券时，可以在承销协议中约定采取包销方式，即在申购截止时间后有效申购额或缴款额不足计划发行额时，不足部分按承销协议约定，由全部或部分承销团成员按票面利率（价格）认购。

第二十条 公开承销地方债券的缴款日为发行日（T日）后第一个工作日（即T+1日），承销团成员不迟于缴款日将发行款缴入发行文件中规定的国家金库××省（自治区、直辖市、计划单列市）分库对应账户。地方债券上市日为发行日后第三个工作日（即T+3日）。

第二十一条 公开承销结束后，簿记管理人应当协助地方财政部门，于公开承销当日向市场公开披露承销结果。缴款截止日后，因未及时、足额缴款等导致发行结果出现变化的，地方财政部门应当在上市日前向市场公开披露公开承销的最终结果。

第二十二条 簿记管理人应当制定公开承销的应急处置预案，做好应急处置相关工作。公开承销开始前，如出现可能对地方政府债券发行产生重大影响的政策调整，或有确定证据表明利率（价格）区间与市场存在严重偏差等情况的，簿记管理人及其他主承销商、地方财政部门经协商一致后可以推迟发行或调整利率（价格）区间，并将推迟发行或调整利率（价格）区间事项及相关理由、证据及时披露，同时向财政部报告。公开承销过程中，如出现人为操作失误、系统故障、缴款违约等情况，导致可能影响正常发行及上市的，地方财政部门及簿记管理人应当按照事先确定的应急预案做好应急处置相关工作，及时披露，同时向财政部报告。

第四章 公开承销现场管理

第二十三条 公开承销现场人员包括发行人员、簿记管理人、监督员、观察员、支持人员等。发行人员由地方财政部门派出；监督员由发债地区审计、监察等非财政部门派出；观察员由财政部国库司或财政部国库司委托发债地区当地财政监察专员办事处派出；支持人员由财政部授权的业务技术支持部门派出。

第二十四条 发行现场人员应当各司其职。簿记管理人应当在发行前发送核对无误的申购要约并负责组织发行现场各项工作。监督员负责监督发行现场相关工作合规有序进行，并督促发行人员和簿记管理人做好发行现场人员身份核实与出入登记、通讯设备存放、信息保密、现场隔离、无线电屏蔽等工作。支持人员负责协助办理发行现场出入登记、存放手机等通讯设备、进行必要的无线电屏蔽等，并保障发行系统及发行现场设备正常运行。

第二十五条 省级财政部门应当按照相关规定，不迟于发行日前2个工作日，将进入发行现场的人员名单提供给业务技术支持部门并抄送财政部。人员名单上未列示人员原则上不得进入发行现场。

第二十六条 发行人员、簿记管理人、监督员、观察员应当于发行开始前在值守区履行登记手续，记录本人姓名和进入时间，并在进入操作区或观摩区时再分别履行登记手续。发行现场人员在一个工作日内参与多场次地方政府债券发行时，在不同场次开始前应当重新履行登记手续。竞争性承销期间，所有进入发行现场的人员原则上不得离开发行现场，如因身体严重不适等特殊原因必须临时离开发行现场的，必须由监督员或观察员中1人全程陪同。业务技术支持部门应在发行过程中安排人员在操作区和观摩区附近值守。

第二十七条 发行人员或簿记管理人于非发行时间操作发行系统，应当履行登记手续，登记姓名、出入时间、所属单位和出入事由，簿记管理人还应当提供省级财政部门出具的授权书。

第二十八条 发行现场应当配备能满足地方政府债券发行需要的专用固定电话、应急申购传真机、专用打印机等设备，其中专用固定电话应当实行通话录音。

第二十九条 发行现场人员不得携带任何有通讯功能的设备进入发行现场。发行开始前，发行现场人员应当将随身携带的手机等有通讯功能的设备存放于值守区的专用保管箱，业务技术支持部门应当登记手机等通讯设备存放情况。发行现场人员在一个工作日内参与多场次地方政府债券发行时，如在不同场次之间取用和存放手机等设备，业务技术支持部门应当登记相关存取情况。

第三十条 公开承销现场人员与外界沟通相关事项应当全部通过簿记场所配置的专用录音电话进行，监督员、观察员应当监督通讯工具的使用，并由簿记管理人做好记录及说明。

第三十一条 发行现场人员不得在地方政府债券发行过程中对外泄露申购量、申购利率等可能影响地方政府债券公平公正发行的信息，不得将簿记相关文档带出发行现场或以影印、复印等形式对外提供。

第三十二条 若申购截止时间后申购总量未达到计划发行额，簿记管理人应当按照承销协议中的相关条款进行处置。如承销协议中设置了包销条款，不足部分直接由承销团成员包销；如协议中未设置包销条款，簿记管理人在与发行人员负责人、观察员、监督员协商一致的前提下，可以将簿记建档发行时间延长不超过一小时或者择期重新发行，并使用专用固定电话或委托业务技术支持部门通知承销团成员相关信息。

第三十三条 地方政府债券发行过程中，如发行系统客户端出现技术问题，承销团成员可以通过发送传真的方式，将应急申购意向函发送至相应的发行室进行应急操作，并及时拨打发行现场专用固定电话向发行人员或簿记管理人报告。

第三十四条 出现应急操作情况时，支持人员应当按规定履行登记手续，同时不得携带任何有通讯功能的设备进入发行现场。支持人员应当如实填写应急申购情况记录表，记录收到应急申购意向函的时间等有关内容，并在密押核验通过后签字确认。簿记管理人应当审核应急申购意向函收到的时间是否在申购截止时间前，投资者是否按规定格式填写，是否字迹清晰、意思明确。应急申购意向函经簿记管理人确认各项要素有效完整，并经簿记管理人和监督员共同签字确认后，由簿记管理人将应急申购信息录入发行系统。对未按规定格式填写、字迹不清晰、意思不明确、密押核对不符或超过截止时间后收到的应急申购意向函，均做无效处理。

第三十五条 发行结果须经簿记管理人、监督员共同签字确认后生效。监督员如发现发行现场出现违规行为并制止无效的，有权拒绝在发行结果上签字。发行现场如发生本规程规定情形之外的其他情况，由发行人员或簿记管理人与监督员、观察员协商一致后进行处理，并在发行结束后及时向财政部进行报告。

第五章　附　　则

第三十六条　本规程由财政部负责解释。

第三十七条　本规程自发布之日起施行。

10. 地方政府债务信息公开办法（试行）（2018年发布）

（财预〔2018〕209号印发）

第一条　【目的和依据】为依法规范地方政府债务管理，切实增强地方政府债务信息透明度，自觉接受监督，防范地方政府债务风险，根据《中华人民共和国预算法》《中华人民共和国政府信息公开条例》《国务院关于加强地方政府性债务管理的意见》（国发〔2014〕43号）等法律法规和制度规定，制定本办法。

第二条　【适用范围】本办法适用于县级以上各级财政部门地方政府债务信息公开工作。

本办法所称地方政府债务包括地方政府一般债务和地方政府专项债务；地方政府债务信息包括预决算公开范围的地方政府债务限额、余额等信息以及预决算公开范围之外的地方政府债券发行、存续期、重大事项等相关信息；重大事项是指可能引起地方政府一般债券、专项债券投资价值发生增减变化，影响投资者合法权益的相关事项。

第三条　【公开原则】地方政府债务信息公开应当遵循以下原则：

（一）坚持以公开为常态、不公开为例外；

（二）坚持谁制作、谁负责、谁公开；

（三）坚持突出重点，真实、准确、完整、及时公开；

（四）坚持以公开促改革、以公开促规范，推进国家治理体系和治理能力现代化。

第四条　【公开渠道】预决算公开范围的地方政府债务限额、余额、使用安排及还本付息等信息应当在地方政府及财政部门门户网站公开。财政部门未设立门户网站的，应当在本级政府门户网站设立专栏公开。

预决算范围之外的地方政府债券等信息应当在省级财政部门、发行场所门户网站公开。财政部设立地方政府债务信息公开平台或专栏，支持地方财政部门公开地方政府债务（券）相关信息。

第五条　【预决算公开】县级以上地方各级财政部门（以下简称地方各级财政部门）应当随同预决算公开地方政府债务限额、余额、使用安排及还本付息等信息。

（一）随同预算公开上一年度本地区、本级及所属地区地方政府债务限额及余额（或余额预计执行数），以及本地区和本级上一年度地方政府债券（含再融资债券）发行及还本付息额（或预计执行数）、本年度地方政府债券还本付息预算数等。

（二）随同调整预算公开当年本地区及本级地方政府债务限额、本级新增地方政府债券资金使用安排等。

（三）随同决算公开上年末本地区、本级及所属地区地方政府债务限额、余额决算数，地方政府债券发行、还本付息决算数，以及债券资金使用安排等。

第六条　【债券发行安排公开】省级财政部门应当在每月20日前公开本地区下一月度新增地方政府债券和再融资债券发行安排，鼓励有条件的地区同时公开多个月份地方政府债券发行安排。

第七条　【新增一般债券发行公开】省级财政部门应当在新增一般债券发行前，提前 5 个以上工作日公开以下信息：

（一）经济社会发展指标。包括本地区国内生产总值、居民人均可支配收入等；

（二）地方政府一般公共预算情况；

（三）一般债务情况。包括本地区一般债务限额及余额、地区分布、期限结构等；

（四）拟发行一般债券信息。包括规模、期限、项目、偿债资金安排等；

（五）第三方评估材料。包括信用评级报告等；

（六）其他按规定需要公开的信息。

省级财政部门应当在新增一般债券发行后 2 个工作日内，公布发行债券编码、利率等信息。

第八条 【新增专项债券发行公开】省级财政部门应当在新增专项债券发行前，提前 5 个以上工作日公开以下信息：

（一）经济社会发展指标。包括本地区国内生产总值、居民人均可支配收入等；

（二）地方政府性基金预算情况。包括本地区、本级或使用专项债券资金的市县级政府地方政府性基金收支、拟发行专项债券对应的地方政府性基金预算收支情况；

（三）专项债务情况。包括本地区专项债务限额及余额、地区分布、期限结构等；

（四）拟发行专项债券信息。包括规模、期限及偿还方式等基本信息；

（五）拟发行专项债券对应项目信息。包括项目概况、分年度投资计划、项目资金来源、预期收益和融资平衡方案、潜在风险评估、主管部门责任等；

（六）第三方评估信息。包括财务评估报告（重点是项目预期收益和融资平衡情况评估）、法律意见书、信用评级报告等；

（七）其他按规定需要公开的信息。

省级财政部门应当在新增专项债券发行后 2 个工作日内，公布发行债券编码、利率等信息。

第九条 【再融资债券发行公开】省级财政部门应当在再融资债券发行前，提前 5 个以上工作日公开再融资债券发行规模以及原债券名称、代码、发行规模、到期本金规模等信息。

第十条 【一般债券存续期公开】地方各级财政部门应当组织开展本地区和本级一般债券存续期信息公开工作，督促和指导使用一般债券资金的部门不迟于每年 6 月底前公开以下信息：

（一）截至上年末一般债券资金余额、利率、期限、地区分布等情况；

（二）截至上年末一般债券资金使用情况；

（三）截至上年末一般债券项目建设进度、运营情况等；

（四）其他按规定需要公开的信息。

第十一条 【专项债券存续期公开】地方各级财政部门应当组织开展本地区和本级专项债券存续期信息公开工作，督促和指导使用专项债券资金的部门不迟于每年 6 月底前公开以下信息：

（一）截至上年末专项债券资金使用情况；

（二）截至上年末专项债券对应项目建设进度、运营情况等；

（三）截至上年末专项债券项目收益及对应形成的资产情况；

（四）其他按规定需要公开的信息。

第十二条 【违法违规情形公开】涉及违法违规举债担保行为问责的，各级财政部门应当在收到问责决定后 20 个工作日内公开问责结果。

第十三条 【一般债券重大事项公开】一般债券存续期内，发生可能影响使用一般债券资金地区的一般公共预算收入的重大事项，财政部门应当按照《国务院办公厅关于印发地方政府性债务风险应急处置预案的通知》（国办函〔2016〕88 号）等有关规定提出具体补救措施，经本级政府批准后向省级财政部门报告，并由省级财政部门公告或以适当方式告知一般债券持有人。

第十四条　【专项债券重大事项公开】专项债券存续期内，对应项目发生可能影响其收益与融资平衡能力的重大事项的，专项债券资金使用部门和财政部门应当按照《国务院办公厅关于印发地方政府性债务风险应急处置预案的通知》（国办函〔2016〕88号）等有关规定提出具体补救措施，经本级政府批准后向省级财政部门报告，并由省级财政部门公告或以适当方式告知专项债券持有人。

第十五条　【债券资金调整用途公开】地方政府债券存续期内确需调整债券资金用途的，按规定履行相关程序后，由省级财政部门予以公告或以适当方式告知债券持有人。

第十六条　【财政经济信息】地方各级财政部门在公开政府债务信息时，应当根据本级政府及其相关部门信息公开进展，一并提供本级政府工作报告、预决算报告、预算执行和其他财政收支的审计工作报告等信息或其网址备查。

第十七条　【政府债务管理制度】地方各级财政部门应当及时公开本地区政府债务管理制度规定。

第十八条　【职责分工】财政部负责指导、监督全国地方政府债务信息公开工作。地方各级财政部门负责组织实施本地区和本级政府债务信息公开工作，指导、监督和协调本级使用债券资金的部门和下级政府债务信息公开工作。

第十九条　【绩效评价】地方各级财政部门要将地方政府债务信息公开情况纳入地方政府债务绩效评价范围，加强绩效评价结果应用。

第二十条　【日常监督】财政部驻各省、自治区、直辖市、计划单列市财政监察专员办事处应当将地方政府债务信息公开工作纳入日常监督范围，对发现问题的予以督促整改。

第二十一条　【法律责任】对未按规定公开地方政府债务信息的，应当依照《中华人民共和国预算法》《中华人民共和国政府信息公开条例》等法律法规的规定，责令改正，对负有直接责任的主管人员和其他直接责任人员依法依规给予处分。

第二十二条　【社会监督】公民、法人或者其他组织认为有关部门不依法履行地方政府债务信息公开义务的，可以向同级或上一级财政部门举报。财政部门收到举报后应当依法依规予以处理。

第二十三条　省、自治区、直辖市、计划单列市财政部门可以根据本办法规定，结合本地区实际制定实施细则。

第二十四条　中央转贷地方国际金融组织和外国政府贷款信息公开办法由财政部另行制定。

第二十五条　本办法由财政部负责解释。

第二十六条　本办法自2019年1月1日起实施。

11. 关于加快地方政府专项债券发行使用有关工作的通知（2020年发布）

（财预〔2020〕94号）

各省、自治区、直辖市、计划单列市财政厅（局），新疆生产建设兵团财政局：

为贯彻落实国务院常务会议部署，用好地方政府专项债券（以下简称专项债券），加强资金和项目对接、提高资金使用效益，做好"六稳"工作、落实"六保"任务，现就加快地方政府专项债券发行使用有关工作通知如下：

一、合理把握专项债券发行节奏。对近期下达及后续拟下达的新增专项债券，与抗疫特别国债、一般债券统筹把握发行节奏，妥善做好稳投资稳增长和维护债券市场稳定工作，确保专项债券有序稳妥发行，力争在10月底前发行完毕。

二、科学合理确定专项债券期限。专项债券期限原则上与项目期限相匹配，并统筹考虑投资者需求、到期债务分布等因素科学确定，降低期限错配风险，防止资金闲置。既要鼓励发行长期专项债券，支持铁路、城际交通、收费公路、水利工程等建设和运营期限较长的重大项目，更好匹配项目资金需求和期限，又要综合评估分年到期专项债券本息、可偿债财力以及融资成本等情况，合理确定专项债券期限，避免人为将偿债责任后移。

三、优化新增专项债券资金投向。坚持专项债券必须用于有一定收益的公益性项目，融资规模与项目收益相平衡。重点用于国务院常务会议确定的交通基础设施、能源项目、农林水利、生态环保项目、民生服务、冷链物流设施、市政和产业园区基础设施等七大领域。积极支持"两新一重"、公共卫生设施建设中符合条件的项目，可根据需要及时用于加强防灾减灾建设。

四、依法合规调整新增专项债券用途。赋予地方一定的自主权，对因准备不足短期内难以建设实施的项目，允许省级政府及时按程序调整用途，优先用于党中央、国务院明确的"两新一重"、城镇老旧小区改造、公共卫生设施建设等领域符合条件的重大项目。确需调整用途的，原则上应当于9月底前完成，合理简化程序，确保年内形成实物工作量。各地涉及依法合规调整专项债券用途的，应当将省级政府批准同意的相关文件按程序报财政部备案，并在地方政府债务管理信息系统全过程登记。

五、严格新增专项债券使用负面清单。严禁将新增专项债券资金用于置换存量债务，决不允许搞形象工程、面子工程。新增专项债券资金依法不得用于经常性支出，严禁用于发放工资、单位运行经费、发放养老金、支付利息等，严禁用于商业化运作的产业项目、企业补贴等。同时，坚持不安排土地储备项目、不安排产业项目、不安排房地产相关项目。

六、加快新增专项债券资金使用进度。抓紧安排已发行未使用的新增专项债券资金投入使用，做好与近期下达批次的新增专项债券资金使用的衔接。要依托地方政府债务管理信息系统，对专项债券发行使用实行穿透式、全过程监控，动态监测地方财政、相关主管部门以及项目单位等各类参与主体，逐个环节跟踪进展，一级抓一级，层层压实相关主体责任，既要督促加快专项债券资金使用进度，尽快形成实物工作量，也要确保项目质量，提高债券资金使用绩效，决不能乱花钱。

七、依法加大专项债券信息公开力度。发挥按中央要求建立的全国统一的地方政府债务信息公开平台（WWW.CELMA.ORG.CN）作用，全面详细公开发行专项债券对应项目信息，加快推进专项债券项目库公开，对组合使用专项债券和市场化融资的项目以及将专项债券作为资本金的项目要单独公开，发挥市场自律约束作用，以公开促规范、以公开防风险。

八、健全通报约谈机制和监督机制。要健全每月定期通报机制，对资金拨付进度快、安排使用合规有效的市县、相关主管部门和项目单位予以表扬，对资金拨付进度慢、安排使用不合规的市县、相关主管部门和项目单位予以通报或约谈，既要防止债券资金滞留国库，也要避免资金拨付后沉淀在项目单位，提高债券资金使用效益，尽快形成对经济的有效拉动。财政部各地监管局要加强属地监督。

特此通知。

财政部

2020年7月27日

12. 地方政府专项债券用途调整操作指引（2021年发布）

（财预〔2021〕110号印发）

第一章 总 则

第一条 为规范和加强地方政府专项债券（以下简称专项债券）管理，提高专项债券资金使用绩效，防范地方政府债务风险，根据《中华人民共和国预算法》及其实施条例、《国务院关于加强地方政府性债务管理的意见》（国发〔2014〕43号）、《中共中央办公厅 国务院办公厅关于做好地方政府专项债券发行及项目配套融资工作的通知》《财政部关于印发〈地方政府专项债务预算管理办法〉的通知》（财预〔2016〕155号）、《财政部关于加快地方政府专项债券发行使用有关工作的通知》（财预〔2020〕94号）、《财政部关于印发〈财政总预算会计制度〉的通知》（财库〔2015〕192号）等法律法规和制度规定，制定本指引。

第二条 专项债券用途调整，属于财政预算管理范畴，主要是对新增专项债券资金已安排的项目，因债券项目实施条件变化等原因导致专项债券资金无法及时有效使用，需要调整至其他项目产生的专项债券资金用途变动。

第三条 专项债券资金使用，坚持以不调整为常态、调整为例外。专项债券一经发行，应当严格按照发行信息公开文件约定的项目用途使用债券资金，各地确因特殊情况需要调整的，应当严格履行规定程序，严禁擅自随意调整专项债券用途，严禁先挪用、后调整等行为。

第四条 专项债券用途调整，由省级政府统筹安排，省级财政部门组织省以下各级财政部门具体实施。

第二章 项目调整条件

第五条 专项债券资金已安排的项目，可以申请调整的具体情形包括：

（一）项目实施过程中发生重大变化，确无专项债券资金需求或需求少于预期的；

（二）项目竣工后，专项债券资金发生结余的；

（三）财政、审计等发现专项债券使用存在违规问题，按照监督检查意见或审计等意见确需调整的；

（四）其他需要调整的。

第六条 专项债券用途调整，应符合以下原则：

（一）调整安排的项目必须经审核把关具备发行和使用条件。项目属于有一定收益的公益性项目，且预期收益与融资规模自求平衡。项目前期准备充分、可尽早形成实物工作量。项目周期应当与申请调整的债券剩余期限相匹配。

（二）调整安排的专项债券资金，优先支持党中央、国务院明确的重点领域符合条件的重大项目。

（三）调整安排的专项债券资金，优先选择与原已安排的项目属于相同类型和领域的项目。确需改变项目类型的，应当进行必要的解释说明。

（四）调整安排的专项债券资金，严禁用于置换存量债务，严禁用于楼堂馆所、形象工程和政绩工程以及非公益性资本支出项目，依法不得用于经常性支出。

第七条 调整安排的专项债券资金，优先用于本级政府符合条件的项目，确无符合条件项目的，省级财政部门可以收回专项债券资金和对应的专项债务限额统筹安排。

第三章 项目调整程序

第八条 省级财政部门原则上每年9月底前可集中组织实施1到2次项目调整工作。地方各级财政部门会同有关部门组织梳理本级政府专项债券项目实施情况，确需调整专项债券用途的，要客观评估拟调整项目预期收益和资产价值，编制拟调整项目融资平衡方案、财务评估报告书、法律意见书，经同级政府同意后，及时报送省级财政部门。

拟调整项目融资平衡方案应当准确反映项目基本情况、前期手续、投融资规模、收益来源、建设周期、分年度投资计划、原债券期限内预期收益与融资平衡情况、原已安排的项目调整原因、潜在风险评估、主管部门责任、调整后债券本息偿还安排等。

第九条 省级财政部门负责汇总各地调整申请，统筹研究提出包括专项债务限额和专项债券项目在内的调整方案，于10月底前按程序报省级政府批准后，报财政部备案。

第四章 项目调整执行管理

第十条 按照预算法等法律法规规定，规范专项债券项目调整涉及的预算调整和调剂管理。省级政府批准后，对专项债券用途调整涉及增加或减少预算总支出、调减预算安排的专项债券重点支出数额、增加举借债务数额的，地方财政部门应当编制预算调整方案按程序提请同级人大常委会审议；其他预算调剂事项，地方财政部门应当按程序办理。

第十一条 按照《财政总预算会计制度》规定，规范专项债券项目调整涉及的预算执行管理。对专项债券用途调整，地方各级财政部门应按有关规定及时对原项目对应的预算科目收入、支出进行调减，对调整安排的项目对应的预算科目收入、支出进行调增。原项目调减的金额应等于调整安排的项目调增的金额。涉及跨地区专项债券调整的，要对专项债券的债务（转贷）收入、债务（转贷）支出等预算科目进行相应调整。涉及跨年度专项债券调整的，要按照收付实现制核算要求，在当年预算收支中对相关预算科目进行调整。

第十二条 省级财政部门在地区间调整债券资金用途时，应与相关地区重新签署转贷协议或通过预算指标文件明确调整事宜。

第五章 信 息 公 开

第十三条 专项债券用途调整，省级财政部门要按以下原则及时进行信息公开：

（一）专项债券用途调整，不改变原专项债券注册信息，包括债券发行量、期限、代码、名称、利率、兑付安排等。

（二）专项债券用途调整，要发布调整公告，重点说明调整事项已经省级政府批准，一并公开本地区经济社会发展指标、地方政府性基金预算情况、专项债务情况等。

（三）专项债券用途调整，要公布项目调整信息，包括调整前原已安排的项目名称、调整金额，以及调整后项目概况、分年度投资计划、项目资金来源、预期收益和融资平衡方案、潜在风险评估、主管部门责任、第三方评估信息（包括财务评估报告书、法律意见书、信用评级报告等）等。

（四）其他按规定需要公开的信息。

第十四条 省级财政部门应当于省级政府批准后（涉及预算调整的按程序报省级人大或其常委会批准后）的10个工作日内，在全国统一的地方政府债务信息公开平台（www.celma.org.cn），以及省级政府或财政部门门户网站、发行登记托管机构门户网站等公开相关预算调整和项目调整信息。

市县级财政部门应当在省级政府、市县人大或其常委会批准后的10个工作日内，在本级政府或财政部门门户网站公开本地区专项债券用途调整相关信息。

第六章 监　督　管　理

第十五条　地方各级财政部门应当按照预算管理一体化要求，通过信息管理系统全过程登记专项债券用途调整情况，督促相关部门和项目单位及时规范使用债券资金，提高使用绩效。

第十六条　财政部各地监管局依法对专项债券用途调整实施监督，确保发挥债券资金使用效益。

第十七条　专项债券资金已安排的项目调整规模大、频次多的地区或部门，省级财政部门可适当扣减下一年度新增专项债券额度，引导各地区、各部门提升专项债券项目储备和安排的精准性、规范性。

第十八条　各地不得违规调整专项债券用途，严禁假借专项债券用途名义挪用、套取专项债券资金。对违反法律法规和政策规定的，依法依规追究相关责任单位和责任人的责任。

第七章 附　　　则

第十九条　本指引自印发之日起施行。

13. 地方政府债券信息公开平台管理办法（2021年发布）

（财预〔2021〕5号印发）

第一条　为贯彻落实党中央、国务院关于推进地方政府债务信息公开的要求，规范地方政府债券信息公开平台管理，根据《中华人民共和国预算法》及其实施条例、《中华人民共和国政府信息公开条例》《中共中央办公厅　国务院办公厅关于做好地方政府专项债券发行及项目配套融资工作的通知》及《地方政府债务信息公开办法（试行）》（财预〔2018〕209号，以下简称公开办法）等法律法规和制度规定，制定本办法。

第二条　本办法所称地方政府债券信息公开平台（以下简称公开平台），是指按照党中央、国务院有关文件规定，由财政部组织建设的全国统一的地方政府债务信息公开官方平台，注册网站名称为"中国地方政府债券信息公开平台"，注册网站域名为www.celma.org.cn。

第三条　各省、自治区、直辖市、计划单列市财政厅（局）和新疆生产建设兵团（以下简称兵团）财政局，应当按照地方政府债务信息公开有关规定，组织本地区各级财政部门通过公开平台公开地方政府债务相关信息。地方政府债务相关信息包括地方政府债务数据和相关文本信息。

第四条　公开平台管理遵循依法合规、公开透明、简便高效、积极稳妥的原则。

第五条　财政部负责公开平台建设和管理，指导地方政府债务信息公开工作。

财政部预算司、国库司具体负责地方政府债务信息公开政策指导工作。财政部政府债务研究和评估中心（以下简称政府债务中心）负责公开平台日常运行管理工作，组织开展地方政府债务信息公开评估。财政部信息网络中心负责公开平台运行维护技术支持，确保平台安全运行。

第六条　地方各级财政部门和兵团财政部门（以下统称地方财政部门）及相关单位按照谁制作、谁公开、谁负责的原则，对地方政府债务相关信息公开的真实性、准确性、完整性、规范性、及时性负责。

第七条　地方财政部门应当按照公开办法等制度规定，在公开平台相应栏目及时公开地方政府债务限额、余额，地方政府债券发行、项目、还本付息、重大事项、存续期管理，以及经济社会发展指标、财政状况等相关信息。

第八条　地方财政部门应当指定专人负责公开平台信息公开工作，及时将地方政府债务相关信息归集、导入公开平台对应栏目，审核确认无误后在公开平台发布。

第九条　地方政府债券发行场所应当在地方政府债券发行结束后，不迟于3个工作日将发行结果传至财政部公开平台，进行数据核对。

第十条　地方政府债务信息一经公开平台发布，不得随意更改。确实有误需要更改的，应当向政府债务中心备案，并按程序重新在公开平台发布。

第十一条　政府债务中心应当建立评估和通报制度，组织开展地方政府债务信息公开情况评估，定期通报评估结果，评估结果作为地方政府债务绩效评价的重要参考。

第十二条　地方财政部门和相关单位应当增强网络安全意识，加强用户信息管理，防止用户信息泄露，工作人员岗位变动应当及时变更或注销相关用户信息。

政府债务中心应当做好开通、变更或注销公开平台用户和权限等工作。

第十三条　本办法自印发之日起施行。

14. 关于进一步做好地方政府债券柜台发行工作的通知（2020年发布）

（财库〔2020〕49号）

各省、自治区、直辖市、计划单列市财政厅（局），新疆生产建设兵团财政局，中央国债登记结算有限责任公司，中国证券登记结算有限责任公司，全国银行间同业拆借中心，上海证券交易所，深圳证券交易所，柜台业务开办机构：

为进一步拓宽地方政府债券（以下称地方债）发行渠道，更好满足个人和中小机构投资者需求，根据《中华人民共和国预算法》《地方政府债券发行管理办法》（财库〔2020〕43号）和《财政部关于开展通过商业银行柜台市场发行地方政府债券工作的通知》（财库〔2019〕11号）等有关规定，现就进一步做好通过全国银行间债券市场柜台（以下称柜台）发行地方债工作有关事宜通知如下。

一、充分认识地方债柜台发行工作的重要意义

地方债柜台发行是地方债发行渠道的重要组成部分，是加强地方债发行管理，丰富投资者结构，实现可持续发展的重要举措。自2019年试点以来，柜台发行工作取得了积极成效，进一步拓宽了地方债发行渠道，有效激发了社会投资活力，吸引了广大人民群众参与地方建设和共享改革发展成果，满足了人民群众投资理财需求。当前国内经济面临复杂严峻形势，国际环境发生深刻变化，进一步全面推进地方债柜台发行对于做好"六保"工作，落实"六稳"任务，促进以国内大循环为主体，国内国际双循环相互促进的新发展格局具有重要意义。各级财政部门要高度重视地方债柜台发行工作，不断培育柜台发行市场，加强人员业务培训，做好市场调研和机构沟通，积极推进地方债柜台发行工作。

二、合理确定地方债柜台发行的品种、期限、频次和规模

（一）地方财政部门应当结合地方债项目收益、个人和中小机构投资特点、柜台市场需求等，科学合理确定地方债柜台发行的品种、期限、频次和规模。

（二）通过柜台发行的地方债以中短期为主，地方财政部门应当结合实际情况，优先选择具有本地区特点、项目收益较高的债券，期限方面优先考虑安排5年期以下（含5年期）债券。

（三）地方财政部门应当积极推进地方债柜台发行工作，原则上已开展过的地区2021年安排柜台发行应不少于两次，确保已建立起来的发行渠道持续畅通，未开展过的地区应至少安排一次。

（四）地方财政部门应当加强与柜台业务开办机构的联系，充分了解投资者需求，合理确定地方债柜台发行规模。

三、及时报送和披露相关信息

（一）地方财政部门应当于债券额度下达后及时向财政部报送地方债柜台发行计划，每季度最后一个月20日前报送下季度发行计划（具体到月份），包括债券类型、债券期限、当期柜台计划发行量、当期债券总量、发行时间等（见附件）。财政部将结合债券市场情况，按照"先备案先安排"的原则，统筹协调各地区分批开展，并及时将安排情况反馈地方财政部门。

（二）地方财政部门应当在月度和季度地方债发行计划中披露柜台发行安排，并按规定及时公开债券发行相关信息，为投资者购买柜台地方债和市场宣传筹备等预留充足的时间。

（三）地方财政部门应当在每期柜台发行结束15个工作日内向财政部提交相关发行情况。

四、择优选取柜台业务承办机构

（一）地方债柜台发行前，地方财政部门应当在本地区已取得柜台业务开办资质的地方债承销团成员范围内，按照"公开、自愿、择优"的原则，结合柜台业务开办机构报送的柜台地方债分销意愿，以前年度政府债券和政策性金融债分销数量、宣传推广途径、营业网点数量、电子银行（包括网上银行、手机银行）开通情况等，选取柜台业务承办机构。

（二）地方债柜台发行前，地方财政部门应当与柜台业务承办机构签署分销协议，明确地方债的柜台分销时间、分销方式、分销限额及未分销部分处理方式、对柜台业务承办机构实际分销比例的考核，以及双方权利义务等有关要求。地方财政部门可结合实际情况与承办机构确定分销协议的有效期。

（三）年度中，地方财政部门可以结合实际需要增加本地区地方债柜台业务承办机构，增补程序应当符合相关规定。

五、加强地方债柜台发行宣传

（一）地方财政部门应当加强地方债柜台发行宣传，柜台业务开办机构、中央国债登记结算有限责任公司、符合条件的发行场所等，要创新宣传渠道和方式，积极配合做好宣传工作。

（二）地方财政部门应当统一对外宣传口径，发行前向媒体和柜台业务承办机构等提供地方债柜台业务问题解读材料，督促配合宣传的相关机构在发行前、分销期等关键节点进行多渠道、多类型的广泛宣传。

（三）柜台业务承办机构应当统筹各方资源力量，抓好宣传营销、人员培训等关键环节，发行前应当充分开展市场调研，梳理摸排潜在客户，做好柜台地方债的客户资源储备。

六、加强协调配合，及时提供数据信息

柜台业务开办机构、中央国债登记结算有限责任公司、发行场所等应当密切关注市场动态，及时收集市场信息和意见建议，加强协调配合，保障地方债柜台发行工作顺畅，如遇涉及地方债柜台发行的重大或异常情况，应当及时向财政部门报告。中央国债登记结算有限责任公司应当加强地方债柜台报价监测，及时统计汇总柜台发行数据并报财政部门。

七、强化柜台业务开办机构相关职责

（一）柜台业务开办机构开展地方债柜台发行前，应当提前告知发行场所、中央国债登记结算有限责任公司、全国银行间同业拆借中心等配合开办业务。

（二）柜台业务开办机构应当不断提高营业网点柜台发售地方债的服务水平，研究完善便捷投资者通过柜台购买地方债的途径和流程。加强投资者教育，充分挖掘地方债价值属性，突出地方债安全系数高、投资起点低、交易灵活、收益稳健等特点，并结合柜台地方债可交易属性，提示投资者理性看待债券价格波动。

（三）发行结束后，柜台业务开办机构应当根据全国银行间债券市场柜台业务管理相关规定，为投资者提供报价交易等服务，提高柜台市场流动性。

（四）柜台业务开办机构通过其营业网点或电子渠道销售地方债，应当遵循诚实守信原则，与地方债柜台发行相关的披露信息应当及时、完整、准确、有效地向投资者传递，保护投资者合法权益，不得利用非公开信息谋取不正当利益。

八、其他

地方债柜台发行的区域范围、定价方式、分销期安排、手续费率等相关事宜，按照《财政部关于开展通过商业银行柜台市场发行地方政府债券工作的通知》（财库〔2019〕11号）规定执行。

附件：地方政府债券柜台发行计划表

财政部
2020年12月31

附件：

地方政府债券柜台发行计划表

填报省（市）：　　　填报时间：　　　联系人：　　　电话：

债券类型	债券期限	本期柜台计划发行量 （本期债券总量）	发行时间

第二十八章　国有资本管理法规

1. 关于划转部分国有资本充实社保基金有关事项的操作办法（2019年修订）

（财资〔2019〕49号印发）

为积极稳妥、规范有序做好划转部分国有资本充实社保基金工作，根据《国务院关于

印发划转部分国有资本充实社保基金实施方案的通知》（国发〔2017〕49号）（以下简称《实施方案》），制定本操作办法。

一、关于划转范围和划转对象的确定

（一）以《实施方案》印发日确定划转范围和划转对象。纳入划转范围的企业，对其由国家直接出资形成的国有资本实施划转。

（二）大中型企业的划型标准，按照《国家统计局关于印发〈统计上大中小微型企业划分办法（2017）〉的通知》（国统字〔2017〕213号）等有关规定执行。

（三）大中型金融机构的划型标准，按照《中国人民银行　中国银行业监督管理委员会　中国证券监督管理委员会　中国保险监督管理委员会　国家统计局关于印发〈金融业企业划型标准规定〉的通知》（银发〔2015〕309号）有关规定执行。

（四）企业规模的认定及划转口径以合并财务报表为准。

（五）公益类企业的确定按照《国资委　财政部　发展改革委关于印发〈关于国有企业功能界定与分类的指导意见〉的通知》（国资发研究〔2015〕170号）予以明确。

（六）文化企业是指由各级政府和文化部门出资设立的文化企业。

（七）政策性和开发性金融机构包括国家开发银行股份有限公司、中国进出口银行、中国农业发展银行和中国出口信用保险公司。

（八）国有资本投资、运营公司或具有持股平台性质的企业，应按照《实施方案》的要求履行划转义务。可直接划转国有资本投资、运营公司或持股平台自身的国有股权，也可划转国有资本投资、运营公司或持股平台所属一级子公司国有股权。

（九）《实施方案》印发日至划转实施日，企业因实施重组改制等改革事项，导致划转范围和划转规模发生变化的，需追溯划转。确实无法追溯的，可按《实施方案》印发前一年度末，即2016年末测算应划转的权益，并以上缴资金等方式替代或补足。

（十）因企业集团未完成公司制改制划转子公司股权的，划转企业集团股权时，已划转子公司国有股权不再划转；已完成划转的企业集团开展重组的，已划转的国有股权不再重复划转。已完成划转的企业集团，由国家新增投入形成的国有资本不再转。

二、关于多元持股企业的划转方式

（十一）划转对象涉及多个国有股东的，须分别划转各国有股东所持国有股权的10%，并由第一大股东牵头实施。原则上多个国有股东中持股比例最大者为第一大股东，国有股东持股比例相同的，由具有实际控制权的国有股东牵头实施划转。

（十二）由牵头实施划转的国有股东对企业各国有股东身份和应划转股权进行初审，并征求其他国有股东意见。相关国有股东应在15个工作日内回复。

（十三）按照第一大股东的产权隶属关系，将各国有股东应划转的国有股权统一划转至社保基金会或各省（自治区、直辖市）国有独资公司等承接主体。

（十四）第一大股东根据有关规定不需划转所持国有股权的，其他符合条件的国有股东仍需实施划转，牵头实施单位应顺次确定，并将应划转国有股权划转至牵头实施单位相应的承接主体。

三、关于划转工作办理

（十五）各级财政部门会同有关部门向划转对象下达国有股划转通知，并抄送各国有股东及承接主体。涉及划转境内上市公司、全国中小企业股份转让系统挂牌公司以及境外上市公司非境外上市股份国有股权的，应同时向中国证券登记结算有限责任公司抄送国有股划转通知，在国有股划转通知中明确划转对象的证券代码、划转数量、是否限售、联系方式等具体信息。划转对象相关国有股东须积极配合做好划转工作，确保按国有股划转通知要求，在规定时间将股权划转到位。

（十六）划转非上市企业国有股权的，划转对象应在收到国有股划转通知后20个工作

日内，申请办理国有产权变更登记，并根据工商变更登记的相关规定，及时完成工商变更登记手续。相关国有产权登记机构应在接到申请10个工作日内，完成国有产权变更登记。

（十七）划转上市公司国有股权的，中国证券登记结算有限责任公司在收到国有股划转通知后15个工作日内完成国有股权变更登记，并将变更登记情况反馈相关国有股东，同时抄送相关承接主体。

（十八）国有股权划转原则上以上一年度最后一日作为划转基准日。若上一年度最后一日至国有股划转通知下达前，划转对象因相关经济活动开展审计、资产评估等并相应进行账务调整的，以财务报告的最新变更时点作为划转基准日。

（十九）国有股东划转的国有股权应当权属清晰，因担保、质押、司法冻结等原因导致国有股东所持股权受限的，优先划转不受限股权；不受限股权不足的，国有股东应尽快解除限制并及时完成划转；暂时无法解除的，国有股东应说明限制解除的具体时间，待限制解除后的15个工作日内，完成划转工作。

四、关于划转国有资本的管理

（二十）企业国有股权变更登记完成后，社保基金会等承接主体应按照划转基准日账面值入账，股权变更登记完成后产生的股权分红由承接主体持有。

（二十一）社保基金会等承接主体作为财务投资者，享有所划入国有股权的收益权、处置权和知情权，划转对象不改变现行国有资产管理体制。社保基金会等承接主体和企业原有股东可通过协议等方式明确股东权利的行使方式。

（二十二）划转国有资本运作管理办法出台前，划转国有资本产生的现金收益可由承接主体进行投资，投资范围限定为银行存款、一级市场购买国债和对划转对象的增资。

（二十三）对于承接主体的相关管理费用，由各省级人民政府根据实际情况确定。

五、关于税费处理问题

（二十四）在国有股权划转和接收过程中，划转非上市公司股份的，对划出方与划入方签订的产权转移书据免征印花税；划转上市公司股份和全国中小企业股份转让系统挂牌公司股份的，免征证券交易印花税；对划入方因承接划转股权而增加的实收资本和资本公积，免征印花税；涉及境内上市公司、全国中小企业股份转让系统挂牌的公司和境外上市公司非境外上市股份的，免收过户费。本办法印发前，划转双方已缴纳的上述税费由征收单位予以退还。

（二十五）国有股权划出方和划入方均不确认所得，不征收企业所得税，划入方取得已划入股权的企业所得税计税基础以划入股权的原计税基础确定。

六、关于与原国有股转（减）持政策的衔接

（二十六）《实施方案》印发前，企业已完成境内首次公开发行股票并上市或境外首次公开发行和增发股票的，相关单位和部门须继续履行原国有股转（减）持政策。

（二十七）自《实施方案》印发之日起，企业在境内首次公开发行股票并上市或境外首次公开发行和增发股票的，相关单位和部门停止执行原国有股转（减）持政策，国有股转（减）持批复文件不再作为证券监管部门的审查要件。

（二十八）自《实施方案》印发之日起，企业完成境内首次公开发行股票并上市或境外首次公开发行和增发股票，并按原政策规定履行国有股转（减）持义务的，由企业直接向财政部提出申请，经财政部会同有关国有资产监督管理机构及社保基金会审核，符合条件的，可实行回拨处理。

（二十九）按照《实施方案》划转部分国有资本充实社保基金的上市公司，已履行国有股转（减）持义务的，已划转股份或缴纳的减持资金不作为划转抵扣因素。

（三十）自《实施方案》印发之日起，《财政部关于金融资产管理公司和国有银行国有股减持有关问题的通知》（财金函〔2004〕21号）、《财政部　国资委　证监会　社保

基金会关于进一步明确金融企业国有股转持有关问题的通知》（财金〔2013〕78号）、《财政部关于取消国有创业投资机构和国有创业投资引导基金国有股转持义务审批事项后有关管理工作的通知》（财资〔2015〕39号）停止执行。

七、其他事项

（三十一）新疆生产建设兵团所属企业的划转工作，由新疆生产建设兵团负责实施。

2. 金融机构国有股权董事议案审议操作指引（2023年修订）

（财金〔2023〕2号印发）

第一章　总　　则

第一条　为了更好地履行国有金融资本出资人职责，规范国有股东向金融机构派出的国有股权董事议案审议工作，根据《中华人民共和国公司法》（以下简称公司法）、《中共中央 国务院关于完善国有金融资本管理的指导意见》和《国有金融资本出资人职责暂行规定》等法律法规及相关制度，制定本指引。

第二条　本指引所称国有股权董事（以下简称股权董事），是指由履行国有金融资本出资人职责的机构、国有金融资本受托管理机构（以下统称派出机构）向持股金融机构派出的代表国有股权的董事。

前款所称金融机构，包括依法设立的获得金融业务许可证的各类金融企业，主权财富基金，金融控股公司等金融集团、金融投资运营公司以及金融基础设施等实质性开展金融业务的其他企业或机构。

第三条　股权董事应当具备与其履行职责相适应的政治素养、专业素质、专业经验、职业技能和职业操守，并持续学习履职所需的专业知识和技能，熟悉并掌握国家关于金融机构管理的相关规定，深入了解所在金融机构的业务情况，不断提高履职能力，适应股权董事岗位需要。

第四条　股权董事在审议议案时，应当坚决贯彻党中央决策部署和国家有关法律法规、方针政策以及派出机构有关要求，结合专业判断自主发表意见，并对表决结果承担相应责任。

第五条　派出机构应当加强对股权董事履职的技术支持，对股权董事提出的议案审议意见进行审核，并在必要时对议案审议意见进行风险提示。股权董事应当承担的责任不因派出机构出具审核意见、作出风险提示而转移。

第六条　派出机构应当督促金融机构采取必要措施，确保股权董事便捷、高效获取议案审议相关信息，为股权董事有效履职提供保障。金融机构应当对所提供信息的真实性、准确性和完整性负责。

对未完整、准确提供相关信息的议案，股权董事有权按规定提出推迟审议或推迟表决等意见；对不予配合或未按股权董事要求补充提供相关信息的议案，股权董事有权予以否决。

第二章　股权董事议案审议职责及审议意见内容

第七条　股权董事依法行使以下议案审议职责：

（一）严格遵守国家各项法律法规、派出机构有关规章制度，以及所在金融机构的公司章程、董事会议事规则等规定，依法合规、忠实勤勉地履行董事会议案审议等相关工作职责；

（二）全面了解议案背景与内容，准确把握议案是否符合国家相关法律法规、金融监管要求、国有金融资本管理制度及行业政策，深入了解议案对国有出资人权益的影响程度和

风险状况,深入分析议案的可行性和对金融机构战略和经营计划的综合影响;

(三)通过调研,调阅财务报表和会议纪要等资料,询问所在金融机构管理层、相关业务部门和会计师事务所等有关中介机构,列席相关党委(党组)会,参加董事会专门委员会、董事沟通会、董事例会以及与其他董事沟通等方式深入研究议案,根据国家相关法律法规、金融监管政策、国有金融资本管理制度及派出机构有关要求,以防范金融风险、保护国有金融资产安全、维护国有出资人合法权益及所在金融机构整体利益为原则,对议案进行认真分析和判断,提出合理的议案审议意见;

(四)按照本指引要求与派出机构做好沟通,及时将董事会会议通知、董事会议案及议案审议意见以书面形式报送派出机构,并加强与派出机构的联系和沟通;

(五)根据所在金融机构章程和相关议事规则,按照本指引规定的议案审议要求,在董事会及专门委员会上独立、专业、客观地发表意见;

(六)对董事会决议的落实情况进行跟踪监督,对发现的重大问题,以及董事会决议事项发生重大变更等情况,及时以书面形式向派出机构报告,并督促所在金融机构认真整改;

(七)派出机构赋予的其他职责。

第八条 股权董事向派出机构报送的议案审议意见应当包括以下内容:

(一)议案的背景和主要内容;

(二)股权董事就议案内容与金融机构的沟通情况,包括议案沟通过程中,或董事会专门委员会审议时,有关方面的意见及采纳情况;

(三)根据金融机构授权机制,议案在金融机构内部的决策程序执行情况;同时,应当对是否存在同一事项分批分次审议、变相突破决策权限相关情况进行说明;

(四)股权董事对议案内容的研究情况,包括审议意见及主要理由,应当重点对议案相关事项的合规性及可能存在的风险进行说明;

(五)股权董事拟在董事会上发表的表决意见,包括是否同意、拟提出的风险提示及工作要求等;

(六)其他需要说明的事项;

(七)股权董事签名和签发日期。

第三章 议案类型及审议程序

第九条 按照议案审议事项对国有出资人权益的影响程度和风险状况,股权董事审议的议案分为重大事项议案和一般性议案。

第十条 重大事项议案是指根据公司法、金融机构公司章程等规定,需提交股东(大)会审议的议案,或需三分之二以上董事同意的议案,或涉及出资人重大利益的议案,或可能对金融机构产生重大影响的议案。主要包括:

(一)公司章程的首次制订及全面修订,重要公司治理文件的制订与修改,董事会专门委员会的组成与调整,制订或修改股东(大)会对董事会、董事会对经营管理层授权方案;

(二)战略规划的制订与修订;

(三)年度经营计划与财务预决算的制订与调整;

(四)高级管理人员的聘任、解聘、奖惩事项及薪酬管理,制订或实施股权激励和员工持股计划,购买董事及高级管理人员责任险;

(五)利润分配方案和弥补亏损方案;

(六)资本规划方案,公司上市或股权融资方案,增加或减少注册资本,回购公司自身股票;

(七)法人机构的设立;

(八)重大经营事项、重大投融资、重大收购兼并、重大资产处置、重大对外担保、重大资产抵押、重大关联交易、重大对外赠与事项；

（九）外部审计机构的聘用、解聘及续聘；股权投资基金的资产管理人（托管人）聘用、更换及管理费提取标准等有关事项；

（十）合并、分立、解散或变更公司形式的方案；

（十一）派出机构认为必要的其他事项。

第十一条 除本指引第十条规定以外的议案为一般性议案。

第十二条 股权董事应当按照有关法定程序在董事会或董事会专门委员会上参与议案审议，充分发表意见，依法合规、独立自主行使表决权。

第十三条 股权董事应当注重与所在金融机构的沟通和联系，及时了解有关董事会会议及议案安排，推动所在金融机构做好议案的起草和准备工作。对于不符合所在金融机构章程、议事规则或违背公司治理程序的议案，股权董事应当明确提出不宜将该议案提交董事会审议。

第十四条 股权董事应当与所在金融机构的其他董事加强沟通，认真参与议案讨论。

第十五条 股权董事应当认真参与议案沟通会和所任职董事会专门委员会的会议，主动、及时向金融机构了解相关情况。对于重大事项议案，股权董事应当在正式报送书面审议意见之前，与派出机构进行预沟通，并结合预沟通情况和专业判断对议案内容、董事会召开时间等提出意见建议。

第十六条 派出机构收到股权董事对议案的审议意见或预沟通意见后，如需补充有关数据、背景情况、分析论证等内容，派出机构与股权董事联系提出需求。股权董事根据派出机构需求，与金融机构进一步沟通了解情况，并与派出机构沟通。沟通过程原则上由股权董事独立完成，如确有必要，股权董事可会同金融机构有关工作人员，共同与派出机构沟通。

第十七条 对于重大事项议案，派出机构就股权董事审议意见履行相关内部审核程序，并向股权董事反馈审核意见。对于明显违背国家战略政策、金融监管要求和国有金融资本管理相关规定的情形，派出机构需向股权董事作出风险提示。股权董事应当结合实际情况及自身判断慎重表决，并承担相应责任。派出机构作出的风险提示，仅供股权董事在议案审议时使用，未经派出机构许可，不得向所在金融机构等第三方提供。

第十八条 股权董事收到董事会正式会议通知后，一般应当至少在董事会会议召开10日之前将董事会会议通知、董事会议案和署名的股权董事审议意见以书面形式报送派出机构，未能在规定时间内报送的，股权董事应当提出推迟审议的意见。

第十九条 金融机构确因紧急事项须临时召开董事会的，原则上应当至少在董事会召开5个工作日之前通知股权董事，并提交完整的议案要件，股权董事应当至少在董事会召开3个工作日之前以书面形式向派出机构报送相关资料。

紧急事项主要包括金融监管部门临时提出的有关要求，管理层人员突然变动，突发重大风险处置、重大投资和重大交易，以及突发自然灾害应急等。对于年报披露等监管规则有明确时间要求的事项，股权董事应当督促金融机构合理安排工作进度，确保议案在规定的时间内提交，避免倒逼审核流程。

第二十条 同一金融机构有两名以上同一派出机构股权董事的，各股权董事应当根据自身专业判断分别提交书面审议意见；股权董事意见一致的，可联名提交书面审议意见。

第二十一条 同一金融机构由多个派出机构共同持股的，如有需要，派出机构可相互协商并履行内部流程后，将有关意见反馈股权董事。

第二十二条 金融机构召开董事会及其专门委员会会议期间，增加临时议案的，股权董事应当及时报告并根据议题性质、议题内容、对国有出资人权益影响的重要程度等情况妥善处理，如建议推迟审议、推迟表决、表决时附加条件同意、弃权、反对或同意等。

第四章　穿透管理

第二十三条　股权董事应当根据"穿透管理"的原则，及时、主动对金融机构所属各级子公司的重大事项进行调研，对相关议案提出意见建议，并及时向派出机构报告；对需提交金融机构董事会审议的议案进行审核。

第二十四条　金融机构所属各级重点子公司重大股权管理事项在报送财政部门履行程序时，需在相关请示报告中说明股权董事审核意见。

第二十五条　股权董事应当关注的所属各级子公司重大事项，主要涉及金融机构各级子公司战略规划、主责主业、内部资产重组、品牌管理、考核评价或其他可能对金融机构产生重大影响的事项，包括但不限于：

（一）金融机构重点子公司法人机构设立、合并、分立、解散、变更公司形式等事项；

（二）金融机构重点子公司重大经营事项、重大投融资、重大收购兼并、重大资产处置、重大对外担保、重大资产抵押、重大关联交易、重大对外赠与事项；

（三）其他根据金融机构内部授权机制或金融监管要求，经子公司董事会、股东（大）会审议后需报金融机构本级董事会审议的事项；

（四）派出机构认为必要的其他事项。

第二十六条　金融机构应当理顺上市子公司对外披露议案的决策流程，子公司应当在履行公司治理程序、作出决策或决议前至少5个工作日与股权董事进行沟通，股权董事在相关事项公告前与派出机构做好沟通。

第五章　报告制度

第二十七条　股权董事应当在金融机构董事会及其专门委员会会议后5个工作日内，以书面署名形式向派出机构报告会议情况，并详细报告董事会各董事发言及表决情况。出现第二十二条规定情形的，股权董事应当在会后1个工作日内向派出机构报告情况。

第二十八条　股权董事应当参加派出机构定期组织召开的工作报告会，重点报告履行职责情况和下一步工作建议。

第二十九条　股权董事应当对董事会决议的落实情况进行跟踪督促。对发现的重大问题，以及董事会决议事项发生重大变更等情况的，股权董事应当及时以书面形式向派出机构报告。

第六章　附　则

第三十条　派出机构应当完善内控体系和保密制度，严格禁止股权董事和派出机构工作人员擅自对外提供议案审议过程中知悉的相关金融机构未公开披露的信息及派出机构关于议案的审议意见。

第三十一条　股权董事在履职过程中未按派出机构有关规定及所在金融机构章程正确行使职责的，按相关规定予以处理并追责。

第三十二条　省级财政部门、国有金融资本受托管理机构可根据需要制定本地区、本机构的股权董事议案审议操作指引实施细则。

第三十三条　本指引自印发之日起施行，原《金融机构国有股权董事议案审议操作指引》（财金〔2020〕110号）同时废止。

3. 国有金融资本产权登记管理办法（试行）（2019年修订）

（财金〔2019〕93号印发）

第一章 总　　则

第一条　为加强国有金融资本产权登记管理，及时、全面、准确反映国有金融资本变动与分布情况，实现对国有产权变动的全链条动态穿透监管，防止国有资产流失，根据《中共中央　国务院关于完善国有金融资本管理的指导意见》（中发〔2018〕25号）、《企业国有资产产权登记管理办法》（国务院令第192号），制定本办法。

第二条　本办法所称国有金融资本，是指国家及其授权投资主体直接或间接对金融机构出资所形成的资本和应享有的权益。凭借国家权力和信用支持的金融机构所形成的资本和应享有的权益，纳入国有金融资本管理，法律另有规定的除外。

本办法所称金融机构，包括依法设立的获得金融业务许可证的各类金融企业，主权财富基金、金融控股公司、金融投资运营公司以及金融基础设施等实质性开展金融业务的其他企业或机构。

本办法所称产权登记是指财政部门对占有国有金融资本的金融机构产权及其分布状况、变动情况进行登记管理的行为。

第三条　在中华人民共和国境内或境外设立的占有国有金融资本的金融机构（以下统称金融机构），应按本办法规定办理产权登记。国有控股金融机构拥有实际控制权的境内外各级企业及前述企业投资参股的企业（以下统称所属企业），应当纳入产权登记范围，所属企业包括非金融企业。

前款所称国有控股金融机构是指国家控股或通过投资关系、协议、其他安排拥有实际控制权的金融机构（包括国有独资金融机构、国有全资金融机构）。

第四条　本办法将金融机构的实收资本按出资来源分为以下五类：

（一）国家资本，是指国家及其授权投资主体直接对金融机构的出资，以及凭借国家权力和信用支持的金融机构所形成的资本（法律另有规定的除外）；

（二）国有出资，由国家及其授权投资主体、国有独资企业、国有独资公司单独或者共同出资设立的企业出资所形成的资本；

（三）国有绝对控股出资，由国家及其授权投资主体和国有出资人直接或者间接合计持股比例超过50%不足100%的企业出资所形成的资本；

（四）国有实际控制出资，以上三类资本的出资人直接或者间接合计持股比例未超过50%但享有的表决权足以对股东（大）会决议产生重大影响，或通过股东协议、公司章程、董事会决议或者其他安排能够实际支配企业行为的企业出资所形成的资本；

（五）其他出资，以上四类出资人以外的企业、自然人或其他经济组织出资所形成的资本。

（一）（二）（三）（四）类资本的出资人统称为国有控制出资人。

第五条　以下类型的股权可不进行产权登记：

（一）金融机构依法行使债权或担保物权而受偿于债务人、担保人或第三人，以及因开展受托理财等正常经营业务所形成的股权资产，不属于产权登记的范围，但要按相关规定做好内部登记和处置工作。

（二）以交易为目的持有的股权，不在长期股权投资项下核算的，不进行产权登记。当持有目的改变后，应当及时按规定办理产权登记。

第六条 产权登记的登记主体为金融机构。金融机构总部负责本级的产权登记申请工作，以及其所属企业的产权登记申请、审核、检查等监督管理相关工作，并对申报产权登记事项的真实性、完整性和合法性负责。

第七条 办理产权登记的机构应当权属清晰。产权归属关系不清楚、发生产权纠纷或者资产被司法机关冻结的，应当暂缓办理产权登记，并在产权界定清楚、产权纠纷处理完毕或者资产被司法机关解冻后，30日内申请办理产权登记。

第八条 国有金融资本产权登记和管理机关为同级财政部门。国有金融资本产权登记按照统一规制、分级管理的原则，由县级以上（含县级，下同）财政部门组织实施。

（一）财政部负责中央国有金融资本产权登记管理工作。

（二）县级以上地方财政部门负责本级国有金融资本产权登记管理工作。

上级财政部门指导和监督下级财政部门的国有金融资本产权登记管理工作。财政部各地监管局根据财政部的委托，协助办理中央国有金融资本产权登记工作，开展属地国有金融资本产权登记监督管理工作。

第九条 各级财政部门履行以下职责：

（一）依法确认金融机构国有产权归属、理顺产权关系，核发产权登记证（表）；

（二）监督国有控股金融机构的出资和产权变动及处置行为；

（三）对金融机构产权被司法冻结等产权或有变动事项进行备案；

（四）监督金融机构国有资本经营状况；

（五）统计、监测、汇总和分析国有金融资本占有、使用和变动情况；

（六）向上级财政部门报送国有金融资本产权登记情况与产权变动状况分析报告。

国有金融资本产权登记管理制度、产权登记证（表）以及产权登记信息系统由财政部统一制订、制作和开发。

第十条 国有金融资本产权登记的职责划分：

（一）两个及两个以上国有控制出资人共同投资设立的金融机构，按拥有实际控制权的出资人的产权归属关系确定产权登记的主管财政部门；任一方均不拥有实际控制权的，按持股比例最大的一方确定；各方持股比例相等的，按其共同推举的一方确定。

（二）隶属于各级人民政府或政府部门直接管理的一级金融机构由财政部门核发产权登记证；其他机构由财政部门核发产权登记表。

第十一条 产权登记证（表）是金融机构办结产权登记的证明，是客观记载金融机构产权状况基本信息的文件，是金融机构依法占有、使用国有金融资本的凭证，是依法确认其国有产权归属关系的基础依据。

金融机构在办理国有股权类资产评估，国有产权转让等有关事项时，按规定须办理产权登记的，必须出具产权登记证（表）。

第二章 产权登记形式和内容

第十二条 产权登记分为产权占有登记、产权变动登记和产权注销登记。

第十三条 有下列情形之一的，应当办理产权占有登记：

（一）因投资、分立、合并而新设机构的；

（二）因收购、投资入股而取得机构股权的；

（三）其他应当办理产权占有登记的情形。

第十四条 产权占有登记应包括下列内容：

（一）机构出资人名称、出资类别、出资金额、出资形式及资金来源；

（二）机构注册资本、出资比例；

（三）机构名称及级次；

（四）机构组织形式及类别；

（五）机构注册时间、注册地；

（六）机构主营业务范围、所属行业；

（七）机构主要管理人员情况；

（八）财政部门要求的其他内容。

第十五条　申请办理产权占有登记，应当提交下列文件和资料：

（一）产权占有登记申请；

（二）国有金融资本产权占有登记申报表；

（三）经济行为决策或者批复文件；

（四）机构章程；

（五）出资证明文件以及占有单位的最近一期财务会计报告；

（六）主要出资人《营业执照》复印件或其他证明文件，国有控制出资人的国有产权证明文件；

（七）《营业执照》《事业单位法人证书》或《社会团体法人登记证书》复印件；

（八）财政部门认定需提交的其他文件和资料。

第十六条　有下列情形之一的，应当办理产权变动登记：

（一）名称、注册地、主营业务范围、境内机构法定代表人发生变动；

（二）注册资本发生变动；

（三）组织形式、机构类别及级次发生变动；

（四）国有控制出资人名称、出资类别、出资金额、出资比例发生变动；

（五）其他应当办理产权变动登记的情形。

第十七条　申请办理产权变动登记，应当提交下列文件和资料：

（一）产权变动登记申请；

（二）国有金融资本产权变动登记申报表；

（三）经济行为决策或者批复文件；

（四）产权登记证（表）；

（五）《营业执照》《事业单位法人证书》或《社会团体法人登记证书》复印件；

（六）修改后的机构章程；

（七）出资证明文件以及变动单位的最近一期财务会计报告；

（八）国有控制出资人发生变动的，提交新加入的国有控制出资人的《营业执照》《事业单位法人证书》或《社会团体法人登记证书》复印件及国有产权证明文件；

（九）通过产权交易机构转让国有产权、增资扩股的，提交产权交易机构出具的国有产权相关交易凭证；

（十）财政部门认定需提交的其他文件和资料。

金融机构申请办理产权变动登记仅涉及第十六条第（一）项以及仅涉及国有控制出资人名称变动的，可以只提交本条第（一）至（六）项和第（十）项规定的文件和资料。

第十八条　有下列情形之一的，应当办理产权注销登记：

（一）因解散、破产进行清算，并注销法人资格的；

（二）因产权转让、减资、股权出资、出资人性质改变等导致出资人中不再存在国有控制出资人的；

（三）其他应当办理产权注销登记的情形。

第十九条　申请办理产权注销登记，应当提交下列文件和资料：

（一）产权注销登记申请；

（二）国有金融资本产权注销登记申报表；

（三）经济行为决策或者批复文件；

（四）注销证明；

（五）产权登记证（表），《营业执照》《事业单位法人证书》或《社会团体法人登记证书》复印件；

（六）机构的资产清查、清算报告，或者资产评估备案表、核准文件；

（七）国有产权（股权）有偿转让或者整体改制的协议、方案；

（八）受让方为企业的，应当提交《营业执照》复印件；受让方为事业单位或社会团体的，应当提交《事业单位法人证书》或《社会团体法人登记证书》复印件；受让方为自然人的，应当提交自然人有效的身份证复印件；

（九）通过产权交易机构转让国有产权的，提交产权交易机构出具的转让国有产权的交易凭证；

（十）财政部门认定需提交的其他文件和资料。

第三章　产权登记程序

第二十条　金融机构（含所属企业，下同）发生产权登记相关经济行为时，应当自相关经济行为完成后 30 日内，申请办理产权登记。逾期后申请补办的，应书面提交由本单位主要负责人签字的申请文件，说明逾期原因；财政部门应在产权登记证（表）中注明"补办"字样。

第二十一条　金融机构申请办理产权登记，应当按照产权登记系统填报要求，填写有关登记内容和相关经济行为合规性资料目录，并提交有关文件和资料（含电子文档），逐级报送金融机构总部。金融机构总部对登记内容及相关经济行为的合规性进行审核后，通过产权登记系统向财政部门申请登记。

金融机构总部申办本级产权登记时，还应当将所需提交的文件和资料的纸质材料整理成卷，附加目录清单。未按要求提交文件和资料的，财政部门不予受理。

第二十二条　财政部门应当自收到金融机构总部报送的产权登记信息起 30 日内，对符合登记要求的金融机构予以办理产权登记；对经济行为操作过程不符合相关规定的金融机构，财政部门应当向金融机构总部下发限期整改通知书，完成整改后予以办理产权登记。

第二十三条　产权登记申请材料已经财政部门审核通过的金融机构，由财政部门按规定核发产权登记证（表）。

金融机构产权注销登记后，产权登记证（表）应当及时收回，予以注销。

第二十四条　金融机构未办理产权占有登记的，发生产权变动或者注销情形时，应当先补办产权占有登记，再申请办理产权变动或者注销登记。未办理产权占有登记的不得进行国有产权转让。

金融机构补办产权占有登记时，应当提交其设立（被收购、投资入股）和自设立（被收购、投资入股）至补办产权占有登记时发生的产权变动文件和资料。

第四章　产权登记监督与管理

第二十五条　金融机构总部及其所属企业应当建立健全产权登记制度和工作体系，落实产权登记管理工作责任，明确本单位职能部门和岗位人员。金融机构总部应当对制度执行情况进行监督检查。年度检查结果应当书面报告财政部门。

第二十六条　财政部门应当对金融机构产权登记工作的日常登记情况、年度检查情况和限期整改事项落实情况等进行监督，并向有关单位通报情况。

第二十七条　金融机构总部应当于每年 5 月 20 日前，完成上一年度本级及其所属企业

的产权登记情况的监督检查工作,并报财政部门备案。年度监督检查备案材料包括:

(一)产权登记年度监督检查结果报告;

(二)国有金融资本产权登记监督检查表;

(三)国有金融资本经营年度报告书;

(四)产权登记证(表)和《营业执照》《事业单位法人证书》或《社会团体法人登记证书》复印件;

(五)经注册会计师审计的上一年度财务会计报告;

(六)财政部门认定需提交的其他文件和资料。

第二十八条 国有金融资本经营年度报告书是反映金融机构在检查年度内国有金融资本经营状况、产权变动情况的书面文件。主要报告以下内容:

(一)国有金融资本保值增值情况;

(二)国有资本金实际到位和增减变动情况;

(三)国有资本金的分布及结构变化,包括对外投资及投资收益情况;

(四)金融机构本级及其所属企业发生产权变动以及办理相应产权变动登记情况;

(五)提供担保以及资产被司法机关冻结等产权或有变动事项;

(六)其他需要说明的问题。

第二十九条 下级财政部门应当于每年6月20日前,编制并向上级财政部门报送上一年度本级国有金融资本产权登记年度汇总表与产权变动状况的分析报告。

第三十条 金融机构应当及时对产权登记年度监督检查中发现的问题进行整改,并按照本办法规定,申请补办产权登记或者对原有登记内容进行更正。未按要求及时整改的,财政部门对相关单位给予通报批评或警告。

第三十一条 财政部门依据产权登记监督情况和问题整改情况,在产权登记证上签署年度监督意见。

第三十二条 任何单位和个人不得伪造、涂改、出租、出借、出售产权登记证(表)。产权登记证(表)若有遗失或者毁坏的应说明情况,再向原核发产权登记证(表)的财政部门申请补领。

第三十三条 金融机构应保证申报材料的全面真实有效,按规定填写相应的产权登记内容,并在规定期限内如实申报产权占有、变动和注销登记的有关文件资料,确保电子文档与纸质材料一致。

第三十四条 财政部门、金融机构总部应当建立健全产权登记档案管理制度;金融机构总部对办理完成的产权登记事项,应当及时将有关资料整理归档,分户建立产权登记档案。

第三十五条 金融机构在办理产权登记过程中,有下列行为之一的,由财政部门责令其改正。情节严重的,对单位给予通报批评,可以按规定处以罚款,并请有关部门或单位对相关领导人员和直接责任人员按照规定给予处分。造成国有资产损失的,依照有关规定追究相关单位领导人员和有关人员的责任,涉嫌犯罪的,依法移送司法机关处理:

(一)未按本办法规定及时、如实申请办理产权登记的;

(二)伪造、涂改、出租、出借、出售产权登记证(表)的;

(三)其他违法违规行为。

第三十六条 在国有金融资本产权转让和处置过程中,按规定须办理产权登记的金融机构未出示产权登记证(表)的,产权交易机构不得受理其转让申请。

第三十七条 财政部门工作人员在产权登记工作中应严格执行本办法,不得玩忽职守、滥用职权。存在违规登记及其他滥用职权、玩忽职守、徇私舞弊等违法违纪行为的,按照《公务员法》《监察法》等有关规定追究责任;涉嫌犯罪的,依法移送司法机关处理。

第五章 附 则

第三十八条 各省级财政部门可以根据本地区实际情况制定地方国有金融资本产权登记管理具体办法,并报财政部备案。

第三十九条 国有控股金融机构所属事业单位等下属机构视为其子企业进行产权登记。

第四十条 行政事业单位(除金融管理部门外)所办的金融机构和非金融国有企业集团所办的金融机构,应当向相应国有资产监督管理机构申请办理产权登记。

取得国有资产产权登记证(表)的上述金融机构,依证(表)向财政部门报备产权信息,财政部门不重复审核。

第四十一条 本办法自 2019 年 10 月 20 日起施行。《金融类企业国有资产产权登记管理暂行办法》(财金〔2006〕82 号)同时废止。

第六编

监督与审计相关法规

第二十九章　财务内部监管与处罚相关法规

1. 中央预算内投资项目日常监管实施办法（试行）（2017年发布）

（发改稽察规〔2017〕2276号印发）

第一章　总　　则

第一条　为加强中央预算内投资计划实施的综合监管，压实日常监管责任，规范监管行为，根据《中共中央　国务院关于深化投融资体制改革的意见》及有关法律法规和规章制度，制定本办法。

第二条　本办法适用于所有使用中央预算内投资的项目，包括国家发展改革委直接安排投资的项目和采用打捆、切块方式下达投资计划的项目。由中央预算内投资出资的投资基金类专项按照批复方案明确的监管规定执行。

第三条　日常监管直接责任单位及监管责任人承担中央预算内投资项目日常监管责任，项目单位（法人）承担项目建设主体责任。

第二章　日常监管直接责任单位和监管责任人

第四条　日常监管直接责任单位原则上为项目直接管理单位〔对项目单位（法人）的财务或人事行使管理职责的上一级单位〕。没有项目直接管理单位的，由项目单位（法人）上级行业主管部门履行日常监管职责。

第五条　监管责任人由日常监管直接责任单位派出，为日常监管直接责任单位的相关负责同志。监管责任人是项目日常监管的直接责任人。

第六条　各有关单位向国家发展改革委申报投资计划时，应当明确每个项目（包括国家发展改革委直接安排投资的项目和打捆安排项目中的每个具体项目）的日常监管直接责任单位及监管责任人，并经日常监管直接责任单位及监管责任人认可后，随投资计划申报文件一并报送。

第七条　切块项目投资计划申报时，日常监管直接责任单位原则上应当为省级发展改革部门或有关省级行业主管部门。待国家发展改革委投资计划下达后，省级发展改革部门按照分解后的具体项目逐一落实日常监管直接责任单位及监管责任人。未分解落实责任的，由省级发展改革部门承担日常监管直接责任。

第八条　日常监管直接责任单位及监管责任人的相关信息，应当随投资计划电子数据一并加载到国家重大建设项目库。

第九条　日常监管直接责任单位及监管责任人一经确定，原则上不予调整。确需调整的，应报经汇总申报投资计划的部门同意，划清责任界线后履行调整手续，同时通过国家重大建设项目库更新相关信息。

第十条　各有关单位要加强对日常监管直接责任单位及监管责任人的能力培训，提高日常监管能力和水平。

第三章 日常监管责任

第十一条 中央预算内投资项目日常监管工作从投资（分解）计划下达开始，到项目竣工验收为止。

第十二条 日常监管直接责任单位的职责主要包括：

（一）制定日常监管工作方案，明确具体监管方式和要求，建立、管理日常监管台账（格式见附件1）。

（二）组织专业力量围绕项目建设各环节，以中央预算内投资计划执行为重点，对监管对象开展定期或不定期检查。检查的主要内容包括：

1. 建设手续是否齐全规范；
2. 建设进度是否符合投资计划要求；
3. 建设资金是否及时到位，资金使用是否规范；
4. 建设内容、规模、标准、筹资方式等与批复是否相符；
5. 项目信息和进度数据上报是否及时、准确、完整；
6. 法律法规规定的其他内容。

（三）派出监管责任人，指导监管责任人开展相关工作。

（四）对日常监管中发现的问题组织核查，提出整改意见，督促整改；对发现的重大问题，及时向有关部门报告，并抄送汇总申报部门。

（五）督促指导项目单位（法人）通过国家重大建设项目库报备综合信用承诺书，按时填报项目信息和进度数据。

（六）配合上级有关部门开展稽察、检查和督查工作。

第十三条 监管责任人的职责主要包括：

（一）到现场了解建设情况。应当及时跟踪项目进展，到现场实地了解工程建设情况。对投资多、规模大的项目，适当增加到现场的频次。对建设地点比较分散的项目，可根据实际情况到现场抽查。

（二）对项目信息和进度数据进行初审。督促项目单位（法人）及时上报项目信息和进度数据，并对其真实性和完整性进行审核，对发现的问题督促修正。

（三）对发现的问题及时报告。对项目建设中存在的问题，及时向日常监管直接责任单位报告。登记日常监管台账，详细记录日常检查和问题整改等情况。

（四）配合上级有关部门开展项目稽察、检查和督查，做好联系工作。

第十四条 监管责任人可采取下列方式开展工作：

（一）现场巡查。监管责任人根据建设计划，到项目建设现场进行巡查，重点了解项目进度等。

（二）在线监测。监管责任人通过国家重大建设项目库，在线监测非涉密项目的建设信息，及时发现项目建设中存在的疑点和问题，必要时到现场核查。

第十五条 监管责任人对发现的重大问题，应当在两个工作日内上报日常监管直接责任单位。日常监管直接责任单位应当在十个工作日内组织核查并提出整改意见，督促项目单位（法人）认真整改。监管责任人应当及时了解整改情况，并向日常监管直接责任单位报告。

第十六条 利用全国信用信息共享平台，对列入失信黑名单的项目单位（法人）加大日常监管力度和频次，对列入守信红名单的项目单位（法人），可视情况减少日常监管频次。

第十七条 日常监管直接责任单位及监管责任人的职责应当以适当形式予以公开，接受公众监督。

第四章　项目单位（法人）的主体责任

第十八条　各有关单位在申报或分解投资计划时，应明确每个项目的项目单位（法人）及项目负责人。项目单位（法人）是项目建设的责任主体，对项目建设的组织、管理承担全面责任。

第十九条　项目单位（法人）应当严格执行中央预算内投资计划，具体职责包括：

（一）严格按要求提供真实的项目申报材料；

（二）收到投资计划文件两个工作日内，应当按要求签署综合信用承诺书（格式见附件2）；

（三）严格按有关法律法规履行各项报建手续，按照批复的建设内容、规模、标准、筹资方式和工期等组织项目建设；

（四）通过国家重大建设项目库及时、准确、完整地报送项目信息和进度数据；

（五）自觉接受监管部门和监管责任人的稽察、检查和督查，认真按要求落实整改意见，向有关部门报送整改情况；

（六）法律法规规定的其他有关要求。

第五章　处　罚　问　责

第二十条　各有关单位应当将中央预算内投资项目日常监管责任和项目建设主体责任落实情况，作为年度绩效考核的重要内容。

第二十一条　日常监管直接责任单位有下列情形之一的各级发展改革部门应当依法责令相关单位限期整改，根据情节采取在一定时期和范围内不再受理其资金申请报告、减少投资安排等措施，同时转请有关部门依据《行政机关公务员处分条例》《关于实行党政领导干部问责的暂行规定》以及监察法律法规等规定，追究相关责任人的责任：

（一）授意或放任项目单位（法人）违反国家有关政策申报项目、组织建设的；

（二）监管失职失责，对参建单位违规违法建设行为制止不力甚至包庇纵容的；

（三）对项目建设中存在的问题隐匿不报，造成严重后果的；

（四）对日常监管中发现的问题不及时督促整改的；

（五）其他违反国家法律法规和规定的情形。

第二十二条　监管责任人有下列情形之一的，有关部门应当依据《行政机关公务员处分条例》《关于实行党政领导干部问责的暂行规定》以及监察法律法规等规定，追究其责任：

（一）履职不到位，不按要求到现场了解项目建设情况的；

（二）不认真审核或指使篡改、伪造项目上报信息和进度数据的；

（三）对项目建设中存在的问题隐匿不报或严重失职的；

（四）利用职务之便干预项目正常实施的；

（五）其他违反国家法律法规和规定的情形。

第二十三条　项目单位（法人）有下列情形之一的，各级发展改革部门应当按照《中央预算内投资补助和贴息项目管理办法》《中央预算内直接投资项目管理办法》《中央预算内投资计划实施综合监管暂行办法》等有关规定，采取通报批评、核减、收回、停止拨付安排中央预算内投资，在一定时期和范围内不再受理该项目单位（法人）资金申请报告等措施。情节严重、性质恶劣的，可将相关信息纳入全国信用信息共享平台实施联合惩戒。同时转请有关部门依法追究有关责任人的行政或法律责任：

（一）提供虚假项目申报材料的；

（二）不按要求签署综合信用承诺书的；

（三）不按规定履行报建手续，违法违规开工建设的；
（四）不严格执行中央预算内投资计划，不按批复的建设内容、规模、标准、筹资方式和工期等组织项目建设的；
（五）工程质量存在重大问题的；
（六）拒绝、阻碍监管部门和监管责任人履行职责的；
（七）隐匿、伪造项目建设资料的；
（八）不按要求上报项目信息和进度数据的；
（九）不按整改要求对存在问题进行整改的；
（十）其他违反国家法律法规和规定的情形。

第六章 附 则

第二十四条 本办法由国家发展改革委负责解释。
第二十五条 本办法自发布之日起试行，有效期五年。

附件：
1. 日常监管台账
2. 综合信用承诺书

附件 1

日常监管台账－首页：20××年项目目录

编号号	项目名称	日常监管直接责任单位	监管责任人
1	××项目		
2	……		

日常监管台账－分页：××项目

序号	台账内
一	项目基本情况
1	项目单位（法人）基本情况：
2	建设地点：
3	建设规模、内容、建设方案和工期：
4	总投资及中央预算内投资：
5	行业类别和分管部门：
二	日常监管情况
1	每次实施日常监管的报告，包括实施监管的时间、人员、方式方法、发现问题、处置意见。
2	依次填写……
……	
三	问题整改情况
1	每个问题的整改责任落实、整改时限以及整改完成情况。

(续表)

序号	台账内
2	依次填写……
……	
四	监管责任人工作开展情况
1	监管责任人工作计划情况：
2	监管责任人工作开展情况：
……	

附件2

综合信用承诺书

中央预算内投资项目管理的有关规定我们已知悉。我单位经审慎研究，郑重作出以下承诺：

一、严格依照国家有关法律法规及中央预算内投资管理的有关规定申报项目、履行报建手续。

二、严格按批复的建设规模、内容、方案和工期组织项目建设，严格执行下达的中央预算内投资计划。

三、承担的项目纳入全国投资项目在线审批监管平台和国家重大建设项目库稽察监管体系，严格按要求及时报送项目信息和进度数据，保证信息数据的真实、准确和完整。

四、积极配合稽察检查工作，严格按照要求认真整改存在的问题。此承诺书扫描件在签署后加载至国家重大建设项目库备案。如违反承诺，将依法依规承担相应责任，并自愿接受惩戒。

特此承诺。

项目名称：_____ 信息数据填报联系人：_____
手　　机：_____ 座机：_____

项目单位（法人）盖章
法人代表签字：
年　月　日

2. 财政部门财政扶贫资金违规管理责任追究办法（2019年发布）

（财监〔2019〕21号印发）

第一章　总　　则

第一条　为进一步加强和规范财政部门财政扶贫资金管理，依法严肃责任追究，提高资金使用效益，确保高质量高标准完成脱贫攻坚任务，根据《中华人民共和国预算法》《财政违法行为处罚处分条例》以及相关法律法规规定，制定本办法。

第二条 本办法适用于违规管理财政扶贫资金应当受到责任追究的各级财政部门及其工作人员。

第三条 本办法所指财政扶贫资金包括以下范围：

中央本级的财政扶贫资金，是指《财政部关于全面加强脱贫攻坚期内各级各类扶贫资金管理的意见》（财办〔2018〕24号）所界定的用于支持现行标准下脱贫攻坚目标的各类转移支付资金（含对个人和家庭的补助）。

地方各级财政结合本地实际，参照中央资金范围，确定地方各级财政扶贫资金的具体范围。

第四条 财政扶贫资金的违规管理责任追究，遵循依法依规、客观公正、权责一致、惩教结合的原则。

第二章 追责情形和追责形式

第五条 有以下情形之一的，应当对相关财政部门及其工作人员实施责任追究：

（一）以弄虚作假手段骗取、套取财政扶贫资金的；

（二）无故延迟拨付财政扶贫资金造成扶贫资金闲置的；

（三）贪污、挪用财政扶贫资金的；

（四）违反规定擅自改变财政扶贫资金使用计划、方式的；

（五）在招投标或者政府采购活动中弄虚作假谋取私利或不符合相关规定的；

（六）伪造、变造、销毁有关账簿表册凭证的；

（七）未按规定执行扶贫资金项目公告公示制度的；

（八）在财政扶贫资金管理中未按照规定执行财政扶贫资金相关政策和标准的；

（九）在履行财政扶贫资金管理监督职责过程中滥用职权谋取私利的；

（十）其他违反规定管理使用财政扶贫资金的行为。

第六条 对财政部门追责的形式包括：责令改正，调整有关会计账目，追回有关财政扶贫资金，限期退还违法所得，对单位给予警告或者通报批评等。

第七条 对财政部门工作人员追责的形式包括：

（一）政务处分或行政处分。对失职失责，应当给予政务处分或行政处分的，依照《中华人民共和国公务员法》《中华人民共和国监察法》《财政违法行为处罚处分条例》等有关规定追究相应责任。

（二）纪律处分。对失职失责，应当给予纪律处分的，依照《中国共产党纪律处分条例》《中国共产党问责条例》等有关规定追究相应责任。

上述追责方式可以单独使用，也可以合并使用。追责对象涉嫌犯罪的，应当及时移送司法机关依法处理。

第三章 移送程序

第八条 本级财政部门对依法依纪应当追究责任的人员无权处理的，应当移送有权部门处理。

第九条 本级财政部门承办机构认为需要移送案件、线索等，应提出移送建议，本级财政部门应当指定2名以上工作人员或者内部有关机构对是否移送进行复核，并提出移送处理意见，报本级财政部门负责人审批。

本级财政部门办理移送时，应当向受移送机关提交移送通知书，并附下列材料：

（一）基本情况；

（二）检查报告或者调查报告；

（三）已作出处理处罚的情况以及处理处罚建议；

（四）有关证据；

（五）问题款物清单；

（六）移送通知书送达回证；

（七）其他需要移送的材料。

第十条 本级财政部门应当及时掌握移送进展情况。移送后超过30日尚未收到送达回证的，或者受理后超过90日尚未收到书面处理结果的，应当向受移送机关函询移送进展情况。

第四章 附 则

第十一条 地方各级财政部门可结合本地区实际，参照制定具体办法。

第十二条 本办法自公布之日起30日后施行。

3. 关于进一步加强农机购置补贴政策监管强化纪律约束的通知（2019年发布）

（农办机〔2019〕6号）

各省、自治区、直辖市及计划单列市农业农村（农牧）厅（委、局）、财政厅（局），新疆生产建设兵团农业农村局、财政局，黑龙江省农垦总局、广东省农垦总局，农业农村部农业机械试验鉴定总站、农业农村部农业机械化技术开发推广总站：

为深入贯彻落实《国务院关于加快推进农业机械化和农机装备产业转型升级的指导意见》（国发〔2018〕42号）和国务院深化"放管服"改革精神，进一步规范中央财政农机购置补贴政策实施工作，优化服务，强化监管，推进《2018—2020年农机购置补贴实施指导意见》各项规定有效落实，最大限度发挥政策效益，现就有关工作通知如下。

一、加强纪律规矩约束

（一）落实政策实施风险防控责任。切实加强政策实施管理工作的领导，建立健全政府领导下的农机化、财政部门联合监管机制，落实省级及以下农机化、财政等相关部门指导监督责任。加强县级农机购置补贴领导小组建设，完善规章制度，进一步明确职责分工，深入落实领导小组的政策实施领导责任、县级及以下农机化主管部门组织实施责任和财政部门资金兑付与监管责任。强化对各级农机化和财政部门及其所属事业单位参与农机购置补贴关键重点工作人员的廉政教育和业务培训，提升政策实施和风险防控能力，严禁有关人员以各种形式直接或间接进行补贴机具经营活动。各级农机化、财政部门要以农机购置补贴实施操作流程为主线，逐项工作、逐一环节梳理查找风险点，有针对性地制定防控措施，切实提升补贴政策实施规范性，有效保障补贴资金安全。

（二）强化农机生产企业规范参与补贴政策实施承诺制。进一步细化实化自愿参与补贴政策实施的农机生产企业的承诺事项，落实企业责任。一是承诺将补贴机具销售、售后服务、退换机等管理系统互联互通,定期与农机购置补贴辅助管理系统中本企业数据相互校核,筛查机具、补贴、所有人、使用人等信息是否相符相适;二是承诺通过非现金方式与经销商结算补贴机具购机款,确保资金往来全程留痕备查;三是承诺对经销商出具给农民和农业生产经营组织(以下简称购机者)的发票、合格证等补贴申请资料和牌证申领资料进行核对,筛查补贴比例、发票金额、机具信息等是否真实有效、符合规定;四是承诺加强内部管理,防范经销商和内部不法人员有组织地通过收集农民身份证明、虚开发票、虚购报补、重复报补等方式骗套、抢占补贴行为,发现异常情况后,主动自查自纠,并及时向省级农机化主管部门报告。各地农机化主管部门要加强对农机生产企业承诺、践诺执行情况的监管和失信违规行为的调查处理,维护良好的补贴机具产销秩序。

(三)全程全面公开信息。进一步完善县级农机购置补贴信息公开专栏建设,全面及时公开近三年县域内补贴受益对象、资金兑付情况、农机化和财政部门的咨询投诉举报电话、补贴资金规模、使用进度等各类信息,并按规定与省级及以上农业农村主管部门主办或指定的网站实现链接,全面接受社会监督。因地制宜、综合运用宣传挂图、报纸杂志、广播电视、互联网等方式,以及村务公开和"益农信息社"等渠道,全方位开展补贴政策与实施工作宣传,切实保障广大农民群众的知情权、监督权。

二、严查严处违规行为

(四)从严整治突出违规问题。严厉打击采用提供不实投档信息、产品信息、销售信息和虚购报补、重复报补、以小抵大等违规手段骗套补贴行为,或涉事产销企业拒不配合调查、提供虚假调查材料等行为,查实后先暂停参与违规行为企业的全部产品补贴资格和经销补贴产品资格,再根据违规情节按规定严处。加强省际联动处理,对在一个省份发生较重、严重违规行为或被采取暂停全部产品补贴资格及以上处理措施的农机产销企业,其他各省份应及时联动,直接采信有关处理决定,对生产企业和涉及的经销企业作出同等处理,并结合实际进一步深入调查处理。对参与较重及以上违规行为的购机者,给予3年内不得享受农机购置补贴的处理;对违规产销企业及其法定代表人、主要从业人员等违规人员,按规定列入黑名单。建立省际补贴机具信息联查机制,探索利用大数据技术进行对比分析,在全国范围内排查可疑线索,支持和指导各地做好违规行为查处工作。

(五)强化联合查处。加强县级农机化、财政部门对违规行为的联合调查处理工作,对涉嫌较重或严重的违规行为,及时报请县级农机购置补贴领导小组或上级主管部门给予处理,必要时省级农机化、财政部门应及时采取措施,直接组织调查。在调查处理违规行为过程中,发现有干部涉嫌违纪违法的,要及时报告纪检监察机关;发现有农机产销企业、购机者涉嫌犯罪的,依法移送司法机关处理;发现有农机产销企业违规的,由省级农机化主管部门组织提出退缴资金的建议,省级财政部门按照相关规定作出决定,责令违规企业退缴资金,并处以罚款。对拒不履行资金处理决定的违规企业,由财政部门申请人民法院强制执行。

三、改进补贴资金申领与使用管理

(六)强化补贴资金调度和调剂。加强省域内各县(市)资金执行情况的分析,督促预算执行进度较慢地区加快使用,在下半年组织开展县(市)际余缺调剂,指导县(市)优先使用结转资金,促进资金使用实现两年动态紧平衡。各省两年内未用完的结转资金应足额上缴中央财政。严格资金分配管理,切实按因素法科学测算和下达补贴资金,不突破县级需求上限分配补贴资金,将资金结转情况和违规行为发生情况作为重要分配因素,调减较大规模结转地区和违规行为影响恶劣地区的预算规模,切实提高资金使用效益。

(七)便利购机者申请补贴。2019年起,全面实行农机购置补贴辅助管理系统常年连续开放，系统中上年结转资金和当年投入资金并行使用，并全面推行补贴资金使用情况实时公开，方便购机者了解资金情况，及时申请补贴。清理、取消补贴申请过程中不必要的限制性规定。推广使用手机App（含人脸识别）等信息化技术，开展非现场补贴申请、补贴机具核验预约等服务，因地制宜开展补贴办理"一站式"、进村入户等服务，加快实现购机者申领补贴"最多跑一次"。

（八）推行补贴申请受理和资金兑付限时办理。明确县级及以下农机化主管部门在受理购机者补贴申请后，应于30个工作日（不含公示时间）内完成形式审核，并送同级财政部门；县级及以下财政部门根据农机化主管部门提供的材料依据，对符合要求的于30个工作日内通过国库集中支付的方式兑付资金，对不符合要求的应原渠道退回并由农机化主管部门通知购机者，因资金不足需要延期兑付的，应告知购机者，并及时与同级农机化主管部门联合向上报告。

农业农村部办公厅　财政部办公厅
2019年3月28日

4. 关于切实加强地方预算执行和财政资金安全管理有关事宜的通知（2019年发布）

（财库〔2019〕49号）

各省、自治区、直辖市、计划单列市财政厅（局），新疆生产建设兵团财政局，有关国库集中支付代理银行：

随着财政国库管理制度改革不断深化，各地财政部门逐步建立起较为完善的预算执行管理机制，有效提升了财政资金的使用效率和安全性。但在实际工作中，一些地区没有严格执行国库集中支付制度关于资金支付和清算管理的规定，个别地区财政部门资金存放和国库现金管理不够规范，既带来了财政资金安全隐患，也影响了预算单位的正常支出需要。为进一步加强地方预算执行和财政资金安全管理，现就有关事宜通知如下：

一、严格规范资金支付和清算管理

（一）各地财政部门和预算单位要严格执行预算管理和国库集中支付管理有关规定，除法律法规另有规定外，不得在无预算安排或不符合暂付款项管理规定的情况下支付资金，严禁依据不符合法律法规规定的合同或协议支付资金。

（二）国库集中支付遵循"先支付、后清算"原则，各地财政部门应加强与中国人民银行国库及国库集中支付代理银行（以下简称代理银行）对财政资金清算业务的对账管理，杜绝"未支付、先清算""超额清算"等违规行为。

（三）各地财政部门办理财政直接支付业务，应在向代理银行下达支付指令的同时向中国人民银行国库下达清算指令；办理财政授权支付额度下达业务，应在向代理银行发送支付额度的同时向中国人民银行国库发送清算额度。

（四）各地财政部门不得违规要求代理银行延期清算并长期垫付资金。除下列情况外，代理银行每日垫付资金应当于当日营业终了前与国库单一账户进行清算：

1. 在中国人民银行国库清算受理时间后发生的支付业务，应在下一个工作日内清算完成，产生的垫付利息由各地财政部门按照国库集中支付业务代理协议约定条款计付。

2. 确因技术性差错等原因导致代理银行申请清算金额超过财政部门提供中国人民银行国库的清算额度且当日未能按时更正的，应当在差错更正后及时清算，产生的垫付利息按照国库集中支付业务代理协议约定条款处理。

3. 当日库款余额低于代理银行申请清算金额导致中国人民银行国库拒绝清算的，应当在补足库款后及时办理清算，产生的垫付利息由各地财政部门按照国库集中支付业务代理协议约定条款计付。

（五）有关代理银行要加强对分支机构办理国库集中支付业务的内控和稽核管理，对于存在违规垫付资金行为的分支机构，要责令限期整改。

（六）省级财政部门要全面了解辖区内财政资金支付和清算业务办理情况，对于在国库集中支付业务中违规垫付资金且长期不进行清算的财政部门，要责令限期整改。

二、高度重视财政部门资金存放安全

（七）各地财政部门要严格按照《财政部关于进一步加强财政部门和预算单位资金存放管理的指导意见》（财库〔2017〕76号）有关要求，遵循依法合规、公正透明、安全优先、科学评估、权责统一的原则，建立健全科学规范、公正透明的资金存放管理机制，切实防范资金存放安全风险和廉政风险。

（八）各地财政部门开展资金存放应当符合法律法规和政策规定，遵循客观、公正、科学的原则合理设置资金存放银行评选指标，不得将资金存放与地方政府债券发行、金融机构向地方政府建设项目提供融资等挂钩。

（九）各地财政部门选择财政专户资金存放银行要综合评估其经营状况、服务能力、服务质量、利率水平、质押保全措施等方面因素，不得片面考虑利率水平；要坚持以确保资金安全为前提，结合银行业监管标准设定银行经营状况相关评估指标，经营状况指标权重不应低于40%。各地财政部门应密切关注资金存放银行经营状况，对经营状况不佳或达不到审计、监管要求的，要停止新的资金存放业务。

三、继续强化地方国库现金管理风险防范

（十）开展地方国库现金管理的省级财政部门应高度重视对国库现金管理参与银行（以下简称参与银行）的选择，科学制定评分体系；参与银行的资本充足率、不良贷款率、拨备覆盖率、流动性覆盖率、流动性比例等指标必须严格达到监管标准，并具有较强的风险管控能力。

（十一）省级财政部门应密切关注有关参与银行的经营情况，一旦发现参与银行出现重大违法违规、财务恶化、信用危机等情况，要立即依法依规采取措施，确保现金管理资金安全。

本通知自印发之日起施行。

财政部
2019年11月25日

5. 关于加大审计重点领域关注力度 控制审计风险 进一步有效识别财务舞弊的通知（2022 年发布）

（财会〔2022〕28 号）

各省、自治区、直辖市财政厅（局），深圳市财政局，新疆生产建设兵团财政局，各注册会计师协会，各会计师事务所：

为贯彻落实《国务院办公厅关于进一步规范财务审计秩序 促进注册会计师行业健康发展的意见》（国办发〔2021〕30 号），指导会计师事务所和注册会计师提高应对财务舞弊的执业能力，充分发挥审计鉴证作用，现就有关事项通知如下。

一、充分认识加大审计重点领域关注力度、控制审计风险、进一步有效识别财务舞弊的重要意义

随着我国社会主义市场经济高质量发展深入推进，注册会计师行业规模和服务范围不断扩大，在社会主义市场经济建设中发挥着日益重要的作用。中央领导高度重视注册会计师行业，多次作出重要批示指示。国办发〔2021〕30 号文件明确要求各地区、各部门从经济社会发展和全面深化改革开放的大局出发，充分认识推动注册会计师行业健康发展的重要性，将相关工作摆到重要议事日程。注册会计师行业发展总体向好，为提升会计信息质量和经济效率、维护市场秩序作出了重要贡献。但仍然存在少数会计师事务所和注册会计师在执行审计业务时未严格遵守审计准则、在一些审计重点领域审计程序执行不到位、审计证据获取不充分、未能有效揭示财务舞弊等问题，引发社会各界对会计师事务所职责履行效果的高度关注。因此，指导会计师事务所和注册会计师加大审计重点领域关注力度、控制审计风险、进一步有效识别财务舞弊，是推动注册会计师行业切实履行审计鉴证职责、合理保证会计信息质量、帮助财务报告使用者作出有效决策判断的重要举措，是保障注册会计师行业长远健康发展的重要基础，是回应社会关切、维护市场秩序和公众利益的重要手段。

二、会计师事务所要不断健全质量管理体系，完善审计程序

完善的质量管理体系是提升会计师事务所整体审计质量、防范审计风险的基石。各会计师事务所要高度重视，对标《会计师事务所质量管理准则第 5101 号——业务质量管理》《会计师事务所质量管理准则第 5102 号——项目质量复核》《中国注册会计师审计准则第 1121 号——对财务报表审计实施的质量管理》，充分认识构建完善质量管理体系任务的系统性、复杂性，扎实做好贯彻实施工作，确保按照时间要求建成并运行在全所范围内统一的质量管理体系。会计师事务所治理层要高度重视、深度参与和引领推动，依照事务所自身规模、服务范围、业务性质和具体情形，"量身定制"符合自身实际情况的质量管理体系框架，杜绝盲目"照搬照抄"。各会计师事务所要认真对照本通知要求，查找自身在审计环节中存在的突出问题与薄弱环节，及时有效识别、评价和应对其对执业质量的不利影响，相应完善自身审计程序。进驻企业前要多方渠道收集企业财务、经营信息并形成客户风险分析和应对报告，进驻企业后要对存在财务舞弊行为的重点领域采取针对性审计程序，切实防范、揭示会计造假行为。实施整合审计时，要高度关注管理层凌驾内部控制之上的风险。

三、注册会计师要严格执行审计准则，提高应对财务舞弊的执业能力

注册会计师要严格执行审计准则，在整个审计过程中保持充分的职业怀疑，对财务舞弊等风险因素保持警觉，当识别出可能存在由于财务舞弊导致的错报且涉及管理层时，应当考虑重新评价由于财务舞弊导致的重大错报风险的评估结果，以及该结果对审计程序的性质、时间安排和范围的影响。要针对相应风险点强化审计程序、扩大抽查比例、增加审计证据，有效控制审计风险。要在审计过程中对企业遵守会计准则情况作出职业判断；要在做好其他领域审计的同时，加大对货币资金、存货、在建工程和购置资产、资产减值、收入、境外业务、企业合并、商誉、金融工具、滥用会计政策和会计估计、关联方关系及交易等 11 个近年来财务舞弊易发高发领域的关注力度，做好有效应对（详见附件）。

四、财政部门、注册会计师协会要持续加强审计秩序管理和业务指导

财政部门、注册会计师协会在开展会计师事务所执业质量检查中，要对会计师事务所在上述重点领域是否贯彻风险导向审计理念、相关审计程序是否实施到位、获取的审计证据是否足以有效支持审计报告意见类型等列入重点关注范围。要进一步规范审计秩序，严格依法依规处理处罚，坚决清理注册会计师行业"害群之马"，强化震慑，促进会计师事务所提升执业质量和职业声誉、注册会计师提升专业胜任能力和塑造职业精神。中国注册会计师协会要动态掌握注册会计师审计过程中遇到的新领域、新情况、新问题，在国务院财政部门指导下及时充实、完善审计准则，发布问题解答，加强对注册会计师审计业务的规范和指导。

本通知自 2022 年 11 月 1 日起施行。

附件：财务舞弊易发高发领域及重点应对措施

财政部
2022 年 9 月 30 日

附件：

财务舞弊易发高发领域及重点应对措施

会计师事务所和注册会计师在审计过程中，要严格执行执业准则规则，控制审计风险，在做好其他领域审计的同时，加大对下列近年来财务舞弊易发高发领域的关注力度，合理运用职业判断，对发现的可能存在的舞弊风险做好有效应对。

一、货币资金相关舞弊风险应对措施

（一）针对虚构货币资金相关舞弊风险。一是严格实施银行函证程序，保持对函证全过程的控制，恰当评价回函可靠性，深入调查不符事项或函证程序中发现的异常情况；二是关注货币资金的真实性和巨额货币资金余额以及大额定期存单的合理性；三是了解企业开立银行账户的数量及分布，是否与企业实际经营需要相匹配且具有合理性，检查银行账户的完整性和银行对账单的真实性；四是分析利息收入和财务费用的合理性，关注存款规模与利息收入是否匹配，是否存在"存贷双高"现象；五是关注是否存在大额境外资金，是否存在缺少具体业务支持或与交易金额不相匹配的大额资金或汇票往来等异常情况。

（二）针对大股东侵占货币资金相关舞弊风险。一是识别企业银行对账单中与实际控制人、控股股东或高级管理人员的大额资金往来交易，关注是否存在异常的大额资金流动，关注资金往来是否以真实、合理的交易为基础，关注利用无商业实质的购销业务进行资金占用的情况；二是分析企业的交易信息，识别交易异常的疑似关联方，检查企业银行对账单中与疑似关联方的大额资金往来交易，关注资金或商业汇票往来是否以真实、合理的交易为基础；三是关注期后货币资金重要账户的划转情况以及资金受限情况；四是通过公开信息等可获取的信息渠道了解实际控制人、控股股东财务状况，关注其是否存在资金紧张或长期占用企业资金等情况，检查大股东有无高比例股权质押的情况。

（三）针对虚构现金交易相关舞弊风险。一是结合企业所在行业的特征恰当评价现金交易的合理性，检查相关内部控制是否健全、运行是否有效，是否保留了充分的资料和证据；二是计算月现金销售收款、现金采购付款的占比，关注现金收、付款比例是否与企业业务性质相匹配，识别现金收、付款比例是否存在异常波动，并追查波动原因；三是了解现金交易对方的情况，关注使用现金结算的合理性和交易的真实性；四是检查大额现金收支，追踪来源和去向，核对至交易的原始单据，关注收付款方、收付款金额与合同、订单、出入库单相关信息是否一致；五是检查交易对象的相关外部证据，验证其交易真实性；六是检查是否存在洗钱等违法违规行为。

二、存货相关舞弊风险应对措施

（一）针对虚构存货相关舞弊风险。一是根据存货的特点、盘存制度和存货内部控制，设计和执行存货监盘程序；二是关注是否存在金额较大且占比较高、库龄较长、周转率低于同行业可比公司等情形的存货，分析评价其合理性；三是严格执行分析性程序，检查存货结构波动情况，分析其与收入结构变动的匹配性，评价产成品存货与收入、成本之间变动的匹配性；四是对异地存放或由第三方保管或控制的存货，严格执行函证或异地监盘等程序。

（二）针对账外存货相关舞弊风险。一是在其他资产审计中，关注是否有转移资产形成账外存货的情况；二是关注存货盘亏、报废的内部控制程序，关注是否有异常大额存货盘亏、报废的情况；三是存货监盘中，关注存货的所有权及完整性；四是关注是否存在通过多结转成本、多报耗用数量、少报产成品入库等方式，形成账外存货。

三、在建工程和购置资产相关舞弊风险应对措施

（一）针对利用在建工程掩盖舞弊的风险。一是检查是否存在与企业整体生产经营规划不符或与预算不符的异常在建工程项目；二是检查是否存在非正常停工或长期未完工的工程项目，关注有无通过虚构在建工程项目或虚增在建工程成本进行舞弊的情形。

（二）针对通过购置固定资产实施舞弊的风险。一是复核购置固定资产的理由及其合理性；二是检查购置固定资产相关的采购合同、采购发票等，判断固定资产计价的准确性，关注是否存在混淆费用和成本属性来操纵利润的情形；三是复核已入账固定资产的验收情况，观察固定资产是否确实存在并了解其使用情况。

四、资产减值相关舞弊风险应对措施

（一）针对通过不恰当计提减值准备人为调整资产账面价值的舞弊风险。一是对于存在减值迹象的资产，复核企业资产减值的测试过程和结果，评价管理层作出的与资产减值相关的重大判断和估计，必要时利用专家工作；二是对于持续存在减值迹象的资产，关注一次性大额计提减值的合理性，以及是否存在以前年度未予充分计提减值的情况。

（二）针对通过不恰当计提坏账准备人为调整利润的舞弊风险。一是复核企业对应收账款进行信用风险评估的相关考虑和客观证据，评价是否恰当识别各项应收账款的信用风险特征；二是评价应收账款账龄与预期信用损失计算的合理性，复核计提坏账准备的准确性，检查计提方法是否按照坏账政策执行；三是检查应收账款的期后回款情况，关注是否存在通过虚构回款冲减往来款等情形，评价应收账款坏账准备计提的合理性。

五、收入相关舞弊风险应对措施

（一）针对收入确认存在的舞弊风险因素。一是客观评价企业哪些类型的收入或收入认定可能存在重大舞弊风险；二是严格核查收入的交易背景，关注是否存在复杂的收入安排，收入确认是否取决于较高层次的管理层判断等；三是详细查阅是否存在股权激励等可能构成舞弊动机的事项；四是关注企业管理层变更后，收入确认政策是否发生重大变化。

（二）针对虚增或隐瞒收入舞弊风险。一是严格执行针对收入的分析程序，关注报告期毛利率明显偏高或毛利率波动较大、经营活动现金流量与收入不匹配等情况；二是借助数据分析工具，加强对收入财务数据与业务运营数据的多维度分析，有效识别异常情况；三是检查交易合同，并综合运用函证、走访、实地调查等方法，关注商业背景的真实性、资金资产交易的真实性、销售模式的合理性和交易价格的公允性等，识别是否存在虚构交易或进行显失公允的交易等情况，必要时，延伸验证相关交易的真实性；四是将业务系统和财务系统纳入信息系统一般控制和应用控制进行评价和测试，关注有无异常设定的超级用户等情况；五是分析收入确认政策的合规性，关注是否存在不恰当地以总额法代替净额法核算等情形。

（三）针对提前或延迟确认收入舞弊风险。一是严格实施收入截止测试，关注收入是否被计入恰当的期间；二是检查临近期末执行的重要销售合同，关注是否存在异常的定价、结算、发货、退货、换货或验收条款，关注期后是否存在退货以及改变或撤销合同条款的情况；三是复核重要合同的重要条款，关注是否存在通过高估履约进度，或将单项履约义务的销售交易拆分为多项履约义务实现提前确认收入以及通过将多项履约义务合并为单项履约义务延迟确认收入的情况。

六、境外业务相关舞弊风险应对措施

（一）针对虚构境外经营相关舞弊风险。一是结合境外业务所在国家或地区的经济环境和企业自身发展情况，评价境外经营的合理性；二是检查境外业务供应链、交易流程、相关内部控制和财务报告编制流程，关注境外经营的真实性；三是充分了解企业内外部风险因素，关注企业面临业绩压力、存在扭亏为盈等重大变化下管理层的舞弊风险，评价是否存在可能导致对其持续经营能力产生重大疑虑的情况，重点关注企业境外经营所在地是否存在影响持续经营的事项。

（二）针对虚构境外收入相关舞弊风险。一是分析境外销售毛利率是否存在异常，相同或类似产品是否存在境外销售价格明显高于境内、境外销售毛利率明显高于境内等情形；二是核查企业海关出口数据、出口退税金额、境外客户应收账款函证情况、物流运输记录、发货验收单据、出口信用保险数据等，评估其是否与境外销售收入相匹配；三是检查企业汇兑损益的计算是否准确，是否与现有销售收入相匹配；四是关注境外业务的结算方式，销售回款是否来自签订业务合同的往来客户，对存在第三方代收货款情形的，关注是否与第三方回款的支付方存在关联关系或其他利益安排，充分评估第三方回款的必要性和商业合理性。

（三）针对利用境外业务虚增虚构资产舞弊风险。一是对于储存在境外银行的货币资金，执行银行函证程序，关注是否存在被冻结的货币资金，是否存在大额境外资金，以及缺少具体业务支持或与交易金额不相匹配的大额资金或汇票往来等异常情况；二是对于源自境外客户的应收款项，考虑相关公司的信用风险、当前状况及未来经济情况的预测，评估管理层计提的预期信用减值损失是否恰当，检查是否存在大额应收款项减值或核销等情况；三是对于已通过海运或空运等方式发货但尚未到达海外客户的存货，向货运公司函证以验证存货的数量和金额，关注相关交易的真实性；四是关注税收缴纳等特殊领域，考虑利用专家

工作,并充分评估专家的胜任能力、专业素质、客观性和工作结果。

七、企业合并相关舞弊风险应对措施

(一)针对操纵合并范围实施舞弊的风险。一是检查控制的判断依据,充分关注与被投资企业相关安排的设计目的与意图,综合考虑有关合同、协议等约定的相关主体财务和经营决策、决策人员权力限制、利润分享或损失承担机制等因素,判断是否对被投资企业具有控制,并据此确定合并财务报表的合并范围是否恰当;二是评估未纳入合并范围的子公司可能对财务会计报告整体产生的影响,关注有无人为调整合并范围的情形。

(二)针对滥用企业合并实施舞弊的风险。一是关注企业合并的商业实质,是否与合并方的发展战略协同,特别是涉及复杂的交易、付款安排,相关的会计处理是否符合实质重于形式原则;二是检查被合并企业的业绩真实性、财务数据合理性,是否存在通过虚增收入达到高溢价并购以及并购业绩承诺精准达标的情况;三是关注被合并企业的内部控制情况,是否存在隐性关联方交易、违规为关联方担保、大股东违规占用资金等问题。

八、商誉相关舞弊风险应对措施

(一)针对确认高额商誉相关舞弊风险。一是分析企业合并对价合理性、商誉金额的合理性、企业合并过程中专家意见的合理性;二是复核企业合并中合并成本计量的准确性,判断是否存在应计入合并成本中的或有对价;三是检查企业是否以购买日公允价值重新确认和计量被购买方所有可辨认资产和负债(包括被购买方拥有但未在个别财务报表中确认的资产和负债),是否因未能恰当识别和确认被购买方的可辨认资产(尤其是无形资产)和负债而形成高额商誉。

(二)针对商誉未被恰当分摊至相关资产组或资产组组合的舞弊风险。一是评价管理层商誉分摊方法的恰当性,判断是否存在为了避免计提商誉减值准备而扩大分摊商誉资产组或资产组组合的范围,将商誉分摊至可收回金额较高但与商誉不相关的资产组的情况;二是检查购买日后相关资产组或资产组组合发生了重组、处置等变化,或某些资产组已经与商誉不再相关时,是否对商誉进行重新分摊;三是检查是否存在人为安排合并范围内子公司间的交易,以提高资产组的相关收入或盈利的情形。

(三)针对商誉减值测试过程中的相关舞弊风险。一是评价与管理层进行商誉减值测试相关的内部控制设计和运行的有效性;二是复核管理层商誉减值测试方法的合理性及一致性,评价管理层在减值测试中采用的关键假设的合理性并核实与上年关键假设的变化,关注盈利预测所使用基础数据和参数的相关性、准确性及完整性;三是评价商誉减值测试所涉及专家的胜任能力、专业素质和客观性,判断专家工作结果的恰当性,尤其要关注利用评估机构出具评估报告的情形。

(四)针对商誉减值确认相关舞弊风险。一是复核企业以前年度商誉减值计提情况,有无以前年度未计提或少计提而在本年度大幅计提商誉减值的情形,检查其理由和依据;二是关注企业是否存在与商誉有关的业绩承诺并分析其达标情况,关注是否存在精准达标或未达标,但未充分计提商誉减值的情况;三是检查商誉减值测试所依据的信息与管理层年度展望等相关信息的一致性。

九、金融工具相关舞弊风险应对措施

(一)针对金融工具分类和计量相关舞弊风险。一是检查金融工具分类的恰当性,关注债务工具和权益工具的区分不当、混淆业务模式与管理层投资时的主观意图、金融工具分类随意调整、复合金融工具或混合金融工具的拆分错误等情形;二是检查金融工具计价的准确性,关注因企业自身信用风险变化导致的金融负债公允价值变动的会计处理方式是否恰当,复核摊余成本计算的结果,并对公允价值计量的金融工具检查其报告期末公允价值数据

来源或测试其估值模型。

（二）针对金融工具终止确认相关舞弊风险。一是关注金融资产终止确认是否满足合同权利终止或满足规定的转移，关注交易对手方的履约能力、交易条件、是否存在关联方关系等，分析其商业合理性，关注有无人为安排交易以满足某些监管要求或合同义务等情形；二是关注金融负债现时义务是否解除、终止确认的时点是否恰当，是否存在以承担新金融负债的方式替换原金融负债，人为提前或者不当终止确认金融负债虚增利润。

（三）针对利用复杂金融产品实施舞弊的风险。一是了解金融产品和服务的业务模式和盈利方式，是否符合企业会计准则和监管规范要求，特别关注混合金融工具会计处理的恰当性；二是关注是否存在"资金池"、刚性兑付、违规承诺收益或其他利用多层嵌套、通道业务等方式将表内信用风险表外化的迹象；三是关注保理业务的商业实质，对相关的应收账款本身的真实性、可收回性进行分析，分析保理业务涉及的应收账款是否存在虚构交易或空转贸易情形。

十、滥用会计政策和会计估计相关舞弊风险应对措施

（一）针对滥用会计政策和会计估计变更实施舞弊的风险。一是结合企业经营状况，充分了解变更会计政策和会计估计的意图及其合理性；二是评价会计政策和会计估计变更前后经营成果发生的重大变化，检查是否存在通过会计政策和会计估计变更实现扭亏为盈，是否存在滥用会计政策和会计估计变更调节资产和利润等情况。

（二）针对混淆会计政策变更、会计估计变更和前期差错更正实施舞弊的风险。关注是否正确划分会计政策变更、会计估计变更和前期差错更正，是否如实反映相关的交易和事项，并进行相应会计处理和披露。特别是重要项目的会计政策、重大和异常交易的会计处理方法、在新领域和缺乏权威性标准或共识的领域采用重要会计政策产生的影响、会计政策的变更等，以及其对财务会计报告反映的信息质量的影响。

十一、关联方相关舞弊风险应对措施

（一）针对通过未识别出或未披露的关联方实施舞弊的风险。一是保持职业怀疑态度，关注交易金额重大、交易发生频次较少且交易时间集中、交易条件与其他对手方明显不同、交易规模和性质与对方的能力明显不匹配，以及其他不具有合理商业理由的交易，关注是否存在关联交易非关联化；二是针对不具有合理商业理由的交易采取进一步审计程序，通过背景调查、交易信息分析等方法，评估对手方与企业的关系，识别将原关联方非关联化行为的动机及后续交易的真实性、公允性，以及是否存在通过相关交易增加利润的可能。

（二）针对通过关联方实施舞弊的风险。一是加强关联交易舞弊风险的评估与控制，关注是否存在通过以显失公允的交易条款与关联方进行交易、与关联方或特定第三方串通舞弊进行虚假交易或侵占被审计单位资产、实际控制人或控股股东通过凌驾于被审计单位内部控制之上侵占被审计单位资产等方式影响关联交易真实性、价格公允性，从而粉饰财务会计报告或进行利益输送的舞弊行为；二是关注交易商业安排的合理性、资金资产交易的真实性、销售模式的合理性和公允性、关联交易金额上限的合规性等内部控制流程和控制措施的有效性。

6. 关于加快推进银行函证规范化、集约化、数字化建设的通知（2022年发布）

（财会〔2022〕39号）

各省、自治区、直辖市财政厅（局），深圳市财政局，新疆生产建设兵团财政局，各银保监局，中国注册会计师协会、各省级注册会计师协会，中国银行业协会，各政策性银行、大型银行、股份制银行、外资银行，各会计师事务所：

为贯彻落实《国务院办公厅关于进一步规范财务审计秩序促进注册会计师行业健康发展的意见》（国办发〔2021〕30号）要求，进一步推进银行函证规范化、集约化、数字化，提升审计质量和效率，现将有关事项通知如下：

一、全面实现银行函证业务规范化

各会计师事务所和各银行业金融机构（以下简称银行）应当严格遵守《财政部 银保监会关于进一步规范银行函证及回函工作的通知》（财会〔2020〕12号）及《银行函证及回函工作操作指引》（财办会〔2020〕21号）有关要求，按照规范的函证内容、格式和程序处理函证业务，加强函证过程控制，提升函证工作质量，实现银行函证业务规范化。

财政部、银保监会加强对银行函证业务规范化工作的要求和管理，指导中国注册会计师协会、中国银行业协会做好持续完善银行函证操作指引、细化函证项目内容和解释口径、及时发布问题解答、开展业务培训等工作。

二、加快推进银行函证业务集约化

银行函证业务集约化要求会计师事务所和银行集中办理银行函证业务，完善流程、加强管控、堵塞漏洞，确保函证信息质量。

（一）自2023年1月1日起，备案从事证券业务的会计师事务所开展上市公司年报审计业务时，应当实现上市公司银行函证业务集约化。即，由会计师事务所指定处理函证的内部专门机构（或岗位）统一、集中处理函证业务，不得由项目组或注册会计师个人自行收发函证。其他会计师事务所和其他审计业务应当于2023年12月31日前实现银行函证集约化。

（二）会计师事务所在一体化管理自评时，应当按照《会计师事务所一体化管理办法》（财会〔2022〕12号）、《会计师事务所一体化管理评估指标评价标准》（财办会〔2022〕20号）有关要求，对函证业务集约化情况进行评价并在注册会计师行业统一监管平台进行报备。

（三）各银保监局以及各政策性银行、大型银行、股份制银行、外资银行于2023年1月31日前将函证集中处理等工作情况报送银保监会法规部。银行应当履行主体责任，对照函证集中处理的有关工作要求，对函证集中处理的落实情况和实施效果进行评估自查。集中处理不符合监管要求的，银行应当进行及时有效的整改，并将评估自查和整改情况报送所属监管部门。

（四）会计师事务所应当在注册会计师行业统一监管平台公示接受函证回函的事务所地址和联系方式；实现函证业务集中处理的银行应当通过官网、客户端、小程序或者微信公众号等渠道公布银行函证工作流程、回函方式（纸质或数字化）、受理部门、联系方式等信息。中国注册会计师协会、中国银行业协会分别通过注册会计师行业统一监管平台、中国银行业协会网站等渠道同步汇总公布相关信息，以便会计师事务所、银行查询对接。各银保监局指导辖内行业自律组织配合中国银行业协会做好辖内法人银行的公示信息收集、更新和报送工作。

三、积极探索银行函证业务数字化

鼓励具备条件的会计师事务所和银行通过银行函证平台（包括第三方函证平台和银行自建函证平台，下同）开展数字化函证，有效提升函证效率和效果。

（一）银行以数字化方式回函的，应当自收到符合规定的询证函之日起10个工作日内完成回函。会计师事务所应当按照审计档案相关规定妥善保存电子回函。银行不得向接入第三方函证平台的会计师事务所提出开立银行账户及网银、单独与银行进行测试等前置条件。

（二）数字化回函与纸质回函具有同等法律效力和证明力。无论采取数字化或纸质方式回函，银行均应当加强内部稽核、校验，对回函内容的真实性、准确性负责，不得以任何理由、任何方式免责。银行数字化回函内容不能覆盖财办会〔2020〕21号文件规范的前13项询证项目的，应当以纸质方式进行辅助回函。

（三）银行函证平台应当坚持安全可控、标准规范、开放兼容的原则，稳步推动银行函证数字化工作。银行函证平台应当对函证数据在平台传输、存储等环节的安全性、完整性、准确性负责。银行函证平台应当按照财会〔2020〕12号、财办会〔2020〕21号文件规定的函证格式和执行标准进行功能设计，设置统一、明确、具体的规范性校验规则。中国注册会计师协会对接入银行函证平台的会计师事务所提供身份认证。中国银行业协会加强对银行接入第三方函证平台的自律管理，组织做好相关风险点梳理及风险评估工作。

本通知自印发之日起施行。

请各银保监局将本通知转发至辖内银保监分局与地方法人银行业金融机构。

附件：备案从事证券服务业务会计师事务所名单（截至2022年12月30日）

财政部　银保监会

2022年12月30日

附件：

备案从事证券服务业务会计师事务所名单

（截至2022年12月30日）

序号	会计师事务所名称	组织形式	注册地
1	安徽华明	普通合伙	安徽
2	安永华明	特殊普通合伙	北京
3	北京澄宇	特殊普通合伙	北京
4	北京大地泰华	特殊普通合伙	北京
5	北京大华国际	普通合伙	北京
6	北京东审	特殊普通合伙	北京
7	北京国府嘉盈	普通合伙	北京
8	北京国富	特殊普通合伙	北京
9	北京精勤	普通合伙	北京
10	北京天玺源	普通合伙	北京

（续表）

序号	会计师事务所名称	组织形式	注册地
11	北京兴昌华	普通合伙	北京
12	北京兴华	特殊普通合伙	北京
13	北京兴荣华	普通合伙	北京
14	北京炎黄	普通合伙	北京
15	北京中名国成	特殊普通合伙	北京
16	北京中天恒	特殊普通合伙	北京
17	北京中天华茂	普通合伙	北京
18	毕马威华振	特殊普通合伙	北京
19	重庆康华	特殊普通合伙	重庆
20	大华	特殊普通合伙	北京
21	大信	特殊普通合伙	北京
22	德勤华永	特殊普通合伙	上海
23	德赢（福建）	普通合伙	福建
24	赣州联信	普通合伙	江西
25	公证天业	特殊普通合伙	江苏
26	广东诚安信	特殊普通合伙	广东
27	广东亨安	普通合伙	广东
28	广东立信	普通合伙	广东
29	广东岭南智华	特殊普通合伙	广东
30	广东司农	特殊普通合伙	广东
31	广东中天粤	特殊普通合伙	广东
32	广东中职信	特殊普通合伙	广东
33	和信	特殊普通合伙	山东
34	河南守正创新	普通合伙	河南
35	湖南楚才	普通合伙	湖南
36	湖南和泉正	普通合伙	湖南
37	湖南建业	特殊普通合伙	湖南
38	湖南容信	普通合伙	湖南
39	华兴	特殊普通合伙	福建
40	嘉兴知联中佳	普通合伙	浙江
41	江苏苏港	特殊普通合伙	江苏
42	利安达	特殊普通合伙	北京
43	立信	特殊普通合伙	上海
44	立信中联	特殊普通合伙	天津
45	辽宁录永	普通合伙	辽宁
46	南通万隆	普通合伙	江苏

（续表）

序号	会计师事务所名称	组织形式	注册地
47	鹏盛	特殊普通合伙	深圳
48	普华永道中天	特殊普通合伙	上海
49	容诚	特殊普通合伙	北京
50	瑞华	特殊普通合伙	北京
51	山东健诚	特殊普通合伙	山东
52	山东帕拉蒙德	普通合伙	山东
53	山东舜天信诚	特殊普通合伙	山东
54	上海浦江	普通合伙	上海
55	上海友道	普通合伙	上海
56	上海孜荣	普通合伙	上海
57	上会	特殊普通合伙	上海
58	绍兴鉴湖联合	普通合伙	浙江
59	深圳长江	普通合伙	深圳
60	深圳大华国际	普通合伙	深圳
61	深圳广深	普通合伙	深圳
62	深圳皇嘉	普通合伙	深圳
63	深圳久安	特殊普通合伙	深圳
64	深圳联创立信	普通合伙	深圳
65	深圳堂堂	普通合伙	深圳
66	深圳旭泰	普通合伙	深圳
67	深圳宣达	普通合伙	深圳
68	深圳永信瑞和	特殊普通合伙	深圳
69	深圳振兴	普通合伙	深圳
70	深圳正一	特殊普通合伙	深圳
71	四川德文	特殊普通合伙	四川
72	四川华信（集团）	特殊普通合伙	四川
73	苏亚金诚	特殊普通合伙	江苏
74	唐山市新正	普通合伙	河北
75	天衡	特殊普通合伙	江苏
76	天健	特殊普通合伙	浙江
77	天津丞明	普通合伙	天津
78	天圆全	特殊普通合伙	北京
79	天职国际	特殊普通合伙	北京
80	希格玛	特殊普通合伙	陕西
81	新联谊	特殊普通合伙	山东
82	信永中和	特殊普通合伙	北京

(续表)

序号	会计师事务所名称	组织形式	注册地
83	亚太（集团）	特殊普通合伙	北京
84	永拓	特殊普通合伙	北京
85	尤尼泰振青	特殊普通合伙	山东
86	浙江科信	特殊普通合伙	浙江
87	浙江天平	特殊普通合伙	浙江
88	浙江至诚	特殊普通合伙	浙江
89	致同	特殊普通合伙	北京
90	中汇	特殊普通合伙	浙江
91	中京国瑞（武汉）	普通合伙	湖北
92	中勤万信	特殊普通合伙	北京
93	中瑞诚	特殊普通合伙	北京
94	中审华	特殊普通合伙	天津
95	中审亚太	特殊普通合伙	北京
96	中审众环	特殊普通合伙	湖北
97	中天运	特殊普通合伙	北京
98	中喜	特殊普通合伙	北京
99	中兴财光华	特殊普通合伙	北京
100	中兴华	特殊普通合伙	北京
101	中证天通	特殊普通合伙	北京
102	中准	特殊普通合伙	北京
103	众华	特殊普通合伙	上海

注：按会计师事务所首字母排序，排名不分先后。

第三十章　国家审计综合性法规

1. 中华人民共和国审计法（2021年修正）

（1994年8月31日第八届全国人民代表大会常务委员会第九次会议通过　根据2006年2月28日第十届全国人民代表大会常务委员会第二十次会议《关于修改〈中华人民共和国审计法〉的决定》第一次修正　根据2021年10月23日第十三届全国人民代表大会常务委员会第三十一次会议《关于修改〈中华人民共和国审计法〉的决定》第二次修正）

第一章　总　　则

第一条　为了加强国家的审计监督，维护国家财政经济秩序，提高财政资金使用效益，促进廉政建设，保障国民经济和社会健康发展，根据宪法，制定本法。

第二条 国家实行审计监督制度。坚持中国共产党对审计工作的领导，构建集中统一、全面覆盖、权威高效的审计监督体系。

国务院和县级以上地方人民政府设立审计机关。

国务院各部门和地方各级人民政府及其各部门的财政收支，国有的金融机构和企业事业组织的财务收支，以及其他依照本法规定应当接受审计的财政收支、财务收支，依照本法规定接受审计监督。

审计机关对前款所列财政收支或者财务收支的真实、合法和效益，依法进行审计监督。

第三条 审计机关依照法律规定的职权和程序，进行审计监督。

审计机关依据有关财政收支、财务收支的法律、法规和国家其他有关规定进行审计评价，在法定职权范围内作出审计决定。

第四条 国务院和县级以上地方人民政府应当每年向本级人民代表大会常务委员会提出审计工作报告。审计工作报告应当报告审计机关对预算执行、决算草案以及其他财政收支的审计情况，重点报告对预算执行及其绩效的审计情况，按照有关法律、行政法规的规定报告对国有资源、国有资产的审计情况。必要时，人民代表大会常务委员会可以对审计工作报告作出决议。

国务院和县级以上地方人民政府应当将审计工作报告中指出的问题的整改情况和处理结果向本级人民代表大会常务委员会报告。

第五条 审计机关依照法律规定独立行使审计监督权，不受其他行政机关、社会团体和个人的干涉。

第六条 审计机关和审计人员办理审计事项，应当客观公正，实事求是，廉洁奉公，保守秘密。

第二章 审计机关和审计人员

第七条 国务院设立审计署，在国务院总理领导下，主管全国的审计工作。审计长是审计署的行政首长。

第八条 省、自治区、直辖市、设区的市、自治州、县、自治县、不设区的市、市辖区的人民政府的审计机关，分别在省长、自治区主席、市长、州长、县长、区长和上一级审计机关的领导下，负责本行政区域内的审计工作。

第九条 地方各级审计机关对本级人民政府和上一级审计机关负责并报告工作，审计业务以上级审计机关领导为主。

第十条 审计机关根据工作需要，经本级人民政府批准，可以在其审计管辖范围内设立派出机构。

派出机构根据审计机关的授权，依法进行审计工作。

第十一条 审计机关履行职责所必需的经费，应当列入预算予以保证。

第十二条 审计机关应当建设信念坚定、为民服务、业务精通、作风务实、敢于担当、清正廉洁的高素质专业化审计队伍。

审计机关应当加强对审计人员遵守法律和执行职务情况的监督，督促审计人员依法履职尽责。

审计机关和审计人员应当依法接受监督。

第十三条 审计人员应当具备与其从事的审计工作相适应的专业知识和业务能力。

审计机关根据工作需要，可以聘请具有与审计事项相关专业知识的人员参加审计工作。

第十四条 审计机关和审计人员不得参加可能影响其依法独立履行审计监督职责的活动，不得干预、插手被审计单位及其相关单位的正常生产经营和管理活动。

第十五条 审计人员办理审计事项，与被审计单位或者审计事项有利害关系的，应当回避。

第十六条 审计机关和审计人员对在执行职务中知悉的国家秘密、工作秘密、商业秘密、个人隐私和个人信息，应当予以保密，不得泄露或者向他人非法提供。

第十七条 审计人员依法执行职务，受法律保护。

任何组织和个人不得拒绝、阻碍审计人员依法执行职务，不得打击报复审计人员。

审计机关负责人依照法定程序任免。审计机关负责人没有违法失职或者其他不符合任职条件的情况的，不得随意撤换。

地方各级审计机关负责人的任免，应当事先征求上一级审计机关的意见。

第三章 审计机关职责

第十八条 审计机关对本级各部门（含直属单位）和下级政府预算的执行情况和决算以及其他财政收支情况，进行审计监督。

第十九条 审计署在国务院总理领导下，对中央预算执行情况、决算草案以及其他财政收支情况进行审计监督，向国务院总理提出审计结果报告。

地方各级审计机关分别在省长、自治区主席、市长、州长、县长、区长和上一级审计机关的领导下，对本级预算执行情况、决算草案以及其他财政收支情况进行审计监督，向本级人民政府和上一级审计机关提出审计结果报告。

第二十条 审计署对中央银行的财务收支，进行审计监督。

第二十一条 审计机关对国家的事业组织和使用财政资金的其他事业组织的财务收支，进行审计监督。

第二十二条 审计机关对国有企业、国有金融机构和国有资本占控股地位或者主导地位的企业、金融机构的资产、负债、损益以及其他财务收支情况，进行审计监督。

遇有涉及国家财政金融重大利益情形，为维护国家经济安全，经国务院批准，审计署可以对前款规定以外的金融机构进行专项审计调查或者审计。

第二十三条 审计机关对政府投资和以政府投资为主的建设项目的预算执行情况和决算，对其他关系国家利益和公共利益的重大公共工程项目的资金管理使用和建设运营情况，进行审计监督。

第二十四条 审计机关对国有资源、国有资产，进行审计监督。

审计机关对政府部门管理的和其他单位受政府委托管理的社会保险基金、全国社会保障基金、社会捐赠资金以及其他公共资金的财务收支，进行审计监督。

第二十五条 审计机关对国际组织和外国政府援助、贷款项目的财务收支，进行审计监督。

第二十六条 根据经批准的审计项目计划安排，审计机关可以对被审计单位贯彻落实国家重大经济社会政策措施情况进行审计监督。

第二十七条 除本法规定的审计事项外，审计机关对其他法律、行政法规规定应当由审计机关进行审计的事项，依照本法和有关法律、行政法规的规定进行审计监督。

第二十八条 审计机关可以对被审计单位依法应当接受审计的事项进行全面审计，也可以对其中的特定事项进行专项审计。

第二十九条 审计机关有权对与国家财政收支有关的特定事项，向有关地方、部门、单位进行专项审计调查，并向本级人民政府和上一级审计机关报告审计调查结果。

第三十条 审计机关履行审计监督职责，发现经济社会运行中存在风险隐患的，应当及时向本级人民政府报告或者向有关主管机关、单位通报。

第三十一条 审计机关根据被审计单位的财政、财务隶属关系或者国有资源、国有资产监督管理关系，确定审计管辖范围。

审计机关之间对审计管辖范围有争议的，由其共同的上级审计机关确定。

上级审计机关对其审计管辖范围内的审计事项，可以授权下级审计机关进行审计，但本法第十八条至第二十条规定的审计事项不得进行授权；上级审计机关对下级审计机关审计管辖范围内的重大审计事项，可以直接进行审计，但是应当防止不必要的重复审计。

第三十二条 被审计单位应当加强对内部审计工作的领导，按照国家有关规定建立健全内部审计制度。

审计机关应当对被审计单位的内部审计工作进行业务指导和监督。

第三十三条 社会审计机构审计的单位依法属于被审计单位的，审计机关按照国务院的规定，有权对该社会审计机构出具的相关审计报告进行核查。

第四章　审计机关权限

第三十四条 审计机关有权要求被审计单位按照审计机关的规定提供财务、会计资料以及与财政收支、财务收支有关的业务、管理等资料，包括电子数据和有关文档。被审计单位不得拒绝、拖延、谎报。

被审计单位负责人应当对本单位提供资料的及时性、真实性和完整性负责。

审计机关对取得的电子数据等资料进行综合分析，需要向被审计单位核实有关情况的，被审计单位应当予以配合。

第三十五条 国家政务信息系统和数据共享平台应当按照规定向审计机关开放。

审计机关通过政务信息系统和数据共享平台取得的电子数据等资料能够满足需要的，不得要求被审计单位重复提供。

第三十六条 审计机关进行审计时，有权检查被审计单位的财务、会计资料以及与财政收支、财务收支有关的业务、管理等资料和资产，有权检查被审计单位信息系统的安全性、可靠性、经济性，被审计单位不得拒绝。

第三十七条 审计机关进行审计时，有权就审计事项的有关问题向有关单位和个人进行调查，并取得有关证明材料。有关单位和个人应当支持、协助审计机关工作，如实向审计机关反映情况，提供有关证明材料。

审计机关经县级以上人民政府审计机关负责人批准，有权查询被审计单位在金融机构的账户。

审计机关有证据证明被审计单位违反国家规定将公款转入其他单位、个人在金融机构账户的，经县级以上人民政府审计机关主要负责人批准，有权查询有关单位、个人在金融机构与审计事项相关的存款。

第三十八条 审计机关进行审计时，被审计单位不得转移、隐匿、篡改、毁弃财务、会计资料以及与财政收支、财务收支有关的业务、管理等资料，不得转移、隐匿、故意毁损所持有的违反国家规定取得的资产。

审计机关对被审计单位违反前款规定的行为，有权予以制止；必要时，经县级以上人民政府审计机关负责人批准，有权封存有关资料和违反国家规定取得的资产；对其中在金融机构的有关存款需要予以冻结的，应当向人民法院提出申请。

审计机关对被审计单位正在进行的违反国家规定的财政收支、财务收支行为，有权予以制止；制止无效的，经县级以上人民政府审计机关负责人批准，通知财政部门和有关主管机关、单位暂停拨付与违反国家规定的财政收支、财务收支行为直接有关的款项，已经拨付的，暂停使用。

审计机关采取前两款规定的措施不得影响被审计单位合法的业务活动和生产经营活动。

第三十九条 审计机关认为被审计单位所执行的上级主管机关、单位有关财政收支、财务收支的规定与法律、行政法规相抵触的,应当建议有关主管机关、单位纠正;有关主管机关、单位不予纠正的,审计机关应当提请有权处理的机关、单位依法处理。

第四十条 审计机关可以向政府有关部门通报或者向社会公布审计结果。

审计机关通报或者公布审计结果,应当保守国家秘密、工作秘密、商业秘密、个人隐私和个人信息,遵守法律、行政法规和国务院的有关规定。

第四十一条 审计机关履行审计监督职责,可以提请公安、财政、自然资源、生态环境、海关、税务、市场监督管理等机关予以协助。有关机关应当依法予以配合。

第五章 审计程序

第四十二条 审计机关根据经批准的审计项目计划确定的审计事项组成审计组,并应当在实施审计三日前,向被审计单位送达审计通知书;遇有特殊情况,经县级以上人民政府审计机关负责人批准,可以直接持审计通知书实施审计。

被审计单位应当配合审计机关的工作,并提供必要的工作条件。

审计机关应当提高审计工作效率。

第四十三条 审计人员通过审查财务、会计资料,查阅与审计事项有关的文件、资料,检查现金、实物、有价证券和信息系统,向有关单位和个人调查等方式进行审计,并取得证明材料。

向有关单位和个人进行调查时,审计人员应当不少于二人,并出示其工作证件和审计通知书副本。

第四十四条 审计组对审计事项实施审计后,应当向审计机关提出审计组的审计报告。审计组的审计报告报送审计机关前,应当征求被审计单位的意见。被审计单位应当自接到审计组的审计报告之日起十日内,将其书面意见送交审计组。审计组应当将被审计单位的书面意见一并报送审计机关。

第四十五条 审计机关按照审计署规定的程序对审计组的审计报告进行审议,并对被审计单位对审计组的审计报告提出的意见一并研究后,出具审计机关的审计报告。对违反国家规定的财政收支、财务收支行为,依法应当给予处理、处罚的,审计机关在法定职权范围内作出审计决定;需要移送有关主管机关、单位处理、处罚的,审计机关应当依法移送。

审计机关应当将审计机关的审计报告和审计决定送达被审计单位和有关主管机关、单位,并报上一级审计机关。审计决定自送达之日起生效。

第四十六条 上级审计机关认为下级审计机关作出的审计决定违反国家有关规定的,可以责成下级审计机关予以变更或者撤销,必要时也可以直接作出变更或者撤销的决定。

第六章 法律责任

第四十七条 被审计单位违反本法规定,拒绝、拖延提供与审计事项有关的资料的,或者提供的资料不真实、不完整的,或者拒绝、阻碍检查、调查、核实有关情况的,由审计机关责令改正,可以通报批评,给予警告;拒不改正的,依法追究法律责任。

第四十八条 被审计单位违反本法规定,转移、隐匿、篡改、毁弃财务、会计资料以及与财政收支、财务收支有关的业务、管理等资料,或者转移、隐匿、故意毁损所持有的违反国家规定取得的资产,审计机关认为对直接负责的主管人员和其他直接责任人员依法应当给予处分的,应当向被审计单位提出处理建议,或者移送监察机关和有关主管机关、单位处理,有关机关、单位应当将处理结果书面告知审计机关;构成犯罪的,依法追究刑事责任。

第四十九条 对本级各部门(含直属单位)和下级政府违反预算的行为或者其他违反国家规定的财政收支行为,审计机关、人民政府或者有关主管机关、单位在法定职权范围内,依照法律、行政法规的规定,区别情况采取下列处理措施:

（一）责令限期缴纳应当上缴的款项；
（二）责令限期退还被侵占的国有资产；
（三）责令限期退还违法所得；
（四）责令按照国家统一的财务、会计制度的有关规定进行处理；
（五）其他处理措施。

第五十条 对被审计单位违反国家规定的财务收支行为，审计机关、人民政府或者有关主管机关、单位在法定职权范围内，依照法律、行政法规的规定，区别情况采取前条规定的处理措施，并可以依法给予处罚。

第五十一条 审计机关在法定职权范围内作出的审计决定，被审计单位应当执行。

审计机关依法责令被审计单位缴纳应当上缴的款项，被审计单位拒不执行的，审计机关应当通报有关主管机关、单位，有关主管机关、单位应当依照有关法律、行政法规的规定予以扣缴或者采取其他处理措施，并将处理结果书面告知审计机关。

第五十二条 被审计单位应当按照规定时间整改审计查出的问题，将整改情况报告审计机关，同时向本级人民政府或者有关主管机关、单位报告，并按照规定向社会公布。

各级人民政府和有关主管机关、单位应当督促被审计单位整改审计查出的问题。审计机关应当对被审计单位整改情况进行跟踪检查。

审计结果以及整改情况应当作为考核、任免、奖惩领导干部和制定政策、完善制度的重要参考；拒不整改或者整改时弄虚作假的，依法追究法律责任。

第五十三条 被审计单位对审计机关作出的有关财务收支的审计决定不服的，可以依法申请行政复议或者提起行政诉讼。

被审计单位对审计机关作出的有关财政收支的审计决定不服的，可以提请审计机关的本级人民政府裁决，本级人民政府的裁决为最终决定。

第五十四条 被审计单位的财政收支、财务收支违反国家规定，审计机关认为对直接负责的主管人员和其他直接责任人员依法应当给予处分的，应当向被审计单位提出处理建议，或者移送监察机关和有关主管机关、单位处理，有关机关、单位应当将处理结果书面告知审计机关。

第五十五条 被审计单位的财政收支、财务收支违反法律、行政法规的规定，构成犯罪的，依法追究刑事责任。

第五十六条 报复陷害审计人员的，依法给予处分；构成犯罪的，依法追究刑事责任。

第五十七条 审计人员滥用职权、徇私舞弊、玩忽职守或者泄露、向他人非法提供所知悉的国家秘密、工作秘密、商业秘密、个人隐私和个人信息的，依法给予处分；构成犯罪的，依法追究刑事责任。

第七章 附　　则

第五十八条 领导干部经济责任审计和自然资源资产离任审计，依照本法和国家有关规定执行。

第五十九条 中国人民解放军和中国人民武装警察部队审计工作的规定，由中央军事委员会根据本法制定。

审计机关和军队审计机构应当建立健全协作配合机制，按照国家有关规定对涉及军地经济事项实施联合审计。

第六十条 本法自 1995 年 1 月 1 日起施行。1988 年 11 月 30 日国务院发布的《中华人民共和国审计条例》同时废止。

2. 中华人民共和国审计法实施条例（2010年修订）

（1997年10月21日中华人民共和国国务院令第231号公布 2010年2月2日国务院第100次常务会议修订通过 2010年2月11日中华人民共和国国务院令第571号公布）

第一章 总 则

第一条 根据《中华人民共和国审计法》（以下简称审计法）的规定，制定本条例。

第二条 审计法所称审计，是指审计机关依法独立检查被审计单位的会计凭证、会计账簿、财务会计报告以及其他与财政收支、财务收支有关的资料和资产，监督财政收支、财务收支真实、合法和效益的行为。

第三条 审计法所称财政收支，是指依照《中华人民共和国预算法》和国家其他有关规定，纳入预算管理的收入和支出，以及下列财政资金中未纳入预算管理的收入和支出：

（一）行政事业性收费；

（二）国有资源、国有资产收入；

（三）应当上缴的国有资本经营收益；

（四）政府举借债务筹措的资金；

（五）其他未纳入预算管理的财政资金。

第四条 审计法所称财务收支，是指国有的金融机构、企业事业组织以及依法应当接受审计机关审计监督的其他单位，按照国家财务会计制度的规定，实行会计核算的各项收入和支出。

第五条 审计机关依照审计法和本条例以及其他有关法律、法规规定的职责、权限和程序进行审计监督。

审计机关依照有关财政收支、财务收支的法律、法规，以及国家有关政策、标准、项目目标等方面的规定进行审计评价，对被审计单位违反国家规定的财政收支、财务收支行为，在法定职权范围内作出处理、处罚的决定。

第六条 任何单位和个人对依法应当接受审计机关审计监督的单位违反国家规定的财政收支、财务收支行为，有权向审计机关举报。审计机关接到举报，应当依法及时处理。

第二章 审计机关和审计人员

第七条 审计署在国务院总理领导下，主管全国的审计工作，履行审计法和国务院规定的职责。

地方各级审计机关在本级人民政府行政首长和上一级审计机关的领导下，负责本行政区域的审计工作，履行法律、法规和本级人民政府规定的职责。

第八条 省、自治区人民政府设有派出机关的，派出机关的审计机关对派出机关和省、自治区人民政府审计机关负责并报告工作，审计业务以省、自治区人民政府审计机关领导为主。

第九条 审计机关派出机构依照法律、法规和审计机关的规定，在审计机关的授权范围内开展审计工作，不受其他行政机关、社会团体和个人的干涉。

第十条 审计机关编制年度经费预算草案的依据主要包括：

（一）法律、法规；

（二）本级人民政府的决定和要求；

（三）审计机关的年度审计工作计划；

（四）定员定额标准；

（五）上一年度经费预算执行情况和本年度的变化因素。

第十一条 审计人员实行审计专业技术资格制度，具体按照国家有关规定执行。

审计机关根据工作需要，可以聘请具有与审计事项相关专业知识的人员参加审计工作。

第十二条 审计人员办理审计事项，有下列情形之一的，应当申请回避，被审计单位也有权申请审计人员回避：

（一）与被审计单位负责人或者有关主管人员有夫妻关系、直系血亲关系、三代以内旁系血亲或者近姻亲关系的；

（二）与被审计单位或者审计事项有经济利益关系的；

（三）与被审计单位、审计事项、被审计单位负责人或者有关主管人员有其他利害关系，可能影响公正执行公务的。

审计人员的回避，由审计机关负责人决定；审计机关负责人办理审计事项时的回避，由本级人民政府或者上一级审计机关负责人决定。

第十三条 地方各级审计机关正职和副职负责人的任免，应当事先征求上一级审计机关的意见。

第十四条 审计机关负责人在任职期间没有下列情形之一的，不得随意撤换：

（一）因犯罪被追究刑事责任的；

（二）因严重违法、失职受到处分，不适宜继续担任审计机关负责人的；

（三）因健康原因不能履行职责1年以上的；

（四）不符合国家规定的其他任职条件的。

第三章　审计机关职责

第十五条 审计机关对本级人民政府财政部门具体组织本级预算执行的情况，本级预算收入征收部门征收预算收入的情况，与本级人民政府财政部门直接发生预算缴款、拨款关系的部门、单位的预算执行情况和决算，下级人民政府的预算执行情况和决算，以及其他财政收支情况，依法进行审计监督。经本级人民政府批准，审计机关对其他取得财政资金的单位和项目接受、运用财政资金的真实、合法和效益情况，依法进行审计监督。

第十六条 审计机关对本级预算收入和支出的执行情况进行审计监督的内容包括：

（一）财政部门按照本级人民代表大会批准的本级预算向本级各部门（含直属单位）批复预算的情况、本级预算执行中调整情况和预算收支变化情况；

（二）预算收入征收部门依照法律、行政法规的规定和国家其他有关规定征收预算收入情况；

（三）财政部门按照批准的年度预算、用款计划，以及规定的预算级次和程序，拨付本级预算支出资金情况；

（四）财政部门依照法律、行政法规的规定和财政管理体制，拨付和管理政府间财政转移支付资金情况以及办理结算、结转情况；

（五）国库按照国家有关规定办理预算收入的收纳、划分、留解情况和预算支出资金的拨付情况；

（六）本级各部门（含直属单位）执行年度预算情况；

（七）依照国家有关规定实行专项管理的预算资金收支情况；

（八）法律、法规规定的其他预算执行情况。

第十七条 审计法第十七条所称审计结果报告，应当包括下列内容：

（一）本级预算执行和其他财政收支的基本情况；

（二）审计机关对本级预算执行和其他财政收支情况作出的审计评价；

（三）本级预算执行和其他财政收支中存在的问题以及审计机关依法采取的措施；

（四）审计机关提出的改进本级预算执行和其他财政收支管理工作的建议；

（五）本级人民政府要求报告的其他情况。

第十八条 审计署对中央银行及其分支机构履行职责所发生的各项财务收支，依法进行审计监督。

审计署向国务院总理提出的中央预算执行和其他财政收支情况审计结果报告，应当包括对中央银行的财务收支的审计情况。

第十九条 审计法第二十一条所称国有资本占控股地位或者主导地位的企业、金融机构，包括：

（一）国有资本占企业、金融机构资本（股本）总额的比例超过50%的；

（二）国有资本占企业、金融机构资本（股本）总额的比例在50%以下，但国有资本投资主体拥有实际控制权的。

审计机关对前款规定的企业、金融机构，除国务院另有规定外，比照审计法第十八条第二款、第二十条规定进行审计监督。

第二十条 审计法第二十二条所称政府投资和以政府投资为主的建设项目，包括：

（一）全部使用预算内投资资金、专项建设基金、政府举借债务筹措的资金等财政资金的；

（二）未全部使用财政资金，财政资金占项目总投资的比例超过50%，或者占项目总投资的比例在50%以下，但政府拥有项目建设、运营实际控制权的。

审计机关对前款规定的建设项目的总预算或者概算的执行情况、年度预算的执行情况和年度决算、单项工程结算、项目竣工决算，依法进行审计监督；对前款规定的建设项目进行审计时，可以对直接有关的设计、施工、供货等单位取得建设项目资金的真实性、合法性进行调查。

第二十一条 审计法第二十三条所称社会保障基金，包括社会保险、社会救助、社会福利基金以及发展社会保障事业的其他专项基金；所称社会捐赠资金，包括来源于境内外的货币、有价证券和实物等各种形式的捐赠。

第二十二条 审计法第二十四条所称国际组织和外国政府援助、贷款项目，包括：

（一）国际组织、外国政府及其机构向中国政府及其机构提供的贷款项目；

（二）国际组织、外国政府及其机构向中国企业事业组织以及其他组织提供的由中国政府及其机构担保的贷款项目；

（三）国际组织、外国政府及其机构向中国政府及其机构提供的援助和赠款项目；

（四）国际组织、外国政府及其机构向受中国政府委托管理有关基金、资金的单位提供的援助和赠款项目；

（五）国际组织、外国政府及其机构提供援助、贷款的其他项目。

第二十三条 审计机关可以依照审计法和本条例规定的审计程序、方法以及国家其他有关规定，对预算管理或者国有资产管理使用等与国家财政收支有关的特定事项，向有关地方、部门、单位进行专项审计调查。

第二十四条 审计机关根据被审计单位的财政、财务隶属关系，确定审计管辖范围；不能根据财政、财务隶属关系确定审计管辖范围的，根据国有资产监督管理关系，确定审计管辖范围。

两个以上国有资本投资主体投资的金融机构、企业事业组织和建设项目，由对主要投资主体有审计管辖权的审计机关进行审计监督。

第二十五条 各级审计机关应当按照确定的审计管辖范围进行审计监督。

第二十六条 依法属于审计机关审计监督对象的单位的内部审计工作，应当接受审计机关的业务指导和监督。

依法属于审计机关审计监督对象的单位，可以根据内部审计工作的需要，参加依法成立的内部审计自律组织。审计机关可以通过内部审计自律组织，加强对内部审计工作的业务指导和监督。

第二十七条 审计机关进行审计或者专项审计调查时，有权对社会审计机构出具的相关审计报告进行核查。

审计机关核查社会审计机构出具的相关审计报告时，发现社会审计机构存在违反法律、法规或者执业准则等情况的，应当移送有关主管机关依法追究责任。

第四章 审计机关权限

第二十八条 审计机关依法进行审计监督时，被审计单位应当依照审计法第三十一条规定，向审计机关提供与财政收支、财务收支有关的资料。被审计单位负责人应当对本单位提供资料的真实性和完整性作出书面承诺。

第二十九条 各级人民政府财政、税务以及其他部门（含直属单位）应当向本级审计机关报送下列资料：

（一）本级人民代表大会批准的本级预算和本级人民政府财政部门向本级各部门（含直属单位）批复的预算，预算收入征收部门的年度收入计划，以及本级各部门（含直属单位）向所属各单位批复的预算；

（二）本级预算收支执行和预算收入征收部门的收入计划完成情况月报、年报，以及决算情况；

（三）综合性财政税务工作统计年报、情况简报，财政、预算、税务、财务和会计等规章制度；

（四）本级各部门（含直属单位）汇总编制的本部门决算草案。

第三十条 审计机关依照审计法第三十三条规定查询被审计单位在金融机构的账户的，应当持县级以上人民政府审计机关负责人签发的协助查询单位账户通知书；查询被审计单位以个人名义在金融机构的存款的，应当持县级以上人民政府审计机关主要负责人签发的协助查询个人存款通知书。有关金融机构应当予以协助，并提供证明材料，审计机关和审计人员负有保密义务。

第三十一条 审计法第三十四条所称违反国家规定取得的资产，包括：

（一）弄虚作假骗取的财政拨款、实物以及金融机构贷款；

（二）违反国家规定享受国家补贴、补助、贴息、免息、减税、免税、退税等优惠政策取得的资产；

（三）违反国家规定向他人收取的款项、有价证券、实物；

（四）违反国家规定处分国有资产取得的收益；

（五）违反国家规定取得的其他资产。

第三十二条 审计机关依照审计法第三十四条规定封存被审计单位有关资料和违反国家规定取得的资产的，应当持县级以上人民政府审计机关负责人签发的封存通知书，并在依法收集与审计事项相关的证明材料或者采取其他措施后解除封存。封存的期限为7日以内；有特殊情况需要延长的，经县级以上人民政府审计机关负责人批准，可以适当延长，但延长的期限不得超过7日。

对封存的资料、资产，审计机关可以指定被审计单位负责保管，被审计单位不得损毁或者擅自转移。

第三十三条 审计机关依照审计法第三十六条规定，可以就有关审计事项向政府有关部门通报或者向社会公布对被审计单位的审计、专项审计调查结果。

审计机关经与有关主管机关协商，可以在向社会公布的审计、专项审计调查结果中，一并公布对社会审计机构相关审计报告核查的结果。

审计机关拟向社会公布对上市公司的审计、专项审计调查结果的，应当在5日前将拟公布的内容告知上市公司。

第五章 审计程序

第三十四条 审计机关应当根据法律、法规和国家其他有关规定，按照本级人民政府和上级审计机关的要求，确定年度审计工作重点，编制年度审计项目计划。

审计机关在年度审计项目计划中确定对国有资本占控股地位或者主导地位的企业、金融机构进行审计的，应当自确定之日起7日内告知列入年度审计项目计划的企业、金融机构。

第三十五条 审计机关应当根据年度审计项目计划，组成审计组，调查了解被审计单位的有关情况，编制审计方案，并在实施审计3日前，向被审计单位送达审计通知书。

第三十六条 审计法第三十八条所称特殊情况，包括：

（一）办理紧急事项的；

（二）被审计单位涉嫌严重违法违规的；

（三）其他特殊情况。

第三十七条 审计人员实施审计时，应当按照下列规定办理：

（一）通过检查、查询、监督盘点、发函询证等方法实施审计；

（二）通过收集原件、原物或者复制、拍照等方法取得证明材料；

（三）对与审计事项有关的会议和谈话内容作出记录，或者要求被审计单位提供会议记录材料；

（四）记录审计实施过程和查证结果。

第三十八条 审计人员向有关单位和个人调查取得的证明材料，应当有提供者的签名或者盖章；不能取得提供者签名或者盖章的，审计人员应当注明原因。

第三十九条 审计组向审计机关提出审计报告前，应当书面征求被审计单位意见。被审计单位应当自接到审计组的审计报告之日起10日内，提出书面意见；10日内未提出书面意见的，视同无异议。

审计组应当针对被审计单位提出的书面意见，进一步核实情况，对审计组的审计报告作必要修改，连同被审计单位的书面意见一并报送审计机关。

第四十条 审计机关有关业务机构和专门机构或者人员对审计组的审计报告以及相关审计事项进行复核、审理后，由审计机关按照下列规定办理：

（一）提出审计机关的审计报告，内容包括：对审计事项的审计评价，对违反国家规定的财政收支、财务收支行为提出的处理、处罚意见，移送有关主管机关、单位的意见，改进财政收支、财务收支管理工作的意见；

（二）对违反国家规定的财政收支、财务收支行为，依法应当给予处理、处罚的，在法定职权范围内作出处理、处罚的审计决定；

（三）对依法应当追究有关人员责任的，向有关主管机关、单位提出给予处分的建议；对依法应当由有关主管机关处理、处罚的，移送有关主管机关；涉嫌犯罪的，移送司法机关。

第四十一条 审计机关在审计中发现损害国家利益和社会公共利益的事项，但处理、处罚依据又不明确的，应当向本级人民政府和上一级审计机关报告。

第四十二条 被审计单位应当按照审计机关规定的期限和要求执行审计决定。对应当上缴的款项，被审计单位应当按照财政管理体制和国家有关规定缴入国库或者财政专户。审计决定需要有关主管机关、单位协助执行的，审计机关应当书面提请协助执行。

第四十三条 上级审计机关应当对下级审计机关的审计业务依法进行监督。

下级审计机关作出的审计决定违反国家有关规定的，上级审计机关可以责成下级审计机关予以变更或者撤销，也可以直接作出变更或者撤销的决定；审计决定被撤销后需要重新作出审计决定的，上级审计机关可以责成下级审计机关在规定的期限内重新作出审计决定，也可以直接作出审计决定。

下级审计机关应当作出而没有作出审计决定的，上级审计机关可以责成下级审计机关在规定的期限内作出审计决定，也可以直接作出审计决定。

第四十四条 审计机关进行专项审计调查时，应当向被调查的地方、部门、单位出示专项审计调查的书面通知，并说明有关情况；有关地方、部门、单位应当接受调查，如实反映情况，提供有关资料。

在专项审计调查中，依法属于审计机关审计监督对象的部门、单位有违反国家规定的财政收支、财务收支行为或者其他违法违规行为的，专项审计调查人员和审计机关可以依照审计法和本条例的规定提出审计报告，作出审计决定，或者移送有关主管机关、单位依法追究责任。

第四十五条 审计机关应当按照国家有关规定建立、健全审计档案制度。

第四十六条 审计机关送达审计文书，可以直接送达，也可以邮寄送达或者以其他方式送达。直接送达的，以被审计单位在送达回证上注明的签收日期或者见证人证明的收件日期为送达日期；邮寄送达的，以邮政回执上注明的收件日期为送达日期；以其他方式送达的，以签收或者收件日期为送达日期。

审计机关的审计文书的种类、内容和格式，由审计署规定。

第六章 法 律 责 任

第四十七条 被审计单位违反审计法和本条例的规定，拒绝、拖延提供与审计事项有关的资料，或者提供的资料不真实、不完整，或者拒绝、阻碍检查的，由审计机关责令改正，可以通报批评，给予警告；拒不改正的，对被审计单位可以处5万元以下的罚款，对直接负责的主管人员和其他直接责任人员，可以处2万元以下的罚款，审计机关认为应当给予处分的，向有关主管机关、单位提出给予处分的建议；构成犯罪的，依法追究刑事责任。

第四十八条 对本级各部门（含直属单位）和下级人民政府违反预算的行为或者其他违反国家规定的财政收支行为，审计机关在法定职权范围内，依照法律、行政法规的规定，区别情况采取审计法第四十五条规定的处理措施。

第四十九条 对被审计单位违反国家规定的财务收支行为，审计机关在法定职权范围内，区别情况采取审计法第四十五条规定的处理措施，可以通报批评，给予警告；有违法所得的，没收违法所得，并处违法所得1倍以上5倍以下的罚款；没有违法所得的，可以处5万元以下的罚款；对直接负责的主管人员和其他直接责任人员，可以处2万元以下的罚款，审计机关认为应当给予处分的，向有关主管机关、单位提出给予处分的建议；构成犯罪的，依法追究刑事责任。

法律、行政法规对被审计单位违反国家规定的财务收支行为处理、处罚另有规定的，从其规定。

第五十条 审计机关在作出较大数额罚款的处罚决定前，应当告知被审计单位和有关人员有要求举行听证的权利。较大数额罚款的具体标准由审计署规定。

第五十一条 审计机关提出的对被审计单位给予处理、处罚的建议以及对直接负责的主管人员和其他直接责任人员给予处分的建议，有关主管机关、单位应当依法及时作出决定，并将结果书面通知审计机关。

第五十二条 被审计单位对审计机关依照审计法第十六条、第十七条和本条例第十五条规定进行审计监督作出的审计决定不服的，可以自审计决定送达之日起 60 日内，提请审计机关的本级人民政府裁决，本级人民政府的裁决为最终决定。

审计机关应当在审计决定中告知被审计单位提请裁决的途径和期限。

裁决期间，审计决定不停止执行。但是，有下列情形之一的，可以停止执行：

（一）审计机关认为需要停止执行的；

（二）受理裁决的人民政府认为需要停止执行的；

（三）被审计单位申请停止执行，受理裁决的人民政府认为其要求合理，决定停止执行的。

裁决由本级人民政府法制机构办理。裁决决定应当自接到提请之日起 60 日内作出；有特殊情况需要延长的，经法制机构负责人批准，可以适当延长，并告知审计机关和提请裁决的被审计单位，但延长的期限不得超过 30 日。

第五十三条 除本条例第五十二条规定的可以提请裁决的审计决定外，被审计单位对审计机关作出的其他审计决定不服的，可以依法申请行政复议或者提起行政诉讼。

审计机关应当在审计决定中告知被审计单位申请行政复议或者提起行政诉讼的途径和期限。

第五十四条 被审计单位应当将审计决定执行情况书面报告审计机关。审计机关应当检查审计决定的执行情况。

被审计单位不执行审计决定的，审计机关应当责令限期执行；逾期仍不执行的，审计机关可以申请人民法院强制执行，建议有关主管机关、单位对直接负责的主管人员和其他直接责任人员给予处分。

第五十五条 审计人员滥用职权、徇私舞弊、玩忽职守，或者泄露所知悉的国家秘密、商业秘密的，依法给予处分；构成犯罪的，依法追究刑事责任。

审计人员违法违纪取得的财物，依法予以追缴、没收或者责令退赔。

第七章 附 则

第五十六条 本条例所称以上、以下，包括本数。

本条例第五十二条规定的期间的最后一日是法定节假日的，以节假日后的第一个工作日为期间届满日。审计法和本条例规定的其他期间以工作日计算，不含法定节假日。

第五十七条 实施经济责任审计的规定，另行制定。

第五十八条 本条例自 2010 年 5 月 1 日起施行。

3. 中华人民共和国国家审计准则（2010 年修订）

（2010 年 9 月 1 日审计署令第 8 号公布）

第一章 总 则

第一条 为了规范和指导审计机关和审计人员执行审计业务的行为，保证审计质量，防范审计风险，发挥审计保障国家经济和社会健康运行的"免疫系统"功能，根据《中华人民共和国审计法》《中华人民共和国审计法实施条例》和其他有关法律法规，制定本准则。

第二条 本准则是审计机关和审计人员履行法定审计职责的行为规范，是执行审计业务的职业标准，是评价审计质量的基本尺度。

第三条 本准则中使用"应当""不得"词汇的条款为约束性条款，是审计机关和审计人员执行审计业务必须遵守的职业要求。

本准则中使用"可以"词汇的条款为指导性条款，是对良好审计实务的推介。

第四条 审计机关和审计人员执行审计业务，应当适用本准则。其他组织或者人员接受审计机关的委托、聘用，承办或者参加审计业务，也应当适用本准则。

第五条 审计机关和审计人员执行审计业务，应当区分被审计单位的责任和审计机关的责任。

在财政收支、财务收支以及有关经济活动中，履行法定职责、遵守相关法律法规、建立并实施内部控制、按照有关会计准则和会计制度编报财务会计报告、保持财务会计资料的真实性和完整性，是被审计单位的责任。

依据法律法规和本准则的规定，对被审计单位财政收支、财务收支以及有关经济活动独立实施审计并作出审计结论，是审计机关的责任。

第六条 审计机关的主要工作目标是通过监督被审计单位财政收支、财务收支以及有关经济活动的真实性、合法性、效益性，维护国家经济安全，推进民主法治，促进廉政建设，保障国家经济和社会健康发展。

真实性是指反映财政收支、财务收支以及有关经济活动的信息与实际情况相符合的程度。

合法性是指财政收支、财务收支以及有关经济活动遵守法律、法规或者规章的情况。

效益性是指财政收支、财务收支以及有关经济活动实现的经济效益、社会效益和环境效益。

第七条 审计机关对依法属于审计机关审计监督对象的单位、项目、资金进行审计。

审计机关按照国家有关规定，对依法属于审计机关审计监督对象的单位的主要负责人经济责任进行审计。

第八条 审计机关依法对预算管理或者国有资产管理使用等与国家财政收支有关的特定事项向有关地方、部门、单位进行专项审计调查。

审计机关进行专项审计调查时，也应当适用本准则。

第九条 审计机关和审计人员执行审计业务，应当依据年度审计项目计划，编制审计实施方案，获取审计证据，作出审计结论。

审计机关应当委派具备相应资格和能力的审计人员承办审计业务，并建立和执行审计质量控制制度。

第十条 审计机关依据法律法规规定，公开履行职责的情况及其结果，接受社会公众的监督。

第十一条 审计机关和审计人员未遵守本准则约束性条款的，应当说明原因。

第二章 审计机关和审计人员

第十二条 审计机关和审计人员执行审计业务，应当具备本准则规定的资格条件和职业要求。

第十三条 审计机关执行审计业务，应当具备下列资格条件：
（一）符合法定的审计职责和权限；
（二）有职业胜任能力的审计人员；
（三）建立适当的审计质量控制制度；
（四）必需的经费和其他工作条件。

第十四条 审计人员执行审计业务，应当具备下列职业要求：
（一）遵守法律法规和本准则；
（二）恪守审计职业道德；
（三）保持应有的审计独立性；
（四）具备必需的职业胜任能力；

（五）其他职业要求。

第十五条 审计人员应当恪守严格依法、正直坦诚、客观公正、勤勉尽责、保守秘密的基本审计职业道德。

严格依法就是审计人员应当严格依照法定的审计职责、权限和程序进行审计监督，规范审计行为。

正直坦诚就是审计人员应当坚持原则，不屈从于外部压力；不歪曲事实，不隐瞒审计发现的问题；廉洁自律，不利用职权谋取私利；维护国家利益和公共利益。

客观公正就是审计人员应当保持客观公正的立场和态度，以适当、充分的审计证据支持审计结论，实事求是地作出审计评价和处理审计发现的问题。

勤勉尽责就是审计人员应当爱岗敬业，勤勉高效，严谨细致，认真履行审计职责，保证审计工作质量。

保守秘密就是审计人员应当保守其在执行审计业务中知悉的国家秘密、商业秘密；对于执行审计业务取得的资料、形成的审计记录和掌握的相关情况，未经批准不得对外提供和披露，不得用于与审计工作无关的目的。

第十六条 审计人员执行审计业务时，应当保持应有的审计独立性，遇有下列可能损害审计独立性情形的，应当向审计机关报告：

（一）与被审计单位负责人或者有关主管人员有夫妻关系、直系血亲关系、三代以内旁系血亲以及近姻亲关系；

（二）与被审计单位或者审计事项有直接经济利益关系；

（三）对曾经管理或者直接办理过的相关业务进行审计；

（四）可能损害审计独立性的其他情形。

第十七条 审计人员不得参加影响审计独立性的活动，不得参与被审计单位的管理活动。

第十八条 审计机关组成审计组时，应当了解审计组成员可能损害审计独立性的情形，并根据具体情况采取下列措施，避免损害审计独立性：

（一）依法要求相关审计人员回避；

（二）对相关审计人员执行具体审计业务的范围作出限制；

（三）对相关审计人员的工作追加必要的复核程序；

（四）其他措施。

第十九条 审计机关应当建立审计人员交流等制度，避免审计人员因执行审计业务长期与同一被审计单位接触可能对审计独立性造成的损害。

第二十条 审计机关可以聘请外部人员参加审计业务或者提供技术支持、专业咨询、专业鉴定。

审计机关聘请的外部人员应当具备本准则第十四条规定的职业要求。

第二十一条 有下列情形之一的外部人员，审计机关不得聘请：

（一）被刑事处罚的；

（二）被劳动教养的；

（三）被行政拘留的；

（四）审计独立性可能受到损害的；

（五）法律规定不得从事公务的其他情形。

第二十二条 审计人员应当具备与其从事审计业务相适应的专业知识、职业能力和工作经验。

审计机关应当建立和实施审计人员录用、继续教育、培训、业绩评价考核和奖惩激励制度，确保审计人员具有与其从事业务相适应的职业胜任能力。

第二十三条 审计机关应当合理配备审计人员，组成审计组，确保其在整体上具备与审计项目相适应的职业胜任能力。

被审计单位的信息技术对实现审计目标有重大影响的，审计组的整体胜任能力应当包括信息技术方面的胜任能力。

第二十四条 审计人员执行审计业务时，应当合理运用职业判断，保持职业谨慎，对被审计单位可能存在的重要问题保持警觉，并审慎评价所获取审计证据的适当性和充分性，得出恰当的审计结论。

第二十五条 审计人员执行审计业务时，应当从下列方面保持与被审计单位的工作关系：

（一）与被审计单位沟通并听取其意见；

（二）客观公正地作出审计结论，尊重并维护被审计单位的合法权益；

（三）严格执行审计纪律；

（四）坚持文明审计，保持良好的职业形象。

第三章 审 计 计 划

第二十六条 审计机关应当根据法定的审计职责和审计管辖范围，编制年度审计项目计划。

编制年度审计项目计划应当服务大局，围绕政府工作中心，突出审计工作重点，合理安排审计资源，防止不必要的重复审计。

第二十七条 审计机关按照下列步骤编制年度审计项目计划：

（一）调查审计需求，初步选择审计项目；

（二）对初选审计项目进行可行性研究，确定备选审计项目及其优先顺序；

（三）评估审计机关可用审计资源，确定审计项目，编制年度审计项目计划。

第二十八条 审计机关从下列方面调查审计需求，初步选择审计项目：

（一）国家和地区财政收支、财务收支以及有关经济活动情况；

（二）政府工作中心；

（三）本级政府行政首长和相关领导机关对审计工作的要求；

（四）上级审计机关安排或者授权审计的事项；

（五）有关部门委托或者提请审计机关审计的事项；

（六）群众举报、公众关注的事项；

（七）经分析相关数据认为应当列入审计的事项；

（八）其他方面的需求。

第二十九条 审计机关对初选审计项目进行可行性研究，确定初选审计项目的审计目标、审计范围、审计重点和其他重要事项。

进行可行性研究重点调查研究下列内容：

（一）与确定和实施审计项目相关的法律法规和政策；

（二）管理体制、组织结构、主要业务及其开展情况；

（三）财政收支、财务收支状况及结果；

（四）相关的信息系统及其电子数据情况；

（五）管理和监督机构的监督检查情况及结果；

（六）以前年度审计情况；

（七）其他相关内容。

第三十条 审计机关在调查审计需求和可行性研究过程中，从下列方面对初选审计项目进行评估，以确定备选审计项目及其优先顺序：

（一）项目重要程度，评估在国家经济和社会发展中的重要性、政府行政首长和相关领导机关及公众关注程度、资金和资产规模等；

（二）项目风险水平，评估项目规模、管理和控制状况等；

（三）审计预期效果；

（四）审计频率和覆盖面；

（五）项目对审计资源的要求。

第三十一条 年度审计项目计划应当按照审计机关规定的程序审定。

审计机关在审定年度审计项目计划前，根据需要，可以组织专家进行论证。

第三十二条 下列审计项目应当作为必选审计项目：

（一）法律法规规定每年应当审计的项目；

（二）本级政府行政首长和相关领导机关要求审计的项目；

（三）上级审计机关安排或者授权的审计项目。

审计机关对必选审计项目，可以不进行可行性研究。

第三十三条 上级审计机关直接审计下级审计机关审计管辖范围内的重大审计事项，应当列入上级审计机关年度审计项目计划，并及时通知下级审计机关。

第三十四条 上级审计机关可以依法将其审计管辖范围内的审计事项，授权下级审计机关进行审计。对于上级审计机关审计管辖范围内的审计事项，下级审计机关也可以提出授权申请，报有管辖权的上级审计机关审批。

获得授权的审计机关应当将授权的审计事项列入年度审计项目计划。

第三十五条 根据中国政府及其机构与国际组织、外国政府及其机构签订的协议和上级审计机关的要求，审计机关确定对国际组织、外国政府及其机构援助、贷款项目进行审计的，应当纳入年度审计项目计划。

第三十六条 对于预算管理或者国有资产管理使用等与国家财政收支有关的特定事项，符合下列情形的，可以进行专项审计调查：

（一）涉及宏观性、普遍性、政策性或者体制、机制问题的；

（二）事项跨行业、跨地区、跨单位的；

（三）事项涉及大量非财务数据的；

（四）其他适宜进行专项审计调查的。

第三十七条 审计机关年度审计项目计划的内容主要包括：

（一）审计项目名称；

（二）审计目标，即实施审计项目预期要完成的任务和结果；

（三）审计范围，即审计项目涉及的具体单位、事项和所属期间；

（四）审计重点；

（五）审计项目组织和实施单位；

（六）审计资源。

采取跟踪审计方式实施的审计项目，年度审计项目计划应当列明跟踪的具体方式和要求。

专项审计调查项目的年度审计项目计划应当列明专项审计调查的要求。

第三十八条 审计机关编制年度审计项目计划可以采取文字、表格或者两者相结合的形式。

第三十九条 审计机关计划管理部门与业务部门或者派出机构，应当建立经常性的沟通和协调机制。

调查审计需求、进行可行性研究和确定备选审计项目，以业务部门或者派出机构为主实施；备选审计项目排序、配置审计资源和编制年度审计项目计划草案，以计划管理部门为主实施。

第四十条 审计机关根据项目评估结果，确定年度审计项目计划。

第四十一条 审计机关应当将年度审计项目计划报经本级政府行政首长批准并向上一级审计机关报告。

第四十二条 审计机关应当对确定的审计项目配置必要的审计人力资源、审计时间、审计技术装备、审计经费等审计资源。

第四十三条 审计机关同一年度内对同一被审计单位实施不同的审计项目，应当在人员和时间安排上进行协调，尽量避免给被审计单位工作带来不必要的影响。

第四十四条 审计机关应当将年度审计项目计划下达审计项目组织和实施单位执行。

年度审计项目计划一经下达，审计项目组织和实施单位应当确保完成，不得擅自变更。

第四十五条 年度审计项目计划执行过程中，遇有下列情形之一的，应当按照原审批程序调整：

（一）本级政府行政首长和相关领导机关临时交办审计项目的；

（二）上级审计机关临时安排或者授权审计项目的；

（三）突发重大公共事件需要进行审计的；

（四）原定审计项目的被审计单位发生重大变化，导致原计划无法实施的；

（五）需要更换审计项目实施单位的；

（六）审计目标、审计范围等发生重大变化需要调整的；

（七）需要调整的其他情形。

第四十六条 上级审计机关应当指导下级审计机关编制年度审计项目计划，提出下级审计机关重点审计领域或者审计项目安排的指导意见。

第四十七条 年度审计项目计划确定审计机关统一组织多个审计组共同实施一个审计项目或者分别实施同一类审计项目的，审计机关业务部门应当编制审计工作方案。

第四十八条 审计机关业务部门编制审计工作方案，应当根据年度审计项目计划形成过程中调查审计需求、进行可行性研究的情况，开展进一步调查，对审计目标、范围、重点和项目组织实施等进行确定。

第四十九条 审计工作方案的内容主要包括：

（一）审计目标；

（二）审计范围；

（三）审计内容和重点；

（四）审计工作组织安排；

（五）审计工作要求。

第五十条 审计机关业务部门编制的审计工作方案应当按照审计机关规定的程序审批。在年度审计项目计划确定的实施审计起始时间之前，下达到审计项目实施单位。

审计机关批准审计工作方案前，根据需要，可以组织专家进行论证。

第五十一条 审计机关业务部门根据审计实施过程中情况的变化，可以申请对审计工作方案的内容进行调整，并按审计机关规定的程序报批。

第五十二条 审计机关应当定期检查年度审计项目计划执行情况，评估执行效果。

审计项目实施单位应当向下达审计项目计划的审计机关报告计划执行情况。

第五十三条 审计机关应当按照国家有关规定，建立和实施审计项目计划执行情况及其结果的统计制度。

第四章 审计实施

第一节 审计实施方案

第五十四条 审计机关应当在实施项目审计前组成审计组。

审计组由审计组组长和其他成员组成。审计组实行审计组组长负责制。审计组组长由审计机关确定，审计组组长可以根据需要在审计组成员中确定主审，主审应当履行其规定职责和审计组组长委托履行的其他职责。

第五十五条 审计机关应当依照法律法规的规定，向被审计单位送达审计通知书。

第五十六条 审计通知书的内容主要包括被审计单位名称、审计依据、审计范围、审计起始时间、审计组组长及其他成员名单和被审计单位配合审计工作的要求。同时，还应当向被审计单位告知审计组的审计纪律要求。

采取跟踪审计方式实施审计的，审计通知书应当列明跟踪审计的具体方式和要求。

专项审计调查项目的审计通知书应当列明专项审计调查的要求。

第五十七条 审计组应当调查了解被审计单位及其相关情况，评估被审计单位存在重要问题的可能性，确定审计应对措施，编制审计实施方案。

对于审计机关已经下达审计工作方案的，审计组应当按照审计工作方案的要求编制审计实施方案。

第五十八条 审计实施方案的内容主要包括：

（一）审计目标；

（二）审计范围；

（三）审计内容、重点及审计措施，包括审计事项和根据本准则第七十三条确定的审计应对措施；

（四）审计工作要求，包括项目审计进度安排、审计组内部重要管理事项及职责分工等。

采取跟踪审计方式实施审计的，审计实施方案应当对整个跟踪审计工作作出统筹安排。

专项审计调查项目的审计实施方案应当列明专项审计调查的要求。

第五十九条 审计组调查了解被审计单位及其相关情况，为作出下列职业判断提供基础：

（一）确定职业判断适用的标准；

（二）判断可能存在的问题；

（三）判断问题的重要性；

（四）确定审计应对措施。

第六十条 审计人员可以从下列方面调查了解被审计单位及其相关情况：

（一）单位性质、组织结构；

（二）职责范围或者经营范围、业务活动及其目标；

（三）相关法律法规、政策及其执行情况；

（四）财政财务管理体制和业务管理体制；

（五）适用的业绩指标体系以及业绩评价情况；

（六）相关内部控制及其执行情况；

（七）相关信息系统及其电子数据情况；

（八）经济环境、行业状况及其他外部因素；

（九）以往接受审计和监管及其整改情况；

（十）需要了解的其他情况。

第六十一条 审计人员可以从下列方面调查了解被审计单位相关内部控制及其执行情况：

（一）控制环境，即管理模式、组织结构、责权配置、人力资源制度等；

（二）风险评估，即被审计单位确定、分析与实现内部控制目标相关的风险，以及采取的应对措施；

（三）控制活动，即根据风险评估结果采取的控制措施，包括不相容职务分离控制、授权审批控制、资产保护控制、预算控制、业绩分析和绩效考评控制等；

（四）信息与沟通，即收集、处理、传递与内部控制相关的信息，并能有效沟通的情况；

（五）对控制的监督，即对各项内部控制设计、职责及其履行情况的监督检查。

第六十二条 审计人员可以从下列方面调查了解被审计单位信息系统控制情况：

（一）一般控制，即保障信息系统正常运行的稳定性、有效性、安全性等方面的控制；

（二）应用控制，即保障信息系统产生的数据的真实性、完整性、可靠性等方面的控制。

第六十三条 审计人员可以采取下列方法调查了解被审计单位及其相关情况：

（一）书面或者口头询问被审计单位内部和外部相关人员；

（二）检查有关文件、报告、内部管理手册、信息系统的技术文档和操作手册；

（三）观察有关业务活动及其场所、设施和有关内部控制的执行情况；

（四）追踪有关业务的处理过程；

（五）分析相关数据。

第六十四条 审计人员根据审计目标和被审计单位的实际情况，运用职业判断确定调查了解的范围和程度。

对于定期审计项目，审计人员可以利用以往审计中获得的信息，重点调查了解已经发生变化的情况。

第六十五条 审计人员在调查了解被审计单位及其相关情况的过程中，可以选择下列标准作为职业判断的依据：

（一）法律、法规、规章和其他规范性文件；

（二）国家有关方针和政策；

（三）会计准则和会计制度；

（四）国家和行业的技术标准；

（五）预算、计划和合同；

（六）被审计单位的管理制度和绩效目标；

（七）被审计单位的历史数据和历史业绩；

（八）公认的业务惯例或者良好实务；

（九）专业机构或者专家的意见；

（十）其他标准。

审计人员在审计实施过程中需要持续关注标准的适用性。

第六十六条 职业判断所选择的标准应当具有客观性、适用性、相关性、公认性。

标准不一致时，审计人员应当采用权威的和公认程度高的标准。

第六十七条 审计人员应当结合适用的标准，分析调查了解的被审计单位及其相关情况，判断被审计单位可能存在的问题。

第六十八条 审计人员应当运用职业判断，根据可能存在问题的性质、数额及其发生的具体环境，判断其重要性。

第六十九条 审计人员判断重要性时，可以关注下列因素：

（一）是否属于涉嫌犯罪的问题；

（二）是否属于法律法规和政策禁止的问题；

（三）是否属于故意行为所产生的问题；

（四）可能存在问题涉及的数量或者金额；

（五）是否涉及政策、体制或者机制的严重缺陷；

（六）是否属于信息系统设计缺陷；

（七）政府行政首长和相关领导机关及公众的关注程度；

（八）需要关注的其他因素。

第七十条 审计人员实施审计时，应当根据重要性判断的结果，重点关注被审计单位可能存在的重要问题。

第七十一条 需要对财务报表发表审计意见的,审计人员可以参照中国注册会计师执业准则的有关规定确定和运用重要性。

第七十二条 审计组应当评估被审计单位存在重要问题的可能性,以确定审计事项和审计应对措施。

第七十三条 审计组针对审计事项确定的审计应对措施包括:

（一）评估对内部控制的依赖程度,确定是否及如何测试相关内部控制的有效性;

（二）评估对信息系统的依赖程度,确定是否及如何检查相关信息系统的有效性、安全性;

（三）确定主要审计步骤和方法;

（四）确定审计时间;

（五）确定执行的审计人员;

（六）其他必要措施。

第七十四条 审计组在分配审计资源时,应当为重要审计事项分派有经验的审计人员和安排充足的审计时间,并评估特定审计事项是否需要利用外部专家的工作。

第七十五条 审计人员认为存在下列情形之一的,应当测试相关内部控制的有效性:

（一）某项内部控制设计合理且预期运行有效,能够防止重要问题的发生;

（二）仅实施实质性审查不足以为发现重要问题提供适当、充分的审计证据。

审计人员决定不依赖某项内部控制的,可以对审计事项直接进行实质性审查。

被审计单位规模较小、业务比较简单的,审计人员可以对审计事项直接进行实质性审查。

第七十六条 审计人员认为存在下列情形之一的,应当检查相关信息系统的有效性、安全性:

（一）仅审计电子数据不足以为发现重要问题提供适当、充分的审计证据;

（二）电子数据中频繁出现某类差异。

审计人员在检查被审计单位相关信息系统时,可以利用被审计单位信息系统的现有功能或者采用其他计算机技术和工具,检查中应当避免对被审计单位相关信息系统及其电子数据造成不良影响。

第七十七条 审计人员实施审计时,应当持续关注已作出的重要性判断和对存在重要问题可能性的评估是否恰当,及时作出修正,并调整审计应对措施。

第七十八条 遇有下列情形之一的,审计组应当及时调整审计实施方案:

（一）年度审计项目计划、审计工作方案发生变化的;

（二）审计目标发生重大变化的;

（三）重要审计事项发生变化的;

（四）被审计单位及其相关情况发生重大变化的;

（五）审计组人员及其分工发生重大变化的;

（六）需要调整的其他情形。

第七十九条 一般审计项目的审计实施方案应当经审计组组长审定,并及时报审计机关业务部门备案。

重要审计项目的审计实施方案应当报经审计机关负责人审定。

第八十条 审计组调整审计实施方案中的下列事项,应当报经审计机关主要负责人批准:

（一）审计目标;

（二）审计组组长;

（三）审计重点;

（四）现场审计结束时间。

第八十一条 编制和调整审计实施方案可以采取文字、表格或者两者相结合的形式。

第二节 审 计 证 据

第八十二条 审计证据是指审计人员获取的能够为审计结论提供合理基础的全部事实,包括审计人员调查了解被审计单位及其相关情况和对确定的审计事项进行审查所获取的证据。

第八十三条 审计人员应当依照法定权限和程序获取审计证据。

第八十四条 审计人员获取的审计证据,应当具有适当性和充分性。

适当性是对审计证据质量的衡量,即审计证据在支持审计结论方面具有的相关性和可靠性。相关性是指审计证据与审计事项及其具体审计目标之间具有实质性联系。可靠性是指审计证据真实、可信。

充分性是对审计证据数量的衡量。审计人员在评估存在重要问题的可能性和审计证据质量的基础上,决定应当获取审计证据的数量。

第八十五条 审计人员对审计证据的相关性分析时,应当关注下列方面:

(一)一种取证方法获取的审计证据可能只与某些具体审计目标相关,而与其他具体审计目标无关;

(二)针对一项具体审计目标可以从不同来源获取审计证据或者获取不同形式的审计证据。

第八十六条 审计人员可以从下列方面分析审计证据的可靠性:

(一)从被审计单位外部获取的审计证据比从内部获取的审计证据更可靠;

(二)内部控制健全有效情况下形成的审计证据比内部控制缺失或者无效情况下形成的审计证据更可靠;

(三)直接获取的审计证据比间接获取的审计证据更可靠;

(四)从被审计单位财务会计资料中直接采集的审计证据比经被审计单位加工处理后提交的审计证据更可靠;

(五)原件形式的审计证据比复制件形式的审计证据更可靠。

不同来源和不同形式的审计证据存在不一致或者不能相互印证时,审计人员应当追加必要的审计措施,确定审计证据的可靠性。

第八十七条 审计人员获取的电子审计证据包括与信息系统控制相关的配置参数、反映交易记录的电子数据等。

采集被审计单位电子数据作为审计证据的,审计人员应当记录电子数据的采集和处理过程。

第八十八条 审计人员根据实际情况,可以在审计事项中选取全部项目或者部分特定项目进行审查,也可以进行审计抽样,以获取审计证据。

第八十九条 存在下列情形之一的,审计人员可以对审计事项中的全部项目进行审查:

(一)审计事项由少量大额项目构成的;

(二)审计事项可能存在重要问题,而选取其中部分项目进行审查无法提供适当、充分的审计证据的;

(三)对审计事项中的全部项目进行审查符合成本效益原则的。

第九十条 审计人员可以在审计事项中选取下列特定项目进行审查:

(一)大额或者重要项目;

(二)数量或者金额符合设定标准的项目;

(三)其他特定项目。

选取部分特定项目进行审查的结果,不能用于推断整个审计事项。

第九十一条 在审计事项包含的项目数量较多,需要对审计事项某一方面的总体特征作出结论时,审计人员可以进行审计抽样。

审计人员进行审计抽样时,可以参照中国注册会计师执业准则的有关规定。

第九十二条 审计人员可以采取下列方法向有关单位和个人获取审计证据:

(一)检查,是指对纸质、电子或者其他介质形式存在的文件、资料进行审查,或者对有形资产进行审查;

(二)观察,是指察看相关人员正在从事的活动或者执行的程序;

(三)询问,是指以书面或者口头方式向有关人员了解关于审计事项的信息;

(四)外部调查,是指向与审计事项有关的第三方进行调查;

(五)重新计算,是指以手工方式或者使用信息技术对有关数据计算的正确性进行核对;

(六)重新操作,是指对有关业务程序或者控制活动独立进行重新操作验证;

(七)分析,是指研究财务数据之间、财务数据与非财务数据之间可能存在的合理关系,对相关信息作出评价,并关注异常波动和差异。

审计人员进行专项审计调查,可以使用上述方法及其以外的其他方法。

第九十三条 审计人员应当依照法律法规规定,取得被审计单位负责人对本单位提供资料真实性和完整性的书面承诺。

第九十四条 审计人员取得证明被审计单位存在违反国家规定的财政收支、财务收支行为以及其他重要审计事项的审计证据材料,应当由提供证据的有关人员、单位签名或者盖章;不能取得签名或者盖章不影响事实存在的,该审计证据仍然有效,但审计人员应当注明原因。

审计事项比较复杂或者取得的审计证据数量较大的,可以对审计证据进行汇总分析,编制审计取证单,由证据提供者签名或者盖章。

第九十五条 被审计单位的相关资料、资产可能被转移、隐匿、篡改、毁弃并影响获取审计证据的,审计机关应当依照法律法规的规定采取相应的证据保全措施。

第九十六条 审计机关执行审计业务过程中,因行使职权受到限制而无法获取适当、充分的审计证据,或者无法制止违法行为对国家利益的侵害时,根据需要,可以按照有关规定提请有权处理的机关或者相关单位予以协助和配合。

第九十七条 审计人员需要利用所聘请外部人员的专业咨询和专业鉴定作为审计证据的,应当对下列方面作出判断:

(一)依据的样本是否符合审计项目的具体情况;

(二)使用的方法是否适当和合理;

(三)专业咨询、专业鉴定是否与其他审计证据相符。

第九十八条 审计人员需要使用有关监管机构、中介机构、内部审计机构等已经形成的工作结果作为审计证据的,应当对该工作结果的下列方面作出判断:

(一)是否与审计目标相关;

(二)是否可靠;

(三)是否与其他审计证据相符。

第九十九条 审计人员对于重要问题,可以围绕下列方面获取审计证据:

(一)标准,即判断被审计单位是否存在问题的依据;

(二)事实,即客观存在和发生的情况。事实与标准之间的差异构成审计发现的问题;

(三)影响,即问题产生的后果;

(四)原因,即问题产生的条件。

第一百条 审计人员在审计实施过程中,应当持续评价审计证据的适当性和充分性。

已采取的审计措施难以获取适当、充分审计证据的,审计人员应当采取替代审计措施;

仍无法获取审计证据的,由审计组报请审计机关采取其他必要的措施或者不作出审计结论。

第三节 审 计 记 录

第一百零一条 审计人员应当真实、完整地记录实施审计的过程、得出的结论和与审计项目有关的重要管理事项,以实现下列目标:
（一）支持审计人员编制审计实施方案和审计报告；
（二）证明审计人员遵循相关法律法规和本准则；
（三）便于对审计人员的工作实施指导、监督和检查。

第一百零二条 审计人员作出的记录,应当使未参与该项业务的有经验的其他审计人员能够理解其执行的审计措施、获取的审计证据、作出的职业判断和得出的审计结论。

第一百零三条 审计记录包括调查了解记录、审计工作底稿和重要管理事项记录。

第一百零四条 审计组在编制审计实施方案前,应当对调查了解被审计单位及其相关情况作出记录。调查了解记录的内容主要包括:
（一）对被审计单位及其相关情况的调查了解情况；
（二）对被审计单位存在重要问题可能性的评估情况；
（三）确定的审计事项及其审计应对措施。

第一百零五条 审计工作底稿主要记录审计人员依据审计实施方案执行审计措施的活动。

审计人员对审计实施方案确定的每一审计事项,均应当编制审计工作底稿。一个审计事项可以根据需要编制多份审计工作底稿。

第一百零六条 审计工作底稿的内容主要包括:
（一）审计项目名称；
（二）审计事项名称；
（三）审计过程和结论；
（四）审计人员姓名及审计工作底稿编制日期并签名；
（五）审核人员姓名、审核意见及审核日期并签名；
（六）索引号及页码；
（七）附件数量。

第一百零七条 审计工作底稿记录的审计过程和结论主要包括:
（一）实施审计的主要步骤和方法；
（二）取得的审计证据的名称和来源；
（三）审计认定的事实摘要；
（四）得出的审计结论及其相关标准。

第一百零八条 审计证据材料应当作为调查了解记录和审计工作底稿的附件。一份审计证据材料对应多个审计记录时,审计人员可以将审计证据材料附在与其关系最密切的审计记录后面,并在其他审计记录中予以注明。

第一百零九条 审计组起草审计报告前,审计组组长应当对审计工作底稿的下列事项进行审核:
（一）具体审计目标是否实现；
（二）审计措施是否有效执行；
（三）事实是否清楚；
（四）审计证据是否适当、充分；
（五）得出的审计结论及其相关标准是否适当；
（六）其他有关重要事项。

第一百一十条 审计组组长审核审计工作底稿,应当根据不同情况分别提出下列意见:

（一）予以认可；
（二）责成采取进一步审计措施，获取适当、充分的审计证据；
（三）纠正或者责成纠正不恰当的审计结论。

第一百一十一条 重要管理事项记录应当记载与审计项目相关并对审计结论有重要影响的下列管理事项：
（一）可能损害审计独立性的情形及采取的措施；
（二）所聘请外部人员的相关情况；
（三）被审计单位承诺情况；
（四）征求被审计对象或者相关单位及人员意见的情况、被审计对象或者相关单位及人员反馈的意见及审计组的采纳情况；
（五）审计组对审计发现的重大问题和审计报告讨论的过程及结论；
（六）审计机关业务部门对审计报告、审计决定书等审计项目材料的复核情况和意见；
（七）审理机构对审计项目的审理情况和意见；
（八）审计机关对审计报告的审定过程和结论；
（九）审计人员未能遵守本准则规定的约束性条款及其原因；
（十）因外部因素使审计任务无法完成的原因及影响；
（十一）其他重要管理事项。
重要管理事项记录可以使用被审计单位承诺书、审计机关内部审批文稿、会议记录、会议纪要、审理意见书或者其他书面形式。

第四节 重大违法行为检查

第一百一十二条 审计人员执行审计业务时，应当保持职业谨慎，充分关注可能存在的重大违法行为。

第一百一十三条 本准则所称重大违法行为是指被审计单位和相关人员违反法律法规、涉及金额比较大、造成国家重大经济损失或者对社会造成重大不良影响的行为。

第一百一十四条 审计人员检查重大违法行为，应当评估被审计单位和相关人员实施重大违法行为的动机、性质、后果和违法构成。

第一百一十五条 审计人员调查了解被审计单位及其相关情况时，可以重点了解可能与重大违法行为有关的下列事项：
（一）被审计单位所在行业发生重大违法行为的状况；
（二）有关的法律法规及其执行情况；
（三）监管部门已经发现和了解的与被审计单位有关的重大违法行为的事实或者线索；
（四）可能形成重大违法行为的动机和原因；
（五）相关的内部控制及其执行情况；
（六）其他情况。

第一百一十六条 审计人员可以通过关注下列情况，判断可能存在的重大违法行为：
（一）具体经济活动中存在的异常事项；
（二）财务和非财务数据中反映出的异常变化；
（三）有关部门提供的线索和群众举报；
（四）公众、媒体的反映和报道；
（五）其他情况。

第一百一十七条 审计人员根据被审计单位实际情况、工作经验和审计发现的异常现象，判断可能存在重大违法行为的性质，并确定检查重点。
审计人员在检查重大违法行为时，应当关注重大违法行为的高发领域和环节。

第一百一十八条 发现重大违法行为的线索，审计组或者审计机关可以采取下列应对措施：

（一）增派具有相关经验和能力的人员；
（二）避免让有关单位和人员事先知晓检查的时间、事项、范围和方式；
（三）扩大检查范围，使其能够覆盖重大违法行为可能涉及的领域；
（四）获取必要的外部证据；
（五）依法采取保全措施；
（六）提请有关机关予以协助和配合；
（七）向政府和有关部门报告；
（八）其他必要的应对措施。

第五章 审计报告

第一节 审计报告的形式和内容

第一百一十九条 审计报告包括审计机关进行审计后出具的审计报告以及专项审计调查后出具的专项审计调查报告。

第一百二十条 审计组实施审计或者专项审计调查后，应当向派出审计组的审计机关提交审计报告。审计机关审定审计组的审计报告后，应当出具审计机关的审计报告。遇有特殊情况，审计机关可以不向被调查单位出具专项审计调查报告。

第一百二十一条 审计报告应当内容完整、事实清楚、结论正确、用词恰当、格式规范。

第一百二十二条 审计机关的审计报告（审计组的审计报告）包括下列基本要素：

（一）标题；
（二）文号（审计组的审计报告不含此项）；
（三）被审计单位名称；
（四）审计项目名称；
（五）内容；
（六）审计机关名称（审计组名称及审计组组长签名）；
（七）签发日期（审计组向审计机关提交报告的日期）。

经济责任审计报告还包括被审计人员姓名及所担任职务。

第一百二十三条 审计报告的内容主要包括：

（一）审计依据，即实施审计所依据的法律法规规定；
（二）实施审计的基本情况，一般包括审计范围、内容、方式和实施的起止时间；
（三）被审计单位基本情况；
（四）审计评价意见，即根据不同的审计目标，以适当、充分的审计证据为基础发表的评价意见；
（五）以往审计决定执行情况和审计建议采纳情况；
（六）审计发现的被审计单位违反国家规定的财政收支、财务收支行为和其他重要问题的事实、定性、处理处罚意见以及依据的法律法规和标准；
（七）审计发现的移送处理事项的事实和移送处理意见，但是涉嫌犯罪等不宜让被审计单位知悉的事项除外；
（八）针对审计发现的问题，根据需要提出的改进建议。

审计期间被审计单位对审计发现的问题已经整改的，审计报告还应当包括有关整改情况。

经济责任审计报告还应当包括被审计人员履行经济责任的基本情况，以及被审计人员对审计发现问题承担的责任。

核查社会审计机构相关审计报告发现的问题，应当在审计报告中一并反映。

第一百二十四条 采取跟踪审计方式实施审计的，审计组在跟踪审计过程中发现的问题，应当以审计机关的名义及时向被审计单位通报，并要求其整改。

跟踪审计实施工作全部结束后，应当以审计机关的名义出具审计报告。审计报告应当反映审计发现但尚未整改的问题，以及已经整改的重要问题及其整改情况。

第一百二十五条 专项审计调查报告除符合审计报告的要素和内容要求外，还应当根据专项审计调查目标重点分析宏观性、普遍性、政策性或者体制、机制问题并提出改进建议。

第一百二十六条 对审计或者专项审计调查中发现被审计单位违反国家规定的财政收支、财务收支行为，依法应当由审计机关在法定职权范围内作出处理处罚决定的，审计机关应当出具审计决定书。

第一百二十七条 审计决定书的内容主要包括：
（一）审计的依据、内容和时间；
（二）违反国家规定的财政收支、财务收支行为的事实、定性、处理处罚决定以及法律法规依据；
（三）处理处罚决定执行的期限和被审计单位书面报告审计决定执行结果等要求；
（四）依法提请政府裁决或者申请行政复议、提起行政诉讼的途径和期限。

第一百二十八条 审计或者专项审计调查发现的依法需要移送其他有关主管机关或者单位纠正、处理处罚或者追究有关人员责任的事项，审计机关应当出具审计移送处理书。

第一百二十九条 审计移送处理书的内容主要包括：
（一）审计的时间和内容；
（二）依法需要移送有关主管机关或者单位纠正、处理处罚或者追究有关人员责任事项的事实、定性及其依据和审计机关的意见；
（三）移送的依据和移送处理说明，包括将处理结果书面告知审计机关的说明；
（四）所附的审计证据材料。

第一百三十条 出具对国际组织、外国政府及其机构援助、贷款项目的审计报告，按照审计机关的相关规定执行。

第二节 审计报告的编审

第一百三十一条 审计组在起草审计报告前，应当讨论确定下列事项：
（一）评价审计目标的实现情况；
（二）审计实施方案确定的审计事项完成情况；
（三）评价审计证据的适当性和充分性；
（四）提出审计评价意见；
（五）评估审计发现问题的重要性；
（六）提出对审计发现问题的处理处罚意见；
（七）其他有关事项。
审计组应当对讨论前款事项的情况及其结果作出记录。

第一百三十二条 审计组组长应当确认审计工作底稿和审计证据已经审核，并从总体上评价审计证据的适当性和充分性。

第一百三十三条 审计组根据不同的审计目标，以审计认定的事实为基础，在防范审计风险的情况下，按照重要性原则，从真实性、合法性、效益性方面提出审计评价意见。

审计组应当只对所审计的事项发表审计评价意见。对审计过程中未涉及、审计证据不适当或者不充分、评价依据或者标准不明确以及超越审计职责范围的事项，不得发表审计评价意见。

第一百三十四条　审计组应当根据审计发现问题的性质、数额及其发生的原因和审计报告的使用对象，评估审计发现问题的重要性，如实在审计报告中予以反映。

第一百三十五条　审计组对审计发现的问题提出处理处罚意见时，应当关注下列因素：

（一）法律法规的规定；

（二）审计职权范围：属于审计职权范围的，直接提出处理处罚意见，不属于审计职权范围的，提出移送处理意见；

（三）问题的性质、金额、情节、原因和后果；

（四）对同类问题处理处罚的一致性；

（五）需要关注的其他因素。

审计发现被审计单位信息系统存在重大漏洞或者不符合国家规定的，应当责成被审计单位在规定期限内整改。

第一百三十六条　审计组应当针对经济责任审计发现的问题，根据被审计人员履行职责情况，界定其应当承担的责任。

第一百三十七条　审计组实施审计或者专项审计调查后，应当提出审计报告，按照审计机关规定的程序审批后，以审计机关的名义征求被审计单位、被调查单位和拟处罚的有关责任人员的意见。

经济责任审计报告还应当征求被审计人员的意见；必要时，征求有关干部监督管理部门的意见。

审计报告中涉及的重大经济案件调查等特殊事项，经审计机关主要负责人批准，可以不征求被审计单位或者被审计人员的意见。

第一百三十八条　被审计单位、被调查单位、被审计人员或者有关责任人员对征求意见的审计报告有异议的，审计组应当进一步核实，并根据核实情况对审计报告作出必要的修改。

审计组应当对采纳被审计单位、被调查单位、被审计人员、有关责任人员意见的情况和原因，或者上述单位或人员未在法定时间内提出书面意见的情况作出书面说明。

第一百三十九条　对被审计单位或者被调查单位违反国家规定的财政收支、财务收支行为，依法应当由审计机关进行处理处罚的，审计组应当起草审计决定书。

对依法应当由其他有关部门纠正、处理处罚或者追究有关责任人员责任的事项，审计组应当起草审计移送处理书。

第一百四十条　审计组应当将下列材料报送审计机关业务部门复核：

（一）审计报告；

（二）审计决定书；

（三）被审计单位、被调查单位、被审计人员或者有关责任人员对审计报告的书面意见及审计组采纳情况的书面说明；

（四）审计实施方案；

（五）调查了解记录、审计工作底稿、重要管理事项记录、审计证据材料；

（六）其他有关材料。

第一百四十一条　审计机关业务部门应当对下列事项进行复核，并提出书面复核意见：

（一）审计目标是否实现；

（二）审计实施方案确定的审计事项是否完成；

（三）审计发现的重要问题是否在审计报告中反映；

（四）事实是否清楚、数据是否正确；

（五）审计证据是否适当、充分；

（六）审计评价、定性、处理处罚和移送处理意见是否恰当，适用法律法规和标准是否适当；

（七）被审计单位、被调查单位、被审计人员或者有关责任人员提出的合理意见是否采纳；

（八）需要复核的其他事项。

第一百四十二条 审计机关业务部门应当将复核修改后的审计报告、审计决定书等审计项目材料连同书面复核意见，报送审理机构审理。

第一百四十三条 审理机构以审计实施方案为基础，重点关注审计实施的过程及结果，主要审理下列内容：

（一）审计实施方案确定的审计事项是否完成；

（二）审计发现的重要问题是否在审计报告中反映；

（三）主要事实是否清楚、相关证据是否适当、充分；

（四）适用法律法规和标准是否适当；

（五）评价、定性、处理处罚意见是否恰当；

（六）审计程序是否符合规定。

第一百四十四条 审理机构审理时，应当就有关事项与审计组及相关业务部门进行沟通。必要时，审理机构可以参加审计组与被审计单位交换意见的会议，或者向被审计单位和有关人员了解相关情况。

第一百四十五条 审理机构审理后，可以根据情况采取下列措施：

（一）要求审计组补充重要审计证据；

（二）对审计报告、审计决定书进行修改。

审理过程中遇有复杂问题的，经审计机关负责人同意后，审理机构可以组织专家进行论证。

审理机构审理后，应当出具审理意见书。

第一百四十六条 审理机构将审理后的审计报告、审计决定书连同审理意见书报送审计机关负责人。

第一百四十七条 审计报告、审计决定书原则上应当由审计机关审计业务会议审定；特殊情况下，经审计机关主要负责人授权，可以由审计机关其他负责人审定。

第一百四十八条 审计决定书经审定，处罚的事实、理由、依据、决定与审计组征求意见的审计报告不一致并且加重处罚的，审计机关应当依照有关法律法规的规定及时告知被审计单位、被调查单位和有关责任人员，并听取其陈述和申辩。

第一百四十九条 对于拟作出罚款的处罚决定，符合法律法规规定的听证条件的，审计机关应当依照有关法律法规的规定履行听证程序。

第一百五十条 审计报告、审计决定书经审计机关负责人签发后，按照下列要求办理：

（一）审计报告送达被审计单位、被调查单位；

（二）经济责任审计报告送达被审计单位和被审计人员；

（三）审计决定书送达被审计单位、被调查单位、被处罚的有关责任人员。

第三节 专题报告与综合报告

第一百五十一条 审计机关在审计中发现的下列事项，可以采用专题报告、审计信息等方式向本级政府、上一级审计机关报告：

（一）涉嫌重大违法犯罪的问题；

（二）与国家财政收支、财务收支有关政策及其执行中存在的重大问题；

（三）关系国家经济安全的重大问题；

（四）关系国家信息安全的重大问题；

（五）影响人民群众经济利益的重大问题；

（六）其他重大事项。

第一百五十二条 专题报告应当主题突出、事实清楚、定性准确、建议适当。

审计信息应当事实清楚、定性准确、内容精炼、格式规范、反映及时。

第一百五十三条 审计机关统一组织审计项目的，可以根据需要汇总审计情况和结果，编制审计综合报告。必要时，审计综合报告应当征求有关主管机关的意见。

审计综合报告按照审计机关规定的程序审定后，向本级政府和上一级审计机关报送，或者向有关部门通报。

第一百五十四条 审计机关实施经济责任审计项目后，应当按照相关规定，向本级政府行政首长和有关干部监督管理部门报告经济责任审计结果。

第一百五十五条 审计机关依照法律法规的规定，每年汇总对本级预算执行情况和其他财政收支情况的审计报告，形成审计结果报告，报送本级政府和上一级审计机关。

第一百五十六条 审计机关依照法律法规的规定，代本级政府起草本级预算执行情况和其他财政收支情况的审计工作报告（稿），经本级政府行政首长审定后，受本级政府委托向本级人民代表大会常务委员会报告。

第四节　审计结果公布

第一百五十七条 审计机关依法实行公告制度。审计机关的审计结果、审计调查结果依法向社会公布。

第一百五十八条 审计机关公布的审计和审计调查结果主要包括下列信息：

（一）被审计（调查）单位基本情况；

（二）审计（调查）评价意见；

（三）审计（调查）发现的主要问题；

（四）处理处罚决定及审计（调查）建议；

（五）被审计（调查）单位的整改情况。

第一百五十九条 在公布审计和审计调查结果时，审计机关不得公布下列信息：

（一）涉及国家秘密、商业秘密的信息；

（二）正在调查、处理过程中的事项；

（三）依照法律法规的规定不予公开的其他信息。

涉及商业秘密的信息，经权利人同意或者审计机关认为不公布可能对公共利益造成重大影响的，可以予以公布。

审计机关公布审计和审计调查结果应当客观公正。

第一百六十条 审计机关公布审计和审计调查结果，应当指定专门机构统一办理，履行规定的保密审查和审核手续，报经审计机关主要负责人批准。

审计机关内设机构、派出机构和个人，未经授权不得向社会公布审计和审计调查结果。

第一百六十一条 审计机关统一组织不同级次审计机关参加的审计项目，其审计和审计调查结果原则上由负责该项目组织工作的审计机关统一对外公布。

第一百六十二条 审计机关公布审计和审计调查结果按照国家有关规定需要报批的，未经批准不得公布。

第五节　审计整改检查

第一百六十三条 审计机关应当建立审计整改检查机制，督促被审计单位和其他有关单位根据审计结果进行整改。

第一百六十四条 审计机关主要检查或者了解下列事项：

（一）执行审计机关作出的处理处罚决定情况；
（二）对审计机关要求自行纠正事项采取措施的情况；
（三）根据审计机关的审计建议采取措施的情况；
（四）对审计机关移送处理事项采取措施的情况。

第一百六十五条 审计组在审计实施过程中，应当及时督促被审计单位整改审计发现的问题。

审计机关在出具审计报告、作出审计决定后，应当在规定的时间内检查或者了解被审计单位和其他有关单位的整改情况。

第一百六十六条 审计机关可以采取下列方式检查或者了解被审计单位和其他有关单位的整改情况：
（一）实地检查或者了解；
（二）取得并审阅相关书面材料；
（三）其他方式。

对于定期审计项目，审计机关可以结合下一次审计，检查或者了解被审计单位的整改情况。

检查或者了解被审计单位和其他有关单位的整改情况应当取得相关证明材料。

第一百六十七条 审计机关指定的部门负责检查或者了解被审计单位和其他有关单位整改情况，并向审计机关提出检查报告。

第一百六十八条 检查报告的内容主要包括：
（一）检查工作开展情况，主要包括检查时间、范围、对象、和方式等；
（二）被审计单位和其他有关单位的整改情况；
（三）没有整改或者没有完全整改事项的原因和建议。

第一百六十九条 审计机关对被审计单位没有整改或者没有完全整改的事项，依法采取必要措施。

第一百七十条 审计机关对审计决定书中存在的重要错误事项，应当予以纠正。

第一百七十一条 审计机关汇总审计整改情况，向本级政府报送关于审计工作报告中指出问题的整改情况的报告。

第六章　审计质量控制和责任

第一百七十二条 审计机关应当建立审计质量控制制度，以保证实现下列目标：
（一）遵守法律法规和本准则；
（二）作出恰当的审计结论；
（三）依法进行处理处罚。

第一百七十三条 审计机关应当针对下列要素建立审计质量控制制度：
（一）审计质量责任；
（二）审计职业道德；
（三）审计人力资源；
（四）审计业务执行；
（五）审计质量监控。

对前款第二、三、四项应当按照本准则第二至五章的有关要求建立审计质量控制制度。

第一百七十四条 审计机关实行审计组成员、审计组主审、审计组组长、审计机关业务部门、审理机构、总审计师和审计机关负责人对审计业务的分级质量控制。

第一百七十五条 审计组成员的工作职责包括：
（一）遵守本准则，保持审计独立性；

（二）按照分工完成审计任务，获取审计证据；
（三）如实记录实施的审计工作并报告工作结果；
（四）完成分配的其他工作。

第一百七十六条 审计组成员应当对下列事项承担责任：
（一）未按审计实施方案实施审计导致重大问题未被发现的；
（二）未按照本准则的要求获取审计证据导致审计证据不适当、不充分的；
（三）审计记录不真实、不完整的；
（四）对发现的重要问题隐瞒不报或者不如实报告的。

第一百七十七条 审计组组长的工作职责包括：
（一）编制或者审定审计实施方案；
（二）组织实施审计工作；
（三）督导审计组成员的工作；
（四）审核审计工作底稿和审计证据；
（五）组织编制并审核审计组起草的审计报告、审计决定书、审计移送处理书、专题报告、审计信息；
（六）配置和管理审计组的资源；
（七）审计机关规定的其他职责。

第一百七十八条 审计组组长应当从下列方面督导审计组成员的工作：
（一）将具体审计事项和审计措施等信息告知审计组成员，并与其讨论；
（二）检查审计组成员的工作进展，评估审计组成员的工作质量，并解决工作中存在的问题；
（三）给予审计组成员必要的培训和指导。

第一百七十九条 审计组组长应当对审计项目的总体质量负责，并对下列事项承担责任：
（一）审计实施方案编制或者组织实施不当，造成审计目标未实现或者重要问题未被发现的；
（二）审核未发现或者未纠正审计证据不适当、不充分问题的；
（三）审核未发现或者未纠正审计工作底稿不真实、不完整问题的；
（四）得出的审计结论不正确的；
（五）审计组起草的审计文书和审计信息反映的问题严重失实的；
（六）提出的审计处理处罚意见或者移送处理意见不正确的；
（七）对审计组发现的重要问题隐瞒不报或者不如实报告的；
（八）违反法定审计程序的。

第一百八十条 根据工作需要，审计组可以设立主审。主审根据审计分工和审计组组长的委托，主要履行下列职责：
（一）起草审计实施方案、审计文书和审计信息；
（二）对主要审计事项进行审计查证；
（三）协助组织实施审计；
（四）督导审计组成员的工作；
（五）审核审计工作底稿和审计证据；
（六）组织审计项目归档工作；
（七）完成审计组组长委托的其他工作。

第一百八十一条 审计组组长将其工作职责委托给主审或者审计组其他成员的，仍应当对委托事项承担责任。受委托的成员在受托范围内承担相应责任。

第一百八十二条 审计机关业务部门的工作职责包括：

（一）提出审计组组长人选；
（二）确定聘请外部人员事宜；
（三）指导、监督审计组的审计工作；
（四）复核审计报告、审计决定书等审计项目材料；
（五）审计机关规定的其他职责。

业务部门统一组织审计项目的，应当承担编制审计工作方案，组织、协调审计实施和汇总审计结果的职责。

第一百八十三条 审计机关业务部门应当及时发现和纠正审计组工作中存在的重要问题，并对下列事项承担责任：
（一）对审计组请示的问题未及时采取适当措施导致严重后果的；
（二）复核未发现审计报告、审计决定书等审计项目材料中存在的重要问题的；
（三）复核意见不正确的；
（四）要求审计组不在审计文书和审计信息中反映重要问题的。

业务部门对统一组织审计项目的汇总审计结果出现重大错误、造成严重不良影响的事项承担责任。

第一百八十四条 审计机关审理机构的工作职责包括：
（一）审查修改审计报告、审计决定书；
（二）提出审理意见；
（三）审计机关规定的其他职责。

第一百八十五条 审计机关审理机构对下列事项承担责任：
（一）审理意见不正确的；
（二）对审计报告、审计决定书作出的修改不正确的；
（三）审理时应当发现而未发现重要问题的。

第一百八十六条 审计机关负责人的工作职责包括：
（一）审定审计项目目标、范围和审计资源的配置；
（二）指导和监督检查审计工作；
（三）审定审计文书和审计信息；
（四）审计管理中的其他重要事项。

审计机关负责人对审计项目实施结果承担最终责任。

第一百八十七条 审计机关对审计人员违反法律法规和本准则的行为，应当按照相关规定追究其责任。

第一百八十八条 审计机关应当按照国家有关规定，建立健全审计项目档案管理制度，明确审计项目归档要求、保存期限、保存措施、档案利用审批程序等。

第一百八十九条 审计项目归档工作实行审计组组长负责制，审计组组长应当确定立卷责任人。

立卷责任人应当收集审计项目的文件材料，并在审计项目终结后及时立卷归档，由审计组组长审查验收。

第一百九十条 审计机关实行审计业务质量检查制度，对其业务部门、派出机构和下级审计机关的审计业务质量进行检查。

第一百九十一条 审计机关可以通过查阅有关文件和审计档案、询问相关人员等方式、方法，检查下列事项：
（一）建立和执行审计质量控制制度的情况；
（二）审计工作中遵守法律法规和本准则的情况；
（三）与审计业务质量有关的其他事项。

审计业务质量检查应当重点关注审计结论的恰当性、审计处理处罚意见的合法性和适当性。

第一百九十二条 审计机关开展审计业务质量检查，应当向被检查单位通报检查结果。

第一百九十三条 审计机关在审计业务质量检查中，发现被检查的派出机构或者下级审计机关应当作出审计决定而未作出的，可以依法直接或者责成其在规定期限内作出审计决定；发现其作出的审计决定违反国家有关规定的，可以依法直接或者责成其在规定期限内变更、撤销审计决定。

第一百九十四条 审计机关应当对其业务部门、派出机构实行审计业务年度考核制度，考核审计质量控制目标的实现情况。

第一百九十五条 审计机关可以定期组织优秀审计项目评选，对被评为优秀审计项目的予以表彰。

第一百九十六条 审计机关应当对审计质量控制制度及其执行情况进行持续评估，及时发现审计质量控制制度及其执行中存在的问题，并采取措施加以纠正或者改进。

审计机关可以结合日常管理工作或者通过开展审计业务质量检查、考核和优秀审计项目评选等方式，对审计质量控制制度及其执行情况进行持续评估。

第七章 附 则

第一百九十七条 审计机关和审计人员开展下列工作，不适用本准则的规定：
（一）配合有关部门查处案件；
（二）与有关部门共同办理检查事项；
（三）接受交办或者接受委托办理不属于法定审计职责范围的事项。

第一百九十八条 地方审计机关可以根据本地实际情况，在遵循本准则规定的基础上制定实施细则。

第一百九十九条 本准则由审计署负责解释。

第二百条 本准则自 2011 年 1 月 1 日起施行。附件所列的审计署以前发布的审计准则和规定同时废止。

附件：废止的审计准则和规定目录（略）

4. 党政主要领导干部和国有企事业单位主要领导人员经济责任审计规定（2019 年修订）

（2019 年 7 月 15 日中共中央办公厅 国务院办公厅印发）

第一章 总 则

第一条 为了坚持和加强党对审计工作的集中统一领导，强化对党政主要领导干部和国有企事业单位主要领导人员（以下统称领导干部）的管理监督，促进领导干部履职尽责、担当作为，确保党中央令行禁止，根据《中华人民共和国审计法》和有关党内法规，制定本规定。

第二条 经济责任审计工作以马克思列宁主义、毛泽东思想、邓小平理论、"三个代表"重要思想、科学发展观、习近平新时代中国特色社会主义思想为指导，增强"四个意识"、坚定"四个自信"、做到"两个维护"，认真落实党中央、国务院决策部署，紧紧围绕统筹推进"五位一体"总体布局和协调推进"四个全面"战略布局，贯彻新发展理念，聚焦经济责任，客观评价，揭示问题，促进经济高质量发展，促进全面深化改革，促进权力规范运行，促进反腐倡廉，推进国家治理体系和治理能力现代化。

第三条 本规定所称经济责任，是指领导干部在任职期间，对其管辖范围内贯彻执行党和国家经济方针政策、决策部署，推动经济和社会事业发展，管理公共资金、国有资产、国有资源，防控重大经济风险等有关经济活动应当履行的职责。

第四条 领导干部经济责任审计对象包括：

（一）地方各级党委、政府、纪检监察机关、法院、检察院的正职领导干部或者主持工作1年以上的副职领导干部；

（二）中央和地方各级党政工作部门、事业单位和人民团体等单位的正职领导干部或者主持工作1年以上的副职领导干部；

（三）国有和国有资本占控股地位或者主导地位的企业（含金融机构，以下统称国有企业）的法定代表人或者不担任法定代表人但实际行使相应职权的主要领导人员；

（四）上级领导干部兼任下级单位正职领导职务且不实际履行经济责任时，实际分管日常工作的副职领导干部；

（五）党中央和县级以上地方党委要求进行经济责任审计的其他主要领导干部。

第五条 领导干部履行经济责任的情况，应当依规依法接受审计监督。

经济责任审计可以在领导干部任职期间进行，也可以在领导干部离任后进行，以任职期间审计为主。

第六条 领导干部的经济责任审计按照干部管理权限确定。遇有干部管理权限与财政财务隶属关系等不一致时，由对领导干部具有干部管理权限的部门与同级审计机关共同确定实施审计的审计机关。

审计署审计长的经济责任审计，按照中央审计委员会的决定组织实施。地方审计机关主要领导干部的经济责任审计，由地方党委与上一级审计机关协商后，由上一级审计机关组织实施。

第七条 审计委员会办公室、审计机关依规依法独立实施经济责任审计，任何组织和个人不得拒绝、阻碍、干涉，不得打击报复审计人员。

对有意设置障碍、推诿拖延的，应当进行批评和通报；造成恶劣影响的，应当严肃问责追责。

第八条 审计委员会办公室、审计机关和审计人员对经济责任审计工作中知悉的国家秘密、商业秘密和个人隐私，负有保密义务。

第九条 各级党委和政府应当保证履行经济责任审计职责所必需的机构、人员和经费。

第二章 组 织 协 调

第十条 各级党委和政府应当加强对经济责任审计工作的领导，建立健全经济责任审计工作联席会议（以下简称联席会议）制度。联席会议由纪检监察机关和组织、机构编制、审计、财政、人力资源社会保障、国有资产监督管理、金融监督管理等部门组成，召集人由审计委员会办公室主任担任。联席会议在同级审计委员会的领导下开展工作。

联席会议下设办公室，与同级审计机关内设的经济责任审计机构合署办公。办公室主任由同级审计机关的副职领导或者相当职务层次领导担任。

第十一条 联席会议主要负责研究拟订有关经济责任审计的制度文件，监督检查经济责任审计工作情况，协调解决经济责任审计工作中出现的问题，推进经济责任审计结果运用，指导下级联席会议的工作，指导和监督部门、单位内部管理领导干部经济责任审计工作，完成审计委员会交办的其他工作。

联席会议办公室负责联席会议的日常工作。

第十二条　经济责任审计应当有计划地进行，根据干部管理监督需要和审计资源等实际情况，对审计对象实行分类管理，科学制定经济责任审计中长期规划和年度审计项目计划，推进领导干部履行经济责任情况审计全覆盖。

第十三条　年度经济责任审计项目计划按照下列程序制定：

（一）审计委员会办公室商同级组织部门提出审计计划安排，组织部门提出领导干部年度审计建议名单；

（二）审计委员会办公室征求同级纪检监察机关等有关单位意见后，纳入审计机关年度审计项目计划；

（三）审计委员会办公室提交同级审计委员会审议决定。

对属于有关主管部门管理的领导干部进行审计的，审计委员会办公室商有关主管部门提出年度审计建议名单，纳入审计机关年度审计项目计划，提交审计委员会审议决定。

第十四条　年度经济责任审计项目计划一经确定不得随意变更。确需调减或者追加的，应当按照原制定程序，报审计委员会批准后实施。

第十五条　被审计领导干部遇有被有关部门采取强制措施、纪律审查、监察调查或者死亡等特殊情况，以及存在其他不宜继续进行经济责任审计情形的，审计委员会办公室商同级纪检监察机关、组织部门等有关单位提出意见，报审计委员会批准后终止审计。

第三章　审　计　内　容

第十六条　经济责任审计应当以领导干部任职期间公共资金、国有资产、国有资源的管理、分配和使用为基础，以领导干部权力运行和责任落实情况为重点，充分考虑领导干部管理监督需要、履职特点和审计资源等因素，依规依法确定审计内容。

第十七条　地方各级党委和政府主要领导干部经济责任审计的内容包括：

（一）贯彻执行党和国家经济方针政策、决策部署情况；

（二）本地区经济社会发展规划和政策措施的制定、执行和效果情况；

（三）重大经济事项的决策、执行和效果情况；

（四）财政财务管理和经济风险防范情况，民生保障和改善情况，生态文明建设项目、资金等管理使用和效益情况，以及在预算管理中执行机构编制管理规定情况；

（五）在经济活动中落实有关党风廉政建设责任和遵守廉洁从政规定情况；

（六）以往审计发现问题的整改情况；

（七）其他需要审计的内容。

第十八条　党政工作部门、纪检监察机关、法院、检察院、事业单位和人民团体等单位主要领导干部经济责任审计的内容包括：

（一）贯彻执行党和国家经济方针政策、决策部署情况；

（二）本部门本单位重要发展规划和政策措施的制定、执行和效果情况；

（三）重大经济事项的决策、执行和效果情况；

（四）财政财务管理和经济风险防范情况，生态文明建设项目、资金等管理使用和效益情况，以及在预算管理中执行机构编制管理规定情况；

（五）在经济活动中落实有关党风廉政建设责任和遵守廉洁从政规定情况；

（六）以往审计发现问题的整改情况；

（七）其他需要审计的内容。

第十九条　国有企业主要领导人员经济责任审计的内容包括：

（一）贯彻执行党和国家经济方针政策、决策部署情况；

（二）企业发展战略规划的制定、执行和效果情况；

（三）重大经济事项的决策、执行和效果情况；

（四）企业法人治理结构的建立、健全和运行情况，内部控制制度的制定和执行情况；

（五）企业财务的真实合法效益情况，风险管控情况，境外资产管理情况，生态环境保护情况；

（六）在经济活动中落实有关党风廉政建设责任和遵守廉洁从业规定情况；

（七）以往审计发现问题的整改情况；

（八）其他需要审计的内容。

第二十条 有关部门和单位、地方党委和政府的主要领导干部由上级领导干部兼任，且实际履行经济责任的，对其进行经济责任审计时，审计内容仅限于该领导干部所兼任职务应当履行的经济责任。

第四章 审 计 实 施

第二十一条 审计委员会办公室、审计机关应当根据年度经济责任审计项目计划，组成审计组并实施审计。

第二十二条 对同一地方党委和政府主要领导干部，以及同一部门、单位2名以上主要领导干部的经济责任审计，可以同步组织实施，分别认定责任。

第二十三条 审计委员会办公室、审计机关应当按照规定，向被审计领导干部及其所在单位或者原任职单位（以下统称所在单位）送达审计通知书，抄送同级纪检监察机关、组织部门等有关单位。

地方审计机关主要领导干部的经济责任审计通知书，由上一级审计机关送达。

第二十四条 实施经济责任审计时，应当召开由审计组主要成员、被审计领导干部及其所在单位有关人员参加的会议，安排审计工作有关事项。联席会议有关成员单位根据工作需要可以派人参加。

审计组应当在被审计单位公示审计项目名称、审计纪律要求和举报电话等内容。

第二十五条 经济责任审计过程中，应当听取被审计领导干部所在单位领导班子成员的意见。

对地方党委和政府主要领导干部的审计，还应当听取同级人大常委会、政协主要负责同志的意见。

审计委员会办公室、审计机关应当听取联席会议有关成员单位的意见，及时了解与被审计领导干部履行经济责任有关的考察考核、群众反映、巡视巡察反馈、组织约谈、函询调查、案件查处结果等情况。

第二十六条 被审计领导干部及其所在单位，以及其他有关单位应当及时、准确、完整地提供与被审计领导干部履行经济责任有关的下列资料：

（一）被审计领导干部经济责任履行情况报告；

（二）工作计划、工作总结、工作报告、会议记录、会议纪要、决议决定、请示、批示、目标责任书、经济合同、考核检查结果、业务档案、机构编制、规章制度、以往审计发现问题整改情况等资料；

（三）财政收支、财务收支相关资料；

（四）与履行职责相关的电子数据和必要的技术文档；

（五）审计所需的其他资料。

第二十七条 被审计领导干部及其所在单位应当对所提供资料的真实性、完整性负责，并作出书面承诺。

第二十八条 经济责任审计应当加强与领导干部自然资源资产离任审计等其他审计的统筹协调，科学配置审计资源，创新审计组织管理，推动大数据等新技术应用，建立健全审计工作信息和结果共享机制，提高审计监督整体效能。

第二十九条　经济责任审计过程中，可以依规依法提请有关部门、单位予以协助。有关部门、单位应当予以支持，并及时提供有关资料和信息。

第三十条　审计组实施审计后，应当向派出审计组的审计委员会办公室、审计机关提交审计报告。

审计报告一般包括被审计领导干部任职期间履行经济责任情况的总体评价、主要业绩、审计发现的主要问题和责任认定、审计建议等内容。

第三十一条　审计委员会办公室、审计机关应当书面征求被审计领导干部及其所在单位对审计组审计报告的意见。

第三十二条　被审计领导干部及其所在单位应当自收到审计组审计报告之日起10个工作日内提出书面意见；10个工作日内未提出书面意见的，视同无异议。

审计组应当针对被审计领导干部及其所在单位提出的书面意见，进一步研究和核实，对审计报告作出必要的修改，连同被审计领导干部及其所在单位的书面意见一并报送审计委员会办公室、审计机关。

第三十三条　审计委员会办公室、审计机关按照规定程序对审计组审计报告进行审定，出具经济责任审计报告；同时出具经济责任审计结果报告，在经济责任审计报告的基础上，简要反映审计结果。

经济责任审计报告和经济责任审计结果报告应当事实清楚、评价客观、责任明确、用词恰当、文字精练、通俗易懂。

第三十四条　经济责任审计报告、经济责任审计结果报告等审计结论性文书按照规定程序报同级审计委员会，按照干部管理权限送组织部门。根据工作需要，送纪检监察机关等联席会议其他成员单位、有关主管部门。

地方审计机关主要领导干部的经济责任审计结论性文书，由上一级审计机关送有关组织部门。根据工作需要，送有关纪检监察机关。

经济责任审计报告应当送达被审计领导干部及其所在单位。

第三十五条　经济责任审计中发现的重大问题线索，由审计委员会办公室按照规定向审计委员会报告。

应当由纪检监察机关或者有关主管部门处理的问题线索，由审计机关依规依纪依法移送处理。

被审计领导干部所在单位存在的违反国家规定的财政收支、财务收支行为，依法应当给予处理处罚的，由审计机关在法定职权范围内作出审计决定。

第三十六条　经济责任审计项目结束后，审计委员会办公室、审计机关应当组织召开会议，向被审计领导干部及其所在单位领导班子成员等有关人员反馈审计结果和相关情况。联席会议有关成员单位根据工作需要可以派人参加。

第三十七条　被审计领导干部对审计委员会办公室、审计机关出具的经济责任审计报告有异议的，可以自收到审计报告之日起30日内向同级审计委员会办公室申诉。审计委员会办公室应当组成复查工作小组，并要求原审计组人员等回避，自收到申诉之日起90日内提出复查意见，报审计委员会批准后作出复查决定。复查决定为最终决定。

地方审计机关主要领导干部对上一级审计机关出具的经济责任审计报告有异议的，可以自收到审计报告之日起30日内向上一级审计机关申诉。上一级审计机关应当组成复查工作小组，并要求原审计组人员等回避，自收到申诉之日起90日内作出复查决定。复查决定为最终决定。

本条规定的期间的最后一日是法定节假日的，以节假日后的第一个工作日为期间届满日。

第五章 审 计 评 价

第三十八条 审计委员会办公室、审计机关应当根据不同领导职务的职责要求,在审计查证或者认定事实的基础上,综合运用多种方法,坚持定性评价与定量评价相结合,依照有关党内法规、法律法规、政策规定、责任制考核目标等,在审计范围内,对被审计领导干部履行经济责任情况,包括公共资金、国有资产、国有资源的管理、分配和使用中个人遵守廉洁从政(从业)规定等情况,作出客观公正、实事求是的评价。

审计评价应当有充分的审计证据支持,对审计中未涉及的事项不作评价。

第三十九条 对领导干部履行经济责任过程中存在的问题,审计委员会办公室、审计机关应当按照权责一致原则,根据领导干部职责分工,综合考虑相关问题的历史背景、决策过程、性质、后果和领导干部实际所起的作用等情况,界定其应当承担的直接责任或者领导责任。

第四十条 领导干部对履行经济责任过程中的下列行为应当承担直接责任:

(一)直接违反有关党内法规、法律法规、政策规定的;

(二)授意、指使、强令、纵容、包庇下属人员违反有关党内法规、法律法规、政策规定的;

(三)贯彻党和国家经济方针政策、决策部署不坚决不全面不到位,造成公共资金、国有资产、国有资源损失浪费,生态环境破坏,公共利益损害等后果的;

(四)未完成有关法律法规规章、政策措施、目标责任书等规定的领导干部作为第一责任人(负总责)事项,造成公共资金、国有资产、国有资源损失浪费,生态环境破坏,公共利益损害等后果的;

(五)未经民主决策程序或者民主决策时在多数人不同意的情况下,直接决定、批准、组织实施重大经济事项,造成公共资金、国有资产、国有资源损失浪费,生态环境破坏,公共利益损害等后果的;

(六)不履行或者不正确履行职责,对造成的后果起决定性作用的其他行为。

第四十一条 领导干部对履行经济责任过程中的下列行为应当承担领导责任:

(一)民主决策时,在多数人同意的情况下,决定、批准、组织实施重大经济事项,由于决策不当或者决策失误造成公共资金、国有资产、国有资源损失浪费,生态环境破坏,公共利益损害等后果的;

(二)违反部门、单位内部管理规定造成公共资金、国有资产、国有资源损失浪费,生态环境破坏,公共利益损害等后果的;

(三)参与相关决策和工作时,没有发表明确的反对意见,相关决策和工作违反有关党内法规、法律法规、政策规定,或者造成公共资金、国有资产、国有资源损失浪费,生态环境破坏,公共利益损害等后果的;

(四)疏于监管,未及时发现和处理所管辖范围内本级或者下一级地区(部门、单位)违反有关党内法规、法律法规、政策规定的问题,造成公共资金、国有资产、国有资源损失浪费,生态环境破坏,公共利益损害等后果的;

(五)除直接责任外,不履行或者不正确履行职责,对造成的后果应当承担责任的其他行为。

第四十二条 对被审计领导干部以外的其他责任人员,审计委员会办公室、审计机关可以适当方式向有关部门、单位提供相关情况。

第四十三条 审计评价时,应当把领导干部在推进改革中因缺乏经验、先行先试出现的失误和错误,同明知故犯的违纪违法行为区分开来;把上级尚无明确限制的探索性试验中的失误和错误,同上级明令禁止后依然我行我素的违纪违法行为区分开来;把为推动发展的无意过失，同为谋取私利的违纪违法行为区分开来。对领导干部在改革创新中的失误和错误，正确把握事业为上、实事求是、依纪依法、容纠并举等原则，经综合分析研判，可以免责或者从轻定责，鼓励探索创新，支持担当作为，保护领导干部干事创业的积极性、主动性、创造性。

第六章 审计结果运用

第四十四条 各级党委和政府应当建立健全经济责任审计情况通报、责任追究、整改落实、结果公告等结果运用制度，将经济责任审计结果以及整改情况作为考核、任免、奖惩被审计领导干部的重要参考。

经济责任审计结果报告以及审计整改报告应当归入被审计领导干部本人档案。

第四十五条 审计委员会办公室、审计机关应当按照规定以适当方式通报或者公告经济责任审计结果，对审计发现问题的整改情况进行监督检查。

第四十六条 联席会议其他成员单位应当在各自职责范围内运用审计结果：

（一）根据干部管理权限，将审计结果以及整改情况作为考核、任免、奖惩被审计领导干部的重要参考；

（二）对审计发现的问题作出进一步处理；

（三）加强审计发现问题整改落实情况的监督检查；

（四）对审计发现的典型性、普遍性、倾向性问题和提出的审计建议及时进行研究，将其作为采取有关措施、完善有关制度规定的重要参考。

联席会议其他成员单位应当以适当方式及时将审计结果运用情况反馈审计委员会办公室、审计机关。党中央另有规定的，按照有关规定办理。

第四十七条 有关主管部门应当在各自职责范围内运用审计结果：

（一）根据干部管理权限，将审计结果以及整改情况作为考核、任免、奖惩被审计领导干部的重要参考；

（二）对审计移送事项依规依纪依法作出处理处罚；

（三）督促有关部门、单位落实审计决定和整改要求，在对相关行业、单位管理和监督中有效运用审计结果；

（四）对审计发现的典型性、普遍性、倾向性问题和提出的审计建议及时进行研究，并将其作为采取有关措施、完善有关制度规定的重要参考。

有关主管部门应当以适当方式及时将审计结果运用情况反馈审计委员会办公室、审计机关。

第四十八条 被审计领导干部及其所在单位根据审计结果，应当采取以下整改措施：

（一）对审计发现的问题，在规定期限内进行整改，将整改结果书面报告审计委员会办公室、审计机关，以及组织部门或者主管部门；

（二）对审计决定，在规定期限内执行完毕，将执行情况书面报告审计委员会办公室、审计机关；

（三）根据审计发现的问题，落实有关责任人员的责任，采取相应的处理措施；

（四）根据审计建议，采取措施，健全制度，加强管理；

（五）将审计结果以及整改情况纳入所在单位领导班子党风廉政建设责任制检查考核的内容，作为领导班子民主生活会以及领导班子成员述责述廉的重要内容。

第七章 附　则

第四十九条 审计委员会办公室、审计机关和审计人员，被审计领导干部及其所在单位，以及其他有关单位和个人在经济责任审计中的职责、权限、法律责任等，本规定未作规定的，依照党中央有关规定、《中华人民共和国审计法》《中华人民共和国审计法实施条例》和其他法律法规执行。

第五十条 有关部门、单位对内部管理领导干部开展经济责任审计参照本规定执行，或者根据本规定制定具体办法。

第五十一条 本规定由中央审计委员会办公室、审计署负责解释。

第五十二条 本规定自2019年7月7日起施行。2010年10月12日中共中央办公厅、国务院办公厅印发的《党政主要领导干部和国有企业领导人员经济责任审计规定》同时废止。

5. 党政主要领导干部和国有企业领导人员经济责任审计规定实施细则（2014年发布）

（审经责发〔2014〕102号印发）

第一章 总 则

第一条 为健全和完善经济责任审计制度，规范经济责任审计行为，根据《中华人民共和国审计法》《中华人民共和国审计法实施条例》《党政主要领导干部和国有企业领导人员经济责任审计规定》（中办发〔2010〕32号，以下简称两办《规定》）和有关法律法规，以及干部管理监督的有关规定，制定本细则。

第二条 本细则所称经济责任审计，是指审计机关依法依规对党政主要领导干部和国有企业领导人员经济责任履行情况进行监督、评价和鉴证的行为。

第三条 经济责任审计应当以促进领导干部推动本地区、本部门（系统）、本单位科学发展为目标，以领导干部任职期间本地区、本部门（系统）、本单位财政收支、财务收支以及有关经济活动的真实、合法和效益为基础，重点检查领导干部守法、守纪、守规、尽责情况，加强对领导干部行使权力的制约和监督，推进党风廉政建设和反腐败工作，推进国家治理体系和治理能力现代化。

第四条 领导干部履行经济责任的情况，应当依法依规接受审计监督。经济责任审计应当坚持任中审计与离任审计相结合，对重点地区（部门、单位）、关键岗位的领导干部任期内至少审计一次。

第二章 审计对象

第五条 两办《规定》第二条所称党政主要领导干部，是指地方各级党委、政府、审判机关、检察机关，中央和地方各级党政工作部门、事业单位和人民团体等单位的党委（含党组、党工委，以下统称党委）正职领导干部和行政正职领导干部，包括主持工作一年以上的副职领导干部。

第六条 两办《规定》第二条所称地方各级党委和政府主要领导干部经济责任审计的对象包括：

（一）省、自治区、直辖市和新疆生产建设兵团，自治州、设区的市，县、自治县、不设区的市、市辖区，以及乡、民族乡、镇的主要领导干部；

（二）行政公署、街道办事处、区公所等履行政府职能的政府派出机关的主要领导干部；

（三）政府设立的开发区、新区等的主要领导干部。

第七条 两办《规定》第二条所称地方各级审判机关、检察机关主要领导干部经济责任审计的对象包括地方各级人民法院、人民检察院的党政主要领导干部。

第八条 两办《规定》第二条所称党政工作部门、事业单位和人民团体等单位党政主要领导干部经济责任审计的对象包括：

（一）中央党政工作部门、事业单位和人民团体等单位的主要领导干部；

（二）地方各级党委和政府的工作部门、事业单位和人民团体等单位的主要领导干部；

（三）履行政府职能的政府派出机关的工作部门、事业单位、人民团体等单位的主要领导干部；

（四）政府设立的开发区、新区等的工作部门、事业单位、人民团体等单位的主要领导干部；

（五）上级领导干部兼任有关部门、单位的正职领导干部，且不实际履行经济责任时，实际负责本部门、本单位常务工作的副职领导干部；

（六）党委、政府设立的一年以上有独立经济活动的临时机构的主要领导干部。

第九条 两办《规定》第三条所称国有企业领导人员经济责任审计的对象包括国有和国有资本占控股地位或者主导地位的企业（含金融企业，下同）的法定代表人。

根据党委和政府、干部管理监督部门的要求，审计机关可以对上述企业中不担任法定代表人但实际行使相应职权的董事长、总经理、党委书记等企业主要领导人员进行经济责任审计。

第十条 领导干部经济责任审计的对象范围依照干部管理权限确定。遇有干部管理权限与财政财务隶属关系、国有资产监督管理关系不一致时，由对领导干部具有干部管理权限的组织部门与同级审计机关共同确定实施审计的审计机关。

第十一条 部门、单位（含垂直管理系统）内部管理领导干部的经济责任审计，由部门、单位负责组织实施。

第三章　审　计　内　容

第十二条 审计机关应当根据领导干部职责权限和履行经济责任的情况，结合地区、部门（系统）、单位的实际，依法依规确定审计内容。

审计机关在实施审计时，应当充分考虑审计目标、干部管理监督需要、审计资源与审计效果等因素，准确把握审计重点。

第十三条 地方各级党委主要领导干部经济责任审计的主要内容：

（一）贯彻执行党和国家、上级党委和政府重大经济方针政策及决策部署情况；

（二）遵守有关法律法规和财经纪律情况；

（三）领导本地区经济工作，统筹本地区经济社会发展战略和规划，以及政策措施制定情况及效果；

（四）重大经济决策情况；

（五）本地区财政收支总量和结构、预算安排和重大调整等情况；

（六）地方政府性债务的举借、用途和风险管控等情况；

（七）自然资源资产的开发利用和保护、生态环境保护以及民生改善等情况；

（八）政府投资和以政府投资为主的重大项目的研究决策情况；

（九）对党委有关工作部门管理和使用的重大专项资金的监管情况，以及厉行节约反对浪费情况；

（十）履行有关党风廉政建设第一责任人职责情况，以及本人遵守有关廉洁从政规定情况；

（十一）对以往审计中发现问题的督促整改情况；

（十二）其他需要审计的内容。

第十四条 地方各级政府主要领导干部经济责任审计的主要内容：

（一）贯彻执行党和国家、上级党委和政府、本级党委重大经济方针政策及决策部署情况；
（二）遵守有关法律法规和财经纪律情况；
（三）本地区经济社会发展战略、规划的执行情况，以及重大经济和社会发展事项的推动和管理情况及其效果；
（四）有关目标责任制完成情况；
（五）重大经济决策情况；
（六）本地区财政管理，以及财政收支的真实、合法、效益情况；
（七）地方政府性债务的举借、管理、使用、偿还和风险管控情况；
（八）国有资产的管理和使用情况；
（九）自然资源资产的开发利用和保护、生态环境保护以及民生改善等情况；
（十）政府投资和以政府投资为主的重大项目的研究、决策及建设管理等情况；
（十一）对直接分管部门预算执行和其他财政收支、财务收支及有关经济活动的管理和监督情况，厉行节约反对浪费情况，以及依照宪法、审计法规定分管审计工作情况；
（十二）机构设置、编制使用以及有关规定的执行情况；
（十三）履行有关党风廉政建设第一责任人职责情况，以及本人遵守有关廉洁从政规定情况；
（十四）对以往审计中发现问题的整改情况；
（十五）其他需要审计的内容。

第十五条 党政工作部门、审判机关、检察机关、事业单位和人民团体等单位主要领导干部经济责任审计的主要内容：
（一）贯彻执行党和国家有关经济方针政策和决策部署，履行本部门（系统）、单位有关职责，推动本部门（系统）、单位事业科学发展情况；
（二）遵守有关法律法规和财经纪律情况；
（三）有关目标责任制完成情况；
（四）重大经济决策情况；
（五）本部门（系统）、单位预算执行和其他财政收支、财务收支的真实、合法和效益情况；
（六）国有资产的采购、管理、使用和处置情况；
（七）重要项目的投资、建设和管理情况；
（八）有关财务管理、业务管理、内部审计等内部管理制度的制定和执行情况，以及厉行节约反对浪费情况；
（九）机构设置、编制使用以及有关规定的执行情况；
（十）对下属单位有关经济活动的管理和监督情况；
（十一）履行有关党风廉政建设第一责任人职责情况，以及本人遵守有关廉洁从政规定情况；
（十二）对以往审计中发现问题的整改情况；
（十三）其他需要审计的内容。

第十六条 国有企业领导人员经济责任审计的主要内容：
（一）贯彻执行党和国家有关经济方针政策和决策部署，推动企业可持续发展情况；
（二）遵守有关法律法规和财经纪律情况；
（三）企业发展战略的制定和执行情况及其效果；
（四）有关目标责任制完成情况；
（五）重大经济决策情况；

（六）企业财务收支的真实、合法和效益情况，以及资产负债损益情况；
（七）国有资本保值增值和收益上缴情况；
（八）重要项目的投资、建设、管理及效益情况；
（九）企业法人治理结构的健全和运转情况，以及财务管理、业务管理、风险管理、内部审计等内部管理制度的制定和执行情况，厉行节约反对浪费和职务消费等情况，对所属单位的监管情况；
（十）履行有关党风廉政建设第一责任人职责情况，以及本人遵守有关廉洁从业规定情况；
（十一）对以往审计中发现问题的整改情况；
（十二）其他需要审计的内容。

第四章 审 计 评 价

第十七条 审计机关应当依照法律法规、国家有关政策以及干部考核评价等规定，结合地区、部门（系统）、单位的实际情况，根据审计查证或者认定的事实，客观公正、实事求是地进行审计评价。

审计评价应当有充分的审计证据支持，对审计中未涉及、审计证据不适当或者不充分的事项不作评价。

第十八条 审计评价应当与审计内容相统一。一般包括领导干部任职期间履行经济责任的业绩、主要问题以及应当承担的责任。

第十九条 审计评价应当重点关注经济、社会、事业发展的质量、效益和可持续性，关注与领导干部履行经济责任有关的管理和决策等活动的经济效益、社会效益和环境效益，关注任期内举借债务、自然资源资产管理、环境保护、民生改善、科技创新等重要事项，关注领导干部应承担直接责任的问题。

第二十条 审计评价可以综合运用多种方法，包括进行纵向和横向的业绩比较、运用与领导干部履行经济责任有关的指标量化分析、将领导干部履行经济责任的行为或事项置于相关经济社会环境中加以分析等。

第二十一条 审计评价的依据一般包括：
（一）法律、法规、规章和规范性文件，中国共产党党内法规和规范性文件；
（二）各级人民代表大会审议通过的政府工作报告、年度国民经济和社会发展计划报告、年度财政预算报告等；
（三）中央和地方党委、政府有关经济方针政策和决策部署；
（四）有关发展规划、年度计划和责任制考核目标；
（五）领导干部所在单位的"三定"规定和有关领导的职责分工文件，有关会议记录、纪要、决议和决定，有关预算、决算和合同，有关内部管理制度和绩效目标；
（六）国家统一的财政财务管理制度；
（七）国家和行业的有关标准；
（八）有关职能部门、主管部门发布或者认可的统计数据、考核结果和评价意见；
（九）专业机构的意见；
（十）公认的业务惯例或者良好实务；
（十一）其他依据。

第二十二条 审计机关可以根据审计内容和审计评价的需要，选择设定评价指标，将定性评价与定量指标相结合。评价指标应当简明实用、易于操作。

第二十三条 审计机关可以根据本细则第二十一条所列审计评价依据，结合实际情况，选择确定评价标准，衡量领导干部履行经济责任的程度。对同一类别、同一层级领导干部履行经济责任情况的评价标准,应当具有一致性和可比性。

第二十四条 对领导干部履行经济责任过程中存在的问题,审计机关应当按照权责一致原则,根据领导干部的职责分工,充分考虑相关事项的历史背景、决策程序等要求和实际决策过程,以及是否签批文件、是否分管、是否参与特定事项的管理等情况,依法依规认定其应当承担的直接责任、主管责任和领导责任。

对领导干部应当承担责任的问题或者事项,可以提出责任追究建议。

第二十五条 被审计领导干部对审计发现的问题应当承担直接责任的,具体包括以下情形:

(一)本人或者与他人共同违反有关法律法规、国家有关规定、单位内部管理规定的;

(二)授意、指使、强令、纵容、包庇下属人员违反有关法律法规、国家有关规定和单位内部管理规定的;

(三)未经民主决策、相关会议讨论或者文件传签等规定的程序,直接决定、批准、组织实施重大经济事项,并造成国家利益重大损失、公共资金或国有资产(资源)严重损失浪费、生态环境严重破坏以及严重损害公共利益等后果的;

(四)主持相关会议讨论或者以文件传签等其他方式研究,在多数人不同意的情况下,直接决定、批准、组织实施重大经济事项,由于决策不当或者决策失误造成国家利益重大损失、公共资金或国有资产(资源)严重损失浪费、生态环境严重破坏以及严重损害公共利益等后果的;

(五)对有关法律法规和文件制度规定的被审计领导干部作为第一责任人(负总责)的事项、签订的有关目标责任事项或者应当履行的其他重要职责,由于授权(委托)其他领导干部决策且决策不当或者决策失误造成国家利益重大损失、公共资金或国有资产(资源)严重损失浪费、生态环境严重破坏以及严重损害公共利益等后果的;

(六)其他失职、渎职或者应当承担直接责任的。

第二十六条 被审计领导干部对审计发现的问题应当承担主管责任的,具体包括以下情形:

(一)除直接责任外,领导干部对其直接分管或者主管的工作,不履行或者不正确履行经济责任的;

(二)除直接责任外,主持相关会议讨论或者以文件传签等其他方式研究,并且在多数人同意的情况下,决定、批准、组织实施重大经济事项,由于决策不当或者决策失误造成国家利益损失、公共资金或国有资产(资源)损失浪费、生态环境破坏以及损害公共利益等后果的;

(三)疏于监管,致使所管辖地区、分管部门和单位发生重大违纪违法问题或者造成重大损失浪费等后果的;

(四)其他应当承担主管责任的情形。

第二十七条 两办《规定》第三十七条所称领导责任,是指除直接责任和主管责任外,被审计领导干部对其职责范围内不履行或者不正确履行经济责任的其他行为应当承担的责任。

第二十八条 被审计领导干部以外的其他人员对有关问题应当承担的责任,审计机关可以以适当方式向干部管理监督部门等提供相关情况。

第五章 审计报告

第二十九条 审计机关实施经济责任审计项目后,应当按照相关规定,出具经济责任审计报告和审计结果报告。

第三十条 两办《规定》第二十七条所称审计组的审计报告,是指审计组具体实施经济责任审计后，向派出审计组的审计机关提交的审计报告。

第三十一条 审计组的审计报告按照规定程序审批后，应当以审计机关的名义书面征求被审计领导干部及其所在单位的意见。根据工作需要可以征求本级党委、政府有关领导同志，以及本级经济责任审计工作领导小组（以下简称领导小组）或者经济责任审计工作联席会议（以下简称联席会议）有关成员单位的意见。

审计报告中涉及的重大经济案件调查等特殊事项，经审计机关主要负责人批准，可以不征求被审计领导干部及其所在单位的意见。

第三十二条 审计组应当针对被审计领导干部及其所在单位提出的书面意见，进一步核实情况，对审计组的审计报告作出必要的修改，连同被审计领导干部及其所在单位的书面意见一并报送审计机关。

第三十三条 审计机关按照规定程序对审计组的审计报告进行审定，经审计机关负责人签发后，向被审计领导干部及其所在单位出具审计机关的经济责任审计报告。

第三十四条 经济责任审计报告的内容主要包括：

（一）基本情况，包括审计依据、实施审计的基本情况、被审计领导干部所任职地区（部门或者单位）的基本情况、被审计领导干部的任职及分工情况等；

（二）被审计领导干部履行经济责任的主要情况，其中包括以往审计决定执行情况和审计建议采纳情况等；

（三）审计发现的主要问题和责任认定，其中包括审计发现问题的事实、定性、被审计领导干部应当承担的责任以及有关依据，审计期间被审计领导干部、被审计单位对审计发现问题已经整改的，可以包括有关整改情况；

（四）审计处理意见和建议；

（五）其他必要的内容。

审计发现的有关重大事项，可以直接报送本级党委、政府或者相关部门，不在审计报告中反映。

第三十五条 两办《规定》第二十八条所称审计结果报告，是指审计机关在经济责任审计报告的基础上，精简提炼形成的提交干部管理监督部门的反映审计结果的报告。审计结果报告重点反映被审计领导干部履行经济责任的主要情况、审计发现的主要问题和责任认定、审计处理方式和建议。

审计机关可以根据实际情况，参照本细则第三十四条规定，确定审计结果报告的主要内容。

第三十六条 审计机关应当将审计结果报告等经济责任审计结论性文书报送本级党委、政府主要负责同志；提交委托审计的组织部门；抄送领导小组（联席会议）有关成员单位；必要时，可以将涉及其他有关主管部门的情况抄送该部门。

第六章 审计结果运用

第三十七条 经济责任审计结果应当作为干部考核、任免和奖惩的重要依据。

各级领导小组（联席会议）和相关部门应当逐步健全经济责任审计情况通报、责任追究、整改落实、结果公告等制度。

第三十八条 纪检监察机关在审计结果运用中的主要职责：

（一）依纪依法受理审计移送的案件线索；

（二）依纪依法查处经济责任审计中发现的违纪违法行为；

（三）对审计结果反映的典型性、普遍性、倾向性问题适时进行研究；

（四）以适当方式将审计结果运用情况反馈审计机关。

第三十九条 组织部门在审计结果运用中的主要职责：

（一）根据干部管理工作的有关要求，将经济责任审计纳入干部管理监督体系；

（二）根据审计结果和有关规定对被审计领导干部及其他有关人员作出处理；

（三）将经济责任审计结果报告存入被审计领导干部本人档案，作为考核、任免、奖惩被审计领导干部的重要依据；

（四）要求被审计领导干部将经济责任履行情况和审计发现问题的整改情况，作为所在单位领导班子民主生活会和述职述廉的重要内容；

（五）对审计结果反映的典型性、普遍性、倾向性问题及时进行研究，并将其作为采取有关措施、完善有关制度规定的参考依据；

（六）以适当方式及时将审计结果运用情况反馈审计机关。

第四十条 审计机关在审计结果运用中的主要职责：

（一）对审计中发现的相关单位违反国家规定的财政收支、财务收支行为，依法依规作出处理处罚；对审计中发现的需要移送处理的事项，应当区分情况依法依规移送有关部门处理处罚；

（二）根据干部管理监督部门、巡视机构等的要求，以适当方式向其提供审计结果以及与审计项目有关的其他情况；

（三）协助和配合干部管理监督等部门落实、查处与审计项目有关的问题和事项；

（四）按照有关规定，在一定范围内通报审计结果，或者以适当方式向社会公告审计结果；

（五）对审计发现问题的整改情况进行监督检查；

（六）对审计发现的典型性、普遍性、倾向性问题和有关建议，以综合报告、专题报告等形式报送本级党委、政府和上级审计机关，提交有关部门。

第四十一条 人力资源社会保障部门在审计结果运用中的主要职责：

（一）根据有关规定，在职责范围内办理对被审计领导干部和有关人员的考核、任免、奖惩等相关事宜；

（二）对审计结果反映的典型性、普遍性、倾向性问题及时进行研究，并将其作为采取有关措施、完善有关制度规定的参考依据；

（三）以适当方式及时将审计结果运用情况反馈审计机关。

第四十二条 国有资产监督管理部门在审计结果运用中的主要职责：

（一）根据国有企业领导人员管理的有关要求，将经济责任审计纳入国有企业领导人员管理监督体系；

（二）将审计结果作为企业经营业绩考评和被审计领导人员考核、奖惩、任免的重要依据；

（三）在对国有企业管理监督、国有企业改革和国有资产处置过程中，有效运用审计结果；

（四）督促有关企业落实审计决定和整改要求；

（五）对审计发现的典型性、普遍性、倾向性问题及时进行研究，并将其作为采取有关措施、完善有关制度规定的参考依据；

（六）以适当方式及时将审计结果运用情况反馈审计机关。

第四十三条 有关主管部门在审计结果运用中的主要职责：

（一）对审计移送的违法违规问题，在职责范围内依法依规作出处理处罚；

（二）督促有关部门、单位落实审计决定和整改要求，在对相关行业、单位管理和监督中有效运用审计结果；

（三）对审计结果反映的典型性、普遍性、倾向性问题及时进行研究，并将其作为采取有关措施、完善有关制度规定的参考依据；

（四）以适当方式及时将审计结果运用情况反馈审计机关。

第四十四条　被审计领导干部及其所在单位根据审计结果，应当采取以下整改措施：

（一）在党政领导班子或者董事会内部通报审计结果和整改要求，及时制定整改方案，认真进行整改，及时将整改结果书面报告审计机关和有关干部管理监督部门；

（二）按照有关要求公告整改结果；

（三）对审计处理、处罚决定，应当在法定期限内执行完毕，并将执行情况书面报告审计机关；

（四）根据审计结果反映出的问题，落实有关责任人员的责任，采取相应的处理措施；

（五）根据审计建议，采取措施，健全制度，加强管理。

第七章　组织领导和审计实施

第四十五条　各地应当建立健全领导小组或者联席会议制度，领导本地区经济责任审计工作。领导小组组长可以由同级党委或者政府的主要负责同志担任。

第四十六条　领导小组或者联席会议应当设立办公室。同时设立领导小组和联席会议的地方，应当合并成立一个办公室。办公室与同级审计机关内设的经济责任审计机构合署办公，负责日常工作。办公室主任应当由同级审计机关的副职领导或者同职级领导担任。

第四十七条　领导小组或者联席会议应当建立健全议事规则和工作规则，各成员单位应当加强协作配合，形成制度健全、管理规范、运转有序、工作高效的运行机制。

第四十八条　各地可以根据干部管理监督的需要和审计机关的实际情况，按照领导干部工作岗位性质、经济责任的重要程度等因素，对审计对象实行分类管理，科学合理地制定经济责任审计年度计划和中长期计划。

第四十九条　审计机关应当向组织部门等提出下一年度经济责任审计计划的初步建议。组织部门等根据审计机关的初步建议，提出下一年度的委托审计建议。

第五十条　领导小组（联席会议）办公室对委托审计建议进行研究讨论，共同议定并提出经济责任审计计划草案，由审计机关报本级政府行政首长批准后，纳入审计机关年度审计工作计划并组织实施。

第五十一条　经济责任审计计划一经本级政府行政首长批准不得随意变更。确需调整的，应当按照本细则第四十九条、第五十条规定的程序进行调整。

第五十二条　对地方党委与政府的主要领导干部，党政工作部门、高等院校等单位的党委与行政主要领导干部，企业法定代表人与不担任法定代表人的董事长、总经理、党委书记等企业主要负责人的经济责任审计，可以同步组织实施，分别认定责任，分别出具审计报告和审计结果报告。

各地可以根据实际情况，研究制定同步实施经济责任审计的操作办法。

第五十三条　审计机关应当探索和推行经济责任审计与其他专业审计相结合的组织方式，统筹安排审计力量，逐步实现对审计计划、审计项目实施、审计文书报送、审计结果利用等的统一管理。

审计机关组织实施经济责任审计时，应当有效利用以往审计成果和有关部门的监督检查结果。

第五十四条　审计机关实施经济责任审计时，可以提请有关部门和单位协助，有关部门和单位应当予以支持，并及时提供有关资料和信息。

审计机关提请领导小组（联席会议）成员单位协助时，应当由领导小组（联席会议）办公室统一负责联系和协调。

第五十五条　在经济责任审计项目实施过程中，遇有被审计领导干部被有关部门依法依规采取强制措施、立案调查或者死亡等特殊情况，以及不宜再继续进行经济责任审计的其他情形的，审计机关报本级政府行政首长批准，或者根据党委、政府、干部管理监督部门的要求，可以中止或者终止审计项目。

第八章 附　则

第五十六条 根据地方党委、政府的要求，审计机关可以对村党组织和村民委员会、社区党组织和社区居民委员会的主要负责人进行经济责任审计。

村党组织和村民委员会主要负责人经济责任审计的内容，应当依照《中华人民共和国村民委员会组织法》第三十五条的规定，结合当地实际情况确定。

社区党组织和社区居民委员会主要负责人经济责任审计的内容，可以参照本细则的相关规定确定。

第五十七条 对本细则未涉及的审计机关和审计人员、被审计领导干部及其所在单位，以及其他有关单位和个人在经济责任审计中的职责、权限、法律责任等，依照《中华人民共和国审计法》《中华人民共和国审计法实施条例》、两办《规定》和其他法律法规的有关规定执行。

第五十八条 部门和单位可以根据两办《规定》和本细则的规定，制定本部门和单位内部管理领导干部经济责任审计的规定。

第五十九条 本细则由审计署负责解释。

第六十条 本细则自印发之日起施行。审计署2000年12月印发的《县级以下党政领导干部任期经济责任审计暂行规定实施细则》和《国有企业及国有控股企业领导人员任期经济责任审计暂行规定实施细则》（审办发〔2000〕121号）同时废止。

扫描二维码查阅电子附录